여러분의 합격을 응원하는
해커스공무원의 특별 혜택

KB141375

FREE 공무원 국제법 **동영상강의**

해커스공무원(gosi.Hackers.com) 접속 후 로그인 ▶ 상단의 [무료강좌] 클릭 ▶
좌측의 [교재 무료특강] 클릭

 해커스공무원 온라인 단과강의 **20% 할인쿠폰**

723B5F6ACC2867UZ

해커스공무원(gosi.Hackers.com) 접속 후 로그인 ▶ 상단의 [나의 강의실] 클릭 ▶
좌측의 [쿠폰등록] 클릭 ▶ 위 쿠폰번호 입력 후 이용

* 등록 후 7일간 사용 가능(ID당 1회에 한해 등록 가능)

합격예측 **모의고사 응시권 + 해설강의 수강권**

32AA5439BB675KF2

해커스공무원(gosi.Hackers.com) 접속 후 로그인 ▶ 상단의 [나의 강의실] 클릭 ▶
좌측의 [쿠폰등록] 클릭 ▶ 위 쿠폰번호 입력 후 이용

* ID당 1회에 한해 등록 가능

쿠폰 이용 관련 문의 **1588-4055**

단기 합격을 위한
해커스공무원 커리큘럼

입문

▼

기본+심화

▼

**기출+예상
문제풀이**

▼

동형문제풀이

▼

최종 마무리

PASS

탄탄한 기본기와 핵심 개념 완성!

누구나 이해하기 쉬운 개념 설명과 풍부한 예시로 부담없이 쌩기초 다지기

TIP 베이스가 있다면 **기본 단계**부터!

필수 개념 학습으로 이론 완성!

반드시 알아야 할 기본 개념과 문제풀이 전략을 학습하고
심화 개념 학습으로 고득점을 위한 응용력 다지기

문제풀이로 집중 학습하고 실력 업그레이드!

기출문제의 유형과 출제 의도를 이해하고 최신 출제 경향을 반영한
예상문제를 풀어보며 본인의 취약영역을 파악 및 보완하기

동형모의고사로 실전력 강화!

실제 시험과 같은 형태의 실전모의고사를 풀어보며 실전감각 극대화

시험 직전 실전 시뮬레이션!

각 과목별 시험에 출제되는 내용들을 최종 점검하며 실전 완성

**단계별 교재 확인 및
수강신청은 여기서!**

gosi.Hackers.com

* 커리큘럼 및 세부 일정은 상이할 수 있으며,
자세한 사항은 해커스공무원 사이트에서 확인하세요.

해커스공무원

패권

국제법

기본서 | 일반국제법

이상구

약력

성균관대학교 졸업
서울대학교 대학원 졸업

현 | 해커스공무원 국제법·국제정치학 강의
현 | 해커스 국립외교원 대비 국제법·국제정치학 강의
현 | 해커스 변호사시험 대비 국제법 강의
전 | 베리타스법학원 국제법·국제정치학 강의
전 | 합격의 법학원 국제법 강의

저서

해커스공무원 패권 국제법 기본서 일반국제법
해커스공무원 패권 국제법 기본서 국제경제법
해커스공무원 패권 국제법 조약집
해커스공무원 패권 국제법 판례집
해커스공무원 패권 국제법 핵심요약집
해커스공무원 패권 국제법 단원별 핵심지문 OX
해커스공무원 패권 국제법 단원별 기출문제집
해커스공무원 패권 국제법 단원별 적중 1000제
해커스공무원 패권 국제법 실전동형모의고사
해커스공무원 패권 국제법개론 실전동형모의고사
해커스공무원 패권 국제정치학 기본서 사상 및 이론
해커스공무원 패권 국제정치학 기본서 외교사
해커스공무원 패권 국제정치학 기본서 이슈
해커스공무원 패권 국제정치학 핵심요약집
해커스공무원 패권 국제정치학 단원별 핵심지문 OX
해커스공무원 패권 국제정치학 기출+적중 1900제
해커스공무원 패권 국제정치학 실전동형모의고사

공무원 시험
합격을 위한 필수 기본서!

공무원 공부, 어떻게 시작해야 할까?

최근 국제법 시험 출제경향의 가장 큰 특징은 지문의 길이가 점차 길어지고, 익숙하지 않은 조문이나 판례 문제가 출제되는 등 난도가 상승하고 있다는 점입니다. 따라서 국제법을 고득점 전략과목으로 삼고 있는 수험생들은 보다 철저한 대비가 필요합니다.

이에 『해커스공무원 패권 국제법 기본서 일반국제법』은 다음과 같은 특징을 가지고 있습니다.

첫째, 수험서로서의 포괄성을 갖추기 위해 이론, 판례, 조문 등을 빠짐없이 수록하는데 역점을 두었습니다. 최근 출제경향을 보면 국제법적 관점에서 중요도와 함께 다소 지엽적인 논점들이 출제되고 있어 이에 대해 최대한 대비해 드리고자 노력하였습니다.

둘째, 최근 판례 출제 빈도와 난도가 높아지고 있어 가능한 한 많은 판례들을 참고파트에서 수록하였습니다. 그러나 보다 체계적인 판례학습을 위해서는 『해커스공무원 패권 국제법 판례집』과 강의를 수강하시기 바랍니다.

셋째, 최근 중요한 출제 경향 중 하나가 조약문장을 그대로 출제하는 것이므로 이에 대응하여 기본 법리와 연관된 조약문을 수록하였습니다. 조약 또한 전체적인 학습도 필요하므로 『해커스공무원 패권 국제법 조약집』을 가능하면 공부 초반부터 들춰보는 습관을 들이시기 바랍니다.

넷째, 각 장의 첫머리에 학습방향을 적어두었으므로 초반 학습에서 역점을 두어야 할 부분을 잘 숙지하고 공부하시기 바랍니다.

다섯째, 각 장의 말미에 이론학습을 점검할 수 있도록 주요 기출문제를 선별하여 수록하였습니다. 보다 체계적이고 전반적인 기출논점 확인을 위해서는 『해커스공무원 패권 국제법 OX문제집』을 활용하시면 됩니다. OX문제집은 학습초반에 복습용으로 활용하시면 기출논점을 빠르게 확인하는데 도움이 됩니다.

더불어, 공무원 시험 전문 사이트 해커스공무원(gosi.Hackers.com)에서 교재 학습 중 궁금한 점을 나누고 다양한 무료학습 자료를 함께 이용하여 학습 효과를 극대화할 수 있습니다.

『해커스공무원 패권 국제법 기본서 일반국제법』이 공무원 합격을 꿈꾸는 모든 수험생 여러분에게 훌륭한 길잡이가 되기를 바랍니다.

저자 **이상구**

목차

이 책의 **구성**

『해커스공무원 패권 국제법 기본서 일반국제법』은 수험생 여러분들이 국제법 과목을 효율적으로 정확하게 학습하실 수 있도록 상세한 내용과 다양한 학습장치를 수록·구성하였습니다. 아래 내용을 참고하여 본인의 학습 과정에 맞게 체계적으로 학습 전략을 세워 학습하기 바랍니다.

01 **이론의** 세부적인 내용을 정확하게 이해**하기**

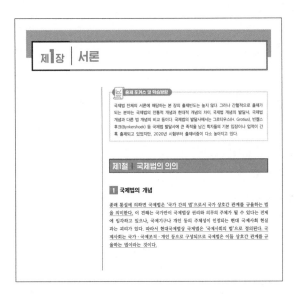

최신 출제경향과 판례를 반영**한 이론**

1. 철저한 기출분석으로 도출한 최신 출제경향을 바탕으로 자주 출제되거나 출제가 예상되는 내용 등을 엄선하여 교재 내 이론에 반영·수록하였습니다. 이를 통해 방대한 국제법의 내용 중 시험에 나오는 이론만을 효과적으로 학습할 수 있습니다.

2. 교재 내 관련 이론에 최신 판례를 꼼꼼히 반영하여 실전에 빈틈없이 대비할 수 있습니다.

02 핵심 내용**에 맞춰** 학습방향 설정**하기**

단원의 출제경향을 알 수 있는 출제 포커스 및 학습방향

각 단원의 도입부마다 해당 단원의 출제경향을 알 수 있는 출제 포커스 및 학습방향을 수록하였습니다. 이를 적극적으로 활용한다면 본격적인 학습 전, 스스로 학습목표를 설정하고 중점을 두어 학습할 부분을 미리 파악할 수 있습니다.

03 다양한 학습장치를 활용하여 이론 완성하기

한 단계 실력 향상을 위한 다양한 학습장치

1. 조문
출제가능성이 높은 조문의 내용을 관련된 이론과 함께 수록하여, 조문과 이론을 함께 효율적으로 학습할 수 있습니다.

2. 관련 판례
학습에 필수적인 관련 판례의 내용을 원문 그대로 수록하여, 시험에 동일하게 출제되는 판례 내용을 직접 확인할 수 있습니다.

3. 참고
본문 내용 중 더 알아두면 좋을 개념이나 이론들을 '참고'에서 추가로 설명하여 주요 내용들을 보다 쉽게 이해할 수 있도록 했습니다. 이를 통해 본문만으로 이해가 어려웠던 부분의 학습을 보충하고, 심화된 내용까지 학습할 수 있습니다.

04 기출문제를 통하여 학습한 이론 확인하기

실력 향상 및 학습 내용 이해를 위한 학습 점검 문제

1. 기출문제로 문제풀이 능력 키우기
7급 외무영사직과 7·9급 출입국관리직의 주요 기출문제 중 재출제될 수 있는 우수한 퀄리티의 문제들을 선별하여 수록하였습니다. 이를 통해 학습한 내용을 정확하게 숙지하였는지 점검할 수 있으며, 어떤 내용이 문제로 출제되었는지 확인하여 응용력을 키울 수 있습니다.

2. 해설과 키워드를 통하여 다시 한 번 이론 확인하기
해설과 키워드를 통해 관련 단원과 정답 또는 오답인 이유를 확인하고 정확히 이해할 수 있습니다. 이를 통해 문제풀이 과정에서 실력을 한층 향상시킬 수 있으며, 복습을 하거나 회독을 할 때에도 내용을 바르게 이해할 수 있습니다.

공무원 **국제법** 길라잡이

 시험분석

공무원 국제법 과목은 국가직 9급 출입국관리직 시험에 응시하고자 하는 수험생들이 국어, 영어, 한국사, 행정법총론과 함께 학습하여야 하는 과목입니다. 국제법 과목을 선택한 수험생 여러분이 응시한 직렬의 시험을 한눈에 파악할 수 있도록 하단에 9·7급 출입국관리직 시험에 대한 정보를 수록하였으니, 학습 전략을 세우는 데에 참고하시기 바랍니다.

* 사이버국가고시센터(gosi.kr) 참고

1. 대표 직렬 안내

> 9·7급 출입국관리직에 합격하면 국가직 법무부 소속으로 공항이나 항만 등의 세관 또는 출입국관리 사무소에서 내국인·외국인 체류에 관한 심사, 입국요건 확인, 각종 물품검사와 승인, 출입국관리법 범법자들의 단속 및 인계 등의 업무를 담당합니다.

참고

7급 외무영사직의 경우 국가직 2차 필기시험의 전문과목으로 국제법이 채택되어 있습니다. 외무영사직의 업무는 외교통상직과 외무행정직, 외무 정보관리직으로 구분됩니다.

2. 합격선 안내

다음의 그래프는 지난 3년간 9·7급 국가직 출입국관리직의 필기시험 합격선을 나타낸 것입니다. 2013년부터 2021년까지 시행된 9급 공채 출입국관리직군 시험과목에 고교 이수과목 등의 선택과목이 포함되어 있었습니다. 따라서, 9급은 난이도 차이 보정을 위해 조정점수제가 도입되어 5개 응시과목의 총득점으로 합격선 및 합격자를 결정하였으며, 7급의 경우 기존과 같이 평균 점수로 합격선을 결정하였습니다. 따라서 급수에 따른 합격선 기준이 다름을 참고하여 그래프를 확인하시기 바랍니다.

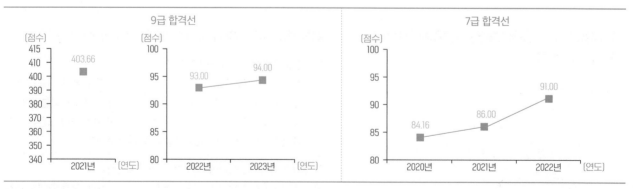

참고

1. 조정점수제란, 서로 다른 선택과목을 응시한 수험생들의 성적을 동일한 척도상에서 비교할 수 있도록 해당 과목의 평균과 표준편차를 활용하여 과목 간 난이도 차이를 보정할 수 있는 제도입니다.
2. 2022년부터 선택과목이었던 고교이수과목(사회, 과학, 수학)이 제외됨에 따라 조정점수제는 폐지되었으므로, 학습에 참고하시기 바랍니다.

커리큘럼 * 학습 기간은 개인의 학습 수준과 상황 및 시험 일정에 따라 조절하기 바랍니다.

기본이론
2개월

탄탄한 기본 다지기

국제법의 기초를 잡고 큰 골격을 세운다는 느낌으로 접근하여, 국제법 이론의 주요 개념 및 사건들과 익숙해지면서 탄탄하게 기본기를 다지는 단계입니다.

TIP 모든 개념을 암기하려고 하기보다는 전체적인 국제법 이론의 흐름을 파악하고 이해하는 것을 목표로 삼고 학습하는 것이 좋습니다.

심화이론
2개월

깊이 있는 이론 정립

탄탄한 기본기를 토대로 한층 깊이 있는 심화이론을 학습하여 고득점을 위한 발판을 마련하고, 이론에 대한 이해도를 높임으로써 실력을 확장시키는 단계입니다.

TIP 기본이 되는 주요 개념들의 복습과 함께 조약집·판례집까지 연계하여 학습하고, 기본서를 단권화하는 등 스스로 이론을 정리하며, 효과적인 회독을 통해 반복학습하는 것이 좋습니다.

문제풀이
4개월

단원별 기출문제 및 예상문제 풀이

이론을 응용하여 문제를 푸는 방법을 학습하는 단계입니다. 다양한 형태의 예상문제들을 풀어봄으로써 취약한 단원을 집중적으로 보완하고, 기본 및 심화이론 단계에서 다루었던 문제들보다 더 복잡하고 까다로운 문제들을 통해 응용력과 이해력을 높이는 연습이 필요합니다.

TIP 학습한 이론이 어떻게 문제화되는지 확인하며, 부족한 부분과 자주 출제되는 부분을 확인하고 확실하게 정리하는 것이 좋습니다.

실전동형
2개월

실전과 동일한 형태의 전 범위 모의고사 풀이

출제 가능성이 높은 개념과 유형의 문제만을 엄선한 예상문제를 실제와 가장 유사한 형태로 풀어보며, 마지막까지 부족한 부분을 점검하고 확인하여 실전감각을 기르는 단계입니다.

TIP 전 범위를 기출문제와 유사한 형태의 문제로 빠르게 점검하고, 실전처럼 시간 배분까지 연습합니다. 모의고사를 통해 본인의 실력을 마지막까지 확인해서, 자주 틀리거나 취약한 부분은 기본서와 조약집, 판례집, OX문제집으로 보충하여 대비하는 것이 좋습니다.

학습 플랜

효율적인 학습을 위하여 DAY별로 권장 학습 분량을 제시하였으며, 이를 바탕으로 본인의 학습 진도나 수준에 따라 조절하여 학습하기 바랍니다. 또한 학습한 날은 표 우측의 각 회독 부분에 형광펜이나 색연필 등으로 표시하며 채워나가기 바랍니다.

* 1, 2회독 때에는 60일 학습 플랜을, 3회독 때에는 30일 학습 플랜을 활용하면 좋습니다.

60일 플랜	30일 플랜		학습 플랜	1회독	2회독	3회독
DAY 1	DAY 1	제1편 국제법 총론	제1장 서론, 학습 점검 문제	DAY 1	DAY 1	DAY 1
DAY 2			제2장 국제법의 연원 제1절 ~ 제3절	DAY 2	DAY 2	
DAY 3	DAY 2		제2장 국제법의 연원 제4절 ~ 제9절	DAY 3	DAY 3	DAY 2
DAY 4			제2장 국제법의 연원 제10절 ~ 제12절, 학습 점검 문제	DAY 4	DAY 4	
DAY 5	DAY 3		제3장 조약법 제1절 ~ 제3절	DAY 5	DAY 5	DAY 3
DAY 6			제3장 조약법 제4절 ~ 제5절	DAY 6	DAY 6	
DAY 7	DAY 4		제3장 조약법 제6절 ~ 제7절	DAY 7	DAY 7	DAY 4
DAY 8			제3장 조약법 제8절 ~ 제9절, 학습 점검 문제	DAY 8	DAY 8	
DAY 9	DAY 5		제4장 국제법과 국내법의 관계	DAY 9	DAY 9	DAY 5
DAY 10			제4장 복습, 학습 점검 문제	DAY 10	DAY 10	
DAY 11	DAY 6		제5장 국제법의 주체 제1절 ~ 제2절	DAY 11	DAY 11	DAY 6
DAY 12			제5장 국제법의 주체 제3절 ~ 제5절	DAY 12	DAY 12	
DAY 13	DAY 7		제5장 복습, 학습 점검 문제	DAY 13	DAY 13	DAY 7
DAY 14			제1편 국제법 총론 복습	DAY 14	DAY 14	
DAY 15	DAY 8	제2편 국가	제1장 승인	DAY 15	DAY 15	DAY 8
DAY 16			제1장 복습, 학습 점검 문제	DAY 16	DAY 16	
DAY 17	DAY 9		제2장 국가의 기본적 권리 및 의무	DAY 17	DAY 17	DAY 9
DAY 18			제2장 복습, 학습 점검 문제	DAY 18	DAY 18	
DAY 19	DAY 10		제3장 국가관할권 및 면제 제1절	DAY 19	DAY 19	DAY 10
DAY 20			제3장 국가관할권 및 면제 제2절	DAY 20	DAY 20	
DAY 21	DAY 11		제3장 국가관할권 및 면제 제3절 ~ 제4절, 학습 점검 문제	DAY 21	DAY 21	DAY 11
DAY 22			제4장 국가책임 제1절 ~ 제2절 **2**	DAY 22	DAY 22	
DAY 23	DAY 12		제4장 국가책임 제2절 3 ~ 제2절 **5**	DAY 23	DAY 23	DAY 12
DAY 24			제4장 국가책임 제3절, 학습 점검 문제	DAY 24	DAY 24	
DAY 25	DAY 13		제5장 국가의 대외기관 제1절 **1** ~ **7**	DAY 25	DAY 25	DAY 13
DAY 26			제5장 국가의 대외기관 제1절 **8** ~ 제2절	DAY 26	DAY 26	
DAY 27	DAY 14		제5장 국가의 대외기관 제3절 ~ 제4절, 학습 점검 문제	DAY 27	DAY 27	DAY 14
DAY 28			제6장 국가승계, 학습 점검 문제	DAY 28	DAY 28	
DAY 29	DAY 15		제2편 국가 복습	DAY 29	DAY 29	DAY 15
DAY 30			제1장 국제연합(UN) 제1절 ~ 제2절	DAY 30	DAY 30	

● 1회독 때에는 처음부터 완벽하게 학습하려고 욕심을 내는 것보다는 전체적인 내용을 가볍게 익힌다는 생각으로 교재를 읽는 것이 좋습니다.

● 2회독 때에는 1회독 때 확실히 학습하지 못한 부분을 정독하면서 꼼꼼히 교재의 내용을 익힙니다.

● 3회독 때에는 기출 또는 예상 문제를 함께 풀어보며 본인의 취약점을 찾아 보완하면 좋습니다.

60일 플랜	30일 플랜	학습 플랜		1회독	2회독	3회독
DAY 31	DAY 16	제3편 국제기구	제1장 국제연합(UN) 제3절 ~ 제5절	DAY 31	DAY 31	DAY 16
DAY 32			제1장 국제연합(UN) 제6절, 학습 점검 문제	DAY 32	DAY 32	
DAY 33	DAY 17		제2장 유럽연합(EU), 학습 점검 문제	DAY 33	DAY 33	DAY 17
DAY 34			제3편 국제기구 복습	DAY 34	DAY 34	
DAY 35	DAY 18	제4편 개인	제1장 국민 및 외국인 제1절 ~ 제2절	DAY 35	DAY 35	DAY 18
DAY 36			제1장 국민 및 외국인 제3절	DAY 36	DAY 36	
DAY 37	DAY 19		제1장 국민 및 외국인 제4절, 학습 점검 문제	DAY 37	DAY 37	DAY 19
DAY 38			제2장 국제인권법 제1절 ~ 제3절	DAY 38	DAY 38	
DAY 39	DAY 20		제2장 국제인권법 제4절 ~ 제5절	DAY 39	DAY 39	DAY 20
DAY 40			제2장 국제인권법 제6절	DAY 40	DAY 40	
DAY 41	DAY 21		제2장 국제인권법 제7절, 학습 점검 문제	DAY 41	DAY 41	DAY 21
DAY 42			제4편 개인 복습	DAY 42	DAY 42	
DAY 43	DAY 22	제5편 국제법의 규율 대상	제1장 해양법 제1절 ~ 제3절	DAY 43	DAY 43	DAY 22
DAY 44			제1장 해양법 제4절 ~ 제5절	DAY 44	DAY 44	
DAY 45	DAY 23		제1장 해양법 제6절 ~ 제7절	DAY 45	DAY 45	DAY 23
DAY 46			제1장 해양법 제8절 ~ 제9절	DAY 46	DAY 46	
DAY 47	DAY 24		제1장 해양법 제10절 ~ 제12절	DAY 47	DAY 47	DAY 24
DAY 48			제1장 해양법 제13절, 학습 점검 문제	DAY 48	DAY 48	
DAY 49	DAY 25		제2장 국제법의 객체 제1절	DAY 49	DAY 49	DAY 25
DAY 50			제2장 국제법의 객체 제2절	DAY 50	DAY 50	
DAY 51	DAY 26		제2장 국제법의 객체 제3절 ~ 제4절, 학습 점검 문제	DAY 51	DAY 51	DAY 26
DAY 52			제3장 국제환경법 제1절 ~ 제3절	DAY 52	DAY 52	
DAY 53	DAY 27		제3장 국제환경법 제4절, 학습 점검 문제	DAY 53	DAY 53	DAY 27
DAY 54			제5편 국제법의 규율 대상 복습	DAY 54	DAY 54	
DAY 55	DAY 28	제6편 국제분쟁해결 및 무력사용	제1장 국제분쟁해결제도 제1절 ~ 제4절 ❸	DAY 55	DAY 55	DAY 28
DAY 56			제1장 국제분쟁해결제도 제4절 ❹ ~ 제4절 ❼, 학습 점검 문제	DAY 56	DAY 56	
DAY 57	DAY 29		제2장 전쟁과 평화에 관한 법 제1절 ~ 제3절	DAY 57	DAY 57	DAY 29
DAY 58			제2장 전쟁과 평화에 관한 법 제4절 ~ 제5절, 학습 점검 문제	DAY 58	DAY 58	
DAY 59	DAY 30		제6편 국제분쟁해결 및 무력사용 복습	DAY 59	DAY 59	DAY 30
DAY 60			총 복습	DAY 60	DAY 60	

해커스공무원 학원 · 인강

gosi.Hackers.com

제 **1** 편

국제법 총론

제1장 | 서론

제1절 | 국제법의 의의

1 국제법의 개념

종래 통설에 의하면 국제법은 '국가 간의 법'으로서 국가 상호간 관계를 규율하는 법을 의미한다. 이 견해는 국가만이 국제법상 권리와 의무의 주체가 될 수 있다는 전제에 입각하고 있으나, 국제기구나 개인 등의 주체성이 인정되는 현대 국제사회 현실과는 괴리가 있다. 따라서 현대국제법상 국제법은 '국제사회의 법'으로 정의된다. 국제사회는 국가·국제조직·개인 등으로 구성되므로 국제법은 이들 상호간 관계를 규율하는 법이라는 것이다.

2 국제법 개념의 유래

1. jus gentium(만민법)

국제법이라는 용어는 로마의 'jus gentium'에서 유래된 것이다. 'jus gentium'은 로마인과 이방인, 이방인과 이방인 간 적용되었던 로마의 국내법으로서 'jus civile'에 대비되는 법이다. 'jus civile'는 로마인 상호간 적용되는 법을 의미한다.

2. jus inter gentes

영국의 리차드 즈우치(Richard Zouche)가 17세기 중엽에 사용하기 시작한 용어로서 1780년 제레미 벤담(Jeremy Bentham)에 의해 영어인 'international law'로 번역되어 사용되었다.

3. 만국공법(萬國公法)

1864년 중국에서 미국인 윌리엄 마틴(William Martin)이 헨리 위튼(Henry Wheaton)의 'Elements of International Law'를 번역하면서 '만국공법'이라는 용어를 사용하였다.

4. 국제법(國際法)

일본과 한국에서는 '만국공법'이라는 용어가 사용되었으나 1873년 미즈꾸리가 처음으로 울시(T. W. Woolsey)의 'International Law'를 '국제법'으로 번역한 이래 현재 일반화되어 사용되고 있다.

3 국제법과 구별되는 법

1. 국제사법(國際私法)

국제사법은 섭외적 사법관계에 적용될 준거법을 지정하는 국내법을 의미한다. 국제법은 국제법 주체 상호간 공법관계를 규율하지만 국제사법은 사인의 섭외적 사법관계를 규율한다는 점에서 구별된다.

2. 세계법(世界法)

세계법은 여러 개의 개별 국가의 존재를 부정하고 통일된 하나의 세계를 상정한 법을 의미한다. 따라서 주권국가의 존재를 전제로 하는 국제법과 다르다.

3. 국제예양(國際禮讓)

국제예양이란 국제사회에서 국가가 국제공동생활을 함에 있어서 준수함을 요하는 예의 · 호의 · 편의를 말한다. 국제법을 위반하면 국제법상 위법행위가 되나, 국제예양을 위반해도 국제법을 위반한 것은 아니다. 또한 국제법 위반에 대해서는 복구 또는 대항조치가 인정되지만 국제예양 위반행위에 대해서는 보복(retaliation)이 인정된다. 보복(retaliation)이란, 타국의 위법한 행위 또는 적법하지만 비우호적인 행위에 대응하기 위한 일국의 비우호적이지만 적법한 행위를 지칭한다. 보복조치(retaliation)는 그 자체 위법한 행위가 아니기 때문에 대항조치와는 달리 비례의 요건이 적용되지 아니한다. 보복조치(retaliation)의 예로서는 외교관계의 단절, 대사관 규모의 축소, 여러 종류의 금수조치, 자발적인 원조 계획의 철회 등을 들 수 있다.

4. 초국내법(transnational law)

초국경법이라고도 한다. 제섭(Jessup)에 의해 제시된 개념으로서 국경선을 넘는 행동이나 사건을 규율하는 모든 법을 포함하는 개념이다. 따라서 초국내법에는 국제법과 국제거래법이 포함되며, 그러한 표준적 범주에 전적으로 들어맞지 않는 기타 규칙들도 포함된다.

5. 초국가법(super - national law)

슈바르첸베르거(Schwarzenberger)가 제시한 개념이다. 유럽연합법을 초국가법이라고 하였다. 국가들이 조약을 체결하여 초국가적 기구를 설립하고 동 기구의 입법이 회원국의 헌법보다 우월한 지위를 가지는 경우 당해 법을 초국가법이라고 한다.

6. 국제거래법

기업들의 국제 상거래를 규율하는 법으로서 사법(私法)이다. 따라서 공법인 국제법과는 구별된다.

7. 양허계약

국가와 개인 간 체결되는 계약을 말한다. 대규모 국책사업을 위해 체결되는 것이 일반적이다. 준국제법이라고도 한다. 국제사법재판소(ICJ)는 양허계약은 조약이 아니라고 본다.

4 국제법의 분류

1. 존재형식

국제법은 존재형식에 따라 크게 조약국제법과 관습국제법으로 구별된다. 조약국제법은 국제법 주체 간의 문서에 의한 명시적 합의의 형식으로 성립된 국제법을 말한다. 반면 관습국제법은 국제법 주체 간에 형성되어 온 오랜 관행이 국제법 주체에 의해 법으로서 법적확신을 갖게 되어 성립된 국제법을 말한다.

2. 인적 적용범위

국제법은 보편국제법, 일반국제법 및 특수국제법으로 나뉜다. 보편국제법은 모든 국가에 대해 적용되는 국제법을 의미하며 일반적으로 관습국제법의 형식으로 존재한다. 일반국제법은 대부분의 국가에 대해 적용되는 국제법을 의미하며, 특수국제법은 일부 국가에 대해서만 적용되는 국제법을 의미한다.

3. 구속력

구속력으로는 연성국제법과 경성국제법으로 크게 구별될 수 있다. 경성국제법이 구속력을 갖는 반면, 연성국제법은 구속력을 갖지 아니한다. 엄밀히 말해 연성국제법은 국제법이 아닌 국제규범의 한 형태로 볼 수 있다. 연성국제법은 '응고과정에 있는 법'으로서 추후 관습국제법이나 조약법으로 형성되어 경성국제법이 되기도 한다.

5 국제법의 일반적 특징

1. 효력

국제법은 대체로 임의규범성을 띤다. 임의규범이란 법주체 상호간 합의를 통해 배제할 수 있는 규범을 말한다. 국가의사를 강조하여 임의규범성이 강하나, 오늘날 강행규범의 성립으로 임의규범성은 완화되었다.

2. 주체

국제법의 주체를 국가로 한정하여 보면 국내법관계에 비해 주체가 매우 소수라고 할 수 있다. 그러나 오늘날 국제법의 주체는 국제기구나 개인을 포함하는 개념으로 인식되므로 주체의 소수성이라는 특성은 상대화되었다.

3. 이행

국제사회에는 통일된 법집행기관이 존재하지 않으므로 국제법의 이행은 국가의 자발적 의사에 따른다. 다만, 오늘날에는 UN 안전보장이사회와 같은 국제기구에 의해 국제법의 이행이 강제되기도 한다. 한편, 전통적으로 국제법은 국가자체의 책임을 추궁하였으나, 오늘날 개인이 국제형법상 책임을 부담하는 제도도 형성되었다.

4. 분권적 정립과 집행

국제사회에는 통일된 입법기관이나 집행기관이 존재하지 않아 국제법은 고도의 분권성을 특징으로 한다. 즉, 국제법은 국가들에 의해 정립되고 집행된다. 따라서 국가들의 합의나 관행에 의해 국제법이 성립된다. 또한 성립한 국제법은 국가들이 분권적으로 집행한다.

제2절 | 국제법의 법적 성질

1 의의

국제법의 법적 성질에 대한 논의는 크게 국제법이 법으로서 강제력을 지닌 사회규범인가에 대한 논의와 만약 법으로서 강제력 또는 구속력을 가진 법규범이라면 그 구속력의 근거가 무엇인가에 대한 논의로 크게 구별할 수 있다. 국제법은 국제사회의 법이고 국제사회는 주권국가의 병렬적 공존체계를 거쳐서 발전되어 왔기 때문에 국제법의 존재와 성격에 대해 역사적으로 여러 가지 의문이 제기되었다. 오늘날 국제법의 법적 성격을 부인하는 견해는 찾아보기 어렵지만 국제법 부인론은 국제법의 특징을 보여주고 국제법의 발전방향을 제시한다는 점에서 의미가 있다.

2 국제법 부인론

1. 의의

국제법의 법적 성질을 부인하는 일반적 근거는 국제사회에는 국가를 강제할 상위기관이 없다는 것이다. 상위기관이란 법을 제정하는 입법기관, 그 위반을 판가름하는 사법부, 그 위반에 대하여 제재를 가하는 행정기관을 말한다. 국내사회와 달리 국제사회에는 국가를 초월하는 상위조직이 없으므로 국제법을 법이라 할 수 없다는 것이고, 국제법은 침해되는 경우가 많다는 점도 지적된다.

2. 실정국제도덕설

오스틴(John Austin), 홉스(Thomas Hobbes), 스피노자(Baruch de Spinoza)에 의해 주창된 학설로서 이들은 법의 본질을 대상자를 지배하고 복종시킬 수 있는 강제력을 갖는 주권자의 명령으로 본다. 그러나 국제법은 주권자에 의해 정립된 것이 아니고 일반여론에 의해 형성된 '실정국제도덕'에 지나지 않으므로 법의 본질적 요소인 구속력이 결여되어 있어 법규범으로서의 성질을 갖지 못한다고 본다.

3. 미분화사회규범설

국제사회에는 국내사회처럼 사회규범을 제정하고 강제하는 조직이 형성되어 있지 않으므로 국제법도 사회규범의 일종이나 도덕으로부터 분화된 법은 아니라는 견해이다. 즉, 이 견해는 규범제정권력과 규범강제권력을 갖는 분업조직이 발달된 국내사회에만 법이 존재할 수 있고, 그렇지 못한 국제사회에는 법이 존재할 수 없다고 본다.

3 국제법의 구속력의 근거

1. 의의

국제법의 법적 성질 및 구속력을 인정하더라도 그 구속력의 근거, 즉 주권국가가 무엇 때문에 강제적 구속을 받는가에 대해서는 다양한 학설이 존재한다. 이에 관한 학설은 크게 의사주의(voluntarism)와 객관주의(objectivism)로 분류할 수 있다. 의사주의는 법이란 법제정기관의 의사표현이라고 보는 입장이고, 객관주의는 법강제력의 근거를 법제정기관의 의사보다 상위에 있는 '어떤 요소'에서 찾으려는 입장이다.

2. 의사주의(voluntarism)

(1) 자기제한설

옐리네크(Georg Jellink)는 국제법은 국가가 자신의 의사에 따라 스스로를 제한하는 것에 불과하고 다른 어떤 것에 의해서도 제한이나 구속을 받지 않는다고 본다. 국가는 국제공동체의 질서 유지라는 목적 달성을 위해 필요하기 때문에 스스로 국제법을 창설한 것이다. 국제법이 국가를 위해 있는 것이지 국가가 국제법을 위해 있는 것은 아니라고 보는 이 견해는 결국 국가에 이익이 되는 한도 내에서 조약을 준수할 필요가 있다는 견해로서 국제법을 부정하는 것이다.

(2) 공동의사설

공동의사설에 따르면 개별 국가는 여러 국가의 개별 의사가 연합하여 생긴 공동 의사에만 구속을 받는다. 즉, 여러 국가의 공동의사가 곧 국제법의 연원이라는 것이다. 공동의사를 만들어내는 의사병합은 의사합일(vereinbarung)이라는 과정을 통해 이루어진다. 의사합일은 조약과 달리 대립된 의사의 합치가 아니라 진정한 의사의 결합을 의미한다. 공동의사설은 개별 국가가 의사합일에 참여했다가 나중에 철회하는 것을 막지 못한다는 점에서 진정한 구속력의 근원인가에 대해 비판이 제기된다. 또한 주권국가가 왜 공동의사에 복종해야 하는가를 충분히 설명하지 못하는 난점도 있다.

3. 객관주의(objectivism)

(1) 근본규범설

켈젠(H. Kelsen), 페어드로스(A. Verdross) 등 Wien학파가 주장하는 견해로서 국제법의 기초를 설명하기 위해 근본규범(Grundnorm)을 상정한다. 즉, 근본규범을 하나의 가설로 설정하고, 이를 타당근거로 하여 국제법이 규범으로서의 효력을 갖는다고 설명한다. 모든 법규는 근본규범을 정점으로 하여 국제법, 헌법, 법률, 명령의 순으로 피라미드형의 상하단계구조를 형성하며, 하위의 법규범은 상위의 법규범으로부터 효력의 근거를 부여받는다. 켈젠(H. Kelsen)은 근본규범을 실증적 규범이 아닌 관념적·가설적 규범이라고 보았으나 페어드로스(A. Verdross)는 '약속은 준수되어야 한다'(pacta sunt servanda)라는 실존적 정의 또는 가치를 근본규범으로 보았다.

(2) 사회학적 이론

레옹 뒤기(Leon Duguit), 셀(Georg Scelle)은 사회적 연대성에 기초하여 사회질서를 유지하기 위한 필요성에서 법의 내용과 강제력이 유래한다고 본다. 셀(Georg Scelle)은 법의 근거가 되는 사회연대성의 유지는 생물학적 필연성이라고 본다. 사회적 연대성을 해치는 것은 사회생활을 해치는 것이고 나아가 자신의 사회생활을 해친다. 따라서 연대성의 유지를 위해서 조직적 제재가 필요하다는 사회적 의식이 굳어지는 것이 법의 실질적 연원이고 이렇게 형성된 법이 객관적 법이라고 본다. 국제법은 국제사회의 연대성 유지를 위한 국제사회적 필요성에서 그 근거와 내용이 유래된 것이다.

(3) 자연법이론

그로티우스(H. Grotius)는 국제법규칙들이 인간이성의 보편적 합의에 기초를 두고 있다고 하여 궁극적으로는 인간이성을 법의 근거 및 강제력의 기초로 삼았다. 한편, 전통적 자연법이론에서는 자연과 인간생활의 관찰, 분석을 통해 발견할 수 있는 상식적인 자연질서를 실정법의 근거로 삼고 있다. 국제법의 근거와 강제력의 기초도 결국은 상식적인 자연질서에 기초한다고 본다.

참고

의사주의와 객관주의 비교

구분	의사주의	객관주의
국제법의 타당기초	국가의사	자연법
국제법의 주체	국가(능동적 주체) 국제공동체의 존재 부정 국제법 = 국가 간의 법	국가 외 국제법 주체 인정 국제공동체의 존재 전제 국제법 = 국제사회의 법
국제관습법의 본질	묵시적 합의	자발적 형성 규범
집요한 불복국가	예외적 긍정	부정
강행규범의 본질	국가의사 및 합의	자연법
강행규범의 제3자효	부정	인정
입법부적 조약	부정	인정
국제법과 국내법 관계	이원론(대립설)	국제법 상위 통일설
국가승인의 본질	창설적	선언적

제3절 | 국제법의 발달사

1 국제공동체의 역사적 전개 과정

1. 고대(4세기 이전)

국가 간의 관계를 규율하는 규범으로서의 국제법은 고대에도 존재하였으나 고대국제법은 종교적 성격을 강하게 띠고 특정 사항에 대한 단편적 규정에 지나지 않았다.

2. 중세(4세기 ~ 16세기)

(1) 중세시대 유럽에는 기독교적 국제사회가 형성되어 기독교적 공동체정신에 의해 육성된 기독교 국제법이 발전하였다.

(2) 이탈리아 베니스는 외국에 상주외교사절을 파견하였으며 이것을 계기로 15세기에는 다른 국가들도 상주외교사절을 파견하여 외교사절제도가 발달하게 되었다.

(3) 14세기 중엽 바르셀로나에서 집적된 '콘솔라토 델 마레'는 유럽국가들의 해상법에 지대한 영향을 주었다.

3. 웨스트팔리아조약

(1) 의의

국제법은 일차적으로 주권독립국가 상호 간 관계를 규율하는 법체계이므로 국제공동체의 탄생을 전제로 한다. 영토주권과 독립국가의 관념은 1648년 웨스트팔리아평화조약에 의해 형성되었으므로 국제공동체의 시발점은 동 조약으로 보는 것이 일반적이다. 이후 국제공동체는 수평적 확대과정을 거쳐 1960년대 완성된다.

(2) 웨스트팔리아조약의 주요 내용

첫째, 신교가 처음으로 국제적 차원에서 승인되었다. 이로써 로마교황과 가톨릭교회가 보편적 권위를 상실하고 신교에 기초한 국가들의 존재가 합법화되고 가톨릭교회로부터 독립하게 되었다. 둘째, 신성로마제국(Holy Roman Empire)의 구성국가들은 외국과 동맹을 체결할 권리를 공식적으로 인정받았다. 웨스트팔리아조약은 신성로마제국의 사실상 붕괴와 주권독립국가들에 기초한 근대국제공동체의 탄생을 가져왔다.

(3) 웨스트팔리아체제의 수평적 확대

유럽에서 형성된 근대국제법질서는 비유럽지역으로 점진적으로 확대된다. 18세기 말과 19세기 초 미국을 위시한 유럽의 아메리카 식민지들이 독립을 획득했으며 크리미아전쟁 이후 19세기 중엽에는 오토만제국이 최초 유럽국제법질서에 편입되었다. 이후 1914년까지 페르시아(이란), 중국, 일본, 한국 등이 서양국가들과 국교를 수립하면서 국제법질서에 편입되었다. 1920년 국제연맹규약 제1조는 모든 국가의 국제연맹 가입을 허용함으로써 국제법공동체의 보편화를 명시하였으나 식민통치를 받는 국가들이 많았으므로 실질적으로 보편 국제공동체의 형성은 1960년대 완성된 것으로 볼 수 있다.

4. 웨스트팔리아평화조약 ~ 제1차 세계대전

(1) 영토제국주의의 두 수단

이 시기는 영토제국주의의 시기였고 유럽국가들은 비유럽국가들을 지배함에 있어서 조약(capitulation)체결을 통해 지배하거나 식민지화하는 두 수단을 사용하였다. 식민지화를 위해 무주지선점, 정복, 병합 등의 이론을 발전시켰다. 한편, 조약체결은 불평등하게 이뤄졌다. 유럽인들은 자국 영사의 동의 없이 추방될 수 없었으며, 기독교의식을 거행하고 교회를 세울 권리를 가졌다. 또한 무역과 통상의 자유를 향유하고 영사재판(consular jurisdiction)을 받을 권리가 있었다. 조약의 일방당사자였던 비유럽국가들은 유럽국가에서 이러한 권리나 자유를 갖지 못하였으므로 불평등한 조약이라고 평가된다.

 참고

Capitulation

Capitulation이란 서구국가들에게 우월적·특권적 지위를 부여하기 위해 체결된 불평등조약을 지칭한다. 17 ~ 18세기에 공고화된 Capitulation에 다음 사항이 포함되었다. 첫째, 협정 당사국의 국적을 가진 유럽인은 자국 영사의 동의 없이는 영토국으로부터 추방하지 아니한다. 둘째, 유럽인들은 기독교의식을 거행할 권리를 가지며, 이를 위해 교회를 세울 수 있고, 그들 자신의 묘지를 소유할 수 있다. 셋째, 그들은 무역과 통상의 자유를 향유하며, 일정 수출입관세로부터 면제된다. 넷째, 그들은 영사재판을 받을 권리가 있다. 즉, 아시아와 아프리카 국가들의 영토 내에서 유럽인을 피고로 하는 민사소송이나 형사소송이 제기되는 경우, 그의 본국에서 파견된 재판관들이 그들의 영사관에서 그들 본국의 국내법에 따라 재판한다. 일본은 1858년의 영일수호조약에서 영국에게 인정했던 Capitulation체제를 1876의 한일강화도수호조약을 통해 한국에게 부과하였다. Capitulation체제는 상호주의에 기초한 것이 아니었으므로 비유럽인들은 유럽국가들 내에서 Capitulation에 규정된 이익을 향유할 수 없었다.

(2) 평화보장체제의 발전

① **웨스트팔리아평화조약:** 웨스트팔리아평화조약은 국가의 개별적 무력사용을 통제하여 집단적 평화체제를 형성하기 위해 국가들에게 세 가지 의무를 부과하였다. 첫째, 평화에 대한 위협이 있는 경우 또는 웨스트팔리아조약의 위반이 있는 경우 피해국은 분쟁을 평화적으로 해결하고 적대행위를 하지 않아야 한다. 둘째, 분쟁 발생시 3년의 냉각기간을 가져야 하며 3년 경과 이후에도 분쟁이 해결되지 않는 경우에만 전쟁을 할 수 있었으며 다른 체약국들은 피해국을 원조해야 한다. 셋째, 체약국들은 위반국에 대해 군사원조를 부여하거나 위반국 군대의 자국 영토 통과 등을 허용하지 않을 의무가 있다. 동 조약상의 조치는 실제 취해진 바 없다.

② **유럽협조체제:** 나폴레옹 전쟁이후 신성동맹과 4국동맹을 기반으로 하는 유럽협조체제가 형성되었다. 러시아의 주도로 오스트리아와 프로이센이 동조하여 형성된 신성동맹은 기독교의 가르침에 따라 국가를 통치하고 세 군주간의 원조와 협력을 규정한 조약이나 실효성은 없었다. 4국동맹조약은 영국의 주도로 러시아, 프로이센, 오스트리아가 프랑스 봉쇄를 목적으로 형성한 조약이다. 동 조약 제6조는 유럽의 안보문제를 위해 4국이 필요시 회합하도록 규정하여 '회의외교'를 창안하였다. 유럽협조체제는 유럽의 식민지 독립과 이에 대한 열강의 입장 차이, 라틴아메리카 문제, 터키영토보전문제 등으로 붕괴되고 전통적인 세력균형체제로 돌아갔다.

(3) 국제법규의 발전

① **의의:** 웨스트팔리아체제에서 제1차 세계대전에 이르는 기간 동안 현대국제법의 기초가 되고 있는 대다수 규칙이 형성되었다. 조약법, 국내문제불간섭의무, 국가면제, 외교면제, 영사면제, 영토주권, 무주지선점, 공해자유, 외국인과 그 재산의 보호, 복구, 전쟁법규, 전시인도법 등이 형성·발전되었다. 이러한 법규들은 대체로 강대국에 의해 형성되었으며, 그 결과 대체로 식민제국들의 이익을 옹호하고 무력의 위협이나 사용에 대해서는 어떠한 제한도 부과되지 않았다.

② **노예제도에 관한 규율:** 그리스·로마 시대 패전국의 국민은 모두 승전국의 노예가 되었다. 노예제도는 17, 18세기에도 금지되지 않았으며, 노예무역도 대체로 인정되었다. 다만, 아프리카 흑인들만이 노예가 되었다. 그러나 18세기 후반 노예제도 반대운동, 노예제도에 기초해서 다른 국가들이 상품의 가격경쟁력을 갖는 것에 대한 영국의 우려 등이 요인이 되어 노예무역제도를 금지하는 국내법이나 조약이 창설되었다. 1841년 런던조약, 1885년 베를린 의정서, 1890년 노예무역의 진압에 관한 브뤼셀 일반의정서 등이 노예무역을 금지한 조약들이다. 미국(1865년), 브라질(1888년) 등은 노예제도 자체를 폐지하는 국내법을 제정하기도 하였으나, 노예제도 자체를 폐지한 조약은 체결되지 않았다.

5. 제1차 세계대전 ~ 제2차 세계대전

(1) 러시아 혁명과 기존 국제법에 대한 도전

1917년 사회주의 혁명을 시도한 러시아(소련)는 서구 열강들이 형성해 온 국제법규 및 그 원천이 되었던 사상에 대해 도전하기 시작하였다. 민족자결주의를 주창하여 식민지배를 받고 있는 약소국들의 해방을 촉구하였으며, 약소국에 대한 경제적 강박과 불평등조약의 시정을 주장하였다. 나아가 사유재산신성의 원칙에 기초한 국제법규에 도전하면서 외국인재산의 국유화 정책을 전개하였다. 또한 타국에 대한 침략전쟁을 인도에 대한 최대의 범죄(the greatest crime against humanity)라고 선언하기도 하였다.

(2) 국제연맹의 창설

제1차 세계대전을 겪은 강대국들은 전쟁을 방지하기 위해 집단안전보장제도와 이를 담당할 국제연맹을 창설하였다. 윌슨의 이상주의에 기반하여 창설된 제도이나 전간기 국제정치의 무질서에 대한 대응은 무기력했던 것으로 평가된다. 국제연맹규약은 국가 간 전쟁을 제한하였으나 이를 금지하거나 불법화시키는데 이르지 못하였다. 국제연맹 창설을 주도했던 미국은 국내정치적 사정으로 국제연맹에 가입하지 않았으며, 만장일치의 의사결정 제도 역시 국제연맹의 무기력성을 더해 준 요인이었다.

(3) 국제법의 발전

상설국제사법재판소(PCIJ)가 설치되어 분쟁의 평화적 해결을 위한 제도적 발전이 있었다. 규범분야에서는 무력사용으로 형성된 국가에 대한 불승인의무, 전쟁의 포괄적 금지 등 신규범이 창설되었다. 한편, capitulation이 점진적으로 폐지되고, 노예제도 자체의 폐지를 지향하는 등 기존 규범이 개정되었다. 소수민족이나 집단에게 국제기구에 대한 청원(petitions)이 허용되기도 하였다.

6. UN헌장 ~ 식민지독립(1945 ~ 1960)

(1) 제2차 세계대전의 영향

첫째, 무력사용금지, 민족자결, 인권존중원칙을 담은 UN헌장이 채택되었다. 둘째, 전쟁범죄, 평화에 대한 죄, 인도에 대한 죄를 저지른 자들이 임시국제군사재판소에서 처형되었다. 셋째, 핵무기가 실전에 사용되고 막대한 피해를 야기함으로써 핵군축에 대한 필요성이 절실하게 제기되었다.

(2) UN의 집단안전보장제도

UN의 집단안전보장제도는 유럽협조체제와 유사하게 형성되었다. 안전보장이사회 상임이사국을 설치함으로써 강대국에 의한 평화체제적 성격을 띠게 되었다. 또한 안전보장이사회의 총회에 대한 우위를 인정하였다. 그러나 UN의 집단안전보장제도는 냉전의 발발로 제대로 작동하지 않았으며 국가들은 전통적 세력균형에 의한 안보로 회귀하였다.

(3) 국제사회의 분열과 국제법 발달의 한계

국제사회는 크게 미국을 위시한 서방진영과 소련을 중심으로 하는 공산진영으로 양분되었다. 한편 신생독립국들은 사회주의 진영의 지원하에 기존 국제법규의 개정을 추진하였으나 신생독립국들의 결속력이 약하여 구체적인 성과를 거두지는 못하였다.

7. 제3세계의 거부와 도전(1960 ~ 1990)

(1) 미국과 소련

기존 강대국인 미국과 소련은 한편으로는 상호 갈등하면서도 공조체제를 구축하기도 한 시기였다. 자신들의 핵보유는 지속하면서도 핵무기의 수평적 확산을 막기 위해 1968년 핵무기비확산조약을 체결하였다. 또한 1975년 유럽안보협력회의(Conference on Security and Cooperation in Europe: CSCE)를 개최하여 헬싱키 최종의정서를 채택하기도 하였다.

(2) 제3세계

개발도상국들은 사회주의 진영과 연대하여 기존 국제법의 개정을 시도하여 상당 부분 성공을 거두었다. 첫째, UN총회 결의를 채택하여 기존 국제법의 변경을 시도하였으나 이는 성공하지 못했다. 둘째, 두 개의 UN국제인권규약을 채택하고 제1조에 민족자결권을 명문화하였다. 셋째, 결속과 형제애에 기초한 제3세대 인권의 개념을 제시하였다. 넷째, 1970년 우호관계선언을 UN총회 결의로 채택하여 자신들의 의견이 반영된 국제법의 기본원칙을 수립하였다. 다섯째, 1982년 UN해양법협약을 채택하여 영해범위를 확대하고 배타적 경제수역이나 군도수역과 같은 새로운 해양제도를 창설하였다. 여섯째, 민족해방투쟁이 합법화되었다. 일곱째, 조약의 무효사유로서 강행규범위반과 국가대표의 부패를 추가하였다.

8. 소련의 몰락과 얄타체제의 종언(1990 ~)

(1) 냉전의 해체

소련이 민주주의와 자본주의로의 체제전환을 선택하고 독일이 통일되면서 냉전의 한축을 담당했던 소련은 붕괴되었다. 1991년 12월 소련은 공식 붕괴되었고 소련에 속했던 국가들은 독립국가연합(Commonwealth of Independent States: CIS)을 형성하였다.

(2) UN의 집단안전보장제도의 활성화

냉전기 사실상 사문화되었던 UN의 집단안보체제는 탈냉전기 들어 활성화되었다. 이라크의 쿠웨이트 침공, Lockerbie 사건, 보스니아 내전, 소말리아 사태, 르완다 사태, 쿠르드족 보호를 위한 인도적 간섭, 전범재판을 위한 UN임시형사재판소 설치 등이 UN안보리에 의해 성공적으로 추진되었다.

(3) 국제제도의 변화

1994년 남태평양의 팔라우가 미국으로부터 독립함으로써 UN의 신탁통치제도가 종료되었으며, CSCE는 1995년 1월 유럽안보협력기구(OSCE)로 확대되었다. 1998년 상설국제형사재판소(ICC)설치를 위한 로마협약이 채택되었다.

2 국제법학의 발달과 주요 학자

1. Francisco Vitoria(1480 ~ 1546)

'신학논집'에서 이교도인 인디언에 대해서도 자연법상의 권리를 인정하여야 하며, 아메리카 신대륙에서 있었던 스페인의 약탈행위를 불법행위라고 비난하였다. 비토리아(Vitoria)는 국제법을 '자연이성이 제민족 간에 뿌리박힌 것'이라고 규정하였는데, 그가 말하는 국제법은 국가 간의 법이라기보다는 보편인류법에 가깝다고 평가된다.

2. Francisco Suares(1548 ~ 1617)

수아레즈(Suares)는 스콜라철학의 자연법론의 입장에서 신학문제와 관련하여 국제법 이론을 전개하였다. 그는 'jus gentium'을 'jus inter gentes'(로마시민과 제민족 상호간 관계 규율)와 'jus intra gentes'(개개 도시와 왕국이 각기 영역 내에서 준수해야 하는 법)로 구별하고 전자만이 'jus civile'와 구별되는 것이라 하여 국제법의 개념을 더 명확하게 정립하였다.

3. Alberico Gentili(1552 ~ 1608)

젠틸리(Gentili)는 국제법학을 신학이나 윤리학으로부터 분리해 국제법학의 고유영역을 개척한 최초의 학자이다. 조약이나 관습에 의한 실정국제법을 중시하는 한편 국제법의 근저에 존재하는 자연법의 타당성을 인정하고 있었다.

4. Hugo Grotius(1583 ~ 1645)

그로티우스(Grotius)는 '자연법의 아버지'이자 '국제법의 아버지'로 불린다.『전쟁과 평화의 법(De jure belli ac pacis)』을 출간하여 국제법학의 체계를 수립하였다. 신학이론과 결별하고 평등한 주권국가 간에 새로운 법질서를 세우려는 시대적 요청에 부응하는 한편, 자연법이론을 응용하여 국가 간에도 자연법이 존재함을 역설하였다.『전쟁과 평화의 법』제2권에서는 전쟁을 정당한 전쟁(bellum justum)과 부당한 전쟁(bellum injustum)으로 구분하였다. 정당한 전쟁이란 전쟁을 수행할 합법적 이유가 있는 전쟁으로 방어전쟁, 법적인 청구권을 집행하기 위한 전쟁, 불법을 응징하기 위한 전쟁의 3가지가 있다. 또한『포획권에 관하여(De jure praedae)』를 저술하고, 제12장 '자유해양'(Mare liberum)에서 해양자유론을 법적으로 논증하고자 하였다.

5. Saumuel Pufendorf(1632 ~ 1694)

푸펜도르프(Pufendorf)는 실정국제법을 부인하고 국제법을 자연법의 일부라고 주장하는 자연법학파의 대표적 학자였다. 그로티우스(H. Grotius)와 토마스 홉스(T. Hobbes)의 이론을 절충하여 자연법의 기초를 이기심으로부터 나오는 인간의 사회성에 두고 국가의 목적을 사회의 평화와 안전의 유지에 있다고 보았다. 1672년『자연법과 만민법론』에서 자연법만이 국제법이라고 주장하였다.

6. Cornelius van Bynkershoek(1673 ~ 1743)

빈켈스후크(Bynkershoek)는 네덜란드 출신의 법실증주의학자이다. 국제법은 국가 간의 관습에 그 기초를 두는 것이라고 주장하였다. 해양에 관해 '무기의 힘이 끝나는 데서 영토의 권력도 끝난다'(Potestas terrae finitur ubi finitur armorum vis)라고 하여 이른바 착탄거리설(着彈距離說)을 주장하였다. 그는 국제법의 기초는 제국가 간의 공동합의(common consent)에 있다고 보고 이는 관습국제법이나 조약의 형성으로 존재한다고 하였다.

7. Georg Friedrich von Martens(1756 ~ 1821)

법실증주의 국제법학의 건설에 공헌한 학자이다. 국제법은 관습국제법과 조약의 형식으로 생성된다고 주장하였다. 그러나 자연법의 존재를 완전히 부인하지 않고 실정법으로 해결할 수 없는 문제는 자연법에 의지하였다.

8. Emerich de Vattel(1714 ~ 1767)

바텔(Vattel)은 자연법학파와 법실증주의학파의 중간에 선 절충적 학파에 속한다. 국가주권의 절대성·독립성·평등성을 기초로 하는 국제법사상을 전개하였으며 볼프(C. Wolff)의 주장을 받아들여 자연법을 국제관계에 타당한 '필요적 국제법'이라 하고, 실정법, 즉 국가의 합의에 입각한 국제법을 '의사국제법', '협정국제법', '관습국제법'으로 삼분하였다.

9. Heinrich Triepel(1868 ~ 1946)

트리펠(Triepel)은 독일의 법학자로서 1899년 『국제법과 국내법』을 저술하였다. 국가주권과 국제법의 타협을 시도하여 국제법과 국내법의 법체계를 상호 별개로 보는 '이원론'을 주장하였으며, 국제법의 기초에 대해 '공동의사설'(Gemeinwillestheorie)을 주장하였다.

10. John Austin(1790 ~ 1859)

오스틴(Austin)은 법과 도덕을 매우 엄격하게 구별하고 법은 주권자의 명령이라고 하였다. 법은 주권자의 명령이므로 주권자가 없는 국제법은 실정적 도덕(positive morality)에 불과하다고 하여 국제법의 법적 성질을 부인하였다.

11. Hans Kelsen(1881 ~ 1973)

켈젠(Kelsen)은 오스트리아 법학자로서 순수법학의 창시자이며 Wien학파를 창설하였다. 법단계설을 주장하고 국제법과 국내법의 관계에 관하여 국제법 우위의 일원론을 주장하였다.

12. Alfred Verdross(1890 ~ 1980)

베어드로스(Verdross)는 한스 켈젠(H. Kelsen)과 함께 빈학파를 형성한 학자로 방법론적으로 자연법을 인정하고 국제법 우위일원론을 주장하였다.

학습 점검 문제 제1장 | 서론

01 국제법의 역사에 대한 설명으로 옳은 것만을 모두 고르면?

2021년 7급

> ㄱ. 그로티우스(Grotius)는 주로 자연법에 기초한 국제법론을 주장하였다.
>
> ㄴ. 강대국의 외교적 보호권을 제한하기 위하여 칼보(Calvo)조항이 등장하였다.
>
> ㄷ. 19세기 국제법은 탈식민지를 위한 이론적 도구가 되었다.
>
> ㄹ. 강대국의 힘의 사용을 정당화하는 주장으로 드라고(Drago)주의가 등장하였다.

① ㄱ, ㄴ   ② ㄱ, ㄹ
③ ㄴ, ㄷ   ④ ㄷ, ㄹ

국제법의 역사

국제법의 역사에 대한 설명으로 옳은 것은 ㄱ, ㄴ이다.

ㄱ. 그로티우스는 중세법과 근대법의 가교역할을 한 학자이나 주로 중세 자연법사상에 기초하여 국제법을 이해하였다.

ㄴ. 칼보조항은 투자분쟁 발생시 피투자국 국내법원에서 해결하고 본국의 외교적 보호권을 포기한다는 조항이다. 강대국의 개입을 막기 위한 장치로 볼 수 있으나, 현행법상 국가의 권리를 개인이 포기할 수 없다는 견지에서 허용되지 않는 법리이다.

선지분석

ㄷ. 19세기 국제법은 주로 '식민지'를 위한 이론적 도구가 되었다. 선점, 정복 등의 논리가 대표적이다.

ㄹ. 드라고주의(1902)는 채무불이행국에 대한 전쟁을 제한하자는 주장이다. 강대국의 힘의 사용을 '제한'하려는 취지를 반영한 것이다.

답 ①

02 국제법에서 의미하는 현대 국제사회의 특징으로 옳은 것은?

2021년 9급

① 국제사회의 재판기관은 원칙적으로 강제관할권을 갖는다.

② 국제사회는 수평적·분권적 구조로 되어 있는 국제공동체로 이루어져 있다.

③ 국제사회에서 법실증주의는 국익에 기반을 둔 국가 간 합의보다 보편적 국제규범을 더 중시한다.

④ 국제사회에서 UN안전보장이사회는 법집행기관의 역할을 수행한다.

현대 국제사회의 특징

모든 국가가 주권평등원칙에 기초하여 대등하게 인식되고, 세계정부는 존재하지 않으므로 국제사회는 수평적이고 분권적 구조라고 볼 수 있다.

선지분석

① 국제사회의 재판기관은 국가 간 합의를 전제로 하는 임의관할권이 일반적이고 원칙적이다.

③ 법실증주의는 실정법을 강조하며 대체로 의사주의를 지지한다. 의사주의는 법의 연원이 법주체의 의사라고 보며 조약과 관습법만 국제법의 연원이라고 본다. 반면, 보편적 국제규범을 중시하는 것은 보편주의 또는 자연법주의 입장이다.

④ 국제사회의 법집행기관은 없다. 세계정부가 없기 때문이다. UN안전보장이사회는 국가들에 의해 주어진 권한을 행사할 따름이다. 현 국제법 질서에서 입법권, 사법권, 행정권은 모두 개별 국가들이 가진다.

답 ②

03 국제법에 대한 설명으로 옳은 것은?

① 20세기 초까지 다수의 국제법 학자들은 국제기구 및 개인을 국가와 동일한 국제법 주체로 간주하였다.

② 'Jus gentium'이라는 용어는 현재에도 국제법의 다른 표현으로 널리 이용되고 있다.

③ 푸펜도르프(Pufendorf)는 실정법만이 법적으로 구속력 있는 규칙을 담고 있다고 주장하였다.

④ 국제사법은 국제적 규범체제 즉 국제법이 아닌 특정 국가의 국내법의 명칭에 불과하다.

국제법의 의의

한국의 경우 국제사법은 섭외적 사건에 있어 그 법정지나 준거법을 설정하는 법으로서, 명칭과 달리 국내법이다.

선지분석

① 20세기 초까지는 국제법을 '국가 간의 법'으로 규정하여 국가만이 국제법의 주체라는 관념을 갖고 있었다.

② 'Jus gentium'은 '만민법'으로서 로마의 국내법이다. 외국인 상호간 또는 로마시민과 외국인 상호간 관계를 규율하였다. 반면, 'Jus civile'는 '시민법'으로서 로마인 상호간 관계를 규율하였다.

③ 푸펜도르프는 '자연법'만이 국제법이라고 주장하였다.

답 ④

---

04 국제법 역사에 대한 설명으로 옳은 것은?

① Bynkershoek는 자연법론에 입각한 국제법관을 주장한 대표적인 학자이다.

② Gentili는 국제법학을 신학이나 윤리학으로부터 분리하고 확립한 학자로 평가된다.

③ Zouche는 국제법을 jus inter gentes 대신 jus gentium으로 호칭하자고 주장하였다.

④ Bentham은 jus gentium을 law of nations로 번역하여 사용한 최초의 학자이다.

국제법의 역사

Gentili는 국제법학을 신학 등으로부터 분리한 최초의 학자로 평가된다.

선지분석

① Bynkershoek는 18세기 법실증주의적 국제법관을 확산시킨 대표적인 학자이다. 법실증주의는 자연법론과 달리 국가의 의사에서 국제법이 비롯된다고 보는 입장이다.

③ Zouche는 국제법을 jus gentium 대신 jus inter gentes로 호칭하자고 주장하였다.

④ Bentham은 jus inter gentes를 interantional law로 호칭하자고 주장하였다.

답 ②

제2장 | 국제법의 연원

국제법의 연원은 매년 1문제 정도 지속적으로 출제되는 분야이다. 주로 출제되는 주제는 조약과 국제관습법의 효력순위, 법의 일반원칙의 성격, 형평과 선의 적용요건, 지역관습 또는 양자관습법의 성립가능성, 조약과 신사협정의 비교, 강행규범의 발달과정과 연원 등이다. 국제기구 결의, 연성법규론, 일방행위 등은 최근 주로 논의되는 분야이므로 출제가능성이 높지는 않지만 고득점을 위해서는 충분히 숙지해야 할 것이다.

제1절 | 총설

1 국제법 법원의 의의

법원(연원)은 법의 존재형식, 법의 인식자료, 법의 성립기초 등 다양한 의미로 사용되고 있으나, 일반적으로 법의 존재형식을 법원이라고 한다. 법의 존재형식으로서의 법원은 성문법 또는 불문법 등 법의 존재형식 또는 발현형식을 의미한다. 이러한 의미에서 볼 때 국제법의 법원이란 국제법의 존재형식으로서 성문법인 조약, 불문법인 관습법의 형태로 존재하고 있다.

2 국제법 법원의 유형

국제법의 법원에 대한 명문규정은 존재하지 않는다. 다만 국제사법재판소(ICJ) 재판준칙을 규정한 국제사법재판소(ICJ) 규정 제38조가 국제법의 법원을 반영하고 있는 것으로 평가된다. 동 조항에 의하면 조약, 국제관습법, 법의 일반원칙, 학설과 판례, 형평과 선을 재판준칙으로 규정하고 있다. 그러나 동 조항이 국제법의 법원을 열거한 것으로 해석되지는 않는다. 현대국제법에서는 국제기구나 지역공동체의 결의 등도 국제법의 법원이라는 주장이 있다.

ICJ 규정 제38조 - ICJ 재판준칙

1. 재판소는 재판소에 회부된 분쟁을 국제법에 따라 재판하는 것을 임무로 하며, 다음을 적용한다.
   (가) 분쟁국에 의하여 명백히 인정된 규칙을 확립하고 있는 일반적인 또는 특별한 국제협약

제2절 | 조약

1 개념

1. 일반적 정의

조약(treaty)이란 국제법 주체 간의 합의를 내용으로 하는 국제법이다. 세부적으로 보면, 첫째, 조약은 국제법의 능동적 주체 간 합의이다. 국제법의 능동적 주체는 국가, 국제기구, 교전단체 및 민족해방운동단체이다. 둘째, 조약은 국제법 주체 간 명시적 합의이다. 문서로 작성될 때 가장 명시적이다. 셋째, 국가 내부의 지방의 조약체결권을 인정하는 나라도 있고(스위스, 독일, 캐나다 등), 특별 행정구역의 조약체결권을 인정하기도 한다(홍콩, 마카오 등).

2. 조약법에 관한 비엔나협약상 정의

> **조약법에 관한 비엔나협약 제2조 제1항 제(a)호 - 조약의 정의**
> '조약'이라 함은 단일의 문서에 또는 2 또는 그 이상의 관련문서에 구현되고 있는가에 관계없이 또한 그 특정의 명칭에 관계없이, 서면형식으로 국가 간에 체결되며 또한 국제법에 의하여 규율되는 국제적 합의를 의미한다.

(1) 국제법에 의한 규율

조약은 국제법에 의해 규율되어야 한다. 이는 '준거법'에 관한 문제로서 국가 간 합의에 대한 준거법이 국제법이 아니라 국내법이라면 이는 조약이 아니라 계약인 것이다. 예컨대 외교공관용으로 사용하기 위해 당사자 일방 혹은 제3국 국내법을 준거법으로 하여 건물이나 토지를 매입하는 합의는 국가 간 계약(inter - state contract)이다. Chagos Marine Protected Area Arbitration 사건(2015)에서 중재재판소는 국내법에 기초하여 행해진 두 분쟁당사자 간 합의가 추후 식민지의 독립과 함께 구속력 있는 국제적 합의로 승격되었다고 하였다.

(2) 기속의사

조약은 국제 '법'에 의해 규율된다. 즉, 당사자에게 기속의사가 있어야 한다. 따라서 국가 간 합의문서라 하더라도 당사자들이 법적 구속력을 갖는 것으로 의도하지 않은 문서는 조약이 아니다. 이러한 합의는 신사협정 또는 구속력이 없는 협정에 불과하다. 신사협정에 대해서는 후술한다.

(3) 체결주체

조약법에 관한 비엔나협약상 조약은 '국가' 간에 체결된다. 국제기구, 교전단체, 민족해방운동단체 등도 능동적 국제법 주체로서 제한된 범위에서 조약체결능력을 가지나 조약법에 관한 비엔나협약은 국가 간에 체결된 조약만을 적용대상으로 한다. 한편, 합의가 국가와 외국인 또는 다국적 기업 간에 형성된 경우 조약으로 볼 수 없고 다만 '국가계약'(state contract)으로 규정된다. 국제사법재판소(ICJ)는 국가계약이 '이중적 성격'(double character), 즉 국가와 사인 간 합의 및 국가 간 합의의 성격을 동시에 갖는다는 영국의 주장을 배척하였다(Anglo - Iranian Oil Co. 사건, 1952). 국제기구 설립조약이나 국제기구 내에서 채택된 조약은 국가들이 체결한 조약이므로 1969년 조약법에 관한 비엔나협약의 적용 대상이다.

(4) 형식

조약의 형식에 대한 실체적 요건은 사실상 존재하지 않으므로 조약은 서한의 교환(exchange of letters), 공동코뮈니케(joint communiqué) 또는 회의록(minutes of a conference) 형태를 띨 수 있다. 다만, 조약법에 관한 비엔나협약은 '서면형식'(in written form)의 합의에만 적용된다.

2 구별개념

1. 신사협정(gentlemen's agreement)

(1) 개념

신사협정은 법적 구속력이 없는 국제적 합의를 의미한다. 비공식 국제문서, 정치적 의무의 국제문서, 구속력 없는 협정, 사실상의 협정, 비법적 협정 등으로도 불린다.

(2) 법적 성질

신사협정은 조약과 달리 법적 구속력이 없다. 조약과 신사협정은 체결주체 및 체결절차에 있어서는 유사하나 조약은 법적 구속력이 있는 반면, 신사협정은 법적 구속력이 없다는 점에서 대비된다. 법적 구속력의 유무는 '당사국의 의도'를 기준으로 판단한다. 당사국의 의도가 불분명한 경우 당해 국제문서에 대해 비준을 하였는지, 당해 문서의 분쟁해결조항에서 법적 구속력 있는 결과를 동반하는 강제절차를 도입하였는지, UN헌장 제102조에 따라 UN사무국에 등록하였는지 등을 중심으로 판단한다.

(3) 사례

① 1992년 12월 12일 채택된 '남북사이의 화해와 불가침 및 교류·협력에 관한 문서'에 대해 한국 법무부 및 헌법재판소는 법적 구속력이 없는 신사협정이라고 본다.

② 1975년 8월 1일에 채택된 헬싱키의정서는 UN헌장 제102조에 의거하여 등록될 자격이 없다고 명시하여 법적 구속력을 부여하지 아니할 의도를 분명하게 밝혔다.

③ 우리나라 법원은 한일 위안부 문제에 관한 합의는 조약이 아닌 정치적 합의(신사협정)라고 규정하였다.

④ 러시아, 미국, 영국이 핵무기를 폐기한 우크라이나, 벨라루스, 카자흐스탄과 체결한 '부다페스트각서'도 신사협정으로 인정된다. 동 각서에서 영토 보전 혹은 정치적 독립에 대한 힘의 위협 혹은 사용을 자제할 의무를 재확인하고, 러시아, 영국, 미국의 무기는 그 어떤 것도 우크라이나 등을 대상으로 사용되지 않을 것을 약속하였다. 이후 러시아가 크림자치공화국을 병합한 것은 동 각서 위반에 해당되나 각서는 조약이 아니므로 국제법적 책임을 지는 것은 아니었다.

2. 국가계약(state contract)

신사협정이나 조약은 국가 상호간에 주로 체결되나 국가계약은 국가와 사인 상호간에 체결되는 합의를 의미한다. 양당사자 상호간에는 구속력이 있다. 조약 위반시 위반국이 국가책임을 지는 것과 달리 국가계약 위반시 국가책임이 성립하지는 않는다.

3. 교환서한

오늘날 국가 간에 문서를 교환함으로써 조약을 체결하는 경우도 흔한데, 이를 보통 교환각서 또는 교환서한이라고 한다. 교환서한은 대체로 비준을 요하지 않지만, 당사국들이 비준을 전제로 서한을 교환할 수도 있다. 교환서한은 조약을 구성할 수도 있고 신사협정 또는 MOU를 구성할 수도 있기 때문에 의도를 분명히 하는 것이 중요하다. 조약으로 의도된 경우에는 교환서한이 두 정부 간 합의를 구성한다는 표현을 명시하는 것이 일반적이다. 반대로, MOU로 의도된 경우에는 교환서한이 두 정부의 양해를 기록한 것임을 명시하는 것이 일반적이다. Maritime Delimitation in the Indian Ocean(Somalia v. Kenya) 사건에서 ICJ는 MOU에 발효에 관한 조항이 담겨있다면 이 문서가 구속력 있는 것임을 시사한다고 하였다.

3 명칭

1. 조약의 명칭별 의미

조약의 명칭은 다양하다. 그중 조약(treaty), 협약(convention), 협정(agreement), 각서교환(change of notes), 의정서(protocol) 등이 가장 많이 사용된다. 협약은 입법조약의 성격을 띤 다자조약을 의미하며, 협정은 조약이나 협약에 비해 덜 중요한 조약으로서 보통 당사자 수가 적고 형식이 간단한 약식조약을 의미한다. 각서교환 또는 교환공문(Exchange of notes)은 덜 공식적인 간단한 조약을 나타내거나 일정한 조약을 체결하면서 그에 관련된 부수적 문제를 해결하는 협정으로 사용되는 것이 보통이다. 의정서는 협약보다 격식이 낮거나 부수적 조약으로서 대체로 중요한 조약을 체결하면서 일정한 조항의 해석, 분쟁해결방법 등 부수적인 문제를 다루기 위하여 체결하는 경우가 많다.

2. 구속력

조약은 다양한 명칭으로 불리나 그 국제법적 구속력에 있어서 차이가 있는 것은 아니다. 국제사법재판소(ICJ)는 분쟁 당사국 간 회의의사록이 국제사법재판소(ICJ) 관할권 성립에 기초가 되는 국제협정으로 판단하였다(카타르 - 바레인 해양경계획정 사건). 에게해 대륙붕 사건(1978)에서 국제사법재판소(ICJ)는 양국이 발표한 공동성명은 서명이나 가서명되지 않았고 제반 정황을 고려할 때 양국이 국제사법재판소(ICJ)의 관할권을 수락하는 약속을 구성한다고 보기 어렵다고 하였다.

4 분류

1. 정식조약과 약식조약

(1) 정식조약은 조약문의 인증과 조약의 구속을 받겠다는 동의표시를 별도로 하는 조약이다. 반면 약식조약은 서명만으로 조약이 체결되는 간단한 형식의 조약이다.

(2) 약식조약은 미국 대통령이 상원의 간섭을 줄이려는 목적에서 발달시킨 행정협정(executive treaty)에서 유래한다.

(3) 정식조약과 약식조약의 국제법적 효력상 차이는 없으나, 국내법적 효력상 차이는 개별 국가의 헌법에 따라 다르게 규정될 수 있다.

2. 보편조약 · 일반조약 및 특별조약

조약 당사자수를 표준으로 한 구분이다. 보편조약은 모든 국제법 주체를 당사자로, 일반조약은 대부분의 국제법 주체를 당사자로, 특별조약은 특정 국제법 주체를 당사자로 하는 조약이다. 특별조약 중 두 당사자 간에 체결되는 조약을 양자조약이라고 한다.

3. 입법조약과 계약조약

입법조약(law - making treaty)이란 당사자의 이해관계가 동일방향을 지향하고 있는 성질의 조약으로서 보통 일반조약이다. 반면 계약조약(contractual treaty)이란 당사자의 이해관계가 역방향의 성질을 가진 조약으로 보통 특별조약의 형태로 이루어진다. 트리펠(Triepel)은 입법조약만을 국제법의 연원이라고 주장하였으나, 오늘날 국제법에서는 모든 조약의 국제법 연원성이 긍정되는 것이 일반적이다. 입법조약은 입법부적 조약(legislative treaty)과 구별된다. 입법부적 조약은 대세효(對世效, 제3자효)를 예정하는 조약으로서 인정 여부에 대해 학설 대립이 있다.

4. 개방조약과 폐쇄조약

개방조약은 원당사자 이외의 국제법 주체의 가입이 허용되는 조약이고, 폐쇄조약은 원당사자 이외의 국제법 주체의 가입이 허용되지 않는 조약이다.

5. 영속조약과 처분조약

영속조약(permanent treaty)은 유효기간 중 계속적인 이행을 필요로 하는 조약이고 처분조약(dispositive treaty)이란 내용이 1회의 이행으로 목적을 달성할 수 있는 조약이다. 처분조약은 영토에 관한 조약으로 정의되기도 한다.

6. 입법부적 조약

입법부적 조약(legislative treaty)이란 조약 당사자가 아닌 국가들에게 법과 의무를 창설할 목적으로 체결되는 조약을 말한다. 조약법협약 제34조는 '조약은 동의 없이 제3국에게 권리나 의무를 창설할 수 없다.'고 규정하여 입법부적 조약을 부인하고 있다. 다만, 몇 가지 사례는 입법부적 조약을 인정하고 있다. 첫째, Aaland Islands 사건(1920)에서 국제연맹 법률가 위원회는 크림 전쟁 이후 체결된 1856년 파리조약에서 규정한 올랜드섬 비무장의무는 동 조약의 당사자가 아닌 국가도 그 준수를 요구할 권리가 있다고 하였다. 당시 스웨덴은 동 조약의 당사자가 아니었으나, 핀란드에게 올랜드섬 비무장의무를 준수하도록 요구할 법적 권리가 있다고 한 것이다. 이는 1856년 조약의 입법부적 성격을 인정한 것으로 평가된다. 둘째, Reparation for Injuries Suffered in the Service of the UN 사건에 대한 권고적 의견(1949)에서 ICJ는 UN은 객관적 국제인격을 가지므로 비회원국이라 하더라도 UN의 인격을 인정하고 UN에 배상할 의무를 부담한다고 하였다. 이는 UN헌장의 입법부적 성격을 인정한 것으로 평가된다. 셋째, Hans Kelsen은 UN헌장 제2조 제6항이 입법부적 조항이라고 주장하나, Akehurst와 같은 학자의 반론도 있다. 헌장 제2조 제6항은 UN은 국제평화와 안전의 유지에 필요한 한 UN비회원국들도 헌장 제2조의 원칙들에 따라 행동할 것을 확보하여야 한다고 규정하고 있다. 켈젠은 이 조항이 UN비회원국들도 UN헌장 제2조의 원칙들을 따라야 함을 규정한 것으로 해석하여 입법부적 성격을 주장한 것이다. 이에 대해 Akehurst는 동 조항이 비회원국에게 의무를 부과한 것이 아니라 UN이 비회원국과의 관계에서 따라야 할 정책을 표방한 것에 불과하다고 반박하였다.

제3절 | 국제관습법

1 의의

국제사법재판소(ICJ) 규정 제38조 제1항 제(b)호에 의하면 '법으로 수락된 일반관행의 증거'(evidence of a general practice accepted as law)를 의미한다. 오늘날 조약을 통한 규율범위가 확대되고 다수의 국제관습법 규칙이 성문화되어 관습법의 존재의의를 많이 상실하고 있음에도, 국가 의사와 관계없이 원칙적으로 모든 국가에 대해 법으로서 효력을 미친다는 장점을 통해 여전히 중시되고 있다.

2 본질

1. 의사주의(승인설)

관습은 국가들의 묵시적 합의에 의한 국제법의 제정절차라는 견해이다. 묵시적 합의설에 의하면 관습은 조약과 같이 국가들의 동의이므로 규범 창설에 관한 동의를 묵시적으로 부여한 국가에 대해서만 법적 효력이 미친다. 따라서 집요한 불복국가가 인정되며, 신생국은 타국의 승인을 받기 전에는 관습법이 적용되지 않는다고 본다.

2. 객관주의(법적확신설)

국가들의 의사와는 관계없이 규범 형성을 의도하지 않은 국가들의 행위가 모여서 자발적으로 형성된다는 것이다. 여기서 중요한 것은 국가의 의사에 관계없이 국제사회의 법으로 관습이 형성된다는 것이다. 따라서 국제관습은 형성에 참여했는지의 여부와 묵시적이나 명시적 수락의 여부에 관계없이 국제사회 구성원 모두에 대해 법적 구속력을 미치게 된다. 객관주의에 따르면 집요한 불복국가를 인정할 수 없으며, 신생국에게도 당연히 기존 관습법이 적용된다.

3 성립요건

1. 의의

국제관습법이 성립하기 위해서는 일반적으로 일반관행과 법적확신이 요구된다. 국제사법재판소(ICJ)는 이 두 가지 요건이 모두 있어야 국제관습법이 성립한다고 하였다. 일반관행에는 국가의 실제행동만이 아니라 국제규범에 대한 국가의 태도나 견해 표명도 국가관행에 포함된다는 것이 일반적 견해이며, 침묵이나 부작위도 국제관습을 형성시키는 요소로서 국가관행에 해당된다. 이러한 관행과 함께 그러한 관행이 법이라는 내심의 의사도 있어야 관습법이 성립한다.

2. 객관적 요건 - 국가들의 일반관행의 존재

(1) 일관성

국제사법재판소(ICJ)는 1986년 니카라과 사건에서 '국가관행의 완전한 일관성은 요구되지 않으며 일반적으로 일치되면 충분하다'라고 하였다. 그러나 비호권 사건에서 국가 간의 입장이 불명확하거나 불일치가 있는 것까지 허용하는 것은 아님을 분명히 하였다. 따라서 하나의 사안에 대해 두 개 이상의 관행이 상반되게 이루어지면, 그 어느 것도 일반관행으로 인정될 수 없다.

(2) 계속성

관행의 지속기간과 관련된 요소이다. 국제법상 관습법 성립에 필요한 기한이 확정되어 있는 것은 아니다. 다만, 북해대륙붕 사건에서 국제사법재판소(ICJ)는 시간적 요소는 완화될 수 있다는 입장을 표명하였다. 이는 관행이라는 객관적 요소의 비중을 경감시켜 관습법 형성을 용이하게 하려는 시도로 볼 수 있다. 단기간의 관행을 통해 국제관습법의 성립을 인정하는 것은 국제사회의 빠른 변화에 탄력적으로 대응하기 위한 것이라고 볼 수 있다. 전통국제법이 규율하지 않았던 새로운 분야, 대륙붕제도, 배타적 경제수역(EEZ), 우주법의 원칙들이 단기간에 관습으로 성립된 것이 그 예이다. 국제사법재판소(ICJ)는 북해대륙붕 사건에서 시간적 요소의 완화를 위해서는 세계 대다수 국가들에 의해 광범위하게 행해질 것과 그러한 관행의 형성에 특별히 영향을 받는 국가들이 참여할 것을 필수조건으로 하였다.

 관련판례

북해대륙붕 사건(서독 대 덴마크, 서독 대 네덜란드, ICJ, 1969)

1. 사실관계

북해의 해저는 노르웨이 근해의 해구를 제외한 전 해저가 수심 200m 미만의 대륙붕으로 형성되어 있다. 이 북해대륙붕의 경계획정에 관해 영국 - 노르웨이, 영국 - 네덜란드, 영국 - 덴마크, 네덜란드 - 덴마크는 중간선(등거리원칙)에 의해 분할하는 조약을 각각 체결했다. 그러나 서독 - 덴마크, 서독 - 네덜란드는 각기 주장하는 경계획정원칙이 달라 연안으로부터 각각 30해리와 25해리까지만 경계를 정했을 뿐, 그 이원의 대륙붕경계에 대해서는 합의를 보지 못했다. 덴마크와 네덜란드는 타국과의 경우와 마찬가지로 등거리원칙을 주장했으나, 서독은 자국의 대륙붕지역이 영국과 대륙간의 중간선과 만나며 연안선 길이에 비례하는 정당하고 형평한 몫을 차지할 선형분할(扇型分割)을 요구했다.

2. 법적 쟁점

이 사건의 쟁점은 '등거리원칙'과 '중간선원칙'이 국제관습법화된 것인가에 관한 것이었다. 서독은 '대륙붕협약'에 규정된 등거리원칙(제6조)이 ① 당사국이 아닌 서독을 구속할 수 없고 ② 동 원칙은 관습법화되지 못했으며 ③ 이 방법이 서독에 정당하고 형평한 몫을 분배하지 못하므로 적용되어서는 안 된다고 주장했다. 덴마크와 네덜란드는 등거리원칙이 관습국제법이므로 다른 경계선을 정당화하는 특별한 사정이 입증되지 않는 이상 등거리원칙을 적용해야 한다고 주장했다.

3. 판결요지

국제사법재판소는 이 사건에서 등거리원칙이 관습법화된 것이 아니라고 판시했다. 우선, 정당하고 형평한 몫이란 분배이론을 배척하는 등거리원칙이 대륙붕 경계획정원칙이 아니며 관습국제법화된 것도 아니다. 둘째, 북해대륙붕 경계획정에는 연안형태, 물리적 지질학적 구조, 천연자원 등을 고려한 '형평의 원칙'이 적용되어야 한다. 셋째, 이 원칙에 의해 경계가 중복될 경우 ① 중복지역은 합의된 비율에 따라 분할해야 하되 ② 합의에 실패하는 경우 중복지역의 공동관할, 공동사용, 공동개발을 고려한다.

(3) 일반성

관행은 원칙적으로 세계 대다수 국가들에 의해 광범한 지역에서 행해져야 하나, 모든 국가들이 관행에 참여할 것을 요구하지는 않는다. 국제사법재판소(ICJ)는 지역국제관습법(비호권 사건, 1950), 양자관습법(인도령 통행권 사건, 1960)을 인정하고 있다.

 관련판례

인도령 통행권 사건(포르투갈 대 인도, ICJ, 1960)

1. 사실관계

포르투갈이 인도에서 영유하고 있었던 식민지 중 인도 영토로 둘러싸인 2개의 내륙지역이 있었다. 인도는 독립 후 당해 지역의 양도를 요구하던 중 반포르투갈 단체의 당해지역 점령을 계기로 포르투갈의 통행을 일절 거절하자 포르투갈은 국제사법재판소(ICJ)에 이 사건을 부탁하였다.

2. 법적 쟁점

포르투갈과 인도 양국 간에 인도 영토의 통항권이 관습법으로 성립되었는지가 문제되었다. 포르투갈은 관습법으로 성립되었다고 주장하며 즉각적인 통행권 인정을 요구하였다.

3. 판결요지

국제사법재판소(ICJ)는 영국 통치기간부터 자유통행을 인정하는 일관된 관행이 존재하며 이 관행은 당사자에 의해 법으로 수용되었다고 인정되며 따라서 1954년 포르투갈은 사인·일반공무원·화물에 관하여 포르투갈이 당해 지역에 대한 주권행사에 필요한 한도 내에서 인도령을 통행할 권리를 보유한다고 판시하였다.

(4) 관행 형성에 있어서 비국가행위자의 행위

사인의 관행이 관습법규를 창설할 수 있는지는 분명하지 않다. 그러나 오늘날에는 개인도 국제법하의 권리와 의무를 가질 수 있고, 또 개인의 관행은 결단코 관습법규를 창설할 수 없다고 주장할 선험적 이유는 없다. 그러나 법인격과 법 창설 능력은 구별하여야 하고 관습법을 창설하는 것이 '개인들의 행위'인지 아니면 '그에 대한 국가들의 반응'인지를 구별할 필요가 있음을 강조하는 견해도 있다. ILC는 현재 검토 중인 '국제관습법의 확인에 대한 결론 초안'에서 NGO, 비국가무장단체, 다국적기업 및 사인에 대해 후자의 입장을 채택하였다. 오늘날 국제기구의 관행도 국제관습법규의 형성에 기여할 수 있다. 상기 초안에서 ILC도 EU처럼 회원국들로부터 배타적 권한을 이전받은 국제기구가 그 범위 내에서 회원국들의 공적 권한의 일부를 행사하고 이로써 당해 기구의 관행이 회원국들의 관행과 동일시될 수 있는 경우를 포함하여 일부 제한된 경우에 국한해서 이를 긍정하고 있다.

3. 주관적 요건 - 법적확신(opinio juris) 획득

상설국제사법재판소(PCIJ)는 로터스호 판결에서 법적확신이란 '어떤 행위(작위나 부작위)를 행하여야 하는 것 또는 하지 않아야 한다는 것이 법적 의무라는 국가들의 내심의 의사'라고 정의하였다. 법의 속성이 법적 구속력과 강제력을 본질로 한다는 점에서 법적확신이 필요하며, 이는 로터스호 사건이나 비호권 사건에서도 인정하였다. 관습 형성의 두 누적적 요건인 일반관행과 법적확신은 각기 별개로 입증을 요하며, 따라서 관행의 다소 간의 취약함이 아주 강한 법적확신에 의해 메워질 수 있거나 법적확신의 다소 간의 취약함이 충분한 관행에 의해 메워질 수 있는 것이 아니다.

4. 국제관습의 입증책임

(1) 의의

국제관습법이 성립되었음을 입증하는 책임을 말한다. 국제관습의 성립요건 중에서 객관적 요소인 국가의 관행보다, 주관적·심리적 요건인 법적확신에 대한 입증이 어려우므로 주로 법적확신을 입증하는 것이 주된 문제로 제기된다.

(2) 입증방법

입증책임은 국제재판소의 재판과정에서 문제가 된다. 국제사법재판소(ICJ)의 경우, 법적확신을 확인하는 방법으로 두 가지 경우가 있다. 첫째, 일반관행을 통해서 법적확신을 추정하는 방법이 있다. 일반적으로 국제사법재판소(ICJ)는 일반관행이 입증되면 법적확신이 추정된다는 입장을 취한다. 대표적으로 Interhandel 사건이나, 1960년 인도 통행권 사건 등에서 이러한 입장을 취하였다. 둘째, 일반관행의 존재와는 별도의 입증을 요구하는 경우도 있다.

(3) 입증주체

법의 일반원칙상 입증책임은 그 입증으로 이득을 얻는 쪽이 부담한다. 일반관습법의 경우 원칙적으로 국제재판소는 일반국제법을 알고 있다고 전제된다. 따라서 이 경우, 관습법을 부정하는 국가가 이를 입증해야 이익이 있으므로 부정하는 국가가 입증책임을 진다. 그러나 실제로는 이 경우에도 긍정하는 국가가 입증책임을 진다고 한다. 한편, 특별관습법의 경우는 국제재판소가 법을 알고 있다는 것이 전제되지 않는다. 따라서 그 존재가 입증되므로 이익을 얻는 자, 즉 국제관습이 형성되었음을 주장하는 국가가 적극적으로 입증해야 한다(ICJ의 비호권 사건).

5. 관행과 법적확신 간 관계

일반적으로 국제관습법의 성립에 있어서 일부 국가의 실행을 시작으로 이것이 일반적 관행으로 확산되고 결국 법적확신까지 추가되면 국제관습법으로 인정받게 된다. 일반 관행과 법적확신의 검토에 있어서 국제사법재판소(ICJ)는 북해대륙붕 사건(1969)의 경우 각국의 실행을 먼저 검토하고, 그 이후에 그러한 실행이 법적확신에서 비롯되었는지를 검토했다. 그러나 니카라과 사건(1986)에서 국제사법재판소(ICJ)는 무력 불행사와 국내문제 불간섭의무원칙에 대해 미국과 니카라과는 별다른 이견이 없는 상태이나 이러한 법적확신의 존재가 관행에 의해 확인되어야 한다고 보았다. UN과 같은 국제기구와 다자외교가 발달된 현대에 와서는 일정한 법원칙에 대한 국제사회의 폭넓은 합의와 지지가 쉽게 도출되거나 먼저 확인된 이후 이러한 합의를 실현하는 각국의 실행이 뒤따르는 경우가 많다.

한편, 무력행사금지의 원칙이나 인류 양심의 지지를 받는 국제인권법이나 국제인도법상의 주요 원칙들에 관하여는 통상적인 국제관습법보다 국가관행의 증거가 비교적 덜 엄격하게 요구되며 법적확신이 더욱 중요한 역할을 한다.

6. 지역관습

지역관습 성립에 있어서도 일반관습과 마찬가지로 관행과 법적확신이 요구된다. 그러나 지역관습법은 일반법에서 이탈하는 일종의 특별법이기 때문에 명시적이고 적극적인 동의를 표시한 국가에 대하여만 성립된다. 또한 일반 국제관습법보다 더 높은 수준의 증명을 필요로 한다. 재판과정에 있어서 일반 국제관습법은 재판부가 알고 있다고 가정되지만 지역관습법은 주장국이 이의 존재를 증명해야 한다. 지역관습법은 기존의 국제법을 강화시키기도 하고 기존 법으로부터의 이탈을 조장하기도 한다.

4 효력범위

1. 원칙

국제관습법이 성립되면 원칙적으로 모든 국가에게 효력이 미치게 된다(보편적 효력). 국제사법재판소(ICJ)는 북해대륙붕 사건에서 국제관습법은 성질상 국제사회 모든 구성원들에게 동일한 효력을 가져야 하며 특정 국가에 의해 일방적으로 배제될 수 없는 것이 원칙임을 밝힌 바 있다. 따라서 국제관습법은 그 성립 이후 출현하는 신생국에 대해서도 효력을 미치게 되며, 국제관습법을 성문화한 조약 규정은 유보의 대상이 될 수 없다는 것이 판례와 통설의 입장이다.

2. 집요한 불복이론

(1) 의의

국제관습의 형성과정 중에 그에 관해 일관되고 명백하게 반대의 의사표시를 한 국가에 대해서는 법적 효력이 인정되지 않는다는 국제관습의 일반적 효력에 대해 인정되는 예외이다.

(2) 인정 여부

이는 국제법상 확립된 원칙으로 볼 수 있다. 국제사법재판소(ICJ)는 영국 - 노르웨이 어업 사건, 비호권 사건 등에서 이를 인정하였다. ICJ는 또한 Legality of the Threat or Use of Nuclear Weapons 사건(1996)에서 핵무기사용 금지 규칙을 관습법규로 만들려는 대다수 국가들의 소망이 극소수 국가들의 완강한 반대로 봉쇄되고 있다고 하였다. 국제법위원회(ILC)도 2018년 'Draft Conclusions on identification of customary international law'에서 집요한 불복이론을 인정하였다.

(3) 요건

① 형성 초기에 불복해야 한다. 일단 국제관습이 성립되면 불복할 수 없다. 즉, 사후 불복은 허용되지 않는다.

② 불복은 명시적이고, 적극적이며, 일관적으로 행해져야 한다. 따라서 묵시적이고, 애매하며, 시간에 따라 사안에 따라 다르게 행해진 불복은 인정되지 않는다. 다만, 반대는 구두항의로도 충분하며, 국가들이 자국의 권리를 지키기 위해 물리적 행동을 취할 필요까지는 없다.

③ 국제관습은 불복의 여부에 관계없이 성립된다. 불복의 대상은 성립된 관습의 효력이다.

 관련판례

영국 - 노르웨이 어업 사건(영국 대 노르웨이, ICJ, 1951)

1. 사실관계

20세기 들어 노르웨이 근해에서 영국 어부들의 대규모 어로작업으로 노르웨이 어민들이 큰 타격을 받자 노르웨이 정부는 자국 영해인 4해리 내에서 외국인의 어업, 특히 대형 트롤어선을 사용하는 모든 어로작업을 금지하였다. 노르웨이는 이와 관련하여 전관어업수역을 설정하고 어업수역 설정과정에서 47개의 직선기선을 사용하였다.

2. 법적 쟁점

(1) 노르웨이가 채택한 직선기선방식이 국제관습법상 인정되는지가 문제되었다.

(2) 국제법상 만구 10해리 규칙의 존부가 문제되었다. 영국은 직선기선 설정 자체에 대해서는 반대하지 않았다. 그러나 노르웨이의 국내법 중 '만구의 광협(廣狹, 넓고 좁음) 여부를 막론하고'라는 규정은 국제법 위반이라고 주장하였다. 영국은 만의 경우 만의 입구가 10해리 미만일 경우에만 직선기선을 설정하는 것이 국제관습법이라고 하였다.

3. 판결요지

(1) 직선기선의 관습법적 성격

ICJ는 이미 많은 국가들이 도서와 암초가 산재해 있고 피오르드식으로 굴곡이 심한 해안에서는 해안의 일반적 방향에 따라 직선기선을 긋는 방법에 대해 아무런 이의 없이 적용해 왔다고 지적하고 직선기선 설정방식은 이미 관습법으로 성립해 있다고 판단하였다.

(2) 직선기선의 설정조건과 노르웨이 기선의 조건 충족 여부

ICJ는 직선기선이 유효하기 위해서는 국제법에 기초해야 한다고 판시하면서 직선 기선이 국제법적 효력을 갖기 위한 세 가지 조건을 제시하고 노르웨이가 설정한 방식은 그러한 조건을 충족시킨다고 판단하였다. 첫째, 육지와 영해수역 사이에 밀접한 의존성이 있어야 한다. 따라서 기선은 해안선의 일반적 방향으로부터 현저하게 벗어나서는 안 된다. 또한 기선 내부의 수역이 내수로 인정될 수 있을 정도로 충분히 밀접하게 육지와 관련을 가져야 한다. 둘째, 순수한 지리적 고려 외에 장기간의 관행에 의해 증명되는 지역의 특수한 경제적 이익이 고려될 수 있다. 셋째, 직선기선은 해안선이 불규칙하거나 내륙에 깊이 들어가 있으며, 크고 작은 섬과 암석이 산재하고 다수의 암초를 형성하고 있는 해역에서 설정할 수 있다.

(3) 만구 10해리 규칙의 관습법성 및 노르웨이에 대한 적용성

ICJ는 만의 10마일 봉쇄선(10mile closing line for bays)원칙은 관습법상의 규칙이 아니라고 보고 영국의 주장을 기각하였다. ICJ는 설령 그 규칙이 관습법상 규칙이라고 해도 이 사건의 타당사국인 노르웨이에게는 적용이 될 수 없다고 하였다. 이는 노르웨이가 그 원칙을 자국 연안에 적용하고자 하는 모든 시도에 항상 반대해왔기 때문이다.

 참고

속성관습법론

1. 의의

속성관습법(instant customary law 또는 hotcooked law)이란 단시일에 성립되는 국제관습법을 의미한다. 속성관습법론은 국제관습법규의 형성에 있어 국가관행의 중요성과 시간적 요소의 관련성을 부인하고, 관습의 창설적 요소로서 구속력이 없는 결의와 선언에서 표시된 법적확신에만 의존하려는 것이다. UN총회 결의의 법적 구속력을 부여하기 위한 논리로서 제시되었다.

2. 인정근거

(1) Akehurst의 견해

관습법의 규칙이라고 주장되는 것에 반대하는 증거가 없는 경우에는 극히 약소한 관행일지라도, 또는 극히 소수의 국가만의 관행일지라도, 또는 극히 단기간 계속된 것일지라도, 관습법의 성립에 충분하다.

(2) 관습법 성립의 일요소설

종래 관습법은 객관적 요소인 일관된 관행과 주관적 요소인 법적확신을 요건으로 한다고 보았다. 그러나 속성관습법이론에 의하면 관습법의 성립에 있어 관행의 역할은 증거적인 것에 불과하다. 즉, 국가관행은 법적확신이라는 심리적 요소를 증명하기 위해서만 필요한 것인데, 법적 신념이 다른 수단에 의해 확인되기만 한다면 관행은 불필요하다.

3. 속성관습법론과 총회 결의의 구속력

UN총회의 결의는 압도적 다수 국가에 의한 관행의 '동시적 집적'이며 이로부터 법적 신념의 일치를 추론할 수 있다. 이러한 법적 신념으로부터 총회 결의의 법적 구속력이 증명되는 것이다.

4. 국제사법재판소(ICJ)의 입장

인스턴트 관습 이론은 국제사법재판소(ICJ)에 의해 암묵적으로 배척되었다. 국제사법재판소(ICJ)는 Military and Paramilitary Activities in and against Nicaragua 사건에서 국가관행의 필요성을 강조했다.

5. 평가

속성관습법의 성립 여부 및 UN총회 결의의 구속력 인정 여부에 대해서는 부정적 견해가 지배적이다.

(1) 국제관습법의 성립에는 일반관행의 존재와 법적확신 두 요소 모두를 필요로 한다. '법으로서 인정된 일반적 증거로서의 국제관습'이라는 ICJ 규정 제38조 제1항 제(b)호의 규정은 이원설을 지지하고 있다. ICJ는 1986년 니카라과 사건에서 '··· 규칙이 국가들의 법적확신 속에서 존재하고 있음이 관행에 의해 확인되고 있다는 것에 대해 확신을 가져야 한다.'라고 판시하여 역시 이원설을 지지하고 있다.

(2) 일원설을 인정한다 하더라도, 총회 결의에서 법적확신이 존재한다고 추론할 수 없다. 법적확신이란 특정 관행이 국제법상 권리의무로서 부과된다는 판단이나 신념을 의미하는데, 국가들이 UN총회에서 결의안에 투표할 때, 동 결의안이 채택되면 자신들에게 그것을 준수할 법적 의무가 생긴다는 믿음을 가지고 투표에 참여한다고 보기는 어렵기 때문이다.

 참고

국제관습법의 법전화(codification)

1. 의의

국제관습법의 법전화란 국제관습법을 성문의 조약, 특히 다자조약으로 확인하는 작업을 의미한다. 국제관습법은 적용에 있어서 보편성과 신축성을 갖는다는 장점이 있으나, 법규의 내용이 불명확하다는 한계가 있다. 따라서 국제사회는 국제관습법의 법전화를 통해 국제법의 내용을 명확하게 하고, 개정을 용이하게 하기 위해 제2차 세계대전 이후 UN을 중심으로 법전화 작업을 전개해 오고 있다. UN 이외에도 특별위원회나 외교회의를 통해서도 법전화 작업이 이루어지기도 한다. 1899년과 1907년 헤이그에서 개최된 만국평화회의는 인류가 시도한 최초의 대규모 법전화회의였으며, 이러한 노력은 국제연맹을 거쳐 UN에서도 이어지고 있다. 국제연맹에서 1930년 영해에 관한 조약의 성문화가 시도되었으나 영해 폭에 대해 합의를 보지 못해 실패하였다.

2. UN을 통한 법전화

UN헌장 제13조는 제1항 (가)호에 의하면 UN총회는 국제법의 점진적 발달 및 그 법전화를 장려하기 위하여 연구를 발의하고 권고한다. UN총회는 이를 위해 헌장 제22조(보조기관설치)에 기초하여 1947년 UN국제법위원회(International Law Commission: ILC)를 설립하였다. ILC는 UN회원국 국민 중에서 개인자격으로 선출되는 34명의 위원으로 구성된다. 한 국가에서 2명 이상의 위원이 선출될 수 없다. 위원은 UN회원국 정부가 후보를 지명하고, 지명된 후보 중 과반수 투표로 총회에서 선출된다. 임기는 5년이며 재선될 수 있다. ILC의 주요 작업 결과로는 4개의 해양법에 관한 제네바협약(1958), 외교관계에 관한 비엔나협약(1961), 영사관계에 관한 비엔나협약(1963), 조약법에 관한 비엔나협약(1969), 조약의 국가승계에 관한 비엔나협약(1978), 특별사절에 관한 뉴욕협약(1969), 국가재산·공문서·채무의 국가승계에 관한 비엔나협약(1983), 인류의 평화와 안전에 관한 범죄 법전 초안(1996), 국제수로의 비항행적 사용에 관한 협약(1997), 국제형사법원 설립규정(1998), 국가의 국제위법행위에 대한 책임규정 초안(2001), 위험한 활동에서 야기되는 국경 간 손해방지에 관한 규정 초안(2001), 국가 및 그 재산의 관할권 면제에 관한 UN협약(2004), 법적 의무를 창설할 수 있는 국가의 일방적 선언에 적용되는 諸 지도원칙(2006), 위험한 활동에서 야기되는 국경 간 손해의 경우에 있어 손실의 배분에 관한 제원칙 초안(2006) 등이 있다.

3. 특별위원회 및 외교회의를 통한 법전화

국제사회는 기존의 법에 근본적 변경을 가하거나 국가 간에 의견 대립이 심한 경우 국제법위원회 대신 특별위원회나 별도의 외교회의를 통해 법전화 작업을 진행하기도 하였다. 특별위원회로는 우주평화이용위원회(1959), 국가 간 우호와 협력에 관한 국제법원칙에 대한 특별위원회(1963), UN국제무역법위원회(United Nations Commission on International Trade Law: UNCITRAL, 1966), 심해저위원회(1969) 등이 있다. UNCITRAL과 우주평화이용위원회는 이후 상설 보조기관으로 변경되었다. 우주평화이용위원회는 달과 기타 천체를 포함한 외기권을 탐사하고 이용하는 국가의 활동에 적용되는 제원칙에 관한 조약(우주조약, 1967)의 기초작업을 진행하였다. 한편, 제3차 UN해양법회의에서는 UN해양법협약(1982)이 채택되었다.

제4절 | 법의 일반원칙

1 의의

1. 개념

법의 일반원칙이라 함은 '국가들에 의해 공통적으로 인정되고 있는 국내법의 일반원칙으로서 국가 간의 관계에도 적용할 수 있는 것'을 의미한다. 종래 국제사법재판소(ICJ) 규정 제38조의 문언 '… 국제법에 따라 …'의 해석상 국제법의 일반원칙을 의미한다는 견해(V. M. Koretskii)도 있었으나, 국제법의 일반원칙들은 국제관습법에 포섭되므로 국내법의 일반원칙을 의미한다는 견해가 통설로서 인정되고 있다. 상설국제사법재판소(PCIJ) 규정 초안 작성 당시에도 국내법의 일반원칙을 의미하는 것으로 양해되었다.

2. 연혁

상설국제사법재판소(PCIJ) 규정 기초 당시 다수 입법자의 의도는 자연법의 원칙들을 국제관계에 도입하여 어떤 분쟁에 적용될 국제법규의 흠결이 있는 경우 재판불능을 방지하는 것이었다. 그러나 이는 당시 지배적이던 의사주의(voluntarism) 국제법사상과 조화되지 못하였고, '문명국들에 의해 승인된 법의 일반원칙'(general principles of law recognized by civilised nations)이라는 절충적인 형태로 규정에 삽입되었다. 법의 일반원칙은 국제투자법 분야의 중재재판에서 많이 사용되고 있다. 또한 국제형사재판소(ICC)도 전 세계 법체계들의 국내법으로부터 재판소가 도출한 법의 일반원칙을 적용한다(로마협약 제21조).

2 연원성

1. 적극설

법의 일반원칙의 연원성을 인정하는 견해로서 빈 청(Bin Cheng), 브라이얼리(Brierly) 등이 주장한다. 논거는 다음과 같다.

(1) 법의 일반원칙은 '자연법'이며 이에 저촉되는 실정국제법을 무효화한다.

(2) 사법상의 국내법원칙이 국제사법재판소(ICJ) 규정을 매개로 국제법상 지위를 부여받게 된다.

(3) 법의 일반원칙에 기초한 판결이 구속력이 있으므로 국제법이다.

2. 소극설

법의 일반원칙의 국제법의 형식적 연원성을 부정하는 견해이다. 자연법도 국가들이 그것을 법으로 '동의'하지 않는 한 국제법으로 인정될 수 없다(북미준설회사 사건, 1923)는 점, 상설국제사법재판소(PCIJ) 규정 제38조에 의해 국제법에 도입되었으나, 이는 국내법의 일반원칙을 재판준칙으로 채택한다는 것에 불과하다는 점, 법의 일반원칙을 행위준칙으로 하여 이루어진 판결이 법적 구속력을 갖는다는 사실이 재판준칙을 행위규범으로 인정하는 것은 아니라는 점에 기초한다.
분쟁 당사국의 요청에 의한 '형평과 선'에 의한 재판이 법적 구속력이 있으나, 형평과 선이 국제법이 아닌 것과 마찬가지라는 것이다.

3. 중간설

브라운리(Brownlie)는 법의 일반원칙의 독자적 법원성은 인정하되, 조약이나 국제관습법과 대등한 지위를 갖는 것이 아니라 공백이 발생한 경우에만 기능하는 보충적 법원이라고 본다.

3 국제재판소와 법의 일반원칙

1. 상설국제사법재판소(PCIJ)

1928년 호르죠공장 사건에서 '약속 위반이 배상의 의무를 동반한다는 것은 국제법의 일반원칙이자 법의 일반 개념이기도 하다.'라고 하였고, 1925년 Mosul Boundary 사건에서는 '누구도 자기 사건의 재판관이 될 수 없다.'라는 원칙을 원용한 바 있다. 상설국제사법재판소(PCIJ)가 법의 일반원칙을 원용한 예는 드물었으며, 실제 통용되는 법의 일반원칙보다는 국제법의 규칙들로부터 귀납되거나 법적 논리로부터 연역될 수 있는 원칙으로서 적용하였다. 또한 종국판결을 위한 필수불가결의 준칙으로서가 아니라 다른 국제법의 원칙을 보강하기 위해서 사용하였다.

호르죠공장 사건(독일 대 폴란드, PCIJ, 1926)

1. 사실관계

제1차 세계대전 이후 주민투표에 의해 독일로부터 폴란드에 할양된 상부 실레지아 일부의 제반사항을 1922년 체결된 제네바협약으로 규정하였는데, 동 6조는 독일인 및 독일인이 경영하는 회사의 재산·권리·이익을 수용할 수 없다고 규정하였다. 그러나 폴란드가 당해 지역의 독일인 재산인 호르죠공장을 몰수하였다.

2. 법적 쟁점

폴란드가 제네바협약을 위반하였는지 여부 그리고 손해배상을 해야 하는지 여부가 쟁점이 되었다.

3. 판결요지

PCIJ는 폴란드가 협약을 위반하였으며, 그 위반으로 야기된 손해에 대해 독일에게 배상해야 한다고 판시하였다. 폴란드의 손해배상 불이행으로 다시 열린 재판에서 PCIJ는 '모든 의무 위반이 배상의무를 수반하는 것은 국제법상 원칙일 뿐 아니라 법의 일반적 관념이기도 하다'고 확인하고 '배상은 조약불이행을 보완하는 불가결한 방법이며 조약 자체에 명시되어 있을 필요가 없다'고 판시하였다.

2. 국제사법재판소(ICJ)

거의 적용된 사례가 없다. 이는 국제사법재판소(ICJ) 규정의 표현이 '문명국'이라는 유럽의 식민지에 대한 차별적이고 낙후된 이미지로 인해 비판받았던 현실과도 관련이 있었다. 또한 냉전기 구소련의 국제법학자들은 조약, 관습 이외의 여하한 새로운 연원도 인정하지 않으려 하였다. 한편, 법의 일반원칙의 내용은 점차 조약과 국제관습법으로 흡수되어 독립적인 재판의 준칙으로 자주 원용되지 않고 있다.

국제재판에서 법의 일반원칙을 적용한 사례

1. 연체이자의 원칙

상설중재법원(PCA)은 러시아 배상금 사건(1912)에서 채권자가 채무자에게 원금변제의 연기를 허용하는 경우 연체이자에 대해 유보를 하지 않으면 그 권리가 소멸한다고 하였다.

2. 의무 위반에 대한 배상책임

PCIJ는 호르죠공장 사건(1928)에서 어떠한 약정 위반도 배상의무를 수반하는 것이 국제법의 원칙이며, 법의 일반적 개념이라고 하였다.

3. 신의성실의 원칙

호르죠공장 사건(1928)에서 재판소는 자기의 불법행위에 의하여 상대방의 의무 이행이 방해되었을 경우, 그 불이행에 대해 책임을 물을 수 없는 것이 일반적으로 승인된 원칙이라고 하였다.

4. 형평의 원칙

PCIJ의 허드슨 판사는 뮤즈강 수로변경 사건(1937)에서 영미법상의 형평법의 원리를 일반원칙으로 적용할 수 있다고 하였다.

5. 권리남용금지의 원칙

ICJ의 알바레즈 판사는 영국 - 노르웨이 어업 사건(1951)에서 각국이 자기 영해의 범위 및 그 기산방법을 자유로이 결정할 수 있으나 권리남용에 해당하지 않아야 한다고 하였다.

6. 금반언(estoppel)의 원칙

ICJ는 프레아 비히어 사원 사건과 노테봄 사건에서 금반언의 원칙을 적용하였다.

3. 법의 일반원칙의 기능

(1) 재판불능을 방지한다. 보충적 법원으로서의 법의 일반원칙은 분쟁에 적용할 국제 관습법과 조약이 존재하지 않음으로써 발생하는 재판불능을 방지하는 기능을 수행한다. 그러나 이 경우에도 국내법의 원칙이 국제사회를 규율하는 환경에 적합한 경우에만 국제법의 흠결을 보충하기 위해 사용된다.

(2) 재판관의 자의적 판단을 방지한다.

4. 적용순서

입법의 공백으로 법의 일반원칙의 적용이 요구되는 경우 국제재판소는 분쟁 당사국들의 합의나 요청 없이 직권으로(proprio motu) 법의 일반원칙을 적용할 수 있다. 또한 법의 일반원칙은 '보충적 연원'이므로 국제관습법이나 조약이 존재하는 경우 이들이 우선 적용된다.

제5절 │ 학설 및 판례

1 의의

국제사법재판소(ICJ) 규정 제38조 제1항 제(d)호는 법규칙을 결정하는 보조수단으로서 제59조의 조건하에서 재판상의 판결 및 제국(諸國)의 가장 우수한 공법학자들의 학설을 들고 있다. 학설 및 판례의 연원성에 대해서는 다툼이 있으나 통설은 법원성을 부정한다.

2 판결

판결에는 사법판결 및 중재판정이 포함되며 국제판결뿐 아니라 국내판결이 포함된다. 특히 국제사법재판소(ICJ)의 판결 및 권고적 의견과 유럽사법법원의 판결이 중요하다. 판례는 기판력의 상대성 때문에 '선례구속의 원칙'은 인정되지 않으나 실정법 규칙의 결정을 위한 보조적 기능을 하고 동시에 관습국제법의 형성에 중요한 역할을 한다. 국제사법재판소(ICJ)가 다른 국제재판소 판례를 인용하는 경우는 많지 않으며, 특히 국내재판소 판례 인용은 회피하는 경향을 보여주고 있다.

3 학설

국제법상 여러 가지 문제에 대한 학자나 법률전문가, 기타 국제법관의 견해를 말한다.

4 연원성

통설은 재판상의 판결과 학설의 법원성을 부정한다. 다만, 학설과 판례는 재판소가 국제법규를 찾기 위한 증거자료, 즉 실질적 연원으로서 원용될 수 있고, 나아가 신국제법규 형성에 자극을 줄 수 있다.

제6절 | 형평과 선

1 의의

국제법에 있어서 형평(equity)은 국제법 주체 간의 분쟁 또는 문제의 합리적 해결을 위해 요구되는 구체적 정의를 실현할 수 있다고 판단되는 요소나 감정을 말하며, 법의 해석 및 보충을 위해 사용된다. 국제사법재판소(ICJ) 규정 제38조 제2항은 '당사자가 합의하는 경우 법원은 형평과 선에 따라 재판할 수 있다'라고 규정하고 있다. 그러나 형평은 동 규정의 영역을 넘어 국제재판에 있어서 보다 광범위하게 언급되고 있다. 국제사법재판소(ICJ)도 형평원칙을 적용해 오고 있는바, 국제법상 형평은 법해석수단, 국제법 흠결의 보완, 법에 상반되어 실정법을 개정하는 역할을 한다. 그러나 통설적 견해는 형평 자체로서 국제법의 형식적 연원성을 부정하고 있다.

2 형평의 일반적 개념과 추구형태

1. 형평의 개념

일반적으로 '형평'이라 함은 공평을 의미하는바, 국제법에 있어서 형평은 국제법 주체 간의 분쟁 해결을 위한 법규칙의 적용에 있어서 요구되는 공평성 및 합리성 또는 구체적 정의를 의미한다.

2. 형평의 추구형태

(1) 법테두리 내의 형평(equity infra legem)

실정법을 벗어나지 않고 이를 공정하게 해석·적용하기 위한 기준으로서의 형평을 의미한다. 법안에서의 형평은 적용법규의 선택 및 법의 해석이 정의의 요구에 일치하여 이루어져야 한다는 당위성을 의미한다. 여기서의 형평은 국제법의 일부를 구성한다.

(2) 법을 보충하는 형평(equity praeter legem)

실정국제법을 존중하면서도 구체적 사안에 대해 실정법의 흠결 또는 불충분성을 교정하고 그 논리적 공백을 보완하는 기준의 역할을 한다. 즉, 원칙적으로 현행법을 그대로 적용하되, 그것이 비합리적 결과를 초래하는 경우에 한하여 형평을 고려한다는 것이다. 여기에서 형평의 고려는 합리적 결과를 가져오기 위해 법을 교정하거나 보충하는 역할을 수행한다(Barcelona Traction Case).

(3) 법을 배제하는 형평(equity contra legem)

법을 배제하는 형평은 실정국제법의 무조건적인 적용을 회피하기 위하여 이에 위반하여 재판관의 평등, 선, 정의에 대한 주관적 가치를 재판기준으로 원용할 경우의 형평을 의미한다.

3 국제사법재판소(ICJ) 규정 제38조 제2항상 '형평과 선'

> **ICJ 규정 제38조 제2항**
> 이 규정은 당사자가 합의하는 경우에 재판소가 형평과 선에 따라 재판하는 권한을 해하지 아니한다.

1. 국제사법재판소(ICJ) 규정상 '형평과 선'의 의미

국제사법재판소(ICJ)가 '형평과 선에 따라 재판을 한다.'라고 함은 해당 사건에 적용할 현행법규의 유무와 관계없이 재판소는 '법의 적용을 배제하고' 형평을 기준으로 하여 사건을 해결하는 것을 말한다. 다시 말해, 해당 사건에 적용할 현행법이 있다고 하더라도, 이를 무시한 채 형평을 적용하여 재판하는 것이다. 국제사법재판소(ICJ)가 형평과 선에 따라 재판한 사례는 없다.

2. 형평과 선의 적용조건

(1) 당사자 간의 명시적 합의

형평에 의한 재판이 가능하기 위해서는 절차조건으로서 당사자의 명시적 동의가 요구된다. 사건을 재판소에 부탁하기 위한 협정에 그 같은 명확한 문구가 없는 이상 재판소로서는 이 사건을 형평과 선에 의해 해결할 권한이 없다. 그러나 아직까지 재판소에 대해 형평과 선에 의해 해결해 주도록 부탁된 분쟁은 한 건도 없다.

(2) 강행규범과의 양립성

재판소가 형평과 선에 의해 재판하는 것은 두 당사자 간의 개별적 이익을 조정하는 것을 목적으로 하는바, 개별 국가 간의 이익 조정을 위해 국제공동체 전체의 본질적 이익의 보호를 목적으로 하는 강행규범의 침해가 용인될 수 없을 것이다.

3. 국제관행

제38조 제2항이 국제사법재판소(ICJ)에서 발동된 예는 지금까지 한 번도 없었다. 그러나 국제중재재판에서 '형평과 선에 따라' 재판을 하도록 허용받는 경우는 있다. UN해양법협약에 의거하여 관할권을 갖는 국제사법재판소(ICJ)를 포함한 국제재판소들도 당사자가 합의하는 경우 형평과 선에 따라 재판할 권한을 부여받고 있다. 그러나 WTO 패널과 항소기관은 형평과 선에 따라 재판할 권한이 없다.

4 형평의 국제법의 형식적 연원성

1. 법을 배제하는 형평

국제사법재판소(ICJ) 규정 제38조 제2항에 규정된 '형평과 선에 의한 재판'의 경우, 실정법을 무시하고 법 외적인 요소인 형평에 따라 당사자의 이익을 조정함으로써 법의 적용 자체가 문제되지 않는다. 따라서 여기서 문제되는 형평은 법과 아무런 상관관계가 없다. 따라서 형평이 법을 대체하는 결정기준으로 작용하는 경우 국제법의 연원이 될 수 없다.

2. 법테두리 내에서의 형평

이 경우 형평은 주어진 법의 틀 속에서 그 공정한 해석 및 적용을 위한 지침을 제공할 뿐, 새로운 법규범의 연원이 될 수 없다.

3. 법을 보충하는 형평

이 경우 형평은 구체적 사건의 합리적 해결을 위해 현행법의 경직성을 교정하거나 보충함으로써 법 발달에 대해 영향을 미칠 수 있음은 사실이다. 그러나 이 경우에도 국제법정은 스스로가 바람직하다고 판단하는 원칙이라 하더라도 이를 법으로서 선언할 수는 없으며, 형평에 따라 교정된 원칙은 해당 사건의 해결을 위해서만 제시되는 데 그친다. 따라서 이는 국제법의 연원이라 할 수 없다.

제7절 | 국제기구결의

1 의의

국제기구, 특히 보편성을 가진 UN과 전문기관의 결의는 국제사법재판소(ICJ) 규정에는 명시되어 있지 않으나, 그 기본조약에 부여된 권한의 범위 내에서 각종 법규범의 정립에 관여하는 실질적·2차적 법원의 역할을 한다.

2 구속력 있는 결의

1. 결정

(1) 내부사항에 대한 결정

헌장에 근거하여 자신의 기능, 절차 등 내부사항에 대해 결정권한을 갖는다. 가입, 제명, 이사국의 선출, 보조기관 설치 등에 관한 결정 등이 여기에 해당하며, 기구 내부적 구속력이 있다.

(2) 실질사항과 관련한 국가들에 대한 의무 부과

국제기구가 일방적 결정으로 국가 주권을 제약할 수 있는 가능성은 매우 제한적이나, UN안전보장이사회의 경우 헌장 제7장상의 조치들을 결정할 수 있고 이는 모든 회원국을 구속한다.

2. 확인(determination)

국제기구의 기관이 어떠한 사실 또는 상황의 존재 여부를 확인하는 경우가 있다. 북한의 무력공격을 '평화의 파괴'를 구성함을 확인한 것이나, 이라크의 쿠웨이트 침공으로 '국제평화와 안전의 파괴'가 존재함을 확인하는 것이며, 회원국을 포함한 모든 국가를 구속한다.

3. 기존 법규범의 선언

기존 법규범을 선언하는 결의는 구속력이 있다. 1970년 '국가 간 우호협력관계에 관한 선언', 1974년 '침략의 정의에 관한 총회 결의' 등이 이에 해당한다. 결의에 포함된 원칙들은 관습법의 자격으로 국가들을 구속한다.

3 새로운 법규범을 창설한 결의의 구속력

1. 의의

국제기구, 특히 UN의 총회에서 만장일치나 컨센서스로 새로운 법규범을 선언하는 경우, 그러한 선언의 법적 구속력 또는 형식적 연원성에 대해 논란이 있다. <u>연성법규론자들이나 속성관습법론자들은 총회 결의의 구속력을 인정하나, 헌장규정을 강조하는 학자들은 이를 부인하고 있다.</u>

2. 인정설

(1) 속성관습법론

국제관습법의 형성에 관한 이원설을 비판하고, 법적확신이라는 주관적 요소만 존재해도 관습법이 성립한다는 주장이다. 만장일치 또는 압도적 다수의 찬성에 의한 결의는 이를 의무로서 수락한다는 법적확신의 표명으로서 결의에 의해서도 국제관습법이 성립한다. 따라서 국제기구 결의의 법원성을 인정할 수 있다.

(2) 연성법규론

연성법규는 hard law와 같은 엄격한 권리·의무를 창설하는 것은 아니나, 회원국의 행동지침이 되거나 약한 구속력을 창설하므로 그 법원성을 인정할 수 있다.

3. 부정설

헌장 기초자들의 의도와는 달리 총회는 입법기관의 지위에 있지 않다. 따라서 총회는 어떠한 국제법의 형식적 법원도 국가의 의사와 무관하게 창설할 수 없다. 또한 UN헌장 제10조 ~ 제14조의 해석상 총회의 결의는 권고적 효력만을 갖는다.

> **UN헌장 제10조 - UN총회의 일반적 권한**
> 총회는 이 헌장의 범위 안에 있거나 또는 이 헌장에 규정된 어떠한 기관의 권한 및 임무에 관한 어떠한 문제 또는 어떠한 사항도 토의할 수 있으며, 그리고 제12조에 규정된 경우를 제외하고는, 그러한 문제 또는 사항에 관하여 UN회원국 또는 안전보장이사회 또는 이 양자에 대하여 권고할 수 있다.

4. 소결

<u>총회 결의에 관한 한 부정설의 입장이 타당하다고 본다.</u> 우선, 북해대륙붕 사건에서 국제사법재판소(ICJ)가 판시한 바와 같이 국제관습법의 형성에 있어 이원설의 입장이 통설과 판례의 입장이다. 또한 국가들이 만장일치로 결의의 채택을 찬성한 것이 곧 자국에 대한 법적 구속력을 인정한 것이라 볼 근거가 없기 때문이다.

4 구속력 없는 결의

1. 권고

권고는 상대방에게 일정한 행위를 하도록 요청하되 이들을 구속하지 않을 의도로서 채택되는 결의 형식이다. 권고는 구속력이 없으며 국제기구는 국가 주권을 침해할 우려가 있는 사안에 대해서는 구속력이 없는 권고형식을 취하고 있다.

2. 선언

법원칙을 선언하되, 문구나 참가국의 의사표시로 보아 동 원칙에 구속력을 부여하기로 하는 의도가 분명히 확인되지 않는 선언은 구속력을 가지지 못한다.

제8절 | 연성법규론

1 의의

1. 개념

연성법규(soft law)란 경성법규(hard law)와 달리 구속력이 불완전한 법을 의미한다. 연성법규론은 비교적 최근에 국제법의 규율범위에 포함된 국제경제, 국제인권, 국제환경법 등의 영역에 있어서 특히 국제기구에 의해 창설되는 규범에 '법적' 구속력을 부여하기 위한 이론적 시도라 할 수 있다. 국가들이 국제규범 형성에 있어서 '연성법규'형식을 채택하는 것은 국제관계의 새로운 분야에서 법규범을 창설함에 있어 국가들의 저항을 완화시키고자 하기 때문이다.

2. 연성법규의 부상 배경

(1) 조약이나 국제관습법 형태의 법원은 성립에 상당한 시간이 걸리고 국제사회의 변화에 즉각적인 대응을 하지 못하기 때문에 일정의 잠정적 대응방안으로 연성법규가 나타난다.

(2) 국제관계에서 국가행동의 합법성과 정당성이 일치하지 않는 경우를 당장 규율하기 위한 필요에서 연성법규가 대두되기도 한다.

(3) 연성법규는 국제법의 새로운 분야에서 자주 나타나며 국가 간의 날카로운 이해상충으로 구속력 있는 합의가 어려울 경우 대안으로 자주 활용된다.

(4) 연성법규는 기존 조약의 내용을 구체화하거나 보완해 주는 역할을 하기도 한다.

(5) 연성법규는 조약의 비준을 위한 국내절차를 피하고 싶은 경우 활용될 수 있다.

2 연성법규(Soft Law)의 존재형식

1. 조약으로 존재하는 연성법규

(1) 조약상의 의무가 추상적으로 규정된 경우

당사국들로 하여금 조약상의 목적을 점진적으로 달성할 것을 요구하고 이를 위해 모든 적절한 방법에 의해 또는 가용한 자원을 최대한 동원하여 필요한 조치를 취할 것을 요구하는 경우 연성법규로 볼 수 있다(1966년 국제인권A규약). 또한 당사국들로 하여금 조약상의 의무를 가능하고 적절한 범위 내에서 이행하도록 요구하는 경우도 연성법규로 본다(1992년 생물다양성협약).

(2) 의무는 구체적이나 많은 예외를 인정하고 있는 경우

조약이 당사국들의 의무를 구체적으로 규정하고는 있으나, 많은 예외를 인정함으로써 그 경직성을 완화하고 있는 경우도 연성법규로 볼 수 있다. 예컨대, 1994 GATT는 MFN이나 NT에 대해 광범위한 예외를 인정하고 있다. 이러한 폭넓은 예외들은 조약의 구속력을 약화시켜 그 구속력을 연성화하고 있는 것이다.

2. 국제기구 결의의 형식으로 존재하는 연성법규

국제기구 결의는 일반적으로 구속력이 없는 것으로 추정되나, 다음의 요건을 충족시키는 결의는 연성법규의 성질을 갖게 되어 구속력이 인정된다.

(1) 법규범 창설의 의도

① 결의를 통해 국가들이 법규범을 창설할 의도가 있어야 한다. 이러한 의도는 결의의 제목이나 결의의 문구에서 확인될 수 있다. 즉, '법원칙선언'과 '헌장' 등의 제목은 결의가 법규칙을 선언하고 있는 것으로 이해된다.
② 결의의 문구가 '…해야 한다(shall)' 또는 '…할 의무가 있다'라는 표현이 사용되는 경우 법적 구속력 부여의 의도를 확인할 수 있다.
③ 해당 결의 채택에 국가들이 유보(reservation)를 표명하는 경우 관련된 결의의 구속력을 인정하는 증거로 볼 수 있다.

(2) 법규범 창설 의도의 확인

특정 결의가 연성법규로서 성립하기 위한 두 번째 요건은 특정 원칙을 결의에 포함시키는 데에 대해 국가들의 일반적인 지지가 있어야 한다. 특정 원칙에 대해 다수 국가가 반대하거나 주요 이해관계국들의 적극적인 반대가 있는 경우 동 원칙을 담은 결의는 법적 구속력이 없다.

3 연성법규(Soft Law)의 구속력

1. 구속력의 의미

구속력이란 당사국 또는 결의에 참가한 국가에 대해 권리 또는 의무를 창설·변경·소멸을 가져오거나, 스스로에 대해 어떠한 법적 의무를 부과하는 법적 효과를 말한다.

2. 조약으로 존재하는 연성법규

조약으로 존재하는 연성법규는 원칙적으로 다른 조약법상의 의무와 같이 국가를 구속한다. 그러나 이들 조약 속에 포함된 의무들은 그 내용 자체가 불명확하거나 추상적이므로 국가들에 대해 일정한 행동방향 또는 행동방식에 따를 것을 요구하는 데 그칠 수밖에 없다.

3. 국제결의로 존재하는 연성법규

(1) 구속력을 긍정하는 견해

결의 속의 원칙에 대해 구속력을 부여하고자 하는 일반적 의도가 확인되는 경우 법규범적인 성격을 갖는다.

"UN총회 결의 중 일부는 국가들의 일반적 준칙에 관한 것이므로 그 법적 성격과 효력을 특별히 고려할 필요가 있다. 그러한 결의들은 상당기간에 걸친 연구와 토의를 거쳐 컨센서스나 만장일치로 채택되었으며, 국제법의 증거로 삼기에 충분한 조건을 갖추고 있으므로 일반국제법 원칙을 선언한 것으로 보아도 무리가 없다(Henkin)."

(2) 구속력을 부인하는 견해

UN총회는 국제사회의 입법기관으로 예정된 것이 아니며, 비록 만장일치의 결의라 할지라도 법적으로는 국가에 대한 권고에 지나지 않는다.

"연성법은 엄격하게 법적 구속력을 갖는 것은 아니고, 법과 비법의 회색지대에서 작용하는 국제경제법과 국제환경법상의 '행위준칙 또는 지침'이다. 따라서 연성법이 국제사회규범의 일 양태임은 분명하나, 법규범은 아니다(Malanczuk)."

(3) 소결

새로운 법규범을 선언하고 있는 결의라 할지라도 그 실질적 연원성은 인정하되, 형식적 법원성, 즉 국가에 대한 구속력은 부인하는 것이 타당하다. 특히 UN총회의 결의에는 권고적 효력만을 인정한 UN헌장 규정 제10조 ~ 제14조의 문언에 의할 때 총회 결의에 법적 구속력을 인정할 수는 없다고 생각된다.

4. 조약규정을 통한 연성법규의 법적 구속력 취득

연성법이 다자조약에서 묵시적 언급을 통해 조약의 조건으로 편입됨으로써 간접적으로 구속력을 부여받는 경우도 있다. 예를 들어, 1982년 UN해양법협약이 도입한 입법기술에 의하면, 국가들은 권한 있는 국제기구나 일반외교회의를 통해 수립되어 일반적으로 수락된 국제 규칙과 기준 또는 권한 있는 국제기구나 일반외교회의를 통해 수립된 적용 가능한 국제 규칙과 기준을 적용할 것이 요구되거나 그렇게 하는 것이 허용된다. 국제해사기구는 설립조약상 구속력 있는 결의를 채택할 일반적 권한이 없음에도 불구하고 UN해양법협약은 간접적으로 이 기구의 결의와 권고들을 구속력 있는 것으로 만들 수 있다.

5. 국제사법재판소(ICJ)의 입장

국제사법재판소(ICJ)는 Legality of the Threat or Use of Nuclear Weapons 사건에서 UN총회 결의는 비록 구속력은 없다 해도 때로 규범적 가치를 가질 수 있으며, 나아가 결의는 일부 상황에서는 어떤 규칙의 존재 혹은 법적확신의 출현을 입증하는 데 중요한 증거를 제공할 수 있다고 하였다.

6. 미국 법원의 입장

Filartiga v. Pena - Irala 사건에서 미국의 한 연방항소재판소는 고문이 국제적 차원에서 금지되었다는 결론을 얻어내기 위해 학자들의 글과 판례와 함께 모든 관련 조약과 UN총회의 결의들을 검토하였다. 특히 이 사건에서 동 재판소는 세계인권선언은 구속력 있는 조약 대 구속력 없는 선언의 이분법에 더 이상 들어맞지 않으며, 그것은 오히려 국제공동체의 유권적 선언이라고 언급한 한 견해를 인용함으로써, 그 형식에 있어 단지 총회 결의에 불과한 1948년 세계인권선언의 법적 효력을 시사했다.

4 연성법규(Soft Law) 위반의 법적 결과

조약으로 존재하는 연성법규의 위반에 대해서는 국가책임이 성립한다는 점에 대해서는 연성법규를 인정하는 견해나 부인하는 견해나 차이가 없다. 그러나 결의로서 존재하는 연성법규의 경우 연성법규를 긍정하는 학설에 따르면 연성법규의 위반은 불법행위로서 국가책임이 성립한다. 다만, 그 책임의 '정도'는 경성법규(Hard Law)가 위반에 비해 다소 약할 수 있다고 본다. 책임 자체는 성립하기 때문에 손해배상이나 대항조치가 정당화된다고 본다. 그러나 결의의 연성법규성 또는 구속력을 부인하는 견해에 의하면 결의는 법적 구속력을 갖지 않기 때문에 국가책임이 성립하지 않고, 다만 도의적 책임 또는 정치적 책임을 부담할 따름이라고 본다.

제9절 | 국가의 일방행위

1 의의

국제법상 한 국가의 단독적 의사표시가 타국의 수락 여부와 관계없이 이들 간에 일정한 법적 효과를 발생시키는 경우가 있는바, 이러한 행위를 '일방적 행위'(unilateral act)라 한다. 국가의 일방행위는 국제사법재판소(ICJ) 규정 제38조에 국제법의 연원으로 명시되어 있지 않으나, 학설 및 판례는 그 연원성을 인정하고 있다. 일방행위와 관련하여 국제법위원회(ILC)는, 2006년 12월 'Guiding Principles applicable to unilateral declarations of States capable of creating legal obligations' 및 그 주석을 채택하여 총회에 제출하였다.

2 유형

1. 약속(promise)

약속은 일방행위의 가장 대표적인 유형으로서, 공개적으로 그리고 구속될 의사에 의해 이루어진 경우 구속력을 가진다는 것이 '핵실험 사건'에서 확인되었다. 약속은 국제법 주체가 일정한 행동을 할 의무를 부담하는 의사표시이다. 약속에는 '무엇을 하겠다는 약속'(긍정적인 약속)과 '무엇을 하지 않겠다는 약속'(부정적인 약속)이 있다. 재난시 인도적 지원, 미결상태의 금융문제의 해결, 경제적 지원, 관세 철폐 등이 약속의 사례이다.

2. 승인(recognition)

승인이란 현존하는 상황을 합법적인 것으로 인정하는 국제법 주체의 의사표시를 말한다. 승인에 의하여 국제법 주체는 일정한 사정, 예컨대 신생국가의 성립, 영토의 취득, 국경선 또는 일정한 권리주장을 다투지 않거나 적법한 것으로 간주한다는 것을 인정하게 한다.

3. 포기(waiver)

포기는 일반적으로 권리주장을 하지 않기로 확정하는 의사표시이며 이로써 이에 상응하는 청구권도 소멸하게 된다. 국가는 자기 고유의 권리뿐만 아니라 대인고권에 의하여 외국에 대한 자국 국민의 권리도 포기할 수 있다. 포기의사는 명백해야 하며 포기의 의사는 결코 추정될 수 없다.

4. 항의(protest)

맥기번(I. C. MacGibon)은 항의를 '항의국이 항의가 가하여지는 행위의 적법성을 부인한다는 것과 아울러 그러한 행위에 의하여 창설되거나 그러한 우려가 있는 상황을 묵인하지 않는다는 것, 그리고 스스로 자신의 권리를 포기할 의도가 없다는 것을 알리는 공식적 반대'로 정의한다. 항의는 이에 의해 사실상태의 적법성이 부인되므로 승인과 반대된다.

3 요건

1. 행위 주체

일방행위에 있어서 행위 주체의 복수성은 그 행위의 일방성을 저해하지 않는다. 일방행위는 하나의 국가에 의해 개별적으로 이루어질 수도 있고, 수개 국가에 의해 집단적으로 이루어질 수도 있다. 공동선언이나 공동항의가 수개 국가에 의한 일방적 행위에 속한다(Oppenheim).

2. 수신자(addressee)

일방적 행위의 수신자는 하나 또는 복수의 국가일 수도 있고, 국제공동체 전체일 수도 있으며 국제기구일 수도 있다. 1974년 '핵실험 사건'에서 국제사법재판소(ICJ)는 일방적 행위가 '모두를 상대로'(erga omnes) 이루어질 수도 있음을 인정하였다. 즉, 일방행위를 통해 대세적 의무를 창설할 수 있음을 확인한 것이다.

3. 독자성

일방행위는 수신자로부터의 독립성과 기존 국제법의 연원으로부터의 독립성을 갖춰야 한다. 국가의 어떠한 행위가 상대국의 동의를 요건으로 법적 효과를 발생시킨다면 계약행위이지 일방행위가 아니다. 또한 자신의 기존 합의인 조약에 기초하여 일방행위를 하는 경우, 예컨대 국제사법재판소(ICJ) 규정 제36조 제2항상의 선택조항 수락선언을 하는 경우, 이는 기존 법규에 의존한 행위이므로 일방행위로 볼 수 없다.

4. 기속의사(animus sibi vincotandi)

일방적 행위는 '법적 효과'(legal effect)를 갖도록 의도된 행위이므로, 일방적 선언이 법적 효과를 갖는지의 판단에 있어서 주된 기준은 선언 주체의 '의사'이다. 이러한 의사는 법률관계의 창설, 변경, 소멸에 대한 의사를 말한다. 이러한 의사에는 ① 자신에게 새로운 의무를 부과, ② 상대국의 기존 의무 확인, ③ 상대국에 새로운 권리 부여, ④ 자신의 기존 권리 확인 등이 있다. 의사는 표시되어야 하며, 명확하게 표시되어야 한다.

5. 고지

일방행위는 '공개적으로'(publicly) 이루어져야 한다. 일방적 선언이 공개적으로 이루어지고 수신자들이 이를 인식함으로써 비로소 법적 구속력을 갖게 되기 때문이다. 다만, 모든 일방행위가 국제공동체 전체에 공개되어야 하는 것은 아니며, 행위의 수신자에게 알려지면 충분하다.

4 효력

1. 효력근거

효력요건을 갖춘 일방행위는 국가가 의도한 바의 법률효과를 발생시킨다. 즉, 의무를 부담하기도 하고, 타국에 권리를 창설하기도 한다. 일방행위를 통해 이러한 법률효과를 발생시키는 근거에 대해 국제사법재판소(ICJ)는 '핵실험 사건'에서 '신의성실의 원칙'이라고 판시한 바 있다. 이는 일방적 행위에 개입된 국가의사에 의해 선언국은 이후부터 자기의 선언과 일치하여 행동해야 할 법적 의무를 부과받게 되는 것으로 이해되기 때문이다(핵실험 사건, ICJ).

 관련판례

프랑스 핵실험 사건(호주/뉴질랜드 대 프랑스, ICJ, 1974)

1. 사실관계

프랑스는 1945년 이래 대기, 지하 및 수중에서 약 200여 회에 걸친 핵실험을 실시하였는데 그중 상당수가 남태평양에서 이루어졌으며 핵실험 부근지역은 '금지구역(Prohibited Zones)'과 '위험구역(Dangerous Zones)'으로 설정되어 선박과 항공기의 운항이 제한되었다. 이에 인접국가인 오스트레일리아와 뉴질랜드는 프랑스 정부에 태평양상의 대기 중 핵실험을 중지할 것과 예정되어 있던 핵실험에 관한 정보를 제공할 것을 요구하였다. 그러나 프랑스는 계획된 핵실험을 강행할 것이며, 여하한 핵실험 프로그램도 통보할 수 없다는 입장을 고수하였다. 이에 따라 오스트레일리아와 뉴질랜드 양국은 1973년 국제사법재판소(ICJ)에 프랑스를 상대로 핵실험 중지를 요구하는 소송을 각각 제기하였다.

2. 법적 쟁점

(1) ICJ는 잠정조치를 허가할 수 있는가?

(2) 본 사안에 대해 ICJ의 관할권이 있는가?

(3) 프랑스의 핵실험 자제 약속은 법적 구속력이 있는가?

(4) 그 효과는 무엇인가?

3. 판결요지

(1) 법원은 오스트레일리아가 주장하는 권리를 보전하기 위한 잠정조치가 필요하다고 판단하고 잠정조치를 명령하였다.

(2) 법원은 프랑스 대통령이 핵실험을 하지 않겠다고 일방적으로 선언한 것이 법적으로 유효한 것이라고 판단하고 소송절차를 더 이상 진전시킬 실익이 없다고 하였다. 법원은 '프랑스가 남태평양에서 더 이상 대기권 핵실험을 실시하지 않을 의무를 약속함으로써 사실상 원고의 목적은 달성되었다고 해도 과언이 아니다.'라고 하였다.

부루키나 파소 대 말리 국경분쟁 사건(Case Concerning The Frontier Dispute, Burkina Faso v. Republic of Mali, ICJ, 1986)

1. 사실관계

서아프리카에 위치하는 부루키나 파소(분쟁 부탁시 국명은 Upper Volta)와 말리 공화국은 모두 프랑스의 식민지였으나 1960년에 각각 독립했다. 양국의 국경선은 약 1300km에 걸쳐 있었으나 식민지 시대에 행정구획이 종종 변경되었기 때문에 불명확한 부분이 있었다. 1974년 무력충돌을 계기로 아프리카단결기구(OAU)의 중개위원회에서 국경문제가 심의되었으나 분쟁을 해결하지 못했다. 1983년 양국은 특별협정을 체결하여 동 사건을 ICJ에 회부했다. 재판절차가 진행 중이던 1985년 12월 양국 간 국경에서 무력충돌이 발생하자 양국은 가보전조치를 요청했다.

2. 법적 쟁점

(1) Uti Possidetis원칙

(2) 형평원칙

(3) 말리 대통령의 일방행위의 효력

3. 판결요지

(1) Uti Possidetis원칙

재판부는 특별합의 전문에 분쟁 해결이 '특히 식민지 시대부터 계속 되어 온 국경선의 불가변성이라는 원칙의 존중에 기하여' 행해져야 한다는 문언에 주의하여 'Uti possidetis원칙'을 적용하였다. 동 원칙은 스페인령 아메리카에서 최초로 사용되었으나 이는 국제법의 특정 체계에 관한 특별규칙이 아니라 일반적 원칙이며 그 목적은 식민본국 철수 후에 국경선을 둘러싼 분쟁에 의하여 신국가의 독립과 안정성이 위험에 처하는 것을 방지하는 데에 있다. 동 원칙은 인민의 자결권과 모순되지만, 아프리카에서의 영역의 현상유지는 독립 투쟁에 의하여 달성된 것을 유지하고, 다수의 희생에 의해 획득한 것을 유지하는 최선의 방법이다. Uti possidetis원칙은 가장 중요한 법적 원칙의 하나로서 확립되었다.

(2) 형평원칙

양당사국은 ICJ규정 제38조에 의한 형평과 선에 따라 재판하는 권한을 재판소에 부여하지 않았다. 또한 국경선 획정 문제에서는 해양경계획정시에 적용되는 '형평원칙'과 동등한 개념은 존재하지 않는다. 양 당사국이 합의하지 않았기 때문에 '법에 반하는(contra legem) 형평'에 기초한 주장도 부정되어야 하고, '법을 초월한(praeter legem) 형평'도 적용할 수 없다. 다만 재판부는 '법 아래에서의(infra legem) 형평', 즉 유효한 법의 해석방법을 구성하고 동시에 동 법의 속성의 하나인 형평의 형태를 검토할 수 있다. 따라서 재판부는 국경획정에 있어서 식민지 당시 프랑스 해외영토법을 고려할 수 있다.

(3) 말리 대통령의 일방행위의 효력

말리의 대통령은 1975년의 OAU 중개위원회의 법률소위원회에 의한 판단에 따른다는 취지의 표명을 하였다. 그러나 재판부는 말리 대통령의 일방행위로부터 어떠한 법적 의무도 도출되지 않는다고 판시하였다. 중개위원회는 법적 구속력 있는 결정을 할 수 없으며, 소위원회의 작업이 종료되지 않았다는 점에 대해 다툼이 없기 때문이다. 호주와 뉴질랜드 대 프랑스의 핵실험 사건에서 보듯이 일방적 행위가 법적 의무를 창설하는 경우가 있지만, 그것은 당해국의 의사에 의한 것이었으며, 본건의 경우는 그와 다르다고 하였다.

2. 구체적 효력

법적 구속력이 귀속되는 일방적 행위에 의해 의사표시를 한 국가(선언국)는 선언내용에 일치하여 행동해야 할 일방적 의무가 발생한다. 효력요건을 갖춘 일방행위에 의해 국가가 의무를 부담하는 경우, 그러한 의무는 '대세적 의무'일 수도 있다. 즉, 수신자가 국제공동체 전체인 경우, 선언국은 국제공동체 전체에 대해 자신의 선언과 반대되는 행동을 취하지 아니할 법적 의무가 발생하는 것이다. 1957년 수에즈 운하 국유화 이후 그 운영에 관한 이집트선언, 요르단강 서안지구에 대한 1988년 요르단의 포기선언은 국제법적 구속력이 수반된 일방적 선언의 예이다.

5 국가의 일방적 선언에 적용되는 제지도원칙(ILC)

1. 일방행위의 주체

모든 국가는 일방적 선언을 통해 의무를 부담할 수 있다.

2. 일방행위의 법적 효력 결정 요소

일방행위의 법적 효력을 결정하기 위해서는 일방행위의 내용, 일방행위가 형성되는 사실적 상황, 일방행위가 야기하는 반응 등을 고려해야 한다.

3. 일방행위를 할 수 있는 국가기관

일방행위를 하는 국가기관의 경우 국가원수, 정부수반, 외무부장관이 인정된다. 특정 분야에서 국가를 대표하는 자의 경우 그들의 권한 범위 내의 문제에 대해서만 일방행위를 할 수 있다.

4. 일방행위의 형식

일방행위는 구두 또는 문서로 행해질 수 있다.

5. 일방행위의 상대방

일방행위는 국제공동체 전체, 일국 또는 다수 국가, 그리고 다른 실체(entities)에 대해서 행해질 수 있다.

6. 일방행위의 해석

명확하고 구체적인 용어로 표명된 일방행위에 의해서만 의무를 질 수 있다. 의무는 제한적으로 해석되어야 하며 우선 문언을 고려하고 맥락과 사정도 같이 고려될 수 있다.

7. 강행규범과 상충되는 일방행위의 효력

강행규범과 상충되는 일방행위는 무효이다.

8. 상대국에 대한 의무 부과 가능성

일방행위가 타국에 대해 의무를 부과할 수 없는 것이 원칙이나 상대국이 일방적 선언을 명확하게 수락한 경우 예외적으로 상대국에 대해 의무를 부과할 수 있다.

9. 일방행위의 취소

일방행위는 자의적으로 취소될 수 없다. 자의적인지 여부를 판단할 때는 취소선언의 구체적인 내용, 상대방이 일방적 선언을 신뢰했는지 여부, 상황에 있어서의 근본적 변경이 존재했는지 여부를 고려할 수 있다.

제10절 | 강행규범

1 의의

국제강행규범이란 이에 대한 저촉 또는 위반이 국제법질서의 본질에 영향을 미치기 때문에 국제법 주체 간의 특별한 합의로서도 그로부터 일탈할 수 없는 국제규범을 말한다. 조약법에 관한 비엔나협약 제53조는 '일반국제법의 강행규범이란 그로부터의 어떠한 일탈도 허용되지 않으며 그 후에 확립되는 동일한 성질의 일반국제법규에 의해서만 수정될 수 있는 규범으로서, 국가들로 구성되는 국제공동체 전체에 의해 수락되고 승인된 규범을 말한다.'라고 규정하고 있다.

2 학설

1. 긍정설

국제법의 규칙에도 서열이 있어야 한다든지, 혹은 국가들이 합의를 통해서도 이탈할 수 없는 일정 가치가 존재해야 한다는 관념은 여러 학자들에 의하여 이미 오래전부터 제기되고 있었다. 첫째, 그로티우스(Grotius)는 자연법은 불변이므로 신이라 할지라도 이것을 변경시킬 수 없다고 선언하였다. 둘째, 바텔(Vattel)은 자연법(필수적인 국제법)을 국가들은 합의에 의해 변경해서는 안 된다고 하였다. 셋째, 브룬실리(Bluntschli)는 국제조약은 그것이 국가들의 기본적 권리들을 제한 혹은 파괴하는 경우에는 구속력이 없다고 하였다. 넷째, 안질로티(D. Anzilotti)는 국가들의 의사는 국제법에 의하여 금지된 어떤 것을 목표로 해서는 안 된다고 하였다. 다섯째, 오펜하임(Oppenheim)은 만약 한 국가가 자국 선박들에게 공해상에서 해적행위를 하도록 명령하더라도 타국은 이에 간섭하지 않는다는 내용의 협약이 양국 간에 체결된다면, 그러한 조약은 당연무효가 될 것이라고 하였다.

2. 부정설

강행규범이란 국가처럼 잘 조직화되고 실효적인 법체계에서만 가능한 것으로 전제한 나머지 국제공동체에는 아직 그런 것이 있을 수 없다고 단정하는 학자들도 있다. 첫째, Schwarzenberger는 국내법과는 달리 국제관습법은 강행규범 혹은 국제공공정책의 규칙, 즉 국제법의 개별 주체들이 합의에 의하여 수정할 수 없는 규칙이란 것이 결여되어 있고, 임의규범과는 구분되는 강행규범은 공공정책의 규칙들을 수립할 수 있는 입법적 그리고 사법적 장치를 갖추고 있고 또한 최종적으로 압도적인 물리력에 호소할 수 있는 실효적인 법적 질서의 존재를 전제로 한다고 하였다. 둘째, 루소(Rousseau)는 강행규범 개념에 대하여 매우 회의적이었다. 그는 국제법에서는 국내법의 상황과는 대조적으로 국가 의사의 자율성을 제한하는 공공정책의 관념은 국제공동체의 개인주의적·의사주의적 구조 때문에 사실상 존재하지 않는다고 하였다.

3 국제법상 강행규범의 도입

1. 조약법에 관한 비엔나협약(제53조)

조약법에 관한 비엔나협약은 조약의 무효 및 종료사유로서 국제강행규범에 위반되는 조약을 예시함으로써 국제강행규범을 최초로 실정법에 도입하였다. 조약법에 관한 비엔나협약은 계약행위만을 대상으로 함으로써 단독행위가 강행규범의 규율을 받는가에 대해서는 규정하지 않았다. 동 조약 제53조에 대한 해설은 ① UN헌장의 원칙에 위반하여 무력사용을 예정하는 조약, ② 국제법상의 범죄행위를 예정하는 조약, ③ 노예매매, 해적행위 또는 집단살해와 같이 국가들이 그 진압을 위해 협력할 의무가 있는 행위들을 예정하거나 용인하는 조약 등을 강행규범에 위반되는 조약으로 예시하였다.

> **조약법에 관한 비엔나협약 제53조 - 강행규범 위반 조약의 절대적 무효**
> 조약은 그 체결 당시에 일반 국제법의 절대규범과 충돌하는 경우에 무효이다. 이 협약의 목적상 일반국제법의 절대규범은 그 이탈이 허용되지 아니하며 또한 동일한 성질을 가진 일반 국제법의 추후의 규범에 의해서만 변경될 수 있는 규범으로 전체로서의 국제 공동사회가 수락하며 또한 인정하는 규범이다.

2. 1970년 바르셀로나 트랙션 사건

국제사법재판소(ICJ)는 이 사건에서 외교적 보호의 범주 내에서 한 국가와 다른 한 국가의 관계에서 발생하는 의무와 본질적으로 구분되는 국제공동체 전체에 대한 의무가 존재함으로 확인하고 이러한 의무를 '대세적 의무'(obligations erga omnes)라 하였다. 의무의 중요성에 비추어 그러한 의무가 보호되어야 한다는 데에 대해 모든 국가가 법적 이익을 갖는 것으로 간주된다. 재판소는 이 판결에서 대세적 의무의 주요한 예로서 ① 침략금지의무, ② 집단살해금지의무, ③ 노예매매 및 인종차별의 금지와 같은 인권보장의무를 예시하였다. 이 사건은 대세적 의무에 대한 것이나, 이를 강행규범상의 의무로 보는 것이 일반적이다.

3. 1980년 고기책임협약 잠정초안 제19조

1980년 UN국제법위원회가 잠정 채택한 국가책임법협약 초안은 제1부 제19조 제2항에서 국가의 국제위법행위를 국제범죄와 국제불법행위로 양분하고, 국제범죄란 '국제공동체의 근본적 이익의 보호를 위하여 너무나도 중요하여 그 위반이 국제공동체의 전 구성원에 의해 범죄로서 인정되는 의무의 위반'으로 정의하였다. 제3항은 국제범죄의 예로서 '국제평화와 안전의 유지', '민족자결권의 보호', '인간의 보호', '인류환경의 보호'를 위해 본질적으로 중요한 의무의 중대한 위반을 규정하고 있다.

4. 국제판례

여러 국제재판소들도 이제는 강행규범의 존재를 확인하고 있다. 첫째, 유럽인권재판소는 Al - Adsani v. UK 사건에서 고문 금지를, Jorvic v. Germany 사건에서는 제노사이드 금지를 강행규범으로 불렀다. 둘째, 구유고 국제형사재판소도 고문 금지를 강행규범으로 선언한 바 있다. 셋째, 미주인권재판소(Inter - American Court of Human Rights)는 비차별(차별금지), 고문금지, 재판소 접근(이용), 강제실종금지 등을 강행규범 목록에 올리고 있다. 넷째, 2006년 국제사법재판소(ICJ)는 Armed Activities on the Territory of the Congo 사건에서 국제법 내의 강행규범의 존재를 확인하면서, 제노사이드금지는 강행규범이라고 규정했다. 이후 2012년 Questions relating to the Obligation to Prosecute or Extradite 사건에서는 고문금지는 국제관습법의 일부로서 강행규범이 되었다고 하였다.

5. 국내판례

1947년과 1948년 뉘른베르크에서 개정된 한 미국 군사재판소에 의해 심리된 Alfried Krupp and others 사건에서 피고들은 독일 병기 생산에 프랑스 전쟁포로들을 사용한 것은 비시 정부가 베를린 주재 프랑스대사를 통해 독일과 체결한 협정에 의거한 것이라고 항변하였다. 이에 대해 재판부는 그러한 협정이 존재한다는 신뢰할 만한 증거가 없으며, 설사 그러한 협정이 존재한다 하더라도 그것은 명백히 선량한 도덕에 반하는(contrabonos mores) 것으로서 국제법상 무효였다고 언급하였다.

4 강행규범론의 주요 내용

1. 강행규범의 범위

(1) 예시적 범위

강행규범의 명확한 범위에 대해 확립되지 않았다. 다만 앞서 언급한 문헌들에 의하면, 우선 침략 등 UN헌장원칙에 위반되는 무력행사의 금지 및 인권보장의무가 강행규범으로 거론되고 있다. 또한 민족자결권존중의무 및 국제환경보존의무도 강행규범으로 성립되었다는 견해도 있다.

(2) 강행규범의 판정주체

조약법에 관한 비엔나협약은 강행규범의 판정주체를 국가들 전체로 이루어진 국제공동체(the international community of states as a whole)로 규정하고 있다. 그러나 국제사회의 분권적 구조로 인해 실제로는 개별 국가에 위임하는 것과 동일한 결과를 가져올 수 있다. 따라서 이 점을 고려하여 협약은 강행규범의 존재 여부 및 해석과 적용에 관한 분쟁을 최종적으로 국제사법재판소(ICJ)의 강제적 관할에 두도록 규정하였으므로 국제강행규범에 관한 최종적 판단기관은 국제사법재판소(ICJ)이다.

2. 강행규범의 법적 성질

조약법에 관한 비엔나협약 제53조로부터 강행규범의 법적 성질을 도출할 수 있다. 첫째, 강행규범은 국제공동체 전체의 근본적 이익의 보호를 목적으로 하므로 필연적으로 일반국제법으로 존재한다. 둘째, 강행규범은 개별 법주체들에 의해 그 적용이 배제될 수 없으며, 차후의 또 다른 강행규범의 확립에 의해 수정되는 경우를 제외하고는 '언제 어디서나 그리고 누구에 의해서나' 준수되어야 하는 규범이다.

3. 강행규범의 연원

강행규범은 기존 연원인 국제관습법 및 조약으로부터 창설된다.

4. 강행규범의 인적 적용범위

성립한 강행규범이 보편적 효력을 갖는가에 대해서는 학설대립이 있다. 조약으로 성립한 강행규범의 경우 동 조약의 당사자가 아닌 국가라 할지라도 동 조약상의 의무를 준수해야 하는가? 국제관습법으로부터 성립한 강행규범의 경우 집요한 불복국가(persistent objector)를 인정할 수 있는가? 대체로 의사주의자들은 비당사국 및 집요한 불복국가에 대해서는 강행규범이 적용되지 아니한다고 본다. 반면, 자연법론자들은 강행규범의 본질 및 목적상 국제공동체에 존재하는 모든 국가들을 구속한다고 주장한다.

5 강행규범 위반의 법적 결과

1. 강행규범에 위반된 조약의 법적 결과

(1) 조약의 무효

조약법에 관한 비엔나협약 제53조에 따르면 기존의 일반국제법상 강행규범에 위반되는 조약은 무효인 조약이다. 조약의 무효란 조약이 효력요건을 갖추지 못하여 처음부터 조약의 효력이 발생하지 않는 것을 의미한다. 강행규범에 저촉되는 조약은 절대적 무효사유에 해당하며, 묵인에 의해서도 그 불법성이 치유되지 않으며 가분성의 원칙도 적용되지 않는다.

(2) 조약의 종료

조약법에 관한 비엔나협약 제64조에 따르면 조약이 새로운 강행규범에 저촉되는 경우 종료된다. 다만, 이 경우는 절대적 무효와 달리 소급효가 인정되지 않는다.

> **조약법에 관한 비엔나협약 제64조 - 강행규범 위반 조약의 절대적 종료**
> 일반국제법의 새 강행규범이 출현하는 경우에 그 규범과 충돌하는 현행 조약은 무효로 되어 종료한다.

(3) 분쟁해결

협약 제53조 및 제64조의 적용 또는 해석에 관한 분쟁이 발생한 경우 당사국 간 합의에 의해 중재재판에 부탁하기로 하지 아니하는 한 어느 한 당사국은 분쟁을 국제사법재판소(ICJ)에 제소할 수 있다.

2. 강행규범 위반과 국가책임

(1) 국가책임의 성립

국가책임은 국제의무 위반과 국가귀속성을 요건으로 성립한다. 국가가 조약이나 국제관습법으로 존재하는 강행규범을 위반한 경우 국가책임이 성립하며 따라서 원상회복이나 손해배상의무가 발생한다.

(2) 책임추구 주체

국가책임협약 초안에 따르면 강행규범 또는 일반국제법상 대세적 의무를 위반하는 경우 그에 대한 초안 제42조상의 피해국뿐만 아니라 초안 제48조상의 '이해관계국'도 법적 책임을 추구할 수 있다. 다만, 이해관계국은 위반국으로 하여금 피해국에게 배상의무 이행을 요구하거나 위법행위의 중지 및 재발방지의 보장을 요구할 수 있을 뿐, 손해배상을 청구할 수는 없다.

> **2001년 ILC국가책임협약 초안 제42조 - 피해국의 국가책임 원용**
> 국가는 다음의 경우 피해국으로서 타국의 책임을 추궁할 수 있다.
> (a) 위반된 의무가 개별적으로 그 국가를 상대로 하는 것이거나, 또는
> (b) 위반된 의무가 당해 국가를 포함하는 일단의 국가들 또는 국제공동체 전체를 상대로 하는 것이며, 그 의무의 위반이
>   (ⅰ) 당해 국가에 특별히 영향을 주거나, 또는
>   (ⅱ) 그 의무가 상대로 하는 모든 다른 국가들의 입장을 그 의무의 추후 이행과 관련하여 급격하게 변경시키는 성질을 지닌 경우

> **2001년 ILC국가책임협약 초안 제48조 - 피해국 이외 국가의 국가책임 원용**
> 1. 다음과 같은 경우, 피해국 이외의 어떠한 국가도 제2항에 따라 타국의 책임을 추궁할 수 있다.
>   (a) 위반된 의무가 당해 국가를 포함한 국가집단에 대하여 부담하는 것이고, 그 의무는 그 국가들의 집단적 이익의 보호를 위하여 수립된 경우, 또는
>   (b) 위반된 의무가 국제공동체 전체에 대하여 부담하는 것일 경우

3. 강행규범 위반과 국제범죄

1980년 국가책임 협약 초안은 강행규범의 '중대한' 위반을 국제범죄(international crime)로 규정하여 국제불법행위(international delict)와 구분하였다. 강행규범을 중대하게 위반한 경우 범죄국은 그 위반에 의해 직접 권리를 침해받은 국가에게 손해배상을 해야 한다. 또한 이는 국제공동체 전체에 대한 법익의 침해이므로, 피해를 입지 않은 국가(비피해국)도 국가책임을 원용할 수 있다.

4. 강행규범 위반과 UN헌장 제7장

UN헌장 제7장에 따르면, UN헌장 제2조 제4항을 위반한 무력공격이 발생한 경우 UN안전보장이사회는 이를 평화에 대한 위협, 평화의 파괴 또는 침략으로 규정하고 강제조치를 발동할 수 있다. 한편, 무력사용금지의무 이외의 강행규범상의 의무에 대해서도 이를 중대하게 위반하는 경우 안전보장이사회는 헌장 제7장상의 조치를 발동할 수 있다.

5. 강행규범과 신사협정의 관계

강행규범 이론은 '신사협정'에 대해서도 적용되는가? 조약법에 관한 비엔나협약은 조약법에 관한 것으로 신사협정에 대해서는 동 협약의 강행규범 관련 규정이 적용되지 아니한다. 그러나 신사협정의 이행 과정에서 강행규범 위반행위가 발생할 수 있고, 이러한 경우라면 강행규범 이론에 기초한 법적 비난이 가능하다.

6. 강행규범과 안전보장이사회 결의의 관계

강행규범에 위반되는 안전보장이사회 결의는 무효인지가 문제된다. Bosnia 사건에서 바로 그 같은 의견이 제시된 바 있다. 즉, 1993년 보스니아 정부는 자국 내 무력충돌 과정에서 세르비아와 몬테네그로에 의해 자행되고 있는 것으로 판단되는 제노사이드 행위를 중단시키기 위한 임시조치를 청구하면서, 안전보장이사회가 구유고 내에서의 사태가 평화에 대한 위협을 구성한다고 결정한 뒤 1991년의 결의 713호를 통해 부과한 유고 전체에 대한 의무적 무기금수조치로 인하여 제노사이드행위를 막지 못하고 있다고 주장하였다. 임시재판관 라우터팩트(Elihu Lauterpacht)는 개별 의견을 통해 국제사법재판소(ICJ)는 안전보장이사회의 평화에 대한 위협 결정을 심사할 권한은 없지만 헌장 제25조하의 회원국들의 의무와 강행규범(여기서는 제노사이드금지규칙) 간에 충돌이 있기 때문에 후자의 의무가 우선하며 또한 안전보장이사회결의 713호는 확립된 강행규범의 규칙에 위배되므로 법적으로 무효일지 모른다는 견해를 피력한 바 있다. 구유고 국제형사재판소도 Duško Tadić 사건 상소심에서 안전보장이사회는 국제법의 강행규범을 존중하여야 한다는 부수적 의견을 제시한 바 있다.

제11절 | 대세적 의무

1 개념

대세적 의무에서 '대세적'(erga omnes)이란 '모두에 대한'이란 의미로서 '한 사람에 대한'(erga singulum)에 반대되는 개념이다. 따라서 대세적 의무란 공동체의 개별 구성원이 국제공동체 전체를 상대로 부담하는 의무를 의미한다. 한편, 대세적 권리란 모두를 상대로 대항할 수 있는 권리라는 의미이다. 국제법상 대세적 권리 및 대세적 의무는 실정국제법 및 국제재판소를 통해 확립되었다.

2 대세적 권리의무의 정립과정

1. 조약법에 관한 비엔나협약(제53조)

1969년 '조약법에 관한 비엔나협약' 제53조는 절대적 무효인 조약으로서 강행규범에 위반되는 조약을 규정하고 있다. 강행규범의 존재는 국제사회가 하나의 법공동체이며 그 구성원 전체의 공통된 법익이 존재한다는 것을 전제하는 것으로서, 그러한 공익의 보호를 위하여 공동체가 각 구성원에 대해 부과하는 의무로서 대세적 의무의 존재를 암시한다.

2. 국제사법재판소(ICJ)

(1) 1966년 서남아프리카 사건

국제사법재판소(ICJ)는 민중소송의 개념은 부인하였으나 대세적 의무의 존재 가능성은 인정하였다. 재판소는 '국가는 어떤 일반원칙의 위반에 의하여 자신의 구체적 이익이 침해되지 않았다 하더라도 그 원칙이 준수되어야 함을 요구할 수 있고, 이는 법적 이익이다'라고 판시하였다.

(2) 1970년 바르셀로나 트랙션 사건

재판소는 방론(obiter dictum)에서 국제공동체 전체에 대한 국가의 의무가 존재함을 인정하였다. 침략행위금지의무, 집단살해금지의무, 노예화 및 인종차별금지의무 등을 대세적 의무로서 예시하였다. 대세적 의무의 준수에 대해서 모든 국가가 법적 이익을 갖기 때문에 위반이 발생하는 경우 모든 국가의 법익을 침해하게 된다. 따라서 대세적 의무를 위반한 국가는 이론적으로 국제공동체 전 구성원으로부터의 소송, 즉 '민중소송'이 제기될 수 있다.

(3) 1974년 프랑스 핵실험 사건

재판소는 프랑스가 일방적으로 행한 핵실험중단 선언은 '공개적이고 모두에 대하여'(publicly and erga omnes) 취해진 것으로서 이로부터 국제공동체 전체를 상대로 하는 의무가 발생됨을 인정한 바 있다. 하나의 국가에 대해서도 대세적 의무가 부과될 수 있음을 인정한 판례로서 중요성을 갖는다.

(4) 1995년 동티모르 사건

민족자결권은 UN헌장 및 UN의 실행에 의해 도출된 권리로서, 대세적 성격을 가지며 현대 국제법의 핵심원칙 중의 하나임을 인정했다. 이 판례는 대세적 권리의 존재를 인정한 중요한 판례이다.

3. 구유고전범재판소

1998년 Furudzija case에서는 민간인에 대한 고문 금지의 원칙이 대세적 의무에 해당한다고 판시하였으며, 2000년 Kupreckic case에서는 인도적 의무가 쌍무적 의무가 아니고 '국제공동체 전체에 대한 의무'라고 판시하였다.

4. 2001년 국가책임 최종초안

동 초안에서도 대세적 의무의 존재를 인정하고 있다. 초안 제42조와 제48조는 '일단의 국가에 대한 의무'(obligation owed to a group of States)와 '국제공동체 전체에 대한 의무'(obligations owed to the international community as a whole)를 언급하여 대세적 의무를 두 가지로 구분하고 있다. 전자는 '부분적인 대세적 의무'로서 해당 그룹 내의 개별 국가들이 그룹 전체에 대해 부담하는 의무를 말하고, 후자는 각 개별 국가들이 국제공동체 전체에 대해 부담하는 의무를 가리킨다.

5. 소결

(1) 대세적 개념은 우선 '의무'에 대해 인정되었다. 대세적 의무란 개별국가가 국제공동체 전체에 대해 부담하는 의무로서 공동체의 여하한 국가도 그 준수에 대하여 법적 이익을 갖는 의무를 말한다. 그러한 의무는 공동체 전체의 이익을 보호하는 목적을 갖는다.

(2) 최근 대세적 성격은 '권리'에 대해서도 인정된다. 대세적 권리란 모두에 대하여 주장할 수 있는 권리로서 공동체의 모든 구성원이 그 존중에 대해 법적 의무를 가지는 권리를 말한다.

3 대세적 권리의무의 당사자 관계

1. 대세적 권리의무의 주체

(1) 모든 국가가 주체가 되는 경우

모든 국가들이 국제공동체를 상대로 하여 부담하는 대세적 의무에서는 모든 국가가 주체가 된다. 침략금지의무, 인권 보호의무, 민족자결권 보호의무 등 일반국제법상의 강행규범적 의무는 모든 국가가 국제공동체를 상대로 부담하는 의무이다.

(2) 특정 국가군이 주체가 되는 경우

특정 국가들이 조약을 체결함으로써 공동체를 형성하여 해당 공동체 전체를 상대로 일정한 의무를 부담하는 경우도 있다. 유럽인권규약상의 인권보호의무를 예로 들 수 있다. 한편, 특정 국가군이 일방적 선언이나 조약을 통해 국제공동체 전체를 상대로 일정한 의무를 자발적으로 수락하는 경우도 있다. 1967년 남미비핵지대화협약은 당사자 상호간 의무를 부과할 뿐 아니라 국제공동체 전체를 상대로 해서도 의무를 부담한다.

(3) 특정 개별 국가가 주체가 되는 경우

어느 한 국가 또는 몇몇 국가가 국제공동체 전체를 상대로 특정 의무를 부담할 수 있다. 1974년 핵실험 사건에서 인정된 바 있다. 재판소는 프랑스의 일방적 선언에 의한 핵실험 종료의 약속은 국제공동체 전체를 상대로 한 것이며 그로부터 공동체 전 구성원에 대한 의무가 발생한다는 것을 인정한 것이다.

(4) 국가 이외의 주체

민족자결권과 같이 민족도 대세적 권리의 주체가 될 수 있다. 1995년 동티모르 사건에서 재판부는 동티모르 주민들의 '자결권과 천연자원에 대한 항구주권을 인정받을 권리'를 대세적 권리로서 인정하였다. 모든 민족들은 모든 국가들을 상대로 자결의 권리를 주장할 수 있다.

2. 대세적 권리의무의 상대방

(1) 국제공동체 전 구성원을 상대방으로 하는 경우

대세적 권리의무가 일반국제법으로 존재하는 경우 이는 모든 국가를 상대방으로 한다. 이 경우 각각의 국제법 주체는 여타의 국제법 주체들에 대하여 그 권리를 주장할 수 있으며, 모든 다른 국제법 주체들과의 관계에서 그러한 의무를 부담하는 것이다. 국제사법재판소(ICJ)는 대세적 의무를 이러한 차원에서 다뤄왔고, 국가책임 초안 제48조에서는 피해국 이외의 여하한 국가도 위법행위에 대해 책임을 추궁할 수 있는 경우로서 '그 위반된 의무가 국제공동체 전체를 상대로 하는 경우'를 들면서 이러한 의무가 대세적 의무에 해당함을 인정하고 있다.

(2) 특정 국가군을 상대로 하는 경우

대세적 법률관계는 일정 국가 간에도 성립할 수 있다. 특정의 국가들로 구성된 공동체 내에서 개별 구성원들이 공동체 전 구성원을 상대로 주장할 수 있는 권리나 이들 전체와의 관계에서 부담하는 의무가 있을 수 있다. 국가책임 초안 제48조는 피해국 이외의 여하한 국가도 위법행위에 대한 책임을 추궁할 수 있는 경우로서 '위반된 의무가 그 국가를 포함하는 국가군(a group of States)을 상대로 하며, 이들 국가군의 공동이익의 보호를 위하여 확립된 경우'를 규정하고 있다.

4 강행규범과 대세적 의무의 관계

1. 쟁점

대세적 의무와 강행규범상의 의무가 내용적으로 중복됨으로써 양자의 관계에 대한 논쟁이 있으나, 일반적으로 반드시 일치하지는 않는 것으로 인정된다. 국제의무를 대세적 의무와 개별적 의무로 구분하는 것과 이를 강행규범과 임의규범으로 구분하는 것은 차원이 다르기 때문이다.

2. 강행규범과 대세적 의무가 일치하는 경우

강행규범은 오로지 일반국제법으로만 존재할 수 있다. 1969년 조약법에 관한 비엔나 협약 제53조도 '어떠한 일탈도 허용되지 않고 오로지 그 후에 확립되는 동일한 성질의 일반법규에 의해서만 수정될 수 있는 규범'이 강행규범이라며 일반국제법적 성질을 명시하고 있다.

그러나 대세적 의무는 일반국제법상 의무, 특정 국가 간의 의무, 특정 국가의 의무로 존재할 수 있다. 이 중 일반국제법상의 대세적 의무는 '일반국제법상의 강행규범'과 일치하는 개념이다. 따라서 국제법에 의해 모든 개별 국가가 국제공동체 전체를 상대로 어떠한 의무를 부과받고 있으며 그러한 의무가 준수되어야 한다는 데에 모든 국가가 법적 이익을 가진다면, 이는 그러한 의무가 모든 국가의 공통된 이익, 즉 국제공동체 전체의 근본적 이익과 관련되기 때문이다.

이러한 국제공동체 전체의 근본적 이익의 보호와 관련된 의무는 곧 강행규범상의 의무이다. 다만, 대세적 의무가 당사자 관계에 초점을 맞춘 반면, 강행규범상의 의무는 그 구속력의 정도를 강조하는 것이다. 그러나 양자는 '국제공동체 전체의 근본적 이익의 보호'라는 목적을 매개로 하여 상호 연결되고 있다.

3. 강행규범과 대세적 의무가 일치하지 않는 경우

특정 국가 또는 특정 국가군이 국제공동체 전체를 상대로 어떤 의무를 부담하고 있는 경우 이는 대세적 의무라 할 수 있으나, 강행규범이라 할 수 없다. 이러한 의무는 한 국가가 국제공동체 전체를 상대로 부담한다는 점에서 공동이익과 관련된다고 할 수 있으나, 이는 국제공동체의 '근본적 이익' 보호를 위해 '본질적으로 중요한' 것이 아닌 만큼 모든 국가들에게 일률적으로 부과되지는 않는다. 이러한 의무는 아직 강행적 성질을 갖지 않는다. 한편, 특정 국가들로 구성되는 공동체 내에서 각 구성국들이 그 공동체 전체를 상대로 일정한 의무를 부담하더라도 이는 강행규범이라 할 수 없다.

4. 국제법위원회(ILC)의 견해

ILC가 작성한 2006년 보고서에 따르면 강행규범에 의해 수립되는 모든 의무는 동시에 대세적 성격을 갖지만 그 역은 인정되지 않는다. 즉, 모든 대세적 의무가 일반국제법의 강행규범에 의해 수립되는 것은 아니다. ILC는 강행규범은 대세적 의무보다 그 범주가 좁다는 견해를 취하고 있는 것이다.

5 대세적 의무 위반에 대한 책임

1. 국제사법재판소(ICJ)

(1) 바르셀로나 트랙션 사건(1970)

재판소는 대세적 의무의 준수에 대해 모든 국가가 법적 이익을 가짐을 인정하고 그 위반에 대해 여하한 국가도 책임을 추궁할 수 있음을 암시하고 있으나, 구체적인 책임 추궁문제에 대해서는 언급하지 않았다.

(2) 핵실험 사건(1974)

재판소는 대세적 의무의 준수에 대한 모든 국가의 법적 이익을 인정하고, 나아가 국제공동체의 모든 구성원이 그러한 의무의 준수를 요구할 자격을 가진다는 것을 인정하였다.

(3) Namibia사건에 대한 권고적 의견(1970)

나미비아에 대한 남아프리카공화국의 위임통치와 관련하여 총회는 남아프리카공화국의 위임장에 대한 중대한 위반을 이유로 위임통치를 종료시키는 결의를 채택하였고 안보리 역시 남아공의 계속적 주둔을 위법으로 선언하는 결의를 채택하였다. 이에 대해 ICJ는 권고적 의견에서 총회와 안보리의 결의는 남아프리카공화국의 나미비아 주둔의 합법성을 대세적으로 배제한다는 의미에서 모든 국가에 대항할 수 있는 것이므로 UN비회원국들도 이에 따라야 한다고 판시하였다. ICJ는 UN정치기관의 결의에 대해 그 비회원국에 대해서도 유효성을 갖는다는 의미에서 대세적 효력(erga omnes validity)을 부여한 것이다.

(4) Bosnia 사건(1996)

ICJ는 선결적 항변에 대한 결정에서 제노사이드협약상의 권리와 의무는 대세적 권리 및 의무로서 각 국가가 제노사이드 범죄를 방지하고 처벌해야 하는 의무는 동 협약에 의해 영토에 국한되는 것은 아니라고 하였다. 재판소는 의무가 대세적으로 타당한 경우 국가들은 행위가 그들 영토 밖에서 발생했으므로 국가책임이 없다고 주장할 수는 없다고 한 것이다.

2. 구유고전범재판소

1998년 Furudzija case에서 재판소는 대세적 의무 위반은 국제공동체 모든 구성원에 대해 그에 상응하는 권리의 침해를 구성하며 각 구성원은 동 의무의 준수 및 이행을 요구하고 위반의 중지를 요구할 권리를 갖는다고 판시하였다.

3. 국가책임에 관한 ILC 초안

(1) 피해국에 의한 책임 추궁

초안 제42조는 국제의무 위반으로 인한 피해국의 책임문제를 규정하고 있다. 대세적 의무 위반이 있는 경우 위반국 이외의 모든 국가는 피해국으로서 책임을 추궁할 수 있다. 다만, 위반된 의무가 그 국가를 포함하는 일단의 국가들 또는 국제공동체 전체를 상대로 하는 것으로 의무 위반이 ① 그 국가에게 특별히 영향을 주거나 ② 그 의무가 상대로 하는 모든 다른 국가들의 입장을 그 의무의 추후 이행과 관련하여 급격하게 변경하는 성질의 것인 경우이다. 이 경우 피해국은 초안 제2부에 규정되어 있는 위법행위 중지 및 재발방지의 확보 및 보장, 손해배상 등 일련의 책임을 추궁할 수 있다.

(2) 피해국 이외의 국가들에 의한 책임 추궁

초안 제48조는 대세적 의무 위반에 있어서 해당 법공동체의 국가들에게 피해국의 자격을 인정받지 못하는 경우에도 피해국과 마찬가지로 법익을 침해받은 주체, 즉 이해관계국으로서 공동체의 법익 옹호를 위하여 책임을 추궁할 자격을 부여하고 있다. 위반국에 대해 ① 국제위법행위의 중지 및 재발방지의 보장, ② 피해국 및 그 위반된 의무의 수익주체들을 위한 배상의무의 이행을 요구할 수 있다.

(3) 대응조치(countermeasures)

대응조치란 선행된 국제의무 위반에 있어서 그 위반국을 상대로 책임의 이행을 강요하기 위하여 취해지는 피해국의 외관상의 의무 위반행위를 말한다. 국가가 대세적 의무를 위반한 경우 피해국 이외에 공동체 모든 구성원이 대응조치를 취할 자격이 있는가? 이론적으로는 대세적 의무 위반시 공동체의 모든 국가가 이해당사자이므로 이들이 책임 추궁 자격을 인정받는 한, 위반국을 상대로 책임의 이행을 강요하기 위해 대응조치를 취할 자격을 인정받아야 할 것이다. 초안은 대세적 의무를 포함한 모든 의무 위반에 있어서 '피해국'(injured States)에 대해서만 대응조치를 취할 자격을 부여하고 있으며(제49조), 대세적 의무 위반에 있어서도 피해국 이외의 국가들에 대해서는 그 자격의 인정에 소극적이다. 다만, 대세적 의무 위반시 피해국 이외의 국가들이 대응조치를 취할 자격은 인정하지 않으나, 이에 대응하기 위하여 국제법상 합법적으로 인정되는 조치를 취하는 것은 방해하지 않는다(제54조). 제49조상의 대응조치를 취할 수 없는 주체는 개별 국가로 해석된다. 따라서 제49조에 의해 국제기구를 통한 '제도적 조치'(institutional measures)로서의 대응조치를 배제하는 것은 아니다.

(4) 제도적 대응조치의 문제

대세적 의무 위반은 공동체 전체의 법익을 침해하는 것이므로 이에 대해 공동체 전체로부터 대응조치가 있어야 할 것이다. 국가책임협약 초안은 이 사안에 대한 명시적 규정을 두는 대신 책임협약 초안상의 규정들이 UN헌장을 저해하지 않는다는 규정을 두고 있다(제59조). 동 조항은 UN헌장 제103조를 재확인하는 조항이다. 따라서 대세적 의무 위반이 있는 경우 UN에 의한 집단적 제재조치가 취해질 수 있다.

강행규범의 성격을 갖는 대세적 의무를 위반하는 경우, 안전보장이사회는 이를 평화에 대한 위협으로 결정하고 헌장 제7장상의 강제조치를 취할 수 있다.

4. 대세적 의무 위반에 대한 민중소송(actio popularis) 인정 여부

(1) 민중소송의 개념

민중소송이란 공동체의 모든 각 구성원들에게 그들이 피해를 받았는가의 여부와 관계없이 공동의 이익을 옹호하기 위하여 소를 제기할 자격을 주는 제도를 말한다. 즉, 이는 공동체의 모든 법주체가 위법행위자의 책임을 추궁할 자격을 갖는 제도를 의미한다.

(2) 민중소송의 인정 여부

Oscar Schachter는 국제공동체 전체를 상대로 하는 의무가 부과된다는 전제를 받아들인다면, 이는 곧 모든 국가들이 민중소송 개념에 입각하여 그 위반국을 상대로 법정에서 소를 제기할 수 있다는 결론에 이른다고 한다. 그러나 국제재판에서 민중소송은 인정되지 않고 있다. 국제사법재판소(ICJ)는 서남아프리카 사건에서 현행 국제법은 민중소송을 인정하지 않는다고 판시하였다. 한편, 국제사법재판소(ICJ)는 임의관할을 원칙으로 하기 때문에 민중소송의 가능성이 봉쇄되어 있다. 민중소송이 가능하기 위해서는 문제가 된 의무 위반에 대하여 여하한 국가도 일방적으로 소를 제기할 수 있어야 하기 때문이다.

(3) '금화원칙'(Monetary Gold Principle)과 민중소송

금화원칙이란 필요적 공동당사자가 소송에서 탈루되어 있는 경우 재판하지 않는다는 원칙이다. 국제사법재판소(ICJ)는 1995년 동티모르 사건에서도 동 원칙을 적용하여 포르투갈이 호주를 상대로 제소한 소송을 받아들이지 않았다. 재판소는 민족자결의 권리가 대세적 성격을 가진다는 포르투갈의 주장은 받아들였으나, 사건의 당사자가 아닌 인도네시아의 행위의 적법성은 심사할 수 없다고 판단하였다. 재판소는 '규범의 대세적 성격'과 '관할권에 대한 동의의 규칙'은 별개의 문제라고 보았다. 대세적 의무 위반시에도 금화원칙의 적용을 요구하는 것은 의무 위반의 직접적인 피해자가 아니라면 제소할 수 없는 것으로 볼 수 있다. 따라서 이 사건에서 국제사법재판소(ICJ)는 민중소송을 부인한 것으로 해석된다.

제12절 | 국제법 연원 상호관계

1 의의

국제법 연원 상호 간 관계, 특히 연원 상호 간 충돌 시에 어떻게 해결할 것인지가 문제된다. 연원 상호 간 충돌이란 일정한 당사자 간에 동시에 적용되는 복수의 규범이 서로 양립할 수 없는 원칙을 포함하고 있는 경우를 의미한다. 법원 상호 간 충돌이 있는 경우 상호 간 서열이 다른 경우는 서열에 의해, 서열이 같은 경우는 특별법우선이나 신법우선에 의해 해결한다.

2 규범서열에 의한 해결

1. 의의

일반국제법상 강행규범은 조약이나 관습법의 상위에 존재하며, 법의 일반원칙은 적용에 있어서 조약이나 관습의 하위의 지위에 있다.

2. 강행규범(jus cogens)과 임의규범(jus dispositium)

강행규범이란 개별법 주체들의 의사와 관계없이 모든 법 주체들 간에 적용되는 규범을 의미하고, 임의규범이란 개별법 주체들 간의 합의에 의해 적용이 배제될 수 있는 규범을 의미한다. 강행규범과 임의규범이 충돌하는 경우, 임의규범은 무효화되거나 효력을 상실한다. 즉, 기존 강행규범에 저촉되는 임의규범은 무효이고, 임의규범이 새롭게 출현하는 강행규범과 충돌하는 경우 장래에 향하여 효력을 상실한다.

3. UN헌장과 충돌하는 조약

UN헌장 제103조는 UN헌장상의 의무와 기타 국제법상 의무가 충돌하는 경우 헌장상의 의무를 우선하도록 규정하고 있다. 조약법에 관한 비엔나협약 제30조 제1항에서도 확인하고 있다. 헌장상의 의무란 헌장상의 명시적인 의무뿐 아니라 헌장에 의해 법적 구속력이 인정되는 모든 의무를 포함한다.

> **UN헌장 제103조 - UN헌장과 회원국 상호 간 의무의 상충**
> UN회원국의 헌장상의 의무와 다른 국제협정상의 의무가 상충되는 경우에는 이 헌장상의 의무가 우선한다.

4. 조약·관습법과 법의 일반원칙

법의 일반원칙은 조약이나 국제관습법의 흠결을 보충하는 일반법규로서의 기능을 갖는 데 불과하므로 양자 간에 직접적인 저촉관계는 발생하지 않는다. 그러나 저촉이 있는 경우 조약이나 관습법이 법의 일반원칙보다 우위에 선다.

3 동일서열 규범 상호 간 충돌의 경우

동일서열의 임의규범이 상호 간 충돌하는 경우 특별법우선의 원칙과 신법우선의 원칙이 적용된다.

1. 신법우선(원칙)

동일당사자 간 동일한 규율 영역에서 새로운 법규범이 창설되어 양자가 양립할 수 없는 경우, 신법이 구법에 우선하여 적용된다. 다만, 신법우선의 원칙은 특별법우선의 원칙에 구속을 받는다.

2. 특별법우선(예외)

동일한 당사자 간, 동일한 서열에 위치하는 두 개의 국제법 규범이 충돌하고 이 중 하나에 대해 다른 하나가 특별법적 지위를 가지는 경우, 후자는 전자에 우선하여 적용된다. 즉, 구법이라 할지라도 특별법적 지위를 가진다면 신법보다 우선 적용된다는 것이다.

4 조약과 관습의 관계

3 의 논의에 기초하여 조약과 관습의 관계를 정리하면 다음과 같다. 첫째, 임의규범인 조약과 관습은 원칙적으로 대등한 관계에 있다. 따라서 상충시 원칙적으로 신법우선의 원칙에 의해 신법이 적용된다. 다만, 구법이 특별법이라면 구법이 우선 적용될 수 있다. 둘째, 조약과 관습 중 일방이 강행규범이라면 강행규범이 상위법이므로 강행규범이 배타적으로 적용된다. 이 경우 강행규범과 충돌하는 임의규범은 무효가 되거나 종료된다. 예컨대, 관습법이 강행규범이고 조약이 임의규범인 경우 조약이 구법이면 조약은 종료되고, 조약이 신법이라면 조약은 절대적으로 무효가 된다.

관련판례

스코티아호 사건(미국연방대법원, 1872) - 신관습우선의 원칙

1. 사실관계

1867년 4월 8일 밤 영국 기선(汽船) 스코티아호(The Scotia)와 미국 범선(帆船) 버크셔호(The Berkshire)가 충돌하여 버크셔호가 침몰하여 재산상의 손해를 입게 되었다. 사건 당시 버크셔호는 백색등은 달고 있었으나 우현과 좌현에는 어떠한 등화(燈火)도 달고 있지 않았다. 사건이 발생하기 이전인 1863년 1월 9일 영국은 '해상충돌예방규칙'을 제정하여 대형 범선도 다른 해양선박과 마찬가지로 선박의 우현에 녹색등, 좌현에 적색등을 달도록 했다. 이러한 규칙은 1864년 말까지 미국을 포함하여 세계의 거의 모든 해양국가(33개)에 의해 채택되었다. 버크셔호 측이 스코티아호 측을 상대로 미국 법원에 제소하였으나 1심과 2심에서 패소하고 대법원에 상고되었다.

2. 대법원 판결

(1) 공해상에서 선박 충돌시 적용법규

공해상에서 발생한 선박 충돌에 대해 대법원은 법정지 국내법이 아니라 국제법이 적용된다고 판시하였다. 대법원은 충돌이 발생한 장소 및 그 시점에서의 법을 선택해야 한다고 판단하였다.

(2) 등화에 관한 신관습의 성립 여부

버크셔호는 변경되기 이전의 국제해양법에 따른 등화를 갖추긴 하였으므로 등화에 관한 새로운 규칙이 국제해양법으로 성립되었는지가 문제되었다. 대법원은 영국을 필두로 하여 채택된 새로운 규칙이 국제관습법으로 성립하였다고 확인하고 신관습법에 따라 재판하였다. 대법원은 1863년 1월 9일의 영국 칙령 및 1864년의 미국의 법률이 정하는 항행에 관한 규칙이 대서양에서 해운에 종사하고 있는 거의 모든 국가를 포함하는 30개 이상의 주요 상업국가에 의해 의무적 규칙으로 수락되고 있다는 것을 인정할 때 새로운 규칙이 해양법으로 성립했다고 판단하였다.

(3) 스코티아호 측의 손해배상책임 여부

대법원은 스코티아호 측에 손해배상책임이 없다고 판시하였다. 새롭게 형성된 항행 규칙을 위반한 버크셔호 측의 과실에 의해 손해가 발생하였다고 판단하였기 때문이다. 스코티아호가 버크셔호를 범선이 아닌 '기선'으로 판단한 것은 정당하며 그러한 과정에 오류가 있다고 볼 수 없다고 하였다.

01 국제사법재판소(ICJ)가 판단한 국제법의 연원에 대한 설명으로 옳은 것은? 2016년 7급

① ICJ는 2개국 간의 관습국제법이 성립될 수 없다고 판단하였다.

② ICJ는 분쟁당사국 간 회의의사록이 ICJ 관할권 성립에 기초가 되는 국제협정으로 판단하였다.

③ ICJ는 회부된 분쟁에 적용되는 국제법규를 해석할 때 형평(equity)을 고려하여 판단한 적이 없다.

④ ICJ는 조약이나 관습국제법에 우선하여 법의 일반원칙을 적용할 수 있다고 판단하였다.

국제법의 연원

카타르와 바레인 간 해양경계획정 사건에서 판시한 내용이다.

선지분석

① '인도령 통행권 사건'에서 2개국 간 관습국제법의 성립 가능성을 인정하였다.

③ ICJ는 해양경계획정에 관한 사건에서는 형평을 고려하여 판단하였다. 주의할 점은 ICJ규정 제38조 제2항의 '형평과 선'과 이 지문에서 언급된 '형평'은 다르다는 점이다. 현재까지 ICJ가 '형평과 선'에 따라 재판을 한 사례는 없다(김대순, 국제법론, 18판, 104쪽).

④ 법의 일반원칙은 보충적 연원이므로 조약이나 관습에 우선하여 적용될 수 없다.

답 ②

---

02 국제법의 연원에 관한 설명으로 옳지 않은 것은? 2015년 9급

① 국제법의 연원에는 국제협약, 국제관습법, 법의 일반원칙 등이 있다.

② 국제관습법의 성립요건으로 일반적 관행과 심리적 요소로서의 법적 확신을 필요로 한다는 것이 일반적인 견해이다.

③ 연성법(Soft Law)은 조약이나 국제관습법과 같이 법적 구속력을 가진다.

④ 국제사법재판소(ICJ)는 비호권 사건(Asylum Case)에서 지역 관습법의 성립 가능성을 다룬 바 있다.

국제법의 연원

연성법에 대한 통설적 개념은 '구속력이 없는 국제사회규범'을 의미한다. 국제기구 결의 또는 국제회의 선언문 등을 예로 들 수 있다.

선지분석

④ 비호권 사건은 라틴아메리카 지역관습에 관한 것으로서 ICJ는 지역관습법의 성립 가능성을 인정하였다. 다만, 외교공관의 비호권이 라틴아메리카 지역의 관습으로 성립된 것은 아니라고 판단하였다.

답 ③

03 국제연합 국제법위원회의 「법적 의무를 창출하는 국가의 일방적 선언에 관한 적용원칙」에 대한 설명으로 옳지 않은 것은?

2019년 7급

① 구두로 발표된 일방적 선언은 이를 명백히 수락한 제3국에 의무를 부과할 수 있다.

② 국가원수, 정부수반, 외교장관은 법적 구속력 있는 일방적 선언을 발표할 수 있는 권한 있는 자로 인정된다.

③ 법적 구속력을 갖는 일방적 선언은 특정 국가가 아닌 국제공동체 전체에 대해 발표되어야 한다.

④ 법적 구속력 있는 일방적 선언에 포함된 의무의 범위에 의심이 발생하는 경우, 그 범위는 엄격하게 해석되어야 한다.

법적 의무를 창출하는 국가의 일방적 선언에 관한 적용원칙

일방적 선언은 특정 국가를 상대로 발표될 수도 있고, 국가이외의 다른 실체에 대해서도 발표될 수 있다. 국제공동체 전체를 향해 발표된 경우 대세적 의무가 창설된다.

선지분석

① 일방적 선언은 구두 또는 문서로 할 수 있다. 일방적 행위는 자국에 대해 의무를 부과하는 것이 일반적이나, 제3국이 명백히 수락한 경우 의무를 부과할 수 있다.

② 외교장관 이외의 다른 장관은 그 권한범위 내에서 일방적 행위를 발표할 수 있다.

④ 국가에 의무를 부과하는 것이므로 제한적으로 해석되어야 한다.

답 ③

---

04 국제관습법에 대한 설명으로 옳은 것은?

2020년 7급

① ICJ는 Military and Paramilitary Activities in and against Nicaragua 사건에서 법적확신만을 통한 국제관습법의 성립 가능성을 부인하였다.

② ICJ는 Fisheries 사건에서 노르웨이의 집요한 반대자(persistent objector)론에 근거한 주장을 배척하였다.

③ ICJ는 Right of Passage over Indian Territory 사건에서 두 국가 간의 국제관습법은 성립될 수 없다고 판단하였다.

④ ICJ는 North Sea Continental Shelf 사건에서 비교적 단기간에는 국제관습법이 성립될 수 없다고 판단하였다.

국제관습법

ICJ는 일관되게 법적확신과 일반관행이 모두 있어야 관습법이 성립한다고 판시하고 있다.

선지분석

② Fisheries 사건은 집요한 불복국가를 인정한 판례이다.

③ 양자관습의 성립 가능성을 긍정한 판례이다.

④ ICJ는 단기간에 관습이 성립될 수 있다고 하였다. 단, 관행이 광범위하게 행해지고 관행으로부터 특별히 영향을 받는 국가가 당해 관행에 동참하고 있어야 한다고 하였다.

답 ①

---

05 국제사법재판소(ICJ)규정 제38조 제1항에서 규정하고 있는 법의 일반원칙에 대한 설명으로 옳지 않은 것은?

2013년 7급

① 법의 일반원칙은 ICJ의 재판준칙 중 하나로 통설의 입장에 따르면 국내법의 일반원칙을 그 내용으로 한다.

② ICJ는 상설국제사법재판소(PCIJ)에 비하여 법의 일반원칙을 덜 원용하고 있다.

③ 프레비히어 사원 사건(Temple of Preah Vihear Case)에서 ICJ는 금반언의 원칙을 법의 일반원칙으로 원용하였다.

④ 법의 일반원칙은 ICJ규정에 처음 도입된 개념이다.

법의 일반원칙

법의 일반원칙은 상설국제사법재판소(PCIJ)규정에 처음 도입되었다.

답 ④

---

06 국제법상 강행규범(jus cogens)에 대한 설명으로 옳지 않은 것은?

2019년 9급

① 1969년 「조약법에 관한 비엔나협약」은 강행규범을 명시하고 있다.

② 강행규범의 위반은 대세적 의무를 위반하는 국제범죄이다.

③ 강행규범은 동일한 성질을 가진 추후의 규범에 의해서만 변경될 수 있다.

④ 조약은 그 체결 당시에 강행규범과 충돌하는 경우에 무효이다.

강행규범(jus cogens)

강행규범과 대세적 의무는 일치하지 않으며, 강행규범이 아닌 대세적 의무도 존재하므로 강행규범 위반이 곧 대세적 의무 위반이라고 볼 수 없다. 또한, 강행규범 위반을 '국가의 국제범죄'라고 하나 실정법으로 확립된 것은 아니다. 물론 강행규범 위반이 '개인의 국제범죄'에 해당될 수는 있다.

선지분석

① 조약법에 관한 비엔나협약에 강행규범의 '개념'이 명시되어 있다. 그러나 강행규범의 구체적인 예가 명시된 것은 아니다.

③ 동일한 성질을 가진 추후 규범은 '강행규범'을 의미한다. 기존 강행규범은 신강행규범에 의해 수정되거나 대체될 수 있다.

④ 신강행규범과 충돌 시 조약이 종료되나, 조약 체결 당시에 기존 강행규범과 충돌하는 조약은 무효이다.

답 ②

제3장 | 조약법

 출제 포커스 및 학습방향

조약법은 국제법에서 가장 중요한 분야의 하나로서 매년 2 ~ 3문제 출제된다. 조약법에 관한 비엔나협약 전반에 대해 질문을 하기 때문에 전 분야에 대해 차분히 준비가 되어야 한다. 특히 빈번하게 묻는 주제는 조약의 개념, 조약법에 관한 비엔나협약의 적용범위, 1969년 협약과 1986년 협약의 차이, 전권위임장, 유보, 약식조약, 조약의 효력범위, 조약의 제3자효, 절대적 무효와 상대적 무효, 사정변경원칙, 조약의 종료 또는 정지 절차, 무효·종료·정지의 효력, 조약의 등록 등이며, 조문을 꼼꼼히 읽으면서 정리해야 한다.

제1절 | 총설

1 조약법의 법원

조약법이란 조약의 성립·효력·무효·해석·변경·정지·소멸 등을 규율하는 법이다. 조약법은 오랜 기간 동안 관습법으로 존재해 왔으나 ILC는 1949년부터 성문화 작업을 진행하였다. 그 결과 1969년에 조약법에 관한 비엔나협약(이하 협약 또는 1969년 협약)이 채택되었고, 동 조약은 1980년 1월 27일 발효하였다. 협약은 동 협약 발효 후 체결된 조약에 적용되므로 그 전에 체결된 조약은 기존 관습법에 의해 규율된다. 협약이 기존 관습을 완전히 대체한 것은 아니다. 한편, ILC가 1982년 초안 작성을 완료한 국가와 국제기구 간 및 국제기구 상호간 체결되는 조약에 관한 협약이 1986년 UN이 주최한 국제회의에서 채택되었다. 양 협약의 내용은 크게 다르지 않다. 이하에서는 1969년 협약을 중심으로 서술한다.

2 1969년 협약의 적용범위

첫째, 동 협약은 '국가 간에 체결된 조약'에만 적용된다. 국가 간 체결된 조약이 오로지 국가만이 당사자인 조약을 의미하는 것은 아니다. 국가와 기타 실체들이 함께 당사자로 되어 있는 조약의 국가 당사자 간에는 협약이 적용된다.
둘째, 국가 간에 문서로 체결되고, '국제법에 의해 규율되는 조약'에만 적용된다.
셋째, 동 협약은 조약의 승계, 국가책임, 적대행위 등의 발생이 조약에 미치는 효과에 대해서는 규율하지 아니한다.
넷째, 동 협약은 소급적용되지 아니한다.

우리나라 헌법재판소는 한일 신어업협정에 부속된 합의의사록은 조약이 아니므로 국회의 비준동의를 받지 않았다고 하여 헌법을 위반한 것은 아니라고 판시하였다. 동 합의의사록은 당사국들의 기속의사가 없다고 판단하였다.

> **조약법에 관한 비엔나협약 제2조 - 용어의 정의**
>
> 1. 이 협약의 목적상
>   - (a) '조약'이라 함은 단일의 문서에 또는 2 또는 그 이상의 관련문서에 구현되고 있는가에 관계없이 또한 그 특정의 명칭에 관계없이, 서면형식으로 국가 간에 체결되며 또한 국제법에 의하여 규율되는 국제적 합의를 의미한다.
>   - (b) '비준', '수락', '승인' 및 '가입'이라 함은 국가가 국제적 측면에서 조약에 대한 국가의 기속적 동의를 확정하는 경우에 각 경우마다 그렇게 불리는 국제적 행위를 의미한다.
>   - (c) '전권위임장'이라 함은 조약문을 교섭·채택 또는 정본인증하기 위한 목적으로 또는 조약에 대한 국가의 기속적 동의를 표시하기 위한 목적으로 또는 조약에 관한 기타의 행위를 달성하기 위한 목적으로 국가를 대표하기 위하여 국가의 권한있는 당국이 1 또는 수명을 지정하는 문서를 의미한다.
>   - (d) '유보'라 함은 자구 또는 명칭에 관계없이 조약의 서명·비준·수락·승인 또는 가입 시에 국가가 그 조약의 일부 규정을 자국에 적용함에 있어서 그 조약의 일부 규정의 법적 효과를 배제하거나 또는 변경시키고자 의도하는 경우에 그 국가가 행하는 일방적 성명을 의미한다.
>   - (e) '교섭국'이라 함은 조약문의 작성 및 채택에 참가한 국가를 의미한다.
>   - (f) '체약국'이라 함은 조약이 효력을 발생하였는지의 여부에 관계없이 그 조약에 대한 기속적 동의를 부여한 국가를 의미한다.
>   - (g) '당사국'이라 함은 조약에 대한 기속적 동의를 부여하였으며 또한 그에 대하여 그 조약이 발효하고 있는 국가를 의미한다.
>   - (h) '제3국'이라 함은 조약의 당사국이 아닌 국가를 의미한다.
>   - (i) '국제기구'라 함은 정부 간 기구를 의미한다.

제2절 | 성립

1 의의

조약이 당사국 간에 유효하게 성립하기 위해서는 일정한 요건을 구비해야 한다. 조약이 성립되기 위해 구비해야 하는 최소한의 형식적 요건을 조약의 성립요건이라 한다.

2 조약의 성립요건

1. 조약당사자

조약당사자는 원칙적으로 국가에 한하나, 제한적으로 국제조직, 교전단체, 민족해방운동단체도 당사자가 될 수 있다. 개인은 국제법의 능동적 주체가 아니므로 조약체결능력이 인정되지 않는다.

2. 조약체결권자

국가의 조약체결권자는 현실적으로 조약체결권을 가진 기관이다. 누가 조약 당사국을 대표하여 조약체결기관이 되는가의 문제는 조약 당사국의 기본법인 헌법에 의해 결정되나, 보통은 당사국의 원수가 조약체결권자가 된다.

3. 목적

조약은 목적이 이행 가능하고 적법해야 한다. 따라서 객관적으로 이행이 전혀 불가능한 조약은 당연히 무효가 되며, 또한 제3국에 직접 의무를 과하거나 제3국의 권리를 박탈하는 내용의 조약도 원칙적으로 무효가 된다. 또한 조약이 일반국제법상의 강행규범에 저촉되면 무효가 된다.

4. 의사표시

조약이 성립하기 위해서는 조약체결에 대한 의사표시가 있어야 한다. 또한 성립한 조약이 유효하려면 조약체결의 의사표시에 하자가 없어야 한다. 하자있는 의사표시에 기초한 조약은 무효이다.

3 조약의 일반적 체결절차

1. 교섭

조약의 교섭은 조약체결권자가 직접 행하는 경우도 있으나, 보통 체결권자가 임명한 정부대표가 행하는데, 이 경우 대표는 그 권한을 증명하는 전권위임장(full powers)을 제출해야 한다. 다만, 조약체결권자가 직접교섭에 임하거나, 외교사절단장이 접수국과 조약을 체결하는 경우 등에는 전권위임장을 제시하지 않아도 된다(제7조 제2항).

조약법에 관한 비엔나협약 제7조 - 전권위임장

1. 누구나 다음의 경우에는 조약문의 채택 또는 정본인증을 위한 목적으로 또는 조약에 대한 국가의 기속적 동의를 표시하기 위한 목적으로 국가를 대표하는 것으로 간주된다.
    (a) 적절한 전권위임장을 제시하는 경우 또는
    (b) 관계 국가의 관행 또는 기타의 사정으로 보아 상기의 목적을 위하여 그 자가 그 국가를 대표하는 것으로 간주되었으며 또한 전권위임장을 필요로 하지 아니하였던 것이 관계 국가의 의사에서 나타나는 경우
2. 다음의 자는 그의 직무상 또한 전권 위임장을 제시하지 않아도 자국을 대표하는 것으로 간주된다.
    (a) 조약의 체결에 관련된 모든 행위를 수행할 목적으로서는 국가원수·정부수반 및 외무부장관
    (b) 파견국과 접수국 간의 조약문을 채택할 목적으로서는 외교공관장
    (c) 국제회의·국제기구 또는 그 국제기구의 어느 한 기관 내에서 조약문을 채택할 목적으로서는 국가에 의하여 그 국제회의, 그 국제기구 또는 그 기구의 그 기관에 파견된 대표

2. 조약본문의 채택(adoption of the text)

채택이란 교섭에 참여한 국가가 조약 초안을 조약의 '본문'으로 결정하는 것을 말한다. 조약본문은 그 작성에 참가한 모든 국가의 동의에 의해 채택된다(제9조 제1항). 다만, 국제회의에서 조약본문의 채택은 출석·투표하는 국가의 3분의 2 이상의 다수결에 의한다.

3. 조약본문의 인증(authentication of the text)

인증이란 채택된 조약의 본문을 조약의 정본(Text)으로 확인하는 것을 말한다. 인증 이후에는 수정 또는 변경을 할 수 없는 것이 원칙이나 다른 모든 당사국이 동의하면 서명, 조건부 서명(정부의 승인을 조건으로 하는 서명), 또는 가서명에 의해 예외적으로 수정 및 변경할 수 있다. 가서명은 조약의 서명을 구성하는 것으로 교섭국 간 합의한 경우 조약문의 서명을 구성한다. 인증 후 착오가 있다는 것에 합의한 경우 착오문에 적당한 정정을 가하고 정당한 권한을 가진 대표가 그 정정에 가서명하여 착오를 정정할 수 있다. 조건부 서명은 대표의 본국에 의해 확인되는 경우 조약의 완전한 서명을 구성한다. 서명한 국가는 조약의 당사자가 되지 않겠다는 의사를 명시적으로 표시하지 않는 한, 조약의 대상과 목적을 훼손하지 않을 의무를 진다(제18조). 한편, 때때로 조약의 서명시에 교섭을 후원한 제3국의 국가 혹은 정부수반이나 외무장관이 참석하여 증인의 자격으로 서명하는 경우, 이 서명은 법적인 의미는 없다. 즉, 제3국이 단지 증인의 자격으로 조약에 서명한 것만으로 조약의 이행을 보장하는 국가가 되는 것은 아니다.

 참고

최종의정서(Final Act)

조약법에 관한 비엔나협약 제10조 제(b)호에 의하면 조약문의 최종확정을 위한 서명, 조건부서명 또는 가서명은 조약문 작성에 참가한 국가대표자들이 조약문이나 조약문을 담은 또는 첨부한 회의의 최종의정서에 하는 것으로 규정하고 있다. 여기서 '최종의정서'란 일반적으로 다자간 외교회의에 참여한 모든 대표들이 회의의 작업결과를 요약 기록한 문서를 지칭하는데, 여기에는 회의에 관한 기본적 사실들(이를테면, 회의의 목적, 참석한 국가들, 사회자, 각 분과위원회 구성과 그 의장 등)이 명기되고, 또 회의에서 채택된 조약과 결의, 양해 등 모든 문서가 첨부된다. 이 방식은 1899년의 헤이그회의에서 시작되었다. 최종의정서 그 자체는 원칙적으로 법적 구속력 있는 문서가 아니며, 또한 최종의정서에 대한 서명이 의무적인 것도 아니고, 서명하였다고 하여 이것이 그 첨부문서에 대한 미래의 비준이나 수락을 약속하는 것은 아니다. 따라서 최종의정서에 서명하는 데에는 전권위임장이 필요하지 아니하며, 대표자가 신임장을 휴대하는 것만으로 충분하다. 그러나 최종의정서는 중요한 법적 기능과 결과를 가질 수도 있는데, 조약법에 관한 비엔나협약 제31조 제2항 제(b)호에 의하면 이것도 조약의 문맥 해석을 위한 '문서'에 포함될 수 있기 때문이다.

4. 조약에 의해 구속되는 데에 대한 동의(consent to be bound by a treaty)

(1) 개념

조약에 대한 국가의 기속적 동의란 국가가 조약문에 법적 구속력을 부여하는 행위를 의미한다.

(2) 동의 표시 방법

조약에 의해 구속되는 데에 대한 동의는 서명, 조약의 의미를 가지는 문서의 교환, 비준·수락·승인·가입 또는 기타 합의되는 방법에 의해 표명된다(제11조). 조약에 의해 구속되는 데에 대한 동의가 서명만으로 성립되는 조약을 약식조약(treaty in simplified form)이라 한다.

참고

기속적 동의 표시방법

1. 서명
약식조약에서 조약에 대한 기속적 동의를 표시하는 방법을 말한다.

2. 비준
전권대표가 서명한 조약을 교섭국의 조약체결권자가 재검토하고 조약내용에 관한 합의를 최종적으로 확인하는 행위를 말한다. 조약내용을 세밀하게 검토할 기회를 갖도록 하는 한편, 의회 동의를 얻을 여유를 교섭국에 주자는 취지이다.

3. 수락·승인
제2차 세계대전 이후 새롭게 도입된 절차이나 비준과 실질적으로 동일하다.

4. 가입
이미 성립된 조약에 교섭국이 아닌 국가가 참가하는 행위를 말한다.

---

(3) 법적 효력

교섭국은 비록 조약문에 대해 인증을 한 경우라 할지라도 구속적 동의를 표시해야 할 의무를 지지 않는다. 즉, 구속적 동의 표시 여부는 전적으로 국가의 재량이다. 조약의 구속을 받겠다는 동의와 발효는 이론상 조약의 당사자가 되기 위해 필요한 두 개의 별개의 단계이긴 하지만 동시에 발생할 수도 있다. Land and Maritime Boundary between Cameroon and Nigeria 사건에서 나이지리아는 재판소에 의해 조약으로 인정된 나이지리아와 카메룬 간의 한 선언(1975년의 Maroua Declaration)에 자국의 국가원수가 직접 서명은 하였으나 국내헌법에 따라 비준절차를 거치지 않았기 때문에 무효라고 주장하였다. 이에 대해 국제사법재판소(ICJ)는 문제의 선언은 서명과 함께 즉시 발효하였다고 판시하였다.

(4) 조약 일부 규정에 대한 기속적 동의

조약의 일부에 대해서만 구속을 받겠다는 국가의 동의는 그 조약이 이를 허용하거나 다른 체약국들이 이에 동의하는 경우에만 유효하다. 한편, 상이한 제규정의 선택을 허용하는 조약의 경우 조약의 구속을 받겠다는 국가의 동의는 그 동의가 어느 규정에 관련된 것인지가 명백해지는 경우에만 유효하다. 이 경우 국가가 선택권을 행사하지 않으면 당사자가 될 수 없다. 예컨대, 재래식 무기 사용 금지협약(Convention on Certain Conventional Weapons)은 3개 원 의정서를 갖고 있는데 동 협약을 비준하는 국가는 비준서 기탁 시 최소 2개 의정서의 구속을 받겠다는 동의를 통지해야 하며 그렇지 않은 경우 당해국에 대해 동 협약은 발효하지 않는다.

5. 조약에 기속적 동의를 표시한 국가의 의무

협약 제18조는 조약 비준 전 혹은 발효 전 그 조약의 객체와 목적을 저해하는 행위를 삼갈 의무를 규정하고 있다. 다만, 조약의 효력발생이 부당하게 지연되지 아니할 것을 조건으로 한다. 조약의 발효가 부당하게 지연되었는지의 여부는 각 사안별로 판단할 문제이다. 전체적으로 제18조의 의무는 조약의 내용에 관련한 것으로서, 이는 비준을 앞두고 서명을 철회하거나, 발효를 앞두고 비준을 철회하는 것을 금지하기 위한 조항이 아니다. 실제 관행을 보아도 비준 전에 서명을 철회하거나, 비준서를 기탁하였다가 조약 발효 전에 철회하는 경우도 있다. 조약의 구속을 받겠다는 국가의 동의는 조약이 발효함으로써 확정적으로 구속력을 갖게 된다는 것이 그 논리적 이유이다. 한편, 제18조는 조약 발효 후 금지될 모든 행위를 삼갈 의무를 국가에 부과하기 위한 것은 아니다. 또한 제18조의 기준은 객관적인 것이므로 악의를 입증하는 것은 필요하지 않다.

제18조하의 의무 위반으로 간주될 수도 있는 사례로, 조약이 물건의 반환을 규정하고 있는데 점유국가가 발효 전에 이를 파괴하는 경우, 조약이 영토의 할양을 규정하고 있는데 발효 전 할양국가가 당해 영토의 일부를 제3국에 이전하는 경우, 여러 국가가 군축조약에 서명한 후 그중 한 국가가 비준 후에 오히려 병력 증강에 나서는 경우 등을 들 수 있다.

6. 비준서의 교환 · 기탁

조약에 달리 규정된 경우를 제외하고 조약의 최종성립절차로서 이 행위로 조약에 의해 구속되는 데에 대한 국가의 동의가 확립된다(제16조). 교환은 특별조약에서 체약국 간에 비준서를 서로 교환하는 것이며, 기탁은 보통 다자조약에서 비준서를 일정한 장소에 보관하는 것으로 조약체결시 소속국가의 외무당국 또는 당해 국제조직의 사무국에 기탁한다. 비준서의 교환 또는 기탁에 의해 조약은 확정적으로 성립하고, 특별한 규정이 없는 한 이때부터 효력이 발생한다(제16조).

수탁자

비준서를 기탁받는 국가를 수탁자(국)라고 한다. 수탁자는 그 기능을 수행함에 있어 공평하게 행동할 의무를 진다. 수탁자로 지정된 국가, 즉 수탁국이 된다고 해서 해당 조약의 당사자가 될 수 없는 것도 아니고, 역으로 해당조약의 당사자가 될 의무를 부담하는 것도 아니다. UN 내에서 채택되거나 UN이 소집한 외교회의에서 채택되는 조약의 경우에는 기구의 수석 행정관인 UN사무총장이 수탁자로 지정되고 있다.

7. 등록(registration)

(1) 등록대상

UN헌장 제102조에 의하면 등록의무는 UN헌장 발효 이후 UN회원국이 체결하는 조약에만 적용되며, 헌장 발효 후 UN에 가입하는 경우에는 가입 이후에 체결하는 조약에 대해서만 등록의무가 있다. 국제사법재판소(ICJ) 규정 제36조 제2항에 따른 선택조항 수락선언도 등록할 수 있다. 조약에 해당되지 않는 양해각서(MOU)도 사무국에 등록되고 있지만, 등록으로 법적 지위가 변경되는 것은 아니다. 등록하지 아니한 조약의 효력이 부인되는 것도 아니다. UN이 당사자인 조약은 UN 직권으로 등록되고 있다. UN전문기구가 체결하는 조약은 UN에 송부되어 오면 최소한 편철·기록되고 있다. 한편, 이전에 이미 등록된 조약의 당사자, 조건, 범위, 또는 적용의 변화를 초래하는 추후 행위들은 등록될 수 있다. 반면, 모협정의 범위나 적용을 변경하거나 수정하는 새로운 문서는 등록되어야 한다.

(2) 등록 또는 미등록의 법적 효과

UN회원국이 조약을 등록하면 UN비회원국인 다른 당사국들도 UN기관에서 해당 조약을 원용할 수 있다. 조약을 등록하지 않아도 조약의 효력은 발생하나, UN기관에 대해 원용할 수 없다. 제102조 제2항의 제재는 미등록조약의 일방 당사자가 UN기관에서 그 조약의 원용에 반대하는 경우에만 적용된다. UN기관들이 직권으로(ex offcio) 문제를 제기하지는 않는다. 제102조 제2항의 제재는 등록되지 아니한 조약의 당사자들에 대해서만 적용되므로 제3자는 그 같은 조약을 언제든지 원용할 수 있다.

(3) 조약의 등록과 공표에 관한 명령(1946)

UN총회는 1946년 조약의 등록과 공표에 관한 명령을 채택하여 조약의 등록문제를 자세히 규정하였다. 주요 내용은 다음과 같다. 첫째, 등록의무는 조약 발효시까지는 발생하지 않는다. 둘째, 일방 당사자가 등록하면 타방 당사자는 등록의무가 면제된다. 셋째, 이미 등록된 조약의 당사자나 조건 등이 변화되면 추후 행위들은 등록될 수 있다. 넷째, 모협정의 범위나 적용을 수정하는 새로운 문서는 등록되어야 한다. 다섯째, 이미 종료된 조약도 등록할 수 있으며, 등록을 위한 시한은 없다.

(4) 국제연맹에서 조약의 등록

국제연맹규약도 조약의 등록에 대해 규정하였다. UN과 달리 국제연맹에서는 등록을 조약의 성립요건 또는 효력요건으로 보았으므로 등록될 때까지는 조약이 성립되거나 효력이 발생하지 않았다.

> **UN헌장 제102조 - 조약의 등록**
> 1. 이 헌장이 발효한 후 UN회원국이 체결하는 모든 조약과 모든 국제협정은 가능한 한 신속히 사무국에 등록되고 사무국에 의하여 공표된다.
> 2. 이 조 제1항의 규정에 따라 등록되지 아니한 조약 또는 국제협정의 당사국은 UN의 어떠한 기관에 대하여도 그 조약 또는 협정을 원용할 수 없다.

8. 조약문 정정절차

첫째, 조약문의 정정은 조약이 발효하지 아니하였어도 적용된다. 둘째, 서명국들과 체약국들이 다른 정정방법에 관하여 결정하지 않는 한이란 표현을 쓰고 있으므로 이 규정은 잔여규칙이다. 셋째, 정정본은 서명국들과 체약국들이 달리 결정하지 않는 한 처음부터 흠결본을 대체한다. 넷째, UN사무국에 등록된 조약문의 정정은 UN사무국에 통고되어야 한다. 다섯째, 수탁자가 제공하는 조약의 인증 등본에서만 착오가 발견되는 경우 수탁자는 경위서를 작성하여 이를 서명국들과 체약국들에게 송부하면 된다.

4 다자조약의 체결절차

1. 일반국제회의를 통한 체결절차

(1) 회의 소집 및 조약 초안 작성

회의는 특정국 또는 주도국이 소집한다. 소집국의 재량으로 회의참가국을 선정하고 참가국은 전권대표를 파견한다. 참가국의 수가 많은 경우 분과위원회를 구성하여 조약 초안을 준비하기도 한다.

(2) 조약 본문의 채택방법

조약 본문의 채택에는 다수결제도나 총의제도(consensus)방식이 적용된다. 다수결에는 단순다수결과 특별다수결이 있으나 조약법에 관한 비엔나협약은 3분의 2 다수결을 도입하고 있다. 한편, 총의제도는 1960년대에 등장한 새로운 의결방법으로 참가국 간의 견해 차이가 심해 다수결제도로 결정하기 어려운 경우 의장단이 비공식교섭을 통해 이해그룹 간의 견해 차이를 조정하여 타협안을 작성한 다음 의장이 이를 상정하여 의결에 붙이지 않고 채택하는 방식이다.

컨센서스와 만장일치

요컨대, 컨센서스란 서로 다른 견해를 조화하고 난제를 제거함으로써 문안에 합의하기 위한 집단적 노력으로 구성되는 교섭 및 의사결정의 기술을 의미하는데, 그 과정은 의견차이가 심한 세부사항은 덮어둔 채 '모든' 참석 국가들에게 '기본적으로' 수락 가능한 문안을 '투표 없이' 채택함으로써 절정에 이른다.

만장일치의 경우에는 어떤 문안에 관하여 '완전한' 혹은 '적극적' 합의가 존재하며, 게다가 그 일반적 동의는 '투표를 통해' 강조된다.

이에 반해 컨센서스는 '기본적' 내지 '소극적' 합의를 의미하며, 또한 그 합의는 회의장에서 '투표 없이' 표시된다.

(3) 조약 본문의 채택형식

국제회의는 보통 최종의정서의 채택으로 종료한다. 각국의 전권대표가 조약본문을 부속서로 포함한 최종의정서에 서명하면 조약 본문을 인증하는 것이 된다(제10조).

2. 국제조직을 통한 체결절차

(1) 조약체결의 제의

국제조직 스스로 또는 회원국이 단독 또는 공동으로 조약체결을 제의하면 사전조사를 행하게 된다. 사전조사가 긍정적이면 체결절차의 개시를 결정한다.

(2) 조약 초안의 작성

조약체결절차가 개시되면 기초가 될 조약 시안(initial draft)을 작성한다. 국제법위원회에서 시안을 준비하는 경우 위원 1인을 특별보고자(special rapporteur)로 임명하여 작성시킨다. 이 시안을 놓고 교섭을 통해 조약 초안을 작성해 나간다.

(3) 조약 본문의 채택

조약 본문은 조약당사자 자격이 있는 국가의 대표자로 구성된 기관이나 국제회의에서 채택된다. UN이 주관하는 조약체결의 경우 비회원국을 포함한 모든 국가가 참가하도록 개방된다. 국제조직이 소집한 국제회의에서 조약본문을 채택할 때도 보통 3분의 2 다수결이나 총의방식이 적용된다.

제3절 | 유보

1 서설

1. 개념

조약법에 관한 비엔나협약에 따르면 유보(reservation)란 표현·명칭 여하를 불문하고 조약에 의해 구속되는 데에 대한 동의표시, 즉 조약의 서명·비준·수락·승인 또는 가입시에 국가가 자국에 대해 조약의 일부 조항의 효력을 배제 또는 변경하기 위해 행하는 일방적 선언을 말한다[협약 제2조 제1항 제(d)호].

2. 유보와 해석선언

(1) 해석선언의 정의

해석선언이란 그 명칭이 여하하든 국가 또는 국제기구가 조약 또는 규정의 일부에 부여할 의미 또는 범위를 구체화하거나 명확히 하기 위한 의도로 행하는 일방적 선언을 말한다.

(2) 양자의 공통점

유보와 해석선언은 명칭에 관계없이 이루어지는 일방행위이며, 특히 해석의 유보에 있어 조약 규정의 해석과 관련된다는 공통점이 있다.

(3) 양자의 차이점

첫째, 유보는 조약 일부 규정의 효력을 배제 또는 변경할 목적이라는 점에서 구체화, 명확화를 목적으로 하는 해석선언과 구별된다. 둘째, 유보는 기속적 동의표시시에 의사를 표시하나, 해석선언은 조약이 발효된 이후에도 할 수 있다. 셋째, 유보는 상대방의 수락을 요건으로 한다는 점에서 단독행위성이 제한되며 따라서 순수한 단독행위인 해석선언과 구별된다.

3. 유보와 이행정지(derogation)

조약의 이행정지(derogation)란 비상시 제한된 기간 동안 조약상 의무를 일방적으로 배제하는 것을 말한다. 인권조약에 주로 규정이 있다. 이행정지를 위해서는 조약 자체에 허용규정이 있어야 한다. 상호주의는 적용되지 않으며, 비상상황 해세시 조약상 의무를 이행해야 한다. 유보는 조약에 규정이 없어도 양립성의 원칙에 따라 할 수 있으며, 유보수락국은 당해 유보를 원용할 수 있으므로 원칙적으로 상호주의가 적용된다.

4. 제도적 취지

유보는 조약 적용의 통일성(integrity)은 저해하지만, 현실적으로 인적 적용범위를 확대하기 위한 제도이다(보편성의 추구). 따라서 유보는 다자조약에서 주로 문제된다. 그러나 양자조약에서 유보가 금지되는 것은 아니다. 1977년 미국과 파나마 간에 서명된 파나마운하조약은 미국 상원이 붙인 유보를 파나마 정부가 수락함으로써 양자조약에도 유보가 부가된 사례로 원용된다. 다만 양자조약에서 유보는 사실상 새로운 조약내용의 제안으로 받아들여진다. 2011년 ILC가 작성한 조약유보에 관한 실행지침에 의하면 양자조약에는 유보를 첨부할 수 없다.

5. 유형

유보는 조약 중 일부 조항의 적용을 제한하는 조항의 유보, 적용지역을 제한하는 유보, 일부 조항의 해석을 제한하는 해석유보로 분류할 수 있다.

6. 법적 성질

유보는 유보국이 자국에 대한 조약의 적용을 제한하려는 일방적 의사표시이다. 그러나 표명된 유보가 유효하게 성립하기 위해서는 타 체약국에 의한 수락이 필요하다. 이로 인해 이를 단독행위로 보는 견해와 쌍방행위로 보는 견해가 대립한다. 유보는 조약의 적용을 제한함으로써 실질적으로 조약내용을 변경시키기 때문에 당연히 타방 체약국의 동의를 얻어야 하나, 이로 인해 유보가 곧 쌍방행위가 되는 것은 아니다.

2 유보의 허용성

유보는 조약의 적용범위를 확대하는 반면 조약의 통일적 적용을 해칠 우려가 있으므로 이에 대해 여러 가지 차원에서 제한이 가해진다.

1. 유보의 전면금지

조약체제의 유효한 운용을 위해서는 모든 규정들이 모든 당사국들에게 전체적으로 예외 없이 적용되어야 한다고 판단하는 경우 교섭당사국들은 조약의 여하한 규정에 대해서도 유보할 수 없음을 명시할 수 있다. 예컨대, WTO설립협정은 동 협정에 대한 유보를 금지하고 있다(WTO설립협정 제16조).

2. 일부 조항에 대한 유보금지

조약에서 일부 조항에 대한 유보를 금지하는 규정을 둘 수 있다. 또한 유보의 대상이 될 수 있는 조항의 범위를 특별히 제한할 수도 있는바, 이 경우 그 밖의 조항에 대해서는 유보가 금지된다.

3. 조약상의 명시적 제한이 없는 경우(양립성의 원칙)

유보가 조약에 의해 금지되지 않는 경우에도 허용되기 위해서는 조약의 '대상'(object) 및 '목적'(purpose)과 양립해야 한다[제19조 제(c)호]. 이를 양립성의 원칙이라 한다. 양립성의 원칙은 1951년 '제노사이드협약의 유보에 대한 권고적 의견'에서 국제사법재판소(ICJ)에 의해 확인된 바 있다. 양립성의 원칙은 전통규칙이었던 '만장일치'원칙을 변경한 것이다. 전통규칙에 의하면 조약에 유보에 관한 명시적 허용규정이 없는 경우 유보국 이외의 모든 국가가 수락해야만 유보가 허용되고 또한 당해 조약의 당사자가 될 수 있었다. 조약의 대상과 목적에 상반되는 유보는 조약 전체를 무의미하게 만들 수 있으므로 허용될 수 없다.

4. 유보에 관한 관행 - 국제연맹방식과 범미연합방식

국제연맹은 조약 수탁자로서의 기능을 수행함에 있어 조약의 모든 체약국들이 수락한 유보만을 허용하였으며, 그렇지 않은 경우에는 유보와 유보가 첨부된 서명 및 비준 양자 모두를 무효로 간주하였다. 그러나 범미연합은 유보에 대한 현대국제법 체제의 기초를 형성하는 탄력적인 태도를 취하였는데, 그 골자는 유보에 대해 한 당사국이라도 수락하면 유보를 첨부한 국가와 이를 수락한 국가 사이에서는 조약이 발효하는 것으로 간주하되, 유보를 첨부한 국가와 이를 수락하지 아니한 국가 사이에서는 그 조약은 발효하지 않는 것으로 간주하는 것이었다.

조약법에 관한 비엔나협약 제19조 - 유보 형성의 자유

국가는 다음의 경우에 해당하지 아니하는 한 조약에 서명·비준·수락승인 또는 가입할 때에 유보를 형성할 수 있다.

(a) 그 조약에 의하여 유보가 금지된 경우

(b) 문제의 유보를 포함하지 아니하는 특정의 유보만을 행할 수 있음을 그 조약이 규정하는 경우 또는

(c) 상기 세항 (a) 및 (b)에 해당되지 아니하는 경우에는 그 유보가 그 조약의 대상 및 목적과 양립하지 아니하는 경우

 관련판례

제노사이드협약의 유보에 대한 권고적 의견(ICJ, 1951)

1. **사실관계**

   1948년 12월 9일 제3차 UN총회에서 집단살해죄의 방지 및 처벌에 관한 조약이 채택되었으나 소련 등 일부 국가는 동 조약에 유보를 부가하고 서명하였다. 이와 관련하여 UN총회는 유보의 유효성에 대해 ICJ에 권고적 의견을 요청하였다.

2. **법적 쟁점(총회의 질문사항)**

   (1) 유보에 대한 반대국이 있는 경우 유보를 부가한 국가가 유보를 유지한 채 당사국으로 간주될 수 있는가?

   (2) 당사국으로 간주되는 경우 유보국과 유보에 반대한 국가 간에 유보의 법적 효과는?

3. 권고적 의견 요지

(1) 유보 반대국이 있는 경우 조약 당사자 지위 인정 여부

일부 당사국이 반대가 있다고 해도 반드시 유보국의 조약 당사자 지위가 부인되는 것은 아니다. 유보에 대해 일부 당사국이 반대하였으나 다른 당사국들이 반대하지 않은 경우 유보가 조약의 목적과 양립한다면 조약 당사국으로 간주될 수 있다. 양립성 여부에 대한 판단은 개별적으로 할 수 있다.

(2) 유보국과 유보 반대국 간 유보의 법적 효과

어떤 조약 당사국이 일정 유보가 조약의 목적과 양립하지 않는다고 생각하여 그 유보에 반대한 때에는 그 유보 반대국은 유보국을 조약 당사국이 아니라고 간주할 수 있다.

5. 인종차별철폐협약의 경우

1965년 '모든 형태의 인종차별 철폐에 관한 협약'은 협약 당사국의 최소 3분의 2가 반대하는 유보는 조약의 객체 및 목적과 양립될 수 없는 것으로 간주된다고 규정하고 있다. 그리고 유보에 반대하는 국가는 UN사무총장에게서 유보를 통고받은 날로부터 90일 이내에 수락하지 아니한다는 의사를 UN사무총장에게 통고해야 한다고 명시하고 있다.

6. 모든 당사국의 수락을 요하는 경우

교섭에 참가한 국가의 제한된 수와 조약의 대상 및 목적으로 보아 조약이 모든 당사국에게 통일적으로 적용되는 것이 조약에 의해 구속을 받겠다는 각국의 동의의 본질적 기초를 구성함이 명백한 경우 유보는 모든 당사국에 의해 수락되어야 한다(제20조 제2항).

7. 국제기구 설립문서에 대한 유보

조약이 국제기구를 설립하는 문서로서 별도의 규정이 없는 한, 유보는 국제기구의 권한있는 기관에 의해 수락되어야 한다(제20조 제3항).

8. 관습법을 성문화한 조항

조약 속에 유보와 관련한 여하한 규정이 없다 하더라도 문제의 조항이 일반국제관습법의 원칙에 해당하는 경우 이에 대한 유보는 금지된다(북해대륙붕 사건, ICJ, 1969). 한편, 국제법위원회(ILC)는 조약유보관행 안내서는 조약규정이 국제관습법규를 반영하고 있다는 사실 그 자체만으로는 동 조약 규정에 유보를 첨부하는 것이 방해받지 아니한다고 하였다. 다만, 일반국제법의 강행규범을 반영한 조약규정에 대해서도 그러한가에 대해 별도의 가이드라인을 제시하지는 않았다.

9. 무효인 유보의 효력

(1) 쟁점

조약규정과 양립하지 않거나 허용되지 않는 조항에 유보를 부가한 경우 당해 유보의 효력과 당해 유보를 부가한 국가의 해당 조약 당사국 지위가 문제가 된다. 또한 유보가 허용되는지에 대해 누가 판단할 것인지도 문제된다.

(2) 학설

유보가 무효이므로 이를 철회하지 않는 한 당사자가 될 수 없다는 견해(역회전이론), 무효인 유보가 부가된 조항을 제외하고 조약당사자로서 지위를 유지한다는 견해(제거이론), 무효인 유보는 당초부터 부가하지 않은 것으로 보고 모든 조항들을 전부 준수해야 한다는 이론(분리이론) 등이 대립하고 있다. 대체로 인권조약에 관련되는 경우 분리이론이 지지를 받고 있다.

(3) 2011년 ILC의 조약 유보에 관한 실행지침

2011년 ILC가 작성한 조약 유보에 관한 실행지침에서 ILC는 허용 불가능한 유보를 부가한 국가가 조약의 당사자로 인정될 것인가 여부는 1차적으로 유보 첨부국의 의사에 따르자고 제시하였다. 즉, 유보 없이 조약의 당사국이 될 것인지 또는 유보 없이는 당사국이 되지 않을 것인지를 해당 국가의 의사에 맡기자는 것이다. 실행지침은 무효인 유보의 첨부국은 별다른 의사표시를 하지 않는다면 일단 유보 없는 가입으로 간주한다. 다만 그 국가가 유보의 이익 없이는 조약의 당사국이 될 의사가 없다는 점을 추후 언제라도 표시할 수 있다고 하였다. 그러나 인권조약기구와 같은 기구가 특정국의 유보를 무효라고 선언한 경우 그 국가가 조약의 당사국으로 남을 의사가 없다면 1년 이내에 탈퇴표시를 하라고 요구하였다.

(4) 유럽인권재판소

유럽인권재판소는 1988년 Belilos 사건에서 허용될 수 없는 유보가 행하여진 경우 그 유보는 무효이므로 스위스는 유보 없이 유럽인권협약에 가입한 것으로 해석해야 한다고 판정하였다. 이는 이른바 '분리이론'을 받아들인 것이다.

(5) B규약위원회

'시민적·정치적 권리에 관한 국제규약'상의 인권위원회는 1999년 R. Kennedy v. Trinidad and Tobago[Human Right Committee(HRC)] 사건에서 무효인 유보를 부가한 국가는 당초부터 유보를 부가하지 않은 당사국으로 인정된다고 하여 분리이론을 확인하였다. 트리니다드토바고는 당초 '시민적·정치적 권리에 관한 국제규약 선택의정서'의 당사국이었는데 사형과 관련하여 자국을 상대로 한 개인 통보가 다수 제기되자 동 의정서를 탈퇴하였다. 탈퇴 효력 발생 이후 트리니다드토바고는 사형판결과 관련된 개인통보는 수락하지 않겠다는 유보를 첨부하여 선택의정서에 재가입하였다. 이에 대해 위원회는 트리니다드토바고의 유보가 선택의정서의 대상과 목적에 위배된다고 판단하였다. HRC는 트리니다드토바고의 유보에도 불구하고 자신은 이에 관한 개인통보를 수락할 권한이 있다고 하였다.

(6) 유보의 허용 여부에 대한 판단주체

이론적으로는 허용성이론과 대항성이론의 대립이 있다. 허용성이론은 재판소나 유권해석기관에서 통일적으로 판단해야 한다는 입장인 반면, 대항성이론은 유보를 수락할 것인지를 결정하는 것은 타방 당사국이므로 개별 조약 당사국들이 판단할 수 있다는 이론이다. '시민적·정치적 권리에 관한 국제규약'에 의하여 설립된 HRC는 규약의 대상 및 목적과 특정한 유보의 양립 가능성을 판단할 권한이 자신에게 있으며 나아가 수락할 수 없는 유보를 첨부한 국가는 유보 없이 가입한 것으로 취급되어야 한다고 입장을 표명했다. 반면, ILC의 조약 유보에 관한 실행지침(2011)은 인권조약에서 '유보의 허용 가능성'에 대해 조약의 당사국, 독립적인 조약감시기구, 또는 분쟁해결기구 모두 유보의 허용 가능성을 판단할 수 있다고 보았다. 즉, 조약감시기구가 설립되어 있어도 각 당사국 역시 여전히 첨부된 유보의 허용가능성을 판단할 권한이 있으며 이때 당사국은 조약감시기구의 판단을 반드시 고려하라고 했으나 이에 구속되지는 않는다고 하였다.

3 유보의 시기·효력요건·절차·효력

1. 유보의 시기

(1) 원칙

유보의 의사를 표명할 수 있는 시기는 서명·비준·수락·승인 또는 가입시이다. 유보는 선언국이 조약의 구속을 받겠다는 의사를 피력하는 시점에서 또는 그 이전에 표명되어야 함을 의미하는 것이다. 그러나 유보는 다자조약문의 '채택과 확정' 단계에서는 표시될 수 없다.

(2) 관행

국가들의 실행을 보면 조약법에 관한 비엔나협약에 명시된 유보 표명의 시간적 제한을 준수하지 않는 '때늦은 유보'를 허용하고 있는 조약도 있다. ILC는 이같은 관행에 직면하면서 법적 안정성도 함께 고려하여, 조약에서 달리 규정하지 않는 한, 국가 또는 국제기구는 조약의 구속을 받겠다는 자신의 동의를 표시한 뒤에는 조약에 대해 유보를 표명할 수 없다는 입장이다.
다만, 타 체약당사자들 중에서 그 누구도 때늦은 유보의 표명에 반대하지 않는 경우에는 그러하지 아니하다는 가이드라인을 제시하고 있다. 이에 따르면 때늦은 유보는 당해조약에서 이를 명시적으로 허용하고 있는 경우가 아니면 원칙적으로 불가능하며, 또한 타 체약당사자들 중에서 한 당사자라도 반대하면 때늦은 유보는 성립할 수 없다. 때늦은 유보에 대한 반대시한은 12개월로 설정되고 있다.

(3) 비교(해석선언의 시기)

해석선언은 유보와는 달리 언제든지, 또한 조약에서 달리 규정하지 않는 한 언제든지 수정할 수 있다. 다만, 해석선언의 시기를 서명, 비준, 또는 가입시로 국한하고 있는 UN해양법협약 제310조의 경우처럼 조약에서 해석선언의 시기를 제한하고 있는 경우에는 해석선언은 그 조약에 명시된 시한 내에서만 표명할 수 있다.

(4) 정식조약에서 서명시 유보한 경우

정식조약에서 서명시 유보한 경우 비준시 재확인해야 하며, 유보는 확인된 일자에 첨부된 것으로 처리한다. 재확인되지 않은 경우 유보는 포기된 것으로 간주된다. 타국의 서명시 첨부된 유보에 대한 다른 당사국의 반응은 비준 시 반복되지 않아도 무방하다.

2. 유보의 효력요건

유보가 효력을 발생시키기 위해서는 타방 당사국의 수락을 요한다. 그러나 반드시 명시적일 필요는 없으며 묵시적이라도 무방하다(제20조 제5항). 따라서 서명 전 또는 서명시 유보를 하는 경우 타방 체약국이 이의를 제기하지 않고 서명하거나, 비준시 유보를 하는 경우 타방 체약국이 이의를 제기하지 않고 비준서를 기탁하면 묵시적 동의가 있었다고 본다. 유보에 대한 이의제기는 유보를 통고받은 이후 12개월 이내 또는 기속적 동의표시일자 중 늦은 시점까지는 해야 하며, 반대의 의사를 표시하지 않은 경우 수락한 것으로 간주된다. 조약에서 명시적으로 인정된 유보는 원칙적으로 추후의 수락을 필요로 하지 아니한다.

> **조약법에 관한 비엔나협약 제20조 - 유보의 수락 및 반대**
>
> 1. 조약에 의하여 명시적으로 인정된 유보는 다른 체약국에 의한 추후의 수락이 필요한 것으로 그 조약이 규정하지 아니하는 한 그러한 추후의 수락을 필요로 하지 아니한다.
> 2. 교섭국의 한정된 수와 또한 조약의 대상과 목적으로 보아 그 조약의 전체를 모든 당사국 간에 적용하는 것이 조약에 대한 각 당사국의 기속적 동의의 필수적 조건으로 보이는 경우에 유보는 모든 당사국에 의한 수락을 필요로 한다.
> 3. 조약이 국제기구의 성립문서인 경우로서 그 조약이 달리 규정하지 아니하는 한 유보는 그 기구의 권한있는 기관에 의한 수락을 필요로 한다.
> 4. 상기 제조항에 해당되지 아니하는 경우로서 조약이 달리 규정하지 아니하는 한 다음의 규칙이 적용된다.
>   (a) 다른 체약국에 의한 유보의 수락은 그 조약이 유보국과 다른 유보 수락국에 대하여 유효한 경우에 또한 유효한 기간 동안 유보국이 그 다른 유보 수락국과의 관계에 있어서 조약의 당사국이 되도록 한다.
>   (b) 유보에 다른 체약국의 이의는 이의제기국이 확정적으로 반대의사를 표시하지 아니하는 한 이의제기국과 유보국 간에 있어서의 조약의 발효를 배제하지 아니한다.
>   (c) 조약에 대한 국가의 기속적 동의를 표시하며 또한 유보를 포함하는 행위는 적어도 하나의 다른 체약국이 그 유보를 수락한 경우에 유효하다.
> 5. 상기 2항 및 4항의 목적상 또는 조약이 달리 규정하지 아니하는 한 국가가 유보의 통고를 받은 후 12개월의 기간이 끝날 때까지나 또는 그 조약에 대한 그 국가의 기속석 동의를 표시한 일자까지 중 어느 것이든 나중의 시기까지 그 유보에 대하여 이의를 제기하지 아니한 경우에는 유보가 그 국가에 의하여 수락된 것으로 간주된다.

3. 유보의 철회

조약에 달리 규정하지 않는 한 유보의 철회는 언제든지 할 수 있으며 유보의 철회는 유보 동의국의 동의를 필요로 하지 않는다(제22조 제1항). 유보의 철회는 타방 체약국이 통고를 접수했을 때에만 그 국가에 대해 효력을 갖는다[제22조 제3항 제(a)호]. 국제사법재판소(ICJ)에 의하면 유보 철회의 효력이 발생하기 위해서는 명확하고 구체적으로 철회를 선언해야 하고, 철회에 대한 구체적 일정을 제시해야 한다. 제노사이드협약에 대한 유보의 철회 여부가 문제된 Armed Activities on the Territory of the Congo 사건에서 국제사법재판소(ICJ)는 유보를 철회하기로 하는 국내적 결정과 그것의 국제적 이행은 별개의 문제로서 반대의 합의가 없는 한 후자는 타체약국들이 그것을 통지받은 때에만 그들 국가에 대한 효력을 발생하며, 이것은 법적 안정성의 원칙에서 도출되고 관행으로 확립된 국제법규로서 조약법에 관한 비엔나협약 제22조 제3항 제(a)호에도 명시되어 있다고 판시하였다.

조약법에 관한 비엔나협약 제22조 - 유보 및 유보에 대한 반대의 철회

1. 조약이 달리 규정하지 아니하는 한 유보는 언제든지 철회될 수 있으며 또한 그 철회를 위해서는 동 유보를 수락한 국가의 동의가 필요하지 아니하다.
2. 조약이 달리 규정하지 아니하는 한 유보에 대한 이의는 언제든지 철회될 수 있다.
3. 조약이 달리 규정하지 아니하는 한 또는 달리 합의되지 아니하는 한 다음의 규칙이 적용된다.
    (a) 유보의 철회는 다른 체약국이 그 통고를 접수한 때에만 그 체약국에 관하여 시행된다.
    (b) 유보에 대한 이의의 철회는 동 유보를 형성한 국가가 그 통고를 접수한 때에만 시행된다.

---

4. 유보 반대의 철회

조약에 달리 규정하지 않는 한 유보 반대는 언제든지 철회될 수 있으며 유보 반대의 철회는 유보국이 통고를 접수했을 때에만 효력을 가진다.

5. 절차

유보, 유보의 명시적 동의 및 유보에 대한 이의제기는 서면으로 해야 하며, 체약국 및 당사국이 될 자격국에 통고해야 한다(제23조 제1항). 또한 유보의 철회 또는 이의제기의 철회도 서면으로 해야 한다(제23조 제4항).

조약법에 관한 비엔나협약 제23조 - 유보에 관한 절차

1. 유보, 유보의 명시적 수락 및 유보에 대한 이의는 서면으로 형성되어야 하며 또한 체약국 및 조약의 당사국이 될 수 있는 권리를 가진 국가에 통고되어야 한다.
2. 유보가 비준·수락 또는 승인에 따를 것으로 하여 조약에 서명한 때에 형성된 경우에는 유보국이 그 조약에 대한 기속적 동의를 표시하는 때에 유보국에 의하여 정식으로 확인되어야 한다. 그러한 경우에 유보는 그 확인일자에 형성된 것으로 간주된다.
3. 유보의 확인 이전에 형성된 유보의 명시적 수락 또는 유보에 대한 이의는 그 자체확인을 필요로 하지 아니한다.
4. 유보 또는 유보에 대한 이의의 철회는 서면으로 형성되어야 한다.

유보 등의 의사표시 방법 및 효력요건

구분	의사표시방법	효력요건(수락 여부)
유보	서면, 명시적	○
유보의 수락	명시적 + 묵시적	−
유보의 반대	서면, 명시적	−
유보의 철회	서면, 명시적	×
유보반대의 철회	서면, 명시적	×

6. 효력

(1) 제한적 효력

유보의 효과는 유보국과의 관계에서 발생하여 조약의 효력이 제한된다. 즉, 어떤 조항이 유보된 경우 그 조항이 적용되지 않고 마치 존재하지 않는 것과 같이 취급된다. 해석이 유보된 경우에는 그 조항은 유보된 의미로만 해석된다.

(2) 상대적 효력

유보는 유보국과 유보에 동의한 타방 당사국 사이에서만 효력이 있다. 유보국은 타방 당사국에 대하여 유보를 원용할 수 있으며, 동시에 타방 당사국도 유보국에 대하여 유보를 원용할 수 있다(제21조 제1항). 단, 인권조약에 대한 유보의 경우 상호주의원칙이 적용되지 않는다.

> **조약법에 관한 비엔나협약 제21조 - 유보 및 유보에 대한 반대의 법적 효과**
> 1. 제19조, 제20조 및 제23조에 따라 다른 당사국에 대하여 성립된 유보는 다음의 법적 효과를 가진다.
>   (a) 유보국과 그 다른 당사국과의 관계에 있어서 유보국에 대해서는 그 유보에 관련되는 조약규정을 그 유보의 범위 내에서 변경한다.
>   (b) 다른 당사국과 유보국과의 관계에 있어서 그 다른 당사국에 대해서는 그러한 조약규정을 동일한 범위 내에서 변경한다.
> 2. 유보는 '일정 국가 간의' 조약에 대한 다른 당사국에 대하여 그 조약규정을 수정하지 아니한다.
> 3. 유보에 대하여 이의를 제기하는 국가가 동 이의제기국과 유보국 간의 조약의 발효에 반대하지 아니하는 경우에 유보에 관련되는 규정은 그 유보의 범위 내에서 양국 간에 적용되지 아니한다.

4 유보의 수락 및 반대와 국가 간 조약관계

1. 유보국과 유보 수락국의 관계

조약에 유보를 명시적으로 허용하는 경우 타체약국의 별도의 동의를 요하지 않고 유보국이 유보하는 경우 유보를 수락한 것으로 간주된다. 한편, 조약에 유보에 대한 명시적 규정이 없는 경우 유보국에 대해 명시적·묵시적으로 수락한 국가만 유보를 수락한 것으로 인정된다. 유보가 수락되는 경우 유보국과 유보 수락국 간 조약관계가 성립하고 상호간 조약의 적용은 유보에 따라 수정되거나 제한된다.

2. 유보국과 유보 반대국의 관계

(1) 반대의 방법

유보에 대한 반대는 반드시 서면에 의해 명시적으로 이루어져야 한다. 즉, 별도로 조약에 규정되지 않는 한 유보는 타국에 통보된 이후 이로부터 12개월 이내에 또는 그보다 늦더라도 조약을 비준하거나 가입할 때까지 늦은 기간 내에 이의를 제기하는 경우 유보에 반대한 것으로 간주된다(제20조 제5항).

(2) 유보국과 유보 반대국의 조약관계 성립 여부

전통적으로 유보에 대해 만장일치로 수락되지 않는 경우 유보국은 조약 당사자가 될 수 없었다. 그러나 1951년 제노사이드협약의 유보에 대한 권고적 의견에서 국제사법재판소(ICJ)는 개별 국가의 판단에 따라 유보국을 조약의 당사자로 인정하거나 거부할 수 있다고 판시하였다. 조약법에 관한 비엔나협약에서도 '유보 반대국이 확정적으로 상반되는 의사를 표명하지 않는 한, 유보 반대국과 유보국 간 조약의 발효를 방해하지 아니한다.'[제20조 제4항 제(b)호]라고 규정하여 유보국과 유보 반대국 간 조약관계 성립을 인정하고 있다.

(3) 유보국과 유보 반대국 간 조약관계

유보 반대국이 유보국과의 관계에서 조약의 발효에 반대하지 않는 경우 양자간 조약관계는 성립하나 유보가 문제된 조항은 유보된 범위 내에서 양국 간 적용되지 않는다. 한편, 유보에 반대한 국가가 유보국과의 관계에서 조약의 발효에 반대하는 경우, 양자 간에는 조약관계 자체가 성립되지 않는다.

제4절 | 효력

1 의의

조약이 성립요건을 갖추었다 해도, 조약이 유효하기 위해서는 다시 효력요건을 충족해야 한다. 따라서 효력요건을 충족시키지 못하면 그 조약은 무효가 된다. 조약의 효력요건이 충족되면 조약의 법적 구속력이 발생하여 조약 당사국을 법적으로 구속하게 된다(제26조).

2 효력발생

1. 절차 및 시기

최종조항(final clause)에 규정되며 교섭국이 합의하는 일자와 방법에 따라 결정된다. 규정이나 합의가 없는 경우 '당해조약에 구속되는 데에 대한 동의'가 확립되는 즉시 발생한다. 즉, 약식조약의 경우 서명시에, 정식조약의 경우 비준서의 교환 및 기탁시에 효력이 발생한다.

> **조약법에 관한 비엔나협약 제24조 - 조약의 발효**
> 1. 조약은 그 조약이 규정하거나 또는 교섭국이 협의하는 방법으로 또한 그 일자에 발효한다.
> 2. 그러한 규정 또는 합의가 없는 경우에는 조약에 대한 기속적 동의가 모든 교섭국에 대하여 확정되는 대로 그 조약이 발효한다.
> 3. 조약에 대한 국가의 기속적 동의가 그 조약이 발효한 후의 일자에 확정되는 경우에는 그 조약이 달리 규정하지 아니하는 한 그 동의가 확정되는 일자에 그 조약은 그 국가에 대하여 발효한다.
> 4. 조약문의 정본 인증, 조약에 대한 국가의 기속적 동의의 확정, 조약의 발효방법 또는 일자, 유보, 수락자의 기능 및 조약의 발효 전에 필연적으로 발생하는 기타의 사항을 규율하는 조약규정은 조약문의 채택시로부터 적용된다.

2. 잠정적용(제25조)

(1) 교섭국들은 발효시까지 조약의 '전부 또는 일부'를 '잠정(임시)적으로 적용'하기로 합의할 수도 있다. 조약이 긴급한 문제를 다루면서도 비준을 요하는 경우에 특히 잠정적용의 필요성이 제기되는데, 이 경우 잠정기간이 지나면 참가국들에게 자동으로 비준의 의무가 발생하는 것은 아니며, 잠정적용을 중도에 그만둘 수도 있다. 그리고 조약 발효 후에도 잠정적용은 그때까지 비준하지 아니한 국가 간에 지속될 수 있다. 잠정적용이 시작되는 시점은 조약문 채택일, 서명일 혹은 교섭국들이 합의하는 다른 어떤 일자가 될 수도 있다.

(2) 조약 발효 전까지의 잠정적용의 기간도 제한하기로 합의할 수 있다.

(3) 또한 동일 조약 내에서 조항에 따라 잠정적용의 기간을 서로 달리할 수도 있다. 관세 및 무역에 관한 일반협정은 잠정적용의 관한 의정서에 의거하여 약 50년간 잠정적용된 바 있다. 2010년 10월 6일 서명된 '한국 - EU 자유무역협정'은 2011년 7월 1일부터 4년 5개월여 동안의 잠정적용을 거쳐 2015년 12월 13일 발효한 바 있다. 이 밖에 1994년 UN총회에서 채택된 UN해양법협약의 이행협정 제7조도 잠정적용 사례이다.

> **조약법에 관한 비엔나협약 제25조 - 잠정적용**
> 1. 다음의 경우에 조약 또는 조약의 일부는 그 발효시까지 잠정적으로 적용된다.
>   (a) 조약 자체가 그렇게 규정하는 경우 또는
>   (b) 교섭국이 다른 방법으로 그렇게 합의한 경우
> 2. 조약이 달리 규정하지 아니하거나 또는 교섭국이 달리 합의하지 아니한 경우에는 어느 국가가 조약이 잠정적으로 적용되고 있는 다른 국가에 대하여 그 조약의 당사국이 되지 아니하고자 하는 의사를 통고한 경우에 그 국가에 대한 그 조약 또는 그 조약의 일부의 잠정적 적용이 종료된다.

3 효력범위

1. 당사국 간 효력

유효한 모든 조약은 그 당사국을 구속하며 또한 당사국에 의하여 성실하게 이행되어야 하며(제26조), 조약의 불이행을 정당화하기 위해 국내법을 원용할 수 없다(제27조). 당사국은 조약을 국내적으로 도입하여 국내적으로 이행할 의무를 부담한다. 일방 당사국의 정부나 정부형태 변경은 원칙적으로 조약의 구속력에 영향을 주지 않는다.

> **조약법에 관한 비엔나협약 제27조 - 국내법 원용금지**
> 어느 당사국도 조약의 불이행에 대한 정당화의 방법으로 그 국내법 규정을 원용해서는 아니 된다. 이 규칙은 제46조를 침해하지 아니한다.

2. 제3국에 대한 효력

(1) 의의

조약은 원칙적으로 당사국에게만 효력을 미친다. 즉, '조약은 제3자를 해하지도 이롭게 하지도 않는다.'(pacta tertiis nec nocent nec prosunt)라는 법언에 기초하여 조약은 당사국 이외의 제3국에게는 효력을 미치지 않는다(제34조). 그러나 조약법에 관한 비엔나협약은 제3국의 명시적 또는 묵시적 동의에 기초하여 권리를 향유하거나 의무를 부담하게 할 수 있음을 예외적으로 인정하고 있다.

(2) 제3국에 권리를 부여하는 조약

조약의 당사국이 제3국에 권리를 부여할 것을 의도하고 제3국이 그것에 명시적 또는 묵시적 동의를 표명하면 당해 제3국에게 권리가 발생한다(제36조 제1항). 제3국에게 권리가 발생한 경우 제3국의 동의 없이 취소 또는 변경할 수 없음을 의도한 것이 증명된 경우에는 조약 당사국은 당해 권리를 취소 또는 변경할 수 없다(제37조 제2항).

조약법에 관한 비엔나협약 제36조 - 제3국에 대한 권리 부여

1. 조약의 당사국이 제3국 또는 제3국이 속하는 국가의 그룹 또는 모든 국가에 대하여 권리를 부여하는 조약규정을 의도하며 또한 그 제3국이 이에 동의하는 경우에는 그 조약의 규정으로부터 그 제3국에 대하여 권리가 발생한다. 조약이 달리 규정하지 아니하는 한 제3국의 동의는 반대의 표시가 없는 동안 있는 것으로 추정된다.
2. 상기 1항에 의거하여 권리를 행사하는 국가는 조약에 규정되어 있거나 또는 조약에 의거하여 확정되는 그 권리행사의 조건에 따라야 한다.

조약법에 관한 비엔나협약 제37조 - 제3국에 대한 권리·의무의 취소 또는 변경

1. 제35조에 따라 제3국에 대하여 의무가 발생한 때에는 조약의 당사국과 제3국이 달리 합의하였음이 확정되지 아니하는 한 그 의무는 조약의 당사국과 제3국의 동의를 얻는 경우에만 취소 또는 변경될 수 있다.
2. 제36조에 따라 제3국에 대하여 권리가 발생한 때에는 그 권리가 제3국의 동의 없이 취소 또는 변경되어서는 아니 되는 것으로 의도되었음이 확정되는 경우에 그 권리는 당사국에 의하여 취소 또는 변경될 수 없다.

(3) 제3국에 의무를 부과하는 조약

조약 당사국이 제3국에 의무를 설정할 것을 의도하고 또한 제3국이 당해조약상 의무를 서면에 의해 명시적으로 수락한 경우에는 당해 제3국에 의무가 발생한다(제35조). 이 경우 조약내용에 포함된 당사국의 제안이 제3국에 의해 수락됨으로써 새로운 합의가 성립된 것으로 본다. 제3국에 의무가 발생한 경우 당해 의무는 달리 합의가 없는 한 조약 당사국과 제3국의 동의에 의해서만 취소 또는 변경할 수 있다(제37조 제1항). 상설국제사법재판소(PCIJ)는 '상부사보이 - 젝스 자유지대 사건'에서 베르사유조약은 스위스가 동 조약상의 의무를 부담하는 데 명시적으로 반대하였으므로 제3국인 스위스를 구속하지 아니한다고 하였다.

조약법에 관한 비엔나협약 제35조 - 제3국에 대한 의무 부과

조약의 당사국이 조약규정을 제3국에 대하여 의무를 설정하는 수단으로 의도하며 또한 그 제3국이 서면으로 그 의무를 명시적으로 수락하는 경우에는 그 조약의 규정으로부터 그 제3국에 대하여 의무가 발생한다.

관련판례

상부사보이 - 젝스 자유지대 사건(프랑스 대 스위스, PCIJ, 1931)

1. **사실관계**

   1815년 11월 20일 파리조약에 의해 상부사보이와 젝스 지역이 프랑스에서 스위스에 할양되고 동 지역에 자유지대가 설정되었다. 이후 1919년 베르사유조약 제435조는 1815년 조약규정이 현상에 적합하지 않음을 인정하고 자유지대에 관해 스위스와 프랑스가 새롭게 지위를 결정하기로 합의한 내용을 규정하고 있다. 스위스는 '자유지대에 관한 규정이 현상에 적합하지 않다'라고 하는 부분에 유보를 하고 서명을 하였으나 국민투표 결과 비준하지 않았다. 프랑스는 1923년 2월 자유지대 폐지에 관한 법률을 채택하고 그해 11월 10일부터 시행할 것을 스위스에 통고하였다. 양국의 합의하에 PCIJ에 소송이 제기되었다.

2. **법적 쟁점**

   (1) 베르사유조약 제435조에 의해 자유지대가 폐지되는 것인지가 주요 쟁점이다.

   (2) 이와 관련하여 동 조약이 당사국이 아닌 스위스에 효력이 있는지 여부도 쟁점이 되었다.

3. **판결요지**

   (1) 베르사유조약 제435조는 자유지대의 폐지의무를 부과한 조항이 아니다. 동조 제2항이 1815년 조약규정이 현상에 적합하지 않음을 인정하였으나 그것이 곧 현상 부적합으로 인한 폐지를 규정한 것은 아니다.

   (2) 설령 동 조항이 폐지의무를 부과하였다고 하더라도 동 조약에 가입하지 않은 스위스는 제3국이므로 동 조약상의 의무를 부담하지 않는다. 스위스는 명백히 자유지대에서의 관세제도 변경에는 반대하였기 때문이다.

   (3) 따라서 프랑스는 1815년 조약상의 의무를 준수해야 하며, 동 조약에 위반하여 설치한 관세선을 철폐해야 한다.

(4) 관습국제법을 선언하는 조약

조약의 내용이 기존의 관습국제법을 반영하거나, 조약이 체결된 이후에 조약의 내용이 관습국제법으로 성립한 경우 조약은 제3국의 동의와 무관하게 제3국에게도 적용된다(제38조). 그러나 이것은 조약 그 자체의 효력이 제3국에 미친 것이 아니고 제3국도 국제사회의 일원으로서 관습국제법의 구속을 받는 것이다.

(5) 객관적 제도를 창설하는 조약

1815년 비엔나의정서에 의한 스위스의 중립보장의무, 1959년 남극조약에서 선언된 남극의 평화적 이용 및 비무장화 등의 의무들은 국제사회의 객관적 질서를 확립함으로써 사실상 모든 국가를 구속한다.

3. 시간적 효력

명시적 합의가 없는 한, 소급효는 인정되지 않는다(제28조). 사후법으로 기존 법률관계를 규정하게 되면 법적 안정성을 심히 저해하기 때문이다. 다만, 협약에 규정된 법규라도 이미 국제법상 확립되어 있는 경우 협약 발효일에 상관없이 그 법규의 확립일로부터 적용된다(제4조).

4. 공간적 효력

원칙적으로 당사국의 영역 전부, 조약 성립 후 새로 편입된 영역에도 적용되며 효력을 일부 지역으로 한정하려면 특별한 합의가 필요하다(제29조). 영역의 범위에 국가가 주권 자체에 못 미치는 권리만을 갖는 영역은 포함되지 않는다. 따라서 주권이 아닌 주권적 권리(sovereign rights)만을 갖는 대륙붕이나 EEZ는 영역에 포함되지 않으므로 조약이 당해 수역에는 원칙적으로 적용되지 아니한다.

5. 동일사항에 대한 신 · 구조약 간의 효력(제30조)

(1) 조약에 명시적 규정을 둔 경우

당해 조약에서 명시적인 규정을 두고 있으면 그에 따른다.

(2) 신 · 구조약의 당사자가 동일한 경우

신 · 구조약의 당사국이 동일하며, 구조약이 신조약의 체결로 인해 소멸 또는 정지하지 않은 경우, 구조약은 그 규정이 신조약과 양립하는 범위 내에서만 적용된다.

(3) 신 · 구조약의 당사자가 다른 경우

신 · 구조약의 당사국이 일부 다른 경우 두 조약의 공동당사자 사이에서는 신조약이 적용된다. 또한 오로지 신조약만의 당사자 사이에서는 신조약이, 오로지 구조약만의 당사자 사이에서는 구조약이 적용된다. 그리고 두 조약 모두의 당사자인 국가와 어느 한 조약만의 당사자인 국가 사이에서는 양쪽 모두 당사자로 되어 있는 조약이 적용된다.

(4) UN헌장과 여타 조약 상충의 경우

이상의 그 어떤 경우에도 UN헌장 제103조를 능가할 수 없다. 즉, UN회원국에게 있어서는 그의 헌장하의 의무와 기타 조약하의 의무가 충돌하는 경우, 헌장에 따른 의무가 우선한다.

조약법에 관한 비엔나협약 제30조 - 계승적 조약의 적용범위

1. UN헌장 제103조에 따를 것으로 하여 동일한 주제에 관한 계승적 조약의 당사국의 권리와 의무는 아래의 조항에 의거하여 결정된다.
2. 조약이 전조약 또는 후조약에 따를 것을 명시하고 있거나 또는 전조약 또는 후조약과 양립하지 아니하는 것으로 간주되지 아니함을 명시하고 있는 경우에는 그 다른 조약의 규정이 우선한다.
3. 전조약의 모든 당사국이 동시에 후조약의 당사국이나 전조약이 제59조에 따라 종료되지 아니하거나 또는 시행 정지되지 아니하는 경우에 전조약은 그 규정이 후조약의 규정과 양립하는 범위 내에서만 적용된다.
4. 후조약의 당사국이 전조약의 모든 당사국을 포함하지 아니하는 경우에는 다음의 규칙이 적용된다.
   (a) 양 조약의 당사국 간에는 상기 3항과 같은 동일한 규칙이 적용된다.
   (b) 양 조약의 당사국과 어느 한 조약의 당사국 간에는 그 양국이 다같이 당사국인 조약이 그들 상호간의 권리와 의무를 규율한다.

제5절 | 해석

1 의의

조약의 해석이란 조약 당사자의 의사에 적합하도록 조약규정의 의미와 범위를 확정하는 것을 의미한다. 종래의 관습법은 조약규정의 해석을 위한 일단의 객관적 원칙을 갖지 못했으며, 상부사보이 - 젝스 자유지대 판결에서 상설국제사법재판소(PCIJ)가 언급했듯이 단지 '의심이 있으면 주권의 제한은 엄격히 해석되어야 한다.'라는 국가주권 중심의 원칙이 지배하고 있었다. 이와는 대조적으로 조약법에 관한 비엔나협약은 균형 잡힌 해석원칙을 도입하고 있다.

2 조약의 해석에 관한 학설

1. 객관적 해석(문언주의)

조약 당사국의 의사는 조약문에 반영되어 있다고 생각하여 용어의 자연적 내지 통상적 의미 내용에 따라 해석해야 한다는 입장이다(UN 가맹승인 사건에 대한 권고적 의견, ICJ). 객관적 해석은 주관적 해석의 단점인 자의적 해석의 위험을 제거할 수 있으나, 조약문언 자체가 불명확할 경우 해석이 곤란하다는 난점이 있다.

2. 주관적 해석(당사국 의사주의)

조약 당사자의 의사는 반드시 조약문에 충분히 반영되는 것은 아니라고 보고, 조약 체결시의 제반 사정을 고려해서 종합적으로 해석해야 한다는 입장이다. 자의적 판단으로 법적 안정성을 저해할 위험이 크다.

3. 목적론적 해석

조약의 목적 및 원칙에 비추어 해석해야 한다는 입장이다. 알바레즈(A. Alvarez)는 '평화조약의 해석문제에 관한 권고적 의견'에서 목적론적 해석방법을 강조하였다. 그는 조약해석에 있어서 헌장을 기초자들의 의사보다 현대생활의 필요성을 고려해야 한다고 주장하였다. 목적론적 해석은 해석이 아닌 입법적 기능을 발휘할 위험이 있다.

4. 제한적 해석

국가 주권의 제약을 내포하는 조항들은 제한적으로 해석되어야 한다는 입장이다. 상설국제사법재판소(PCIJ)는 Free Zones of Upper Savoy and the District of Gex 사건에서 의심이 있으며 주권의 제약은 제한적으로 해석되어야 한다고 언급하기도 하였다. 다만, 조약법에 관한 비엔나협약에서는 제한적 해석의 원칙이 규정되지 않았다. Iron Rhine Railway 사건의 중재재판소는 제한적 해석의 원칙은 조약법에 관한 비엔나협약의 관련규정에 언급조차 되어 있지 않으며, 당사자들의 의도와 함께 조약의 객체 및 목적이 해석의 지배적 요소들이라고 하였다.

3 조약법에 관한 비엔나협약과 조약의 해석

1. 원칙(제31조)

조약은 그 문맥(context)에 따라 조약의 문언에 부과되는 통상의 의미에 의거하고 그 대상 및 목적에 비추어 성실히 해석되어야 한다(제1항). 이는 기본적으로 문언주의에 목적론적 해석을 가미한 것이다. 문맥을 고려함에 있어서 조약의 본문, 부속서, 서문 이외에도 조약 체결시의 합의, 조약체결과 관련하여 당사자들이 작성한 문서를 고려하며(제2항), 문맥과 함께 관련 국제법규, 추후관행, 조약체결 후의 합의도 고려해야 한다(제3항). 당사국이 특별한 의미를 특정 용어에 부여하기로 의도하였음이 확정되는 경우 그러한 의미가 부여된다(제4항).

> **조약법에 관한 비엔나협약 제31조 - 조약해석의 일반규칙**
> 1. 조약은 조약문의 문맥 및 조약의 대상과 목적으로 보아 그 조약의 문맥에 부여되는 통상적 의미에 따라 성실하게 해석되어야 한다.
> 2. 조약의 해석 목적상 문맥은 조약문에 추가하여 조약의 전문 및 부속서와 함께 다음의 것을 포함한다.
>   (a) 조약의 체결에 관련하여 모든 당사국 간에 이루어진 그 조약에 관한 협의
>   (b) 조약의 체결에 관련하여 하나 또는 그 이상의 당사국이 작성하고 또한 다른 당사국이 그 조약이 관련되는 문서로서 수락한 문서
> 3. 문맥과 함께 다음의 것이 참작되어야 한다.
>   (a) 조약의 해석 또는 그 조약규정의 적용에 관한 당사국 간의 추후의 합의
>   (b) 조약의 해석에 관한 당사국의 합의를 확정하는 그 조약 적용에 있어서의 추후의 관행
>   (c) 당사국 간의 관계에 적용될 수 있는 국제법의 관계규칙
> 4. 당사국의 특별한 의미를 특정 용어에 부여하기로 의도하였음이 확정되는 경우에는 그러한 의미가 부여된다.

2. 제31조에 대한 해석론

(1) 협약 제31조의 법적 지위

국제사회에서는 해석에 관한 비엔나협약의 내용을 관습국제법의 표현으로 간주하는 데 별다른 반대가 없으며 국제사법재판소(ICJ) 역시 협약의 해석조항을 관습국제법의 반영이라고 보고 있다.

(2) 신의칙(in good faith)

신의칙은 조약의 이행과 해석에 있어서도 기본 원칙을 이룬다. 신의칙은 해석에 있어서의 자의성을 방지하는 역할을 한다. 신의칙상 조약상의 각 용어는 아무런 의무가 없기보다는 가급적 어떤 의미를 지녔으리라는 추정을 받게 된다. 문언이 분명한 경우라도 그의 적용이 명백히 불합리한 결과를 초래한다면 당사국들은 신의칙의 적용에 따라 새로운 해석을 시도할 수 있다.

(3) 문언의 통상적 의미

협약 제31조는 조약 문언의 '통상적 의미'를 해석의 출발점으로 제시하고 있다. 즉, 당사자의 주장보다 객관적 판단에 근거해 조약이 해석되어야 함을 의미한다. 반대의 증거가 없는 한 조약문언은 당사자의 의도가 가장 잘 반영된 문구라고 추정된다.

(4) 진화적 해석

조약상의 술어는 언제나 그 체결 당시의 의미로 고정되는 것인지, 아니면 조약을 살아있는 문서로 보고 시간의 경과에 따른 점진적 변화를 수용하기 위한 진화적 해석 또는 동적 해석이 허용될 수 있는지가 문제된다. 해석대상인 조약상의 개념이 그 정의에 의해 진화하는 성격의 것이거나 그렇게 의도된 경우라면 이것을 허용하는 것은 조약 해석 본연의 임무에서 일탈하는 것이 아니다. 주요 국제재판소들도 이같은 사고를 채택하고 있고, UN국제법위원회(ILC)도 이를 확인한 바 있다. 국제사법재판소(ICJ)는 1952년 Case concerning Right of Nationals of the United Stats of America in Morocco에서 조약문언의 통상적 의미는 원칙적으로 체결 당시의 통상적 의미를 말하나 경우에 따라서는 이후의 국제실행의 발전에 따른 의미의 변화를 고려에 넣을 수도 있다고 판시하였다. 국제사법재판소(ICJ)는 2009년 Dispute regarding Navigational and Related Rights(Costa Rica 대 Nicaragua, 산후안강 사건)에서 조약이 일반적인 용어를 사용하고 있는 경우, 당사자들은 시간의 경과에 따라 그 의미가 발전할 수 있다는 사실을 예상하고 있다고 하여 이른바 '진화적 해석'을 인정하였다.

(5) 조약의 대상과 목적

조약해석에 있어서는 조약의 '대상 및 목적'에 비추어 통상적 의미를 찾아야 한다. 즉, 해석은 1차적으로 통상적 의미를 규명하고 이를 다시 조약의 대상 및 목적에 비추어 그 내용을 확인하고 평가한다. 조약의 대상과 목적에 비추어 해석한다면 조약에 가능한 한 실효성을 부여하는 방향으로 해석해야 한다.

(6) 문맥

'문맥'은 '조약 본문'에 추가하여 '전문', '부속서'와 함께 조약 체결과 관련하여 모든 당사국 간에 이루어진 그 조약에 관한 합의, 조약 체결과 관련하여 당사국이 작성하고 또한 다른 당사국이 그 조약에 관련된 문서로서 수락된 문서를 말한다. '조약의 체결에 관련한 합의'란 반드시 조약의 형태로 합의된 것만을 의미하지 않는다. 조약 채택시 일정한 조항의 해석에 관한 의장 성명이 포함될 수 있다. '조약 체결과 관련하여 작성된 문서'란 조약 체결시 조약의 해석이나 운영에 관한 '합의의사록'이나 '교환각서'라는 형태의 별도의 문서 등을 의미한다.

(7) 후속 합의나 후속 관행

조약의 해석에 있어서 문맥과 함께 관련 당사국들의 '후속 합의'와 '후속 관행'이 참작되어야 한다. 후속 합의와 관행은 해석에 있어서 참작의 대상일 뿐 해석에 결정적 구속력을 갖지는 않는다. 후속 합의란 조약의 해석이나 적용에 관하여 조약 체결 이후 이루어진 당사국 간의 합의를 말한다. 후속 합의는 반드시 조약의 형식을 띠어야 하는 것은 아니다. 후속 관행은 조약체결 이후 조약 적용에 관한 행위로서 해석에 관한 당사국의 합의를 표시하는 실행을 의미한다. 조약 적용에 관한 당사국 간의 합의에 해당하지 않는 일부 국가만의 실행은 협약 제32조가 말하는 해석의 보충적 수단 이상은 될 수 없다.

(8) 관련 국제법 규칙

조약이 국제법 체제 전반과 조화를 이루도록 해석되기 위하여 당사국 간에 적용될 수 있는 관련 국제법 규칙도 참작되어야 한다. 즉, 다른 의도가 명백하지 않으면 조약은 국제법의 일반원칙에 합당하게 해석해야 한다. 여기서의 국제법은 국제관습법만을 가리키는 것이 아니라 조약, 관습, 법의 일반원칙을 모두 포함하는 개념이다.

3. 보충적 해석수단(제32조)

제31조의 적용으로부터 나오는 의미를 확인하거나, 제31조를 적용하는 경우 의미가 모호해지거나 애매하게 되는 경우, 명백히 부당(absurd)하거나 불합리(unreasonable)한 경우에 보충적 해석수단에 의존한다. 보충적 해석수단으로는 조약 교섭시의 기록 또는 체결시 사정을 확인하는 문건 등을 참조할 수 있다. 상설국제사법재판소(PCIJ)나 국제사법재판소(ICJ)는 본문이 그 자체로서 충분히 명확할 경우 준비문서의 원용을 거부하였다. 보충적 해석수단 중에서 국제재판에서 가장 많이 원용되는 것이 준비문서인데, 상설국제사법재판소(PCIJ)는 Lotus호 사건에서 조약의 문언이 그 자체만으로 충분히 명백하다면 준비문서를 존중할 필요는 없다고 언급함으로써 조약 해석에서 준비문서의 보충적 지위를 상기시킨 바 있다.

> **조약법에 관한 비엔나협약 제32조 - 해석의 보충적 수단**
> 제31조의 적용으로부터 나오는 의미를 확인하기 위하여 또는 제31조에 따라 해석하면 다음과 같이 되는 경우에 그 의미를 결정하기 위하여 조약의 교섭 기록 및 그 체결시의 사정을 포함한 해석의 보충적 수단에 의존할 수 있다.
> (a) 의미가 모호해지거나 또는 애매하게 되는 경우 또는
> (b) 명백히 불투명하거나 또는 불합리한 결과를 초래하는 경우

4. 2 또는 그 이상의 언어가 정본인 조약의 해석(제33조)

조약이 복수언어에 의해 인증된 경우 각 언어에 의한 본문은 다같이 정본이나 상이한 경우에는 특정 본문이 우선하는 뜻을 규정하거나 당사국이 합의하는 경우에는 이에 따른다(제33조 제1항). 인증된 언어 이외의 조약의 번역문은 조약이 규정하거나 당사국이 합의하는 경우에 한하여 정본으로 간주한다(제2항). 조약의 문언은 각기 정본에 있어서 동일한 의미를 가지는 것으로 추정된다(제3항).

복수언어조약의 각 언어의 의미가 서로 다른 경우 조약의 대상과 목적에 가능한 한 가장 잘 일치되는 의미가 채택되어야 한다(제4항). 상설국제사법재판소(PCIJ)는 Mavrommatis Palestine Concessions 사건에서 동등한 권위를 갖는 두 개의 조약 정본 중에서 하나가 다른 것보다 넓은 의미를 가질 경우, 두 정본과 조화될 수 있고, 당사국들의 공동의 의사에 따라 최대한 의심의 여지가 없는 좀 더 제한된 해석을 채택하지 않을 수 없다고 천명한 바 있다.

조약법에 관한 비엔나협약 제33조 - 2 또는 그 이상의 언어가 정본인 조약의 해석

1. 조약이 2 또는 그 이상의 언어에 의하여 정본으로 확정된 때에는 상위가 있을 경우에 특정의 조약문이 우선함을 그 조약이 규정하지 아니하거나 또는 당사국이 합의하지 아니하는 한 각 언어로 작성된 조약문은 동등히 유효하다.
2. 조약의 정본으로 사용된 언어 중의 어느 하나 이외의 다른 언어로 작성된 조약의 번역문은 이를 정본으로 간주함을 조약이 규정하거나 또는 당사국이 이에 합의하는 경우에만 정본으로 간주된다.
3. 조약의 용어는 각 정본상 동일한 의미를 가지는 것으로 추정된다.
4. 상기 1항에 의거하여 특정의 조약문이 우선하는 경우를 제외하고, 제31조 및 제32조의 적용으로 제거되지 아니하는 의미의 차이가 정본의 비교에서 노정되는 경우에는 조약의 대상과 목적을 고려하여 최선으로 조약문과 조화되는 의미를 채택한다.

제6절 | 무효

1 의의

1. 개념

조약이 일정한 체결절차를 거쳐 성립하였으나 그 효력을 갖기 위한 조건을 충족시키지 못함으로써 처음부터(ab initio) 효력이 없는 것으로 인정되는 것을 말한다.

2. 구별개념

조약의 무효는 효력요건을 충족시켜 적법하게 발효한 조약이 장래에 향하여 영구적으로 소멸하는 '조약의 종료' 및 일시적으로 소멸하는 '조약의 정지'와 구별된다.

3. 무효의 원인

협약은 무효의 원인을 여덟 가지의 사유로 '한정적'으로 열거하고 있으며 무효사유를 상대적 무효사유와 절대적 무효사유로 구분하고 있다.

(1) 상대적 무효사유

조약의 상대적 무효란 어떠한 법률행위가 하자있는 것을 이유로 하여 피해당사자의 주장에 의해 무효로 되는 것을 말한다. 상대적 무효는 하자있는 조약체결로 인한 피해자를 보호하기 위한 것이므로 오로지 피해당사자만이 무효를 주장할 수 있고, 피해당사자가 추인하는 경우 그 법률행위는 유효한 것으로 간주된다. 조약법에 관한 비엔나협약상 위헌조약(제46조), 권한유월(제47조), 착오(제48조), 사기(제49조), 부패(제50조)는 상대적 무효사유에 해당한다.

(2) 절대적 무효사유

법률행위가 어떠한 중대한 흠결로 인해 피해자의 주장을 필요로 하지 않고 법질서 자체에 의해 당연히 무효로 되는 것을 말한다. 이러한 법률행위는 법공동체 전체의 이익에 반하므로 피해자뿐 아니라 누구에 의해서도 무효로 주장될 수 있다. 또한 이러한 법률행위는 공동체의 법질서 자체에 의해 객관적으로 무효화되므로 피해자의 추인에 의해 치유될 수 없다. 조약법에 관한 비엔나협약은 국가대표에 대한 강박(제51조), 국가에 대한 강박(제52조), 강행규범 위반(제53조)을 절대적 무효사유로 규정하고 있다.

> 📁 **참고**

상대적 무효와 절대적 무효 비교

구분	상대적 무효	절대적 무효
사유	• 국내법 위반 • 전권대표의 권한남용 • 착오, 사기, 부패	• 국가대표에 대한 강박 • 국가에 대한 강박 • 강행규범 위반
무효 주장	원용의 이익을 갖는 국가	모든 당사국
무효화 방식	원용을 통한 무효	당연무효
하자의 치유	추인(追認)에 의한 치유 허용	불가
가분성	분리가능	부정

2 상대적 무효사유

1. 조약체결권한에 관한 국내법 위반(제46조)

(1) 협약 규정

협약은 '조약의 구속을 받는다는 국가의 동의가 조약체결권에 관한 국내법규정을 위반하여 표시되었다는 사실은 이러한 위반이 명백하였고, 또 근본적으로 중요한 국내법규정에 관한 것이 아니라면 그 국가의 동의를 무효화하기 위하여 원용될 수 없다.'라고 규정하고 있다(제1항). 위반은 통상의 관행에 따라 성실하게 행동하는 그 어떤 국가에게도 객관적으로 명확한 경우에는 명백한 위반이 된다(제2항).

(2) 판례

국제사법재판소(ICJ)는 Land and Martime Boundary between Cameroon and Nigeria 사건에서 다음과 같이 판시하였다. 국가를 위하여 조약에 서명할 권한에 관한 규칙은 근본적으로 중요한 헌법규칙이다. 그러나 이 점에 있어 국가원수의 자격에 대한 제한은 적어도 적절히 공표되지 아니하는 한 제46조 제2항의 의미에서 명백한 것이 아니다. 국가에게는 다른 국가들에게 일어나는 입법적·헌법적 변화를 알고 있어야 할 일반적인 법적 의무는 없다.

2. 국가 동의의 표시권한에 대한 제한위반(제47조)

협약 제47조는 조약에 대한 동의를 표시하는 대표의 권한에 대해 특정 제한이 가해졌음에도 불구하고 그 제한이 준수되지 않은 경우의 효과에 대해 규정하고 있다. 이 조항은 대표에게 특정 제한하에 국가의사를 최종적으로 표시하는 권한이 부여된 경우에 적용된다. 다만, 표시권한 제한이 대표의 동의 표명에 앞서 교섭상대국에 통고되어 있지 않는 한 조약의 무효를 주장할 수 없다.

3. 착오(Error, 제48조)

(1) 의의

협약 제48조는 국가의 동의의 중요한 기초를 구성하는 사실 또는 사태에 관한 착오를 조약의 상대적 무효사유로 인정하고 있다.

(2) 원용요건

착오를 무효사유로 원용하기 위해서는 첫째, 조약 체결 당시에 존재한 사실이나 사태에 관한 것이어야 하며 실질적 문제에 대한 착오여야 한다. 조약문의 문구에만 관련된 착오인 표시상의 착오는 조약의 무효사유로 인정되지 않는다. 둘째, 착오가 기속적 동의의 본질적 기초를 형성해야 한다. 즉, 경미한 사안에 대한 착오여서는 안 된다. 셋째, 문제의 착오가 이를 주장하는 당사자 스스로의 부주의에 의해 발생해서는 안 된다.

(3) 경미한 착오의 경우

조약문의 문언에 관한 착오는 그 효력에 영향을 주지 아니하며, 조약법에 관한 비엔나협약 제79조의 조약문 착오의 정정절차가 적용된다. 제79조는 착오의 존재에 대해 분쟁이 없는 경우에만 적용되며, 착오의 존재 여부에 대해 분쟁이 있는 경우라면 제48조의 문제로 볼 수 있다.

(4) 판례(프레아비헤아 사원 사건, ICJ, 1962)

착오에 관련한 주요 판례인 프레아비헤아 사원(Temple of Vihear) 사건에서 태국은 조약에 첨부된 문제의 지도에 표시된 경계선은 조약에서 양국 간 경계선으로 규정한 분수령을 따르지 않았기 때문에 착오였다고 주장하였다. 그러나 국제사법재판소(ICJ)는 착오를 원용하는 당사자가 자신의 행위를 통해 착오에 기여하였거나, 착오를 피할 수 있었거나, 착오의 가능성을 경고하는 사정에 처해 있었다면 조약의 구속을 받겠다는 동의를 무효화하기 위하여 착오를 원용하는 것은 허용되지 아니한다고 판시하면서 태국의 주장을 배척하였다.

조약법에 관한 비엔나협약 제48조 - 착오

1. 조약상의 착오는 그 조약이 체결된 당시에 존재한 것으로 국가가 추정한 사실 또는 사태로서, 그 조약에 대한 국가의 기속적 동의의 본질적 기초를 구성한 것에 관한 경우에 국가는 그 조약에 대한 그 기속적 동의를 부적법화하는 것으로 그 착오를 원용할 수 있다.
2. 문제의 국가가 자신의 행동에 의하여 착오를 유발하였거나 또는 그 국가가 있을 수 있는 착오를 감지할 수 있는 등의 사정하에 있는 경우에는 상기 1항이 적용되지 아니한다.
3. 조약문의 자구에만 관련되는 착오는 조약의 적법성에 영향을 주지 아니한다. 그 경우에는 제79조가 적용된다.

 관련판례

프레아비헤아 사원 사건(캄보디아 대 태국, ICJ, 1962)

1. **사실관계**

   고대 사원인 프레아비헤아는 태국과 캄보디아의 국경을 이루고 있는 Dangrek 산의 돌기에 위치하였고, 고고학적인 가치를 지닌 종교인들의 순례의 장소로 알려져 있는 곳이다. 이 사건은 동 사원의 귀속에 관한 것이었다. 1904년 당시 태국의 옛 명칭인 샴과 캄보디아의 보호국이었던 프랑스는 조약을 체결하여 양국의 국경선을 산의 분수령을 따라 정하기로 합의하였다. 이에 따라 실제 경계획정을 위하여 합동위원회를 구성하였으나 1907년까지 경계획정이 되지 않자, 샴 정부는 프랑스 조사단에게 이 지역의 지도 작성을 위임하였다.

   1907년에 정식으로 발행되어 샴 정부에게도 전달된 프랑스 당국에 의한 지도에는 프레아비헤아 사원이 캄보디아 측에 위치한 것으로 되어 있었다. 그 후 이 지역을 직접 답사한 샴 정부는 문제의 사원이 실제로 자국 측 분수령에 위치하였다는 것을 알게 되었고, 자국의 경비대를 동 사원에 배치하였다. 이에 프랑스와 캄보디아는 이에 대하여 몇 차례의 항의를 하였다. 1953년 캄보디아가 독립한 후, 이 사원에 대한 관할권을 회복하려 하였으나 이루어지지 않았고 문제 해결을 위한 외교협상도 실패하자, 캄보디아는 국제사법재판소(ICJ)에 해결을 부탁하였다.

2. **법적 쟁점**

   (1) 1908년에 작성된 지도의 효력
   (2) 태국이 착오의 법리를 원용할 수 있는지 여부
   (3) 묵인의 법리에 의한 취득 당시의 위법성 치유 여부

3. **판결요지**

   (1) 태국의 행동은 지도의 효력을 인정하였다. 1908년 당시 합동위원회 및 조사단이 작성한 지도에 확정적 효력은 부여되지 않았다. 따라서 이후 국가의 행동이 지도의 효력을 인정하였는지가 문제된다. 재판부는 태국 당국이 지도의 교부를 받고 지도를 광범위하게 배포하였으며, 합리적인 기간 내에 어떠한 대응도 하지 않았다. 또한 지도의 복제를 프랑스에 요구하기도 하였다. 이러한 사실은 태국이 지도에 구속력을 부여한 것으로 인정된다.

   (2) 지도 작성이 끝난 이후에도 태국은 지도상의 국경을 인정하였다는 추정이 가능한 행동을 하였다. 1958년까지 지도에 대해 의문을 제기한 적이 없으며, 1934년 이후에는 동 지도를 공식적으로 사용해 오고 있다. 1937년에는 프랑스와 당시 국경을 재확인하기도 하였다. 또한 1930년 태국의 Darmong 왕은 동 사원을 공식 방문하여 프랑스 국기 하에서 캄보디아 주재 프랑스 대표의 공식 접대를 받았다.

(3) 태국은 지도의 무효사유로 '착오'를 원용할 수 없다. 태국은 지도가 합동위원회가 작성한 것이 아니고 더군다나 실질적인 착오에 의해 작성된 것이므로 무효라고 주장하였으나, 재판부는 당해 지도가 합동위원회의 작업에 기초하여 작성된 것으로, 작성상 착오가 있다고 하더라도 이는 태국이 지명한 조사단에 의해 작성되었고 태국이 이를 묵인하였으므로 무효를 주장할 수 없다.

(4) 결국 태국은 지도를 받은 시점에서 동 지도가 국경획정 작업의 결과를 가리키는 것으로서 그것을 수락하였고, 그 후의 행위도 이 수락을 인정한 것으로 판단할 수 있다. 따라서 분쟁지역의 국경은 지도상의 국경선에 의한다.

(5) 태국은 사원과 그 주변지역에서 군대, 경비대 등을 철수시켜야 하며, 동 사원에서 가지고 나온 고미술품 등을 캄보디아에 반환할 의무를 진다.

4. 사기(Fraud, 제49조)

타방 교섭국의 사기(fraudulent conduct)에 의하여 조약을 체결하도록 유인된 국가는 이를 무효사유로 '원용'할 수 있다. 일반적으로 사기라 함은 고의로 타인을 기망하여 착오에 빠지게 하는 위법행위를 의미한다. 협약은 사기를 무효화의 사유로 원용함에 있어서 여하한 조건도 부과하지 않고 있는바 이는 국제관계에서의 신뢰에 반하는 사기에 의해 이루어진 법률행위에 대해 강력한 제재를 가하고자 하는 의도로 볼 수 있다.

5. 국가대표의 부패(corruption of a representative of a state, 제50조)

타방 교섭국이 자국 대표를 직접 또는 간접으로 매수(corruption)하여 조약을 체결한 국가는 이를 무효사유로 '원용'할 수 있다. 뇌물은 대표자의 의사를 좌우할 정도이어야 하고 단순한 선물은 해당되지 않는다.

3 절대적 무효사유

1. 국가대표에 대한 강박(coercion of a representative of a state, 제51조)

(1) 의의

조약의 구속을 받겠다는 국가의 동의가 국가대표에 대한 위협 등의 강박에 의하여 표시된 경우 어떠한 법적 효력도 갖지 않는다. 즉, 당연무효이다.

(2) 강박의 범위

국가대표는 조약에 의해 구속을 받겠다는 동의를 표할 권한을 가진 국가기관의 개인을 말한다. 여기에서의 강박의 개념은 넓게 해석되어 대표 개인에 대한 물리적 폭력이나 위협뿐만 아니라 대표의 사생활 폭로나 그 가족에 대한 협박 등도 포함된다. 동 조항은 국제관습법의 성문화에 해당한다. 1905년에 체결된 을사보호조약은 국가대표에 대한 강박에 의해 체결된 조약으로서 당연무효로 본다. 한일기본조약(1965)은 병합조약(1910.8.22.) 및 그 이전에 체결된 조약이 이미 무효라고 선언하였다. 한국은 당초 무효라고 주장하는 반면, 일본은 당초 유효하였으나 1965년 이전에 무효로 되었다는 의미라고 주장하고 있다.

2. 국가에 대한 강박(coercion of a state by the threat or use of force, 제52조)

조약은 그 체결이 UN헌장에 구현되어 있는 국제법의 제원칙에 위반되는 힘의 위협 또는 사용에 의하여 이루어진 경우에는 '(당연)무효'(void)이다. 협약 제52조에서 말하는 UN헌장에 구현되어 있는 국제법의 제원칙이라 함은 UN헌장 제2조 제4항을 말한다. 경제적 · 정치적 강박에 의해 체결된 조약도 무력행사와 마찬가지로 다루자는 주장도 있으나 법적 안정성을 저해하므로 소극적으로 해석된다. 제1차 세계대전까지는 국가 자체에 대한 강박을 이유로 조약의 무효를 주장할 수 없었던 것이 종래의 통설이다. 그러나 국제연맹규약, 부전조약 및 UN헌장에 의해 이러한 규범상황에 변경을 가져왔고 조약법에 관한 비엔나협약의 초안 작성과정에서 ILC는 현 국제법에서 무력에 의한 위법한 위협 또는 그 사용에 의해 체결된 조약이 무효라는 원칙은 이미 확립된 실정법이라고 선언하였다. 국제사법재판소(ICJ)는 2007년 니카라과와 콜롬비아 간 사건에서 니카라과는 1928년 콜롬비아와 체결한 조약이 당시 자국 헌법에 위반되었고, 미국의 군사점령하에서 강요된 조약이므로 무효라고 주장하였으나 기각했다. 국제사법재판소(ICJ)는 니카라과가 동 조약을 1932년 국제연맹에 등록하였고, 50년 이상 무효를 주장하지 않고 유효한 조약으로 취급했으므로 무효가 아니라고 판단하였다.

3. 강행법규 위반(제53조)

조약은 그 체결 당시에 일반국제법의 강행규범과 충돌하는 경우에 무효이다. 강행규범의 위반은 조약의 목적의 적법성 요건에 위배된다. 강행규범이란 그 이탈이 허용되지 아니하며 또한 동일한 성질을 가진 일반국제법의 차후의 규범에 의해서만 수정될 수 있는 규범으로서 국제공동체 전체가 수락하고 승인한 규범이다.

4 무효의 효과

1. 소급효(invalidity ab initio)

(1) 의의

'본 협약에 의해 무효로 인정되는 조약은 무효이다. 무효인 조약의 규정은 법적 효력이 없다(제69조 제1항).' 이는 조약 무효의 소급적 효력을 확인하고 있다. 따라서 무효가 확인되기 이전에 그 조약의 이행으로서 취해진 모든 행위들이 무효로 간주되며, 당사자들은 그들 간의 관계를 그 조약이 체결되지 않았더라면 존재했을 상황으로 회복시켜야 한다.

(2) 강행규범에 저촉되는 조약

제71조 제1항은 강행규범과 저촉되는 조약규정에 기초하여 취해진 모든 행위의 법적 결과를 제거하고 당사자 간의 상호관계를 강행규범에 일치시키도록 요구하고 있다. 이는 강행규범에 저촉되는 조약의 효과를 전면적으로 부인하는 취지가 반영된 것으로 볼 수 있다.

(3) 소급효의 제한

조약의 무효의 당위성을 인정하되 법률관계의 안정성을 확보하기 위해 조약의 무효를 인정하면서도 조약 이행을 목적으로 선의로서 취해진 행위들은 보호한다. 즉, '무효가 주장되기 이전에 선의로서 취해진 행위들은 그 조약의 무효만을 이유로 위법한 것으로 되지 아니한다[제69조 제2항 제(b)호].' 단, 사기·부패·강박에 해당하는 경우 책임 있는 당사자에 대해서는 적용되지 아니한다(제69조 제3항).

2. 가분성(divisibility)

(1) 개념

조약이 무효로 확인되는 경우 해당 조약의 모든 규정에 대해 효력을 박탈하는 것이 원칙이다(제44조 제1항). 그러나 특정 조항의 무효가 문제되는 경우 해당 조항만을 제거하더라도 다른 조항에 의해 규율되는 당사자 간의 권리의무 관계가 영향받지 않는다면 특정 조항만을 무효화할 수도 있는바 이를 가분성이라 한다.

(2) 절대적 무효의 경우

조약법에 관한 비엔나협약상 국가대표에 대한 강박, 국가에 대한 강박 또는 강행규범과 저촉되는 조약들은 조약이 전체적으로 무효가 되고, 가분성이 인정되지 않는다(제44조 제5항).

(3) 상대적 무효 - 필수적 분리

상대적 무효의 경우 가분성이 인정된다. 무효사유 중 제46조 내지 제48조는 필수적 분리가 적용되어 무효가 문제가 된 조항을 분리할 수 있으면 반드시 분리해서 당해 조항에 대한 무효만 주장할 수 있다.

(4) 상대적 무효 - 임의적(선택적) 분리

무효 사유 중 사기(제49조), 부패(제50조)의 경우 임의적 또는 선택적 분리 원칙이 적용된다. 즉, 문제가 된 조항이 분리가능하다고 해도 조약전체에 대한 무효원용과 특정 조항에 대한 무효 원용 중에서 선택할 수 있다.

(5) 가분성 인정 조건

가분성이 인정되기 위해서는 ① 해당 조항이 그 적용에 있어서 다른 규정들과 분리될 수 있어야 하고 ② 그 조항의 수락이 조약 전체에 의해 구속을 받겠다는 다른 당사자들의 의사의 본질적 기초를 형성하지 않아야 하며 ③ 조약의 잔여 부분의 계속적 이행이 부당하지 않아야 한다(제44조 제3항).

5 무효화절차 및 분쟁해결

1. 통고

조약의 적법성을 부정하기 위한 사유를 원용하는 당사국은 다른 당사국에 대해 그 주장을 문서로 통고하되, 제의하는 조치 및 이유를 표시해야 한다(제65조 제1항).

2. 제의한 조치의 실행

통고의 접수 후 3개월이 경과해도 어느 당사국도 이의를 제기하지 아니한 경우 통고 당사국은 제의한 조치를 실행할 수 있다.

> **조약법에 관한 비엔나협약 제65조 - 무효 등의 절차**
> 1. 이 협약의 규정에 따라 조약에 대한 국가의 기속적 동의상의 허가를 원용하거나 또는 조약의 적법성을 부정하거나 조약을 종료시키거나 조약으로부터 탈퇴하거나 또는 그 시행을 정지시키기 위한 사유를 원용하는 당사국은 다른 당사국에 대하여 그 주장을 통고하여야 한다. 그 통고에는 그 조약에 관하여 취하고자 제의하는 조치 및 그 이유를 표시하여야 한다.
> 2. 특별히 긴급한 경우를 제외하고 그 통고의 접수 후 3개월 이상의 기간이 경과한 후에 어느 당사국도 이의를 제기하지 아니한 경우에는 그 통고를 행한 당사국은 제67조에 규정된 방법으로 그 당사국이 제의한 조치를 실행할 수 있다.
> 3. 다만, 다른 당사국에 의하여 이의가 제기된 경우에 당사국은 UN헌장 제33조에 열거되어 있는 수단을 통한 해결을 도모하여야 한다.

3. 분쟁해결

(1) 임의적 해결절차

무효화 취지의 통고 이후 3개월 이내에 이의가 제기되는 경우 분쟁이 발생하며, 분쟁 당사자들은 우선 UN헌장 제33조에 규정된 평화적 분쟁해결절차 중 하나에 호소해야 한다(제65조 제3항).

> **UN헌장 제33조 - 분쟁의 평화적 해결수단**
>
> 어떠한 분쟁도 그의 계속이 국제평화와 안전의 유지를 위태롭게 할 우려가 있는 것일 경우, 그 분쟁의 당사자는 우선 교섭, 심사, 중개, 조정, 중재재판, 사법적 해결, 지역적 기관 또는 지역적 약정의 이용 또는 당사자가 선택하는 다른 평화적 수단에 의한 해결을 구한다.

(2) 강제적 해결절차

임의적 해결절차에도 불구하고 이의가 제기된 후 12개월 이내에 분쟁이 해결되지 않은 경우 강제절차에 회부된다.

① **강행규범 관련 무효화 분쟁**: 강행규범 저촉 여부와 관련된 무효화분쟁이 발생한 경우 당사자들은 합의에 의해 분쟁을 중재재판에 회부할 수 있다. 그러나 이러한 합의에 실패한 경우 일방 당사자의 신청에 의해 국제사법재판소(ICJ)에 부탁될 수 있다[제66조 제(a)호].

② **여타 무효사유에 관한 분쟁**: 협약 제46조부터 제52조까지의 사유가 문제되는 무효화 분쟁은 협약 부속서에 마련되어 있는 조정절차가 적용된다. 즉, 분쟁의 여하한 당사자도 UN사무총장에게 이 분쟁을 조정위원회에 회부하도록 요청할 수 있다[제66조 제(b)호].

> **조약법에 관한 비엔나협약 제66조 - 분쟁해결**
>
> 이의가 제기된 일자로부터 12개월의 기간 내에 제65조 제3항에 따라 해결에 도달하지 못한 경우에는 다음의 절차를 진행하여야 한다.
>
> (a) 제53조 또는 제64조의 적용 또는 해석에 관한 분쟁의 어느 한 당사국은 제 당사국이 공동의 동의에 의하여 분쟁을 중재재판에 부탁하기로 합의하지 아니하는 한 분쟁을 국제사법재판소에 결정을 위하여 서면 신청으로써 부탁할 수 있다.
>
> (b) 이 협약 제5부의 다른 제 조항의 적용 또는 해석에 관한 분쟁의 어느 한 당사국은 협약의 부속서에 명시된 절차의 취지로 요구서를 UN사무총장에게 제출함으로써 그러한 절차를 개시할 수 있다.

제7절 | 정지

1 의의

조약의 정지(suspension)란 일정한 사유에 따라 개별 당사국에 대해 조약의 일부 또는 전부의 효력이 일시적으로 중단되는 것을 의미한다. 정지된 조약은 일정 기간 동안 그 적용이 배제되는 한편, 추후에 다시 효력을 회복한다.

2 정지사유

1. 조약체결 당시의 합의[조약규정 자체에서 인정하는 경우, 제57조 제(a)호]

다자조약에 있어서 일정한 사유가 발생하는 경우 이를 원용하는 개별 당사국들에 대해 조약상의 의무를 면제해줄 것을 규정한다. 세이프가드조항이 대표적이다.

2. 조약체결 이후의 합의

(1) 모든 당사국 간의 합의[제57조 제(b)호]

모든 당사국 간의 합의에 의해 모든 당사국 간 또는 특정 당사국과 여타의 당사국 간의 관계에서 그 적용이 정지될 수 있다.

(2) 일부 당사국 간의 합의(제58조)

일부 당사국 간의 합의에 의해 이들 상호간에 일시적으로 그 적용이 정지될 수 있다. 그러나 이는 다음 두 가지 경우에 국한된다. 우선, 조약 정지의 가능성이 조약에 규정되어 있는 경우이다. 둘째, 조약의 정지가 조약에 의해 금지되어 있지 않은 경우로서, ① 그 정지가 여타의 당사국들의 권리의 향유 또는 의무의 이행에 영향을 주지 않고 ② 조약의 대상 및 목적과 양립하는 경우이다.

3. 중대한 조약의무 위반

(1) 양자조약

양자조약에 있어서 일방 당사자에 의해 중대한 위반이 발생하는 경우, 타방당사국은 이를 원용하여 조약의 정지를 요구할 수 있다(제60조 제1항).

(2) 다자조약

다자조약의 경우 일방 당사자의 중대한 위반이 발생하면 우선 여타 모든 당사국은 전원합의에 의해 위반국과 다른 당사국들 간 또는 모든 당사국들 간 조약의 정지를 결정할 수 있다[제60조 제2항 제(a)호]. 둘째, 문제의 위반으로 구체적 피해를 입은 당사국도 자국과 위반국 간 조약을 정지시키기 위해 그 위반을 원용할 수 있다[동 조항 제(b)호]. 셋째, 문제의 위반으로 모든 당사국의 입장이 근본적으로 변경된 경우 위반국 이외의 여하한 당사국도 자국에 대해 조약을 정지시키기 위한 사유로 그 위반을 원용할 수 있다[동 조항 제(c)호].

4. 후발적 이행불능

조약 당사국은 조약의 실시를 위한 불가결의 목적물이 일시적으로 멸실 또는 파괴됨으로써 야기된 일시적 후발적 이행불능의 경우 조약의 전부 또는 일부의 적용을 정지시키기 위한 근거로 원용할 권리를 갖는다(제61조 제1항).

5. 사정의 근본적 변경

조약 당사국은 당사국의 동의의 본질적 기초를 이루고 있는 조약 체결 당시의 사정에 일시적인 중대한 사정변경의 발생으로 당해국이 이행할 조약의무의 범위에 급격한 변화가 발생한 경우 예외적으로 조약의 작용을 정지시키기 위한 근거로 사정변경을 원용할 권리를 가진다(제62조 제3항).

6. 전쟁

전쟁시 조약이 정지 또는 종료되는지에 대해 조약법에 관한 비엔나협약은 특별한 규정을 두지 않고 있다. 다만, 학설에 의하면 전쟁시 다자조약의 경우 교전 당사국 상호간에만 조약이 정지된다. 양자조약은 원칙적으로 소멸하나, 당사국 간 합의가 있거나 조약의 성질상 전쟁 종료 후 다시 적용되어야 할 조약은 전쟁기간 동안만 그 적용이 정지된다.

3 조약의 시행정지의 효과 및 제한

1. 효과

조약의 시행이 정지되는 경우 조약의 시행이 정지되어 있는 동안 상호간에 조약을 이행할 의무를 해제한다. 또한 조약에 의해 이미 확립된 당사국 간 법적 관계에 달리 영향을 주지 아니하며, 시행정지기간 동안 당사국은 그 조약의 시행 재개를 방해하게 되는 행위를 삼가야 한다.

2. 제한

조약의 정지가 모든 규정에 대해 인정되는 것은 아니다. 조약규정 중 강행규범에 해당되는 규정은 정지가 인정되지 않는다. 또한 일반국제법의 원칙을 선언하는 규정들도 마찬가지이다. 조약법에 관한 비엔나협약은 '인권보호'에 관한 조약규정에 있어서 일방 당사자의 위반을 이유로 조약의 정지를 요구할 수 없도록 규정하고 있다(제60조 제5항).

4 조약정지의 절차 및 분쟁해결

1. 절차

(1) 합의에 의한 시행정지

조약의 정지는 자동적으로 효력을 발생하며 여하한 분쟁도 발생할 여지가 없다.

(2) 합의에 의하지 않은 시행정지

개별 당사국은 그러한 사유를 원용하여 조약의 정지의 취지를 상대방 당사자에게 통고해야 한다. 상대방이 동의하거나 3개월 내에 이의제기가 없는 경우 합의가 이루어진 것으로 본다. 따라서 정지사유 원용국은 조약을 정지시킬 수 있다.

2. 분쟁해결(제65조)

분쟁이 발생하는 경우 당사국들은 우선 UN헌장 제33조에 예시된 절차에 따른 해결을 모색한다. 12개월 내에 해결되지 않은 경우 UN사무총장에 대해 조정을 부탁할 수 있다. 조약의 정지가 최종적으로 결정되기까지 해당 조약은 그대로 적용된다.

제8절 | 종료

1 의의

1. 개념

조약의 종료(termination)란 유효하게 성립한 조약이 국제법상 일정한 사유에 의해 그 구속력과 실시력을 영구적으로 상실함을 말한다.

2. 구별개념

조약의 체결 당시에 하자가 있는 무효와 조약 그 자체는 소멸시키지 않고 조약의 효력을 정지시키는 정지(suspension of operation)와는 구별된다. 또한 조약이 일정한 사유에 의해 처음부터 당연히 법적 효력을 갖지 않는 조약의 무효와도 구별된다.

3. 사유

조약의 종료, 폐기 또는 당사국의 탈퇴는 당해 조약의 규정 또는 조약법협약의 적용 결과로써만 발생할 수 있다. 조약의 정지도 마찬가지이다. 조약의 종료는 절대적 종료사유와 상대적 종료사유로 나눌 수 있다. 신강행법규의 출현(제64조)은 그에 위반하는 기존의 조약을 자동적으로 종료시키는 절대적 종료사유이다. 그러나 조약의 중대한 위반(제60조), 후발적 이행불능(제61조), 사정의 근본적 변경(제62조)은 상대적 종료사유로서 종료 원용권이 주어진다.

2 당사국의 합의에 의한 종료

1. 조약체결 당시의 합의

(1) 명시적 합의

조약이 그 종료의 시기·조건·폐기·탈퇴에 관한 명문의 규정을 두고 있는 경우, 이에 따라 조약은 종료하게 된다. 1998년 체결된 신한일어업협정의 배경에는 1965년의 한일어업협정상의 종료규정(제10조 제2항)이 있었는바, 동 규정에 의하면 본 협정은 5년간 효력을 가지며, 그 후에는 어느 일방 체약국이 타방 체약국에 본 협정을 종료시킬 의사를 통고한 날로부터 1년간 효력을 가진다고 규정하고 있었다. 따라서 일본 정부는 1998년 1월 23일 이 규정에 근거하여 우리 정부에 조약 종료를 통고하였다.

(2) 묵시적 합의

① **의의**: 조약이 종료와 관련된 여하한 명시적 규정도 두고 있지 않으나, 조약의 성격 및 당사자의 의도로부터 종료의 가능성이 확인될 수 있다. 예컨대, 당사자 간 일회적 의무 이행을 목적으로 하는 조약은 의무가 이행되고 나면 종료되는 것으로 간주된다.

② **폐기 또는 탈퇴권의 행사**: 조약의 종료, 폐기 및 탈퇴에 관한 규정을 두지 않을 경우 타방 당사국의 동의 없이 폐기 및 탈퇴가 가능한지가 문제된다. 협약 제56조에 의하면 ⓙ 당사국이 폐기, 탈퇴의 가능성을 인정할 의도를 갖고 있었음이 증명되는 경우 UN헌장이 이에 해당하는 조약이다.
UN헌장에는 회원국의 탈퇴에 관하여 명시적 규정을 두고 있지 않으나 샌프란시스코회의의 한 보고서는 어떤 회원국이 예외적인 사정 때문에 탈퇴하지 않으면 안 되겠다고 느끼는 경우, 동 회원국으로 하여금 이 기구 내에서 협력을 계속하도록 강제하는 것은 이 기구의 목적이 아니라는 견해를 밝힌 바 있다. ⓛ 폐기 또는 탈퇴의 권리가 조약의 성질로 보아 추론될 수 있는 경우 탈퇴할 수 있다. 동맹조약 등은 성질상 폐기 또는 탈퇴의 권리가 추론된다. 국제기구 설립조약, 통상조약, 문화 관련 조약, 잠정협정 등도 일방적으로 탈퇴할 수 있다. 국제재판소에게 재판관할권을 부여하는 조약들도 같은 범주에 속한다. 그러나 강화조약이나 국경선 획정조약은 성질상 일방적 폐기가 인정되지 않는다.

2. 조약체결 이후의 합의

(1) 명시적 합의

조약은 당사국 간의 명시적 합의에 의해 폐지될 수 있다. 이러한 합의는 모든 당사자 간에 이루어져야 하고, 또한 '다른 체약국들과의 협의'를 거쳐야 한다[제54조 제(b)호]. '체약국'이란 조약에 의해 구속받겠다는 동의를 표했으나 아직 조약의 적용을 받지 못하고 있는 국가를 의미한다. 조약의 폐지를 목적으로 하는 새로운 조약의 체결이 명시적 합의에 의한 조약의 폐기이다.

(2) 묵시적 합의

새로운 연속조약의 체결을 의미한다. 조약이 새로운 조약에 의해 대체됨으로써 종료된다. 조약의 모든 당사국이 동일한 사항에 대해 새로운 조약을 체결하고 '후조약으로부터 당사국이 사항을 후조약에 의해 규율하기로 의도하였음이 확인 되거나', '두 조약이 동시에 적용될 수 없는 경우' 전조약은 후조약에 의해 대 체됨으로써 종료한다(제59조 제1항).

(3) 조약의 묵시적 폐지

조약의 묵시적 폐지(desuetude) 또는 불용(obsolescence)이란 당사국들이 조약 을 더 이상 효력이 있는 것으로 간주하지 않는다는 것이 신관습법규 형성 등 그 들의 행동으로 보아 명백한 경우 조약이 종료되는 것을 말한다.

3 일반국제법상의 사유에 의한 종료

1. 조약의 중대한 위반(제60조)

(1) 의의

조약의 일방 당사자가 유효하게 성립한 조약을 위반하면 이는 국제법 위반행위 로서 국제책임을 초래하며 따라서 피해국은 적절한 배상(reparation)을 청구할 수 있을 것이다. 한걸음 더 나아가서 피해국은 조약 위반에 대한 제재로서 조약 을 종료 또는 정지시킬 수 있다.

(2) 조약의 '중대한 위반'의 개념

협약 제60조 제3항에 의하면 조약의 중대한 위반(material breach)이라 함은 ① 협약이 용인하지 않는 조약의 이행 거부, ② 조약의 목적달성에 불가결한 규정의 위반을 들고 있다.

(3) 조약의 종료

① **양자조약의 경우**: 일방 당사국에 의한 중대한 위반은 양자조약을 종료시키거 나 또는 그 운용을 전부 또는 일부 정지시키기 위한 사유로서 동 위반을 원용 할 수 있는 권리를 타방 당사국에게 부여한다(제60조 제1항).
② **다자조약의 경우**: 일방 당사국에 의한 다자조약의 중대한 위반이 있는 경우 타방 당사국의 전원합의에 의하여 ① 자신들과 위반국 간에 또는 ② 모든 당 사국 간에 조약의 전부 또는 일부의 운용을 정지시키거나 또는 조약을 종료 시킬 수 있는 권리를 갖는다. 1971년 국제사법재판소(ICJ)의 'Namibia 사건 에 관한 권고적 의견'에서 남아프리카공화국의 위임통치협정의 중대한 위반 으로 위임통치를 종료시킨 바 있다.

(4) 제한

조약의 중대한 위반은 인도적 성질의 조약에 포함된 인신의 보호에 관한 규정 특히 그러한 조약에 의하여 보호를 받는 자에 대한 여하한 형태의 복구를 금지하는 규정에 적용되지 아니한다(제60조 제5항).

> **조약법에 관한 비엔나협약 제60조 - 조약의 중대한 위반**
>
> 1. 양자조약의 일방 당사국에 의한 실질적 위반은 그 조약의 종료 또는 시행의 전부 또는 일부의 정지를 위한 사유로서 그 위반을 원용하는 권리를 타방 당사국에 부여한다.
> 2. 다자조약의 어느 당사국에 의한 실질적 위반은 관계 당사국이 다음의 조치를 취할 수 있는 권리를 부여한다.
>   (a) 다른 당사국이 전원일치의 협의에 의하여
>   　(i) 그 다른 당사국과 위반국 간의 관계에서 또는
>   　(ii) 모든 당사국 간에서 그 조약의 전부 또는 일부를 시행정지시키거나 또는 그 조약을 종료시키는 권리
>   (b) 위반에 의하여 특별히 영향을 받는 당사국이, 그 자신과 위반국 간의 관계에 있어서 그 조약의 전부 또는 일부의 시행을 정지시키기 위한 사유로서 그 위반을 원용하는 권리
>   (c) 어느 당사국에 의한 조약규정의 실질적 위반으로 그 조약상의 의무의 추후의 이행에 관한 모든 당사국의 입장을 근본적으로 변경시키는 성질의 조약인 경우에, 위반국 이외의 다른 당사국에 관하여 그 조약의 전부 또는 일부의 시행정지를 위한 사유로서 그 다른 당사국에 그 위반을 원용하는 권리
> 3. 본 조의 목적상, 조약의 실질적 위반은 다음의 경우에 해당한다.
>   (a) 이 협약에 의하여 원용되지 아니하는 조약의 이행 거부 또는
>   (b) 조약의 대상과 목적의 달성에 필수적인 규정의 위반

(5) 판례

ICJ는 Gabčikovo-Nagymaros Project 사건에서 조약의 중대한 위반과 관련하여 조약 종료 원용 제한에 대해 언급했다. 첫째, 당해 조약의 중대한 위반시 조약의 종료나 정지를 원용할 수 있는 것이지, 타 조약의 중대한 위반을 이유로 조약의 종료를 주장할 수 없다. 예를 들어 A국이 X조약에 대한 중대한 위반을 이유로 B국이 Y조약에 대한 종료를 주장할 수 없다. 둘째, 조약의 중대한 위반을 원용하는 당사국이 의무 위반국이 조약을 이행하는데 도움이 되지 않는 상황을 초래하는데 기여하였다면 당해 행위가 위법한 행위가 아니라고 해도 조약의 중대한 위반을 원용할 권리가 박탈된다. 셋째, 선행하는 위법행위로써 타당 당사자의 의무 이행을 막은 당샤자는 타방 당사자의 의무 불이행을 이유로 해당 조약을 종료시킬 권리가 없다.

2. 후발적 이행불능(제61조)

조약의 이행에 불가결한 객체가 영구적으로 소멸 또는 파괴되어 조약의 이행이 불가능한 경우, 이를 조약의 종료 또는 탈퇴의 사유로 원용할 수 있다. 일시적 이행불능인 경우는 정지사유로만 원용될 수 있다. 자국의 의무 위반으로 이행불능을 초래한 경우에는 이를 원용할 수 없다. 국제법위원회(ILC)는 위법성조각사유인 불가항력이 상당하다고 해도 조약의 종료나 정지 사유로서의 후발적 이행불능에는 미치지 아니한다고 하였다. 한편, ICJ는 Gabčikovo - Nagymaros Project 사건에서 중대한 재정적 곤란을 이유로 한 지급불능은 조약의 종료나 정지 사유로서의 후발적 이행불능에 해당하지 않는다고 하였다.

> **조약법에 관한 비엔나협약 제61조 - 후발적 이행불능**
>
> 1. 조약의 이행불능이 그 조약의 시행에 불가결한 대상의 영구적 소멸 또는 파괴로 인한 경우에 당사국은 그 조약을 종료시키거나 또는 탈퇴하기 위한 사유로서 그 이행불능을 원용할 수 있다. 그 이행불능이 일시적인 경우에는 조약의 시행정지를 위한 사유로서만 원용될 수 있다.
> 2. 이행불능이 이를 원용하는 당사국에 의한 조약상의 의무나 또는 그 조약의 다른 당사국에 대하여 지고 있는 기타의 국제적 의무의 위반의 결과인 경우에 그 이행불능은 그 조약을 종료시키거나 또는 탈퇴하거나 또는 그 시행을 정지시키기 위한 사유로서 그 당사국에 의하여 원용될 수 없다.

3. 사정의 근본적 변경(제62조)

(1) 의의

조약 체결시에 만약 예측할 수 있었더라면 처음부터 그 조약을 체결하지 아니하였을 정도의 중대한 사정의 변경이 나중에 발생한 경우 그 변경으로 인해 크게 불이익을 받은 당사국이 그 조약을 소멸시키거나 조약으로부터 탈퇴할 수 있다. 이러한 원칙을 사정변경의 원칙(principle of rebus sic stantibus)이라 한다.

(2) 원용요건

조약법에 관한 비엔나협약은 사정의 중대한 변경을 이유로 한 조약의 종료를 원칙적으로 인정하지 않는다. 다만, 예외적으로 다음의 요건을 충족시키는 경우 종료사유로 원용할 수 있다. 첫째, 문제의 사정의 존재가 조약에 의해 구속받겠다는 당사자들의 동의의 '본질적 기초'를 형성해야 한다. 둘째, 사정의 '근본적 변경'이 발생해야 한다. 셋째, 사정의 변경이 조약에 의해 계속 이행해야 할 의무의 범위를 급격히 변화시켜야 한다. 넷째, 조약 체결 당시에 존재한 사정이어야 한다. 다섯째, 예측하지 못한 사정의 변화이어야 한다.

(3) 제한

사정의 근본적 변경이 있다 할지라도 문제의 사정변경이 이를 원용하는 당사자의 국제의무 위반에 의해 야기된 경우 사정변경을 원용할 수 없다. 한편, 문제의 조약이 국경획정에 관한 것이라면 사정변경을 원용할 수 없다.

(4) 판례

1985년 이란 - 미국 청구재판소(1985)는 '퀘스테크회사 사건'에서 사정변경원칙을 적용하여 계약의 종료를 인정하였다. 한편, EEC가 유고내전과 이에 따른 국가분열 사태가 발생하자 유고사회주의연방공화국과 협력협정에 규정된 무역특혜를 정지하는 내용의 Council Regulation을 발령하였고 해당 조약 적용 정지조치의 적법성 여부가 문제된 사안에서 유럽사법재판소(ECJ)는 '사정변경의 원칙'에 비추어 볼 때 명백한 잘못은 아니라고 판단해 이의 효력을 지지했다. 상부사보이 - 젝스 자유지대 사건, 어업관할권 사건, 가브치코보 - 나기마로스 사건 등에서도 사정변경원칙이 원용되었으나, 조약 종료로 인정되지 않았다.

조약법에 관한 비엔나협약 제62조 - 사정의 근본적 변경

1. 조약의 체결 당시에 존재한 사정에 관하여 발생하였으며 또한 당사국에 의하여 예견되지 아니한 사정의 근본적 변경은 다음 경우에 해당되지 아니하는 한 조약을 종료시키거나 또는 탈퇴하기 위한 사유로서 원용될 수 없다.
   (a) 그러한 사정의 존재가 그 조약에 대한 당사국의 기속적 동의의 본질적 기초를 구성하였으며 또한
   (b) 그 조약에 따라 계속 이행되어야 할 의무의 범위를 그 변경의 효과가 급격하게 변환시키는 경우
2. 사정의 근본적 변경은 다음의 경우에는 조약을 종료시키거나 또는 탈퇴하는 사유로서 원용될 수 없다.
   (a) 그 조약이 경계선을 확정하는 경우 또는
   (b) 근본적 변경이 이를 원용하는 당사국에 의한 조약상의 의무나 또는 그 조약의 다른 당사국에 대하여 지고 있는 기타의 국제적 의무의 위반의 결과인 경우
3. 상기의 제조항에 따라 당사국이 조약을 종료시키거나 또는 탈퇴하기 위한 사유로서 사정의 근본적 변경을 원용할 수 있는 경우에 그 당사국은 그 조약의 시행을 정지시키기 위한 사유로서 그 변경을 또한 원용할 수 있다.

🔨 관련판례

영국 - 아이슬란드 어업관할권 사건(영국 대 아이슬란드, ICJ, 1974)

1. **사실관계**

아이슬란드가 배타적 어업수역의 범위를 12마일에서 50마일로 확장하는 조치를 취하자 영국이 ICJ에 제소하였다. 그러나 아이슬란드는 1974년 5월 ICJ의 관할권을 인정하지 않겠다는 입장을 밝혔다. 양국은 1961년 조약을 통해 어업수역을 12마일 이상 확대하는 경우 일방이 타방을 ICJ에 제소할 수 있다고 규정하였다.

2. **법적 쟁점**

아이슬란드의 강제관할권 배제선언에도 불구하고 ICJ 관할권이 성립하는지가 문제되었다. 특히 아이슬란드는 어로기술의 발달이 사정의 근본적 변경에 해당하므로 1961년 조약은 종료되었다고 주장하였다.

3. 판결요지

ICJ는 아이슬란드의 주장을 기각하고 ICJ에 관할권이 있다고 판시하였다. ICJ는 아이슬란드가 주장하는 어업기술의 변화는 양국 간의 조약의 존속을 어렵게 하는 중대한 사정의 변경으로 볼 수 없으며 따라서 이러한 사정의 변경이 조약상의 의무의 성격을 근본적으로 변경시키지는 못하기 때문에 1961년 교환공문은 유효하다고 판시하였다.

관련판례

가브치코보 - 나기마로스 사건(헝가리 대 슬로바키아, ICJ, 1997)

1. 사실관계

1977년, 체코슬로바키아와 헝가리는 양국의 국경을 이루는 다뉴브강에 갑문시스템을 건설하고 운영한다는 내용의 조약(이하 '1977 조약')을 체결하였다. 동 조약은 체코슬로바키아의 영토인 Gabcikovo와 헝가리의 영토인 Nagymaros를 지나는 지역에 갑문을 설치하도록 하였으므로, 이를 Gabcikovo - Nagymaros Project(이하 G/N 프로젝트)라 하였다. 1978년부터 진행된 공사에서 Gabcikovo 지역의 공사는 많이 진척되었으나, 헝가리에서는 당시의 심각한 정치적·경제적 변화로 인해 G/N 프로젝트에 대한 반대가 점점 심해졌으며, 헝가리는 결국 Nagymaros에서의 공사를 중도포기하기에 이르렀다. 이에 대해 체코슬로바키아는 대안으로서 일방적으로 다뉴브강 수로를 변경하는 내용의 Variant C를 결정하여 작업을 강행하였다. 양국 간 논의에도 불구하고 성과는 없었으며, 헝가리는 체코슬로바키아에게 1977 조약을 종료한다는 통지를 보냈다. 이후 체코슬로바키아는 다뉴브강을 폐쇄하고 댐을 건설하는 공사에 착수하였다. 1993년 체코슬로바키아는 체코와 슬로바키아로 분열되었으며, 같은 해에 헝가리와 슬로바키아는 G/N 프로젝트에 관한 양국 간의 분쟁을 ICJ에 회부하는 특별협정을 체결하였다.

2. 법적 쟁점

(1) 후발적 이행불능의 원용가능성

1977 조약 자체에는 종료에 대한 명시적 규정이 없으며, 당사국들이 폐기 또는 탈퇴의 가능성을 인정하는 의도가 보이지도 않는다. 따라서 헝가리는 자신의 종료통지의 적법성을 뒷받침하기 위해 우선 조약법에 관한 비엔나협약 제61조에 구현된 조약의 후발적 이행불능을 원용하였다. 즉, 조약의 시행에 불가결한 대상(object)으로서 '환경보호에 부합하며 양국이 공동으로 운영하는 경제적 합작투자'가 영원히 소멸되었으므로 1977 조약이 이행불능상태에 빠졌다고 주장하였다.

(2) 사정의 근본적 변경의 원용가능성

헝가리는 후발적 이행불능과 더불어 조약법에 관한 비엔나협약 제62조를 원용하여 1977 조약 체결 당시의 사정들이 이후 발생한 여러 사건들에 의해 근본적으로 변하였기 때문에 동 조약을 종료시킬 수 있다고 주장하였다. 사정의 변경으로서 헝가리는 정치적 상황의 심각한 변화, G/N 프로젝트의 경제적 타당성 감소, 그리고 환경지식 및 새로운 환경법 규범의 발달을 열거하였다.

(3) 조약의 중대한 위반의 원용가능성

헝가리는 체코슬로바키아가 1977 조약상의 수질보호 및 자연환경보호의무를 준수하지 못했을 뿐 아니라 Variant C를 건설하고 운영함으로써 조약을 중대하게 위반하였다고 주장하였다. 그리고 체코슬로바키아의 이러한 위반이 선행되었으므로 조약법에 관한 비엔나협약 제60조에 따라서 1977 조약의 종료는 정당하다고 주장하였다.

(4) 조약의 승계 여부

체코슬로바키아는 체코와 슬로바키아로 분열되었다. 헝가리는 당사국 일방이 소멸한 경우 양자조약의 자동승계를 규정하는 국제법 규칙은 없으며 그러한 조약은 승계국과 나머지 당사국 사이의 명시적 합의에 의해서만 승계될 수 있다고 주장히였다. 또한 조약에 대한 국가승계에 관한 협약 제34조가 국가분열시 자동승계를 규정하고 있지만 헝가리는 이 조약을 비준한 적이 없다고 주장하였다. 한편 슬로바키아는 조약에 대한 국가승계에 관한 비엔나협약 제34조가 관습법을 선언한 것이며, 1977 조약은 조약에 대한 국가승계에 관한 비엔나협약 제12조상의 '영토에 부착되는' 조약에 해당한다고 주장하였다.

(5) 조약법과 국가책임법의 관계

재판 과정에서 헝가리와 슬로바키아는 조약법과 국가책임법 간의 관계에 대해 상이한 주장을 전개하였다. 헝가리는 G/N 프로젝트가 가진 환경위험에 근거하여 '생태학적 긴급피난' 상태를 원용하였고, 따라서 동 조약의 종료가 정당화된다고 주장하였다. 이에 대해 슬로바키아는 긴급피난은 조약법에 관한 비엔나협약이 인정하는 조약의 중지 혹은 종료사유가 아니라고 주장하였다.

3. 법원의 판단

(1) 후발적 이행불능의 원용가능성

ICJ는 1977 조약이 경제적 요구와 환경적 요구를 고려하여 공사를 재조정할 수 있는 수단을 규정하고 있으므로 G/N 프로젝트를 규율하는 법적 체제가 소멸되지는 않았다고 판단하였다. 또한 설사 투자의 공동개발이 더 이상 불가능하다고 하더라도 이것은 헝가리가 1977 조약상의 의무를 이행하지 않았기 때문이므로, 조약법에 관한 비엔나협약 제61조 제2항에 따라 헝가리가 이를 조약종료사유로 원용하지 못한다고 지적하였다.

(2) 사정의 근본적 변경의 원용가능성

조약법에 관한 비엔나협약은 사정변경의 원칙을 원용할 수 있는 요건을 엄격하게 규정하고 있는바, 다음의 요건들이 모두 충족되어야 한다. 즉, 조약 체결 당시에 존재했던 사정이 변경되었을 것, 그러한 사정의 변경이 근본적일 것, 당사국들이 예견할 수 없었던 사정변경일 것, 조약 체결 당시의 사정의 존재가 조약의 구속을 받겠다는 당사국들의 동의의 본질적 기초를 구성했을 것, 그리고 사정변경의 효과가 앞으로 계속 이행되어야 할 의무의 범위를 급격하게 변경시킬 것 등이다. ICJ는 헝가리가 주장하는 사정의 근본적 변경이 위 요건들을 충족하는지 여부를 검토한 결과 그렇지 않다는 결론을 내렸다. 그 당시의 정치적 조건이 당사국들의 동의의 본질적 기초는 아니었으며, 그 변화가 장차 이행되어야 할 의무의 범위를 급격히 변화시킬 성질도 아니었다고 보았다. 또한 비록 G/N 프로젝트의 수익성이 1977 조약 체결시보다 줄어들었을 수 있지만 그 결과 당사국들의 조약상 의무가 급격히 변화될 정도는 아니라고 평가하였다. 환경지식과 환경법의 새로운 발전에 대해서도, ICJ는 이러한 것들이 전혀 예견될 수 없다고 생각지는 않았으며 더구나 1977 조약은 당사국들이 환경지식 및 환경법의 발전을 고려하고 조약 이행시 이를 적용할 수 있는 조문을 두고 있음을 지적하였다. 요컨대 사정변경원칙은 조약의 종료사유로 인정되기는 하지만 그것이 조약의 안정성에 미치는 위험 때문에 매우 예외적으로만 인정되는 것이다.

(3) 조약의 중대한 위반의 원용가능성

ICJ는 Variant C를 불법으로 보면서도, 체코슬로바키아가 공사에 착수했을 때부터 불법이 아니라 다뉴브강 물을 우회수로로 돌렸을 때야 비로소 1977 조약이 위반되었다고 보았다. 즉, 헝가리가 종료통지를 보냈을 때는 1977 조약 위반이 아직 발생하지 않았으므로, 헝가리는 조약 위반을 종료사유로 원용할 수 없으며 종료통지는 시기상조이자 효력이 없다고 판단하였다.

(4) 조약의 승계 여부

ICJ는 조약에 대한 국가승계에 관한 비엔나협약 제34조가 관습법을 나타내는 것인지 여부에 대해서는 판단을 유보하였고, 대신 1977 조약의 성격과 특징에 주목하였다. 조약에 대한 국가승계에 관한 비엔나협약 제12조는 국제관습법을 반영하는 것인데, 1977 조약은 영토제도를 설정하는 조약, 즉 다뉴브강의 관련 지역에 '부착되는' 권리의무를 창설한 조약이므로 1993년부터 슬로바키아가 이 조약의 당사국이 되었다고 결론을 내린 것이다.

(5) 조약법과 국가책임법의 관계

ICJ는 조약의 발효, 적법한 정지 또는 폐기 여부는 조약법에 따라서 판단할 문제이며, 조약법을 위반한 정지 또는 폐기가 국가책임을 발생시키는 범위는 국가책임법에 따라 판단할 문제라고 보았다. 따라서 ICJ는 국가책임법상의 위법성 조각사유인 긴급피난이 1977 조약상 의무의 이행중지 및 종료의 사유가 될 수 없다고 판단하였다. 긴급피난 상태가 존재할 경우 그것은 조약을 위반한 국가의 위법성을 제거할 수 있을지언정 조약을 종료시키지는 않는다는 것이다.

4. 신강행법규의 출현

신강행법규가 출현한 경우에는 그 규범에 저촉되는 현재의 조약은 종료한다. 즉, 이 경우의 무효는 소급효를 갖는 것이 아니다. 또한 조약종료 전에 그 조약의 시행을 통하여 생긴 당사국들의 권리·의무 또는 법적 상태는 그러한 권리·의무 또는 상태를 유지하는 것 자체가 신강행규범과 충돌하지 아니하는 한 영향을 받지 아니한다.

> **조약법에 관한 비엔나협약 제64조 - 신강행규범의 출현**
> 일반국제법의 신강행규범이 출현하는 경우에 그 규범과 충돌하는 현행 조약은 무효로 되어 종료한다.

5. 전쟁

전쟁시 조약의 종료 여부에 대해서는 조약법에 관한 비엔나협약에 별도의 규정을 두지 않았다. 일반적으로 전쟁이 조약의 소멸사유가 된다는 점은 확실하나, 어떤 조약이 소멸하는가에는 국제법상 확립된 원칙이 없다. 일반적으로 정치적 또는 통상적 조약은 전쟁과 양립하지 않으므로 당사국은 전쟁 발발시에 이런 조약을 폐지할 의사가 있었던 것으로 추정할 수 있다. 우편조약과 같은 비정치적 조약은 전쟁 계속 중 교전 당사국 간에는 원칙적으로 정지되나, 전쟁 종료 후에는 효력이 회복된다고 본다.

> **조약법에 관한 비엔나협약 제73조 - 국가승계 등과 조약법에 관한 비엔나협약의 관계**
> 이 협약의 규정은 국가의 계승·국가의 국제책임 또는 국가 간의 적대행위의 발발로부터 조약에 관하여 발생될 수 있는 문제를 예단하지 아니한다.

> **조약법에 관한 비엔나협약 제63조 - 외교 또는 영사관계의 단절과 조약의 지위**
> 조약 당사국 간의 외교 또는 영사관계의 단절은 외교 또는 영사관계의 존재가 그 조약의 적용에 불가결한 경우를 제외하고 그 조약에 의하여 그 당사국 간에 확립된 법적 관계에 영향을 주지 아니한다.

4 종료의 효력 및 제한

1. 효력

협약 제70조에 의하면 당사국들이 달리 합의하지 않는 한 다음과 같은 효과를 가져온다. ① 당사국에 대해 추후 그 조약을 이행할 의무를 해제하며, ② 조약의 종료 전에 그 조약의 시행을 통하여 생긴 당사국의 권리·의무 또는 법적 상태에 영향을 주지 아니한다.

2. 조약종료의 가분성

일반적으로 조약이 종료됨은 조약 내의 모든 규정이 효력을 상실함을 의미하나, 몇몇 경우에 있어 일부 규정만을 종료시킬 수 있다. 협약 제60조는 타방 당사국의 조약 위반이 있는 경우 조약의 부분적 종료도 인정하고 있다. 또한 후발적 이행불능이나 사정의 중대한 변경에 의해 조약의 종료를 원용하는 당사국도 부분적으로 종료를 주장할 수 있다.

3. 종료를 위한 권리의 상실

국가는 조약이 유효하거나 효력이 존속하고 있거나 시행이 계속되고 있는 것에 대해 명시적으로 동의한 사실, 또는 조약의 유효성 또는 시행의 계속성을 묵인하는 행위가 있었다고 간주되는 사실을 인지한 후에는 조약을 종료시키기 위한 근거를 원용할 수 없다(제45조).

5 종료의 절차 및 분쟁해결

1. 조약종료의 절차

(1) 당사자 전원의 결정에 의한 종료

자동으로 종료된다. 따라서 별도의 절차를 요하지 않는다.

(2) 개별 당사자의 일방적 요구에 따른 종료

해당 조약의 종료를 요구하는 당사자는 그 사유를 적시하여 타방 당사자들에게 조약 종료의 취지를 통보할 수 있으며, 이러한 통보가 접수된 후 3개월 이내에 여하한 타방 당사자들로부터도 이의가 제기되지 않는 경우 조약은 종료된다.

2. 분쟁해결

(1) 분쟁의 발생

타방 당사국이 3개월 이내에 이의를 제기한 경우 분쟁이 발생한다.

(2) 임의적 해결

우선 UN헌장 제33조에 규정된 방법을 통해 해결을 추구한다. 그러나 분쟁 발생 후 12개월 이내에 해결에 도달하지 못한 경우 강제적 절차에 의한다.

(3) 강제적 해결

강행규범과 관련된 분쟁이 아닌 한, 일방적 부탁에 의해 UN사무총장에게 조정절차의 개시를 부탁한다. UN사무총장은 당해 분쟁을 5명으로 구성된 조정위원회에 부탁해야 한다. 위원회의 보고서는 당사국을 구속하지 않으며 분쟁의 우호적 해결을 촉진하기 위한 것으로서 권고적 효력을 가진다. 강행규범과 관련된 분쟁은 분쟁 당사국 간 합의에 의해 중재재판에 회부될 수 있으며, 합의도출에 실패하는 경우 일방적 요청에 의해 국제사법재판소(ICJ)에 부탁될 수 있다(제66조).

제9절 | 개정 및 수정

1 의의

조약의 개정(amendment)이란 유효하게 체결된 조약규정의 내용을 전 당사국 간 합의에 의해 변경하는 행위를 말한다(제39조). 조약법에 관한 비엔나협약은 일부 당사국에 대하여만 조약규정의 내용이 변경되는 행위에는 '수정'(modification)이란 용어를 사용한다.

2 절차

조약개정절차는 조약체결절차와 동일하다. 개정의 효력이 발생하기 위해서는 원칙적으로 전 당사국의 동의를 필요로 한다(제39조). 그러나 전 당사국의 다수결에 의해 개정이 효력이 발생할 것을 규정하는 조약도 있다.

3 다자조약의 개정

다자조약의 개정제안은 전 당사국에 대해 통고해야 하며(제40조 제2항), 당사국은 개정제안에 대해 취할 조치의 결정 및 개정을 위한 합의의 교섭과 체결에 참가할 권리를 갖는다. 원조약의 당사국은 개정조약의 당사국이 될 자격을 가지며(제3항), 개정의 합의는 이를 수락하지 않은 원조약 당사국을 구속할 수 없다(제4항). 개정의 합의가 효력을 발생한 후 당사국은 달리 의사표시를 하지 않는 한 개정된 조약의 당사국이 되며 개정합의에 구속되지 않는 당사국과의 관계에서는 개정 전의 조약의 당사국으로 간주된다(제5항).

4 다자조약의 수정

다자조약의 당사국 중 2개 이상의 일부 국가는 다음에 경우에는 당해 국가 간에 있어서만 조약을 변경하는 합의를 할 수 있다(제41조 제1항). 첫째, 그와 같은 변경 가능성이 당해 조약에 의해 규정되어 있는 경우. 둘째, 당해 변경이 조약에 의해 금지되어 있지 않고 또한 당해 조약에 의거한 타방 당사국의 권리의 향유 또는 의무의 이행에 영향을 미치지 않으며, 또한 당해 규정으로부터의 이탈이 당해 조약 전체의 대상과 목적의 효과적 수행과 양립되지 않는 규정에 관한 것이 아닌 경우이다.

01 **1969년 「조약법에 관한 비엔나협약」의 내용으로 옳지 않은 것은?** 2020년 9급

① 조약의 체결 당시 일반국제법의 강행규범과 충돌하는 조약은 무효이다.

② 새로운 강행규범의 출현으로 그 규범과 충돌하는 현행 조약은 무효로 되어 종료한다.

③ 2 또는 그 이상의 국가 간의 외교관계의 단절은 그러한 국가 간의 조약체결을 막지 아니한다.

④ 서면 형식에 의하지 아니한 국제적 합의는 조약이 아니며 국제법적 효력이 인정되지 아니한다.

> 조약법에 관한 비엔나협약
> ───────────────────────────
> 서면형식에 의하지 아니한 합의는 조약법에 관한 비엔나 협약상 조약은 아니다. 그러나 국제법적 효력이 인정되지 않는 것은 아니다.
>
> 선지분석
> ① 절대적 무효사유에 해당한다.
> ② 조약의 절대적 종료사유에 해당한다.
> ③ 외교관계가 부존재하여도 조약을 체결할 수 있다.
>
> 답 ④

02 **1969년 조약법에 관한 비엔나협약에 대한 설명으로 옳지 않은 것은?** 2013년 7급

① 모든 국가는 조약을 체결하는 능력을 가진다.

② 국가원수, 정부수반, 외무부장관과 외교공관장은 전권위임장을 제시하지 않아도 조약의 체결에 관련된 모든 행위를 수행할 수 있다.

③ 비준하여야 하는 조약에 서명한 국가는 그 조약의 당사국이 되지 아니하고자 하는 의사를 명백히 표시할 때까지 그 조약의 대상과 목적을 저해하게 되는 행위를 삼가야 한다.

④ 조약이 달리 규정하지 아니하는 한, 다자조약은 그 당사국 수가 그 발효에 필요한 수 이하로 감소하는 사실만을 이유로 종료하지 아니한다.

> 조약법에 관한 비엔나협약
> ───────────────────────────
> 외교공관장은 조약문의 채택 시까지 전권위임장을 요하지 않는다.
>
> 답 ②

03 1969년 조약법에 관한 비엔나협약상 조약의 무효와 종료에 대한 설명으로 옳지 않은 것은? 2017년 7급

① 강박(coercion)에 의한 조약은 그 내용의 일부만 분리하여 무효화할 수 있다.

② 일반국제법이 새 강행규범이 출현하는 경우에 그 규범과 충돌하는 현행 조약은 무효로 되어 종료한다.

③ 외교관계나 영사관계의 단절은 외교 또는 영사관계의 존재가 조약의 적용에 불가결한 경우를 제외하고 그 조약의 당사국 간의 확립된 법적 관계에 영향을 주지 않는다.

④ 사정의 근본적 변경은 원칙적으로 조약의 종료사유에 해당하기는 하나, 국경획정조약에는 적용되지 않는다.

조약법에 관한 비엔나협약상 조약의 무효와 종료

가분성에 대한 문제이다. 절대적 무효의 경우 가분성이 인정되지 않는다.

답 ①

---

04 조약법에 관한 비엔나협약상 조약의 무효에 관한 설명으로 옳지 않은 것은? 2015년 9급

① 일반국제법의 강행규범과 충돌하는 조약은 당사국 간의 합의를 통해서만 유효한 것으로 인정된다.

② UN헌장에 구현되어 있는 국제법 원칙들에 위반되는 무력 사용 또는 위협에 의해 체결된 조약은 무효이다.

③ 조약의 적법성은 조약법에 관한 비엔나협약의 적용을 통해서만 부정될 수 있다.

④ 조약의 무효를 주장하는 경우에 반드시 서면으로 다른 당사국에 통고되어야 한다.

조약법에 관한 비엔나협약상 조약의 무효

강행규범에 위반되는 조약은 절대적으로 무효이다. 따라서 당사자 간 합의를 통해서도 유효하다고 인정될 수 없다.

선지분석

② 국가에 대한 강박에 해당되어 절대적으로 무효이다.

③ 조약의 적법성 또는 조약에 대한 국가의 기속적 동의의 적법성은 이 협약의 적용을 통해서만 부정될 수 있다(조약법에 관한 비엔나협약 제42조 제1항).

④ 제65조 제1항에 따라 규정된 통고는 서면으로 행해져야 한다(조약법에 관한 비엔나협약 제67조 제1항).

답 ①

05 1969년 조약법에 관한 비엔나협약이 규정하는 내용으로 옳지 않은 것은?　　　　　2013년 9급

① 조약이 달리 규정하지 않는 한, 조약을 탈퇴한 국가라도 탈퇴 전 그 조약의 시행으로 발생한 그 국가의 권리 및 의무에 영향을 받지 않는다.

② 조약은 그 명칭에 상관없이 국제법으로 규율되는 국가 간의 서면 합의를 의미한다.

③ 조약이 국제관습법을 규정한 경우에는 그 조약의 비당사국에도 적용된다.

④ 조약이 강행규범과 상충되어 무효인지 여부에 관한 분쟁은 바로 국제사법법원(ICJ)의 결정에 의탁하여야 한다.

조약법에 관한 비엔나협약

강행규범 관련 분쟁은 당사자 간 합의가 있는 경우 중재재판에 회부된다. 다만, 그러한 합의가 성립되지 않는 경우에 한하여 일방당사국은 당해 사건을 ICJ에 회부할 수 있으며, 이 경우 ICJ의 강제관할권이 성립한다.

선지분석

① 조약법에 관한 비엔나협약 제70조 제2항

② 조약법에 관한 비엔나협약은 국가 간 체결되는 조약, 서면에 의한 조약에 한하여 적용되는 점에 주의해야 한다.

③ 관습법을 성문화한 조약은 당사국이 아닌 제3국에 대해서도 적용되는데, 이는 엄밀히 말하자면 조약의 제3자효가 아니라, 관습법의 보편적 효력에 의한 것이다.

답 ④

---

06 1969년 「조약법에 관한 비엔나협약」상 조약의 해석 규정의 내용으로 옳은 것은?　　　　　2019년 9급

① 조약 해석의 목적상 문맥에는 조약의 전문, 부속서 및 교섭기록을 포함한다.

② 조약의 해석에서는 조약의 특정 용어에 대하여 당사국이 부여하기로 한 특별한 의미를 고려할 수 있다.

③ 조약의 해석에서는 관련 당사국 간의 후속 합의와 추후 관행을 참작하여야 한다.

④ 조약의 해석에서는 당사국 간의 관계에 적용될 수 있는 국제법의 관계규칙을 보충적 수단으로 이용할 수 있다.

조약법에 관한 비엔나협약상 조약의 해석 규정

선지분석

① 문맥에 교섭기록은 포함되지 않는다. 교섭기록은 보충적 해석수단이다.

② 당사국이 부여하기로 한 특별한 의미를 고려하여야 한다. 재량규정이 아니라 의무규정이다.

④ 국제법의 관계규칙은 문맥과 함께 참작하여야 하는 요소이다. 조약에 관한 당사국의 추후 합의나 추후 관행도 문맥과 함께 참작하여야 하는 요소이다.

답 ③

07 1969년 조약법에 대한 비엔나협약상 조약의 종료사유에 대한 설명으로 옳지 않은 것은? 2012년 7급

① 조약의 이행불능 상황이 발생한 경우에도 조약이 종료될 수 있다.

② 당사국 간의 무력충돌이나 적대행위의 발발(勃發)로 조약은 당연히 종료한다.

③ 조약의 중대한 위반은 조약의 종료사유이다.

④ 조약 당사국 간의 외교 또는 영사관계의 단절로 그 조약이 당연히 종료되지 않는다.

조약법에 대한 비엔나협약상 조약의 종료사유

조약법협약은 무력충돌이나 적대행위의 발발시 조약의 지위에 대해 명확한 규정을 두지 않았다. 학설에 의하면 동맹조약과 같은 정치적 조약은 효력에 관한 비엔나를 상실하고 통상조약과 같은 기술적 조약은 효력이 정지되거나 유지하는 것으로 본다.

선지분석

①, ③ 후발적 이행불능과 타방당사국의 조약의 중대한 위반은 상대적 종료사유에 해당한다.

답 ②

---

08 1969년 「조약법에 관한 비엔나협약」상 조약의 유보에 대한 설명으로 옳은 것만을 모두 고르면? 2021년 7급

> ㄱ. 조약이 명시적으로 유보를 허용한 경우 원칙적으로 타국의 수락을 필요로 하지 않는다.
>
> ㄴ. 국가는 조약에 서명 또는 비준할 때에 유보를 할 수 있으나, 수락, 승인 또는 가입시에는 유보를 할 수 없다.
>
> ㄷ. 유보국이 유보를 철회하기 위해서는 원칙적으로 수락국의 동의가 필요하다.
>
> ㄹ. 조약이 국제기구의 성립문서인 경우, 유보는 원칙적으로 그 기구의 권한 있는 기관에 의한 수락을 필요로 한다.

① ㄱ, ㄴ   ② ㄱ, ㄹ

③ ㄴ, ㄷ   ④ ㄷ, ㄹ

조약법에 관한 비엔나협약상 조약의 유보

조약의 유보에 대한 설명으로 옳은 것은 ㄱ, ㄹ이다.

ㄱ. 조약에 규정된 유보는 타당사국의 수락을 요하지 않는다.

ㄹ. 국제기구 성립문서의 경우 타 당사국의 수락을 요하지 않는다는 점에 주의한다.

선지분석

ㄴ. 유보는 기속적 동의를 표시할 때 한다. 따라서 서명, 비준, 수락, 승인, 가입시에 할 수 있다.

ㄷ. 유보철회는 일방적 행위로서 유보 수락국의 동의를 요하지 않는다.

답 ②

제**4**장 │ 국제법과 국내법의 관계

 출제 포커스 및 학습방향

국제법과 국내법의 관계의 경우 특히 관행에 대해 유의해야 한다. 이 분야의 논의는 이론
과 관행으로 크게 구별되는데 관행의 경우 주요 국가의 헌법상 국제법과 국내법의 관계를
알아야 하기 때문에 암기를 요하는 분야이다. 한국과 미국 및 영국의 관행이 상대적으로
빈번하게 출제되고 있다. 이론에 있어서는 일원론과 이원론의 입장 차이에 대해 명확하게
이해해야 한다.

제1절 │ 총설

국제법과 국내법의 관계를 논의하는 이유는 전통적으로 국내문제로 인식되던 문제들
이 국제법의 규율대상에 포함됨으로써 국제법과 국내법의 상충이 발생할 수 있고,
이를 해결할 준칙들을 규명해야 하기 때문이다. 국내법이 국제법에 반하는 내용을
담고 있는 경우를 적극적 저촉이라 하며, 국제법의 이행을 위해 필요한 국내법을 제
정하지 않는 경우 소극적 저촉이라 한다. 양법이 저촉되는 경우 어느 법이 우선적용
되는가? 또한 일방은 타방을 무효화시킬 수 있는가? 한편, 국제법을 국내법으로 도
입하기 위해서는 어떤 절차를 요하는가? 이러한 문제를 해결하기 위해서는 양법의
상호관계에 대한 학설 및 국제관행의 검토를 요한다.

제2절 | 학설

1 이원론(Dualism)

1. 의의

국제법과 국내법은 서로 독립한 별개의 법체계라는 견해이다. 이원론에 의하면 국제법과 국내법은 독립된 법체계이므로 상호간 관련이 없고 국제법이 곧 국내적으로 타당할 수도 없다. 따라서 국제법이 국내적으로 타당하려면 국제법을 국내법으로 변형(transformation)해야 한다. 변형이 없는 경우 국내법원은 국제법에 구속될 의무가 없으며 국내법이 국제법과 명백히 저촉하는 경우에도 국내법원은 국내법을 적용해야 한다. 트리펠(Triepel)이 최초로 주장하였으며 안질로티(Anzilotti), 오펜하임(Oppenheim), 라반트(Laband) 등도 같은 입장이다.

2. 논거

국제법과 국내법은 다음과 같은 점에서 다르다. 첫째, 국내법은 단독의사에 의해 성립되나 국제법은 국가 간 공동의사에 의해 성립된다. 둘째, 국내법은 국내의 개인 상호간 또는 개인과 국가 간 관계를 규율하나 국제법은 국제관계를 규율한다. 셋째, 국내법은 해석 및 적용기관과 집행기관이 분립되어 있으나 국제법은 사법기관과 집행기관이 분립되어 있지 않다.

3. 비판

(1) 양자가 별개의 독립된 법체계라면 양자가 서로 저촉한다고 해도 국가가 대외적으로 책임을 질 필요가 없을 것이나 실제 국가는 국가책임을 지므로 양자가 별개의 법체계라 볼 수 없다.

(2) 국제법의 국내적 도입에 있어서 이원론은 철저한 변형을 주장하나 실제 대부분의 국가들은 국제관습법을 별도의 변형절차 없이 국내법에 도입하고 있으며, 다수의 국가들은 조약도 변형절차 없이 국내법에 도입하고 있다.

2 국내법우위일원론

1. 의의

국제법과 국내법은 하나의 통일적 법체계를 형성하고 있으나 국내법이 국제법보다 상위에 있다고 보는 견해이다. 이에 따르면 국제법과 국내법은 동일한 국가의사의 발현에 지나지 않는다. 국내법은 대내적 국가의사이고 국제법은 대외적으로 다른 국가와의 관계에서 나타난 국가의사이다. 양자는 모두 국가의사라는 점에서 동일하므로 결국 국제법은 국내법의 구성부분, 즉 대외적 국법이라고 주장한다. 또한 국제법과 국내법은 하나의 법체계를 형성하고 있으므로 국제법은 별도의 입법조치 없이 국내법체계에 '수용'된다고 본다. 조른(Zorn), 벤젤(Wenzel) 등에 의해 주장되었다.

2. 논거

조른(Zorn)에 의하면 법은 일반적으로 국가가 국민에 대하여 공포하고 강제력에 의해 보장되는 명령이므로, 국제법도 국가가 국내적으로 법으로 수용하여 국민에게 그 준수를 명령할 때 비로소 법이 된다고 본다. 한편, 벤젤(Wenzel)도 조약의 체결권한이 직접 각국 헌법에서 유래한다는 전제에서 조약의 성립근거가 궁극적으로는 헌법에 있다고 본다.

3. 비판

(1) 일국의 단독의사로서 국제법을 변경 또는 폐기할 수 있다는 결론으로 귀결되는 이 주장은 현실에 반한다.

(2) 국제법이 일국의 '외부적 국법'에 지나지 않는다면 국제법은 국내법과 운명을 같이 해야 할 것이나 국내법의 변혁에도 불구하고 국제법의 타당성은 조금도 영향을 받지 않는다.

3 국제법우위일원론

1. 의의

국내법우위설과 반대로 국제법과 국내법은 통일적 법체계 내에서 국제법이 국내법보다 상위에 있다고 주장하는 견해이다. 국제법과 국내법은 상하위법의 관계에 있으므로 국내법의 유효성 및 타당근거는 결국 국제법에 있으며, 국제법에 위반되는 국내법은 무효라고 본다. Wien학파에 속하는 켈젠(H. Kelsen), 페어드로스(A. Verdross), 쿤츠(J. L. Kunz) 등이 주장하였다. 또한 국제법과 국내법은 통일적 법체계를 구성하고 있으므로 국제법은 별도의 입법조치 없이 바로 국내법체계에 '수용'된다고 본다.

2. 논거

각국의 국내법은 자국 관할하의 영토와 인민에게만 적용되므로 국가의 영토적, 인적 관할권의 범위를 정하는 별도의 법이 존재해야 하며 이것이 국제법이다. 따라서 국제법과 국내법은 상하관계에 있다고 볼 수 있고 국내법은 국제법에 그 타당성을 위임하고 있다. 국내법은 국제법에 의해 위임된 부분적 질서에 불과하다.

3. 비판

(1) 국가가 국제법으로부터 위임된 권한에 의하여 비로소 국가행위를 할 수 있다는 주장은 역사와 현실을 무시한 견해이다.

(2) 국제법 위반의 국내법이라 할지라도 국제법 자신의 입장에서 무효화할 수 없으므로 국제법이 국내법의 상위에 선다고 말할 수 없다.

참고

국제법과 국내법의 관계에 관한 학설 비교

구분	대립설	국제법상위통일설
이론적 기초	의사주의	객관주의
국제법과 국내법의 관계	별개의 독자적 법체계	통일된 법체계
국제법의 도입방식	변형	수용
양법의 저촉시 국가책임	성립	성립
국제법에 저촉되는 국내법의 지위	유효	무효

제3절 | 관행

1 국제관계에서 국내법의 지위

1. 국제법의 국내법에 대한 우위

상설국제사법재판소(PCIJ)는 '그리스 - 불가리아 촌락공동체에 관한 사건'의 권고적 의견에서 조약에 의하여 소수민족의 이동의 자유를 보장한 경우, 이와 상이한 국내법령을 개정해야 하며 이를 방치한 경우 국가책임을 진다고 권고하였다. 또한 그리스와 터키의 자국민 교환문제(1925)에 관한 권고적 의견 사건에서 상설국제사법재판소(PCIJ)는 조약상 의무를 이행하기 위하여 국내법을 변경할 필요가 있는 경우 당해 변경의무가 조약에 명시되지 않은 경우에도 당연히 변경할 의무가 있다고 판시하였다.

2. 국제의무 위반의 면책을 위한 국내법 원용 불인정

국가는 국제의무를 면하거나 제한할 목적으로 국내법을 원용할 수 없다. '알라바마호 사건'에서 중재재판소는 영역 내에서 사인의 활동을 규제하는 국내법이 없다 할지라도 국제법상 중립의무 불이행에 대한 국가책임을 면할 수 없다고 판정하였다.

알라바마호 사건(미국 대 영국, 혼합중재위원회, 1872)

1. 사실관계

미국의 남북전쟁 당시 북군에 의해 항구가 봉쇄되고 물자 및 노동자가 부족하게 되자 남군은 군함 건조에 어려움을 겪게 되었다. 이에 따라 남군은 당시 남군을 교전단체로 승인하여 중립국의 지위에 있었던 영국의 민간 조선소에 군함 건조를 발주하였다. 알라바마호는 영국에서 건조된 배 중 한 척이었다. 1862년에 영국에서 건조된 알라바마호는 포르투갈령 Azores까지 항행한 다음 Azores군도에서 별도로 영국에서 도착한 선박으로부터 탄약, 무기 및 병력을 공급받았다. 알라바마호는 1864년 침몰될 때까지 북군 소속 상선의 포획에 종사하였으며 북군에 대해 상당한 손해를 끼쳤다. 남북전쟁이 끝난 이후 북군은 알라바마호가 해상 포획에 종사하여 끼친 손해에 대한 배상을 영국에 대해 청구하였다. 1871년 동 사건을 중재재판에 회부하기 위한 워싱턴조약이 체결되었다. 중재재판준칙(워싱턴3원칙)은 세 가지로 확정되었다. 첫째, 중립국 정부는 자국과 평화관계에 있는 국가를 상대로 순찰용 또는 전투용 선박이 될 수 있는 상당한 근거가 있는 일체의 선박이 관할권하의 영토에서 건조되거나 무장되는 것을 방지하기 위해 상당한 주의를 기울여야 한다. 둘째, 중립국 정부는 자국의 항만이나 영해가 일방 교전국의 적국에 대한 해군작전 근거지로서 또는 무기나 군수품의 보충 등을 위해 이용되는 것을 허용해서는 안 된다. 셋째, 중립국 정부는 이상과 같은 의무 위반을 방지하기 위해 자국의 항만 및 영해 내의 사람에 대하여 상당한 주의를 기울여야 한다.

2. 법적 쟁점

(1) 영국의 중립의무 위반 여부
(2) 국내법의 불비와 국가책임 회피 가능성

3. 판결요지

(1) 영국의 중립의무 위반 여부: 적극

영국은 중립국의 의무를 다하기 위해 상당한 주의를 기울이지 않았다. 특히 영국은 선박의 건조 중에 미국으로부터 경고와 항의를 받았음에도 불구하고 상당한 기간 내에 효과적인 조치를 취하지 않았다. '상당한 주의'는 중립국의 의무 위반에 의해 발생하는 교전국의 위험 정도와 비례해서 판단해야 한다. 영국은 선박의 추적과 나포를 위해 일련의 조치를 취했으나 조치가 불완전하여 어떠한 성과도 올리지 못했다. 또한 알라바마호는 영국의 식민지 항구에도 자유로이 입항을 허가받기도 하였다. 중재재판정은 영국이 중립국으로서의 의무를 태만히 하여 미국 측에 발생한 손해에 대해 1550만 달러를 지불하도록 판정하였다.

(2) 국내법의 불비와 국가책임 회피 가능성: 소극

영국 정부는 영국 국내법상 선박의 건조를 금지할 법률이 없어 이를 막을 수 없었다고 항변하였다. 그러나 중재재판정은 국내법이 미비하다는 이유로 중립의무 위반을 정당화할 수는 없다고 반박하였다.

3. 단순한 사실로서의 국내법

국제법과 국제재판소의 입장에서 볼 때 국내법은 단순한 사실에 지나지 않는다. 따라서 국재재판소로서는 관계 국내법 그 자체를 해석해야 할 의무도 없고 권한도 없다. Certain German Interests in Upper Silesia 사건(1926)에서 상설국제사법재판소(PCIJ)는 국제재판시 각국의 국내법은 구속력을 지닌 법이 아닌 단순한 사실로 취급된다고 하였다. 1929년 Brazilian Loan 사건에서 상설국제사법재판소(PCIJ)는 국내법의 내용은 사실의 문제에 속하기는 하나, 이는 특별한 성격의 사실로서 국제재판소는 국내법을 해당국 법원과 같은 방법으로 해석·적용해야 하였다. 한편, Ahamadou Sadio Diallo 사건(2010)에서 기니 국민 디알로(Diallo)가 콩고에서 추방되자, 기니는 추방이 시민적·정치적 권리에 관한 국제규약 제13조 및 아프리카 인권헌장 제12조 위반이라고 주장했다. 법률에 따른 추방이었는지가 쟁점이 되었고, 콩고 법률을 국제사법재판소(ICJ)가 해석해야 하는지가 문제되었다. 국제사법재판소(ICJ)는 국내법을 해석함에 있어서 해당 국가 당국(특히 최고재판소)의 입장을 존중해야 한다고 하였다. 단, 명백히 잘못된 해석이라면 그러하지 아니하다고 판시하였다.

4. 국제재판에 있어서 국내법의 의미

첫째, 국내법은 국제법의 연원인 국제관습과 법의 일반원칙의 증거로 사용될 수 있다. 둘째, 국제재판소는 어떤 사항을 규율하는 국제법규가 검색되지 아니하는 경우 당해 사항의 결정기준을 국내법에서 구하기도 한다. 예컨대, 어떤 개인이 특정 국가의 국민인가를 확인하기 위해서는 그 국가의 국적법이 부당하지 않는 한 그것에 의존한다. 셋째, 국제재판소들이 국가 간 분쟁에서 오로지 혹은 일차적으로 국내법에 기초하여 분쟁을 해결할 관할권을 부여받는 것도 불가능하지는 않다. 이것은 그 속성상 국가 간 중재재판에서 흔히 그러하지만 세계재판소에서도 이것이 드물게 인정한 바 있다. 넷째, 조약에서 국내법의 당해 조약에 대한 우위를 규정할 수도 있다. 다섯째, 조약법에서는 국가가 조약에 대한 자신의 동의를 무효화시키기 위해 자국의 국내법을 원용하는 것을 허락하기도 한다. 여섯째, 국제재판소는 국제법과 국내법의 구조적 특성이 다르기 때문에 조심은 하면서도 때로 필요한 논리를 국내법에서 유추하여 이를 추상화·일반화·조정의 과정을 통해 적용하기도 한다.

5. 국제법을 위반한 국내법의 지위

국제관계에 있어서 '국제법우위원칙'에도 불구하고 국제법에 의하여 국제법 위반의 국내법이 직접 무효화되지는 않는다. 국제재판소는 그러한 무효화선언을 의식적으로 회피한다.

2 국제법의 국내법적 지위

1. 국제법의 국내적 도입방식

(1) 의의

연방법과 주법의 관계가 연방법에 의해 규율되기 때문에 각 주에서 연방법의 지위가 획일적으로 부여되는 것과 달리 국제법과 국내법의 관계는 국제법의 규율대상이 아니고 각국의 주권사항이기 때문에 국제법에 대한 국내법의 태도를 일반화하기는 어렵다. 국가들은 헌법에 따라 국제법을 '수용'하기도 하고 '변형'하기도 한다.

(2) 수용(incorporation or adoption)

국제법을 국내법의 일부로서 적용함에 있어서 그 국내적 이행을 위한 국가기관의 사전간섭이 요구되지 않는 것을 의미한다. 조약규정이 국내이행입법의 도움 없이 그 자체로 국내법질서의 일부를 형성할 때 그 조약규정은 직접적용성(direct applicability)이 있다고 말하며, 조약규정이 그 자체로 개인에게 국내재판소에서 원용할 수 있는 권리를 부여하거나 의무를 부과하기에 충분한 경우 그 조약규정은 직접효력(direct effect)이 있다고 한다. 직접적용성은 헌법적 결단의 문제이나, 직접효력은 조약해석의 문제이다.

> **참고**
>
> **직접효력의 유형**
>
> 조약규정의 직접효력은 다시 수직적 직접효력과 수평적 직접효력으로 구분된다. 수평적 직접효력이란 직접효력이 개인과 개인 사이에서 인정되는 경우로서 독일에서는 이를 조약규정의 제3자적 효력으로 칭하기도 한다. 국내법정에서 국가기관이 타 국가기관에 대해서 조약규정의 직접효력을 원용할 수 있는가의 문제가 제기될 수도 있는데, 이것 역시도 수평적 직접효력으로 칭할 수 있다. 한편, 수직적 직접효력이란 직접효력이 개인과 국가(국가기관) 사이에서 인정되는 경우로서 이것은 다시 개인이 국가에 대해 조약상의 권리를 주장하는 '상향 수직적 직접효력'과 국가가 개인에 대해 조약상의 권리를 주장하는 '하향 수직적 직접효력'의 모습으로 나타날 수 있다. 그러나 국내법정에서 원용되는 것은 주로 '상향 수직적 직접효력'의 경우로서 수직적 직접효력은 보통 이것을 지칭하기 때문에 '하향 수직적 직접효력'은 '전도된 수직적 직접효력'으로 부르기도 한다. 어떤 조약규정이 직접효력을 수평과 수직 쌍방향으로 가진다면 이 규정은 전방위효력이 있다고 표현할 수 있다.

(3) 변형(transformation)

변형이란 국제법을 국내법질서의 일부를 형성시키기 위해서 국제법의 직접적용성을 허용하지 않고 의회의 입법, 사법부의 판결 또는 기타 적절한 방법을 통하여 국내법으로 채택하도록 하는 도입방식이다.

2. 국제관습법의 국내적 효력

(1) 영국

① **원칙:** 영국은 대체로 18세기 이후 전통적으로 수용이론을 적용하고 있다. 즉, 국제관습법에 대해서는 별도의 입법조치 없이 영국법의 일부로 편입된다. 다만, 국제관습법과 의회제정법이 충돌하는 경우 의회우위의 원칙에 따라 의회제정법을 우선 적용하고 있다(Mortensen 대 Peters 사건). 1737년의 Barbuit's Case에서 대법관은 국제법이 완전히 영국법의 일부라고 하여 국제관습법의 영국 국내법에로의 수용을 확인하였다.

② **예외:** 영국에서 국제범죄에 관한 국제관습은 수용되지 않는다. 영국에서는 의회만이 새로운 형사범죄를 창설할 수 있고, 법원은 그러한 권한이 없다. 따라서 국제법상의 범죄를 영국 법원에서 처벌하기 위해서는 의회가 그러한 내용의 법률을 제정해야 한다. Regina 대 Jones(Margart) and Others 판결(2006)은 범죄에 관한 국제관습의 변형을 확인한 판례이다. Commercial and Estates Co. of Egypt v. Board of Trade(1925), Chung Chi Cheung v. The King(1939) 사건도 변형이론을 적용한 판례들이다. 한편, 최근 영국 최고법원은 좀 더 분명하게 관습법의 변형을 선언하기도 하였다. 2017년 Belhaj v. Straw에서 국제법은 보통법의 일부라고 말하는 것은 과거의 이야기이고, 이제 국제법은 보통법의 일부가 아니라 보통법의 연원의 하나라고 봐야 한다고 하였다.

③ **선례불구속원칙:** Thai - Europe Tapioca Service Ltd. 대 Government of Pakistan에 의하면 영국법의 선례구속의 원칙상 국제관습법과 구속력 있는 선례 간에 충돌이 있는 경우 선례가 우선한다고 하였다. 또한 전통적으로 선례는 최고재판소인 상원만이 파기할 수 있는 것으로 생각되고 있었다. 그러나 Trendtex Trading Corporation 대 Central Bank of Nigeria 사건에서 선례구속의 원칙은 국제법규에는 적용되지 않으며, 따라서 절대적 면제이론에 기초한 선례에 관계없이 변경된 신국제관습법규(제한적 면제이론)를 적용할 수 있다고 판결하였다.

 관련판례

Mortensen 대 Peters 사건(영국 대법원, 1906)

1. 사실관계

덴마크 국적의 노르웨이 어선 선장 모르텐슨(Mortensen)은 스코틀랜드 연안인 Moray Firth로부터 3해리 밖의 지점에서 저인망 어업을 하던 중 체포되었다. 당시 스코틀랜드 국내법에 따르면 Moray Firth 전역에서 저인망 어업이 금지되었다. Moray Firth는 입구의 양 곶을 잇는 직선거리가 73 ~ 76해리에 이르는 거대한 만이다. 당시 국제관습법상 영해는 기선으로부터 3해리였다.

2. 법적 쟁점

(1) 문제의 수역은 국제법상 영국 영역 밖의 수역이므로 영국법이 적용되지 아니한가?

(2) 영국 법원은 국제법에 위배되는 국내법의 구속을 받지 아니한가?

3. 판결요지

영국 법원은 설령 모르텐슨(Mortensen)의 조업 수역이 영국 영역 밖이라 할지라도 반드시 영국법의 적용에서 배제된다고 볼 수 없다. 3해리 밖에서도 육지에 둘러싸인 수역에 규제를 인정한 다수 판례가 있다. 또한 설령 동 법이 국제관습법에 위반되는 내용을 규정하고 있다고 하더라도 영국 법원은 동 법을 적용해야 한다. 상원과 하원에서 적법하게 통과되고 왕의 재가를 얻은 의회법률은 최고법으로서 법원은 동 법의 유효성을 인정해야 할 의무가 있기 때문이다.

(2) 미국

미국은 관행상 국제관습법을 '수용'하고 있다. Paquete Habana호 사건에서 연방최고재판소는 국제관습법은 입법적 조치 없이 미국법의 일부로 수락된다고 판단하였다. 다만, '연방헌법은 연방의회나 대통령이 국제관습법규를 위반하는 것을 금지하고 있지 않다.'라는 견해도 같이 채택하고 있다. 즉, 국제관습법과 국내 행정적·입법적·사법적 행위 또는 결정 간에 충돌이 있으면, 미국 사법부는 국내규정을 적용한다. 이는 Schroeder v. Bissell에서 분명히 제시되었다. 다만, Murray v. The Charming Betsy 사건 이래 미국의 재판소들은 가능하다면 연방의 법률이 국제관습법을 위반하지 않도록 해석하는 관행을 보여주고 있다. 이를 'Charming Betsy canon'이라고 한다.

 관련판례

Paquete Habana호 사건(미국 대법원, 1900)

1. 사실관계

파케트 하바나호는 스페인 국적의 선박으로 스페인 국민이 소유하고 쿠바해역에서 연안어업에 종사하는 선박이다. 1898년 미국 - 스페인 간 전쟁이 발발하였고 동 선박은 조업을 중단하고 귀항하던 중 쿠바 인근 해역에서 미국 군함에 나포되었다. 동 선박은 해역에서 잡은 어물을 선적하고 있었고 봉쇄함대에 의해 정선명령을 받을 때까지 전쟁이나 해상봉쇄에 대해 알지 못하였다. 무기나 탄약을 적재하지 않았고 도주나 항거하지 않았다. 법원 판결을 통해 동 선박과 적하물이 몰수되었다.

2. 법적 쟁점

(1) 미국 법원은 국제관습법을 적용해야 하는가?
(2) 국제관습법상 어업에 종사하는 교전국 선박을 몰수할 수 있는가?

3. 판결요지

(1) 미국 대법원은 국제법의 미국 국내법 체계에 대한 '수용'을 확인하였다. 국제관습법은 미국법의 일부이다. 다만, 국제관습법이 의회제정법보다는 우선 적용될 수 없다고 판시하였다.
(2) 대법원은 국제관습법상 교전국의 선박이라 할지라도 평화롭게 어업에 종사하는 선박에 대해서는 몰수할 수 없음을 확인하였다. 대법원은 이러한 내용을 규정하고 있는 다양한 조약이나 국내법을 확인하였으며 그러한 관행이 국제관습법으로 확립되어 있다고 판시하였다.

요컨대, 비무장 상태에서 어업 및 운송에 평화적으로 종사하는 연안어선은 어구·생활용품·적하물·선원과 함께 포획에서 면제된다는 국제법 규칙이 세계 문명 제국의 일반적 동의에 기초하여 확립되어 있다. 이러한 규칙은 가난하고 근면한 사람들에 대한 인도상의 고려와 교전국 상호간의 편익에 기초한다. 따라서 미국 군함의 파케트 하바나호 나포는 위법이므로 어선 및 그 적하물 매각 대금을 반환하고 손해를 배상해야 한다.

(3) 독일

독일 연방헌법 제25조는 '국제법의 일반규칙은 연방법의 구성부분이다. 그것은 법률에 우선하며 연방영토의 주민에 대하여 직접적으로 권리와 의무를 발생시킨다.'라고 규정하여 국제관습법의 직접적용성과 직접효력을 규정하고 있다.

3. 조약의 국내적 효력

(1) 영국

① **의회주권의 원칙**: 의회는 자신을 구속하거나 자신의 승계자를 구속할 수 없으며, 재판소는 의회에서 적법하게 통과된 제정법의 유효성에 대해 이의를 제기할 수 없다는 원칙을 의회주권의 원칙이라 한다. 조약의 직접적용성 및 직접효력을 인정한다면 행정부가 의회를 배제한 채 국가기관 및 국민에게 구속력 있는 입법을 하게 되므로 의회주권의 원칙에 반한다.

② **변형과 이행법률**: 조약은 왕이 비준하면 국제법상 효력을 발생하여 영국을 대외적으로 구속하나, 조약이 국내법상으로도 효력을 발생하려면, 즉 영국 행정부가 체결하는 중요조약이 영국법의 일부가 되기 위해서는 그것을 국내법질서로 편입시키는 수권법률(enabling Act of Parliament)이 제정되어야 한다. 영국 시민의 권리, 의무에 영향을 미치는 조약, 영국 정부에게 재정적 부담을 초래하는 조약, 판례법이나 의회제정법의 변경을 요하는 조약 등이 그러하다. 예외적으로 수용이론이 적용되는 조약이 있는데, 전쟁행위에 관한 조약, 영토할양조약, 행정협정 등은 자동적으로 영국법의 일부를 형성한다.

③ **엄격한 이원론을 완화하기 위한 헌법관행**: 이원론의 엄격한 적용의 한계를 극복하기 위해 첫째, 조약에 대한 국내적 효력을 부여하기 위한 수권법률은 관행상 조약이 비준되기 전에 통과된다. 둘째, 이른바 Ponsonby rule이 통용된다. 즉, 왕의 비준을 요하는 조약은 '서명 후 비준 전'에 21일 동안 의회 양원에 제출된다. 영국은 2010년 Constitutional Reform and Governance Act의 발효를 통해 의회의 조약에 대한 통제를 강화하고 있다. 이 법에 따르면 영국 정부는 비준을 필요로 하는 조약은 최소 비준 21일 이전에 의회로 제출해야 하며 이 기간 중 하원이 조약 비준에 반대하는 결의를 채택하지 않아야만 정부는 조약을 비준할 수 있다. 그러나 하원이 반대를 결의해도 정부는 왜 해당 조약의 비준이 필요한가에 관한 의견서를 다시 제출할 수 있으며 이때 21일 이내에 하원이 또 다시 반대결의를 채택하지 않으면 정부는 조약을 비준할 수 있다. 만약 예외적으로 정부가 이러한 의회 심사절차를 거칠 수 없는 이유가 있다고 판단하는 경우 정부는 그 이유를 통지하고 바로 조약을 비준할 수도 있다.

④ **엄격한 이원론을 완화하기 위한 재판소의 해석 관행:** 첫째, 영국법에는 의회는 국제법을 위반하려는 의도를 갖고 있지 않으며, 따라서 의회입법은 국제법과의 충돌을 피하는 방향으로 해석되어야 한다는 '추정'(presumption)이 존재하고 있다. 둘째, 재판소는 제정법의 모호한 규정을 해석할 때 관련조약을 고려에 넣을 수 있다. 특히 인권 관련 조약에서 그러하다. 셋째, 편입된 조약의 해석에 있어 영국 재판소는 제정법의 해석의 경우보다 더 폭 넓은 접근방법을 채택하고 있다. 준비문서를 참조할 수 있다.

 참고

영국식 변형제도의 장·단점

1. 장점

엄격한 이원론하에서는 국내 의회가 국내적 차원에서 행동의 자유를 그대로 유지한다. 즉, 국내 의회의 입법주권이 완전히 수호된다.

2. 단점

(1) 국내적 변형은 시간을 요한다.

(2) 의회는 조약문언에 변경을 가할 수 있으며, 이로써 조약을 통한 국가 간의 획일적 규율에 불일치를 초래할 수 있다.

(3) 조약규정은 국내법질서 내에서 그 자신의 지위를 갖지 못하므로 미래의 어떤 국내 법률도 조약을 국내법 질서로 편입시킨 이행법률에 우선하게 된다.

(4) EC에서 제정되는 구속력 있는 결정을 도입하기 위한 방법으로는 적합하지 못하다. 국내의회는 EC의 결정을 수정할 수도 없고 거절할 수도 없기 때문이다. 영국은 1973년 유럽공동체 가입에 앞서 1972년에 유럽공동체법의 직접효력과 우위를 보장하기 위한 법률들을 제정한 바 있다.

(2) 독일

독일연방헌법 제59조 제2항은 '연방의 정치적 관계를 규율하거나 연방의 입법사항에 관계되는 조약은 연방법률의 형식으로 연방의 입법에 대하여 권한 있는 기관들의 동의 또는 협력을 요한다.'라고 규정하여 '변형'방식을 채택하고 있다. 다만, 영국의 사후 이행법률과 달리 사전에 '동의법률'의 형식을 취한다. 동의법률은 조약 체결권자인 연방대통령에 대한 수권기능과 조약의 국내법으로의 변형기능을 함께 수행한다.

 참고

조약의 변형에 있어서 영국과 독일의 차이

1. 이론상 영국의 변형절차는 국제적 차원에서 조약이 체결된 후에 요구되는 사후변형절차인 데 반하여, 독일의 변형절차는 국제적 차원에서 조약이 체결되기 이전에 밟게 되는 사전변형절차이다.

2. 영국 의회는 이행입법을 통해 조약의 내용에 변경을 가할 수 있는 반면, 독일 의회는 조약의 원문에 변경을 가할 수 없다. 조약의 원문에 동의 또는 배척만 할 수 있다. 의회가 동의하지 않으면 정부는 조약을 체결할 수 없다.

3. 영국에서는 이행법률이 제정되지 않는 한, 조약은 국제적 차원에서만 영국을 구속할 뿐 국내법상으로는 법적으로 구속하지 않음(無)으로 간주된다. 독일에서는 조약이 체결되면 당해 조약은 즉시 국내법질서의 일부를 형성한다. 즉, 동의법률과는 별도의 사후 이행법률이 요구되지 않는다.

(3) 미국

연방헌법 제6조 제2항은 '이 헌법 또는 이 헌법을 실행하여 제정된 미합중국의 법률이나, 미국의 권능에 의해 체결된 또는 장래에 체결된 모든 조약은 이 국가의 최고법이다. 각 주의 재판관은 그 주의 헌법이나 법률에 반대규정이 있더라도 이들의 구속을 받는다.'라고 규정하고 있다. 이는 별도의 입법조치 없이 조약을 '수용'하는 것으로 해석된다. 다만, 미국 재판소는 관행을 통해 조약을 '자기집행적 조약'(self - executing treaty)과 비자기집행적 조약(non self - executing treaty)으로 구분하여 후자에 대해서는 별도의 입법조치를 요하고 있다. 이 같은 구분이 사실상 최초로 행해진 것은 1829년의 Foster and Elam v. Neilson 사건이나, 관련하여 주로 인용되는 판례는 Sei Fujii v. California이다.

 참고

자기집행적 조약(self - executing treaty)

1. 의의

자기집행적 조약(조항)이란 별도의 입법조치 없이 미국 국내법 체계에 도입되는 조약을 의미한다. 조약규정은 자기집행적인 한에서만 이행입법의 도움 없이 미국 최고법의 하나가 될 수 있다. 비자기집행적 조약규정은 입법적 변형을 겪어야만 미국법이 될 수 있으며 그 전까지는 미국 시민이나 미국의 기관들에 대해 법적 구속력이 없는 것으로 간주된다.

2. 양자의 결정기준

(1) 주관적 기준

Sei Fujii 대 California 사건에서 판시한 바 있다. 외국인의 부동산 소유를 금지한 캘리포니아 외국인 토지법은 주 내의 모든 사람에 대한 법의 평등한 보호를 규정한 연방수정헌법 제14조에 위반되어 무효라 판결하면서도 원고 측이 원용한 UN헌장의 인권 관련 규정들은 비자기집행적이라 보았다. 동 판결에서는 ① 조약의 문언이 명확하다면 체약당사국의 의도에 의존하고, ② 문서가 확실하지 않으면 그 체결을 둘러싼 사정에 의존해야 한다고 하여 양자의 결정기준을 제시하였다. 조약규정이 미국 내에서 자기집행성을 갖는가를 결정함에 있어 결정적인 요소는 '조약기초자들의 의도(intent)'이다. 조약의 자기집행성 여부는 미국의 국내문제이므로 여기서의 의도는 기본적으로 미국의 의도를 의미한다. 조약 자체에 이행을 위한 국내법 제정이 필요하다고 명기할 수도 있다. 상원이 조약 비준에 동의를 하면서 해당 조약은 비자기집행적 조약이라는 선언을 첨부하기도 한다. 제노사이드방지협약, 고문방지협약, 인종차별철폐협약, 시민적 · 정치적 권리에 관한 국제규약 등 국제인권조약에 그 같은 사례가 많다.

(2) 객관적 기준

미국에서 예산의 지출을 필요로 하는 조약, 형법 규정과 관련된 조약, 미국의 영토나 재산의 처분에 관한 조약, 기타 종전부터 의회가 주로 규제해 오던 주제에 관한 조약은 대체로 비자기집행적 조약으로 판단되고 있다. 한편, 조약 내용이 구체성과 명확성을 지니지 못한다거나 단순히 목표를 표시하는 데에 그치는 조약 또한 비자기집행적 조약으로 판단되고 있다. 양자의 구분이 항상 쉽지는 않으며 건국 초기에 비해 미국 사법부는 비자기집행적 조약의 범위를 지속적으로 확대시켜 왔다.

3. 구별의 실익

자기집행적 조약규정은 국내적 차원에서 조약상의 의무를 이행·집행함에 있어 시간적 지체가 발생하지 않는다는 점에서 장점이 있다. 조약체결과정에서 배제된 하원의 사후참여가 요구되지 않고, 조약체결과정에서 이미 3분의 2 다수결규칙에 의해 동의를 얻은 상원의 의견을 다시 구할 필요가 배제되기 때문이다.

4. 사례

<u>미국 법원은 범죄인 인도, 영사의 권리, 최혜국대우 등은 자기집행적 조항으로 보고 있으며, 인권규약은 비자기집행적 조약이라고 본다.</u>

5. 집행법률이 만들어지지 않은 비자기집행적 조약의 국내적 의미

집행법률이 마련되지 않은 경우 비자기집행적 조약은 사법부를 구속하지 못하며 이와 충돌되는 연방법이나 주법에 우선하는 효력도 발휘하지 못한다. 그러나 몇 가지 국내적 의미는 있다. 첫째, 국내법의 해석기준으로 활용될 수 있다. 둘째, 관습국제법의 증거로 활용될 수 있다. 셋째, 의회 입법을 촉구한다.

미국에서 조약과 국내법의 관계

1. 자기집행적 조약의 국내법적 지위

<u>판례법에 의하면 조약은 연방법률과 동위에 있다. 조약과 사후제정법 간에 충돌이 있는 경우 후자가 우선하며 반대로 조약은 이전의 연방법률을 대체할 수 있다.</u>

2. 행정부협정(executive agreements)

<u>대통령이 상원의 조언과 동의를 구하지 않고 체결한 조약을 행정부협정이라 한다. 행정부협정은 후연방입법에 의해 대체될 수 있다. 문제는 행정부협정이 조약 또는 연방법률과 동위의 규범으로서 전조약이나 전연방법률을 대체할 수 있는가이다. 이에 대해 하급심재판부에서 행정부협정은 전연방법률에 우선할 수 없다고 판시한 바 있다. 행정부협정은 조약과 달리 헌법 제6조 제2항에서 언급된 미국의 최고법이 아니기 때문이다. 같은 논리로 행정부협정은 전조약에도 우선할 수 없다. 다만, Territory of Hawaii v. Ho에서 하와이 최고재판소는 행정부협정은 충돌하는 후 주법보다 우선한다고 판결하였다. US v. Belmont사건에서 연방최고재판소 역시 행정부협정이 주법에 우선한다고 판결하였다.</u>

3. 행정부 - 의회협정(executive - congressional agreements)

<u>대통령이 '상하 양원'에서의 단순과반수에 의한 사전수권 또는 사전승인을 얻어 체결하는 협정으로서 입법절차를 단순화한다. 자기집행적 조약은 하원을 입법절차에서 배제시키나 행정부 - 의회협정은 이러한 비민주성을 제거한다. 행정부 - 의회협정은 조약과 동일한 효력을 향유하는 것으로 인식된다.</u> 국제무역협정, 우편협정, 해외미군기지설치협정 등이 여기에 해당한다. '우루과이 라운드 제협정 이행법률'도 행정부 - 의회협정에 해당한다.

4. 조약(treaty)에 의거하여 체결한 행정부협정

<u>조약에서 국제협정에 의한 이행을 예견하고 있는 경우, 이 경우의 행정부협정은 미국법 내에서 '조약' 자체와 동일한 유효성과 효력을 갖는다.</u> 단독 행정부협정이 사전의 연방법률을 대체하는가에 의문이 있으나, 조약에 의거하여 체결한 행정부협정은 조약과 동일한 효력을 가지므로 사전의 연방법률을 대체할 수 있다.

5. 조약과 주법의 관계

Missouri v. Holland 사건에서 핵심 쟁점은 조약이 헌법에 의해 주에 유보되어 있는 권리를 간섭하는 것으로서 무효가 아닌가 하는 점이었다. <u>연방최고재판소는 조약이 헌법 및 법률과 함께 최고법임을 이유로 조약의 주법률에 대한 우위를 확인하였다.</u> U.S. 대 Belmont(1937)에서 연방최고재판소는 외국 정부(소련)를 승인할 대통령의 권한 행사와 관련하여 체결된 문제의 행정부협정은 충돌되는 '주'법에 우선한다고 판결하였다.

6. 케이스 – 자블로키법

법안을 발의한 상원의원의 이름을 따 흔히 케이스 – 자블로키법(Case – Zablocki Act 혹은 Case Act)으로 불리는 연방법률에 의하면 조약 이외의 모든 국제협정의 텍스트는 미국에 대하여 발효 후 가능하면 속히 그러나 늦어도 발효 60일 이내에 국무장관이 상원과 하원에 송달하여야 한다. 구두 국제협정도 포함되며, 이들은 문서화되어야 한다. 다만, 대통령이 판단하기에 즉각적인 공개가 미국의 국가안보를 해치게 될 국제협정은 의회에 송부되는 대신 대통령의 적절한 통치가 있는 경우에만 해제될 수 있는 비밀엄수 명령하에 상원 대외관계위원회와 하원 국제관계위원회에게로 송부한다. 미국을 대신하여 국제협정을 체결하는 미국 연방정부의 부처 혹은 기관은 협정에 서명한 후 20일 이내에 협정 텍스트를 국무부에 송부하여야 한다. 뿐만 아니라, 국제협정은 국무장관과의 사전협의 없이는 미국을 대신하여 서명하거나, 달리 체결할 수 없다. 그러나 이 협의는 '특정 협정'에 대한 것이 아닌 '협정의 종류'를 포함할 수 있다. Case Act의 이행을 위해 제정된 연방명령에 의하면, Case Act는 발생할 수 있는 모든 상황을 예견한 것이 아닌, 단지 골격절차로 의도된 것이다. 따라서 Case Act 규정의 일탈은 이미 체결된 행정부협정의 미국법 혹은 국제법하의 법적 유효성에 영향을 미치지 아니할 것이며, 소의 원인을 발생시키지 않을 것이고, 협정에 의하여 수립된 공적, 사적 권리에 영향을 미치지 않을 것으로 이해되고 있다. 또한 Case Act의 적용대상인 국제협정은 당사자들이 법적 구속력 있는 것으로 의도한 경우만을 지칭하는 것으로 신사협정, 즉 정치적 문서 혹은 법적 구속력 있는 것으로 의도된 것이 아닌 MOU는 Case Act의 적용대상이 아니다.

 관련판례

Sei Fujii 사건(미국 캘리포니아주 대법원, 1952)

1. 사실관계

외국인(일본인)인 원고는 1948년에 매수한 특정 토지가 주에 복귀되었다고 선고한 판결에 항변하여 상소하였다. 미국과 일본 사이에는 원고에게 토지소유권을 부여하는 조약은 없었다. 상소에서 제시된 유일한 문제점은 캘리포니아주 외국인토지법의 유효성에 관한 것이었다. 원고는 토지법이 UN회원국으로 하여금 인종차별 없이 인권과 기본적인 자유의 준수를 촉진시킬 것을 굳게 맹세케 한 UN헌장의 서문과 제1조, 제55조 및 제56조의 규정에 의하여 무효라고 주장하였다.

2. 법적 쟁점

본 건에서 쟁점이 된 사항은 캘리포니아주법이 UN헌장에 위반되어 무효가 되는가 하는 문제였다. 이와 관련하여 주대법원은 UN헌장상 관련규정이 자기집행성을 갖는지의 관점에서 검토하였다.

3. 판결요지

대법원은 원고의 청구를 인정하지 않았다. 즉, 원고가 의거한 헌장규정들은 현재의 미국 국내법을 변경하고자 하는 의도가 있다고 볼 수 없으므로 관련 규정들이 외국인토지법을 무효화하는 작용을 한다고 볼 수 없기 때문이다. 대법원은 조약규정이 자기집행적인 것이 아니면 그것과 모순되는 국내법을 자동적으로 폐기할 수 없다고 전제하였다. 조약이 자기집행적인지를 결정하기 위해서는 조약의 용어에 의해 명시된 서명 당사국들의 의도를 주의 깊게 살펴보아야 하고, 만약 그 조약이 불확실한 경우에는 그 실시를 둘러싼 상황에 의존해야 한다고 하였다. 또한 조약규정이 별도의 입법조치 없이 효력을 발생하고 강제력을 가지며, 또한 제정법의 효력을 갖기 위해서는 조약체결국들이 독자적으로 법원에서 집행될 수 있는 법규를 규정하려고 의도한 것이 명백해야 한다고 하였다.

자기집행성 판단기준에 비추어 볼 때 대법원은 UN헌장 서문 및 관련 규정은 자기집행성이 없다고 판단하였다. 우선 헌장의 서문과 제1조 규정은 UN의 일반적인 목적을 기술한 것이지 개별 회원국에 법적 의무를 부과하거나 사인에게 권리를 창설해 주려는 취지가 아니라고 하였다. 또한 UN회원국들이 인권의 존중과 준수를 촉진시킴에 있어서 국제기구와 협력하기 위하여 그들 스스로 의무를 부과하는 UN헌장 제55조 및 제56조의 규정 역시 국내 입법활동을 전제로 하는 것임이 명백하다고 판시하였다. 즉, UN헌장 제55조 및 제56조에서 사용된 용어는 자기집행적 효력을 발생하여 사인 간에 권리와 의무를 갖게 하는 조약으로 채택된 것이 아니라고 하였다. 요컨대, UN헌장의 관련 규정은 입법자들이 자기집행성을 갖도록 의도한 것이 아니기 때문에 별도의 입법조치가 없는 한 그것과 모순되는 국내법을 자동적으로 폐지한다고 할 수 없다고 하였다.

(4) 프랑스

'적법하게 비준되거나 승인된 조약 또는 협약은 각 협약 또는 조약이 타방 당사자에 의하여 적용될 것을 조건으로 그 공포시부터 법률보다 우월한 권위를 갖는다(헌법 제55조).' 조약은 국제관습과 달리 공보에의 공포가 있기 전에는 그 국내적 효력을 인정하지 않는다. 그러나 일단 조약이 공포되면 당해 조약은 프랑스에 대한 발효시점까지 소급해서 적용된다. 그리고 어떤 조약이 충분히 명백하지 않은 경우, 비자기집행적 조약으로 인정하여 법관은 이를 적용할 수 없으며, 그 조약을 이행하기 위해서는 보충적 조치가 필요하다고 보고 있다.

(5) 네덜란드

직접효력이 인정되는 조약규정은 자동적으로 수용된다(헌법 제93조). 직접효력이 있는 조약규정은 시간적 선후를 불문하고 모든 국내입법에 우선한다(헌법 제94조). 재판소는 조약의 합헌성 여부를 심사할 수 없다(헌법 제120조). 따라서 직접효력이 인정되는 조약은 헌법을 포함한 국내법에 우선하여 네덜란드의 최고법이다. 그러나 재판소는 직접효력 있는 조약규정과 충돌하는 국내법령을 폐지할 수는 없고, 단지 적용하지 않을 수 있을 따름이다. 그리고 의회는 헌법과 충돌하는 조약에 대해서는 헌법 개정에 필요한 다수결(투표의 3분의 2)로 그 비준에 동의하여야 한다.

(6) 일본

'일본국이 체결한 조약 및 확립된 국제법규는 이것을 성실하게 준수함을 요한다(헌법 제98조 제2항).' 동 조항은 조약의 수용방식이나 국내법과의 효력관계를 명확히 하고 있지 않으나 일본 정부는 동 조항이 '수용'방식을 규정한 것으로 본다. 조약과 국내법과의 관계에 있어서는 조약이 법률보다 상위라고 보는 것이 다수의 견해이다. 따라서 조약에 위반되는 법률은 무효이며 신법률이라 할지라도 조약을 개폐하지 않는다.

(7) 룩셈부르크

조약에 대해 국내법률뿐만 아니라 헌법보다도 우월한 효력을 인정한다. 룩셈부르크 헌법에 조약과 법률 사이의 위계에 관한 구체적 규정은 없으나 법원은 오래 전부터 일관되게 조약의 우위를 선고해 왔다. 신법률도 구조약에 우선하지 못한다. 또한 룩셈부르크 헌법재판소는 발효 중인 조약에 관해 위헌판정을 할 수 없다.

(8) 스위스

스위스 헌법은 국제법상 강행규범에 대해 특별한 지위를 부여하고 있다. 헌법 개정시 국제법상의 강행규범을 위반하지 않아야 된다는 규정을 두고 있다.

(9) 이스라엘

관습국제법규는 이스라엘의 명시적인 법률규정과 충돌되지 않는 한 자동적으로 이스라엘법의 일부가 된다. 조약은 선언적 조약과 창설적 조약으로 구분된다. 선언적 조약(즉, 관습법규에 기초한 조약)은 그것이 관습법을 법전화한 것이라는 이유로 인하여 자동적으로 이스라엘법의 일부가 된다. 다만, 충돌되는 이스라엘 법률에 우선하지는 못한다. 그러나 창설적 조약(즉, 새로운 규칙을 수립하는 조약)은 국제적 차원에서는 이스라엘을 구속하더라도 자동적으로는 국내법의 일부가 되지 못한다. 따라서 변형행위를 통해서만 국내법이 될 수 있고, 변형행위는 이스라엘 의회인 크네세트 또는 권한을 위임받은 장관의 이행입법 제정으로 나타난다.

 참고

조약의 국내적 지위에 관한 주요국 관행 비교

구분	도입방식	국내적 지위	특징
영국	변형(사후변형)	–	–
독일	변형(사전변형)	–	–
프랑스	수용	조약 > 법률	상호주의 조건
네덜란드	수용	조약 > 헌법	직접효력조약
미국	수용	• 조약(treaty) = 연방법률 • 행정부 – 의회협정 = 조약 • 조약에 의거하여 체결한 행정부협정 = 조약 • 조약 > 주법률	자기집행성의 법리 도입
일본	수용	조약 > 법률	–
한국	수용	헌법 > 정식조약 = 법률 > 약식조약 = 법규명령	–

제4절 | 우리나라에서 국제법과 국내법 관계

1 관련 헌법규정

1. 헌법 제6조 제1항
'헌법에 의하여 체결·공포된 조약과 일반적으로 승인된 국제법규는 국내법과 같은 효력을 가진다.'

2. 헌법 제60조 제1항
'국회는 상호원조 또는 안전보장에 관한 조약, 중요한 국제조직에 관한 조약, 우호통상항해조약, 주권의 제약에 관한 조약, 강화조약, 국가나 국민에게 중대한 재정적 부담을 지우는 조약 또는 입법사항에 관한 조약의 체결·비준에 대한 동의권을 가진다.'

3. 헌법 부칙 제5조
'이 헌법 시행 당시의 법령과 조약은 이 헌법에 위배되지 아니하는 한 그 효력을 지속한다.'

2 국제관습법의 헌법적 지위

1. 국제관습법의 도입 및 효력순위
헌법 제6조 제1항에 따라 국제관습법은 별도의 입법조치 없이 국내법에 '수용'된다. 또한 '일반적으로 승인된 국제법규'는 '국내법'과 같은 효력을 지니나 해석상 이때 국내법은 '법률'로 이해된다.

2. 일반적으로 승인된 국제법규의 범위
학설대립이 있는바, 국제관습법만을 의미한다는 견해와 국제관습법 이외에 대한민국이 당사자가 아닌 조약으로서 국제사회에서 일반적으로 그 규범성이 승인되어 있는 일반조약도 포함된다는 견해로 크게 구별된다. 후설은 국내 헌법학계의 지배적인 견해이다. 국제법학계의 경우 조약상대성의 원칙과 '체결·공포된 조약'이라는 문언을 고려할 때 국제관습법으로 보는 것이 옳다는 주장이 통설이다.

3 조약의 헌법적 지위

1. 조약의 국내적 도입

헌법해석론에 따라 국제관습법과 마찬가지로 조약을 '수용'한다.

2. 조약의 국내적 효력 순위

헌법 문언에만 따르면 조약의 헌법우위설, 헌법조약동위설, 헌법우위설 등 다양한 해석이 가능하다. 그러나 조약 체결권은 헌법에 의해 창설된 권력이므로 이에 근거하여 체결된 조약이 헌법에 우월할 수 없고, 헌법의 최고규범성과도 모순될 뿐 아니라, 헌법 부칙 제5조와도 모순이므로 조약우위설이나 헌법조약동위설은 타당하지 않다. 따라서 헌법우위설이 통설이며 타당하다. 다만, 조약과 법률의 관계에 대해서는 헌법 제60조의 사항에 속하는 조약의 경우 법률과 동위에 있으나, 그 밖의 사항을 규율하는 조약은 법률보다 하위에 있다고 본다.

3. 국회 비준동의권의 성격

국회가 조약의 체결·비준에 동의한 경우 대통령에게 당해 조약을 체결·비준할 헌법상의 권한과 동시에 의무가 있는가? 이에 대해서는 부정하는 것이 일반적이다. 대통령은 자신이 제출한 조약안의 체결·비준에 대한 국회의 동의를 성공적으로 얻어냈다 하여도 국제적인 차원에서는 물론이고 국내 헌법 차원에서도 이를 비준할 의무가 있다고 보기는 어렵다. 국회의 동의는 대외적으로 국가를 대표하는 대통령의 조약 체결·비준을 강제하기 위한 장치라기보다는 대통령의 이 권한 행사에 대한 정치적 견제장치로 의도된 것이다.

4. 조약에 대한 국내 법원의 태도

(1) 헌법재판소는 97헌바65 결정에서 마라케쉬협정의 직접적용성을 인정하였으며 나아가 마라케쉬협정에 의해 새로운 범죄를 구성하거나 범죄자에 대한 처벌을 가중할 수 있다고 판단하였다. 이는 WTO협정에 '전도된 수직적 직접효력'을 부여한 것으로 해석된다.

(2) 대법원은 WTO협정에 대해 사인이 행정소송을 위해 원용할 수 없다고 하여 '수직적 직접효력'은 부인하였다.

(3) 지방자치단체 상호간의 기관쟁송에서는 WTO협정을 원용할 수 있다고 판시하였다.

(4) 2015년 11월 19일 대형마트영업규제 사건에 대한 판결에서도 자신의 2009년 1월 30일 판결을 인용하면서 이 사건에서 원용된 '서비스무역에 관한 일반협정'(GATS) 및 '한국 - EU FTA'의 직접효력을 부인한 바 있다.

(5) 1955년 '항공운송에 관한 바르샤바협약'은 국제항공운송에 관한 법률관계에 있어서 일반법인 민법에 대한 특별법이므로 민법보다 우선 적용된다고 판시하였다 (대법원, 1986).

급식조례 사건(우리나라 대법원, 2005)

1. 사실관계

전북의회는 2003년 10월 30일 전북급식조례안을 의결하였다. 본 조례안은 전라북도에서 생산되는 우수 농수축산물과 이를 재료로 사용하는 가공식품을 전라북도의 초·중·고등 학교에서 실시하는 학교급식에 사용하도록 지도·지원하는 것을 골자로 하고 있다. 이는 학생의 건전한 심신의 발달과 전통식문화에 대한 이해증진 및 전라북도 지역 농산물의 소비촉진과 안정된 수급조절에 이바지함을 목표로 하고 있다(조례안 제1조). 전북의회는 2003년 10월 30일 동 조례안을 전북 교육청에 이송하고 전북교육청은 같은 해 11월 14일 동 조례안이 GATT 제3조에 위반된다는 이유로 전북의회에 재의를 요구하였으나 전북의 회는 같은 해 12월 16일 조례안을 원안대로 재의결하여 해당 조례안을 확정하였다. 재의결 이 내려지자 전북교육감은 지방자치법상의 기관소송을 통하여 문제된 조례안은 GATT 제3조 위반이므로 효력이 없다는 취지의 소를 대법원에 제기하게 된 것이다.

2. 대법원 판결

(1) 본안 전 항변: 재판권 흠결

피고 전라북도의회는 WTO협정 부속서 2의 '분쟁해결규칙 및 절차에 관한 양해' 제23조 제1항 및 제2항 제(a)호에 의하여 WTO협정에 대한 위반 여부에 대한 판정 은 WTO분쟁해결기구만이 재판권을 갖도록 하고 있으므로, 이 사건 소는 재판권이 없는 대법원에 제기된 부적법한 소라고 항변하였다. 대법원은 재판관할에 관한 DSU 제23조 제1항 및 제2항 제(a)호는 WTO협정의 체약국들 간에 효력을 가질 뿐 이므로 체약국이 아닌 광역지방자치단체 의회인 피고가 당사자인 이 사건에서는 적용되지 않는다고 판시하고 본안을 심리하였다.

(2) GATT/WTO협정의 국내적 효력

GATT는 1994년 12월 16일 국회의 동의를 얻고 같은 달 23일 대통령의 비준을 거쳐 같은 달 30일 공포되고 1995년 1월 1일 시행된 조약인 WTO협정의 부속협정은 헌법 제6조 제1항에 의하여 국내법령과 동일한 효력을 가지므로 지방자치단체가 제정한 조례가 GATT나 정부조달에 관한 협정에 위반되는 경우에는 그 효력이 없다고 할 것이다.

(3) 동 조례안이 GATT 제3조에 위반되는지 여부

동 조례안의 각 조항은 학교급식을 위해 전라북도에서 생산되는 우수농산물을 우선적으로 사용하게 하면서 식재료 구입비의 일부를 지원하게 하고 있다. 이는 결국 국내산품의 생산보호를 위하여 수입산품에 대해 국내산품보다 불리한 대우를 하는 것으로서 내국민대우원칙을 규정한 GATT 제3조 제1항, 제4항에 위반된다고 할 것이다.

(4) GATT 제3조 제8항 제(a)호에서의 예외사항에 해당하는지 여부

전북의회는 전라북도가 음식재료를 현물로 조달하거나 음식재료 구입비를 지원하는 것을 내용으로 한 전북급식조례안의 규정들은 GATT 제3조 제8항 제(a)호에서 의 예외사항으로 규정하고 있는 정부기관이 정부용으로 구매하는 물품에 해당하기 때문에 내국민대우원칙을 규정한 GATT 제3조 제1항, 제4항에 위반되지 않는다고 항변하였다. GATT 제3조 제8항은 정부용으로 산품을 구매하는 경우에, 그 구매에 관하여는 내국민대우원칙을 적용하지 않겠다는 취지에 불과하므로 이 사건과 같이 정부가 국내산품을 구매하는 자를 선별하여 지원하는 경우에 적용될 수 있는 것이 아니다. 또한 정부구매협정에서는 20만 SDR 이상의 물품계약에 한하도록 규정되어 있는데 조례안에서는 구매하거나 지원하는 금액에 대하여 아무런 제한을 두고 있지 않아 이 경우 정부구매협정 제3조 소정의 내국민대우원칙에 위반한다.

반덤핑관세부과취소소송 사건

1. 사실관계

이 사건에서 원고 Shanghai ASA Ceramic Co.,Ltd(상하이 아사)는 중국 법에 의하여 설립된 회사로서 중국 소재 관계회사인 Shanghai Fortune Ceramic Co.,Ltd를 통하여 한국에 도자기질 타일을 수출하고 있었고, 원고 주식회사 옥타인터내셔널(옥타)은 국내에서 원고 상하이 아사의 도자기질 타일을 독점 수입·판매하고 있었다. 국내 도자기질 타일 생산·판매업체들은 2005.4.29. 무역위원회에 중국으로부터 도자기질 타일이 정상가격 이하로 수입되어 국내산업이 실질적인 피해를 받거나 받을 우려가 있으므로 관세법의 관련 규정에 따라 위 물품에 대한 덤핑방지관세부과에 필요한 조사를 하여 줄 것을 신청하였다. 이에 따라 무역위원회는 2005.6.22. 조사개시를 결정하고, 조사대상물품의 덤핑수입으로 인하여 동종 물품을 생산하는 국내산업에 실질적인 피해가 있다고 판정하고, 국내산업의 피해를 구제하기 위하여 원고 상하이 아사가 공급하는 물품에 대하여 29.41%, 기타 중국 11개 업체가 공급하는 물품에 대하여 2.76% 내지 29.41%의 덤핑방지관세를 향후 5년간 부과할 것을 재정경제부 장관(피고)에게 건의하기로 결정하였다. 피고는 위 건의에 따라 2006.5.30. 원고 상하이 아사가 공급하는 물품에 대하여 2005.12.30.부터 2010.12.29.까지 29.41%의 덤핑방지관세를 부과하기로 하였다. 원고들(상하이 아사, 옥타)은 이 사건 반덤핑관세부과처분의 취소를 구하는 소를 서울행정법원에 제기하였는데 특히, 중국 회사인 상하이 아사는 이 사건 처분이 WTO반덤핑협정에 위반되므로 취소되어야 한다고 주장하였다.

2. 법적 쟁점

이 사건에서는 첫째, WTO협정에 대해 원고들이 원용할 수 있는지 여부(WTO협정의 직접효력성), 둘째, 피고(재정경제부 장관)의 처분이 WTO협정에 위반되어 취소되어야 하는지 여부가 쟁점이 되었다.

3. 판결

원고들의 WTO협정 위반 주장에 대하여 대법원은 다음과 같이 판단하였다. '원고들의 상고이유 중에는 우리나라가 1994.12.16. 국회의 비준동의를 얻어 1995.1.1. 발효된 '1994년 국제무역기구 설립을 위한 마라케쉬협정'(Marrakesh Agreement Establishing the World Trade Organization, WTO협정)의 일부인 '1994년 관세 및 무역에 관한 일반협정 제6조의 이행에 관한 협정' 중 그 판시 덤핑규제 관련 규정을 근거로 이 사건 규칙의 적법 여부를 다투는 주장도 포함되어 있으나, <u>위 협정은 국가와 국가 사이의 권리·의무 관계를 설정하는 국제협정으로, 그 내용 및 성질에 비추어 이와 관련한 법적 분쟁은 위 WTO 분쟁해결기구에서 해결하는 원칙이고, 사인(私人)에 대하여는 위 협정의 직접 효력이 미치지 아니한다고 보아야 할 것이므로, 위 협정에 따른 회원국 정부의 반덤핑부과처분이 WTO협정 위반이라는 이유만으로 사인이 직접 국내 법원에 회원국 정부를 상대로 그 처분의 취소를 구하는 소를 제기하거나 위 협정 위반을 처분의 독립된 취소사유로 주장하는 수는 없다고 할 것이어서</u>, 이 점에 관한 상고이유의 주장도 부적법하여 이유 없다.'

01 국제법과 국내법의 관계에 대한 설명으로 옳지 않은 것은?

① 한국 대법원은 자기집행적 조약과 비자기집행적 조약의 기준을 제시하고 있다.

② 영국에서 조약은 의회 제정법을 통하여 국내법적 효력을 가질 수 있다.

③ 미국에서 대부분의 인권조약은 재판규범으로 인정받기 어렵다.

④ 한국 법원은 특별한 입법조치 없이 관습국제법을 적용할 수 있다.

국제법과 국내법의 관계

우리나라는 자기집행성 법리와 관련이 없다. 이는 주로 미국에서 원용되는 법리이다.

선지분석

② 영국은 이원론국가로서 조약을 원칙적으로 변형한다.

③ 인권조약은 대부분 비자기집행조약이므로 집행법률이 제정되어야 재판규범으로 인정될 수 있다.

④ 우리나라는 관습법을 수용한다. 따라서 별도의 입법조치가 없어도 적용된다.

답 ①

02 국제법과 국내법의 관계에 관한 설명으로 옳지 않은 것은?

① 이원론에 의할 때 조약은 원칙적으로 직접적인 국내적 효력을 갖지 않는다.

② 조약 당사국은 조약 불이행에 대한 정당화의 사유로 자국 국내법을 원용할 수 없다.

③ 미국 연방헌법에 의할 때 조약은 미연방을 구성하는 각 주의 법률보다 우위이나 주의 헌법보다는 하위의 효력을 갖는다.

④ 영국의 판례는 일부 판례를 제외하면 국제관습법에 대하여 수용이론을 적용하고 있다.

국제법과 국내법의 관계

미국 연방헌법상 연방의 모든 법률은 주의 규범보다는 상위법이다. 조약은 연방법률과 동등한 효력이 있으므로 주의 법률이나 헌법보다 상위 규범으로 평가된다.

답 ③

03 국제법과 국내법의 관계에 대한 설명으로 옳은 것은?

2020년 9급

① 변형이란 국제법이 국제법의 자격으로 직접 국내적으로 적용되고, 사법부도 국제법에 직접 근거하여 재판을 함으로써 국제법을 실현하는 방식을 의미한다.

② 국가행위의 국제위법성 결정은 국제법에 의하여 정해지며, 이는 동일한 행위가 국내법상 적법하다는 결정에 의하여 영향받지 아니한다.

③ 대한민국 대법원은 급식조례사건(대법원 2005. 9. 9. 선고, 2004추10판결)에서 학교급식에 우리 농산물을 사용하도록 한 조례가 「관세 및 무역에 관한 일반협정(GATT)」 제1조 최혜국대우원칙에 위반된다고 하였다.

④ 상설국제사법재판소(PCIJ)는 1926년 Certain German Interests in Polish Upper Silesia 사건에서 국내법은 단순한 사실이 아니라 구속력 있는 규범이라는 점을 확인하였다.

국제법과 국내법의 관계

국가행위의 국제법적 위법 여부는 국제법의 관점에서 판단한다.

선지분석

① 변형은 국내법을 제정하여 국제법을 도입하는 방식을 말한다. 설문은 수용에 대한 설명이다.

③ GATT 제3조 제4항 내국민대우에 위반된다고 하였다. 특히 우리나라는 정부조달협정 가입국이므로 내국민대우의 의무를 부담한다. 조례의 내용은 수입상품을 경쟁조건에서 불리한 대우를 하게 되므로 GATT 제3조 제4항이나 정부조달협정을 위반하게 된다. 대법원은 급식조례가 무효라고 판단하였다.

④ 단순한 사실이라고 판단하였다. 재판부가 국내법이나 국내재판부의 판단을 존중할 수는 있으나, 그 자체로 국제재판부를 구속하는 법적 구속력을 갖는 것은 아니다.

답 ②

---

04 대한민국에서 국제법과 국내법의 관계에 대한 설명으로 옳지 않은 것은?

2016년 7급

① 국제형사재판소에 관한 로마규정은 자기집행조약인바 국회의 비준동의 없이도 국내법과 동일한 효력을 갖는다.

② 관습국제법과 국내법률 간의 충돌이 있을 경우, 이들 간에는 특별법우선원칙이나 신법우선원칙에 의하여 해결한다.

③ 대법원은 지방자치단체의 조례가 세계무역기구(WTO) 정부조달에 관한 협정(AGP)에 위반되는 경우 그 효력이 없다고 판단하였다.

④ 헌법재판소는 마라케쉬협정에 의하여 관세법 위반자의 처벌이 가중된다고 하더라도 이는 법률에 의한 형사처벌이라고 판단하였다.

국제법과 국내법의 관계

헌법 제60조 제1항에 열거된 국회의 비준동의를 요하는 조약에 '중요한 국제기구 가입'이 있다. ICC는 이에 해당된다고 볼 수 있어 국회의 비준동의 대상이라고 볼 수 있다.

선지분석

② 관습국제법과 국내법률의 효력순위에 대해서는 우리나라 법원이 명확한 판단을 한 바 없다(정인섭, 신국제법강의, 제5판, 126쪽). 다만 국내 학설은 대체로 양자가 대등하다고 본다. 이러한 일반론에 의하면 양법의 상충시 특별법우선원칙이나 신법우선의 원칙에 의해 해결된다고 볼 수 있다(앞의 책, 127쪽).

③ 전라북도 급식조례 사건 판결 내용이다.

답 ①

---

05 다음 설명 중 옳지 않은 것은?

① 국제관계에서는 국제법만이 구속력이 있는 법규범으로 인정되며, 국내법은 규범이 아닌 사실로서 인정된다.

② 대외적 이행의무의 유무에 있어서 자기집행적조약과 비자기 집행적조약은 차이가 있다.

③ 영국은 국제법과 국내법의 관계에 대해 Mortensen 대 Peters 사건을 통하여 의회제정법이 국제관습법에 우선함을 확인하였다.

④ 국내법 질서 속에서 국제법의 지위는 개별국가의 헌법질서에 따라 결정된다.

국제법과 국내법의 관계

대외적 이행의무란 조약상의 의무에 대한 이행을 의미한다. 이러한 대외적 이행의무에 있어서는 자기집행조약과 비자기집행조약이 차이가 없다. 이러한 구분은 미국 국내법상 구분으로서 후자의 경우 국내적 적용을 위해서는 별도의 집행법률을 제정해야 한다.

선지분석

① 국제관계에서는 국제법이 적용되므로 국내법은 국제적 효력을 가지지 않는 사실의 문제에 불과하다.

③ Mortensen 대 Peters사건은 국제관습법이 별도의 집행법률 없이 영국 국내법에 도입됨을 확인한 판례로서 도입되는 국제관습법은 의회제정법보다는 하위에 위치함도 확인하였다.

④ 국내법 질서 속에서 국제법의 지위라 함은 국제법의 도입방식이나 도입되는 국제법의 국내적 효력순위에 관한 것이다. 이는 개별국가의 재량사항으로서 대체로 헌법에 의해 규정된다.

답 ②

06 국제법과 국내법의 관계에 대한 다음 설명 중 옳지 않은 것은?

① 우리나라의 대법원 판례는 변형이론을 채택하고 있다.

② 한스 켈젠(Hans Kelsen)은 국제법우위론을 주장하였다.

③ 국내법에 저촉되는 조약이라도 국제적으로는 유효할 수 있다.

④ 우리나라는 조약에 대한 위헌심사를 인정한다.

국제법과 국내법의 관계

우리나라는 헌법 제6조 제1항에 따라 수용이론을 채택하고 있으며, 대법원도 다수 판례에서 이를 확인하고 있다.

선지분석

② 켈젠의 국제법우위론은 국제법과 국내법이 하나의 단일한 법체계를 구성하고 있으며, 국제법은 국내법에 대해 우월적 지위를 가지고 있다고 보는 이론이다.

③ 조약의 국제법적 유효성은 국제법에 따라 평가되므로, 국내법과 무관하게 국제법적 효력을 유지할 수는 있다.

④ 우리나라 헌법은 조약보다 상위법이므로 조약에 대한 위헌심사가 인정되는 것이다.

답 ①

제**5**장 │ 국제법의 주체

국제법의 주체 부분에서는 주체의 개념과 유형이 주요 출제 포커스이다. 국가의 경우 국가의 성립요건, 국가의 유형, 연방국가와 국가연합의 비교, 보호국과 종속국의 차이, 중립국 등이 중요한 주제이다. 국제기구의 경우 특히, 'UN 근무 중 입은 손해배상에 대한 권고적 의견'에서 제시된 내용이 주로 출제되고 있다.

제1절 │ 총설

1 국제법 주체의 의의

국제법의 주체란 국제법상 권리·의무의 귀속자가 될 수 있는 자를 말한다. 바꾸어 말하면 국제법의 주체는 국제법상 권리능력자, 즉 국제법상 인격자를 의미한다. 국제법의 주체는 국제법상 권리·의무의 귀속자인 동시에 국제법상 책임의 귀속자를 의미한다.

2 국제법 주체의 유형

1. 전형적 주체와 비전형적 주체

전형적 주체란 국제법 주체 중 가장 전형적인 주체로서 영토적 기반을 갖는 주체를 의미한다. 비전형적 주체란 영토적 기반 위에 조직된 것이 아닌 주체를 말한다.

2. 능동적 주체와 수동적 주체

능동적 주체(적극적 주체)란 국제법의 형성·정립에 참여하면서도 국가가 형성·정립한 국제법에 구속을 받는 국제법의 주체를 말하며, 수동적 주체(소극적 주체)란 국제법의 형성·정립에 참여할 능력이 없는 주체를 말한다. 국가·국제기구·교전단체·민족해방운동단체는 능동적 주체이며, 개인은 수동적 주체이다.

3. 항구적 주체와 일시적 주체

항구적 주체란 국제법의 주체로서의 지위가 영속적·항구적인 의도로 부여된 국제법 주체를 의미하고, 일시적 주체란 잠정적·일시적인 의도로 지위가 부여된 주체를 말한다. 국가는 전자의 예이고 반도단체나 교전단체는 후자의 예이다.

4. 완전한 주체와 불완전한 주체

완전한 주체란 국제법상 자치를 할 수 있는 능력을 가진 주체이며, 불완전한 주체란 국제법상 자치를 할 수 있는 능력이 제한되거나 없는 주체를 말한다. 주권국가는 완전한 국제법의 주체이며, 피보호국과 신탁통치지역 등은 불완전한 국제법 주체이다.

5. 권리능력의 주체와 행위능력의 주체

권리능력의 주체는 잠재적으로 권리의 주체가 될 수 있는 국제법의 주체를 말하며, 행위능력의 주체란 현재적으로 권리의 주체가 될 수 있는 국제법의 주체, 즉 권리를 행사하고 의무를 이행할 능력을 말한다. 주권국가는 원칙적으로 완전한 권리능력 및 행위능력을 가지나, 신탁통치지역은 권리능력은 가지나 행위능력의 주체는 되지 못한다. 피보호국, 연방구성국 등은 제한된 권리능력을 갖는다.

6. 시원적 주체와 파생적 주체

시원적 주체는 그 국제법 주체성이 타 주체에 의존하지 않는 주체를 의미하는 반면, 파생적 주체는 타 주체의 인정 또는 승인에 의해 주체성을 부여받는 주체를 말한다. 국가가 시원적 주체임에는 의문의 여지가 없다. 자결권을 향유하는 민족에 대해 선진국들은 시원적 주체성을 부인하나, 제3세계 국가들은 대체로 시원적 주체라고 본다. 한편, 국제기구·교전단체·개인은 국가의 인정에 의해 주체성을 부여받으므로 파생적 주체에 해당한다.

제2절 | 국가

1 의의

국가는 국제법상의 권리·의무가 직접적으로 귀속되는 법주체로서 전형적이고 본원적인 국제법 주체이다. 국가는 국제법상 권리·의무의 보유자이며 그 권리를 자기의 이름으로 국제적 주장을 할 수 있는 능력을 가지고 있으며, 동시에 그 의무 위반에 대해 국제적으로 책임을 부담할 능력을 가지고 있다.

2 성립요건

1. 서설

'국가의 권리의무에 관한 몬테비데오협약(1933)'은 국가의 성립요건으로 영토, 인구, 실효적 정부 및 외교능력을 규정하였다. 다만, 강행규범이 도입된 오늘날 국제법에서는 국가기원의 위법성문제(강행규범 위반문제)가 국가성립요건과 관련하여 논의되고 있다.

2. 영토

국가 성립은 일정한 영토에 대한 지배에 기초한다. 영토에 대한 지배는 국가의 본질적 속성이다. 영토는 국가가 법적·사실적 조치를 취하고, 그 내부에서 자국의 동의 없이 외국 정부가 관할권을 행사하는 것을 금지하는 배타적 권능을 수립하는 영토주권의 기초이다. 영토는 국경에 기초하여 확정되나 오랜 기간 동안 국경분쟁하에 있어도 국가성이 부정되지는 않는다. 영토의 면적은 영토성의 판단에 있어 결정적 고려사항이 아니다. 국제법상 영토면적의 최저 한계에 관한 규칙은 존재하지 않으며 영토가 매우 작고 인구가 매우 적은 국가(微小國家, mini - state)도 국가성이 인정된다(예 바티칸시국, 룩셈부르크).

3. 항구적이며 정주하고 있는 인민

항구적 인민이라는 기준은 국가 영토와 관련되어 있다. 즉, 영토 내에서 정주하고 있는 항구적 인민을 의미한다. 그러나 모든 인민이 영토 내에 반드시 정주하여야 하는 것을 의미하는 것은 아니다. 현저한 수의 인민들의 정주로서 충분하다. 인구규모는 결정적 요소가 아니다.

4. 실효적 정부

정부는 대내적으로 그 영토와 인민에 대해 헌법 및 국내법질서를 수립하고 유지할 수 있는 능력을 가져야 한다. 즉, 입법·사법·행정적 측면에서 영토와 인민에 대해 권력작용을 실효적으로 행사할 수 있어야 한다. 대내적 실효성의 정도와 범위에 대해 확립된 국제법원칙은 존재하지 않는다. 또한 정부는 대외적으로 국제법상 타국가에 종속되지 않고 국제적 차원에서 완전하고 유효한 행위를 할 수 있는 능력을 가져야 한다.

5. 외교능력

외교능력이란 '타국과 관계를 맺는 능력'인데, 조약 체결이나 외교사절의 교환을 포함한 그 국가의 대외관계를 자주적으로 처리하는 능력이다. 단적으로 '독립성'을 의미한다. 즉, 외교능력은 독립이라는 개념의 법적인 표현이며 국제법상 국가로서의 자격을 인정받기 위한 결정적 요건이다.

6. 국가기원의 위법성의 문제

현대국제법에서는 국가가 성립되는 과정에서 강행규범을 위반한 경우 그 국가성이 부인된다는 주장이 설득력을 얻어가고 있다. 즉, 극히 중요하고 보편적인 국제법 위반을 기초로 한 국가 형성에 대해서는 따로 불승인결의나 선언을 기다릴 필요 없이 국가성립요건을 결하여 국가로서 성립되지 아니한다는 것이다.

7. 국가성립에 있어서 민족자결원칙의 문제

(1) 의의

어떤 정치적 실체가 국민·영토·정부의 3요소를 갖춘 실체는 곧 바로 독립국으로서의 지위를 인정받아야 한다. 그러나 20세기 후반 적지 않은 신생국이 객관적 요건을 미쳐 갖추기 이전에 독립국으로 인정되거나 반대로 이러한 요건을 실질적으로 구비하고도 독립국으로 인정되지 못했던 사례가 적지 않았다.

(2) 남로디지아

1965년 11월 영국의 식민지였던 남로디지아는 현지 이안 스미스 백인 정부가 일방적인 독립을 선언하고 소수 백인 지배 국가를 출범시켰다. 그러자 UN안전보장이사회는 남로디지아의 독립선언을 비난하고 각국은 이를 승인하지 말라고 요구했다. 결국 로디지아는 1979년 영국의 시정권 아래로 복귀했고 1980년 다수 흑인 지배의 짐바브웨로 재탄생할 때까지 존속했다. 그 기간 동안 로디지아는 사실상의 국가로 기능하고 있었으나 국제사회에서 독립국가로 인정받지 못했다. 남로디지아는 전통적인 국가기준을 충족하고 있었으나 민족자결의 원칙에 위반된 국가수립이었기 때문에 주권국가로 인정받지 못했다.

(3) 포르투갈령 기니

1973년 9월 포르투갈령 기니의 민족해방운동단체가 독립을 선언하고 영토의 약 3분의 2를 장악하자, 1973년 11월 UN총회는 기니 - 비사우의 독립과 주권국가 수립을 환영한다는 결의를 채택했다. 당시까지도 포르투갈 군대가 여전히 주둔하고 있었으며 포르투갈 식민정부는 다음 해인 1974년 3월에야 붕괴했다. 기니 - 비사우의 출범은 주권국가로서의 객관적 요건에는 아직 미흡한 부분이 있었으나 민족자결원칙에 부합되었기 때문에 국제사회의 적극적인 지지를 받았다.

(4) 방글라데시

1971년 파키스탄으로부터 분리독립한 방글라데시의 경우 인도의 무력개입이 독립에 결정적인 기여를 하였다. 인도의 무력개입의 합법성에 대하여는 논란이 있었지만 인도는 아무런 영토적 야심을 표시하지 않고 방글라데시인들의 민족자결 실현을 지원했기 때문에 방글라데시의 독립은 국제사회에서 쉽게 승인되었다.

(5) 북사이프러스

1974년 터키군은 북사이프러스에 진주해 이 지역을 장악했고 1983년 북사이프러스 터키 공화국의 독립이 선포되었다. UN안전보장이사회는 이를 법적으로 무효라고 규정하고 회원국들에게 이를 승인하지 말라고 요구했다. 북사이프러스는 사실상 터키의 지원과 통제하에 있기 때문에 국제사회에서 독립국가로 인정받지 못하고 있다.

8. 내란 발생이나 국제사회 개입시 국가의 존속 여부

일단 국가로 성립되면 타국의 일시적인 전시점령이나 내란으로 인해 정부가 실질적인 기능을 못하더라도 국가로서의 지위가 소멸되지 않는다. 또한 국제사회의 개입으로 국가의 최고 행정권이 일시 외부기관에 위임된 경우에도 독립국가로서의 존속이 인정된다. 1992년 캄보디아에 UN평화유지활동으로 설치된 UNTAC는 사실상의 정부 기능을 수행했다. 보스니아 - 헤르체고비나의 경우 1995년 Dayton 평화협정에 의해 임명된 외국인 최고대표가 일정 기간 최고 행정권을 행사했다. 그 기간 동안에도 이들 국가가 독립국임은 의심되지 않았다. 일제의 만주침략의 결과 1932년 수립된 만주국은 독립적 정부를 갖고 있지 못한 일종의 괴뢰국가였다.

3 형태

1. 주권국가(sovereign state)

주권국가란 대외관계를 처리함에 있어서 타국으로부터의 종속적 명령을 받지 않고 독립적으로 행동하는 국가를 말한다. 주권국가는 국제법 정립 능력을 아무런 제한 없이 보유한다.

2. 반주권국

(1) 종속국

반주권국이란 대외관계 처리 능력의 일부를 타국에 양도하고 자신은 제한된 외교능력만을 보유하는 국가를 의미한다. 종속국과 피보호국이 여기에 해당한다. 종속국은 종주국의 국내법에 의해 외교관계의 일부만을 스스로 유지하고 다른 부분은 종주국에 의해 유지되는 국가이다.

(2) 피보호국

보호국과의 보호조약에 의해 외교능력이 제한되는 국가를 피보호국이라 한다. 보호국은 피보호국의 대외문제를 전담한다. 1905년부터 1910년까지 한국은 일본의 피보호국이었다. 1960년 UN총회는 식민지독립부여선언을 결의하여 외교능력의 상실을 초래하는 새로운 보호관계 설정을 금지하였다. 그러나 현재 모나코는 프랑스의, 산마리노는 이탈리아의 피보호국이다.

3. 합성국가

(1) 국가연합

국가연합이란 복수의 국가가 조약에 의해 결합하여 결합체인 상방은 예외적으로 국제법상 능력을 갖고, 구성국인 하방이 원칙적으로 국제법상 능력을 갖는 복합국가를 의미한다. 독립국가연합(CIS)이 대표적이다.

(2) 연방국가

연방국가란 복수의 국가들이 헌법에 의해 결합하여 중앙정부인 상방이 국제법상 대외적 능력의 거의 전부를 갖고 구성국인 하방은 국제법상 대외적 능력을 거의 갖지 못하는 복합국가를 말한다.

 참고

국가연합과 연방국가의 차이점

1. **국제법의 주체성**
   연방국가 자체가 국제법상 국제법의 주체이며 구성국은 원칙적으로 국제법의 주체가 아니다. 그러나 국가연합 자체는 국제법의 주체가 아니며 국가공동체의 구성원이 되지 못하는 반면 국가연합의 구성국이 국제법의 주체이다.

2. **결합의 근거**
   연방국가는 원칙적으로 '헌법'에 의해 결합하나, 국가연합의 경우 구성국 간 '조약'에 의해 결합한다. 따라서 연방국가의 구성국은 단일의 연방헌법에 구속되나, 국가연합의 구성국은 구성국 각각의 헌법을 갖는다. 연방국가의 창설근거는 '국내법'이나 국가연합의 창설근거는 '국제법'이다.

3. **대내적 통치권**
   연방국가 자체 및 구성국은 자체의 대내적 통치권을 갖는다. 따라서 연방국가에서는 연방과 연방구성국 간에 통치권의 분화문제가 제기된다. 그러나 국가연합의 경우 대내적 통치권은 전적으로 국가연합의 구성국에 보유되어 있어 국가연합과 구성국 간에 통치권의분배문제가 제기될 여지가 없다. 연방국가의 경우 연방정부가 구성국뿐 아니라 구성국 주민에게 직접적인 통치권을 행사하나 국가연합의 경우 구성국만이 구성국 인민에게 통치권을 행사한다.

4. **대외적 통치권**
   연방국가의 대외적 통치권은 원칙적으로 연방이 보유하나 국가연합은 특정 사항에 한해서만 대외적 통치권을 갖고, 대외적 통치권은 그 구성국이 행사한다.

5. **국가의 국제책임**
   연방국가는 자신의 국제위법행위 및 구성국의 국제위법행위에 대해 책임을 지고 구성국은 국가책임을 지지 않는다. 그러나 국가연합의 경우 그 구성국이 국가책임을 지며 국가연합은 책임주체가 아니다.

6. **병력의 보유**
   연방국가는 연방이 병력을 보유하며 구성국은 자체의 병력을 보유하지 않는다. 국가연합의 경우 구성국이 자체의 병력을 보유하며 국가연합은 병력을 보유하지 않는다. 연방구성국 상호간의 무력투쟁은 내란이나, 국가연합 구성국 상호간의 무력투쟁은 전쟁이다.

4. 영연합(Commonwealth)

영연합은 영국 본국과 자치령 그리고 보통의 독립국 등으로 이루어져 있다. 영제국 체제는 1926년 발포어선언(Balfour Declaration)에 의해 다져졌으며 1931년 12월 11일 제정된 웨스트민스터헌장(Statute of Westminster)에 의해 상호관계를 규율하였다. 영연합의 특징은 다음과 같다. ① 자치령의 원수는 영국왕 또는 여왕이다. ② 영연방 구성국들은 독립된 국제법인격을 갖는다. ③ 조약 체결시 다른 구성국들에게 사전에 통고해야 한다. ④ 영연합 국가의 모든 국민은 자국 국적과 함께 영연합 시민의 지위를 보유한다. ⑤ 영연합 국가 상호간에는 상주외교사절 대신 그에 상당하는 기관으로 고등판무관(High Commissioner)이 교환된다.

5. 영세중립국

중립이란 전쟁에 참가하지 않는 국가의 그 전쟁에 대한 지위, 즉 전쟁에 참가하지 않는 국가를 전쟁관계에서 본 상태를 말한다. 중립이란 자위를 위한 경우 이외에는 어떠한 타국에 대해서도 중립을 고수하는 동시에 전쟁상태에 빠질 우려가 있는 국제적 의무를 수락하지 않을 조건하에 다수국 간 보장조약에 의해 그 독립과 영토보전이 보장된 국가를 말한다. 중립국은 타국에 대해 공격을 행하지 않고, 타국 영토를 침범하지 아니하며 타국 간의 전쟁에 개입하지 아니할 의무를 부담한다. 영세중립은 개별 국가가 단순히 원한다고 하여 수립되지는 않는다. 과거 벨기에(1831), 룩셈부르크(1867), 콩고자유국(1885), 라오스(1962) 등 적지 않은 국가가 영세중립을 표방했으나 이를 유지하지 못했다. 영세중립을 원하는 국가는 국제사회에서 이를 지킬 능력이 있어야 한다. 1995년 투르크메니스탄이 영세중립을 선언하자 UN총회는 이를 승인하고 지지하는 결의를 채택했다. 코스타리카도 군대를 없애고 영세중립을 선언하고 있다.

 참고

중립국의 실례

1. 과거 벨기에, 룩셈부르크, 라오스, 캄보디아도 영세중립국이었으나, 현재 스위스, 오스트리아, 로마교황청(바티칸시국) 등이 있다.

2. **스위스**
   1815년 빈회의에서 '스위스 영세중립 및 영역불가침보장선언'과 동년 5월 27일 스위스의 수락으로 성취되었다. 스위스는 2002년 UN에 가입하였다.

3. **오스트리아**
   1955년 10월 오스트리아 중립에 관한 연방헌법규정과 이에 대한 국가들의 승인에 의해 중립국이 되었다. 오스트리아는 1955년 12월 14일 UN에 가입하였다.

4. **라오스**
   1962년 영세중립을 선언한 라오스 영세중립선언 및 의정서가 채택되고 미국, 소련, 중국, 영국 등 13개국이 승인하여 영세중립국이 되었다. 현재는 중립국이 아니다.

6. 바티칸시국

1929년 이탈리아와 교황청 간 라테란(Lateran)조약에 의해 교황청은 배타적 주권과 영토를 가지는 국제법 주체로 인정되었다. 교황청은 타국과 종교적 조약을 체결하고 외교사절을 교환한다.

7. 분단국

(1) 의의

분단국은 과거 통일된 국가에서 분리되어 현재는 외견상 복수의 주권국가로 성립되어 있으나 언젠가는 재통일을 지향하는 국가라고 할 수 있다. 분단국이란 특수한 형태는 주로 제2차 세계대전 이후의 국제정치질서 속에서 발생했다. 분단국의 사례로는 과거의 동서독·남북 베트남, 현재의 남북한 또는 2개의 중국 등이 있다. 분단의 이유는 동서독이나 남북한과 같이 국제적 요인일 수도 있고, 중국 - 대만과 같이 내전 등 국내적 요인에서 비롯될 수도 있다.

(2) 분단국의 법적 지위

<u>분단국에 적용되는 국제법적 규칙이 별도로 정립되어 있는 것은 아니다. 분단된 각각의 국가는 모두 독립 주권국가로서의 요건을 갖추고 실효적 정부를 수립하고 있다.</u> 이들 국가 간의 경계는 국제법상의 국경으로 간주되며 상호 무력사용금지나 국내문제 불간섭의무가 적용된다. 분단국 양측은 국제사회의 다수 국가들로부터 승인을 받고 있으며 적지 않은 국제기구에 각각 별개의 회원국으로 가입하고 있다.

(3) 분단국 상호 간 관계

<u>분단국 상호 간에는 국가승인을 하지 않으며 공식 외교관계도 수립하지 않는다.</u> 분단 상대방을 외국으로 보지 않으며 상호 간의 경계를 국제법상의 국경이라고 간주하지 않는다. 그러나 국제사회 대다수의 국가들은 분단국 양측을 별개의 독립 주권국가로 승인하며 분단국 자신도 이러한 제3국의 태도에 크게 이의를 제기하지 않는다.

(4) 국적

남한과 북한 및 중국은 모두 1개의 국적개념을 인정한다. 즉, 일방의 주민이 타방 지역으로 이주할 때 새로운 국적 취득의 절차가 적용되지 않는다. 과거 서독은 구독일제국의 국적 개념을 유지하여 동독 주민의 독일 국적을 인정했다. 그러나 동독은 독자의 국적법을 제정하고 서독 주민이 동독으로 이주한 경우 간이한 국적 취득의 절차를 적용했다. 분단국들은 분단 상대국민에게 자국적을 인정한다 할지라도 자신의 관할권으로의 자발적 복속이 전제되지 않는 한 국제사회에서 그들을 위한 외교적 보호권을 적극적으로 주장하지는 않았다.

(5) 사례

① **동독과 서독**: 1972년 양독관계협정을 체결하고 상주 대표를 교환하고 이후 양측이 대외적으로 전체 독일을 대표한다는 주장은 하지 않았다.

② **중국과 대만**: 오랫동안 양측 모두 1개의 중국론을 주장하였으나, 근래 대만에서는 별개 국가론도 대두하였다.

③ **남한과 북한**: 양측이 각각 자신만이 과거 한반도에 존속하던 구 국가를 계승하고, 자신만이 전체 한반도를 합법적으로 대표한다고 주장한다. 1986년 대한민국은 과거 대한제국이 체결했던 구조약 중 현재도 발효 중인 1899년 헤이그 육전조약 등 3개의 조약에 대해서는 현재도 대한민국이 당사국이라고 발표하였다.

8. 말타 기사단

말타 기사단은 가톨릭 종교기사단의 하나로 1050년 예루살렘에서 의료기관을 겸한 구빈기관으로 창설되었고 1113년 교황에 의해 교단으로 승인되었다. 팔레스타인지역에서 가톨릭 세력이 축출된 후 에게해의 Rhodes섬(1310 ~ 1532)과 말타(1530 ~ 1798)로 이전해 이 지역을 실질적으로 통치했다. 이들은 나폴레옹에 의해 말타에서 축출된 후 군사적 성격은 사라지고 본부를 로마로 옮겨 주로 병원을 중심으로 한 구빈기관으로 활동하고 있다. 현재 약 1만여 명의 남녀 기사가 이에 소속되어 활동하며 약 8만 명의 상근 지원자를 갖고 있다. 이탈리아 법원은 말타 기사단이 제한된 국제법인격을 갖고 있다고 보고 로마 내 이들의 건물과 재산에 한해 재판관할권의 면제를 인정한다. 현재 약 100개국 이상과 외교관계를 맺고 있다. 그러나 말타 기사단이 객관적으로 국가로서의 법인격을 갖추었다고는 보기 어렵다.

9. 파탄 국가(failed state)

1990년대 이후 소말리아는 형식상 국가로 존속했으나 내부적 폭력의 발생으로 인해 국가의 제도와 법질서가 사실상 붕괴되어 통상적인 국가로서 기능을 하지 못했다. 국제사회에서 책임 있게 자신을 대표하는 행동도 하기 어려웠다. 지도상으로는 존재하나 국제법적으로는 기능을 사실상 제대로 수행할 수 없었다. 국가의 기본적 구성요건인 실효적 정부가 존재하지 않는 상태였다. 이러한 국가를 최근 파탄 국가 또는 실패 국가라고 한다.

10. 팔레스타인

(1) 의의

PLO(Palestine Liberation Organization)는 팔레스타인의 해방을 목표로 1964년 수립되었으며 아라파트의 지도 아래 팔레스타인인의 대표적인 민족해방운동단체로 성장했다. 제3차 중동전을 계기로 아랍권의 국제정치적 영향력이 강화된 현상을 배경으로 1974년 UN총회는 PLO를 팔레스타인인의 대표자로 인정하고 이에 옵저버 자격을 부여했다. 1988년 PLO는 망명지인 알제리에서 팔레스타인 국가 수립을 선언했다.

(2) 법적 지위

UN총회는 PLO라는 용어 대신 팔레스타인으로 부르고 있다. 2011년 팔레스타인은 UN회원국 가입을 신청했으나 안전보장이사회의 벽을 넘지 못하여 실패했으나, 2012년 UN총회는 팔레스타인에게 옵저버 국가의 지위를 인정했다. 팔레스타인은 현재 약 100여 개 다자조약의 당사국이며 2015년 4월부터는 국제형사재판소 규정 당사국이 되었다. 현재 137여 개의 UN회원국이 팔레스타인을 국가로 승인하고 있으나(기존 2018년 8월) 이스라엘 점령지 내의 자치령에 대해 완전한 통제권을 행사하지는 못하고 있다.

(3) 한국과의 관계

한국은 팔레스타인을 독립국가로는 승인하지 않고 있으나 팔레스타인 자치정부를 팔레스타인인의 유일한 합법적인 대표기구로 인정하고 있다. 2005년 6월 일반대표부 관계 수립에 합의했고 2014년 8월 한국은 팔레스타인의 임시수도인 라말라에 상주대표부를 개설했다.

제3절 | 국제기구

1 개념

1. 일반적 정의

국제기구란 공동의 목적을 달성하기 위한 여러 국가의 결합으로서 보통 조약에 입각하여 창설되며 그 기능을 수행하기 위한 기관(organ)을 가지고 이 기관을 통하여 개개의 구성국의 의사와는 별개의 단체 자신의 의사를 표명하며 단체의 이름으로 행동하는 것을 말한다.

2. ILC초안의 정의

'국제기구의 책임에 관한 규정 초안'(ILC초안, ILC, 2011)에 의하면 국제기구란 조약 혹은 국제법에 의하여 규율되는 기타 문서에 의하여 수립되고, 그 자신의 국제법인격을 가지는 기구를 지칭한다. ILC의 개념 정의에 따르면 첫째, 국제기구는 회원으로서 국가 이외에 다른 실체를 포함할 수 있다. 둘째, 국제기구는 조약뿐만 아니라 국제법에 의하여 규율되는 기타 문서에 의해서도 수립될 수 있다. 국제기구나 국제회의에서 채택되는 결의를 통해 수립되는 경우도 있다. 셋째, 국제기구가 조약 또는 국제법에 의하여 규율되는 기타 문서에 의하여 수립된다고 해서 그 같은 국제문서의 채택에 참여할 능력이 없는 실체가 당해 기구의 회원이 되는 것을 막는 것은 아니다. 넷째, 국내법에 의하여 규율되는 문서를 통해 설립되는 기구는 추후 조약이나 국제법에 의하여 규율되는 기타 문서가 채택되고 발효되기까지는 국제기구가 아니다. 다섯째, 국제기구는 그 자신의 국제법인격, 즉 회원들과는 별개의 국제인격을 가져야 한다. 여섯째, 국제기구는 국가의 참여를 필수적 요소로 하되 비국가적 실체를 추가 회원으로 두고 있는 국제기구만을 지칭한다. 따라서 오로지 국제기구들만을 회원으로 하는 국제기구는 국제기구의 정의에서 제외된다. 일곱째, 국가 이외에 다른 실체를 포함한다는 표현에 해당되기 위해 참여하는 국가가 복수일 필요는 없다. 국제기구는 단 한 개 국가와 타국제기구 간에도 설립될 수 있다. 여덟째, 국제기구 회원으로서의 국가의 존재는 각국이 임명하는 국가기관들이 회원으로 참여하는 형식을 취할 수 있다. 아홉째, 국가 이외에 다른 실체에는 국제기구, 영토적 실체 및 사적 실체가 모두 포함된다.

2 국제기구의 국제법 주체성

1. 국제법 주체성

과거 국제기구의 국제법 주체성을 부인하는 견해도 있었으나 현재 국제기구는 회원국과 독립하여 별개의 국제법인격을 갖는 것으로 인정된다. 국제사법재판소(ICJ)는 'UN 근무 중 입은 손해배상에 대한 권고적 의견'에서 UN의 국제법인격을 인정하였다. UN이 그 국제적 임무인 평화유지, 국제관계 발전, 경제·사회협력 등을 효과적으로 달성하기 위해서는 이를 달성할 수 있는 권한이 필요하다고 전제하고, UN회원국들은 UN에 대하여 이러한 임무와 기능을 부여하면서 동시에 이를 달성할 수 있는 권한을 부여하였다고 보아야 한다고 판시하였다. '필요하다'는 것의 의미가 묵시적으로 인정되어야 할 권한이 '반드시 요구되는 것'임을 의미하는 것은 아니다.

2. 국제기구의 대세적 법인격성

국제기구의 대세적 법인격성이란 국제기구가 회원국이 아닌 국가와의 관계에서 국제법률행위, 예컨대 손해배상청구를 제기할 법적 자격을 가지는가에 대한 문제이다. 국제사법재판소(ICJ)의 'UN 근무 중 입은 손해배상에 대한 권고적 의견'에서 중요한 쟁점이 되었다. 대세적 법인격성을 부정하는 견해가 통설이다. 그러나 국제사법재판소(ICJ)는 'UN 근무 중 입은 손해배상에 대한 권고적 의견'에서 UN의 대세적 법인격성을 인정하였다. 국제사법재판소(ICJ)는 '국제공동체의 대다수를 대표하는 50개국은 단지 이 회원국들만이 인정하는 법인격체가 아니라 객관적 국제인격을 갖춘 실체를 창설할 국제법상 능력이 있으며 따라서 국제소송을 제기할 자격이 있다.'라고 하였다.

 관련판례

'UN 근무 중 입은 손해배상'에 대한 권고적 의견(ICJ, 1949)

1. 사실관계

   스웨덴 국적의 베르나돗테 백작이 UN 특사로서 이스라엘 영토 내에서 직무를 수행하던 중 살해되었다. UN은 이스라엘에 대해 국제청구를 제기하고자 하였으나, UN에 그러한 국제법적 자격이 있는지 여부가 문제되었다. 또한 이스라엘이 당시 UN비회원국이었으므로 비회원국을 상대로 국제청구를 제기할 수 있는지가 문제되었다.

2. 법적 쟁점

   (1) UN이 국제청구를 제기할 법적 자격이 있는가?
   (2) UN이 비회원국을 상대로 국제청구를 제기할 수 있는가?
   (3) 직무 보호권(UN)과 외교적 보호권(스웨덴)이 경합하는 경우 어떻게 조정되어야 하는가?

3. 권고적 의견 요지

   (1) UN은 국제청구를 제기할 국제법인격을 갖는다. 그것이 헌장에 명시되지 않았으나, UN의 설립목적을 고려할 때 그러한 법인격이 전제되어 있다고 판단할 수 있다. 다만, 그러한 법인격은 UN의 직무수행을 위해 필요한 한도 내에서 인정된다.

(2) UN이 회원국의 국제의무 위반으로 입은 손해에 대해 당해 국가에게 청구할 권한을 갖는 것은 명백하다. 회원국이 UN 창설을 승인한 것은 UN에 그러한 청구권을 준 것으로 이해할 수 있기 때문이다.

(3) UN은 직무 보호권을 갖는다. 즉, 직원이 직무수행시 입은 손해에 대해 배상을 청구할 수 있는 권한이 있다. 이것이 UN헌장에 명시되지는 않았으나 이것이 전제되지 않는다면 UN은 직원을 통해 그 직무를 원활하게 수행하기가 어려울 것이다. 따라서 UN은 기능수행의 원활화를 위해 직원을 보호할 '기능적 보호권'(functional protection)을 갖는다.

(4) UN은 비회원국에 대해서도 직무 보호권을 갖는다. 즉, 비회원국에 대해서도 국제청구를 제기할 법적 자격이 있다는 것이다. UN은 50개국이라는 압도적 다수에 의해 창설된 법적 실체이므로 단지 회원국에 의해서만 인정되는 법인격체가 아니다. UN은 국제사회의 객관적 국제법인격체이므로 UN비회원국에 대해서도 국제청구를 제기할 수 있다.

(5) 직무 보호권과 외교적 보호권이 경합할 수 있다. 그러나 경합을 조정할 수 있는 국제법규칙은 현재 존재하지 않는다. 경합관계는 당사자 간 합의 또는 조약을 체결함으로써 해결될 수 있을 것이다.

3 국제기구의 구체적 권리 · 의무

1. 조약체결권

국제기구에 있어 조약은 국제법상 권리의무 등 법률관계를 설정하는 일반적인 수단이 된다. 국제기구의 조약체결권은 설립조약에 명시적 규정이 있는 경우와 설립조약의 전체적인 해석을 고려해 묵시적 권능이 인정될 경우에만 행사될 수 있다(UN헌장 제43, 57, 63조에서 안전보장이사회 · 총회 · 경제사회이사회의 조약체결능력 규정).

2. 특권 · 면제

국제기구와 그 본부시설, 직원, 회원국 대표는 그 임무의 효과적 수행에 필요한 범위에서 특권면제가 부여된다. 국가는 특별한 조약규정이 없는 한 국제기구의 특권면제를 인정할 의무를 당연히 지는 것은 아니나 그 영역 내에서 국제기구의 활동을 허용한 경우에는 신의성실의 원칙상 필요한 특권면제를 허용해야 한다. 외교면제와 비교해 보면, 외교면제는 국가대표로서의 위신을 고려하여 국제관습법상 '완전한 특권면제'가 인정되나, 국제기구의 경우 그 목적달성과 임무수행에 필요한 한도 내에서, 즉 그 기능적 필요에 의한 '제한적 특권면제'를 갖는다.

3. 제소권

국제기구는 국가 · 개인 · 사기업과 계약을 체결하는 등 재정관계에 관한 법률행위가 가능하다. 분쟁시 '국내법원'에 제소할 수 있으나, '국제법원'에의 제소능력은 제한적이다. 국제기구는 국가와는 달리 국제사법재판소(ICJ)에 제소할 수 없다. 즉, 국제사법재판소(ICJ)에는 국가만이 제소능력을 갖게 되고 국제기구는 단지 권고적 의견을 요청할 수 있을 뿐이다.

이러한 국제기구의 제한된 제소능력을 보완하기 위해 몇몇 협약에서는 국제사법재판소(ICJ)의 권고적 의견에 강제성을 부여하기도 한다. 'UN의 특권과 면제에 관한 협약', '전문기관의 특권과 면제에 관한 협약', '국제원자력기구의 특권·면제에 관한 협약', 'ILO행정법원 협약' 등에서는 국제사법재판소(ICJ)의 권고직 의견에 구속력을 인정하고 있다.

4. 직무 보호권

(1) 개념

국제기구의 공무원이 공무수행 중 국제위법행위로 인해 손해를 입은 경우, 소속 국제기구가 직무적 보호권에 근거하여 손해배상을 받기 위해 가해국에 대해 국제책임을 추구하는 것을 의미한다. 직무 보호의 개념은 1949년 국제사법재판소(ICJ)의 'UN 근무 중 입은 손해배상'에 대한 권고적 의견에서 확립되었다.

(2) 인정취지

국제사법재판소(ICJ)는 국제공무원이 국적국가의 외교적 보호와는 구별되는 국제기구의 직무적 보호를 받아야 하는 이유에 대해 '국제공무원의 독립성을 확보하고 결과적으로 UN 자체의 독립된 행동을 확보하기 위하여 국제공무원이 그의 직무를 수행함에 있어서 UN의 보호 이외의 다른 보호에 의지할 필요가 없어야 한다.'라고 판시하였다.

(3) 외교적 보호와의 비교

외교적 보호와 직무 보호는 양자 모두 보호자의 고유한 권리라는 점, 국제책임의 실현 방법과 절차적 측면에서 공통점이 있다. 그러나 외교적 보호는 국적을 기초로 하여 행사되나, 직무 보호는 직무를 기초로 행사된다는 차이가 있다. 외교적 보호와 직무 보호가 경합하는 경우 어느 한쪽에 우선권을 부여하는 법원칙은 존재하지 않는다. 양자의 충돌은 'good will'과 'common sense'에 의해 해결을 도모할 수 있으며, 일반협정을 통해 해결할 수 있을 것이다(ICJ의 견해).

5. 기타

국제기구는 체결한 조약을 성실히 준수하여야 할 의무가 있고 조약상 의무를 위반하게 되면 국제책임을 지게 된다. 자율적 재정권과 외교권 등이 있다.

4 국제기구의 국내법인격

1. 의의

국제기구의 국내법인격이란 국제기구가 특정 국가 내에서 그 국가의 국내법상 향유하는 권리의무능력으로 계약체결권, 제소권, 재산소유권 등이 예시된다. UN헌장 제104조, EEC조약 제211조, Euratom조약 제184조는 당해기구의 회원국 내에서의 법인격을 인정하고 있다.

> **UN헌장 제104조**
>
> 기구는 그 임무의 수행과 그 목적의 달성을 위하여 필요한 법적 능력을 각 회원국의 영역 안에서 향유한다.

2. 관행

조약상의 규정들은 일반적 원칙을 밝혀놓은 것에 불과하므로 국제기구가 국내적 법 인격을 향유하기 위해서는 소재지국과 '소재지 협정'을 통하여 구체적인 권리·의무의 내용을 설정하게 된다. 또한 UN헌장 제104조의 경우 '비회원국'의 영토 내에서도 당연히 법인격을 향유한다는 결론은 나오지 않으므로 UN의 경우는 비회원 관련국가들과 개별 협정을 체결하여 왔다. 한편, 특별협약을 통하여 국내적 법인격을 인정받기도 한다. UN의 경우 'UN의 특권·면제에 관한 협약'과 'UN전문기관의 특권·면제에 관한 협약'을 통하여 국내적 법인격으로서의 권리·의무를 행사한다.

5 국제기구의 국제책임과 국제청구권

1. 직접피해

국제기구 자체가 피해를 입은 직접피해의 경우 국가가 피해를 입은 경우와 마찬가지로 국내구제완료원칙이 적용되지 않는다. 국제기구가 가해자인 경우에도 마찬가지이다.

2. 국제기구가 직원이 아닌 개인에게 손해를 야기한 경우

국적국은 국제기구를 상대로 하여 외교적 보호권을 발동할 수 있다. 이 경우 국제기구 내에 외부의 개인이 접근할 수 있는 이용가능하고 실효적인 구제수단이 없는 한 국내구제수단완료의 원칙은 준용의 여지가 없다. 그러나 EU의 경우처럼 국제기구 내에 외국인이 당해 기구를 상대로 소송을 제기할 수 있는 제도적 장치가 존재하면 그 범위 내에서 국내구제수단완료의 원칙이 준용된다.

3. 국제기구가 직원에게 손해를 야기한 경우

직원의 국적국은 국제기구를 상대로 외교적 보호권을 발동할 수 있다. 이 경우 직원이 자신의 피해를 구제할 수 있는 수단이 국제기구 내에 존재한다면 이 내부절차를 먼저 완료해야 한다. 따라서 기구 내부에 구제수단이 없거나 내부구제절차를 거쳤어도 기구가 그 결과를 이행하지 않는 경우 직원의 국적국가는 기구를 상대로 외교적 보호권을 행사할 수 있다. Reparation for Injuries Suffered in the Service of the UN 사건에서 국제사법재판소(ICJ)가 언급한 것처럼 기구의 직무 보호권은 국적에 기초한 것이 아니기 때문에 이 경우 복수국적자의 국적국가 상호간에는 통상적으로 상호 외교적 보호권 발동이 불허되는 법리를 적용하는 것은 타당하지 않다.

4. 국제기구 직원이 비회원국으로부터 피해를 입은 경우

(1) 손해배상청구권이 인정되는지 여부

국제기구 직원이 비회원국으로부터 직무 수행 중 피해를 입은 경우 국제기구가 가해국을 상대로 손해배상을 청구할 수 있는지가 문제된다. Reparation for Injuries Suffered in the Service of the UN 사건에서 국제사법재판소(ICJ)는 UN이 객관적 법인격을 가지고 있으므로 가해국이 기구의 회원국인 경우는 물론이고 비회원국이라 하더라도 당해 공무원을 위하여 직무 보호권을 행사할 수 있다고 하였다. 그러나 이 경우 국제기구에게 국제사법재판소(ICJ) 제소권이 인정되는 것은 아니다.

(2) 국내구제완료원칙의 적용 여부

국가가 국제기구 공무원에게 피해를 준 경우 국제기구 공무원이 가해국 국내에서 구제를 완료해야 하는가? 이 경우 공적 자격으로 행동하는 UN의 직원과 사적 자격으로 행동하는 직원의 대우를 구분해야 한다. 첫째, UN직원이 직무와 무관하게 피해를 입은 경우 UN의 직무 보호권은 문제되지 않고, 피해 직원 국적국의 외교적 보호권만 문제된다. 따라서 이 경우 국내구제완료원칙이 적용된다. 둘째, 직원이 업무 중 피해를 본 경우, 국제기구의 직무 보호권과 피해자 본국의 외교적 보호권이 모두 문제된다. 본국이 외교적 보호권을 발동하게 된다면 국내구제완료원칙이 적용된다. 그러나 국제기구가 직무 보호권을 발동한다면 국제기구의 직접피해에 해당되어 UN이 직무를 수행하는 직원을 위해 보호권을 행사하는 것은 직원을 대리하는 것이 아니라 기구 자신의 권리를 행사하는 것이므로 국내구제완료의 원칙은 적용되지 않는다.

5. 국제기구와 회원국의 제3자에 대한 연대책임 문제

국제기구가 제3자에게 손해를 끼친 경우 국제기구 회원국도 국제기구와 별개로 책임을 져야하는가? 국제기구는 회원국과 별개의 법인격을 향유하므로 국제기구의 위법행위에 대해서는 국제기구만 책임을 지는 것이 원칙이다. 다만, 국제기구 설립조약을 포함하여 조약에서 명시적으로 혹은 묵시적으로 규정하고 있는 경우, 사건 발생 후 달리 합의한 경우, 국제기구를 만든 다음 이를 통해 국가 책임을 회피하려고 의도한 경우 등에는 예외적으로 국제기구의 회원국들은 동 기구의 행위에 대해 경합적으로 혹은 연대하여 책임을 부담할 수 있다. 유럽인권재판소는 Behrami 및 Saramati 사건에서 UN KFOR의 행위는 피고인 '유럽인권협약' 당사국들에 귀속되지 않는다고 판결하였다.

6. 국제기구 대리인의 행위에 대한 책임

국가 또는 타 국제기구에 의해 특정 국제기구의 처분하에 놓여진 기관이나 대리인의 행위에 대해서는 위법행위책임초안 제6조의 법리가 적용된다. 즉, 처분권을 행사하는 국제기구가 책임을 진다. 다만, 국제기구가 자신의 처분하에 놓여진 외부기관의 행위에 대해 실효적 통제를 행사하는 경우에 한하여 문제의 기관의 행위는 국제법상 그 기구의 행위로 간주된다. 평화유지군의 경우 파견주체는 UN이므로 평화유지군의 직무상 위법행위에 대해서는 UN이 책임을 진다.

다만, 평화유지군이 파견국의 지시를 받아 위법행위를 한 경우에는 파견국으로 당해 행위가 귀속되어 책임을 진다. 네덜란드 대법원은 Nuhanović 사건에서 UN PKO 활동과정에서 비롯된 결과라도 문제의 행위에 대해 네덜란드가 실효적 통제를 하고 있었다면 그 책임은 네덜란드에 귀속된다고 판단하였다.

7. 직무 보호권을 행사하는 기관

국제기구가 손해배상청구권(직무 보호권)을 행사하는 경우 국제기구 내의 어떤 기관이 실제로 청구권을 행사하는가? 이것은 기본적으로 기구설립조약의 해석의 문제로서 조약에 명시적 또는 묵시적 근거 규정이 없으면 당해 기구의 사무총장이 이 기능을 맡는다고 보는 것이 타당하다. UN의 경우 UN사무총장이 배상을 청구하였다.

제4절 | 개인

1 의의

국제법의 주체란 국제법상의 권리·의무가 직접적으로 귀속되는 자를 의미한다. 개인에 관하여 국제법상 문제되는 것은 개인이 국제법 주체가 될 수 있는가에 있다. 이에 대한 전통국제법의 시각은 개인을 단지 법의 객체로 취급했을 따름이다. 따라서 개인은 외국의 부당한 침해행위에 대해서는 자국의 외교적 보호에 호소해야 했으며, 자국 정부로부터 침해를 받은 경우는 순전히 국내문제로서 국제법 규율 밖에 있는 것으로 생각되었다. 그러나 제1·2차 세계대전 이후 현대국제법은 제한된 범위에서나마 개인의 권리를 인정하게 되었다.

2 개인의 국제법상 주요 권리

1. 국제소송권

개인이 국제법원에 소송을 제기할 수 있는 능력이다. 당초 국제포획법원(International Prize Court)이 개인의 제소권을 인정하였으나, 동 법원은 설치되지 못했다. 실제 설치된 법원 중에서는 중미사법법원(Central American Court of Justice)이 최초로 개인의 제소권을 인정하였다. 유럽공동체의 경우 유럽사법법원이나 유럽인권법원에 대한 개인의 제소권이 인정된다. 또한 국제투자분쟁해결센터(ICSID), UN해양법법원 내에 설치된 심해저분쟁재판부, UN행정법원도 개인의 국제소송권을 규정하고 있다.

국제포획법원(International Prize Court)

국제포획재판소는 1907년 6월 15일부터 10월 18일에 걸쳐 개최된 제2차 헤이그평화회의에서 채택된 협약에 의해 창설이 예정되었던 법원이다. 동 회의에서는 '국제분쟁의 평화적 해결'과 '전시(戰時) 법규의 제정'에 중점을 두었다. 전자에 관해서는 제1회 평화회의의 '국제분쟁의 평화적 처리협약'의 개정과 새롭게 '계약상의 채무회수를 위한 병력사용의 제한에 관한 조약'의 채택, 후자에 대해서는 제1회 평화회의에서 체결된 상기 2조약의 개정 외에 새롭게 '개전(開戰)에 관한 조약', '육전에 있어서 중립국 및 중립인의 권리와 의무에 관한 협약', '자동촉발 해저수뢰의 부설에 관한 조약', '전시 해군력을 갖는 폭격에 관한 조약', '해전에 있어서 중립국의 권리의무에 관한 협약', '개전에 있어서 적의 상선(商船) 취급에 관한 조약', '해전에 있어서 포획권 행사의 제한에 관한 조약' 및 '국제포획재판소의 설립에 관한 조약'의 9조약과 '경기구(輕氣球)에서의 폭발물 투하금지선언이 채택되었다. 국제포획재판소를 위한 헤이그협약(Hague Convention)은 발효되지 않았다.

국제포획재판소는 단순한 중재재판소가 아니라 강제관할권에 기초한 진정한 사법법원을 지향하였다. 또한 동 법원은 국내재판소에 대한 상소법원으로서 기능할 것이 예정되었으며, 국가 또는 개인들(individuals)에게 상소권이 보장되었다. 동 법원은 국제법에 따라 재판하도록 하였으며, 국제법이 없는 경우 법의 일반원칙과 형평에 따르도록 하였다. 재판소는 총 15명의 재판관으로 구성되고, 개정정족수는 9명이었다. 재판관의 임기는 6년이었으며 임시재판관제도도 인정되었다. 상설중재법원의 사무국과 행정위원회가 국제포획법원의 사무국 및 행정위원회 기능을 겸임하였다. 재판소장과 부소장은 국제포획법원 재판관 중에서 선임되었다. 1907년 10월 18일 국제포획재판소에 관한 협약이 채택되고 서명을 위해 개방되었다. 그러나 동 협약은 발효되지 않았다. 그럼에도 불구하고 동 법원은 상설국제사법재판소 설치를 위한 최초의 국제적 합의에 기초한 것이었다. 동 법원은 1907년 헤이그 평화회의에서 영국과 독일 대표단에 의해 제안된 것이었다. 동 협약은 12년간 효력을 유지하고, 이후 종료되지 않고 갱신되면 6년간 효력을 유지하기로 예정되어 있었다.

중미사법법원(Central American Court of Justice)

중미에 설립된 재판소로 세계 최초의 상설국제재판소이다. 1906년 이래 중미지역에서 긴장
이 계속되자 이를 해결하기 위해 미국과 멕시코가 중개하여 1907년 워싱턴에서 중미평화회
의가 개최되었다. 이 회의에서 '중미사법재판소설치조약'(1907.12.20.)이 체결되어 다음 해
인 1908년 5월 25일에 중미사법재판소가 설립되었다. 당사국은 온두라스, 코스타리카, 과
테말라, 니카라과, 엘살바도르의 중미 5개국이다. 재판소는 코스타리카에 설치되었다. 재판소
는 5명의 재판관으로 구성되었다. 재판관은 당사국의 입법부가 1명씩 임명하고 임기는 5년
으로 재선도 허용되었다. 재판관에 이상이 있는 경우에 대비하여 보결재판관을 각국의 입법
부가 2명씩 임명하였다.

재판소가 관할권을 갖는 분쟁은 가입국 간에 발생한 일체의 분쟁, 개인이 자국 이외의 가입
국을 상대로 한 분쟁, 정부 간 합의 또는 정부와 개인의 합의에 기초한 의뢰된 분쟁, 가입국
과 그 이외 국가의 분쟁에 있어서 특별합의에 기초하여 의뢰된 분쟁이다. 재판소는 국제법의
제 원칙을 기초로 재판하여 판결이 종결되었다. 재판소설치조약은 10년간 효력을 갖도록 되
어 있어서, 재판소도 10년의 역사로 1918년 임무를 종료하고 해산하였다.

2. 청원권

청원권이란 개인의 국제조약상의 자신의 권리를 침해당한 경우 조약상의 절차와 요
건에 따라 자신의 권리의 구제를 요청하는 절차를 의미한다. 신탁통치지역주민의
UN에의 청원권, 유럽인권위원회나 미주인권위원회에의 당사국의 의무 위반에 대한
개인의 청원, 1966년 '시민적·정치적 권리에 관한 국제규약의 선택의정서'에 의한
인권위원회에의 개인의 청원 등이 있다. 청원결과는 원칙적으로 관련당사자에게 법
적 구속력은 갖지 않는다.

3 개인의 국제법상 의무 및 처벌제도

1. 개인의 주요 국제의무

(1) 조약상의 의무

조약의 규정에 의하여 개인에게 일정한 의무를 부여할 수 있다. 예를 들어, 일정
한 해역에 있어서의 어업제한에 관한 조약 또는 해저전선보호에 관한 조약에서
개인은 일정한 의무를 부담한다.

(2) 해적행위금지의무

해적행위는 국제관습법상 금지되어 있다. 해적행위를 한 개인은 모든 국가의 군
함에 의해 체포되어 군함의 기국에 의해 처벌된다. 즉, 보편관할권이 창설되어
있다.

(3) 전쟁법준수의무

<u>전쟁법을 준수할 의무는 1차적으로 국가에 있으나 개인에게도 부과되어 있다.</u> 전쟁법은 군인이 전투시에 일정한 규칙을 준수해야 하며 민간인은 스스로 적대행위를 해서는 안 된다고 규정하고 있다. 전쟁법 위반행위를 '통상의 전쟁범죄'라 하여 제2차 대전 이후의 '새로운 전쟁범죄'와 구분한다.

(4) 침략전쟁 및 무력행사의 금지의무

<u>개인은 침략적 전쟁이나 무력행사를 하지 않을 의무가 있다.</u> 전통적으로 부전조약이나 UN헌장 등에 의해 이 의무는 국가에 대해서만 부과되었으나, 제2차 세계대전 이후 국제군사재판에서는 국가기관의 지위에 있었던 사람도 개인으로서 책임이 있다고 판결하고 전쟁범죄인으로 처벌하였다. 동 의무 위반을 '평화에 대한 죄'(crime against peace)라 한다. 평화에 대한 죄는 제2차 대전 이후의 새로운 전쟁범죄로서 침략전쟁 또는 국제법 위반의 전쟁을 계획·준비·개시하거나 공동모의에 참가한 행위 등을 말한다.

(5) 집단살해금지의무

<u>개인은 집단살해를 행하지 않을 의무가 있다.</u> 집단살해란 민족적·종족적·종교적 특정 그룹을 말살하려는 의도하에 이루어지는 범행으로서 살인, 심각한 정신적·신체적 상해, 출산 방해, 아동의 강제이동행위 등을 말한다.

(6) 인권존중의무와 인도에 대한 죄(crime against humanity)

<u>개인은 국제법상 인권존중의무를 부담하며, 위반시 인도에 대한 죄로 처벌될 수 있다.</u> 인도에 대한 죄란 '전쟁 전 또는 전쟁 중에 일반인민에 대하여 행해진 살해, 절멸적 대량살상, 노예화, 강제이동, 기타 비인도적 행위 또는 정치적·인종적·종교적 이유에 의한 박해'를 말한다.

2. 국제법상 개인의 형사처벌제도

(1) 원칙(국내처벌)

개인이 국제법상 의무를 위반한 경우 국제범죄인의 처벌은 국내기관이 담당하는 것이 일반적이며 이를 국내처벌의 원칙이라 한다. 이는 국제공동체의 제도적 불완전성때문에 국가에 위임한 것이다. 국제범죄인에 대해서는 보편관할권을 인정하여 범죄인과 인적 유대, 속지적 유대, 이해관계적 유대를 갖지 못한 경우에도 처벌할 수 있도록 한다.

(2) 전쟁범죄인의 국제적 처벌

① **연혁**: 제1차 세계대전 이전에는 국가와 별도로 국가기관을 구성하는 자연인의 국제형사책임을 추궁하지 않았다. 그 이후 침략전쟁을 이유로 독일의 빌헬름 II세를 처벌하기로 한 것이 주요 전쟁범죄인(major criminals)을 국제적으로 처벌한 시초였다. 제2차 세계대전 이후에도 주요 전쟁범죄인들을 처벌하기 위해 뉘른베르크국제법원과 동경국제법원을 설치하였다.

② **뉘른베르크국제법원**: 유럽지역의 주요 전쟁범죄인들을 처벌하기 위해 설치된 국제형사법원으로서 1945년 런던협정에 의해 법원규약을 제정하였다. 뉘른베르크법원은 판결을 통해 국제법이 개인에게 직접 적용된다는 것, 국가기관 구성원도 형사책임을 면할 수 없다는 것, 불법적인 상부명령을 원용할 수 없다는 것, 국제법이 국내법에 우선한다는 것을 분명히 선언하였다.

③ **동경법원**: 일본의 주요 전쟁범죄인들을 처벌하기 위해 설치되었다. 6명이 사형선고를 받았다.

(3) 안전보장이사회의 결의에 기초한 임시적 국제형사법원

① **구유고국제형사법원(ICTY)**: UN은 구유고슬라비아 해체과정에서 세르비아계가 다른 민족에 대해 '인종청소'(ethnic cleansing)를 자행하자 1993년 안전보장이사회 결의 제827호를 통해 구유고지역에서 1991년 1월 1일 이후 발생한 국제인도법의 중대한 위반에 대한 책임 있는 자를 소추하기 위해 임시특별법원을 네덜란드 헤이그에 설치하였다.

② **르완다국제형사법원(ICTR)**: UN은 르완다지역에서 발생한 종족분쟁으로 인한 내전 당시 자행되었던 조직적인 집단살해행위를 비롯한 중대한 인권침해행위를 처벌하기 위해 1994년 안전보장이사회 결의 제955호를 통해 임시특별법원을 탄자니아에 설치하였다.

(4) 국제형사법원(ICC)

1950년대 논의가 중단되었던 상설국제형사법원의 설립문제는 1989년 재개되었고 1998년 이탈리아 로마에서 국제형사법원설립규정을 최종 채택하였으며 2002년 7월 1일 발효하였다.

(5) 시에라리온 특별재판소

개인의 국제범죄를 처벌하는 재판소로서 국제적 성격과 국내법원 성격이 혼재된 대표적 법원이다. 시에라리온 특별재판소의 특징은 다음과 같다. 첫째, UN산하의 기관이 아니다. 조약에 의하여 공동으로 설립된 그 자신 한 개의 독립된 국제기구이다. 둘째, 국제인도법과 시에라리온(국내)법의 중대한 위반에 대해 가장 큰 책임이 있는 자들을 소추하기 위해 구성되었다. 셋째, 재판소의 인적 구성과 그 방법에 있어서도 혼합적이다. 즉, 재판관의 일부는 UN사무총장이 임명하고 다른 일부는 시에라리온 정부가 임명한다. 재판관의 국적에는 제한이 없으며, 따라서 시에라리온 정부는 반드시 자국민을 재판관으로 임명할 것이 요구되지는 않는다. 넷째, 재판소 경비는 국제공동체로부터의 자발적 기부금으로 충당한다. 다섯째, 시에라리온 특별재판소와 시에라리온의 국내재판소들은 경합적 관할권을 갖는다. 다만, 전자는 후자에 대해 우위를 가지며, 따라서 절차의 어떤 단계에서도 후자에 대해 양보할 것을 요청할 수 있다. 2013년 9월 26일 항소재판부는 1심 재판부의 판결을 지지하고 찰스 테일러의 항소를 기각하였다. 찰스 테일러는 제2차 세계대전과 관련한 전쟁범죄 재판 이래 유죄가 확정된 최초의 전직 대통령이 되었다.

제5절 | 민족과 자결권

1 개념

자결(self - determination)이란 어느 민족이나 인민이 외부로부터 간섭을 받지 않고 스스로 정치적 지위를 자유로이 결정하며, 동시에 그 경제적·사회적·문화적 발전을 자유로이 추구하는 것을 말한다. 자결권(right of self - determination)이 국제법상 권리인가라는 논쟁이 있었으나, 지금은 제2차 세계대전 이후 국가 간 실행을 통해 확립된 권리라고 하는 것이 통설이다.

2 연혁

1917년 구소련에 의해 국제적 차원에서 최초로 천명되었고 서구진영에서는 윌슨에 의해 제창되었다. 그러나 레닌의 민족자결은 사회주의 강화를 위한 과도기적·전술적 개념이었고 윌슨의 자결주의는 즉각적·무조건적 자결을 인정하지 않았던 한계가 있었다. 제2차 세계대전 이후 UN헌장에 처음으로 삽입되었고 그 후 제3세계의 주도하에 많은 국제문서에서 이를 채택하였으며 국제판례에서도 이를 인정하게 되었다.

3 자결권의 법적 성격

1. UN과 자결권

UN헌장 제1조 제2항은 'UN의 목표는 … 민족의 평등권과 자결원칙의 존중을 기초로 하여 국가 간의 우호관계를 발전시키는 데 있다.'라고 규정하고 있다. 그러나 몇 가지 한계가 있었다. 첫째, 즉각적으로 달성되어야 할 법적 구속력 있는 의무를 수립한 것이 아니라 단지 UN의 한 가지 목표를 밝힌 것이다. 둘째, UN헌장 내에서 식민지의 자결은 대체로 독립보다는 '자치'를 의미하는 것으로 받아들여졌다. 셋째, 자결은 국가 간의 평화와 우호관계를 확보하기 위한 하나의 '수단'으로만 생각되었으므로 자결원칙의 이행이 국가 간의 긴장과 충돌을 야기할 경우 언제든지 배제될 수 있었다. 넷째, 자결은 분리독립을 초래하거나 이를 허용하지 않는 범위 내에서만 지지되었다.

2. 발전과정

제3세계는 UN헌장의 온건한 규정에 불만을 표시하고 민족자결의 법원칙화와 그 조속한 실현을 촉구하였다. 그 결과 많은 국제문서에서 동 원칙을 채택하였다. 동 원칙을 채택한 문서들은 다음과 같다. 1960년 식민지와 제민족에 대한 독립부여 결의, 1962년 천연자원의 영구주권 결의, 1966년 국제인권A규약, B규약, 1970년 우호관계선언 등이다.

3. 국제판례

국제사법재판소(ICJ)도 1971년 나미비아 사건과 1975년 서부 사하라 사건의 권고적 의견에서 자결권을 법적 권리로 본다는 견해를 표명하였다.

4. 강행규범성

자결원칙은 대세적 의무(duties erga omnes)를 창설하는 강행규범이다. 국제사법재 판소(ICJ)는 Western Sahara 사건에서 민족자결은 관련 민족의 의사가 자유롭고 진 정하게 표현될 것을 요구한다고 하였다. 따라서 자결권의 자유로운 행사에 제약을 가하거나 자결권을 부인하는 조약은 당연무효로 간주된다. 이러한 전제에서 1978년 9월 17일의 이집트 - 이스라엘 간 캠프데이비드협정은 팔레스타인 민족의 자결을 제 한하였기 때문에 무효라는 견해가 있으며, 1979년의 UN총회 결의도 동 협정은 유효 하지 않다고 언급하였다. 자결원칙을 위반하여 수립된 국가도 국제법의 시각에서는 위법할 뿐만 아니라 당연무효이다. 예를 들어 과거 남아프리카공화국이 흑인 반투족 들에게 부여한 독립을 들 수 있다.

4 자결권의 내용

1. 주체

식민지배하의 민족, 인종차별체제하의 민족, 그리고 외국 점령하의 민족이다. 이들이 특정 영토를 자신의 실효적 지배하에 두어야 하는지에 대해 견해가 대립하고 있다. 다수 국가의 견해는 민족해방단체는 '민족자결'이라는 이데올로기적 법원칙에 의해 국제적 지위를 향유하므로 영토적 지배를 요하지 않는다고 본다. 그러나 영국과 기 타 서방국가들의 견해에 의하면, 일정 영토의 실효적 지배는 민족해방단체가 합법적 인 교전자로서의 국제적 지위를 갖기 위한 필수적 요건이다.

2. 자결의 목적

자결의 궁극적 목표에 대해 우호관계선언은 주권독립국의 건설, 독립국가와의 자유 로운 연합 또는 통합, 민족이 자유로이 결정하는 기타 정치적 지위로의 출현 등 세 가지를 지칭하고 있다. 현실적으로는 식민지배나 외국 점령하의 민족은 외적 자결을 추구하고, 인종차별체제하의 민족은 외적 자결과 내적 자결 중 어느 하나를 추구한 다. 외적 자결이란 주권국가의 건설, 독립국가와의 자유로운 연합·통합 또는 민족이 자유로이 결정하는 기타 정치적 지위로의 출현을 의미하고, 내적 자결이란 기존 국 가의 틀 내에서 정치·경제·사회·문화적 발전을 추구하는 것을 말한다.

3. 자결원칙으로부터 도출되는 권리 · 의무

(1) 자결권

자결권은 그 성격상 국제공동체의 모든 국가들에게 영향을 미치므로 대세적 권리(right erga omnes)이다. 따라서 모든 국가가 이 권리를 존중할 의무가 있다. 특히, 점령국, 식민지 본국, 인종차별국가는 자결권 행사에 대한 불법적인 방해를 중단하고, 자결권을 인정할 의무가 있다.

제3국도 압제국의 억압적 지배를 공고히 해줄 가능성이 있는 일체의 원조를 부여해서는 안 되며, 특히 군사원조를 해서는 안 된다.

(2) 외부로부터 지지를 구하고 받을 권리

자결권의 구체적 내용으로서 자결권의 행사를 위해 투쟁하는 민족은 'UN헌장의 목적과 원칙에 따라' 외부로부터 지지를 구하고 받을 권리가 있다.

(3) 무력사용권의 포함 여부

다수 국가들은 민족을 대표하는 민족해방운동은 압제세력에 대해 무력을 사용할 권리를 갖는다고 본다. 그러나 서방국가들은 민족해방운동의 무력사용의 권리를 인정하지 않고 있다.

(4) 제네바조약의 적용

민족해방운동과 압제정부 간 무력충돌은 국제적 무력충돌(international armed conflict)로 간주되며, 따라서 1949년 제네바 4개 협약과 1977년의 제네바 제1추가의정서가 적용된다.

(5) 조약 체결권

제한된 범위에서 국가 및 국제기구와의 조약 체결권이 있다. 동 협정은 조약법에 의해 규율된다.

(6) 외교권

국가들과 외교관계를 수립하고 사절단을 파견할 수 있다.

동티모르 사건(포르투갈 대 호주, ICJ, 1995)

1. 사실관계

(1) 지리적 위치

동티모르는 동남아시아 말레이군도에 있는 섬이다. 서티모르는 네덜란드의 식민지였으나 인도네시아가 독립할 때 인도네시아의 영토로 편입되었다. 동티모르는 16세기 이래 포르투갈의 식민지였다. 동티모르의 남쪽 해안은 호주의 북쪽 해안과 약 230해리의 거리를 두고 마주보고 있다. 인도네시아와 호주는 1971년 대륙붕 관련 협정을 체결하면서 동티모르 해안에 연접한 대륙붕은 제외하였으며, 제외된 지역을 티모르갭(Timor Gap)이라 한다.

(2) 동티모르와 포르투갈 및 인도네시아

포르투갈은 동티모르를 식민지화한 이래 동티모르를 자국영토로 주장하였으며 1933년 헌법에서는 동티모르를 포르투갈의 '해외주'(overseas province)로 규정하였다. 그러나 1974년 군부 쿠데타 이후 식민지정책을 전환하여 자결권을 부여하는 방향으로 수정하였다. 이후 동티모르에서는 내전이 발생하였으며 이 와중에 포르투갈은 동티모르에서 철수하였고, 인도네시아는 동티모르를 침공하여 인도네시아의 27번째 주로 편입하는 조치를 취했다.

(3) 동티모르사태에 대한 UN의 대응

UN은 1960년 총회결의 제1542호를 채택하여 동티모르를 UN헌장상의 비자치지역으로 분류하였다. 인도네시아군이 동티모르를 침공한 이후에는 안전보장이사회는 결의 제384호를 채택하여 동티모르의 영토보전과 동티모르 인민의 고유한 자결권을 존중할 것과 인도네시아 병력의 즉각적인 철수를 요청하였다. UN총회 역시 결의 제3485호를 통해 인도네시아 병력의 무력간섭에 대한 강한 유감을 표시하였다.

(4) 동티모르에 대한 호주의 태도

호주는 애초 인도네시아의 무력개입에 대한 비난하는 태도를 취했으나 1978년 1월 20일에 인도네시아의 동티모르 병합에 대해 사실상의(de facto) 승인을 부여하였다.

(5) 티모르갭에 대한 호주와 인도네시아의 협정

인도네시아의 동티모르 병합에 관한 호주의 승인이 있은 이후, 인도네시아와 호주는 티모르갭의 대륙붕 경계획정을 위한 교섭을 시작하였으나 실패하자 자원의 공동탐사와 개발을 위한 잠정협정을 체결하였다(1989.12.11.).

(6) 포르투갈의 제소

이에 대해 포르투갈은 호주를 ICJ에 제소하였다. 포르투갈의 청구사항은 다음과 같다. 첫째, 자결권 등에 관한 동티모르 인민의 권리 및 동티모르 시정국으로서의 포르투갈의 권리를 오스트레일리아가 존중할 의무가 있다. 둘째, 1989년 호주가 인도네시아가 협정을 체결함으로써 동티모르 인민의 권리 및 포르투갈의 권리를 침해하였다. 셋째, 티모르갭의 대륙붕 탐사와 개발에 관하여 포르투갈과 교섭을 배제함으로써 권리 조정을 위해 교섭할 의무를 오스트레일리아가 이행하지 않았다. 넷째, 의무 위반으로 발생한 손해에 대한 배상. 다섯째, 호주는 국제법 위반을 중지하고 티모르갭에서 시정국 이외의 어떠한 국가와도 협정 체결이나 대륙붕에 관한 관할권 행사를 삼간다.

(7) 호주의 청구

호주는 포르투갈의 청구에 대해 ICJ가 관할권을 가지지 아니하며, 또한 청구는 수리될 수 없다는 판결과 선언을 청구했다. 나아가 호주의 행동은 포르투갈이 주장한 국제법상 권리를 침해하지 않았다는 판결과 선언을 청구했다.

2. 판결요지

(1) 제3자 법익의 원칙과 수리가능성

호주는 포르투갈이 재판소에 요구한 판단은 필연적으로 제3국의 동의 없이 당해 제 3국, 즉 인도네시아의 행위의 합법성에 대한 판단할 것을 요구한다고 주장하면서 소의 수리불능을 주장하였다. 반면, 포르투갈은 자신이 문제삼고 있는 것은 호주가 인도네시아와 조약을 협상하고 체결하며 시행에 착수한 행위로서 이는 동티모르와 그 시정국인 포르투갈에 대한 호주의 의무 위반을 구성하므로 인도네시아의 권리에 대한 판결을 내리지 않더라도 그 자체에 대해 재판소가 판결을 내릴 수 있다고 반박하였다. 이에 대해 재판소는 제3자 법익의 원칙을 받아들여 오스트레일리아의 항변을 받아들였다. 재판소는 포르투갈이 호주가 인도네시아와 조약체결행위를 비난한 것은 포르투갈 자신이 동티모르에 대한 시정국이며 인도네시아는 동티모르를 위하여 조약을 체결할 권한이 없다는 판단에 기초한 것으로 보았다. 그런데 포르투갈은 조약을 합법적으로 체결할 수 있으나 인도네시아는 조약을 합법적으로 체결할 수 없는가 하는 문제를 먼저 문제삼지 않고서는 호주의 행위를 평가할 수 없다. 즉, 본 재판의 주제는 필연적으로 인도네시아가 동티모르에 진입하여 주류하고 있는 상황을 고려하여, 인도네시아가 동티모르의 대륙붕 자원과 관련하여 동티모르를 위하여 조약을 체결할 권한을 획득하였는지의 여부에 대한 결정이다. 그러나 재판소는 인도네시아의 동의 없이 그러한 결정을 내릴 수 없다고 하였다. 요컨대, 재판소는 포르투갈의 모든 청구에 대한 결정은 그 전제로서 인도네시아의 동의가 결여된 채 인도네시아의 행위의 합법성에 대한 결정을 내려야 하는 것이기 때문에, 선택조항에 근거하여 성립한 포르투갈과 호주에 대한 관할권을 행사할 수 없다고 하였다.

(2) 자결권의 대세적 권리성과 제3자 법익의 원칙

포르투갈은 제3자 법익의 원칙이 적용되지 않는다는 논거로서 오스트레일리아에 의한 대세적 권리(rights erga omnes)의 침해를 들었다. 즉, 호주는 자결권을 침해하였으며 자결권은 대세적 권리이므로 제3국이 마찬가지의 권리침해행위를 하였는지 여부와 관계없이 개별적으로 그러한 권리의 존중을 요구할 수 있다는 것이다. 이에 대해 우선 재판소는 자결권이 대세적 성격(erga omnes character)을 가진다는 것은 부정할 수 없으며 현대국제법의 본질적인 원칙의 하나라는 점에 대해 언급하였다. 그러나 동시에 재판소는 어떤 규범의 대세적 성격과 관할권에 대한 합의규칙을 별개의 것으로 보았다. 원용되는 의무의 성격과 관계없이 재판소는 판결이 사건의 당사자가 아닌 다른 국가의 행위의 합법성에 관한 평가를 내포하는 경우에는 국가 행위의 합법성에 대한 결정을 내릴 수 없다고 하였다.

 참고

국제적십자위원회(ICRC)의 국제법 주체성

국제적십자위원회(ICRC)는 1863년 앙리 뒤낭에 의해 스위스에서 창설된 단체로서 스위스 국내법에 의해 '국내법인격'을 부여받았으며 본부 건물은 제네바에 있다. 그러나 국제적십자위원회(ICRC)는 점차 국제법인격을 인정받게 되었다. 1949년 4개 제네바협약과 1977년 2개 추가의정서에 의해 전쟁 희생자들을 대리하여 정부들에게 간섭할 수 있는 권한을 부여받았으며, 국가 및 국제기구들과 조약을 체결하고 있다. UN과 조약을 체결하고 있고 여러 국가와 조약 또는 본부협정을 체결하여 그중 적지 않은 국가에서는 정부간 국제기구에 해당하는 특권과 면제를 인정받고 있다. 스위스는 1993년 국제적십자위원회와 협정을 체결하여 국제적십자위원회에 대해 국제법인격을 인정하고 국제적십자사가 소재하는 건물에 대한 불가침권을 인정하며, 국제적십자사에 대한 관할권 면제를 인정하였다. 또한 국제적십자위원회의 활동으로 인하여 스위스는 어떠한 국제법상의 책임도 지지 않도록 합의하였다. UN총회는 적십자위원회에 옵저버자격을 부여하였다.

01 국제법의 주체에 대한 다음 설명 중 옳은 것으로만 묶인 것은?

> 가. 국가를 구성하지 못한 일정 범주의 민족도 제한된 범위 내에서 국제인격을 갖는다.
> 나. 개인은 제한적·능동적 주체로 인정받고 있다.
> 다. 국제기구는 국제법의 주체로서 조약 체결권 및 손해배상청구권을 가질 수 있다.
> 라. 연방국가의 구성국들은 대외적으로 각각 하나의 독립국가로 취급된다.

① 가, 나 　　　　　　　　　　　② 가, 다

③ 나, 다 　　　　　　　　　　　④ 가, 라

국제법의 주체

국제법의 주체에 대한 설명 중 옳은 것은 가, 다이다.
가. 민족자결권을 행사하는 민족은 조약체결권, 외교권 등의 법적 권리를 갖는다.

선지분석
나. 개인은 수동적 주체이다. 조약체결권이 없는 주체를 수동적 주체라고 한다.
라. 연방국가의 구성국은 대외적으로 국가로서의 성격을 갖지 않고, 연방만이 국제법상 국가에 해당한다. 이는 국가연합에서의 구성국들이 대외적으로 국가로 인정되는 것과 대비된다.　　　　　　　　　　답 ②

---

02 국제연합(UN)에서 근무하는 직원에 대한 설명으로 옳은 것은?

① UN의 직원은 임무수행에 있어 오직 UN과 자신의 국적국에 대해서만 책임을 진다.

② 1946년 「UN의 특권과 면제에 관한 협약」에서는 UN의 직원과 UN과 밀접한 관계를 갖는 전문기구의 직원에 대해서만 특권과 면제를 인정한다.

③ UN의 직원이 공무수행 중에 국제위법행위로 인하여 손해를 입은 경우 직원의 국적국이 외교적 보호권에 근거하여 가해국에 대하여 국제책임을 물을 수 있다.

④ UN의 직원은 그 국적이나 직무에 상관없이 외교적 보호를 받을 수 있으나, 만일 외교적 보호를 받을 수 없다면 부득이 그 국적국이 직무적 보호를 행사할 수 있다.

국제연합(UN)

직원의 국적국은 외교적 보호권을 발동할 수 있으며, 그리고 UN도 직무 보호권을 발동할 수 있다.

선지분석
① UN직원은 임무수행에 있어서는 UN에 대해서만 책임을 진다.
② 전문기구 직원의 경우 1947년 「UN 전문기구의 특권과 면제에 관한 협약」이 적용된다.
④ 직무 보호권은 해당 국제기구의 권한이다.　　　　　　　　　　답 ③

03 **국제법상 국제기구에 대한 설명으로 옳은 것은?** 2019년 7급

① 복수 국가의 합의로 설립된 모든 기구는 독자적 법인격이 자동적으로 인정된다.

② 국제기구 회원국의 상주대표부 설치는 국제관습법에 따라 해당 기구 및 소재지국의 동의를 받아야 한다.

③ 국제기구는 기구의 목적 및 기능과 충돌하는 권한을 묵시적으로 부여받은 것으로 추론될 수 없다.

④ 국제기구 직원의 면제와 특권은 한시적으로 제한된 임무를 수행하는 전문가에게는 인정되지 않는다.

국제기구

묵시적 권한 이론에 의하면 조약에 명시적 규정이 없는 경우라 하더라도 국제기구의 목적 달성과 양립하는 권한은 묵시적으로 인정된다. 반면, 국제기구 목적 달성과 양립하지 않는 권한은 추론될 수 없다.

선지분석

① 국제기구는 원칙적으로 조약 규정에 의해 독자적 법인격이 인정된다.

② 상주대표부 설치는 관습법의 지배가 아니라 관련 '조약'의 지배를 받는다.

④ 한시적으로 업무를 수행하는 전문가에게도 그 직무에 관한 면제는 인정된다.

답 ③

---

04 **1933년 국가의 권리와 의무에 관한 몬테비데오조약에 따른 국가의 성립요건에 대한 설명으로 옳지 않은 것은?**

2014년 7급

① 국가는 민족자결권에 기초하여 수립되어야 한다.

② 국가는 항구적 인구를 보유하여야 한다.

③ 국가는 일정한 영토를 보유하여야 한다.

④ 국가는 실효적인 주권을 행사할 수 있는 정부를 보유하여야 한다.

국가의 성립요건

민족자결권에 따른 국가 수립은 동 협약상의 요건은 아니다. 강행규범에 합치되게 설립될 것이 요구되기도 하나, 동 협약에서 열거된 요건은 아니다. 동 협약은 외교능력을 추가적인 국가성립요건으로 명시하고 있다.

답 ①

제**2**편

국가

제1장 | 승인

 출제 포커스 및 학습방향

승인에서는 국가승인과 정부승인이 주로 출제된다. 국가승인에 있어서는 특히 창설적 효력 설과 선언적 효력설의 차이, 승인의 효력, 시기상조의 승인, 조건부 승인, 스팀슨 독트린, 묵 시적 승인 방법 등이 출제 포인트이다. 정부승인의 경우 정부승인에 관련된 주장들, 특히 토바르주의나 에스트라다주의 등이 주로 출제되고 있다.

제1절 | 국가승인

1 의의

1. 개념

국가승인이란 국제사회의 기존 국가가 신생국을 국제법상 주체로 인정하는 의사표시 이다. 바꾸어 말하면 국제법의 주체인 기존 국가가 신생국의 국내법상 법인격을 국 제법상의 법인격으로 인정하는 의사표시이다.

> 📁 **참고**
>
> **신국가의 수립방식**
>
> **1. 분리독립**
> 기존 국가의 일부 영토에 신국가가 수립되는 형태이다(A → A + B).
>
> **2. 분열**
> 기존 국가로부터 2 이상의 신국가가 수립되는 형태이며, 분리독립과 달리 기존 국가가 소 멸 된다(A → B + C).
>
> **3. 합병**
> 2 이상의 국가가 1개의 신국가를 수립하는 형태이며, 기존 국가가 모두 소멸한다는 점에 서 병합과 구별된다. 병합은 기존국가가 타국가를 흡수하는 형태로서 신국가 성립하는 것 은 아니다(합병: A + B → C, 병합: A + B → A or B).
>
> **4. 신생독립**
> 식민통치를 받은 종속국이 모국으로부터 독립하는 형태이며, 분리독립과 유사하나 이미 존재하던 국가가 소멸되었다가 다시 분리한다는 점에서 분리독립과는 구별된다.

2. 구별개념

(1) 정부승인

정부승인이란 일국가의 정부가 비합법적인 방법으로 변경되었을 때 타국가가 신정부를 그 국가의 대외적 대표적 기관으로 인정하는 의사표시이다. 국가승인은 국가 자체의 승인이고 법인격의 승인이나, 정부승인은 국가의 대외적 대표기관의 승인이자 기관의 승인이라는 점에서 구별된다.

(2) 교전단체승인

교전단체승인은 반도단체를 본국 또는 타국이 국제법상 전쟁의 주체로 인정하는 의사표시이다. 국가승인은 국가 자체의 승인이나, 교전단체승인은 지방적 사실상 정부로 구성된 실체의 승인이다. 또한 국가승인은 항구적 국제법 주체의 승인이나, 교전단체승인은 일시적 국제법 주체의 승인에 불과하다.

3. 제도적 취지

국가승인이 특히 문제가 되는 경우는 어떤 국가가 본국과의 투쟁을 거쳐 분리독립하는 때인데 이 경우 본국은 신국가의 성립을 부인하는 것이 일반적이다. 그러나 제3국도 본국의 승인이 없다는 이유만으로 국가의 자격을 갖춘 신국가를 승인할 수 없다면 신국가의 국제법 주체성이 부인되므로, 그 지역 내에서 자국의 권익을 보호할 방법이 없게 된다. 이러한 난점을 배제하기 위해 국가승인제도가 존재한다.

4. 법적 성질

국가승인은 승인국의 일방적 의사표시, 즉 단독행위이다. 또한 승인은 정치성과 재량성을 갖는다. 승인이 법률행위적 요소를 갖고 있으나, 승인은 자국의 국가이익과의 합치를 주관적으로 고려한 행위라는 점에서 정치적 행위이며, 승인요건을 갖추었다 하더라도 승인의무는 없으므로 재량적 행위이다.

2 국가승인의 본질에 대한 학설

1. 창설적 효과설

(1) 의의

승인 이전의 신국가는 국제법 주체가 될 수 없으며 이 경우 타국가와의 관계는 사실상의 관계에 불과하다. 따라서 승인은 '사실'을 '법'으로 전환시키는 창설적 효과를 가지며 이에 의해 비로소 국제법의 주체가 된다고 한다. 창설적 효력설은 주로 법실증주의를 배경으로 주장된다. 즉, 국제법은 국가 간의 합의에 의해 형성되며, 이 합의에 의해 기존 국가 간 국제법상의 권리·의무가 발생한다. 따라서 이러한 합의형성과정에 참가하지 않은 신국가는 기존국가의 승인을 받아야 국제법상 권리·의무를 향유할 수 있다.

(2) 비판

창설적 효과설에 대해 몇 가지 문제점이 지적된다. 첫째, 창설적 효과설은 사실에서 법이 나온다는 명제의 기초한 실효성의 원칙과 정면으로 충돌한다. 창설적 효과설에 의하면 신국가 또는 신정부가 실효성을 갖추고 있더라도 승인받지 못하면 법인격이 없다고 보기 때문이다. 둘째, 창설적 효과설은 국가들의 주권평등 원칙과도 모순된다. 기존 국가 또는 정부는 신국가 또는 신정부가 자신을 승인해 준 국가 또는 정부에 대해서는 국제인격을 갖는 데 반해 승인을 보류하고 있는 정부에 대해서는 국제인격을 갖지 못한다는 결론에 이르게 되기 때문이다. 셋째, 창설적 효과설은 논리적으로도 건전하지 못하다. 이 견해에 따르면 신국가 또는 신정부는 자신을 승인해 준 국가 또는 정부에 대해서는 국제인격을 갖는 데 반해 승인을 보류하고 있는 정부의 법인격이 현실과 달리 분열되기 때문이다. 넷째, 창설적 효과설에 의하면, 승인받지 못한 국가 또는 정부는 국제법이 국가 또는 정부에 부과하는 의무의 구속을 받지 아니하고 국제공동체에서 자신이 원하는 바대로 행동할 자유가 있다는 현실에 배치되고, 또한 무정부상태를 조장하는 결론에 이르게 된다.

2. 선언적 효과설

국가의 승인이란 국제법의 주체인 기존 국가가 사실상으로 성립한 신생국가에 대해 그 국가가 본래 가지고 있는 국제법적 지위를 확인하고 선언하는 행위로 본다. 국가가 국내적으로 성립하면 그때부터 당연히 국제법의 주체가 된다. 승인은 새로운 실체에 권리도 의무도 부여하지 않는다. 국가 또는 정부의 존재는 순전히 사실의 문제이며 승인은 단지 사실을 확인하는 정치적 행위에 불과하다. '국가의 권리와 의무에 관한 몬테비데오협약'은 '국가는 다른 국가의 승인과 상관없이 존재한다.'라고 규정하여 선언적 효과설에 입각하고 있다. 선언적 효력설은 주로 객관주의의 입장으로서 객관적인 국제법의 작동으로서 국내법으로 성립한 국가는 자동으로 기존 국가의 주관적 승인에 관계없이 국제법 주체성이 인정된다고 주장한다. 신국가는 현실적으로 기존 국가와 정식으로 외교관계를 맺기 위해 기존 국가의 승인을 필요로 할 뿐이다.

3. 능력구분설

능력구분설은 국가의 법인격을 권리능력과 행위능력으로 구분해서 보자는 입장이다. 즉, 국가는 승인 이전에도 권리능력은 가지나, 행위능력은 승인을 통해서만 인정된다는 것이다. 승인 이전에도 국가의 국제법 주체성이 인정된다는 점에서 선언적 효력설에 가깝다는 평가를 받는다.

3 국가승인의 요건

1. 요건

(1) 국내법상 국가의 성립

국내법상 국가로 성립하기 위해서는 영역, 인민, 통치조직을 갖추어야 한다. 영역이나 인민에 대한 지배권이 확립되지 못하였거나, 타국의 원조에 의해서만 자립할 수 있는 경우 및 일시적인 국가는 국가승인을 받을 수 없다.

(2) 국제법 준수의 의사와 능력

신국가는 국제법을 준수할 의사와 능력을 가져야 한다. 이 능력의 객관적 표시는 확립된 정부이나 그 정부가 국제법에 대하여 부정적인 태도를 취하는 경우 국제법을 준수할 의사가 없는 것으로 간주된다.

2. 상조의 승인(premature recognition)

승인의 요건이 갖추어지기 전에 하는 승인을 상조의 승인이라 한다. 이는 위법이고 무효이다. 분리독립의 경우 상조의 승인은 본국에 대한 불법적인 간섭을 구성한다. 상조의 승인의 예로는 1778년 프랑스에 의한 미국의 승인과 1903년 미국에 의한 파나마 승인이 거론된다. 1903년 파나마가 콜롬비아로부터의 독립을 선언하자 미국은 곧바로 승인을 했는데, 이는 파나마 운하의 부설권을 획득하기 위한 정치적 지원행위였다. 전자의 경우 영국과 프랑스 간 전쟁선포사태를 초래하였고, 후자의 경우 미국이 콜롬비아에 대해 5천만 달러를 배상하기로 하고 해결되었다. 최근 사례로는 1990년대 유고슬라비아 내전시 슬로베니아, 크로아티아, 보스니아 - 헤르체고비나 등에 대한 유럽국가들의 승인 역시 상조의 승인이었다. 동파키스탄, 즉 방글라데시의 독립선언은 1972년 3월 25일이었으나, 인도는 이미 1971년 12월 6일 방글라데시 반란단체를 동파키스탄의 합법정부로 승인했다. 나이지리아 내전시 결국 실패로 끝난 Biafra신생국에 대한 탄자니아 · 가봉 · 아이보리코스트 · 잠비아의 승인 및 아이티의 승인, 1988년 11월 PLO가 독립국을 선포하자 다수국이 이를 승인한 것, 2011년 3월 10일 리비아 반란단체 리비아국가평의회에 대한 프랑스의 최초 승인 등도 상조의 승인에 해당된다.

3. 스팀슨주의(비승인주의)

(1) 개념

스팀슨주의란 국제연맹 당시 일본에 의해 수립된 만주국의 불승인을 위해 제시된 이론이다. 미국과 국제연맹은 '부전조약의 약속과 의무에 반하는 방법으로 야기된 일체의 사태나 조약 또는 협정을 승인할 수 없다.'라고 하였다. 스팀슨주의는 국가성립에 있어서 국제법을 위반한 경우 승인의 요건을 결하였다는 것을 천명한 것이다.

(2) 현대국제법적 의의

오늘날 UN헌장에 위반된 방법으로 수립된 국가나 사태에 대해서는 비승인주의가 적용된다고 해석된다. 실제로 1965년 UN안전보장이사회는 인종차별적 소수 백인 국가인 로디지아를 승인하지 말 것을 요구하는 결의를 채택하였다. 이는 인권존중의무 및 무력사용금지의무에 위반된 결과로 성립한 국가였기 때문이다.

(3) ILC초안(2001)

위법행위책임초안(2001) 제41조 제2항에 따르면 어떤 국가도 강행규범의 중대한 위반에 의해 창설된 사태를 합법적으로 승인해서는 안 된다. 사태에는 영토의 취득이나 신국가 출현 등을 포함한다. 동 규정 해석상 강행규범의 중대한 위반이 아닌 경우 그 위반에 의해 창설된 사태에는 불승인 의무가 적용되지 않는다.

(4) 나미비아 예외(Namibia Exception)

ICJ는 1971년 Namibia 사건에 대한 권고적 의견에서 위임통치 종료 후 남아프리카공화국이 나미비아를 위해 행한 공적 행동은 자결권을 부인하는 것으로서 대세적으로 위법이고 무효이나, 이 무효가 출생, 사망, 혼인의 등록과 같은 행위들에는 연장 적용될 수 없다고 하였다. 이 행위들을 무효화하는 경우 주민들이 피해를 입을 수 있기 때문이다. 요컨대, 불승인 의무가 무제한적으로 적용되는 것은 아니다. ICJ가 나미비아 사건에서 언급한 이러한 불승인 의무에 대한 예외를 '나미비아 예외'라고 한다.

4. 승인의 의무성

신국가가 승인요건을 구비한 경우 기존 국가는 승인할 '의무'가 있는가? 즉, 신국가는 기존 국가가 승인을 요구할 권리를 갖는가? 학설대립이 있으나, 부정설이 통설적 견해이다. 이는 첫째, 승인은 정치적 내지 재량적 행위이며, 둘째, 승인요건 구비 여부에 대한 객관적 판단기관이 없고, 셋째, 국제관행상 승인요건을 구비하였다 하더라도 불승인한 경우 국제위법행위라고 간주되지는 않기 때문이다. 승인의 의무성과 관련하여 '라우터팩트 독트린(Lauterpacht Doctrine)'이 있다. 이는 라우터팩트에 의해 제안된 주장으로, 승인요건을 갖춘 경우 승인의무가 있다는 주장이나, 현행법상 인정되지 않는다. 구겐하임(Guggenheim)의 입장도 라우터팩트와 같다. 창설적 효력설의 이론적 약점을 벗어나기 위해 주장되었다.

4 국가승인의 방법

1. 법률상 승인과 사실상 승인

(1) 법률상 승인

법률상 승인이란 '법률상의 정부'의 승인을 의미한다. '법률상' 또는 '사실상'이라는 말은 '정부'를 가리키는 것이지, 승인행위를 말하는 것은 아니다(Akehurst). 사실상의 정부는 법률상의 정부와 같은 정도의 확고한 법적 기초를 갖지 않는 정부를 말한다. 법률상의 정부에 대한 승인을 법률상의 승인이라 한다.

(2) 사실상 승인

법률상 승인을 받을 만한 요건을 구비하지 못했거나, 기타의 정치적 이유로 법률상 승인을 앞두고 과도적으로 행하는 승인이다. 관행상 사실상의 승인은 ① 신생국가가 국가로서 요건을 구비하고 있으나 그 권력의 안정성에 불안이 있는 경우, ② 국제법을 준수할 의사와 능력에 의문이 있는 경우, ③ 모국과의 관계를 고려해야 하나 신생국에 대한 일정한 지원을 위해 공식관계를 수립할 필요가 있는 경우 사실상의 승인이 행해졌다. 신국가는 국제법 주체성을 사실상 인정받게 되나, 외교관계·조약관계가 비공식적·잠정적이 된다. 또한 사실상 승인은 철회할 수 있다.

(3) 사례

신생국이나 신정부의 안정성과 지속성에 의심이 든다거나 즉시 정식의 승인을 하기에 정치적 부담이 큰 경우 일단 사실상 승인만을 했다가 후일 국가나 정부가 안정성을 확보하면 법률상 승인을 했다. 1948년 8월 15일 대한민국 정부가 출범하자 미국, 중국(현재의 대만), 필리핀 등은 먼저 사실상 승인만을 부여했다. 이후 1948년 12월 12일 UN총회에서 대한민국 정부를 합법 정부로 승인하는 결의 제195호가 채택되자 1949년 초부터 미국, 영국, 중국(현재의 대만), 필리핀 등이 대한민국 정부를 정식 승인했다.

미국은 이스라엘이 1948년 5월 14일 독립을 선언하자 즉시 사실상의 승인을 했다가 1949년 1월 31일 법률상의 승인을 했다. 영국은 공산혁명 후 소련 정부에 대하여 1921년 사실상 승인만을 했다가 노동당 정부가 집권하자 1924년 법률상 승인을 부여했다.

2. 명시적 승인과 묵시적 승인

(1) 명시적 승인

선언, 통고, 조약규정, 국제회의 결의 등으로 승인 의사를 명백히 표시하는 것이다.

(2) 묵시적 승인

외교사절의 교환, 양자조약의 체결, 신국가의 국기승인 등으로 승인을 간접적으로 표시하는 것이다. 단순한 통상교섭행위, 영사, 통상대표파견 및 접수, 미승인국대표가 출석하는 국제회의 참가 등은 묵시적 승인으로 볼 수 없다. 신생국 대표에게 영사특권을 부여하는 외교문서[구상서(口上書, Note Verbale)]를 보내는 것은 묵시적 승인에 해당된다. 일본은 1952년 4월 28일 샌프란시스코조약의 발효로 주권을 회복하게 되자 당시 연합국 총사령부의 동의하에 동경에 파견되어 있던 대한민국 주일 대표부에 대해 정상적인 외교관계가 개설되기 전까지 임시로 정부기관으로서의 지위와 영사 상당의 특권을 부여한다는 구상서를 보냈다. 일본 정부는 이를 통해 대한민국을 묵시적으로 승인했다는 입장이다. 한편, 신생국의 UN 가입에 대한 표결시 찬성표를 던진 것도 묵시적 승인으로 인정된다. 캐나다는 1949년 4월 8일자 안전보장이사회 회의에서 한국의 UN 가입신청에 찬성 표결을 한 것을 대한민국을 독립주권국가로 승인한 행위로 간주하라고 한국 정부에 통보했다. 영국도 북한이나 마케도니아의 UN회원국 가입에 대한 자신의 찬성 표결을 묵시적 승인 의사라고 해석했다.

> **참고**
>
> **기존국가 조치의 묵시적 승인 인정 여부**
>
> | 묵시적 승인으로 인정되는 조치 | 묵시적 승인으로 인정되지 않는 조치 |
> |---|---|
> | • 상주외교관계 수립
• 외교관계 수립 요청 | • 임시 외교사절의 파견 및 접수
• 통상대표부의 설치 허용
• 무역사절단의 교환 |
> | 포괄적 양자조약(우호통상항해조약) 체결(단, 불승인 의사를 명백히 표명하는 경우에는 묵시적 승인에 해당하지 아니함) | • 기술적 양자조약(통상조약) 체결
• 신생국이 가입한 다자조약에 대한 공동 가입
• 포로교환협정 체결
• 휴전협정 체결 |
> | 영사 인가장의 부여 및 요청 | 신생국 국민에 대한 비자 발급 |
> | • 국기에 대한 예의 표시
• 신생국 국가원수의 국빈방문
• 독립축하 전문의 발송
• 신생국의 UN 가입 지지 | • 국제청구의 제기와 보상금 지급
• 범죄인 인도
• 정부 당국자 간 공식 · 비공식 접촉 |

3. 개별적 승인과 집단적 승인

(1) 개별적 승인

각 국가가 개별적으로 신국가에 대하여 행하는 승인방법이다.

(2) 집합적 승인

개별국가가 아니라 복수국가가 집합적으로 신국가에 대해 승인하는 것이다. 복수의 국가가 공동보조를 취해 승인을 함으로써 신국가의 국제적 지위를 안정시킨다. 다만, 집합적 승인이 집단의 독립적 행위로서의 법적 효과는 갖지 않으므로 개별적 승인과는 본질적 차이가 없다.

(3) 집단적 승인

다수의 국가가 일반적 국제조직을 매개로 하여 신국가에 대해 집단으로 행하는 승인이다. 이때 국제조직에 의한 승인을 개별국가의 집단적 승인으로 볼 수 없음에는 이론이 없다. 다만, UN회원국과 신국가와의 관계에서 문제된다. 신국가가 UN회원국으로 가입하는 경우 모든 UN회원국이 신국가를 승인한 것으로 보는 견해도 있으나, 승인의 단독성·재량성에 비추어 볼 때 인정되기 어렵다는 평가를 받는다. 참고로 남북한은 UN에 동시 가입하였으나 이것이 남북한 상호 국제법상 국가로 승인한 것으로 간주되는 것은 아니다.

4. 조건부 승인과 무조건부 승인

피승인국에게 승인의 조건으로 특별한 의무를 부담시키는 경우가 있다. 그러나 이러한 조건을 달성하지 못하더라도 일단 승인된 후에는 승인의 효과 자체에는 영향이 없고 단지 피승인국의 의무 위반문제가 생긴다. 국가의 권리의무에 관한 몬테비데오협약(1933)은 무조건부 승인을 규정하였다.

5 국가승인의 법적 효과

1. 일반적 효과

(1) 상대성

승인으로 성립이 확인된 피승인국은 오직 승인국과의 관계에서만 국제법상 권리, 의무를 향유하게 되어 승인의 효과는 상대적이다.

(2) 소급성

승인의 효과는 신국가가 수립된 시기까지 소급한다. 따라서 승인 전에 발생한 당사국 간의 관계는 유효한 것으로 인정된다.

(3) 확정성

승인은 철회할 수 없으나, 사실상의 승인은 잠정적이므로 철회할 수 있다. 또한 국가가 소멸하는 경우 소멸된 국가에 대한 승인은 합법적으로 철회될 수 있다.

2. 구체적 효과

(1) 피승인국의 국제법적 성립의 확인

선언적 효과설에 따르면 피승인국은 승인에 의하여 이미 국제법적으로 성립한 국가로서의 실체가 확인·선언된다. 창설적 효과설은 승인에 의해 비로소 국제법 주체로서 성립한다고 보는 점에서 차이가 있다.

(2) 국제법상 권리의무관계의 설정

승인에 의해 피승인국은 승인국과의 관계에서 국가로서의 국제법 주체성을 확인받게 된다. 따라서 승인에 의해 피승인국과 승인국 상호간에는 일반국제법상의 권리의무관계가 설정된다.

(3) 외교관계 수립과의 관계

승인은 외교관계의 수립과 필연적 관계는 없다. 승인은 외교관계의 수립의 단서가 될 수는 있어도 승인이 곧 외교관계의 수립을 의미하는 것은 아니다. 일반적으로 승인과 함께 외교관계가 개시되고, 일단 수립된 외교관계가 단절되어도 승인의 효과에는 영향을 주지 않는다.

3. 국가승인의 국내법적 효력

(1) 의의

승인의 국내법적 효력은 각 국가의 국내법에 의하여 결정되기 때문에 국가마다 다를 수 있다. 승인의 국내법적 효력과 관련해서는 법정지국 정부의 승인을 받지 못한 신국가 또는 신정부에게 제소권과 국가면제를 인정할 것인가, 신국가 또는 신정부의 행위의 효력을 인정할 것인가 등의 문제가 제기된다. 최근 사인의 권리의무에 관해서는 미승인국의 법률을 준거법으로 수락하는 관행이 지배적이다.

(2) 영국

① 영국 재판소는 국가승인과 관련하여 '창설적 효과설'을 지지하고 있다. 승인은 정치적 행위이므로 행정부에 유보된 권한이다. 따라서 영국 재판소는 독자적으로 국가승인을 부여할 수 없으며 외무부의 사실확인서(Foreign Office Certificate)에 의존한다. 사실확인서를 통해 어떤 외국이 영국 정부의 승인을 받았음이 증명되지 않는 한 당해 외국은 존재하지 않는 것으로 간주된다. 승인받은 국가는 국가면제를 향유하며, 영국 재판소에서 제소권이 인정되고, 승인받은 국가의 국내법은 영국의 국제사법에 따라 준거법으로 지정될 수 있다.

② 영국은 창설적 효과설을 완화하기 위해 대리인 논리를 동원하고 있다. Carl Zeiss v. Rayner and Keeler Ltd.(No.2)에서 영국 상원은 미승인국가 동독의 행위를 인정하기 위하여 동독을 독립국가가 아니라 영국의 승인을 받은 소련의 한 종속기구로 간주하였다.

③ 2001년 Emin v. Yeldag 사건에서 Summer 재판관은 북사이프러스 터키공화국(Turkish Republic of Northern Cyprus)에서 획득한 이혼이 유효하다고 정면으로 판시하였다. 다만, 미승인국에서 행해진 사법적 행위를 인정하는 것이 의회제정법에 의해 금지되지 않았을 것, 인정이 영국의 대외관계에서의 행동을 침해하지 않을 것의 두 가지 조건을 부가하였다.

④ 미승인국가의 영토에서 설립된 법인(국제기구 포함)은 종래 영국법에서 그 법인격을 직접 인정받기가 어려웠다. 그러나 이같은 사고는 '외국법인법 1991'(Foreign Corporations Act 1991)에 의하여 다소 수정되었는데, 동 법률은 영국 정부로부터 국가로 승인받지 못한 영토에서 설립된 법인체라도 당해 영토의 법들이 한 개의 확립된 재판소체제에 의하여 적용되는 경우에는 영국 내에서 법인격을 갖는 것으로 간주된다고 규정하고 있다.

⑤ 정부승인정책과 관련하여 영국 외무부는 1980년 4월 28일 에스트라다 독트린을 채택한다고 천명한 바 있다.

(3) 미국

미국은 '제소권'(locus standi to sue)에 있어서는 창설적 효력설을 따르고 있으나 그 밖의 문제에 대해서는 대체로 선언적 효력설을 따른다. 즉, 미국의 승인을 받지 못한 국가나 정부는 미국 재판소에 제소할 수 없다. 다만, 제소권을 인정하는 것이 미국의 국가이익에 도움이 된다는 사실을 국무부가 확인해 주는 경우 제소권이 인정될 수도 있다. 한편, 제소권 이외의 문제에 대해서는 미국 정부의 승인을 받지 못했다고 하더라도 객관적 요건을 갖추고 있는 외국 정부의 지위를 가능하면 인정한다. 그러나 승인받지 못한 국가 또는 정부가 제정한 법령의 효력에 대해 국무부가 이를 인정하지 말라는 의사를 분명히 한 경우 미국 재판소는 이에 따른다. 국무부로부터 명시적인 지시나 묵시적인 권유가 없는 경우 승인에 관계없이 당해 지역에서 사실상 시행되고 있는 법령의 효력을 인정한다.

(4) 한국

승인문제에 대한 한국법의 태도는 명확하지 않다. 국제관계는 상호주의(reciprocity)에 기초하고 있으므로 한국과 상호 승인하지 않은 국가가 한국을 어떻게 대하는가에 따라 한국도 동일하게 대할 수 있을 것이다. 다만, 한국 법원은 한국 정부를 승인하지 않고 있던 소련 정부가 제정한 법령의 효력을 인정한 바 있다. 서울가정법원은 1984년, 소련시민권을 가진 부(夫)와 미국시민권을 가진 처(妻) 사이의 이혼소송에서 소련법을 준거법으로 적용하였다. 한편, 한국 대법원은 미승인국인 북한의 지위를 인정하지 않고 있다. 대법원은 1996년 판결에서 북한 지역은 대한민국 영토에 속하는 한반도의 일부로서 대한민국의 주권이 미치므로 북한에 거주하고 있는 사람 역시 대한민국 국민이라고 하였다. 설령 특정인이 북한법에 따라 북한 국적을 취득하여 중국주재 북한대사관으로부터 북한의 해외공민증을 발급받은 자 하더라도 그를 대한민국 국민으로 인정하는 데 어떠한 제약도 없다고 하였다.

6 승인의 철회(취소)

1. 국가나 정부가 소멸한 경우

국가가 소멸하거나 정부가 새로운 체제로 대체되는 경우 소멸된 국가 또는 정부에 대한 승인은 합법적으로 철회될 수 있다. 승인의 철회는 영토의 병합 또는 신정부에 대한 승인을 통해 간접적으로 표시된다. UN회원국이던 동독이 1990년 독일의 일부로 흡수되어도 동독에 대한 별도의 조치는 필요 없었다.

2. 국가나 정부가 소멸하지 않은 경우

(1) 사실상의 승인

국가가 소멸하지 않은 경우 사실상의 승인은 철회할 수 있다. 미국은 또한 1920년 아르메니아 공화국이 더이상 독립국으로 존재하지 않고 있다는 이유에서 이미 부여된 사실상의 승인을 취소한 바 있다.

(2) 법률상의 승인

법률상의 승인을 철회한 사례는 많지 않으나, 버마(현 미얀마) 정부는 아웅산 묘소 폭탄테러 사건에 대한 보복적 조치로서 1983년 11월 4일 북한과의 외교관계 단절 및 북한에 대한 정부승인 철회를 발표한 바 있다. 또한 영국은 이탈리아의 에티오피아 정복에 대해 1936년 사실상의 승인을 부여한 이후 1938년에는 법률상의 승인을 부여하였으나 1940년 이를 철회한 바 있다. 미국은 기왕에 법률상 승인을 부여했던 니카라과 정부가 국내적으로 통치권을 확립하고 있지 못하다는 이유에서 1856년 7월 승인을 취소했다.

(3) 학설

법률상의 승인을 취소할 수 있는지에 대해서는 학설 대립이 있다. 창설적 효과설에 입각한다면 승인의 취소를 통해 기왕의 국가에 대해 법률적 사망선고를 할 수 있다고 주장된다. 승인이 본질적으로 정치적 행위라면 그것이 철회되어서는 안 될 이유는 없으며, 국가들이 그렇게 하기 위한 적당한 정치적 기회를 포착할 수도 있을 것으로 보는 것이다. 그러나 승인을 객관적 사실에 대한 확인선언이라고 보는 선언적 효과설의 입장에서는 승인의 대상이 소멸하지 않는 한 승인의 취소는 별다른 법적 효과를 지니지 못한다. 외국 또는 외국 정부에 대한 승인의 '부여'는 재량적이고 정치적인 행위이긴 하지만, 외국 또는 외국 정부가 국가성립의 요건 또는 정부권력의 행사를 계속해서 유지하고 있는 한 승인의 철회는 허용되지 않는 것으로 보는 견해가 있다. 1933년 '국가의 권리·의무에 관한 몬테비데오협약'에 의하면 승인은 무조건적이며 철회할 수 없다.

3. 대만의 경우

제2차 세계대전 이후 중국에는 두 개의 정부가 존재하고 있었다. 대부분의 국가들은 중국을 대표하는 유일합법정부로 '중화민국(대만)'에 대한 승인을 철회하고 '중화인민공화국(PRC)'을 승인하였다. 1979년 미국은 중화인민공화국을 중국의 유일합법정부로 승인하며 대만과의 외교관계를 단절한다고 선언하였다. 대표권자 변동에 따른 해외재산 처리에 있어서 대부분의 국가들은 중국대사관을 자국의 승인을 받은 중화인민공화국의 소유로 인정하여 중화인민공화국에게 넘겨주는 방식을 채택하였다. 대만과의 외교관계를 단절하고 중화인민공화국과 외교관계를 맺은 조치는 법적으로 대만에 대한 국가승인을 취소한 행위가 아니라 하나의 중국의 대표권이 북경 정부에 있음을 확인한 것에 불과했다. 일종의 정부승인의 변경이다.

4. 승인의 철회와 외교관계

승인의 철회는 당연히 외교관계의 단절을 초래하지만 외교관계의 단절은 그 자체만으로는 승인의 철회로 간주되지 않는다. 승인의 철회를 동반하지 않는 단순한 외교관계 단절은 국내재판소에서의 제소권과 국가면제에 영향을 미치지 않는다.

제2절 | 정부승인

1 개념 및 구별개념

1. 정부승인의 개념

정부의 승인은 일국의 정부가 비합법적인 방법으로 변경되었을 때 타국가가 신정부를 그 국가의 대외적 대표기관으로 인정하는 의사표시이다. 일국의 정부가 합법적인 방법으로 변경된 경우에는 타국으로부터 승인을 받지 않아도 당연히 그 국가를 대표하게 된다. 정부의 승인은 일국가의 내부적 변혁으로 인한 국제관계의 급격한 변동을 회피하려는 평화적 요청에 입각한 것이다.

2. 구별개념

(1) 국가승인

통설에 의하면, 국가승인은 신국가의 수립을 전제로 기존 국가가 신국가의 국제법 주체성은 확인하는 행위이다. 정부승인은 신정부의 수립을 전제로 하되, 위헌적인 정부 수립 시에만 문제된다. 즉, 합헌적 정부 변경 시에는 정부 승인 문제가 대두되지 않는다.

(2) 정부승계

정부승계란 신정부가 수립되는 경우 기존 정부의 권리나 의무를 승계하는 것을 말한다. 정부의 변경과 무관하게 신정부는 기존 정부의 권리의무를 승계해야 한다. 이는 정부가 위헌적 변경인지, 합헌적 변경인지를 구분하지 않는다. 1923년 Tinoco 중대 사건에서 중재법원은 티노코정부가 혁명정부로서 위헌적으로 수립되었음에도 불구하고 코스타리카를 대표하는 정부였으므로 후속 정부는 원칙적으로 티노코정부의 공적 행위를 부인할 수 없다고 하였다. 마찬가지로, Sapphire호 사건에서도 미국 재판부는 나폴레옹이 제기한 1, 2심에서 승소한 이후 나폴레옹이 폐위되고 공화정이 들어서자, 신정부가 소송의 이익을 향유한다고 하였다. 즉, 신정부가 구정부의 권리나 이익을 승계하며, 국가의 정치체제 변경은 이에 대해 어떠한 영향도 미치지 아니한다고 하였다. 또한, 2차 대전 이후 서독과 이탈리아는 이전 나치정부와 파시스트 정부가 행한 불법행위에 대해 관련 피해국들에게 손해배상을 해야 했다. 이는 국가의 동일성이 유지되었기 때문이다.

우리나라에서 정부승인의 문제

1. 4.19 이후

과거 한국에서 4.19와 5.16에 의한 비정상적인 정권 변경이 있었다. 1960년 4.19 시위를 계기로 이승만 대통령은 4월 27일 국회에 사직서를 제출하고 하야했다. 하야 직전 대통령에 의해 임명된 허정 외무장관이 수석국무위원 자격으로 이후 과도정부를 이끌었고 그 기간 중 내각제 개헌(6월 15일), 총선거(7월 29일), 윤보선 대통령 선출(8월 12일) 등의 정치일정이 합헌적 방법으로 진행되었다. 따라서 4.19 이후의 신정부에 대한 정부승인 문제는 대두되지 않았고 기존의 외교관계가 그대로 유지되었다.

2. 5.16 이후

5.16 군사정부가 들어섰을 때 장면 내각은 자진 사퇴 형식으로 붕괴했으나 윤보선 대통령은 그대로 재직했다. 이에 따라 미국과 영국 등은 한국에서 국가원수가 그대로 유지되고 있으므로 새 정부에 대한 승인문제는 제기되지 않는다는 입장이었다.

2 정부승인의 본질 및 법적 성질

1. 본질

미승인정부의 행위는 승인 전에 있어서도 그 국가의 행위로 인정된다. 따라서 정부의 승인은 선언적인 것이며 승인의 효과는 소급된다.

2. 법적 성질

승인국이 신정부를 국가의 대표기관으로 승인하는 선언적 행위는 일방적 법률행위이다.

3 정부승인의 요건

1. 내용

(1) 정부의 지배권 확립

피승인정부는 그 국가의 정부로 확립되어야 한다. 즉, 국내에 있어서는 현실적으로 지배권을 행사하고 질서를 유지할 만한 능력이 있어야 한다. 또 대외적으로 자주적이어야 하므로 타국의 원조에 의존하여 지배권을 유지하고 있어서는 안 된다. 그러나 국가영역 전체에 대한 완전한 지배를 요구하는 것은 아니며 영토의 '일반적 범위'에 걸친 실효적 지배로서 충분하다.

(2) 국가를 대표할 의사와 능력

피승인정부는 국제법상 국가를 대표할 의사와 능력이 있어야 한다. 따라서 그 국가의 구정부가 부담하고 있던 국제법상의 권리와 의무를 부담할 의사와 능력이 없는 경우 이 요건을 구비한 것으로 볼 수 없다.

(3) '입헌주의적 정통성'의 문제

토바르주의(윌슨주의)와 에스트라다주의(제퍼슨주의)가 대립한다. 전자는 합헌주의로서 혁명이나 쿠데타에 의해 성립한 정부는 합헌적 절차에 의해 국가원수가 선출될 때까지는 승인해서는 안 된다는 주장이다. 후자는 혁명이나 쿠데타에 의해 변경되더라도 타국가는 이에 대해 전혀 간섭할 바가 아니라는 주장이다.

2. 판단주체와 승인의무

승인의 부여는 자유재량행위이므로 정부승인의 요건을 구비했는가의 여부는 승인국이 판단한다. 따라서 승인은 승인을 부여하는 국가의 권리이며 의무가 아니다.

4 정부승인의 방법

1. 명시적 승인과 묵시적 승인

(1) 명시적 승인

명시적 승인은 승인의 의사를 명시적으로 표시하는 것으로 선언, 통고, 조약상의 규정, 국제회의에서의 의결 등의 방법으로 행한다.

(2) 묵시적 승인

묵시적 승인은 승인의 의사를 간접적으로 표시하는 것으로 신정부와의 외교사절의 교환, 포괄적·이변적 조약의 체결 등의 방법을 통해 행해진다.

2. 조건부 승인과 무조건부 승인

조건부 승인이란 피승인국에게 승인의 대가로서 특별한 의무를 부담시키는 것을 말하며, 승인의 효력과는 무관하다. 따라서 피승인국이 승인을 받은 후에 그 조건을 이행하지 않아도 승인 자체는 유효하며, 피승인국의 승인국에 대한 의무 위반 문제가 생길 따름이다.

3. 법률상 승인과 사실상 승인

사실상 승인은 비공식적·잠정적으로 행하는 승인으로 승인국이 정치적 이유에 의하여 영속적인 외교관계의 설정을 목적으로 하는 정식승인을 하지 않을 경우에 일시적인 이해관계의 조정을 위하여 행해진다.

5 정부승인의 효과

1. 일반적 효과

(1) 선언적 효과

승인은 신정부를 그 국가의 대외적 대표기관으로 선언하고 외교관계를 설정한다. 승인에 의해 신정부는 일반국제법상 국가를 대표할 권능이 인정되며 구정부가 부담한 조약상의 권리·의무를 승계한다.

(2) 상대적 효과

정부승인은 승인을 한 주체와 승인을 받은 정부 간에 발생하며 승인하지 아니한 주체 사이에는 승인의 효과가 발생하지 아니한다.

(3) 소급적 효과

정부승인은 신정부가 사실상 정부를 설립한 때까지 소급하여 효력을 발생한다. 이는 승인의 효력에 관한 선언적 효과설에 의한 것이다. 루터 대 사고르 사건과 Haile Selassie 사건에서 소급효가 인정되었다. Haile Selassie 대 Cable and Wireless Ltd(1939)는 승인의 소급효에 따라 하급심 판결의 결과가 상급심에서 번복된 사례이다. 1심 판결 당시에는 영국 정부가 셀라시에 망명정부를 에티오피아의 합법적 정부로 승인하고 있었기 때문에 이를 에티오피아 국고금의 소유자로 인정하였다. 그러나 이 판결 이후 영국 정부가 이탈리아 왕을 에티오피아의 대표로 법률상 승인하자 상급심은 반대의 결론을 내렸다.

 관련판례

루터 대 사고르 사건(영국 법원, 1921)

1. 사실관계

1898년 제정러시아법에 의해 설립된 루터주식회사 소유의 목재가 소련에 의해 몰수된 후 1920년 8월 런던의 소련무역대리인에 의해 사고르에게 판매되어 영국으로 운반되었다. 루터는 영국이 소련을 승인하지 않았으므로 영국 법원이 소련의 몰수법령을 유효한 것으로 인정할 수 없다고 주장하면서 사고르가 그 목재를 판매하지 못하도록 하는 금지명령을 청구하였다. 1심은 1920년 12월에 종결되었고, 2심은 1921년 5월에 개시되었다. 1921년 3월 영국은 소련과 통상조약을 체결함으로써 사실상의 정부로 승인하였다.

2. 법적 쟁점

(1) 영국이 승인하지 아니한 정부의 법령이 영국 법정에서 유효한가?

(2) 승인의 소급효가 인정되는가?

3. 판결요지

(1) **1심 법원**

루터의 청구를 받아들여 영국이 소련 정부를 승인하지 않았다는 이유로 원고인 루터회사에게 유리한 판결을 내렸다.

(2) **2심 법원**

2심 개시 전에 영국이 소련을 사실상의 정부로 승인하였으므로 소련 정부에 의한 국유화 및 매각의 효력을 인정하였다.

---

(4) 확정적 효과

정부의 승인은 철회할 수 없다. 단, '사실상의 승인'의 경우 철회가 인정된다.

2. 구체적 효과

외교능력, 조약체결능력, 당사자능력, 재판권 면제, 재산권 승계 등의 효과가 발생한다.

6 정부승인제도의 문제점과 새로운 국제관행

1. 정부승인제도의 문제점

전통적 정부승인제도의 문제점은 첫째, 사실상 정치권력을 확립한 신정부를 부인하는 것은 이론적으로 당해 국가의 계속성과 동일성을 부정하는 것이다. 둘째, 정부승인요건의 충족 여부는 정치적·재량적 판단으로 결정되는 것이므로 승인을 부당하게 지연하는 경우 양국관계가 악화될 수 있다.

2. 새로운 국제관행: 에스트라다 독트린

(1) 의의

에스트라다 독트린은 1930년 9월 27일 멕시코 외무장관 게나로 에스트라다의 선언에서 비롯되었다. 에스트라다 독트린은 이미 승인 받은 국가 내에서 혁명적인 방법으로 정부의 변경이 있더라도 신정부를 명시적이고 공식적인 승인의 대상으로 삼아서는 안 됨을 의미한다. 중요한 것은 신정부가 당해 국가의 실효적인 정부로서 사실상 확립되어 있는지 여부이며, 따라서 신정부와의 외교관계를 포함한 거래를 가짐에 있어서 명시적이고 공식적인 승인은 필요하지 않다는 것이다. 에스트라다 독트린은 정부승인제도가 기존의 명시적 승인으로부터 묵시적 승인으로 이행하고 있음을 보여준다.

(2) 국제관행

에스트라다 독트린을 채택한 국가는 점차 증가하고 있다. 미국은 1977년, 영국은 1980년에 이 원칙을 채택했다. 국가들은 신정부에 대한 승인 여부를 명확히 하지 않고 신정부와의 관계정립에만 주력하는 새로운 관행을 보여주고 있다. 예컨대, 신정부에 대한 승인 여부를 명확히 하지 않고 실질적 관계를 계속 유지하거나 단절한다. 또는 자국 주재 신정부의 외교사절을 통해 신정부에게 계속적인 우호관계의 유지의사를 구두로 전달한다.

망명정부승인

망명정부란 외국의 침공이나 내란으로 국가기능을 수행하기 어려운 경우 국가 주요 기관이 임시로 외국에 이전하여 소재국의 동의하에 국가기능을 수행하는 경우를 말한다. 국가가 전시 점령 등으로 영토에 대한 실효적 지배권을 상실해도 국가는 유지된다. 1990년 이라크 침공을 받은 쿠웨이트의 망명정부는 UN에 의해 합법정부로 인정받았다. 망명정부의 행위는 본국 복귀 후에도 법적 효과는 유지된다. 망명정부승인 여부는 타국의 재량이다. 탈식민화 과정에서 민족해방전선이 자신을 망명정부로 선언하고 민족 자결에 입각하여 독립을 추구하는 경우에도 망명정부승인문제가 발생하나, 기존 정부와의 연속성이 없다는 점에서 난점이 있다.

제3절 | 교전단체승인

1 의의

교전단체승인은 반도단체를 그의 본국 또는 외국이 국제법상 전쟁의 주체로 인정하는 의사표시이다. 일국 내에 내란이 발생하여 정부를 전복하거나 본국으로부터 분리 독립할 목적을 가진 반도단체가 일정한 지역을 완전히 지배하여 소위 '지방적 사실상의 정부'(local de facto government)를 확립한 경우 문제된다.

2 필요성

1. 본국

자기의 권력이 현실적으로 미치지 않는 반도단체의 행위에 대한 국제법상 책임을 면하려는 것과 반도단체와의 투쟁에 대해 국제법을 적용함으로써 전쟁의 참화를 감소시키려는 데에 의의가 있다.

2. 타국

본국의 권력이 미치지 않는 영역 내의 재류민과 기타의 권익을 보호하기 위하여 반도단체와의 직접 교섭을 할 필요성이 있다.

3 본질 및 법적 성격

1. 본질

승인에 의하여 비로소 반도가 전쟁의 주체로 되며 승인 전의 반도단체는 전쟁의 주체가 아니므로 승인은 '창설적'이다.

2. 법적 성격

교전단체의 승인은 국제법상의 제도이나 중앙정부와 제3국이 각각 필요에 따라 행하는 정치적·재량적 행위이다. 따라서 승인의 요건이 갖추어져 있다 하더라도 중앙정부와 제3국의 승인의무는 없다.

4 요건

1. 본국에 의한 승인

특별한 요건을 요하지 않는다. 본국의 승인에 의해 타국의 권리가 침해당할 위험이 없기 때문이다. 실제에 있어 본국과 반도단체와의 전투가 상당히 대규모로 확대되고 본국 정부의 권력이 반도단체의 점령지역에 전혀 미치지 못할 때에 교전단체로 승인할 것이다.

2. 타국에 의한 승인

(1) 무력투쟁상태의 존재

일국 내에 있어서 일반적 성질을 가지는 무력투쟁상태가 존재해야 한다. 따라서 어느 일부 지방에 국한된 극히 소규모의 게릴라적 전투만으로는 불충분하다.

(2) 사실상 정부의 조직

반도가 일정한 지역을 점령하고 사실상 정부를 조직하여 본국 정부의 통치를 완전히 배제하여야 한다.

(3) 전쟁법규를 준수할 의사와 능력

반도가 본국과의 투쟁에 있어서 전쟁법규를 준수할 의사와 능력이 있어야 한다. 이를 위해 책임 있는 지휘자에 의해 조직적인 군사행동이 취해져야 한다.

(4) 타국의 권익의 존재

반도단체의 점령지역 내의 보호를 요하는 타국의 권익이 존재해야 한다. 요건을 구비하기 전에 승인을 하면 본국 정부에 대한 불법간섭이 된다. 그러나 요건을 구비하기 전이라도 본국 정부가 승인한 후에는 타국은 교전단체로 승인할 수 있다.

5 방법

1. 본국에 의한 승인

명시적 승인과 묵시적 승인이 있으나, 일반적으로 묵시적 방법이 행해진다. 본국이 반도단체에 대해 교전국에 대한 것과 동일한 조치를 취할 때, 예컨대, 포로의 교환이나 반도단체가 점령하고 있는 지역을 봉쇄하고 제3국에 대해 중립의 의무를 요구하는 것은 묵시적 승인이다.

2. 타국에 의한 승인

제3국이 중립을 선언하는 것은 명시적 승인이며, 반도단체의 군함이 공해상에서 자국의 선박을 임검할 때 이를 묵인하는 것은 묵시적 승인이다.

6 효과

1. 일반적 효과

(1) 창설적 효과

승인에 의해 반도단체는 전쟁의 주체인 교전단체의 지위를 부여받는다.

(2) 절대적 및 상대적 효과

① 절대적 효과: 본국에 의한 승인의 효과는 본국과 교전단체 및 본국과 모든 타국 간에 미친다.
② 상대적 효과: 타국에 의한 승인의 효과는 그 승인국과 교전단체 및 그 승인국과 본국 내에 미치며 승인을 하지 않은 타국에는 미치지 않는다.

(3) 비소급적 효과

승인의 효과는 창설적이므로 장래에 향해서만 효력이 있으며 과거에 소급할 수 없다.

2. 구체적 효과

(1) 본국과 교전단체 간

본국과 교전단체 간의 투쟁은 내란에서 전쟁으로 전환되며, 교전단체가 지배하는 영역과 반도에게 본국의 국내법의 적용이 배제되며, 반란죄로 처벌되지 않으며 포로의 대우를 받는다.

(2) 교전단체와 제3국 간

교전단체는 제3국의 중립을 존중해야 하고 제3국은 중립의 의무를 지켜야 한다. 교전단체는 자기행위에 의한 국제법상 책임을 제3국에 대하여 부담하며, 제3국은 교전단체의 행위에 의한 국제법상 책임을 교전단체에 대하여 물을 수 있다.

(3) 제3국과 본국 간

제3국은 본국에 대해 중립의 의무를 부담하며 본국은 제3국의 중립을 존중해야 한다. 제3국은 교전단체의 행위에 의한 국제법상 책임을 본국에 물을 수 없으며, 본국은 이 책임을 면한다.

학습 점검 문제 제1장 | 승인

01 승인제도에 대한 설명으로 옳지 않은 것은?

① 신생국에 대한 독립 축하 메시지 부여, 외교관계의 수립, 영사인가장의 부여, 우호통상항해조약의 체결 등으로 는 묵시적 국가승인의 효과가 있다고 볼 수 없다.

② 다자조약의 동시 가입, 통상대표부의 설치 허가, 장기간의 양국 회담은 묵시적 국가승인으로 보기 어렵다.

③ 정부승인의 필요성은 정부가 혁명이나 쿠데타와 같이 비합헌적인 방법으로 변경되는 경우에 제기된다.

④ 국가는 원칙적으로 승인을 받아야 승인국에서 주권면제를 향유한다.

승인제도

모두 묵시적 국가승인에 해당된다.

선지분석

② 국가 관행상 묵시적 승인으로 인정되지 않는다.

③ 정부승인은 위헌적 정권변경 시 문제된다.

④ 승인받지 않은 나라에서도 주권면제가 인정되는 경우도 있으나, 일반적, 원칙적으로는 승인받은 나라에서 주권면제를 향유한다고 볼 수 있다.

답 ①

02 국가승인에 대한 설명으로 옳지 않은 것은?

① 국가는 영사특권을 부여하겠다는 구상서로써 미승인국을 승인할 수 있다.

② 국제연합(UN) 회원국으로서의 가입이 그 국가에 대한 기존 UN회원국의 집단적 승인으로 해석되지 않는다.

③ 국가승인제도는 1930년의 에스트라다주의(Estrada Doctrine)로 점차 대체되었다.

④ 선언적 효과설에 따르면 국가성(statehood)을 갖춘 국가는 타국의 승인 여부와 무관하게 국제법 주체로 인정된다.

국가승인

에스트라다주의는 정부승인에 있어서의 '사실주의'를 말한다. 국가승인에 관한 원칙이 아니다.

선지분석

① 구상서는 외교문서를 통칭한다. 영사특권을 부여한다는 의사를 담은 구상서를 통해 미승인국에 대한 국가승인의 의사를 표시할 수 있다. 일본은 한국에 대해 이러한 방식을 통해 한국을 승인한 바 있다.

답 ③

03 입헌군주제인 A국가가 합법적인 헌법 개정을 통해 공화국으로 변경되었을 경우, 제3국에게 제기되는 승인문제는?

① 제3국 입장에서는 어떠한 승인도 할 필요가 없다.

② 국가 체제가 변경된 것이므로 국가승인이 필요하다.

③ 정부 형태가 변경된 것이므로 정부승인이 필요하다.

④ 국가 체제와 정부 형태 모두 변경되었으므로 국가승인과 정부승인이 모두 요구된다.

승인

국가승인은 '신생국의 성립'을 전제로 하며, 정부승인은 '위헌적 정부변경'을 전제로 한다. 주어진 사례의 경우 신국가의 성립도, 위헌적 정부 변공도 없으므로 국가승인이나 정부승인과는 무관하다.

답 ①

---

04 국제법상 국가승인에 대한 설명으로 옳은 것은?

① 승인을 받지 않은 국가적 실체는 국제법상 권리를 향유하거나 의무를 부담하지 않는다.

② 국제연합 가입과 국제연합 회원국 상호간의 국가승인은 별개 문제이다.

③ 외교관계의 단절은 승인의 철회로 간주된다.

④ 국제연합 회원국은 무력사용으로 수립된 국가를 승인할 수 있다.

국가승인

국제연합에 가입한 경우 신국가가 기존 회원국으로부터 당연히 승인을 받는 것은 아니므로 별개의 문제이다. 다만, 가입에 찬성한 국가는 신생국을 묵시적으로 승인한 것으로 인정된다.

선지분석

① 미승인국도 국제법상 주체성이 인정되므로 권리를 향유하거나 의무를 부담한다.

③ 외교관계가 단절되어도 승인의 효력은 유지된다. 철회로 간주되지 않는다.

④ 무력으로 수립된 국가에 대해서는 오히려 불승인의무가 있다.

답 ②

05 국제법상 승인제도에 대한 설명으로 옳지 않은 것은?

① 승인의 요건을 완전히 갖추지 못한 국가에 대한 승인을 '시기상조의 승인'이라고 한다.

② 정통주의 또는 토바르주의(Tobar Doctrine)란 일단 국가승인이 있으면 정부승인행위는 불필요하다는 주장이다.

③ 1933년 '국가의 권리와 의무에 관한 몬테비데오협약'은 국가의 성립요건으로서 '항구적 인구', '일정한 영역', '정부' 및 '타국과 관계를 맺을 수 있는 능력' 등을 제시하고 있다.

④ 승인은 조약규정 또는 국제회의의 결의나 공동선언을 통해 이루어질 수 있다.

승인제도

정통주의(합헌주의, 토바르주의)는 위헌적 정부변경의 경우 합헌적 절차에 의해 정통성을 인정받는 경우에만 정부로서 승인할 수 있다는 입장을 말한다.

답 ②

06 교전단체승인에 대한 설명으로 옳지 않은 것은?

① 제3국이 반란단체와 중앙정부 간의 무력충돌에 대해 중립선언을 하는 경우 교전단체승인이 된 것으로 볼 수 있다.

② 중앙정부에 의한 교전단체승인의 효력은 교전단체에만 미치고 제3국에는 미치지 않는다.

③ 제3국은 반란지역에서의 자국민의 이익을 보호하기 위하여 교전단체승인을 할 필요가 있다.

④ 교전단체승인이 있는 경우 교전단체와 중앙정부 간의 무력충돌은 국제적 무력충돌로 간주된다.

교전단체승인

중앙정부에 의한 교전단체 승인은 '절대적 효력'을 가지므로 제3국에게도 효력이 미친다. 따라서 제3국은 교전단체가 요건을 갖추지 못한 경우에도 승인을 부여할 수 있다.

선지분석

① 중립선언은 일반적으로 명시적 승인으로 인정된다.

③ 교전단체승인을 부여하지 않고 제3국이 일방적으로 개입하면 국내문제에 대한 위법한 간섭을 구성하여 국제법적 책임문제가 발생할 수 있다.

④ 따라서 전쟁법이 적용되고, 국내법의 적용은 배제된다.

답 ②

제**2**장 | 국가의 기본적 권리 및 의무

출제 포커스 및 학습방향

국가의 기본적 권리 · 의무에서는 자위권과 국내문제 불간섭의무가 주로 출제되고 있다. 자위권의 경우 UN헌장 제51조를 꼼꼼하게 보는 것이 일차적으로 중요하다. 개별적 자위권과 집단적 자위권의 요건이나 법적 성격, 관련 사례로서 니카라과 사건이나 캐롤라인호 사건도 빈번하게 출제된다. 국내문제 불간섭의무의 경우 국내문제의 본질 및 국제문제와의 관계, 튀니지 · 모로코 국적법 사건 등이 출제 포커스이다.

제1절 | 총설

1 의의

1. 개념

국가의 기본적 권리의무란 일반국제관습법 및 이것을 확인하는 국제조약에 의하여 국가 일반에 공통적으로 인정되는 정형화된 권리의무를 말한다.

2. 내용

(1) 국가의 권리의무에 관한 협약

1933년 '국가의 권리의무에 관한 몬테비데오협약'은 평등권, 내정불간섭의무, 무력행사금지의무를 규정하였다.

(2) 우호관계원칙선언

1970년 UN이 채택한 'UN헌장에 따른 국가 간의 우호관계와 협력에 관한 국제법의 제원칙선언'에서는 무력행사와 무력에 의한 위협의 금지, 분쟁의 평화적 해결, 내정불간섭, 국제협력의무, 인민의 동등권과 자결권, 국가의 주권평등, 국제의무의 성실시행 등을 국가의 기본적 권리의무로 거론하고 있다.

(3) 헬싱키선언

1975년 '헬싱키선언'에서는 주권평등 및 존중, 무력에 의한 위협 또는 행사의 자제, 타국 영토의 불가침, 영토보전의 존중, 분쟁의 평화적 해결, 국내문제 불간섭, 인권과 사상 등 기본적 자유의 존중, 인민의 동등권과 자결권 존중, 국제협력의무, 국제법상 의무의 성실시행 등을 규정하였다.

2 국가의 기본적 권리

1. 주권

주권은 일반적으로 국가가 대내적으로 자주적인 통치를 행하고 대외적으로 타국가의 구속을 받지 않고 독립적으로 행동할 수 있는 국가권력의 성질을 의미한다.

2. 독립권

독립권은 국가가 자기의사에 따라 대내적·대외적으로 자유로이 행동할 수 있는 권리, 국가가 대외적 관계에 있어서 자유로이 행동할 수 있는 권리, 국가가 국제법의 제한 내에서 자유로이 행동할 수 있는 권리 등 다양한 의미로 사용되고 있다. 독립권의 독자적 권리성에 대해서는 논란이 있으나 일반적으로 주권을 대외관계라는 특수한 국면에서 고찰한 것에 불과한 것으로 보아 독자적 권리성은 부정된다.

3. 평등권

평등권은 국가가 국제법상 평등한 법인격자로서 취급을 받는 권리를 말한다. 평등권에 대해서도 평등권은 주권으로부터 파생되는 원칙에 불과하다는 견해와 주권과 구별되는 독립된 권리라는 학설대립이 있으나 독립된 권리로 보는 견해가 다수설이다.

4. 자위권

자위권은 국가가 국제법상 자국에 대한 급박한 침해나 재난을 배제하고 상당한 한도에서 무력을 행사할 수 있는 권리를 말한다. UN헌장 제51조에 의하면 개별적 자위권과 집단적 자위권이 개별국가의 고유한 권리로서 인정되고 있다.

5. 명예권

명예권(right of dignity)은 국가가 타국으로 하여금 자국의 명예 및 위엄을 존중하도록 하는 권리를 말한다. 명예권은 구체적으로 국가를 대표하는 국가원수, 외교사절과 국가를 상징하는 국기에 대한 존경을 요구하는 권리로 나타난다.

3 국가의 기본적 의무

1. 국내문제 불간섭의무

국내문제 불간섭의무는 타국의 국내문제에 속하는 사항에 간섭하지 않을 의무를 말한다. 국내문제는 국제법에 의해 규율될 수 없는 문제로 그 국가의 관할에 속하는 문제이며, 불간섭이란 국제법상 정당한 권한 없이 개입할 수 없음을 말한다.

2. 불법행위를 하지 않을 의무

불법행위를 하지 않을 의무는 모든 국가는 국제법을 위반하는 행위를 하여 타국의 권리나 이익을 침해하지 않을 의무를 말한다. 이 의무를 위반했을 경우 국제법상 국가책임을 부담하게 된다.

3. 무력의 위협 또는 사용금지의무

모든 국가는 그 국제관계에 있어서 다른 국가의 영토보전이나 정치적 독립에 대하여 또는 UN의 목적과 양립하지 아니하는 어떠한 방식으로도 무력의 위협이나 무력행사를 삼가야 할 의무를 진다. 무력의 위협 또는 사용금지의무는 현대 국제법상 강행규범상의 의무라고 보는 것이 다수의 견해이다.

4. 분쟁의 평화적 해결의무

모든 국가는 분쟁을 평화적으로 해결해야 할 의무가 있다. 분쟁의 평화적 해결의무는 제2차 세계대전 이전에 이미 일부 조약에 의해 수립되었으나 UN헌장에서 더욱 정밀한 형태로 발전되었고 1970년 우호관계원칙선언 및 1982년 '국제분쟁의 평화적 해결에 관한 마닐라 선언'에서 확인하고 있다. 분쟁의 평화적 해결의무란 첫째, 모든 국가는 UN헌장에 규정되어 있는 일부 예외를 제외하고는 오로지 평화적 수단에 의하여 분쟁을 해결해야 하며, 둘째, 분쟁 당사국들은 분쟁의 상황 및 성격에 적합한 평화적 수단에 관하여 합의해야 하고, 셋째, 한 가지 평화적 수단으로 분쟁해결이 실패하였을 경우, 분쟁 당사국들은 다른 평화적 수단을 강구해야 함을 의미한다.

5. 신의성실(good faith)의무(원칙)

(1) 신의성실의무(원칙)란 국가는 국제의무를 성실히 이행해야 한다는 것을 의미한다. '조약은 준수되어야 한다'는 원칙은 단지 국가들에게 자신의 국제의무를 이행할 것을 요구하고 있을 따름이나 신의성실원칙은 그와 같은 의무를 이행하는 '방법'에 관한 것이라는 차이가 있다. 즉, 국가는 국제법규의 목적과 객체를 방해하는 방향으로 자신의 의무를 이행해서는 안 된다. 신의성실원칙은 수평적 · 분권적 구조의 국제공동체에는 국제법규의 준수를 강제할 행정조직이 거의 없어 국제의무 이행이 일차적으로 개별 국가들의 호의에 의존하고 있기 때문에 특히 중요한 원칙으로 평가된다. 동 원칙은 UN헌장 제2조 제2항, 1969년 조약법에 관한 비엔나협약 제26조, 우호관계선언 제7원칙, 1982년 UN해양법협약 제300조 등에서 확인되고 있다. 신의성실원칙은 조약 및 관습법상의 의무뿐 아니라 일방적 약속의 이행에도 적용된다.

(2) 조약의 경우 '유효한' 조약에 대해서만 동 원칙이 적용된다(우호관계선언 제7원칙). 일방적 약속과 관련하여 국제사법재판소(ICJ)는 '니카라과 사건'에서 '일방적 선언도 신의성실의 원칙의 적용을 받으며, 유추에 의하여 조약법에 따라 대우되어야 한다.'라고 판시하였다. 이러한 전제에 기초하여 국제사법재판소(ICJ)는 미국의 이른바 'Schultz notification'의 효력을 부인하였다.

(3) 국제사법재판소(ICJ)는 Gabčikovo - Nagymaros Project에서 조약법에 관한 비엔나협약 제26조에 반영된 신의성실의무는 당사자들에게 조약을 합리적인 방식으로 그리고 조약의 목적이 실현될 수 있는 방식으로 적용할 의무를 지우고 있다고 하였다. 이같은 전제에서 Border and Transborder Armed Action 사건에서는 신의성실원칙은 다른 의무가 존재하지 않는다면 그것 자체가 의무의 연원은 아니라고 하였다. 국제해양법재판소도 The M/V Louisa Case에서 신의성실원칙은 단독으로는 원용될 수 없다고 하였다.

슐츠선언

미국의 ICJ규정 제36조 제2항상의 선택조항 수락선언에 관한 것이다. 미국은 니카라과에 의
해 제소당하기 3일 전인 1984년 4월 6일 "1946년 6월 26일의 미국의 ICJ 강제관할권 수
락은 지금 이 순간부터 앞으로 2년 동안 '중앙아메리카국가들과의 분쟁 또는 중앙아메리카
의 사건들로부터 야기되거나 또는 그와 관련된 분쟁'에는 적용되지 않는다."라는 선언서를
UN사무국에 전달하였다. 이는 미국이 앞서 수락한 선택조항에 부가된 시간유보와는 다른 내
용이었다. 미국은 선택조항을 수락하면서 '동 선언은 5년의 기간 동안 그리고 그 후에는 이
선언을 종료하기 위한 통고를 하고 나서 6개월이 경과할 때까지 유효하다.'라는 시간 유보를
부가했었다.

6. 인권존중의무(원칙)

인권존중의무는 제2차 세계대전 이후에 등장한 새로운 원칙으로 동 원칙에 의하면 국
가는 자국민이라 할지라도 일정 기준 이하로 대우할 수 없다. 그러나 인권존중원칙은
국가의 일회적 인권침해에 대해 적용되는 것은 아니다. 일반국제법상 인권존중원칙에
의해 금지되는 국가의 행위는 '중대한' 인권침해, 즉 '반복적이고 체계적인'(repeated
and systematic) 인권침해이다. 현대국제법상 주요 인권존중원칙은 강행규범에 속하
는 것으로 인정되므로 기본적 인권의 대규모 침해를 규정한 조약은 강행규범을 위반
한 것으로 당연무효이다. 한편, 현대국제법은 국가가 개인 또는 집단의 기본권을 존중
하는 것과 국제평화 및 안전의 유지 사이에는 긴밀한 관련이 존재하는 것으로 보고
있다.

제2절 | 주권

1 개념

통설에 의하면 국제법상 주권이란 보통 최고 독립의 국가권력을 의미한다.

2 내용

1. 대내적 최고성

국내에서 최고 권력을 갖고 인민과 영역을 지배한다. 즉, 국가는 영역 내의 인민을
명령, 강제할 수 있고, 영역의 일부를 처분할 권능을 갖고 있다. 이를 영토고권이라고
도 한다.

2. 대외적 독립성

국가는 주권에 의해 타국 또는 국제적 권력하에 놓이지 않고 그것들로부터 독립해 있다. 즉, 타국 또는 국제적 권력에 의해 명령되거나 강제되지 않는다. 이를 대외주권 이라고도 한다. 국가가 체결한 조약에 의해 의무를 부담하는 것은 국가의 자기의사 에 의거한 것이므로 주권의 독립성을 침해하는 것은 아니다.

3 주권의 제한

1. 제한 가능성

셀(G. Scelle)은 주권을 '자기가 원하는 것은 무엇이든지 할 수 있는 능력'이라고 이 해하고 만일 주권이 제한을 받는다면 법적으로 모순이라고 주장하여 주권의 제한 가 능성을 부정한다. 그러나 오늘날 통설은 주권은 제약할 수 있는 것으로 본다. 국가는 행동의 자유가 있으나 타국의 권리를 침해할 자유는 없는바, 이는 주권이 국제법의 제한을 받기 때문인 것으로 생각할 수 있다.

2. 국제조직의 다수결제도

(1) 주권에 영향이 없는 결의

다수결에 의한 국제조직의 결의가 권고적이거나 결의에 반대하는 국가의 탈퇴가 인정되는 경우에는 주권에 아무런 영향을 미치지 않으므로 문제되지 않는다.

(2) 주권에 영향이 있는 결의

안전보장이사회가 회원국의 강제조치 참가를 결의한 경우 이는 헌장 제25조에 의해 법적 구속력을 지닌다. 이 경우 국가주권 제한에 대해 주권부정설, 주권긍 정설, 주권제한설이 나누어진다. 안전보장이사회의 구속력 있는 결의가 채택될 경우 회원국은 UN을 탈퇴할 수 있되, 탈퇴 전까지는 안전보장이사회 결의에 구 속되므로 주권은 제한된다고 볼 수 있다.

> **UN헌장 제25조 - 안전보장이사회 결정의 구속력**
> UN회원국은 안전보장이사회의 결정을 이 헌장에 따라 수락하고 이행할 것을 동의한다.

3. 국제판결과 주권제한

국제재판은 강제관할권이 없는 상태에서 국가가 관할권에 복종한 것이며, 국가 간 합의된 기존 국제법의 적용이므로 주권의 제한이 되지 않는다.

4. 국내헌법상 주권제한

몇몇 주요 국가가 국내 헌법상 주권 제한 규정을 두고 있다. 1948년 프랑스 헌법 전 문은 '프랑스는 상호주의의 유보하에 평화조직과 방위에 필요한 주권 제한에 동의한 다.'라고 규정하고 있다.

5. 불평등조약의 이론

불평등조약의 이론(theory of unequal treaties)이란 조약의 내용에 있어서 상호주의를 결여한 불공평한 조약은 무효로 보아야 한다는 이론이다. 그러나, 이 이론은 인정될 수 없다. 불평등조약 이론은 약속은 지켜져야 한다는 조약법협약 제26조에 위배될 수 있다. 내용에 있어서 완전한 상호주의를 실현한 조약은 거의 존재하지 않는다. 1969년 조약법협약은 불평등이론을 조약의 무효 사유로 규정하지 않았다.

제3절 | 평등권

1 의의

1. 개념

모든 국가가 평등하게 국제법상 권리의무를 향유할 수 있는 권리를 말한다. 국가는 영역의 대소, 인구의 다소, 문화수준의 고저 등 차이가 있으나, 이를 이유로 특정 국가를 국제법상 불평등하게 대우해서는 안 된다는 의미이다.

2. 평등의 의미

종래의 형식적·절대적 평등에서 오늘날 실질적·상대적 평등으로 변화하였다. 즉, 구체적 사정에 따라 상대적 차이를 인정하는 실질적 평등이 옳다고 본다.

2 평등권의 내용

1. 법적용에서의 평등

국제법의 적용에 있어서 평등은 여하한 국가도 같은 국제법상의 권리를 주장하고 의무의 이행을 요구할 수 있다. 적용에 있어서의 평등은 약소국의 권리가 무시되기 쉬운 국제사회의 안정을 위해 필요하다.

2. 국제법에서의 평등

법적 의미의 평등이다. 이는 모든 국가가 '법'상 동등한 권리의무의 주체가 될 수 있음을 뜻한다. 법상 권리의무의 평등이란 현실적으로는 그렇지 않더라도 법상으로 동등한 권리의무를 갖는다는 뜻이다.

3. 법정립에 있어서의 평등

국가는 자기를 구속하는 국제법의 정립에 평등한 자격으로 참가할 수 있으며 동시에 자기가 그 정립에 참가하지 않는 국제법규의 구속을 받지 않는다는 의미로 사용된다. 구체적으로는 ① 외교교섭이나 국제회의에 평등하게 참가·발언·투표하는 것, ② 어느 국가도 타국에 대해 재판관할권을 주장하지 못하는 것(국가면제), ③ 어느 국가도 타국이 그 관할권에 속한 사항에 관하여 행한 공적 행위에 대하여 원칙적으로 그 효력을 부인하지 못하는 것(국가행위이론)을 의미한다.

3 국제조직에 의한 평등권의 제한(실질적 평등의 반영)

1. 국제연맹과 평등권

국제연맹이사회는 상임이사국과 비상임이사국으로 구성되었으며 상임이사국은 영국, 프랑스, 이탈리아, 일본, 독일 5대국이었고, 나머지 소국들은 총회에서 선거에 의하여 9개국이 비상임이사국이 되었다.

2. UN과 평등권

헌장 제2조 제1항은 회원국 간 '주권평등원칙'을 규정하고 있으나, 이는 추상적 법적 평등을 의미하며, 강대국의 특권을 인정하고 있다. 안전보장이사회에서 미국, 러시아, 영국, 프랑스, 중국 5대국은 2중으로 특권이 인정되어 있다. 즉, 5국은 상임이사국으로서 항상 대표를 낼 수 있으며, 의결에 있어서도 절차문제 이외의 문제에 대해서는 거부권이 인정되어 있다. 또한 안전보장이사회의 보조기관인 군사참모위원회도 5대국의 참모장 또는 그 대리자로 구성되도록 규정하고 있다.

> **UN헌장 제2조 제1항**
> 1. 기구는 모든 회원국의 주권평등원칙에 기초한다.

3. UN전문기관과 평등권

국제노동기구 이사회는 현재 정부대표 20명, 사용자대표 10명, 노동자대표 10명으로 구성되는데, 정부대표 20명 중 10명은 주요 산업국인 미국, 영국, 러시아, 프랑스, 중국, 독일, 이탈리아, 일본, 인도, 캐나다에서 나오게 되어 있다. 국제통화기금(IMF)은 출자액에 따라 투표권을 배분한다.

제4절 | 자위권

1 의의

1. 개념

자위권은 정당방위라고도 하며 현존하는 위법한 무력공격에 대하여 국가 또는 국민을 보호하기 위하여 부득이 필요한 한도 내에서 비례적 불법조치를 행할 수 있는 국가의 기본적 권리이다.

2. 구별개념(자구권)

무력행사가 금지되지 않던 시절, 타국의 무력공격이 없이도 자국의 이익을 위해 적극적으로 무력을 행사하는 권리로서 오늘날의 자위권과 구별된다.

3. 전통적 자위권과 UN헌장 제51조와의 관계

전통적인 국제관습으로 존재해오던 자위권과 오늘날 UN헌장에 규정된 자위권의 관계가 문제시된다. 이에 대하여 국제사법재판소(ICJ)는 니카라과 사건에서 UN헌장 제51조의 자위권이 국제관습법상 자위권을 모두 포함하는 것이 아니라고 하였다. 국제사법재판소(ICJ)는 양자가 병존하며 그 내용이 상이하다고도 하였다. 또한 UN헌장 제51조는 골격조항이기 때문에 이에 명시하지 않은 사항은 국제관습법상의 규칙이 보충한다고 판시하였다.

> **UN헌장 제51조 - 자위권**
> 이 헌장의 어떠한 규정도 UN회원국에 대하여 무력공격이 발생한 경우, 안전보장이사회가 국제평화와 안전을 유지하기 위하여 필요한 조치를 취할 때까지 개별적 또는 집단적 자위의 고유한 권리를 침해하지 아니한다. 자위권을 행사함에 있어 회원국이 취한 조치는 즉시 안전보장이사회에 보고된다. 또한 이 조치는, 안전보장이사회가 국제평화와 안전의 유지 또는 회복을 위하여 필요하다고 인정하는 조치를 언제든지 취한다는, 이 헌장에 의한 안전보장이사회의 권한과 책임에 어떠한 영향도 미치지 아니한다.

4. 유형

UN헌장 제51조는 개별적 자위권과 함께 집단적 자위권을 규정하였다. 예방적 자위권의 인정 여부에 대해서는 학설 다툼이 있다.

참고

예방적 자위권

1. 개념

예방적 자위권은 무력공격이 '현존'하지 아니하나 무력공격이 '임박'한 경우에 이에 대해 선제적으로 자위권을 발동하는 것을 말한다. UN헌장체제하에서 예방적 자위권이 인정될 수 있는지에 대해서는 첨예한 의견대립이 있다.

2. 긍정설

예방적 자위권을 긍정하는 견해는 자국에 대해 준비되고 있는 침략행위를 탐지하고 먼저 공격하거나 저지하는 행위는 불법적인 무력행사에 해당되지 않는다고 본다. UN헌장 제51조는 국가의 고유한 권리로서 관습국제법하에서 인정되어 온 예방적 자위권을 결코 제한하고 있지 않다는 입장이다. Bowett, Waldock, Mcdougal, Brierly 등이 긍정설을 취하고 있다.

3. 부정설

부정설은 관습국제법상으로도 예비적 자위권이 반드시 인정되었다고 말할 수 없으며, 또한 Webster 공식(자위권 발동요건으로서 필요성과 비례성원칙을 요한다는 주장)에 의해 예비적 자위권이 인정되었다고 할지라도 이것이 UN헌장에 우선할 수는 없다고 주장하고 있다. 특히 브라운리(Brownlie)는 국제관습법상 자위권은 UN헌장을 통해 수정을 보게 되었다고 주장한다. 즉, UN의 집단안보는 개별적 무력행사를 금지하고, 유일한 예외라고 할 수 있는 자위에 대해서도 객관적 통제를 행하려고 하고 있으며, 따라서 무력공격의 위협 단계에서는 분쟁의 평화적 해결방법에 의해 그 제거를 위해 노력해야 한다고 본다. 또한 상대국의 공격의사를 가정함으로써 선제적으로 무력을 행사하는 것은 예방전쟁을 시인하는 결과가 될 것이나, 자위권에 관한 관습국제법은 이를 제한하는 방향으로 발전하여 왔으며, 이러한 경향은 부전조약 등을 거쳐 UN헌장에 이르러 완결되었다고 주장한다.

4. 국제사법재판소(ICJ)의 입장

Nicaragua 사건에서 국제사법재판소(ICJ)는 소송당사자들이 이미 발생한 무력공격의 경우에 국한해서 자위권을 원용하고 있을 뿐, 절박한 무력공격의 위협에 대처하는 것이 합법인지의 쟁점은 제기하지 않았다는 이유를 들어 국제관습법의 차원에서의 예방적 자위권의 존재 여부에 관하여는 견해를 밝히지 않았다. 국제사법재판소(ICJ)는 Armed Activities on the Territory of the Congo 사건에서도 예방적 자위권은 본 사건의 쟁점이 아니라는 이유로 Nicaragua 사건에서의 상기 자신의 말을 인용하는 것으로 만족하였다. 국제사법재판소(ICJ)의 이 같은 소극적 태도는 예방적 자위권 이론이 논란이 많은 문제임을 잘 보여주고 있다.

 참고

방지적 자위와 선제적 공격

UN사무총장의 '고위 전문가 패널'은 2004년 보고서에서 예방적 자위권을 인정하면서도, 무력공격의 위협이 절박하지 않다면 자위권은 허용될 수 없다고 하여 '방지적 자위(preventive self - defense)'이론을 배척했다. 다시 말하면 Caroline호 사건의 공식에 따라 절박한 (imminent) 무력공격에 대한 선제적(pre - emptive) 공격은 허용되는 예방적 자위에 해당할 수 있지만, 절박하지 아니한 무력공격에 대한 방지적(preventive) 공격은 허용되는 예방적 자위에 해당하지 않는다는 것이다. 아직 임박하지 않은 추정적 공격에 대한 자위권 행사는 Caroline공식에 따르더라도 허용될 수 없다.

2 개별적 자위권

1. 개념

개별적 자위권이란 침략을 당한 국가가 침략국에 대해 취하는 반격조치의 권리를 의미한다. 침략을 당한 국가원조하에 제3국이 침략국에 대해 공격조치를 취하는 집단적 자위권과 구별된다.

2. 요건

(1) 서설

개별적 자위권이 정당화되기 위해서는 UN헌장 제51조의 요건과 관습법상의 요건을 모두 충족해야 한다. UN헌장 제51조는 무력공격의 발생, 안전보장이사회에 사후 보고를 규정하고 있다. 또한 관습법상으로는 필요성과 비례성을 요건으로 한다. 니카라과 사건(1986)에서 국제사법재판소(ICJ)는 필요성과 비례성이 관습법임을 확인하였다. 핵무기사용의 적법성에 관한 권고적 의견(1996)에서는 필요성과 비례성이 UN헌장 제51조에도 똑같이 적용된다고 하였다. 또한 Oil Platform 사건(2003)에서는 자위권에서 요구되는 필요성과 비례성의 요건은 엄격하고 객관적인 것이므로 엄격하게 해석해야 한다고 판시하였다. 자위권 요건 충족 여부에 대해서는 자위권 발동국이 입증책임을 진다.

 관련판례

Oil Platform 사건(미국 대 이란, ICJ, 2003)

1. 사실관계

1987년 10월 16일 쿠웨이트 유조선 Sea Isle City호가 국기를 reflagging, 즉 미국의 국기로 바꾸어 단 지 얼마 안 되어 쿠웨이트 항구 인근에서 미사일 공격을 받았다. 이란의 소행으로 판단한 미국은 3일 후 자위권 행사의 이름하에 이란의 해상 석유채굴시설들을 공격하였다. 이후 1988년 4월 14일 미국 군함 Samuel B. Roberts호가 호송 임무를 끝내고 귀환하던 중 바레인 인근 국제수로에서 기뢰에 부딪혀 파괴되었다. 역시 이란의 소행으로 생각한 미국은 4일 후 자위권을 주장하면서 해군력을 동원하여 이란의 해상 석유채굴시설들을 공격하였다. 나아가 이란의 여러 척의 순양함과 항공기에 대해서도 공격을 가하였다.

2. 법적 쟁점

(1) 미국의 이란 석유채굴시설들에 대한 공격이 자위권으로 정당화될 수 있는가?

(2) 특히 무력공격에 대한 입증책임, 필요성 및 비례성 요건 충족 여부가 문제되었다.

3. 국제사법재판소(ICJ)의 판단

(1) 미국의 공격은 자위권으로 정당화될 수 없다. 미국이 개별적 자위권을 주장하였으므로 미국이 고의적인 공격의 피해자임을 입증해야 하나, 여러 정황상 특별히 미국을 겨냥한 공격으로 보기 어렵기 때문에 미국이 피해국임을 입증하는 데 실패했다.

(2) 석유플랫폼은 군사시설이 아니며 따라서 자위를 위한 무력공격에서 적법한 목표물이 아니기 때문에 필요성요건을 충족하지 못했다.

(3) 설사 이란이 무력공격에 대해 책임이 있다고 하여도 미국의 이란 석유플랫폼에 대한 공격은 비례성원칙을 위반하였다. 또한 사망자가 없는 함정 피격에 대응하여 순양함을 포함한 여러 척의 해군 함정과 비행기를 공격한 행위도 비례성요건을 위반하였다고 하였다.

(2) 침해되는 법익

자위권에 의해 상대방의 무력행사로부터 보호할 수 있는 법익의 범위는 어디까지인가? 일설은 국가의 법익일반을 포괄적으로 보호법익의 범위로 본다. 그러나 일반적으로 법익의 내용은 국제평화의 관점에서 불가결한 한 국가의 기본적 법익, 즉 국가의 영토보전 및 정치적 독립에 한정된다. 영역·공해상의 군함·군용항공기·재외 군사기지에 대한 무력침공 등이다. 재외 자국민의 생명·재산 및 재외 경제적 이익에 대한 침해도 그 자체만으로는 자위권의 원용사유가 되지 않는다. 재외 자국 공관에 대한 공격도 침략에 해당되지 않으므로 자위권을 발동할 수 없다.

(3) 무력공격의 발생

자위권을 발동하기 위해서는 무엇보다 무력공격이 발생해야 한다. 무력공격은 침략과 같은 개념으로 이해되고 있다. 자세한 사항은 후술한다.

(4) 필요성

침략을 격퇴 또는 저지하기 위한 다른 평화적 방법이 없는 경우에 한해 무기를 들어야 한다. 즉, 자위권의 행사로서의 무력행사는 침략의 저지 및 격퇴를 위한 유일한 수단이었어야 한다. 전면적 무력공격이 발생한 경우 자위권의 행사는 그 격퇴 및 저지를 위한 유일한 방법일 것이므로 필요성의 요건은 존재가치가 없다. 그러나 예방적 자위권을 긍정하는 경우 필요성의 요건이 엄격하게 적용되어야 할 것이다. 적의 공격이 종료되고 철수한 이후에는 자위권을 발동할 수 없으며, 계속 반격하는 것은 국제법상 금지된 무력복구에 해당된다.

(5) 대응조치의 비례성

자위권 행사로서 이루어지는 무력행사는 침략의 저지 또는 격퇴라는 목적에 비례해야 한다. 다만, 피침략국이 침략에 상응하는 정도로 공격을 가할 수 있다는 양적 비례의 개념은 아니다. 침략격퇴라는 목적을 넘어서는 무력행사는 '과잉방위'로 위법한 무력행사이다. 따라서 일단 침략의 격퇴라는 목적이 달성되면 자위권 행사로서의 무력행사는 중지되어야 한다. 타국의 공격에 대해 반격조치를 취하는 것을 넘어 타국의 공항과 마을을 점령하는 것은 비례성원칙 위반이다.

(6) 안전보장이사회에 대한 즉각 보고

회원국은 자위권 행사로서 취해진 조치를 즉각 안전보장이사회에 보고해야 한다. 이는 이미 취해진 자위로서의 무력행사의 정당성을 안전보장이사회로 하여금 판단하도록 하고 안전보장이사회가 그 후속조치를 취함에 있어 참고가 되도록 하기 위함이다. 보고의무는 자위권 행사의 실질적 요건은 아니고 절차적 의무에 불과하다. 따라서 침략의 발생이라는 사실과 필요성·즉각성·비례성원칙이 충족되면 무력행사는 자위권 발동으로 정당화되며, 보고의무의 위반에 의해 자위권 행사로서 취해진 무력행사의 정당성이 박탈되는 것은 아니다.

(7) 자위권 행사의 요건으로서의 즉각성

자위권은 적의 공격이 진행 중이거나 또는 종료 직후에 행사돼야 한다. 이를 자위권 행사의 즉각성이라고 한다. 적의 공격이 이미 종료하고 병력도 모두 철수했는데 일정 기간 이후의 보복적 성격의 군사적 대응은 자위권의 행사라기보다는 무력복구에 해당한다. 그러나 적의 공격으로 자국 영토가 피점령 중이라면 당장은 공격행위가 진행되고 있지 않아도 점령을 유지하기 위한 무력행사는 계속 중인 상태이므로 이를 회복하려는 자위권의 행사는 인정된다. 또한 당장은 적의 공격이 중지되었어도 이후에는 일련의 공격이 확실한 경우에는 적의 공격이 계속 중인 상황이므로 자위권의 행사가 가능하다.

3. 자위권 발동요건으로서 무력공격

(1) 의미

무력공격의 구체적 의미에 대해서는 UN헌장에 명시적 규정이 없다. 일반적으로 무력공격이란 육·해·공의 정규군에 의한 조직적 군사행동을 의미한다. 무력공격은 '침략'과 유사한 개념으로 이해되고 있다. 국제사법재판소(ICJ)는 니카라과 사건에서 그 규모와 효과에 있어 상당한 수준 이상의 무력사용(use of force)을 무력공격으로 보았다. 에리트리아 - 에티오피아 청구위원회는 소규모 보병부대 간 국경에서의 국지적인 조우전은 설사 인명 손실을 동반하는 것이라 하더라도 UN헌장의 목적상 무력공격을 구성하지 않는다고 하였다. 한편, UN총회의 침략정의 결의(총회결의 3314)에 의하면 침략은 어느 국가가 타국의 주권, 영토보전 또는 정치적 독립에 대해 무력을 사용하거나 또는 UN헌장에 위배되는 기타 방법을 사용하는 것을 말한다. UN헌장에 위배되는 무력의 선제사용은 침략행위의 일견 충분한 증거를 구성한다. 타국 영토에 대한 폭격이나 무기사용, 무력에 의한 항구 봉쇄, 타국 군대에 대한 무력공격, 제3국의 침략에 자국 영토 이용 허용 등이 예로 열거된다.

(2) 무력공격의 주체

헌장 제51조는 무력공격의 대상이 회원국, 즉 국가임을 명시하고 있으나, 그 주체에 대해서는 침묵하고 있다. 통설은 국가로 한정하고 있다. 그러나 2001년 UN 안전보장이사회 결의 1368은 테러단체의 무력공격에 대한 자위권을 인정하고 있다. 반면, 국제사법재판소(ICJ)는 2004년 권고적 의견에서 '헌장 제51조는 국가가 타국을 무력으로 공격하는 경우에 고유의 자위권이 존재함을 승인한다.'라고 언급함으로써 자위권이 '국가'들 사이에서만 적용되는 권리임을 시사하고 있다. 국제사법재판소(ICJ)는 2005년 콩고 영토에서의 무력활동에 관한 사건에서도 국제사법재판소(ICJ)는 콩고령에 주둔하는 비정규군 조직이 우간다를 공격한 행위에 대해 우간다가 자위권을 행사할 수 있는 상황이 아니라고 하여 비국가행위자는 자위권 발동 대상이 되는 무력공격의 주체가 될 수 없다고 하였다.

(3) 간접적 무력공격의 문제

간접침략은 자위권 발동의 대상이 되는 무력공격에 해당하는가? 어느 국가의 정부를 전복시키거나 또는 영토의 일부를 분리 · 독립시키기 위한 내란이 발생한 경우 그 내란에 대해 군사적 · 물질적 원조를 제공하는 외국의 행위는 간접침략에 해당한다고 볼 수 있다. 켈젠(H. Kelsen)은 간접침략의 범위를 넓게 보아 내란시 혁명집단에게 무기 및 기타원조제공도 무력공격의 개념에 포함된다고 하였다. 그러나 일반적으로 간접침략이라는 행위가 헌장 제51조의 무력공격으로 해석되기 위해서는 내란활동의 근거지가 외국이거나 그 활동이 외국 정부의 지휘 · 명령하에 있거나 외국 정부와의 공모하에 이루어지는 것이 명백히 입증되어야 한다. 니카라과 사건에서 국제사법재판소(ICJ)는 한 나라가 다른 나라의 영토 내에 무장단체를 파견하는 것은 무력공격이 되나 그 밖의 지원을 제공하는 것은 무력공격을 구성하지 않는다고 보았다. 법원은 무력공격과 무력사용을 구분하고 자위권의 행사를 위해서 필요한 무력공격은 중대한 규모와 효과(scale and effects)를 가져야 한다고 판시하였다. 요컨대, 엄격한 요건하에 간접침략에 대해 자위권을 발동할 수 있다.

(4) 침격전술론

침격전술론(針擊戰術論 - Nadelstichtaktik, pin - pricks tactic) 또는 누적적 사건론(accumulation of events theory)이란 그 자체 단독으로는 무력공격의 정의에 해당하지 아니하는 무력의 사용이라도 누적되면 무력공격과 같은 것으로 보고 자위권 행사의 대상이 될 수 있다고 보는 주장을 말한다. 국제사법재판소(ICJ)는 일련의 사건에서 이것을 인정하는 듯한 표현을 사용한 바 있다. 그러나 침격전술론 혹은 누적적 사건론이 집단적 자위까지 정당화하기는 어렵다고 평가된다.

(5) 타국 상선에 대한 공격도 무력공격에 해당되는가?

1974년 UN총회의 침략 정의 결의 제3조에 의하면 영토 밖에 있는 타국의 군함이나 전투기뿐만 아니라 선박 또는 항공기 무리도 무력공격의 목표물이 될 수 있다. 여기서 '무리'란 표현은 외국의 상선이나 상업용 항공기 한 대 혹은 수대는 배제하는 것으로 평가된다. 그러나 <u>Oil Platforms 사건에서 국제사법재판소(ICJ)는 미국 국기를 게양한 한 상선에 대한 기뢰에 의한 공격은 무력공격을 구성할 수 있다고 판시하였다.</u> 즉, 다른 모든 조건이 충족된다면 특정 국가의 국기를 게양한 단 한 척의 상선에 대한 무력공격도 그 국가에 대한 공격과 동일시할 수 있음을 시사하는 것으로 평가된다.

 관련판례

캐롤라인호 사건(미국 대 영국, 1841)

1. 사실관계

캐나다에서 영국(당시 캐나다의 종주국)을 상대로 한 내란과정에서 발생한 사건이다. 캐나다의 독립에 호의적인 미국인들이 반란을 원조하고 있었으며, 캐롤라인호는 미국 선적의 선박으로서 캐나다 반군들에게 무기, 탄약 등을 수송하던 선박이었다. 1837년 12월 29일 영국군은 미국항에 정박 중이던 캐롤라인호를 급습하여 승무원과 승객 수십 명을 살해하고 캐롤라인호에 방화하여 나이아가라 폭포에 낙하시켰다. 미국이 항의하고 손해배상을 청구하였으나 영국은 자위권에 기초하여 정당성을 주장하였다. 양국 간 대립이 지속되었으나 1842년 영국이 미국에 사죄함으로써 종결되었다.

2. 법적 쟁점

자위권의 요건 및 영국의 행위가 자위권으로 정당화되는지가 문제되었다.

3. 미국의 입장

미국은 자위권의 요건을 제시하면서 영국의 행위는 자위권의 요건을 충족하지 못한다고 주장하였다. <u>미 국무장관 Webster는 '독립국가가 영토의 불가침을 존중하는 것은 문명의 가장 필수적인 기초이다. 자위권이라는 대원칙에서 예외가 있을 수 있다는 것을 인정하지만, 그러한 예외는 필요성(necessity)이 급박하고(instant), 압도적이며(overwhelming), 다른 수단을 선택할 여지가 없고(leaving no choice of means), 숙고할 여유가 전혀 없을(and no moment for deliberation) 경우에만 허용된다는 것은 의문의 여지가 없다'라고 하였다.</u> 그러므로 Webster는 영국이 자위권행사의 정당화를 주장하기 위해서는 다음의 사실이 증명되어야 한다고 하였다 - Caroline호에 승선한 사람들에 대한 경고(admonition)나 항의가 불필요하거나 이용 불가능했다는 점, 동이 트는 것을 기다릴 시간적 여유가 없었다는 점, 범죄자와 범인(凡人)을 구별할 수 있는 상황이 아니었다는 점, 선박을 나포하여 억류시키는 것으로는 충분하지 못했다는 점 등.

4. 영국의 입장

영국 외상 Ashbuton은 영국의 행동이 자위권의 조건에 합치된다고 하면서도 미국의 영토를 침범한 것에 대해서는 유감을 표하였다.

4. 효과

요건을 구비한 방어행위는 위법성이 조각되어 국가책임이 발생하지 않는다. 다만, 자위권으로 자신의 무력사용의 정당성을 주장하는 국가는 이에 대한 입증책임을 진다.

3 집단적 자위권(Right of collective self-defense)

1. 개념

UN회원국이 다른 회원국에 무력공격이 가해질 경우 자국의 독립과 안전이 당해 타회원국의 그것과 동일시될 만큼 밀접한 관계에 있는 경우 그 무력공격에 대하여 반격조치를 취할 수 있는 권리를 의미한다.

2. 제도적 취지

집단적 자위권은 첫째, 개별적 자위권을 보완한다. 피침국이 약소국인 경우 개별적 자위권만으로는 대항할 수 없기 때문에 집단적 자위권이 이를 보충한다. 둘째, 지역적 협정을 보강한다. 지역적 협정에 의한 강제조치는 안전보장이사회의 허가를 받아야 하나, 허가를 기다릴 시간적 여유가 없이 급박한 경우에는 집단적 자위를 통해 대응할 수 있다. 셋째, 집단적 강제조치를 보강한다.

3. 연혁

집단적 자위의 개념은 UN헌장의 모체인 덤바턴오크스 제안에는 없었으나, 샌프란시스코회의의 헌장심의과정에서 인정되었다. 미주제국은 채플테팩협정(Act of Chapultepec)에서 집단안전보장제도의 도입에 합의하였으나, 강제조치 발동에 안전보장이사회의 동의를 요하는 헌장규정이 채택되는 경우 집단안전보장제도가 마비될 가능성이 있다고 생각했다. 따라서 헌장을 저해하지 않고도 지역적 협정에 의거한 강제조치가 가능하도록 하기 위해 집단적 자위권을 도입하게 되었다.

4. 법적 성질

집단적 자위권은 UN헌장에서 창설된 권리였으나, 오늘날에는 관습국제법상의 권리로 인정되어 특별한 조약상의 근거 없이 수시로 또는 지역제도에 입각하여 행사된다.

5. 요건

제3국에 대한 무력공격의 발생, 필요성, 대응조치의 비례성, 안전보장이사회에 대한 보고, 피침국의 요청 등을 요건으로 한다. 피침국의 요청 요건은 UN헌장에 규정되어 있지 아니하나 1986년 '니카라과 사건'에서 국제사법재판소(ICJ)는 니카라과에 대한 무력공격을 집단적 자위권으로 항변하는 미국의 주장을 배척하면서, 엘살바도르, 온두라스 등의 요청이 없었음을 지적하였다.

법원은 집단적 자위권의 행사는 무력공격이 발생한 것을 전제로 하고 있으며, 무력 공격을 받고 있는 희생국이 그러한 사실을 선언해야 하고 희생국이 다른 나라에 집 단적 자위권의 행사에 의한 도움을 원하면 통상 그러한 취지를 명시적으로 요청해야 한다고 보았다. 집단적 자위권을 행사하기 위해서 방위조약과 같은 사전합의가 존재 할 수도 있다. 한편, 이라크의 쿠웨이트 침공 당시 안전보장이사회 결의뿐만 아니라, 집단적 자위권도 다국적군의 무력행사의 근거가 되었다.

 관련판례

니카라과 사건(니카라과 대 미국, ICJ, 1986)

1. 사실관계

　니카라과에 좌익정권이 들어서자 미국은 이를 전복시키기 위해 우익 반군을 지원하였 다. 미국은 콘트라 반군들에게 장비와 자금을 지원하고 반군의 모집과 훈련도 지원하였 다. 미국은 또한 니카라과 항구를 폭격하였으며, 니카라과 영해에 기뢰를 설치하였다. 한편, 니카라과는 온두라스의 좌익반란단체에 약간의 무기를 공급하였다.

2. 법적 쟁점

　(1) 미국은 무력사용금지의무, 국내문제 불간섭의무를 위반하였는가?

　(2) 미국은 니카라과에 대한 무력사용을 '집단적 자위권'으로 정당화할 수 있는가?

3. 판결요지

　(1) 미국이 반군에게 장비를 지원하고 반군의 모집과 훈련행위는 무력사용금지원칙에 위배된다.

　(2) 미국이 반군에게 자금을 지원하는 행위는 무력사용금지원칙의 위반은 아니나 국내 문제 불간섭의무를 위반하였다.

　(3) 미국이 니카라과의 항만을 파괴하고 기뢰를 부설한 것은 무력사용금지의무 및 국 내문제불간섭의무를 위반하였다.

　(4) 미국은 자국의 위법성을 '집단적 자위권' 발동으로 정당화할 수 없다. 집단적 자위 권은 무력공격(armed attack)이 발생한 경우에 발동될 수 있고, 피침략국의 요청 이 있어야 하나, 니카라과의 행위는 무력공격에 해당하지 않고, 온두라스의 요청도 없었다.

6. 효과

5.의 요건을 구비한 방어행위는 위법성이 조각되어 국가책임이 발생하지 않는다.

4 자위권에 대한 통제

1. 의의

자위권의 발동을 정당화시키는 사유가 발생하였는지 여부에 대한 1차적 판단권은 개 별 국가에게 있기 때문에 자위권의 발동의 남용을 통제해야 한다. 따라서 UN헌장 제51조는 자위권의 발동을 통제하기 위한 제도를 규정하고 있다.

2. 행사요건에 대한 통제

UN헌장은 개별적 자위권 행사를 침해가 '무력공격'에 의해 야기되고 현실적으로 발생되는 경우로 한정하고 있다.

3. 보고의무

회원국은 자신의 자위권 행사조치를 즉각 안전보장이사회에 보고해야 한다.

4. 행사기간에 대한 통제

회원국의 자위권 행사기간은 '안전보장이사회가 국제평화 및 안전의 유지에 필요한 조치를 취할 때까지'로 제한되어 있다. 단, 안전보장이사회가 개입했어도 안전보장이사회가 경제제재조치라는 비실효적 조치를 취하는 경우라면 개별국가의 자위권 행사는 계속될 수 있다. UN헌장 제51조는 국가의 고유한 권리인 자위권 행사는 즉시 안전보장이사회에 보고되어야 하며 안전보장이사회의 사후 심사 대상이 된다. 뉘른베르크 국제군사재판소 역시 자위권 행사의 합법성 여부는 궁극적으로 조사 및 재판의 대상이 된다고 판결하였다.

 관련판례

팔레스타인 점령지역에서의 이스라엘의 장벽건설 사건(권고적 의견, ICJ, 2004)

1. 사실관계
   (1) 팔레스타인과 이스라엘의 관계
      ① 오토만 제국의 일부였던 팔레스타인지역은 제1차 세계대전 이후 국제연맹에 의해 영국이 위임통치를 맡고 있었다. 1947년 영국의 위임통치가 종식된 이후 UN총회는 결의181를 채택하여 팔레스타인을 2개의 독립국, 아랍국가와 유대국가로 분할하며, 예루살렘을 특별국제체제로 두었다.
      ② 1948년 이스라엘과 주변 아랍국 간 제1차 중동전쟁이 발발하였으며 이후 UN의 중개로 이스라엘과 요르단의 전면적 휴전협정이 체결되고 동 협정에 의해 휴전선(Green Line)이 획정되었다.
      ③ 1967년 제3차 중동전쟁 이후 이스라엘은 요르단 서안지대(West Bank)와 가자지구(Gaza Strips), 골란고원, 시나이반도 등 본토의 5배에 달하는 광활한 지역을 점령하였다. 이로써 이스라엘은 영국위임령상의 모든 팔레스타인 지역을 점령하게 되었으며 이 지역은 국제관습법상 이스라엘이 점령국의 지위를 가진 피점령지역이 되었다.
      ④ 1967년 이래 이스라엘은 예루살렘시의 지위 변경을 목적으로 하는 일련의 조치들을 취했으며 1980년 7월 30일 예루살렘을 이스라엘의 완전하고 통일된(complete and united) 수도로 규정하는 이스라엘헌법을 채택하였다. 이러한 일련의 조치들에 대해 안전보장이사회는 결의 제298호와 제478호를 통해 무력점령에 의한 영토취득의 불허성원칙과 예루살렘의 지위와 성격을 변경시키려는 목적으로 취해진 일련의 이스라엘 조치들의 무효성을 선언하였다.

(2) 이스라엘의 장벽(Wall) 건설

이스라엘은 2002년 6월부터 중앙 및 북 서안지대로부터의 팔레스타인의 테러리스트들의 침입을 저지한다는 명분으로 동 예루살렘을 포함한 서안지대에서 장벽(wall) 건설을 추진하였다. 2005년 완공될 예정이었던 동 장벽은 총 길이가 720km에 이른다. 이 장벽으로 장벽과 그린 라인 사이에 폐쇄지역(close area) 및 위요지(Enclave)가 생겨나게 되었다. 장벽 내 출입은 짧은 기간동안 드물게 개방되는 출입문을 통해서만 가능하며 팔레스타인 주민들은 이스라엘 당국의 허가 또는 신분증 없이 그 지역에 거주하거나 출입할 수 없었다. 반면 이스라엘 시민과 영구 거주민 및 이스라엘 이민 가능자는 이스라엘 당국의 허가 없이 폐쇄지역에서 자유롭게 거주하고 출입할 수 있었다.

(3) UN총회의 권고적 의견 요청

UN총회는 결의 ES - 10/13을 채택하여 이스라엘의 장벽 건설은 1949년 휴전선으로부터 벗어나 있으며 관련 국제법규정에 상반되는 동 예루살렘 및 그 주변을 포함한 팔레스타인 점령지역에서의 장벽 건설의 중지를 요청했다. 또한 2003년 12월 8일 제10차 긴급특별회기(Tenth Emergency Special Session)를 재개하여 동 월 10일에 채택된 결의 ES - 10/14에 근거하여 ICJ에 권고적 의견을 요청하였다.

(4) 권고적 의견 요청 문제

1949년 제네바 제4협약(전시 민간인 보호)과 안전보장이사회 및 총회 결의를 포함하여 국제법의 제규칙과 원칙을 고려하여 동 예루살렘을 포함하는 팔레스타인 점령지에서 점령국인 이스라엘의 장벽 건설로부터 야기되는 법적 결과는 무엇인가?

2. 권고적 의견

(1) 장벽 건설조치의 위법성

① 무력사용금지의무 및 민족자결권 침해 여부: 적극

<u>ICJ는 이스라엘의 장벽 건설조치는 사실상 병합과 동등한 조치이며, 팔레스타인 민족의 자결권을 침해한다고 판단하였다.</u> 이스라엘의 계획은 팔레스타인 점령지역 주민의 80%가 거주하는 서안지대의 16% 이상을 병합시키며, 약 16만 명의 팔레스타인 주민들이 거의 완벽하게 고립된 지역에서 거주하게 될 것으로 보았다. ICJ는 이러한 장벽 건설은 팔레스타인 민족의 자결권 행사를 심각하게 침해하며, 따라서 이스라엘은 그러한 권리를 존중할 의무를 위반한 것이라고 판단하였다.

② 국제인도법 및 국제인권법 위반 여부: 적극

<u>재판소는 장벽 건설과 그 관련 체제가 시민적·정치적 권리에 관한 국제협약 제12조 1항에서 보장하는 팔레스타인 점령지역에서의 거주민의 이동의 자유와 아동의 권리에 관한 UN협약 및 경제적·사회적·문화적 권리에 관한 국제규약에 규정된 노동, 보건, 교육 및 적절한 생활수준을 향유할 권리를 침해한다고 판단하였다.</u> 또한 장벽 건설은 팔레스타인 점령지역 내의 인구 구성 변화를 초래함으로써 제네바 제4협약 제49조 제6항 및 관련 안전보장이사회 결의를 위반한 것이라고 판시하였다.

(2) 위법성 조각사유

① 자위권: 이스라엘은 장벽 건설은 테러리스트의 위협에 대응한 조치로서 자위권 발동에 해당한다고 주장하였다. <u>그러나 재판소는 이스라엘에 대한 공격이 '외국'에 의한 것이 아니며, 또한 이스라엘 영토 '밖에서의' 공격에 대한 것도 아니므로 UN헌장 제51조와는 관련이 없다고 판시하였다.</u> 이스라엘은 자신에 대한 공격이 '외국'에 의한 것이라고 주장하지도 않았다는 점을 고려하였으며, 또한 팔레스타인 점령지역은 이스라엘이 통제권을 행사하고 있으므로 이스라엘이 주장하는 위협이 이스라엘 영토 밖이 아니라 내부에서 발생된다는 점을 고려하였다.

② **긴급피난**: 이스라엘은 자국의 조치가 긴급피난에 해당한다고 하였으나 재판부는 이를 인정하지 않았다. 재판소는 Gabcikovo - Nagymaros Project 사건을 인용하여 긴급피난은 문제의 행위가 중대하고 급박한 위험에 대해 본질적 이익을 보호하기 위해 필요한 유일한 방법으로, 엄격하게 정의된 특정 상황에서만 원용할 수 있다고 하였다. 그러나 재판소는 장벽 건설이 이러한 건설의 정당화를 위해 원용한 위험에 대하여 이스라엘의 이익을 보존하기 위한 유일한 방법이라는 주장은 설득력이 없다고 판단하였다.

3. **이스라엘의 국제법 위반의 법적 결과**

(1) **이스라엘**

첫째, 이스라엘은 팔레스타인 점령지역에서의 장벽 건설로 인해 위반한 국제 의무를 준수해야 한다. 둘째, 의무에 위반되는 조치를 종식시켜야 하며 이를 위해서는 건설 중인 장벽의 설치 작업을 즉시 중단하고, 장벽 건설 및 그 관련 체제 성립을 위해 채택된 모든 입법이나 법규는 즉시 폐지 또는 무효화해야 한다. 셋째, 본 건과 관련하여 모든 자연인 또는 법인에 끼치는 피해에 대해 보상할 의무가 있다.

(2) **기타 국가**

이스라엘은 대세적 의무인 민족자결권 존중의무와 국제인도법상의 의무를 위반하였다. 따라서 모든 국가는 동 예루살렘과 그 주변을 포함한 팔레스타인 점령지역에서의 장벽 건설로 야기된 모든 불법 사태를 승인하지 않으며 그러한 사태를 유지시키는 데에 원조를 제공하지 않을 의무가 있다.

제5절 | 국내문제 불간섭의무

1 의의

국내문제 불간섭의무란 국가 또는 국제조직이 국제법을 위반하여 타국의 국내문제에 간섭하지 않을 국제법상의 의무이다. 동 의무는 국가 간에 적용되는 것과 UN과 개별 회원국 간에 적용되는 것으로 대별될 수 있는바, UN헌장 제2조 제7항은 후자에 대한 근거이다. 회원국 상호간의 불간섭의무의 UN헌장상 근거는 일반적으로 제2조 제1항(주권평등)이며 간섭의 형태가 무력(armed force)의 사용일 경우에는 추가적으로 헌장 제2조 제4항도 위반하게 된다.

> **UN헌장 제2조 제7항 - 국내문제 불간섭의무**
> 이 헌장의 어떠한 규정도 본질상 어떤 국가의 국내 관할권 안에 있는 사항에 간섭할 권한을 UN에 부여하지 아니하며, 또는 그러한 사항을 이 헌장에 의한 해결에 맡기도록 회원국에 요구하지 아니한다. 다만, 이 원칙은 제7장에 의한 강제조치의 적용을 해하지 아니한다.

2 국내문제

1. 의의

국내문제란 국가가 단독·임의로 처리할 수 있는 문제로서 원칙적으로 국제법의 대상이 되지 않는 사항을 말한다. 대외사항 포함 여부, 국내문제와 국제문제의 본질적 한계의 인정 여부에 대해 학설 대립이 있다.

2. 대외문제의 포함 여부

국내문제에 대외사항이 포함되는지에 대해 학설 대립이 있다. 대내사항 제한설은 국내문제는 국가의 '대내적 사항'만을 의미한다고 본다. 반면, 대외사항 확장설은 국내문제에는 대내적 사항뿐만 아니라 대외적 사항도 포함한다고 본다. 오늘날 1국의 대내문제와 대외문제는 밀접한 관련이 있으므로 대외적 사항을 불간섭의무의 대상으로부터 제외하는 것은 타당하지 않다(다수설).

3. 국내문제의 상대적 특성

국내문제의 범위는 유동적이고 상대적이며 시대상황에 따라 변한다. 국제관계가 긴밀해짐에 따라 국제법으로 규율되는 사항이 더욱 확대되는 반면, 각국의 전속관할에 속하는 국내사항은 점차로 축소되어 가고 있다. 1923년 상설국제사법재판소(PCIJ)는 '튀니지 - 모로코 국적법 사건에 대한 권고적 의견'에서 '국내문제와 국제문제 사이의 경계설정은 본질적으로 상대적인 문제로서 국제관계의 발전에 달려 있다.'라고 하여 국내문제의 상대성을 인정하였다.

 관련판례

튀니지 - 모로코 국적법 사건에 대한 권고적 의견(PCIJ, 1923)

1. 사실관계

　　1921년 프랑스의 보호령 튀니지의 총독은 국적에 관한 포고를 제정·반포하였다. 프랑스 국민을 제외하고 튀니지에서 태어난 자로서 그 부모 중 한 명이라도 튀니지 출생이면 튀니지 정부에 구속력을 갖는 조약에 따를 것을 조건으로 튀니지 국민이 된다는 내용이었다. 유사한 입법조치가 모로코에서도 행해졌다. 프랑스 주재 영국대사는 즉각 이의를 제기하고 영국 국적을 가진 자에 대해서는 동 포고령이 적용될 수 없다고 주장하였다. 영국은 이 문제를 국제연맹에 부탁하였으나 프랑스는 이 문제가 LN규약 제15조 제8항상 '오로지 국내관할권에 속하는 문제'라고 주장하며 LN의 관할권 배척을 주장하였다. 양국의 합의로 연맹이사회는 튀니지와 모로코의 국적포고로 인한 영국·프랑스 간 분쟁이 연맹규약 제15조 제8항의 '오로지 국내관할권' 내에 속하는 문제인가를 판단하여 주도록 PCIJ에 권고적 의견을 요청하였다.

2. 법적 쟁점

　　(1) 국적의 결정이 국내문제인가?

　　(2) 일국의 국적에 관한 결정에 있어서 국제적 합의는 준수되어야 하는가?

　　(3) 이 사안에서 영국·프랑스 간에 적용되는 조약이 있는가?

3. 권고적 의견 요지

(1) LN규약 제15조 제8항의 해석

규약 제15조 제8항에서 말하는 '오로지 국내관할권에 속하는 사항'이란 복수 국가의 이익과 매우 밀접한 관련이 없거나 원칙적으로 국제법에 의해 규율되지 않은 사항을 말한다.

(2) 국내문제의 상대성 · 동태성

어떤 사항이 오로지 국내관할권에 속하는지의 문제는 상대적인 것으로 국제관계 발전에 의존하는 것이며 국적문제도 이 범주에 해당한다. 또한 원칙적으로 국제법의 규율을 받지 않는 문제라도 타국과의 조약 등에 의해 국가의 권리가 제한될 수 있다.

(3) 프랑스의 국적부여에 대한 국제법적 제한의 존부

보호국이 보호령의 영토 내에서 가지는 권한의 범위는 첫째, 보호관계를 설립한 조약, 둘째, 보호관계가 제3국에 의해 승인된 당시의 제조건에 의해 결정된다. 따라서 보호국이 자국 영토 내에서 갖는 배타적 관할권이 보호령의 영토에서도 미치는가는 국제법적 관점에서 검토해야 한다. 따라서 보호권의 범위에 관한 문제는 국내관할권의 문제가 아니다.

(4) 영국 · 프랑스 간 분쟁의 존부와 국적문제의 국제적 성격

PCIJ는 튀니지와 모로코에서 영국 국민에 대해 프랑스의 관할권이 배제되는가에 대해 영국과 프랑스의 의견 대립이 있으므로 프랑스의 국적 부여 문제가 국내적 관할사항이라고 볼 수 없다는 의견을 제시하였다. 양국 간에는 1883년 6월 20일 각서에서 영국이 튀니지에서 영사재판권을 포기하였는지 여부에 대해 입장을 달리하였다.

(5) 결론적 의견

이러한 논거에 기초하여 PCIJ는 프랑스의 국적령에 관한 문제가 LN규약 제15조 제8항상의 국내관할권에 관한 문제가 아니므로 연맹이사회에서 토의할 수 있다고 하였다.

3 불간섭의무

1. 간섭의 개념

1국 또는 복수의 국가가 정당한 권리 없이 타국의 의사에 반하여 타국의 국내문제에 개입하는 행위를 말한다.

2. 간섭의 범위

협의설과 광의설의 대립이 있다. 협의설은 1국이 타국의 국내문제에 강제적으로 개입하는 것을 간섭으로 보는 견해이다. 여기서 강제적 개입이란 힘, 즉 무력의 위협 또는 그 행사를 의미한다. 반면, 광의설은 1국이 타국의 국내문제에 개입하는 모든 행위를 간섭으로 보는 견해이다. 광의설은 특히 강대국이 약소국의 국내문제에 지나치게 간섭해 온 것을 방지하고자 하는 견해로서 협의설이 간섭을 지나치게 좁게 보는 점을 비판한다.

3. 비군사적 강제수단과 간섭

비군사적 강제라 할지라도 타국의 주권적 권리의 종속을 꾀하거나 타국의 정치적·경제적·문화적 체제의 선택권을 박탈할 목적으로 사용된 경우에는 위법한 간섭이 된다. 무력의 사용·위협이 원칙적으로 금지되고 있는 오늘날 오히려 비군사적 강제수단이 주요한 간섭방법으로 등장하여 그 위법성이 추궁되는 경우가 많다.

4. 과학기술의 발달과 간섭

대기권 내의 핵실험과 이에 수반되는 방사선물질의 낙하와 퇴적은 타국의 영토주권을 침해하는 것으로서 위법한 간섭이 된다. 또한 방송위성에 의한 텔레비전 편성의 송출은 타국의 국경을 넘어 수신국의 공서·양속, 정치적·문화적 일체성을 침해하기 쉬우며 타국의 주권에 대한 간섭이 될 수 있다. 따라서 이러한 업무를 실시하려는 국가는 대상국에 대하여 사전의 통보·협의 또는 협정체결의무를 진다.

4 허용되는 간섭

1. 대항조치로서의 간섭

유책국에 대한 손해배상청구가 실현되지 않는 경우, 필요성·비례성의 원칙을 준수하는 대항조치는 적법하다. 그러나 무력복구는 UN헌장 제2조 제4항에 의해 일반적으로 금지된다.

2. 인도적 간섭

(1) 개념

머피(Sean D. Murpy)에 의하면, 인도적 간섭(개입)이란 '특정 국가의 국민들을 국제적으로 승인된 인권의 광범위한 침해로부터 보호하기 위한 것을 주요 목적으로 하는 것으로서, 그 특정 국가 또는 국제사회의 승인을 받지 않거나, 그 승인 여부에 관계없이 한 국가, 국가집단, 또는 국제기구가 무력의 위협이나 행사를 하는 것'을 말한다.
다툼이 있으나, 일반적으로 자국민 보호를 위한 무력사용은 인도적 간섭의 범주에서 배제한다. 인도적 간섭에는 당연히 무력의 사용 또는 위협이 동반된다.

(2) UN에 의한 인도적 개입

UN의 인도적 개입이란 대규모 인권유린 사태가 발생하는 경우, 안전보장이사회가 이를 헌장 제39조상 국제평화와 안전에 대한 위협으로 결정하고, 헌장 제41조 또는 헌장 제42조상의 조치를 취하는 것을 말한다. 헌장 제42조는 헌장 제43조에 의해 체결된 특별협정이 존재할 때 실효성이 있으나, 특별협정이 체결된 나라가 없다. 이에 따라 안전보장이사회는 개별 회원국들에게 무력을 사용할 권한을 허가해 주는 관행을 발전시켜 오고 있다. 안전보장이사회는 관련 결의를 함에 있어서 헌장 제7장을 추상적으로 원용하고 있으나, 구체적인 조항을 밝히지는 않고 있다. 그러나 안전보장이사회가 구체적인 조항을 밝히지 않더라도 '목적필요설'에 따라 정당화된다고 평가되고 있다.

(3) 일방적 인도적 개입

일방적 인도적 개입(unilateral humanitarian intervention)이란 특정 국가 또는 특정 국가군이 제3국의 대규모 인권유린 사태를 해결하기 위한 군사력을 동원하여 개입하는 것을 말한다. 국제법적 관점에서 논란이 되는 것은 일방적·인도적 개입이다. 헌장 제2조 제1항의 주권평등원칙 및 헌장 제2조 제4항의 무력사용금지원칙에 정면으로 반하기 때문이다. 학설은 적법설과 위법설이 첨예하게 대립하고 있다. 국제사법재판소(ICJ)는 1986년 '니카라과 사건'에서 미국이 니카라과의 인권침해를 이유로 니카라과에 대한 군사적 개입권을 가지고 있다는 주장을 배척하였다. 법원은 '미국이 니카라과의 인권존중에 관한 상황을 스스로 평가할 수는 있으나, 무력의 사용은 인권존중을 감시하거나 확보하는 적절한 수단이 될 수 없다.'고 판시하였다.

3. 자결권 보호를 위한 간섭

소수자들을 탄압하는 국가들에 대해 이를 중지할 목적으로 이루어지는 간섭은 적법하다. 그러나 무력간섭은 UN의 허가를 조건으로 적법화된다는 점에서 이는 일반적으로 금지된다고 할 수 있다. 중앙정부의 탄압에서 벗어나기 위해 투쟁하는 민족해방전선에 대한 지원(무력지원 포함)은 적법한 것으로 인정된다.

4. 헌장 제7장하의 집단적 강제조치로서의 간섭

안전보장이사회의 집단적 강제조치 결정은 그 대상국에 대해서는 물론 여타의 모든 회원국들에 대해서도 간섭을 구성한다. 그러나 이는 헌장에 근거를 둔 것으로 그 자체 합법성이 인정된다. 헌장 제2조 제7항은 회원국의 국내문제에 대한 불간섭원칙을 선언하면서, '단, 이 원칙은 제7장에 의한 강제조치의 적용을 저해하지 않는다.'라고 규정하고 있다.

5. 정통정부의 요청에 의한 경우

과거에는 정통정부의 요청에 따른 외국의 간섭은 그 자체 적법성을 인정받아 왔으며, 이는 내란시 더더욱 강조되어 왔다. 다만, 오늘날 국제법 체제에서 정통정부의 요청에 따른 간섭이라도 강행규범상의 의무와 양립할 수 없는 간섭은 위법이다.

5 UN과 국내문제 불간섭의무

1. 의의

UN헌장은 UN이 회원국의 국내문제에 개입하지 아니할 의무를 규정하고 있다. UN헌장 제2조 제7항은 '헌장의 어떠한 규정도 본질적으로 어떤 국가의 국내관할권에 속하는 사항에 간섭할 권한을 UN에게 주는 것이 아니며 그러한 사항을 헌장이 규정한 해결방법에 부탁하도록 회원국에게 요구하는 것도 아니나 이 원칙이 제7장의 강제조치의 적용을 방해하지는 않는다.'라고 규정하고 있다.

2. 내용

(1) UN헌장 제2조 제7항은 본질적으로 국내문제가 국내관할사항임을 UN헌장이 확인한 것으로 본다.

(2) 국제연맹규약에는 연맹이사회가 판단권자로 규정되었으나, UN헌장에는 명시적 규정이 없다. 1차적으로 국내문제임을 주장하는 국가가 판단권을 갖지만 최종적으로는 UN이 갖는다.

(3) 헌장에 규정된 인권보호와 경제적 · 사회적 협력의 문제가 여기서 말하는 본질적으로 국내관할권에 속하는 사항의 범위에 드는지가 문제시된다. UN의 목적에 비추어 이들 문제에는 헌장의 불간섭원칙의 적용이 제한된다고 본다.

3. 국내문제의 범위에 대한 UN의 관행

헌장 기초자들이 원래 의도한 바는 국내관할권의 개념을 통해 UN의 권한을 가능하면 제한하자는 것이었다. 그러나 그 후 UN의 관행은 국내관할권을 좁게 해석하고 '국제적 관심사'(international concern) 등의 개념을 안출하여 그 개입범위를 확대하고 있다. 제2조 제7항의 적용과 관련해서 UN총회에서 가장 빈번히 문제가 된 것이 인권, 민족자결, 식민지배였던바, 이들 문제는 이제 국내관할권의 범위를 떠나게 되었다.

4. 연맹규약과의 비교

(1) UN헌장은 '본질적으로'라는 표현을 사용하여 유보영역이 확대된 듯한 인상을 준다. 그러나 관행은 그렇지 않다.

(2) 연맹규약은 분쟁해결과 관련된 문제만을 다루고 있는 데 반해서 UN헌장은 모든 영역에 걸친 일반규정으로 유보영역을 확대한 듯한 해석이 가능하다.

(3) 판단기관이 명시되어 있지 않으며 객관적 판단기준으로서의 '국제법'도 삭제되어 있다.

(4) UN헌장은 연맹규약과 달리 강제조치 분야를 명시적으로 제외하고 있다.

국제연맹규약 제15조 제8항 - 국내문제 불간섭의무

분쟁국 일방이 그들 사이의 분쟁이 국제법상 오로지 그 당사국의 국내관할권에 속한 사항에 관하여 발생한 것이라고 주장하고 연맹 이사회가 그렇게 인정한 경우에는 연맹 이사회는 그 분쟁의 해결에 관한 어떠한 권고도 하지 않는다.

 참고

국제연맹규약 제15조 제8항과 UN헌장 제2조 제7항 비교

구분	국제연맹규약 제15조 제8항	UN헌장 제2조 제7항
국내문제의 범위	'오로지(solely)' (狹)	'본질적으로(essentially)' (廣)
판단주체	연맹 이사회	명시적 규정 없음
예외 명시 여부	없음	명시(헌장 제7장상 조치)

01 국제법상 자위권에 대한 설명으로 옳지 않은 것은? 2021년 7급

① 무력공격을 받은 국가는 자위권을 즉시 행사하여야 하며, 그 내용은 안전보장이사회에 보고되어야 한다.

② 자위권은 무력공격에 비례하고 필요한 범위 내에서만 정당화된다.

③ 국제사법재판소(ICJ)는 「Legal Consequences of the Construction of a Wall in the Occupied Palestinian Territory」 사건에서 비국가행위자에 대한 자위권의 발동을 명시적으로 인정하였다.

④ UN헌장 제51조에 의하면 집단적 자위권은 국가의 고유한 권리로 해석된다.

자위권

비국가행위자에 대해 자위권을 발동할 수 없고, 자위권은 국가 대 국가 관계로 한정해야 한다고 하였다.

선지분석

① 안전보장이사회에 사후 보고해야 한다.

② 비례성과 필요성은 자위권 발동 요건이다. 동 요건들은 UN헌장에 명시된 것이 아니라는 점에 주의해야 한다.

④ 개별적 자위권과 집단적 자위권이 국가의 고유한 권리(inherent right)로 규정되었다.

답 ③

---

02 국제법상 자위권에 대한 설명으로 옳지 않은 것은? 2018년 7급

① 「국제연합헌장」 제51조는 개별적 자위권뿐만 아니라 집단적 자위권도 국가의 고유한 권리로 인정하고 있다.

② 국제사법재판소는 니카라과 사건에서 「국제연합헌장」 제51조의 자위권이 기존의 국제관습법상 자위권 개념을 모두 포섭하고 있다고 보았다.

③ 국제사법재판소는 Oil Platforms 사건에서 자위권을 행사하기 위한 무력공격의 존재 여부에 대한 입증책임이 피침국에 있다고 확인하였다.

④ 국제사법재판소는 Oil Platforms 사건에서 사망자가 없는 함정 피격에 대응하여 순양함을 포함한 여러 척의 해군 함정과 비행기를 공격한 행위가 자위권 행사의 비례성 요건을 위반하였다고 판단하였다.

자위권

니카라과 사건에서 ICJ는 헌장 제51조는 기존 관습법상 자위권 개념을 모두 포섭하고 있지 않다고 보았고, 따라서 관습법과 헌장을 모두 적용해야 한다고 보았다. 즉, 필요성이나 비례성과 같은 자위권 요건이 헌장에 명시되지 않았어도 관습법상 요건에 해당되므로 자위권을 주장하는 국가는 이들 요건도 준수해야 한다고 하였다.

선지분석

③④ Oil Platform사건은 이란이 미국을 ICJ에 제소한 사건으로서 미국이 이란에 대한 공격을 자위권으로 항변한 사건이다. 이란이 미국계 선박에 대해 무력공격을 가한 것에 대해 미국이 이란의 정유시설을 공격하여 파괴하고 이를 자위권으로 정당화하고자 하였으나, ICJ는 민간 선박에 대한 공격을 무력공격으로 볼 수 없으며, 설령 인정된다고 하더라도 미국의 공격은 비례원칙에 위반된다고 하였다.

답 ②

---

03 **국제법상 자위권에 대한 설명으로 옳지 않은 것은?**

① 자위권 발동 여부는 1차적으로 개별 국가가 판단하며, 무력공격의 존재 여부는 공격을 당한 국가가 증명해야 한다.

② 침략국에 대한 안전보장이사회의 경제제재 중에는 피침략국이 영토 침범 상태하에 놓여 있더라도 개별적 자위권을 행사할 수 없다.

③ 「국제연합 헌장」에서 규정하고 있지 않은 자위권의 내용은 국제관습법에 의해 보완된다는 것이 국제사법재판소의 입장이다.

④ 이미 종료된 공격에 대항한 무력공격은 국제법상 금지된 무력복구에 해당한다.

자위권

안전보장이사회가 개입하는 경우 자위권 발동이 중단되나, 안전보장이사회의 개입이 실효적일 것을 전제로 한다. 따라서 경제제재조치에 한정되는 조치를 취한다면 실효적 조치라고 볼 수 없으므로 자위권 발동을 중단할 의무가 없다.

답 ②

---

04 **국내문제 불간섭 원칙에 대한 설명으로 옳지 않은 것은?**

① 국내문제인가의 여부는 고정적이고 불변적이 아니라 유동적이고 가변적이다.

② 국내문제 불간섭 원칙은 주권평등원칙을 보장하며 안정적인 국제질서를 유지하는 기능을 한다.

③ 국제연맹 규약은 전적으로 국내문제에 대한 간섭을 금지한다.

④ 국제연합 헌장은 국내문제에 대한 간섭을 예외 없이 금지한다.

국내문제 불간섭 원칙

국제연합헌장에는 국내문제 불간섭 원칙의 예외를 명시하고 있다. 헌장 제7장상 강제조치를 취하는 경우는 예외적으로 간섭할 수 있다.

답 ④

05 국내문제 불간섭 의무에 관한 설명으로 옳지 않은 것은?

2014년 7급

① 국내문제는 고정된 것이 아니며 국제사회의 발달에 따라 가변적이다.

② 본질적으로 국내 관할권에 속한 사항에 대하여는 UN도 간섭할 수 없다.

③ 국제사법재판소(ICJ)의 판결에 따르면 자발적 경제원조의 중단은 불간섭원칙을 위반한 것이다.

④ 국내문제로 발생한 사건이 국제평화와 안전을 파괴하거나 위협하는 경우에는 UN의 강제조치가 적용될 수 있다.

국제문제 불간섭 의무

니카라과 사건에 관한 내용이다. 경제원조는 혜택의 일방적 취소이므로 국내문제에 대한 위법한 간섭은 아니라고 판시하였다.

선지분석

② UN헌장 제2조 제7항에 의하면 UN은 회원국의 본질적 국내문제에 대한 간섭을 원칙적으로 금지하고 있다.

④ UN헌장 제2조 제7항 단서의 규정이다.

답 ③

---

06 국제법상 국내문제불간섭원칙에 대한 설명으로 옳지 않은 것은?

2020년 9급

① 국내문제는 국가의 대내적 문제와 대외적 문제를 포함하므로, 영토적 개념에 기반을 두지 않는다.

② 국제사법재판소(ICJ)는 1986년 Nicaragua 사건에서 미국의 니카라과에 대한 경제원조의 중단은 관습법상 동 원칙의 위반으로 볼 수 없다고 판결하였다.

③ 일국이 타국의 문제에 개입할 경우 그것이 강제적인 것이 아닐지라도 간섭에 해당한다.

④ 「UN헌장」 제2조제7항에 따르면 본질상 국내 관할권 안에 있는 사항에 대하여는 UN도 간섭할 수 없다.

국내문제 불간섭 원칙

간섭이 인정되기 위해서는 타국의 의사에 대한 강제가 있어야 한다. 다만, 강제 수단에 있어서는 무력적 수단뿐 아니라 경제적·정치적 강제도 포괄적으로 강제에 해당될 수 있다.

선지분석

① 국내문제란 영토내의 문제라는 의미가 아니라 국가가 배타적으로 처리할 수 있는 문제를 말한다.

② 경제원조 중단은 시혜적 조치의 중단에 불과하므로 위법행위가 아니라고 판단하였다.

④ UN의 회원국의 국내문제에 대한 불간섭의무를 규정하고 있다.

답 ③

제3장 │ 국가관할권 및 면제

제2편

해커스공무원 **패권** 국제법 기본서 일반국제법

출제 포커스 및 학습방향

국가관할권 및 면제 부분은 매년 한 문제 정도 계속해서 출제되는 중요한 부분이다. 입법 관할권의 이론적 기초, 절대적 면제와 제한적 면제의 비교, 제한적 면제론에서 행위를 준별 하는 기준, 면제의 포기, 국가면제와 외교면제의 비교, 국가면제와 국가행위이론 간 비교 등이 출제 가능성이 높다. 이 분야에 관한 다자조약인 UN주권면제협약의 주요내용도 숙지 하고 있어야 한다.

제1절 │ 국가관할권

1 의의

1. 개념

한 국가가 사람, 물건, 사건 등에 대해 행사할 수 있는 권한의 총체를 국가관할권이 라 한다. 국가관할권은 국가주권의 표현이자 주권의 구체적 발현형태이다.

2. 유형

(1) 입법관할권

국가가 입법부의 행위, 행정부의 명령과 규칙, 재판소의 선례 등을 통해 법규범 을 선언하는 힘을 말한다.

(2) 집행관할권

제정된 법규범을 행정적 또는 사법적 행동을 통하여 실제 사건에 적용하는 힘을 집행관할권이라 하며, 행정관할권과 사법관할권으로 구분할 수 있다.

2 입법관할권의 이론적 기초

1. 속지주의

(1) 의의

속지주의는 자국 영토 내에서 발생한 사건에 대해 관할권을 행사할 수 있다는 이론이다. 속지주의는 영토주권으로부터 당연히 도출되는 국가의 관할권 규칙으로 볼 수 있다. 영토는 육지 영토, 영해, 영공, 공해상의 자국 선박과 항공기 등이 포함된다. 접속수역, 배타적 경제수역, 대륙붕은 연안국의 영역은 아니나, 그 설정 목적 범위 내에서는 연안국이 관할권을 행사할 수 있다.

우리나라 형법 제4조는 대한민국 영역 밖에 있는 대한민국 선박이나 항공기 내에서 죄를 범한 외국인에게 한국 형법이 적용된다고 규정하고 있다. 한국 법원은 중국 소재 대한민국 영사관 내부는 중국 영토이지 대한민국 영토는 아니라고 하였다. 국제법상 속지주의가 속인주의 등 다른 관할권에 비해 우월적 지위를 가지는 것은 아니다. 따라서 속지주의와 속인주의가 경합할 때 속지주의 관할권이 국제법상 우선하는 것은 아니다. 다만, 관행상 속지주의가 우선한다.

(2) 객관적 속지주의

객관적 속지주의는 어떤 행위가 해외에서 개시되더라도 영토 내에서 행위의 직접적인 결과가 발생한 국가는 당해 행위 전체에 대해 관할권을 갖는다고 한다.

(3) 주관적 속지주의

주관적 속지주의는 행위가 해외에서 완성되더라도 그 행위가 개시된 국가가 당해 행위 전체에 대한 관할권을 갖는다고 한다. 상설국제사법재판소(PCIJ)는 로터스호 사건에서 객관적 속지주의를 인정한 바 있다.

 관련판례

로터스호 사건(프랑스 대 터키, PCIJ, 1927)

1. **사실관계**

공해상에서 프랑스 우편선 로터스호와 터키 석탄선 보즈코트호가 충돌하여 보즈코트호가 침몰하고 선원 8명이 사망하였다. 로터스호가 터키의 콘스탄티노플항에 도착하자 터키가 체포·조사하고 벌금형을 부과하였다. 프랑스는 터키가 데몬스(로터스호의 선장)에 대해 관할권을 행사하기 위해서는 국제법이 터키에게 그러한 관할권을 인정하고 있음을 입증해야 하고 국제법상 외국인의 외국에서 범죄에 대해서는 희생자의 국적을 근거로 관할권을 행사할 수 없으며 공해상의 선박 충돌에 대한 관할권은 가해선의 기국(flag state)이 행사하는 것이 국제관습법이라고 주장하였다.

2. **법적 쟁점**

공해상에서 발생한 선박 충돌 사건에 있어서 피해선박의 기국이 형사재판관할권을 행사할 수 있는지가 문제되었다.

3. 판결요지

(1) 국가의 역외관할권 행사는 일반적 금지원칙에 따르나, 역내에서의 관할권 행사는 속지주의 원칙상 일반적 허용원칙에 따른다. 따라서 터키가 프랑스인 데몬스에 대해 관할권을 행사하는 것은 국제법에 위반되지 않는다.

(2) 수동적 속인주의에 대한 프랑스의 주장은 검토하지 않았다. 타국 영토에서 발생한 사건이 아니라 공해상에서 발생한 사건이기 때문이다.

(3) 공해상에서의 선박 충돌 사건에 대해 '객관적 속지주의'에 따른 관할권 행사를 금지하는 국제법은 존재하지 아니한다. 따라서 터키의 관할권 행사의 법적 기초는 정당하다(이는 국제법이 명시적으로 금지하지 않는 분야에 대해서는 주권국가가 행동의 자유를 갖는다는 '금지이론'을 판시한 것으로 인정된다).

(4) 선박 충돌 사건에 대해 '가해국이 관할권을 행사한다'는 관행은 일관적이지도 않고 법적확신이 있다고 보기도 어렵다. 따라서 국제관습법으로 성립해 있다고 볼 수 없다.

단일경제실체이론

역외 소재 외국 기업이 역내에 자회사 등의 거점을 가지고 있고 역내 자회사의 행위가 역외 모회사에게 귀속될 수 있는 경우에는 역외 모회사에 대해서도 국가관할권이 성립된다고 한다. 즉, 역외 모회사는 역내 자회사와 마찬가지로 '역내의 사람'으로서 속지주의의 이름으로 관할권이 성립된다.

효과이론(Effects Doctrine) 및 집행이론(Implementation Doctrine)

1. 의의

객관적 속지주의가 변형, 확대되어 나온 이론으로, 효과이론에 의하면 행위 자체는 완전히 해외에서 발생했더라도 그 영토 내에 행위의 효과·영향이 발견되는 것만으로 관할권의 행사가 정당화된다고 한다. PCIJ는 Lotus호 사건에서 범죄의 효과가 발생한 국가도 범죄 발생국으로 간주한다고 언급하여, 객관적 속지주의의 확대·발전을 예고한 바 있다.

2. 국제관행

(1) 미국

미국은 1945년 'Alcoa 판결'을 기점으로 효과이론을 도입하여 미국의 독점금지관련 법률을 역외적용하였다. 1996년 헬름즈버튼법(Helms-Burton Act)을 통해 의회 역시 효과이론을 도입하고 있다. 한편, 미국은 역외적용대상국들의 비판을 고려하여 '먼 효과(remote effect)'에 대해서는 관할권 행사를 자제하고 미국 경제에 '직접적이고 실질적인 효과(immediate and substantial effect)'를 미치는 경우로 제한하여 관할권을 행사하고 있다.

(2) 유럽

독일은 경쟁제한금지법 제98조에서 '이 법률은 경쟁제한행위가 이 법률의 적용범위 밖에서 행해지더라도 그 행위의 효과가 이 법률의 적용범위 내에서 발생하는 모든 경쟁제한행위에 적용된다'라고 규정하여 효과이론을 도입하고 있다. 한편, EC설립조약 제81조와 제82조 역시 EC경쟁법의 역외적용을 위해 효과이론을 규정하고 있다. 유럽재판소는 이른바 '이행이론(implementation doctrine)'을 도입하여 역외 관할권 행사를 정당화 하는바 이는 역외 기업들의 해외에서의 어떤 행위에 EC경쟁법이 적용되는 것은 그 같은 합의가 EC 역내에서 '이행'되었기 때문이라는 것이다.

(3) 한국

우리나라 공정거래위원회 역시 효과이론 및 이행이론을 적용하여 역외 관할권을 정당화시키고 있다. 공정거래위원회는 '2002국협0250' 사건에서 '외국법에 의해 설립된 사업자들 간의 합의가 외국에서 이루어졌더라도 합의 실행이 대한민국에서 이루어지고 대한민국시장에 영향을 미칠 경우 공정거래위원회는 이들 사업자에 대해 관할권을 행사할 수 있다.'라고 판시한 바 있다.

 관련판례

흑연전극봉 사건(한국 공정거래위원회)

1. 사실관계

흑연전극봉 국제카르텔은 흑연전극봉을 생산하는 주요 업체인 미국, 독일, 일본 국적의 업체들이 1992년 5월 21일 런던소재 스카이라인 호텔에서 소위 공동행위의 기본원칙(principle of London)을 합의한 것을 포함하여 1998년 2월까지 런던, 도쿄 등에서 Top Guy Meeting과 Working Level Meeting 등을 개최하여 판매가격 등을 합의하고 이를 실행한 사건이다. 이들은 생산자가 있는 국가에서는 해당국에 소재한 생산자가 가격을 올릴 경우 다른 생산자들도 이에 따라 가격을 올리기로 합의(이른바 Respect for 'Home Market')하고 생산자가 없는 국가(이른바 'Non Home Market', 주로 일본을 제외한 아시아 지역)에서는 구체적인 판매가격을 합의하였다.

또한 합의된 가격에서 할인을 하지 않을 것을 합의하였으며, 아시아 지역을 중심으로 한 판매량의 지역할당에 대하여 논의하였다. 또한 흑연전극봉의 수출량 제한, 대형(28인치 ~ 30인치) 흑연전극봉의 판매가격에 대한 할증금(premium) 부과 및 다른 카르텔 참여업체들이 소재하는 국가로의 수출자제에도 합의하였다. 한편, 신규진입을 방해하기 위하여 카르텔 참여업체 외에는 특정 흑연전극봉 제조기술의 공여를 제한하기로 합의하였다. 동 카르텔은 전세계 시장의 약 80% 이상을 차지하는 것으로 추정되는 업체들에 의해 1992년 5월부터 1998년 2월까지 약 6년에 걸쳐 이루어진 카르텔로서, 이로 인하여 전세계 시장에서의 흑연전극봉 가격은 50% 이상 인상되었다. 우리나라의 경우에는 국내에 흑연전극봉 생산업체가 없어 우리나라의 철강생산업체들은 전량을 수입에 의존할 수밖에 없고 우리나라가 수요하는 흑연전극봉의 90% 이상을 이들 카르텔 참여업체로부터의 수입에 의존하고 있기 때문에 이 카르텔로 인하여 막대한 피해를 입은 것으로 밝혀졌다. 즉, 이들은 자신들이 합의한 가격대로 우리나라 전기로 업체들에게 카르텔 행위기간 동안 553백만 불 상당의 흑연전극봉을 판매하였고, 이들의 우리나라에 대한 판매가격은 1992년 톤당 2,255불에서 1997년 톤당 3,356불로 약 50%가 인상되어 우리나라 전기로 업체들은 약 139백만 불(1,837억 원)의 피해를 입었던 것으로 추산되며 우리나라의 주력산업이면서 철을 많이 사용하는 조선 및 자동차 등도 영향을 받았다.

2. 심의결과

공정거래위원회 전원회의에서 심의한 결과 카르텔 참여업체들은 우리나라를 포함한 전세계 시장을 대상으로 가격합의 등을 하였으며, 합의한 가격대로 우리나라 수요업체들에게 흑연전극봉을 판매하는 등 우리나라 시장에 직접적으로 영향이 미친 사실이 밝혀졌다. 따라서 이들 업체에 대해서는 판매가격 합의를 다시는 하지 말라는 취지의 시정명령과 함께 합계 112억 원의 과징금을 부과하였다. 한편 조사에 적극 협력한 UCAR International Inc.에 대해서는 조사협조를 이유로 과징금을 대폭 감경하였다.

2. 속인주의

속인주의란 범죄실행지의 여하를 불문하고 범죄실행자의 국적에 입각하여 관할권을 결정하는 입장이다. 영미법은 속지주의를 원칙으로 하고 속인주의는 중대범죄, 군대 관련 범죄에 있어서만 보충적으로 적용하고 있다. 덴마크, 아이슬란드, 라이베리아, 노르웨이, 스웨덴 등 일부 국가는 속인주의의 기초를 국적에 국한시키지 않고 자국 의 영주권자들이 해외에서 저지른 범죄에 대해서도 관할권을 주장하고 있다. 미국은 소추되기 전에 이미 제대한 군인 또는 군대에 고용된 자들, 특히 민간군사보안회사 에 고용되어 활동하는 민간인들이 미국 밖에서 행한 범죄에 대해 재판관할권을 수립 하기 위해 '2000년 군사역외관할권법(Military Extraterritorial Jurisdiction Act of 2000)'을 제정하였다.

3. 수동적 속인주의

(1) 개념

수동적 속인주의는 자국 영역 외에서 발생한 사건으로 인하여 피해를 입은 자국 국민을 보호하기 위해 관할권을 행사하는 것이다. 사건 당시 자국 국민 또한 자국 영역 밖에 소재하고 있어야 한다. 효과주의는 영역 외에서의 행위로 인한 피해가 자국 영역 내의 자국 국민이나 경제에 미친다는 점에서 수동적 속인주의와는 구 별된다. 국제테러리즘의 폭증으로 미국을 중심으로 수동적 속인주의에 입각한 관 할권 행사가 빈번해졌다. 그러나 현재 그 대상이 테러리즘에 국한되고 있다.

(2) 사례

Yunis 사건은 미국에서 수동적 속인주의가 적용된 사례이다. Yunis는 레바논인 인데 1985년 베이루트발 요르단 항공기를 레바논 상공에서 납치하였다. 항공기 에 미국인 승객 2명이 타고 있었다. 이들은 아랍연맹 회의가 개최되는 튀니지로 가기를 원하였으나 튀니지당국이 착륙을 허용하지 않았다. 결국 이들은 베이루트 로 돌아와 인질을 풀어주고 항공기를 폭파시킨 다음 도주하였다. 후일 미국 정보 당국은 Yunis를 공해상으로 유인하여 체포한 후 미국으로 이송하여 기소하였다. Yunis는 재판소의 관할권 성립을 부인하였으나 재판부는 수동적 속인주의와 보 편주의를 근거로 관할권 성립을 인정하였다.

또한 페스카마호 사건(1996)은 공해상에서 온두라스 선적에 승선한 중국인이 한 국인 등을 살해한 사건이다. 온두라스가 우선적 관할국이나 관할권 행사 의사를 표하지 않자, 한국이 수동적 속인주의에 기초하여 관할권을 행사하였다.

(3) 한계 및 보완

수동적 속인주의에 대해 외국인의 외국에서의 행위가 그 현지에서는 합법인데도 피해자의 소속국내법이 범죄로 규정할 가능성이 있다는 점에서 비판이 제기되고 있다. 이런 경우에 있어 수동적 속인주의는 외국의 국내문제에 대한 부당한 간섭 이 될 수 있을 뿐만 아니라, 외국인은 방문국의 국내법을 존중할 의무를 진다는 일반국제법에도 어긋난다. 이러한 점을 고려하여 대한민국 형법 제6조는 수동적 속인주의를 규정하면서도 행위지의 법률에 의하여 범죄를 구성하지 아니하거나 소추 또는 형의 집행을 면제할 경우에는 예외로 한다는 단서를 두고 있다.

4. 보호주의

'외국인'이 '외국'에서 행한 범죄라 하더라도 그로 인하여 국가의 이익, 즉 국가안보, 사활적 경제이익이 침해당한 국가는 형사관할권을 행사할 수 있다는 것이다. 보호주의는 국가의 이익을 추상적으로 보호하기 위한 것이라는 점에서 개인의 이익을 보호하기 위한 수동적 속인주의와 구별된다. 또 영토 내에서 효과 또는 결과의 발생을 요구하지 않는다는 점에서 효과주의 또는 객관적 속지주의와 구별된다. 화폐위조, 국채위조, 간첩죄, 내란음모죄 등이 보호주의 관할권의 적용대상이다. 2020년 6월 30일 중국이 제정한 '홍콩 국가안전법'은 보호주의를 반영하고 있다. 동 법은 국가분열, 정권전복, 테러활동, 외국세력과 결탁하여 국가안전에 위해를 가하는 행위에 적용되는데, 제38조에서 외국인들의 외국에서의 행위에도 적용된다고 하였다.

5. 보편주의

(1) 의의

보편주의 또는 보편관할권이란 범죄발생장소, 범죄자 또는 희생자의 국적에 관계없이 모든 국가에 대해 국제범죄자에 대한 관할권을 부여하는 것을 의미한다. 범죄의 성질이 '모든 인류의 적'(hostes humani generis)으로 인정될 만큼 중대한 국제의무 위반이기 때문에 모든 국가가 역외 사건과 사람에 대해 관할권을 갖는다는 역외적 관할에 관한 원칙이다. 우리나라 국내법상 국제형사재판소 관할범죄 처벌에 관한 법률, 선박 및 해상 구조물에 대한 위해 행위의 처벌 등에 관한 법률, 공중 등 협박 목적을 위한 자금조달행위의 금지에 관한 법률, 국민보호와 공공안전을 위한 테러방지법 등에 보편주의를 규정하고 있다.

(2) 보편관할권의 분류

① 진정한 보편관할권과 '인도 아니면 소추'(aut dedere aut judicare)공식: 인적 · 장소적, 이익의 관련성과 관계없이 모든 국가가 관할권을 행사하는 것을 진정한 보편관할권이라 한다. 후자의 경우 조약규정을 통해 조약이 규율하는 범죄를 행한 자가 자국 영토 내에 존재하고 있는 경우 소추하든지 관할권을 갖는 다른 국가에 인도하는 원칙이다. 또한 이는 관할권 행사국가와 범죄자 사이에 관련성을 요하므로 진정한 보편관할권은 아니다.

② 강제적 보편관할권과 임의적 보편관할권: 범죄혐의자 소재 국가가 인도 아니면 소추의무를 부담하는가에 따른 구분이다. 강제적 보편관할권의 경우 의무적으로 인도해야 한다. 고문방지협약 적용 사건(2012)에서 국제사법재판소(ICJ)는 협약 당사국은 타국의 인도 요청 여부와 관계없이 고문혐의자를 기소하기 위한 절차를 취할 의무가 있으며, 인도보다는 기소의무가 1차적 의무라고 하였다.

③ 절대적 보편관할권과 조건적 보편관할권: 2002년 국제사법재판소(ICJ) 체포영장 사건에서 제시되었다. 후자의 경우 국가가 보편관할권을 근거로 관할권을 행사하기 위해서는 최소한 피의자가 당해 국가에 소재하고 있어야 한다는 입장이다. 절대적 보편관할권을 엄밀한 의미에서의 보편관할권이라 할 수 있다.

(3) 국제관습법상 보편관할권에 속하는 범죄

해적행위는 다툼이 없다. 노예매매, 집단살해, 전쟁범죄, 인도에 반하는 죄 및 고문 등이 보편관할권에 속하는 범죄라는 데에는 이견이 없으나, 연원이 관습법인지 국제조약인지에 대해서는 의견이 나뉜다.

(4) 국제조약상 보편관할권에 속하는 범죄

1949년 제네바협약과 1977년 제1추가의정서의 중대한 위반행위, 1984년 고문방지협약 제7조의 고문행위, 1970년 '항공기불법납치 억제를 위한 헤이그협약' 제7조의 항공기불법납치, 1988년 '해상항행안전에 대한 불법행위억제에 관한 로마협약' 제7조의 해상테러 등이 이에 속한다. 인도 아니면 소추의무를 부과하고 있다. 다만, 1973년 아파르트헤이트범죄의 억제와 처벌에 관한 협약상 아파르트헤이트의 경우 논란이 있다. 다른 조약과 달리 당사국이 범죄자를 인도하지 않을 경우 국내관할권 행사가 의무적이 아니기 때문이다.

(5) 관련 사례

① **아이히만(Eichmann) 사건:** 이스라엘은 아르헨티나의 동의가 결여된 납치에 대해 보편주의 및 보호주의원칙에 기초하여 재판을 정당화하였으나, 이례적이고 근거가 없는 것이었다. 주권을 위반한 행위로 본다.

② **체포영장 사건(ICJ, 2002):** 벨기에는 1949년 제네바협약과 1977년 추가의정서 제7조의 보편관할권에 근거하여 콩고 외무장관 Yerodia Ndombasi에 대해 전쟁범죄와 인도에 반하는 죄를 이유로 체포영장을 발부하고 국제적으로 배포하였다. 이에 대해 콩고가 벨기에를 국제사법재판소(ICJ)에 제소하였고, 국제사법재판소(ICJ)는 결국 벨기에의 체포영장 발부행위는 콩고 외무장관의 인적 면제를 침해하였다고 판시하였다.

 관련판례

아이히만 사건(이스라엘 대법원, 1961)

1. 사실관계

아이히만(Eichmann)은 제2차 세계대전 당시 나치 독일의 비밀경찰 책임자로서 유대인 박해와 학살을 직접 지휘하였다. 제2차 세계대전 후 국가로 성립한 이스라엘은 1950년 나치 및 나치 협력자의 처벌에 관한 법률을 제정하여 유대인 학살에 참가 또는 협력한 자를 처벌하기로 하였다. 1960년 5월 이스라엘 요원은 아르헨티나 당국의 허가 없이 아이히만(Eichmann)을 납치하여 이스라엘로 연행하였다. 이스라엘 대법원은 사형을 확정하였고 1962년 5월 31일 아이히만(Eichmann)은 교수형에 처해졌다.

2. 판결요지

(1) 피고의 죄목과 보편관할권

아이히만(Eichmann)의 범죄는 '인도에 대한 죄'에 해당한다. 인도에 대한 죄는 개인의 국제범죄로서 보편적 성질을 가지며 따라서 보편관할권의 대상범죄이다. 따라서 동 범죄가 이스라엘 영토 밖에서 이스라엘 국민이 아닌 자에 의해 자행되었더라도 이스라엘의 관할권은 성립한다.

(2) 소급입법에 의한 처벌의 문제

아이히만(Eichmann)의 행위는 행위시 국제법상 개인의 국제범죄로 인정되고 있지 않았으므로 소급입법 금지원칙에 의해 관할권이 부정되는지가 문제되었다. 이에 대해 법원은 외국인의 범죄에 대한 국가의 형사관할권은 국제법 원칙에 저촉되지 않는 한 소급효 금지원칙의 제한을 받지 않는다고 판시하였다. 또한 대량학살과 같은 인도에 대한 죄에는 소급효 금지원칙이 적용되지 않는다는 것이 뉘른베르크 재판 및 유럽 제국가의 입법에 의해서도 확인된다고 판시하였다.

(3) 국가행위이론의 적용 여부

아이히만(Eichmann)은 자신의 행위를 국가행위로 주장하면서 자신의 책임을 부정하였다. 그러나 법원은 뉘른베르크 법원의 입장을 거론하며 국제법상 범죄로 비난받는 행위에 대해서는 국가행위이론이 적용되지 않는다고 판시하였다. 독일이 그행위에 대해 책임을 지더라도 그로 인해 피고 개인의 책임이 면제되지 않는다고 하였다.

(4) 범죄행위와 이스라엘의 관련성

피고의 범행은 '인도에 대한 죄'임과 동시에 '유대인에 대한 범죄'이다. 유대인의 일부를 말살하려고 한 범죄는 유대인과 중대한 관계를 갖으며 이스라엘은 유대인 국가이다. 범행 당시 이스라엘이 국가로서 존재하지 않은 사정은 주권국가로서 성립한 후에 그러한 범죄를 처벌하는 것을 방해하는 것은 아니다.

(5) 영토주권 위반과 피고에 대한 관할권의 문제

일국의 법률을 위반하여 재판에 회부된 자는 그 체포 및 연행의 위법성을 이유로 재판을 거부할 수 없는 것은 법원칙이며 영국, 미국 및 이스라엘의 판례에 의해서도 확인된다. 또한 아르헨티나 주권 침해에 관한 문제는 이스라엘과 아르헨티나의 양자 간의 외교상의 문제이며 피고가 주장할 수 있는 성질의 문제는 아니다. 또한 이 문제는 1960년 8월 3일 양국 정부의 공동 성명에 의해 해결되었으므로 더 이상의 국제법 위반을 이유로 하는 재판관할권에 대한 이의제기는 인정될 수 없다.

민사재판에서 보편주의

국제관행상 민사재판에서 보편주의가 인정되는 경우도 있다. 미국의 'Alien Tort Act'는 국제법을 위반하여 자행된 불법행위에 대해 외국인이 제기하는 민사소송에 관하여 미국 법원이 관할권을 갖는다고 규정하고 있다. 'Filatiga 대 Pena - Irala' 판결에서 파라과이에서 고문치사된 파라과이인 피해자의 가족이 역시 파라과이인인 가해 책임자를 상대로 미국 법원에 제기한 손해배상청구를 인용하는 근거가 되었다. 이 판결 이후 미국 국내법의 역외적용에 대한 비판이 일자, 2013년 4월 미국 연방대법원은 'Kiobel 대 Royal Dutch Petroleum 회사 사건'에서 역외적용을 부인하고 미국 내에서 벌어진 국제법 위반행위에 한해서 동 법을 근거로 한 제소가 가능하다고 판결하였다.

6. 우리나라 '형법'상 관할의 이론적 기초

우리나라 형법은 형사관할권 행사의 근거로 속지주의, 속인주의, 속지주의의 확장, 보호주의, 수동적 속인주의, 보편주의를 규정하고 있다. 특히 형법 제4조는 대한민국 영역 외에 있는 대한민국의 선박 또는 항공기 내에서 죄를 범한 외국인에게 형법을 적용한다고 하여 속지주의의 확장을 규정하였다. 또한 제6조는 대한민국 영역 외에서 대한민국 국민에 대하여 죄를 범한 외국인에게 형법을 적용한다고 하여 수동적 속인주의를 채택하고 있다. 이 경우 행위지의 법률에 의하여 범죄를 구성하지 아니하거나 소추 또는 형의 집행을 면제할 경우에는 예외로 한다는 단서규정도 있다. 한편, 제7조는 범죄에 의하여 외국에서 형의 전부 또는 일부의 집행을 받은 자에 대하여는 형을 감경 또는 면제한다고 규정하고 있다.

7. 국내법의 역외적용에 대한 대응

국내법의 역외적용을 당하는 국가들은 대항입법을 통해 이에 대응하기도 한다. 대항입법의 유형은 크게 세 가지로 구분된다. 첫 번째 유형으로 가장 흔하게 눈에 띄는 봉쇄법률은 외국 재판소에 증거를 제출하는 행위를 금지하거나, 그러한 행위를 금지시킬 수 있는 권한을 관련 부처 장관에게 부여하는 것이다. 두 번째 유형의 봉쇄법률은 외국 정부가 명령하는 실제적인 지시사항(조치 또는 결정)에 따르는 것을 금지하는 것이다. 세 번째 유형의 봉쇄법률은 국제법 또는 국제예양을 위반하여 내려진 것으로 생각되는 외국의 판결에 대해서는 자국 내에서의 승인과 집행을 거부하는 것이다.

3 관할권의 한계

1. 입법관할권의 영토적 한계(역외 입법관할권의 가능성)

입법관할권의 범위가 무한정지는 않으나, 국가는 역외 입법관할권을 행사할 수 있다. 즉, 자국 영역 외에서 적용이 예정된 국내법을 제정할 권리를 갖는 것이다. 1927년 Lotus호 사건에서 상설국제사법재판소(PCIJ)는 일국의 입법관할권이 원칙적으로 영토 내에서 행한 행위에 국한되는 것이 아니며, 국제법이 달리 규정하지 않는 한 원칙적으로 외국인이 외국에서 저지른 행위에 대해서도 관할권을 행사할 수 있다고 판시하였다. 한편, 국제해양법재판소는 2019년 The M/V Norstar호 사건에서 기국주의가 지배하는 공해에서 행해진 선박의 적법한 행동에 대해 기국 이외의 국가가 공해상에서 집행관할권을 행사하는 것은 물론이고 입법관할권을 확장하는 것도 UN해양법협약 제87조에 규정된 항행의 자유를 침해하는 것이라고 판시하였다. Norstar호 사건은 공해상의 범죄행위가 타국 선박에서 또는 타국 영토에서 효과를 발생시킨 상황에 관련한 Lotus호 사건과 구별된다.

2. 집행관할권의 한계

(1) 영토적 한계

입법관할권이 영토적 한계로부터 비교적 자유로운 것과 달리 집행관할권은 원칙적으로 영토적 한계를 갖는다. 즉, 자국의 국내법상 관할권하의 범죄라 할지라도 타국의 동의 없이 범인을 체포하기 위해 자국의 경찰을 타국에 파견할 수 없는 것이다. 이러한 행위는 타국의 영토주권을 직접적으로 침해하기 때문이다. 이러한 한계에도 불구하고 미국은 해외기업들에 대해 자국의 독점금지법을 적용하여 해외에 있는 기업의 자료 인도를 명령하기도 한다. 심지어 미국법원은 외국회사들에게 상관행을 변경하건, 일정기간 문제된 제품의 생산을 금지하거나, 산업구조 개편을 요구하기도 한다. 예컨대, 1994년 1월 4일 미국 보스턴 연방지방재판소는 공업용 다이아몬드를 생산하는 미국의 제너럴일렉트릭(GE)과 한국의 일진 다이아몬드 간의 영업 비밀 침해 관련 소송에서 피고 한국기업에 대해 7년 간 공업용 다이아몬드의 상업적 생산을 중단하고 제조설비도 30일 이내에 폐기처분할 것을 명하였다.

(2) 주권면제에 의한 한계

주권면제란 타국의 주권을 존중하여 타국이나 국가기관에 대해 재판관할권을 행사할 수 없다는 국제관습법상의 원칙이다. 주권면제를 향유하는 주체에 대해서 국가는 자국의 국내법을 적용할 수 없으므로 집행관할권의 행사는 제약을 받는다.

4 입법관할권과 집행관할권의 관계

1. 입법관할권의 집행관할권에 대한 의존성

입법관할권은 궁극적으로 집행관할권에 의존한다. 집행을 동반하지 않는 입법은 무의미하기 때문이다. 다만, 각종 면제의 규칙과 같이 국제법에 의해 입법관할권이 있어도 집행관할권, 특히 재판권의 행사가 제한되는 경우가 있다.

2. 집행관할권의 전제로서의 입법관할권

집행관할권은 원칙적으로 입법관할권의 존재를 전제로 한다. 다만, 집행관할권이 반드시 입법관할권의 존재를 전제로 하는 것은 아니다. 우선, 국제사법상의 문제에 있어서 입법관할권을 요하지 아니하는 경우가 있다. 즉, 외국의 사법규정을 준거법(law applicable)으로 재판할 수 있으며, 외국의 판결이나 외국의 중재판정을 국내법원이 집행할 수도 있다. 둘째, 타국이나 국제기구의 요청에 따른 집행이 존재할 수 있다. 예컨대, EC 관련 입법은 EC 차원에서 제정되나 대부분 회원국에 의해 집행이 이루어지고 있다.

5 관할권의 경합과 해결

1. 관할권의 경합

국가관할권을 성립시키는 기초가 다원적이므로 하나의 범죄에 대해 여러 국가가 경합적으로 관할권을 주장하여 관할권의 경합 또는 충돌이 발생할 수 있다. 그러나 국제법은 경합을 해결할 수 있는 법원칙을 정립하지 않고 있다. 이로 인해 국가 간 충돌이 발생할 수 있을 뿐 아니라 개인이 이중처벌될 가능성이 있어 인권보호 차원에서도 중대한 문제라 할 수 있다. 실제 미국의 역외관할권 행사로 인해 미국과 유럽국가들 간 분쟁이 발생한 사례도 있다.

2. 관할권의 경합의 해결

관할권의 경합을 조정하여 국가 간 갈등을 예방하거나 해결하기 위해 다양한 방안들이 제시되었다.

(1) 관할권 충돌이 예상되는 분야에서 조약을 통해 관할권 행사시 상호통고의무, 협상 및 중재 등에 의한 분쟁해결을 의무화를 규정하는 방법이다.

(2) 국제행위준칙을 통해 조정하기도 한다. 국제행위준칙은 자발적인 협조체제에 입각한 연성법으로서 법적 구속력이 있는 국제기준의 합의 도출이 어려운 분야에서 효과적인 분쟁해결수단으로서 기능한다.

(3) 역외관할권 행사가 정당화되는 사안에 대해 국가가 관할권 행사를 자제함으로써 분쟁을 회피할 수 있다.

제2절 | 국가면제

1 의의

1. 개념

2004년 12월 2일 UN총회에서 채택된 '국가 및 그 재산의 관할권면제에 관한 UN협약'에 따르면 국가면제(state immunity)란 국가 또는 국가의 재산이 타국 법원의 관할권으로부터 면제됨을 의미한다. 국가면제가 인정되는 경우에도 국가책임이 면제되는 것은 아니므로 국가면제와 국가책임은 상호 구분되는 개념이다.

2. 구별개념

(1) 국가행위이론

국가행위이론이란 국가의 법원우 타국 정부의 행위의 유효성에 대한 심리를 자제해야 한다는 원칙으로서, 국가면제가 국제법상 확립된 원칙이나 국가행위이론은 영미법계 국가의 국내법상 원칙이라는 차이가 있다.

(2) 외교면제

외교면제란 외교관이 접수국의 재판권이나 행정권으로부터의 면제를 의미한다. 외교면제와 국가면제는 인정취지 등은 상호 유사하나, 면제의 인정범위에서 차이가 있다. 즉, 국가면제는 접수국의 재판관할권 및 집행관할권의 면제, 재판관할권 중에서 특히 민사재판관할권이 문제되나, 외교면제는 국가면제 이외에 행정권으로부터의 면제도 포함된다. 또한 형사재판관할권으로부터의 면제도 인정된다.

 참고

국가면제와 외교면제 비교

구분	국가면제	외교면제
인정취지	주권평등	대표설, 기능설
법원	관습법, UN국가면제협약(미발효)	관습법, 비엔나협약
민사재판관할권	권력적 행위 - 면제 비권력적 행위 - 면제 제한	모두 면제 (단, 사적 행위 관련 면제 제한)
형사재판관할권	-	면제
행정관할권	-	면제
인적 면제	-	인정
면제의 포기	명시적 포기 + 묵시적 포기	명시적 포기

3. 제도적 취지

국제관습법상 국가면제를 인정한 취지는 우선, 주권평등의 원칙 때문이다. 즉, '대등한 자는 대등한 자에 대해 지배권을 갖지 못한다'(par in parem non habet imperium)는 법언이 말해주듯이 일국은 타국의 동의 없이 국내재판권을 행사하는 경우 타국의 주권을 침해하게 된다. 또한 상호주의 관점에서 정부활동에 대해 상호우대를 해 주는 것이 이익이 된다는 점, 외국의 권위(diginity)를 인정해 줌으로써 국가 간 우호관계를 유지할 필요가 있다는 점, 외국 정부를 상대로 승소판결을 얻어내더라도 집행이 곤란하다는 점도 고려된 제도로 볼 수 있다.

4. 유형

(1) 재판관할권의 면제와 집행면제

재판관할권의 면제란 일국이 타국에 대해 재판관할권의 행사가 제약되는 것이며 집행면제, 즉 외국 재산의 압류 및 강제집행의 면제란 판결의 이행으로부터의 면제를 의미한다. 국제관습법상 재판관할권의 면제와 집행권의 면제는 별개의 법리로 다뤄져 왔다. 따라서 재판관할권의 면제의 포기가 집행관할권의 면제의 포기를 의미하는 것이 아니라 별도의 포기를 요하는 것이다.

(2) 인적 면제(immunity ratione personae)와 물적 면제(immunity ratione materiae)

인적 면제란 민·형사를 불문하고 외국의 고위 정부대표자들에게 개인적으로 인정되는 면제로서 인적 면제는 그들이 그 신분을 유지하고 있는 동안에만 허용된다. 한편, 물적 면제란 외국을 대표하는 '사람'에게 귀속되는 것이 아니라 '외국의 행위'에 귀속되는 것으로 행위자의 신분보다 문제된 행위의 성질에 초점이 맞추어진다. 인적 면제는 신분이 종료되는 경우 소멸되나, 물적 면제는 유지된다는 점에서 의미가 있다. 물적 면제도 국가가 소멸한 경우에는 더 이상 효력을 유지하지 아니한다. 통일 이후 구 동독 관리들에 대한 통일 독일 재판소에서의 면제는 인적 면제, 물적 면제를 막론하고 그들이 고용되었던 동독의 존재보다 더 오래 지속되지 않았다.

 관련판례

국제체포영장 사건(콩고 대 벨기에, ICJ, 2004)

2000년, 벨기에 1심 법원의 Vandermeersch 판사는 당시 콩고의 외무부장관이었던 Yerodia Ndombasi에 대해 국제체포영장을 발부하였다. 동 영장에서 언급된 혐의는 그가 외무부장관직에 있기 전인 1998년에 행한 연설에서 주민들에게 Tutsi족을 살해하라고 선동한 것이 1949년 제네바협약 및 추가의정서의 심각한 위반과 인도에 반하는 죄를 구성한다는 것이다. 벨기에 국내법은 국제전쟁법과 인도법 위반인 경우 그 범죄 행위지, 가해자의 국적 또는 희생자의 국적이나 지위에 관계없이 벨기에의 법원이 보편적 관할권을 갖는다고 규정하고 있는데, 동 영장은 이에 따라 발부된 것이었다. 영장은 콩고당국뿐 아니라 국제형사사법경찰조직(Interpol)에 전달되어 국제적으로 유포되었다. 이에 콩고는 벨기에를 ICJ에 제소하였다. ICJ는 먼저 국제법상 국가원수, 정부수반, 외무부장관과 같은 고위직 관리들은 물론 외교관과 영사관도 민사, 형사사건에 있어서 타국의 관할권으로부터 면제를 향유한다는 원칙이 확고히 설립되어 있다고 언급하였다. 특히 국제관습법에서 외무부장관에게 주어진 면제는 그들의 개인적 이익을 위한 것이 아니라 자국을 위한 외교적 기능의 효과적인 수행을 보장하기 위한 것이다. 따라서 외무부장관은 재임기간 동안 그가 외국에 있을 때 형사적 관할권으로부터의 완전한 면제와 불가침을 향유한다고 판결하였다.

이러한 면제와 불가침은 그의 의무수행을 방해하려는 타국 당국의 행위로부터 관련 개인을 보호하는 것이다. 이러한 관점에서, 외무부장관이 공적 자격으로 행한 행위와 사적 자격으로 행한 행위, 그리고 외무부장관에 재임하기 전에 이루어진 행위와 재임기간 동안 이루어진 행위 사이에 어떠한 구별도 할 필요가 없으며, 만일 외무부장관이 형사상 목적으로 타국에서 체포되었다면 이로 인해 그는 직무기능의 수행을 명백히 방해받은 것이라고 법원은 판시하였다. ICJ는 영장이 벨기에에 Yerodia 전 장관이 공식적으로 방문하는 경우에 대한 예외를 분명히 하고 있으며, 그가 벨기에에서 체포당하지 않았다는 사실을 언급하고는 있으나, 영장의 주어진 본질과 목적에 비추어 발부 자체가 장관의 면제를 존중하지 못하였다고 지적하였다. 즉, 외무부장관이 국제법상 향유하는 형사관할권으로부터의 면제와 불가침성을 침해하였으므로 벨기에의 국제의무 위반을 구성한다는 것이다.

5. 연혁

(1) 법전화

국가면제이론은 19세기 이후 일부 주요 국가들의 국내법 또는 국내판례를 중심으로 하여 국제관습법으로 발전되어 왔으나 UN을 중심으로 이의 성문법화가 추진되었다. 1991년 ILC는 '국가 및 그 재산의 관할권면제에 관한 규정 초안'을 채택했고 2004년 UN총회는 '국가 및 그 재산의 관할권 면제에 관한 UN협약'을 채택하였다(UN총회 결의 59/38). 그 밖에 '국유선박면제규칙 통일에 관한 협약', '유럽국가면제협약' 등의 다자조약이 있다.

(2) 국가 및 그 재산의 관할권 면제에 관한 UN협약(2004)

UN협약은 제한적 면제론에 기초하고 있으며, 면제가 제한되는 소송을 구체적으로 규정하고 있다. UN협약의 해석이나 적용에 관한 분쟁은 교섭에 의해 해결해야 하나 6개월 이내에 해결되지 못한 경우 중재재판이나 국제사법재판소에 부탁할 수 있다. 중재합의는 중재재판 요청일로부터 6개월 이내에 형성되어야 하며, 합의되지 못한 경우 당사국은 일방적으로 그 분쟁을 국제사법재판소(ICJ)에 부탁할 수 있다. UN협약 당사국은 선언을 통해 이러한 분쟁해결절차의 적용을 배제할 수 있다. 한편, 당사국은 UN사무총장에게 서면통고를 함으로써 협약을 폐기할 수 있다. 폐기는 UN사무총장에게 통고가 접수된 후 1년 후 발효한다.

(3) 면제의 범위

국가면제의 적용범위에 있어서 전통국제법상 국가기관의 행위의 성질을 묻지 아니하고 그 신분에 기초하여 절대적 국가면제를 인정해 왔으나, 19세기 말 이후 국가가 개인과의 거래행위에 참가하는 사례가 증가하고 국가기능이 확대됨에 따라 사인 보호를 위해 면제를 제한하고자 하는 제한적 국가면제로 발전해 왔다.

2 국가면제의 목적상 법원과 국가의 정의

1. 법원(court)의 정의

UN협약에 따르면 법원이란 '명칭에 관계없이 사법적 기능을 수행할 자격이 있는 국가기관'을 의미한다. 즉, 명칭이 아니라 '기능'에 따라 준별한다.

2. 국가

(1) 국가원수

현직 국가원수는 완전한 면제를 향유한다. 따라서 공적 자격으로 행하는 행위뿐 아니라 개인적 자격에서 행하는 행위에 대해서도 면제를 향유한다. 다만, 국가원수의 개인적 행위에 대한 면제는 국가원수의 직을 유지하는 동안에만 인정된다. 한편, 국가원수의 국제범죄(crime under international law)는 '국가원수의 직책을 수행하기 위한 행위'로 간주되지 않는다(피노체트 사건). 또한 법률상의 국가원수(de jure Head of State)와 사실상의 국가원수(de facto Head of State)가 일치하지 않는 경우 양자 모두 국가원수의 지위에서 면제를 인정받는다(프랑스).

국가원수에 대한 재판권 면제

1. 현직 국가원수

현직 국가원수가 국제범죄를 범한 경우 국제관습법에 따르면 국가원수는 인적 면제를 향유하므로 재직시에는 타국이 소추하거나 처벌할 수 없다. 물론 그의 행위가 직무상의 행위였다면 물적 면제도 향유하므로 퇴임 이후에도 소추하거나 처벌할 수 없다. 그러나 사적 행위와 관련한 범죄라면 퇴임 이후에는 소추하거나 처벌할 수 있다. 결국 현직 국가원수는 면제의 포기를 제외하고는 어떠한 경우에도 타국이 소추·처벌할 수 없다.

2. 전직 국가원수

국제범죄를 저지른 자가 국가원수직위에서 물러난 경우라면 재직시 저지른 범죄의 성질이 중요한 쟁점이다. 만약 재직시 행위가 사적 행위라면 타국법원에서 기소·처벌될 수 있으나 직무상 행위라면 물적 면제를 향유하므로 처벌할 수 없다. 현대 국제법은 국가원수의 재직시 국제범죄행위를 직무상 행위로 간주하지 아니한다(피노체트 사건, 영국 대법원).

3. 사례

(1) **피노체트 사건**

전직 국가원수의 국제범죄행위가 국가원수의 직무상 행위로 볼 수 없으며 퇴임 이후 타국의 집행관할권으로부터 면제되지 아니한다는 국제관습법을 반영한 사건이다. 피노체트는 재직시 민간인에 대한 고문, 살인 등 인도에 대한 죄를 범하였다. 그가 퇴임 이후 신병치료차 영국에 입국하자 영국과 범죄인 인도조약을 체결하고 있었던 스페인이 인도를 요구하였고 영국이 이를 받아들여 영장을 발부하자 이의 효력을 피노체트가 다툰 사건이다. 따라서 피노체트는 자신의 행위가 직무상 행위이므로 면제된다는 주장을 한 것이다. 이에 대해 영국 대법원은 피노체트의 행위는 직무상 행위가 아니므로 퇴임 이후에는 이와 관련하여 면제를 향유할 수 없다고 판단하였다.

(2) **Mighell(미겔) 대 Sultan of Johore(조호르)**

현직 국가원수의 사적 행위와 관련한 민사소송으로부터의 면제에 관한 사례이다. 조호르는 영국 피보호국의 군주이나 신분을 속이고 미겔과 결혼을 전제로 교제하였다. 그러나 약속을 이행하지 않자 미겔이 '영국 법원'에 제소하였으나 영국 법원은 그가 군주임을 이유로 면제를 인정하였다.

(2) 국가의 정치적 하부조직

지방자치단체와 같은 국가의 정치적 하부조직이나 국가의 대리기관, 종속기관 등은 주권적 권한을 행사하는 행위를 수행할 자격이 있고 또한 그러한 자격으로 행동하고 있는 경우 국가면제의 목적상 국가로 간주된다(UN협약 제2조 제1항).

(3) 연방국가의 구성단위

연방국가의 구성단위도 주권적 권한을 행사하는 행위를 수행할 자격이 있고 또한 그러한 자격으로 행동하고 있는 경우 면제의 목적상 국가로 간주된다(UN협약 제2조 제1항). 이와 대조적으로 '국가면제에 관한 유럽협약' 제28조는 연방국가의 구성국은 면제를 향유하지 못한다고 규정하였다. 다만, 연방국가가 자국의 구성국들도 면제를 갖는다고 선언할 수 있다는 단서조항을 두었다.

(4) 국가대표로 행동하는 자

국가대표의 자격으로 행동하는 자도 국가로 간주되며(UN협약 제2조 제1항), 반주권국의 군주도 면제가 인정된다(영국, Mighell 대 Sultan of Johore, 1894).

3 절대적 국가면제론

1. 의의

고전적 면제이론으로서 국가는 부동산 관련 소송을 제외하고는 여하한 경우도 타국의 재판관할권으로부터 면제된다는 이론이다. 즉, 일국의 정부활동의 성격과 목적을 불문하고 자신이 동의하지 않는 한 타국에서 제소당하지 않는다.

2. 판례

(1) The Schooner Exchange 대 Mcfaddon 사건(1812년)

미국인 소유의 선박이 프랑스 해군에 나포되어 군함으로 변경된 다음 미국에 입항하자 미국인 Mcfaddon이 프랑스를 상대로 제소한 이 사건에서 미국 대법원은 프랑스의 면제를 인정하여 관할권을 행사하지 않았다.

(2) Cristina호 사건(1938)

영국의 상원은 스페인 정부에 징발당한 상선에 관련한 이 사건에서 절대적 면제이론이 정당함을 확인하였다.

(3) Pesaro호 사건(1926)

미국 연방최고재판소는 이탈리아 정부가 소유 및 운영하는 상선과 관련한 이 사건에서 절대적 면제이론을 지지하였다.

(4) Aldona 대 UK 사건

절대적 면제에 기초한 제2차 세계대전 후의 판례로서 국가의 행위와 관련한 전형적인 판례이다.

 관련판례

The Schooner Exchange 대 Mcfaddon 사건(미국 대법원, 1812)

1. 사실관계

   미국인 McFaddon이 소유한 범선 Exchange호는 1810년 프랑스 관헌에 의해 공해상에서 나포되어 포획심판소의 판정을 거치지 않고 프랑스 해군에 편입되었다. 1811년 동 선박이 해난 때문에 필라델피아항에 입항하자 McFaddon은 동 선박의 소유권을 주장하면서 연방지방법원에 소송을 제기하였다. Exchange호 측에서 아무도 출두하지 않자 미국 정부를 대신하여 펜실베이니아주 연방검사는 청구의 각하를 요청하였다. 지방법원에서는 원고 청구가 각하되었으나, 항소법원이 원판결을 번복하고 항소인의 청구를 인정하자 미국 정부는 대법원에 상고하였다. 대법원은 다시 2심 판결을 파기하고 1심 판결을 확인하였다.

2. 법적 쟁점

   주권국가인 프랑스는 미국 법원의 관할권으로부터 면제되는지가 쟁점이었다.

3. 판결요지

   대법원은 자국 영역 내에서의 국가관할권은 '배타적이고 절대적'(exclusive and absolute)이며 그러한 지위와 권한의 행사는 타국에서도 재판관할권의 면제로 인정되어야 한다고 하였다. 즉, 소송은 관할권 부재를 이유로 각하되었다.

---

3. 예외

절대적 면제론의 관행하에서도 부동산 관련소송은 예외적으로 재판관할권의 면제를 인정하지 않았다. 부동산은 특별히 영토주권의 객체이기 때문에 부동산 관련 소송은 소유지국 법원의 배타적 관할권하에 놓인다고 간주되었다. UN협약도 법정지국의 부동산 관련 소송에 대해서는 면제를 부인한다(협약 제13조). Limbin Hteik Tin Lat 대 Union of Burma 사건에서 부동산은 특별히 영토주권의 객체이기 때문에 그에 관련한 소송은 그 소재지국 재판소의 배타적 관할하에 놓이지 않을 수 없다고 판시되었다.

4 제한적 국가면제론

1. 의의

제한적 국가면제론은 절대적 국가면제론이 외국 정부와 거래하는 개인 또는 회사의 법적 지위를 불안정하게 한다는 반성에 기초하여 국가의 면제의 인정범위를 축소시키위해 등장한 이론이다. 제한적 국가면제론은 국가가 이중인격자(dual capacity)라는 점을 인정하는 전제에서 출발한다. 즉, 국가는 하나의 정치권력(a political power)이면서 동시에 하나의 법인(a juristic person)이라는 것이다. 이러한 전제에서 정치권력자로서 행동하는 국가에게는 면제를 인정하되, 사인과 유사한 자격으로 행동하는 경우에는 면제를 인정하지 않는 것이다. 현재 제한적 주권면제론은 국내법, 다자조약 및 UN협약에서도 인정되고 있어 관습법적 지위를 획득해 가고 있는 것으로 생각된다.

2. 제도적 취지

국가에 대한 절대적 면제의 인정은 그와 거래하는 사인의 측면에서 보면 차별적이고 불평등한 법리이다. 개인은 외국 정부를 그 동의 없이 일국의 법정으로 불러낼 수 없지만, 국가는 가능하기 때문이다. 또한 국가의 사경제활동에 대한 참여가 많아지면서 개인과의 거래도 증가하게 되어 사인 보호 차원에서는 중대한 흠결이 있다는 반성에서 제한적 면제론이 일반적 관행을 형성하게 되었다.

3. 공적 행위와 사적 행위의 구별기준

(1) 법적 쟁점

제한적 주권면제론의 핵심은 국가의 행위를 어떠한 기준으로 주권적·권력적·공법적 행위(acts jure imperii)와 비주권적·비권력적·상업적 행위(acts jure gestionis)로 구분할 것인가의 문제이다. 제한적 주권면제론 자체는 법적확신을 얻고 있는 관행이지만, 그 구별기준에 대해서는 학설이나 국제관행이 일치하지 않는다.

(2) 학설

행위목적설과 행위성질설 및 상업적 활동기준설의 대립이 있다. 행위목적설은 외국의 행위를 분류함에 있어서 그 외국이 어떠한 목적이나 동기를 가지고 문제된 행위를 하였는가를 기준으로 하는 견해이다. 주관성을 중시하므로 주관적 기준이라고도 한다. 행위성질설은 외국의 행위가 국가만이 또는 국가의 명의로만 행할 수 있을 때 이를 주권적·통치적 행위에 해당하는 것으로 보아야 한다는 것이다. 즉, 외국의 행위 자체의 법적 성질을 기준으로 삼아야 한다는 것이며 객관적 기준이라고 한다. 상업적 활동기준설은 외국과 사인 간에 행하여진 외국의 활동 내지 거래가 상업적인 성격을 띠는 경우 국내 법원의 재판권을 인정한다는 것이다. 성질설에 대해서 '상업적 활동'이라는 보다 기능적인 면을 부각시킨 것이다.

(3) UN협약

2004년 채택된 UN협약 제2조 제2항은 '… 일차적으로는 계약 또는 거래의 성질을 참고해야 한다. 다만, 계약의 당사자들이 합의하거나, 법정지국(the State of the forum)의 관행에서 목적이 비상업적 성격을 결정짓는 데 관련이 있는 경우, 그 목적도 고려에 넣어야 한다.'라고 규정하고 있다. 결국 UN협약은 성질설과 목적설을 절충적으로 규정하고 있는 것으로 해석할 수 있다.

(4) 미국

미국의 외국주권면제법(FSIA) 제1603조 제(d)호는 '행위의 상업적 성격은 그 목적에 의해서가 아니라 그 성질에 따라 결정한다.'라고 하여 성질설을 명시적으로 규정하고 있다. 1992년의 Republic of Argentina v. Weltover, Inc. 사건에서 연방최고재판소는 자국 통화를 안정시키기 위한 계획의 일부로 단행된 아르헨티나 정부의 공채발행은 FSIA에 의거하여 상업적 활동이었다고 판결하면서, FSIA 하에서 외국이 체결한 거래의 목적이 아닌 성질이 유일하고도 명백한 결정요소라고 하였다. 이는 하급법원인 항소재판소가 1985년 De Sanchez v. Banco Central de Nicaragua판결에서 행위의 본질이 목적에 의해 고려된다고 본 것을 반박한 것이었다.

(5) 영국

영국의 국가면제법(1978)은 미국의 FSIA와 달리 권력행위와 비권력행위 구분 기준을 명확히 하지 않았다. 그러나 판례는 성질과 목적 모두를 고려할 수 있다는 입장을 보여주었다. 1981년 I Congreso del Partido 사건에서 상원은 피고인 쿠바가 면제를 향유하는지를 결정함에 있어서 쿠바 정부의 행위가 사인에 의해서도 수행될 수 있는 것이었는지를 질문하고 이를 긍정하여 쿠바에 대한 면제를 부인하였다. 이 사건에서 재판관은 제한면제론을 인정하면서도 그 거래가 상업적인 것인지 여부를 결정함에 있어서 성질과 목적 어느 한 기준에만 의존하는 것을 배척했다. Lord Wilberforce는 제한적 이론에 의거하여 국가면제가 부여되어야 하는지의 여부를 검토함에 있어서, 재판소는 국가를 상대로 제기된 전체 문맥을 생각해야 한다고 하였다.

(6) 한국

우리나라는 현재까지 국가면제법이 제정되지 않았다. 다만 대법원 판례를 통해 제한적 주권면제론이 도입되었으며, 우리나라 대법원 역시 대체로 성질설을 긍정하는 것으로 평가되고 있다. 주한미군고용계약사건(1998) 판결에서 대법원은 우리나라 영토 내에서 행해진 외국의 사법적 행위는 특별한 사정이 없는 한 외국의 사법적 행위에 대해 당해 국가를 피고로 하여 우리나라의 법원이 재판권을 행사할 수 있다고 하였다. 2017년 헌법재판소도 국제관습법상 국가의 주권적 활동에 속하지 않는 사법(私法)적 행위는 다른 국가의 재판권으로부터 면제되지 않는다고 하였다.

(7) 기타 국가

오스트리아는 미국 정부가 피고로 된 교통사고와 관련된 사건에서 국가기관이 수행하는 행위 자체만을 보아야 하고 그 동기 또는 목적을 고려해서는 안 된다고 하여 미국의 면제를 부인하였다. 한편, 이집트는 스페인이 피고인 곡물수입계약과 관련된 사건에서 스페인이 보통의 상인과 다르지 않은 방법으로 행동하였다고 판결하였다. 스페인은 스페인 내의 기근을 완화하기 위한 목적으로 곡물을 구입하였으므로 면제를 향유한다고 주장하였으나 받아들여지지 않았다.

(8) 국제사법재판소(ICJ)

ICJ는 Jurisdictional Immunities of the State 사건(2012)에서 acta jure imperii와 acta jure gestionis의 구분이 중요함을 인정하면서도 구분 기준에 대해서는 언급하지 않았다. 문제된 독일의 행위가 acta jure imperii에 해당된다는 점에 대해 독일과 이탈리아가 이견이 없었기 때문이다.

 관련판례

대림기업 사건(한국 서울고등법원, 1995)

1. 사실관계

원고는 미 육군 계약담당부서 공무원들과 내자호텔 일정 건물 부분에 관하여 음향 및 비디오기기 판매점 운영에 관한 계약(임대차계약)을 체결하였다. 계약체결시 피고 공무원들은 한미행정협정을 근거로 위 상점에서 판매되는 물품에 대해 면세가 된다고 하였고, 이를 계약서에도 명시하였다. 원고에게 전자기기를 납품하기로 한 회사는 계약서를 신뢰하고 면세가 될 것으로 판단하고 조세가 면제된 저렴한 가격으로 납품하였다. 그러나 한국 세무당국은 조세면제가 되지 않는다고 판단하고 회사에 대해 세금납부를 명령하였다. 이 회사는 원고에게 조세부과시의 가격과 조세면제시의 차액의 배상을 요청하였고, 원고는 이를 지급해 주었다. 원고는 미군계약소청심사위원회를 경유하여 한국 법원에 제소하였다.

2. 판결요지

(1) 재판관할권

① 외국 또는 외국 국가기관의 행위는 그 행위의 성질이 주권적·공법적 행위가 아닌 사경제적 또는 상업활동적 행위인 경우에는 국내법원의 재판권으로부터 면제되지 아니한다. 1976년 미국의 외국주권면제법에 의하면 미국 법원에서 미국 이외의 외국 국가를 상대로 민사소송을 제기할 수 있고, 국제법상 상업활동에 관한 한 국가는 외국 법원의 재판권으로부터 면제되지 않는다고 규정하고 있다.

② 또한 미국 내에서 동법에 기초하여 한국을 상대로 한 민사소송에 대해 재판권이 인정된 예가 있다. 원고의 이 사건청구가 원고·피고 사이의 부동산임대차계약을 둘러싼 피고의 불법행위 혹은 계약상 과실을 원인으로 한 금원지급청구로서 그 행위가 사경제적 또는 상업활동적 성질을 가지고 있는 이 사건에 있어 피고는 국내법원의 재판권으로부터 면제되지 아니한다.

(2) 미국의 손해배상책임

피고 공무원들에게는 대한민국 세법 등 관계법령을 검토하지 아니하고 대한민국의 세법상 면세가 된다고 하여 이를 계약 내용의 일부로 포함시켰으며, 계약 이후에도 피고는 적극적으로 원고 경영의 상점이 면세점이라고 광고하는 등의 과실이 인정된다. 이러한 과실로 인한 위법행위로 원고에게 손해를 가하였다 할 것이므로 피고는 이로 인하여 원고가 입은 손해를 배상할 책임이 있다.

 관련판례

주한미군 고용계약 사건(한국 대법원, 1997)

1. 사실관계

원고는, 원고가 피고 국방성산하의 비세출 자금기관인 육군 및 공군교역처(the United States Army and Air Force Exchange Service)의 동두천시 미군 2사단 소재 캠프 케이시(Camp Cacey) 내의 버거킹(Burger King)에서 근무하다가 1992년 11월 8일 정당한 이유 없이 해고되었다고 주장하면서 피고를 상대로 위 해고의 무효확인과 위 해고된 날로부터 원고를 복직시킬 때까지의 임금의 지급을 구하였다. 이에 대해 제1심 법원과 제2심 법원은 피고의 관할권 면제를 인정하여 소를 각하하였다.

2. 대법원 판결요지

(1) 외국에 대한 재판권에 관한 국제관습법

국제관습법에 의하면 국가의 주권적 행위는 다른 국가의 재판권으로부터 면제되는 것이 원칙이라 할 것이나, 국가의 사법적(私法的) 행위까지 다른 국가의 재판권으로부터 면제된다는 것이 오늘날의 국제법이나 국제관례라고 할 수 없다.

따라서 우리나라의 영토 내에서 행하여진 외국의 사법적 행위가 주권적 활동에 속하는 것이거나 이와 밀접한 관련이 있어서 이에 대한 재판권의 행사가 외국의 주권적 활동에 대한 부당한 간섭이 될 우려가 있다는 등의 특별한 사정이 없는 한, 외국의 사법적 행위에 대하여는 당해 국가를 피고로 하여 우리나라의 법원이 재판권을 행사할 수 있다고 할 것이다. 이와 견해를 달리한 대판 1975.5.23, 74마281 결정은 이를 변경하기로 한다.

(2) 원심 법원의 판단 오류

원심으로서는 원고가 근무한 미합중국 산하기관인 '육군 및 공군 교역처'의 임무 및 활동 내용, 원고의 지위 및 담당업무의 내용, 미합중국의 주권적 활동과 원고의 업무의 관련성 정도 등 제반사정을 종합적으로 고려하여 이 사건 고용계약 및 해고행위의 법적 성질 및 주권적 활동과의 관련성 등을 살펴본 다음에 이를 바탕으로 이 사건 고용계약 및 해고행위에 대하여 우리나라의 법원이 재판권을 행사할 수 있는지 여부를 판단하였어야 할 것이다. 그럼에도 불구하고 이 사건 고용계약 및 해고행위의 법적 성질 등을 제대로 살펴보지 아니한 채 그 판시와 같은 이유만으로 재판권이 없다고 단정하여 이 사건 소가 부적법하다고 판단한 원심판결에는 외국에 대한 재판권의 행사에 관한 법리를 오해하고 심리를 다하지 아니한 위법이 있다고 할 것이다. 상고이유 중 이 점을 지적하는 부분은 이유 있다. 그러므로 원심판결을 파기하고, 사건을 다시 심리·판단하게 하기 위하여 원심 법원에 환송하기로 관여 대법관의 의견이 일치되어 주문과 같이 판결한다.

4. 주요 사례

(1) 오스트리아 주재 미국 대사관 소속의 차량이 대사관 우편물을 수송하기 위해 도로를 주행하던 중 개인승용차와 충돌하여 미국 정부가 피해자로부터 제소당한 Collision with Foreign Goverment Owned Motor Car 사건에서 오스트리아 최고재판소는 국가기관이 수행하는 행위 자체만을 보아야 하며 그것의 동기 또는 목적을 보아서는 안 된다고 전제하고, 제한면제론에 따라 미국의 면제를 부인하였다.

(2) 서독 주재 이란 대사관 난방시설 보수공사와 관련하여 독일 회사가 제기한 대금 청구소송인 Empire of Iran 사건에서 서독 연방헌법재판소는 이란 측의 면제 주장을 배척하였다.

(3) 곡물 수입 계약과 관련한 Egytian Delta Rice Mills Co. 대 Comisaria General de Madrid 사건에서 스페인은 주권국가로서 스페인 내의 기근을 완화하기 위해 곡물을 구입하였으므로 면제를 향유한다고 주장하였으나, 이집트 혼합재판소는 스페인이 보통의 상인과 다르지 않은 방법으로 행동하였다고 판결하였다.

(4) Borga 대 Russian Trade Delegation 사건에서 피고는 1924년의 이탈리아 - 소련 간의 조약에 의하여 소련 정부의 일부로서 인정되었지만, 이탈리아 파기원은 피고의 상업적 활동에 대해 제한적 면제이론을 적용하여 면제를 부인하였다.

(5) 1994년 6월 22일 서울 민사지방법원 제15부는 대림기업과 미국 정부 사이의 분쟁을 국내 최초로 제한적 면제이론에 기초하여 해결하였다.

5 UN협약상 면제가 제한되는 소송

1. 상업적 거래(제10조)

(1) 의의

상업적 거래란 '상품 판매 또는 역무제공을 위한 상사계약 또는 거래, 차관 또는 기타 재정적 성격의 거래를 위한 계약 및 그 보증계약, 상업적·무역적 또는 직업적 성격의 기타 계약 또는 거래'를 의미한다[협약 제2조 제1항 제(c)호]. 단, 고용계약은 제외된다.

(2) 면제의 제한요건

첫째, 국가가 외국의 자연인 또는 법인과 상업적 거래에 관여하고, 둘째, 국제사법의 준거규정에 의해 그 상사거래에 관한 다툼이 타국 법원의 관할권 내에 속하는 경우 그 상업적 거래로부터 야기되는 소송에서 타국 국내법원의 관할권으로부터 면제를 원용할 수 없다.

(3) 면제가 인정되는 경우

첫째, 상업적 거래가 국가 간에 이루어지는 경우, 둘째, 상업적 거래의 당사자들이 명시적으로 달리 합의하는 경우이다.

2. 고용계약(제11조)

(1) 의의

국가와 사인 간의 고용계약은 주권적 성격과 사법적 성격을 모두 갖고 있다. 일부 국내재판소들은 고용계약이 국가의 '공적·권력적' 직무수행에 직접 관련되는 경우 면제를 인정하고, 하급직의 경우에는 사적 성격을 갖는 것으로 보고 면제를 부인하였다. UN협약도 이러한 관행을 수용해서 절충적인 규정을 두고 있다.

(2) 면제의 제한요건

고용계약과 관련하여 면제가 인정되지 않는 경우는 고용계약의 이행을 위한 일의 전부 또는 일부가 법정지국가의 영토 내에서 이미 수행되었거나 앞으로 수행되어야 하는 경우에 국한된다. 즉, 계약상의 '일'과 '법정지국가'와의 사이에 영토관련성(territorial connection)이 있어야 한다.

(3) 면제를 원용할 수 있는 경우

① 고용인(employee)이 권력적 권한(governmental authority)의 행사에 있어 특별한 직무를 수행하기 위해 채용된 경우
② 고용인이 외교관, 영사 등인 경우
③ 소송의 주제가 개인의 채용, 고용의 갱신 또는 개인의 복직인 경우
④ 소송의 주제가 개인의 해고 혹은 고용의 종료이고, 고용주 국가의 국가원수, 정부수반 혹은 외무장관이 결정하는 바에 따르면 그와 같은 소송이 그 국가의 안보이익을 해치게 될 경우
⑤ 소송이 제기되는 당시에 고용인이 고용주 국가의 국민인 경우
⑥ 고용주 국가와 고용인이 서면으로 달리 합의한 경우

3. 불법행위(제12조)

(1) 의의

관련 국가 간 달리 합의하지 않는 한, 국가는 사망 또는 신체에 대한 침해 또는 유체재산의 손괴 또는 분실을 이유로 한 금전배상소송에서 권한 있는 타국 재판소의 관할권으로부터 면제를 원용할 수 없다. 이를 불법행위 면제라고 한다. 여기서의 불법행위는 사망, 신체침해 및 유체재산의 침해에 국한되며, 경제적 손실이나 출판물에 의한 손해와 같은 상대적으로 먼 인과관계나 먼 손실에 대한 사인의 청구에까지 확대적용되는 것은 아니다.

(2) 불법행위의 범위

불법행위는 사적 불법행위(private tort)뿐만 아니라 공적 불법행위(non - private tort)도 포함한다. 이는 정치적 암살 또는 기타 국가테러(state terrorism) 등의 범죄에 법정지국이 대처할 수 있기 위해 적용범위를 공적 불법행위에까지 확장한 것이다.

(3) 요건

법정지국이 불법행위에 대해 재판권을 행사하기 위해서는 ① 침해를 야기하는 작위 또는 부작위가 피고국가에게 귀속될 것, ② 작위 또는 부작위가 법정지국의 영토에서 전부 또는 일부 발생했을 것, ③ 불법행위자(tortfeasor)가 행위 당시 법정지국의 영토 내에 존재할 것이 요구된다.

(4) 미국의 관행

미국은 공적 불법행위에 대해서도 면제를 인정하지 않는다. 'Letelier v. The Republic of Chile' 사건에서 정치적 암살과 같은 공적 불법행위에 대해서 칠레 정부의 면제를 인정하지 않았다. 다만, 종래 미국 판례는 일관되게 미국영역 내에서 발생한 불법행위에 대해서만 국가면제를 부인하였으나, 1996년 외국주권면제법 (FSIA)의 제2차 개정으로 엄격한 조건하에서는 미국 밖에서 행해진 일정 불법행위에 대해서도 국가면제를 부인하고 있다. 이를 '국가테러예외'(State - sponsored terrorism exception)라 한다. 단, 엄격한 조건하에서 예외적으로 인정된다. 즉, ① 피고국의 공무원 등이 테러에 직접관여하거나 물질적 지원을 제공할 것, ② 테러로 인해 개인이 신체적 침해를 입거나 사망할 것, ③ 피고국이 테러지원국으로 지명될 것 ④ 청구인이나 피해자가 테러발생 당시 미국 국민일 것, ⑤ 청구인이 피고국에게 중재기회를 부여했을 것 등의 요건이 충족되어야 한다. 국가테러예외에 기초하여 재판권을 행사한 경우 배상금 지급 판결을 강제하기 위한 외국의 상업적 재산에 대한 압류 또는 강제집행도 허용된다.

(5) 군대의 경우

유럽국가면제협약 제31조는 무력충돌이나 동맹국의 주둔 군대와 관련하여 발생하는 문제에 적용되지 않는다고 하여 법정지국 내에서 발생한 군대의 불법행위에 대해서는 면제가 제한되지 않는다. ICJ도 이 점에 대해 동의하였다. ICJ는 UN협약의 경우 유럽협약과 달리 군대의 행위를 조약의 적용범위에서 제외하는 명시적 조항을 담고 있지 않지만, 협약 제12조에 대한 ILC의 입장, UN총회 제6위원회의 입장, 주요국의 입법과 판결을 고려할 때 법정지 내 군대의 불법행위에 대해 면제가 제한되지 않는다고 하였다. ILC는 UN협약 제12조에 대한 주석에서 법정지국 내 불법행위에 대한 면제 제한을 규정한 제12조는 무력충돌과 관련한 상황에는 적용되지 않는다고 하였다.

(6) 판례

① Al - Adsani 사건에서 영국 법원은 아자니(Adsani)에 대한 고문이 영국 밖에서 발생했다는 이유로 쿠웨이트에 대한 면제를 인정했고, 유럽인권법원도 이를 지지하였다.

② 이탈리아 법원은 Ferrini 사건에서 이탈리아 영토 밖에서 발생한 강제징용에 대해 독일의 면제를 제한하였고, 국제사법재판소(ICJ)는 이탈리아의 독일에 대한 면제 부인이 면제에 관한 국제관습법을 위반했다고 판단했다.

③ 미국 법원은 일본군 위안부 피해자가 일본을 상대로 미국에 제기한 소송에서 원고는 강행규범 위반에 대한 면제의 묵시적 포기이론을 주장하였으나 미국은 불법행위가 미국 영토 밖에서 발생했으므로 면제를 인정해야 한다고 판시하였다.

④ 북한에서 <u>고문 피해를 입은 미국인 오토 웜비어의 유족이 북한을 상내로 미국 법원에 제기한 손해배상소송에서 미국 법원은 '국가테러예외'를 적용</u>하여 북한의 면제를 부인하고, 웜비어 측의 승소를 판정하였다.

⑤ **한국법원 판결(일본 재판권 면제 부인/강제집행권 면제 인정)**: 2021년 1월 8일 한국 서울지방법원은 위안부 피해자 12명이 일본 정부를 상대로 낸 손해배상청구 소송에서 <u>이 사건행위는 당시 일본제국에 의해 계획적이고 조직적으로 광범위하게 자행된 반인도적 범죄행위로서 국제 강행규범을 위반한 것이며,</u> 당시 일본제국이 불법점령 중이었던 한반도 내에서 우리 국민인 원고들에 대해 자행된 것으로서, 비록 이 사건 행위가 국가의 주권적 행위라고 할지라도 국가면제를 적용할 수 없고, 예외적으로 대한민국 법원에 피고에 대한 재판권이 있다고 하면서 일본의 국가면제를 부인한 뒤 본안 심리 결과 1인당 1억원씩 배상하라고 판결했다. 다만, 동 법원은 외국재산에 대한 추심 강제집행은 해당 국가의 주권과 권위에 손상을 줄 우려가 있어 신중한 접근이 필요하며 이 사건 소송비용을 강제집행하게 되면 국제법을 위반하는 결과를 초래할 수 있다면서 1월의 판결과 관련하여 소송비용 중 피고(일본)로부터 추심할 수 있는 소송비용은 존재하지 아니한다고 하였다.

⑥ **한국법원 판결(일본 재판권 면제 인정)**: <u>2021년 4월 28일 서울지방법원 민사합의 15부는 1월 같은 법원이 내린 사건과 달리 일본에 대한 재판권 면제를 인정하였다.</u> 다른 위안부 피해자 20명이 일본을 상대로 제기한 손해배상청구 소송에서 기존의 제한면제론이 국제관습법임에도 불구하고 법원이 오로지 대한민국 국내법 질서에 부합하지 아니한다는 이유로 관습법에서 인정하지 않는 새로운 예외를 인정하여 면제를 제한한다면 국제관습법을 위반하게 된다고 하면서 2021년 1월 8일 판결을 비판했다. 결국, 이 재판부는 일본에 대한 면제를 인정하여 사건을 각하하였다.

⑦ **한국법원 판결[일본재산에 대한 강제 집행 인정(면제 제한)]**: 2021년 6월 9일 중앙지법(민사51단독)은 2021년 1월에 승소한 위안부 피해자 12명이 낸 강제집행을 위한 '재산 명시 신청' 사건에서 이를 인용하여 일본 정부에게 재산상태를 명시한 재산목록을 제출하라고 명령하였다.

⚖️ 관련판례

Al - Adsani 사건(유럽인권법원)

유럽인권재판소는 Al - Adsani 사건에서 <u>영국 법원이 Al - Adsani가 제기한 민사소송에서 쿠웨이트의 국가면제를 인정한 것은 유럽인권협약 제6조 제1항에 규정된 소송제기권을 침해하였다는 Al - Adsani의 주장을 국가면제원칙을 적용하여 기각하였다.</u> 동 재판소는 개인의 소송제기권은 절대적인 것이 아니며 제한될 수 있다고 보면서, 그러한 제한은 '적법한 목적'(legitimate aim)을 추구하고 있고 사용된 수단과 달성될 목적에 '비례성'(proportionality)이 있으면 부과될 수 있다고 판시하였다.

동 법원은 이 사건에서 쿠웨이트 정부의 구성원이 행한 고문행위로부터 야기된 민사소송에서 동 법원이 쿠웨이트에게 재판권면제를 부여한 것은 적법한 목적을 추구하기 위한 것으로서 국제법상 '대등한 자는 다른 대등한 자에 대해 통치권을 가지지 않는다'는 국제법 규칙에 근거하고 있다는 점을 강조하였다. 더욱이 현행 국제법은 아직 외국의 영역 내에서 행해진 고문과 관련한 소송에서 민사재판권 면제를 박탈하는 것을 허용하고 있다고 주장할 수 없으므로 재판권 면제의 부여는 달성될 목적에 비례한다고 보았다.

 관련판례

국가면제 사건(ICJ, 2012)

1. 사실관계

(1) 본 사건은 제2차 세계대전 당시에 이탈리아를 점령하고 있던 나치 독일의 행위에 대하여 당시의 이탈리아인 피해자들이 제기한 이탈리아 국내법원에서의 소송 및 유사한 사실관계하에서 그리스에서 발생한 소송에서 그리스 법원이 내린 판결을 이탈리아 법원이 집행판결을 부여한 사건 등과 관련하여 발생하였다. 독일과 동맹 관계에 있던 이탈리아에서 무솔리니가 실각하고 독일과 동맹관계를 종료한 1943년 9월 이후 독일 점령하에서 발생한 피해에 대하여 피해자들이 금전적인 보상을 이탈리아 법원에 제기하였다.

(2) 이러한 일련의 소송에 대해 이탈리아 법원은 이탈리아에 소재한 독일의 부동산에 대해 압류처분을 하였고, 독일에 대해 관할권 면제를 부인하고 이탈리아 법원의 관할권이 있다고 판단하였다.

(3) 독일은 이러한 이탈리아 법원의 태도는 국가면제와 관련한 국제법 규범에 반한다는 의사를 이탈리아 정부에 반복적으로 전달하였으나 아무런 해결이 되지 않자 ICJ에 이탈리아를 제소하였다.

2. 당사국 주장

(1) 독일

독일은 제2차 세계대전 중인 1943년 9월부터 1945년 5월까지 독일 제국에 의하여 자행된 국제인도법 위반을 근거로 독일에게 제기된 민사청구를 이탈리아 법원이 허용함으로써 이탈리아는 국제법상 독일이 향유하는 관할권 면제를 존중할 국제법상의 의무를 위반하였고, 독일 정부가 비상업적 용도로 사용하는 국가재산에 대한 강제집행을 허용함으로써 독일의 집행권으로부터의 면제를 침해하였으며, 이탈리아에서 발생한 사례들과 유사한 사례와 관련하여 내려진 그리스 판결들을 이탈리아에서 집행판결을 부여함으로써 또한 독일의 관할권 면제를 침해하였다고 주장하였다.

(2) 이탈리아

이탈리아는 독일에 대해 국가면제가 배제되어야 한다고 주장하였다. 이탈리아는 무력 충돌시 적용되는 국제법 원칙을 심각하게 위반하는 것은 전쟁범죄 및 반인도적 범죄에 해당하는 것이며, 이러한 행위로 위반한 규범은 국제법상 강행규범으로 인정되는 것이고, 이탈리아 법원에서 소송을 제기한 원고는 여타의 모든 구제방법으로부터 배제되었기 때문에 이탈리아 법원이 제공하는 구제책이 마지막 구제수단이므로 이러한 행위에 대해서는 국가면제가 배제되어 법정지 법원이 타국에 대하여 관할권을 행사할 수 있다고 반박하였다.

3. ICJ 판결

(1) 강행규범 위반행위에 대해 국가면제를 부인하는 관습법의 성립 여부

① ICJ는 국제인권법이나 무력충돌에 관한 국제규범을 심각하게 위반한 경우 국가 면제를 부정하는 국제관습법이 성립하였는지에 대해 소극적으로 판단하였다. ICJ는 이탈리아 국내법원의 경우를 제외하고는 그러한 국가 실행을 찾아볼 수 없다고 하였다. 그리스는 Voiotia 사건에서는 이탈리아와 유사한 입장을 취했으나 2년 후 Margellos 사건에서는 특별최고재판소가 입장을 변경하였다. 캐나다, 프랑스, 슬로베니아, 뉴질랜드, 폴란드, 영국도 유사한 사례에서 국가면제를 인정하였음을 확인하였다.

② 또한 국가면제와 관련한 국제문서인 1972년 국가면제에 관한 유럽협정, 2004년 UN 관할권면제 협정 및 미주기구의 미주간 관할권 위원회에 의하여 작성된 1983년 국가의 관할권 면제에 관한 미주간협정 초안도 강행규범적 성질을 갖는 규범의 심각한 위반 행위에 대하여 국가면제를 배제하는 규정을 가지지 않는다는 점도 확인하였다.

③ ICJ는 이러한 점을 고려하여 국가기관인 자연인이 형사소송에서 면제권을 향유하는지, 향유한다면 어느 정도까지 향유하는지의 문제와는 별론으로 국제인권법이나 무력충돌과 관련한 국제법의 심각한 위반이 있었다는 사실이 국가에게 부여되는 민사소송에 있어서의 관할권 면제를 박탈하지 않는 것이 현재의 국제관습법이라고 확인하였다.

(2) 강행규범과 국가면제와 관련한 국제법의 충돌문제

① 이와 관련하여 이탈리아는 강행규범에 반하는 조약과 관습법은 강행규범의 하위효력을 가지므로 충돌시 조약이나 관습의 효력이 부인되듯이 강행규범으로서의 성질을 가지지 않은 국제관습법으로서의 국가면제와 관련한 규범은 강행규범의 내용에 양보하여야 한다고 주장하였다.

② 이에 대해 ICJ는 점령지에서의 민간인 살해나 강제이주 및 강제노역에 종사하도록 하는 것이 강행규범에 위반되는 것이기는 하나, 그것이 국가면제의 규범과 직접 충돌하는 것은 아니라고 판단하였다. 국가면제 규범은 한 국가의 법원이 타국가에 대하여 관할권을 행사할 수 있는지 여부에 대하여 규율하는 성질상 절차적인 규범으로 절차 개시의 원인이 된 행위의 적법성 여부에 대해서는 관심을 기울이지 않기 때문에 양 규범은 서로 다른 문제를 규율하는 규범이라고 하였다. 또한, ICJ는 강행규범 위반행위에 대해 국가면제를 인정한다고 해서 강행규범 위반에 의하여 야기된 상황을 적법한 것이라고 인정하거나 그러한 상황을 유지하는 데 지원하는 것도 아니므로 국가책임법 초안 제41조를 위반하는 것도 아니라고 하였다. 결국, ICJ는 강행규범 위반이 연계되어 있더라도 국가면제에 관한 국제관습법의 적용은 영향을 받지 않는다고 결론지었다.

(3) 피해자들의 최후 구제책이 국내소송이므로 국가면제를 부인해야 하는가?

이와 관련하여 ICJ는 이탈리아인 피해자에 대한 독일의 배상 규정의 흠결이 관할권 면제를 박탈할 사유가 될 수 없으며, 구제를 확보할 수 있는 실효적인 대체수단이 존재하는가의 문제는 관할권 면제 인정 여부에 관한 문제에 영향을 주지 않는다고 판단하고, 그러한 문제는 국가 간에 포괄적인 배상에 의해 해결할 수도 있다고 하였다.

4. 재산의 소유·점유 및 사용(제13조)

국가는 달리 합의하지 않는 한 ① 법정지국에 소재하는 부동산에 대한 권리 등에 관한 소송, ② 상속이나 증여 등에 의해 파생되는 동산 또는 부동산에 대한 권리나 이익에 관한 소송 등에서는 면제를 원용할 수 없다.

5. 지적·산업재산권(제14조)

국가는 법정지국가에서 법적 보호조치를 향유하는 특허, 산업디자인, 상호 또는 기업명, 저작권 등의 지적 또는 산업재산의 권리의 결정에 관한 소송 등에서 국가면제를 원용할 수 없다.

6. 회사 또는 기타 단체에의 참여(제15조)

국가는 타국의 국내법에 의거하여 설립되었거나 또는 타국에 소재지 또는 주된 영업소를 갖고 있는 회사 또는 기타 집단적 단체에의 참여에 관련한 소송에서 타국 법원 관할권으로부터 면제를 원용할 수 없다.

7. 국가가 소유 또는 운영하는 선박(제16조)

(1) 면제가 제한되는 경우

소의 원인이 발생한 당시에 어떤 선박이 권력적·비상업적 목적 이외의 목적을 위하여 사용된 경우, 당해 선박을 소유하거나 운영하고 있는 국가는 그 선박의 운영에 관련한 소송에서 권한 있는 타국 법원의 관할권으로부터의 면제를 원용할 수 없다. 또한, 소의 원인이 발생한 당시 어떤 선박이 권력적·비상업적 목적 이외의 목적을 위하여 사용된 경우, 국가가 소유하거나 운영하는 선박에 적재된 화물의 운송에 관련한 소송에서 타국 재판소 관할권으로부터의 면제를 원용할 수 없다.

(2) 면제가 인정되는 경우

첫째, 군함과 해군보조함에 대해서는 면제를 원용할 수 있다. 둘째, 국가가 소유하거나 운영하는 기타 선박으로서 오로지 권력적·비상업적 역무에만 사용되는 경우에도 면제를 원용할 수 있다. 셋째, 군함, 해군보조함 또는 오로지 권력적·비상업적 역무에만 사용되는 선박에 적재되어 수송되는 화물은 면제를 원용할 수 있으며, 또한 국가가 소유하는 화물 중에서 오로지 권력적·비상업적 목적을 위해 사용되거나 사용될 의도인 화물도 면제를 원용할 수 있다.

8. 중재합의(제17조)

국가가 상업적 거래에 관련한 분쟁을 중재에 부탁하기로 외국의 자연인 또는 법인과 합의한 경우 ① 중재합의의 유효성 또는 해석, ② 중재절차, ③ 중재판정의 확인 또는 는 폐기에 관련한 소송에서 타국 법원의 관할권으로부터의 면제를 원용할 수 없다.

6 집행관할권의 면제

1. 의의

집행관할권의 면제란 국가가 그 영역 내에 존재하는 외국 재산에 대해 강제집행권의 행사를 자제하는 것을 말한다. 국가에 대한 소송에 대해 관할권을 행사하고 원고인 사인의 승소판결을 내린 경우 비록 법정지국 내에 피고인 외국의 재산이 존재한다 하더라도 그 재산이 당해 외국의 주권행사와 관련되는 경우 이에 대한 강제집행이 면제되는 것이다.

2. 재판관할권 면제와의 관계

외국 재산에 대한 강제집행권은 재판관할권 행사의 경우보다 더 심각한 주권침해가 야기될 수 있다는 점에서 강제집행권의 면제는 재판관할권의 면제와 독립적으로 다루어지고 있다. 즉, 외국의 행위에 대해 재판관할권이 행사된다는 것이 곧 외국의 재산에 대한 강제집행을 가능하게 하지는 않으며, 국가영역 내에서 행해진 외국의 행위에 대해 재판관할권이 행사된 후에도 당해 외국의 재산은 그 자체로서 별도의 독립된 면제를 향유한다.

3. 면제의 판정기준

집행권 면제에 있어서도 제한적 면제론이 인정된다. 즉, 법정지국의 영역 내에 있는 외국 재산 중 강제집행권의 면제대상이 되는 것은 모든 외국 재산이 아니라 '주권행사와 관련 있는 재산'에 한정된다. 면제 인정 여부를 판정하는 기준은 재산의 소유주와 그 재산의 성격이다.

4. UN협약상 면제의 제한

(1) 재판 후 강제조치(제19조)

국가재산에 대한 압류, 나포, 강제집행은 원칙적으로 금지되고, 세 가지 경우에만 예외적으로 인정된다. ① 국가가 국제협정, 중재합의, 서면통고 등을 통해 명시적으로 동의한 경우, ② 국가가 소송의 객체인 청구의 만족을 위해 재산을 할당해 둔 경우, ③ 어떤 재산이 국가에 의해 권력적·비상업적 목적 이외의 목적을 위해 사용되고, 법정지국가의 영토 내에 있으며, 소송의 대상이 된 실체와 관련이 있는 경우이다. ③과 관련하여 미국 FSIA의 경우에는 재산과 피고기관 사이에 관련성을 요구하지 않는 경우도 있다. 국가테러예외의 경우 법정지 영토 밖에서 발생한 사건에 대해 면제를 제한하면서 관련조항에 의거하여 내려진 배상금 지급 판결을 강제하기 위한 외국의 상업적 재산에 대한 압류 또는 강제집행을 허용한다.

(2) 재판 전 강제조치(제18조)

압류, 나포와 같은 재판 전 강제조치의 경우 제19조와 달리 제19조의 제(c)호 규정을 담고 있지 않다는 점이 다를 뿐이다.

5. 특별범주에 속하는 면제대상 재산

협약 제21조 제1항은 강제집행의 면제 제한에서 배제되는 특별범주의 재산을 규정하고 있다. 즉, 다음의 재산들은 제19조 제1항 제(c)호에서 말하는 '권력적·비상업적 목적 이외의 목적을 위하여 사용되고 있거나 사용될 재산'으로 간주되어서는 안 된다. ① 외국의 외교사절단, 영사관, 특별사절단 등이 직무수행에 있어 사용되고 있거나 사용될 재산, ② 성격상 군사적이거나 군사적 직무수행에 있어 사용되고 있거나 사용될 예정인 재산, ③ 외국의 중앙은행 또는 기타 그 국가의 화폐당국의 재산 등. 단, 이러한 재산도 당해 국가가 명시적으로 동의하거나 소송의 만족을 위해 특별히 할당해둔 경우 압류 또는 강제집행이 가능하다.

7 면제의 포기

1. 의의

국가면제는 외국 정부의 동의가 있더라도 침해할 수 없는 일반국제법의 강행규범은 아니기 때문에 국내재판권 행사에 복종하겠다는 외국의 동의가 존재하는 경우 국내재판소는 재판권을 행사할 수 있다. 이러한 동의 표시를 면제의 포기(waiver)라 한다. 제한적 주권면제론에 따르더라도 주권면제가 제한되지 아니하는 소송물에 관한 경우 국가의 동의 표시가 없는 한 결코 재판권을 행사할 수 없으므로 중요한 의미를 갖는다.

2. 포기의 의사표시 방법

(1) 명시적 포기

국가가 외국 법정에서 피고로서 재판을 받겠다는 의사를 명시적으로 표시하는 것을 명시적 포기라 한다. 명시적 포기방법으로는 국제협정, 서면계약, 재판정에서의 선언, 재판소에의 서면전달 등이 있다. 한편, 타국 법의 적용에 대한 국가의 동의가 타국 법정에 의한 관할권 행사에 대한 동의로 간주될 수 없다(UN협약 제7조 제2항).

(2) 묵시적 포기

국제관습법은 묵시적 포기의 형태에 대해 특별한 제약을 가하고 있지는 않다. 다음과 같은 경우 묵시적 포기로 인정된다.
① 외국이 원고로서 소를 제기하는 경우, ② 외국이 '당사자'의 자격으로 소송참가한 경우 등. 즉, 외국 정부가 자진하여 피고로서 출두하여 소송상의 공격·방어행위를 한다면 면제의 묵시적 포기로 간주된다. 타국 법정에서의 소송을 제기한 국가는 그 주된 청구와 동일한 법적 관계 또는 사실로부터 제기되는 여하한 반소(反訴)와 관련하여 그 법정의 관할권으로부터의 면제를 주장할 수 없다. 또한 타국 법정에서 자기를 상대로 제기된 소송에서 반소를 제기한 국가는 그 주된 청구와 관련하여 그 법정의 관할권으로부터의 면제를 주장할 수 없다. 단, 증인의 자격으로 재판정에 출두하거나, 피고 국가가 재판정에 전혀 모습을 나타내지

않는 것은 면제의 묵시적 포기로 간주되지 않는다. 또한 면제를 주장하거나 소송에서 문제되는 재산과 관련한 권리 또는 이익을 주장할 목적으로 소송에 참가하거나 여타의 행동을 취하는 것은 묵시적 포기로 간주되지 않는다.

3. 포기의 효과

면제의 포기가 있는 경우 법정지국 법원은 국가에 대한 소송에 대한 관할권을 행사할 수 있다. 제1심에서의 면제포기의 효과는 당해 사건의 최종 상소심에까지 미친다. 따라서 외국이 원고로서 제소하여 1심에서 승소한 경우, 피고가 제기하는 상소에 대하여 면제를 주장할 수 없다. 한편, 재판관할권의 면제에 대한 포기는 집행관할권의 면제에 대한 포기를 포함하지 않으므로, 집행권을 행사하기 위해서는 외국의 별도의 포기를 요한다.

8 소송관련 부수적 문제: UN국가면제협약

1. 소환장 송달

소환장 송달은 피고국과 법정지국 간 구속력 있는 국제협정에 따르거나 청구인과 피고국 간 송달을 위한 특별약정에 따라 행해져야 한다. 협정이나 약정이 없는 경우 외교채널을 통해 피고국 외무부로 문서를 송부하거나 피고국이 수락하는 다른 방법에 의해야 한다.

2. 결석판결

결석판결이 인정되나 다음 요건을 모두 충족해야 한다.
첫째, 소환장송달에 관한 요건이 준수되었을 것.
둘째, 소송을 제기하는 영장 또는 기타 문서의 송달이 이루어졌거나 이루어 진 것으로 간주되는 일자로부터 적어도 4개월이 경과하였을 것.
셋째, UN협약의 규정에 의하여 재소의 관할권 행사가 방해받는 경우가 아닐 것.
결석 판결의 사본은 필요하면 피고국의 공용어로 된 번역본을 첨부하여 송부한다. 결석판결의 파기신청을 위한 시한은 적어도 4개월 이상이어야 하며, 피고국이 판결 사본을 수령하였거나 수령한 것으로 간주된 일자로부터 진행하기 시작한다.

3. 재판 심리 중의 특권과 면제

특정한 행동을 하거나 또는 하지 못하도록 하는 재판소의 명령에 피고국이 따르지 않더라도 벌금 등을 부과할 수 없다. 또한, 법정지국 재판소는 피고 외국정부에 대해 소송비용의 납부를 보장받기 위해 담보를 제공하도록 요구할 수 없다.

제3절 | 국가행위이론

1 의의

1. 개념

타국이 제정한 법령이나 타국 영역 내에서 행한 공적 행위에 관하여 일국의 국내법원이 그 법적 유효성을 판단해서는 안 된다는 이론이다. 국가행위이론은 영토관할권의 배타성에 기초한다. 주권국가는 자국 영역 내에서 배타적 관할권을 행사하므로 자국이 제정한 국내 법령이나 자국 영역 내에서 행한 공적 행위는 국제법에 위반되지 않는 한 타국 법원에서 그 유효성을 심리할 수 없다.

2. 제도적 취지

국가행위이론은 사법부와 행정부 간의 권력분립관계에 따라 생성·발전한 원칙으로 사법부가 외국 정부행위의 합법성을 심리함으로써 외교정책 수행상 지장을 주고 당해 외국과의 관계를 악화시키는 것을 방지하기 위하여 외국 정부행위를 사법부의 심리대상에서 제외하도록 하는데 목적이 있다.

3. 연혁

국가행위이론은 미국 법원의 판결을 통해 발전되었다. 1897년 '언더힐 대 헤르난데즈 사건'에서 미국 연방대법원은 국가행위이론을 근거로 재판을 거절하였다. 1918년 '윗젠 대 센트럴피혁회사 사건'에서 연방대법원은 다른 주권국가의 행위는 정치적 행위이므로 정치적 문제(political question)는 행정부나 입법부가 처리한 문제라 선언하고 재판을 거절하였다. 법원은 국가행위이론은 국제예양에 기초한 이론이라고 하였다.

 관련판례

언더힐(Underhill) 대 헤르난데즈(Hernandez) 사건(미국 대법원, 1897)

1. 사실관계

1892년 베네수엘라에서 혁명이 발생하였다. 혁명군은 Crespo에 의해 지도되었고, Hernandez 장군은 Crespo 휘하의 군지도자였다. Crespo는 혁명에 성공하였고, 미국은 Crespo 정부를 합법적 정부로 승인하였다. 혁명과정에서 Hernandez는 Bolivar시를 점령하고 통치권을 행사하였다. Underhill은 베네수엘라 정부와 계약을 체결하여 Bolivar시의 수도 배수공사를 맡고 있었다. Underhill은 Hernandez가 Bolivar에 입성한 이후 도시를 떠나기 위해 여권 발급을 신청하였으나 거절되었다가 상당기간 후에 발급되었다. Underhill은 Hernandez의 여권 발급 거부행위로 인한 손해, 자택거주제한조치, Hernandez 부하직원들에 의한 폭행과 고문을 이유로 소송을 미국 법원에 제기하였다. 소송 제기 당시 Hernandez는 실각하여 미국에 망명해 있었다.

2. 법적 쟁점

전직 국가원수를 상대로 하는 소송에서 국가기관의 면제가 인정되는가?

3. 판결요지

미국 법원은 피고의 행동에 대해 미국이 판단할 권한을 가지고 있지 않다고 판시하였다. 모든 주권국가들은 상호간에 상대방의 독립성을 존중할 의무를 갖고 있으며, 법원은 상대방 국가가 그 영토 내에서 행한 일에 대하여 판단하지 않을 의무를 진다고 판단하였기 때문이다.

4. 법적 성질

국가면제의 법리와 달리 국가행위이론은 오늘날 국제법상 확립된 원칙이 아니라는 것이 다수의 견해이다. 즉, 국가의 국내법적 관행일 뿐 국제법은 아니라는 것이다. 따라서 국내 법원이 타국의 정치문제에 대해서 '의무적 자제'를 해야 하는 것이 아니며 자국의 국내법이나 국내관행에 따라 '임의적 자제'를 하는 것에 불과하다. 국제예양상의 원칙이라 할 수 있다.

2 각국의 관행

1. 미국

미국의 국가행위이론은 법원의 사법적 자제(judicial restraint)에 기초하고 있다. 미국 연방대법원은 1964년 '사바티노 사건'의 판결에서 자제원칙을 선언하였다. 또한 국가행위이론은 국제예양과 행정부·사법부 간의 권력분립의 고려에 기초하여 타국의 외교관계상의 정책수행을 방해하지 아니하려는데 그 목적이 있다.

 관련판례

사바티노 사건(미국 연방대법원, 1964)

1. 사실관계

1959년 쿠바에서 혁명이 발생하여 Fidel Castro가 이끄는 반란군이 정권장악에 성공하였다. 카스트로는 정권장악 이후 미국인 소유의 설탕회사에 대해 국유화조치를 단행하였다. 이는 미국의 설탕 수입쿼터 축소에 대한 보복조치적 성격을 띠었다. 동 조치는 미국계 기업을 상대로 행해졌고 충분한 보상조치도 주어지지 않았다. Farr and Whitlock은 설탕제조회사인 CAV사와 설탕매매계약을 체결하였다. 계약체결시점은 CAV사에 대한 국유화가 단행되기 전이었고, 국유화가 단행된 이후 Farr사는 다시 CAV의 새로운 소유주인 쿠바국영회사와 구매계약을 체결하였으나, 대금은 CAV사의 미국 내 파산관재인인 Sabbatino에게 지급하였다. 쿠바국립은행은 Farr사와 Sabbatino를 상대로 대금인도청구소송을 뉴욕법원에 제기하였다.

2. 법적 쟁점

(1) 국제법에 위반되는 국유화조치의 유효성을 인정할 것인가?

(2) 미국 국내법상의 '국가행위이론'을 동 사건에 적용할 것인가?

3. 판결요지

(1) 지방법원

국가행위이론은 당해 국가의 행위가 국제법 위반인 경우에는 적용되지 않는다. 쿠바의 국유화령은 미국의 쿠바 설탕 수입쿼터 축소에 대한 보복으로 공공목적을 갖지 않으며, 미국민만을 차별적으로 대우하며 충분한 보상을 규정하지 않았기 때문에 명백한 국제법 위반이고 따라서 미국 법원으로서는 쿠바의 국유화 법령의 효력을 인정할 수 없다. 따라서 원고의 청구는 이유없다.

(2) 고등법원

두 가지 이유로 원고의 청구를 기각하였다. 첫째, 쿠바의 국유화는 국제법에 위반되므로 국제법에 위반된 타국의 조치에 대해서는 국가행위이론을 적용하지 않는다. 둘째, 국가행위이론은 미국 법원이 적용해 온 국제사법규칙의 하나로서 법원의 판결이 행정부의 대외관계의 행동을 방해해서는 안 된다는 고려에 기초하고 있다. 그런데 국무성은 법원이 판결을 내리는 것에 반대하지 않는다는 의사를 분명히 하고 있기 때문에 국가행위이론은 적용되지 않는다. 따라서 국가행위이론을 적용하지 않는다. 쿠바의 국유화는 국제법에 위반되므로 국유화의 유효성을 인정할 수 없으므로 원고의 청구는 이유없다.

(3) 대법원

대법원은 국가행위이론을 적용하여 쿠바 국유화조치의 유효성을 심사하지 않았다. 이는 곧 쿠바의 조치의 유효성을 승인함을 의미하며, 따라서 원고의 청구는 인용되었다. 대법원이 국가행위이론을 적용한 것은 세 가지 이유 때문이다. 첫째, 국가행위이론이 헌법에 명문규정을 두고 있지 않으나, 삼권분립의 정신을 반영한 것이므로 헌법적 근거를 갖고 있다. 둘째, 국유화에 관한 전통적인 국제법규는 현재 공산주의 국가나 신생국가들에 의해 의문이 제기되고 있어 이러한 문제에 대해서 미국 법원이 판단을 내리는 것은 곤란하다. 셋째, 국유화로 인한 손해의 구제방법은 외교적 교섭에 의하는 편이 유리하다. 법원이 일방적 판결을 내리는 경우 행정부의 외교교섭을 방해할 가능성이 있다. 고등법원이 원용한 국무성 관리의 서한은 행정부가 동 사건에 대한 논평을 거부한 것으로 해석해야 한다.

(4) 파기환송심

파기환송심 판결이 내려지기 전에 미국의회는 제2차 Hickenlooper 수정(Sabbatino Amendment)법을 제정하여 국제법에 위반한 국유화조치에 대해서는 국가행위이론의 적용을 배제하였다. 연방지방재판소로 반송된 Sabbatino판결은 동법에 의해 파기되고, 원고의 소송은 최종적으로 기각되었다.

2. 영국

영국은 1921년 '루터 대 사고르 사건'이나 1929년 '퓰리 올가공주 대 와이츠 사건'에서 확립되었다. 단, 영국은 타국의 국가행위가 국제법을 명백히 위반한 때에는 국가행위이론을 적용하지 않는다.

3. 대륙법계 유럽국가

프랑스 · 독일 · 이탈리아 등 대륙법계 유럽국가들은 국가행위이론의 전통이 없다. 이들은 타국의 법령이나 공적 행위를 국제법이 아닌 국내법적 차원에서 다루며 외국 법령이라도 국내법에 위배되면 그 효력을 부정한다.

3 적용범위

미국 연방대법원은 어떤 종류의 행위가 국가행위에 해당하는가에 관한 일반적 규칙을 설정하지 않고 사건별 접근방법을 취하고 있어 국가행위이론의 적용범위가 명확하지 않다. 판례에 따라 국가행위이론의 적용범위를 검토한다.

1. 주권행사를 표현하는 행위

외국 정부의 법률·명령 또는 결정이나 조치 등이 포함된다. 적극적 행위뿐 아니라 소극적 행위도 포함된다.

2. 외국의 자국 영역 내에서의 행위

외국 정부의 자국 영역 내에서의 행위에 적용된다. 이는 국가행위이론은 외국 정부가 자국 영역 내에서 행한 행위의 적법성을 심리하지 않음으로써 행정부의 외교정책 수행에 대한 방해를 방지하는 것을 목적으로 하기 때문이다.

3. 외국인 투자자에게 영향을 주는 행위

법원은 외국인 투자자에게 영향을 주는 외국 정부의 행위의 적법성에 대해 심리하지 않는다. 법원은 국가행위이론의 적용 여부를 결정하기 위해 외국 정부의 주권적 역할을 평가하고 당해 국가행위의 성질 및 영향도를 분석해야 한다. 외국 정부의 관련 정도가 아주 경미한 경우에는 국가행위이론이 적용되지 않는다.

4. 성질상 공법적 행위

외국 정부가 행한 공법적 행위가 법원의 심리대상에서 제외된다. 다만, 제한적 국가행위이론의 법리의 적용에 따라 외국 정부가 상인자격에서 행하는 행위는 국가행위이론이 확대 적용되지 않는 경향이 있다.

4 제한

1. 번스타인 예외(Bernstein Exception)

'번스타인 예외'란 행정부가 국가행위이론을 적용하지 않을 것을 요청해 오는 경우 이를 적용하지 않는 것을 말한다. 나치 정부가 원고의 해운회사 소유권을 강탈하여 제3자에게 양도한 1947년 'Bernstein 대 Van Heyghen Freres 사건'에서 미 국무부는 나치 정부의 강압적 행위에 대해서는 국가행위이론을 적용하는 것이 요구되지 않는다는 답변서를 보냈고 법원은 이에 따라 국가행위이론을 적용하지 않았다.

번스타인 사건(미국 연방대법원, 1947)

1. 사실관계

원고인 번스타인(Bernstein)은 유태인으로서 나치 정부로부터 해운회사 소유권을 박탈당했고, 이 소유권은 벨기에 회사인 피고에게 양도되었다. 1947년 번스타인은 뉴욕 지방법원에 피고를 상대로 소송을 제기하였다. 동 사건에서 뉴욕 지방법원과 항소법원은 원고의 청구를 기각하였다. 1949년 미국 국무부는 나치 정부의 강압행위에 대해서는 국가행위이론을 적용하는 것이 요구되지 않는다는 취지의 의견을 표명하였다. 번스타인은 자신의 선박을 구입한 네덜란드 회사를 상대로 새로운 소송을 제기하였다.

2. 법적 쟁점

(1) 나치 정부의 행위의 유효성을 미국 법원이 심사할 수 있는가?
(2) 행정부의 의견표명으로 국가행위이론을 배제할 수 있는가?

3. 판결요지

(1) 벨기에 회사를 상대로 한 소송

번스타인이 벨기에 회사를 상대로 한 소송에서 지방법원과 항소법원은 모두 국가행위이론을 적용하여 나치 정부 행위의 유효성을 심사하지 아니하였다. 이에 따라 원고는 패소하였다.

(2) 네덜란드 회사를 상대로 한 소송

번스타인이 패소한 이후 번스타인의 변호사는 항소법원의 의견에 따라 미 국무부에 국가행위이론의 적용 여부를 질의하였고, 국무부는 답변서에서 나치 정부의 강압적 행위에 대해서는 국가행위이론의 적용이 요구되지 않는다고 하였다. 이에 따라 법원은 국가행위이론을 적용하지 않고, 나치 정부 행위의 유효성을 심사하였다.

2. Sabbatino Amendment(사바티노 수정법)

국제법에 위반된 국유화로 인해 발생한 1964년 'Banco Nacional de Cuba 대 Sabbatino 사건'에서 연방대법원이 국가행위이론을 적용하자 미국 의회는 대외원조법을 개정하여 국제법의 제원칙에 위반된 외국 정부의 수용행위에 대해서는 국가행위이론을 적용하여 재판을 거절해서는 안 된다고 규정하였다(제2차 Hickenlooper 수정, Sabbatino Amendment). 동 법의 적용범위에 있어서 국가행위이론이 적용되지 않는 소송이 미국인이 해외에서 몰수당한 재산이나 그 수익이 '미국 내에 있게 된 경우'에만 국한되는 것인지 논란이 일자, 미국 의회는 1996년 'Helms - Burton Act 의 Title Ⅲ'를 통해 명시적으로 적용범위를 확장하였다. 즉, 거래가 미국 밖에서 이뤄지고 문제의 재산이나 수익이 미국 내에 있지 아니한 경우에도 국가행위이론이 적용되지 않게 되었다.

3. 제한적 국가행위이론

제한적 국가면제이론과 같은 맥락에서 외국 정부가 그 영토 내에서 행한 행위라 할지라도 그것이 상업적·사적 행위에 해당하는 경우 국가행위이론을 적용하지 않는다. 1976년 'Alfred Dunhill of London v. Republic of Cuba 사건'에서 미연방대법원은 착오로 지급받은 돈의 반환을 거부하는 외국 정부의 상업적 기관의 행위는 사법심사가 가능하다고 판시하였다.

5 국가행위이론과 국가면제론의 비교

1. 제도적 취지

국가행위이론은 미국 국내법상 삼권분립의 원칙에서 파생된 이론으로서 법원의 사법적 자제를 통해 행정부의 기능 수행에 장애를 초래하지 않기 위해 고안된 제도이다. 반면, 국가면제론은 국제법상 주권평등의 원칙으로부터 파생된 법리로서 타국의 주권을 존중하기 위한 목적을 갖는다. 다만, 양자 모두 평온한 국제관계 유지를 목적으로 한다는 점에서는 동일하다.

2. 소송절차에서의 기능

국가행위이론은 '실체적 항변(Substantive defense)'으로서 소송의 본안(merits)에서 제기되는 항변인 반면, 국가면제론은 소송이 본안심리에 들어가는 것을 막기 위해 제기하는 '재판관할권적 항변(jurisdictional defense)'의 기능을 한다.

3. 적용범위

국가행위이론은 당사자가 누구인가를 불문하기 때문에 소송이 사인 상호 간에 제기되든, 사인과 외국 정부 간에 제기되든 또는 미국 정부가 미국 시민을 상대로 하는 소송이든 상관없이 원용될 수 있다. 국가면제론은 소송의 한쪽 당사자가 '국가' 또는 '국가기관'인 경우에 적용된다.

제4절 | 국제기구의 특권과 면제

1 의의

국제기구의 특권과 면제란 국제기구 또는 국제기구 소속 공무원이 회원국 또는 제3국의 재판관할권으로부터 또는 그 재산이 법정지국의 강제집행권으로부터 면제되는 것을 의미한다. 국제기구의 특권과 면제는 설립조약 또는 별개의 특별협정을 통해 인정되고 있다.

2 국제기구의 특권과 면제에 대한 일반론

1. 연원

국제기구가 국제법의 주체로 등장한 것은 비교적 최근 현상이기 때문에 국제기구의 면제에 관한 관습법규를 거론하기는 어렵다. 이 문제는 대체로 국제기구의 설립조약이나 별도 이행조약에 의해 규율된다. 따라서 국제기구가 비회원국에 대해 면제를 권리로서 주장하기는 어렵다.

2. 국적국으로부터의 면제

국제기구에 고용된 공무원은 출신국가의 이익을 대변하는 자들이 아니라 소속기구에 대해 충성의무를 지고 국제적 임무를 수행하는 자들이다. 따라서 국적국가에 대해서도 면제를 주장할 수 있다.

3. 면제의 범위

국제기구의 면제에서는 국가면제에서 인정되는 권력적 행위와 비권력적 행위의 구분이 면제범위를 결정함에 있어서 직접적인 관련성은 거의 없다. 국제기구의 면제의 범위를 결정하는 기준은 '문제가 되는 행위가 조약에서 부여받은 직무를 수행하기 위한 것인가'이다. 어떤 활동이 기구 설립조약상의 직무를 수행하기 위한 것이라면 면제가 인정되나 기구의 목적과 직무에서 벗어난 경우 면제를 인정받지 못한다.

기구의 영리활동의 경우 어느 범위까지 그 직무의 범위 내의 것으로서 조세를 부과하거나 상업적 활동을 규제할 소재지국의 관할권 행사로부터 면제되는지는 명확하지 않다. 'European Molecular Biology Laboratory 대 Germany 사건'에서 중재재판소는 면제의 범위를 확정함에 있어서 무엇보다 활동의 '목적'이 중요하다고 하였다. 이러한 관점에서 카페테리아의 운영과 방문객의 수용을 포함한 과학회의의 조직은 적어도 영리지향적이 아닌 범위 내에서는 목적에 부수되는 것으로 간주된다고 판시하였다.

4. 국제기구 공무원과 국제기구 상호 간 소송에서 면제의 문제

국제기구 소속 공무원이 고용주인 국제기구를 상대로 소재지 국가의 재판소에 고용관련 소송을 제기하는 경우 당해 기구는 면제를 향유하는가? 유럽인권재판소는 'Beer and Regan 대 Germany 사건'에서 독일이 유럽우주국(European Space Agency)에 대해 면제를 인정한 것이 유럽인권협약을 위반한 것은 아니라고 판시하였다. 유럽인권재판소는 국제기구에게 면제를 부여하는 것이 유럽인권협약하에서 허용될 수 있는지를 결정함에 있어서 중요한 요소는 개인들이 협약하의 자신들의 권리를 보호하는데 '합리적인 대체수단'을 가지고 있는지 여부라고 하였다.

3 UN의 특권과 면제에 관한 협약

1. 면제의 범위

UN과 UN재산은 모든 소송으로부터 면제된다. 즉, UN과 UN재산에 대해서는 절대적 면제가 부여되며 제한적 면제론은 적용되지 않는다. UN은 직접세와 관세로부터 면제되며, UN직원은 봉급에 대한 과세로부터 면제된다.

2. UN사무총장 및 직원

UN사무총장과 사무차장들은 국제법에 따라 외교사절에게 주어지는 재판관할권의 면제를 향유한다. 그 배우자와 미성년의 자녀에 대해서도 같은 면제가 부여된다. 다른 UN직원은 공적 행위, 즉 공적 자격으로 행한 구두 또는 서면에 의한 진술 및 모든 행동에 관해서만 소송으로부터 면제된다. UN을 위한 임무를 수행하는 직원 이외의 전문가에게는 그 임무에 관련되는 여행에 드는 시간을 포함하여 임무기간 중 직무를 독립적으로 수행하기 위하여 필요한 면제가 주어지며, 특히 임무수행 중에 행한 구두 또는 서면에 의한 진술과 행동에 관한 면제는 UN 임무를 수행하지 않더라도 유지한다.

3. 면제의 포기

UN사무총장은 직원 및 전문가에게 주어지는 면제가 사법의 진행을 저해하고 있으며 또한 UN의 이익을 침해하지 않고 포기될 수 있다고 생각하면 그들의 면제를 포기할 권리 및 의무를 가진다. 사무총장의 경우에는 안전보장이사회가 그 면제를 포기할 권리를 가진다.

4. UN회의에 참석하는 회원국 대표의 면제

UN회의에 참석하는 회원국 대표들은 외교관과 거의 동일한 면제와 특권을 향유한다. 단, 소송으로부터의 면제는 공적 행위, 즉 그 임무 수행 중 및 회합장소로의 왕복 여행 중에 대표자의 자격으로 행한 구두 또는 서면에 의한 진술 및 모든 행동에 대해서만 적용되며, 개인 수하물에 대해서는 관세가 면제된다. UN회원국 대표 등은 체포 또는 구금당하지 않으며 대표의 자격으로 행한 구두 또는 서면진술 및 직무상 행한 행위에 관해 모든 종류의 법적 책임으로부터 면제된다. 회원국 대표의 모든 문서와 서류는 불가침이고 본국과의 연락을 위해 신서사를 통하거나 봉인된 외교행낭으로 문건이나 서한을 접수할 수 있다. 이들에 대한 면제의 포기는 본국 정부가 할 수 있다.

학습 점검 문제 제3장 | 국가관할권 및 면제

01 국가관할권에 대한 설명으로 옳은 것은?

① 상설국제사법재판소(PCIJ)는 Lotus호 사건에서 국가가 영역 밖으로 관할권을 행사하려면 명시적인 국제법적 근거가 필요하다고 보았다.

② 해외 테러단체가 해외에서 한국인을 상대로 저지른 범죄에 대하여 대한민국이 관할권을 행사할 수 있는 근거는 보호주의이다.

③ 외국인이 외국에서 외국인을 상대로 저지른 범죄에 대하여 대한민국이 관할권을 행사할 수 있는 근거는 보편주의이다.

④ 입법관할권은 국가의 영역 내로 제한된다.

국가관할권

우리나라와 무관한 사항에 대한 관할권이므로 보편주의에 대한 것이다.

선지분석
① 입법관할권에 대한 설명이다. 입법관할권은 국가의 재량사항이므로 영역밖으로 행사에 있어서 국제법적 근거를 필요로 하지 않는다.
② 수동적 속인주의이다.
④ 입법관할권은 영토적 한계가 없다.

답 ③

---

02 관할권에 대한 설명으로 옳지 않은 것은?

① 모든 국가는 보편주의에 따라 해적선, 해적항공기의 재산을 반드시 압수해야 한다.

② 영미법계 국가는 속지주의를 원칙으로 하고 속인주의는 보충적으로만 채택하고 있다.

③ 보호주의는 피해국가의 영토 내에서 효과 또는 결과가 발생될 것을 요구하지 않는다.

④ 대한민국 「형법」 제3조는 형사관할권 행사의 원칙으로 속인주의를 반영하고 있다.

관할권

압수해야 할 의무가 있는 것은 아니다. 해적혐의가 있는 선박이나 항공기를 나포하고, 그 내에 있는 사람을 체포하며, 재산을 압수할 수 있다 (해양법협약 제105조).

선지분석
② 따라서 영미법계는 자국민 인도 관행을 보여주고 있다.
③ 보호주의는 국가적 법익 침해범에 대한 관할권을 말한다. 따라서 영토 밖에서 국가적 법익이 침해되어도 관할권을 행사할 수 있다.
④ 속인주의는 범죄혐의자의 국적국이 처벌권을 가지는 것을 말한다. 속인주의에 따라 자국민의 해외범죄에 대해서도 관할권을 가진다.

답 ①

---

03 국가관할권의 결정준칙에 대한 설명으로 옳지 않은 것은?

① 속지주의 이론에 따르면, 국가는 행위자의 국적에 상관없이 자국 영역 내에서 발생한 사건에 대해 관할권을 가지므로 범죄행위의 개시국과 범죄결과의 최종발생국 모두 관할권을 행사할 수 있다.

② 능동적 속인주의 이론에 따르면, A국 국적의 갑이 B국에서 C국 국적의 을을 살해한 경우 C국이 갑에 대하여 형사관할권을 행사할 수 있다.

③ 보호주의 이론에 따르면, A국 국적의 갑이 B국 영역 내에서 C국의 화폐를 위조하여 사용한 경우 C국이 갑에 대하여 형사관할권을 행사할 수 있다.

④ 효과이론에 따르면, 외국인이 자국 영역 밖에서 행한 행위로 인하여 그 결과가 자국에게 실질적인 영향을 미친 경우 역외에 있는 해당 외국인에 대해서도 관할권을 갖는다.

국가관할권의 결정준칙

C국은 '피해자의 국적국'이므로 수동적 속인주의에 의해 관할권을 가질 수 있다.

선지분석
① 범죄행위 개시국의 관할권을 주관적 속지주의, 범죄 결과 최종발생국의 관할권을 객관적 속지주의라고 한다.
③ 보호주의는 국가적 법익이 침해된 국가가 갖는 관할권이다.
④ 효과이론은 국내법의 역외적용의 논거로 자주 이용되며, 객관적 속지주의의 확장이론이라고 한다.

답 ②

04 국제법상 주권면제에 대한 설명으로 옳은 것은?

① 주권면제는 국제법상 강행규범이므로 침해할 수 없다.

② 국가는 법정지국에 소재하는 부동산과 관련된 소송에서 주권면제를 원용할 수 없다.

③ 본소에서 피고가 된 외국이 반소를 제기하더라도 본소에서는 주권면제를 향유한다.

④ 국가가 타국법의 적용에 동의하면 그 국가 법원의 관할권을 수락한 것으로 간주된다.

주권면제

선지분석
① 주권면제는 강행규범이 아니다. 따라서 합의에 의해 배제할 수 있다.
③ 반소를 제기하는 경우 면제의 묵시적 포기에 해당된다. 따라서 본소에 대해서도 면제를 향유하지 못한다.
④ 타국법의 적용에 대한 동의는 면제의 묵시적 포기가 아니므로 법원의 관할권을 수락한 것으로 간주되지 않는다.

답 ②

05 2004년 「UN 국가 및 그 재산의 관할권 면제에 관한 협약」에 따른 주권면제에 대한 설명으로 옳은 것만을 모두 고르면? (단, 관계국들 간에 별도의 합의는 없다고 가정한다) 2021년 7급

> ㄱ. 소송의 내용이 고용계약에 관한 것으로 복직을 요구하는 경우, 주권면제는 부인된다.
>
> ㄴ. 원고가 법정지국 밖에서 고문의 피해를 받아 손해배상을 청구하는 경우, 주권면제는 인정된다.
>
> ㄷ. 원고가 법정지국에서 발생한 교통사고에 대하여 손해배상을 청구하는 경우, 주권면제는 부인된다.
>
> ㄹ. 원고가 외국 정부의 명예훼손으로 인한 손해배상을 청구하는 경우, 주권면제는 부인된다.

① ㄱ, ㄴ

② ㄱ, ㄹ

③ ㄴ, ㄷ

④ ㄷ, ㄹ

주권면제

2004년 「UN 국가 및 그 재산의 관할권 면제에 관한 협약」에 따른 주권면제에 대한 설명으로 옳은 것은 ㄴ, ㄷ이다.

ㄴ. 불법행위에 대한 금전배상소송의 경우 법정지국 내에서 발생한 행위일 것을 요건으로 한다. 따라서 법정지국 밖에서 발생한 경우 면제가 인정된다.

ㄷ. 교통사고의 경우 권력적 행위로 볼 수 없으므로 면제가 인정되지 않는다.

선지분석

ㄱ. 협약에 의하면 채용, 고용갱신, 복직에 대한 소송에서는 면제가 인정된다.

ㄹ. 명예훼손소송의 경우는 면제가 인정된다. 협약은 불법행위에 대한 금전배상 소송을 전제로 면제가 제한된다.

답 ③

---

06 주권면제에 대한 국제법의 내용으로 옳지 않은 것은? 2019년 9급

① 주권면제는 국가의 주권평등 원칙에 토대를 둔 국제법 질서의 근본원칙이다.

② 주권면제는 구체적인 내용에 있어서 각국의 국내법과 사법실행의 영향을 받는다.

③ 주권면제는 국가의 위법행위에 대한 국제법적 책임의 면제를 포함한다.

④ 주권면제는 각국 국내법원의 민사소송 외에 형사소송에서도 인정된다.

주권면제

주권면제는 국가가 타국의 재판관할권으로부터 면제되는 것이다. 국제법적 책임 면제를 의미하는 것이 아니다. 따라서 재판관할권으로부터 면제가 인정된다고 하더라도 국가책임을 이행해야 한다.

선지분석

② 면제범위에 있어서 절대적 국가면제와 제한적 국가면제로 구분되고, 제한적 국가면제에 있어서도 국가 행위를 구분함에 있어서 성질설과 목적설 등의 구분이 있다. 국가들이 어느 유형을 적용할 것인지 문제는 개별 국가의 재량이므로 주권 면제의 구체적인 내용은 국가마다 다를 수 있다.

④ 국가면제는 주로 법정지국에서의 민사소송에서 주로 문제되나, 국가원수 등의 경우 형사소송에서도 문제될 수 있다.

답 ③

제4장 | 국가책임

제1절 | 총설

1 국가책임의 의의

국제법상 국가책임(state responsibility)이라 함은 국가의 국제법상 책임을 의미하나 일반적으로 국가가 스스로의 국제위법행위(internationally wrongful act)에 대해 부담하는 국제법상의 책임을 말한다. 전통국제법상 국가책임은 이러한 위법행위책임을 중심으로 발전해 왔으나 최근에는 결과책임 또는 적법행위책임 및 국가의 국가범죄론에 대한 법리도 발달하고 있다.

2 국가책임의 기본원칙

1. 개별적 책임추구원칙과 수정

개별적 책임추구원칙이란 국가의 국제법 위반행위로 인해 직접 권리침해를 당한 국가만이 상대국에 대해 국제법상의 책임을 추구할 권리를 갖는 것을 말한다. 동 원칙은 1923년 윔블던호 사건에서 확인되었다. 이론적으로 국제법 침해가 '일반적으로 승인된 국제법규'에 관계되는 경우 국제사회를 구성한 모든 국가가 간섭권을 갖고 침해국에 대해 법질서 회복을 요구할 권리를 가져야 하나, 분권적인 국제법의 성질상 어떠한 국가도 국제법의 감독자로서의 지위를 주장할 수 없다. 그러나 오늘날 국제사회의 공익개념의 정착과 이를 보호하기 위한 강행규범, 국제범죄 개념의 확립으로 제3국의 책임추구능력이 인정됨에 따라 개별적 책임추구원칙이 수정되고 있다.

2. 민사책임원칙과 형사책임원칙의 대두

국내법에서 위법행위(delict)는 사법상의 불법행위(tort)와 형법상의 범죄(crime)라는 두 가지 종류로 구별되며, 각각 법률효과가 다르다. 즉, 전자는 주로 민사상의 손해배상이 요구되고, 후자에 대해서는 형벌이라는 제재가 부과된다. 전통적으로 국제법은 국제사회의 미숙한 발전단계를 반영하여 위법행위가 미분화상태였으며 국제위법행위는 국내법상의 불법행위와 유사한 것으로 취급되어 법적 효과는 손해배상책임에 국한되었다. 그러나 국제사회의 조직화가 진행되고 국제사회의 일반이익이라는 관념이 형성됨에 따라 일정한 위법행위를 국제범죄로 간주하는 경향이 나타나고 있다. 1980년 ILC 국가책임협약 잠정초안 제19조 제2항은 이러한 경향을 반영하여 입법화하였으나, 2001년 최종초안에서는 삭제되었다.

 참고

국가의 국제범죄론

1. **의의**

   ILC는 잠정초안에서 국제위법행위(internationally wrongful act)를 국제불법행위(international delict)와 국제범죄(international crime)로 크게 구별하였다. 국제범죄란 국가가 강행규범을 중대하게 위반한 행위를 의미한다. 국제불법행위는 강행규범이 아닌 국제의무 위반행위 및 강행규범에 대한 경미한 위반행위를 뜻한다.

2. **강행규범**

   ILC는 동 잠정초안에서 중대한 위반시 국제범죄로 인정될 수 있는 규범을 열거하였다.
   (1) 국제평화와 안전의 유지를 위해 결정적으로 중요한 국제의무(예 침략금지의 의무)의 중대한 위반
   (2) 민족자결권의 보호를 위해 결정적으로 중요한 국제의무(예 무력에 의한 식민지배의 창설 또는 유지의 금지의무)의 중대한 위반
   (3) 인권의 보호를 위해 결정적으로 중요한 국제의무(예 노예매매·집단학살·인종차별 등의 금지의무)의 대규모적이고도 중대한 위반
   (4) 인류의 환경보전을 위해 결정적으로 중요한 국제의무(예 대기 및 해수의 오염금지의무)의 중대한 위반

3. 책임능력의 원칙

국제위법행위의 성립을 위해서는 국제법상 위법행위능력을 갖는 국제법 주체의 국제법 위반행위(작위 또는 부작위)가 있어야 한다. 국제위법행위의 주체는 원칙적으로 국가이며 국가의 국제책임은 책임능력을 전제로 한다. 국제기구나 사인도 제한적으로 책임능력이 인정된다.

3 국가책임의 유형

1. 민사책임과 형사책임

책임추구 주체와 책임형태에 따른 분류이다. 민사책임의 경우 일반적으로 피해국이 가해국에 대해 '손해배상'을 추구한다. 민사책임은 대체로 개별국가 상호간 관계에서 문제된다. 반면, 형사책임은 '국제공동체 전체'에 의해 추구되며 이론적으로 '제재' 또는 '형벌'을 가하는 것이다. 앞에서 이미 서술하였듯이 현행법상 형사책임은 제도화되어 있지 않다.

2. 개별적 책임과 집단적 책임

민사책임에 있어서 책임추구 주체에 관한 분류이다. 개별적 책임은 '피해국'이, 집단적 책임은 '피해국 이외의 국가'가 책임을 추궁하는 것이다. 집단적 책임추구는 국제법상 단체이익 보호를 목적으로 하는 '대세적 의무'가 도입되면서 함께 제도화된 책임추구 방식으로서 ILC 위법행위책임 초안 제48조에 규정되었다.

3. 위법행위책임과 결과책임

전통국제법은 대체로 위법행위책임을 중심으로 발전해 왔으나, 오늘날 대규모 심각한 피해가 발생할 가능성이 높아짐에 따라 결과책임 법리가 도입되었다. 행위의 위법성에 관한 법규가 명확하지 않거나 매우 협소하게 규정된 법영역에 있어서 행위의 위법성이 부재함에도 불구하고 대규모 피해가 발생할 가능성이 존재할 수 있다. 이에 대응하여 결과책임 또는 적법행위책임 법리가 도입된 것이다. 다만, 결과책임 법리가 실정법으로 엄격하게 제도화되었다고 보기는 어렵고 형성 중인 법리(de lege ferenda)로 보는 것이 타당하다.

4. 간접책임과 직접책임

피해자를 기준으로 한 구분이다. 피해자가 '사인'인 경우 가해국이 피해국에 지는 책임을 간접책임이라 하고, 피해자가 '국가'인 경우 직접책임이라고 한다. 간접책임의 경우 국적국은 즉각 개입할 수 없고 '외교적 보호권'에 기초하여 개입하며 국적계속이나 국내구제완료원칙이 적용된다.

5. 과실책임과 무과실책임

국가책임 성립에 있어서 '과실'을 요하는지에 관한 것으로서 과실을 요하지 않는 것을 무과실책임이라고 한다. 전통국제법상 과실책임을 원칙으로 하였으나 입증이 어렵고 피해자를 보다 두텁게 보호해야 한다는 점을 고려하여 오늘날 무과실책임이 도입되고 있다.

4 법전화

1. 위법행위책임

국제법위원회(International Law Commission: ILC)는 1956년 이래 '국가책임에 관한 협약 초안'을 준비해 왔으며, 2001년 제53차 회기에서 '국제위법행위에 대한 국가책임에 관한 규정 초안'(draft articles on Responsibility of States for internationally wrongful acts)을 채택하였다.

2. 결과책임

ILC는 결과책임에 관한 법전화작업을 '예방초안'과 '보상초안'으로 분리하여 진행하였다. 그 결과 ILC는 2001년 제53차 회기에서 '위험한 활동에서 야기되는 월경 피해의 방지에 관한 규정 초안'을 채택하였다. 또한 2006년에는 '위험한 활동에서 야기되는 국경 간 손해의 경우에 있어서 손실의 배분에 관한 제원칙 초안'을 채택하였다.

제2절 | 위법행위책임

1 의의

국가의 위법행위책임이란 국가가 스스로 부담하는 국제의무를 위반한 행위에 대해 타 국제법 주체에 대해 책임을 지는 것을 의미한다. 국가가 조약이나 관습법을 위반하여 타국에게 직접피해를 초래한 경우 직접책임을 진다. 또한 국가가 타국의 국민에게 피해를 야기함으로써 그 국적국에게 간접적으로 피해를 주고 이로써 간접책임을 질 수도 있다. 직접책임과 간접책임은 국가책임의 해제절차에 있어서 차이가 있다.

2 위법행위책임의 성립요건

1. 총설

국가책임의 성립요건은 종래 ① 국가행위(귀속성), ② 국제위법행위의 존재, ③ 손해의 발생, ④ 고의·과실의 네 가지 요건을 포함하는 것으로 관념되었으나, 후 2자에 대해서는 독립적인 국가책임 성립요건인가에 대해 학설과 관행이 일치하지 않았다. ILC 초안 제2조는 전 2자만을 국가책임의 성립요건으로 인정하고 있다.

> **ILC 국가책임초안 제2조 - 국가책임의 성립요건**
> 작위 또는 부작위를 구성하는 행위가 다음과 같은 경우 국가의 국제위법행위가 존재한다.
> (a) 국제법에 따라 국가에 귀속될 수 있으며,
> (b) 그 국가의 국제의무 위반을 구성하는 경우

2. 국가귀속성(attributability)

(1) 의의

국가책임이 성립하기 위해서는 국제법 위반의 행위가 국가의 행위로 귀속되어야 한다. 이를 국가귀속성이라 한다. 단체인격으로서의 국가는 그 기관을 통하여 행동할 수밖에 없으며, 이러한 국가기관은 또한 그 기관의 지위에 있는 자연인(국가공무원)을 통하여 행동할 수밖에 없다. 따라서 국가기관의 지위에 있는 자연인의 권한 내의 행위가 국가에 귀속되는 것이 국제책임의 근본적 전제가 되는 것이다.

(2) 국가기관의 행위

① **입법기관의 행위**: 입법기관이 정부를 대표하는 기관은 아니나 입법기관이 국제법에 위반된 법률을 제정하거나(작위), 국제법상의 의무이행에 필요한 법률을 제정하지 않음으로써(부작위) 외국인에게 손해를 준 경우 국가책임이 발생한다. 다만, 배상의 추구는 국가의 작위 또는 부작위로 직접피해를 입은 국가만이 행할 수 있다.

② **행정기관의 행위**: 행정기관을 구성하는 공무원이 직무상 권한 내에서 국제위법행위를 한 경우 국가책임이 당연히 성립한다. 외국에 대한 공채의 지불거절, 외국인의 불법 체포 및 구금, 외국인을 부당하게 국외로 추방하는 경우 등이 대표적이다. 한편, 행정기관의 권한 외 행위에 대해서 종래 학설 대립이 있었으나, 2001년 ILC 초안에서는 모든 권한 외 행위의 국가귀속성을 인정하고 있다. 1923년 '티노코 중재 사건'에서는 명백한 월권행위에 대해 국가귀속성을 부인하였다. 1929년의 Jean - Baptist Caire Claim 사건에서 프랑스 - 멕시코 청구위원회 의장은 국가가 자국 공무원의 월권행위에 대해 책임을 지기 위해서는 공무원이 적어도 외관상 권한있는 공무원으로 행동하였거나, 행동을 함에 있어 그들의 공적 지위에 맞는 권한이나 방법을 사용했어야 한다고 하였다.

③ **하급기관의 행위**: 하급기관의 행위에 대해서도 국가책임이 인정되는가에 대해 학설·판례는 일치하지 않았다. 미국 시민이 멕시코에서 살해된 사건(Massey 사건, 1927)에서 멕시코 정부는 최말단공무원인 간수의 행위는 국가에 귀속되지 않는다고 주장하였으나, 일반청구위원회는 이 주장을 배척하였다. 초안 제4조 제1항은 모든 국가기관의 행위는 그 기관의 국가조직상 위치와 무관하게 국가의 행위로 간주된다고 규정하고 있다. 'Rainbow Warrior호 사건(프랑스 대 뉴질랜드)'에서도 프랑스 비밀요원들의 그린피스 소속 선박의 격침행위가 고위급에 의해 지시된 것인지 관계없이 국가책임을 부담하였다.

④ **사법기관의 행위**: 사법기관의 경우 일반적으로 '재판의 거절'(denial of justice)에 해당하는 행위로 인해 국가책임을 진다. 재판의 거절은 다음과 같다. 외국인의 소송의 수리 거부, 재판절차의 불공정(심리나 판결의 부당한 지연 등은 재판절차의 불공정으로 인정), 명백히 불공평한 판결, 피고에 대한 유죄판결을 부집행 등. 다만, 미국이나 다수의 중재판정은 '오판', 증거채택의 거부 및 판결 후 그 집행의 지연 등에 대해서는 재판의 거부로 보지 않는다. 사법거부로 인한 국가책임을 추궁하기 위해서는 원칙적으로 국내절차가 완료, 즉 모든

법원의 절차가 종료되어야 한다. 사법부가 악의를 가지고 외국인을 차별하기 위한 조치를 적극적으로 취하는 예외적인 상황에만 적용된다. 따라서 법리적 오류나 재판절차상 일반적인 흠결의 문제는 사법거부에 해당하지 않는다.

⑤ 일부 연방국가의 헌법에서는 그 구성국가들에게 일정 조약체결 권한을 부여하고 있는데, 이런 경우에도 그 이행에 대한 책임은 궁극적으로 연방정부에게 귀속된다.

(3) 국가의 지시 또는 통제 하의 사인(사실상의 국가기관)

초안 제8조는 국가의 지시에 따라 행동하는 경우 그 행동은 국가로 귀속된다. 또한 국가의 지도 내지 지배 하에서 행동하는 경우 그 행동은 국가로 귀속된다. ILC는 제8조 주석에서 국가가 특정 작전을 지시 또는 통제했고, 문제된 행위가 그 작전의 불가분의 일부였던 경우에만 그 국가로 귀속된다고 하였다. ICJ는 Military and Paramilitary Activities in and against Nicaragua(1986)에서 콘트라 반군의 행위가 돈과 장비를 제공한 미국에 귀속될 수 있기 위해서는 위반 혐의의 행위가 행해지는 동안 그 국가가 군사적 또는 준군사적 작전에 대해 실효적 통제(effective control)를 가지고 있었음으로 입증해야 한다고 하였다. 따라서 반군에 대한 전반적인 통재(general overall control)만으로는 국가 귀속성이 인정되지 않는다. 반면, Dusko Taic 사건(항소심)에서 항소부는 이와 같은 니카라과 사건의 재판부 입장을 비판하면서 통제의 정도는 상황에 따라 달라질 수 있다고 전제하고, 개인이 군사조직에 속해 있을 경우 국가가 그 조직에 대해 전반적인 통제를 행사하고 있었음을 입증하는 것만으로 국가책임을 진다고 하였다. 그러나, ICJ는 Application of the Convention on the Prevention and Punishment of the Crime of Genocide 사건에서 실효적 통제 기준을 재확인하였다.

(4) 순수사인

① 국가기관의 지위에 있지 않은 일반 순수사인이 외국이나 외국인의 법익을 침해한 경우 그것만으로 국가의 국제책임이 성립하지 않는다. 그러나 사인의 행위로 인해 외국 또는 외국인에게 피해가 발생한 경우, 국가가 당해 사인의 행위를 '상당한 주의'(due diligence)로서 사전에 방지하지 않았거나 피해자에 대한 사후의 적절한 국내적 구제(local remedies)를 부여하지 않았던 경우에는 국가가 책임을 진다. 이 경우 사인의 행위가 국가에 귀속되는 것이 아니라 당해 행위에 대한 사전방지 또는 사후구제를 태만히 한 데에 대한 국가 자신의 부작위에 대해 책임지는 것이며 문제의 부작위에 대한 입증책임은 피해국에 있다.

② 외국인에 대한 부작위책임의 인정기준이 '상당한 주의'(due diligence)의무를 준수했는가이므로 '상당한'의 수준에 대한 범위결정이 선행되어야 한다. 학설적으로는 국제표준주의(객관주의)와 국내표준주의(주관주의)가 대립한다. 국제표준주의는 문명국가가 일반적으로 행하는 정도의 주의를 요한다는 설이며, 국내표준주의는 국가의 영역 내에서 자국민에게 통상 행해지고 있는 정도의 주의를 요한다는 설이다. 국내표준주의가 오늘날의 통설이며, 예외적으로 외교사절에 대해서는 국제표준에 입각하여 보호하고 있는 것이 관례이다.

③ Janes 사건에서 멕시코 당국은 미국인을 살해한 범인을 체포하기 위해 적절한 조치를 취하지 못하였으므로 자신의 부작위에 대해 국가책임을 지게 되었다.

④ 멕시코 내에서 미국인 살해와 관련된 Neer 사건에서 멕시코의 국가책임은 부인되었다. 비록 범인들은 체포하지는 못했지만 사건 발생 즉시 당해 지역의 멕시코 보안관이 밤을 새워 용의자들이 수사하는 등 범인 체포에 진력하였기 때문이다.

(5) 폭도(mob)

폭동의 발생으로 폭도에 의해 외국인이 손해를 입은 경우 기본적으로 순수사인의 행위에 의한 국가책임의 법리가 적용된다.

(6) 반란단체(叛徒)

반란단체의 경우에도 순수사인과 마찬가지로 국가는 반도의 행위에 대해 책임지지 않으나 반도의 행위를 사전에 방지하지 않았거나 사후에 진압하지 않은 국가의 부작위책임을 진다. 반란단체는 정권교체에 성공할 수도 있고, 분리독립에 성공할 수도 있다. 정권교체 및 장악에 성공한 반란단체(insurrectional movement)의 행위는 당해 국가의 행위로 간주된다. 또한 신국가수립에 성공한 반란단체의 행위는 그 신국가의 행위로 간주된다(제10조).

(7) 교전단체승인과 국가책임

반란단체가 교전단체로 승인되지 못한 경우 반란단체는 영역국 내의 사인의 지위를 가지므로 영역국은 반도의 행위를 통제할 의무를 지니므로 영역국은 부작위책임을 진다. 그러나 교전단체로 승인된 경우 자기의 점령지역으로부터 중앙정부의 공권력을 배제하고 이를 실효적으로 지배하므로 중앙정부는 당해 지역 내에서의 반도단체의 행위를 방지·진압할 의무에서 면제되어 반도의 행위에 대해 아무런 책임도 지지 않는다.

(8) 국가의 추인

국가귀속성이 인정되지 않는 행위라 할지라도 국가가 문제의 행위를 자신의 행위로 인정하고 채택하는 경우 국제법상 그 국가의 행위로 간주된다. 따라서 사인의 행위라 할지라도 국가가 이를 추인하는 경우 국가에 귀속된다. 추인은 소급효(retroactive effect)를 동반한다. 이란의 시위대가 미국 대사관을 공격·점거하고 직원과 방문객을 인질로 잡은 테헤란 영사 사건에서 국제사법재판소(ICJ)는 사안을 2단계로 나누어 이란의 국제위법행위 여부를 판단하였다. 첫 번째 단계는 시위대가 미국 대사관 및 영사관을 공격한 단계로서 여기서는 이란의 '부작위책임'만 인정되었다. 두 번째 단계는 미국 대사관 점거가 완료된 이후 인질행위나 서류수색행위에 대한 것으로서 이러한 행위는 호메이니나 이란의 국가기관에 의해 지시·통제된 행위로서 시위대의 행위는 사실상의 국가기관의 행위로서 이란에 귀속된다고 판시하였다. ILC는 국가가 문제의 행위를 자신의 행위로 인정하고 채택한 것이 되기 위해서는 단순히 지지, 시인 또는 승인을 피력하는 것 이상의 행위를 해야 한다고 하였다.

(9) 외국·국제조직 및 통제국의 행위

국가는 스스로의 행위에 대해서만 책임을 지므로 자국 영역 상에서 행해진 외국 또는 국제조직의 행위는 당해 국가에게 귀속되지 않는다. 즉, 타국의 국가기관원이 자국 영역 내에서 행한 직무상 행위는 국제법상 자국의 행위로 보지 않으며, 국제조직의 기관원의 직무상 행위 역시 당해 행위지를 관할하는 영역국의 행위로 보지 않는다. 한편, 1국이 외국으로부터 인원을 지원받아 자국 통제하에 운영하는 경우 당해 인원은 통제국의 공무를 수행하는 것이므로 그 행위는 당해 통제국에 귀속된다(제6조). 단, 통제국의 동의하에 통제국의 권한 하에서 통제국의 목적을 위해 행동하고 있어야 통제국에 귀속된다. 따라서 일국의 기관이 타국의 영토에서 타국에 제공하는 단순한 원조나 조력은 귀속되지 않는다. 이익보호국의 국가기관원의 직무상 행위는 피이익보호국(protected state)에 귀속된다.

(10) 공권력을 행사하는 개인 또는 단체의 행위

동 초안 제5조에 의하면 국가기관은 아니지만 당해 국가의 법에 의하여 공권력을 행사할 권한을 위임받은 개인 또는 단체의 행위는 국제법상 당해 국가의 행위로 간주된다. 단, 이는 그 개인 또는 단체가 구체적인 경우에 있어서 그러한 자격으로 행동하는 경우에 한한다. 또한 위임받은 개인이나 단체의 월권행위에 대해서도 국가귀속성이 인정된다.

(11) 공공당국의 부재 또는 마비 속에서 수행되는 행위

초안 제9조는 공공당국의 부재 또는 마비 속에서 정부권한의 요소의 행사를 요구하는 상황에서 동 권한을 사인이 자발적으로 수행한 경우 그러한 행위는 국가로 귀속된다. 자연재해 발생 시 또는 국토방위를 위한 비상사태 발생 시 자발적으로 행동하는 사인의 행동을 예로 들 수 있다. Yeager v. The Islamic Republic of Iran(1987)에서 이란 혁명 수비대 행위의 이란 국가 귀속성을 인정하였다. 이란 정부는 혁명수비대원들은 이란 정부로부터 행동을 허가받지 않은 사인들 집단이므로 책임이 성립하지 않는다고 주장했으나, 이들은 공공당국 마비 시 공적 업무를 자발적으로 대신 수행한 사인이므로 이란이 책임을 진다고 하였다.

⚖️ 관련판례

테헤란 영사 사건(미국 대 이란, ICJ, 1980)

1. 사실관계

1979년 이란에서 발생한 이슬람혁명으로 국왕 팔레비는 멕시코로 망명하고 이슬람교 시아파 최고지도자 호메이니(Ayatollah Khomeini)가 실권을 장악하였다. 팔레비가 질병 치료차 미국으로 입국하자 이란 내에서 호메이니를 지지하는 대학생을 중심으로 반미운동이 격화되었다. 이들은 테헤란에 있는 미국 대사관을 습격하여 점거하고 대사관 직원 60여 명을 억류하였으며, 다음 날 Tabriz와 Shiraz에 있는 미국 영사관도 점거하였다. 이에 미국은 이란을 ICJ에 제소하고 잠정조치를 명령하도록 요청하였다.

2. 법적 쟁점

　ICJ의 관할권, 잠정조치의 요건, 이란의 국가책임, 사실상의 국가기관의 행위와 책임, 외교공관의 불가침의 법적 성격 등이 문제되었다.

3. 판결요지

　(1) 이란의 국가책임

　　이란의 미국에 대한 국가책임을 인정하였다. 이란은 제조약에 기초해서 미국 공관 및 그 직원을 보호하기 위해 적당한 조치를 취할 의무가 있음을 알 수 있었고, 의무이행을 위한 수단을 가지고 있었음에도 그 의무를 이행하지 않았다. 따라서 국가책임을 진다.

　(2) 사실상의 국가기관의 행위와 책임

　　법원은 대학생들의 공관 점거 및 인질억류 행위와 관련한 이란의 책임을 두 단계로 나눠서 판단하였다. <u>첫째, 미국 대사관이나 영사관에 대한 공격은 그 자체로는 이란에게 귀속되지 않는다고 평가하였다. 다만, 이란은 이러한 공격으로부터 대사관과 영사관을 보호하기 위한 적절한 조치를 취하지 않은 점에 대해서는 책임을 진다. 둘째, 대사관에 대한 점거가 완료된 이후 시위자들의 행위를 호메이니와 이란 국가기관들이 승인하고 대사관 점령을 유지하기로 한 결정은 문제의 공격행위를 국가의 행위로 전환시켰고, 이로써 시위대원들은 이란이라는 국가의 사실상의 대리인이 되었으며 따라서 그 행위에 대하여 이란의 국가책임이 성립한다.</u>

　(3) 외교공관의 불가침의 법적 성격

　　<u>ICJ는 1961년 외교관계에 관한 비엔나협약에 규정된 외교공관의 불가침은 '절대적 불가침'이므로 어떠한 경우도 접수국은 공관장의 동의 없이 공관에 진입할 수 없다고 판시하였다.</u>

 관련판례

티노코 중재 사건(영국 대 코스타리카, 국제중재, 1923)

1. 사실관계

　1917년 쿠데타로 집권한 티노코는 신헌법을 제정하였다. 그러나 1919년 티노코는 실각하고 바르케르의 과도정부가 조직되었다. 의회는 구헌법을 부활시키고 법률 제41호를 제정하여 티노코 집권기에 행정기관이 개인과 체결한 모든 계약을 무효로 하고, 티노코 정부가 통화발행을 위해 제정한 법령도 무효화하였다. 이 법령으로 영국계 자본과 체결한 석유채굴 이권계약, Royal Bank of Canada에 대한 티노코 정부의 부채가 문제되었다. 영국은 동 법률이 이권계약과 부채에 적용되지 않도록 요구하였으나 코스타리카가 거부하였고 이로써 중재에 부탁하기로 합의하였다.

2. 재정요지

　(1) 티노코 정부의 성립 여부(적극)

　　티노코 정부는 정부의 요건을 갖추고 있었다. 국가 구성원의 동의를 얻어 어느 정도의 영속성을 보이며 대내외적으로 의무를 이행하는 정부는 사실상의 정부이다. 정부의 기원이나 구성은 국내문제이며 위헌적 방법으로 집권하였는지는 국제법적 관점에서 문제되지 않는다.

　(2) 정부승인과 정부성립의 관계

　　<u>정부승인은 정부성립에 영향을 주지 않는다. 정부가 사실상의 정부로서의 요건을 갖추고 있다면 정부로서 성립하기 때문이다. 영국 정부가 티노코 정부를 승인하지 않았으나 티노코 정부의 성립 여부에는 하등의 영향을 주지 않는다.</u>

(3) 영국 정부의 불승인과 손해배상청구 가능 여부(적극)

Taft중재관은 영국 정부가 티노코 정부를 승인하지 않았으나 손해배상을 청구할 수 있다고 판단하였다. 우선, 영국은 티노코 정부를 명시적으로는 승인하지 않았으나 사실상의 정부로서 대우하고 있었다. 또한 금반언의 원칙도 적용되지 않는다. 이미 영국은 티노코 정부에 대해 사실상의 정부로 승인하고 있었으므로 사실상의 정부의 행위에 대해 신정부에 손해배상을 청구하는 것은 금반언의 원칙에 반하는 것이 아니다.

(4) 칼보조항의 문제

코스타리카는 계약상 분쟁이 발생하는 경우 코스타리카 국내사법절차에만 제소할 수 있을 뿐 본국은 개입할 수 없다고 주장하였다. 이에 대해 중재관은 두 가지 이유에서 영국의 외교적 보호권 발동을 인정하였다. 첫째, 이권계약 규정이 외교적 보호 요청을 금지하고 있는지 명확하지 않다. 둘째, 법률 제41호가 제정되어 코스타리카의 국내법 정이 헌법상의 제약을 받음으로써 사정이 현저하게 변하였기 때문에 코스타리카 신정 부는 외교적 보호 요청의 금지를 원용할 권리를 포기한 것으로 간주되어야 한다.

(5) 양허계약의 승계 여부(소극)

신정부는 양허계약을 승계하지 않는다. 일반적으로 양허계약은 신정부에 승계된다. 국내정권의 교체에도 불구하고 당해 국가의 정부로서의 동일성은 계속 유지되기 때문이다. 다만, 양허계약은 당초부터 헌법을 위반하여 체결되었으므로 신정부 역 시 동 계약을 승계할 의무가 없다.

(6) 티노코 정부의 캐나다 은행 부채의 신정부 승계 여부(소극)

신정부가 부채승계를 거부함으로써 영국에 대해 국가책임을 지는가에 대해 중재관은 부정적으로 판단하였다. 무엇보다 캐나다 은행은 티노코의 월권행위가 '명백'하였음에 도 불구하고 대출을 실행하였으므로 코스타리카 국가로의 '귀속성'을 부인하였다. 즉, 캐나다 은행은 티노코가 개인용도로 자금을 대출하는 것을 알았음에도 불구하고 대출 을 하였으므로 티노코의 행위는 코스타리카 정부로 귀속되지 않았다고 판단하였다.

3. 국제의무의 위반

(1) 의의

국가책임은 국가행위에 국제법상 위법성(wrongfulness)이 있어야 성립한다. 국 제의무를 위반하는 국가행위는 관습국제법, 조약 등 그 위반된 의무의 원천에 관 계없이 위법성을 가지며 국제위법행위를 구성한다(제12조). 한편, 일방행위도 일 정한 조건하에서 의무연원성이 인정된다. 일방행위는 대세적 의무를 창설할 수도 있고, 특정 국가만을 상대로 하는 의무를 창설할 수도 있다. '핵실험 사건'에서 국제사법재판소(ICJ)는 프랑스의 남태평양지역에서 더 이상 핵실험을 하지 않겠 다는 선언은 법적 구속력이 있는 것으로서 프랑스에 대해 법적 의무를 창설하는 효과를 갖는다고 보았다.

(2) 국제의무 위반의 시간적 연장(제14조)

① 지속적 성격을 갖지 않는 국가행위로 인한 국제의무의 위반은, 그 효과가 지속된다 할지라도 그 행위가 수행된 시점에 발생한다.

② 지속적 성격을 갖는 국가행위로 인한 국제의무의 위반은, 그 행위가 지속되고 국제의무와 합치하지 않는 상태로 남아있는 전 기간 동안에 걸쳐 연장된다.

③ 국가에게 일정한 사건을 방지할 것을 요구하는 국제의무의 위반은, 그러한 사건이 발생하는 때에 발생하며, 그러한 사건이 계속되어 그 의무와 불합치하는 상태로 남아있는 전 기간 동안에 걸쳐 연장된다.

4. 고의 · 과실

(1) 학설

국가기관의 위법행위에 고의 · 과실을 요하는가에 대해 학설과 관행이 일치되어 있지 않다. 우선, 학설은 무과실책임론(객관적 책임이론, no - fault theory), 과실책임론(주관적 책임이론, fault - theory), 절충설로 대립된다. 그로티우스(H. Grotius)이래 과실책임이론이 통설이었으나, 안질로티(Anzilotti)는 법인체인 국가의 행위를 다룸에 있어서 자연인에게 요구되는 심리적 요소인 고의 · 과실을 개입시키는 것은 타당성이 없다고 보고 무과실책임이론을 주장하였다. 한편, 절충설은 국가기관의 작위에는 무과실책임을, 부작위에는 과실책임을 인정하려는 입장이다.

(2) 국제관습 및 국제관행

국제관습법이나 국제관행도 어느 하나를 결정적으로 지지하지 않는다. 국제법상의 규정여하에 따라 과실책임이 인정되는 경우도 있고 무과실책임이 인정되는 경우도 있을 수 있다. 국가에 대해 '상당한 주의'를 요하는 국제법규의 경우 국가의 과실책임을 인정한 것이다. 반면, 조약에 의해 결과적 책임을 규정한 경우 무과실책임을 인정한 것이라 할 수 있다.

(3) 소결

현대국제법에서 국제법 위반행위에 고의 · 과실을 요하는 것은 타당하지 않다고 본다.

① 국가기관의 활동이 증가하고 국가활동이 팽창하면서 고의 · 과실이론의 적용상 난점이 있다.

② 절대책임(무과실책임)을 인정하는 경우 국가들은 여러 정부부처와 기관들에 대해 국제법을 위반하지 않도록 더 많은 통제를 행사하게 될 것이다.

③ 법인체인 국가의 행위에 자연인에게만 문제되는 심리적 요소를 개입시키는 것은 타당성이 없다.

5. 손해의 발생

국가책임을 민사책임으로 관념하고, 개별적 책임추구원칙이 지배해온 전통국제법은 손해의 발생을 국가책임의 성립요건으로 보았다. 그러나 대세적 의무와 강행규범 개념의 실정국제법에의 도입으로 더 이상 손해의 발생이 책임의 성립요건으로 인식되지 않는다. 대세적 의무를 위반한 경우 실제로 손해를 입지 않은 국가도 조약 혹은 국제관습법에 기초하여 국제적 청구를 제기할 수 있다. 한편, 모든 국가를 당사자로 하는 강행규범의 중대한 위반인 범죄에 있어서는 구체적인 손해의 발생이 없이도 위반국과 모든 타국 간에 책임관계가 성립한다. 즉, 문제의 행위로 인해 직접 손해를 입은 국가뿐만 아니라 모든 제3국은 당해 범죄행위에 대한 피해국으로서 그에 대한 책임을 추궁할 수 있으며, 제재에 참가할 수 있다. 결국 불법행위와 범죄를 모두 포함하는 국가책임에 있어서는 불법행위만 해당하는 손해의 발생이라는 요소가 더 이상 국가책임의 성립요건으로 인정될 수 없다.

3 위법성 조각사유

1. 개념

국가가 국제위법행위를 행한 경우에도 일정한 경우 당해 행위의 위법성이 조각된다. 이는 단순히 위법행위가 용서된다는 것이 아니라 여하한 위법행위도 행해지지 않았던 것이 된다는 의미이다. 국가책임초안은 여섯 가지 사유를 열거하고 있다.

2. 사유

(1) 피해국의 동의(Consent, 제20조)

피해국의 유효한 동의에 기초한 행위는 동의의 범위 내에서 위법성이 조각된다. 단, 피해국의 동의가 강행규범에 위배되는 행위에 대한 동의인 경우 유효한 동의가 아니므로 위법성이 조각되지 않는다. 피해국의 동의는 문제의 행위가 발생하기 전에 이루어지는 것이 통례일 것이나, 그러한 행위가 이루어지고 있는 시기에도 주어질 수 있다. 그러나 행위가 발생한 이후에 주어지는 피해국의 동의는 이의 제기의 포기(waiver) 또는 묵인(acquiescence)으로서 문제행위의 위법성을 소급적으로 조각시키지는 못하며, 단지 피해국으로 하여금 그 행위에 대한 책임을 추궁할 권리를 상실케 하는 사유로서 작용한다.

> **ILC 국가책임초안 제20조 - 피해국의 동의**
> 한 국가가 타국의 행위 실행에 대해서 한 유효한 동의는 그 행위가 그 동의의 범위 내에서 실행되는 한, 전자의 국가와 관련하여 그 행위의 위법성이 조각된다.

(2) 자위조치(Self - defence, 제21조)

① UN헌장에 따른 합법적인 자위조치는 위법성이 조각된다. 즉, 무력공격이 발생한 경우 안전보장이사회의 사후보고를 조건으로 무력공격을 격퇴하기 위해 필요하고 비례적인 무력사용은 위법성이 조각된다. 자위는 타국의 침략에 대응하기 위한 무력적 조치인 만큼 우선적으로 헌장 제2조 제4항의 무력행사금지의무의 불이행을 적법화한다. 그러나 이 경우 무력행사금지 외의 다른 의무의 불이행도 위법성이 조각될 수 있다. 국제법위원회의 2001년 국제위법행위에 대한 국가책임초안 주해에 따르면 자위로서 취해진 조치가 헌장 제2조 제4항의 의무 이외의 다른 국제의무의 불이행을 구성하는 경우, 그러한 불이행이 동항의 위반과 관련되는 한 위법성이 조각된다. 자위권을 행사하는 국가는 침략국의 영토를 침범하거나, 그 국내문제에 간섭하거나 또는 통상조약에 반하여 무역관계를 단절하는 경우를 예로 들 수 있다.

② 자위권은 침략국을 상대로 하는 피침략국의 국제의무 불이행을 적법화한다. 따라서 교전국의 행위가 결과적으로 제3국, 즉 중립국에 대하여 의무 위반을 구성하는 경우 자위권으로 위법성이 조각되지 않는다. 국제법위원회의 주해에 의하면 제21조(자위권)는 자위로서 취해진 행위가 제3국에 대하여 발생시키는 효과에 대해서는 직접 규율하지 않는다. 결국 자위는 침략국을 상대로 하는 행위에 대해서만 위법성을 조각시킨다.

(3) 대항조치(Countermeasures, 제22조)

타국의 위법행위에 대한 대항조치, 즉 복구(reprisal) 역시 위법성이 조각된다. 대항조치에 대해서는 '국제위법행위의 법적 결과와 국가책임의 추궁' 부분에서 상술한다.

(4) 불가항력(Force majeure, 제23조)

① 불가항력이란 국가의 통제 밖에 있어서 그 상황에서 의무이행을 실질적으로 불가능하게 만드는 저항할 수 없는 힘 또는 예측하지 못한 사건의 발생을 말한다. 불가항력에 기초한 행위는 위법성이 조각되나, 불가항력 사태가 그것을 원용하는 국가에 의해 초래되었거나, 당해 국가가 그 같은 상황 발생의 위험을 감수한 경우에는 적용되지 아니한다. 전쟁의 발발로 인한 조약의무 위반은 위법성 조각사유에 해당하지 아니한다(세르비아 공채 사건, PCIJ).

② 'Rainbow Warrior호 사건'에서 프랑스는 뉴질랜드와의 합의 위반을 정당화하기 위해 불가항력을 원용하였으나, 중재재판부는 그러한 불가항력 상황은 비의도적이고 비자발적인 상황이어야 하나, 이 사건의 경우 자발적이고 의도적인 상황에 해당하므로 불가항력을 원용할 수 없다고 판시하였다.

③ 불가항력은 자연적 또는 물리적 상황에 기인할 수 있으며 인간의 행위에 의해서도 발생할 수 있다. 자연적·물리적 상황에 의한 불가항력의 예로서, 군용기가 태풍 등 기상악화로 자체의 통제능력을 상실하여 타국의 동의 없이 그 영공으로 진입하게 되는 경우, 지진이나 홍수 또는 가뭄 등으로 인해 특정의 의무 준수가 불가능해지는 경우 등을 들 수 있다.

④ 인간의 행위에 의한 불가항력적 상황으로는 반란군 또는 타국 군대에 의하여 영토 일부가 점거됨으로써 영토국이 그 지역 내에서 외국인들에게 보호를 제공할 수 없게 되는 경우 또는 폭도들에 의한 외국공관의 급습으로 공관 불가침의 보호가 불가능하게 되는 상황 등을 늘 수 있다.

⑤ 불가항력은 조난이나 긴급피난과 상황이 다르다. 조난이나 긴급피난의 경우 행위국이 문제의 급박한 상황에서 스스로의 판단에 의하여 문제의 행위를 의도적으로 취하는 것과는 달리, 불가항력의 경우 해당 국가의 의도와 관계 없이 또는 그에 반하여 문제의 행위가 취해진다.

⑥ **불가항력과 후발적 이행불능의 차이:** 첫째, 불가항력은 사정이 존재하는 동안 의무의 불이행을 정당화 하는 반면, 후발적 이행불능은 조약의 종료나 정지를 정당화한다. 둘째, 불가항력은 특정 의무에 작용하는 반면, 후발적 이행불능은 그 의무의 연원인 조약에 대해 작용한다. 셋째, 위법성조각사유로의 불가항력과 결부되어 있는 난관의 정도는 조약의 종료사유인 후발적 이행불능의 경우보다는 약하다.

⑦ 불가항력에서는 비자발적으로 또는 여하한 자유로운 선택의 여지없이 취해지는 행위가 문제된다. 다시 말해 조난의 경우 행위 주체의 측면에서 의무의 준수 여부는 선택적이라고 할 수 있다.

ILC 국가책임초안 제23조 - 불가항력

1. 행위가 불가항력, 즉 그 상황에서의 의무 이행을 실질적으로 불가능하게 만드는 국가의 통제를 넘어서는 저항할 수 없는 힘 또는 예상하지 못한 사건의 발생에 기인한 경우에는 국제의무와 합치되지 않는 국가행위의 위법성이 조각된다.
2. 제1항은 다음의 경우에는 적용되지 아니한다.
   (a) 불가항력의 상황이 이를 원용하는 국가의 행위에만 의하거나 또는 다른 요소와 결합된 행위에서 기인하는 경우
   (b) 당해 국가가 그 같은 상황 발생의 위험을 수락한 경우

 관련관례

Rainbow Warrior호 사건

1. 사실관계

1985년 7월 10일 환경보호단체인 Greenpeace International 소속의 민간 선박인 Rainbow Warrior호가 뉴질랜드의 오클랜드 항구에서 프랑스 비밀경찰요원들이 설치한 폭발장치에 의해 침몰되었고, 이 사건으로 승선하고 있던 선원 Fernando Pereira가 사망하였다. 프랑스는 비밀경찰요원 Mafart 소령과 Prieur 대위의 인도를 요청하였으나 뉴질랜드는 거부하고 프랑스 측에 배상을 요구하였다. 이 사건은 UN사무총장의 중개에 부탁되었고 프랑스가 700만 불을 배상하고, 범죄인은 프랑스령 폴리네시아에 있는 Hao섬 교도소에 3년간 수용하기로 하였다. 프랑스는 3년이 지나기 전에 이들을 일방적으로 본국으로 귀환시켰다. 프랑스는 Mafart는 아프다는 이유로, Prieur는 임신했고 아버지가 병에 걸렸다는 이유로 귀환시켰다. 프랑스와 뉴질랜드 간 분쟁이 재발하였고, 중재에 부탁되었다.

2. 법적 쟁점

이 사안과 관련하여 프랑스 측의 조약 위반 여부 및 불가항력이나 조난에 의해 위법성이 조각될 수 있는지가 문제되었다. 또한 만약 프랑스의 조약 위반이 확정되는 경우 프랑스 측의 책임이행방안도 쟁점이 되었다.

3. 판결요지

(1) 프랑스 측의 조약 위반 여부와 관련하여 중재재판소는 프랑스가 3년의 형기가 지나기 전에 자국민을 본국으로 귀환조치한 것은 뉴질랜드와의 합의 위반이라고 재정하였다.

(2) 불가항력 및 조난에 의한 위법성 조각 여부와 관련하여 프랑스는 불가항력(force majeure)과 조난(distress)에 의해 위법성이 조각된다고 항변하였으나 배척되었다. 불가항력에 의한 면책은 피할 수 없는 사정의 발생으로 인해 야기된 비자발적이고 비의도적인 행위에만 적용되나, 두 명의 특수부대 요원에 대한 프랑스의 송환은 의도적이고 자발적이었다. 한편, 중재재판부는 조난에 의해 위법성을 조각하기 위해서는 긴급상황의 존재, 긴급상황이 중지된 후 원상회복, 이러한 조치 후 뉴질랜드의 동의를 얻기 위한 프랑스의 성실한 노력이 있어야 한다고 전제하였다. 그러나 긴급상황이 존재하긴 하였으나, 나머지 두 가지 요건은 충족하지 못한다고 보아 프랑스의 항변을 기각하였다.

(3) 프랑스 측의 책임이행방안과 관련하여 중재재판부는 재판진행 중 3년의 형기가 도과하였으므로 프랑스는 더 이상 합의내용을 위반한 것으로 간주할 수 없다고 보아 뉴질랜드가 요청하는 프랑스의 불법적 행동에 대한 중단명령은 프랑스의 불법행위가 더 이상 존재하지 않기 때문에 실현이 불가능하다고 판시하였다. 또한 금전배상명령은 내리지 않기로 하고 프랑스와 뉴질랜드 양국 정부가 상호간의 우호관계 개선을 위해 기금을 설립할 것과 프랑스 정부로 하여금 이 기금에 200만 불을 우선 기부할 것을 권고하였다.

(5) 조난(Distress, 제24조)

국가기관이 조난을 당하여 자기 또는 보호를 위탁받은 타인의 생명을 구하기 위한 다른 합리적 방법이 없는 경우 문제의 행위가 국제의무에 부합되지 않더라도 위법성이 조각된다. 다만, 조난상태가 그것을 원용하는 국가에 의해 초래되었거나, 문제의 행위가 그에 필적하거나 더 큰 위험을 만들 우려가 있는 경우에는 그러하지 아니하다. 조난을 위법성 조각사유로 인정하는 것은 국적에 관계없이 절박한 상황에 처한 사람들의 생명을 구하는 것을 중요한 보호법익으로 인정하기 때문이다.

ILC 국가책임초안 제24조 - 조난

1. 행위자가 위난 상황에 처하여 자신이나 그의 보호하에 맡겨진 다른 사람들의 생명을 구하기 위한 다른 합리적 방법이 없는 경우, 당해 국가의 국제의무와 합치되지 아니하는 국가행위의 위법성이 조각된다.
2. 다음의 경우에는 제1항이 적용되지 아니한다.
   (a) 위난상황이 이를 원용하는 국가의 행위에만 의하거나 또는 다른 요소와 결합된 행위에서 기인하는 경우
   (b) 문제된 행위가 그에 상당하거나 또는 더욱 커다란 위험을 발생시킬 우려가 있는 경우

---

(6) 긴급피난(Necessity, 제25조)

① **원용요건**: 긴급피난에 해당하는 경우 위법성이 조각된다. 긴급피난에 해당하기 위해서는 ⑦ 문제의 피난행위는 '중대하고도 절박한 위험'(a grave and imminent peril)에 대항하여 국가의 본질적 이익(an essential interest)을 수호하기 위한 유일의 방법이어야 한다. ⑥ 피해국가 또는 국제공동체 전체의 본질적 이익이 문제의 피난행위로 인하여 중대한 침해를 받지 않아야 한다.

② **제한**: 동조 제2항은 긴급피난의 원용을 제한하는 사유를 열거하고 있다.

  ⑦ 문제의 국제의무가 명시적·묵시적으로 긴급피난을 원용할 수 있는 가능성을 배제하는 경우

  ⑥ 피난국이 긴급피난 사태에 기여한 경우

③ **판례**

  ⑦ Gabcikovo - Nagymaros Project 사건(1997): 국제사법재판소(ICJ)는 긴급피난은 관습법에서도 인정된 위법성 조각사유이나, 예외적으로만 원용할 수 있다고 판시하였다.

  ⑥ Torrey Canyon호 사건(1967): 라이베리아 선적의 동 선박이 공해상에서 좌초되어 영국 영해로 대규모 기름이 유출되자 영국은 해난구조를 시도한 후 동 선박을 폭격하였다. 이 사건은 공해자유원칙에 반하는 위법행위이나 영국의 본질적 이익 수호를 위해 불가피하게 취해진 조치로 정당화되었다.

  © Caroline호 사건(1837): 이 사건은 자위권에 관한 사건으로 널리 알려져 있지만, ILC는 초안 제25조(긴급피난)에 대한 주석에서 긴급피난의 한 사례로 이 사건을 설명하고 있다. 이 사건은 실제로는 긴급피난의 항변에 관한 것이었기 때문이다.

ILC 국가책임초안 제25조 - 긴급피난

1. 긴급피난은 다음의 경우를 제외하고는 국가의 국제의무에 합치되지 않는 행위의 위법성을 조각시키기 위한 사유로 원용될 수 없다.
   (a) 그 행위가 중대하고 급박한 위험으로부터 국가의 본질적 이익을 보호하기 위한 유일한 방법일 경우, 그리고
   (b) 그 행위가 의무이행의 상대국(들) 또는 국제공동체 전체의 본질적 이익을 심각하게 훼손하지 않는 경우
2. 어떠한 상황에서도, 긴급피난은 다음의 경우에는 국가의 위법성을 조각시키기 위한 사유로 원용될 수 없다.
   (a) 문제된 국제의무가 긴급피난의 원용 가능성을 배제하는 경우, 또는
   (b) 그 국가가 긴급피난 상황의 발생에 기여한 경우

---

3. 효력

(1) 일반적 효력

위법성 조각사유가 있는 경우 국가의 국제의무 위반으로 국가책임이 성립하지 않는다.

(2) 효력의 배제

위법성 조각사유가 존재하더라도 일반국제법의 강행규범에서 발생하는 의무에 합치되지 않는 국가행위의 위법성을 조각하지 않는다(제26조). 위법성 조각사유가 소멸된 경우에는 문제된 국제의무의 준수를 기존의 위법성 조각사유에 의해 이탈할 수 없다[제27조 제(a)호].

(3) 보상

위법성 조각사유가 있다고 하더라도 문제된 행위에 의해 야기된 물질적 손실(material loss)에 대한 보상문제를 해하지 않는다[제27조 제(b)호]. 즉, 국제위법행위에 대한 위법성 조각사유의 존재가 그 행위국의 피해배상의무를 완전히 면제시켜 주는 것은 아니다. 해석상 피해국의 동의, 자위권, 대항조치 발동의 경우 보상문제가 발생하지 않는다. 그러나 불가항력, 조난, 긴급피난에 의한 경우 위법행위의 상대국이 입은 손실에 대해서는 보상해야 한다.

ICSID중재재판소는 CMS Gas Transmission Company 대 Argentina 사건에서 긴급피난의 항변이 행위의 위법성을 조각할 수는 있겠지만, 그것은 희생을 감수해야 했던 권리소유자에 대한 보상의무를 배제하지는 않는다고 하였다.

한편, 동 중재재판소는 국가도 개인을 상대로 긴급피난을 원용할 수 있다는 데에 대해 전혀 의문을 제기하지 않았다. 그러나 국가와 개인 간에 적용되는 2차 규칙이 국가 간에 적용되는 2차 규칙과 동일하다고 추정할 수 없다는 견해도 있다.

 참고

위법성 조각사유 비교

구분	상대국 선행조치의 적법성	비례성	특정 사태 유발국의 원용가능성
자위	위법	○	–
대항조치	위법	○	–
불가항력	–	×	×(상황 발생의 위험을 예측한 경우)
조난	–	○	×
긴급피난	–	○	×

4 국제위법행위의 법적 결과와 국가책임의 추궁(해제)

1. 국제위법행위의 법적 결과

국제의무 위반이 존재하는 경우 위반국은 ① 위법행위에 의해 야기된 침해(injury)에 대해 완전한 손해배상을 할 의무가 발생한다. ② 위법행위를 즉시 중지하고 재발방지를 위한 적절한 약속과 보장을 제공해야 한다. ③ 손해배상을 한 경우에도 위반된 의무를 계속해서 이행할 의무를 부담한다.

2. 피해국에 의한 국가책임의 추궁

(1) 피해국의 유형(제42조)

첫째, 어떤 국가가 타국에 대해 개별적으로 지고 있는 국제의무를 위반한 경우, 그 의무의 상대방은 피해국으로서 국가책임을 추궁할 수 있다. 둘째, 집단적 의무(collective obligations)를 위반한 경우, ① 그 위반으로 인해 '특별히 영향을 받은 국가'(specially affected), ② 의무 위반의 성격이 의무의 계속적 이행과 관련하여 다른 모든 국가들의 지위를 급격하게 변경시키는 경우 다른 모든 국가들은 '피해국'으로서 국가책임을 원용할 수 있다.

(2) 국가책임의 추궁절차

타국의 책임을 추궁하는 피해국은 자신의 청구를 타국에 통고해야 한다. 또한 피해국은 위법행위가 계속되고 있는 경우 의무 위반국이 이를 중지하기 위해 취해야 할 행위와 손해배상은 어떤 형식을 취해야 할 것인지를 적시할 수 있다(제43조). 한편, 피해국이 청구를 유효하게 포기하였거나, 피해국이 그 행위에 의해 청구의 소멸에 대해 유효하게 묵인한 것으로 간주될 수 있는 경우에는 국가책임을 원용할 수 없다(제45조).

(3) 국가책임의 해제방법 - 손해배상(reparation)

① **의의:** 가해국은 피해국에 손해배상을 함으로써 자신의 책임을 이행한다. 손해배상이란 의무 위반국이 자신의 책임을 이행하는 모든 방법을 의미한다. 손해배상은 원상회복, 금전배상, 사죄의 형식에 의해 이행되며, 원칙은 원상회복이다.

ILC 국가책임초안 제31조 - 손해배상

1. 책임국은 국제위법행위로 인한 피해에 대하여 완전한 배상의무를 진다.
2. 피해는 국가의 국제위법행위로 인한 물질적 또는 정신적 손해를 모두 포괄한다.

---

② **원상회복(restitution) - 제35조:** 원상회복이란 위법행위가 행해지기 이전에 존재했던 상태를 재수립하는 것을 의미한다. 손해배상은 일차적으로 위법행위가 발생하기 이전의 상황을 회복하는 것을 목표로 해야 한다. 단, 원상회복이 불가능할 경우에 금전배상 등 다른 손해배상을 하게 된다. 원상회복이 불가능한 경우는 세 가지가 있다. ㉠ 물리적 불능, ㉡ 법률적 불능, ㉢ 정치적 불능이다. 예컨대, 사람을 살해한 경우가 물리적 불능, 국제법에 위반된 국내조치를 국내법상 무효로 하는 것이 헌법에 의해 제약된 경우는 법률적 불능, 국유화조치로 컨세션 계약을 위반한 경우는 정치적 불능으로 볼 수 있다.

③ **금전배상(compensation) - 제36조**: 금전배상은 의무 위반으로 인한 손해를 경제적으로 평가하여 배상하는 것을 의미한다. 배상액 산정에 있어서 목적물의 가치는 침해시가 아니라 배상지불시를 기준으로 산정한다. 외국인에 대한 간접침해의 경우 가해국의 주의의무 결여의 정도가 아니라 외국인이 입은 손해를 기준으로 배상액을 산정한다. 한편, 손해배상의 목적은 위법행위의 모든 결과를 제거하는 것이므로(Chorzow Factory 사건, PCIJ, 1928), 직접손해 외에 기대이익의 상실, 영업권, 소득상실도 입증되는 한 배상의 범위에 포함된다. ILC 초안에 의하면 금전배상은 재정적으로 평가될 수 있는 손해(any financially assessable damage)에만 적용되는데, ILC는 이 표현을 통해 두 가지를 의도하고 있다. 첫째, 국가에 대한 정신적 손해, 즉 재산이나 사람에 대한 실제 손해와 연관이 없는 권리에 대한 침해에 의하여 야기된 모욕이나 피해에 대한 금전배상은 제외된다. 이 경우의 손해에 대해서는 제37조(사죄)가 적용된다. 둘째, 그러나 외교보호의 분야에서 사람이 입은 정신적·비물질적 손해는 재정적으로 평가될 수 있는 손해에 해당할 수 있으므로 이런 경우의 정신적 손해라면 금전배상의 대상이 될 수 있다.

④ **사죄(satisfaction) - 제37조**: 원상회복이나 금전배상으로 손해배상이 되지 않는 경우 또는 원상회복 및 금전배상과 병행하여 사죄를 행할 수 있다. 국가나 개인의 권위에 대한 침해의 경우에 적절한 손해배상방식이라 볼 수 있다. 사죄는 위반 인정, 유감표시, 정식사과의 방법으로 이루어질 수 있다. 사죄는 손해와의 사이에 비례성을 갖추어야 하며 위반국을 모독하는 형태로 취해져서는 안 된다.

⑤ **사법부 행위의 경우**: 국제사법재판소(ICJ)는 Jurisdictional Immunities of the State 사건에서 사법부의 국제의무 위반의 경우에도 판결을 파기하는 등 원상회복의무가 부과될 수 있음을 시사하였다. 다만 당해 사건에서 결과를 달성할 최선의 방법은 피고국가에게 선택할 권리가 있다고 하였다.

3. 피해국이 아닌 국가에 의한 책임 추궁(제48조)

(1) 의의

초안 제48조는 제42조의 피해국의 정의에 부합되지 않는 국가, 즉 '피해국 이외의 어떤 국가라도' 의무 위반국의 책임을 원용하는 것을 허용하고 있다. 제48조는 대세적 의무의 확립을 책임법 영역에 도입한 것이다.

(2) 제48조가 적용되는 의무의 유형

① **당사자 간 대세적 의무(obligations erga omnes partes)**: 위반된 의무가 국가들의 집단에 대한 것으로서 그 집단의 집단적 이익(collective interest)의 보호를 위해 수립된 경우이다. 이는 국제공동체 전체에 대해 부담하는 의무는 아니고 조약에 기초한 의무로서 그 이행에 모든 체약당사자가 법적 이익을 갖는 것이다. 이를 '당사자 간 대세적 의무'(obligations erga omnes partes)라 한다. 지역적 비핵지대조약상의 의무와 지역적 인권보호조약상의 의무가 여기에 해당한다.

② 일반국제법상 대세적 의무(obligations erga omnes): 위반된 의무가 국제공동체 전체(international community as a whole)에 대한 경우이다.

(3) 피해국 이외의 국가의 책임 추궁 내용

피해국 이외의 국가가 책임 추궁하는 경우 피해국이 추궁하는 것과 구별된다. 그러한 국가들은 첫째, 제30조에 따른 국제위법행위의 중단과 재발방지의 확보 및 보장 청구, 둘째, 피해국에 대한 배상의무 이행의 청구를 할 수 있다. 그러나 가해국에 대해 손해배상을 청구할 수 없다.

(4) 피해국 이외의 국가의 책임 추궁 절차

피해국의 책임 추궁 절차가 준용된다(제48조 제3항). 즉, 제43조의 피해국에 의한 청구의 통고, 제44조의 청구의 허용성 요건, 제45조상의 청구권 상실 규정이 적용된다.

4. 복수의 피해국(제46조)

동일한 국제위법행위에 의하여 복수의 국가가 피해를 입은 경우 각 피해국은 개별적으로 국제위법행위를 실행한 국가의 책임을 추궁할 수 있다.

5. 대항조치

(1) 개념 및 구별개념

① 대항조치의 개념: 대항조치란 피해국이 타국의 위법행위를 중지시키고 또 이미 발생한 위법행위에 대한 완전한 손해배상을 얻어내기 위해 의무 위반국에 대해 부담하고 있는 국제의무를 이행하지 아니하는 것을 말한다. 대항조치는 자력구제(self-help)의 한 형태로서 일반국제법상 강제관할권을 향유하는 분쟁의 평화적 해결 수단이 여전히 결여된 현 국제공동체의 분권적·수평적 체제를 반영하고 있다.

② 구별개념: 대항조치는 보복조치(act of retorsion)과 대비된다. 보복은 타국의 위법행위 또는 적법하지만 비우호적인 행위에 대응하기 위한 일국의 비우호적이지만 적법한 행위를 말한다. 보복조치는 위법한 행위가 아니므로 대항조치와 달리 비례의 요건이 적용되지 않는다.

(2) 대항조치의 제한

초안 제50조 제1항은 대항조치에 의해 영향을 받지 않는 의무로 첫째, UN헌장에 구현되어 있는 무력의 위협 또는 사용을 자제할 의무, 둘째, 기본적 인권의 보호 의무, 셋째, 복구를 금지하는 인도적 성격의 의무, 넷째, 일반국제법의 강행규범 하의 기타 의무를 들고 있다. 또한, 대항조치를 취하는 국가라도 자국과 의무 위반국 사이에 적용되는 분쟁해결 절차 하의 의무, 외교관과 영사 및 그들의 공관과 문서의 불가침성을 존중할 의무 등의 이행으로부터 해방되지 아니한다.

(3) 위법행위의 존재

대항조치로 인정되기 위해서는 대항조치를 취하기 전에 실제로 대상이 되는 위법행위가 있었어야 한다. 대항조치는 자기평가적 과정이므로 대항조치를 취하기 전에 표적 국가가 실제로 위법행위를 행하였는지에 대하여 먼저 제3자의 판단이나 평가를 받을 것이 요구되지 않는다.

(4) 비례성

대항조치는 국제위법행위의 중대성과 문제의 권리를 고려하여 피해국이 입은 침해에 비례해야 한다. 대항조치는 반드시 위법행위와 동일하거나 가까운 분야에서 취해야 하는 것은 아니다. 비례는 위법행위와 대항조치 사이에 어느 정도의 등가 또는 대강의 근접만 있으면 되고, 양자 간에 정확한 등가(exact equivalence)가 요구되는 것은 아니다.

(5) 대항조치의 절차적 요건

피해국은 대항조치를 취하기 전에 의무위반국에게 위법행위를 중지하고 또 이미 발생한 위법행위에 대해 손해배상을 해주도록 요구하고, 또한 의무위반국에게 대항조치를 취하기로 한 결정을 통고하고 교섭을 제의해야 한다. 다만, 피해국은 자신의 권리를 보존하는 데 필요한 긴급한 대항조치는 그 같은 통고나 교섭 제의 이전에도 할 수 있다. 여기서 권리는 대항조치를 취할 권리와 분쟁의 대상이 된 일차적 권리 두 가지 모두를 지칭한다.

(6) 대항조치의 중단

국제위법행위가 중지되고 또한 분쟁이 당사국들에게 구속력 있는 결정을 할 수 있는 재판소에 계류 중인 경우 대항조치를 취해서는 안 되며, 이미 대항조치를 취했다면 부당하게 지체함이 없이 중단되어야 한다. 단, 의무 위반국이 성실하게 이행하지 않는 경우 중단해야 하는 것은 아니다.

(7) 대항조치의 종료

대항조치는 의무 위반국이 위법행위를 중지하고 손해배상의무를 이행하는 즉시 종료되어야 한다. 대항조치의 목적은 의무 위반국으로 하여금 국제의무를 준수하도록 유도하는데 있는 것이지 복수하는 데 있는 것이 아니기 때문이다.

(8) 대항조치의 주체

ILC초안 제49조 제1항에 의하면 대항조치는 피해국만 취할 수 있다. 문제는 대세적 의무 위반 시에도 피해국만 대항조치를 취할 수 있는가이다. 초안 제54조는 대세적 의무 위반 시 비피해국은 의무위반국에 대해 적법한 조치를 취할 수 있다고 규정하고 있으나, 적법한 조치에 대항조치가 포함되는지는 명확하지 않다.

(9) 대항조치의 범위와 한계

대항조치는 책임있는 국가를 향해 조치를 취하는 국가의 국제의무를 당분간 이행하지 않는 것에 국한된다. 따라서 대항조치는 잠정적 성격을 갖는다. 한편, 대항조치는 가능한 한 문제된 의무의 이행이 재개되는 것을 허락하는 방향으로 취해야 한다.

ILC 국가책임초안 제49조 ~ 제53조 - 대항조치

제 49 조 대응조치의 목적과 한계

1. 피해국은 오직 국제위법행위에 책임있는 국가가 제2부에 따른 의무를 준수하도록 하기 위하여 당해국가에 대한 대응조치를 취할 수 있다.
2. 대응조치는 조치를 취하는 국가가 책임국에 대한 국제의무를 당분간 이행하지 않는 것에 한정된다.
3. 대응조치는 가능한 한 문제된 의무의 이행을 재개시킬 수 있는 방법으로 취해져야 한다.

제 50 조 대응조치에 의하여 영향받지 않는 의무

1. 대응조치는 다음에 대하여 영향을 주어서는 안 된다.
   (a) UN헌장에 구현되어 있는 무력의 위협 또는 무력의 행사를 삼갈 의무
   (b) 기본적 인권을 보호할 의무
   (c) 복구가 금지되는 인도적 성격의 의무
   (d) 일반국제법상의 강행규범에 따른 기타 의무
2. 대응조치를 취하는 국가는 다음 의무의 이행으로부터 면제되지 아니한다.
   (a) 자국과 책임국 간에 적용되는 분쟁해결절차에 따를 의무
   (b) 외교사절 또는 영사, 공관지역, 문서 및 서류의 불가침을 존중할 의무

제 51 조 비례성

대응조치는 국제위법행위의 심각성과 문제되는 권리를 고려하여, 입은 피해에 비례하여야 한다.

제 52 조 대응조치에의 호소를 위한 요건

1. 대응조치를 취하기에 앞서 피해국은
   (a) 제43조에 따라 책임국에게 제2부상의 의무를 이행할 것을 요구하여야 하고,
   (b) 대응조치를 취하기로 한 모든 결정을 책임국에게 통고하고, 당해 국가에 협상을 제안하여야 한다.
2. 제1항 제(b)호에도 불구하고 피해국은 자국의 권리를 보호하기 위하여 필요한 긴급대응조치를 취할 수 있다.
3. 다음의 경우에는 대응조치가 취하여질 수 없고, 이미 취해진 경우라면 지체 없이 중단되어야 한다.
   (a) 국제위법행위가 중지되었고,
   (b) 분쟁이 당사자에게 구속력 있는 결정을 내릴 수 있는 권한을 가진 법원 또는 재판소에 계속 중인 경우
4. 제3항은 책임국이 분쟁해결절차를 신의성실하게 이행하지 않는 경우에는 적용되지 않는다.

제 53 조 대응조치의 종료

책임국이 국제위법행위와 관련하여 제2부상의 의무를 이행한다면, 대응조치는 즉시 종료되어야 한다.

나울리아 사건(Naulilaa Case, 포르투갈 대 독일, 중재재판, 1928)

1. 사실관계

(1) 베르사유조약 체결

제1차 세계대전 이후 영국 · 프랑스 · 포르투갈 등의 연합국과 독일 간 체결된 베르사유평화조약 제297조와 제298조에서 적국 내에 있는 사인의 재산 등의 처리방법을 규정하였고, 또한 동 조약 부속서 제4조에서는 각 연합국이 자국령 내에 있는 독일 국민의 재산이나 그 매각대금 등을 자국민에 대한 독일 국민의 배상액에 충당하는 것을 인정하였다. 청구액은 별도로 설치된 혼합중재재판소가 임명하는 중재인이 판정해야 한다고 규정하였다.

(2) 포르투갈의 청구

동 조약에 따라 포르투갈이 청구를 제기하였다. 독일령 서남아프리카로부터 음료수입 교섭을 위하여 포르투갈령 앙골라로 향하던 독일 공무원 1명과 군인 2명이 포르투갈 군 기지에서 사살되었다. 그러자 서남아프리카 주재 독일군은 이에 대해 복구(復仇)조치로서 해당 포르투갈군 기지 및 국경 부근에 있는 다른 포르투갈 군 기지를 공격 · 파괴하였다. 포르투갈은 이것이 중립국 영토에 대한 위법한 침입 · 공격으로서 배상을 요구하였다.

2. 법적 쟁점

(1) 포르투갈에 독일에 대한 국가책임 성립 여부

(2) 독일의 복구조치의 적법성

3. 중재판정

(1) 포르투갈의 독일에 대한 국가책임 성립 여부(소극)

포르투갈은 국제법을 위반하지 않았다. 포르투갈령 기지에서의 독일인 살해 사건은 통역의 실수에 의한 우발적인 사건으로 포르투갈 측에는 국제법에 위반되는 행동이 없었다.

(2) 독일의 복구조치의 적법성(소극)

독일의 행위는 복구조치로서 정당화될 수 없다. 첫째, 포르투갈이 국제법을 위반한 바 없기 때문에 복구조치로 정당화될 수 없다. 복구조치는 가해국의 위법행위의 존재를 전제로 하기 때문이다. 둘째, 설령 포르투갈이 국제법을 위반하였다고 하더라도 독일은 복구조치의 요건을 충족하지 않았다. 복구는 가해국에 대한 구제 요구가 충족되지 않은 경우에만 합법이나 독일은 포르투갈에 대해 구제 요구를 하지 않았다. 셋째, 또한 독일의 조치는 비례성을 충족하지 못했다. 국제법은 복구와 가해행위가 엄격한 균형을 이룰 것을 요구하지는 않아도 완전히 균형을 잃은 복구행위는 과잉조치로서 명백한 위법이다. 포르투갈령 기지에서 발생한 독일인 살해 사건과 그 후 계속된 여섯 차례의 복구행위 간에는 명백히 불균형이 존재한다.

5 타국의 국제위법행위에 대한 일국의 관여

1. 의의

국가는 원칙적으로 자신의 행위에 대해서만 책임을 진다. 이를 ILC는 '독립적 책임'(independent responsibility)이라 한다. 그러나 예외적으로 국가가 타국의 행위와 관련하여 또는 타국의 행위에 대하여 책임을 부담하는 경우가 있으며 이를 '파생적 책임'(derived responsibility)이라 한다. 파생적 책임이 발생하는 경우는 국가가 타국의 위법행위를 '지원 또는 원조'하거나 이를 '지시 또는 통제'하는 경우 그리고 타국의 위법행위를 '강제'하는 경우이다. 이러한 경우 타국의 행위가 국가에 '귀속'되는 것은 아니므로 국가귀속성의 문제는 아니다.

2. 타국 국제위법행위에 대한 원조(제16조)

> **ILC 위법행위책임초안 제16조 - 국제위법행위의 실행에 대한 지원 또는 원조**
> 국제위법행위를 실행하는 타국을 지원하거나 원조하는 국가는 다음의 경우 그같이 행동하는 데 대하여 국제적으로 책임을 진다.
> (a) 당해 국가가 그 국제위법행위의 상황을 인식하고 그같이 행동하며,
> (b) 당해 국가가 실행하였더라도 그 행위는 국제적으로 위법할 경우

(1) 의의

한 국가가 위법행위를 범하는 타국에게 '지원 또는 원조'(aid or assistance)를 제공함으로써 그 위법행위를 방조하는 경우 지원 또는 원조국은 문제의 타국의 위법행위가 자행됨에 있어서 기여한 만큼 이에 대해 책임을 진다.

(2) 지원 또는 원조의 형태

① 인적 지원조치가 취해질 수 있다. 한 국가가 특정 타국이 위법행위를 범함에 있어서 이를 지원할 목적으로 자국의 기관이나 요원을 파견하는 경우가 존재할 수 있다. 이 경우 파견국은 자국기관의 행위에 대하여 책임을 진다.

② 물적 차원의 지원이나 원조로서 국가가 타국의 위법행위를 방조할 목적으로 재정적 지원을 하거나, 물자 또는 시설을 제공하거나, 자국의 영토를 사용하도록 하는 등의 원조를 제공할 수 있고, 이 경우 역시 원조국은 국가책임을 진다.

(3) 책임의 성립요건

① 지원국은 자국의 지원 또는 원조를 받아 이루어지는 피지원국의 행위가 국제법상 위법임을 인식하였어야 한다[초안 제16조 제(a)호]. 즉, 지원국은 자국의 원조나 지원이 피지원국의 국제위법행위의 자행에 소용될 수 있음을 인식하고도 감히 그 같은 원조나 지원을 제공한 경우에 한하여 책임을 진다.

② 지원 또는 원조가 문제의 위법행위의 자행을 방조할 목적으로 제공되었어야 하며, 실제로 이를 방조하였어야 한다. 단, 지원 또는 원조가 문제의 위법행위 발생에 필수적(essential)이었을 것은 요구되지 않으며, 지원 또는 원조와 위법행위 간에 구체적 인과관계(specific causal link)가 입증되면 족하다.

③ 제16조는 그 위법행위가 지원국에 의하여 범하여졌더라도 국제적으로 위법하였을 상황에서만 적용된다[제16조 제(b)호].

④ 문제의 위법행위가 지원국 자신도 역시 구속받고 있는 의무의 위반을 구성하는 경우에만 적용된다. 예컨대, 위반국이 피해국과의 양자조약 위반시 이를 원조한 경우 원조국은 자신의 책임을 지지 않는다. 그러나 위반국이 지원국도 부담하고 있는 일반국제법상 의무를 위반한 경우 지원국 역시 자신의 원조행위에 대해 책임을 지는 것이다.

3. 타국의 국제위법행위에 대한 지시나 통제(제17조)

> **ILC 위법행위책임초안 제17조 - 국제위법행위 실행에 행사한 지시 및 통제**
> 타국이 국제위법행위를 실행하도록 타국을 지시하고 통제한 국가는 다음의 경우 그 행위에 대하여 국제적으로 책임을 진다.
> (a) 당해 국가가 그 국제위법행위의 상황을 인식하고 그같이 행동하며,
> (b) 당해 국가가 실행하였더라도 그 행위는 국제적으로 위법할 경우

(1) 의의

국가가 타국의 위법행위를 지시(direction)하고 통제(control)한 경우 지시 또는 통제국은 문제의 타국 행위에 대해 직접책임을 진다. '통제'한다는 것은 위법행위의 자행에 대하여 지배(domination)를 행사하는 것을 말하며, 단순히 감독(oversight)하는 것을 의미하는 것은 아니다. '지시'한다는 것은 선동(incitement) 또는 제의(suggestion)를 의미하지는 않으며, 어떠한 '행동적 성질의 실질적 지시'(actual direction of an operative kind)를 의미한다.

(2) 지시 · 통제를 받은 국가의 책임문제

한 국가가 타국의 기관에 대하여 일정한 행위를 지시 · 통제하였다 하더라도 이 행위는 그 기관의 소속국에 귀속되며 그 결과 그 국가의 국제책임을 발생시킨다. ILC는 한 국가의 행위가 다른 국가의 지시 및 통제하에서 취해졌다 하더라도 이는 위법성 조각사유에 해당하지 않는다고 하였다. 문제의 행위가 국제의무 위반을 구성하는 경우 그 국가는 문제의 지시 또는 통제에 따르지 않았어야 한다. 단, 예외적으로 그러한 지시 또는 통제가 불가항력을 구성한다면 지시 또는 통제된 행위의 위법성이 조각될 수 있다.

(3) 책임의 성립요건

① 위법행위가 국가의 지시 및 통제에 의해 발생해야 한다. 사실상 기관으로서의 사인과 달리 이 경우에는 지시와 통제가 누적적으로 모두 요구된다.

② 지배국은 피지배국의 행위의 위법성을 인식하였어야 한다[제17조 제(a)호].

③ 그 행위가 그 국가(지배국)에 의하여 자행되더라도 국제적으로 위법행위를 구성하는 것이었어야 한다[제17조 제(b)호].

4. 타국에 대한 강박(제18조)

> **ILC 위법행위책임초안 제18조 - 타국에 대한 강제**
>
> 타국으로 하여금 어떠한 행위를 실행하도록 강제한 국가는 다음의 경우 그 행위에 대하여 국제적으로 책임을 진다.
> (a) 그러한 강제가 없었다면 그 행위는 피강제국의 국제위법행위가 될 것이며,
> (b) 강제국은 그 행위의 상황을 인식하고 강제하였을 것

(1) 의의

한 국가가 타국을 강제(coercion)하여 어떠한 행위를 하도록 유도하였다면, 그 타국의 행위에 대하여 책임을 진다. ILC에 의하면 여기에서의 강제는 위법성 조각사유로서의 불가항력(force majeure)과 본질적으로 같으며 피강제국에게 의사를 강제하여 그 국가로 하여금 강제국의 요구대로 행동하는 것 외에는 선택의 여지가 없도록 만드는 것을 말한다. 또한 ILC에 의하면 강제국이 문제된 국제위법행위 '자체'를 강제했어야 한다. 강제는 반드시 위법한 강제만을 의미하는 것은 아니다. 피강제국은 피해국에 대해 국가책임을 지지 않는다. 불가항력에 의해 위법성이 조각되기 때문이다.

(2) 책임의 성립요건

① 강제가 없었다면 그 행위가 그 강제된 국가의 국제위법행위를 구성해야 한다[제18조 제(a)호]. ILC에 의하면 이러한 가능성을 강제국이 알고 있었어야 한다.
② 강제하는 국가가 그러한 행위의 상황(circumstances of the act)을 인식하고 그같이 행동했어야 한다[제18조 제(b)호]. 이는 강제국이 자신이 강제한 행위의 사실적 결과를 예측할 수 있었어야 한다는 것을 의미한다.
③ 제18조에서는 제16조와 제17조에 부과되었던 조건, 즉 '그 행위가 그 국가에 의하여 자행된다면 국제적으로 위법할 것'을 요구하지 않고 있다. 이는 문제의 행위가 강제의 직접적 결과인 만큼, 그 행위에 대해서는 그 책임을 포괄적으로 강제국에게 전가시키기 위한 취지로 이해할 수 있다.

 참고

일반국제법상 강행규범의 심각한 위반의 법적 효과

ILC 초안 제40조 및 제41조는 일반국제법상 강행규범이 심각하게 침해되는 경우의 법적 효과에 대해 규정하고 있다. 이 경우 국가들은 적절한 방법을 통해 심각한 위반을 중단하기 위해 협력해야 한다. 또한 어떠한 국가도 강행규범의 심각한 위반으로 발생한 상황을 적법하다고 인정해서는 아니 되며 그러한 상황을 유지하기 위해 원조·지원해서도 아니 된다.

제3절 | 결과책임

1 등장배경

국가책임은 전통적으로 국제위법행위로부터 발생한 손해에만 국한되었으나, 최근에 와서 국제법상 금지되지 않은 행위로부터 발생하는 제3자의 손해에 대해서도 국제책임을 져야 할 필요성이 대두되었다. 이는 과학기술의 발달에 따른 대규모 환경오염의 심각성을 깨닫고 그러한 위험한 결과에 대한 국가책임을 묻고자 함이다.

2 의의

국제법상 금지된 행위는 아니나 특별한 위험을 수반하는 행위에 대해 특별한 주의의무를 부과하고 이와 같은 행위로 발생한 손해에 대해서는 관리·주의의무를 다했다 하더라도 그 결과에 대해 손해배상을 히도록 히는 국가책임제도이다.

3 연혁

초국경적 피해에 대한 국가책임은 1941년 미국과 캐나다 간의 트레일 제련소 사건에서 인정된 후 1967년 우주조약(제6조·제7조) 및 1972년 우주책임협약(제2조) 등에 규정되어 있다. 이에 관한 일반조약의 입법노력은 ILC에 의해 이루어지고 있으며, 2001년 제53차 회기에서 '위험한 활동에서 야기되는 월경 피해의 방지에 관한 규정 초안'을 채택하였다.

 관련판례

트레일 제련소 사건(캐나다 대 미국, 국제중재, 1941)

1. 사실관계

   캐나다 영토 Trail에 민간 회사가 경영하는 제련소가 설립되어 납과 아연을 제련하였다. 1925년과 1927년에 제련소는 새로운 굴뚝을 건설하여 생산량은 증가하였으나 동시에 아황산가스 배출량도 증가하였다. 미국은 제련소에서 배출된 가스가 워싱턴 주의 농작물과 산림자원에 손해를 주었다고 주장하며 배상을 요구하였다. 국제합동위원회가 구성되어 1932년 1월 1일까지 발생한 손해에 대해 35만 달러의 지불을 권고하였으나 미국이 만족하지 못하고 거절하자, 양국은 국제중재 설치를 합의하였다.

2. 재정요지

   (1) **국제법상 초국경적 오염에 대한 배상의무의 존부 적극**

   재판소는 국제법상 국가는 매연에 의해 타국의 영역이나 인체·재산에 손해를 가하는 방법으로 자국의 영토를 사용하거나 사용을 허가하는 권리를 갖지 못한다고 판시하였다. 캐나다 정부는 트레일 제련소가 매연에 의한 피해를 미국 내에 미치지 않도록 조치할 국제법상 의무를 진다.

우선, 1932년 이후에도 워싱턴 주에 손해가 발생하고 있었는지 여부가 문제되었다. 이에 대해 재판소는 긍정적으로 판단하였으나 1937년까지 발생한 피해로 배상범위를 한정하였다. 또한 재판소는 캐나다는 장래의 손해발생을 방지하기 위해 제련소의 운영에 대한 일정한 통제조치를 취할 것을 명령하였다.

4 전통적 위법행위책임과 결과책임의 비교

1. 목적

이 국가책임은 state responsibility(국가책임)이 아니라 international liability로 표현되고 있는데 그 목적은 반드시 해로운 결과를 종료시키는 데 있는 것이 아니라 보상을 통해 침해로 인해 영향받은 이익의 균형을 회복시키는 데 그 목적이 있다.

2. 1차 규범성

전통적 국가책임법은 위반된 의무의 내용과 연원(1차 규범에 관한 사항)은 고려하지 않고 의무 위반에 대한 법적 결과를 다루는 2차 규범인 데 반해, 초국경적 피해에 관한 국가책임법은 예방의무와 보상의무, 즉 liability에 관한 1차 규범이다. 따라서 1차 규범인 해로운 결과 책임을 위반하면 다시금 전통국제법상의 국가책임으로 전환된다. 미국 - 캐나다 간 트레일 제련소 사건(1941)에서 사인의 행위에 대한 관리의무를 다하지 않은 캐나다 정부의 국가책임을 물어 중재법원은 캐나다 정부에게 손해배상을 명하였다.

3. 법적 근거

전통적 국가책임법은 '행위의 위법성'에 법적 근거를 두고 있다. 이에 반해 초국경적 피해에 관한 국가책임법은 정의와 형평한 결과의 달성을 목적으로 '유해한 결과의 발생'에 법적 근거를 두고 있다.

4. 성립요건

전통적 국가책임법에 있어 국가책임이 성립하기 위해서는 행위의 국가귀속성과 행위의 위법성이라는 요건이 필요하다. 그러나 초국경적 피해에 관한 책임은 이러한 요건을 요구하지 않으며 따라서 위법행위에 대한 심리적 요소로서 고의 또는 과실 또한 요구하지 않는다. 초국경적 피해에 대한 국가책임은 '자국의 관할하의 활동일 것'과 '유해한 결과의 발생의 존재', '인과관계의 존재'에만 의하여 성립하는 절대책임이다.

5 ILC 결과책임 '예방초안'의 주요 규정

1. 의의

1977년 UN총회는 ILC로 하여금 '국제법에 의하여 금지되지 아니한 행위로부터 발생하는 해로운 결과에 대한 국제책임'에 대해 보고서를 작성하도록 위임함으로써 결과책임 논의가 구체적으로 진전되었다. 결과책임 논의는 크게 '방지'(prevention)에 대한 논의와 '책임'(liability)으로 대별되나, ILC는 방지문제를 우선적으로 논의하여 2001년 '위험한 활동에서 야기되는 국경 간 손해의 방지에 관한 규정 초안'(이하 조문만 언급함)을 채택하였다. 이하에서는 동 초안에 기초하여 주요 규정들을 정리한다.

2. 초안규정의 적용범위

(1) 규정

초안은 '국제법에 의해 금지되지 아니한 활동으로서, 그것의 물리적 결과를 통하여 중대한 국경 간 손해를 야기할 위험을 수반하는 활동'에 적용되고(제1조), 또한 한 국가의 영토에서 또는 국가의 관할권이나 통제하에서 계획되거나 수행되는 경우에 적용된다.

(2) 적용범위

첫째, 초안은 국제법에 의해서 금지되지 아니한 활동에만 적용된다. 둘째, 실제로 손해를 야기하는 활동을 다루는 것이 아니라 중대한 국경 간 손해를 야기할 '위험'을 수반하는 활동에 적용된다. 셋째, 손해(harm)란 사람, 재산 또는 환경에 야기된 손해를 말한다. 넷째, 국경 간 손해에 적용되는바, 국경 간 손해(transboundary harm)란 관련국가들이 국경선을 맞대고 있는가에 관계없이, 기원국 이외의 영토에서 혹은 기원국 이외의 국가의 관할권이나 통제하에 있는 기타 장소에서 야기된 손해를 말한다. 다섯째, '중대한' 국경 간 손해에 적용된다. 최소한의 위험(de minimis risks)을 수반하는 활동에 적용하는 경우 영토 관할권 또는 통제 내에 있는 천연자원에 대한 국가들의 영구주권을 부당하게 제약할 것이므로 초안의 적용범위에서 배제된다. ILC는 '중대한'의 의미가 특정 상황에서 '탐지 가능한'(detectable) 것 이상의 어떤 것이지만, 반드시 '심각하거나'(serious), '실질적인'(substantial) 것에는 이르지 않는 수준을 지칭한다고 정의하였다.

3. 기본원칙(예방과 협력)

(1) 예방(제3조)

기원국은 중대한 국경 간 손해를 방지하거나 또는 어떠한 경우에도 그것의 위험을 최소화하기 위한 모든 적절한 조치를 취해야 한다. ILC는 완전한 과학적 확실성이 존재하지 않더라도 중대한 혹은 돌이킬 수 없는 손해를 회피 또는 방지하기 위한 조치를 취해야 할 의무를 적절한 조치를 취할 의무의 일부로 보고 있다. 모든 적절한 조치를 취할 의무는 '상당한 주의'(due diligence)의무를 의미한다. 기원국은 적절한 감시장치의 수립 및 필요한 입법적·행정적 또는 다른 행동을 취할 의무가 있다. 주의의 정도는 관련된 위험의 정도에 비례해야 한다.

(2) 협력(제4조)

관련국들, 즉 기원국과 영향을 받을 가능성이 있는 국가는 신의성실로써 협력해야 하며, 또한 필요한 경우 중대한 국경 간 손해를 방지하거나 또는 어떠한 경우에도 그것의 위험을 최소화함에 있어 하나 이상의 권한 있는 국제기구의 도움을 구해야 한다. 다만, 국제기구의 범위에 비정부 간 국제기구가 포함되는지는 코멘터리(주석)에 의해서도 분명하지 않다.

4. 기본원칙의 이행과 구체화

(1) 이행(제5조)

국가들은 규정의 이행을 위한 적절한 감시장치를 수립하고 필요한 입법적·행정적 행동을 취할 의무가 있다. 관련국들은 취해야 할 조치의 성격을 자유로이 결정할 수 있다.

(2) 허가(제6조 제1항)

영토 내 및 관할권이나 통제하에서 수행되는 활동 및 활동의 변경에 대해서 사전허가를 구해야 한다. '허가'란 정부당국이 초안규정의 적용대상이 되는 활동의 수행을 허락함을 의미한다. 사전허가요건은 현재 계획중에 있거나 이미 자국 영토 내에서 행해지고 있는 활동을 국가가 적절히 파악하고 있기 위해서도 필수적이다. 또한 사전허가요건은 국제사법재판소(ICJ)가 코르푸 해협 사건에서 인정한 국가들의 의무를 실시하는 데에도 필수적이다. 국가는 자국 내에서 인지한 또는 인지할 수 있는 위험에 대해 타국에 통고해 줄 의무가 있기 때문이다.

(3) 환경영향평가(제7조)

환경영향평가는 기원국이 허가를 부여할 것인지 그리고 허가요건은 어떻게 할 것인지에 관해 결정하기 위해 활동에 수반되는 위험의 성격과 정도를 알기 위해 필요하다. 환경영향평가는 국제환경법의 일반원칙으로 확립되어 있다.

(4) 통고·정보제공 및 협의(제8조)

환경영향평가를 통해 어떤 활동이 중대한 국경 간 손해를 야기할 위험을 수반한다는 징후를 보이는 경우 기원국은 영향받을 가능성이 있는 국가에게 적시에 위험과 평가에 대하여 통고해야 하며, 또한 평가의 기초가 된 이용 가능한 기술적 그리고 다른 모든 관련정보를 전달해야 한다. 기원국은 6개월을 넘지 않는 기간 내에서 영향 받을 가능성이 있는 국가로부터 반응을 수령할 때까지는 그 활동의 허가에 관한 결정을 내려서는 안 된다. 통고가 없는 경우 영향받을 가능성이 있는 국가는 기원국에서 계획되거나 실행되는 활동이 자국에 중대한 국경 간 손해를 야기할 위험을 수반할 수 있다고 믿을 만한 합리적인 사유가 있으면 기원국에 대해 제8조에 규정된 통보와 정보제공 의무를 이행할 것을 요청할 수 있다.

(5) 이익의 형평한 균형을 위해 고려할 요소(제9조, 제10조)

관련국들은 중대한 국경 간 손해를 방지하거나 위험을 최소화하기 위하여 채택될 조치에 관한 수락 가능한 해결책을 달성할 목적으로 어느 한 국가의 요청이 있으면 협의에 들어가야 하며 초안 제10조의 규정에 비추어 이익의 형평한 균형에 기초한 해결(solutions based on an equitable balance of interests)을 구해야 한다. 제10조는 이익의 형평한 균형을 달성하기 위해 고려할 수 있는 요소들을 예시하고 있다(예 위험의 정도, 위험을 최소화하기 위한 수단의 이용가능성, 활동의 중요성 등).

6 ILC 결과책임 '보상초안'의 주요 내용

1. 개관

2006년 ILC는 '위험한 활동에서 야기되는 국경 간 손해의 경우에 있어서 손실의 배분에 관한 제원칙 초안'을 채택하였다. 전문과 8개 원칙으로 구성되었다.

2. 보상초안의 목적

예방초안에서 규정된 국가의 의무를 준수하였음에도 불구하고 발생할 수 있는 사고에 수반되는 '손실'(loss)의 배분에 관한 원칙을 제공하는 것을 목적으로 한다. '법전화'를 목적으로 하기보다 국가들에게 적절한 지침을 제공하고 이 분야의 국제법 발전을 의도한다.

3. 보상초안의 성격

보상초안은 예방초안과 마찬가지로 '1차 규칙'에 관한 규정이다. 예방초안상 의무를 준수하지 아니한 경우는 '1차 규칙' 위반으로서 위법행위책임이 발생한다. 보상초안은 예방초안상 의무를 준수하였음에도 불구하고 발생한 사고로 인한 '손실'에 관한 1차 규칙을 담고 있다.

4. 인적 적용범위

보상초안은 국제법에 의해 금지되지 아니한 활동에 의하여 야기된 국경 간 손해에 적용되므로 '기원국', '영향을 받을 가능성이 있는 국가'뿐 아니라 '실제로 영향을 받은 국가' 상호간에 적용된다. 이는 예방초안이 '기원국'과 '영향을 받을 가능성이 있는 국가'에 적용되는 것과 다르다.

5. 보상의무 인정 여부 및 책임의 성격

반드시 국가가 보상의무를 지는 것은 아님을 밝히고 있으며, 해당 국가가 무과실책임을 질 것을 권고하고 있다.

01 2001년 국제위법행위에 대한 국가책임초안의 내용에 대한 설명으로 옳은 것은? 　2018년 7급

① 국가의 행위가 상업적 성격을 지닌 경우에는 국가책임이 성립하지 않는다.

② 국가의 행위가 2001년 초안 규정상 국제범죄에 해당하는 경우에는 국가책임이 가중된다.

③ 대응조치를 취하는 국가는 책임국과 관계에서 적용되는 분쟁해결절차상의 의무로부터 면제된다.

④ 국제위법행위의 법적 결과에는 의무 위반 중지 및 재발방지, 계속적 의무 이행, 만족이 포함된다.

국제위법행위에 대한 국가책임초안

선지분석
① 상업적 성격이더라도 국가귀속성이 인정된다. 국가책임에서는 직무행위인지가 중요한 기준이다.
② 2001년 초안에는 국제범죄 규정은 없다. 1980년 잠정초안에서는 국제범죄에 대해 비피해국에 의한 책임추궁을 인정하였다.
③ 분쟁해결절차상의 의무로부터 면제되지 않는다. 즉, 분쟁해결조항에 대해서는 대항조치를 취할 수 없다.

답 ④

---

02 2001년 국제법위원회(ILC)가 채택한 국제위법행위에 대한 국가책임 규정 초안을 따를 때, 국가의 국제책임에 대한 설명으로 옳지 않은 것은? 　2017년 7급

① 한 국가의 신정부를 구성하게 되는 반란단체의 행위는 국제법상 그 국가의 행위로 간주되지 않는다.

② 국제의무의 연원에는 조약과 국제관습법이 모두 포함된다.

③ 국가기관의 자격으로 한 행위는 그것이 행위자의 권한을 넘는 행위인 경우에도 국제법상 그 국가의 행위로 간주된다.

④ 국가책임의 성립요소로 손해의 발생을 열거하지 않고 있다.

국가책임

당해 국가의 행위로 간주되어 국제법적 책임을 진다.

답 ①

---

03 2001년 국제위법행위에 대한 국가책임초안의 내용에 대한 설명으로 옳은 것은?

① 국가기관의 행위가 상업적 성격을 가지는 경우에는 국가책임이 발생하지 않는다.

② 정부권한을 행사하도록 위임받은 개인의 월권행위는 위임한 국가에 귀속되지 않는다.

③ 국가책임이 성립하기 위해서는 국가에 귀속되는 행위에 의한 국제의무 위반, 고의 또는 과실 및 손해의 발생이 필요하다.

④ 문제가 된 행위의 위법성이 조각되더라도 그 행위로 인해 야기된 중대한 손실에 대한 보상까지 면제되는 것은 아니다.

국가책임

불가항력, 조난, 긴급피난의 경우 요건 충족 시 위법성이 조각되어 국가책임이 성립하지는 않으나, 그 과정에서 발생한 손실에 대해서는 보상책임을 진다.

선지분석

① 국가기관의 행위가 상업적인지 정치적인지는 국가책임에서 국가귀속성에 영향을 주지 않는다. 국가기관의 직무행위이면 국가로 귀속이 되어 책임이 성립할 수 있다.

② 월권행위의 경우 ILC 초안은 모든 월권행위에 대한 국가귀속성을 긍정한다(초안 제7조).

③ ILC 초안은 국가책임의 성립 요건으로서 국가귀속성과 위법성을 명시하고 있다(초안 제2조). 고의 또는 과실 및 손해 발생은 국가책임 성립요건으로 명시하지 않았다.

답 ④

---

04 국제법위원회(ILC) 2001년 「국제위법행위에 관한 국가책임초안」의 해석상 국가책임에 대한 설명으로 옳지 않은 것은?

① 국가가 종교단체에 교도소의 운영을 위탁한 경우, 그 종교단체의 행위로 국가책임이 성립할 수 있다.

② 시민들이 외국인을 공격하는 것을 국가가 방치하고 부추기는 경우, 그 시민들의 행위는 국가에 귀속될 수 있다.

③ 국가가 외국의 반란단체에 무기를 판매한 경우에 원칙적으로 반란단체의 행위는 그 국가에 귀속되지 않는다.

④ 범죄를 수사하는 공무원이 고문을 금지하는 법령을 위반하여 외국인을 고문한 경우에 이는 국가의 행위로 귀속되지 않는다.

국가귀속성

공무원의 직무상 행위는 국가귀속성이 인정된다.

선지분석

① 국가사무를 위임받은 경우 민간기관의 행위라도 국가로 귀속된다.

② 시민들의 행위는 사인의 행위이나 국가가 이를 방지하거나 진압할 의무를 태만이 한 경우이므로 국가귀속성이 인정된다.

③ 단순히 반란단체에게 무기를 판매한 경우는 '전반적 통제'에 해당되는 것인데, 국가귀속성이 인정되기 위해서는 '실효적 통제'가 있어야 하므로 설문의 경우 국가귀속성이 인정되지 않는다.

답 ④

05 국제법위원회(ILC)의 2001년 「국제위법행위에 관한 국가책임초안」의 해석상 국가의 행위로 귀속되지 않는 행위는?

2021년 9급

① 외국에서 특수업무를 수행하도록 정부로부터 지시받은 민간인의 행위

② 공공당국의 부재 시 공권력의 행사가 요구되는 상황에서 자발적으로 행한 주민단체의 행위

③ 국가의 위임을 받아 공항에서 출입국 업무를 수행하는 민간항공사의 행위

④ 국가의 통제가 불가능한 지역에서의 조직화된 반란단체의 행위

국가귀속성

반란단체의 행위는 원칙적으로 중앙정부가 책임을 지지 않는다.

선지분석

①② 사실상의 국가기관의 행위로서 국가에 귀속된다.

③ 위임받은 민간인의 행위는 국가로 귀속된다.

답 ④

06 2001년 「국제위법행위에 대한 국가책임초안」상 행위의 국가귀속에 대한 설명으로 옳은 것만을 모두 고르면?

2019년 9급

ㄱ. 비공권적 성격을 가지는 국가기관의 행위는 국제법상 국가의 행위로 귀속될 수 없다.

ㄴ. 공권력을 행사할 권한을 부여받고 그 자격으로 행동한 개인의 행위는 국제법상 국가의 행위로 귀속될 수 있다.

ㄷ. 공권력을 행사할 권한을 부여받고 그 권한을 초월하여 행동한 개인의 행위는 국제법상 국가의 행위로 귀속될 수 없다.

ㄹ. 공권력의 부재 시 그 행사가 요구되는 상황에서 그 권한을 행사한 개인의 행위는 국제법상 국가의 행위로 귀속될 수 있다.

① ㄴ, ㄷ

② ㄴ, ㄹ

③ ㄱ, ㄴ, ㄷ

④ ㄱ, ㄴ, ㄹ

국가귀속성

동 초안상 행위의 국가귀속에 대한 설명으로 옳은 것은 ㄴ, ㄹ이다.

선지분석

ㄱ. 국가의 모든 행위는 원칙적으로 국가로 귀속된다. 공권적(권력적) 성격을 가지는지 여부는 문제되지 않는다.

ㄷ. 이른바 월권행위도 국가로 귀속된다.

답 ②

07 2001년 「국제위법행위에 관한 국가책임초안」에 대한 설명으로 옳지 않은 것은? 2021년 7급

① 불가항력(force majeure)과 조난(distress)에 책임이 있는 국가는 이를 원용할 수 없다.

② 유책국은 1차적으로 금전배상 의무를 부담하며, 전보되지 않은 손해에 대하여 원상회복의무를 부담한다.

③ 어떠한 국가도 일반국제법의 강행규범 위반에 의해 창설된 상황을 승인하거나 지원 또는 원조해서는 아니 된다.

④ 국가의 국제위법행위에 의하여 야기된 피해에 대한 배상의 범위에는 물질적 손해뿐만 아니라 정신적 손해도 포함된다.

국제위법행위에 관한 국가책임초안

유책국은 1차적으로 원상회복의무를 진다. 원상회복이 물리적으로 또는 법률적으로 불가능한 경우 금전배상을 한다.

선지분석

① 불가항력과 조난은 위법성 조각사유이나 이러한 상황을 자초한 국가는 원용할 수 없다.

③ 그 밖에 강행규범 위반 상황을 종료시키기 위해 협력할 의무가 있다.

④ 손해의 범위는 입증될 수 있는 경우 매우 광범위하게 인정된다.

답 ②

---

08 2001년 UN국제법위원회가 채택한 '국제위법행위에 대한 국가책임에 관한 규정초안'상의 '대항조치(countermeasures)'에 관한 설명 중 옳지 않은 것은? 2009년 7급

① 대항조치는 그 조치를 취하는 국가가 책임국에 대한 국제의무를 당분간 불이행하는 것으로 제한된다.

② 대항조치로서 기본적 인권의 보호 의무를 부과하고 있는 국제법을 위반할 수는 없다.

③ 대항조치는 일방적으로 결정하여 실시할 수 있으며 분쟁상대방에 대하여 대항조치를 취하기 전에 교섭을 제의할 의무는 없다.

④ 국제위법행위가 중지되고 또한 당사국들에게 구속력 있는 결정을 할 수 있는 재판소에 계류 중인 경우에는 대항조치를 취해서는 안 된다.

대항조치(countermeasures)

동 초안 제52조 제2항상 대항조치를 취한다는 뜻을 상대국에 통지하고 협상을 요구해야 한다. 이 경우 긴급한 대항조치는 가능하다.

답 ③

국가의 대외기관에서는 외교관, 영사, 군대, 군함, 국가원수 등이 있는데, 시험에서는 외교
관과 영사를 중심으로 출제된다. 외무영사직렬에서는 매년 1~2문제씩 출제되는 중요한
부분이다. 1961년 협약과 1963년 협약을 중심으로 꼼꼼하게 정리해야 한다. 파견과 접
수, 공관 및 신체의 불가침, 통신의 불가침, 재판권 면제, 외교관과 영사의 특권면제의 비교
등이 주로 출제되는 주제들이다.

제1절 │ 외교사절

1 서설

1. 의의

외교사절이란 외교교섭 및 기타 직무를 수행하기 위해 상주 또는 임시로 외국에 파
견되는 국가기관을 의미한다. 상주외교사절제도는 13세기에 이탈리아반도의 도시국
가들에 의해 처음 시작되었으며 17세기 후반 웨스트팔리아회의 이후부터 일반제도로
확립되었다.

2. 법원

기존에 관습법으로 존재해 오던 규범은 1961년 4월 외교관계에 관한 비엔나협약(이
하, 협약 또는 비엔나협약)이 채택되어 법전화되었다. 또한 1969년 12월에 '특별외교
사절에 관한 협약'이 채택되어 특별사절제도에 관해 규율하고 있다.

> **참고**
>
> **외교단(diplomatic corps)**
> 외교단이란 1국에 주재하는 외국 사절단의 단체를 의미한다. 이들은 특별한 법적 자격을 갖
> 는 것은 아니다. 외교단의 장을 외교단장(dean)이라 하며 보통 외교사절 중 최선임 대사가
> 취임한다.

2 종류 및 계급

1. 종류

상주외교사절과 특별외교사절로 구분된다. 특별외교사절에는 사무사절과 예의사절이 있다. 외교관계가 수립되어 있지 않아도 접수국의 동의를 얻어 특별사절을 파견할 수 있다. 외교사절은 보통 상주외교사절을 의미하므로, 본서에서도 상주외교사절을 중심으로 서술한다.

2. 계급

외교관계에 관한 비엔나협약은 대사, 공사, 대리공사 세 계급을 두고 있다. 대사와 공사는 국가원수에게 파견되나, 대리공사는 외무부장관에게 파견된다. 공관장에게 부여되는 계급은 국가 간의 합의로 정한다(제15조). 계급을 이유로 직무나 특권 · 면제에 있어서 차별을 받지 않는다. 동일계급 간의 석차는 외교사절이 직무를 개시한 일시 순서에 따라 정해진다(제16조).

> **외교관계에 관한 비엔나협약 제14조 - 계급**
> 1. 공관장은 다음의 3가지 계급으로 구분된다.
>   (a) 국가원수에게 파견된 대사 또는 교황청대사, 그리고 동등한 계급을 가진 기타의 공관장
>   (b) 국가원수에게 파견된 공사 또는 교황청 공사
>   (c) 외무부장관에게 파견된 대리공사

대사대리
대사대리는 외교사절단장이 공석 중이거나 국외출장 등 유고시 공관장의 직무를 임시로 수행하는 임시공관장인 직원을 말한다.

3 파견과 접수

1. 아그레망

(1) 의의

아그레망은 파견국의 문의(아그레망의 요청)에 대해 접수국이 이의가 없다는 의사표시를 의미한다. 아그레망은 특정 인물이 '우호적 인물'이라고 인정할 때 부여하며, 아그레망을 부여한 경우 접수국은 그 인물을 사절단장으로 접수할 의무가 있다. 파견국은 아그레망을 요청할 법적 의무가 있다.

(2) 아그레망의 거절

접수국은 사절단장이 '기피인물'(persona non grata)인 경우 아그레망을 거절할 수 있다. 아그레망을 거절하려면 정당한 이유가 있어야 하나 파견국에 대해 거부이유를 제시할 의무는 없다.

> **외교관계에 관한 비엔나협약 제4조 - 아그레망**
>
> 1. 파견국은 공관장으로 파견하고자 제의한 자에 대하여 접수국의 '아그레망'(agreement)이 부여되었음을 확인하여야 한다.
> 2. 접수국은 '아그레망'을 거절한 이유를 파견국에 제시할 의무를 지지 아니한다.

2. 신임장

신임장은 특정인을 외교사절로 신임·파견한다는 공문서이다. 파견국은 아그레망을 얻으면 외교사절로 임명하고 신임장을 주어 파견한다. 접수국 도착시 외교사절은 개봉된 신임장의 부본을 접수국 외무부 당국에 제출한다. 정본의 경우 대사와 공사는 접수국의 국가원수에게, 대리공사의 경우 접수국의 외무부장관에게 제출한다.

3. 2개국 이상에 대한 단일 공관 설치(제5조)

파견국은 관계접수국들에 통고한 후 접수국의 반대가 없다면, 1개국 이상의 국가에 1인의 공관장을 파견할 수 있다. 파견국은 공관장이 상주하지 아니하는 각국에 대사대리를 장으로 하는 외교공관을 설치할 수 있다.

4. 동일인물을 2개국 이상의 국가가 공관장으로 파견(제6조)

2개국 또는 그 이상의 국가는 접수국의 반대가 없는 한, 동일한 자를 공관장으로 타국에 파견할 수 있다.

5. 국적(제8조)

공관의 외교직원은 원칙적으로 파견국의 국적을 가진 자이어야 한다. 단, 접수국 측의 동의가 있는 경우 접수국 국민을 공관의 외교직원으로 임명할 수 있다. 또한, 접수국의 동의가 있는 경우 파견국은 제3국 국민을 접수국에 파견하는 외교직원으로 임명할 수 있다.

6. 공관 규모

공관 규모에 관한 합의가 없는 경우 접수국은 자국의 사정과 조건 및 당해 공관의 필요성을 감안하여 합리적이며 정상적이라고 인정되는 범위 내에서 공관의 규모를 유지할 것을 요구할 수 있다(제11조). 한편, 접수국은 그 법률에 따라 파견국이 공관을 위하여 필요로 하는 공관지역을 접수국의 영토에서 취득함에 있어서 원조해야 한다(제21조 제1항).

7. 공관 이외의 사무소 설치(제12조)

파견국은 접수국의 명시적인 사전동의가 없이는 공관이 설립된 이외의 다른 장소에 공관의 일부를 구성하는 사무소를 설치할 수 없다.

4 직무

1. 개시

사절단장의 직무는 사절단장이 신임장 정본을 국가원수에게 제출했을 때, 또는 사절단장이 접수국의 외무부에 도착을 통지하고 신임장 부본을 제출했을 때 개시된다.

2. 내용

외교사절의 직무는 파견국 대표, 접수국과 외교교섭, 사정의 확인 및 보고, 자국민의 보호·감독, 우호증진 등이 포함된다. 필요에 따라 외교직원이 영사직무를 수행할 수 있다.

> **외교관계에 관한 비엔나협약 제3조 - 외교관의 직무**
> 1. 외교공관의 직무는 특히 아래와 같은 것을 포함한다.
>   (a) 접수국에서의 파견국의 대표
>   (b) 접수국에 있어서, 국제법이 허용하는 한도 내에서, 파견국과 파견국 국민의 이익 보호
>   (c) 접수국 정부와의 교섭
>   (d) 모든 합법적인 방법에 의한 접수국의 사정과 발전의 확인 및 파견국 정부에 대한 상기 사항의 보고
>   (e) 접수국과 파견국 간의 우호관계 증진 및 양국간의 경제, 문화 및 과학관계의 발전
> 2. 본 협약의 어떠한 규정도 외교공관에 의한 영사업무의 수행을 방해하는 것으로 해석되지 아니한다.

3. 종료

외교사절의 직무는 본국의 소환, 자발적 퇴거 등의 사유에 따라 종료된다. 파견국 또는 접수국의 국가원수가 변경된 경우 과거에는 갱신된 신임장을 제정해야 직무를 계속할 수 있었으나, 오늘날 관행은 신임장의 갱신을 요구하지 않는다. 또한 접수국이 사절단장이나 외교직원에 대해 기피인물을 통고한 경우 파견국은 당해 직원을 소환하거나 직무를 종료시켜야 한다. 파견국과 접수국이 외교관계의 단절 또는 전쟁에 돌입했을 경우, 사절단장 및 외교직원의 직무는 당연히 종료한다.

5 공관직원

1. 개념

공관직원이란 접수국에서 외교사절단장의 직무수행을 보조하는 자로서 외교직원, 행정·기능직원, 역무직원(노무직원) 등이 포함된다. 사절단장과 외교직원을 '외교관'이라 하고, 공관장과 공관직원을 공관원이라고 한다.

2. 종류

외교직원은 외교관의 직급을 가진 공관원을, 행정·기능직원은 공관의 공관의 행정 및 기능업무에 고용된 공관직원을, 노무직원은 공관의 관내역무에 종사하는 공관직원을 말한다.

3. 파견

파견국은 자유로이 공관직원을 임명할 수 있으며 아그레망을 요청할 필요가 없다. 다만, 접수국은 파견국에 언제든지 그리고 그 결정이유를 설명할 의무 없이 외교직원이 '기피인물'이라고 통고하거나 기타 공관원이 '받아들일 수 없는 인물'(person not acceptable)이라고 통고할 수 있다.

4. 국적

외교직원은 원칙적으로 파견국 국적을 보유해야 하나 접수국의 동의를 조건으로 접수국 또는 제3국 국민을 외교직원으로 임명할 수 있다.

6 외교공관의 특권과 면제

1. 의의

외교공관의 불가침(inviolability) 및 특권(privileges)면제 및 외교관 개인의 불가침 및 특권면제와 함께 외교면제의 핵심적인 내용을 구성한다. 외교공관의 불가침은 일체의 간섭으로부터의 자유와 접수국 측의 특별보호의무를 함축하는 개념이다. 한편, 특권은 조세, 사회보장 등 대체로 재정적 성격의 분야에서 접수국의 일정 법규정으로부터의 '실체적 면제'를 의미한다.

2. 취지

외교사절단에게 특권 및 면제를 인정하는 이유에 대해서는 '대표설'과 '기능설'이 대립한다. 전자는 사절단이 국가를 대표하므로 국가권위를 대표·유지하기 위해 특권 및 면제가 인정되어야 한다는 견해이고, 후자는 사절단이 외국에서 직무를 수행하므로 외국 권력의 지배하에 놓이지 않고 능률적으로 직무를 수행하도록 하기 위해 특권 및 면제가 인정되어야 한다는 견해이다. 오늘날에는 기능설이 유력하며, 외교협약도 주로 기능설의 입장에 있다.

3. 외교공관

(1) 정의

외교공관이란 '소유자를 불문하고, 사절단장의 주거를 포함하여 사절단의 목적을 위해 사용되는 건물과 건물의 부분 및 부속토지'를 말한다[협약 제1조 제(i)호]. 접수국과 파견국 간 합의를 통해 외교공관의 공간적 범위를 확정한다.

(2) 외교공관 인정 범위

추후 외교공관으로 사용하려고 미리 건물과 토지를 임대해 두거나 사두는 것만으로는 공관의 불가침성을 주장할 수 없다. 그러나 관습법상, 파견국이 외교공관으로 사용하기 위해 부동산을 취득한 사실을 접수국에 통고하여 국내법상 건축에 필요한 동의를 얻었을 경우 그 부동산은 입주를 위해 준비작업을 하고 있는 동안에 일반적으로 외교공관으로 간주된다. 외교관계가 단절되거나 외교사절단이 소환되어 더이상 사용되지 않고 있는 공관은 외교공관으로서의 성격을 상실하여 협약 제22조에 규정된 불가침성을 상실하게 된다. 다만, 이 경우에도 접수국은 협약 제45조 제(a)호에 의하여 설사 무력충돌이 있는 경우라 할지라도 사절단의 재산 및 문서와 더불어 외교공관을 존중하고 보호하여야 한다. 제22조의 '불가침성'과 제45조 제(a)호의 '존중·보호'의 한 가지 차이점은, 후자의 경우에는 외교사절단이 철수한 후 파견국정부의 동의 없이 공관의 수색이 가능하다는 점이다.

(3) 영국의 관행

영국 의회는 '외교 및 영사공관법'을 제정하였는데, 기본 내용은 다음과 같다. 첫째, 부동산을 외교공관이나 영사공관으로 사용하기를 바라는 국가들은 영국 외무장관의 동의를 얻을 것이 요구된다. 둘째, 외무장관은 국제법에 의해 허용된다고 확신하는 경우 자신의 동의를 철회할 수 있다.

셋째, 외무장관은 국제법에 의해 허용된다고 확신하는 경우 동의가 철회된 부동산(구 외교 혹은 영사공관)에 대한 권리를 자신에게 귀속시키는 행정명령을 발할 권한을 갖는다. 넷째, 외무장관은 공관 부지를 매각하여 일정 비용을 공제하고 나머지는 이익을 박탈당한 자에게 이전할 수 있다.

4. 외교공관의 불가침

(1) 의의

외교공관의 불가침은 세 가지 내용으로 구성된다. 우선, 사절의 요구 또는 동의 없이 공관에 들어갈 수 없고(제22조 제1항), 접수국은 공관을 보호하기 위해 모든 적절한 조치를 취할 의무를 지며(제22조 제2항), 공관 및 공관 내의 재산과 사절단의 수송수단은 수색·징발·압류·강제집행으로부터 면제된다. 외교관의 관저도 같다. 한편, 미국 국무부는 외교공관의 불가침성으로 인하여 우편에 의한 영장 송달도 금지된다는 입장이다.

(2) 해석

외교공관, 공관 내의 설비 및 기타 재산, 그리고 공관의 수송수단은 수색·징발·압류 또는 강제집행으로부터 면제된다. 이 규칙의 적용대상은 외교공관, 공관 내의 설비와 재산, 그리고 공관의 수송수단이므로 이 규정은 수송수단을 제외하고는 공관 밖의 재산에는 적용되지 아니한다. 사절단의 수송수단만은 접수국 내에서 어디에 있건 수색·징발·압류 또는 강제집행으로부터 면제된다. 따라서 경찰이 대사관 차량의 운전자를 도로 밖으로 강제로 끌어내는 것은 허용되지 아니한다. 차량 바퀴에 족쇄를 채우는 것은 금지되나, 교통에 중대한 장애를 야기하는 경우에는 차량을 견인할 수는 있다. 그러나 차량의 견인 및 보관비용은 부과할 수 없다. 외교공관의 재산이 단지 수색·징발·압류 또는 강제집행에 이르지 아니하는 행동은 협약하에서 허용되며, 접수국은 파견국의 공관점유를 방해하지 않는 한 소유권·집세·지역권 및 기타 유사한 문제들에 관해 재판할 수 있는 권리는 계속 보유한다.

(3) 판례

① Armed Activities on the Territory of the Congo 사건에서 국제사법재판소(ICJ)는 콩고(민주공화국)의 수도 긴사샤 주재 우간다 대사관과 대사관 내의 사람들에 대한 콩고 군대의 공격은 외교관계에 관한 비엔나협약 제22조의 중대한 위반을 구성한다고 하면서, 공격받은 사람들이 실제로 외교관들인 경우 콩고는 추가적으로 외교관계에 관한 비엔나협약 제29조를 위반할 것이 된다고 하였다. 재판소는 나아가 United States Diplomatic and Consular Staff in Tehran 사건을 원용하면서 외교관계에 관한 비엔나협약은 접수국 자신이 사절단의 불가침성을 침해하는 것을 금지하고 있을 뿐만 아니라 다른 사람들이 사절단의 불가침성을 침해하는 것을 방지할 의무도 접수국에 지우고 있다고 하였다.

② 한국인이 주한 자이레(현 콩고민주공화국)대사관에 서울 강남구 논현동 소재 집을 빌려준 후 임대료를 받지 못하자 동 주택(대사 관저로 사용 중인)의 명도 및 임대료 지급을 구하는 소송을 서울민사지방법원에 제기하자 한국은 관할권을 행사하여 원고 승소 판결하였다.

그러나 그 후 집달관(집행관)이 강제집행을 거부하자 이번에는 국가를 상대로 보상 내지 배상책임을 구하는 소송을 제기하였으나, 손해가 집달관의 강제집행 거부를 직접적인 원인으로 하여 발생한 것이라고 볼 수 없으므로 손실보상의 대상이 되지 아니하고, 또한 국가가 보상입법을 하지 아니하였다거나 집달관이 협약의 관계규정을 내세워 강제집행을 거부하였다고 하여 이로써 불법행위가 되는 것은 아니라고 하였다.

> **외교관계에 관한 비엔나협약 제22조 - 공관의 불가침**
>
> 1. 공관지역은 불가침이다. 접수국의 관헌은, 공관장의 동의 없이는 공관지역에 들어가지 못한다.
> 2. 접수국은, 어떠한 침입이나 손해에 대하여도 공관지역을 보호하며, 공관의 안녕을 교란시키거나 품위의 손상을 방지하기 위하여 모든 적절한 조치를 취할 특별한 의무를 가진다.
> 3. 공관지역과 동 지역 내에 있는 비품류 및 기타 재산과 공관의 수송수단은 수색, 징발, 차압 또는 강제집행으로부터 면제된다.

5. 외교공관의 불가침의 예외 인정 여부

(1) 쟁점

접수국의 긴절한 필요가 있는 경우 공관장의 동의나 요청 없이도 접수국 당국이 외교공관에 들어갈 권리가 있는지가 문제된다.

(2) 학설

외교공관의 불가침의 예외 인정 여부에 대해 학설이 일치하지 않는다.
① 공안상 긴급한 필요가 있는 경우 관습법상 예외가 인정된다는 견해가 있는 반면, 부정설도 있다.
② 긍정설의 경우 공관의 불가침이란 상대적인 것으로 방화, 방역, 기타 접수국의 인명이나 공중위생, 재산 등을 지키기 위해 긴급한 필요가 있는 경우 사절의 동의를 구했으나 얻지 못했을 때 또는 동의를 얻을 시간적 여유가 없었을 때에는 사절의 동의 없이도 공관에 들어갈 수 있다고 한다.
③ 또한 외교관계에 관한 비엔나협약이 이에 대해 침묵을 지키는 것은 원칙의 파괴를 우려한 의식적 침묵으로 해석하며, 외교관계에 관한 비엔나협약에 대해 ILC 초안의 주해에서도 이를 예외적으로 인정한 것으로 본다. 그러나 예외를 인정할 수 없다는 견해는 외교관계에 관한 비엔나협약 체결 당시 '화재, 전염병, 기타 극단적인 긴급사태의 경우 외교사절단장은 접수국당국과 협력할 것이 요구된다.'는 제안이 채택되지 못한 것을 논거로 든다.

(3) 사례

① **영국**: 공관의 불가침성이 남용되는 극단적인 경우 공관에 들어갈 권리를 주장한 바 있다. Sun Yat - Sen 사건은 1896년 런던 주재 청국 공사관이 Sun Yat - Sen을 불법감금한 사건이다. 영국 법원은 외교공관의 불가침성을 이유로 인신보호영장 발부를 거절하였다. 그러나 영국 정부는 청국 공사관이 자국민을 체포·감금하고 있는 것은 외교특권의 남용이라고 비난하면서 체포된 사람의 방면을 위해 모든 조치를 취할 것이라고 하였다. 청 공사관이 이 압력에 굴복하여 Sun Yat - Sen을 풀어주었으므로 실제로 영국 정부는 어떠한 강제행동도 취하지 않았다.

② **파키스탄**: 1973년 파키스탄 경찰은 이라크 대사의 반대에도 불구하고 대사관을 수색하여 다량의 불법무기를 적발하였고 이를 근거로 하여 대사와 외교관 한 명을 기피인물로 선언하여 추방하고 이라크 주재 자국 대사를 소환하였다.

(4) 국제사법재판소

국제사법재판소(ICJ)는 '테헤란 영사 사건'에서 외교공관의 불가침의 예외를 인정하지 않았다. 이는 외교공관의 불가침성이 남용되는 경우 접수국당국은 문제의 외교관을 기피인물로 선언하거나 외교관계를 단절하는 등의 대응책을 갖고 있음을 논거로 하였다.

 관련판례

테헤란 영사 사건(미국 대 이란, ICJ, 1980)

1. 사실관계

1978년 9월, 미국의 전폭적 지지를 받고 있었던 팔레비 이란 국왕은 계엄령을 선포하고 반팔레비 시위군중들을 무차별 사살하였다. 당시의 반체제운동은 이란 국민의 90%를 차지했던 시아파 이슬람교도들에 의해 이루어지고 있었는데, 이러한 무차별 사살로 시위가 가속화되었으며 1979년 1월 팔레비는 패배를 인정하고 미국으로 망명하였다. 이로써 이란의 호메이니가 귀국하고 이란회교공화국이 수립되었다. 그러나 이란에서의 반미감정은 수그러들지 않았고, 1979년 11월 테헤란 주재 미대사관은 수백 명의 무장집단에 의해 점거되었다. 당시 이란보안군 요원들은 미대사관 주변에서 철수한 것으로 알려졌으며, 시위대의 대사관 점거를 방지하기 위한 노력을 전혀 하지 않은 것으로 입증되었다.

그 이후 호메이니는 대사관 점거 및 인질 억류에 관한 정부승인을 명확히 선언하는 명령을 발표하여, 팔레비를 이란에 송환하고 그 재산을 반환할 때까지 현 상태를 유지해야 한다고 선언하였다. 안전보장이사회는 결의 457을 채택하여 외교관계에 관한 비엔나협약(이하 비엔나협약)의 모든 당사자들의 의무를 재확인하고 테헤란 주재 미대사관 직원들의 즉각 석방과 보호제공 및 이란 출국허용을 긴급 요청하였다.

한편, 미국의 카터 대통령은 미국 군대에 의한 인질구출작전을 개시하였으나, 그 직후 기술적 이유로 중단되었다. 이 작전은 UN헌장 제51조에 근거한 자위권의 행사라고 주장되었다. 이후 이 사건은 미국에 의해 ICJ에 제소되었다. 그러나 이란 정부는 이 사건의 정치적 성격을 강조하면서 ICJ의 관할권을 부인하는 서한만을 보냈을 뿐 재판절차에는 불참하였다. 한편 미국 정부는 재판신청서와는 별도의 요청서에서 ICJ에 대해 임시보호조치를 지시해 주도록 요청하였다.

2. 법원의 판단

이란의 국제위법행위를 중심으로 ICJ는 사태를 두 시기로 나누어 이란 정부의 국제위법행위 여부를 판단하였다.

(1) 폭도들이 미대사관을 무력공격했을 때 그들은 이란 정부의 대리인 또는 기관으로 승인된 어떠한 형태의 공적 지위도 갖고 있지 않았다. 따라서 폭도들의 대사관 점거행위와 외교관 체포 및 인질 억류행위를 이란 정부의 책임으로 돌릴 수 없다. 그러나 이는 이란 정부에 전혀 책임이 없음을 의미하지는 않는다고 지적하였다. 이란 정부는 비엔나협약에 의한 접수국으로서 미대사관과 영사관, 그 요원 및 공문서와 통신수단의 보호와 외교관의 이동의 자유를 보장할 적절한 조치를 취할 절대적인 의무가 있기 때문이다. 그러나 이란 정부는 폭도들의 미대사관 공격으로부터 이를 보호하기 위한 '적절한 조치'를 취하지 않았던 것이다.

(2) 이란은 폭도들의 집요한 위반을 신속하게 종식시키고 원상회복과 피해배상에 관한 모든 노력 및 적절한 조치를 취하지 않고, 오히려 폭도들의 행위를 승인하였다. 호메이니의 사태 승인은 폭도들의 계속적인 대사관 점거와 인질 억류행위를 이란 정부행위로 전환시켰다. 이에 폭도들은 이제 이란 정부의 대리인이 되었으며, 따라서 ICJ는 국가 자체가 이 행위에 대해 국제책임을 져야 한다고 판시하였다.

6. 외교공관의 비호권의 인정 여부

(1) 의의

외교공관이 접수국 당국으로부터 피난해 온 자에게 부여하는 비호를 국가가 자국 영역 내에서 외국인에게 부여하는 영토적 비호(territorial asylum)와 구별하여 외교적 비호(diplomatic asylum) 또는 영토외적 비호(extra - territorial asylum) 라고 한다. 16, 17세기에는 일반적으로 긍정되었으나, 현대국제법에서는 국제관행이 일치하지 않는다. 외교관계에 관한 비엔나협약에서도 명시적 규정을 두고 있지 않다. 참고로, 외교비호를 구하는 자는 난민(refugee)의 지위를 주장할 수 없다. 난민에게 제공되는 비호는 영토비호의 하나인데 반해, 외교공관은 해당 파견국의 영토가 아니기 때문이다.

(2) 국제관행

전통적으로 인정되어 오던 외교공관의 비호권은 치외법권설의 폐기와 함께 부정되었으나, 내란이나 혁명이 자주 발생하는 라틴아메리카 국가들에게는 정치범에 대한 비호가 조약에 의해 인정되기도 한다. 현재 공관의 불가침으로부터 발생한 외교적 비호의 실행에 있어서 각국의 태도는 일치하지 않으며 국제관습법상의 권리로서도 확립되어 있지 않다.

(3) 국제사법재판소(ICJ)

외교적 비호권과 관련한 사례로는 콜롬비아 - 페루 간 비호권 사건과 아야 데 라 토레 사건이 있다. 비호권 사건에서 계쟁점은 토레를 정치적 망명자로 규정한 콜롬비아의 결정이 페루를 구속하는가와 페루에 대해 안도권(safe conduct)을 요구할 법적 권리가 있는가였으나 국제사법재판소(ICJ)의 견해는 부정적이었다. 한편, 아야 데 라 토레 사건의 계쟁점은 콜롬비아가 토레를 페루에게 인도할 의무가 있는가였다. 국제사법재판소(ICJ)는 콜롬비아가 토레를 비호할 권한은 없으나, 페루에게 인도할 의무도 없다고 판단하였다.

(4) 사례

첫째, 1989년 6월 4일 중국의 천안문 민주화 시위에 대해 중국 계엄군이 무자비한 진압작전을 개시하자, 그 다음 날 중국의 반체제 물리학자 팡리즈가 북경 주재 미국 대사관으로 피신한 바 있다. 이로 인해 미국과 중국 간에 외교분쟁이 야기되었으나, 1990년 6월 25일 중국 정부는 팡리즈 부부의 출국을 허용하였다. 둘째, 1956년 헝가리 사태 때 부다페스트 주재 미국 대사관은 15년동안 Jozsef Mindszenty 추기경을 비호해 주었다. 셋째, 2012년 런던 주재 에콰도르 대사관은 어산지(Julian Paul Asssange)에게 외교비호를 제공하였으며, 이후 에콰도르 정부는 그의 망명을 받아들여 영토적 비호를 제공하기로 하였다.

 관련판례

비호권 사건(콜롬비아 대 페루, ICJ, 1950)

1. 사실관계

페루에서 혁명이 발생하였고 실패하자 반군지도자 토레는 콜롬비아 대사관에 망명을 신청하였다. 콜롬비아는 토레에게 외교적 비호를 부여하고 페루에게 통행증(safe conduct) 발급을 요청하였으나, 페루는 이를 거부하고 오히려 토레의 자국에의 인도를 요청하였다.

2. 법적 쟁점

(1) 콜롬비아는 토레에 대해 외교적 비호를 부여할 수 있는가?
(2) 페루는 망명요청자인 토레가 안전하게 출국할 수 있도록 보증할 의무가 있는가?

3. 판결요지

콜롬비아가 외교적 비호를 부여할 법적 근거가 명확하지 않다. 콜롬비아는 지역관습의 존재 및 페루가 그 관습에 적극적으로 참여하고 있음을 입증해야 하나 이를 입증하지 못하였다. 설령, 외교적 비호를 부여하는 지역관습이 존재한다고 하더라도 페루에 대해서는 적용되지 않는다. 페루는 외교적 비호를 인정한 제반조약(예컨대, 몬테비데오조약)을 비준하지 않음으로써 외교적 비호를 인정하는데 반대해 왔다.
페루는 토레의 안전한 출국을 보장할 의무가 없다. 하바나조약상의 출국보장의무에 관해서는 영토국이 피비호자의 국외송출을 요구한 경우에만 비호국은 영토국에게 안전보장을 요구할 수 있다. 그런데, 페루는 토레의 퇴거를 요청한 바가 없으므로 안전한 출국을 보장할 의무 또한 존재하지 않는다.

(5) 외교관계에 관한 비엔나협약

외교관계에 관한 비엔나협약에는 외교공관의 비호권에 대한 명시적 규정이 없다. 이 경우 국제관습법에 따라야 할 것이나, 국제관습법도 명확하지 않다. 다만, 외교관계에 관한 비엔나협약 제41조 제3항은 공관사용에 관해 특별협정(special agreements)을 체결할 수 있음을 시사하고 있으므로 파견국과 접수국 간의 양자조약에 의해 외교비호권을 인정할 여지는 있다.

7. 조세면제

공관에 대한 일체의 조세 및 부과금은 면제된다(제23조). 그러나 전기, 수도, 가스요금과 같은 '제공된 특별한 역무에 대한 급부로서의 성질을 갖는 것'은 면제되지 않는다. 사절단의 공용품을 수입하는 경우에는 관세가 면제된다(제36조 제1항).

8. 외교공관의 문서·서류의 불가침

공관의 문서와 서류는 불가침이다(제24조). 문서와 서류는 어느 때나 어느 장소에서나 항상 불가침이다. 따라서 사절단의 임무 개시 전에도, 또는 외교관계가 단절된 경우에도 불가침이며, 공관 내에서뿐만 아니라 공관 외에서도 불가침을 향유한다. 공문서는 압수의 대상이 될 수 없고, 소송에서 증거자료로 제출하도록 강제할 수도 없다. 문서가 공관원에 의해 제3자에게 공식적으로 전달된 경우 그 순간부터 불가침성을 상실한다. 또한, 문서가 우편으로 발송된 경우 발송시 불가침성을 상실한다.

9. 통신의 불가침성

(1) 의의

공관은 파견국의 정부, 타공관 등과 통신을 함에 있어 외교 신서사 및 메시지를 포함한 모든 적절한 방법을 사용할 수 있으며, 이들에 의해 전달되는 공용통신문, 즉 공관과 그 직무에 관련된 모든 통신문은 불가침성을 향유한다(제27조 제1항). 단, 무선송신기를 설치하고 사용하기 위해서는 접수국의 동의를 요한다.

(2) 외교 신서사(courier)

신분증명서 및 공문서를 휴대한 외교 신서사는 직무수행에 있어서 접수국의 보호를 받는다. 그 신체는 불가침이며 어떠한 방법에 의해서도 그를 압류 또는 구금할 수 없다(제27조 제5항). 보호는 전달을 완료할 때까지 부여되며, 전달 후 귀국 여행 중에도 보호된다. 파견국 또는 공관은 임시 외교 신서사를 지정할 수 있으며, 이 경우에도 신체불가침을 향유한다. 다만 외교행낭을 수취인에게 인도한 경우 이러한 특권과 면제가 종료된다(제6항).

(3) 외교행낭(diplomatic bag)

외교행낭은 불가침이며 이를 개봉하거나 유치(留置, detain)할 수 없다. 훈련된 개를 이용하는 것은 법적으로 문제가 없다. 한편, 감식장치를 통한 전자투시(electronic screening)의 허용 여부에 대해서는 국가 간 의견대립이 있다. 대체로 선진국들은 찬성을 제3세계국가들은 반대하고 있다. 1989년 ILC에서 최종 채택된 '외교 신서사 및 외교행낭에 대한 규정 초안' 제28조는 외교행낭의 완전한 불가침성을 규정하면서 동의가 없는 한 모든 종류의 전자 및 기계장치에 의한 검사를 금지하고 있다. 외교행낭은 외부에 그것이 외교행낭임을 나타내는 적절한 표시가 있어야 하며, 그렇지 못한 경우 외교관 개인 수하물로 인정되어 외교관의 입회하에 개봉이 가능하다.

외교관계에 관한 비엔나협약 제27조 - 통신의 불가침성

1. 접수국은 공용을 위한 공관의 자유로운 통신을 허용하며 보호하여야 한다. 공관은 자국 정부 및 소재여하를 불문한 기타의 자국 공관이나 영사관과 통신을 함에 있어서, 외교 신서사 및 암호 또는 부호로 된 통신문을 포함한 모든 적절한 방법을 사용할 수 있다. 다만, 공관은 접수국의 동의를 얻어야만 무선송신기를 설치하고 사용할 수 있다.
2. 공관의 공용 통신문은 불가침이다. 공용 통신문이라 함은 공관 및 그 직무에 관련된 모든 통신문을 의미한다.
3. 외교행낭은 개봉되거나 유치되지 아니한다.
4. 외교행낭을 구성하는 포장물은 그 특성을 외부에서 식별할 수 있는 표지를 달아야 하며 공용을 목적으로 한 외교문서나 물품만을 넣을 수 있다.
5. 외교 신서사는 그의 신분 및 외교행낭을 구성하는 포장물의 수를 표시하는 공문서를 소지하여야 하며, 그의 직무를 수행함에 있어서 접수국의 보호를 받는다. 외교 신서사는 신체의 불가침을 향유하며 어떠한 형태의 체포나 구금도 당하지 아니한다.
6. 파견국 또는 공관은 임시 외교 신서사를 지정할 수 있다. 이러한 경우에는 본조 제5항의 규정이 또한 적용된다. 다만, 동 신서사가 자신의 책임하에 있는 외교행낭을 수취인에게 인도하였을 때에는 제5항에 규정된 면제가 적용되지 아니한다.
7. 외교행낭은 공인된 입국항에 착륙하게 되어 있는 상업용 항공기의 기장에게 위탁할 수 있다. 동 기장은 행낭을 구성하는 포장물의 수를 표시하는 공문서를 소지하여야 하나 외교 신서사로 간주되지는 아니한다. 공관은 항공기 기장으로부터 직접으로 또는 자유롭게 외교행낭을 수령하기 위하여 공관직원을 파견할 수 있다.

---

10. 이동과 여행의 자유

접수국은 국가안전을 이유로 출입이 금지되어 있거나 규제된 지역에 관한 법령에 따를 것을 조건으로 하여 모든 공관원에게 접수국 영토 내에서의 이동과 여행의 자유를 보장해야 한다(제26조).

7 외교관의 특권과 면제

1. 신체의 불가침

(1) 의의

외교관의 신체는 불가침이다. 따라서 외교관은 어떠한 형태의 체포 또는 구금을 당하지 않으며, 접수국은 상당한 경의로서 외교관을 대우해야 한다. 또한 접수국은 외교관의 신체·자유·품위에 대한 어떠한 침해도 방지하기 위하여 모든 적절한 조치를 취해야 한다. 다만, 적절한 조치의 범위에 외교관을 납치한 납치범들의 불법적인 요구에 응할 의무가 포함되는 것은 아니다(과테말라 주재 서독대사 납치 사건, 1969).

(2) 예외

외교관 신체의 불가침의 예외로 접수국이 외교관의 위법행위에 대하여 정당방위행위를 할 수 있으며, 접수국 질서와 안전을 위하여 자국 국내법에 의해 외교관을 일시 구속할 수 있다. 구속은 일시적이어야 하며, 긴급한 필요가 없는 경우 곧 해제해야 한다. 경우에 따라서 외교관의 소환을 요구하거나 퇴거를 명령할 수 있으나, 어떤 경우에도 처벌할 수는 없다.

> **외교관계에 관한 비엔나협약 제29조 - 외교관의 신체의 불가침**
> 외교관의 신체는 불가침이다. 외교관은 어떠한 형태의 체포 또는 구금도 당하지 아니한다. 접수국은 상당한 경의로서 외교관을 대우하여야 하며 또한 그의 신체, 자유 또는 품위에 대한 여하한 침해에 대하여도 이를 방지하기 위하여 모든 적절한 조치를 취하여야 한다.

2. 주거·재산·서류의 불가침

외교관의 개인적 주택은 사절단의 공관과 마찬가지로 불가침이다. 외교공관장의 개인적 주거는 외교공관 자체의 일부로 간주된다. 또한 외교관의 개인적 서류, 신서, 재산도 불가침이다(제30조). 단, 재산의 경우 접수국의 민사재판권이 예외적으로 인정되는 경우에 한해 강제집행이 행해질 수 있다. 또한 영국은 외교관 개인의 차량을 견인하는 것은 제30조를 침해하는 것은 아니라고 보고 있다.

3. 형사재판관할권의 면제

외교관은 접수국의 형사재판관할권으로부터 완전히 면제된다(제31조). 따라서 외교관이 접수국의 형법에 위반된 행위를 범한 경우에도 소추하거나 처벌할 수 없다. 다만, 접수국은 범법행위를 한 외교관에 대해 기피인물로서 본국에 소환을 요구하거나, 직접 외교관에 대해 퇴거를 명령할 수 있다. 외교관의 개인적 범죄에 대해서는 외교관 신분 종료 후 소추할 수 있다. 파견국은 속인주의에 따라 형사관할권을 행사할 수 있다.

4. 민사 및 행정재판권의 면제

(1) 원칙

외교관은 접수국의 민사·행정재판권으로부터 원칙적으로 면제된다(제31조 제1항).

(2) 예외

몇 가지 예외가 있다. 첫째, 접수국 영역 내에 있는 개인 소유의 부동산으로서 외교관이 파견국을 대신해서 보유하고 있는 것이 아닌 것에 대한 소송, 둘째, 파견국 대표자로서가 아닌 개인으로서 유언집행자·유산관리인·상속인 또는 유산수취인으로서 외교관이 관계하고 있는 상속에 관한 소송, 셋째, 외교관이 접수국에서 공무범위 외에 행한 직업활동 또는 상업활동에 관한 소송이 있다.

(3) 민사청구의 고려에 관한 결의

비엔나회의에서 채택된 '민사청구의 고려에 관한 결의 II'는 민사청구와 관련한 면제는 가능한 한 포기하고, 포기하지 않는 경우에도 정당한 해결을 위해 최선의 노력을 다할 것을 권고하고 있다.

(4) 소송을 제기당한 자가 외교관으로 임명되는 경우(줄리안 어산지 사건)

이미 형사소송이나 민사소송을 제기당한 자가 외교관으로 임명되면, 그는 외교면제를 내세워 소송을 중단시킬 수 있다. 실제, 줄리안 어산지 사건에서 에콰도르 정부는 영국 경찰의 체포를 피해 2012년부터 줄곧 런던 주재 에콰도르 대사관에서 외교비호를 받고 있던 그에게 2017년 12월 12일 그의 신청에 따라 에콰도르 시민권을 부여하였으며, 그 후 그를 에콰도르 외교관으로 임명하면 이를 인정해줄 것을 영국 정부에 요청하였다. 영국이 이 요청을 받아들이면 그에게 외교면제가 부여된다. 그러나 영국 정부는 이 요청을 거절하면서 에콰도르 대사관에 피신 중인 어산지에게 대사관 밖으로 나와 재판을 받아야 한다고 주장했다.

외교관계에 관한 비엔나협약 제31조 - 재판권의 면제

1. 외교관은 접수국의 형사재판관할권으로부터의 면제를 향유한다. 외교관은 또한, 다음 경우를 제외하고는 접수국의 민사 및 행정재판관할권으로부터의 면제를 향유한다.
   (a) 접수국의 영역 내에 있는 개인부동산에 관한 부동산 소송. 단, 외교관이 공관의 목적을 위하여 파견국을 대신하여 소유하는 경우는 예외이다.
   (b) 외교관이 파견국을 대신하지 아니하고 개인으로서 유언집행인, 유산관리인, 상속인 또는 유산수취인으로서 관련된 상속에 관한 소송
   (c) 접수국에서 외교관이 그의 공적 직무 이외로 행한 직업적 또는 상업적 활동에 관한 소송
2. 외교관은 증인으로서 증언을 행할 의무를 지지 아니한다.
3. 본 조 제1항 제(a), (b) 및 (c)호에 해당되는 경우를 제외하고는, 외교관에 대하여 여하한 강제 집행조치도 취할 수 없다. 전기의 강제 집행조치는 외교관의 신체나 주거의 불가침을 침해하지 않는 경우에 취할 수 있다.
4. 접수국의 재판관할권으로부터 외교관을 면제하는 것은 파견국의 재판관할권으로부터 외교관을 면제하는 것은 아니다.

5. 판결집행의 면제

외교관은 원칙적으로 판결의 집행조치로부터 면제된다(제31조 제3항). 따라서 판결의 집행을 위해서는 별도의 포기를 요한다(제32조 제4항). 단, 민사재판관할권 면제의 예외에 해당하는 경우 별도의 포기 없이 강제집행이 가능하나 외교관의 신체 또는 주거의 불가침을 해하지 않을 것을 조건으로 한다(제31조 제3항). 따라서 그의 영업재산은 압류할 수 있으나 그의 집에는 동의 없이 들어갈 수 없다.

6. 증언의 면제

외교관은 형사소송이나 민사소송에서 일반적으로 증언의무로부터 면제된다(제31조 제2항). 증언의 면제는 절대적이며 예외가 없다. 다만, 이 면제는 증인으로서의 증언에 한하며 당사자로서의 증언은 면제되지 않는다.

7. 면제의 포기(제32조)

파견국은 외교관 및 기타 면제향유자가 누리는 재판관할권 면제를 포기할 수 있다. 면제의 포기는 파견국에 의해 명시적으로 행해져야 하며, 면제포기의 추정은 원칙적으로 허용되지 않는다. 한편, 외교관이 직접 제소한 경우 본소에 직접 관련된 반소에 대해서는 재판관할권 면제를 원용할 수 없다(제32조 제3항). 또한 동일한 사건인 한 소송은 어느 단계에서도 불가분의 일체로 인정되기 때문에 1심법원에서 포기가 행해진 경우 당해 사건이 상소심 법원으로 이송된 경우에도 새로이 면제를 원용하지 못한다. 재판관할권 면제의 포기에는 집행권의 면제의 포기를 포함하지 않으므로 별도의 포기를 요한다(제32조 제4항).

외교관계에 관한 비엔나협약 제32조 - 면제의 포기

1. 파견국은 외교관 및 제37조에 따라 면제를 향유하는 자에 대한 재판관할권의 면제를 포기할 수 있다.
2. 포기는 언제나 명시적이어야 한다.
3. 외교관과 제37조에 따라 재판관할권의 면제를 향유하는 자가 소송을 제기한 경우에는 본소에 직접 관련된 반소에 관하여 재판관할권의 면제를 원용할 수 없다.
4. 민사 또는 행정소송에 관한 재판관할권으로부터의 면제의 포기는 동 판결의 집행에 관한 면제의 포기를 의미하는 것으로 간주되지 아니한다. 판결의 집행으로부터의 면제를 포기하기 위하여서는 별도의 포기를 필요로 한다.

---

8. 그 밖의 특권 및 면제

(1) 세금면제(제34조)

외교관은 접수국의 모든 세금이 면제되나 몇 가지 예외가 있다. 첫째, 간접세, 둘째, 접수국 영역 내에 있는 개인 소유의 부동산에 대한 조세, 셋째, 접수국이 부과한 유산세 또는 상속세, 넷째, 접수국 내에 근거하는 개인적 소득에 대한 조세 및 접수국의 상업 기업에 투자한 데 대한 자본세 등이 있다.

(2) 관세 및 수하물검사 면제(제36조)

공관의 공용을 위한 물품, 외교관의 거주용 물품을 포함하여 외교관이나 그 세대를 구성하는 가족의 개인적 사용을 위한 물품은 접수국이 제정하는 법령에 따라서 반입이 허용되고 모든 관세와 조세가 면제된다. 외교관의 개인수하물은 검사(inspection)에서 면제되나, 접수국의 법률에 의해 반입이 금지되어 있는 물품을 포함하고 있다고 추정할 만한 중대한 이유가 있는 경우 외교관의 입회하에 개봉하여 검사할 수 있다.

(3) 사회보장규정으로부터의 면제(제33조)

외교관은 접수국의 사회보장규정으로부터 면제된다. 따라서 사회보험료 등은 징수되지 않으나 접수국 국민을 고용하는 경우 사회보장규정상 고용자의 의무를 준수해야 한다. 접수국의 법령에 의해 허용되는 경우, 외교관은 접수국의 사회보장제도에 자발적으로 참여할 수 있다.

(4) 이동의 자유(제26조)

접수국은 국가안보를 이유로 출입이 금지되어 있거나 규제된 지역에 관한 법령에 따를 것을 조건으로 사절단의 공관원에 대하여 접수국 영역 내에서의 이전과 여행의 자유를 보장해야 한다.

(5) 외교관 자녀의 국적취득문제

국적취득에 있어 출생지주의(jus soli)를 원칙으로 삼고 있는 국가의 경우 외교관 자녀의 국적취득이 문제된다. '외교관계에 관한 비엔나협약의 국적취득에 관한 선택의정서' 제2조는 외교관 자녀의 국적에 있어서 접수국 국내법의 적용을 배제하는 규정을 두고 있다.

9. 외교면제의 입증

외교면제의 추정은 없다. 즉, 외교면제를 향유할 권리가 있다고 주장하는 자는 그것을 입증할 것이 요구된다. 외교여권이나 외교비자를 가졌다는 사실 자체만으로 외교관 신분이나 외교면제의 증명이 되지 않는다. 어떤 자가 외교면제를 입증하기 위해서는 자신이 특정국의 외교사절단에 속한다는 사실과 문제의 상황에서 면제가 자신에게 적용된다는 것을 입증해야 한다.

8 특권면제의 범위

1. 인적 범위(제37조)

(1) 사무 및 기술직원

사무 및 기술직원이란 전신, 문서, 회계 등의 업무를 담당하는 자를 말한다. 사무 및 기술직원도 원칙적으로 외교관과 동일한 특권을 갖는다. 다만, 민사 및 행정재판권의 면제는 공무 범위 밖의 행위에는 미치지 않으며, 관세는 부임시에 수입한 물품에 대해서만 면제가 인정된다(제37조 제3항).

(2) 역무직원

역무직원이란 운전사, 요리사, 문지기 등을 말한다. 공무수행 중의 행위에 관한 재판권 면제, 고용에 따른 보수에 대한 조세면제, 사회보장규정의 면제만 인정된다(제37조 제3항).

(3) 사절단 구성원의 개인적 사용인

고용에 따른 보수에 대한 조세면제만 인정되고 그 밖의 면제에 대해서는 접수국의 재량사항이다(제37조 제4항).

(4) 사절단 구성원의 가족

외교관의 동일세대에 속하는 가족은 접수국 국민이 아닌 한 외교관과 같은 특권을 갖는다(제37조 제1항). 외교관의 동일세대에 속하는 가족의 개념에 대해 협약에 구체적인 규정은 없다. 이 문제는 접수국과 파견국의 교섭이나 접수국의 양해에 의해 결정할 문제이다. 외교관의 배우자, 외교관의 미성년자녀는 대체로 가족에 속하는 것을 인정된다. 일부다처제 국가의 외교관이 동반하는 여러 명의 부인 모두를 가족으로 볼 것인지는 분명하지 않다. 사무적·기술적 직원의 가족도 접수국 국민이 아니거나 접수국에 영주하는 자가 아닌 경우 사무적·기술적 직원과 같은 특권이 인정된다(제37조 제2항). 사무적·기술적 직원의 가족은 근무 중에 행한 행위를 거의 생각할 수 없으므로 민사나 행정 재판권의 경우 면제되지 않는다. 다만, 형사관할권의 면제는 외교관 및 그 가족의 경우와 동일하게 면제가 인정된다. 그러나, 사무적 기술적 직원의 가족이 영주자인 경우 면제가 인정되지 않는다. 외교관의 경우 그 가족이 영주자인 경우에도 외교관과 동일한 면제가 인정된다. 한편, '근무 중에 행한 행위'는 '직무를 수행함에 있어 행한 행위'보다 넓은 개념이다. 전자에는 대사관 근무에 수반되는 행위, 예를 들어 공적 약속 장소로 가기 위한 운전행위를 포함할 수 있다. 반면, 후자는 오로지 파견국을 대리하여 수행하는 행위만을 포함하며, 여기에 운전행위는 포함되지 않는다.

(5) 사절단 구성원이 접수국 국민인 경우

외교관은 그 직무수행에 있어서의 공적 행위에 대해서만 재판관할권이 면제되고, 사절단의 구성원 및 그 개인적 사용인은 전적으로 접수국의 재량에 따라 접수국이 인정하는 한도 내에서만 특권을 향유한다(제38조). 가족이 접수국의 국민인 경우에는 어떠한 특권과 면제도 향유하지 못한다.

2. 시간적 범위(제39조)

특권 및 면제를 향유하는 자는 자신이 부임하기 위하여 접수국의 영역에 들어갔을 때, 또는 그 임명이 접수국의 외무부에 통고되었을 때(접수국 영역 내에 존재하는 경우)부터 특권면제를 향유한다. 또한 직무가 종료된 경우 그 자가 접수국을 떠나는 데 필요한 상당한 기한동안 특권 및 면제가 인정된다. 한편, 그 자가 사절단의 구성원으로서 임무를 수행하는 동안에 행한 공적 행위에 대해 부여된 재판관할권 면제는 그 임무가 종료된 이후에도 계속적으로 존속한다(제39조).

4. 접수국의 국민이나 영주자가 아닌 공관원이나 또는 그의 세대를 구성하는 가족이 사망하는 경우에, 접수국은 자국에서 취득한 재산으로서 그 수출이 그의 사망시에 금지된 재산을 제외하고는 사망인의 동산의 반출을 허용하여야 한다. 사망자가 공관원 또는 공관원의 가족으로서 접수국에 체재하였음에 전적으로 연유하여 동 국가에 존재하는 동산에는 재산세, 상속세 및 유산세는 부과되지 아니한다.

3. 장소적 범위

(1) 접수국

외교관은 접수국의 배타적 통치가 미치는 공간까지 특권 및 면제를 향유한다. 따라서 접수국의 영역뿐 아니라 조차지, 신탁통치지역 및 공해상의 접수국 선박과 항공기에도 미친다.

(2) 제3국

전통적 관행과 달리 외교관계에 관한 비엔나협약은 제3국을 통과하는 외교관(통과 외교관, diplomat in transit)에게 소위 무해통과권(right of innocent passage)을 인정하지 않고 있다. 즉, 외교관이 제3국을 통과하는 경우 당연히 비자가 면제되는 것은 아니다. 통과외교관이란 특정한 접수국에 파견된 외교관으로서 '부임을 위한', '임지로 돌아가기 위한', '본국으로 돌아가기 위한' 목적을 가진 외교관을 말한다. 비자를 부여한 제3국은 통과외교관이 자국의 영역을 통과하거나 자국 영역 내에 있는 경우 '불가침권 및 통과나 귀환을 확실하게 하는 데 필요한 면제'를 부여해야 한다(제40조 제1항). 다만, 체포 등 신체의 자유가 제한되지 않는 한 외교관에 대해 민사소송이 제기될 수는 있다. 그리고, 통과 중인 외교관은 세관검사의 면제와 같은 특권은 향유하지 못한다. 외교관의 가족에게도 동일한 불가침성과 면제가 인정된다. 사절단의 구성원 및 그 가족이 불가항력으로 제3국 영역 내에 들어온 경우 정당한 절차로 제3국의 영역 내에 들어온 경우와 같이 취급된다(제40조 제4항). 행정 및 기능직원, 노무직원의 통과에 대해 제3국은 통행을 방해하지 않을 의무를 부담한다. 외교관이 사적 목적으로 제3국에 체류하는 경우 제3국은 특권과 면제를 부여할 의무가 없다. 외교관이 제3국에서 담배나 마약 등의 밀수 혐의로 체포된 경우 특권과 면제를 인정받지 못한다. 제3국은 통과 중인 통신문 및 외교행낭에 대한 불가침성을 접수국에서와 동일하게 부여해야 한다.

4. 접수국 내 행위 관련 제3국에서 면제 인정 여부

외교관이 접수국 내에서의 공적 또는 사적 행위와 관련하여 접수국뿐만 아니라 제3국에 대해서도 면제를 원용할 수 있는지가 문제된다. 비엔나협약은 이 문제에 대해 명시적인 지침을 제공하고 있지 않다. 다만, 단지 접수국으로부터의 면제를 규정한 협약 제31조 제1항은 외교관이 제3국의 관할권으로부터는 면제되지 않는 것으로 해석될 여지가 있다. 1997년 독일 연방헌법재판소는 이러한 해석을 채택했다. 그 근거로 다음을 제시했다. 첫째, 외교면제는 오로지 접수국 내에서 효력을 갖는데, 제3국은 외교관의 활동에 동의한 바 없다. 둘째, 제3국은 접수국과 달리 외교면제의 남용으로부터 자신을 보호할 수단, 예를 들면 아그레망의 거절, 기피인물 선언 등의 수단을 갖지 못한다. 셋째, 공적 행위에 대한 면제의 퇴임 후 지속 원칙이 대세적 효력, 즉, 제3국에 대한 구속력을 보장하지 않는다. 넷째, 협약 제40조는 단지 외교관이 제3국을 통과중이거나 불가항력으로 제3국에 들어간 경우, 즉 통과외교관과 관련해서만 일정 면제를 부여할 의무를 제3국에게 지우고 있다.

9 접수국 및 외교사절단의 특별의무

1. 접수국의 특별의무

접수국에게는 공관취득에 있어서 원조, 직무수행을 위한 충분한 편의의 제공, 무력충돌시 조속한 퇴거를 위한 편의의 제공, 파견국과 외교관계 단절시 공관의 재산, 문서, 공관지역 등의 보호의무 등이 있다.

2. 외교사절단의 특별의무

접수국 법령의 존중, 국내문제 불간섭, 영리활동의 금지 등의 의무를 부담한다.

10 특별(임시)사절의 면제·특권

1969년 특별사절에 관한 협약(이하 뉴욕협약)이 채택되었다. 주요 내용은 다음과 같다.

1. 특별사절의 정의

뉴욕협약 제1조는 특별사절을 한 국가가 타국과 특별한 문제에 관하여 거래를 하거나 혹은 타국과의 관계에 있어 특별한 임무를 수행할 목적으로 타국의 동의를 얻어 그 국가에 파견하는 국가를 대표하는 임시사절로 정의하고 있다. 임시사절이고 특정 문제를 다룬다는 점에서 상주이면서 파견국을 포괄적으로 대표하는 상주사절과 구분된다. 국가대표성이 인정되므로 국회의원 사절단이나 국가대표 축구팀 등과도 대비된다.

2. 특별사절의 파견

뉴욕협약 제2조에 의하면 국가는 외교채널 또는 기타 합의되거나 상호 수락 가능한 채널을 통해 미리 타국의 동의를 얻어 그 국가에 특별사절을 파견할 수 있다. 특사파견은 접수국의 사전동의를 요건으로 한다. 외교관계나 영사관계가 없는 국가 상호간에도 특별사절을 파견할 수 있다. 특별사절은 접수국의 외무부 또는 상호 합의한 기타 관련 부처를 통하여 공식접촉을 갖는다. 둘 이상의 국가는 모두에게 공동의 이해관계가 있는 문제를 다루기 위해 타국의 동의를 얻어 그 국가로 각기 동시에 특사를 파견할 수 있다. 둘 이상의 국가에서 파견된 특사는 먼저 제3국의 명시적 동의를 얻는 경우에는 그 제3국의 영토에서 회합을 가질 수 있다. 이 경우 제3국은 이 동의를 언제든지 철회할 수 있으며 또한 조건을 부과하고 접수국으로서 부담하는 의무의 범위를 제한할 수 있다.

3. 특권과 면제

국가원수가 특별사절단을 이끄는 경우, 그는 접수국이나 제3국에서 국제법이 국가원수의 공식방문시 부여하는 특권과 면제를 향유한다. 정부수반, 외무장관 그리고 '기타 높은 직급의 인물들'이 파견국의 특별사절단에 참가하는 경우 그들은 접수국 또는 제3국에서 뉴욕협약이 부여하고 있는 것 이외에 국제법이 부여하는 편의와 특권·면제를 향유한다.

4. 특권면제에 있어서 특별사절과 상주사절의 차이

(1) 재판관할권 면제

특별사절단의 구성원은 공적 직무 밖에서의 자동차 사용으로부터 야기된 손해배상청구소송에 대해서는 면제를 향유하지 못한다.

(2) 이동의 자유

이동의 자유는 특별사절단의 임무 수행을 위해 필요한 범위 내에서만 허용된다.

(3) 공관불가침

특별사절단 공관의 불가침성 문제에 있어 그의 동의가 있는 것으로 추정하여 임시공관 내로 들어갈 수 있다. 영사공관과 유사하게 상대적 불가침을 명시하고 있다.

(4) 조세면제 및 관세면제

조세면제는 특별사절단의 성격 및 체류 필요기간과 양립하는 범위 내에서만 인정된다. 접수국은 특별사절단의 관세면제를 제한하는 법률을 제정할 수 있다.

(5) 문서의 불가침

특별사절단의 공문서도 불가침을 향유한다. 그러나 접수국을 돕기 위하여 이들 공문서는 필요하다면 그 외부에 가시적인 확인 표시를 부착하여야 한다는 조건이 부가되어 있다.

(6) 통신의 자유

통신의 자유에 있어서도 상주외교사절단의 경우와 비슷한 통신의 자유가 특별사절단에게 부여되고 있지만 여기에도 가능한 한 특별사절단은 파견국의 상주외교사절단의 행낭과 신서사 등의 통신수단을 사용해야 한다는 조건이 부가되어 있다.

(7) 제3국에서의 특권과 면제

특별사절단 구성원들의 제3국 통과와 관련하여 1961년 외교관계에 관한 비엔나협약상의 의무와 동일한 의무가 통과국에게 부과되어 있다. 그러나 이 경우의 의무는 통과국이 비자신청 또는 통고에 의하여 사전에 특별사절단 구성원의 통과에 관하여 통고를 받고 그것에 대해 이의를 제기하지 않는 경우에만 발생한다.

제2절 | 영사

1 서설

1. 개념

영사(consul)란 접수국에서 본국 및 재류자국민의 통상 및 경제상의 이익을 보호하기 위해 임명된 국가기관을 말한다.

> **영사관계에 관한 비엔나협약 제1조 - 협약상 주요 개념의 정의**
> 1. 이 협약의 목적상 하기의 표현은 아래에서 정한 의미를 가진다.
>   (a) '영사기관'이라 함은 총영사관, 영사관, 부영사관, 또는 영사대리사무소를 의미한다.
>   (b) '영사관할구역'이라 함은 영사기능의 수행을 위하여 영사기관에 지정된 지역을 의미한다.
>   (c) '영사기관장'이라 함은 그러한 자격으로 행동하는 임무를 맡은 자를 의미한다.
>   (d) '영사관원'이라 함은 영사기관장을 포함하여 그러한 자격으로 영사직무의 수행을 위임받은 자를 의미한다.
>   (e) '사무직원'이라 함은 영사기관의 행정 또는 기술업무에 종사하는 자를 의미한다.
>   (f) '업무직원'이라 함은 영사기관의 관내 업무에 종사하는 자를 의미한다.
>   (g) '영사기관원'이라 함은 영사관원, 사무직원 및 업무직원을 의미한다.
>   (h) '영사직원'이라 함은 영사기관장 이외의 영사관원, 사무직원 및 업무직원을 의미한다.
>   (i) '개인사용인'이라 함은 영사기관원의 사용노무에만 종사하는 자를 의미한다.
>   (j) '영사관사'라 함은 소유권에 관계없이 영사기관의 목적에만 사용되는 건물 또는 그 일부와 그에 부속된 토지를 의미한다.
>   (k) '영사문서'라 함은 영사기관의 모든 문건서류, 서한, 서적, 필름, 녹음테이프, 등록대장, 전신암호와 기호 색인카드 및 이들을 보존하거나 또는 보관하기 위한 용기를 포함한다.

2. 직무

(1) 일반적 직무

영사관계에 관한 비엔나협약 제5조에 규정된 영사의 직무는 ① 자국민 보호, ② 우호관계의 촉진, ③ 정보수집, ④ 여권 및 비자의 발급, ⑤ 공증 및 호적사무 등 이다.

(2) 영사보호

영사원조(consular assistance)는 영사와 파견국 국민 간의 상호 통신 및 접촉의 자유를 말한다. 영사는 접수국 내에서 자국 국민과 자유로이 통신하며 접촉할 수 있다. 또한, 파견국 국민도 자국 영사와 자유로이 통신하고 접촉할 수 있어야 한 다. ICJ는 LaGrand형제 사건, Avena 사건, Jadhav 사건 등에서 접수국이 구금 된 외국인들에게 파견국 영사를 접촉할 권리가 있음을 지체 없이 통보하지 않음 으로써 협약 제36조를 위반하였다고 판시하였다. 협약 제36조에 의하면 접수국 은 구금된 외국인이 요청하는 경우에 한하여 파견국 영사에게 지체 없이 통보할 의무를 진다. 한편, 구금된 파견국 국민이 자신을 대신하여 영사가 조치를 취하 는 것을 명시적으로 반대하는 경우 파견국 영사는 그러한 조치를 삼가야 한다. 한편, 제36조에 의해 보호받는 범죄 유형에 제한은 없다. 따라서 간첩행위라고 하여 제36조의 적용 범위 밖에 있는 것은 아니다.

(3) 직무수행 구역

영사는 영사관할구역 내에서 직무를 수행하는 것이 원칙이나 특별한 경우 접수 국의 동의를 얻어 자기의 관할구역 밖에서 직무를 수행할 수 있다.

(4) 외교관의 영사 직무 수행

영사기관의 직무는 원칙적으로 영사에 의해 수행되나, 경우에 따라서는 외교사절 단에 의해서도 수행된다. 한편, 영사는 접수국의 동의를 얻어 영사관으로서의 지 위를 해함이 없이 외교행위를 수행할 수 있다. 그러나 영사관은 외교행위의 수행 을 이유로 외교상의 특권과 면제를 요구할 수는 없다(제17조).

영사관계에 관한 비엔나협약 제5조 - 영사의 직무(기능)

영사기능은 다음과 같다.

(a) 국제법이 인정하는 범위 내에서 파견국의 이익과 개인 및 법인을 포함한 그 국민의 이익 을 접수국 내에서 보호하는 것

(b) 파견국과 접수국 간의 통상, 경제, 문화 및 과학관계의 발전을 증진하며 또한 기타의 방 법으로 이 협약의 규정에 따라 그들 간의 우호관계를 촉진하는 것

(c) 모든 합법적 수단에 의하여 접수국의 통상, 경제, 문화 및 과학적 생활의 제조건 및 발전 을 조사하고, 이에 관하여 파견국 정부에 보고하며 또한 이해관계자에게 정보를 제공하 는 것

(d) 파견국의 국민에게 여권과 여행증서를 발급하며, 또한 파견국에 여행하기를 원하는 자에 게 사증 또는 적당한 증서를 발급하는 것

(e) 개인과 법인을 포함한 파견국 국민을 도와주며 협조하는 것

(f) 접수국의 법령에 위배되지 아니할 것을 조건으로 공증인 및 민사업무 서기로서 또한 유사한 종류의 자격으로 행동하며, 또한 행정적 성질의 일정한 기능을 수행하는 것

(g) 접수국의 영역 내에서의 사망에 의한 상속의 경우에 접수국의 법령에 의거하여 개인과 법인을 포함한 파견국 국민의 이익을 보호하는 것

(h) 파견국의 국민으로서 미성년자와 완전한 능력을 결하고 있는 기타의 자들 특히 후견 또는 재산관리가 필요한 경우에, 접수국의 법령에 정해진 범위 내에서, 그들의 이익을 보호하는 것

(i) 접수국 내의 관행과 절차에 따를 것을 조건으로 하여, 파견국의 국민이 부재 또는 기타의 사유로 적절한 시기에 그 권리와 이익의 방어를 맡을 수 없는 경우에 접수국의 법령에 따라, 그러한 국민의 권리와 이익의 보전을 위한 가처분을 받을 목적으로 접수국의 재판소 및 기타의 당국에서 파견국의 국민을 위하여 적당한 대리행위를 행하거나 또는 동 대리행위를 주선하는 것

(j) 유효한 국제협정에 의거하여 또는 그러한 국제협정이 없는 경우에는 접수국의 법령과 양립하는 기타의 방법으로, 파견국의 법원을 위하여 소송서류 또는 소송 이외의 서류를 송달하거나 또는 증거조사 의뢰서 또는 증거조사 위임장을 집행하는 것

(k) 파견국의 국적을 가진 선박과 파견국에 등록된 항공기 및 그 승무원에 대하여 파견국의 법령에 규정된 감독 및 검사권을 행사하는 것

(l) 본조 제(k)항에 언급된 선박과 항공기 및 그 승무원에게 협조를 제공하는 것, 선박의 항행에 관하여 진술을 받는 것, 선박의 서류를 검사하고 이에 날인하는 것, 접수국 당국의 권한을 침해함이 없이 항해 중에 발생한 사고에 대하여 조사하는 것, 또는 파견국의 법령에 의하여 인정되는 경우에 선장, 직원 및 소속원 간의 여하한 종류의 분쟁을 해결하는 것

(m) 파견국이 영사기관에 위임한 기타의 기능으로서 접수국의 법령에 의하여 금지되지 아니하거나 또는 접수국이 이의를 제기하지 아니하거나 또는 접수국과 파견국 간의 유효한 국제협정에 언급된 기능을 수행하는 것

🔨 관련판례

Avena case(멕시코 대 미국, ICJ, 2004) - 영사보호

멕시코와 미국은 영사관계에 관한 비엔나협약(이하 '비엔나협약')과 비엔나협약 관련 분쟁의 강제적 해결에 관한 선택의정서(이하 '선택의정서')의 당사국이다. 멕시코는 비엔나협약 제36조 규정에 근거하여 미국이 협약을 위반했다고 주장하였다. 즉, 동 조항에 따르면 파견국의 영사관할 구역 내에서 파견국의 국민이 체포, 구금, 유치, 또는 구속될 때 권한 있는 당국은 관련자에게 그의 권리를 지체 없이 고지해야 하는데, 52개의 사건에서 미국 당국이 이를 위반하였다는 것이다. 멕시코가 제소한 52개의 사건 중 49개의 사건은 연방 또는 주의 사법당국에 의해서 각각 소송이 진행 중이며, 3개의 사건은 미국 내의 모든 사법적 해결방법이 완료된 상태이다. 이에 ICJ는 각 사건들에 대한 미국 당국의 위법행위 여부를 검토하였다. 이 사안에서 주요 쟁점은 미국이 영사고지의무를 위반하였는가였다. ICJ는 제36조 제1항 제(b)호의 세 요소를 언급하였다. 첫째, 관련자가 제36조하의 그의 권리를 지체없이 고지받을 권리, 둘째, 그가 요구한다면 즉시 개인의 구금을 영사관에게 통지할 권리, 셋째, 구금자가 보내는 모든 통신을 즉시 영사관에게 통지할 권리이다. 법원은 구금당국이 이에 따라 관련인에게 고지할 의무는 그 자가 외국인이라는 사실을 알았을 때 또는 알 수 있었을 때이며, 정확히 언제 발생하는가는 상황에 따라 다르다고 판시하였다. 그러나 많은 외국인이 미국에 산다는 점을 고려할 때, 구금 시 개인의 국적에 대해서 정기적으로 질문을 하는 것이 바람직하며 또 그렇게 함으로써 협약상 의무가 이행되는 것이라고 하였다.

> **영사관계에 관한 비엔나협약 제17조 - 영사관원에 의한 외교활동의 수행**
>
> 1. 파견국이 외교공관을 가지지 아니하고 또한 제3국의 외교공관에 의하여 대표되지 아니 하는 국가 내에서 영사관원은, 접수국의 동의를 받아 또한 그의 영사지위에 영향을 미침 이 없이, 외교활동을 수행하는 것이 허용될 수 있다. 영사관원에 의한 그러한 활동의 수 행은 동 영사관원에게 외교특권과 면제를 요구할 수 있는 권리를 부여하는 것이 아니다.
> 2. 영사관원은, 접수국에 통고한 후, 정부간 국제기구에 대한 파견국의 대표로서 활동할 수 있다. 영사관원이 그러한 활동을 수행하는 경우에 동 영사관원은 국제관습법 또는 국제 협정에 의하여 그러한 대표에게 부여되는 특권과 면제를 향유할 수 있는 권리가 부여된 다. 다만, 동 영사관원에 의한 영사직무의 수행에 대하여 그는 이 협약에 따라 영사관원 이 부여받을 권리가 있는 것보다 더 큰 관할권의 면제를 부여받지 아니한다.

3. 종류

전임영사와 명예영사로 구분된다. 전임영사는 영사의 사무를 그 본업으로 하며 본국 에 의해 파견된 자를 말한다. 명예영사는 접수국에 거주하는 자 중에서 파견국이 선 임하여 영사의 사무를 위임하는 영사를 말한다. 명예영사는 직무수행상 전임영사와 동등한 보호를 받으나 특권·면제에 있어서 제한적이다.

4. 계급 및 공관원

1963년 '영사관계에 관한 비엔나협약'은 영사관원(consular officer)을 영사공관장 (head of consular post)을 포함하여 영사직무의 수행을 위임받은 자로 정의하고, 영 사공관장은 총영사(consular - general), 영사(consul), 부영사(vice - consul) 및 영사 대리(consular agent)의 네 개의 계급으로 구분하고 있다(제9조 제1항). 한편, 영사관 원은 접수국에서 영사기관장의 직무수행을 보조하는 자로서 영사관, 영사직원 및 역 무직원이 있다(제1조).

> **영사관계에 관한 비엔나협약 제9조 - 영사기관장의 계급**
>
> 1. 영사기관장은 다음의 네 가지 계급으로 구분된다.
>   (a) 총영사
>   (b) 영사
>   (c) 부영사
>   (d) 영사대리
> 2. 본조 제1항의 규정은 영사기관장 이외의 기타의 영사관원의 직명을 지정할 수 있는 체약 당사국의 권리를 여하한 방법으로도 제한하지 아니한다.

5. 영사관계의 수립(제2조)

국가 간 영사관계의 수립은 상호동의에 의해 이루어진다. 양국 간 외교관계 수립에 부여된 동의는 달리 의사를 표시하지 않는 한 영사관계의 수립에 대한 동의를 포함 한다. 외교관계의 단절은 영사관계의 단절을 당연히 포함하지 아니한다.

6. 영사기관의 설치(제4조)

영사기관의 설치를 위해서는 접수국의 동의를 받아야 한다. 영사기관의 소재지, 등급 및 영사관할구역은 파견국에 의하여 결정되며 또한 접수국의 승인을 받아야 한다. 영사관이 설치되어 있는 지방 이외의 다른 지방에 영사사무소의 개설을 원하는 경우 접수국의 동의를 받아야 한다.

7. 영사관할구역 외에서의 영사직무의 수행(제6조)

영사관원은 특별한 사정하에서 접수국의 동의를 받아 그의 영사관할구역 외에서 그의 직무를 수행할 수 있다.

8. 제3국에서의 영사기능의 수행(제7조)

파견국은, 관계 국가 중 어느 한 국가의 명시적 반대가 없는 한, 관계 국가에 통고한 후, 특정 국가 내에 설치된 영사기관에 대하여 제3국 내에서의 영사기능의 수행을 위임할 수 있다.

9. 제3국을 대표하는 영사기능의 수행(제8조)

파견국의 영사기관은, 접수국이 반대하지 아니하는 한 접수국에서 적절히 통고한 후, 제3국을 대표하여 접수국 내에서 영사기능을 수행할 수 있다.

10. 영사기관의 일부를 이루는 사무소 설치

영사기관 소재지 이외의 다른 장소에 기존 영사기관의 일부를 이루는 사무소를 개설하고자 하는 경우 접수국의 명시적 사전 동의가 필요하다.

2 파견과 접수

1. 파견

영사의 임명·파견에는 외교사절단장의 파견과 달리 접수국의 아그레망을 요청할 필요가 없다. 파견국은 임의로 영사기관장을 임명하고 '위임장'(consular commission)을 교부한다. 파견국은 접수국의 명시적 동의 없이 접수국 또는 제3국 국민을 영사기관장으로 임명할 수 없다(제22조).

2. 접수

접수국은 영사기관장으로 임명된 자를 반드시 접수해야 할 의무는 없으며 외교사절단장의 경우와 같이 기피인물이라는 이유로 접수거부를 통고할 수 있다. 영사기관장이 위임장을 접수국 원수 또는 외무장관에게 제출하면 접수국은 '인가장'(exequatur)을 교부한다. 영사인가장의 부여를 거부하는 국가는 그 거부이유를 파견국에 제시할 의무를 지지 않는다(제12조 제2항).

3 영사기관의 특권면제

1. 의의

영사기관 및 영사관원에게 부여되는 접수국에 의한 특별한 대우 및 보호, 접수국의 관할권으로부터의 면제를 영사기관의 특권 및 면제라 한다. 영사는 외교사절과 달리 본국을 대표하는 기관이 아니므로 외교사절에게 광범위하게 인정되는 특권 및 면제에 비해 다소 제한적으로 부여된다.

2. 공관의 불가침권

영사공관은 원칙적으로 불가침이다. 따라서 영사기관장의 동의 없이 공관 내에 들어갈 수 없다(제31조). 그러나 화재 기타 신속한 보호조치를 필요로 하는 재해의 경우에는 영사기관의 장의 동의가 있는 것으로 간주된다. 접수국은 공관을 보호하고 영사기관의 안녕의 방해 또는 위엄의 침해를 방지하기 위해 모든 적절한 조치를 취해야 한다. 공관 및 공관 내 재산 및 수송수단은 국방 또는 공익의 목적을 위한 접수국의 징발에서 원칙적으로 면제되나 영사직무수행을 방해하지 않도록 조치를 취하고 신속·적정·실효적 보상을 할 것을 조건으로 징발될 수 있다(제31조 제4항).

영사관계에 관한 비엔나협약 제31조 - 영사공관의 불가침

1. 영사관사는 본조에 규정된 범위 내에서 불가침이다.
2. 접수국의 당국은, 영사기관장 또는 그가 지정한 자 또는 파견국의 외교공관장의 동의를 받는 경우를 제외하고, 전적으로 영사기관의 활동을 위하여 사용되는 영사관사의 부분에 들어가서는 아니 된다. 다만, 화재 또는 신속한 보호조치를 필요로 하는 기타 재난의 경우에는 영사기관장의 동의가 있는 것으로 추정될 수 있다.
3. 본조 2항의 규정에 따를 것으로 하여, 접수국은 침입 또는 손괴로부터 영사관사를 보호하고 또한 영사기관의 평온에 대한 교란 또는 그 위엄의 손상을 방지하기 위한 모든 적절한 조치를 처해야 하는 특별한 의무를 진다.
4. 영사관사와 그 비품 및 영사기관의 재산과 그 교통수단은 국방상 또는 공익상의 목적을 위한 어떠한 형태의 징발로부터 면제된다. 그러한 목적을 위하여 수용이 필요한 경우에는 영사기능의 수행에 대한 방해를 회피하도록 모든 가능한 조치를 취하여야 하며, 또한 신속하고 적정하며 효과적인 보상이 파견국에 지불되어야 한다.

---

3. 문서의 불가침

영사기관의 공문서, 서류 및 공용통신문은 일시, 장소에 관계없이 언제나 불가침이다(제32조, 제35조 제2항). 단, 사문서는 불가침이 아니다.

4. 과세의 면제

파견국이 소유 또는 임차하는 영사기관의 공관 및 영사기관장의 관저는 접수국 또는 지방자치단체의 모든 조세 및 부과금으로부터 면제된다(제32조 제1항). 그러나 특정의 역무의 제공에 대한 급부로서의 성질을 갖는 경우에는 면제되지 않는다(제32조 제1항 단서).

5. 통신의 자유

영사기관은 공적 목적을 위해 파견국 외교사절 및 타 영사관과 자유로이 통신할 권리를 가지며, 영사신서사, 영사행낭, 부호 또는 암호통신문 등 모든 적절한 방법을 사용할 수 있다(제35조 제1항). 그러나 무선통신기의 설치 및 사용에는 접수국의 동의를 얻어야 한다.

6. 영사행낭(consular bag) 및 영사신서사(consular courier)

영사행낭은 개봉 또는 유치할 수 없으나, 접수국은 영사행낭 속에 공용통신문, 서류 또는 물품 이외의 것이 포함되어 있다고 추정할 만한 중대한 이유가 있는 경우에는 파견국이 위임한 대표로 하여금 접수국 당국 입회하에 행낭의 개봉을 요구할 수 있다(제35조 제3항). 개봉 요구에 불응시 접수국은 당해 행낭을 발송지로 반송조치할 수 있다. 영사신서사는 신체의 불가침을 향유하며 어떠한 경우에도 억류 또는 구금되지 않는다(제35조 제5항).

4 영사(관원)의 특권면제

1. 신체의 불가침(제41조)

영사(관원)는 중죄를 범하고 관할법원의 결정에 의한 경우를 제외하고 억류 또는 구금되지 않는다. 영사는 기소된 경우 관할당국에 출두해야 하나, 소추절차는 직무수행을 가능한 한 방해하지 않는 방법으로 취해져야 하며, 영사를 구금할 필요가 생긴 경우 소송절차를 가능한 한 지체 없이 개시해야 한다. 재판이 회부되기 전에 영사직원에 대한 체포, 구속, 형사소송절차가 개시되는 경우 접수국은 즉시 영사기관장에게 통고하여야 한다. 영사기관장 자신의 그러한 조치의 대상이 되는 경우에 접수국은 외교경로를 통하여 파견국에 통고하여야 한다(제42조).

> **영사관계에 관한 비엔나협약 제41조 - 영사의 신체 불가침**
> 1. 영사관원은, 중대한 범죄의 경우에 권한 있는 사법당국에 의한 결정에 따르는 것을 제외하고, 재판에 회부되기 전에 체포되거나 또는 구속되지 아니한다.
> 2. 본조 1항에 명시된 경우를 제외하고 영사관원은 구금되지 아니하며 또한 그의 신체의 자유에 대한 기타 어떠한 형태의 제한도 받지 아니한다. 다만, 확정적 효력을 가진 사법상의 결정을 집행하는 경우는 제외된다.
> 3. 영사관원에 대하여 형사소송절차가 개시된 경우에 그는 권한 있는 당국에 출두하여야 한다. 그러나 그 소송절차는, 그의 공적 직책상의 이유에서 그가 받아야 할 경의를 표하면서 또한, 본조 1항에 명시된 경우를 제외하고는, 영사직무의 수행에 가능한 최소한의 지장을 주는 방법으로 진행되어야 한다. 본조 1항에 언급된 사정하에서 영사관원을 구속하는 것이 필요하게 되었을 경우에 그에 대한 소송절차는 지체를 최소한으로 하여 개시되어야 한다.

2. 재판관할권의 면제

(1) 형사 및 행정재판관할권 면제

영사관 및 직원은 직무수행상의 행위에 대해서만 형사 및 행정재판관할권으로부터 면제된다(제43조 제1항). 다만 영사조약에 의해 파견국의 불처벌 보장으로 관할권으로부터 면제하거나 양국 간의 사전동의 없이는 기소하지 않는 경우도 있다.

(2) 민사재판관할권

영사관 및 행정·기능직원은 직무수행상의 행위에 대해서는 민사재판관할권에서 면제된다(제43조 제1항). 그러나 직무수행상의 행위에 관한 것이라도 사인자격으로 체결한 계약에 관한 민사소송 및 자동차·선박·항공기에 의한 손해에 관해 제3자가 제기한 소송으로부터는 면제되지 않는다(제43조 제2항).

(3) 공적 행위와 사적 행위의 구분

① Bigelow 대 Princess Zizianoff 사건에서 파리 주재 미국 영사인 Bigelow는 백러시아계 이주민인 Zizianoff 왕녀에게 미국여행 비자를 발급하기를 거부하였다. 그 후 그는 파리의 각 신문사에 전화를 걸어 자기가 비자발급을 거부한 이유는 그녀가 소련의 첩자이기 때문이라고 해명하였다. 파리 항소재판소는 비자발급 거부행위에 대해서는 재판관할권이 없지만 그 뒤에 행해진 명예훼손에 대해서는 재판관할권을 가진다고 판결하였다.

② Tae Sook Park 대 Shin & Shin에서 원고는 미국 샌프란시스코 주재 한국 총영사관의 부총영사와 그의 부인을 상대로 미국 재판소에 제소하면서, 그들을 위해 가사노동자로 일하면서 최소임금 혹은 초과근무수당을 지급받지 못했으며, 몸이 아픈데도 수차례 병원에도 가지 못했고, 자신의 여권도 몰수당하였다고 주장하였다. 이 사건에서 두 피고는 비엔나협약하의 영사면제와 외국주권면제법(FSIA)하의 국가면제를 원용하였으나 기각되었다. 원고를 고용하고 감독한 행위는 영사직무가 아니므로 면제가 인정되지 않는다고 하였다. 직무행위가 아니므로 국가면제와도 무관하고, 국가의 행위로 보더라도 주권면제의 예외인 상업적 활동이라고 하였다.

③ 영사가 도로교통범죄를 범했다면 운전 당시 공무수행 중이었다고 하더라도 형사재판관할권의 면제를 향유하지 못한다. 자동차 운전행위 그 자체는 영사직무가 아니기 때문이다.

④ 뉴질랜드 항소재판소는 L. 대 The Crown에서 여권발급행위는 협약 제5조 제(d)호에 영사직무의 하나로 언급되고 있음에도 불구하고 여권을 발급받기 위해 자신을 찾아온 사람에게 성적 가해행위를 한 혐의로 기소된 한 영사에게 면제를 인정하지 않았다.

⑤ 미국의 Gerritsen 대 de la Madrid Hurtado에서도 영사관 밖에서 시위를 벌이고 있는 사람에게 폭행을 가한 혐의로 기소된 한 영사에게 면제를 인정하지 않았다.

> **영사관계에 관한 비엔나협약 제43조 - 영사의 재판관할권 면제**
>
> 1. 영사관원과 사무직원은 영사직무의 수행 중에 행한 행위에 대하여 접수국의 사법 또는 행정당국의 관할권에 복종할 의무를 지지 아니한다.
> 2. 다만, 본조 제1항의 규정은 다음과 같은 민사소송에 관하여 적용되지 아니한다.
>   (a) 영사관원 또는 사무직원이 체결한 계약으로서 그가 파견국의 대리인으로서 명시적으로 또는 묵시적으로 체결하지 아니한 계약으로부터 제기되는 민사소송
>   (b) 접수국 내의 차량, 선박 또는 항공기에 의한 사고로부터 발생하는 손해에 대하여 제3자가 제기하는 민사소송

3. 증언

영사관원은 원칙적으로 증언을 거부할 수 없지만(제44조 제1항), 예외적으로 직무수행상의 행위에 관한 증언을 하거나 공문서 또는 공용통신문을 증거로 제출할 의무는 없다(제44조 제3항). 영사관의 증언을 요구하는 접수국당국은 당해자의 직무수행을 방해하지 않도록 해야 하며(제44조 제2항), 설사 영사관이 증언을 거부해도 증언을 강제하거나 처벌할 수 없다(제44조 제1항 후단).

4. 행정권 면제

영사관 및 행정·기능직원과 그 가족은 급료 및 재산에 대해 일반적으로 조세를 면제받으나 상품 또는 역무에 통상적으로 포함되는 간접세, 접수국 영역 내에 소재하는 개인의 부동산에 대한 조세 및 부과금 등은 면제되지 않는다. 한편, 접수국은 영사기관의 공용물품과 영사관 및 그 가족의 개인사용품의 수입을 허가하며 이에 대한 관세, 조세 및 기타 과징금을 면제해야 한다.

5. 면제의 포기(제45조)

파견국은 영사관원에 대한 신체의 불가침, 재판관할권의 면제, 증언의무에 관한 특권과 면제를 포기할 수 있다. 포기는 명시적이어야 하며, 접수국에 대해 서면으로 통고해야 한다. 영사관 또는 영사관원은 스스로 소를 제기한 경우에는 당해 소송에 직접 관련되는 반소에 대해 재판관할권의 면제를 원용할 수 없다. 민사소송 또는 행정소송에 관한 재판관할권 면제의 포기는 당해 소송의 판결의 집행에 관한 면제의 포기를 의미하지 않으며, 판결의 집행에 관한 면제의 포기를 위해서는 별도의 포기를 요한다.

5 외교면제와 영사면제의 차이점

1. 인정근거

영사면제와 외교면제를 인정하는 공통된 이유는 접수국에서 능률적으로 임무를 수행할 수 있도록 하기 위한 것이다(기능적 필요설). 그러나 영사는 외교사절과 달리 본국을 대표하는 기관이 아니므로 외교사절이 대표설에 기초하여 광범한 특권면제가 인정되는 것과 달리 특권면제의 범위가 상대적으로 제한적이다.

2. 공관의 불가침

공관의 불가침과 관련하여 두 가지 차이점이 있다.

(1) 영사관계에 관한 비엔나협약은 공관의 불가침의 예외에 대한 명문규정을 두고 있으나, 외교관계에 관한 비엔나협약에는 존재하지 않는다. 즉, 영사관계에 관한 비엔나협약에는 '화재 및 기타 신속한 보호조치를 필요로 하는 재해가 발생한 경우에는 영사관장의 동의가 있는 것으로 간주된다(may be assumed).'라는 단서가 삽입되어 있다(제31조 제1·2항).

(2) 영사기관의 공관이나 비품, 재산 및 수송수단은 특정한 조건하에 수용될 수 있다(제31조 제4항). 즉, ① 영사직무의 수행에 방해가 되지 않을 것, ② 신속·충분·실효적인 보상을 지불할 것, ③ 국방 또는 공익목적을 위한 것일 것 등이다.

3. 통신의 불가침

통신의 불가침과 관련하여 '행낭'의 불가침에 차이가 있다. 즉, 영사행낭의 경우 공문서가 아닌 것이 포함되어 있다고 추정할 만한 중대한 사유가 있는 경우 접수국은 파견국 당국의 입회하에 개봉할 것을 요구할 수 있으며, 이것이 거부되는 경우 발송지로 반송할 수 있다(제35조 제3항). 외교관계에 관한 비엔나협약에는 존재하지 않는 규정이다.

4. 주거 및 서류의 불가침

영사공관을 '소유자를 불문하고 오로지 영사기관의 목적을 위해서만 사용되는 건물 또는 건물의 일부와 부속토지'[영사관계에 관한 비엔나협약 제1조 제1항 제(j)호]로 규정하여 영사공관장의 개인적 주거는 영사공관에 포함되지 않고 따라서 불가침성이 인정되지 않는다. 또한 영사의 개인적 서류에 대해서는 불가침성이 인정되지 않는다.

5. 신체의 불가침

협약상 외교관의 신체의 불가침은 절대적이나, 영사의 경우 예외가 있다. 즉, 영사도 원칙적으로 신체의 불가침권을 향유하나, 그가 중대한 범죄를 범하고, 권한 있는 접수국 당국의 결정이 있는 경우 체포 또는 미결구금(detention pending trial)할 수 있다(제41조 제1항).

6. 재판관할권의 면제

첫째, 영사의 경우 사적 행위, 즉 직무집행과 무관한 행위에 대해서는 원칙적으로 민사·형사·행정재판관할권으로부터 면제되지 않는다. 외교관에 대해서는 물적 면제(immunity ratione materiae)와 인적 면제(immunity ratione personae)가 적용되나, 영사에 대해서는 물적 면제만 인정되는 것이다. 둘째, 민사재판권의 경우 외교관에 대해서는 공적 행위에 대해서는 절대적 면제가 인정되나, 영사의 경우 공적 행위라 할지라도 사인자격으로 체결한 계약에 관한 민사소송 및 자동차·선박·항공기에 의한 손해에 관해 제3자가 제기한 소송으로부터는 면제되지 않는다(제43조 제2항). 셋째, 외교관은 증언의무로부터 면제되나, 영사에게는 사법절차 또는 행정절차의 과정에서 증인으로 출두하도록 요구할 수 있다(제44조).

외교면제와 영사면제 비교

구분	외교면제	영사면제
인정근거	대표설, 기능설	기능설
공관불가침	절대적, 수용 불가	상대적, 수용 가능
통신불가침	외교행낭 - 절대불가침	영사행낭 - 개봉 요구, 반송 가능
주거·서류	외교공관장 주거, 사문서 불가침	영사공관장 주거 제외, 사문서 제외
신체불가침	절대적	상대적
재판관할권 면제	공적 행위, 사적 행위	공적 행위 (공적 행위라도 민사소송 예외 있음)

6 명예영사

1. 의의

명예영사는 대체로 접수국 주민 중에서 선임되고 영사의 사무를 명예직으로 위촉받고, 상업이나 기타의 영업에 종사할 수 있으며, 봉급은 받지 않고 수당의 성질을 가진 보수를 받는다. 각국은 명예영사관원을 임명하거나 또는 접수하는 것을 결정하는 자유를 가진다. 명예영사도 영사로서 전임영사와 동일한 직무를 수행할 수 있고, 전임영사에 적용되는 많은 규정은 명예영사에게도 적용된다. 가장 큰 차이는 명예영사의 공관과 그의 신체는 불가침성이 없다는 것이다. 특권과 면제는 명예영사관원의 가족 구성원 또는 명예영사관원을 장으로 하는 영사기관에 고용되어 있는 사무직원에게 부여되지 않는다. 한편, 명예영사관을 장으로 하는 상이한 국가 내의 2개의 영사기관 간의 영사행낭의 교환은 당해 2개 접수국의 동의 없이 허용되지 아니한다.

2. 영사관사의 보호

접수국은 침입 또는 손괴로 부터 명예영사관원을 장으로 하는 영사기관의 영사관사를 보호하며 또한 영사기관의 평온에 대한 교란 또는 그 위엄의 손상을 방지하기 위하여 필요한 조치를 취하여야 한다. 명예영사관사는 포괄적인 불가침권을 갖지 않는다.

3. 영사관사의 과세로부터의 면제

명예영사관원을 장으로 하는 영사기관의 영사관사의 소유자 또는 임차자가 파견국인 경우에, 동 영사관사는 제공된 특정 역무에 대한 급부로서의 성질을 가지는 것을 제외한 다른 여하한 형태의 모든 국가, 지역 또는 지방의 부과금과 조세로부터 면제된다.

4. 영사문서와 서류의 불가침

명예영사관원을 장으로 하는 영사기관의 영사문서와 서류는 언제 어디서나 불가침이다. 다만, 이들 문서와 서류는 다른 문서 및 서류와 구분되며, 특히 영사기관장과 그와 같이 근무하는 자의 사용 서한과 구분된다. 또한 그들의 전문 직업 또는 거래에 관계되는 자료, 서적 및 서류와 구분되어야 한다.

5. 형사소송절차

명예영사관원에 대하여 형사소송절차가 개시되는 경우에 그는 권한 있는 당국에 출두하여야 한다. 그러나 그 소송절차는 그의 공적 직책상의 이유에서 그가 받아야 할 경의를 표하면서 집행되어야 하며, 또한 그가 체포 또는 구속된 경우를 제외하고 영사직무의 수행에 최소한의 지장을 주는 방법으로 행하여져야 한다. 명예영사관원을 구속하는 것이 필요하게 되었을 경우에 그에 대한 소송절차는 지체를 최소한으로 하여 개시되어야 한다.

6. 명예영사관원의 보호

접수국은 명예영사관원에 대하여 그의 공적 직책상의 이유에서 필요로 하는 보호를 부여할 의무를 진다. 또한, 명예영사관원은 영사직무의 수행에 관하여 그가 파견국으로부터 받는 보수와 급료에 대한 모든 부과금과 조세로부터 면제된다.

제3절 | 군대

1 의의

1. 개념

군대는 국가의 독립·권위·안전을 유지하기 위하여 존재하는 실력적 국가기관이자 대외적 대표기관이다.

2. 외국 군대의 주둔

우호관계에 있는 국가의 합의에 따라 외국 군대가 타국의 영역 내에 주둔할 수 있다. 군대가 평시에 타국의 영역에 주둔하려면 자위권 발동의 경우를 제외하고는 일정한 조약적 근거나 주류국의 동의를 필요로 한다.

3. 특권·면제

합의에 기초하여 주둔하는 외국 군대는 일정한 특권·면제를 향유한다. 외국 군대에 대해 특권면제를 인정하는 이유는 첫째, 군대가 국가를 대표하고 국가의 권위를 상징하는 국가기관이라는 점, 둘째, 군대로서 주둔한 이상 자신의 법규와 기능을 자율적으로 유지할 필요가 있기 때문이다. 파견국 군대의 특권과 면제에 대해서는 통상 '주류외국군지위협정'(status of forces agreement: SOFA)에 의해 포괄적으로 규율된다.

4. 주한미군의 특권과 면제

주한미군의 특권과 면제에 대해서는 1966년에 체결되고 1967년에 발효된 '한미 상호방위조약 제4조에 의한 시설과 구역 및 대한민국에서의 합중국군대의 지위에 관한 협정'(이하 '협정')에 의해 규율되고 있다. 동 협정은 1991년 및 2001년에 개정되었다.

2 한미 SOFA와 형사재판관할권(협정 제22조)

1. 전속적 관할권

(1) 의의

접수국이나 파견국만이 처벌할 수 있는 범죄에 대해서는 각각 전속적 관할권을 갖는다. 다만, 접수국 내에서 특정 사태가 발생한 경우 파견국은 군대구성원 등의 모든 범죄에 대해 전속관할권을 갖는다.

(2) 파견국 전속관할권(제22조 제1항)

파견국은 평시에 파견국의 안전에 대한 범죄를 포함하여 파견국 법률에 의해서만 처벌될 수 있는 범죄에 대해서는 전속적 관할권을 행사한다. 다만, 계엄이 선포된 경우나 적대행위가 발생한 경우 미군당국은 미군 구성원 등의 모든 범죄에 대해 전속관할권을 행사한다.

(3) 접수국 전속관할권(제22조 제2항)

접수국이 전속적 관할권을 행사하는 범죄는 접수국의 안전에 대한 범죄 등 접수국 법률에 의해서만 처벌될 수 있는 범죄이다.

(4) 전속관할권의 포기

미군당국이 한국에 대해 전속적 관할권의 포기를 요청하면, 적절한 경우 한국당국은 이를 포기할 수 있으나, 미군당국은 그러한 포기요청을 최대한 자제해야 한다. 한미협정에 의하면, 전속적 관할권을 포기하는 경우에도, 한국당국은 미군 구성원 등의 체포, 수사 및 재판에 대한 완전한 통할권을 보유한다.

2. 관할권의 경합과 1차적 관할권 행사(제22조 제3항)

(1) 의의

대부분의 범죄는 파견국과 접수국이 모두 관할권을 행사할 수 있는 범죄이므로 관할권이 경합하게 되므로 누가 1차적 관할권을 행사하는지가 중요한 문제가 된다.

(2) 파견국의 1차적 관할권 행사

① **대상범죄**: 관할권의 경합시 파견국이 1차적 관할권을 행사할 수 있는 범죄는 ㉠ 파견국 군대의 재산 및 안전에 관한 범죄 또는 그 구성원 등의 신체 및 재산에 관한 범죄, ㉡ 공무집행 중의 작위 또는 부작위에 의한 범죄이다.

② **'공무집행 중'의 의미 및 판단**: '공무집행 중'의 의미에 대해 종래 '근무시간 중'으로 관대하게 해석했으나, 최근의 학설과 판례는 '공무집행의 과정'(in the performance of official duty)으로 엄격하게 해석하고 있다. 한미 SOFA 역시 공무의 의미를 공무의 기능상 요구되는 행위에만 국한시키고, 특정 임무 수행을 위해 요구되는 행위로부터 실질적으로 이탈하면 통상 그 자의 '공무 밖의 행위'로 본다. 한편, 공무증명서는 1차적 관할권을 결정하기 위한 충분한 증거가 되며, 공무집행 중인지 여부의 판단은 파견국 군당국이 발행하는 증명서에 의해 결정된다.

(3) 접수국의 1차적 관할권 행사

파견국의 1차적 관할권 행사 대상이 되는 범죄 이외의 범죄에 대해서는 접수국이 1차적으로 관할권을 행사한다.

(4) 1차적 관할권 행사의 포기

1차적 행사권을 가진 국가가 이를 포기하면 타방이 관할권을 행사할 수 있다. 이 경우 1차적 행사권을 포기하기로 결정한 국가는 이 사실을 타방에 가능한 한 신속히 통고해야 한다. 한편, 1차적 행사권을 가진 국가는 타방이 특히 중요하다고 인정하여 1차적 행사권의 포기를 요청하면 이에 대하여 호의적으로 고려해야 한다. 한미협정에서는 미군당국의 관할권 포기요청이 있는 경우 한국당국이 관할권을 행사함이 '특히 중요하다'고 결정하는 경우를 제외하고는 1차적 행사권을 포기하기로 합의하였다.

3. 형사재판관할권의 집행과 관련된 주요 규정

(1) 피의자의 체포·구금·수사에 대한 상호협력

① **군대구성원 등의 체포 통지:** 접수국은 파견국 군대의 구성원 등에 대한 체포를 파견국 당국에 즉시 통고해야 하며, 접수국이 1차적 관할권을 갖는 경우 파견국 당국은 군대 구성원 등의 체포를 접수국 당국에 즉시 통고해야 한다.

② **피의자의 구금**

    ㉠ **파견국에 의한 구금:** 협정에 의하면 미군 구성원 등 피의자가 미군당국의 수중에 있는 경우 재판절차의 종료와 한국당국의 인도요청시까지 계속 미군당국이 구금하며, 한국당국의 수중에 있는 경우에는 미군당국의 요청에 의해 피의자를 인도해야 하며 재판절차의 종료와 한국당국의 인도요청시까지 미군당국이 계속 구금한다.

    ㉡ **접수국에 의한 구금:** 피의자가 미군당국의 구금하에 있는 경우 미군당국은 언제든지 한국당국에 구금을 인도할 수 있으며, 미군당국은 특정 사건에 대한 한국당국의 구금인도 요청을 호의적으로 고려해야 한다. 2001년 개정의 결과 한국당국이 미군 구성원 등 피의자를 범행현장에서 체포한 경우 당해 피의자가 살인 등을 저질렀다고 믿을 만한 상당한 이유가 있고, 증거인멸 등의 이유로 구속해야 할 필요가 있는 경우 미군당국은 구금인도를 요청하지 아니하기로 합의하였다.

    ㉢ **죄질이 나쁜 피의자의 구금인도:** 2001년 개정의 결과 한국이 일차적 재판권을 갖고 기소시 또는 그 이후 구금인도를 요청한 범죄가 구금을 필요로 하기에 충분한 중대성을 갖는 살인, 강간 등에 해당하고 구금의 상당한 이유와 필요가 있는 경우 미군당국은 한국당국에 구금을 인도한다.

③ **접수국에 의한 수사 및 재판:** 미군당국은 요청에 따라 한국당국이 피의자 또는 피고인에 대한 조사와 재판을 할 수 있게 해야 하며, 이러한 사법적 절차의 진행에 대한 장애를 방지하기 위한 모든 조치를 취해야 한다. 한국당국은 미군 대표의 입회하에 미군 구성원 등을 수사할 수 있으며 체포 후 신병을 미군당국에 인도하기 전에 예비수사를 할 수 있다.

(2) 형집행에 관한 협조(제22조 제7항)

미군당국이 선고한 자유형을 한국 내에서 집행함에 있어 조력을 요청하면 한국당국은 이를 호의적으로 고려해야 하며, 반면 한국 법원이 선고한 자유형을 복역하고 있는 미군 구성원 등의 구금인도를 미군당국이 요청하면 한국당국은 이를 호의적으로 고려해야 하며, 이 경우 미군당국은 복역종료시까지 미국의 적절한 구금시설 내에서 인도받은 자의 구금을 계속할 의무를 진다.

(3) 이중처벌의 금지(제22조 제8항)

특정 범죄에 대해 일방 국가로부터 재판을 받은 피고인은 동일 범죄에 대해 타방 국가로부터 이중으로 재판받지 않는다. 그러나 파견국 군당국은 당해 행위에 의한 군기 위반에 대해 재판할 수 있다.

(4) 접수국당국의 상소권 제한(이중위험금지원칙, 제22조 제9항)

한국당국이 소추한 사건에서 한국 법원이 내린 무죄판결에 대해 한국 검찰당국은 법령의 착오의 경우 이외에는 상소하지 못하며 또한 피고인이 상소하지 않은 재판에 대하여도 상소하지 못한다.

3 민사재판관할권(협정 제23조)

1. 의의

외국 군대 구성원 및 고용원의 손해배상책임과 관련한 민사관할권은 대체로 접수국이 행사한다. 따라서 민사관할권에서는 경합문제가 발생하지 않는다.

2. 공무집행 중 발생한 손해

(1) 공무집행 중 여부의 결정

공무집행 중인가의 여부에 관한 결정은 '중재인'에 의한다. 중재인은 접수국과 파견국의 합의에 의해 사법기관의 상급 지위에 현재 있거나 과거에 있었던 접수국 국민 중에서 선정한다.

(2) 군대 및 군대구성원에 대한 손해(제23조 제1항)

일방 당사국의 공무집행 중의 군대 구성원 및 고용원 또는 공용 중인 군대차량이나 선박 및 항공기가 타방 군대 재산에 손해를 끼친 경우에는 타방이 당해 손해에 대한 청구를 포기하며, 또한 자국 군대 구성원이 공무 중 입은 부상이나 사망에 대해서도 타방에 대한 청구권을 포기한다.

(3) 정부재산에 대한 손해(제23조 제2항)

공무집행 중 정부 재산에 대해 손해가 발생한 경우 배상문제는 중재인을 통해 해결한다. 손해배상액이 일정액을 초과하는 경우 협정상 규정된 손해분담비율에 따라 접수국과 파견국이 공동 부담한다.

(4) 제3자에 대한 손해(제23조 제3항)

외국 군대의 구성원 및 고용원이 공무집행 중 제3자에게 손해를 끼친 경우 이에 대한 관할권은 원칙적으로 접수국에 있다. 청구는 접수국 군대의 행위로 발생한 청구권 처리에 적용되는 접수국 법령에 의해 처리한다. 접수국은 합의 또는 재판 결과에 따라 접수국 통화로 지급한다. 파견국 단독책임인 경우 접수국이 배상액의 25%, 파견국이 75%를 부담하고, 공동책임이나 책임소재가 불명확한 경우 배상액을 균등하게 분담한다. 접수국이 기지급한 배상액은 파견국이 6개월마다 상환한다.

3. 비공무집행 중 발생한 손해(제23조 제6항)

접수국의 민사관할권에 종속되며 원칙적으로 일반 민사사건과 같이 민사재판에 의해 해결한다. 접수국당국은 공평한 방법으로 청구를 심사하고 배상금을 사정하여 파견국에 통보한다. 파견국은 통보 접수 후 보상금 지급 여부와 금액을 결정하여 피해자에게 제의하고, 피해자가 수락하면 파견국당국이 직접 지급하고 이를 접수국당국에 통고한다. 피해자가 사정액에 이의가 있으면 접수국 법원에 민사소송을 제기하여 해결한다.

4. 민사소송절차

민사소송절차에 있어서 2001년 개정을 통해 송달, 법정출석, 증거수집 및 강제집행 절차에 관해 미국법이 허용하는 범위 내에서 한국법을 적용하게 되었다. 한국 법원은 연락기관 또는 다른 방법을 통해 소송서류를 송달할 수 있으며, 미국 측은 법정출석을 확보할 수 있는 모든 조치를 취해야 한다.

5. 강제집행절차

미국 측은 강제집행에 필요한 모든 원조를 제공하며 한국 법원은 강제집행 등과 관련하여 개인의 자유를 박탈할 수 없다. 봉급에 대한 강제집행은 미국법이 허용하는 한도 내에서 가능하며, 미군기지 내에서 강제집행을 하는 경우 미국 측 대표가 입회한다.

제4절 | 군함

1 의의

군함이란 국가의 군대에 속하는 선박으로 그 국가의 군함임을 표시하는 외부표지를 게양해야 하며, 정부에 의해 정식으로 임명되고 그 성명이 군적에 기재되어 있는 군 장교의 지휘하에 있고, 정규군대의 규율에 복종하는 승무원이 배치된 선박을 말한다.

2 권한

군함은 공해상에서 국제위법행위를 한 선박에 대한 임검권과 추적권을 행사한다.

3 지위

군함은 불가침권을 갖는다. 따라서 연안국은 함장의 동의 없이 함 내에 들어갈 수 없 다. 군함은 보통범죄인에 대해서는 비호권을 갖지 못한다. 그러나 정치범에 대해서는 위험의 중대성과 긴급성을 요건으로 비호할 수 있다는 것이 다수의 견해이다.

4 승무원의 지위

군함의 승무원은 일반국제법상 특권·면제를 향유한다. 승무원이 연안국의 동의를 얻어 상륙하여 공무집행 중에 행한 범죄에 대해서 면제가 인정되나, 공무 외적 범죄 에 대해서는 연안국의 재판관할권이 인정된다.

학습 점검 문제

01 외교 및 영사 면제·특권에 대한 설명으로 옳지 않은 것은?

① 영사문서와 서류는 언제 어디서나 불가침이다.

② 외교관이나 영사와 달리 명예영사는 가족에 대한 특권과 면제가 인정되지 않는다.

③ 영사는 신체적 불가침성이 제한되어 중죄의 경우 체포가 가능하다.

④ 외교행낭과 영사행낭의 불가침성의 내용과 범위는 모두 동일하다.

외교 및 영사의 특권과 면제

외교행낭은 절대적 불가침을 향유하여 개봉을 요구할 수 없으나, 영사행낭의 경우 의심이 있는 경우 당국의 입회하에 개봉을 요구할 수 있다. 즉, 양자의 불가침성의 내용과 범위가 다르다.

선지분석

① 영사문서나 서류는 불가침권을 행유한다.
② 명예영사는 물적면제만 인정되므로 가족의 경우는 면제가 인정되지 않는다.
③ 중죄의 경우 관할당국의 결정이 있다면 체포나 미결구금할 수 있다.

답 ④

02 외교사절의 직무에 대한 설명으로 옳지 않은 것은?

① 외교관은 접수국의 내정에 개입하지 아니할 의무를 진다.

② 외교관의 직무 수행에 직접 사용되는 차량은 불법주차 시에도 과태료 부과가 면제된다.

③ 외교관은 접수국에서 개인적 영리를 위한 어떠한 직업활동도 할 수 없다.

④ 외교관은 합법적 수단을 통해 접수국의 사정을 본국 정부에 보고한다.

외교사절의 직무

불법주차 시 과태료 문제가 협약에 직접 명시된 것은 아니나, 대체로 국제관행은 불법주정차에 대해 차를 강제견인하는 것은 문제라고 보나, 과태료는 부과할 수 있다고 본다.

선지분석

① 국내문제불간섭의무를 진다.
③ 외교관은 영리활동이 금지된다. 접수국의 동의에 따라 영리활동을 할 수 있다.
④ 접수국 사정을 보고하는 것은 외교관의 업무에 해당된다.

답 ②

03 1961년 외교관계에 관한 비엔나협약상 특권과 면제에 대한 설명으로 옳지 않은 것은? 2018년 9급

① 공관의 문서 및 서류는 불가침이다.

② 접수국의 재판관할권으로부터 면제되는 외교관은 파견국의 재판관할권으로부터도 면제를 향유한다.

③ 민사소송에 관한 재판관할권으로부터의 면제의 포기는 동 판결의 집행에 관한 면제의 포기로 간주되지 않는다.

④ 공관은 접수국의 동의를 얻어야만 무선송신기를 설치하고 사용할 수 있다.

특권과 면제

파견국의 재판관할권으로부터는 면제되지 않는다. 즉, 속인주의 관할권에서 면제되는 것은 아니다. 접수국의 속지주의 관할권으로부터 면제되는 것이다.

선지분석
③ 따라서 집행관할권에 대한 면제는 별도로 포기되어야 접수국이 강제집행을 할 수 있다.

답 ②

---

04 「외교관계에 관한 비엔나협약」상 외교사절에 대한 설명으로 옳지 않은 것은? 2018년 7급

① 외교공관의 모든 공관원은 협약상 외교관에 해당한다.

② 외교공관의 공관장 계급은 파견국과 접수국의 합의에 따른다.

③ 공관장은 서열과 의례에 관계되는 것을 제외하고 계급에 따른 차별을 받지 아니한다.

④ 공관장의 해당 계급 내 서열은 직무를 개시한 일자와 시간의 순서에 따라 정해진다.

외교사절

외교관계에 관한 비엔나협약상 외교관은 외교공관장과 외교직원을 말한다. 공관원에는 행정직원, 노무직원, 개인적 사용인이 포함된다.

답 ①

05 외교 면제와 특권에 관한 설명으로 옳지 않은 것은?

① 행정·기술 직원의 관세 면제는 최초 부임 시 가져오는 물품에 대해서만 적용된다.

② 접수국의 국민이 아닌 개인적 사용인은 봉급에 대한 세금에서 면제되지 않는다.

③ 외교관의 세대를 구성하는 가족 중 접수국의 국민이 아닌 자는 접수국의 형사재판 관할권으로부터 면제된다.

④ 접수국의 국민이나 영주자가 아닌 역무직원은 봉급에 대한 세금 면제와 사회보장규정의 적용에 대한 면제를 향유한다.

외교 면제와 특권

개인적 사용인의 경우 접수국의 국민이 아닌 경우 봉급에 대한 세금에서는 면제를 향유하며, 그 밖의 사안에 대해서는 접수국의 재량권에 따른다.

선지분석

③ 사절단 구성원의 가족은 접수국 국민이 아닌 경우 외교관과 동일한 특권과 면제를 향유한다.

답 ②

---

06 1961년 「외교관계에 관한 비엔나협약」상 특권·면제에 대한 설명으로 옳지 않은 것은?

① 특권·면제를 받을 권리가 있는 자가 이미 접수국 영역 내에 있을 경우 접수국 외무부에 그의 임명을 통고한 순간부터 특권·면제를 향유한다.

② 외교관의 가족은 그 외교관이 사망하는 경우 접수국으로부터 퇴거하는 데에 필요한 상당한 기간이 만료할 때까지 기존의 특권·면제를 계속 향유한다.

③ 외교관의 부임과 귀국을 위해 필요한 여권사증을 부여한 제3국은 그 외교관에게 통과의 보장에 필요한 면제와 불가침권을 부여하여야 한다.

④ 외교관이 제3국에 일시적으로 체류하더라도 제3국은 그 체류목적을 불문하고 외교관의 특권·면제를 보장하여야 한다.

특권과 면제

제3국에서의 체류목적이 '사적목적'인 경우에는 특권면제를 향유하지 않는다. '통과외교관'에 해당되는 경우에 한해 특권면제를 향유할 수 있다.

답 ④

07 1963년 영사관계에 관한 비엔나협약의 규정사항으로 옳지 않은 것은?

2007년 7급

① 영사관사라 함은 소유권에 관계없이 영사기관의 목적에만 사용되는 건물만을 의미한다.

② 영사관원에 대하여 형사소송절차가 개시된 경우 그는 관할 당국에 출두해야 한다.

③ 영사기관장의 계급을 총영사, 영사, 부영사, 영사대리의 4계급으로 나누고 있다.

④ 영사기관의 특권면제와 영사관 특권면제를 구분하여 규정하고 있다.

영사관계에 관한 비엔나협약

소유권에 관계없이 영사기관의 목적에만 사용되는 건물 또는 그 일부와 그에 부속된 토지를 의미한다.

답 ①

---

08 「영사관계에 관한 비엔나협약」상 영사관계에 대한 설명으로 옳지 않은 것은?

2018년 7급

① 외교관계 수립에 대한 동의는 원칙적으로 영사관계 수립에 대한 동의를 포함한다.

② 외교관계 단절은 영사관계 단절을 당연히 포함하지 아니한다.

③ 영사기능은 외교공관에 의해서도 수행될 수 있다.

④ 영사기관의 소재지와 등급은 파견국이 결정하여 접수국에 통보한 후 확정된다.

영사관계에 관한 비엔나협약

파견국이 결정하되 접수국이 동의해야 확정된다.

답 ④

제6장 | 국가승계

 출제 포커스 및 학습방향

국가승계는 실제 시험에서 출제 빈도가 높지는 않다. 승계관련 다자조약으로는 1978년 조약과 1983년 조약이 있으나 1978년 조약이 주로 출제되고 있다. 1983년 조약의 경우 적용대상이 무엇인지 정도 묻고 있다. 조약승계와 관련해서는 처분적 조약과 비처분적 조약으로 구분해서 승계 여부를 정리해야 한다. 1978년 조약의 적용범위에 대한 문제도 중요한 주제에 포함된다.

제1절 | 총설

1 의의

국가승계(state succession)란 일정한 지역을 통치하던 국가 또는 통치주체 자체의 변경으로 그 때까지 통치하던 선행국(predecessor state)의 조약 및 기타 권리의무가 승계국(successor state)에 승계되는 것을 말한다. 1978년 '조약에 대한 국가승계에 관한 비엔나협약'에 따르면 국가승계란 어느 영토에 대한 국제책임이 1국에서 타국으로 이전되는 것을 의미한다. 일반적으로 국가승계문제는 국가의 소멸로 인해 발생하게 되며, 조약, 문서, 채무, 재산, 국적, 외국인의 기득권, 국제기구회원국 지위 등의 승계문제가 야기된다. 이와 관련하여 1978년 '조약에 대한 국가승계에 관한 비엔나협약' 및 1983년 '국가재산·국가문서 및 국가부채에 대한 국가승계협약'이 체결되어 있으나 후자는 아직 발효되지 않았다. 2000년 '국가승계에 관련된 자연인의 국적'이 UN총회에서 채택되었다. 한편, 국제법위원회(ILC)는 '국가책임에 관한 국가승계'에 관한 논의를 진행 중이다.

2 국가의 승계문제 발생사유

1. 합병(merger)과 병합(annexation, absorption)

합병이란 복수의 국가가 결합하여 1국을 형성하는 것으로 종래의 복수국가는 소멸하고 신국가가 성립한다. 병합은 1국이 타국에 결합되는 것으로 피병합국은 소멸하고 병합국은 계속 국가로서 존속한다.

2. 분열(dissolution)

분열은 1국이 복수의 국가로 나누어지는 것으로 전자는 소멸하고 새로운 복수의 국가가 성립한다.

3. 영토의 일부이전

영토의 일부이전은 할양(cession), 시효 등의 사유로 한 국가의 영토의 일부가 타국가의 영토의 일부가 되는 것을 말한다. 할양은 합의에 의해 영토권의 변경이 발생하나, 시효는 시효완성이라는 사실로부터 발생한다.

4. 신생독립국

1978년 조약에 대한 국가승계에 관한 비엔나협약 제2조에 따르면 신생독립국이란 '국가승계일자 직전에 그 국제관계에 대해서 전임국가가 책임을 지고 있었던 종속영토의 승계국'을 의미한다. 식민지 상태에서 독립한 국가가 이에 해당한다.

5. 분리독립

1978년 조약에 대한 국가승계에 관한 비엔나협약은 분열과 분리독립을 구분하지 않고 '국가의 분리'(separation)에 포함시켰으나, 1983년 국가재산·국가문서 및 국가부채에 대한 국가승계협약은 분열(dissolution)과 분리독립(secession)을 구분하여 규정하고 있다. 분리독립은 전임국의 일부 영토에 새로운 국가가 수립되는 것을 말하며, 전임국이 소멸하지 않는다는 점에서 전임국이 소멸하는 분열과는 구별된다.

3 국가재산(state property)의 승계

1. 국가재산의 개념

국가재산·국가문서 및 국가부채에 대한 국가승계협약 제8조에 따르면 국가재산이란 국가승계 당시 전임국가의 국내법에 따라 당해 전임국가의 소유로 인정되는 재산·권리 및 이익을 말한다.

2. 국제관습법

국제관습법에 의하면 국가재산은 동산·부동산을 불문하고 승계국으로 이전되는 것이 원칙이다. 그러나 전임국가의 영토 내에 있던 '제3국'의 국가재산은 국가승계의 영향을 받지 않는다. 국가재산, 특히 부동산은 국가영역의 종물(從物)로 인정되어 영역의 변동에 따라 당연히 후계국에 귀속된다.

3. 1983년 국가재산·국가문서 및 국가부채에 대한 국가승계협약

(1) 영토 일부의 이전(transfer of part of the territory of a state, 제14조)

전임국가와 승계국의 합의에 의하고, 합의가 없는 경우 이전된 영토 내에 위치하고 있고 국유부동산과 이전된 영토에 대한 전임국가의 활동과 관련된 국유동산은 승계국에 이전된다.

(2) 신생독립국(newly independent state, 제15조)

승계가 발생하는 영토, 즉 식민지 안에 위치하던 전임국가의 국유부동산은 신생독립국에게 이전된다. 승계영토 밖에 존재한 부동산으로서 식민지가 되기 전에 그 영토에 속했으나 식민기간 중 전임국가의 국유재산으로 된 부동산은 신생독립국에 이전된다. 승계영토에 대한 전임국가의 활동과 관련한 국유동산은 신생독립국에 이전된다. 동 조항은 승계국과 전임국 간 합의에 대해 의도적으로 침묵하고 있는바, 이는 그러한 협정이 신생독립국에게 불리하다는 사실을 고려한 것이다.

(3) 국가통합(uniting of states, 제16조)

동산과 부동산 모두 승계된다.

(4) 분리독립(secession, 제17조)

달리 합의가 없는 한, 분리된 영토 내에 존재하는 국유부동산은 신국가에 이전되며, 승계 영토에 대한 전임국가의 활동과 관련된 국유동산도 이전된다. 그 밖의 동산은 형평한 비율로 신국가에 이전된다.

(5) 분열(dissolution, 제18조)

달리 합의가 없는 한, 전임국의 국유부동산은 그 소재지 신국가에 이전된다. 전임국의 영토 밖에 위치한 국유부동산은 형평한 비율로 신국가에 이전된다. 또한 특정 영토 부분에 대한 전임국가의 활동과 관련한 전임국가의 국유동산은 당해 영토를 승계한 신국에 이전되며, 전임국가의 그 밖의 동산은 형평한 비율로 신국가들에게 이전된다.

4 국가문서의 승계

1. 국가문서의 개념

국가재산·국가문서 및 국가부채에 대한 국가승계협약 제20조에 의하면, 국가문서란 국가승계시 전임국가의 국내법에 따라 그 국가에 속했고 전임국가가 그 통제하에 보존했던 문서로서, 전임국가가 그 직무를 수행함에 있어 작성하였거나 수령한 모든 문서를 말한다.

2. 일반원칙

국가들이 달리 합의하지 않는 한, 보상 없이 승계되며, 국가승계가 이루어진 일자(日子)부로 승계국에 이전된다. 제3국의 국가문서는 국가승계의 영향을 받지 않는다.

3. 승계유형별 국가문서의 승계

(1) 영토 일부의 이전(제27조)

합의가 없는 한, 이전되는 영토의 통상적 행정을 위해 승계국의 처분하에 두어져야 하는 전임국가의 국가문서는 승계국에 이전되며, 또한 오로지 승계영토에 관련되는 국가문서도 승계국에 이전된다.

(2) 신생독립국(제28조)

원래 식민지 영토에 속했으나 식민기간 중 전임국가의 국가문서로 된 문서는 신생독립국에 이전된다. 식민지화 또는 식민지 통치기간에 관한 자료 등 신생독립국과 이해관계가 있는 전임국가의 국가문서는 전임국과 신생독립국이 모두 형평한 이익을 볼 수 있는 방법으로 합의에 의해 이전이나 적절한 복제를 결정한다. 전임국가는 영토권과 국경선 문제에 관련한 자국의 국가문서로부터 이용가능한 최선의 증거자료를 신생독립국에게 제공할 의무가 있다.

(3) 국가통합(제29조)

전임국가들의 국가문서는 승계국에 이전된다.

(4) 분리독립(제30조)

달리 합의가 없는 한, 분리된 영토의 통상적 행정을 위해 당해 영토 내에 있어야 하는 전임국의 국가문서는 신국가에 이전되며, 분리된 영토와 직접적으로 관계있는 전임국가의 국가문서도 신국가에 이전된다.

(5) 분열(제31조)

모든 관련 상황을 고려하여 형평한 방법으로 신국가들에게 이전된다.

5 국가채무의 승계

1. 국가채무의 개념

국가재산·국가문서 및 국가부채에 대한 국가승계협약 제33조에 의하면 국가채무(state debt)란 전임국가가 국제법에 따라 타국가, 국제기구 및 기타 국제법의 주체에 대해서 지고 있는 일체의 재정적 의무를 말한다.

2. 영토 일부의 이전(제37조)

달리 합의가 없는 한, 전임국가의 부채는 형평한 비율로 승계국에 이전된다.

3. 신생독립국(제38조)

달리 합의가 없는 한, 전임국가의 국가채무는 신생독립국에게 이전되지 않는다.

4. 국가통합(제39조)

이전된다.

5. 분리독립(제40조)

달리 합의가 없는 한, 전임국가의 부채는 형평한 비율로 신국가에 이전된다. 비율 결정에 있어서 신국가에 이전되는 재산·권리·이익을 고려한다.

6. 분열(제41조)

분리독립과 같은 규칙이 적용된다.

6 기타 국가승계문제

1. 사적 권리(private rights)

사적 권리의 승계는 승계국이 '외국인'의 권리를 인정해 주어야 하는지가 문제된다.

(1) 학설대립

사권의 승계에 대하여 국가주권원칙과 기득권존중원칙의 대립이 있다. 기득권존중원칙이란 승계국이 전임국이나 제3국 국민이 보유한 사권을 존중해야 하며, 위반 시 국가책임을 진다는 견해이다(Akehurst). 단, 국제법상 요구되는 기준을 준수하는 한 국유화나 수용은 가능하다고 본다. 국가주권원칙은 승계국은 전임국과 동일성, 계속성이 인정되지 않으므로 외국인의 기득권 존중의무가 없다고 본다.

(2) 국가들의 입장

대체로 선진국들은 기득권존중원칙을 지지하고, 국제법원칙으로 확립되었다고 주장한다. 반면, 아시아·아프리카 제국들은 독립 전에 외국인들이 가지고 있었던 재산 및 투자는 승계하지 않아도 된다고 본다. 그 이유는 ① 기득권이 승계국의 주권·공서 개념과 저촉되고, ② 취득원인에 의문이 있으며, ③ 승계국을 해칠 목적으로 설정되었기 때문이다.

(3) 판례

국제판례는 대체로 기득권존중원칙을 반영하고 있다. 상설국제사법재판소(PCIJ)는 1923년 '폴란드에 있어서의 독일계 농민 사건'(권고적 의견)에서 선행국의 법령하에서 확정적으로 취득된 사권에 대해 후계국이 이를 존중하고 승계할 의무가 있다고 권고하였다. 1927년 '호르죠공장 사건'에서도 기득권존중원칙은 국제법의 원칙이며 위반은 국가책임을 수반한다고 판시하였다.

(4) 소결

국가주권원칙과 기득권존중원칙의 조화를 모색해야 한다. 국가동일성의 소멸을 이유로 국가주권원칙에 기초한 외국인의 사권의 전면적 부인은 개인의 재산권을 지나치게 침해할 뿐 아니라, 승계국의 국가이익에도 부정적일 것이다. 한편, 기득권존중원칙의 엄격한 적용은 신생독립국의 법감정에 배치되고, 경제주권을 훼손할 우려가 있다. 따라서 원칙적으로 외국인의 기득권을 존중하되, 국제법에 합치되는 수용이나 국유화는 인정되어야 할 것이다.

2. 양허계약(concession)

(1) 의의

양허계약이란 국가와 영업권 보유자(concessionaire) 간에 체결된 공법상의 국가계약(state contract)으로서 국가가 이 계약에 규정된 사업을 운영하기 위하여 부여한 면허 내지 이권이다.

(2) 법적 성질

양허계약을 부여한 국가는 양허계약을 공법상 계약이라고 보나, 외국 사인이나 그 국적국은 사법상의 계약으로 본다.

(3) 승계 여부

전통적인 학설·판례·국가실행은 사권에 관한 기득권존중원칙을 그대로 양허계약에도 적용 가능한 것으로 해석했다. 따라서 양허계약을 파기하는 경우 보상을 지불해야 하며(Akehurst), 전임국의 양허계약 파기에 대한 책임 역시 후계국에 승계된다고 보았다. 다만, 아시아·아프리카 국가들은 선행국이 부여한 양허계약은 천연자원에 대한 영구주권원칙에 근거하여 국가승계의 경우 소멸한다고 본다.

3. 국적

국가승계와 국적문제에 관해 확립된 국제법원칙은 없다. 다만, 영역변경이 있는 경우 후계국은 승계지역의 주민에게 그 국적을 부여하는 것이 통례이다. 선행국의 국적은 상실되고 후계국의 국내법이 정한 바에 따라 그 국적이 취득된다는 설이 유력하다. 국제관행에 의하면, 관계 지역의 주민에게 일단 후계국 국적을 일률적으로 취득하게 하고 그 후 일정기간 후계국의 국내법상 절차에 따라 그 국적을 포기하고 선행국 국적을 회복하도록 하는 '국적선택권'(right of option)을 부여하는 경우도 있다.

4. UN회원국 지위

(1) 영토의 일부 이전 또는 상실

영토의 일부 이전은 전임국가의 UN회원국 지위에 영향을 주지 않는다. 국가의 동일성이 유지되기 때문이다.

(2) 신생독립국

UN관행에 따르면 신생독립국은 UN헌장 규정에 따라 별도로 UN에 가입하였다.

(3) 합병

이론상 신국가 창설이므로 신규가입절차를 밟아야 할 것이나, UN관행에 따르면 전임국이 모두 UN회원국인 경우 신국가의 UN회원국 지위는 유지되었다(이집트와 시리아의 합병, 남예멘과 북예멘의 합병). 일방 당사국만이 UN회원국인 경우에는 분명하지 않다. 전임국이 모두 UN회원국이 아닌 경우는 당연히 별도로 가입절차를 밟아야 한다.

(4) 병합

동서독 병합의 경우 양국은 모두 UN회원국이었으나, 병합 이후 서독이 독일이란 명칭으로 회원국 지위를 유지하고 있다. 병합국이 UN회원국이고, 피병합국은 회원국이 아닌 경우 승계국인 병합국의 UN회원국 지위는 유지된다.

(5) 분리독립

분리독립한 국가가 UN의 원회원국인 경우 별도 가입절차는 불필요하나, 그렇지 아니한 경우에는 별도 가입을 요하는 것이 UN의 관행이다. 1958년 이집트와 함께 통일아랍공화국은 창설했던 시리아는 1961년 다시 분리독립하였으나, 재가입 절차를 밟지 않고 UN회원국 지위를 회복하였다. 반면, 인도로부터 분리독립한 파키스탄 및 에티오피아로부터 독립한 에리트리아는 정식 가입절차를 밟았다.

(6) 분열

① **구소련**: 구소련 구성국들 중 UN원회원국이었던 우크라이나와 벨라루스 및 러시아연방은 UN회원국 지위를 유지하였다. 러시아연방은 상임이사국 지위도 승계하였다. 그 밖의 구성국들은 별도의 가입절차를 거쳐 UN에 가입하였다.

② **체코슬로바키아**: UN원회원국이었던 체코슬로바키아는 1993년 체크공화국과 슬로바키아공화국으로 분열되었으며, 각각 UN에 가입하였다.

③ **구유고**: UN원회원국이었던 구유고연방은 보스니아 - 헤르체고비나, 크로아티아, 슬로베니아, 마케도니아, 세르비아, 몬테네그로로 구성되어 있었다. 전자 3국은 1992년에, 마케도니아는 1993년에 각각 UN에 가입하였다. 세르비아와 몬테네그로는 '유고연방공화국'을 구성하여 구유고와의 계속성을 주장하였으나 UN이 인정하지 않자 2000년 UN에 신규가입하였다. 한편, 유고연방을 구성하고 있던 몬테네그로는 2006년 국민투표를 통해 분리·독립하였다.

5. 인권조약의 자동승계 여부

(1) 의의

국경조약에 따른 권리의무는 국가승계의 영향을 받지 않고 해당 영역에 합체되어 있다고 보는 것과 같이 국제인권조약이나 국제인도법 조약상의 권리도 국가승계와 관계없이 기존 지역 주민의 개인적 권리로서 계속 적용된다고 볼 수 있을지가 문제된다. 국가에게 권리의무를 부과하는 일반조약과 달리 국제인권조약은 개인에 대한 직접 적용을 목표로 하고 있으며 개인에게 국제적 구제수단을 부여하는 경우가 많다. 오늘날 국제법에서 인권조약의 자동승계가 국제관습법이라고 보기는 어렵다.

(2) Human Right Committee

Human Right Committee는 General Comment에서 시민적·정치적 권리에 관한 국제규약과 같은 기본적 인권조약은 당사국의 해체나 승계에도 불구하고 기존 주민에게 계속 적용되며 일단 당사국이 되면 탈퇴할 수 없다고 해석하였다. 즉, 중요한 인권조약의 경우 조약상의 권리는 국가가 아닌 주민의 권리이므로 국가승계가 발생해도 이들의 권리는 영향받지 않는다는 입장이다.

(3) 국제사법재판소(ICJ)

구유고연방 해체과정에서 발생한 제노사이드 방지협약 적용에 관한 국제사법재판소(ICJ) 재판에서 제소국인 보스니아 - 헤르체고비나와 크로아티아 등은 자동승계를 통해 이 협약의 당사국이 되었다고 주장했으나 다수 의견은 이 문제에 대해 특별한 입장을 표명하지 않았다. 다만 S. Weeramantry 판사와 Shahabuddeen 판사는 개별 의견에서 기본적인 인권조약의 자동승계를 지지하였다.

(4) 유럽인권재판소 및 구유고국제형사재판소

유럽인권재판소와 구유고국제형사재판소에서는 인권조약의 자동승계가 지지된 바 있다.

1 학설

1. 포괄적 승계주의(계속주의)

승계유형 또는 조약성질에 관계없이 모든 조약은 승계국에 의해 승계된다고 보는 학설이다. 그로티우스(Grotius)는 영역주권의 이전이 있을지라도 국가의 실질적인 계속성은 인정된다고 보고 선행국의 조약은 포괄적으로 승계국에 승계된다고 주장하였다.

2. 백지출발주의(principle of clean slate)

백지출발주의란 승계국은 선행국이 체결한 조약에 대해서는 제3자이므로 이를 승계하지 않는다는 주장이다.

2 관행(신생독립 시)

1. 니에레레방식(Nyerere Doctrine)

니에레레방식은 승계국이 독립한 후 일정한 유예기간 내에 승계에 관해 합의에 도달하지 못한 조약은 국제관습법에 관한 사항을 제외하고는 원칙적으로 소멸시키는 방식이다. 이 방식은 조약상 권리의무에 대한 자주적 선택권의 인정에 특징이 있으나, 신생국의 자의에 의해 조약관계의 안정성을 저해할 우려가 있다.

2. 잠비아방식(Zambia Formula)

잠비아방식은 신생독립국의 명시적 승계거부의사 표시가 없는 한 일단 승계를 인정하는 방식이다. 신국가의 독립으로 야기될 법적 진공상태를 방지하는 것을 중시한다.

3 1978년 조약에 대한 국가승계에 관한 비엔나협약

1. 적용범위

(1) 승계발생 사유

조약에 대한 국가승계에 관한 비엔나협약은 국가 영토의 일부 이전, 국가의 통합, 국가의 분리, 신생독립국의 경우를 규율하고 있다. 국가의 분열에는 분리독립과 국가해체를 포함하는 것으로 해석되며, 양자에는 같은 법리가 적용되나 기존 관습과 일치하는가에 대해 의문이 있다. 한편, 국가의 통합은 '합병'으로 해석되나, ILC는 '병합'을 포함한 것으로 본다. 조약에 대한 국가승계에 관한 비엔나협약은 분할에 대해서는 규율하지 않는다. 조약에 대한 국가승계에 관한 비엔나협약은 국제법에 부합되게, 특히 UN헌장에 규정된 국제법원칙에 부합되게 발생하는 국가승계에 대해서만 적용된다(제6조).

(2) 조약

조약에 대한 국가승계에 관한 비엔나협약은 국가들 간 서면으로 체결되는 조약에 대해서만 적용된다[제1조, 제2조 제1항 (a)호, 제3조]. 따라서 국가와 국제법의 타주체 간에 체결되는 조약과 구두로 체결되는 조약은 조약에 대한 국가승계에 관한 비엔나협약의 적용대상에서 제외된다.

2. 처분적 조약의 승계

(1) 개념

처분적 조약(dispositive treaty) 또는 물적 조약(real treaty)이란 영토에 대한 권리의무를 다루는 조약 또는 일정한 토지와 밀접하게 결부된 의무나 지위를 설정한 조약을 말한다. 국경획정조약, 영토할양조약 등이 물적 조약이다.

(2) 물적 조약의 승계 여부

물적 조약은 주권자의 변경에 의해 영향을 받지 아니하며, 승계발생사유에 관계없이 승계국에 자동적으로 이전된다. 조약에 대한 국가승계에 관한 비엔나협약은 국경선 관련 조약과 지역권 설정조약에 대해 특히 규정하고 있다.

(3) 국경선 관련 조약(제11조)

조약에 의해 수립된 국경선이나 국경선체제(boundary regime)와 관련하여 조약에 의해 수립된 권리의무는 승계의 영향을 받지 않는다. 이는 관행상 '국경선 신성의 원칙(principle of sanctity of frontiers)'을 확인하고 있는 것으로 해석된다. 신생독립국들은 국제관계의 안정성을 고려하여 국경선 신성의 원칙을 반영하고 있는 이른바 'uti possidetis 원칙'을 존중하고 있다. 국제사법재판소(ICJ)는 국가승계 시 국가 간 기존 경계선을 존중할 의무는 일반국제법상 의무라고 확인하였다(부르키나파소와 말리의 국경분쟁 사건, 1986).

(4) 지역권 설정조약

지역권(servitude)이란 다른 국가들의 특정한 이익을 위한 영토권의 제한으로 취득되는 권리를 말한다. 지역권 설정조약상의 권리의무는 국가승계의 영향을 받지 않는다(제12조 제1항·제2항). 다만, 외국군대기지 설정조약은 승계되지 않는다(제12조 제3항). 국가승계의 영향을 받지 않는 대물적 성격의 지역권인가의 여부를 결정하는 기준은 현재 명확하지는 않다. 국제사법재판소(ICJ)는 Gabcikovo - Nagymaros 사건에서 헝가리와 체코슬로바키아 간에 체결된 1977년 조약의 대물적 성격을 인정하고, 동 조약은 체코와 슬로바키아의 분열에 의해 영향을 받지 않고 승계된다고 판시하였다.

3. 비처분적 조약의 승계

비처분적 조약(non - dispositive treaties) 또는 인적 조약이란 물적 조약이 아닌 모든 조약을 의미한다. 즉, 동맹·상호원조·공동방위 등 체약국 상호 간의 동질성과 연대성을 전제로 한 조약을 말한다. 인적 조약은 국가승계발생사유에 따라 다르게 규정하고 있다.

(1) 영토 일부의 이전(제15조)

할양, 시효 등의 사유로 한 국가의 영토의 일부가 타국가의 영토의 일부로 되는 경우 '조약국경이동의 원칙(moving treaty - frontiers rule)'이 적용된다. 즉, 승계시 발효 중이던 전임국의 조약은 상실한 영토 부분에 대해서는 효력이 소멸한다. 또한, 승계 시 발효 중이던 승계국의 조약은 새로 취득한 영토에 확장 적용된다. 단, 신영토에 대한 조약의 확장적용이 조약의 목적과 양립할 수 없거나 그 운용조건을 근본적으로 변경시키는 경우 적용되지 아니한다.

(2) 신생독립국(newly independent state, 제16조)

① **원칙 - 백지출발주의(clean slate principle):** 신생독립국의 경우 국제관습법상 확립된 백지출발주의의 적용을 받는다. 즉, 식민지 상태에서 독립한 신생독립국은 전임국가가 체결한 여하한 조약에도 구속되지 아니한다.

② **예외적 승계**
   ㉠ **다자조약:** 신생독립국은 조약승계의 취지를 다자조약의 기탁소에 통고함으로서 전임국가가 체결한 다자조약을 승계할 수 있다. 예외적 승계에도 제한이 있다. 즉, ⓐ 신생독립국의 조약승계가 조약의 목적과 양립하지 아니하는 경우, ⓑ 조약승계로 인해 조약운용의 조건이 근본적으로 변경되는 경우, ⓒ 조약 당사국 전부의 동의를 요하는 경우에는 다자조약을 승계할 수 없다. ⓒ의 경우 전 당사국의 동의가 있는 경우 승계할 수 있다. 승계통고시 신생독립국은 독립일부터 조약 당사국 지위를 인정받으나, 독립일과 승계통고일 사이의 기간에는 적용이 정지된 것으로 처리한다. 국제기구설립조약의 경우 단순히 통고로서 승계할 수 없고, 설립조약이 요구하는 회원 자격 요건을 충족해야 한다. 신생국의 의사표시가 없는 경우 조약에 대한 유보도 승계하나, 신생국은 새로운 유보를 첨부하거나 기존 유보를 변경할 수 있다.
   ㉡ **양자조약:** 양자조약의 예외적 승계를 위해서는 신생독립국과 타당사국과의 합의를 요한다.

(3) 국가통합(제31조)

① **원칙 - 계속주의:** 승계 시에 발효 중이던 전임국가의 모든 조약은 승계국에 승계되어 효력을 지속한다. 단, 승계국에 대한 조약의 적용이 조약의 목적과 양립하지 아니하거나, 조약 운용을 위한 조건을 근본적으로 변경시키는 경우에는 승계되지 아니한다.

② **적용범위**: 승계되는 조약의 적용범위가 문제된다.

  ⊙ **다자조약**: 승계국이 당해 조약이 그 영토 전체에 대하여 적용될 것임을 기탁소에 통고하지 않는 한, 통합 전에 적용되었던 영토 부분에 대해서만 효력을 지속한다. 단, 전 영토에의 적용이 다자조약의 목적과 양립하지 않거나 조약 운용의 조건을 근본적으로 변경시키는 경우 통고에 의해 확장할 수 없다. 또한 모든 당사국의 동의를 요하는 조약에 해당하는 경우 전 영토에 적용하기 위해서는 모든 당사국의 동의를 요한다.

  ⓛ **양자조약**: 승계국과 타방 당사국이 달리 합의하지 않는 한, 통합 전에 적용되었던 영토 부분에 대해서만 효력을 지속한다.

(4) 국가의 분리[제34조(분리독립과 분열)]

① **원칙 - 계속주의**: 국가의 분리의 경우 전임국가의 존재 여부와 관계없이 승계 시에 전임국가의 영토 전체에 대해 발효 중이던 조약은 신국들에 효력을 지속한다. 단, 신국가에의 계속적용이 조약의 목적과 양립할 수 없거나, 조약 운용을 위한 조건을 근본적으로 변경시키는 경우 적용되지 아니한다.

② **전임국가에 대한 승계의 효력(제35조)**: 분리독립의 경우 승계발생 시 전임국가에 대하여 발효 중이던 일체의 조약은 그 잔존 영토에 대하여 계속해서 효력을 갖는다. 단, 동 조약이 ⊙ 분리된 영토에 관련된 것임이 입증되거나, ⓛ 전임국가에 대한 조약의 적용이 조약의 목적과 양립하지 않거나 또는 조약의 운용 조건을 근본적으로 변경시키는 경우 그러하지 아니하다.

③ **문제점**: 분리독립의 경우 국제관습법상 백지출발주의가 적용되었다. 따라서 동 조항은 국제관습법을 변경한 것으로서, 분리독립한 국가의 주권을 중대하게 제약하는 점이 문제로 지적된다.

제3절 | 주요 국가승계 사례

1 구소련

1. 구소련 분열의 법적 성질 - 해체인가 분리독립인가?

(1) 해체론(dissolution)

구소련의 분열이 해체라고 보는 논거는 다음과 같다. 첫째, 1991년 12월 8일자 민스크협정 제1조는 구소련의 국제법상의 주체 및 지정학상의 실체로서의 소멸이 명시되어 있다. 둘째, 독립국가연합에 의해 채택된 문건들이 구소련의 소멸을 시사하는 표현을 쓰고 있다. 예컨대, 1992년 3월 20일 독립국가연합 회원국의 국가원수평의회 결의문은 "독립국가연합의 모든 회원국들은 구소련연방의 권리 및 의무에 대한 상속국가로서 인정된다."라고 규정하고 있다.

(2) 분리독립론(separation)

① 1991년 12월 21일자 독립국가연합 국가원수회의는 러시아가 UN안전보장이사회의 상임이사국 자격을 포함한 UN회원 자격을 유지하는 것을 지지하였다.

② 구소련이 체결한 조약의 당사국을 러시아로 변경해 줄 것을 UN에 요청하였고 이는 아무런 이의 없이 수락되었다.

③ 인구나 면적도 러시아연방의 구소련과의 동일성 내지 계속성을 지지한다. 러시아가 승계한 면적은 구소련의 76%, 인구는 약 50%이다.

④ 국제사회 역시 러시아의 구소련의 동일성 내지 계속성을 지지하고 있다.

2. 구소련의 양자조약관계의 조정

(1) 러시아연방

러시아는 구소련의 계속 국가로서 구소련이 체결한 조약이 자국과 제3국 간에 그대로 적용됨을 주장하였다. 다만, 사정변경에 비추어 구소련의 조약 상대국과 협상을 전개하여 양자관계를 조정·정리하였다.

(2) 러시아 및 발트3국을 제외한 CIS국가들

CIS구성국들과 독일은 계속주의에 기초하여 달리 합의하지 않는 한 독일과 구소련 간의 조약을 독일과 CIS구성국들 간 관계에서 계속 적용하기로 하였다. 우크라이나 역시 구소련의 조약 상대국과 개별적 협상을 진행하여 양자조약의 계속 적용 가능성을 개별적으로 검토하여, 대체로 조약계속원칙이 적용되었다. 다만, 양자조약이 일괄적으로 모두 승계된 것은 아니었다.

(3) 발트3국의 양자조약관계 조정

발트3국은 분리독립이나 신생독립국이 아니라 1940년 당시의 발트국가로의 '회귀'를 강조하였다. 이에 따라 1940년 이전에 체결된 모든 조약의 효력은 지속됨을 승인하였다. 둘째, 구소련의 불법점령기간 중 구소련이 체결한 모든 조약의 효력을 부인하였다. 다만, 지리적으로 근접해 있고 긴밀한 관계를 유지해 온 스웨덴이나 핀란드와의 관계에서는 구소련과의 양자조약을 완전히 무시하지는 않았고 한시적으로 적용하거나, 새로운 양자조약을 체결하였다.

3. 구소련의 다자조약관계의 조정

구소련이 체결한 다자조약에의 참여 여부는 조약의 내용 및 성격에 따라 개별적으로 판단하였다. 러시아는 구소련의 모든 다자조약의 승계를 통고하였다. CIS국가들은 다자조약을 승계하거나 가입하였다. 관심이 되었던 핵비확산조약(NPT)이나 탄도탄요격미사일조약(ABM조약)은 전통적인 승계원칙을 적용하는 대신, 구체적인 상황에 합목적적인 새로운 조약의 체결을 통해 해결하였다. 러시아연방은 동 조약들을 승계하고, NPT조약상 핵무기 보유국 지위를 유지하는 한편, 우크라이나 등은 핵무기비보유국(non-nuclear State)으로서 NPT조약에 신규 가입하였다.

2 독일통일

1. 독일통일의 승계유형

독일통일에 대해 동독의 공식입장은 1978년 조약에 대한 국가승계에 관한 비엔나협약 제31조상의 '국가통합'(merger, 합병)에 해당한다는 것이다. 따라서 동독이 체결한 조약은 동독지역에서 여전히 계속 유효하다고 주장하였다. 그러나, 이는 독일통일조약에 반영되지 않았다. 서독은 '병합'(annexation) 또는 '흡수통합'(absorption)에 해당한다고 주장하였다. 병합론은 독일통일로 구동독은 국제법 주체로서 소멸하였으나, 서독은 국가적 동일성 및 계속성을 유지했음을 논거로 한다. 한편, 병합론자들은 1978년 조약에 대한 국가승계에 관한 비엔나협약 제31조는 독일 통일과 같은 병합에는 적용되지 않는다고 본다. 병합론이 통설이다.

2. 구서독이 체결한 조약의 효력

통일조약 제11조에 의하면, 서독이 체결한 조약은 여전히 유효할 뿐 아니라 '조약국경이동의 원칙'(the rule of moving treaty frontiers)에 따라 구동독지역에까지 확장 적용하였다.

3. 구동독이 체결한 조약의 효력

(1) 양자조약

통일조약 제12조에 따르면 구동독의 조약은 전부 소멸 또는 존속으로 다루지 않고, 다양한 관련사항을 고려하여 동독조약을 존속·종료·개정하였다. 신뢰보호, 관련당사국의 이익, 자유민주적 기본질서에 반하는지 여부, 독일연방공화국의 기존 조약관계 등을 고려하였다.

(2) 다자조약

통일조약 제12조 제3항은 구동독의 다자조약 및 국제기구에 있어서의 회원국 지위가 독일 통일과 더불어 소멸되었다는 전제에서 통일독일이 구동독만이 가입해 있던 다자조약에 참여를 원하는 경우 관련당사국과 합의하도록 규정하고 있다. 통일독일은 구동독이 체결한 다자조약 중 단 하나의 조약에만 참가하였다.

3 유고연방

구유고연방은 1991년 6월 이후 5개 공화국으로 분열되었다. 5개 공화국은 세르비아 - 몬테네그로, 슬로베니아, 크로아티아, 마케도니아, 보스니아 - 헤르체고비나이다. 세르비아 - 몬테네그로는 신유고연방을 표방하고 구유고의 승계를 주장했으나 UN은 이를 인정하지 않았다. 세르비아 - 몬테네그로는 이후 유고연방공화국이라는 명칭으로 UN에 신규 가입했다. 국제사회는 구유고연방이 해체(분열)된 것으로 본다. 2006년 몬테네그로가 분리독립했고, 2008년에는 코소보가 독립을 선언했다. 각각의 독립국들은 대체로 구유고연방이 체결한 다자조약을 승계하였다.

학습 점검 문제 제6장 | 국가승계

01 1978년 「조약승계에 관한 비엔나협약」의 내용에 대한 설명으로 옳은 것은?

2019년 9급

① 승계국이 선임국의 영역 일부를 승계한 경우에는 선임국의 비(非)국경조약이 해당 영역에 계속 적용된다.

② 선임국이 승계국에 병합된 경우 승계국은 선임국이 체결했던 국경조약에 구속되지 않는다.

③ 신생국은 해당 영역에 적용되던 선임국의 비(非)국경조약을 계속 인정할 의무가 없다.

④ 승계국은 선임국이 당사국인 기본적 인권과 권리에 관한 조약을 자동적으로 승계한다.

> **조약승계에 관한 비엔나협약**
>
> 비국경조약 또는 비처분적조약에 대해서는 백지출발주의가 적용되므로 계속 인정할 의무가 없다(출제자는 신생국을 신생독립국으로 전제하고 출제한 것으로 보인다).
>
> **선지분석**
> ① 영역 일부를 승계한 경우, 즉 영토의 일부이전의 경우 비국경조약은 '조약국경이동원칙'에 지배를 받는다. 따라서 선임국의 비국경조약은 해당 영토에는 적용되지 않고, 승계국의 조약이 해당 영역에 확장 적용된다.
> ② 국경조약은 승계유형과 무관하게 승계국이 승계할 의무가 있다. 병합 시에도 마찬가지로 승계의무가 있다.
> ④ 인권조약의 자동승계원칙은 조약승계협약에 명시되어 있지 않다.
>
> 답 ③

02 「조약의 국가승계에 관한 비엔나협약」상 조약의 승계에 대한 설명으로 옳지 않은 것은?

2018년 7급

① 국가승계란 영토의 국제관계 관련 책임이 한 국가로부터 다른 국가로 이전되는 것을 말한다.

② 국가의 일부 분리에 있어서 선행국 영토 전체에 유효한 조약은 각 승계국의 승계통고에 의해 효력을 가진다.

③ 새로 독립한 국가는 승계통고에 의해 기존 다자조약의 당사자로 될 수 있다.

④ 조약에 의해 수립된 국경은 국가승계의 영향을 받지 않는다.

> **조약승계에 관한 비엔나협약**
>
> 국가의 일부 분리(분리독립)의 경우 협약상 '계속주의'가 적용된다. 즉, 승계의무가 있다. 따라서 승계통고를 조건으로 효력을 갖는 것이 아니다.
>
> **선지분석**
> ③ 신생독립에 대한 것이다. 신생독립국은 '백지출발주의'가 적용되어 승계의무가 없다. 그러나 다자조약의 경우 '통고'에 의해 승계할 수 있고, 양자조약은 기존 당사자와의 '합의'를 통해 승계할 수 있다.
> ④ 국경선 획정 조약과 같은 '처분적 조약'은 '계속주의'가 적용되므로 승계의무가 있다. 즉 승계의 영향을 받지 않는다.
>
> 답 ②

제 **3** 편

국제기구

제1장 | 국제연합(UN)

 출제 포커스 및 학습방향

국제기구와 관련해서는 UN이 주로 출제되며, UN 역시 매년 1 ~ 2문제 출제되고 있다. 암기를 요하는 내용이 많은 분야이기도 하다. UN헌장을 중심으로 공부하는 것이 효율적이며, UN과 관련해서는 UN 가입과 탈퇴, 주요 기관의 기능과 의사결정 방식, 총회와 안전보장이사회의 권한 비교 등이 주로 출제된다.

제1절 | 총설

1 연혁

1. 창설과정

회의	일시	결정사항
대서양헌장	1941.8.14.	루스벨트(미)와 처칠(영): 종전 후 새로운 평화정착 희망 표명
연합국선언	1942.1.1.	UN창설을 위한 연합국의 공동노력 천명
모스크바회의	1943.10.30.	4개국 공동선언(미, 영, 소, 중): 세계적 국제조직 설립 결의
덤바턴오크스회의	1944.8.21.	UN헌장의 모체 형성
얄타회담	1945.2.4.	안전보장이사회 표결방법과 신탁통치제도 합의
샌프란시스코회의	1945.4.25.	UN헌장 채택

2. UN헌장 발효

1945년 10월 24일에 발효하였고, 같은 해 12월 27일에 모든 서명국이 비준서의 기탁을 완료하였으며, 1946년 1월 10일 런던에서 제1차 총회를 개최하였다.

2 목적 및 원칙

1. 목적

UN의 목적은 국제평화와 안전의 유지, 인민의 평등권과 자결권에 기초하여 국가 간 우호관계 촉진, 모든 사람의 인권과 기본적 자유를 존중하도록 조장·권장하기 위해 국제협력의 달성, 공동목적 달성을 위해 국가들 간 조화의 중심이 되는 것이다.

UN헌장 제1조 - UN의 목적

UN의 목적은 다음과 같다.

1. 국제평화와 안전을 유지하고, 이를 위하여 평화에 대한 위협의 방지, 제거 그리고 침략행위 또는 기타 평화의 파괴를 진압하기 위한 유효한 집단적 조치를 취하고 평화의 파괴로 이를 우려가 있는 국제적 분쟁이나 사태의 조정·해결을 평화적 수단에 의하여 또한 정의와 국제법의 원칙에 따라 실현한다.
2. 사람들의 평등권 및 자결의 원칙의 존중에 기초하여 국가 간의 우호관계를 발전시키며, 세계평화를 강화하기 위한 기타 적절한 조치를 취한다.
3. 경제적·사회적·문화적 또는 인도적 성격의 국제문제를 해결하고 또한 인종·성별·언어 또는 종교에 따른 차별 없이 모든 사람의 인권 및 기본적 자유에 대한 존중을 촉진하고 장려함에 있어 국제적 협력을 달성한다.
4. 이러한 공동의 목적을 달성함에 있어서 각국의 활동을 조화시키는 중심이 된다.

---

2. 원칙

주권평등원칙, 회원국에 대한 헌장상 의무의 성실한 이행, 분쟁의 평화적 해결, 무력사용 및 그 위협의 금지, UN에 대한 원조제공, 비회원국이 UN의 목적에 따라 행동하도록 확보, 국내문제에 대한 불간섭원칙등이 있다.

UN헌장 제2조 - UN의 원칙

이 기구 및 그 회원국은 제1조에 명시한 목적을 추구함에 있어서 다음의 원칙에 따라 행동한다.

1. 기구는 모든 회원국의 주권평등원칙에 기초한다.
2. 모든 회원국은 회원국의 지위에서 발생하는 권리와 이익을 그들 모두에 보장하기 위하여, 이 헌장에 따라 부과되는 의무를 성실히 이행한다.
3. 모든 회원국은 그들의 국제분쟁을 국제평화와 안전 그리고 정의를 위태롭게 하지 아니하는 방식으로 평화적 수단에 의하여 해결한다.
4. 모든 회원국은 그 국제관계에 있어서 다른 국가의 영토보전이나 정치적 독립에 대하여 또는 UN의 목적과 양립하지 아니하는 어떠한 기타 방식으로도 무력의 위협이나 무력행사를 삼간다.
5. 모든 회원국은 UN이 이 헌장에 따라 취하는 어떠한 조치에 있어서도 모든 원조를 다하며, UN이 방지조치 또는 강제조치를 취하는 대상이 되는 어떠한 국가에 대하여도 원조를 삼간다.
6. 기구는 UN의 회원국이 아닌 국가가, 국제평화와 안전을 유지하는 데 필요한 한, 이러한 원칙에 따라 행동하도록 확보한다.
7. 이 헌장의 어떠한 규정도 본질상 어떤 국가의 국내 관할권 안에 있는 사항에 간섭할 권한을 UN에 부여하지 아니하며, 또는 그러한 사항을 이 헌장에 의한 해결에 맡기도록 회원국에 요구하지 아니한다. 다만, 이 원칙은 제7장에 의한 강제조치의 적용을 해하지 아니한다.

---

3 회원국

1. 가입

(1) 가입조건

UN헌장 제4조에 따르면, UN은 가입이 허용되는 개방조약으로서 헌장상의 의무를 수락하고 이행할 능력과 의사가 있다고 인정되는 평화애호국은 UN의 회원국이 될 수 있다. 회원가입은 안전보장이사회의 심사·권고와 총회의 검토·결정에 의한다. 안전보장이사회의 권고결의는 상임이사국 동의투표를 포함한 9개 이사국의 찬성투표로 성립한다. 총회는 가입신청에 대해 출석·투표 회원국 3분의 2 다수 찬성으로 의결한다. 가입시 헌장에 유보를 부가할 수 없다.

(2) 가입조건에 대한 해석

ICJ는 1948년의 First Admissions사건에서 UN헌장 제4조 제1항에 규정된 가입조건들은 열거적이고 필요충분조건이라고 하였다. 한편, 1950년의 Second Admissions 사건에서는 총회와 안보리는 둘 다 UN의 주요기관으로 헌장은 안보리를 종속적 지위에 두고 있지 않다고 하였다. 또한 헌장 제4조 제2항의 안보리의 권고는 가입 찬성의 권고만을 의도한 것이지 불찬성의 권고는 해당되지 않는다고 하였다. 재판소는 안보리가 가입신청을 거절했다는 것은 사실상 가입에 '반대하는 권고'를 한 것이고, 따라서 총회는 이 반대하는 권고에 기초하여 가입을 허락하는 결정을 할 수 있을 것이라는 논리를 배척했다. 만약 이 논리를 받아들인다면 안보리는 총회에 종속되는 결과가 된다는 것이다. 반대로, 안보리가 가입찬성의 결정을 한다고 해도 이 결정은 총회를 구속하지 아니하는 권고에 불과하다. 이것은 신회원국 가입 문제에 있어 총회가 안보리에 종속되어 있는 것도 아님을 의미한다.

(3) 사례

원회원국은 51개국이다. 남수단이 2011년 193번째 회원국으로 마지막으로 가입하였다. 통합국인 탄자니아, 통일 아랍공화국, 예멘, 독일 등은 신규가입하지 않았다. 통일아랍공화국은 추후 이집트와 시리아로 다시 분열되었으나 통합 이전 과거 회원국 지위가 인정되어 별도로 가입하지 않았다. 체코슬로바키아는 체코와 슬로바키아로 분열된 이후 모두 신규 가입했다. 구 유고연방은 5개 국가로 분열되었고, 이후 5개국 모두 신규 가입하였다. 현재 바티칸시국, 대만, 팔레스타인 등은 UN에 가입하지 않았거나 하지 못했다.

2. 탈퇴

국제연맹과 달리 헌장에는 탈퇴에 관한 명문규정이 없다. 그러나 정당한 이유가 있고 부득이한 경우 탈퇴가 인정된다고 보는 것이 다수설이자 UN의 관행이다. 인도네시아는 1965년 1월 UN사무국에 탈퇴를 통지하였다. 그러나 1966년 9월 UN참여 의사를 다시 밝혔다. UN은 탈퇴행위를 회원국으로서의 협력 중지로만 해석하고, 재가입절차 없이 회원국으로서의 지위를 회복시켜 주었다. 현재까지 탈퇴한 사례는 없다.

3. 제명

회원국이 헌장상 원칙을 지속적으로 위반한 경우, 총회는 안전보장이사회의 권고에 기초하여 제명할 수 있다. 안전보장이사회 권고결의에서는 거부권이 적용되는 실질 사항이며, UN총회에서 결정은 중요문제이므로 출석·투표 3분의 2 이상 찬성을 요한다. 이스라엘과 남아프리카공화국에 대한 제명안이 제기되기도 하였으나 실제 제명 사례는 없다. 일단 제명된 이후 재가입이 금지되지 않는 것으로 해석된다. 또한, 제명된 경우 UN전문기구 회원국 자격까지 자동적으로 박탈되는 것은 아닌 것으로 본다.

4. 권리 및 특권의 정지

UN은 안전보장이사회가 취하는 강제조치의 대상이 된 회원국에 대해 안전보장이사회 권고에 기초한 총회 결정으로 회원국으로서의 권리·특권을 정지시킬 수 있다(제5조). 권리의 회복은 안전보장이사회의 단독권한이다. 또한 2년치에 해당하는 분담금을 연체한 회원국은 총회에서 투표권을 행사할 수 없다.

UN헌장 제5조 - 회원국의 권리와 특권의 행사 정지

안전보장이사회에 의하여 취하여지는 방지조치 또는 강제조치의 대상이 되는 UN회원국에 대하여는 총회가 안전보장이사회의 권고에 따라 회원국으로서의 권리와 특권의 행사를 정지시킬 수 있다. 이러한 권리와 특권의 행사는 안전보장이사회에 의하여 회복될 수 있다.

UN헌장 제19조 - 회원국의 총회 투표권한의 제한

기구에 대한 재정적 분담금의 지불을 연체한 UN회원국은 그 연체금액이 그때까지의 만 2년간 그 나라가 지불하였어야 할 분담금의 금액과 같거나 또는 초과하는 경우 총회에서 투표권을 가지지 못한다. 그럼에도 총회는 지불의 불이행이 그 회원국이 제어할 수 없는 사정에 의한 것임이 인정되는 경우 그 회원국의 투표를 허용할 수 있다.

4 헌장개정

UN헌장의 개정은 UN전회원국 3분의 2 다수결로 채택하며, 안전보장이사회 상임이사국 전체를 포함하여 UN회원국 전체 3분의 2에 의해 각국 헌법 절차에 따라 비준되는 경우 발효한다. 개정된 헌장의 효력은 모든 UN회원국에 미친다.

5 국제연맹과의 비교

구분	국제연맹	UN
가입	• 미국 미가입 • 소련은 추후 가입 • 총회 결정으로 가입	• 미국 · 소련은 원회원국 • 안전보장이사회 권고 + 총회 결정
주요 기관	총회, 이사회, 사무국	총회, 안전보장이사회, 사무국, 경제사회이사회, 신탁통치이사회, ICJ
탈퇴	명문규정	규정 없음
제명	명문규정	명문규정
이사회 결의	권고적 효력	법적 구속력
표결	만장일치, 다수결	다수결, 거부권

제2절 | 총회

1 일반적 성격

1. UN의 기관

UN총회는 법인인 UN의 '기관'의 하나이다. UN은 추상적 · 관념적 실체이므로 사실상 · 법률상 행위를 실제적으로 담당할 기관의 존재를 요한다. UN은 법인으로서 '권리와 의무'를 갖고, UN총회는 기관으로서 '권한'을 갖는다.

2. UN의 주요기관

UN총회는 안전보장이사회, 경제사회이사회, 신탁통치이사회, 국제사법재판소, 사무국과 함께 UN의 주요기관이다.

2 구성

1. 모든 회원국

UN총회는 모든 회원국으로 구성된다. 그러나 국가는 국가의 대표자에 의해 대표되므로 '회원국의 대표자'로 구성된다고 표시되어야 할 것이다.

2. 회원국의 대표자

각 회원국은 5명 이하의 대표자를 낼 수 있다. 이에 더하여 각 회원국은 ① 5명의 '교체대표'와 ② 소요되는 수인의 고문, 기술고문, 전문가와 유사한 신분을 가진 인원을 임명할 수 있다.

3. 비회원국의 대표자

옵저버로서 총회에 참석하는 것이 인정되어 있다. 헌장상 명문규정은 없으나 UN의 관행으로 인정되어 왔다. 과거 남북한은 UN에 상주대표부를 두고 옵저버로서 총회에 참석해 왔었다.

3 옵저버

1. 의의

UN에서는 회원국과는 별도로 상주옵저버라는 제도가 인정된다. UN헌장에 옵저버에 관한 조항은 없으며 이는 총회와 사무총장의 실행을 통해서 발전된 제도이다. 옵저버제도는 헌장 제35조 제2항을 근거로 총회에서 특정 문제를 토의할 때 비회원국인 당사국을 초청하는 실행에서 시작되었다. 창설 초기 그리스 사태의 토의시 비회원국인 알바니아와 불가리아가 옵저버로 초빙되었다.

후일 비회원국이 상주옵저버사절을 설치하겠다는 의사를 사무총장에게 통고하면 사무총장은 회원국 대표의 신임장을 수락하듯 이를 수용했다. 과거 옵저버자격을 갖던 국가의 대부분은 이제 회원국으로 가입했고 현재는 교황청과 팔레스타인이 상주 옵저버국의 지위를 인정받고 있다.

2. 옵저버 지위 부여 대상

옵저버란 비회원국, 지역기구, 일정한 국가집단, 몇몇 민족해방전선에게 UN활동에 상설적으로 그러나 제한적인 참여를 허용할 때 부여되는 자격이다. UN사무총장은 1946년 스위스를 옵저버국으로 인정했고 스위스는 1948년 최초로 독립적인 상주옵저버 대표부를 설치하였다. 상주 옵저버 지위가 국가에게만 부여되지는 않으며, 총회는 과거 PLO나 SWAPO와 같은 민족해방전선에도 상주 옵저버 단체의 자격을 부여했으며 OAS, 아랍연맹, OAU, EU 등 여러 국제기구에 대하여도 이를 인정했다.

3. 상주옵저버 지위 부여 요건

상주옵저버사절을 파견할 자격이 있는 국가인지 여부는 그 국가가 UN전문기구 중 어느 하나라도 가입되어 있는지를 기준으로 판단했다. 총회는 사무총장의 이러한 실행을 반대하지 않고 수락했다.

4. 상주옵저버의 법적 지위

상주옵저버국가가 어떠한 권리와 특권을 향유하는지에 대하여는 한 마디로 말하기 어렵다. 사무국은 옵저버국가에 대하여도 회원국과 거의 동일한 기준에서 자료 배포나 연락을 유지한다. 상주옵저버국가의 대표는 일반 회원국이 참석할 수 있는 UN의 모든 회의에 출석이 가능하다. 옵저버국가의 대표들에게는 그 임무 수행을 위한 기본적인 권리와 특권이 인정되었다. 단, 옵저버국가는 총회에 참석하고 때로 발언권을 행사해도 회원국이 아니므로 표결권은 없다. 옵저버는 헌장상의 제도가 아니기 때문에 기구 소재국에서의 지위는 현지국의 정책에 비교적 크게 영향받았다.

5. 한국

한국은 1949년 8월 1일 주UN 옵저버 대표부를 설치해 처음에는 주미대사가 그 업무를 겸임하다가 1951년 11월 6일 상주대표부를 개설했다. 한국은 1991년 9월 회원국으로 가입하기까지 42년 이상 상주옵저버국으로 활동했다.

4 UN 대표권 문제

1. 쟁점

UN회원국의 지위는 국가들이 향유하는 것이지만 국가는 정부에 의하여 대표된다. 그러나 만약 둘 이상의 집단이 각기 특정 회원국의 정부를 대표하는 합법적인 대표라고 주장하면서 UN총회에 참석하고자 하는 경우 누구를 대표권자로 볼 것인지가 문제된다.

2. UN총회의 권고

UN총회는 1950년 12월 14일의 결의 396(Ⅴ) [회원국 대표권에 대한 UN의 승인]에서 다음의 세 가지를 권고하였다.

(1) 둘 이상의 당국이 UN에서 어떤 회원국을 대표할 자격이 있는 정부라고 주장하고 이 문제가 UN에서 논쟁의 대상이 되는 경우 이 문제는 UN의 목적과 원칙 그리고 각 경우의 상황에 비추어 검토되어야 한다.

(2) 이러한 문제가 발생하면 이것은 총회에서, 총회가 회기 중이 아닌 경우에는 중간위원회에서 검토되어야 한다.

(3) 이러한 문제에 대해 총회나 중간위원회가 채택한 태도는 UN의 타기관과 전문기구들에서도 고려되어야 한다.

3. UN총회 절차규칙 제29조

UN총회 절차규칙(Rule 29)에 의하면 한 회원국으로부터 총회 입장에 이의를 제기당한 대표는 신임장심사위원회가 보고하고 총회가 결정을 할 때까지 다른 대표들과 동일한 권리를 가지고 잠정적으로 총회장에 착석할 수 있다.

4. 중국 대표권 문제

중국(The Republic of China)은 UN의 원회원국이면서 안전보장이사회 상임이사국이다. 1949년 중국 대륙에서는 모택동이 이끄는 중화인민공화국(PRC)이 권력을 장악하였지만 1971년까지 중국은 UN 내에서 대만에 근거지를 둔 장개석 국민당정부의 중화민국에 의하여 대표되고 있었다. 당시 냉전 구도하에서 미국의 지원에 의한 것이었으나 이러한 현상은 국가를 대표하는 정부는 실효적 지배를 행사할 수 있어야 한다는 국제법의 일반원칙에 위배되는 것이었다. 따라서 1971년 10월 25일 총회는 결의 2758(ⅩⅩⅥ)에서 중화인민공화국 정부의 대표들이 UN에 대한 중국의 유일한 합법적 대표들이며 PRC는 안전보장이사회 5개 상임이사국의 하나임을 승인하면서 장개석(정부)의 대표들을 그들이 UN에서 그리고 UN과 관련된 모든 국제기구에서 불법적으로 점령하고 있는 자리로부터 즉각 추방하기로 결정하였다. 안전보장이사회와 UN전문기구들은 총회의 결정을 신속히 수락하였다.

5. 타회원국의 대표권에 이의를 제기하는 경우

(1) 남아프리카공화국

일국이 타회원국의 대표권에 문제를 제기하는 경우에도 대표권 인정 문제가 발생한다. 총회는 표결을 통해 1970년 남아프리카공화국 대표단의 신임장을 거부하기로 결정한 바 있었다. 그러나 당시 총회 의장 Edvard Hambro(노르웨이)는 남아프리카공화국 대표단이 총회에 계속 참여하는 것을 허용하였다. 그러나 1974년 총회에서 다시 표결로서 남아프리카공화국 정부 대표단의 신임장을 거부하기로 결정하였을 때 당시 총회의장 Abdelaziz Bouteflika(알제리)는 신임장이 거부된 대표는 총회에 참석할 수 없다고 해석하였다. 이로 인해 남아프리카공화국인 제3차 UN해양법회의에 대표단을 참석시킬 수 없었다.

(2) 이스라엘

총회 제37차 회기에서 신임장심사위원회가 이스라엘 대표단의 신임장들을 수락하자 42개 회원국이 이 결정에 이의를 제기하였다. 이 문제는 총회에 상정되었고, 신임장심사위원회의 결정을 수정하려는 제안이 표결에 부쳐져서는 안 된다는 핀란드의 제안이 채택되었다. 이스라엘은 여러 국가들의 반대에도 불구하고 계속해서 UN총회에 참석하고 있다.

6. 비판

Bouteflika의 접근법에 기초한 실제관행은 헌장 제5조에 기초한 권리와 특권의 정지에 상응하는 결과를 초래하게 된다. 이 같은 접근에 대해서는 특정 회원국의 정책에 대한 반대의 표시로 절차규칙을 이용하여 하나뿐인 정부에서 파견한 대표자의 신임장을 배척하는 것은 UN헌장하에서의 총회 권한의 정당한 행사가 아니라는 비판이 제기되고 있다.

5 회기 및 회합장소 등

1. 회기

(1) 정기총회

원칙적으로 매년 1회 9월 셋째 화요일에 소집된다. 사무총장은 적어도 소집일 6일 이전에 소집을 통고하도록 규정되어 있다(절차규칙 제4조). 정기총회의 기간은 명문규정이 없으며 각 회기 초에 목표로 하는 기간을 정한다.

(2) 임시총회

안전보장이사회의 요청이나 전회원국의 과반수 요청에 의하여 사무총장이 소집한다. 소집권자는 안전보장이사회 또는 총회이다.

(3) 긴급총회

안전보장이사회가 평화에 대한 위협, 평화의 파괴 또는 침략행위가 있다고 생각되는 경우에 상임이사국의 전원일치의 찬성을 얻지 못하기 때문에 어떤 조치를 취하지 못하는 경우, 안전보장이사회의 단순 9개국의 동의투표에 의한 요청 또는 UN회원국의 과반수의 요청에 의해 사무총장이 소집하는 총회이다(규칙 제8조, 평화를 위한 단결결의).

2. 회합장소

총회 절차규칙에 따르면 원칙적으로 UN본부이다. 그러나 전(前) 회기에서 UN본부 이외의 장소로 결정하였거나, 회원국의 과반수의 요구가 있는 경우 UN본부 이외의 장소에서 회합할 수 있다.

3. 의장

총회는 매회기 초마다 의장 1인을 선출하며 또한 16인의 부의장을 선출한다.

4. 중간위원회

중간위원회는 총회의 보조기관이나 현재 개최되지 않고 있어 사실상 사문화되었다. 중간위원회는 각 회원국에게 한 좌석만이 할당되었기 때문에 '소총회'라고도 한다. 중간위원회는 1947년 11월 13일의 총회결의 111(Ⅱ)에 의하여 창설된 것으로서 총회 회기 사이의 활동 공백 특히 '국제평화와 안전의 유지' 분야에서의 그 공백을 메우기 위하여 창안된 것이다. 그러나 당시 소련이 중간위원회를 안전보장이사회의 권한에 대한 침해로 간주하여 그의 동맹국들과 함께 일체의 협력을 거부하는 바람에 이 위원회는 원래의 기대에 부응할 수 없었다. 실제로 1961년 6월 이후로는 소집된 적이 없다.

6 권한

1. 일반적 권한

헌장의 범위 내에 있는 모든 문제 및 헌장상 제기관의 권한에 관한 모든 문제를 토의하고 안전보장이사회에서 심의 중인 문제를 제외한 모든 문제에 관하여 각 회원국 또는 안전보장이사회에 권고할 수 있다(제10조).

2. 회원국의 지위에 관한 권한

회원국의 가입, 회원국의 권리 및 특권의 정지, 회원국의 제명 등을 안전보장이사회의 권고에 기초하여 행한다.

3. 절차규칙 제정 등의 권한

총회는 총회의 절차규칙의 제정과 의장의 선출, 보조기관의 설치, 예산심의와 승인, 경비의 할당, UN헌장 개정안의 채택 등의 권한이 있다.

4. 국제평화와 안전의 유지에 관한 권한

(1) 국제평화와 안전의 유지를 위한 협력에 관한 일반원칙, 군비축소와 군비규제의 원칙의 심의와 이의 회원국, 안전보장이사회에 권고할 수 있다.

(2) 총회에 부탁된 국제평화와 안전의 유지에 관한 일체의 문제를 토의하고 관계국과 안전보장이사회에 권고할 수 있다. 단, 안전보장이사회에서 토의 중인 경우 안전보장이사회가 요청하지 아니하는 한 총회는 어떠한 권고도 하지 아니한다. 또한 조치를 필요로 하는 문제의 경우 토의 전 또는 토의 후에 안전보장이사회에 회부되어야 한다. 이때 조치(action)는 헌장 제7장상 구속력 있는 강제조치만을 의미한다. 따라서 비구속적 조치의 권고는 총회가 독자적으로 취할 수 있다.

(3) 일반적 복지와 각국 간의 우호관계를 해칠 우려가 있다고 인정되는 사태에 대하여 평화적으로 조정하기 위한 조치를 권고할 수 있다.

(4) 안전보장이사회의 연차보고와 특별보고를 심사한다.

(5) 안전보장이사회의 비상임이사국을 독자적으로 선출한다.

(6) 안전보장이사회가 다루고 있는 사태에 대해서 총회는 안전보장이사회의 동의 없이 국제사법재판소(ICJ)에 권고적 의견을 요청할 수 있다. 권고적 의견을 요청하는 것은 안전보장이사회나 회원국에 대한 권고가 아니므로 독자적으로 요청할 수 있다.

5. 국제분쟁해결을 위한 총회의 권한

(1) 의의

총회는 안전보장이사회에 비해 보다 광범위한 사안을 관할할 수 있다는 점에서 분쟁해결에 있어서 중요한 의미를 갖는다. 총회는 일반적 복리 또는 각 국가 간 우호관계를 해할 염려가 있는 모든 사태를 관할할 수 있다(제14조). 다만, 국제평화와 안전의 유지에 대한 제1차적 책임은 안전보장이사회에 있기 때문에 안전보장이사회가 특정 문제를 관할하는 경우 총회는 이에 대해 안전보장이사회가 요청하지 아니하는 한 어떠한 권고도 할 수 없다(제12조 제2항). 또한 UN의 행동을 요하는 문제에 대해서는 토의 전 또는 토의 후에 안전보장이사회에 부탁해야 한다(제11조 제1항).

(2) 분쟁의 부탁방법

총회에 분쟁을 부탁할 수 있는 주체는 안전보장이사회, 회원국, 분쟁 당사국인 비회원국, 그리고 총회 자신이다. 총회는 헌장의 범위 내에 속하는 문제와 사항 또는 헌장에 규정된 기관의 권한과 의무에 관련되는 모든 문제와 사항을 토의할 수 있으므로 국제평화와 안전의 유지를 위태롭게 할 우려가 있는 분쟁은 스스로 토의할 수 있다. 사무총장은 총회에 대해서는 주의를 환기할 수 없다.

(3) 분쟁해결절차

총회는 어떠한 분쟁이나 사태에 대해서도 해결방법을 권고할 수도 있고, 해결조건을 권고할 수도 있다. 총회는 헌장의 범위 내에 속하는 모든 분쟁과 사태에 대해 권고할 수 있다.

(4) 권고의 효력

총회의 권고는 법적 구속력이 없다는 점에서 안전보장이사회의 권고의 성질과 같다. 총회의 권고에 복종하지 않는 관계국에 대해 안전보장이사회는 제39조의 요건이 갖춰졌을 경우 강제조치를 발동할 수 있다.

6. 국제적 협력에 관한 권한

(1) 국제협력의 촉진과 국제법의 점진적 발달 및 법전화를 위한 연구의 발의와 권고

(2) 경제적·사회적·문화적·교육적·보건적 분야에 있어서 국제협력을 촉진하기 위한 연구의 발의와 권고

(3) 경제사회이사국의 선거

7. 신탁통치에 관한 권한

(1) 국제신탁통치제도에 관한 임무의 수행

(2) 신탁통치협정의 승인

(3) 신탁통치이사국의 선거

8. 국제사법재판에 대한 권한

(1) 권고적 의견의 요청

(2) UN회원이 아닌 국가에 대한 '국제사법재판소(ICJ)규정' 당사자로의 결정

(3) 국제사법재판소(ICJ) 재판관의 선출

참고

총회와 안전보장이사회의 권한 관계

권한 관계	권한
총회의 단독권한	• 안전보장이사회, 경제사회이사회, 신탁통치이사회 이사국 선출 • 안전보장이사회로부터 연례보고 및 특별보고의 수리 및 심의 • UN의 다른 기관으로부터의 보고에 대한 심의 • 비전략지역에 대한 신탁통치 승인 • 예산의 심의, 승인 및 경비 할당 • 국제법의 점진적 발달 및 법전화 • 국제협력의 촉진, 인권 및 기본적 자유의 실현 지원 • 안전보장이사회가 수립한 군비규제체제 확립 계획 심의
안전보장이사회의 단독권한	• 국제평화에 대한 위협, 평화의 파괴, 침략의 존재 결정 • UN헌장 제7장에 따른 강제조치 결정 • ICJ규정 비당사국이 소송을 부탁하기 위한 조건 제시 • 군비통제안의 작성, 군비통제체제 확립을 위한 계획 수립 • 총회의 특별회기 소집 요청 • UN강제조치 대상국의 권리 및 주권 회복 • 전략지역에 대한 신탁통치권한 • 지역협정에 관한 권한
양자의 협력사항 (안전보장이사회권고 + 총회결정)	• UN가입, 회원국의 권리정지, 제명 • UN비회원국의 ICJ규정 가입 결정 • UN사무총장 선출
양자가 별도로 보유하는 권한	ICJ 재판관 선출

7 의결

1. 의결정족수

(1) 원칙

중요문제 이외의 문제(기타 문제)에 대한 총회의 의결은 '출석하여 투표하는 회원국의 과반수'로 행한다. 출석·투표 3분의 2의 다수결에 의하여 결정될 문제의 새로운 부류(선결문제)도 기타문제와 같이 과반수로 결정한다. 총회의장은 우선 재적 3분의 1만 출석하면 개회를 선언하고 토의의 개시를 허락할 수 있다. 그러나 어떤 결정을 내리기 위해서는 재적 과반수의 출석이 요구된다.

(2) 출석·투표 3분의 2로 의결하는 사항(중요문제)

① 국제평화와 안전의 유지에 관한 권고
② 안전보장이사회 비상임이사국, 경제사회이사국, 신탁통치이사국의 선거
③ 신규가입의 승인
④ 회원국의 권리와 특권의 정지
⑤ 제명
⑥ 신탁통치제도의 운용
⑦ 예산문제

UN헌장 제18조 - 중요문제

1. 중요문제에 관한 총회의 결정은 출석하여 투표하는 구성국의 3분의 2의 다수로 한다. 이러한 문제는 국제평화와 안전의 유지에 관한 권고, 안전보장이사회의 비상임이사국의 선출, 경제사회이사회의 이사국의 선출, 제86조 제1항 다호에 의한 신탁통치이사회의 이사국의 선출, 신회원국의 UN 가입의 승인, 회원국으로서의 권리 및 특권의 정지, 회원국의 제명, 신탁통치제도의 운영에 관한 문제 및 예산문제를 포함한다.
2. 기타 문제에 관한 결정은 3분의 2의 다수로 결정될 문제의 추가적 부문의 결정을 포함하여 출석하여 투표하는 구성국의 과반수로 한다.

---

(3) 회원국 전체의 3분의 2 다수결로 의결하는 사항

첫째, 헌장을 재검토하기 위한 전체회의의 개최, 둘째, 헌장개정의 채택이다.

(4) 국제연맹의 위임통치권 승계에 따른 의결 규칙의 문제

국제연맹이 해산한 뒤에도 남아프리카가 당시의 서남아프리카 지역에 대한 위임통치를 포기하지 않음에 따라 UN총회가 이 지역에 대한 국제연맹 이사회의 감독기능을 승계하게 되었지만, 이 업무는 UN헌장에 명시된 것이 아니었다. 이런 경우 총회는 UN헌장의 표결규칙(제18조)에 따라 행동해야만 하는가? 아니면 이것은 연맹의 업무를 승계한 것이므로 만장일치에 의해 행동해야 했던 연맹의 규칙을 따라야 하는가? 국제사법재판소(ICJ)는 South-West-Africa-Voting-Procedure 사건에 대한 권고적 의견에서 총회는 UN의 기관이므로 헌장에 규정된 표결절차에 따라야 한다는 견해를 제시한 바 있다. 실제로 총회도 이것이 중요문제라고 보고 헌장 제18조 제3항에 의거하여 행동하였다.

(5) 기타 의결 방식

① 총회에서 모든 경우에 반드시 투표가 요구되는 것은 아니며, 안건에 따라서는 투표 없이 갈채나 컨센서스의 방식으로 채택되기도 한다.
② 투표는 통상 손을 들거나 기립하는 방식에 의한다. 점호 방식을 채택할 수도 있으며, 이 경우 점호는 총회의장이 추첨으로 뽑는 회원국부터 시작하여 회원국 이름의 영어 알파벳순으로 행한다. 이름이 불리는 국가의 대표는 yes, no 혹은 abstention이라고 답해야 한다. 한편, 전자투표를 하는 경우에는 각국이 취한 입장이 나타나는 방식과 나타나지 않는 방식으로 할 수 있는데, 전자를 기록되는 투표, 후자를 기록되지 않는 투표라 한다. 전자투표에 의한 기록투표가 가능한 경우에는 가능하면 점호투표는 요청하지 않을 것이 권고된다.

2. 투표권

모든 회원국은 1개의 투표권을 보유한다. 국가의 대소에 따른 차등투표제는 인정되지 않는다.

3. 결의의 효력

(1) UN회원국에 대한 효력

원칙적으로 권고적 성격을 가지므로 법적 구속력이 없다. 그러나 예외적으로 가입승인, 권리와 특권의 정지, 제명 등은 법적 구속력이 있다.

(2) UN기관에 대한 효력

원칙적으로 법적 구속력이 있다(예 이사국의 선출, 절차규칙의 채택, 보조기관의 설치, 예산의 승인 등). 다만, 안전보장이사회에 대한 권고 등은 법적 구속력이 없다.

제3절 | 안전보장이사회

1 일반적 성격

1. UN의 주요기관

안전보장이사회는 총회, 경제사회이사회, 신탁통치이사회, 국제사법재판소, 사무국과 더불어 UN의 주요기관의 하나이다(UN헌장 제7조 제1항). 따라서 보조기관이나 전문기관과는 구별된다.

2. UN의 실질적 최고기관

총회가 UN의 최고기관이라 하는 것은 형식상의 것이며, 실질적으로는 안전보장이사회가 최고기관이다. 국제평화와 안전의 유지에 관한 문제는 안전보장이사회가 제1차적 책임을 지고 있다(제24조). 많은 중요한 문제에 관하여 총회에 권고할 수 있으며 이 권고 없이 총회의 의결은 불가능한 것이므로 안전보장이사회는 실질적으로 UN의 최고기관이다.

> **UN헌장 제24조 - 안전보장이사회의 임무와 권한**
> 1. UN의 신속하고 효과적인 조치를 확보하기 위하여, UN회원국은 국제평화와 안전의 유지를 위한 일차적 책임을 안전보장이사회에 부여하며, 또한 안전보장이사회가 그 책임하에 의무를 이행함에 있어 회원국을 대신하여 활동하는 것에 동의한다.

2 구성

안전보장이사회는 5개의 상임이사국과 10개의 비상임이사국으로 구성된다.

1. 상임이사국

상임이사국은 미국, 영국, 러시아, 프랑스, 중국이다. 1971년 제26차 UN의 총회의 결의에 의하여 중국(중화민국, Republic of China)은 대륙중국(중화인민공화국)이 대표하도록 되어 있다. 헌장상 상임이사국에게는 몇 가지 특수한 지위가 인정된다. 첫째, 안전보장이사회의 결정을 거부할 수 있는 권한을 갖는다(제27조 제3항). 둘째, 안전보장이사회의 보조기관인 군사참모위원회는 상임이사국의 참모총장 또는 그 대표자로서 구성된다(제47조 제2항). 셋째, 헌장의 개정은 반드시 상임이사국의 비준이 있어야 효력을 발생한다(제108조).

2. 비상임이사국

비상임이사국은 매년 5개국씩 출석 · 투표 3분의 2의 다수결로 총회에서 선출되며 임기는 2년이다. 계속적인 재선은 인정되지 않는다. 투표에 있어서 후보국의 국제평화와 안전의 유지, 기타 UN의 목적에 공헌한 정도와 공평한 지리적 분포를 고려해야 한다(제23조).

사우디아라비아는 2013년 10월 17일 총회에서 2014년 1월 1일부터 시작하는 2년 임기의 비상임이사국으로 선출되었지만 바로 그 다음 날 안전보장이사회 내에 존재하는 이중기준이 고쳐질 때까지 안전보장이사회 비상임이사국 자리를 수락하지 않겠다는 UN 역사상 초유의 결정을 한 바 있다.

> **UN헌장 제23조 - 안전보장이사회의 구성**
> 1. 안전보장이사회는 15개 UN회원국으로 구성된다. 중화민국, 불란서, 소비에트사회주의공화국연방, 영국 및 미합중국은 안전보장이사회의 상임이사국이다. 총회는 먼저 국제평화와 안전의 유지 및 기구의 기타 목적에 대한 UN회원국의 공헌과 또한 공평한 지리적 배분을 특별히 고려하여 그 외 10개의 UN회원국을 안전보장이사회의 비상임이사국으로 선출한다.
> 2. 안전보장이사회의 비상임이사국은 2년의 임기로 선출된다. 안전보장이사회의 이사국이 11개국에서 15개국으로 증가된 후 최초의 비상임이사국 선출에서는, 추가된 4개 이사국 중 2개 이사국은 1년의 임기로 선출된다. 퇴임이사국은 연이어 재선될 자격을 가지지 아니한다.
> 3. 안전보장이사회의 각 이사국은 1인의 대표를 가진다.

3 권한

1. 국제평화와 안전의 유지

안전보장이사회는 국제평화와 안전의 유지에 관하여 1차적 책임을 지고 있으며, 이를 위해 회원국을 대리하여 행동한다(제24조 제1항). 회원국은 안전보장이사회의 결정을 수락하고 이행하는 데 동의하고 있다(제25조). 이는 안전보장이사회의 '결정'이 법적 구속력을 갖고 있다는 의미이다. 그러나 분쟁의 평화적 해결에 관한 결의(제36조, 제38조)는 '권고'이므로 법적 구속력이 없고, 강제조치의 결정(제41조, 제42조)만이 법적 구속력이 있다.

2. 군비통제안의 작성

안전보장이사회는 군사참모위원회의 원조를 얻어 군비통제안을 작성하여 회원국이 이를 채택하도록 권고해야 한다(제26조).

3. 임시총회의 소집

안전보장이사회는 임시총회를 소집할 권한이 있다. 안전보장이사회가 임시총회의 소집을 결의하면 사무총장을 이를 소집해야 한다(제20조).

4. 기타

총회의 책임하에 신탁통치이사회가 신탁통치에 관한 모든 임무를 대행하나, '전략신탁통치지역'에 대해서는 안전보장이사회가 그 임무를 대행한다. 안전보장이사회는 국가의 UN에의 가입, 회원국의 권리와 특권의 정지, 회원국의 제명, 사무총장의 임명 등에 있어서 총회에 권고할 권한이 있다. 또한 국제사법재판소(ICJ)의 재판관 선거와 국제사법재판소(ICJ)에 권고적 의견을 요청할 권한이 있다.

4 회합 및 의결

1. 회합

(1) 정기회의

안전보장이사회는 정기적으로 회의를 개최한다(제28조 제2항). 정기회기에 관하여는 헌장에 규정이 없으며 이사회의 내규인 '잠정적 절차규칙'에 의하여 매년 2회의 정기회의를 개최하도록 되어 있다(제4항).

(2) 임시회의

안전보장이사회는 계속적으로 임무를 대행할 수 있도록 조직되며 각 이사국은 UN의 소재지에 대표를 상주시키지 않으면 안 된다(제28조 제1항). 임시회의에 관해 헌장에 명문규정이 없으나 이사회의 '잠정적 절차규칙'에 의해 다음의 경우 의장이 회의를 소집한다.

① 이사국이 회의의 개최를 요구한 경우, ② 회원국 또는 비회원국이 국제평화와 안전의 유지를 위태롭게 할 우려가 있는 분쟁 또는 사태의 존재에 관해 이사회에 주의를 환기한 경우, ③ 총회가 제11조에 의거하여 권고 또는 부탁하는 경우, ④ 사무총장이 제99조에 의거 주의를 환기하는 경우(제2항 · 제3항)이다.

2. 의결

(1) 투표권

안전보장이사국은 각기 1개의 투표권을 갖고 있다(제27조 제1항).

(2) 의결정족수

① 절차에 관한 문제

단순 9개 이사국의 찬성으로 성립한다(제27조 제2항). 절차상 문제(Procedural Matters)는 주로 헌장 제28조 이하에 규정된 제문제를 말한다. 예컨대, 정기회의의 기일, 임시회의의 소집, 의장의 선임방법, 보조기관의 설치 등이다.

② 기타 모든 문제(비절차문제 · 실질문제)

기타 모든 문제에 대해서는 상임이사국을 포함한 9개국 이상의 찬성을 요한다. 기타문제(other matters)란 절차사항 이외의 모든 문제를 말한다. 이에는 국제평화와 안전의 유지의 책임에 관한 사항, 신회원국의 가입과 사무총장의 임명의 권고에 관한 사항 등이 포함된다. 상임이사국 전부를 포함해야 하므로 이들에게는 '거부권'(veto power)이 주어져 있다. 상임이사국이 기권하거나 결석한 경우 거부권의 행사로 볼 수 있는지 여부에 대해서는 학설이 대립하나, UN관행은 결석이나 기권의 경우에도 결의가 성립할 수 있는 것으로 보고 있다. 한편, 국제사법재판소(ICJ) 판사 선출을 위한 표결은 절대다수(absolute majority)를 요하며, 이는 재적과반수로 해석된다. 또한 의결에 있어서 상임이사국의 거부권은 인정되지 않는다.

(3) 절차

분쟁 당사국은 상임 · 비상임을 불문하고 분쟁의 평화적 해결에 관한 결의의 표결에 참가할 수 없다. 따라서 분쟁 당사국인 상임이사국은 거부권을 행사할 수 없다. 그러나 강제조치에 관한 결의에는 분쟁 당사국인 이사국도 표결할 수 있다. 회의에서 토론되는 문제와 밀접한 이해관계가 있는 회원국을 참가시킬 수 있다. 또한 UN비회원국인 분쟁 당사국은 관련 분쟁 토의에 있어서 안전보장이사회 회의에 참가할 수 있다. 다만, 이는 옵저버(observer)로서 참가하는 것이므로 투표권은 인정되지 않는다.

UN헌장 제27조 - 안전보장이사회 표결
1. 안전보장이사회의 각 이사국은 1개의 투표권을 가진다.
2. 절차사항에 관한 안전보장이사회의 결정은 9개 이사국의 찬성투표로써 한다.
3. 그 외 모든 사항에 관한 안전보장이사회의 결정은 상임이사국의 동의 투표를 포함한 9개 이사국의 찬성투표로써 한다. 다만, 제6장 및 제52조 제3항에 의한 결정에 있어서는 분쟁당사국은 투표를 기권한다.

3. 의결의 효력

절차사항에 관한 결의는 구속력을 갖는다(제28조 ~ 제32조, 제43조). 반면, 헌장 제6장의 '분쟁의 평화적 해결'에 관한 결의는 권고로서 법적 구속력이 없다. 그러나 헌장 제7장의 '강제조치'에 관한 결정은 모든 회원국을 구속한다. 따라서 결의에 반대한 국가는 물론이고 결의에 참가하지 않은 모든 회원국을 구속한다.

4. 의장성명

안전보장이사회 의장은 안전보장이사회를 대신하여 의장성명이란 것을 자주 발표하고 있다. 의장성명은 안전보장이사회에서 컨센서스에 의해 채택된다. 의장성명은 그 자체 법적 구속력이 없다. 안전보장이사회에서 정식 결의 채택이 어려운 경우에 사용되고 있고, 헌장은 물론이고 안전보장이사회 임시(잠정)절차규칙에도 규정되어 있는 절차가 아니기 때문이다.

5 안전보장이사회에 의한 국제분쟁의 평화적 해결(헌장 제6장)

1. 의의

안전보장이사회는 평화와 안전 유지의 1차적 책임을 지며 그를 위해 필요한 제반 조치를 취할 권한을 갖고, 회원국은 안전보장이사회의 결정을 승인·실시할 의무를 진다.

2. 관할대상 분쟁

(1) 안전보장이사회는 원칙적으로 정치적 분쟁을 관할대상으로 하며, 법적 분쟁에 대해서는 국제사법재판소(ICJ)를 통해 해결하도록 권고할 수 있다(제36조).

(2) 또한 헌장 제2조 제7항에 의해 본질적으로 국내관할권 내의 사항과 관련된 분쟁은 관할대상에서 제외되나, 강제조치를 취할 필요가 있는 때에는 동 조항 단서 조항에 따라 개입할 권리를 갖는다.

3. 분쟁해결의 부탁

(1) 분쟁 당사국은 분쟁이 헌장 제33조에 규정된 수단으로 해결되지 않은 경우 분쟁을 안전보장이사회에 부탁할 수 있다. 제3국, 총회, 사무총장도 안전보장이사회에 주의를 환기할 수 있으며, 안전보장이사회는 직권에 의해서도 자발적으로 분쟁을 조사할 권한을 갖는다(제34조).

(2) 안전보장이사회의 이사국이 아닌 UN회원국도 안전보장이사회가 그 회원국의 이해에 특히 영향이 있다고 인정하는 때에는 언제든지 안전보장이사회에 회부된 어떠한 문제의 토의에도 투표권 없이 참가할 수 있다(제31조).

(3) 안전보장이사회의 이사국이 아닌 UN회원국 또는 UN회원국이 아닌 어떠한 국가도 안전보장이사회에서 심의 중인 분쟁의 당사자인 경우에는 이 분쟁에 관한 토의에 투표권 없이 참가하도록 초청된다. 안전보장이사회는 UN회원국이 아닌 국가의 참가에 공정하다고 인정되는 조건을 정한다(제32조).

4. 분쟁해결절차

(1) 안전보장이사회는 분쟁의 조사 여부, 처리절차를 결정한다(제34조).

(2) 분쟁 당사국인 이사국은 표결에서 제외된다. 또한 의제로 결정되면 그 분쟁의 심의에 대한 안전보장이사회의 권능은 총회보다 우선한다. 안전보장이사회는 자신의 조사에 따라 적절한 조정절차나 조정방법을 권고할 수 있다(제36조 제1항).

(3) 안전보장이사회는 어떠한 분쟁에 관하여도 모든 당사자가 요청하는 경우 그 분쟁의 평화적 해결을 위하여 그 당사자에게 권고할 수 있다(제38조).

(4) 분쟁의 계속이 국제평화와 안전의 유지를 위태롭게 할 우려가 실제로 있다고 인정하는 경우 조치를 취할 것인지, 또는 적절한 해결조건을 권고할 것인지를 결정해야 한다(제37조 제2항).

5. 효력

분쟁의 평화적 해결에 대한 이사회의 결의는 권고이므로 당사국을 법적으로 구속하는 것은 아니며, 해결절차 방법, 또는 해결조건에 관한 권고적 결의(resolution)일 뿐이다. 현실적으로 분쟁 당사국이 안전보장이사회의 해결조건을 수락하지 않으면 분쟁이 더욱 악화될 우려가 있다. 이 경우 안전보장이사회는 UN헌장 제39조에 의거하여 결정의 형식으로 필요한 조치를 취할 수 있다.

6 안전보장이사회의 강제조치(헌장 제7장)

1. 강제조치의 전제(평화에 대한 위협, 평화의 파괴, 침략행위의 존재 결정)

(1) 의의

안전보장이사회가 강제조치를 취하려면, 우선 평화에 대한 위협, 평화의 파괴, 침략행위가 존재하는지 결정해야 한다. 안전보장이사회 결정에 의해 동 상황의 존재는 법적으로 존재하는 것이며, 강제조치가 발동될 수 있다.

(2) 평화에 대한 위협

평화에 대한 위협은 반드시 복수국 간 충돌을 전제로 하는 것은 아니다. 이라크의 쿠르드족 탄압(1991), 소말리아 사태(1992), 리비아 사태(2011), 리비아의 로커비 사태 용의자 인도 거부(1992), 북한의 핵실험(2006) 등이 평화에 대한 위협으로 규정되었다. 안전보장이사회는 평화의 개념을 넓게 해석하고 있다. 예를 들어 안전보장이사회는 2007년 4월 17일 기후변화에 대해 처음으로 공개 토의를 개최한 이래 기후변화에 대한 토의를 간헐적으로 계속해 오고 있으며, 2014년 9월 18일 만장일치로 채택한 결의 2177호(아프리카에서의 평화와 안전)의 전문에서는 아프리카에서의 전대미문 규모의 에볼라 발생이 국제평화와 안전에 대한 위협을 구성한다고 결정한 바 있다.

(3) 평화의 파괴

북한의 대한민국 침공(1950), 아르헨티나의 포클랜드 공격(1982), 이란 - 이라크 전쟁(1987) 등을 평화의 파괴로 규정했다.

(4) 침략

앙골라에 대한 남아프리카공화국의 공격(1976), 모잠비크에 대한 로디지아의 공격(1977), 이스라엘의 튀니지 내 PLO본부 공격(1985), 이라크의 쿠웨이트 공격(1990) 등을 침략으로 인정했다.

2. 예비적 조치 및 잠정조치

안전보장이사회는 평화의 유지 회복을 위한 권고를 할 수 있다. 예비적 조치로는 군사적 · 비군사적 조치 모두 권고할 수 있다. 또한 사태악화 방지를 위해 필요하거나 바람직하다고 인정하는 잠정조치에 따르도록 관계당사자에게 요청(call upon)할 수 있다. 동 요청은 당사자에게 법적 의무를 발생시키는 '명령'으로 해석된다.

3. 비군사적 강제조치(제41조)

안전보장이사회는 그의 결정을 집행하기 위해 병력의 사용을 수반하지 아니하는 조치를 결정할 수 있으며, 회원국에 대해 동 조치를 적용하도록 요청할 수 있다. 그러한 조치에는 경제관계 및 철도, 항해, 항공, 우편, 전신, 무선통신 및 다른 교통통신수단의 전부 또는 일부의 중단과 외교관계의 단절을 포함할 수 있다. 이러한 안전보장이사회의 결정은 법적 구속력이 있으며, 동 결의는 회원국에 대하여 다른 조약상의 의무보다 우선한다. 임시국제형사재판소 설치도 비군사적 강제조치에 포함된다. 냉전시기에는 로디지아에 대한 제재(1968)와 남아프리카공화국에 대한 제재(1977)가 제41조에 기초하여 취해졌다. 안전보장이사회는 포괄적 제재가 인도적 위기를 야기한다는 비판에 직면하여 최근 표적 제재조치(smart sanction)를 취하고 있다. 표적 제재란 특정 개인이나 단체만을 제재의 대상으로 한정하거나, 제재 대상 품목이나 행위를 구체화하는 제재를 말한다. 한편, 안전보장이사회는 의도하지 않게 피해를 받는 자를 구제하기 위해 개인이나 단체로부터 제재해제 청구를 받는 제재해제 청구절차(2006년 결의)를 마련하였다.

4. 군사적 강제조치(제42조)

안전보장이사회는 제41조상의 조치가 불충분할 것으로 인정하거나 불충분한 것으로 판명되었다고 인정하는 경우, 공군 · 해군 · 육군에 의한 조치를 취할 수 있다. 제42조의 강제조치는 제43조의 특별협정에 기초하여 발동되며, 동 협정 체결국에 대해서만 구속력을 갖는다. 현재까지 특별협정이 체결된 적이 없으며, UN 관행상 안전보장이사회는 제7장에 근거하여 개별 회원국들에게 평화유지 회복을 위한 무력사용의 권한을 부여해 오고 있다. 1966년 로디지아 사태 당시 영국에게 필요한 경우 무력사용을 허가하였다. 1990년 이라크의 쿠웨이트 침공시 회원국들에게 무력사용을 허가하였다. 소말리아(1993), 유고사태(1995), 동티모르 사태(1999), 라이베리아(2003), 코트디부아르(2004) 사태 당시에도 무력사용을 허가하였다.

5. 회원국의 권리(제50조)

안전보장이사회가 어느 국가에 대하여 방지조치 또는 강제조치를 취하는 경우, UN 회원국인지 아닌지를 불문하고 어떠한 다른 국가도 자국이 이 조치의 이행으로부터 발생하는 특별한 경제적 문제에 직면한 것으로 인정하는 경우, 동 문제의 해결에 관하여 안전보장이사회와 협의할 권리를 가진다.

7 안전보장이사회의 다른 역할들

1. 자위권 행사의 통제기관

자위권 행사시 회원국은 안전보장이사회에 즉시 보고해야 하며, 자위권 행사는 안전보장이사회가 국제평화 및 안전의 유지에 필요한 조치를 취할 때까지만 가능하다.

2. 지역기구에 의한 평화유지권능의 통제

안전보장이사회는 지역기구에 의한 강제행동은 사전에 안전보장이사회 허가를 요한다. 다만, 안전보장이사회의 허가(수권)을 요하는 지역적 협정이나 지역적 기구에 의한 강제행동은 군사적 강제조치만을 의미하며, 비군사적 강제조치는 여기는 포함되지 않는 것으로 보는 견해도 있다. 주요 지역적 기구들은 비군사적 조치는 안전보장이사회에 사전허가를 구하지 아니하고 회원국 혹은 비회원국을 상대로 적용한다. 지역기구가 착수 또는 계획하고 있는 활동에 대해 안전보장이사회에 통보할 의무를 진다.

3. 국제사법재판소(ICJ) 판결의 집행기관으로서의 역할(제94조)

당사국이 국제사법재판소(ICJ) 판결을 이행하지 않는 경우 타방 당사국은 안전보장이사회에 부탁할 수 있고, 안전보장이사회는 판결의 집행을 위해 권고하거나 강제집행을 포함한 조치를 결정한다. 안전보장이사회는 권고 또는 취할 조치를 결정할 필요성이 있는지에 대해서는 독자적으로 판단한다.

4. 평화유지활동

평화유지활동은 안전보장이사회의 평화에 대한 위협, 평화파괴, 침략행위의 존재 결정이라는 요건을 요하지 않는다. 초기에 총회가 PKO를 창설한 사례도 있었으나, 현재는 안전보장이사회가 창설기관으로 확립되었다.

제4절 | 기타 주요기관

1 경제사회이사회

1. 구성

총회에서 선출되는 54개 이사국으로 구성되며, 각 이사국은 1명의 대표를 낸다. 임기는 3년이며 매년 정기총회에서 18개국씩 개선되며 연속해서 재선될 수 있다.

2. 권한

경제사회이사회의 주요 권한은 다음과 같다. 첫째, 경제·사회·문화·교육·보건 등의 국제사항에 관하여 연구·보고·발의하고 이러한 사항에 관하여 총회·회원국 및 관계 전문기관에 권고한다. 둘째, 인권 및 기본적 자유의 존중과 준수를 조장하기 위하여 권고한다. 셋째, 권한 내 사항에 관하여 총회에 제출할 조약안을 작성하거나 국제회의 소집한다. 넷째, 총회의 승인을 받아 전문기구와 협정을 체결하고 활동을 조정한다. 다섯째, 자신의 권한 내에 있는 사항과 관련이 있는 비정부기구와의 협의를 위하여 적절한 약정을 체결할 수 있다. 국내 NGO의 경우 UN회원국과 협의(consultation)를 요한다. 여섯째, 전문기구들로부터 정기적 보고서를 받기 위한 적당한 조치를 취할 수 있다. 일곱째, UN회원국이나 전문기구의 요청이 있을 때 총회의 승인을 얻어 역무(services)를 제공할 수 있다.

3. 의결

이사국은 1개의 투표권을 가지며, 결의는 출석·투표하는 이사국 과반수에 의해 성립한다. 결의는 원칙적으로 권고적 효력을 갖는다. 의장은 재적 3분의 1만 출석하면 개회를 선언하고 토의 개시를 허락할 수 있으나, 어떤 결정을 내리기 위해서는 재적 과반수의 출석이 요구된다. 이사회는 어느 UN회원국에 대해서도 당해 회원국에 특별히 관계있는 문제에 관한 심의에는 투표권 없이 참가하도록 초청해야 한다.

2 신탁통치이사회

신탁통치이사회는 신탁통치국, 안전보장이사회 상임이사국 중 신탁통치국이 아닌 국가, 총회에서 3년 임기로 선출된 국가로 구성된다. 1994년 유일하게 남아있던 팔라우가 마지막으로 독립하여 신탁통치지역이 전부 없어짐으로써 신탁통치이사회의 임무는 사실상 종료되었다. 1994년 5월에 열린 제1706차 회의를 끝으로 정기회의는 더이상 개최하지 않는다.

참고

비자치영토

UN헌장에는 신탁통치지역과 더불어 헌장의 규율을 받는 비자치영토라는 또 하나의 식민지 유형이 있다. 미국령 괌, 영국령 지브롤터, 프랑스령 뉴칼레도니아, 뉴질랜드령 토커라우를 위시하여 2013년 5월 17일 당시, 17개 영토가 UN의 비자치영토 목록에 올라 있었다. 반기문 사무총장은 2008년 5월 14일의 한 메시지에서 식민주의는 오늘날의 세계에서 설 자리가 없다고 하면서, 시정국들에게 탈식민지화에 대한 UN의 소임을 다하도록 촉구한 바 있으나, 일부 비자치영토는 UN에서 자치 내지는 독립을 권유하여도 그들 스스로 이를 원하지 않는 것으로 평가되고 있다.

3 사무국

1. 구성

UN의 행정적 사무를 담당하는 기관으로 1인의 사무총장과 필요한 직원으로 구성된다. 1997년 12월에 사무부총장직이 신설되었으며, 그 밑에 사무차장, 사무차장보 등이 있다.

2. 사무총장 및 직원의 법적 지위

사무총장 및 직원은 임무를 수행함에 있어서 어떤 정부 또는 UN 이외의 당국으로부터 지시를 구하거나 받아서는 안 되며, 오직 UN에 대해서만 책임을 지는 국제공무원이다. UN헌장과 1946년에 채택된 'UN의 특권·면제에 관한 협약'에 의해 특권·면제를 향유한다.

3. 직무 보호권

UN공무원이 공무수행 중 국제위법행위로 인하여 손해를 입은 경우 UN은 가해국에 대해 손해배상을 청구할 수 있는바 이를 직무 보호권(right of functional protection)이라 한다. 1949년 국제사법재판소(ICJ)의 'UN 근무 중 입은 손해배상에 관한 권고적 의견'에서 확립되었다.

 참고

전문성의 원칙과 묵시적 권한

전문성의 원칙이란 국제기구들은 그것을 창설하는 국가들로부터 부여받은 목표와 권한의 범위 내에서만 직무를 수행할 수 있다는 원칙이다. 달리 말하면 국제기구의 권한은 그 설립조약에 기초하고 있다는 의미에서 모두 단지 파생적 권한에 불과함을 의미한다. 전문성의 원칙 또는 파생적 권한의 원칙은 특히 UN체제하의 그 전문기구에 관해서는 묵시적 권한의 원칙을 제한하기 위해 도입되고 있다. 예컨대 국제사법재판소(ICJ)는 Legality of the Use by a State of Nuclear Weapons in Armed Conflict 사건에서 WHO에 핵무기사용의 합법성 문제를 제기할 수 있는 권한을 귀속시키는 것은 설사 그것이 보건과 환경에 미치는 효과를 고려하더라도 전문성의 원칙을 무시하는 것과 같은 것이 되고 말 것이라고 언급하였다. 전문기구의 묵시적 권한은 UN체제하의 타기구들의 활동을 침해하는 정도로 전개되어서는 안 된다.

4 사무총장

1. 지위

(1) 사무총장은 UN의 주요기관인 사무국의 구성원이다. 헌장은 "사무국은 사무총장 1인과 이 기구가 필요로 하는 직원으로 구성된다."라고 규정하고 있다(제97조). 따라서 사무총장은 사무국의 구성원이다.

(2) 사무총장은 UN을 대표하고, 사무국 직원을 임명하며(제100조 제1항), 직원의 행위에 대해 책임을 진다.

(3) 헌장은 '사무총장은 총회, 안전보장이사회, 경제사회이사회, 신탁통치이사회의 모든 회의에서 사무총장의 자격으로 행동하고 또한 이들 기관으로부터 위탁된 기타 임무를 수행한다.'(제98조)라고 규정하여 사무총장의 집행관으로서의 지위를 명시하고 있다. 이 지위에서 안전보장이사회에 주의를 환기할 수 있고(제99조), UN을 대표한다.

2. 임명

사무총장은 안전보장이사회의 권고에 의하여 총회가 임명한다. 총회는 안전보장이사회의 권고에 구속되는 것은 아니므로 안전보장이사회가 임명한 후보자의 임명을 거절할 수 있다. 안전보장이사회의 지명 권고에는 거부권이 적용되며 총회의 임명은 단순다수결에 의한다.

3. 임기

헌장에는 사무총장의 임기에 관해 규정이 없다. 총회는 1946년 그 임기를 5년으로 정했다. 총회와 안전보장이사회와의 협의하에 사무총장의 임기를 연장할 수 있다.

4. 권한

(1) 사무총장은 UN의 수석행정관으로서 부하직원을 임명하고 감독하며, 예산안의 준비에 대한 제1차적 책임을 진다. 사무총장은 UN의 공식대표기관이며, 조약의 등록 및 공표에 대한 업무를 수행한다.

(2) 사무총장은 총회, 안전보장이사회, 경제사회이사회, 신탁통치이사회의 모든 회의에서 사무총장의 자격으로 행동한다(제98조 전단). 사무총장은 총회가 고려하고 있는 어떤 문제에 관해서도 구두 또는 서면으로 총회에 진술할 수 있다. 총회의 위원회나 소위원회에 대해서도 인정된다. 다른 기관에서도 출석·발언권이 인정된다. 한편, 사무총장은 다른 기관으로부터 위탁된 임무를 수행한다(제98조 전단).

(3) 총회에 대한 권능으로는 첫째, 특별회의소집권이 있다. 안전보장이사회나 UN회원국 과반수의 요청이 있을 때 사무총장은 특별회의를 소집한다(제20조 후단). 둘째, 사무총장은 UN의 사업에 대하여 연차보고를 행한다(제98조 후단). 셋째, 사무총장은 국제평화와 안전의 유지에 관한 사항으로서 안전보장이사회가 취급하고 있는 것은 그 동의를 얻어 회기마다 총회에 대하여 통지해야 한다.

(4) 사무총장은 국제평화와 안전의 유지를 위협한다고 인정되는 사항에 대하여 안전보장이사회에 그 주의를 환기할 수 있다(제99조).

(5) 국제사법재판소(ICJ) 규정상 선택조항의 수락선언서를 기탁받는다. 사무총장은 그 등본을 재판소 규정의 당사국 및 재판소 서기에게 송부한다(동 제36조 제4항).

5. 특권과 면제

UN사무총장은 국제공무원으로서 UN헌장 또는 회원국과의 협정에 의하여 그 임무 수행상 특권이 인정된다. 이 특권은 외교사절의 특권과 같이 일반국제법상의 특권으로서의 성질을 갖는 것이 아니라, 조약상의 특권이며 UN헌장 및 'UN의 특권 및 면제에 관한 협약'에 따라 부여된다. 사무총장, 그 배우자 및 미성년의 자녀에 대해 일반직원에게 부여된 특권과 면제 외에 국제법에 따라 외교사절에게 주어지는 특권, 면제 및 편익이 주어진다(UN의 특권과 면제에 관한 조약 제19조).

제5절 | UN 전문기구

1 개념 및 구별개념

1. 개념

헌장 제57조에 의하면 전문기구는 정부 간 협정에 의하여 설치되고 경제·사회·문화·교육·보건 및 관련 모든 분야에 있어 그 기본 문서가 정하는 바에 따라 광범위한 국제적 책임을 지는 제63조의 규정에 따라 UN과 관계를 맺은 국제기구를 말한다.

2. 구별개념 - 보조기관과의 비교

(1) 보조기관의 의의

UN의 주요기관들은 보조기관을 설치할 수 있다. 보조기관은 회원국으로 구성될 수도 있고, 사적 자격으로 행동하는 개인들로 구성될 수도 있다. 보조기관을 설립하기 위해서는 반드시 UN헌장에 명시적인 근거가 있어야 하는 것은 아니며 여기에도 묵시적 권한의 이론이 적용된다.

(2) 보조기관 결의의 구속력

① 일반적으로 기구 혹은 주요기관이 자신의 직무수행을 돕기 위해 만드는 보조기관은 자신이 소속한 기구 혹은 주요기관의 통제 내지 감독하에 있다는 의미에서 종속적이며 또한 보조기관의 결정은 주요기관, 특히 자신을 만든 기관에 대해 구속력을 가질 수 없다.

② 그러나 보조기관의 이 같은 종속적 성격은 수정이 불가능한 것이 아니며, 이것은 특히 주요기관이 사법적 기능을 수행하는 기관을 만들 때 그러하다. 국제사법재판소(ICJ)는 Effect of awards of compensation made by the UN Administrative Tribunal 사건에서 UN총회 그 자신은 기구와 직원 간의 분쟁을 해결할 사법적 권한을 부여받지 못했지만 이 같은 권한을 행사하는 보조기관을 설치할 수 있으며, UN행정재판소는 UN총회가 만들었으므로 창설자인 총회가 그 규정을 폐지하여 철거하거나 그 규정을 개정할 수는 있겠지만, 행정재판소는 총회에 의해 한 개의 사법기관으로 의도된 것이므로 행정재판소를 보조적이거나 부차적인 기관의 관점에서만 봐서는 안 된다고 하였다. 국제사법재판소(ICJ)는 이같은 논리에 기초하여 총회에는 행정재판소가 UN직원에게 유리하게 내린 배상판결의 시행을 거절할 권리가 없다고 판시하였다.

(3) 전문기구과 보조기관의 차이

① 전문기구는 국제법인격자이나 보조기관은 총회와 안전보장이사회의 하부기관이다.
② 전문기구는 정부 간 협정으로 설치되나 보조기관은 총회나 안전보장이사회 등의 결의에 의해 설치된다.
③ 전문기구는 경제사회이사회와 협정을 체결하여 UN과 제휴관계를 맺으나 보조기관은 이러한 협정을 체결하지 아니한다.

2 전문기구의 요건

1. 국제기구로 성립

UN전문기구가 되기 위해서는 먼저 정부 간 협정에 의해 창설된 정부간국제기구로 설립되어야 한다.

2. 제휴협정 체결

전문기구는 경제사회이사회와 협정을 체결하여 UN과 제휴관계를 맺어야 한다. 그리고 이 협정은 총회의 승인을 받아야 한다.

3 UN과 전문기구 및 회원국과의 관계

1. UN과 전문기구의 일반적 관계

UN은 전문기구의 정책과 활동을 조정하기 위한 권고를 행한다. UN은 또한 적당한 경우에는 제55조에 명시된 목적달성에 필요한 새로운 전문기구를 설치하기 위하여 관련국들이 교섭에 들어갈 것을 발의한다. 국제사법재판소(ICJ)는 Legality of the Use by a State of Nuclear Weapons in Armed Conflict에서 UN과 그 전문기구들이 UN체제를 형성하고 있으므로 전문기구인 WHO는 UN체제의 다른 부분들의 책임을 침해할 수 없다고 하였다.

2. UN과 전문기구의 제휴협정

UN과 전문기구 간의 제휴협정 조건은 전문기구마다 다르나 공통되는 내용이 있다. 첫째, UN과 전문기구는 타방 당사자의 기관 회합에 투표권 없이 대표자를 파견할 권리를 부여한다. 둘째, 대부분의 전문기구는 UN총회의 권고를 심의하고 경제사회이사회에 정기적으로 보고서를 제출할 것에 동의하고 있다. 셋째, 대부분의 전문기구는 그들의 활동범위 내에서 발생하는 법적 문제에 대하여 국제사법재판소(ICJ)에 권고적 의견을 요청할 수 있는 권리를 총회로부터 부여받았다. 넷째, 정보 교환을 위한 규정도 대체로 삽입된다.

3. 전문기구와 당해기구 회원국과의 관계

대부분의 전문기구는 그 회원국들에게 구속력 있는 결정을 채택할 권한은 없지만 그 설립조약에서 회원국들이 특정한 방향으로 행동하도록 압력을 넣는 수단들을 규정하고 있는 경우가 많다. ILO, UNESCO, WHO는 권고와 협약 초안을 작성할 수 있는데 이 경우 그 회원국들은 이들 권고와 협약 초안을 수락할 의무는 지지 않는다. 그러나 문제의 권고와 협약 초안에 의하여 규율되는 분야에서의 자국의 법과 실행에 관하여 당해 전문기구에 정기적으로 보고해야 하며 또한 일부 경우에는 권고와 협약초안을 수락하지 않은 이유를 천명하여야 한다. 그리고 WHO의 경우 일부 주제에 대해서는 원칙적으로 모든 회원국에 대해 구속력 있는 규칙을 채택할 수 있다.

4 전문기구

1. 국제통화기금(IMF: International Monetary Fund)

IMF의 주요 설립 목적은 ① 국제통화문제에 관한 협의와 협력을 제공하는 상설기관을 통하여 국제통화협력을 촉진하고, ② 국제무역의 확대와 균형적 성장을 도모하며, ③ 외환의 안정을 촉진하고, ④ 경상거래에 관한 다자 간 결제제도의 확립하고, ⑤ 가맹국이 기금의 일반재원을 단기적으로 이용할 수 있게 함으로써 국제수지 불균형을 시정할 수 있는 기회를 제공하는 것이다. 또한 이상과 같은 조치를 통하여 ⑥ 가맹국의 국제수지 불균형이 지속되는 기간을 단축하고 그 정도를 경감하게 함을 목표로 한다.

2. 국제부흥개발은행[IBRD: 일명 세계은행(World Bank)]

1945년 IBRD협정에 의거하여 1947년 전문기관이 되었다. IBRD를 비롯해 IBRD의 융자대상이 안 되는 개발계획에 대해 조건이 완화된 융자를 해주는 IDA(International Development Association: 국제개발협회)와 개발도상국의 민간기업을 융자대상으로 하는 IFC(International Finance Corporation: 국제금융공사), MIGA(Multilateral Investment Guarantee Agency: 다국간투자보장기구) 등을 합하여 세계은행그룹이라고 부르고 있다.

3. 국제개발협회(IDA: International Development Association)

저개발국의 경우, IBRD의 대출조건하에서는 대출을 받을 수 없기 때문에 보다 관대한 조건으로 대출을 해주어야 할 필요성이 있었다. 유럽의 전후 복구 이후 IBRD의 관심은 개발상국으로 맞추어졌고, 1960년 미국의 발의로 IBRD 회원국들은 특혜적 조건으로 저개발국에 대해 대출을 해주기 위해 IDA를 세계은행의 자매기관으로 설립하였다.

4. 국제금융공사(IFC: International Finance Corperation)

1956년 개발도상국의 민간기업을 지원하기 위해 설립하였다. IBRD를 보조하여 저개발국의 민간기업의 성장을 보조하여 경제적 발전을 지원하는 데 그 목적이 있다. IBRD 회원국들에게 그 자격이 개방되어 있으며, 회원국은 각 250표의 기본적 투표권과 10만 달러에 해당하는 각 주당 1표씩 투표권을 추가로 얻는다. 미국, 일본, 독일, 프랑스, 영국이 IFC 주식의 45.7%를 소유하고 있다. 한국은 1964년 3월에 가입하여 1960~1970년대 많은 자금을 지원받았다.

5. UN교육과학문화기구(UNESCO)

1945년 11월 16일 37개국 대표들이 영국 런던에 모여 'UNESCO 헌장'을 채택함으로써 UNESCO가 창설되었다. 목적은 교육 - 과학 - 문화의 협력을 통해 세계평화에 이바지하고, 이를 위해 라디오 · TV · 영화 · 신문 · 출판 · 종교 등의 정보교환과 문화보급 및 성인교육에 힘쓰는 데 있다. 유네스코는 남 · 북 갈등으로 1984년에 미국이 탈퇴하는 등 위기를 겪었으나 2003년에 미국이 복귀하는 등 제 모습을 되찾아가고 있다.

6. 세계기상기구(WMO: World Meteorological Organization)

UN(United Nations: 국제연합)의 전문기구로, 1879년에 창립한 IMO(International Meteorological Organization: 국제기상기구)의 후신이다. 1947년 IMO 이사회에서 새로운 기구를 창설하기 위하여 세계기상협약을 채택하였고, 그 결과 1951년부터 44개 회원국으로 WMO가 활동을 시작하였다. 관측망 확립을 위한 세계 협력, 기상사업 설비를 갖춘 기상중추의 확립 · 유지, 기상정보의 신속한 교환조직 확립, 기상관측 표준화와 관측 및 통계의 통일성 있는 간행 확보, 항공 · 항해 · 농업 및 인류활동에 대한 기상학 응용, 기상학 연구 및 교육의 장려와 국제적인 조정 등을 목적으로 한다.

7. 세계지적소유권기구(WIPO: World Intellectual Property Organization)

1883년 산업재산권문제를 위한 파리조약, 1886년 저작권문제를 위한 베른조약이 발효하였다. 이 두 조약을 관리하고 사무기구 문제를 처리하기 위하여 1967년 스톡홀름에서 체결하고 1970년에 발효한 세계지적재산권기구 설립조약에 따라 이 기구를 설립하였다. 1974년 UN(United Nations: 국제연합)전문기구가 되었으며 정책결정기관인 총회를 3년마다 개최하고 회의를 연다. 발명 · 상표 · 디자인 등 산업적 소유권과 문학 · 음악 · 사진 및 기타 예술작품 등 저작물의 세계적인 보호를 목적으로 한다.

8. 국제노동기구(ILO: International Labor Organization)

1919년 베르사유조약 제13편(노동편)을 근거로 창설되었다. 1948년부터 제29차 총회에서 채택된 국제노동헌장에 입각하여 운영되고 있다. 이에 따라 UN과 밀접한 관계를 갖고 있으며, 처음으로 UN의 전문기구가 되었다. 다른 국제기구는 대부분 정부가 회원국의 대표로 있지만, ILO의 경우, 사용자·노동자·정부 대표가 이사회에 속해 있다(임기 3년). 상설기관으로는 총회·이사회·사무국이 있으며, 보조기관으로는 각 지역별 회의와 여러 노조위원회가 있다. 매년 1회 개최되는 총회에는 각 가맹국의 정부대표 2인과 노사대표 각 1인이 참석하며, 국제노동조약과 권고가 결정된다. 본부는 스위스 제네바에 있다.

9. 세계보건기구(WHO: World Health Organization)

1946년 61개국의 WTO헌장 서명 후 1948년 26개 회원국의 비준을 거쳐 정식으로 발족하였다. 1923년에 설립한 국제연맹(League of Nations)산하 보건기구와 1909년 파리에서 개설한 국제공중보건사무소에서는 약물을 표준화하고, 전염병을 통제하며 격리 조치하는 업무를 수행하였다. WHO에서는 이 업무를 이어받아 세계 인류가 신체적·정신적으로 최고의 건강수준에 도달하는 것을 목적으로 활동한다. 이를 위해 중앙검역소 업무와 연구자료 제공, 유행성 질병 및 전염병 대책 후원, 회원국의 공중보건 관련 행정 강화와 확장 지원 등의 일을 맡아 본다.

10. 국제민간항공기구(ICAO: International Civil Aviation Organization)

민간항공의 안전과 발전을 주목적으로 하는 정부 차원의 국제협력기구이다. 1944년 시카고에서 52개국 대표가 모여 설립을 결정한 국제민간항공조약(시카고조약)에 의거하여 설립되었다. 1947년 UN경제사회이사회 산하 전문기구가 되었다.
국제민간항공운송의 발전과 안전의 확보, 능률적이고 경제적인 운송의 실현, 항공기 설계·운항기술 발전 등을 주요 목표로 삼고 있다.

11. 국제해사기구(IMO: International Maritime Organization)

1948년 2월 19일에 스위스 제네바에서 UN(국제연합) 해사위원회가 열렸고 1948년 3월 6일 미국·영국을 비롯한 12개국이 국제해사기구조약을 채택하였다. 이 조약은 1958년 3월 17일부터 발효되었고 1959년 1월 6일 UN 전문기구인 정부간해사자문기구(IMCO)가 활동을 시작하였다.

12. 만국우편연합(UPU: Universal Postal Union)

1874년 스위스 베른에서 22개국 대표가 모인 국제회의에서 일반우편연합의 후신으로 1947년 설립되었고, 1948년 UN의 전문기관이 되었다. 우편물의 교환을 원활히 하여 세계의 경제·문화 교류를 도모하고자 하는 것이 그 목적이다. 회원국은 5년에 1회 우편대회를 개최하여 우편에 관한 조약을 심의·개정한다. 우편연합의 주요기관으로는 연합의 활동을 계속적으로 행하기 위한 집행이사회, 각국의 국내우편사업을 개선하기 위하여 가맹국의 공동연구를 위한 우편연구 자문위원회가 있다. 기관지[유니언 포스털: Union Postal(월간)]가 발행되고 있다. 1994년 제21차 총회가 서울에서 개최되었다.

13. 국제전기통신연합(ITU: International Telecommunication Union)

1865년 5월 17일에 국제전신연합으로 창설되어 1932년 마드리드 만국무선전신회의에서 지금의 명칭으로 바뀌었다. 1932년 국제전기통신협정에 따라 국제전신협정과 국제무선전신협정을 통합하였고 협정의 효력이 발생하는 1934년부터 국제전기통신연합이 국제전신연합을 계승하였다. 1947년부터는 UN(국제연합) 전문기구가 되었으며 협정 내용도 몇 차례 개정하였다.

14. UN식량농업기구(UNFAO: UN Food & Agriculture Organization)

1943년 5월 미국의 프랭클린 D. 루스벨트(Franklin D. Roosevelt) 대통령의 제창에 의해 개최된 식량농업회의를 모체로 하여, 1945년 10월 캐나다 퀘벡에서 소집된 제1회 총회에서 34개국의 헌장 서명으로 발족했다. 모든 사람의 영양기준 및 생활 향상, 식량과 농산물의 생산 및 분배 능률 증진, 개발도상국 농민의 생활상태 개선, 이를 통한 세계 경제 발전에 기여하는 것을 목적으로 한다.

15. 국제농업개발기금(IFAD: International Fund for Agricultural Development)

개발도상국에 대한 농업 개발 촉진과 식량 생산 증대를 위하여 설치된 UN의 전문기관이다. 1974년 11월 세계식량회의(World Food Conference: WFC)는 1970년대 초 아프리카 사헬지역 사람들이 식량부족으로 기아에 시달리자 이를 해결하기 위해 조직되었다. WFC는 IFAD를 설립하여 즉각 개발도상국의 식량 생산을 늘리기 위해 재정적으로 지원할 것을 결정하였고, 1976년 6월 채택된 'IFAD 설립협정'이 1977년 11월 발효되면서 15번째 UN 전문기관으로 발족하였다.

16. UN공업개발기구(UNIDO: UN International Development Organization)

1966년 제21차 UN총회의 결의로 종래의 UN공업개발센터를 계승하여 1967년 1월 UN총회의 보조기구로 발족했다. 1979년 UNIDO헌장이 채택되고 1985년 그 효력을 발생함에 따라 1986년에 UN경제사회이사회(Economic and Social Council: ECOSOC)와 특별협정을 체결하여 UN의 16번째 전문기구가 되었다. 개발도상국 공업개발 확대 및 근대화를 지원하고, 개발도상국 간 또는 개발도상국과 진국 간의 협력과 기술 원조을 촉진한다. UN 내의 공업활동과 관련한 중앙조정기관의 임무를 가지며, 개발도상국의 공업개발에 필요한 연구·조사·계획작성 및 기술원조를 행하고, 공업관계 표준화, 데이터 정보를 수집·분석·발행한다.

17. 국제투자분쟁해결센터(ICSID: International Centre for Settlementof Investment Disputes)

국제부흥개발은행(IBRD)의 후원하에서 체결된 '국가와 다른 국가의 국민 간에 투자분쟁해결에 관한 협약'에 기초하여 1966년에 설립된 국제기구이다. 국제부흥개발은행(IBRD), 국제개발협회(IDA), 국제금융공사(IFC), 국제투자보증기구(MIGA)와 함께 '세계은행그룹'(World Bank Group)을 구성한다. ICSID는 체약국과 다른 체약국의 국민 간의 투자와 관련된 분쟁을 조정 또는 중재에 의하여 해결하기 위한 여러 가지 편의를 제공함을 그 목적으로 한다. ICSID는 직접 분쟁의 중재에 나서는 것은 아니며 중재절차를 관장할 뿐이다. 중재는 국가와 다른 국가의 국민 간에 투자분쟁해결에 관한 협약이 정하는 바에 따라 선정되는 재판관이 한다. 따라서 실제의 조정 또는 중재는 사건이 부탁될 때마다 설치되는 조정위원회 또는 중재관정부에 의하여 행해진다.

18. 다자간 투자보증기구(MIGA: Multilateral Investment Guarantee Agency)

세계은행이 제안한 해외투자 관련 risk를 담보하기 위한 국제보험기관으로 세계외채문제의 해결에 공헌하기 위하여 개발도상국들에 대한 민간투자를 촉진하여 개발도상국들의 경제활성화를 도모하는 것을 그 목적으로 하고 있다. 이전 위험, 권리박탈 위험, 계약 위반 위험, 전쟁 및 내란 위험 등의 비상업적 위험을 보증하고 투자를 크게 늘려 개발도상국에 대한 투자를 촉진하고 정보기술 제공, 투자촉진협정 체결, 관련국 사이의 분쟁해결 등도 담당한다. 조직으로는 가입국 대표로 구성되는 최고의결기관인 총회와 일반 업무를 총괄하는 이사회, 실제 제반업무를 책임지는 사무국 등을 두고 있다. 국제투자보증기구는 세계은행의 산하기구로 설립되었기 때문에 여타 산하기구와의 관계를 고려하여 가입자격을 세계은행 전회원국과 스위스로 하였으며, 2002년 10월 현재 회원국은 157개국이며 미국 워싱턴에 위치해 있다.

19. 세계관광기구(WTO: World Tourism Organization)

관광진흥과 발전을 통한 경제발전, 국제 간 평화와 번영에 공헌하는 목적으로 1975년에 설립된 정부 간 기구로서 1925년 설립된 '국제관광연맹(IUOTO: International Union of Official Travel Organizations)'이 정부 간 기구로 개편된 것이다. 설립목적은 세계관광정책을 조정하고, 회원국의 관광경제발전을 도모하며, 각국의 사회문화적 우호관계를 증진함에 있다. 이를 위해 세계관광통계자료를 제공하고, 정기간행물(WTO News)을 발간하고 있다. 또한, 여행편의촉진, 안전, 교육훈련, 정보교환사업 등을 펼치고 있다. 본부는 스페인 마드리드에 있다. 2년마다 개최되는 총회와 사무국, 유럽, 미주, 동아태 등 6개 지역위원회와 집행위원회로 조직되어 있다.

제6절 | UN 평화유지활동(PKO)

1 서설

1. 개념

평화유지활동에 대한 헌장상의 정의규정은 없으나, 그 활동을 통해 개념을 추출해 보면, 평화유지활동(PKO: Peace - Keeping Operations)이란 군사요원을 포함하되 강제력은 사용하지 않는 활동으로 분쟁지역의 국제평화와 안전을 유지하고 회복하는 것을 돕기 위한 UN에 의해 취해지는 제반활동을 말한다.

2. 구별개념

(1) 헌장 제6장 및 제7장상의 조치와의 구별

평화유지활동은 헌장 제6장에 규정된 외교적 · 사법적 수단에 의해 수행되는 평화창출(peace - making)활동과 구별된다. 또한 헌장 제7장에 규정된 집단안전보장(peace - enforcing)을 위한 활동과도 구별된다. 평화유지활동은 불완전하지만 현재 존재하는 평화를 유지하려는 목적을 가지는 것으로서, 이미 파괴된 평화를 회복하고자 하는 것은 아니다.

(2) UN상비체제와의 구별

헌장 제정 당시부터 상비군 보유의 필요성을 인식하여 헌장 제43조에 근거를 두었으나, 실현되지 못하였다. 1992년 부트로스 갈리는 UN상비군(UN Stand - by Force)을 제안하였으나, 회원국의 반발로 'UN상비체제'(UN Stand - by Arrangements System)라는 보다 현실적인 대안이 추진되고 있다. UN상비체제는 UN회원국이 UN사무국과의 사전협의에 따라 평시 자국의 특정 부대와 장비 등을 UN상비체제용으로 지정하여 자체적으로 유지하다가 유사시 UN의 요청이 있을 경우 이를 일정 시일 내에 UN 측에 제공하는 제도이다. 현재 한국을 비롯하여 88여개 국가가 참여하고 있다.

(3) 다국적군

UN평화유지활동이 원칙적으로 분쟁 당사자의 동의하에 제한된 범위 내의 무력을 사용하면서 임무를 수행해야 하는 한계가 있음을 고려하여 냉전 종식 후 헌장 제7장상의 평화집행에 해당하는 군사조치가 필요한 경우, 강대국들의 주도로 다국적군(multilateral forces)을 구성하는 방식이 적용되고 있다. 다국적군은 일반적으로 평화를 회복시켜 PKO가 가능한 상황을 조성함으로써 그 임무를 완수한다. 다국적군은 통상 UN안전보장이사회의 승인하에 구성되지만, UN의 직접적인 지휘 · 통제하에 있지 않고 UN의 예산으로 운용되지 않는다는 점에서 평화유지활동과 구분된다.

3. 취지

평화유지활동은 UN의 집단안전보장체제에 내재된 제도적 흠결을 보완하기 위해 UN의 관행으로 발전되어 오고 있다. 즉, 헌장 제6장에서 예정된 분쟁의 평화적 해결을 위한 방안이 무력화되고 분쟁이 국제평화와 안전의 유지를 위태롭게 할 우려가 있는 단계가 이미 지났음에도 안전보장이사회 상임이사국 간 의견불일치 등의 이유로 헌장 제7장에 의거한 행동이 발동되지 못할 수 있기 때문이다.

4. 연혁

(1) 제1세대 PKO

냉전기의 PKO를 제1세대 PKO(전통적 PKO)라 한다. 전통적 PKO는 ① 분쟁당사자들의 정전합의, ② 중립·불개입원칙에 따른 PKO 파견에 대한 현지당사자의 동의, ③ 무력불행사, ④ 상임이사국의 참여배제 등의 원칙에 기초하여 활동하였다. 전통적 PKO는 소극적·중립적 태도로 뚜렷한 성과를 달성하지 못했다는 평가를 받는다. 팔레스타인의 UNTSO, 인도·파키스탄의 UNMOGIP, 중동지역의 UNDOF 등이 주요 사례이다.

(2) 제2세대 PKO

1990년을 전후하여 양극적 냉전체제가 붕괴된 이후 UN에 대한 국제사회의 고조되는 관심사에 부응하기 위한 다양한 활동들을 제2세대 PKO라 한다. 목적과 원칙은 제1세대 PKO와 동일하였으나, 보다 다면적 임무를 광범한 지역에서 수행하도록 하기 위해 그 규모와 권한을 확대한 것이 특징이다. 경무장한 군대에 의한 보다 적극적인 병력 분리, 동정감시, 무장해제, 무기와 병원의 유입 방지, 특정 임무수행의 방해 저지 등으로 군사정세의 안정을 위한 적극적인 활동을 전개하는 한편, 민주정치, 인권보호, 경제부흥을 위한 활동도 전개하였다.

(3) 제3세대 PKO

1992년 6월 UN사무총장 부트로스 갈리가 안전보장이사회의 요청에 따라 작성한 'An Agenda for Peace'(평화에의 과제)에서 제시된 '더욱 중장비를 갖춘 확대된 평화유지개념'하의 다단계적 평화집행형 활동을 제3세대 PKO라 한다. 제3세대 PKO활동에서는 전통적 PKO에 의해 수립된 원칙의 엄격한 적용으로는 새로운 분쟁상황에 대응할 수 없다는 인식하에 원칙에 수정이 가해졌다. 제3세대 PKO는 UN에 의해 전개되는 예방외교(preventive diplomacy), 평화창출(peace - making), 평화재건(post - conflict peace - building) 등 3단계 활동과 연계하여 전개되었다.

2 PKO의 주요활동

1. 휴전의 감시와 확인

PKO의 가장 전통적이고 기본적인 기능으로서 통상 경무장한 평화유지군이 분쟁지역에 완충지대를 설정하고, 순찰 등을 통하여 휴전 또는 정전의 이행상황을 감시한다. 제2세대 PKO에서는 외국 군대의 철수 감시, 인권상황 감시 등의 기능이 추가되고 있다.

2. 인도적 구호활동 지원

분쟁지역에서의 난민 구호활동에는 군사적 측면의 역할이 중요하다는 인식하에 평화유지군은 인도적 구호활동을 지원하는 임무를 수행한다. 이들은 도로상 지뢰 제거·수색·통신서비스 제공 등을 통해 구호물자호송을 보호하였다. 1992년의 '제2차 UN 보스니아 평화유지군'(UNPROFOR Ⅱ: UN Protection Force Ⅱ)은 인도적 활동지원을 목표로 설치된 최초의 평화유지군이었으며, 같은 해 '제1차 UN소말리아활동단'(UNOSOM I: UN Operation in Somalia I)도 기아지역 주민들에 대한 구호활동을 원활히 하기 위한 인도주의적 성격의 임무를 수행하였다.

3. 무장해제

내전을 종식시키기 위한 포괄적인 정치적 타결에는 교전 당사자의 무장해제가 필수적인 과제로 대두되자, UN은 내전종식을 위한 정파 간 협정이 체결되었을 때 신속히 각 정파의 부대를 일정한 지역에 집결시켜 무장해제와 동원해제를 시행하고 감독하는 기능을 평화유지활동에 포함시켰다. 1992년의 'UN 엘살바도르감시단'(ONUSAL: UN Observer Mission in El Salvador), 1993년의 '제2차 UN 소말리아활동단'(UNOSOM Ⅱ: UN Operation in Somalia Ⅱ)이 주요 사례이다. UNOSOM Ⅱ 사례는 강압적 무장해제는 충분한 군사력을 보유해야만 달성 가능함을 보여주는 한편, 무력을 행사하는 것은 PKO의 본래적 목표인 포괄적인 정치적 해결이나 인도적 지원에 지장을 초래할 수 있으므로 신중을 기해야 함을 보여주었다.

4. 지뢰제거 지원

현대 무력분쟁의 특성 중 하나는 지뢰가 대량 사용되고 있다는 점이다. 따라서 지뢰로 인한 인명피해나 국가적 손실을 예방하고, 난민송환 등 인도적 구호활동을 효율적으로 전개하기 위해 PKO는 지뢰제거활동을 전개하고 있다. PKO는 지뢰지대 식별이나 제거임무를 직접 또는 민간회사를 통해 수행하거나, 지역주민의 요청에 따라 지뢰제거훈련을 제공하거나 장비를 지원하기도 한다.

5. 선거 실시와 감시

냉전 종식 후 지역분쟁과 내란이 종식됨에 따라 다당제 선거의 실시와 감시는 평화회복과정에서 중요한 부분이 되었다. 이에 따라 UN평화유지활동은 분쟁지역에서의 선거 실시와 감시에 직·간접적으로 관여하고 있다. 이와 관련한 PKO는 세 가지로 나누어지는바, ① 선거관리당국에 대한 기능적 지원(교통·통신지원), ② 선거관리당국의 인원·시설장비의 보호, ③ 선거절차를 감시하고 지원하는 역할을 한다.

6. 예방적 조치

1992년 부트로스 갈리 UN사무총장의 'An Agenda for Peace'에 '예방적 배치' (preventive deployment) 개념이 제시되었다. 예방적 배치는 평화에 대한 위협이 될 수 있는 사태의 추이를 감시 · 보고하는 역할을 수행하는 것이다(1995년 UN마케도니아예방배치단).

3 활동원칙

UN평화유지군의 효시인 'UN긴급군'(UNEF) 창설 당시 다그 함마슐드 UN사무총장에 의해 제시된 이후 수정을 거쳐 다음의 5개 원칙으로 정착되었으나 현재는 UNPKO의 관행상 다소 탄력적으로 해석되는 경향이 있다.

1. 당사자동의원칙

평화유지활동은 원칙적으로 분쟁 당사자들의 동의(consent)가 있을 경우에만 설립 · 배치될 수 있고, 실제로 분쟁 당사자들로부터 지속적인 동의와 협력을 받아야만 임무를 성공적으로 수행할 수 있다. 당사자들의 비지속적(sporadic) 및 부분적(partial) 동의의 경우 평화유지활동의 목적달성가능성이 낮다. 단, 당사자동의의 원칙은 분쟁 당사자의 확인이 어렵거나 다수의 분쟁 당사자가 존재하는 경우에는 당사자 대부분의 동의하에 평화유지군이 배치되기도 한다(구유고슬라비아 또는 소말리아).

2. 중립성의 원칙

평화유지활동은 분쟁 당사자 사이에서 중립성을 유지해야 하며, 분쟁 당사자들의 입장이나 주장에 대해 편견을 갖지 않고 객관적이며 공정한 기준하에서 임무를 수행해야 한다. 그러나 최근에는 중립성원칙이 보다 탄력적으로 해석되는 관행도 있다. 분쟁 당사자 중 일방은 평화유지활동에 협조적이나 타방이 이를 방해하는 경우, 쌍방에 대해 중립과 공평을 유지하는 것은 형평에 어긋난다고 평가되기 때문이다.

3. 무력불사용의 원칙

평화유지활동에서 무력사용은 자위(self - defence)를 위하여 필요한 최소한의 수준으로 한정된다. 이는 원칙적으로 분쟁 당사자의 동의 속에 중립성을 유지하는 가운데 임무를 수행하므로, 무력사용의 필요가 거의 없다는 전제에서 경무장한 상태로 활동하기 때문이다. 그러나 냉전 종식 이후 평화유지군의 활동이 인도적 구호활동이나 무장해제와 같은 역할로 확대되고, 부분적 동의에 기초해서도 활동하게 됨에 따라 무력불사용원칙이 보다 탄력적으로 적용되고 있다. 무장세력이 인도적 구호활동을 방해하는 경우 사실상 활동이 불가능하기 때문이다. UN사무국은 '자위목적의 경우 또는 무장한 자가 평화유지군의 임무수행을 저지하는 경우 최소한의 무력을 사용할 수 있다'고 보고 있다.

4. 자발적 파견의 원칙

평화유지활동은 UN의 강제조치와 달리 UN회원국에 대해 강제적으로 요구되는 조치가 아니라 참가국의 의사에 따라 결정되는 자발적 조치이다. 평화유지군은 중소ㆍ중립국가의 자발적 파견에 의해 구성되는 것을 원칙으로 한다.

5. UN사무총장의 평화유지활동 관장원칙

4 PKO의 법적 근거

1. 학설

다양한 견해가 있으나, 총회나 안전보장이사회의 권고에 따라 창설된다고 보는 견해가 유력하다. 안전보장이사회는 '국제평화와 안전의 유지를 위한 제1차적 기관'임을 규정한 제24조에 기초하여, 총회의 경우는 헌장의 범위 내의 여하한 상황에 대해서도 권고할 수 있는 일반적 권한(제10조)에 기초하여 권고권을 갖고 있으므로 이러한 권고에 기초하여 PKO를 창설할 수 있다는 견해이다.

2. 국제사법재판소(ICJ)의 견해

1962년 국제사법재판소(ICJ)는 'UN경비에 관한 권고적 의견'에서 총회는 평화적 조정에 관한 권고 규정인 제14조를, 안전보장이사회는 안전보장이사회의 보조기관 설치 권한을 규정한 헌장 제29조를 근거규정으로 판시하였다. 그러나 특정 규정이 없다고 하더라도 UN의 목적 달성을 위한 활동이므로 UN의 활동으로 볼 수 있다고 하였다.

> #### 관련판례
>
> **UN평화유지활동 경비에 관한 문제(Certain Expenses of the United Nations, ICJ, 권고적 의견, 1962)**
>
> 1. 사실관계
>   (1) 1956년 수에즈 운하 사태에 UN총회 결의에 따라 파견된 UN긴급군(UNEF)은 외국군대의 철수, 휴전 감시 등의 활동을 통하여 사태를 수습하였고, 그 후 1967년까지 현지에 잔류하여 중동 평화에 공헌하였다.
>   (2) UN평화유지군 활동경비는 매년 총회 결의에 따라 일정한 분담 방식으로 회원국에게 할당되었으나 회원국 가운데 분담금을 체납하는 국가가 속출하였고, 체납액 증가로 UN 재정위기가 초래되었다. 소련이나 프랑스는 평화유지군 경비에 대한 분담금 지불 의무를 부인하기도 하였다.
>   (3) 제16차 UN총회는 PKO경비를 UN재정으로 한다는 결의와 함께 ICJ에 권고적 의견을 요청하였다.
> 2. 권고적 의견 요청 질문
>   총회는 UNEF 및 ONUC(콩고UN군)의 관련 경비가 UN헌장 제17조 제2항에서 말하는 '이 기구의 경비'에 해당하는지에 대해 권고적 의견을 요청하였다.
> 3. ICJ의 권고적 의견
>   (1) 평화유지활동 경비는 UN의 경비에 해당되며 총회가 그 총액을 결정하고 이를 회원국에게 분담하는 것은 UN헌장에 합치된다.

(2) 평화유지활동은 헌장 제7장의 강제행동은 아니기 때문에 제43조의 규정이 없고 또 만일 적용가능하더라도, 그러한 협정을 통하여 강제행동의 참가에 의해 발생하는 경비의 일부를 UN 자신이 부담하도록 정하는 것은 가능하며 그 'UN의 경비'를 예산에 계상하여 회원국에게 할당하는 것은 총회의 권한이다.

(3) 본 건 두 개의 평화유지활동에서 발생하는 경비가 '이 기구의 경비'에 해당되는가 하는 것은 그것이 UN헌장에 열거된 목적 내의 것인가에 의해 판단되어야 한다. 그런데 평화유지활동은 헌장의 목적 내의 행위로 인정될 수밖에 없기 때문에, 설령 권한이 없는 UN기관의 결의에 기초하여 수행되었다고 해도 그것을 UN의 경비가 아니라고 말할 수 없다.

(4) UN기관의 행위의 유효성을 인정하는 절차는 헌장에 규정하고 있지 않으므로, 각 기관은 스스로 이것을 인정할 권한을 일응 갖는다. 안전보장이사회가 국제평화와 안전의 유지를 위해 결의를 채택하고 이에 기초하여 사무총장이 재정상의 지출을 하는 한, 그 경비는 UN의 경비로 간주되어야 하며, 총회는 그 경비를 할당하여 지불하는 수밖에 없다.

5 PKO의 구성과 법적 지위

1. 평화유지군의 구성 및 지휘체계

평화유지군의 편성을 최종적으로 결정할 권한은 UN에 있다. 평화유지활동의 중립적 성격을 보장하기 위해 5대 상임이사국과 특수이해관계국의 병력은 편성에서 제외된다. 평화유지군은 UN의 배타적 지배하에 놓여지며 사무총장의 지휘를 받는다. 국별 파견부대는 UN군으로 통합되며, 통일사령부의 지휘하에 국제적인 임무를 수행한다.

2. 평화유지군의 특권면제

평화유지군은 UN헌장 제104조 및 제105조, UN의 특권면제에 관한 조약에 기초하여 그 임무 수행 및 목적 달성에 필요한 특권 및 면제를 향유한다. 또한, UN과 현지국 간의 주둔군 지위협정상 PKO참여자들의 형사적 위법행위에 대하여는 현지 법원이 관할권을 행사하지 못하므로 본국이 처벌하지 않으면 개인의 형사책임을 물을 수 없다. 최근 사무총장과 PKO 병력제공국 간에 자국군의 범죄행위에 대해 형사재판권을 행사하겠다는 약속을 포함한 양해각서의 체결이 권장되고 있다.

3. 평화유지군의 행위에 대한 국제책임

PKO는 UN의 보조기관으로 UN이 최종적인 통제권을 갖는다. 그 설치와 해산은 UN이 결정한다. 따라서 PKO의 위법행위에 대한 책임은 원칙적으로 UN이 진다. ILC 2011년 초안은 국제기구의 통제에 맡겨진 국가기관의 행위에 대하여는 기구가 실효적 통제를 행사하는 경우에만 기구의 행위로 간주된다고 규정하고 있다. 따라서 PKO의 행위 중 본국의 명령에 따른 행위의 책임은 UN에 귀속되지 않는다. 네덜란드 대법원은 UN PKO 활동과정에서 벌어진 결과라도 문제의 행위에 대해 네덜란드 정부가 실효적 통제를 하고 있었다면 그 책임은 네덜란드에 귀속된다고 판단하였다.

국제연맹(League of Nations)

1. 성립

제1차 세계대전 이후 평화유지를 위해 창설되었다. 1919년 파리평화회의에서 가결되어 베르사유조약 제1편으로 규정되었으며, 1919년 6월 28일 채택되고 1920년 1월 10일 발효하였다.

2. 목적

연맹의 목적은 규약 전문에 명시된 바와 같이 국제평화와 안전을 성취하는 것과 국제협력을 촉진하는 것이다.

3. 구성

원연맹국과 신연맹국으로 구성되었다. 처음부터 연맹의 회원국이 된 국가를 원연맹국이라 하며 당초 연합국과 초청된 중립국만으로 구성되었다. 원연맹국 이외의 국가는 연맹총회의 3분의 2 동의로 가입할 수 있었다. 국가뿐 아니라 속령 또는 식민지라도 완전한 자치능력이 있는 경우 가입이 허용되었다. 연맹국은 2년 전에 예고함으로써 탈퇴할 수 있었으며, 연맹규약을 지속적으로 위반한 경우 제명될 수 있었다. 1935년에 일본과 독일이 탈퇴하였고, 이탈리아는 1937년 탈퇴하였다. 소련은 핀란드 침략으로 1939년 국제연맹에서 제명되었다.

4. 기관

총회, 이사회, 상설사무국이 존재하였다. 총회는 모든 연맹국 대표로서 구성되어 연맹의 행동범위에 속하거나 세계평화에 영향을 미치는 모든 사항을 처리할 수 있었으며, 표결권은 1국 1표였다. 절차사항은 과반수로 의결하나 그 밖의 사항은 만장일치로 의결하였다. 이사회는 상임이사국과 비상임이사국 대표로 구성되며, 총회의 과반수 찬성투표로 그 수를 변경할 수 있었다. 이사회의 권한과 의결방법은 총회와 같았다. 상설사무국은 총회 과반수의 동의로 이사회가 임명하는 1명의 사무총장과 그가 임명하는 사무직원으로 구성되었다.

5. 분쟁의 평화적 해결 및 제재

국교단절에 도달할 우려가 있는 분쟁이 연맹국 간 발생한 경우, 연맹국은 이를 국제재판이나 이사회의 심사에 부탁해야 하며, 판결이나 이사회보고가 있은 후 3개월간은 어떤 경우에도 전쟁에 호소할 수 없었다(제12조 제1항). 이사회에 부탁한 경우 그 보고는 구속력은 없었으나 당사국을 제외한 연맹이사국 전부의 동의를 얻은 것일 경우 일방 당사국이 이 보고에 응하면 타방 당사국은 전쟁에 호소할 수 없었다. 위의 규약규정에 위반하여 전쟁을 일으킨 연맹국에 대하여는 당연히 연맹국 전체에 대해 전쟁을 일으킨 것으로 인정하고, 연맹국은 위반국에 대해 일체의 통상상 또는 금융상 관계를 단절하고, 자국민과 위반국 국민 간의 교통을 일절 금지하며, 연맹국 여부를 불문하고 다른 모든 국가의 국민과 위반국 국민 간의 일체의 금융상·통상상 관계 및 개인적 교통을 금지하였다. 다만, 군사적 제재조치의 경우 침략의 희생이 된 국가에 대한 군사상의 원조는 각 연맹국의 자유재량에 일임되어 있었고, 규약을 위반한 행위의 발생 여부, 발생시기 및 연맹국 전체에 대한 전쟁행위가 있었는지 여부 등 중대문제의 결정을 각 가맹국에 일임하고 있었다.

01 UN에 대한 설명으로 옳지 않은 것은?

① 신회원국의 UN 가입의 승인은 중요문제로서 그 문제에 관한 총회의 결정은 출석하여 투표하는 회원국의 3분의 2의 다수로 한다.

② 사무국은 UN의 주요기관으로서 1인의 사무총장과 UN이 필요로 하는 직원으로 구성하고, 사무총장은 안전보장이사회의 권고로 총회가 임명한다.

③ 총회에 의하여 그러한 권한이 부여될 수 있는 UN의 전문기구는 그 활동범위 안에서 발생하는 법적 문제에 관하여 국제사법재판소(ICJ)의 권고적 의견을 요청할 수 있다.

④ 회원국은 타 회원국들 간의 분쟁에 대해서는 안전보장이사회의 주의를 환기할 수 없다.

국제연합(UN)

UN회원국은 자국이 분쟁당사자가 아닌 분쟁에 대해서도 안전보장이사회에 주의를 환기할 수 있다.

선지분석
① 가입은 안전보장이사회 권고에 기초하여 총회가 의결한다.
③ 총회나 안전보장이사회는 모든 법적 문제에 대해 권고적 의견을 요청할 수 있다.

답 ④

02 국제연합(UN)에 대한 설명으로 옳은 것은?

① 회원국의 제명은 해당 조항이 실제 적용된 사례가 있고, 탈퇴는 관련 명문 조항이 없으나 실제 제기된 사례가 있다.

② 신탁통치이사회는 신탁통치지역 주민의 정치, 경제, 사회 및 교육 분야의 발전에 관하여 총회에 매년 보고를 하고 있다.

③ 안전보장이사회 상임이사국은 안전보장이사회의 권한사항에 대한 모든 의결에서 거부권을 행사할 수 있다.

④ 총회는 안전보장이사회가 국제평화와 안전의 일차적 책임을 다할 수 없는 경우 회원국에 집단적 조치를 권고할 수 있다.

국제연합(UN)

UN총회도 평화를 위한 단결 결의에 기초하여 회원국에 집단적 조치를 권고할 수 있다.

선지분석
① 제명사례는 없다. 탈퇴의 경우 명문조항이 없으나, 인도네시아가 탈퇴를 선언한 적은 있다. 그러나, 탈퇴선언은 철회되어 탈퇴의 효력이 발생하지는 않았다.
② 신탁통치이사회는 현재 사실상 임무가 종료되었으므로 총회에 보고를 하고 있는 것은 아니다.
③ 상임이사국은 '비절차사항'에 한해 거부권을 행사할 수 있다.

답 ④

03 국제연합(UN) 총회 및 안전보장이사회에 대한 설명으로 옳지 않은 것은? 2021년 7급

① UN헌장에 의하면 안전보장이사회가 분쟁이나 사태에 대해 임무를 수행하는 동안에 총회는 안전보장이사회가 요청하지 않는 한 어떤 권고도 할 수 없다.

② UN총회는 회부된 국제평화와 안전의 유지에 관한 문제를 토의할 수 있다.

③ 최근에 안전보장이사회는 포괄적 제재조치보다는 특정한 개인이나 단체를 대상으로 하는 이른바 '표적제재(smart sanctions)'를 채택하는 경향이 있다.

④ 회원국의 다른 조약상의 의무는 안전보장이사회의 결의보다 우선한다.

UN총회 및 안전보장이사회

안전보장이사회가 결의가 회원국의 다른 조약이나 관습법상의 의무보다 우선한다.

선지분석

① 국제평화와 안전 유지에 대해서는 안전보장이사회가 1차적 책임을 진다. 이에 따라 안보리가 임무를 수행 중인 경우 총회는 안보리의 동의 없이 권고할 수 없다.

② UN총회도 국제평화와 안전의 유지에 관한 문제를 토의하고 권고할 수 있다.

③ 포괄적 제재조치의 경우 제재의 피해는 대상 국가의 원수보다는 시민들에게 피해가 집중되는 문제가 있다. 이를 해결하기 위해 표적제재가 등장한 것이다.

답 ④

---

04 국제연합 총회가 단독으로 결정할 수 있는 것만을 모두 고르면? 2019년 7급

> ㄱ. 국제연합 사무총장의 임명
> ㄴ. 국제연합 예산안의 심의 및 승인
> ㄷ. 국제연합 안전보장이사회 상임이사국 선출
> ㄹ. 투표권이 정지된 분담금 미납 국제연합 회원국의 투표 허용

① ㄱ, ㄴ

② ㄴ, ㄷ

③ ㄴ, ㄹ

④ ㄷ, ㄹ

국제연합(UN)

UN총회가 단독으로 결정할 수 있는 것은 ㄴ, ㄹ이다.

ㄴ. UN 예산안의 심의 및 승인은 총회의 단독 권한이다.

ㄹ. 투표권이 정지된 분담금 미납 UN회원국의 투표 허용은 총회의 단독 권한이다(헌장 제19조). 불가항력 상황이 존재하는 경우 인정될 수 있다.

선지분석

ㄱ. UN사무총장 임명은 안보리 권고에 기초하여 총회가 임명한다.

ㄷ. UN안전보장이사회 상임이사국은 선출직이 아니다. 비상임이사국 선출은 총회의 단독 권한이다.

답 ③

05 UN헌장 제7장의 강제조치에 대한 설명으로 옳지 않은 것은?

① 냉전이 종식된 이후에 안전보장이사회는 '평화의 파괴' 개념을 확대하여 헌장 제7장을 발동하고 있다.

② 안전보장이사회는 국제평화와 안전을 유지하기 위하여 헌장 제7장을 발동할 수 있다.

③ 안전보장이사회는 국제인도법과 국제인권법의 중대한 위반이 평화에 대한 위협이 될 수 있다고 해석한다.

④ 일반적으로 군사적 조치는 회원국에게 무력의 사용을 허가하는 방식이 이용된다.

강제조치

'평화에 대한 위협' 개념을 확대하고 있다. 예컨대, 결의 제794호는 순수 내란 시 일 국가 영토 내에서 발생한 심각한 인권침해도 국제평화에 대한 위협으로 보고, 무력사용을 허가하였다.

선지분석
② 헌장 제7장은 무력적 강제조치나 비무력적 강제조치를 규정하고 있다.
③ 안전보장이사회는 어떠한 사항이 평화에 대한 위협인지 결정함에 있어서 광범한 재량권을 갖는다.
④ 헌장 제43조는 안전보장이사회가 회원국과 특별협정을 체결하여 군대를 동원할 것을 예정하고 있으나, 특별협정 체결은 전무하였다. 이에 따라 안전보장이사회는 회원국들에게 무력사용을 '허가'하는 관행을 보여주고 있다. 무력사용을 허가하는 경우 무력사용의 적법성을 안보리가 보장해 주고, 실제 무력사용은 회원국의 재량에 맡겨진다.

답 ①

---

06 UN안전보장이사회에 대한 설명으로 옳지 않은 것은?

① 안전보장이사회는 UN의 주요기관 중 하나로서 5개의 상임이사국과 10개의 비상임이사국으로 구성된다.

② 안전보장이사회는 국제평화와 안전의 유지를 위한 일차적 책임을 부여받고 있다.

③ 안전보장이사회가 UN헌장 제6장에 의한 결정을 하는 경우 분쟁 당사국인 이사국은 기권을 해야 한다.

④ 안전보장이사회의 모든 결정은 상임이사국의 동의투표를 포함한 9개 이사국의 찬성투표로써 결정된다.

안전보장이사회

안전보장이사회 의사결정은 절차사항과 비절차사항으로 나뉘며, 전자는 단순 9개국 이상 찬성을, 후자는 상임이사국 전부를 포함한 9개국 이상 찬성을 요한다.

답 ④

07 UN안전보장이사회와 UN총회의 관계에 내한 설명으로 옳지 않은 것은? 2016년 9급

① 안전보장이사회가 국제평화와 안전의 유지를 위한 1차적 책임을 진다.

② 안전보장이사회가 다루고 있는 사태에 대하여도 총회는 국제사법재판소(ICJ)에 권고적 의견을 요청할 수 있다.

③ ICJ재판관의 선출은 안전보장이사회의 권고로 총회에 출석하여 투표한 회원국의 3분의 2의 다수로 결정된다.

④ 안전보장이사회가 어떠한 분쟁이나 사태와 관련하여 UN헌장에서 부여된 임무를 수행하고 있는 동안에는 총회는 이 분쟁 또는 사태에 관하여 안전보장이사회가 요청하지 않는 한 어떠한 권고도 하지 아니한다.

UN총회 및 안전보장이사회

ICJ재판관 선출은 총회와 안전보장이사회에서 각각 투표하고 절대다수로 결정된다. 절대다수는 관행상 재적과반수로 해석된다.

선지분석
② 안전보장이사회가 다루는 사태에 대해 총회가 '권고적 의견'을 요청하는 것은 안전보장이사회나 기타 회원국을 상대로 한 '권고'가 아니므로 안전보장이사회의 허락과 무관하게 총회는 권고적 의견을 요청할 수 있다.

답 ③

08 UN의 집단안전보장체제에 대한 설명으로 옳지 않은 것은? 2018년 9급

① UN헌장은 무력의 위협이나 무력 사용을 금지하고 있으므로 회원국은 무력공격에 대하여 자위권을 행사할 수 없다.

② UN헌장 제7장에 따라 국제평화와 안전의 유지에 관하여 안전보장이사회가 채택한 결정은 회원국에 대하여 구속력을 가진다.

③ 안전보장이사회는 비군사적 조치의 하나로 무역금지 등의 경제제재조치를 취할 수 있다.

④ 안전보장이사회가 군사적 조치를 취하는 경우, 그러한 조치는 회원국의 병력에 의한 봉쇄 등을 포함할 수 있다.

집단안전보장체제

UN헌장 제51조에 따라 자위권을 발동할 수 있다. 위법성 조각사유에 해당된다.

선지분석
② 모든 안전보장이사회 결의가 구속력을 가지는 것은 아니다. 그러나 제7장에 따른 조치는 법적 구속력이 있다.
③ UN헌장 제41조는 비군사적 조치의 하나로 경제관계 단절을 예시하고 있다. 그 밖에도 외교관계, 철도, 통신 단절 등도 예시되어 있다.
④ 안전보장이사회는 UN헌장 제42조에 따라 군사적 조치를 취할 수 있다. 동 조항에는 공군, 해군 또는 육군에 의한 시위, 봉쇄 등이 예시되어 있다.

답 ①

제2장 | 유럽연합(EU)

📋 **출제 포커스 및 학습방향**

지역적 국제기구에서는 유럽연합이 주로 출제되지만, 전체적으로 출제빈도가 높지는 않다. 유럽연합의 발달과정, 주요 기관과 기능, 의사결정방식 등이 중요한 주제에 해당된다. 특히 각료이사회와 일반이사회의 기능이나 법적 지위의 차이 등에 주의해야 한다.

1 서설

1951년 유럽석탄철강공동체(ECSC) 창설 이후 유럽통합의 역사는 부침을 거듭해 왔으나 길게 보면 하나의 단일한 정치공동체 형성을 목표로 점진적으로 발전해 온 역사라고 평가할 수 있을 것이다. 그러나 현재까지 유럽국가들이 단일한 '연방국가(federal state)'를 구축했다고 보기는 어렵다. 그렇다고 해서 유럽연합이 UN(국제연합)과 같이 단순히 정부간국제기구(IGO)의 수준에 머물러 있다고 볼 수도 없다. EU(유럽연합)는 회원국의 입법부, 사법부 및 회원국 국민과도 직접적인 관계를 맺고 있고 이들에 대해 자신의 의사를 강제할 수 있는 제도적 장치들을 갖추고 있기 때문이다.

2 발달사

1. EU 창설 이전

유럽공동체의 역사는 1951년 유럽석탄철강공동체설립조약(ECSC: Treaty Establishing the European Coal and Steel Community) 체결에서 시작되었으며, 1957년 유럽경제공동체창설조약(EEC: Treaty Establishing the European Economic Community)과 유럽원자력공동체창설조약(Euratom 또는 EAEC: Treaty Establishing the European Atomic Energy Community) 체결로 확대되었다. 각각 별개의 법인격을 지녔던 세 공동체는 1957년 체결된 '유럽공동체들에게 공통되는 일정 기관에 관한 협약'(Convention on Certain Institutions Common to the European Communities)에 의해 단일 의회 및 단일 재판소를 갖게 되었으며, 1965년 체결된 '유럽공동체의 단일 이사회와 단일 집행위원회를 설립하는 조약'을 통해 단일 이사회와 단일 집행위원회를 갖게 되었다. 1986년 체결된 '단일유럽의정서'(Single European Act)는 유럽의 정치협력을 조약화하고, EEC설립조약을 개정하여 1993년 1월 1일까지 역내시장(internal market)을 완성하며, 제1심 재판소(The Court of First Instance) 설치권한을 이사회에 부여하고, EEC의 입법절차에 있어서 '협력절차'를 도입하였다. 또한 이사회 의사결정에 있어서 가중다수결을 도입하였다.

2. 유럽연합조약(1992.2.7. 서명/1993.11.1. 발효)

유럽연합조약(EU조약 또는 TEU: Treaty on European Union)은 마스트리히트조약(Maastricht Treaty)이라고도 한다. 주요 내용은 다음과 같다.

(1) 그 자체로 법인격은 갖지 않는 EU를 창설한다.

(2) EU산하에 종래의 3개 공동체(제1기둥), 공동외교안보정책(A Common Foreign and Security Policy)(제2기둥), 사법 및 내부 분야에서의 협력(Cooperation in the Fields of Justice and Home Affairs)(제3기둥)을 중심으로 하는 '삼주체제(三株體制)'(three - pillar system)를 구축한다.

(3) EEC를 EC(European Community)로 개명한다.

(4) EU 시민권 개념을 도입한다.

(5) EC에 '보충성원칙'(principle of subsidiarity)을 일반원칙으로 도입한다.

(6) 제1기둥 EC체제 내에서 '경제통화동맹'(economic and monetary union)을 점진적으로 도입한다.

3. 암스테르담조약(1997.10.2. 체결/1999.5.1. 발효)

암스테르담조약(Treaty of Amsterdam Amending the TEU)을 통해 EU회원국들은 EU조약과 3개 유럽공동체설립조약을 개정하였다.

(1) EU조약과 EC설립조약 규정들의 번호를 새로 매긴다.

(2) '협력절차'는 경제통화동맹을 제외한 모든 분야에서 폐지하고 간소화된 '공동결정절차'로 대체하였다.

(3) EU 제3기둥의 일부 내용을 EC설립조약 제3부 제4편으로 이전하고, 제3기둥의 명칭을 '형사문제에 있어서 경찰 및 사법협력'으로 바꾸어 Europol을 통한 경찰협력, 범죄인 인도 등의 사법협력에 집중한다.

(4) 회원국들 간의 공동국경에서 검문의 점진적 폐지에 관한 셍겐협정과 이들 협정에 기초하여 채택된 관련 협정 및 규정들을 총칭하는 'Schengen acquis'를 EU의 틀 속에 편입시키기 위한 의정서를 채택하였다.

(5) EU에 조약체결권을 부여하였다.

(6) 제재조항을 도입하였다. 기본적 인권을 중대하고 완강하게 위반하는 회원국에 대해서는 투표권을 포함한 일정 권리의 정지를 부과할 수 있게 하였다.

4. 니스조약(2001.2.26. 서명/2003.2.1. 발효)

니스조약(Treaty of Nice Amending the TEU, the Treaties Establishing the European Communities and Certain Related Acts)은 2001년 2월 EU 15개국 정상들이 프랑스 남부도시 니스에서 신규 회원국의 가입과 EU의 확대에 따른 제도개혁에 관해 합의한 조약이다. 조약의 주요 내용은 다음과 같다.

(1) EU이사회에서 만장일치의 적용범위를 축소하였다.

(2) EU의 집행기관인 유럽위원회의 위원 수를 20명으로 제한하고, 현재 2명의 위원을 보유하고 있는 5개 회원국이 자국 위원을 2005년까지 1명으로 감축하되, 이후 신규 회원국의 수가 증가하게 되면 순번제를 도입해 회원국들이 번갈아 가며 위원을 보유하도록 하였다.

(3) 중동부유럽(CEE)의 신규 회원국 가입을 위한 제도적 개혁에 대해 합의하였다.

5. 유럽헌법조약과 리스본조약(2007.12.13. 채택, 2009.12.1. 발효)

유럽헌법조약이 2004년 6월 채택되었으나 발효되지 않았다. 리스본조약은 유럽헌법조약이 무산된 이후 유럽헌법 제정 시도를 포기하고 기존 조약을 다시 수정한 것이다. 2007년에 채택되었으며 개정조약(Reform Treaty)이라고도 한다. 리스본조약은 암스테르담조약과 니스조약에 명시된 EU의 효율성과 민주적 정당성을 강화하기 위한 것으로서 EU이사회의 이중다수결 도입, 집행위원회 인원을 27명에서 18명으로 감축, EU정책 수행에 단합성을 보여주기 위해 유럽이사회 상임의장과 공동외교안보정책 고위 대표 체제 창설 등의 내용을 담고 있다. 상임의장의 임기는 30개월이며, 1회 재선될 수 있다. 그 밖에도 회원국이 유럽이사회에 통보를 하고 EU를 탈퇴할 수 있는 권한을 명시하고 있으며 기후변화와 지구온난화에 대한 내용을 담고 있다.

3 EU일반론

1. EU의 정의(定義)와 법인격

EU는 동일한 법적 가치를 갖는 'Treaty on European Union(TEU: EU조약)'과 'EU기능조약'에 기초하고 있으며 두 조약은 EU설립조약에 해당한다. EU는 EC를 대체하고 승계하였으며, 법인격(legal personality)을 가진다. 한편, Euratom설립조약은 EU조약과 EU기능조약에 부합되도록 개정되어 계속 존속하고 있다.

2. EU의 가치와 목표

EU의 가치는 인간의 존엄성 존중, 자유, 민주주의, 평등, 법의 지배 및 인권존중이며, EU의 목표는 평화, EU의 다양한 가치 및 EU 국민들의 복지를 증진하는 것이다.

3. EU 시민권

EU 시민권의 개념은 유럽연합조약(TEU)에서 도입되었으며 EU기능조약에도 승계되고 있다. EU회원국 국적을 가진 모든 사람은 EU 시민이 된다. EU 시민권은 국내시민권에 추가되는 것으로서 이를 대신하는 것은 아니다. EU기능조약에 의하면, EU 시민권자는 회원국들 영토 내에서의 자유로운 이동과 주거의 권리, 타회원국 지방선거에서의 선거권과 피선거권, 타회원국에서 실시되는 유럽의회선거에서의 선거권과 피선거권, 해외에서 타회원국 외교 및 영사 관헌의 보호를 받을 권리 등을 갖는다.

4. EU의 권한에 관한 기본원칙

(1) 파생적 권한의 원칙(principle of conferral)

파생적 권한의 원칙이라 함은 EU의 제조약에서 제시된 제목표를 달성하기 위하여 그들 조약에서 회원국들로부터 부여받은 권한의 범위 내에서만 행동한다는 원칙을 말한다. 따라서 제조약에서 EU에 부여하지 않은 권한은 여전히 회원국들이 갖는다.

(2) 보충성의 원칙(principle of subsidiarity)

보충성의 원칙이란 EU는 자신의 배타적 권한(exclusive competence)에 속하지 않는 영역에서, 제안된 행동의 목표를 회원국들이 충분히 달성할 수 없고, 그 제안된 행동의 규모나 효과로 인하여 EU 차원에서 더 잘 달성할 수 있는 경우에만 행동함을 의미한다.

(3) 비례의 원칙(principle of proportionality)

EU가 회원국들로부터 부여받은 권한을 사용함에 있어서 적용되는 원칙이다. 비례의 원칙이란 EU의 행동은 그 내용과 형식에 있어서 제목표를 달성하는 데 필요한 정도를 초과해서는 안 된다는 것을 말한다.

5. EU 회원국의 지위

(1) 가입

EU에는 EU의 제가치를 존중하고 이들을 증진할 것을 약속하는 모든 유럽국가들에게 가입이 허용된다. EU가입희망국은 신청서를 이사회에 제출하며, 이는 유럽의회와 회원국 국내의회에 통고된다. 이사회는 집행위원회의 의견 및 유럽의회의 동의를 얻은 후 전원일치로 행동한다. 가입조건과 기타 조정사항은 EU회원국들과 후보국 간 협정의 대상이 되며, 이 협정은 각 체약국의 비준을 요한다.

(2) 탈퇴

EU회원국은 EU로부터 탈퇴할 수 있다. 탈퇴하기로 한 회원국은 이를 유럽이사회에 통고하며, 당해 국가는 이사회와 탈퇴협정을 체결한다. EU조약은 탈퇴협정이 발효한 날부터, 또는 탈퇴협정이 없는 경우 탈퇴통고한 날로부터 2년 후에 탈퇴국에 대해 적용되지 않는다. 2년의 기간은 유럽이사회와 회원국과의 합의에 의해 연장될 수 있다.

6. EU의 법적 행위의 종류

EU의 입법행위는 과거 EC와 같이 명령(regulations), 준칙(directives), 결정(decisions), 권고(recommendations), 의견(opinion)으로 구분되며, 권고와 의견은 법적 구속력이 없다. 결정의 경우 수범자가 특정된 경우 당해인에게만 구속력이 있다.

7. EU의 조약체결권

EU는 EU조약이나 EU기능조약에 규정이 있거나, 제조약에 언급된 목표달성을 위해 필요한 경우 제3국 또는 국제기구와 협정을 체결할 수 있다. EU가 체결하는 조약은 EU의 기관들과 회원국들에게 구속력이 있다.

4 EU의 주요 기관

1. 서설

EU의 기관은 크게 '1차기관(institutions)'과 '2차기관(bodies)'으로 나뉜다.

(1) 1차기관(institutions)

리스본조약에 의하면, 1차기관에는 유럽의회(European Parliament), 유럽이사회(European Council), 이사회(Council), 유럽집행위원회(European Commission), EU사법재판소(Court of Justice of the European Union), 유럽중앙은행(European Central Bank), 감사원(Court of Auditors) 등이 있다. 1차기관은 입법권을 가지고 있고, 유럽재판소에서 당사자적격을 향유하며, 그 행위는 선결적 부탁의 대상이 된다.

(2) 2차기관(bodies)

유럽의회, 이사회 및 집행위원회에 대한 자문기능을 수행하며 경제사회위원회(Economic and Social Committee), 지역위원회(Committee of the Regions), 유럽투자은행(European Investment) 등이 있다.

2. 유럽의회

유럽의회는 EU 시민들의 대표로 구성되며, 의원총수는 의장 외에 750명을 넘을 수 없다. 회원국 간 의석할당은 '체감비례대표'(degressively proportional representation) 원칙을 적용하여 국가 간 인구비례를 원칙으로 하되 어떤 회원국도 96석을 넘을 수 없고 아무리 작은 국가도 최소 6석은 보장받는다. 유럽의회는 이사회와 공동으로 입법 및 예산기능을 수행하며, 제조약에 규정된 바에 따라 정치적 통제와 협의기능을 수행한다. 또한 유럽이사회가 제안한 집행위원회 의장을 승인한다. 의원의 임기는 5년이며, 출신국별로 행동하지 않고 '정치단체'(political group)를 형성하여 행동한다. 유럽의회 의원은 원칙적으로 겸직이 금지된다.

3. 유럽이사회

유럽이사회는 회원국의 국가 또는 정부 수반과 유럽이사회 의장 및 집행위원회 의장으로 구성된다. 유럽이사회 의장은 리스본조약에서 신설되어 구성원으로 포함되었다. 유럽이사회 의장은 EU의 공동외교안보정책에 관련된 문제에 있어서 EU를 대외적으로 대표한다. 유럽이사회에서 가중다수결로 선출되며 임기는 2년 6개월이고 1차에 한해 연임할 수 있다. 유럽이사회는 EU의 발전을 위해 필요한 자극을 제공하고, EU의 일반적인 정치적 방향과 우선순위를 분명히 하는 것이 그 기능이다. 유럽이사회의 결정은 컨센서스가 원칙이나 가중다수결이나 만장일치가 적용되는 경우도 있다. 유럽이사회 의장과 집행위원회 의장은 표결에 참여하지 않는다.

4. 이사회

이사회는 각 회원국의 장관급 대표로 구성되며 유럽의회와 공동으로 입법 및 예산 기능, 그리고 제조약에 규정된 바에 따라 정책형성과 조정기능을 수행한다. 이사회 의장직은 두 부류로 구분된다. 외무이사회(Foreign Affairs Council)의 의장은 'EU 외교안보정책 고등대표'가 맡으며, 외무이사회를 제외한 다른 이사회 의장직은 회원 국 대표들이 돌아가며 맡는다. 이사회 결정은 제조약에서 특별히 정한 바가 아닌 한 가중다수결(qualified majority)로 의결한다.

5. 유럽집행위원회

유럽집행위원회는 의장, EU외교안보정책 고등대표, 부의장, 위원으로 구성된다. 집행위 원장은 유럽이사회가 제안하여 유럽의회에서 승인하며 임명은 유럽이사회가 한다. 나머 지 구성원은 유럽이사회가 임명권을 행사한다. EU외교안보정책 고등대표는 유럽이사회 가 집행위원회 의장과 합의하여 임명하며 그는 집행위원회 부의장(Vice - Presidents) 중의 1명이다. 리스본조약 발효 이후 2014년 10월 31일 사이에 임명되는 집행위원회는 의장, EU외교안보정책 고등대표 및 각 회원국 국민 1명으로 구성된다. 집행위원의 임기 는 5년이다. 집행위원회는 초국가적 기관으로서 제조약과 EU 1차기관들이 채택한 조치 의 적용을 확보하고 EU사법재판소의 통제 아래 EU법의 적용을 감독하는 것이다. EU의 입법적 행위는 제조약에서 달리 규정한 경우를 제외하고 집행위원회의 제안(proposal) 에 기초해서만 채택할 수 있다.

6. EU사법재판소

리스본조약에 의하면 EU사법재판소는 사법재판소 또는 유럽재판소(Court of Justice), 일반재판소(General Court), 전문재판소들(specialised courts)로 구성된다. EU사법 재판소들은 제조약을 해석하고 적용함에 있어 법이 준수됨을 확보하는 것이 임무이 며, 사법재판소는 각 회원국으로부터 한 명의 재판관으로 구성된다. 일반재판소는 회 원국당 적어도 한 명의 재판관을 포함한다. 사법재판소 및 일반재판소의 재판관 임 기는 6년이며 회원국 정부의 일치된 합의에 의해 임명되며, 재임명될 수 있다.

5 EU법과 회원국 국내법의 관계

1. EU법의 성격

EU법의 연원으로는 제조약, EU입법행위, EU가 대외적으로 체결하는 국제협정 및 EU사법재판소 판례 등이 있다. EU법의 성격에 관하여 국제법과 같은지 다른지에 대 해 논란이 있어 왔다. 예컨대, 1963년 Van Gend en Loos 사건에서 공동체는 '국제 법에 있어서의 한 개의 새로운 법질서'를 구성한다고 하여 새로운 법질서가 국제법 에 속한 것으로 판단하였다. 그러나 유럽재판소는 1964년의 Costa 대 Enel 판결에 서는 EEC조약이 보통의 국제조약과 달리 그 자신의 법체계를 형성하였다고 언급하 였다. 현재로서는 EU법이 하나의 새로운 법질서로서 국제법 및 회원국의 국내법과 는 별개의 것이라 해도 그들로부터 독립된 것은 아니라고 할 것이다.

2. EU법규정의 직접효력(direct effect)

EU조약과 EU기능조약은 동 조약규정들의 직접효력에 대해 명시적 규정을 두고 있지 않지만, 유럽재판소는 직접효력을 인정한다. 동 조약들의 직접효력성은 Van Gend and Loos 사건에서 최초로 인정되었다. 이 사건에서 유럽재판소는 조약규정이 회원국에 대해 의무를 부과할 뿐 그에 상응하는 개인의 권리에 대해 언급하지 않더라도 당해 규정의 직접효력이 배제되지 않는다고 보았다. 이후 Reyners 대 Belgium 사건에서는 직접효력에 대한 요건이 제시되었다. 한편, EU기관의 입법행위, 즉 부차적 EU법도 직접 개인에게 권리와 의무를 창설할 수 있으며, 회원국 국내법체계에 있어서 직접적용성을 갖는다. EU가 체결하는 국제협정 역시 EU기관과 회원국들에게 구속력이 있으며 또한 동 협정은 직접효력성이 인정된다.

3. EU법 우위의 원칙

EU조약과 기능조약 및 EU입법규정 등의 EU법은 회원국 국내법에 대해 상위법이다. 이러한 EU법 우위의 원칙은 유럽재판소에 의해 확립되었으며, 리스본조약 채택시 함께 채택된 '우위에 관한 선언'(Declaration concerning primacy)에서도 이를 확인하고 있다. EU법은 회원국 헌법보다 상위법으로 간주된다. 이 문제는 유럽사법재판소의 Internationale Handelsgesellschaft 사건에서 직접 다루어졌다. 동 판결에 의하면 EU법의 하나인 '명령'은 독일연방헌법원칙보다 상위법이다. EU법 우위의 원칙은 EU법이 EU차원에서 회원국 국내법보다 상위법이라는 의미뿐 아니라 나아가 EU법이 각 회원국 국내법체계에서도 그 헌법보다 상위법이라는 의미이다. 다만, 연방국가의 최고재판소와 달리 유럽재판소는 EU법과 충돌하는 회원국 국내법 자체에 대해 직접 무효선언을 내릴 수는 없다.

6 EU의 사법보호체제

1. EU사법재판소

(1) 직접소송

직접소송이란 소송이 처음부터 동 재판소에서 개시되고 종결되는 사건을 말한다. 직접소송에는 분쟁 당사자 간 합의에 의한 것과 조약에 의해 강제관할권이 인정되는 소송이 있다. EU사법재판소의 강제관할권이 인정되는 소송으로는 회원국에 대한 이행강제소송, EU기관의 제행위를 상대로 한 취소소송 및 부작위소송, EU가 부과한 벌금에 대한 소송, EU의 불법행위에 대한 소송 등이 있다.

(2) 선결적 부탁절차

선결적 부탁절차는 회원국 재판소에서 개시되어 그곳에서 종결되는 국내소송을 EU사법재판소가 도와주는 제도이다. 따라서 EU사법재판소는 본안에 대한 결정을 내릴 수는 없다.

2. 일반재판소

EU사법재판소는 '사법재판소(유럽재판소)', '일반재판소', '전문재판소'를 포함한 개념이며, 이들은 사법재판소를 정점으로 하여 위계(位階)를 형성하고 있다. 일반재판소는 취소소송, 부작위소송, 불법행위소송 등에 있어서 제1심 관할권을 갖는다. 일반재판소가 제1심 법원의 자격으로 내린 결정은 '법률문제'(points of law)에 대해서만 사법재판소에 상소할 수 있다. 또한 일반재판소는 전문재판소의 결정에 대해 제기된 소송을 심리하고 결정할 관할권을 갖는다. 이 경우 일반재판소의 결정이 EU법의 통일성과 일관성에 영향을 줄 중대한 위험이 있는 경우 사법재판소에서 재검토(review)될 수 있다.

3. 전문재판소

전문재판소는 보통입법절차에 따라 행동하는 유럽의회와 이사회가 설치하며, 특수 영역에서의 일정 종류의 소송을 제1심에서 심리하고 결정할 일반재판소에 부속된 기관이다. 전문재판소가 내린 결정은 일반재판소로 상소(appeal)할 수 있으나 상소대상은 법률문제에 국한된다. 다만, 전문재판소를 설치하는 명령에서 사실문제에 대한 상소를 규정하는 경우는 예외적으로 사실문제에 대해서도 상소할 수 있다.

01 **유럽연합(EU)에 대한 설명으로 옳지 않은 것은?** 2008년 7급

① 유럽집행위원회(European Commission)는 법안 제안권을 갖는다.

② 유럽의회(European Parliament)는 EU입법과정에서 최종의결권을 행사할 수 없다.

③ 마스트리히트(Maastricht)조약에 의하여 유럽공동체(EC)가 해체되고 유럽연합(EU)이 탄생하였다.

④ 유럽사법재판소(European Court of Justice)는 공동체설립조약의 해석과 적용을 통하여 법이 준수되도록 확보하는 것을 주요 임무로 한다.

유럽연합(EU)

유럽공동체(EC)는 1967년 Merger Treaty에 의해 EEC, ECSC, EURATOM의 집행기관이 단일화된 후 이들 3공동체를 통칭하는 말이다. EC가 해체되고 EU가 창설된 것이 아니다. EC는 EU의 하나의 기둥으로 존재하고 있다.

답 ③

MEMO

제 **4** 편

개인

제**1**장 | 국민 및 외국인

출제 포커스 및 학습방향

해당 장과 관련해서 중요한 주제는 자국민에 대한 외교적 보호문제와 범죄인 인도 등이다. 외교적 보호는 국제법의 매우 기본적이고 중요한 주제이므로 빈번하게 출제가 되고 있고, 외교적 보호의 요건인 국내구제완료원칙도 자주 출제된다. 범죄인 인도와 관련해서는 범죄인 인도의 법적 성질, 인도요건, 청구의 경합, 범죄인 인도에 관련된 다양한 원칙 등이 중요하다.

제1절 | 국민과 국적

1 의의

1. 개념

국민이란 특정 국가에 속하며 국가를 구성하는 개인(자연인, 법인)을 말한다. 국적은 개인을 특정 국가의 구성원이 되게 하는 자격 또는 법적 유대(legal bond)를 말한다. 개인이 어떤 국가의 국민인가 여부는 개인이 그 국가의 국적을 가지고 있는가의 여부에 따라 결정된다.

2. 구별개념

국적(nationality)과 시민권(citizenship)이 일치하는 국가도 있으나, 미국은 시민권과 국적을 준별하고, 시민권은 특정 국내법 안에서 완전한 정치적 권리를 보유한 사람들의 지위를 나타낸다. 1940년 미국 국적법에 따르면 국민을 '한 국가에게 항구적인 충성의 의무를 지는 자'로 정의하고 미국 국민을 '미국 시민'(citizen of the United States)과 '미국 시민은 아니지만 미국에 대해 항구적인 충성의 의무를 지는 자'(a person who, though not a citizen of the United States, owes permanent allegiance to the United States)로 구분하고 있다.

3. 국적의 기능

국제법에서 국적은 두 가지 측면에서 중요하다.

(1) 국적은 외교적 보호권의 귀속을 결정하는 준거가 된다. 국가는 원칙적으로 자국민에 대해서만 외교적 보호를 제공할 수 있기 때문이다.

(2) 국가가 속인주의에 기초하여 역외관할권을 행사할 수 있는 대상을 한정힌다. 국 가는 속지주의를 보완하여 속인주의에 기초하여 관할권을 행사하고 있으며, 국적 은 속인적 관할권의 대상을 결정하는 기준이 된다.

4. 국적의 결정

국적은 원칙적으로 각국이 국제법상 독자적으로 결정한다. 그러나 개인의 국적이 국 내법상 유효한 것이라 할지라도 그 국적이 국제법상 실효적으로 기능하기 위해서는 국적에 관한 국내법이 국제법에 합치되어야 한다.

2 국적의 취득과 상실

1. 자연인

(1) 국적의 취득

국적을 취득하는 경우에는 출생, 혼인, 귀화(naturalization), 입양, 국적회복, 인 지(legitimation) 등이 있다.

① **출생**: 출생을 통한 국적의 취득을 선천적 취득이라 하며, 출생지주의(jus soli) 와 혈통주의(jus sanguinis)의 대립이 있다. 혈통주의는 부계혈통주의와 부모 양계혈통주의로 크게 구별된다. 여성차별철폐협약(1979년 채택)은 부모양계 혈통주의를 채택하고 있다. 동 협약은 1985년 우리나라에 대해서도 발효하였 다. 전자는 출생지에 의해 국적이 결정되며, 후자는 혈통에 의해 국적을 결정 하는 것이다.

② **혼인**: 혼인을 이유로 하여 국적을 부여하는 방식에는 부부국적동일주의와 부 부국적독립주의가 대립한다. 여성차별철폐조약은 아내의 국적은 남편의 국적 혹은 국적변경에 의해 당연히 영향을 받지 않도록 규정하고 있다(제9조 제1항). 우리나라도 부부국적독립주의를 채택하고 있다.

③ **귀화(naturalization)**: 사후적 국적 취득사유의 하나로서 당사자의 의사표시에 의해 외국에 귀화를 신청하고 그 허가를 얻음으로써 국적을 취득하는 것이다. 국제사법재판소(ICJ)는 귀화에 의해 국적 취득시 국적 부여국과 국적 취득자 간에 '진정한 관련성'(genuine link)을 요한다고 보았다(노테봄 사건, 1955). 국가의 영토이전으로 인해 집단적 귀화(collective naturalization)가 발생할 수도 있다. 이 경우 조약에 의해 당해 지역의 주민들에게 국적선택권을 부여 하기도 한다. 한편, ILC외교보호초안 제4조는 자연인의 국적 취득에 있어서 '진정한 관련성'을 요한다는 규정을 두지 않았다.

노테봄 사건(리히텐슈타인 대 과테말라, ICJ, 1955)

1. 사실관계

프리드리히 노테봄(Friedrich Nottebohm)은 독일 국적을 가지고 함부르크에서 출생하였으며 1905년 과테말라로 가서 거주하였다. 1939년 10월 초 노테봄은 자신의 변호사를 통해 리히텐슈타인 국적을 신청하였다. 당시 리히텐슈타인 국적법에 따르면 국적취득 요건 중 가장 주요한 것이 3년 이상의 거주요건이었으나 노테봄은 예외를 정당화하는 특별한 상황을 적시하지 아니한 채로 요건에서 면제되는 방안을 모색하여 세금을 지불하였으며, 그 후 1939년 10월 13일 군주의 사전내락서에 의해 노테봄의 국적 취득 동의가 선고되었다. 리히텐슈타인 국적 취득과 동시에 독일국적법에 따라 노테봄은 독일 국적을 상실하였다. 1941년 과테말라는 독일에 대항하여 제2차 세계대전에 참전하였으며 1943년 노테봄은 과테말라법에 의해 적국인으로 체포되어 미국으로 추방되었으며 과테말라는 그의 재산을 몰수하였다. 1951년 12월 리히텐슈타인 정부는 ICJ에 제소하여 과테말라 정부가 자국 국민인 노테봄과 그의 재산을 국제법에 위배되는 방법으로 처리하였다고 주장하며 배상을 청구하였다.

2. 판결요지

(1) 노테봄에게 부여한 국적이 과테말라에 대하여 유효하게 대항할 수 있는가?

문제의 핵심은 노테봄이 리히텐슈타인의 국적을 취득하였으며 이 국적취득이 다른 국가에서 인정될 수 있느냐 하는 것이다. 이때 모든 국가에 의한 인정이 아니고 과테말라에 의한 인정이 판결 대상이다. 즉, 모든 국가에 관해서 적용되는 문제의 일반적 검토가 아니고 리히텐슈타인에 의하여 노테봄에 부여된 국적이 과테말라에 대항하여 적용될 수 있는지에 대해서만 결정하기로 하였다. 법원은 국적을 부여한 국가에 대해 외교적 보호권을 행사할 자격을 부여하기 위해서는 국적이 존재하여야 하기 때문에 이러한 국적부여에 의해 노테봄이 국적을 취득하였는지에 대해서 확인하고자 하였다. 즉, 노테봄과 리히텐슈타인사이의 실질적인 관계가 타국과 그와의 관계에 비하여 굳건하여 그에게 부여된 국적이 사실이고 유효한 것인지 여부를 확인하여야 한다고 보았다. <u>노테봄의 국적취득은 국제관계에서 채택된 국적의 개념과 관계없이 부여된 것이다. 따라서 과테말라는 이러한 상황에서 이루어진 국적을 존중할 의무를 지지 아니하므로 노테봄에 부여된 국적이 과테말라에 대항하여 적용될 수 없다.</u>

(2) 국적 부여행위가 유효하지 않게 이루어졌더라도 국적 부여라는 일방적 행위로 외교적 보호권을 행사할 수 있을 것인가?

리히텐슈타인이 주권국가로서 국적에 관한 국내 고유한 입법을 하고 이 국적을 해당 법에 의거하여 부여할 수 있다. 따라서 노테봄의 국적 취득은 리히텐슈타인의 국내관할권의 행사에 의한 행위이다. 그러나 이 행위에 의하여 취해진 행위의 상당부분이 의도하는 국제적 효과를 자동적으로 갖지는 못하며 추가조건에 의해서만 다른 국가에 대하여 구속력을 갖는 경우가 많다. 국제관행에 의하면 국적이란 그 근거로서 사회적 연계사실, 존재, 이해 및 정의, 진정한 관계가 호혜적인 권리, 의무를 갖는 법률적 결속이다. 즉, 국적을 부여받은 자는 다른 국가의 구성원들보다 국적을 부여한 국가의 구성원들과 훨씬 밀접하게 연계되어 있어야 한다는 법적 내용을 담고 있다. 이러한 밀접한 연계가 확립되었을 때에만 국적을 부여하는 국가는 외교적 보호를 행사할 지위를 갖게 된다. 노테봄의 경우 국적 취득 시점에서 사실관계를 살펴볼 때 법원의 판단으로는 그의 일상생활, 이해, 행위, 가족관계 등에서 다른 국가보다 리히텐슈타인에 대하여 가장 밀접한 연계관계를 갖지 아니하므로 노테봄과 리히텐슈타인과의 실제 연계성은 극히 미미하다고 판단하였다.

> 따라서 법원은 리히텐슈타인에 대하여 노테봄을 위해 외교적 보호를 행사할 권리를 기각하였으며 리히텐슈타인의 신청을 인정할 수 없는 것이라 하였다.

(2) 국적의 상실

국적의 상실사유에는 이탈, 박탈, 국가영역의 변경, 혼인 등이 있다. 개인은 자국법에 규정된 경우를 제외하고는 국적이탈(expatriation)의 자유를 향유하지 못한다. 즉, 일반국제법상 국적은 개인이 임의로 포기할 수 없다. 국가는 국민에 대해 대인주권을 갖고 있기 때문이다. 다만, 세계인권선언 제15조 제2항은 그 누구도 자신의 국적을 변경할 권리를 거부당하지 아니한다고 규정하고 있으나 현재로선 비현실적인 규정이라고 평가되고 있다.

2. 법인

(1) 원칙 - 국내문제

법인의 국적 결정도 각국의 전속적 권능에 속하며 다만, 조약규정에 의해 그 자유재량성이 제한을 받을 수 있다. 각국은 사법상의 법인, 특히 주식회사의 국적 결정 기준으로 회사의 설립지, 주된 사무소의 소재지, 영업중심지, 경영지배권(다수 주주나 회사의 실효적 지배를 확보한 자의 국적) 중에서 자유로이 선택하여 법인의 국적을 결정한다.

(2) 법인에 대한 외교적 보호와 법인의 국적

법인의 국적 부여는 국적 부여국의 재량이므로 법인의 관할권에 대한 경합이 발생할 수 있다. 즉, 외교적 보호권의 주체가 2 이상일 수 있다. 이에 대해 국제사법재판소(ICJ)는 '바르셀로나 트랙션 사건'에서 법인의 국적은 전통적인 국가실행에 따라 '설립준거법'과 '등기상의 주된 사무소'를 기준으로 결정해야 한다고 판시하였다. 한편, ILC 외교보호초안에 의하면, 설립지국가가 1차적인 국적국이며, 설립지 이외의 국가는 엄격한 요건을 갖춘 경우에 한해 2차적 국적국이다. 즉, 설립지 이외의 타국가가 특정 법인의 국적국으로 인정되기 위해서는 첫째, 회사가 타국의 국민에 의해 지배되어야 하며, 둘째, 설립지국가에서는 실질적인 영업활동이 없어야 하고, 셋째, 회사의 본점소재지와 재무지배소재지가 모두 그 타국가에 위치하고 있어야 한다.

⚖ 관련판례

바르셀로나 트랙션 사건(벨기에 대 스페인, ICJ, 1970)

1. 사실관계

바르셀로나 트랙션 회사는 캐나다법에 의해 토론토시에서 설립되었고, 스페인에 자회사를 두고 있었다. 제1차 세계대전 이후 동 회사의 주식은 대부분 벨기에인이 소유하게 되었다. 스페인은 파산조치 등을 통해 동 회사에 대해 손해를 야기하게 되었다. 이에 대해 벨기에가 외교적 보호권을 발동하여 스페인을 ICJ에 제소하였다.

2. 법적 쟁점

스페인은 선결적 항변에서 벨기에는 바르셀로나 트랙션 회사의 국적국이 아니므로 외교적 보호권을 발동할 수 없다고 하였다. 이와 관련하여 법인의 국적 결정 기준이 쟁점이 되었다.

3. 판결요지

ICJ는 스페인의 선결적 항변을 인용하고 벨기에의 청구를 기각하였다. ICJ는 회사의 국적국만이 외교적 보호권을 발동할 수 있다고 하였다. 국제법의 일반규칙에 의하면 회사의 국적은 설립준거지국이나 본점소재지소속국에 의해 결정되며 이러한 국적국만이 외교적 보호권을 행사하여 손해배상청구를 제기할 수 있다. ICJ는 방론으로 대세적 의무의 존재를 확인하고 대세적 의무는 국제공동체 전체의 법익을 위해 존재하는 규범이라고 하였다.

(3) 법인의 국적 결정과 '진정한 연관성'

법인의 국적 결정에도 자연인과 마찬가지로 진정한 연관을 요하는가? 국제관행과 학설에 의하면 외교적 보호권을 행사하기 위해서는 설립준거법과 같은 외형적인 기준뿐만 아니라 법인과 국적국 간에 어느 정도의 실질적·실효적 연관이 필요하다고 한다. 실질적 연관을 결정하는 기준으로는 실질적 이익, 회사의 주요한 사무소의 소재지, 영업중심지, 주소지 등 회사의 사회적·객관적 요소 등이 고려된다. 국제사법재판소(ICJ)는 '바르셀로나 트랙션 사건'에서 법인의 경우 진정한 연관이 요구되지 않음을 시사하였다.

(4) 주주의 지위

법인의 외교적 보호와 관련해서 주주의 지위가 문제된다. '바르셀로나 트랙션 사건'에서는 제3국인 스페인의 조치에 의하여 회사에 발생한 손해에 대해 배상청구를 제기할 수 있는 자는 회사의 본국이며, 주주가 입은 손해의 구제도 회사의 본국의 외교적 보호권에 의존한다고 판시하였다. 다만, 예외적으로 주주의 본국도 외교적 보호권 행사의 당사자적격이 인정된다. 첫째, 주주 자체의 직접적인 권리가 침해된 경우, 둘째, 특별한 법규에 의해 회사를 경유하지 않고 주주의 구제를 독립적으로 규정한 경우, 셋째, 일반적으로 회사가 법률상의 존재를 상실한 경우이다.

3 국적의 저촉

1. 개념

국적의 저촉이란 동일인이 2개 이상의 국적을 갖거나 전혀 국적을 갖지 못하는 경우를 말한다. 전자를 적극적 저촉, 후자를 소극적 저촉이라 한다. 국적의 저촉이 발생하는 이유는 국적 부여에 대한 국제법상 일반원칙이 확립되어 있지 않고 개별 국가가 국적을 독자적으로 결정하기 때문이다.

2. 적극적 저촉 - 이중국적(double nationality)

1인이 2 이상의 국적을 취득하는 경우를 국적의 적극적 저촉으로서 이중국적이라 한다. 혈통주의에 의해 국적을 부여하는 국가의 부모로부터 자녀가 출생지주의에 의해 국적을 부여하는 국가에서 출생한 경우 이중국적자가 된다. 또한, 부부국적동일주의를 취하지 않는 국가의 경우 내국인과 외국인의 혼인으로 이중국적이 발생할 수 있고, 부모양계혈통주의를 취하는 국가의 경우 그 자녀 역시 이중국적자가 될 수 있다. 이중국적자는 외교적 보호권의 귀속과 관련하여 국제법적 문제를 야기한다.

3. 소극적 저촉 - 무국적(statelessness)

무국적의 발생사유는 첫째, 출생지주의국가의 국민이 혈통주의국가에서 출산한 경우 그 자녀는 무국적자가 된다. 둘째, 출생 후에도 국적박탈의 결과 무국적자가 되는 경우도 있다. 셋째, 영토변경의 경우 할양지국민의 국적에 관하여 관계국 간 완전한 협정이 체결되지 않는 경우 그 주민은 무국적자로 남게 된다. 한편, 본국과의 현실적 연관을 단절하여 속인적 관할을 받을 수 없는 '사실상의 무국적자'(de facto statelessness)도 많다. 일반적으로 무국적자는 거주국에서 보통의 외국인과 같이 취급되나 그 국가로부터 불법적인 대우를 받은 경우 외교적 보호를 요청할 본국을 갖지 않는다.

4. 국적의 저촉의 해결

(1) 국제조약

국제사회는 국적의 저촉의 해결을 위해 다양한 입법적 노력을 해오고 있다. 1930년 '국적법의 저촉에 관련되는 약간의 문제에 관한 협약', 1930년 '이중국적의 어떤 경우에 있어서의 병역의무에 관한 의정서', '무국적의 어떤 경우에 관한 의정서', '무국적에 관한 특별의정서', '무국적자지위협약', '무국적감소협약' 등이 채택되었다.

(2) 이중국적문제의 해결

관련 조약들에 따르면, 첫째, 자신의 의사와 무관하게 이중국적자가 된 경우 포기하려는 국적국의 허가를 얻어 포기할 수 있다. 둘째, 여자가 외국인과 혼인할 경우, 부의 국적을 취득해야 여자의 국적이 상실된다. 셋째, 출생지주의를 취하는 국가의 국적에 관한 규정은 외교관의 자에 대해서는 적용되지 않는다. 넷째, 이중국적자의 병역문제에 있어서 이중병역문제를 방지하기 위한 규정들을 두고 있다.

(3) 무국적 문제의 해결

1960년 '무국적의 감소에 관한 협약'에 따르면 첫째, 체약국은 자국 영역 내에서 출생한 무국적자에게 자국 국적을 부여한다. 둘째, 체약국 영역에서 혼인 중 출생하여 무국적자가 된 자녀는 그 모가 체약국의 국적자인 경우 그 국적을 취득한다. 셋째, 체약국은 인종, 종교, 정치상의 이유로 국적을 박탈할 수 없다.

제2절 | 외교적 보호

1 의의

1. 개념

외교적 보호권(right of diplomatic protection)이란 재외국민이 재류국으로부터 부당한 대우를 받거나 불법하게 권리침해를 받는 경우에 국적국이 재류국에 대해 적절한 구제를 요구할 수 있는 권리를 말한다. ILC가 추진 중인 '외교적 보호에 관한 초안' 제1조에 의하면 외교적 보호란 '어느 국가에 귀책사유가 있는 국제위법행위에 의하여 야기된 자국민의 신체나 재산상의 손해에 대하여 국가가 가해국을 상대로 취하는 조치'를 의미한다.

2. 구별개념

외교적 보호는 외교적 비호(diplomatic asylum) 또는 직무 보호(functional protection)와 구별된다. 외교적 비호란 타국의 영역 내에 있는 외교공관이 공관으로 도망해 온 정치범의 인도를 거부하고 보호하는 것을 의미한다. 외교적 비호는 영토외적 비호(extra-territorial asylum)로서 일반국제법상 확립된 국가의 권리가 아니다. 다만, 외교공관의 특권 및 면제로 인해 접수국이 도망범죄인을 강제로 체포할 수는 없다. 외교적 보호는 자국민에 대한 보호라는 점에서, 타국민에 대한 보호가 문제되는 외교적 비호와는 구별된다. 또한, 외교적 보호는 국제관습법상 확립된 국가의 권리이나, 외교적 비호는 확립된 권리가 아니다. 또한 외교적 보호는 국민에 대한 보호라는 점에서 소속 공무원에 대한 보호를 의미하는 '직무 보호'와 구별된다.

> **참고**
>
> **직무 보호(functional protection)**
> 1. **개념**
>   직무 보호란 국제기구 소속 공무원이 직무수행 중 국제위법행위로 인하여 손해를 입은 경우, 소속 국제조직의 직무 관련성에 기초하여 손해배상을 받기 위해 가해국에 대해 국제책임을 추구하는 것을 말한다.
> 2. **등장배경**
>   1949년 UN 근무 중 입은 손해배상에 관한 권고적 의견에서 확립된 개념이다. 동 권고적 의견에서 ICJ는 UN의 객관적 법인격성을 긍정하면서 UN이 소속 공무원(Bernadotte)의 손해에 대해 UN 회원국이 아닌 국가(이스라엘)에 대해 국제청구를 제기할 법적 자격이 있다고 판단하였다.
> 3. **직무 보호와 외교적 보호의 비교**
>   (1) **공통점**
>   공통점은 양자 모두 국민이나 소속 공무원의 권리가 아니라 국가 및 국제기구 자신의 권리라는 점, 국제책임의 실현방법과 절차 면에서 유사하다.

(2) **차이점**

우선, 양자의 법적 성질이 다르다. 외교적 보호권은 국제관습법상의 권리이나, 직무 보호권은 조약상의 권리이다. 따라서 제3국에 대해서는 행사할 수 없다. 이는 국제기구의 대세적 법인격성에 대한 논의로서 학설은 국제기구의 대세적 법인격성에 대해 부정적이다. 다만, ICJ는 UN의 대세적 법인격성을 긍정한 바 있다. 둘째, 외교적 보호권은 국적을 매개로 행사되나, 직무 보호는 직무를 매개로 행사된다. 셋째, 외교적 보호의 객체는 자국민·재외국민 등 포괄적이나 직무적 보호의 객체는 소속 국제공무원에 한정된다.

4. 직무 보호권과 외교적 보호권의 경합

국제기구 소속 공무원이 타국으로부터 손해를 입은 경우, 직무 보호권과 외교적 보호권의 경합이 발생할 수 있다. 단, 언제나 경합이 발생하는 것은 아니며 국제기구 공무원의 손해가 그의 국적국가의 이익과 국제기구의 이익에 모두 관련되는 경우에 경합이 발생한다. 경합 발생 시 어떤 권리가 우선하는가에 대해서 학설 및 판례는 일치되어 있지 않다. 일설에 의하면 양자 경합 시 직무 보호권이 우선한다. 국제조직의 독립성을 유지하기 위해 당연히 인정되는 원칙임을 논거로 한다. 반면, ICJ는 양자 경합 시 직무 보호권의 우선함을 명시하지 않았다. 양자의 충돌시 국제기구와 국가가 우호적인 방법으로 해결할 것을 권고하고 있다.

3. 법적 성질

① 외교적 보호권은 국제관습법상 국가의 권리이다. 즉, 국가 자신의 권리이지, 국가가 개인의 권리를 대행하는 것은 아니다. 따라서 외교적 보호권은 국가의 권리이므로 개인이 포기할 수 없다.

② **'칼보조항'**(Calvo Clause): 남미국가들에서는 외국인과 계약체결시 외국인은 계약에 관한 모든 사항에서 재류국 국민으로 간주되며 어떠한 경우에도 본국 정부의 외교적 보호를 요구하지 않는다는 특수조항을 삽입하는 경우가 있는데 이것을 칼보조항이라 한다. 국내적 구제를 이용한다는 약속인 점에서 유효하나, 본국의 외교적 보호권을 배제하려는 의도라면 무효가 될 것이다. 칼보조항은 다수의 국제중재판결에서 당연무효로 판결받았다. 외교적 보호권 혹은 국제청구를 제기할 권리는 국제법상 국가의 권리이므로 개인이 국가계약을 통해 포기할 수 있는 성질의 것이 아니기 때문이다. 그러나 이 조항의 유효를 인정하여 소송을 각하한 판례도 있다. 예컨대 1926년의 North American Dredging Company 사건에서 미국 - 멕시코 일반청구위원회는 칼보조항에 의하면 멕시코 국내법상의 구제수단을 이용하는 것이 원고 회사의 의무인데도 그렇게 하지 않았다는 이유로 청구를 각하한 바 있다.

③ ILC 외교보호초안(2006)은 외교적 보호권을 행사할 권리가 있는 국가에게 다음 세 가지를 권고하였다. 첫째, 중대한 침해가 발생한 경우에는 특별히 외교적 보호의 행사를 고려해야 한다. 둘째, 외교적 보호를 받기 원하는지, 원하는 손해배상은 무엇인지에 대한 피해자의 견해를 가능하면 고려에 넣어야 한다. 셋째, 가해국으로부터 획득한 배상금은 합리적 공제를 조건으로 피해자에게 양도해야 한다.

4. 피해 장소의 문제

외교보호를 필요로 하는 침해가 반드시 외국에서 발생해야 하는 것은 아니다. 외교보호의 핵심은 국가의 국제위법행위로 인해 간접침해가 발생한 경우 피해자의 국적국가가 그것을 자기가 입은 침해로 간주하여 가해국에게 국제책임을 묻는 것이므로, 침해 발생 장소는 문제되지 않는다. 국제위법행위를 구성하는 개인에 대한 외국의 침해는 현지국가에 의해서뿐만 아니라 제3국에 의해서도 발생할 수 있고, 피해자의 국적국가 영토 안에서도 발생할 수 있다. 또한, 국가들의 관할권하에 있지 아니한 공해, 공해 상공, 무주지, 외기권 등에서도 발생할 수 있다. PCIJ는 Mavromatis Palestine Concessions 사건에서 외교보호를 침해의 장소에 기초하여 설명하지 않았다. ILC도 2006년 외교보호초안에서 외교보호를 침해의 장소와 결부시켜 정의하지 않았다.

2 당사자

1. 주체

외교적 보호권의 주체는 국가이다. 행위능력이 국제조약에 의해 제한된 피보호국 또는 국내법에 의해 제한된 종속국은 외교적 보호권의 행사에도 제한이 가해진다. 신탁통치지역 주민에 대한 외교적 보호권은 시정권자에 있으므로 UN도 외교적 보호권의 주체가 될 수 있다.

2. 객체

(1) 의의

외교적 보호권은 원칙적으로 자국민에 대해서만 행사할 수 있고 외국인에 대해서는 행사할 수 없다. 국민의 범위에는 자연인과 법인이 포함되며, 예외적으로 자국민인 주주도 객체가 될 수 있다. 자연인과 관련하여 이중국적자와 무국적자의 보호가 문제된다.

(2) 자연인

국민인가의 여부는 국적에 의해 결정된다. 자국의 국적을 가진 자를 국민이라 하며, 자국 국적을 가지지 아니한 자를 외국인이라 한다. 자국민 중 특히 외국에 거류하는 자를 재외국민이라 한다. 국가는 재외국민에 대해 외교적 보호를 제공하는 한편 속인주의에 기초하여 관할권을 갖는다. Nottebohm 사건에서 ICJ는 청구국과 그 국민 사이에 진정한 관련(genuine connection)이 존재하는 경우에만 외교보호권이 발생한다고 하였다. 진정한 관련성 요건은 자연인이 국적의 변경, 특히 귀화를 통하여 국적을 취득하는 경우를 전제로 한 것이다. 따라서, 자연인의 국적이 출생과 관련하여 혈통주의나 출생지주의에 기초하고 있는 경우 국제청구를 제기함에 있어 진정한 관련과 같은 추가적인 요건은 요구되지 않는다.

(3) 이중국적자

① **가해국이 제3국인 경우:** 가해국이 제3국인 경우 국적국은 모두 외교적 보호권을 갖는다. 다만, 가해국인 제3국은 양국 모두에게 외교적 보호권을 인정할 의무는 없다. 1930년의 '국적법 충돌의 일정 문제에 관한 헤이그협약'에 따르면 제3국은 피해자가 통상 거주하는 국가의 국적이나 그가 사실상 가장 긴밀한 관련을 맺고 있는 것으로 보이는 국가의 국적, 즉 '진정하고 실효적인 국적'(real and effective nationality)을 승인해야 한다(제5조). 판례의 태도는 일정하지 않다. 즉, 진정하고 실효적인 국적국만이 보호권을 갖는다는 판례도 있고, 관련성을 요하지 않는다고 본 판례도 있다. ILC 외교보호초안은 관련성을 요하지 않는다. 한편, 동 초안은 제3국에 대해 공동으로 외교보호를 행사할 수 있다고 규정하고 있다.

② **가해국이 국적국인 경우:** 이중국적국 상호간에 일방이 가해국인 경우 타방이 국제청구권을 갖는가에 대해 전통국제법은 부정적이다(헤이그협약 제4조). 그러나 일부 판례(Mergé Claim 사건) 및 국가관행(영국)에서는 '실효적 국적'에 기초하여 이중국적국도 상대방에 대해 외교적 보호권을 행사할 수 있다고 본다. ILC 외교보호초안에서는 이중국적국 상호간 원칙적으로 외교적 보호권이 인정될 수 없으나, 예외적으로 일방 국적국이 타방 국적국에 대해 외교적 보호를 할 수 있다고 규정하였다. 즉, 외교적 보호를 행사하고자 하는 국가의 국적이 침해시에 그리고 공식 청구 제기시에 모두 '우세한'(predominant) 경우 타방 국적국가를 상대로 하여 외교적 보호를 행사할 수 있다.

 관련판례

Mergé Claim 사건

1. 사실관계

메르제(Mergé)는 1909년 미국에서 태어나 미국 국적을 취득하였으며 24세 때 로마에서 이탈리아인과 결혼하여 이탈리아 법에 따라 이탈리아 국적도 취득하였다. 1937년까지 이탈리아에 거주하다 남편이 일본주재 이탈리아 대사관 통번역가로 근무함에 따라 일본으로 건너가 미국인으로 등록하였으며, 1946년 이후 이탈리아로 돌아가 미국 국민으로 등록하였다. 1948년 미국은 이탈리아에 대해 1947년 평화조약에 근거하여 전쟁과정에서 메르제가 입은 손해에 대한 배상을 청구하였으나, 이탈리아는 메르제가 자국민이라는 이유로 배상을 거절하였다. 이에 미국과 이탈리아는 합의에 기초하여 중재재판에 이 사건을 회부하였다.

2. 법적 쟁점

메르제는 미국과 이탈리아의 이중국적자였기 때문에 미국이 이탈리아에 대해 외교적 보호권을 발동할 수 있는지가 쟁점이 되었다.

3. 판결요지

중재재판부는 미국의 이탈리아에 대한 외교적 보호권을 인정하지 않았다. 즉, 메르제는 미국인만으로 볼 수는 없기 때문에 미국이 이탈리아에 대해 외교적 보호권을 행사할 수 없다고 본 것이다. 만약, 미국은 미국과 이탈리아의 이중국적을 가진 자에 대해 외교적 보호권을 행사할 수 있기 위해서는 미국의 국적이 유효한 또는 지배적인 국적이어야 한다(the principle of effective or dominant nationality)고 하였다. 구체적 사건에서 미국의 국적이 우선하는가를 결정함에 있어서 주소를 어디에 두고 있는지, 그리고 어느 국가와 더 밀접하고 유효한 관계를 유지하고 있는지, 그리고 그의 정치적ㆍ경제적ㆍ사회적ㆍ시민적 생활 및 가족생활의 범주를 고려해야 한다고 하였다.

이러한 기준에 비춰볼 때 메르제의 미국 국적은 유효한 국적이 아니라고 하였다. 왜냐하면 가족이 미국에 주소를 두고 있지 않을 뿐 아니라 가장(家長)의 이해관계나 직업생활이 미국에서 이루어지지도 않았고 결혼 후 미국에 거주하지도 않았기 때문이라고 하였다.

(4) 무국적자(stateless person)

국가는 무국적자에게 침해를 가하더라도 국제위법행위를 하는 것이 아니며, 따라서 그 어떤 국가도 침해 전이나 후에 그를 위하여 개입하거나 이의를 제기할 권한이 없다(Dickson Car Wheel Company 사건). 다만, 무국적자의 체류국은 국제법상 외국인으로서 자의적으로 취급해서는 안 되며, 인권을 존중해야 한다. 한편, ILC 외교보호초안에 따르면, 국가는 피해시에 또한 공식적인 청구 제기시에 그 국가에서 합법적이고 상습적으로 거주하고 있는 무국적자에 대해 외교적 보호를 행사할 수 있다(제18조 제1항).

(5) 법인

법인의 국적이 문제되나, 국제사법재판소(ICJ)는 '바르셀로나 트랙션 사건'에서 기업의 설립지국(incorporation)이나 본점소재지국(principal seat)을 법인의 국적국이라 판시하였다. 즉, 법인의 국적국은 국내법에 의해 설립이 허용된 국가 또는 그 영역 내에 영업의 본거지를 두고 대부분의 중요한 결정이 그 곳에서 내려지는 국가이다. 법인의 국적과 국적부여국 간 '진정한 관련성'(genuine link)이 요구되는가에 대해 국제사법재판소(ICJ)는 부정적인 견해를 피력하였다. ILC에 의하면 설립지국이 아닌 국가가 회사의 국적국으로 간주되기 위해서는 회사의 본점 소재지와 재무지배 소재지 둘 다 모두 동일한 국가에 위치하고 있어야 한다. 만약 본점소재지와 재무지배 소재지가 각각 다른 국가에 위치하고 있다면 설립지국이 외교보호권을 갖는다.

(6) 주주

국제법은 국내법과 같이 회사의 독립된 법인격을 인정하고 있다. 따라서 주주의 국적국이 외교적 보호권을 갖는가에 대해서는 주주에 대한 피해와 회사에 대한 피해로 구분해서 논의해야 한다. 국가가 주주의 이익을 직접적으로 침해하는 경우 주주의 국적국이 외교적 보호권을 행사할 수 있다. 한편, 문제된 행위가 회사 자체를 대상으로 하는 경우 회사의 국적국가만이 국제청구를 제기할 수 있다. 단, 회사가 법인격을 상실하면 주주의 국적국이 외교적 보호권을 행사할 수 있다. 국제사법재판소(ICJ)는 회사가 재산관리(receivership) 상태에 놓여 있다 하더라도 청산(liquidation)이 뒤따르지 않는 한 회사는 계속 존재한다고 판시하였다. 다시 말해서 중요한 것은 회사의 '법적 소멸(legal demise)'로 최종적인 청산이지, '사실상의 소멸(practically defunct)', 즉 파산선고 또는 재산관리인이 임명됨으로써 경제적 관점에서 회사가 완전히 마비되었다는 사실이 아님을 강조하였다.

(7) 난민

국가는 난민에 대해 외교적 보호권을 행사할 수 있다. 이를 위해서는 첫째, 당해국이 국제기준에 따라 관련자를 난민으로 인정해야 한다. 둘째, 당해 난민이 피해시 그리고 공식 청구 제기 시에 합법적으로 그리고 상시적으로(habitually) 당해 국가에 거주하고 있어야 한다(ILC 외교보호초안 제8조 제2항). 단, 난민의 국적국의 국제법 위반행위로 인해 난민이 피해를 받은 경우 난민인정국은 난민의 국적국에 대해 보호권을 발동할 수 없다(ILC 외교보호초안 제8조 제3항).

(8) 선원(船員)

국제불법행위로 인해 선박이 피해를 입고, 이로 인해서 선박의 승무원들이 피해를 입은 경우 선박의 국적국은 선원의 국적과 무관하게 손해배상을 청구할 수 있다. 그럼에도 불구하고 선원의 국적국의 외교적 보호권은 선박 국적국의 배상 청구권에 의해 여하한 침해도 받지 않는다(ILC 외교보호초안 제18조).

3 행사요건

국가가 외교적 보호권을 행사하기 위해서는 ① 자국민에 대한 손해발생, ② 국내적 구제절차의 완료, ③ 국적의 계속을 요한다.

1. 자국민에 대한 손해발생

외교적 보호권 행사의 첫째 요건은 자국민에 대한 손해가 발생해야 하는 것이다. 국가에 대한 침해로 인한 책임을 가해국의 직접책임(direct responsibility)이라고 하며, 외국인에 대한 침해로 인한 책임을 간접책임(indirect responsibility)이라고 한다.

2. 국내적 구제절차의 완료(exhaustion of local remedies)

(1) 개념

국내적 구제완료의 원칙이란 외국의 행위로 인하여 자국민에게 손해가 발생한 경우 사인이 그 외국의 모든 국내법상 구제방법을 동원한 후가 아니면 본국은 외교적 보호권을 행사하여 그 외국에 대하여 국제법상 국가책임을 물을 수 없다는 원칙을 말한다.

(2) 제도적 취지

국내적 구제완료의 원칙이 인정된 이유는 첫째, 관계국가의 주권을 존중하고 사인간의 문제가 국제분쟁으로 전화되는 것을 방지하고자 하는 실제적 · 정치적 고려에 있으며 논리적 필연성은 없다. 둘째, 피해사실이나 손해액 등에 관해서는 현지의 구제기관에 의하여 확인되는 것이 가장 적당하기 때문이다.

(3) 적용범위

국내적 구제완료의 원칙은 첫째, 자국민이 외국에서 피해를 입은 경우에 적용된다. 둘째, 국제인권규약상의 권리를 침해받은 개인이 국제인권규약 선택의정서상의 개인청원제도를 이용하는 경우에도 국내구제를 완료해야 한다(1966년 국제인권B규약 선택의정서 제5조). 셋째, 국제기구가 어떤 국가의 국민에게 손해를 끼친 경우 피해국이 외교적 보호권을 발동함에 있어서도 국제기구 내에 외부의 개인이 구제를 요구할 수 있는 제도적 장치가 존재하는 한 국제기구 내의 구제수단을 완료하여야 한다.

(4) 국내구제완료의 전제

① **간접침해**: 첫째, 동 원칙은 사인에 대한 피해로 인한 국가의 간접피해(indirect injury) 또는 간접책임(indirect responsibility)에만 적용된다. 직접침해(direct injury) 시에는 적용되지 않는 바, 이는 주권평등원칙상 국가는 외국 재판소의 재판관할권에 복종하지 않을 권리가 있으므로 피해국이 자발적으로 가해국 재판소에 제소하지 않는 한 가해국 재판소에서 심리대상이 될 수 없기 때문이다. 간접침해가 반드시 가해국의 영토상에서 발생해야 하는 것은 아니며 영토 외에서 외국인에게 가해진 불법행위에 대해서도 국내구제완료의 원칙은 적용된다. 왜냐하면 국가가 정부공채를 소유한 외국인에 대해서 손해를 주는 경우와 같이 영토 외에서 외국인에 대해 불법행위가 가해질 수 있기 때문이다.

② **혼합청구**: ILC 외교보호초안에 의하면, 직접침해와 간접침해가 혼재하는 '혼합청구(mixed claim)'의 경우 '압도적 우세 기준(preponderance test)'에 따른다(제14조 제3항). 즉, 국가 간 청구가 압도적으로 사인에 대한 침해에 기초하여 제기되는 경우에는 국내적 구제를 완료하여야 한다. ICJ는 Avena 사건에서 국가의 권리와 개인의 권리가 상호의존적인 특별한 사정에서는 국내구제 완료의 의무는 적용되지 않는다고 판시하였다.

③ **자발적 관련성의 존재**: 국내구제완료의 원칙은 사인과 가해국 간 '자발적 관련성(voluntary link)'이 있는 경우에만 적용된다. 자발적 관련성이란 피해사인과 가해국과의 관련성이 피해사인의 '자발적 의사'에 기초하여 형성되었음을 의미한다. 국내구제완료를 요하는 것은 사인이 가해국과 자발적 관련성을 맺음으로써 가해국의 관할권에 대한 복종의 의사를 묵시적으로 표시한 것으로 인정되기 때문이다. 따라서 자발적 관련성이 없는 경우 국내구제완료를 요하지 않는다. 자발적 관련성이 없는 경우로는 첫째, 불가항력(force majeure)에 의해 외국 영토에 들어간 경우. 둘째, 관련성이 가해국 정부의 위법행위에 의해 창설된 경우(강제납치, 자국에 주둔하고 있는 외국 군대로부터 피해를 입은 경우, 어선이나 상선이 공해상에서 외국 군함으로부터 공격을 받는 경우, 자국 내에서 외국의 방사능 누출로 손해를 입은 경우 등)이다. 자발적 관련성의 요건은 ILC 외교보호초안 제15조 제(c)호에서는 그것이 존재하지 않는 경우 국내구제를 완료할 필요가 없는 예외의 하나로 언급되고 있다. 다만 동 규정에서는 자발적 관련성 대신 적절한 관련성이란 다소 객관적인 술어를 사용하고 있으며, 또한 적절한 관련성이 존재해야 하는 시점은 침해 시임을 분명히 하고 있다.

④ **선언적 판결 경우**: 국가가 타국의 국제위법행위에 의해 피해를 입은 자국민을 위하여 손해배상을 청구하는 것이 아니라 개인을 위법하게 대우하는 과정에서 또는 그에 수반하여 피고 국가가 위반한 것으로 주장되는 조약의 해석과 적용에 관한 결정, 즉 선언적 판결만을 구하는 경우에도 국내적 구제를 완료할 필요가 있는지 문제된다. 이와 관련하여 ICJ는 Elettronica Sicula S.p.A.(ELSI) 사건에서 국내구제 완료 원칙이 적용된다고 하였다. ILC 외교보호초안도 이 경우 국내구제 완료 원칙이 적용됨을 명백히 하고 있다.

(5) 국내적 구제수단의 범위

피해사인이 가해국에서 완료해야 하는 구제수단의 범위는 가해국 국내법이 제공하고 있는 모든 법적 수단이다. 통상적인 재판소뿐만 아니라 행정기관과 행정심판소가 포함되며 헌법재판소가 포함될 수도 있다. 다만, 피해자에게 실효성있는 충분한 구제의 가능성을 주는 구제수단이어야 한다.

(6) 국내구제 '완료'의 의미

국내구제의 '완료'를 인정받기 위해서는 가해국 국내법 체계가 제시하는 구제수단을 성실하게 최종적으로 이행해야 한다. 따라서 다음과 같은 경우 국내구제완료에 해당하지 않아 국적국의 간섭이 배제된다.

① 위법행위가 발생한 후 규정된 시한 내에 절차를 개시하지 않은 경우
② 여러 개의 가능한 상소절차를 다 밟지 않은 경우(Interhandel 사건, ICJ, 1959)
③ 승소를 위해 필수적일 수 있는 자료를 제시하지 않은 경우(Ambatielos 중재 사건, 1956)

(7) 국내구제완료원칙의 제한

다음의 경우 국내구제완료원칙이 적용되지 아니한다.

① 국내구제완료는 사인의 피해로 인한 간접침해에만 적용되므로 국가의 법익을 직접 침해한 경우 국내구제완료를 요하지 않는다.

② 가해국과 피해사인 간 자발적 관련성이 없는 경우 국내구제완료를 요하지 않는다.

③ 국내법상 주권자가 소송으로부터 면제되거나, 외국인의 청구와 관련된 사항에 대해서는 정부에 대한 소송을 금지하는 국내법규정 등의 존재로 국내구제수단이 없는 경우 동 원칙은 적용되지 않는다.

④ ILC 외교보호초안에 의하면 '구제절차의 부당한 지연'이 있는 경우 국내구제완료의 원칙의 적용이 제한된다.

⑤ **국내구제완료원칙의 포기**: 동 원칙을 포기한 경우 피해자는 국내구제 완료의 무가 면제된다. 포기는 마음대로 취소하거나 철회할 수 없다. 또한, 포기는 반드시 명시적일 필요는 없으며, 묵시적으로 표현되거나 피고국가의 행동으로부터 추론될 수도 있다. 다만, 국제사법재판소(ICJ)는 Elettronica Sicula S.p.A(ELSI) 사건에서 국내구제수단완료는 국제관습법의 중요한 원칙이기 때문에 그것의 포기가 쉽게 추정되거나 묵시되어서는 안된다는 점을 지적한 바 있다. 피고국가가 장래 원고국가와 발생할 수 있는 분쟁을 국제재판에 회부하기로 동의하는 것이 체약국 일방이 자국민을 위하여 청구를 제기하는 경우 국내구제의 원칙을 포기한 것으로 볼 수 없다. 이는 ELSI 사건에서 국제사법재판소(ICJ)에 의해서도 확인되었다. PCIJ규정 제36조 제2항(임의조항)을 유보없이 수락한 국가들 간에는 국내구제의 원칙이 묵시적으로 포기되고 있다는 견해도 제기된 바 있으나, 이는 수락되지 않고 있다. 국제사법재판소(ICJ) 규정하에서도 마찬가지이다. 반대로, 개인에게 침해가 발생한 후 피고국가가 원고국가와 피해자의 대우에 관한 분쟁을 다루는 재판부탁협정을 체결했다면, 협정에서 국내구제완료원칙의 유지에 대해 침묵하고 있더라도 동 원칙의 묵시적 포기가 존재한다는 주장이 제기될 수 있다.

(8) 구제수단의 비실효성의 문제

국내구제수단이 존재하고 이용 가능함에도 불구하고 완료할 필요가 없는 경우가 있는 바, 구제수단이 명백히 실효성이 없는(manifestly ineffective) 경우이다. 다만, ILC 외교보호초안은 '명백히 실효성이 없어야 한다'는 조건이 지나치게 엄격하다고 보고, '실효적 구제를 제공할 합리적으로 이용 가능한 국내구제수단이 없거나, 또는 국내구제수단이 실효적 구제의 합리적인 가능성을 제공하지 아니하는 경우'로 완화하였다.

① **법률상 비실효성**: 첫째, 상급심이 법률심이어서 하급심의 사실인정을 재조사할 권한이 없고 따라서 하급심의 판결의 파기가 불가능한 경우, 둘째, 충분하거나 적절한 배상을 부여할 권한이 없는 구제수단, 셋째, 국내법규정상 외국인에게 불리한 판결을 내릴 수밖에 없거나 외국인의 승소 가능성이 없는 경우이다.

② **사실상 비실효성**: 법률상 이용 가능한 구제수단이 사실상 비실효적일 수 있다. 첫째, 사법부가 정치기관에 종속되어 사법행정상 하자가 있는 경우, 둘째, 외국인이 특정 기관에 호소하지 못하도록 정부가 불법적인 조치를 취한 경우, 셋째, 구제수단의 운영이 부당하게 지연되는 경우이다.

(9) 조약에 의한 배제

국내구제완료의 원칙은 임의규범이므로 합의에 의해 변경, 배제할 수 있다. 1972년 '우주물체에 의해 야기된 손해에 대한 국제책임에 관한 협약' 제11조 제1항은 발사국에 대한 청구의 제출에 관하여 국내구제수단의 완료를 요하지 않음을 명시하고 있다. 또한, 1981년 이란 - 미국 청구재판소를 설치하면서, 양국은 국내구제완료원칙의 적용을 포기하기로 합의하였다. 단, 국제관습법상 확립된 중요한 국제법원칙을 배제함에 있어서는 명시적 합의를 요한다는 것이 국제사법재판소(ICJ)의 입장이다.

 관련판례

Interhandel 사건(스위스 대 미국, ICJ, 1959)

1. **사실관계**

1942년 미국은 자국에서 설립된 General Aniline and Film Corporation회사 주식의 90%를 대적통상법을 근거로 몰수하였다. 주식은 적국 회사인 독일의 I.G.Farben사가 스위스의 I.G.Chemie사를 통해 보유하면서 General Aniline and Film Corporation사를 지배하고 있다고 판단했기 때문이다. 스위스는 I.G.Chemie사는 1940년에 독일 회사와의 관계를 끊고 인터한델사로 개칭하였다고 주장하면서 인터한델의 자산반환을 미국 정부에 요구하였다. 그러나 미국은 이를 거절하였다. 인터한델은 대적통상법에 기초하여 1, 2심에서 패소하고 연방대법원에 상고하였으나 기각되었다. 이에 스위스는 선택조항 수락선언에 기초하여 ICJ에 제소하였다. 미국 대법원은 스위스의 ICJ 제소 직후 인터한델사 소송의 재심을 허락하였다.

2. **판결요지 – 인터한델사의 국내구제미완료 여부(적극)**

ICJ는 미국의 선결적 항변들 중 '국내구제미완료'로 인해 소송의 수리가능성이 없다(inadmissible)는 항변을 인용하였다. 스위스의 제소 직후 미국 대법원이 재심의 필요성을 인정하여 지방법원으로 되돌려 보냈는데 이로 인해 국내구제가 완료되지 않았다고 판단한 것이다.

---

3. 국적계속의 원칙

(1) 개념

국적계속의 원칙이란 국민이 손해를 받을 때부터 국가가 국제청구를 제기하여 최종적인 해결을 얻을 때까지[또는 국제청구 제기 시까지(ILC)] 국적이 유지되어야 함을 말한다. 따라서 ① 손해발생 시에 그 국가의 국적을 갖고 있었으나 그 후에 국적을 상실한 자, ② 손해발생 시에는 그 국가의 국적을 가지고 있지 않았으나 그 후에 그 국가의 국적을 취득한 자 등에 대해서는 국가가 외교적 보호를 할 수 없다. ③ 또한 상대국과의 교섭과정에 있어서 국적이 소멸하면 국가의 외교적 보호의 교섭을 계속할 수 없다.

(2) 취지

국적계속이 인정되는 이유는 첫째, 국가는 속인적 관할권에 입각하여 자국민에 대해서만 외교적 보호권을 행사할 수 있으며, 둘째, 피해자가 당초의 국적을 강대국의 국적으로 변경하여 이로써 강대국에 의한 권력적 개입을 기도하는 폐단을 막으려는 실제적 필요가 있기 때문이다.

(3) ILC 외교보호초안 규정

① 동 초안에 의하면 국적은 피해일자로부터 '공식청구를 제기하는 일자'까지 계속되어야 한다.

② 국적이 피해일과 공식청구일에 존재하였으면, 이 두 기간 중 계속된 것으로 추정된다.

③ 국적변경이 국가승계로 인한 국적변경의 경우와 같이 피해사인의 의사와 무관하게 발생한 경우 국적계속의 원칙은 적용되지 않는다. 즉, 침해 당시 자국민이 아니었으나, 청구 제기 시 자국민인 사람을 위해 외교적 보호를 행사할 수 있다.

④ 개인의 현 국적국가는 그가 구 국적국가의 국민인 때에 입은 피해와 관련하여 그 구 국적국가를 상대로 해서 외교적 보호를 행사할 수는 없다.

⑤ 국가는 청구 제기 후에 피청구국의 국적을 취득한 개인이나 회사를 위해 외교적 보호를 행사할 수 없다.

4 외교적 보호권의 행사

1. 의의

외교적 보호를 위한 수단은 일정하지 않다. 일반적으로 외교교섭에 의한 담판이 있고 해결되지 않는 경우 사법절차에 의해 해결한다. 경우에 따라서는 무력을 행사할 수도 있으나 오늘날 개별 국가에 의한 합법적 무력행사는 자위권 행사의 경우를 제외하고는 극히 제한되어 있다.

2. 국가책임의 추구

국적국은 자국민이 입은 손해에 대해 가해국에 대해 국가책임의 해제를 추구할 권리가 있으며 가해국은 책임해제의무가 발생한다. 국가책임의 이행은 원상회복이 원칙이며, 이것이 법률상·사실상 불가능한 경우 금전배상을 한다. 경우에 따라서는 만족을 요할 수도 있다.

3. 대항조치(countermeasures)

가해국이 책임을 이행하지 않는 경우 한시적으로 피해 사인의 국적국은 대항조치를 취할 수 있다. 피해사인의 국적국은 우선적으로 가해국에 대해 국제책임의 이행을 추궁해야 하며, 피해에 비례한 조치여야 한다. 가해국이 손해배상을 하는 경우 즉시 대항조치를 종료해야 한다.

1965년 한일 청구권협정과 외교적 보호권 및 개인 청구권 문제(한국대법원)

1965년 한일 청구권협정은 일본의 식민지배 배상을 청구하기 위한 협상이 아니라 샌프란시스코조약 제4조에 근거하여 한일 양국 간의 재정적, 민사적 채권 채무관계를 정치적 합의에 의해 해결하기 위한 것이다. 청구권협정에 일본의 국가권력이 관여한 반인도적 불법행위나 식민지배와 직결된 불법행위로 인한 손해배상청구권이 포함되는 것은 아니다. 청구권협정으로 개인청구권이 소멸되지 않았다. 이와 관련한 대한민국의 외교적 보호권도 포기되지 않았다. 국가가 조약을 체결하여 국민의 동의 없이 국민의 개인 청구권을 직접 소멸시킬 수 없다. 일본의 반인도적 강제동원에 대한 위자료 청구권도 한일 청구권협정에 포함되지 않으므로 관련 기업에 배상을 청구할 수 있으며, 해당 기업은 배상할 의무가 있다.

제3절 | 외국인

1 의의

1. 개념

외국인이란 자국 국적을 보유하지 않은 자를 말하며, 전혀 국적을 갖지 않은 무국적자와 외국국적을 가진 자로 구분된다. 이중국적자는 자국민이다.

2. 연원

외국인의 지위를 규정하는 일반적 국제법규정은 존재하지 않고 있으나, 우호통상항해조약과 같은 양자조약 또는 국내법상의 규정을 통하여 외국인의 지위에 따른 권리, 의무가 인정되고 있다.

3. 법적 쟁점

외국인의 보호는 일반적 외국인에 대한 대우의 최저기준문제, 출입국문제, 무국적자 · 망명권자 · 피난민의 보호문제, 외국인의 재산수용 · 국유화문제, 국제노동이동문제, 이민문제와 외국인의 권리가 침해되었을 때의 구제수단으로서의 외교보호문제 등이 쟁점이 되고 있다.

2 외국인의 출입국

1. 입국

외국인의 입국에 대하여 이를 허용하여야 할 의무는 없다. 하지만 국적에 따른 차별적인 입국허가는 비우호적 행위로 간주되어 국가 간 문제가 야기될 수 있다. 일반적으로, 우호통상항해조약과 같은 양자조약을 통하여 입국의 허용기준을 정하고 있거나 상호주의원칙에 따라 입국허용을 인정한다. 단, 국가의 안전, 경제상의 이유로 정신질환자·범죄자 등은 입국을 금할 수 있다.

2. 출국

(1) 자발적 출국

외국인의 자발적 출국은 원칙적으로 자유이며 제한할 수 없다. 단, 거류지국에서의 조세, 채무 문제가 있을 경우 출국을 제한할 수 있다. 출국하는 외국인에게는 자국민과 동일한 조건하에서 재산반출을 인정해야 하며, 반출재산에 대해 세금을 부과할 수 없다.

(2) 추방(expulsion)

① 추방은 강제적 출국에 해당한다. 국가는 영역권에 입각하여 외국인에 대해 출국을 명할 수 있다. 이 권리를 추방권이라 한다.

② 전시에 일방 교전 당사국은 자국 영역에 있는 적국민을 비인도적 방법에 의해 추방해서는 안 되나, 어느 정도 강제적 방법으로 추방할 수 있다.

③ 평시에는 ㉠ 재류국의 안전 및 질서를 위태롭게 하는 경우, ㉡ 입국절차를 밟지 않고 불법입국하는 경우 등 정당한 사유가 있어야 한다.

④ 추방권은 ㉠ 남용금지, ㉡ 장기체류 중인 외국인 추방 시 본국에 추방이유 제시, ㉢ 난민에 대한 강제송환금지(principle of non-refoulement) 등의 제한이 있다.

⑤ **외국인 추방에 관한 규정 초안**: 추방은 외국인에게 국가를 떠나도록 강제하는 그 국가에게 귀속되는 공식적인 행위 또는 행동을 말하며 타국가나 국제재판소로의 범죄인 인도 혹은 외국인의 입국거부는 포함하지 아니한다.

⑥ 시민적·정치적 권리에 관한 국제규약 제13조는 원칙적으로 자기변호의 기회를 제공하도록 규정하고 있다.

⑦ 2014년 ILC초안 제5조 제1항은 거주의 합법성을 전제함이 없이 그 어떤 추방 결정도 기초된 이유를 말하여야 한다고 규정하고 있다. ILC는 추방이유를 적시할 추방국의 의무는 국제법에서 확립된 것이라고 하였다.

⑧ **집단적 추방**: 국제법상 집단적 추방이 금지되지 않는다. 그러나 유럽인권협약 제4의정서 제4조, 모든 이주노동자와 그들의 가족구성원의 권리보호에 관한 국제협약 제22조 제1항 등에서 보는 것처럼 관련 국가 간에 조약을 통하여 집단적 추방을 금지시킬 수 있다.

⑨ 본국 정부는 추방된 자들을 받아들일 의무가 있다는 것이 일반적 견해이며, 이는 유럽인권협약 제4의정서 제32조 제2항의 입장이기도 하다. 그러나, 자의적이 아닌 합리적인 사유가 있으면 자국민에 대해서도 입국을 거절할 수 있다.

(3) 범죄인 인도

범죄인 인도는 강제적 출국에 해당한다. 타국 법익을 침해했거나 유죄판결을 받고 자국에 체류하는 외국인인 범죄인은 범죄인 인도조약에 의해 소추 또는 처벌을 위해 당해국에 강제적으로 인도된다.

3 외국인의 지위

1. 외국인의 일반적 지위(이중적 지배)

외국인은 거류지국으로부터 속지적 관할하에 있고 또한 본국으로부터 속인적 관할하에 있으므로 일종의 이중적 지배하에 있는 특별한 지위에 놓이게 된다. 외국인의 지위를 규율하는 일반국제법이 없으므로 우호통상항해조약과 같은 양자조약에 따라 권리·의무가 인정되며, 외국인으로서의 권리·의무가 침해될 경우 재류국에서의 국내구제수단을 거쳐 본국으로부터 외교적 보호를 통해 권익침해를 구제받을 수 있다.

2. 외국인의 권리

외국인의 권리의 근거는 내국민대우원칙, 국제표준주의원칙 등에 따라 인정된다. 일반적으로 사법상의 권리, 공법상의 권리로 나눌 수 있다.

(1) 사법상의 권리

외국인은 재류국에서 권리능력을 인정받음으로써 계약능력, 결혼능력, 상속능력 등을 가지며, 사유재산권 및 기득권 존중의 원칙에 따라 외국인의 권리는 보호를 받는다. 외국인의 사법상의 권리 중 재산권이나 직업에 대해서는 국가의 안전·공공질서의 유지 또는 국민의 중대이익의 보호라는 관점에서 일정한 제한이 가해질 수 있다.

(2) 공법상의 권리

공법상의 권리인 참정권·공무담임권·선거권 등은 원칙적으로 인정되지 않으나, 소송권·청원권 등은 예외적으로 인정된다.

3. 외국인의 의무

외국인은 원칙적으로 내국인과 동일한 의무를 진다. 즉, 행정·경찰·조세 등에 있어 내국인과 동일한 의무를 진다. 다만, 교육·국방의무와 같은 신분·공법상의 의무는 지지 않는다.

4 외국인의 보호

1. 보호방법

외국인 재류국은 외국인을 보호할 의무가 있는데, 상당한 주의(due diligence)로써 사전에 행정적 보호와 사후에 적절한 구제로서 사법적 보호를 할 의무가 있다. 외국인은 자신의 권익침해가 거류지국으로부터 기인하고 그 구제가 충분하지 못할 경우 본국 정부의 외교적 보호를 요청할 수 있다. 난민, 무국적자와 같은 경우 외교적 보호를 받을 수가 없으므로 특별한 국제적 보호가 필요하며 난민에게는 UN고등판무관의 보호가 부여된다.

2. 보호수준

외국인의 보호를 위한 근거가 개발도상국과 선진국 간에 차이가 있다. 대체로 개발도상국은 자국민과 동일한 대우를 부여하면 족하다는 내국인대우원칙(National Treatment)을 주장하는 반면, 선진국은 국제표준주의에 따라 국제적으로 허용되는 최소한의 대우를 부여할 것을 주장한다. 일반적으로 국제표준주의에 따르면 외국인을 자국민보다 우월하게 또는 열등하게 대우할 우려가 있으므로, 내국민대우가 타당한 것으로 받아들여지고 있다. 이와 관련하여 칼보 독트린(Calvo Doctrine)이 있다. 칼보 독트린이란 한 국가에 정착하는 외국인이 내국인과 동일한 보호를 받을 권리를 가지고 있는 것은 분명하나, 외국인이 내국민보다 더 확대된 보호를 주장해서는 안 된다는 주장이다. 칼보 독트린은 국제표준주의가 강대국의 약소국에 대한 간섭 수단으로 원용되는 경향이 있어 이에 대항할 목적으로 제시하였다.

5 외국인 재산의 국유화

1. 개념

국유화(nationalization)는 국가가 사회적 · 경제적 변혁의 일환으로 사적 경제활동에 관여하여 특정한 사유재산을 국가기관에 강제적으로 이전하는 것을 말한다. 국유화 또는 수용의 대상이 될 수 있는 '재산'의 개념에는 동산 · 부동산 · 무체재산(無體財産, 특허 · 저작권 등의 지적재산권) 등이 포함된다. 계약상의 권리(contractual rights)도 재산의 개념에 포함된다.

2. 구별개념[공용수용(expropriation)]

공용수용이란 원칙적으로 일정한 공공목적을 위하여 특정 개인의 특정 사유재산을 대상으로 행해지는데 반해, 국유화는 대규모의 사회적 · 경제적인 체제변혁의 일환으로서 단행되는 것이 특징이다.

간접수용

간접수용이란 국가가 투자자의 직접적인 소유권에는 영향을 미치지 않으면서 개인의 재산권을 심각하게 침해하는 입법, 사법, 행정조치 등을 의미한다. 사실상의 수용 또는 위장된 수용이라고도 한다. 간접수용 역시 수용의 범위에 포함되므로 국제법상 수용의 요건을 충족해야 한다. 간접수용 여부를 판단하는 기준은 국제법상 명확하지 않으나 국제관행에서는 정부조치의 경제적 충격 정도, 정부조치의 명백하고 합리적인 투자 기대이익 침해 정도, 정부조치의 성격 등을 기준으로 판단한다.

3. 제도적 취지

제2차 세계대전 후 탄생한 신생국 중 대부분은 비록 정치적 독립을 누리게 되었으나, 경제적으로는 여전히 선진국에 종속되었다. 따라서 진정한 독립을 위해 그들은 경제발전에 매진하게 되고, 부족한 자본을 마련하기 위해 국유화를 택하게 되었다.

4. 연혁

국유화가 처음으로 문제되기 시작한 것은 1917년 제정을 타파한 소련이 발포한 '은행국유화에 관한 명령'부터이다. 제2차 세계대전 이후 신생개발도상국들에 의해 일반화되었다. 개발도상국들은 '신국제경제질서'를 외치며 스스로의 개발을 위한 권리의 하나로서 국유화권을 주장해 왔다. 1962년 UN총회는 결의1803호에 의해 '천연자원의 항구주권선언'을 채택함으로써 국유화의 합법성을 인정한 바 있다.

5. 국유화의 요건

국제법상 국가가 자국 영토 내의 외국인 재산을 수용 내지 국유화할 수 있는 주권적 권리를 갖고 있다는 점에 대해선 의심할 여지가 없으나 이에는 몇 가지 조건이 있다.

(1) 공익의 원칙

국유화가 공익을 목적으로 행해져야 함을 의미한다. 공익개념이 다의적임에도 불구하고 이를 객관적으로 판단할 기준이나 기관이 존재하지 않으므로 국유화국의 판단이 우선하게 된다. Libyan American Oil Company(LIAMCO) 대 Libya 사건에서 중재재판관은 공익의 원칙은 국유화의 합법성을 위한 필수요건이 아니라는 것이 국제이론에서의 일반적 견해라고 하였다. Amoco International Finance Corporation 대 Iran 사건에서 이란 - 미국 청구재판소는 수용을 합법적으로 결정할 수 있는 공공목적에 대한 정확한 정의는 국제법에서 합의된 바 없으며 제시조차 된 일이 없다. 따라서, 이 술어는 넓게 해석되고는 있지만, 그럼에도 불구하고 수용의 유일한 목적이 계약상의 의무를 회피하기 위한 것이었다면 그러한 수용은 국제법상 합법적인 것으로 볼 수 없을 것이라고 하였다. 1962년에 채택한 '천연자원에 대한 영구주권결의'에서는 공익, 안보 또는 국가적 이익 요건이 언급되고 있으나, 개발도상국들의 견해를 채택한 1974년의 '국가의 경제적 권리·의무헌장'은 공익 요건이 언급되지 않았다.

관련판례

아모코 석유회사 사건[이란 - 미국 청구재판소(Claims Tribunal), 1987]

1. **사실관계**
   (1) **합작회사 설립**

   미국의 Standard Oil의 자회사이면서 스위스 국적 회사인 원고는 이란의 국영 NPT사와 1966년 합작회사(Khemco)를 설립하였다. 양사는 공동으로 천연가스를 처리 · 판매하여 이윤을 50%씩 분배하며 유효기간은 35년으로 하였다.

   (2) **이란혁명과 국유화 단행**

   1979년 혁명을 통해 집권한 이란 신정부는 'Single Article Act of 1980'을 제정하여 이란의 정유산업을 국유화하면서 Khemco계약의 무효를 선언하였다. 이에 원고회사는 국유화 결과 야기된 Khemco계약의 불이행에 따른 손해배상을 청구하였다.

2. **법적 쟁점**
   (1) 이란의 계약서상 안정화조항 위반 여부
   (2) 국유화요건 충족 여부(공익/비차별/보상)

3. **판정요지**
   (1) **안정화조항 위반 여부**

   원고는 이란 정부의 국유화조치가 계약서상의 '안정화조항' 위반이라고 주장하였으나, 이란 정부는 계약의 당사자가 아니라는 이유로 기각하였다.

   (2) **공익요건 충족 여부**

   <u>재판소는 국유화의 적법성 판단 요건으로서의 '공공 목적'(public purposes)의 정확한 개념에 대해서는 국제법상 합의된 바가 없다고 하였다.</u> 따라서 국가들은 광범위한 재량권을 가지고 있다. 이란의 국유화는 포괄적으로 공익 목적 조건을 준수하였다.

   (3) **비차별요건 충족 여부**

   비차별조건을 충족하였다. 국유화정책은 연속적 단계에 걸쳐 점차적으로 실시될 수 있는 것이므로 별도의 증거가 제시되지 않는 한, 켐코사에 대한 국유화조치가 차별적으로 행해졌다고 볼 수 없다.

   (4) **보상요건 충족 여부**

   <u>보상요건을 충족하지 못했다. 국유화조치에 대해 상응하는 보상이 행해져야 한다는 것이 국제법상의 원칙이다. 따라서 이란 정부는 국유화조치가 효력을 발생하기 시작한 1979년 7월 31일 당시 켐코사 주식 시가의 50%에 상당하는 금전배상을 지불해야 한다.</u>

(2) 비차별의 원칙

국유화를 행하는 국가는 외국인 간의 재산에 차별을 두어서는 안 된다. 즉, 특정 외국 또는 특정 외국인의 자산만을 국유화하는 것은 원칙적으로 허용되지 않는다.

(3) 보상의 원칙

① **선진국의 입장 - Hull 공식:** <u>선진국들은 미 국무장관 Hull에 의해 천명된 Hull 공식, 즉 신속하고 충분하고 실효성 있는 보상의 지급(prompt, adequate, and effective payment)을 수용에 관한 국제최소기준을 표명한 것으로 간주하였다.</u> 신속성은 보상의 시기를, 충분성은 보상의 액수(시장가치에 따른 보상)를 지칭하는 것이며, 실효성은 보상수단과 관련된 요건으로 피해 외국인이 즉각 이용할 수 있는 통화로 지급되어야 함을 의미한다.

② **개발도상국의 전통적 입장:** 제2차 세계대전 이후 외국인 재산의 국유화 사례가 폭등하였으며 보상기준에 대해 선진국·후진국 간의 갈등이 증폭되었다. <u>개발도상국들은 보상 수준에 있어서 '적절한' 보상을 주장하였다. 이는 선진국이 주장하는 충분한 보상 수준에는 미치지 못하는 것이다. 또한 개발도상국들은 국유화 관련 분쟁 해결에 있어서 수용국의 국내법에 따른 해결을 주장하였다.</u>

③ **UN총회 결의:** <u>1962년 천연자원에 대한 영구주권결의는 각국의 국유화 또는 수용의 권리를 인정하며 소유주는 '국제법에 따라 적절한 보상을 지급받아야 한다.'고 규정하였다.</u> 또한 1973년 천연자원에 대한 영구주권결의는 '각국은 가능한 보상금액과 지급방법을 결정할 권리가 있다.'고 규정하였다.

④ **현재 개발도상국의 입장:** 개발도상국들은 국유화가 자국의 경제발전에 도움이 되지 않고, 오히려 외국인의 투자를 막게 된다는 사실을 깨닫기 시작했으며, 공산권이 몰락하면서 공산권의 주장을 따르는 개발도상국의 입지가 약화되었다. 또한 개발도상국이 서방국들과 양자투자보장협정을 체결함으로써 보상기준의 관습법성에 관한 논의는 실무상 의미가 없게 되었다. 국유화와 관련한 다수의 국제소송(중재)에서 'full compensation'을 지지하는 판단이 내려졌다.

6 국가계약 위반과 국가책임 문제

1. 쟁점

국가계약이란 사인과 국가가 체결한 합의를 말한다. 국가계약의 준거법으로는 국내법, 국제법 그리고 법의 일반원칙이 설정된다. 국가계약의 준거법을 국제법이나 법의 일반원칙으로 하면 당해 계약은 국내적 차원을 벗어나서 국제화된다는 견해가 있다. 즉, 당해 준거법조항에 의해 문제의 국가계약은 준조약(quasi-treaty) 또는 국제화된 계약(internationalised contract)이 되고, 따라서 그러한 국가계약의 위반은 곧 국가책임을 동반한다는 주장이다. 그러나, 국가계약은 조약이 아니므로 타당하지 않은 것으로 평가되며, 다음과 같이 구분해서 판단해야 한다.

2. 국가계약 위반과 국가 책임 성립 여부

(1) 국가책임이 성립하지 않는 경우

첫째, 국가가 사인과 상품 공급 계약을 체결하고 계약에 미치지 못하는 상품을 제공하는 것과 같이 정부 측의 계약 위반이 사인도 할 수 있는 그런 성질의 위반인 경우 국가책임을 야기하지 않는다. 둘째, 국가계약의 위반이 정부의 공권력 행사에 의해 단행되더라도 그 목적이 수용에 있고 그 요건을 충족시키는 경우 국가책임이 발생하지 않는다.

(2) 국가책임이 성립하는 경우

첫째, 국가계약의 위반 또는 파기가 정부권력의 자의적 또는 차별적 남용으로 평가되는 경우 국가 공권력이 직접 외국인에게 가해행위를 한 것이다. 계약을 취소하는 악의적 입법조치, 재판의 거절, 조약 위반 등을 예로 들 수 있다. 이 경우 전통 국제법 규칙에 따라 피해자가 가해국의 국내구제수단을 완료한 후 본국정부가 외교적 보호권을 발동할 수 있다. 둘째, 국가가 타국 국민에 대해 부담하는 계약상의 의무를 위반하더라도 조약 위반의 책임을 지기로 국가들 상호 간 합의한 경우 국가책임이 성립할 수 있다.

7 외국인 투자 보호 제도

1. 양자 간 투자협정

(1) 의의

양자 간 투자협정(BITs: bilateral investment treaties)은 투자자에 대한 피투자국 국내법이나 국가계약상의 보호의 불안정성을 보완하기 위해 투자국과 피투자국이 양자조약을 통해 투자자 보호에 만전을 기하기 위한 목적으로 체결되는 국제조약이다. 전통국제법상 국제투자 보호는 '우호통상항해조약'(FCN treaties: treaties of friendship, commerce and navigation)을 통해 규율되어 왔으나 외국인 투자의 모든 측면을 포괄하지 못한다는 난점 때문에 BIT가 체결되었다.

(2) 적용범위

적용대상이 되는 '투자'의 범위는 명확하지 않으나 국제관행을 보면 특별한 유형의 투자들을 열거함으로써 투자를 광의로 정의하고 있다. 한편, BIT 체결 이전에 이루어진 투자에 대해서도 보호하고, BIT조약이 종료하는 경우에도 10년~15년의 유예기간을 두고 보호하고 있다.

(3) 주요 내용

BIT에 포함되는 주요 내용들은 우선, 대상 투자 및 투자자에 대해 '정당하고 형평한 대우'를 부여할 것을 규정하고 있다. 둘째, 투자자 보호의 표준으로 내국민 대우(national treatment)와 최혜국대우(most-favoured nation treatment)를 설정하고 있다. 셋째, 투자에 관련된 송금은 자유롭게 그리고 지체 없이 행해져야 하다고 규정하고 있다. 단, 피투자국들의 국제수지나 외환보유고상의 난점을 고려하여 분할지급(payment in installments) 규정을 두기도 한다. 넷째, 외국인 재산의 수용에 있어서 공익, 비차별, 보상 등의 요건을 충족할 것을 규정한다. 다섯째, 분쟁이 발생하는 경우 조약 당사국 상호 간 분쟁은 임시중재재판에 회부하고, 투자자와 피투자국 간 분쟁은 대체로 ICSID 중재에 회부할 것을 규정하고 있다.

2. 외교적 보호

투자자가 피투자국의 위법한 행위로 손해를 입은 경우 투자자의 본국은 국제관습법상 외교적 보호권을 발동하여 손해를 구제할 수 있다. 국적계속의 원칙과 국내구제완료원칙을 요건으로 한다. 외교적 보호권은 국가의 재량권이므로 투자자 개인의 손해를 확정적으로 구제하기에는 한계가 있을 수도 있다.

3. ICSID(International Centre for the Settlement of Investment Disputes)

(1) 의의

1960년대에 수용과 보상에 대한 전통국제법규가 영구주권이론으로 위협을 받자 개발도상국에 대한 투자가 감소되기 시작하였다. 이에 IBRD는 투자자가 입은 피해에 대한 국제적 구제절차를 마련함으로써 대 개발도상국 투자를 증진하기 위해 '국가와 타국 국민 간의 투자분쟁해결에 관한 협약'을 채택하여 '개인과 타국 정부 사이의' 투자분쟁을 심리하기 위한 ICSID를 설치하였다.

(2) 기구

상설기관으로 행정이사회와 사무국이 있다. 행정이사회는 각 체약국의 대표로 구성되며, 의장은 IBRD 총재이다. 의결은 3분의 2 다수결제이다. 조정인 패널과 중재인 패널 구성을 위해 체약국은 국적을 불문하고 4명씩 지명할 수 있다. 패널 구성원의 임기는 6년이며 연임할 수 있다. 본부는 완전한 국제법인격을 가지며, 특히 계약 체결, 동산과 부동산의 취득 및 처분, 소송제기 등의 법적 능력을 갖는다.

(3) 관할권의 성립요건

① **투자에 관련된 분쟁**: '투자'에 대한 정의규정은 없으며 전통적 투자뿐 아니라 서비스계약, 기술이전 등 새로운 방식의 투자도 부탁될 수 있다.

② **체약국과 타체약국 국민 간 분쟁**: 따라서 투자자는 자신이 투자한 국가의 국적을 가져서는 안된다. 단, 외국 투자자의 통제하에 있는 체약국 국내기업은 투자자와 체약국의 합의에 의해 그 국내기업에게 제소권을 인정할 수 있다.

③ **서면동의**: 분쟁당사자 간 서면으로 부탁에 대해 합의해야 하며, 동의 후에는 일방적으로 철회할 수 없다. 이러한 합의는 투자계약에서 사전적으로 주어지는 경우가 많다.

(4) 조정절차

투자자나 체약국은 사무총장을 통하여 투자분쟁을 조정위원회에 부탁할 수 있다. 조정인의 수는 합의에 의해 결정한다. 조정위원회는 분쟁 당사자들의 의견과 진술을 청취하여 쟁점을 명백히 하고 상호 수락 가능한 조건으로 당사자들 간에 합의를 도출하는 것을 임무로 한다.

(5) 중재절차

① **중재재판의 준거법**: 협약 제42조는 중재의 준거법을 명시하고 있다. 첫째, 당사자들이 합의하는 법규칙에 따라 분쟁을 해결한다. 합의가 없는 경우 분쟁체약당사국의 법과 적용 가능한 국제법규에 의한다. 둘째, 재판소는 법의 부존재나 모호함을 이유로 재판불능의 결정을 내려서는 안 된다. 셋째, 당사자 간 합의를 전제로 형평과 선에 따라(ex aequo et bono) 분쟁을 해결할 수 있다.

② **하자있는 중재판정에 대한 구제책**: 중재절차에 명백히 하자가 있더라도 국내재판소는 판정을 배제, 파기할 수 없다. 이 경우 '임시위원회'(ad hoc Committee)에 의해서만 무효로 될 수 있다. 무효사유는 ㉠ 중재재판소의 구성이 부적절한 경우, ㉡ 중재재판소의 명백한 권한 일탈, ㉢ 재판소 구성원의 부패 등 다섯 가지이다. 판정이 취소되는 경우 분쟁당사자들은 새로 구성되는 중재재판소에 회부해야 한다.

③ **중재재판소의 배타적 관할권**: 분쟁당사자들이 동 중재재판에 동의하면 '일체의 다른 구제수단을 배제'하는 것으로 간주된다. 따라서 본부 중재재판이 선택되면 국내재판소는 더 이상 투자분쟁을 심리할 권한이 없다. 투자자 본국 정부도 국제청구를 제기하는 등의 외교적 보호권을 행사할 수 없다.

④ **중재판정의 승인과 집행**: 체약국은 판정을 구속력 있는 것으로 승인하고, 그것이 당해 국가 재판소의 최종판결인 것과 같이 자국 영토 내에서의 집행을 보장하여야 한다.

4. MIGA(Multilateral Investment Guarantee Agency)

(1) MIGA의 목적

MIGA는 외국인의 대개발도상국 투자를 증대함을 목적으로 한다. 이를 위해 일정 수수료를 받는 대신 사인의 대개발도상국 투자가 '비상업적 위험'(non - commercial risks)에 처하면 보험을 제공하는 것이 주요 임무이다.

(2) 기구

총회, 이사회, 사무총장, 직원으로 구성된다. 총회는 회원국의 대표위원 및 교체위원으로 구성된다. 자본금 출자액수에 따라 회원국별로 투표수가 차별적으로 할당되어 있다. MIGA는 완전한 법인격을 가지며, 특히 계약을 체결하고 동산·부동산을 취득·처분하며, 소송을 제기할 법적 능력을 갖는다. 또한 각 회원국의 영토 내에서 업무수행에 필요한 여러 가지 특권, 면제를 향유한다.

(3) 보증대상 투자자

① 회원국의 국민인 자연인, ② 회원국에서 설립되었거나 그 곳에 주영업소를 가진 법인, ③ 자본의 대부분이 회원국의 회사나 국민의 통제에 있는 법인을 보호대상으로 한다.

(4) 보증대상 투자

외국인의 직접투자, 주식투자, 주식보유자가 기업체에 제공하거나 보증하는 중장기 대부 등이다. 반드시 자금의 투입이 요구되는 것은 아니므로 노하우, 특허, 경영계약 등도 보호대상이다. 투자는 MIGA 회원국인 '개발도상국' 영토에서 이루어지는 것이어야 한다.

(5) 보증대상 위험

보증대상인 '비상업적 위험'은 ① 송금의 제약, ② 수용 및 유사조치, ③ 정부계약의 위반, ④ 전쟁이나 내란으로 인한 손실을 말한다. 투자자와 그 유치국의 공동요청을 요건으로 다른 비상업적 위험도 보증대상으로 할 수 있다.

(6) 분쟁해결

보증계약에서 MIGA와 투자자 사이의 일체의 분쟁은 최종해결을 위해 중재에 부탁할 것을 명시하는데, 대체로 ICSID 중재가 선택된다.

제4절 | 범죄인 인도

1 의의

1. 개념

범죄인 인도(extradition)란 외국에서 범죄를 범하거나, 그로 인해 기소되거나 또는 확정판결을 받고 자국에 도망하여 온 자를 외국의 청구에 응하여 이를 인도하는 범죄의 진압을 위한 국제협력행위를 의미한다.

2. 구별개념

범죄인 인도는 외국인에 대한 강제적 출국조치라는 점에서 '추방'(expulsion)과 동일하나 전자는 인도청구국의 요청에 의하나, 후자는 추방국의 의사에 의한 것이다. 또한 조약이 있는 경우 전자는 의무이나, 후자는 추방국의 권리에 의한 것이다.

3. 제도적 취지

(1) 범죄인이 외국으로 도망한 경우 피해국이 이를 처벌하지 못하는 것은 피해국뿐 아니라 문명국들의 공동이익에 반하기 때문에 국가 간 사법적 협력이 필요하다.

(2) 범인의 심판 및 처벌을 가장 유효 적절하게 할 수 있는 것은 보통 범죄행위지국 이기 때문에 증거법상의 실체적 진실의 발견 및 구체적 타당성의 실현을 위해 범죄인 인도제도가 요청된다.

4. 범죄인 인도의 법적 성격

범죄인 인도는 일반국제법상 의무는 아니며 범죄인 인도조약이라는 특별조약에 의해 인도의 권리의무를 정한다. 다만, 조약이 없는 경우에도 특별한 사유가 없는 한 인도하는 것이 '국제예양상의 행위'(act of comity)로 보며 상당한 이유 없이 인도를 거절하는 것은 국제예양에 반하는 것으로 인정된다. 1933년의 Samuel Insull 사건에서 그리스로 도망간 Insull을 미국이 조약에 기초하여 인도를 청구하였으나, 그리스가 거절하였다. 이후 Insull은 터키로 도피하였고, 미국이 인도를 청구하자, 당시 미국과 터키 간에는 인도조약이 없었지만 터키는 즉시 이에 응했다.

2 요건

1. 주체에 관한 요건

(1) 청구의 주체

청구의 주체는 국가이며 개인이나 사적 단체는 인도를 청구할 수 없다. 인도청구국은 범죄지 소속국, 범죄인 국적국, 피해자 국적국, 법익침해국 등 다양하나 범죄지 소속국인 경우가 일반적이다.

(2) 청구의 경합

범죄인의 체류국에 대해 청구 주체가 수 개국인 경우 청구의 경합이 발생한다. 청구의 경합 시 이를 해결하는 국제법 규칙은 존재하지 않으나, 학설 및 관행상 다음과 같은 순위에 의한다. 우선, 동일 범죄인에 대해 동일 범죄로 청구한 경우 ① 범죄지 소속국과 그 외 국가 간에는 범죄지 소속국에게 인도한다. ② 범죄지 소속국이 없는 경우 '먼저 청구한 국가'에게 인도한다. 둘째, 동일 범죄인에 대해 상이한 범죄로 청구한 경우 범죄의 경중에 따라 '중한 편'에 인도해야 한다.

2. 객체에 관한 요건

(1) 자국민 불인도원칙

① **대륙법계의 관행**: 범죄의 관할권에 관해 엄격한 속인주의를 채택하고 있으므로 인도의 대상이 되는 범죄인은 원칙적으로 외국인에 한하며, 자국민인 경우 인도하지 않는 것이 보통인데, 이를 '자국민 불인도원칙'이라 한다.

② **영미법계의 관행**: 엄격한 속지주의를 채택하고 있으므로 자국민도 인도한다. 자국민을 인도하지 않으려는 것은 자국민이 범죄인이라 할지라도 외국의 불공정한 재판이나 부당한 대우를 받지 않도록 하기 위함이다.

③ **자국민 결정시기**: 자국민 불인도원칙에 있어서 자국민의 결정시기가 범죄행위 시인지 피요청국의 인도 여부 결정 시인지가 문제된다. 특히 범행 후 피인도 요청국의 국적으로 국적을 변경한 경우에 자국민 불인도원칙이 적용되느냐가 문제된다. 1957년 '유럽 범죄인 인도협약'은 '국적은 범죄인의 인도에 관한 결정의 시로서 결정된다'라고 규정하고 있다. 반면, 한미 범죄인 인도조약은 인도청구된 범죄의 행위 시를 기준으로 국적을 판단한다.

④ **UN모델조약**: 자국민인 경우 임의적 인도거절사유로 규정하고 있다. 단, 자국민이라는 이유로 인도를 거절한 경우 상대국의 요청이 있으면 기소해야 한다고 규정하였다.

⑤ **한국**: 범죄인 인도법 제9조는 범죄인이 한국인인 경우에는 인도하지 아니할 수 있다고 규정하고 있다.

⑥ **독일**: 종래 독일헌법, 즉 기본법은 어떤 독일인도 외국으로 인도해서는 안 된다고 규정하여 자국민의 인도를 절대적으로 금지하고 있었다. 그러나 2000년 11월 29일의 개정 기본법 제16조 제2항은 어떤 독일인도 외국으로 인도해서는 안 된다고 규정하면서도, 법치국가의 원칙들이 보장되는 범위 내에서, EU 회원국이나 국제재판소로의 인도를 위한 예외적 규칙을 법률로써 마련할 수 있다고 규정하였다.

⑦ **한국 - 미국 범죄인 인도조약**: 제3조 제2·3항에서 단지 국적만을 이유로 인도청구된 자의 인도를 거절하는 때에는, 피청구국은 청구국의 요청에 따라 자국의 기소당국에 사건을 회부하도록 규정하고 있다.

(2) 정치범 불인도원칙

정치범죄는 인도대상이 되지 않는다는 것이 일반국제법상 확립되어 있는바, 이를 정치범 불인도원칙이라 한다.

(3) 최소한 중대성의 원칙

비정치범죄라 할지라도 상당한 중죄(serious crimes)에 한해 인도한다. 이를 '최소한 중대성의 원칙(principle of serious crime)'이라 한다. 유럽 범죄인 인도조약의 경우 최소한 1년 이상의 자유형을, 미주 범죄인 인도조약의 경우 최소한 2년 이상의 자유형을 인도대상범죄로 규정하고 있다.

(4) 쌍방가벌성의 원칙

중죄도 청구국과 피청구국에서 다 같이 범죄를 구성하는 것이어야 한다. 이를 '이중범죄의 원칙' 또는 '쌍방가벌성의 원칙(rule of double criminality)'이라 한다. 최근에는 중요 범죄의 인도가 좀 더 실효적으로 이루어질 수 있도록 하기 위하여 쌍방가벌성의 원칙을 포기하는 경우도 있다. 예컨대, 1996년 9월 27일 채택된 '범죄인 인도에 관한 EU협약'에 의하면 청구국에서 12개월 이상의 자유형에 해당하는 마약거래와 기타 조직범죄 분야에서의 일체의 범죄에 대해 피청구국은 그 국가의 국내법에서 인도를 요청받은 범죄를 범죄로 규정하고 있지 않더라도 인도를 해주어야 한다. 다만, 이 조항에 대한 유보가 허용된다.

참고

유럽체포영장제도

EU는 2002년 형사문제에 있어서 경찰 및 사법협력의 차원에서 유럽체포영장으로 명명된 신속인도절차를 도입하기 위한 결정을 채택했다. 2004년 1월 1일부터 도입되었다. 첫째, 종래 EU 회원국 간에 적용되어 온 범죄인 인도조약들은 이제 회원국 사법당국 간, 즉 각 회원국이 지정하는 영장발부사법당국과 영장집행사법당국 간의 범죄인 체포 및 인도절차로 대체한다. 둘째, 영장발부국(인도요청국)의 법에 의해 3년 이상의 형이 언도될 수 있는 32개의 중요 범죄에 대해서는 쌍방가벌성의 원칙이 포기되었다. 셋째, 범죄 특정의 원칙도 상호주의 조건하에 포괄적으로 포기 내지는 제한되고 있으며 범죄인 자신이 영장발부국으로 인도된 뒤 범죄 특정 원칙의 권리를 포기하는 것도 허용되고 있다.

3. 정치범 불인도원칙

(1) 의의

정치범 불인도원칙이란 범죄인 인도에 있어서 보통범죄인은 인도의 대상이 되나, 정치범죄인은 인도의 대상으로부터 제외된다는 원칙을 말한다. 이는 국제법상 확립된 원칙이다.

(2) 제도적 취지

정치범 불인도를 인정하는 이유는 첫째, 정치범죄인이 타국으로 도망할 경우 그가 목적하는 정치질서를 가진 국가를 선택하는 것이 보통인바, 정치범을 인도하는 것은 자국의 정치질서의 가치를 부정하는 것이 될 우려가 있다. 둘째, 정치범죄는 피청구국의 국내법상 범죄를 구성하지 않는다. 따라서 쌍방가벌성의 요건을 충족시키지 못한다. 셋째, 정치범은 확신범으로서 파렴치범죄와는 성질을 달리하므로 정치적 신념으로 인해 박해를 받는 사람을 보호할 필요가 있다.

(3) 연혁

① **프랑스혁명**: 프랑스혁명을 계기로 정치적 혼란이 심해지고 정치적 망명이 빈번해짐에 따라 각국은 타국의 정치적 파문에 휩쓸리지 않기 위해 정치범을 불인도하는 원칙을 확립시키게 되었다.

② **벨기에의 범죄인 인도법**: 1833년 벨기에가 처음으로 '범죄인 인도법'을 제정하면서 정치범 불인도의 원칙을 채택했고, 1834년 프랑스 - 벨기에 간의 '범죄인 인도조약'에서도 이 원칙을 확인하였으며, 19세기 후반 국제관습법으로 확립되었다.

(4) 정치범의 개념

정치범의 기준에 대한 일반적 견해는 없다. 정치범을 고려해야 할 시기에 존재하는 상황에 따라 결정될 것이다. 일반적으로 정치범은 '특정 국가의 정치적 질서를 파괴하는 범죄'라고 정의할 수 있다. 범죄의 정치적 성격은 피청구국이 결정하는 것이 일반적이다.

(5) 정치범죄의 유형

① **절대적 정치범죄**: 순수정치범이라고도 한다. 보통범죄의 요소가 전혀 없고 오로지 정치범의 성격만을 가진 정치범으로서, 반역죄, 소요죄, 간첩죄 등이 이에 속한다.

② **상대적 정치범죄**: 상대적 정치범죄란 정치범과 관련하여 범해진 보통범죄를 의미한다. 이를 경합범이라고도 한다. 예컨대, 정치요인을 암살하기 위해 총기나 탄약을 탈취하는 범죄이다. 상대적 정치범죄에는 정치범불인도의 원칙이 적용되지 않는다.

(6) 정치범 불인도의 제한

① **상대적 정치범죄**: 보통범죄의 요소를 포함하고 있는 정치범죄를 말한다. 즉, 보통범죄의 구성요건을 충족하여 현실적으로 보통범죄로서 성립하나 본래의 동기·목적이 정치적인 범죄를 말한다. 군주제도를 타도할 목적으로 군주를 암살하거나 정치요인을 암살하기 위해 총기나 폭탄 등을 절취하는 범죄를 말한다.

② **가해조항(attentat clause)**: 범죄인 인도조약 또는 국내범죄인 인도법상 국가원수나 그의 가족에 대한 살해행위는 정치범죄로 인정하지 아니한다고 규정한 조항을 말한다. 벨기에 범죄인 인도법에 최초로 규정하여 '벨기에조항(Belgian Clause)'이라고도 한다. 가해조항에 의해 국가원수나 그의 가족에 대한 살해행위는 정치범죄로 인정되지 않는다.

③ **반사회적 범죄**: 반사회적 범죄란 특정 국가의 정치적 질서가 아니라 모든 국가의 정치적 질서의 파괴를 목적으로 하는 범죄를 말한다. 모든 국가의 정치적 질서를 부인하는 무정부주의자의 행동은 사회의 근본적 기초를 파괴하려는 것이므로 불인도의 원칙이 적용되지 않는 것이 일반적이다.

④ **국제범죄**: 국제법을 위반한 개인을 형사처벌하는 국제범죄는 정치범죄로 인정되지 아니한다. 평화에 대한 죄, 인도에 반한 죄, 전쟁범죄, 해적행위, 집단살해행위, 테러행위 등은 국제범죄로서 이에 대해서는 정치범 불인도의 원칙이 적용되지 않는다.

(7) 사례

① 1996년 9월 27일 서명된 '범죄인 인도에 관한 EU협약'은 EU 회원국은 범죄가 정치적이라는 이유로 타 EU 회원국의 범죄인 인도요청을 거절해서는 안된다고 규정하고 있다.

② 가나 항소재판소에 제기된 The State 대 Schumann 사건에서 문제의 의사 Horst Schumann은 1939 ~ 1941년 정신병원에서 환자 약 3만 명을 살해하였으며, 1942 ~ 1944년의 기간 동안에는 아우슈비츠에서 다수의 유대인을 살해하는데 가담한 자이다. 재판소는 서독으로의 인도를 명하였다.

③ Public Prosecutor 대 Zind 사건에서 이탈리아 파기원은 히틀러의 반유대인정책을 찬양한 피고는 정치범이므로 서독으로 인도해서는 안된다고 판결하였다.

④ 페루 정부에 대한 게릴라전 수행을 위해 은행을 턴 것과 관련한 Re Bressano 사건에서 아르헨티나 재판소는 범인의 페루 인도를 결정하였다.

⑤ 서울고등법원은 일본 정부의 역사반성을 촉구한다면서 일본 야스쿠니 신사 출입구에 불을 놓은 중국인 류창에 대한 일본 측의 인도청구를 거절하였다. 재판부는 범행은 정치적인 대의를 위하여 행해진 것으로서, 범행으로 정치적 목적 사이에 유기적 관련성이 인정되고, 범행으로 야기된 위험이 목적과의 균형을 상실했다고 보기도 어렵다고 판시하였다.

관련판례

베트남 국민에 대해 정치범 불인도원칙 적용

1. 사실관계

베트남이 공산화된 후 미국에서 A정부의 주요 직책을 역임하면서 베트남 지역의 공산 정권 타도 등을 목적으로 베트남 지역 내에서 테러행위를 감행하기 위하여 폭약이나 뇌관을 구입, 제조, 운반하도록 지시하였다는 등의 범죄사실로 베트남사회주의공화국으로부터 범죄인 인도청구를 받은 범죄인에 대한 인도심사청구 사건에서, 위 대상범죄가 정치적 성격을 갖는 범죄이고, 달리 범죄인을 인도하여야 할 예외사유도 존재하지 아니한다고 하여 범죄인 인도청구를 허가하지 아니한 사례이다.

2. 법적 쟁점

(1) 대한민국이 베트남사회주의공화국에 대하여 범죄인을 인도할 의무가 있는지 여부를 판단함에 있어서 '대한민국과 베트남사회주의공화국 간의 범죄인 인도조약'과 범죄인 인도법의 적용 순위

(2) 범죄인 인도절차에서 정치범죄의 개념 및 그 해당 여부의 판단 기준

(3) '대한민국과 베트남사회주의공화국 간의 범죄인 인도조약' 제3조 제1항에서 말하는 '정치적 성격을 갖는 범죄'의 의미

(4) 베트남사회주의공화국의 범죄인 인도청구에 따른 인도심사청구의 대상범죄가 폭발물을 이용한 범죄의 예비 · 음모라는 일반범죄와 청구국의 정치질서에 반대하는 정치범죄가 결합된 상대적 정치범죄로서, '대한민국과 베트남사회주의공화국 간의 범죄인 인도조약' 제3조 제1항에 정한 '정치적 성격을 갖는 범죄'에 해당할 경우, 범죄인을 청구국에 인도하는 것이 위 인도조약에 위배되는지 여부(적극)

(5) 폭탄테러행위의 억제를 위한 국제협약과 UN안전보장이사회의 2001.9.28.자 1373호 결의가 '대한민국과 베트남사회주의공화국 간의 범죄인 인도조약' 제3조 제2항 (나)목에 정한 '양 당사국이 모두 당사자인 다자간 국제협정'에 해당하는지 여부(소극)

3. 결정요지

(1) 대한민국과 베트남사회주의공화국 사이에 2003.9.15. 체결하여 2005.4.19. 발효된 '대한민국과 베트남사회주의공화국 간의 범죄인 인도조약'은 국회의 비준을 거친 조약으로서 법률과 동일한 효력을 가지는 것이고, 따라서 대한민국이 베트남사회주의공화국에 대하여 범죄인을 인도할 의무가 있는지 여부를 판단함에 있어서는 신법 우선의 원칙, 특별법 우선의 원칙 등 법률해석의 일반원칙에 의하여 위 인도조약이 범죄인 인도법에 우선하여 적용되어야 한다.

(2) 범죄인 인도절차에서의 정치범죄는 해당 국가의 정치질서에 반대하는 행위와 그와 같은 목적을 위하여 저지른 일반범죄, 즉 강학상 절대적 정치범죄와 상대적 정치범죄를 의미하고, 그 해당 여부를 판단함에 있어서는 범죄자의 동기, 목적 등의 주관적 심리요소와 피해법익이 국가적 내지 정치적 조직질서의 파괴에 해당하는지 여부 등 객관적 요소를 고려하여야 한다.

(3) '대한민국과 베트남사회주의공화국 간의 범죄인 인도조약' 제3조 제1항에서 말하는 '정치적 성격을 갖는 범죄'라 함은 범죄인 인도법 제8조 제1항에서 정하는 '정치적 성격을 지닌 범죄이거나 그와 관련된 범죄'와 같은 의미로서 순수 정치범죄뿐만 아니라 상대적 정치범죄까지 아우르는 개념으로 해석함이 상당하다.

(4) 베트남사회주의공화국의 범죄인 인도청구에 따른 인도심사청구의 대상범죄가 폭발물을 이용한 범죄의 예비·음모라는 일반범죄와 청구국의 정치질서에 반대하는 정치범죄가 결합된 상대적 정치범죄로서, '대한민국과 베트남사회주의공화국 간의 범죄인 인도조약' 제3조 제1항에 정한 '정치적 성격을 갖는 범죄'에 해당할 경우, 특별히 위 인도조약상 예외사유에 해당한다는 사정이 없는 한 범죄인을 청구국에 인도하는 것은 위 인도조약에 위배된다.

(5) 폭탄테러행위의 억제를 위한 국제협약과 UN안전보장이사회의 2001.9.28.자 1373호 결의는 '대한민국과 베트남사회주의공화국 간의 범죄인 인도조약' 제3조 제2항 (나)목에 정한 '양 당사국이 모두 당사자인 다자간 국제협정'에 해당하지 않는다.

 관련판례

리우치앙 사건(우리나라 고등법원) - 정치범 불인도원칙 적용

법원이 일본 야스쿠니(靖國) 신사 방화 혐의자인 중국인 리우치앙(劉强·39)을 일본에 인도하지 말라고 결정했다. 리우치앙의 방화 행위가 범죄인 인도거절사유인 '정치적 범죄'에 해당한다고 판단한 것이다. 서울고등법원 형사20부(재판장 황한식 수석부장판사)는 일제 군국주의의 상징인 야스쿠니 신사에 화염병을 던지고 국내로 도피한 중국인 리우치앙에 대한 범죄인 인도 심사청구 사건(2012토1)에서 인도거절 결정을 내렸다. 재판부는 결정문에서 '정치적 범죄를 저지른 범죄인이 다른 국가로 피난해 오는 경우 정치범 불인도원칙에 의해 보호를 받을 수 있고 이는 국제법상 확립된 원칙'이라며 '리우치앙의 방화 범행은 일반범죄로서의 성격보다 정치적 성격이 주된 상태에 있는 상대적 정치범죄로서 범죄인 인도조약의 인도거절사유인 '정치적 범죄'에 해당한다'고 밝혔다. 재판부는 '리우치앙의 범행 동기가 일본 정부의 일본군 위안부 등 과거의 역사적 사실에 관한 인식 및 관련 정책에 대한 분노에 기인한 것으로서, 개인적인 이익을 취득하려는 동기를 찾아볼 수 없다'고 설명하였다. 재판부는 '방화 범행 후 일본을 비롯한 각 국가에서 리우치앙의 주장에 관심을 두게 되고 논의가 촉발된 정황에 비춰, 정치적 목적을 달성하는 데 상당히 기여한 것으로 보여 범행과 정치적 목적 사이에 유기적 관련성이 인정된다'고 덧붙였다. 자신의 외할머니가 한국인이자 일본군 위안부 피해자라고 밝힌 리우치앙은 2011년 12월 일본 야스쿠니 신사에 방화하고 2012년 1월에는 주한 일본대사관에 화염병을 던졌다. 그는 일본 대사관 방화 사건 직후 체포돼 징역 10월의 형을 선고 받고 국내서 복역했다. 일본은 2012년 11월 6일 리우치앙의 출소를 앞두고 야스쿠니 신사 화염병 투척 사건의 용의자라며 우리 정부에 신병인도를 요구했다. 하지만 중국은 리우치앙의 범죄행위가 '정치적 범죄'에 해당한다면서 일본으로의 신병인도를 강하게 반대하며 자국 송환을 요구해왔다.

3 범죄인 인도의 절차 및 처벌

1. 인도 절차

(1) 정규인도방법

① **인도의 청구**: 인도청구는 외교기관을 통해 행하는 것이 원칙이다. 인도청구는 정식외교문서로 하며 이 문서에는 이미 유죄판결을 받은 자에 대해서는 판결서의 사본을, 판결을 받지 않는 자에 대해서는 영장의 사본을 각각 첨부해야 한다. 청구비용은 청구국이 부담한다.

② **인도의 시행**: 범죄인 인도의 청구는 외교기관을 통해 피청구국의 권한 있는 당국에 전달된다. 통상 법무부가 권한 있는 당국이다. 피청구국은 범죄인 인도조약을 시행하기 위한 적절한 기관을 그의 국내법으로 정하며, 인도 여부의 결정기관을 전적으로 행정기관으로 할지 아니면 전부 또는 일부를 사법기관에 위임할 것인가는 국내법에 따른다. 피청구국이 인도청구를 받으면 곧 인도함을 요하나, 범죄인이 피청구국에서 다른 범죄로 고소·고발을 당하였거나, 복역 중에 있는 경우 인도를 지연할 수 있다.

(2) 비정규인도방법

① **추방**: 외국인의 재류국이 그 재류국의 국내법에 따라 외국인을 추방할 경우 추방의 목적지가 범죄인의 인도를 요청할 수 있는 국가의 영역일 경우 추방국은 범죄인을 추방함으로써 사실상 범죄인을 인도한 것과 같은 결과를 가져오게 할 수 있다.

② **입국 거부**: 특정 국가가 범죄인인 외국인의 입국을 거부하여 그 외국인이 출발지 소속국의 영역으로 돌아갈 수밖에 없는 경우에 사실상 범죄인을 인도한 것과 같은 결과를 가져올 수 있다.

2. 납치의 문제

(1) 법적 쟁점

특정 국가가 다른 국가의 영역 내에서 범죄인을 납치해옴으로써 사실상 범죄인의 인도를 받은 것과 동일한 결과를 가져오게 된다. 납치행위가 납치행위지국의 명시적·묵시적 승인 없이 특정 국가의 국가기관에 의해 이루어진 경우 그 범죄인의 납치국은 납치행위지국의 영토주권을 침해한 것으로서 국가책임을 면할 수 없다. 다만, 납치한 범죄인을 처벌할 수 있는지는 국제법의 문제가 아니라 개별 국가가 판단할 문제이다.

(2) 주요국의 관행

① **이스라엘**: 제2차 세계대전 당시 홀러코스트의 한 주역을 1960년에 아르헨티나에서 납치하여 기소한 상기 아이히만(Eichmann) 사건에서 이스라엘 재판소는 납치가 아르헨티나의 법적 권리를 침해할 수는 있으나, 피고 아이히만(Eichmann)의 권리를 침해한 것은 아니라고 판결하였다.

② **미국**: 미국 연방최고재판소는 미국 연방마약단속국 요원의 살해에 가담한 혐의로 1992년 6월 15일 멕시코로부터 납치되어 기소된 멕시코인 Alvarez - Machain 사건에서 미국·멕시코 간의 범죄인 인도협정에서 납치를 명시적으로 혹은 묵시적으로 금지하고 있지 않다는 이유를 들어 미국 재판소의 형사관할권 행사를 인정하였다. 미국 정부는 이와 같이 미국 영토 밖에서 마약 밀수범과 기타 범죄용의자들은 불법적으로 체포함에 있어 이같은 태도를 취하여 오고 있다. 1989년 12월~1990년 1월 군사적 침공까지 감행하여 당시 파나마의 실권자 Manuel Antonio Noriega 장군을 마약사범으로 강제납치하여 미국 법정에 세운 것이 그 전형적인 예에 속한다.

③ **이탈리아**: 1985년 10월에 이탈리아 여객선 Achille Lauro호를 나포한 혐의로 기소된 팔레스타인들이 그 후 이집트 국영비행기로 이집트로 압송되던 도중 미국 전투기들에 의해 요격되어 이탈리아에 강제 착륙되어 체포된 뒤 이탈리아 당국에 인계된 일이 있었다. 이때에도 이탈리아 재판소는 그들을 재판하는 데 어떤 장애물이 있는 것으로 보지 않았다.

④ **영국**: 영국의 한 재판소는 1985년의 판례에서 불법체포는 재판관할권의 행사와는 무관한 문제라는 과거의 선례를 재확인한 바 있다. 그러나, 최근 영국 상원(영국 최고 재판소)은 불법 납치한 자에 대해서는 처벌할 수 없다는 입장을 보였다. 영국의 House of Lords는 1994년 'Bennett 사건'에서 당국이 범죄인 인도라는 적법절차를 무시하고 피고인의 신병을 강제로 확보한 경우라면, 법원은 그에 대한 재판을 거부한다고 선언하였다. 뉴질랜드인 Bennett은 영국에서의 사기범죄 용의자였는데 남아프리카공화국에서 발견되었다. 영국 경찰은 일단 그의 범죄인 인도를 청구하지 않기로 하였다. 그러나 남아프리카공화국 당국은 Bennett을 체포한 후 대만을 경유하여 뉴질랜드로 추방하기로 결정하였다. 그런데 대만에서 그는 남아프리카공화국 경찰에 의해 다시 체포된 채 남아프리카공화국으로 송환되었다. 이어 그는 영국행 비행기에 강제로 탑승되었다. 영국 법원에서의 재판 시 Bennett은 자신이 범죄인 인도법상의 절차가 무시된 불법납치의 방법으로 법정에 서게 되었다고 주장하였다. 영국 대법원은 그의 주장을 받아들여 재판을 거부하였다.

⑤ **독일**: 독일 연방헌법재판소는 특별히 '위계(속임수)'에 의한 납치의 경우 인도를 막는 일반국제법규가 존재한다는 청구인의 주장을 배척하고 인도를 허락한 바 있다. 'male captus, bene detentus(wrongly captured, properly detained)' 관념에 기초한 것이다.

⑥ **프랑스**

㉠ 한 국가의 재판소의 재판관할권은 그 국가 자체의 관할권으로부터 나오는 것이기 때문에 만약 납치가 국제법상 위법한 것이어서 그 국가가 유효한 관할권을 가지지 못한다면 그 국가의 재판소는 그 어떤 재판관할권도 가질 수 없다는 주장이 있다. 1933년의 한 사건에서 프랑스 재판소는 이같은 논리에 기초하여 프랑스 수사관들이 해외에서 불법적으로 체포해 온 사람을 방면하였다. 그러나 이후 판례에서 프랑스 불법체포에도 불구하고 범죄인을 처벌할 수 있다고 하였다.

© 1970년대와 1980년대 유럽과 중동에서 여러 건의 테러지원으로 악명이 높았던 베네수엘라 출신 the Jackal이 수단에서 은신 중 1994년 수단정부는 the Jackal을 체포하여 프랑스 정부의 관여하에 비밀리에 파리로 압송했다. the Jackal은 파리 법원에 기소되었다. 이 사건에서 the Jackal이 체포와 이송과정에서의 위법성을 이유로 재판관할권의 불성립을 주장하였으나, 파리 재판부는 이러한 주장을 받아들이지 않았다.

⑦ **뉴질랜드**: R 대 Hartley 사건에서 호주 경찰은 뉴질랜드 경찰로부터 전화로 요청을 받고 피고인이 뉴질랜드에서 살인 혐의로 재판을 받도록 하기 위해 그를 강제로 체포하여 뉴질랜드로 송환하였다. 뉴질랜드 재판소는 피고가 불법적인 방법(납치)을 통해 뉴질랜드로 송환되었기 때문에 재판관할권이 결여된다고 판시하였다.

⑧ **남아프리카공화국**: 1991년 'State 대 Ebrahim 사건'에서 남아프리카공화국은 납치한 자에 대해 재판할 수 없다고 보았다. 이 사건의 피고인은 남아프리카공화국 국민으로 흑인민권운동 조직에서 활동하였는데 1980년 인접 스와질랜드로 도피했다. 1986년 그는 남아프리카공화국 경찰 또는 기관원으로 판단되는 사람들에 의해 납치되어 남아프리카공화국 법원에 반역혐의로 기소되었다. 스와질랜드는 자국 영토에서 벌어진 남아프리카공화국의 납치행위를 국제법 위반으로 항의하지 않았다. 판결에서 남아프리카공화국 대법원은 국제법을 위반하여 피고인을 외국으로부터 납치하여 왔으므로 남아프리카공화국 재판소는 그를 재판할 수 없다고 판시하였다.

3. 처벌

청구국에 인도된 범죄인은 청구의 원인이 된 범죄에 대해서만 처벌되며 그 이외의 인도 전의 범죄에 대해서는 처벌되지 않는다. 이를 '특정의 원칙(principle of speciality)'이라고 한다. 이는 청구국이 범죄인 인도조약에 의해 인도의 청구가 불가능한 범죄에 대해 그것이 가능한 범죄로 인도의 청구를 하여 인도를 받은 후 인도의 청구가 불가능한 범죄로 처벌한 것을 방지하기 위한 것이다. 인도 후 새로 범한 범죄, 범인 자신이 동의한 경우, 인도국이 동의한 경우에는 최초 인도청구하지 않은 새로운 범죄에 대해서도 처벌할 수 있다.

4. 범죄인 인도에 있어서 인도적 고려의 원칙

(1) 의의

인도적 고려의 원칙(principle of human rights consideration)은 인도 혹은 송환되어 사형·고문 또는 기타 비인권적 대우를 받을 것이 예견되는 경우 인도를 거절할 수 있다는 원칙이다. 고문금지협약, 유럽체포영장에 관한 EU이사회 골격결정, 범죄인 인도에 관한 유럽협약, 한국-호주 범죄인 인도조약 등에서 규정하고 있다. 유럽사법재판소는 쇠링 사건에서 인도되면 사형수 감방에 갇히게 될 사람의 인도는 유럽인권협약 제3조 '고문 및 비인도적 대우 및 처벌의 금지'에 위반될 것이라고 판단하였다.

(2) 미국

미국은 해외에 소재하는 테러용의자들을 심문하기 위해 국내로 송환하지 않고 고문기록을 가진 타국가로 이른바 '이상한 인도'를 하는 경우 타국가가 고문을 하지 않겠다는 외교적 보증을 받았다.

(3) 유럽인권재판소

1996년 유럽인권재판소는 Chahal 대 United Kingdom 사건에서 영국 정부가 시크 분리운동주의자를 인도로 송환하려는 결정은 고문을 가하지 않겠다는 인도의 보증을 받았다고 해도 유럽인권협약을 위반한다고 하였다. 인도의 인권상황에 비추어 볼 때 그렇게 판단된다고 하였다.

(4) B규약위원회

1993년 Kindler 대 Canada 사건에서 B규약위원회는 B규약 제6조의 생명권 조항상의 의무가 사형이 부과되지 않을 것이라는 보증이 없으면 인도를 거절할 것을 요구하지는 않지만, 보증없이 내려진 인도결정이 자의적이거나 약식적인 것이었다면 제6조를 위반한다고 하였다. 그러나 캐나다의 인도 결정은 제6조를 위반하지 않았다고 하였다. B규약위원회는 10년 뒤 Roger Judge 대 Canada 사건에서는 입장을 바꾸어 사형 폐지에 대한 국제적 컨세서스가 확대되고 있고 이와 함께 시민적·정치적 권리규약은 '살아있는 문서로서 해석되어야 한다고 하면서 사형을 이미 폐지한 캐나다가 아직 그렇지 아니한 미국으로부터 사형을 집행하지 않을 것이라는 보증을 받지 않고 추방한 것은 미국인 신청인의 규약 제6조 제1항하의 생명권을 침해한 것이라고 판단하였다.

5. 수형자 이송제도

최근 형 집행을 위한 수형자 이송조약이라는 새로운 유형의 인도조약이 체결되고 있다. 유럽국가들은 1983년 수형자 이송에 관한 협약, 스트라스부르그협약을 체결하였으며, 미국과 홍콩은 1997년 수형자 이송을 위한 미국 정부와 홍콩 정부 간 협정을 체결하였다. 수형자 이송은 도망자가 아닌 수형자를 그의 자유의사에 기초하여 본국으로 이감조치한다는 점에서 도망자를 강제로 인도청구국에 보내는 범죄인 인도와는 구분된다. 유럽연합은 1997년 수형자 이송에 관한 추가의정서를 채택하여 수형자의 의사와 무관하게 이송할 수 있는 사항을 추가하였다. 첫째, 수형자가 선고국에서 형 집행을 완료하기 전에 그의 본국으로 도주한 경우 선고국은 그 본국에 대해 나머지 형을 대신 집행해 주도록 요청할 수 있다. 둘째, 수형자가 선고국의 감옥에서 일단 석방되면 더이상 동 국가에 체류하는 것을 허용하지 않는 추방령 등이 형의 선고에 이미 포함되어 있는 경우 선고국은 본국으로의 그의 이송을 동 국가에 요청할 수 있다. 두 번째 경우에 있어 수형자의 본국은 선고국의 이송요청에 동의하기 전에 먼저 수형자의 의견을 고려에 넣었어야 한다.

Soering 사건(Soering 대 영국, 유럽인권재판소, 1989)

1. 사실관계

Soering은 독일 국민이고, 미국 버지니아주에서 살인을 범하고 영국으로 도망 중 체포되었다. 미국은 영국과의 범죄인 인도조약에 기초하여 그의 인도를 청구하였고, 독일 역시 범죄인 인도조약에 기초하여 인도를 요청하였다. 인도청구의 경합에 대해 영국은 인도청구의 순서 및 사건의 상황 전체를 고려하여 미국으로 인도하기 위한 국내절차를 계속 진행하였다. 이에 내무부장관은 Soering의 미국으로의 인도명령에 서명했다. Soering은 자신을 미국에 인도하는 것은 유럽인권협약을 위반한 것이라고 주장하면서 유럽인권위원회에 청원을 제출하였다. 이어 유럽인권위원회, 영국, 독일이 유럽인권재판소에 제소하였다. 영국은 미국으로의 인도가 유럽인권협약에 위반될 것이라는 유럽인권법원의 판결을 존중하여 미국으로의 인도를 거절하였다. 그러나 추후 capital murder가 아닌 first - degree murder로 범죄인 인도를 재청구하자 이에 응하여 인도해 주었으며 Soering은 종신형을 선고받았다.

2. 법적쟁점

Soering의 인도에 관련하여 유럽인권협약 제3조상 고문의 금지, 제6조상 공정한 재판을 받을 권리, 제13조상의 실효적 구제를 받을 권리 등이 침해되는지가 문제되었다.

3. 판결요지

(1) 제3조 위반 여부 - 적극

<u>법원은 영국이 Soering을 인도결정한 것은 유럽인권협약 제3조를 위반한 것이라고 판정하였다.</u> 우선 법원은 인도의 결과로서 협약상의 권리가 침해된다면 체약국의 협약상의 의무는 면제되지 않는다고 전제하였다. 또한 야기될 침해가 중대하고도 회복불능의 것이라면 협약의 잠재적 위반에 대해서도 판단을 내릴 수 있다고 하였다. 또한 도망범죄인이 인도된다면, 청구국에서 고문 또는 비인도적 대우 또는 형벌을 당할 진정한 위험에 직면한다는 것을 믿을 수 있는 충분한 증거가 있다면 도망범죄인을 인도하는 체약국의 결정은 제3조를 위반할 수 있다고 하였다. <u>Soering이 미국에 인도되어 사형판결을 받고 '죽음의 순번 대기(death row)'를 하는 경우 사형선고부터 집행까지 평균 6~8년이 소요되며, 그 기간 동안 엄격한 구금조건하에서 죽음의 공포를 감내하지 않을 수 없다는 점, Soering이 행위 당시 18세의 젊은 나이였다는 점, 정신적으로 불안했다는 점, 범죄인을 서독에 인도하더라도 범죄인 인도의 목적이 달성된다는 점 등을 고려할 때 본 건 인도 결정은 집행되는 경우 유럽인권협약 제3조를 위반할 것이라고 판시하였다.</u>

(2) 제6조 위반 여부 - 소극

원고는 버지니아주에서의 사형판결에 대한 상소절차의 대부분에 있어서 법률부조가 행해지지 않으므로 유럽인권협약 제6조의 보장이 확보되지 않는다고 주장하였다. 이에 대해 재판부는 청구국에 있어서 재판거부를 야기할 위험이 있는 경우, 예외적으로 인도결정이 협정 제6조와 상충할 위험성이 없는 것은 아니나, 본 건에서는 그와 같은 위험이 인정되지 않는다고 판시하였다.

우리나라 범죄인 인도법의 주요 내용

1. 상호주의

인도조약이 체결되어 있지 아니한 경우에도 범죄인의 인도를 청구하는 국가가 동종의 또는 유사한 인도범죄에 대한 대한민국의 범죄인 인도청구에 응한다는 보증이 있는 경우에는 이 법을 적용한다(제4조).

2. 범죄중대성의 원칙

대한민국과 청구국의 법률에 의하여 인도범죄가 사형·무기·장기 1년 이상의 징역 또는 금고에 해당하는 경우에 한하여 범죄인을 인도할 수 있다(제6조).

3. 절대적 인도거절사유

① 대한민국 또는 청구국의 법률에 의하여 인도범죄에 관한 공소시효 또는 형의 시효가 완성된 경우, ② 인도범죄에 관하여 대한민국 법원에서 재판계속 중이거나 재판이 확정된 경우, ③ 범죄인이 인도범죄를 행하였다고 의심할만한 상당한 이유가 없는 경우. 다만, 인도범죄에 관하여 청구국에서 유죄의 재판이 있는 때에는 그러하지 아니하다. ④ 범죄인이 인종·종교·국적·성별·정치적 신념 또는 특정 사회단체에 속함 등을 이유로 처벌되거나 그 밖의 불이익한 처분을 받을 염려가 있다고 인정되는 경우(제7조)

4. 정치범 불인도원칙 및 예외

인도범죄가 정치적 성격을 지닌 범죄이거나 그와 관련된 범죄인 경우에는 범죄인을 인도하여서는 아니된다. 다만, 인도범죄가 다음 각 호의 어느 하나에 해당하는 경우에는 그러하지 아니하다. ① 국가원수·정부수반 또는 그 가족의 생명·신체를 침해하거나 위협하는 범죄, ② 다자간조약에 의하여 대한민국이 범죄인에 대하여 재판권을 행사하거나 범죄인을 인도할 의무를 부담하고 있는 범죄, ③ 다수인의 생명·신체를 침해·위협하거나 이에 대한 위험을 야기하는 범죄(제8조)

5. 임의적 인도거절사유

다음 각 호의 어느 하나에 해당하는 경우에는 범죄인을 인도하지 아니할 수 있다. ① 범죄인이 대한민국 국민인 경우, ② 인도범죄의 전부 또는 일부가 대한민국 영역 안에서 행하여진 경우, ③ 범죄인이 인도범죄 외의 범죄에 관하여 대한민국 법원에 재판이 계속 중인 경우 또는 형의 선고를 받고 그 집행을 종료하지 아니하거나 면제받지 아니한 경우, ④ 범죄인이 인도범죄에 관하여 제3국(청구국이 아닌 외국을 말한다)에서 재판을 받고 처벌되었거나 처벌받지 아니하기로 확정된 경우, ⑤ 인도범죄의 성격과 범죄인이 처한 환경 등에 비추어 범죄인을 인도함이 비인도적이라고 인정되는 경우(제9조)

01 국적에 대한 설명으로 옳지 않은 것은?

2017년 7급

① 국제사법재판소(ICJ)는 1955년 노테봄(Nottebohm) 사건에서 외교적 보호권의 행사가 유효하기 위해서는 국적국과 그 국민 사이에 진정한(genuine) 유대(link/connection)가 있어야 한다고 판시하였다.

② 1930년 국적법 저촉에 관한 헤이그협약에 따르면 누가 자국의 국민인가는 각국의 국내법에 의하여 결정된다.

③ 1930년 국적법 저촉에 관한 헤이그협약에 따르면 둘 이상의 국적을 가진 개인은 그 각각의 국적국에 의하여 자국민으로 간주될 수 있다.

④ 우리나라 「국적법」은 부계혈통주의를 원칙으로 하고 있다.

국적

우리나라 국적법은 부모양계혈통주의를 원칙으로 한다.

답 ④

02 2006년 「외교적 보호에 관한 규정 초안」에 따른 외교적 보호에 대한 설명으로 옳은 것만을 모두 고르면?

2021년 7급

ㄱ. 이중국적국 상호 간에는 우세한 국적국이 외교적 보호를 할 수 있다.

ㄴ. 국가는 피해자의 피해가 특별히 중대한 경우, 외교적 보호를 할 의무가 있다.

ㄷ. 국적국의 기준에 노테봄(Nottebohm) 사건의 '진정한 유대(genuine link)'가 규정되었다.

ㄹ. 위법행위가 주주의 이익을 직접적으로 침해한 경우에 주주의 국적국이 외교적 보호를 할 수 있다.

① ㄱ, ㄴ   ② ㄱ, ㄹ   ③ ㄴ, ㄷ   ④ ㄷ, ㄹ

외교적 보호

2006년 「외교적 보호에 관한 규정 초안」에 따른 외교적 보호에 대한 설명으로 옳은 것은 ㄱ, ㄹ이다.

ㄱ. 이중국적국 상호 간에는 원칙적으로 외교적 보호권을 발동할 수 없으나 일방이 타방에 비해 지배적 국적국(dominant nationality)인 경우 외교적 보호권을 발동할 수 있다. 지배적 국적국이란 국가와 당해 국민 간 관련성의 정도가 압도적으로 강한 국가를 말한다.

ㄹ. 주주의 이익이 직접 침해된 경우 주주의 국적국이 1차적으로 보호권을 발동할 수 있다. 그러나, 주주의 권리가 법인에 대한 권리 침해로 인하여 2차적으로 침해된 경우에는 주주의 국적국이 1차적 보호권자가 아니다. 법인의 국적국이 1차적 보호권자이며, 주주의 국적국은 법인의 법적 소멸이나, 법인의 국적국이 보호권을 포기한 경우 등에 한하여 보호권을 발동할 수 있다.

선지분석

ㄴ. 피해가 중대하더라도 외교적 보호 의무는 없다. 외교적 보호는 국가의 권리이다.

ㄷ. '진정한 관련성' 기준은 ICJ의 노테봄 사건에서 인정되었으나, 동 초안에는 명시되지 않았다. 진정한 관련성을 요건으로 하는 경우 귀화로 국적을 취득한 자에 대해 외교적 보호의 사각지대가 존재할 수 있다는 비판이 제기되었기 때문이다.

답 ②

03 2006년 UN 국제법위원회(ILC)의 외교적 보호 규정 초안의 내용에 대한 설명으로 옳지 않은 것은? 2015년 7급

① 외교적 보호를 행사할 수 있는 국적국의 정의에 노테봄(Nottebohm) 사건에서 유래된 '진정한 유대(genuine link)' 기준이 명시되었다.

② 피해 발생 시와 외교적 보호의 청구 제기 시의 국적이 동일한 경우에는 피해자 국적이 계속되었다고 추정한다.

③ 이중국적자에 대해서는 그 중 어느 국가라도 또는 공동으로 제3국에 대하여 외교적 보호를 청구할 수 있다.

④ 회사가 등록지국법상 더 이상 존속하고 있지 않을 때는 그 회사 주주의 국적국도 외교적 보호를 행사할 수 있다.

ILC 외교적 보호에 관한 규정 초안

노테봄 사건과 달리 동 초안에서는 '진정한 관련성'에 대해 규정하지 않았다. 이는 진정한 관련성 요건이 출생 등을 통해 자연적으로 국적을 취득한 자와 귀화에 의해 국적을 취득한 자를 차별한다는 기존의 비판을 반영한 것이다.

선지분석

② 국적계속의 원칙에 관한 규정으로서, 피해 시와 청구 제기 시 국적이 동일하면 동 기간 동안 국적이 계속된 것으로 추정되므로 비계속에 대한 입증책임은 가해국으로 전환된다.

③ 제3국이 가해국인 경우를 전제로 한 진술이다.

④ 법인의 피해로 주주가 2차적·간접적 피해를 입은 경우 주주의 국적국은 원칙적으로 외교적 보호권을 발동할 수 없으나, 설문과 같이 법인이 법적으로 소멸한 경우 예외적으로 외교적 보호권 발동이 인정된다.

답 ①

04 외국인의 대우에 관한 설명으로 옳지 않은 것은? 2016년 경찰간부

① 국가는 외국인의 입국을 허용할 국제관습법적 의무가 없다.

② 외국인 대우의 국제최소기준은 주로 선진국들의 입장이다.

③ 외국인의 모든 기본권은 내국인과 동일하게 인정되어야 한다.

④ 칼보조항(Calvo Clause)은 외국인의 국적국에 의한 외교적 보호권의 행사를 제한하기 위한 것이다.

외국인

외국인의 기본권은 조약이나 국내법에 따라 인정되기 때문에 내국인과 동일하게 인정되는 것은 아니다. 국제관행상 사적 권리는 대체로 허용되나, 피선거권과 같은 공적 권리는 부인하는 것이 일반적이다.

선지분석

② 국제최소기준은 국제표준주의라고 한다. 이는 외국인을 선진국에서 대우하는 것과 동일한 수준으로 보호할 것을 요구하는 입장이다.

④ 칼보조항이란 외국인이 국가계약을 체결할 때 삽입되는 조항으로서 계약상 분쟁을 피투자국 국내법원을 통해서만 해결하고 본국의 외교적 보호권을 배척하는 것을 내용으로 한다. 그러나 칼보조항은 국가의 권리인 외교적 보호권을 사인이 포기하는 것이므로 동 조항은 무효라고 보는 것이 일반적이다.

답 ③

05 국제법상 외국인 재산의 수용에 관한 설명으로 옳지 않은 것은?

① 수용의 대상이 되는 재산은 동산, 부동산, 무체재산 등이 모두 포함된다.

② 내외국인간 및 외국인 상호간의 비차별은 합법적 수용 요건으로 간주되고 있다.

③ 제3세계 국가들은 수용과 관련된 분쟁은 수용국의 국내법에 따라 해결되어야 한다고 주장하고 있다.

④ 국유화의 경우는 보상에서 제외된다.

외국인

일반국제법상 국유화의 요건은 공익, 비차별, 보상이다. 보상금액에 대해서는 국제관습법상 확립되어 있지 않으나, 보상 자체는 국제법상 확립된 요건이다.

답 ④

---

06 범죄인인도에 대한 설명으로 옳지 않은 것은?

① 미국연방대법원은 Alvarez - Machain 사건에서 동 법원은 관할권을 행사할 수 없다고 판시하였다.

② 유럽연합(EU)의 유럽체포영장제도상 범죄특정의 원칙은 상호주의 조건하에서 포괄적으로 포기 또는 제한되고 있다.

③ 집단살해죄, 인도에 반한 죄, 전쟁범죄, 항공기납치범죄 등은 정치범으로 인정되지 않는다.

④ 인도 또는 송환되어 사형, 고문 또는 기타 비인도적 대우를 받을 것이 예견되는 경우에 인도를 거절할 수 있다.

범죄인 인도

Alvarez - Machain 사건에서 미 연방 대법원은 관할권이 성립한다고 하였다. 멕시코인인 피고가 납치된 점이 문제되었으나, 연방대법원은 납치를 금지하는 법이 존재하지 않아 관할권이 성립한다고 한 것이다.

선지분석

② 유럽연합은 2002년 유럽체포영장제도(또는 신속인도절차)를 도입하기 위한 협정을 채택하였다. 동 협정은 중 범죄에 대해 쌍방가벌성의 원칙을 포기하였다. 또한 범죄특정성의 원칙도 상호주의 조건하에 포괄적으로 포기 또는 제한되었다(김대순, 19판, 478쪽 참고).

③ 국제범죄인은 정치범으로 인정되지 않는다.

④ 이를 인도적 고려의 원칙이라고 한다. 고문반대협약(1984), 범죄인인도에 관한 유럽협약, 한국 - 호주 범죄인인도조약 등에 명시되어 있다.

답 ①

07 국제법상 범죄인 인도제도에 대한 설명으로 옳은 것은? 2017년 7급

① 우리나라 「범죄인 인도법」은 우리나라 또는 청구국의 법률에 따라 인도범죄에 관한 공소시효가 완성된 경우를 임의적 인도거절 사유로 규정하고 있다.

② 우리나라 「범죄인 인도법」은 범죄인이 대한민국 국민인 경우를 절대적 인도거절 사유로서 규정하고 있다.

③ 서울고등법원은 중국 국적의 리우치앙(劉強)을 정치범으로 인정하여 그를 일본으로 인도하는 것을 허용하지 않았다.

④ 우리나라가 체결한 범죄인 인도조약은 인도청구국의 법률상 범죄로 성립되기만 하면 그 행위를 인도대상범죄로 규정하고 있다.

범죄인 인도
___

선지분석
① 절대적 인도거절 사유이다.
② '자국민 불인도 원칙'으로서 임의적 인도거절 사유이다.
④ 쌍방가벌성이 적용된다. 따라서 청구국과 우리나라가 공히 범죄로 규정한 경우에 한해 인도대상범죄로 한다.

답 ③

08 범죄인 인도제도에 대한 설명 중 옳지 않은 것은? 2012년 7급

① 정치범 불인도 원칙은 국제형사법원(ICC)의 범죄인 인도에도 적용된다.

② 범죄인은 범죄행위지에서 처벌하는 것이 침해 법익(法益)과 증거수집의 관점에서 합리적이고 타당하나 자국민의 불인도 원칙을 고수하는 국가들도 있다.

③ 인도 대상은 형사소추 대상이나 유죄판결을 받은 사람이어야 한다.

④ 인도된 범죄인 또는 피의자는 인도청구의 대상이 된 범죄행위에 한하여 기소 및 처벌된다.

범죄인 인도
___

정치범 불인도 원칙은 국가 상호 간 범죄인 인도에 적용되는 규칙이다. 국제형사재판소에 대해서는 정치범도 인도대상이 된다.

선지분석
② 대륙법계 국가인 독일이나 한국은 자국민 불인도 원칙을 유지하고 있다.
④ 이를 범죄특정성의 원칙이라 한다.

답 ①

제2장 | 국제인권법

제1절 | 총설

1. 의의

국제인권법이란 개인의 인권을 국제적으로 보호하는 다양한 제도와 규범들을 의미한다. 전통국제법상 개인의 인권보호문제는 개별 국가의 문제로 여겨졌기 때문에 인권문제는 '국내문제 불간섭의무'의 법리 하에 다뤄져 왔다. 그러나 제2차 세계대전 중 발생한 대규모 인권침해 사태는 인권문제가 더 이상 국내문제만은 아니라는 인식을 갖게 하였고 나아가 인권침해 문제는 국제평화에 대한 위협이 된다는 사실을 자각하게 하였다. 따라서 제2차 세계대전 이후 UN, 지역기구 등을 중심으로 인권보호를 위한 다양한 규범과 제도들을 도입하게 되었다.

2. 인권의 세대 구분

UN에서 인권문제의 전개는 UN총회에서 누가 다수파였는지에 따라 세 단계로 구분된다. 제1단계는 1945년부터 1950년대 말까지의 기간으로 이 기간 중에는 국가 간섭으로부터의 자유를 본질로 하는 제1세대 인권으로서의 시민적·정치적 권리가 강조되었다. 제2단계는 1960년부터 1970년대 중반까지의 기간으로, 이 기간 중에는 국가에 대해 복지이익을 청구할 수 있는 개인의 권리, 즉 제2세대 인권으로 불리는 경제적·사회적·문화적 권리가 강조되었다. 제3단계는 1970년대 중반부터 대체로 1980년대 말까지의 기간으로, 결속과 형제애에 기초한 제3세대 인권이 강조되던 시기이다.

3. 제3세대 인권

제3세대 인권은 제3세계에 의해 제시된 개념이다. 제1세대와 제2세대 인권은 본질적으로 개인이 그가 속해 있는 국가와 사회에 대해 주장할 수 있는 권리인 반면, 제3세대 인권은 국경선을 초월하는 것으로서 개인이 국가들의 국제 공동체 전체에 대해 주장할 수 있는 권리이다. 제3세대 인권은 개인과 국가의 상호의존을 함축하고 있으며, 나아가 모든 국가 내 개인들의 상호의존을 함축하고 있다. 제3세대 인권에는 평화, 발전, 건강한 환경, 인류의 공동 유산, 국경을 넘는 교신, 인도적 지원, 자결 등이 거론된다. 세계인권선언 제28조는 모든 사람이 동 선언에 명시된 권리와 자유가 완전히 실현될 수 있는 하나의 사회적, 국제적 질서를 향유할 권리가 있다고 규정하여 제3세대 인권을 언급하고 있다. 개인들은 국가들에게 상호 협력 달성을 위해 성실하게 노력하도록 요구할 권리가 있음을 시사한 것이다.

제2절 | UN의 인권보호

1 UN헌장상 인권보호 관련 규정

UN헌장 제1조에서 UN의 기본 목적의 하나로 '인종, 성별, 언어 또는 종교에 따른 차별 없이 모든 사람의 인권 및 기본적 자유에 대한 존중을 촉진하고 장려하는 것'을 명시하였다.

제55조에서도 '평화롭고 우호적인 국가관계에 필요한 안정과 복지의 조건을 창조하기 위해 인권 및 기본적 자유의 보편적 존중과 준수를 촉진'해야 함을 규정하고, 제56조에서는 '모든 가맹국은 제55조에 규정된 목적을 달성하기 위해 UN과 협력하여 공동 또는 개별적인 조치를 취할 것'을 규정하였다.

2 UN의 인권보호 활동

1. 국제인권규범의 수립 및 실현

UN은 인권의 거의 모든 분야를 망라하는 국제규범을 설정하고 시행하는데 중추적인 역할을 하고 있다. 이러한 규범들은 각 개인과 국가들이 준수하고 보장해야 할 인권의 내용과 구체적인 실현방안을 제시하고 있다.

(1) 세계인권선언

UN헌장에 구현된 인권의 중요성과 보호를 구체화하기 위해 인권위원회의 주도로 작성되었으며 1948년 UN총회에서 채택되었다. 29개조로 구성된 동 선언은 정치적 권리(제1세대 인권) 및 사회·경제·문화적 권리(제2세대 인권) 등을 규정하고 있다. 구체적으로 보면, 모든 인간은 천부의 자유를 가진다고 규정하고, 이어 사상·양심·종교의 자유, 의견발표의 자유, 집회와 결사의 자유, 거주·이전의 자유를 규정하고 있다. 그 밖에 평등권, 투표권, 공무담임권, 사회보장을 받을 권리, 직업선택과 실업에 대해 보호를 받을 권리, 휴식·휴가를 받을 권리를 규정하고 있다. 세계인권선언은 법적 구속력이 없으나 UN의 국제적 인권 활동의 철학적 배경을 제시하고 이후 채택된 국제인권협약의 토대가 되었다. 동 선언에는 민족자결권에 관한 규정은 없다. 그러나, 재산권 보호에 관한 규정은 있다.

(2) 국제인권규약

세계인권선언에 구속력을 부여하기 위한 조약으로 창설되었다. 1966년 제21차 UN총회에서 '경제적·사회적·문화적 권리규약(A규약)'과 '시민적·정치적 권리규약(B규약)'이 채택되었다. B규약의 이행을 위해 별도의 선택의정서를 채택하고 개인청원제도를 도입하였다. 국제인권규약(B규약)은 규약의 이행을 위해 보고서 제출과 검토, 국가 간 고발제도, 개인청원제도 등을 도입하고 있다. 2008년에는 A규약 선택의정서도 채택되었다. 국제인권규약에 대해서는 제3절에서 상세하게 서술한다.

 참고

B규약 제2선택의정서

1989년 12월 15일 사형의 폐지를 목표로 하는 시민적·정치적 권리규약의 제2선택의정서가 채택되었다. 이 의정서는 시민적·정치적 권리규약 제6조(생명권보장)를 구체화한 것으로서, 사형의 폐지를 명시적 목표로 삼은 보편적·지구적 차원의 최초의 문서이다. 다만 '전시에 자행된 군사적 성격의 매우 중대한 범죄'에 대하여 부과하는 사형에 대해서는 비준 또는 가입시 유보를 허용하고 있다. 이 의정서는 1991년 7월 11일 발효하였으나, 한국은 가입하지 않았다.

2. 인권의 국제적 보호

UN은 인권규범을 통해 사전예방적 인권보호활동을 함과 동시에 인권침해가 자행된 경우 이에 대응해 오고 있다. UN체제 내에서 가장 직접적이고 효율적으로 인권침해에 대응하는 방식은 '1503절차'이다. 1503절차는 1970년 경제사회이사회 결의 1503호에 의거해 시행되고 있는 인권 및 기본적 자유의 침해에 관한 진정서의 비밀처리 절차를 의미한다.

'지속적 형태의 심각한 인권 위반 침해상황'에 있는 경우 개인이나 단체는 인권침해 사실을 인권위원회에 통보할 수 있고, 통보된 내용은 인권소위원회에서 검토한다. 인권소위원회의 검토에 기초하여 인권위원회는 취할 조치를 결정한다. 동 결정은 법적 구속력이 없다.

3. 인권의 국제적 증진

UN은 인권문제에 대한 연구와 교육을 통해 인권에 대한 일반적 이해를 증진하고 국가들이 실제 인권보호를 실행하는데 필요한 지원을 제공해 오고 있다. UN인권센터(Center for Human Rights)는 인권에 대한 권고 및 교육 등 기술적인 지원을 담당하고 있다.

3 UN의 인권보호 기관

1. 총회

총회는 두 가지 활동을 통해 인권보호에 간접적으로 기여한다. 첫째, 총회는 결의를 통해 국제적인 인권침해에 대해 고발한다. 총회는 당해 연도에 인권위원회와 경제사회이사회에서 토의되었던 내용들 중 중요한 것들을 재검토한다. 둘째, 국제인권규범을 제정하거나 인권문제를 다루는 여러 기관을 설립하고 인권 관련 회의들을 주최함으로써 인권의 국제적 보호에 기여한다. 총회의 결의는 구속력이 없으나 특정 사안의 심각성을 국제공동체에 환기시키는 한편, 해당 인권 유린국가에 대해서는 정치적 영향력을 행사한다.

2. 안전보장이사회

안전보장이사회는 UN헌장 제39조를 근거로 국제인권침해사태에 적극적으로 개입해오고 있다. 즉, 대규모 인권침해사태를 국제평화의 위협이나 평화의 파괴에 해당한다고 보고 이에 대해 군사적 조치를 포함한 강제조치를 채택하거나 군사적 조치를 회원국들에게 허가해 주고 있다. 평화유지활동 역시 적극적으로 인권보호기능을 담당하고 있다. 이에 대해 안전보장이사회의 1차적 목표는 국제평화와 안전의 유지이므로 인권침해사태가 국제평화를 직접적으로 위협하지 않는 상황에서 안전보장이사회의 개입은 자제되어야 한다는 지적이 있다.

> 📁 참고
>
> **인권보호 관련 주요 안전보장이사회 결의**
>
> **1. 쿠르드족 사태와 안전보장이사회 결의 제688호**
>
> 안전보장이사회 결의 제688호는 자국 내에서 자국민을 상대로 벌어지는 인권침해라는 비군사적 사태에 대해 안전보장이사회가 개입하는 새로운 선례가 되었다. 다만, 안전보장이사회는 한 국가의 자국민 탄압 자체를 국제평화와 안전에 대한 위협이라고 규정하기보다는 이의 대외적 파급효과(난민유입)가 국제평화와 안전을 위협한다고 규정함으로써 형식상 대외적 영향을 중요시하는 과거의 전통을 유지하는 입장을 취하였다.
>
> **2. 구유고연방 사태와 안전보장이사회 결의 제808호**
>
> 구유고연방의 내전 및 분열과정에서 민간인의 대규모 학살, 강제추방, 대량 억류, 집단적 강간등 비인도적 참상이 자행되었다. 안전보장이사회는 일련의 결의들을 통해 이러한 비인도적 행위들은 국제인도법 위반행위로서 동 지역에서의 평화노력에 대한 심각한 위협일 뿐 아니라 그러한 사태는 국제평화와 안전에 대한 위협을 구성한다고 결정하였다.

3. 소말리아 사태와 안전보장이사회 결의 제733호 및 제794호

소말리아 내전 과정에서 식량부족사태로 150만 명 이상의 소말리아인이 아사위기에 빠지자 국제사회가 적극적인 인도적 지원조치를 취했으나 군벌들의 약탈행위로 실효를 거두지 못하였다. 안전보장이사회는 이에 대해 결의 제733호를 통해 소말리아 사태는 국제평화와 안전에 대한 위협을 구성함을 확인하였다. 또한 결의 제794호를 통해 분쟁으로 인한 대규모 인간적 비극과 이것이 인도적 원조의 분배상의 장애에 의해 더욱 악화됨으로써 국제평화와 안전에 대한 위협을 구성한다고 확인하는 한편, 인도주의적 구호활동을 위한 안전한 환경을 수립하기 위하여 헌장 제7장에 의거 UN사무총장과 회원국들이 모든 필요한 수단을 사용할 것을 허용함으로써 무력사용을 명백하게 허용하였다. 안전보장이사회 결의 제794호는 ① 사태의 대외적 영향에 대한 고려 없이 국내적으로 발생한 상황만을 이유로 하여 국제평화와 안전에 대한 위협의 성립을 확인하였고, ② 인권침해 결과 자체가 국제평화와 안전에 위협임을 직접적으로 언급하고 있다는 점에서 중요한 의미를 가진다.

4. 르완다 사태와 안전보장이사회 결의 제929호

1990년 10월부터 후투족이 주력인 르완다 정부군과 투치족의 지지를 받는 르완다 애국전선(RPF) 간에 발발한 내전과정에서 르완다는 사실상 무정부상태에 빠지고 대규모 살육이 발생하였다. 안전보장이사회는 결의 제929호에서 르완다에서의 대규모 인도적 위기가 국제평화와 안전에 대한 위협을 구성한다고 지적하면서 인도적 목적을 달성하기 위해 필요한 모든 수단을 다할 것을 허용하였다. 동 결의 역시 내전의 대외적 영향을 고려함이 없이 국제평화와 안전에 대한 위협을 구성한다고 판단하였다.

5. 아이티 군사쿠데타와 안전보장이사회 결의

아이티에서 군사쿠데타가 발생하자 안전보장이사회는 민주주의의 회복과 합법적으로 선출된 대통령의 즉각적인 복귀를 요구하며 아이티 상황의 계속은 국제평화와 안전에 대한 위협을 구성한다고 결의하였다(결의 제841호). 안전보장이사회는 쿠데타 자체보다는 쿠데타 이후 군정기간에 벌어진 재판에 의하지 않은 처형, 자의적 체포, 불법감금, 납치, 강간, 강제실종 등 인도적 상황의 악화와 난민들의 절망적 탈출 등의 일련의 사태가 국제평화와 안전을 위협한다고 보았다(결의 제940호).

3. 사무총장

UN사무총장은 인도적인 주선(humanitarian good offices)을 통해 적극적으로 인권보호활동을 해오고 있다. 인도적인 주선이란 심각한 인권침해사태가 발생하는 경우 관계국과 공식·비공식 접촉을 통해 사태의 원만한 해결을 유도하는 것을 말한다. 페레드 드케야 사무총장은 남미지역의 인권침해문제, 부트로스 갈리 사무총장은 엘살바도르의 대량인권 침해사태에 대해 인도적 주선 등 적극적인 활동을 한 바 있다. 코피 아난 사무총장은 인권은 국제사회가 공동으로 대처해야 할 문제임을 분명히 하면서 UN이 국가들을 대표해 관여할 정당성을 갖고 있다고 주장하였다.

4. 경제사회이사회 및 산하 위원회

경제사회이사회는 UN헌장 제62조에 따라 인권문제를 직접적으로 다루는 기관이다. 경제사회이사회의 인권 관련 활동은 인권위원회와 인권소위원회가 주로 담당한다.

(1) 인권위원회(Commission on Human Rights)

1946년 경제사회이사회 결의에 의해 설립되었고, 경제사회이사회에서 선출되는 임기 3년의 53개 위원국으로 구성된다. 인권위원회의 주요 임무는 제반인권문제에 대한 토의 결과를 경제사회이사회에 보고하는 것이다.

인권위원회는 세계 인권상황의 검토, 각종 인권협약에 대한 평가, 취약계층의 인권보호문제 등을 다룬다. 인권위는 구속력 있는 결정을 할 수 없으나 관련국가들에게 상당한 부담을 준다.

(2) 인권소위원회

1947년 인권위원회(Commission on Human Rights)의 결정에 따라 설립되었으며 매 2년마다 인권위원회에서 선출되는 임기 4년의 26명의 위원으로 구성된다. 위원들은 국가대표가 아니라 개인자격으로 활동한다. 인권소위원회의 주요 임무는 인권 관련 선언이나 협약의 초안을 마련하고 차별방지 및 소수민족보호에 대해 인권위원회에 권고하는 것이다. 경제사회이사회 및 인권위원회가 위임하는 문제를 토의하기도 한다. 1998년 8월 소위원회에서는 위안부 문제가 집중적으로 토의되었고 '맥두걸 보고서'를 채택하였다.

5. 인권이사회(Human Rights Council)

(1) 설립

인권위원회는 2006년 3월 15일 UN총회 결의를 통해 '총회' 산하의 인권이사회로 대체되었다. 인권이사회는 UN총회의 보조기관이다.

(2) 기능

첫째, 인권이사회는 중대하고 체계적인 인권침해사태를 다루고 그것에 대해 권고한다. 둘째, 모든 UN 회원국의 인권의무 이행과 관련하여 정기적인 검토를 수행한다. 이를 보편적 정례 검토라 한다. 셋째, 인권비상사태에 대해 신속하게 반응한다. 한편, 2007년 6월 인권이사회는 결의를 통해 제소절차(Complaint Procedure)와 특별절차(Special Procedure)를 도입했다. 제소절차는 국내구제완료를 조건으로 사람이나 사람의 집단이 제기한다. 특별절차는 주제별 쟁점이나 특정 국가의 문제를 특별보고관이나 독립전문가에게 회부하여 조사, 권고, 보고하게 하는 절차이다.

(3) 구성

인권이사회는 총회에서 '재적 과반수'에 의한 비밀투표를 통해 직접적이고 개별적으로 선출되는 47개 UN 회원국으로 구성된다. 형평한 지리적 배분을 위해 아프리카 13, 아시아 13, 동유럽 6, 라틴아메리카 및 카리브 8, 서유럽 및 기타 7개 의석이 할당되어 있다. 인권이사국의 임기는 3년이며 두 번 연속 이사국이 된 경우에는 즉각 재선출될 수는 없다. 한편, 이사국이 인권에 대한 중대하고 체계적인 침해를 범한 경우 UN총회는 출석하여 투표하는 회원국 3분의 2 이상의 다수결로 동 국가의 인권이사국으로서의 권리를 정지시킬 수 있다. 실제로 UN총회는 2011년 3월 1일 인권이사회의 자체 권고에 기초하여 리비아의 인권이사국 지위를 정지시키는 결정을 박수갈채로 채택한 바 있다. 한편, 미국은 2018년 6월 19일 인권이사회 탈퇴를 공식 선언했다. 그러나, 2021년 바이든 정부 출범 이후 인권이사회에 옵저버 자격으로 복귀했고, 동년 10월 14일 UN총회에서 인권이사국으로 선출되었다.

(4) 소재지 및 회의

인권이사회의 본부는 제네바에 둔다. 최소 연 3회의 회기를 개최하며 전체 3분의 1 이상의 이사국이 요구하면 특별회의도 개최할 수 있어서 종전 연 1회의 회의에 그쳤던 인권위원회보다는 상설성이 강화되었다.

(5) 자문위원회

인권이사회는 자문위원회를 두고 있다. 2008년 설립되었다. 민간인 18인으로 구성된다. 임기는 3년이며 1회 재임할 수 있다.

(6) 보편적 정례 검토(Universal Periodic Review)

인권이사회는 모든 UN회원국의 인권상황을 매 4년마다 정기 점검하는 제도를 도입하여 2008년부터 심사를 시작하였다. 2012년 2회째부터는 5년씩 소요된다. 이는 과거의 인권위원회가 문제 있는 국가의 인권상황만을 검토하던 방식을 탈피한 것이다. UPR에서는 UN헌장, 세계인권선언, 해당국이 당사국인 인권조약, 해당국의 국제적 약속 등을 검토기준으로 한다.

(7) 기타

2011년 인권이사회는 기업과 인권에 관한 지도원칙을 채택했다. 동 문서에는 인권을 존중할 국가의 의무, 인권을 존중할 회사의 책임, 구제수단에의 접근 세 원칙을 담았다.

6. 인권협약 산하기구

(1) 인권이사회(Human Rights Committee)

1966년에 채택되고 1976년에 발효된 '시민적·정치적 권리규약'(국제인권B규약)에 의거하여 설립되었다. 이사회는 당사국들이 제출한 정기 보고서를 심의하는 한편, B규약 제1선택의정서에 따라 제출된 개인청원을 심의하고 결정하는 임무를 맡고 있다.

(2) 경제적·사회적·문화적 권리위원회

1966년 채택된 '경제적·사회적·문화적 권리규약'(국제인권A규약)과 관련하여 경제사회이사회 결의에 따라 설립되었다. 위원회는 A규약에 따라 매 5년마다 제출되는 정기보고서를 심의하는 것을 임무로 하며 위원회 활동은 매년 경제사회이사회에 보고된다.

(3) 인종차별철폐위원회·여성차별철폐위원회·아동권리위원회·고문방지위원회

UN은 국제인권규약 채택 이후 추가적으로 주요한 인권협약을 채택하였다. 인종차별철폐협약(1969년 발효), 여성차별철폐협약(1981년 발효), 고문방지협약(1987년 발효), 아동권리협약(1990년 발효). 이에 기초하여 산하위원회들이 설립되었으며 각 조약의 국가별 이행을 감시·감독하며 보다 효과적인 이행을 위한 기술적인 지원을 담당하고 있다.

7. UN 인권고등판무관

1993년 비엔나 세계인권회의에서 본격 논의되고 1993년 UN총회 결의에 기초하여 UN 고등판무관직(UN High Commissioner for Human Rights)이 신설되었다. 주요 임무는 ① UN인권조직 강화, ② UN인권 사무국을 전체적으로 감독, ③ UN인권 관련 기관들의 활동을 총괄 조정, ④ 인권 관련 협약에의 가입과 이행을 촉진하는 것이다. 현재 UN 내에서 인권문제를 총괄하는 최고위직이다. 인권고등판무관은 총회의 동의를 얻어 UN사무총장이 임명하며 임기는 4년이다. 인권의 국제적 보호에 있어서 UN의 역할이 과거에는 규범설정에 중점을 두고 있었다면 인권최고대표직의 설치는 규범을 본격적으로 실천하는 단계로 진입하게 되었음을 상징한다.

제3절 | 국제인권규약

1 의의

국제인권규약은 1948년의 '세계인권선언'이 법적 구속력이 결여된 한계점을 보완하기 위해 UN인권위원회(Commission on Human Rights)의 작업에 기초하여 UN총회에서 채택되었다. 국제인권규약은 '경제적·사회적·문화적 권리에 관한 국제규약'(A규약)과 '시민적·정치적 권리에 관한 국제규약'(B규약) 및 B규약 선택의정서로 구성되어 있다. 국제인권규약은 1976년에 발효하였으며, UN총회는 1989년에 B규약 제2선택의정서를 채택하였다. 또한 UN총회는 2008년 A규약 선택의정서를 채택하였으며, 동 의정서는 2013년 5월 발효하였다. 국제인권규약은 법적 구속력이 있는 조약이며, 당사국들이 국제인권규약상의 의무를 이행하도록 하기 위해 이행감독제도들을 도입하고 있는 점이 특징이다. 우리나라는 1990년 4월 10일 A규약, B규약, B규약 선택의정서에 가입하였다. B규약 제2선택의정서에는 가입하지 않았다. 또한, 가입 당시 한국은 B규약의 네 개 조항인 상소권보장(제14조 제5항), 일사부재리 및 이중처벌금지(제14조 제7항), 결사의 자유(제22조), 혼인기간 중 및 혼인 해소시 배우자 평등(제23조 제4항)에 유보하였으나 추후 상소권 보장, 일사부재리 및 이중처벌금지 조항 및 혼인기간 중 및 혼인 해소시 배우자의 평등조항에 대한 유보는 철회하였다.

2 경제적·사회적·문화적 권리에 관한 국제규약(A규약)

1. 법적 성질

A규약의 조항들은 대체로 당사국들에게 즉각적인 이행을 촉구하기보다는 당사국들의 능력이 허용하는 범위 내에서 점진적인 보호를 위해 최선의 노력을 다하도록 하고 있다. 이러한 규범을 '연성법규'(soft law)라 하는 학설이 있다. 즉, 조약으로 성립되어 당사국들에게 구체적인 의무를 부과하는 'hard law'에 비해 구속력이 약한 규범을 연성법규라 한다. A규약의 경우 인권의 보편성과 특수성을 조화시키기 위해 연성규범화를 지향한 것으로 이해할 수 있다.

2. A규약의 구조

A규약은 가능한 범위 내에서 당해 권리의 실현을 점진적으로 촉진할 의무를 당사국에 부과하고 있다. A규약은 전문과 31개조로 구성되어 있으며, 제1부에 민족자결권 규정, 제2부에 총칙규정, 제3부에 실체규정, 제4부에 집행장치규정, 제5부에 최종규정을 두고 있다.

3. 총칙규정(제2조 ~ 제5조)

총칙규정에서는 당사국이 규약상 권리의 실현을 점진적으로 달성하기 위한 제반조치를 취할 의무와 규약상 권리가 차별없이 행사되도록 보장할 의무를 부과하고 있다 (제2조). 단, 당사국은 민주적 사회에서의 공공복리를 증진하기 위해 법률로써 규약상 권리의 향유를 제한할 수 있다(제4조).

4. 실체규정(제6조 ~ 제15조)

실체규정은 경제적 권리(제6조 ~ 제8조), 사회적 권리(제9조 ~ 제12조), 문화적 권리 (제13조 ~ 제15조)로 구분된다. 경제적 권리로는 노동권, 노동조건, 단결권이 규정되어 있고, 사회적 권리로는 사회보장, 가정에 대한 보호, 생활수준의 확보, 건강권이 규정되어 있다. 문화적 권리로는 교육권, 무상의 교육의무 등이 규정되어 있다.

5. 이행제도

(1) 보고제도

A규약의 모든 당사국은 규약상의 권리를 보장하기 위해 채택한 조치와 진전상황에 관해 정기적으로 UN사무총장에게 보고서를 제출해야 한다. 이 보고서는 경제사회이사회가 검토한다. 경제사회이사회는 보고서 검토를 담당하기 위해 '경제적·사회적·문화적 권리에 관한 위원회'를 설치하였다. 18인으로 구성되며 임기는 4년이다.

(2) 개인청원제도

A규약 선택의정서에 의해 도입되었다. 주요 내용은 다음과 같다.

① **청원 대상 권리**: 청원 대상 권리는 A규약에서 규정하고 있는 모든 권리이다.

② **국내구제 완료**: 청원을 제기하기 위해서는 국내구제를 완료해야 한다. 단, 국내절차가 불합리하게 지연되는 경우 국내절차가 종료됨 없이 청원이 가능하다. 청원은 원칙적으로 국내구제절차가 완료된 지 1년 이내에 제출되어야 한다. 1년의 기간 제한은 B규약상 개인청원제도에는 없는 제한이다.

③ **불소급원칙**: 개인청원은 대상 권리가 당사국에서의 선택의정서 발효일 이후에 침해되었어야 한다.

④ **청원권의 제한**: 중복청원이나 청원권의 남용은 금지된다.

⑤ **당사자적격**: 선택의정서는 개인이나 집단이 직접청원하거나 이들을 대신하여 제3자가 청원할 수 있다. 한편, NGO나 국제인권기구에 의한 의견제출제도 (amicus curiae)를 인정하지 않았다.

⑥ **당사국에 대한 통보**: 청원신청서가 들어오면 위원회는 해당 당사국에 비공개적으로 그 내용을 송부해야 하며, 당사국은 6개월 이내에 그 문제에 관한 의견이나 당사국이 취한 조치를 서면으로 제출해야 한다.

⑦ **잠정조치**: 청원이 접수되면 위원회는 어떤 단계에서든 청원인의 회복할 수 없는 권리 피해를 막기 위해 잠정조치를 당사국에게 요청할 수 있다.

⑧ **사후이행조치:** 선택의정서는 위원회의 본안판단 이후 그 결정에 대한 이행을 담보하기 위한 절차(follow-up procedure)를 규정하고 있다. 다른 인권조약과 달리 특별보고관이나 실무그룹 설치는 규정되지 않았다. 당사국은 6개월이내에 이행상황을 서면으로 보고하거나, 위원회가 필요하다고 인정하는 경우 이행상황을 위원회에 보고해야 한다.

(3) 조사절차

첫째, 조사절차(inquiry procedure)란 개인청원 절차와 관계없이 중대한 인권침해에 대해서 위원회가 자체적으로 사실을 조사하여 그에 기초하여 적절한 조치를 취할 수 있는 절차를 말한다. 둘째, 위원회는 사실조사를 위해 1인 이상의 위원에게 조사임무를 맡길 수 있으며, 당사국이 동의하는 경우 당사국을 방문하여 조사를 할 수도 있다. 셋째, 조사에 기초하여 위원회는 당사국에 확인된 사실을 위원회의 판단과 함께 통보할 수 있으며, 당사국은 6개월 내에 이에 대해 의견을 제출해야 한다. 이 절차를 통해 당사국에 권고된 내용의 이행 여부는 위원회가 당사국의 사회권규약에 따른 정기보고에 반영하도록 할 수 있으며, 필요한 경우 6개월이 경과된 다음에는 당사국에 추가적인 보고를 요구할 수도 있다. 넷째, 선택의정서는 이 절차를 위원회가 사용하기 위해서는 당사국이 특별히 수락선언을 해야 하도록 규정하였다. 이 선언은 유보와 달리 조약 가입 이후 언제든지 가능하다.

(4) 국가간 고발제도

첫째, 국가 간 고발제도(inter-state communication)는 당사국이 A규약을 위반한 경우 다른 당사국이 위원회에 그 위반을 진정할 수 있는 제도를 말한다. 둘째, 이 절차가 이용되기 위한 전제는 당사국이 이러한 절차를 운용하는 위원회의 권한을 인정하는 수락선언을 해야 한다는 것이다. 여기서 당사국이란 진정을 하는 국가와 진정 대상이 되는 국가 모두를 포함한다. 이러한 선언은 언제든지 철회될 수 있다. 셋째, 통보국이 접수국에 대해 사회권규약을 위반하였다고 서면으로 통보하면 접수국은 3개월 내에 이 사건에 대해 설명해야 한다. 넷째, 통보 후 6개월 내에 통보국과 접수국 간에 만족스러운 협상이 되지 않으면 관련국은 이 사안을 위원회로 가져갈 수 있다. 이 경우 접수국의 국내구제절차를 모두 완료해야 한다. 다섯째, 위원회는 이 사안이 우호적으로 해결되도록 주선한다. 국가 간 진정의 결론은 위원회의 관련국에 대한 보고로 귀결된다. 즉, 위원회가 주선에 의해 당사국 간에 해결책이 나온 경우에는 그 내용을 보고하고, 주선에 의한 해결책이 나오지 못한 경우에는 그 경과를 보고하면서, 위원회의 견해를 통보할 수 있다.

3 시민적 · 정치적 권리에 관한 국제규약(B규약)

1. B규약의 구조

B규약은 원칙적으로 즉시 적용가능한 기준을 정하여 이를 준수 · 실시할 의무를 당사국에 부과하고 있는 점에서 A규약과 다르다. B규약은 전문과 53개조항으로 구성되어 있다. 제1부에 민족자결권규정을, 제2부에 총칙규정을, 제3부에 실체규정을, 제4부에 집행장치규정을, 제5부에 잡칙을, 제6부에 최종규정을 두고 있다.

2. 총칙규정(제2조 ~ 제5조)

규약 당사국에 의한 실시조치(제2조), 남녀의 평등권(제3조), 비상사태하에서의 예외(제4조) 등을 규정하고 있다. 제4조를 보면, 비상사태를 선언한 당사국은 필요한 한도까지 규약상 의무를 위반하는 조치를 취할 수 있으나, 그 조치는 당해국의 국제법상 의무와 상충되어서는 안 되며, 인종 · 성 등을 이유로 차별적이어서는 안 된다. 비상사태하에서도 생명권, 사형제도, 고문 및 잔학형의 금지 등 제반규정을 위반할 수 없다. 비상사태하에서 규약상 의무에 위반하는 조치를 취한 국가는 위반규정 및 위반이유를 UN사무총장을 통해 타당사국에 즉시 통보해야 하며, 동일경로를 통해 위반종료일을 통보하여야 한다.

3. 실체규정(제6조 ~ 제27조)

(1) 의의

생명권 및 사형제도, 고문 및 잔학형의 금지, 노예 및 강제노동의 금지, 신체의 자유 및 체포 · 구금의 요건, 공정한 재판을 받을 권리, 표현의 자유, 소수민족의 보호 등에 관한 실체규정들을 담고 있다.

(2) 생명권(제6조)

모든 인간은 고유한 생명권을 가진다. 이 권리는 법률에 의해 보호되며, 어느 누구도 자의적으로 자신의 생명을 박탈당하지 아니한다. 사형을 폐지하지 않고 있는 국가에 있어서 사형은 법률에 의해 가장 중대한 범죄에 대해서만 선고될 수 있다. 이 형벌은 권한있는 법원이 내린 최종판결에 의하여서만 집행될 수 있다. 사형을 선고받은 사람은 누구나 사면 또는 감형을 청구할 권리를 가진다.

(3) 이동의 자유(제12조)

합법적으로 어느 국가의 영역 내에 있는 모든 사람은, 그 영역 내에서 이동의 자유 및 거주의 자유에 관한 권리를 가진다. 모든 사람은 자국을 포함하여 어떠한 나라로부터도 자유로이 퇴거할 수 있다. 어느 누구도 자국에 돌아올 권리를 자의적으로 박탈당하지 아니한다.

(4) 추방(제13조)

합법적으로 당사국 영토 내에 있는 외국인은, 법률에 따라 이루어진 결정에 의해서만 그 영역으로부터 추방될 수 있으며, 또한 국가안보상 불가피하게 달리 요구되는 경우를 제외하고는 자기의 추방에 반대하는 이유를 제시할 수 있고 또한 권한 있는 당국에 의하여 자기의 사안이 심사되는 것이 인정된다.

(5) 표현의 자유(제19조)

모든 사람은 간섭받지 아니하고 의견을 가질 권리를 가진다. 또한 모든 사람은 표현의 자유에 대한 권리를 가진다. 표현의 자유는 타인의 권리 또는 신용의 존중이나 국가안보 또는 공공질서 또는 공중보건 또는 도덕의 보호를 위해 필요한 경우 법률에 의해 제한될 수 있다.

(6) 결사의 자유(제22조)

모든 사람은 노동조합을 결성하고 이에 가입할 결사의 자유에 대한 권리를 가진다. 결사의 자유는 국가안보, 공공안전, 공공질서, 공중보건, 타인의 권리 및 자유의 보호를 위하여 민주사회에서 필요한 것 이외의 어떠한 제한도 과하여져서는 안 된다.

(7) 가정 및 결혼의 보호(제23조)

가정은 사회와 국가의 보호를 받을 권리를 가진다. 혼인적령의 남녀가 혼인을 하고, 가정을 구성할 권리가 있다.

(8) 소수민족(제27조)

종족적, 종교적 또는 언어적 소수민족이 존재하는 국가에 있어서는 그러한 소수민족에 속하는 사람들에게 그 집단의 다른 구성원들과 함께 그들 자신의 문화를 향유하고, 그들 자신의 종교를 표명하고 실행하거나 또는 그들 자신의 언어를 사용할 권리가 부인되지 아니한다.

4. 이행제도

(1) 보고제도

당사국은 권리실현조치 및 실현성과에 대한 보고서를 규약 발효 후 1년 이내 및 그 후 위원회의 요청 시 UN사무총장에게 제출해야 한다. UN사무총장은 이를 인권위원회로 송부한다. 인권위원회는 당사국들이 제출한 보고서를 검토하고, 자체보고서 및 적정하다고 생각되는 일반적 의견을 당사국에 송부하며, 당사국으로부터 접수한 보고서 사본과 함께 일반적 의견(non - country - specific)을 경제사회이사회에 제출할 수 있다. 당사국은 상기 의견에 대한 견해를 위원회에 제출할 수 있다. 인권위원회는 1992년 '특정 국가에 대한 논평(country - specific comments)'의 채택을 결정하였고, 이후 특정 국가에 대한 논평을 제시하고 있다.

(2) 국가 간 고발제도(inter - state complaint machinery)

① **의의**: 국가 간 고발제도는 B규약 제41조를 수락한 당사국 상호 간에 B규약상의 의무이행에 대해 감시·감독하는 제도를 말한다. 제41조의 수락선언은 언제든지 철회할 수 있다(제41조 제2항). 우리나라는 동 조항을 수락하였다. B규약 제41조를 수락한 당사국은 타당사국의 규약상 의무 위반을 통보할 수 있고 이에 따라 인권위원회는 자신이 주선하거나 특별조정위원회를 구성하여 조정할 수 있다.

② **당사국 간 통보**: 타당사국이 규약을 실시하지 않는다고 생각하는 당사국은 서면통보(written communication)에 의하여 타당사국의 주의를 환기할 수 있다. 통보를 수령한 국가는 접수일로부터 3개월 이내에 문제를 제기한 국가에 해명서(written explanation)를 보내야 한다. 통보수령일로부터 6개월 이내에 원만하게 조정되지 못한 경우 일방 당사국은 당해 문제에 대한 주선을 위원회에 부탁할 수 있다.

③ **인권위원회의 주선**: 인권위원회는 국내구제수단이 완료된 경우 사안을 다룰 수 있다. 단, 구제수단의 부당한 지연 시에는 국내구제를 완료하지 않아도 다룰 수 있다. 인권위원회는 통보된 사안을 검토하여 분쟁당사국들 간 분쟁의 우호적 해결을 위해 주선(good offices)을 제공한다. 인권위원회는 분쟁 당사국들에게 정보제공을 요청할 수 있으며 당사국들은 구두 또는 서면 진술권이 있다. 인권위원회는 12개월 내에 보고서를 제출해야 하며 보고서는 당사국에 송부된다.

④ **특별조정위원회의 조정**: 인권위원회의 주선에 의해 분쟁이 해결되지 않은 경우 위원회는 분쟁 당사국의 동의에 기초하여 특별조정위원회를 구성할 수 있다. 특별조정위원은 제41조를 수락한 국가의 국민이어야 하되, 분쟁 당사국의 국민이어서는 안된다. 특별조정위원회는 사안을 검토하여 인권위원장에게 12개월 이내에 보고서를 제출하고 인권위원장은 이를 당사국에 송부한다. 12개월 이내에 사안 검토를 완료하지 못한 경우 보고서에는 문제의 검토상황에 대한 간단한 기술에 국한된 내용을 담을 수 있다. 우호적 해결에 도달한 경우 사실과 도달한 해결에 대해 진술한다. 우호적 해결에 도달하지 못한 경우 보고서에는 사실문제에 대한 위원회의 인정과 문제의 우호적 해결가능성에 대한 위원회의 의견을 기술한다. 또한 분쟁당사국들의 의견도 포함해야 한다. 당사국들은 보고서를 송부 받은 후 3개월 내에 위원장에게 보고서 내용의 수락 여부를 통보해야 한다.

(3) 개인청원제도

다음 절에서 상술한다.

5. 개인청원제도

(1) 개념

개인청원제도 또는 개인의 국가고발제도라 함은 인권보호조약의 실효성 확보를 위해 조약상의 권리나 자유를 침해당한 개인이 조약에 예정된 절차에 따라 인권을 침해한 국가를 고발하거나 청원하는 제도를 의미한다.

(2) 입법취지

개인청원제도를 도입한 취지는 기본적으로 인권보호조약의 실효성을 확보하기 위한 것이다. 인권조약은 조약 준수의 최대의 보장자로 당사국을 예정하고 있다. 따라서 국제절차가 최초의 구제수단이 될 수는 없다. 그러나 당사국이 자국 영역 또는 관할 내의 개인에 대하여 충분한 보호를 하지 못한 경우 그 피해를 구제받지 못한 개인이 최후 수단으로 이용할 수 있게 하자는 취지로 볼 수 있다.

(3) 관할권의 성립 요건

B규약 위원회의 관할권이 성립하기 위해서는 인적 관할, 물적 관할, 장소적 관할, 시간적 관할이 모두 인정되어야 한다.
① 인적 관할의 문제로서 관련국이 B규약 및 B규약 선택의정서에 가입하고 있어야 한다.
② 조약에서 정하는 권리 또는 자유의 침해를 내용으로 하지 않는 청원은 물적 관할권의 흠결이 적용된다.
③ 조약불소급의 원칙상 조약이 당사국에 발효된 이후에 그리고 당사국에 의한 탈퇴의 효력이 발생하기 이전의 행위에 대해서만 인권위원회가 심의할 수 있다.
④ B규약은 영토 내에 있으며 그 관할하에 있는 모든 개인에 대해 규약의 권리를 보호한다. 또한 영토 밖에 있는 개인에 대해서도 적용된다. 개인은 국민뿐 아니라 외국인도 포함되나, 법인은 포함되지 않는다.

(4) 국내구제절차의 완료

규약에 열거된 권리가 침해되었다고 주장하는 개인은 모든 이용 가능한 국내적 구제조치를 완료하였을 경우 규약인권위원회에 심리를 위한 서면통보를 제출할 수 있다(제2조). 단, 구제조치의 적용이 불합리하게 지연되는 경우 적용되지 않는다[제5조 제2항 제(b)호의 단서]. 피해자가 체포된 이후 4년 반 이상이나 최종판결이 선고되지 않은 것은 불합리한 지연으로서 사건을 심리할 수 있다고 보았다(Weiz v. Uruguay 사건).

(5) 청원인

규약에 규정된 권리에 대한 위반의 '피해자임을 주장하는 개인'으로부터 청원을 수리한다(제1조). 피해자와 신청인 간에 충분한 연관성(a sufficient link)이 있으면 피해자가 신청서를 직접 제출할 수 없는 경우에도 동 피해자를 위한 대리인의 신청서를 접수한다. 법인은 청원의 주체가 될 수 없다. 임박한 피해를 주장하는 개인도 청원을 제출할 수 있다. B규약 인권위원회는 핵무기의 네덜란드 배치가 B규약 제6조를 침해한다고 주장하는 6588명 명의의 청원에 대한 결정에서 청원인은 국가의 작위 또는 부작위가 권리의 향유에 불리한 효과를 가지거나 또는 그러한 효과가 임박한(imminent) 것임을 보여주어야 한다고 하였다.

(6) 다른 국제절차와의 중복 금지

동일문제가 다른 국제적 조사 또는 해결절차에 따라 심사되고 있지 않아야 한다[제5조 제2항 제(a)호]. 법정에 따라 상이한 결과가 나올 가능성을 배제하고, 각 국제기관 간 갈등 방지를 목적으로 한다. 위원회의 관행에 의하면 다른 국제기관이 사실관계를 심사하지 않는 한 '다른 국제절차에서 심사 중'인 것으로 보지 않으며, 다른 국제절차에 부탁된 사안이라도 청원인이 이를 취소하면 B규약 인권위원회는 심의할 권한을 가진다. 또한 과거에 심사했더라도 현재 심의 중이 아니면 동일사항으로 취급하지 않는 경향을 보이고 있다. 일부 체약국들은 과거에 심사된 사안이 다시 인권위원회에서 검토되는 것을 막기 위해 유보를 가하고 있다.

(7) 청원권 남용 및 익명 청원의 금지

청원권이 남용된 경우 수리를 거부할 수 있다(제3조). 과거 위원회가 수리거부한 사안과 동일하거나 유사한 사안을 청원하는 경우, 청원인의 주장이 포괄적 성격을 가지고 피해자 자격을 가졌는지에 대해 실증하는 바가 없는 경우 그 진실성에 대한 의문을 정당화시키고 청원권의 남용을 구성한다.

한편, 개인청원제도는 궁극적으로 개인이 입은 피해의 구제가 목적이므로 구체적인 구제대상이 존재하지 않는 것이므로 익명청원(anonymous petitions)의 경우 이를 심리거부사유로 보고 있다(제3조).

(8) 본안심리절차

개인청원의 본안심리절차는 청원인이 청원서를 작성하여 인권위원회에 제출함으로써 개시된다. 본안심리는 서면심리가 원칙이다(제5조 제1항). 개인청원이 인권이사회에 의해 수리된 다음, 그 수리통지를 받은 피청원국은 6개월 이내에 개인청원에 대한 설명서 혹은 성명서를 제출할 수 있다(제4조 제2항). 인권위원회는 이 규정을 국가의 정보제공의무로 해석하고 있다. 그러나 6개월 이내에 설명서를 제출하지 않는 경우 인권위원회는 개인이 제출한 정보만으로 청원의 허용성 여부를 판단할 수 있다.

(9) 최종 견해의 채택과 법적 효력

위원회의 기본 임무는 규약상 권리의 위반에 관한 청원을 심리하고 그 위반사실을 확인하고 선언하는 것이다. 나아가 인권이사회는 존재한다고 확인된 위반행위에 대한 구제를 위하여 적절한 권고를 행할 권한을 가질 수 있다. 최종견해에는 책임자의 처벌 및 피해자에 대한 보상, 피해자의 권리회복, 권리를 침해하지 않겠다는 약속, 권리를 침해하는 법률의 개정을 포함할 수 있다. 결정 및 이행권고는 피청구국에 법적 구속력이 없으며, 국가들은 실제 이행을 거부하기도 한다. 한국도 손종규 사건에서 법적 구속력이 없음을 이유로 결정의 국내적 실시를 거부하겠다는 의사를 표시하였다.

(10) 양심적 병역거부 사건(2007, HRC)

한국인인 여호와의 증인 신도는 병역 거부로 1년 6개월 형을 선고 받았다. 청원인은 대체복무제 없이 일률적으로 병역의무를 부과하고 이를 거부하는 자를 처벌하는 한국의 병역법이 '시민적 · 정치적 권리에 관한 국제규약' 제18조 종교의 자유를 침해한다고 주장하며 청원을 제기하였다. B규약위원회(HRC)는 한국의 병역법이 동 협약을 위반하였다고 보았다.

6. 인권위원회(Human rights committee)

B규약에 의해 설치되며 18인으로 구성된다. 당사국은 2인 이하의 자를 지명할 수 있으며, 지명하는 국가의 국민이어야 한다. 위원의 선출은 당사국의 3분의 2를 정족수로 하고, 출석하여 투표하는 당사국 대표의 최대다수표 및 절대다수표를 획득하는 후보가 위원으로 선출된다. 위원회는 동일국가의 국민을 2인 이상 포함할 수 없다. 위원의 임기는 4년이며 재선될 수 있다.

4 A규약과 B규약의 차이점

1. 당사국의 재량성

A규약은 B규약에 비해 이행에 있어서 당사국의 재량이 더 많다. A규약은 규약상 권리 실현을 점진적으로 달성함을 목표로 하고 있고, 당사국들은 목표달성에 있어서 자국의 가용자원이 허용하는 최대한도까지 조치를 취할 것을 약속하고 있다. 이에 비해 B규약은 각 당사국에게 규약상의 권리를 존중하고 자국 영토 및 관할권 내의 모든 개인에게 권리를 확보할 것을 요구함으로써 규약상 권리의 즉각적이고 완전한 실현을 목표로 하고 있다.

B규약의 실현에는 정부 당국의 의지가 중요한 반면, A규약 이행을 위해서는 경제력이 요구되기 때문에 재량성에 차이를 두고 있다.

2. 외국인에 대한 차별 가능성

A규약 제2조 제3항은 개발도상국들이 외국인에 대해 특정 조건하에서 차별을 할 수 있도록 인정하고 있다. 차별이 정당화되는 조건은 ① 외국인의 차별대우가 당해 개발도상국의 경제상황에 비추어 정당화되고 특정 국가 국민에 대한 차별이 아닐 것, ② 차별대우로 인하여 타인권에 대한 중대한 위반이 초래되지 않을 것이다.

3. 인권의 서열의 인정 여부

B규약 제4조는 비상사태하에서 규약상의 인권이 제한될 수 있음을 인정하는 한편, 비상사태하에서도 위반이 허용되지 않는 인권을 적시하고 있다. 제6조의 생명권, 제7조의 고문과 잔혹한 형벌 또는 대우의 금지, 제8조의 노예금지, 제16조의 인격권, 제18조의 사상·양심·종교의 자유 등이다. 이는 B규약에서 인권 사이에 서열이 있음을 인정한 것으로서 제한가능한 인권을 '표준적 인권(normal human rights)', 제한불가능한 인권을 '훼손할 수 없는 인권(non - derogable rights)'이라 한다. 한편, A규약의 관련규정인 제4조는 이러한 구별을 알지 못한다.

5 인권조약의 역외적용성

1. 개념

인권조약의 역외적용성이란 자국이 가입한 인권조약이 자국 영토 밖에서도 준수되어야 하는지의 문제를 말한다.

2. 역외적용 인정

인권조약의 역외적용성은 다음과 같이 인정되고 있다. 첫째, ICJ는 Legal Consequences of the Construction of a Wall in the Occupied Palestine Territory에서 국제인권B규약이 국가가 자국 영토 밖에서 자신의 관할권을 행사함에 있어 행한 행위에 대해 적용될 수 있다고 하여 역외적용을 긍정하였다. 둘째, Human Rights Committee는 Delia Saldias de Lopez v. Uruguay 사건에서 B규약 위반이 우루과이 영토 밖에서 행해졌다고 하더라도 우루과이 공무원에 의해 행해진 것이라면 위원회가 관할권을 행사할 수 있다고 하여 역외적용을 인정하였다. 셋째, 유럽인권법원은 Loizidou v. Turkey(1995)에서 유럽인권협약의 역외적용을 인정하였다. 넷째, 미주인권법원도 미주인권협약의 역외적용을 긍정하고 있다.

3. 실체적 의무와 소추의무의 구분

인권조약이 국가들에게 부과한 실체적 의무의 지리적 적용범위와 인권조약을 침해한 개인들을 소추할 의무의 지리적 범위 또는 누가 그들을 재판할 수 있는가의 문제는 구분되어야 한다. ICJ는 2007년 Application of the Convention on the Prevention and Punishment of the Crime of Genocide에서 제노사이드협약상의 실체적 의무는 외견상 영토에 의해 제한되지 않지만, 소추의무는 명시적인 영토적 제한을 받고 있다고 하였다. 즉, 제노사이드로 기소된 자에 대한 재판은 그 영토에서 그 행위가 행해진 국가의 권한 있는 재판소에서 수행하거나, 관할권을 가진 국제형사재판소에서 수행해야 한다는 것이다.

참고

인간게놈과 인권

1. 1997년 11월 11일 UNESCO 총회에서 만장일치와 박수갈채로 채택된 '인간게놈과 인권에 관한 세계선언'은 상징적 의미에서 인류의 유산이며 그 자연상태에서의 인간게놈은 금전적 이득을 가져오지 아니하며 그 누구도 유전적 특성을 근거로 인권, 기본적 자유 및 인간의 존엄성을 침해할 의도가 있거나 그러한 결과를 초래하는 차별대우를 받지 아니한다고 하였다.

2. UN총회는 1998년 12월 9일의 '인간게놈과 인권'을 통해 1997년 결의를 승인하였다. UN총회는 2005년 3월 8일 결의를 통해 '인간 복제에 관한 UN선언으로 명명된 UN차원의 선언'을 채택하였다. 동 선언은 UN회원국들에게 ① 생명과학(life sciences)의 적용에 있어 인간의 생명을 충분히 보호하는 데 필요한 모든 조치를 채택할 것, ② 모든 형태의 인간복제는 인간의 존엄성 및 인간생명의 보호와 양립할 수 없으므로 이를 금지시킬 것, ③ 인간의 존엄성에 배치될 수 있는 유전자 공학기술의 적용을 금지하는데 필요한 조치를 채택할 것, ④ 생명과학의 적용에 있어 여성의 이용을 방지하지 위한 조치를 취할 것, 이상의 네 가지 사항을 실행에 옮기기 위한 국내입법을 지체 없이 채택하고 이행할 것을 요구하였다.

3. 인간 복제의 가능성을 우려하는 이상의 선언들은 그 내용이 다시 법적·과학적 해석을 필요로 할 뿐만 아니라, 그 자체 기껏해야 연성법으로서의 성격을 가지는 국제문서에 불과하다.

 관련판례

손종규 사건(손종규 대 대한민국, 자유권규약위원회, 1994)

1. 사실관계

청원을 제출한 손종규는 1990년 9월 27일 이래 주식회사 금호 노동조합 위원장이며 대기업 연대회의의 창립회원이었다. 1991년 2월 8일 경상남도 거제도에 있는 대우조선에서 노동쟁의가 일어났을 때 정부는 경찰병력을 동원하여 쟁의를 진압하겠다고 공표하였고, 손종규는 쟁의지점에서 400km 떨어진 서울에서 다른 연대회의 회원들과 1991년 2월 9일 모임을 가졌다. 모임 끝에 그들은 노동쟁의를 지지하고 정부의 병력투입 위협을 비난하는 성명을 채택하였다. 1991년 2월 10일 연대회의 모임을 마치고 나오던 중 손종규 및 연대회의 다른 회원들은 노동쟁의에 제3자 개입을 금지하는 '노동쟁의조정법' 위반혐의로 기소되었다. 1991년 8월 9일 손종규는 징역 1년 6개월과 3년의 집행유예형을 선고받았고 항소 및 상고는 기각되었다. 이에 손종규는 자유권규약위원회에 개인청원을 제기하였다.

2. 견해요지 - 자유권규약 제19조 제2항 위반 여부(적극)

자유권규약위원회는 심리대상을 손종규가 대우조선 쟁의 지지성명을 발행하는 데 가담한 것과 정부의 쟁의 무력진압 위협에 대해 비판한 것으로 노동쟁의조정법 제13조2에 의해 손종규를 처벌한 것이 자유권규약 제19조 제2항에 위반되는지의 문제로 국한시켰다. 위원회는 대한민국 정부의 조치는 자유권규약 제19조 제2항을 위반하였으며, 제19조 제3항에 의해 정당화되지 아니한다고 판단하였다. 위원회는 표현의 자유에 대한 제한이 제19조 제3항에 의해 정당화되기 위해서는 법률에 의한 제한일 것, 제19조 제3항에 규정된 목적과 관련될 것, 정당한 목적을 위해 필요한 것일 것을 요건으로 한다고 하였다. 정당한 목적을 위해 필요한 것으로 인정되기 위해서는 표현의 자유 행사가 구체적으로 어떠한 위협을 초래하는지에 대해 명확하게 특정되어야 한다고 전제하였다.

대한민국은 손종규가 발행한 성명이 국가적 총파업을 선동하고 이로써 국가안보와 공공질서를 위협할 수 있다고 주장하였다. 그러나 위원회는 대한민국이 손종규의 표현의 자유 행사가 초래하였다고 주장하는 위협이 구체적으로 어떤 성격의 것이었는가에 대해 규명하지 못했다고 판단하였으며, 대한민국이 주장한 내용 중 어떠한 것도 제19조 제3항에 기술된 표현의 자유에 대한 제한의 충분조건이 되지 않았다고 판단하였다.

 관련판례

제노사이드협약의 적용에 관한 사건(Bosnia and Herzegovina 대 Serbia and Montenegro, ICJ, 2007)

1. 사실관계

1946년 보스니아 - 헤르체고비나, 크로아티아, 마케도니아, 몬테네그로, 세르비아, 슬로베니아의 6개 공화국으로 구성된 유고슬라비아[정식명칭: 유고슬라비아사회주의연방공화국(1974)]가 창설되었다. 세르비아와 몬테네그로를 제외한 4개 공화국들은 동서 냉전 종식과 유고연방의 분열에 따라 1990년대 초 유고연방으로부터 독립을 선언하였다. 보스니아 - 헤르체고비나 역시 독립을 선언하였으며 미국과 EC가 승인하였고 1992년 5월 22일 UN에 가입하였다. 세르비아와 몬테네그로는 '유고슬라비아연방공화국'(이른바 신유고연방)으로 재편되어 유고연방의 법인격을 승계한다고 선언하였다. 이 선언에 대해 UN안전보장이사회는 1992년 5월 30일 결의 제777호를 채택하여 신유고연방이 유고연방의 회원국 지위를 자동적으로 계속 유지한다는 주장은 수락될 수 없으므로 신유고연방이 유고연방과 동일한 국가로서 UN에 참여하는 것을 정지시킨다고 결정하였다. 신유고연방은 결국 2000년 10월 27일 유고연방의 회원국 지위를 승계한다는 주장을 포기하고 신회원국으로 UN 가입을 신청하여 2000년 11월 1일자로 '세르비아 - 몬테네그로'로서 UN에 가입하였다. 2006년 6월 몬테네그로는 국민투표를 통해 '세르비아 - 몬테네그로'로부터 독립을 선언하였다.

독립선언 이후 세르비아는 동 일자 UN사무총장 앞 서한에서 세르비아공화국이 세르비아 - 몬테네그로의 UN에서의 회원국 지위를 승계한다고 선언하였다. 보스니아 내의 세르비아민족은 1992년 4월 7일자로 '보스니아 - 헤르체고비나의 세르비아공화국'(Serbian Republic of Bosina and Herzegovina) 수립을 선포하고, 유고방인민군의 Ratko Mladic 장군이 지휘하는 군대가 보스니아 영토의 3분의 2 지역을 장악하여 보스니아는 내전상태에 돌입하게 되었으며 1995년 7월 Srebrenica의 대학살 사건이 발생하였다. 보스니아 내전은 1995년 12월 보스니아, 크로아티아, 신유고연방 간 Dayton - Paris 평화협정이 체결되어 일단 종식되었다. 보스니아는 1993년 3월 20일 제노사이드협약 제9조의 분쟁회부조항(compromissory clause)에 따라 신유고연방이 제노사이드협약상 의무를 위반하였다는 취지로 ICJ에 소송을 제기하였다. ICJ는 1993년 4월 및 9월에 잠정조치를 명하였으나, 이후 1995년 7월 Srebrenica에서 보스니아 회교도 주민들이 대량 학살되는 사건이 발생하였고, 1996년 7월 ICJ의 관할권 유무에 대한 선결적 항변에 대한 결정 및 2003년 2월 관할권 확인에 대한 수정요청에 관한 결정 등의 조치를 취하였으며, 2007년 2월 본안심리를 완료하였다.

2. 재판소 판단

(1) 보스니아 - 헤르체고비나의 세르비아 인민공화국(추후 Republica Srpska로 국명 변경, 이하 RS)의 행위가 제노사이드에 해당하는지 여부

ICJ는 Srebrenica 대학살이 제노사이드에 해당한다고 판단하였다. 동 대학살은 보스니아 회교도들을 대상으로 하여 약, 7000명을 살해하고 심각한 육체적 정신적 위해를 가했다고 판단하였다. 또한 세르비아 인민공화국(RS)에 의한 '특별한 의도'도 확인된다고 하였다.

(2) Srebrenica 학살에 대한 책임

① **세르비아에 대한 귀속 여부:** ICJ는 Srebrenica 대학살은 세르비아에 귀속되지 않는다고 판단하였다. 즉, 세르비아 군대가 학살에 참여하지 않았으며, 세르비아의 정치지도자들도 학살의 기획·준비·실행에 참여하지 않았다고 본 것이다. 비록 세르비아가 RS에 재정적 지원을 하고 있었고, 동 지원이 RS군대 장교에 대한 급료와 수당 지급의 형태로 이루어졌으나 이러한 지원 때문에 RS군대를 세르비아의 기관으로 인정할 수 없다고 하였다. 따라서 대학살에 대해 세르비아의 국제책임이 없다고 하였다.

② **세르비아의 지시 또는 통제 여부:** ICJ는 RS가 세르비아의 지시 또는 통제를 받아 대학살을 자행했다는 보스니아의 주장도 기각하였다. ICJ는 지시 또는 통제에 기초하여 국가책임을 인정하기 위해서는 전체적 행동에 대한 일반적 지시나 지침이 아니라 개별 작전에 대한 '유효한 통제(effective control)'가 행사되거나 구체적 지시가 있어야 한다고 하였다. ICJ는 보스니아가 세르비아에 의해 제노사이드 지시가 내려졌다는 점을 입증하지 못했으며, 제노사이드 이행결정은 세르비아의 지시 또는 통제 없이 RS군대 참모들에 의해 내려졌다고 판시하였다.

③ **세르비아가 공범인지 여부:** ICJ는 세르비아가 공범이 되기 위해서는 그 국가기관 또는 구성원이 제노사이드행위를 지원(aid or assistance)하였는지를 검토해야 하며, 제노사이드 범죄자에 대한 그러한 지원 시 범죄자들의 제노사이드 이행에 대한 특별의도를 알았거나 알 수 있었는지 여부에 대한 검토가 필요하다고 하였다. ICJ는 세르비아 당국이 제노사이드를 자행한 RS 군지휘관들이 제노사이드를 자행하고 있다는 것을 알고서도 동 RS 군지휘관들에게 원조나 지원을 했다는 사실을 명확하게 확립할 수 없기 때문에 세르비아의 공범행위가 성립하지 않는다고 판단하였다.

(3) 세르비아의 제노사이드 예방의무 위반 여부

ICJ는 세르비아가 제노사이드 예방의무를 위반하였다고 판단하였다. 제노사이드협약의 당사국에 부과된 예방의무는 제노사이드가 발생하지 않도록 '결과에 대한 의무'는 아니며 합리적으로 이용 가능한 모든 수단을 사용하여 예방할 '행동의무'라고 하였다. 그러나 세르비아는 이러한 예방의무를 태만히 하였다고 하였다. ICJ는 세르비아가 그 영향력과 정보에 비추어 제노사이드를 예방하기 위한 최선의 노력을 기울였어야 하나, Milosevic 대통령 등 세르비아의 지도자들은 Srebrenica 지역에서 보스니아 - 세르비아인들과 회교도들 간의 뿌리깊은 증오의 분위기를 완전히 알고 있었음에도 제노사이드 예방을 위한 아무런 조치도 취하지 않았기 때문에 협약상 예방의무를 위반하였으며, 이에 따른 국제책임을 진다고 판결하였다.

(4) 세르비아의 제노사이드 처벌의무 위반 여부

ICJ는 Srebrenica에서의 제노사이드는 세르비아 영토 내에서 행해진 것이 아니기 때문에 세르비아가 제노사이드의 주범, 공범 등에 대하여 자국 법원에서 재판하지 않았다는 것만으로 책임이 성립될 수는 없다고 하였다. 그러나 국제형사재판소가 설립되면 범죄가 자국 영토 밖에서 일어났다 하더라도 자국영토에 있는 범인을 체포하여 국제형사재판소에서의 재판을 위해 인도할 의무가 있음을 확인하였다. ICJ는 주범인 Mladic이 세르비아 내에 있다는 정보에 유의하여 그 소재를 확인하고 구속해야 하나 그렇지 않고 있음을 주목하고 세르비아가 ICTY에 협조할 의무를 위반하였다고 판단하였다.

1 유럽

1. 주요 조약

(1) 유럽인권협약

1950년 채택되어 1953년 발효된 것으로 5개절 66개조로 구성되어 있다. 제1절은 기본적 인권의 내용을 규정하고, 제2절은 유럽인권위원회 및 유럽인권법원의 설치를 규정하고 있다. 제1절에서 열거되고 있는 권리는 세계인권선언 중 시민적·정치적 권리에 대하여 규정하고 있다.

(2) 유럽사회헌장

1961년에 채택되고 1965년에 발효하였다. 경제적·사회적 권리에 관해 규정하고 있다.

(3) 유럽인권협약 제 의정서

유럽인권협약이 채택된 이후 2015년까지 16개의 의정서가 채택되었다. 실체규정을 개정하거나 이행장치를 변경시킨 것으로 대별할 수 있다. 특히 주목할 만한 의정서는 제9의정서와 제11의정서이다. 1990년 11월 6일 채택된 제9의정서는 자연인이나 비정부기구에 대해 유럽인권위원회 청원을 거쳐 유럽인권법원에 제소할 수 있는 권리를 부여하였다. 나아가 제11의정서는 제소절차를 더욱 간소하게 하여 개인은 인권위원회 청원을 거치지 않고 곧바로 인권법원에 제소할 수 있도록 하였다. 단, 국내구제수단을 완료해야 하며, 국내적 최종 결정이 내려진 날로부터 6개월 내에 제기해야 한다.

(4) 유럽고문방지협약

1987년 11월 26일 채택되었다. 유럽인권협약 제3조의 이행을 위해 비사법적 성격의 국제사찰단인 '고문방지유럽위원회'를 설치하였다. 동 위원회는 협약 당사국 관할 내의 각종 수형 및 구금시설에서 고문 등이 행해지고 있는지 확인하기 위해 관련시설을 방문하고 필요하면 개선을 제안할 수 있다.

2. 주요 기관

(1) 유럽인권위원회

유럽인권위원회는 국가의 청원이나 개인이 당사국의 협약 위반으로 입은 자신의 피해를 이유로 제기한 청원에 대하여 이를 심리하고 조정한다. 국가 간 소청절차는 위원회가 의무적으로 취급해야 하나 개인청원은 위원회가 수리권한을 갖는다는 것을 선언한 국가에 대해서만 가능하다. 위원회의 의견은 당사국을 법적으로 구속하지 않는다.

(2) 유럽인권법원

유럽인권법원은 유럽이사회의 회원국 수와 동수의 법관으로 구성되며 협약의 해석과 적용에 관한 모든 사건의 관할권을 가진다. 유럽인권협약 제11의정서에 따라 협약 당사국 및 유럽인권위원회 이외에 개인이나 비정부기구도 법원에 제소할 수 있다. 법원은 협약과 의정서의 해석에 관한 법적 문제에 대해 권고적 의견을 발할 수 있다. 인권법원의 판결은 체약국에 대해 최종적이고 구속적이다.

(3) 각료이사회

유럽이사회의 정치적 기관이자 집행기관으로 협약상의 인권에 대한 종국적 보장자로 활동한다. 인권위원회로부터의 비밀보고를 수리하고, 법원에 부탁되지 않은 모든 사건에 대하여 준사법적 역할을 담당한다. 각료이사회는 법원 판결의 집행을 감독한다. 각료이사회의 결정은 체약국을 구속한다.

2 미주지역

1. 미주인권협약

1969년 채택되었다. 주로 시민적·정치적 권리를 대상으로 하되 사회권의 점진적 달성을 목적으로 한다. 협약 제2부는 미주인권위원회와 미주인권법원의 구조와 기능을 규정하고 있다. 회원국은 미주인권위원회의 요청에 따라 협약 규정의 효과적인 적용에 관한 정보를 제공하여야 하고 매년 경제·사회·교육·과학·문화적 권리에 관한 보고서를 위원회에 제출해야 한다.

2. 미주인권위원회

미주국제기구(OAS) 총회에서 선출되는 임기 4년의 위원 7인으로 구성된다. 미주인권위원회의 권한을 인정한 국가는 타국의 협약 위반을 위원회에 통보할 수 있고 개인, 개인의 집단, 비정부기구는 미주인권위원회에 청원할 수 있다. 청원을 제기하기 전에 국내적 구제를 완료해야 한다. 또한 청원은 국내적 구제의 최종 결정을 통보받은 이후 6개월 이내에 제기해야 한다. 위원회는 제기된 청원에 관한 정보를 요청할 수 있고 자신의 결론을 담은 보고서를 작성할 수 있다.

3. 미주인권법원

미주인권협약에 의해 설치된 기관으로 협약 당사국이 선출한 임기 6년의 법관 7인으로 구성된다. 법원은 재판사건관할권과 권고적 관할권을 갖는다. 체약국과 미주인권위원회만 당사자능력이 인정되고 개인의 제소권은 인정되지 않는다. 제소 전에 미주인권위원회 절차가 완료되어야 하고 위원회의 보고서가 당사자에게 송부된 이후 3개월 이내에 제소되어야 한다. 법원은 필요한 경우 잠정조치를 취할 수 있다.

3 아프리카

1. 아프리카 인권헌장

아프리카 인권헌장의 특징은 ① 시민적·정치적 권리와 함께 경제적·사회적·문화적 권리를 규정하고 있고, ② 인민 자결의 권리를 포함하고 있으며, ③ 제3세대 인권에 해당하는 경제적·사회적·문화적 개발에 대한 권리와 국가적·국제적 평화와 안전에 대한 권리를 규정하고 있고, ④ 개인의 권리 이외에 가족·사회·국가·아프리카 공동체에 대한 개인의 의무에 관하여 자세한 이행장치를 두고 있다는 점이다.

2. 아프리카 인권헌장의 보장수단

헌장의 보장수단으로 관계국은 인권위원회의 조사 또는 조정의 방법을 통하는 것 이외에 우호적 해결을 권장하고 있다. 위원회의 권한을 인정하는 선언이 없어도 타국의 위반에 대한 통보가 가능하다. 2004년 인권법원이 설립되었다.

3. 아프리카 인권 재판소

아프리카 인권 재판소(African Court on Human and Peoples' Rights)는 인간과 인민의 권리에 관한 아프리카 헌장의 규정을 이행하기 위해 아프리카 연합(AU)회원국이 설립한 국제법원이다. 탄자니아의 아루샤에 위치하고 있다. 아프리카 법원은 AU의 전신인 아프리카 통일기구(OAU)가 부르키나 파소에서 1998년 채택한 반줄 헌장의 의정서에 따라 창설되었다. 의정서는 2004년 1월 25일 15개 이상의 국가가 비준한 후 발효되었다. 법원의 첫 번째 판사는 2006년에 선출되었으며 2009년에 첫 번째 판결을 내렸다. 아프리카 법원의 임무는 헌장의 이행을 감시하고 법원에 사건을 추천하는 준사법기관인 아프리카 인권 위원회(African Commission on Human and Peoples' Rights)의 기능을 보완하고 강화하는 것이다. 반줄 헌장, 헌장의 의정서 및 기타 인권 관련 문서의 해석 및 적용과 관련하여 제출된 모든 사건 및 분쟁에 대한 관할권을 갖는다. 법원은 11명의 판사로 구성된다. 판사의 임기는 6년이며 한 번 재선될 수 있다.

4 아시아

현재 아시아 전역을 포함하는 독자적 인권협약은 채택되지 않았다. 다만, ASEAN은 2009년 ASEAN인권선언을 채택하고, 정부 간 위원회를 출범시켰다.

제5절 | 국제난민법

1 의의

1. 난민의 개념

난민협약 및 난민의 지위에 관한 의정서에 의하면 난민(refugee)이란 인종, 종교, 국적, 특정 사회 집단의 구성신분 또는 정치적 의견을 이유로 박해를 받을 우려가 있다는 충분한 이유 있는 공포로 인하여 국적국 밖에 있는 자로서 그 국적국의 보호를 받을 수 없거나 또는 그러한 공포로 인하여 그 국적국의 보호를 받는 것을 원하지 아니하는 자를 말한다.

2. 유사 개념

(1) 현장난민

난민은 현재 국적국이나 상주국 밖의 사람이긴 하지만 이들이 국가를 떠날 때 이미 난민이 되는 것, 즉 이미 정치적 박해를 받고 있었을 것이 요구되지는 않는데 이처럼 개인이 국적국이나 상주국을 떠난 뒤 외국 땅에서 추후 난민이 되는 경우를 현장난민이라고 한다.

(2) 위임난민

UNHCR사무소규정의 난민기준을 충족하는 자는 그가 1951년 협약이나 1967년 의정서의 당사국인 국가 내에 있는지에 관계없이, 또는 그가 피난국당국에 의하여 이들 두 조약 중에서 어느 하나에 의거하여 난민으로 인정되었느냐에 관계없이, UNHCR이 제공하는 UN의 보호를 받을 자격이 있다. UNHCR이 규정에 의거하여 UN으로부터 위임받은 권한, 즉 그의 mandate 내에 들게 되는 난민을 가리켜 mandate refugees라고 칭한다.

(3) 국내피난민

국내피난민 또는 국내실향민의 보호 문제에 대해서도 국제공동체의 관심과 염려가 고조되고 있다. 난민과 피난민 개념은 일단 자신이 살던 국적국이나 상주국을 떠난 것을 전제로 하는데 반해서, 국내피난민 혹은 국내실향민은 지금까지 자신이 살던 거주지에서 쫓겨나긴 했지만 국제적으로 승인된 국경선을 넘지는 않은 사람들을 지칭하기 위해 고안된 개념이다. UNHCR은 국내피난민들에게 보호와 지원을 제공할 일반적 권한은 가지고 있지 않으나 국내피난민의 일부 집단에 대해서는 제한된 범위 내에서 점차 책임을 떠맡고 있다. 이같은 활동은 UN사무총장이나 총회의 요청에 따라 관련 국가의 동의를 얻어 개시된다.

(4) 법정난민

법정난민(statutory refugees)이란 제네바난민협약이 발효하기 이전의 여러 국제문서에 의거하여 이미 국제난민으로서의 지위를 인정받은 사람들을 말한다.

3. 난민의 국제적 보호의 필요성

국제법상 개인은 원칙적으로 국적국가의 속인적 관할권에 기초하여 국적국의 보호를 받는다. 그러나 국적국이 개인을 보호할 의사나 능력이 없는 경우는 타국이나 국제기구가 인권보호를 위해 개입할 필요가 있다. 이러한 인식하에 다양한 국제적 보호제도가 창설·유지되어 오고 있다.

4. 난민의 국제적 보호의 연혁

난민을 인도주의적 견지에서 보호하려는 노력은 국제연맹에서 최초로 시도되었다. 1921년 국제연맹은 '고등판무관사무소'를 설치하여 난민들에게 여행증명서를 발급해 주고, 중동난민과 독일난민을 보호해 주었다. 제2차 세계대전 중 1943년 UN 국제부흥기구가 설립되어 유럽 및 극동의 난민보호활동을 하였으며, 1948년 국제난민기구가 설립되어 그 임무를 승계하였다. 1950년 UN 난민고등판무관사무소가 총회결의로 설립되었으며, 1951년에 '난민지위에 관한 협약'과 1967년 '난민지위에 관한 의정서'가 채택되어 난민을 국제적으로 보호하고 있다.

5. 난민지위에 관한 협약(1951) 및 동 의정서(1967)

난민지위에 관한 협약은 1954년에 발효되었다. 동 협약은 법정난민(난민지위협약 발효 전에 여러 국제문서에 의해 국제난민으로서의 지위를 인정받은 사람들)과 1951년 1월 1일 이전에 유럽에서(또는 체약국의 선택에 따라서는 유럽 이외의 곳) 발생한 사건의 결과로서 타국에서 도피처를 찾는 사람들에 국한되었다. 그러나 1967년 체결된 난민의 지위에 관한 의정서는 시간적·장소적 제한을 삭제하였다. 협약과 의정서는 별개 독립된 문서이므로 협약 당사국이 아니어도 의정서에 가입할 수 있다.

의정서는 1967년 10월 4일 발효하였다. 협약 규정에 대해서는 몇몇 유보할 수 없는 조항이 열거되어 있으며, 그 밖의 조항은 유보할 수 있다. UN사무총장에게 1년 전에 통고함으로써 협약을 폐기할 수 있다. 협약 관련 분쟁은 다른 방법으로 해결되지 않으면 분쟁 당사국 일방의 요청에 의해 국제사법재판소(ICJ)에 부탁된다.

2 난민의 요건 및 판정

1. 난민의 요건

(1) 박해로 인한 공포를 가진 자

① 박해: 박해사유는 인종, 종교, 국적, 특정 사회집단의 구성원 신분, 정치적 의견이다. 정치적 의견으로 인한 박해가 일반적이다. 경제적 사유는 박해의 사유로 볼 수 없다. '난민고등판무관사무소규정'은 순수한 경제적 이유(reason of purely economic character)는 난민의 자격요건에서 제외된다는 명시적 규정을 두고 있다. 박해의 내용은 인간의 존엄성을 무시하고 생명과 신체의 자유를 침해하는 행위라고 할 수 있다. 박해의 입증책임은 난민 측에 있다는 것이 일반적 견해다.

② **공포**: 공포는 주관적인 요소로서 '주관적인 느낌'과 객관적 요소로서 '합리적인 이유'가 있어야 한다. 객관적 요소를 협약과 의정서는 '충분한 이유가 있는'(well founded)으로 표시하고 있다. '충분한 이유가 있는'이란 문언은 '어떤 사람이 실제로 박해의 희생자로 되거나 또는 왜 그가 박해의 공포를 갖고 있는지의 합리적인 이유를 보일 수 있을 것'으로 해석된다.

(2) 국적국 또는 상주국 밖에 있는 자

① **국적국 밖에 있는 자**: 국적을 가지고 있으면서 그의 국적국 밖에 있는 자로서 국적국의 보호를 받을 수 없거나 받기를 원하지 않는 자이므로 '사실상 무국적자(de facto stateless persons)'라 하며 법률상 국적이 없는 무국적자인 '법률상 무국적자(de jure stateless persons)'와 구별된다. '받을 수 없는(unable)'이란 '국적을 가지고 있는 난민이 여권이나 기타 보호가 국적국 정부에 의해 거절된 자'를 의미하고, '받기를 원치 않는(unwilling)'이란 '국적을 갖고 있는 난민이 그의 국적국 정부의 보호를 수락하기를 거절하는 자'를 의미한다.

② **상주국 밖에 있는 자**: 난민의 둘째 부류는 어느 국가의 국적도 갖지 않은 무국적자로서 그의 상주국 밖에 있는 자이다. 법적으로 국적이 없는 자이므로 '법률상 무국적자'이다. 난민이 국적을 갖지 않는 경우는 그가 종전의 상주국의 영역 밖에 있어야 한다.

 참고

난민개념의 확대경향

난민보호를 위한 지역적 다자조약이나 선언의 경우 제네바난민협약에 비해 보호대상인 난민의 개념이 확대되고 있다. 1969년 채택된 '아프리카 난민문제의 특별한 측면들에 적용되는 협약'은 제네바난민협약상 난민 이외에도 '외부침략, 점령, 외국의 지배, 또는 출신국이나 국적국의 일부 혹은 전역에서 공공질서를 중대하게 문란케 하는 사건 때문에, 출신국이나 국적국 밖의 다른 장소에서 피난처를 구하기 위해 자신의 상주지역을 떠나지 않을 수 없게 된 모든 사람'도 난민으로 규정하고 있다. 또한 1984년 콜롬비아의 카타헤나에서 채택된 '카타헤나 난민선언(Cartagena Declaration on Refugees)'은 '대규모적인 인권침해' 때문에 출신국이나 국적국 밖의 다른 장소에서 피난처를 구하고 있는 사람도 난민으로 규정하였다. 1992년 채택된 '아랍세계에서 난민과 피난민의 보호에 관한 선언(Declaration on the Protection of Refugees and Displaced Persons in the Arab World)'은 제5조에서 1951년 협약, 1967년 의정서, 또는 발효 중인 타 관련문서나 UN총회 결의들이 적용될 수 없는 상황이라 하더라도 난민, 비호를 구하는 사람 그리고 피난민(실향민)은 이슬람법과 아랍의 가치에 담겨있는 인도적인 비호원칙들에 의하여 보호되어야 한다고 규정하였다.

2. 자격결정

난민협약의 목적을 위한 특정 집단과 인원의 난민자격의 결정은 체약당사국의 특권이다. 따라서 난민 지위의 확인 및 결정절차는 체약국의 국내법에 위임하고 있다. 한 체약당사국에 의한 난민의 지위의 승인은 다른 체약당사국을 구속하는 것은 아니나 한 체약당사국에 의한 난민자격의 승인은 국제예양의 문제로 다른 체약당사국에 의해 승인되어온 것이 통례이다. 한편, 난민협약 제35조 및 1967년 '난민지위의정서' 제2조에 의하면 체약당사국은 난민자격결정에 있어서 난민고등판무관과 협조하도록 규정하고 있다. 이에 따라 체약국은 난민고등판무관사무소와 특별협정을 체결하여 난민의 자격결정에 관해 협조하고 있다. 체약국은 특별협정의 내용에 따라 난민고등판무관 또는 그 대표자가 난민자격을 결정하게 하거나 그의 자문을 얻어 자신이 난민자격을 결정하기도 한다. 우리나라에서 1994년부터 2022년까지 총 1,338명이 난민인정을 받았으며, 2022년의 경우 175명이 난민인정을 받았다(법무부).

3. 자격배제

(1) 자격배제조항

난민에 관한 일반적 자격요건을 구비한 자라도 난민으로서 보호할 수 없는 자는 난민의 자격이 배제된다. 이를 규정한 조항을 '배제조항(exclusion clause)'이라 한다. 난민협약 및 난민의정서는 배제조항(제1조 F 섹션)을 두고 있다. 전쟁범죄인, 중죄인, 반UN행위자는 난민지위를 부여받을 수 없다.

(2) 자격배제사유

① **국제 전쟁범죄인**: 평화에 대한 죄, 인도에 대한 죄, 전시범죄를 범한 개인을 전쟁범죄인이라 한다. 이들에 대해서는 보편관할권이 성립되어 여하한 국가도 처벌할 수 있으므로 이들을 난민으로 보호할 필요가 없다.

② **중죄인**: 중대한 비정치적 범죄(serious non - political crime)를 범한 자의 경우 그를 난민으로 보호해 주면 형사사법의 국제적 협력을 저해하게 되므로 중범죄인을 난민으로 보호로부터 배제한 것이다. 중범죄는 피난국에 입국하는 것이 허가되기 전에 범한 것임을 요한다. 피난민이 입국하는 과정에서 피난의 수단으로 범해진 범죄는 난민의 자격이 배제되는 중죄로 보지 않는 것이 일반적으로 승인되어 왔다.

③ **반UN행위자**: UN의 목적과 원칙에 반하는 행위를 한 자도 난민으로 보호를 받지 못한다. 해석상 이러한 행위는 국제평화와 안전의 유지에 반하는 행위, 평등과 민족자결권에 반하는 행위, 국제적 협력에 반하는 행위, 인권을 존중하지 아니하는 행위 등을 포함한다.

3 난민협약의 주요 규정

1. 입국

난민협약상 난민에게 타국에 입국할 권리를 부여하고 있지 않다. 다만 난민이 불법으로 입국한 경우 그 불법입국 및 불법체류를 이유로 형벌을 과할 수 없도록 규정하고 있다(제31조 제1항). 지체 없이 당국에 출두하여 불법입국 및 체류의 정당한 이유를 제시할 것을 조건으로 한다.

2. 출국

(1) 자발적 출국

일반국제법상 외국인의 출국은 자유이며 체류국은 특별한 사유가 없는 한 이를 금지할 수 없다. 난민협약도 난민의 자유로운 출국을 인정하고 그에게 '여행증명서'(travel documents)를 발급해 주도록 규정하고 있다(제28조 제1항). 다만 국가안보 또는 공공질서를 위해 부득이한 경우 출국의 자유를 제한할 수 있다.

(2) 추방(강제적 출국)

'합법적으로 체약국 영토에 있는 난민'에 대해 난민조약 당사국은 '국가안보 또는 공공질서를 이유로 하는 경우를 제외하고는' 추방할 수 없다. 공공질서나 국가안보를 이유로 하는 난민의 추방도 적법절차(due process of law)에 따라 내려진 결정에 의하여서만 이루어져야 하며, 국가안보상의 불가피한 이유가 있는 경우를 제외하고는 난민에게 자기변호의 기회를 주어야 한다(제32조 제2항). 그러나 협약에 의하면 난민이 그의 생명이나 자유가 위협을 받을 영역으로 난민을 추방하거나 송환할 수 없다(제33조 제1항). 이를 '강제송환금지원칙(principle of non-refoulement)'이라 한다.

3. 강제송환금지원칙

(1) 개념

강제송환금지원칙(principle of non-refoulement)이란 생명이나 자유가 위협받을 수 있고 또한 박해를 받을 우려가 있는 영역으로 개인의 의사에 반하여 강제로 송환될 수 없다는 원칙을 의미한다(1951년 난민협약 제33조).

(2) 강제송환금지원칙과 비호권의 비교

강제송환금지원칙은 비호권과 대비된다. 첫째, 비호권은 영토주권에 기초한 국가의 특권이므로 국제법상 난민 출신국이나 다른 국가는 비호국을 비난할 자격이 없다. 반면, 강제송환금지는 국가의 주권적 권리에 제약을 가하는 원리이므로 위반 시 다른 체약국은 법적 비난을 가할 수 있다. 둘째, 비호권은 개인의 권리가 아니다. 그러나, 강제송환금지원칙은 추적국으로 송환당하지 아니할 개인의 권리를 내포하고 있다. 셋째, 강제송환금지원칙은 개인에게 있어서 도피한 국가에서 일시적 체류 허가를 받은 것에 불과하다는 의미가 있다. 그러나, 비호를 부여받은 난민은 비호국 내에서 체류뿐만 아니라 개인적·직업적 발전도 향유한다.

(3) 법적 성질

강제송환금지원칙은 조약규정을 떠나서 국제관습법상 확립된 원칙이라고 말할 수는 없다. 다만, 난민협약에 규정된 이 원칙이 이후 국내법 또는 국내재판에 수용되었고, 또한 1967년 '영역 내 비호선언'이 세계인권선언 제14조를 원용하여 이 원칙을 확인하고 있으므로 동 원칙이 현재 관습법화되고 있다는 견해도 유력하다.

(4) 연원

19세기 초부터 형성되기 시작한 동 원칙은 현대국제법에서 다양한 형식으로 확인되고 있다. 주요 연원으로는 1933년 난민의 국제적 지위에 관한 협약, 1951년 난민협약, 1984년 고문방지협약 등이 있다.

(5) 인적 적용범위

난민협약상 강제송환금지원칙은 난민자격을 부여받은 자에게만 제한적으로 적용되는가? 이것이 동 원칙의 인적 적용범위에 관한 문제이다. UNHCR집행위원회에 의하면 개인이 난민으로 공식적으로 인정된 것에 관계없이 동 원칙이 적용된다고 본다. 또한 개인이 불법으로 체류국 내에 존재하는가와도 무관한 것으로 본다. 따라서 강제송환금지원칙의 인적 적용범위는 난민자격을 인정받은 자를 포함하여, 합법적으로 체류하고 있는 자, 불법적으로 체류하고 있는 자, 비호신청을 한 자 모두에 대해 적용된다.

(6) 사항적 적용범위

강제송환금지원칙은 개인이 송환되는 경우 인종, 종교, 국적, 특정 사회집단의 구성원 신분 또는 정치적 의견을 이유로 생명이나 자유가 위협받을 우려가 있어야 한다. 한편, 강제송환금지원칙은 피난국 내에 존재할 때만 적용되는 것이 아니라 국경에서의 입국거부에 대해서도 적용된다.

(7) 강제송환금지원칙의 예외

강제송환금지원칙에는 두 가지 예외가 있다. 첫째, 난민개념에서 배제된 자(제네바협약 제1조 F 섹션). 난민자격을 인정받지 못한 자에 대해서도 강제송환금지원칙이 적용되나, 애초부터 난민자격을 부여받을 가능성이 없는 자에 대해서 동 원칙이 적용된다고 볼 수 없다. 1951년 난민협약 제1조 F 섹션은 난민자격이 배제되는 자를 열거하고 있다. 즉, 전쟁범죄인, 중죄인, 반UN행위자는 난민지위를 부여받을 수 없다. 둘째, 난민협약 제33조 제2항상의 예외. 동 조항은 강제송환금지원칙의 예외로서 난민이 체류하고 있는 국가의 안전을 위협하는 인물로 볼만한 합리적인 사유가 있거나, 특히 중대한 범죄를 저질러 최종적으로 유죄판결을 받아 그 국가의 공동체에 대하여 위험한 존재가 되는 난민을 그의 추적국으로 강제송환하는 것을 허용하고 있다.

4. 난민의 개인적 지위(제12조)

난민의 개인적 지위는 주소지 국가(the country of his domicile)의 법률에 의하거나 또는 주소가 없는 경우에는 거소지 국가(the country of his residence)의 법률에 의하여 규율된다.

5. 동산 및 부동산(제13조)

체약국은 난민에게 동산 및 부동산의 소유권과 이에 관한 기타 권리의 취득에 있어서 가능한 한 유리한 대우를 부여하고, 동일한 사정하에서 일반적으로 외국인에게 부여되는 대우보다 불리하지 아니한 대우를 부여한다.

6. 배급(제20조)

공급이 부족한 물자의 분배를 규제하는 것으로서 주민 전체에 적용되는 배급제도가 존재하는 경우, 난민은 그 배급제도의 적용에 있어서 내국민에게 부여되는 대우와 동일한 대우를 부여받는다.

7. 공공교육(제22조)

체약국은 난민에게 초등교육에 대하여 자국민에게 부여하는 대우와 동일한 대우를 부여한다.

8. 공공구제(제23조)

체약국은 합법적으로 그 영역 내에 체재하는 난민에게 공공구제와 공적원조에 관하여 자국민에게 부여하는 대우와 동일한 대우를 부여한다.

9. 이동의 자유(제26조)

각 체약국은 합법적으로 그 영역 내에 있는 난민에게 그 난민이 동일한 사정하에서 일반적으로 외국인에게 적용되는 규제에 따를 것을 조건으로 하여 거주지를 선택할 권리 및 그 체약국의 영역 내에서 자유로이 이동할 권리를 부여한다.

10. 귀화(제34조)

체약국은 난민의 동화 및 귀화를 가능한 한 장려한다. 체약국은 특히 귀화절차를 신속히 행하기 위하여 노력한다. 또한 절차에 따른 수수료 및 비용을 가능한 한 경감시키기 위하여 모든 노력을 다한다.

11. 법령 준수의무(제2조)

모든 난민은 자신이 체재하는 국가의 법령을 준수할 의무 및 공공질서를 유지하기 위한 조치에 따를 의무를 진다.

12. 비차별(제3조)

체약국은 난민에게 인종, 종교 또는 출신국에 의한 차별 없이 이 협약의 규정을 적용한다.

13. 종교(제4조)

체약국은 종교의 자유에 있어서 적어도 자국민에게 부여하는 대우와 동등한 호의적 대우를 부여한다.

14. 협약과 국내법의 관계(제5조)

협약의 어떠한 규정도 체약국이 협약과 관계없이 난민에게 부여하는 권리와 이익을 저해하는 것으로 해석되지 아니한다.

15. 난민의 지위상실

난민으로서의 자격을 인정받은 자라도 그 후 난민으로서의 인정받은 객관적 사유가 소멸하게 된 경우 난민으로서의 지위를 상실한다. 협약 및 의정서에 따르면 그 사유는 다음과 같다. ① 임의로 국적국의 보호를 다시 받고 있는 경우, ② 국적을 상실한 후 임의로 다시 국적을 회복한 경우, ③ 새로운 국적을 취득하고, 또한 새로운 국적국의 보호를 받고 있는 경우 등. 난민이 그의 지위를 상실하고 계속 수용국에 재류하는 경우 그는 일반적인 외국인의 지위를 유지한다.

4 난민고등판무관(UNHCR)

1. 개념

UN 난민고등판무관(UNHCR: United Nations High Commissioner for Refugees)은 UN총회의 결의로 채택된 'UN 난민고등판무관사무소규정'에 의거하여 UN 사무총장의 지명에 따라 총회에서 선출되는 국제공무원으로서 '난민의 지위에 관한 협약'과 '난민의 지위에 관한 의정서'에 의거하여 체약국과 협조하여 난민문제를 처리하는 기관이다. UNHCR본부는 스위스 제네바에 소재한다.

2. 연혁

난민고등판무관의 기원은 국제연맹으로 소급된다. 1921년 국제연맹은 '고등판무관사무소'를 설치하고, '고등판무관'(High Commissioner)을 임명하여 난민을 보호하였다. 1950년 UN총회는 'UN 난민고등판무관사무소규정'을 채택하는 결의를 하여 '난민고등판무관사무소'를 설치하였다. 이 결의에 의해 규정이 UN총회에서 채택되어 UNHCR이 임명되었다. 1951년 채택된 '난민의 지위에 관한 협약'과 1967년 '난민의 지위에 관한 의정서'는 체약국들이 난민고등판무관과 협조할 것을 요구하는 규정을 두고 있다(협약 제35조 ; 의정서 제2조).

3. UNHCR의 선임

'UN 난민고등판무관사무소규정'에 따르면 고등판무관은 UN 사무총장의 지명에 따라 총회에 의해 선출된다(제13항). 고등판무관의 임명조건은 사무총장이 제안하고 총회가 이를 승인한다.

4. 임기

'사무소규정'은 고등판무관을 1951년 1월 1일부터 3년을 1개 임기로 선출한다고 규정(제13항)하고, 고등판무관의 임기는 사무총장의 제의로 총회가 승인하도록 규정하고 있다(제13항). 이 규정에 따라 UN총회는 1950년 네덜란드의 G.J.van Heuven Goedhart를 임기 3년의 UHNCR로 임명하였다. 이후 UN고등판무관의 임기는 5년으로 변경되었다. UN총회는 UNHCR에게 부여된 권한을 1954년 1월 1일부로 5년 더 갱신하고 또 그 이후에도 계속 갱신될 수 있게 하기 위한 결의를 채택했다.

5. UNHCR의 임무

UNHCR사무소 규정 제8조에 의하면 UNHCR의 임무는 다음과 같다. 첫째, 난민보호를 위한 국제협약의 체결과 비준을 장려하고, 협약의 적용을 감독하고, 협약 개정의 제안. 둘째, 각국 정부와 특별협정을 통해 난민의 상태를 개선하고 보호를 요하는 인원수를 줄이는 일. 셋째, 자발적 본국귀환이나 새로운 국내공동체 내에서의 동화 장려. 넷째, 각국 영토로의 난민의 입국 장려. 다섯째, 각국 정부 및 정부 간 기구와의 긴밀한 접촉 등.

6. 자문위원회

UNHCR규정 제4조는 경제사회이사회가 자문위원회를 설치할 수 있도록 하고 있다. 이에 따라 1951년 경제사회이사회는 난민위원회를 설치했으며, 1955년 UN난민기금(UN Refugees Fund: UNREF)이 설치되면서 UNREF집행위원회로 개편되었다. 집행위원회는 UNHCR구호사업의 이행을 감독하고 연간 활동예산과 계획을 결정짓는 일을 한다. UNREF사업은 1958년 중단되고, UNRFE집행위원회는 고등판무관사업 집행위원회로 대체되었다.

7. 예산

UNHCR사무소는 UN예산으로 충당한다. UN은 UNHCR사무소 활동에 관련된 행정비용만 부담하며, UNHCR의 활동과 관련된 다른 모든 비용은 UN회원국이나 NGO 또는 개인들이 제공하는 자발적 기부금으로 충당한다.

5 탈북자의 법적 지위와 보호

1. 탈북자의 국적

국제법상 국가는 자신의 관할하의 사람에 대해 배타적 지배권을 보유하며 국적부여는 국제법에 저촉되지 아니하는 한 재량에 속한다. 북한이 국제법의 주체로서 국가라면 북한 영토에 존재하는 사람에 대해 국적을 부여할 수 있다. 국제법의 주체로서 국가의 성립에는 창설적 효과설과 선언적 효과설의 대립이 있는 바, 북한은 어느 설에 따라서 보더라도 국제법상 국가로 볼 수 있다. 선언적 효과설을 따르는 경우, 북한은 영토, 인민, 실효적 정부를 구성하고 있으므로 국가로서 성립한다. 또한 창설적 효과설에 따르더라도 다수의 국가가 북한을 국가로 승인하였으므로 북한은 국가로 성립한다. 또한 북한이 국가만 가입할 수 있는 UN 회원국이라는 점도 북한이 국가라는 추정을 가능케 한다.

2. 협약난민자격의 인정 문제

실체법적으로 볼 때 탈북자들 중 일부는 정치적 난민으로 볼 여지도 있다고 본다. 그러나 탈북자 전체에 대해서 정치적 난민이라고 보기는 어려울 것이다. 무엇보다 난민자격 부여에 있어서 결정적인 역할을 하는 체류국 당국인 중국이 부정적이므로 난민자격을 인정하는 것은 어렵다. 다만, 일부 정치적 난민에 해당될 가능성이 있는 탈북자에 대해 중국당국이 애초부터 난민판정의 기회를 봉쇄하고 있는 사실은 난민협약 당사국인 중국이 동 협약을 위반하고 있다고 볼 수 있고, 중국당국의 주장을 결정적으로 약화시키고 있다.

3. 위임난민자격의 인정 문제

대부분의 탈북자의 경우 일종의 불가항력(force majeure)인 북한의 식량난을 피해 불법 월경한 '집단유민'으로서 단순 불법체류자와 달리 보호대상이 된다. 즉, 위임난민의 실체적 요건을 인정하는 것은 문제가 없다. 다만, UNHCR의 보호를 위해서는 위임난민 체류국의 동의를 구해야 한다는 한계가 있다.

4. 불법입국 및 체류 외국인

국제법상 외국인이 타국에 입국을 요구할 수 있는 권리는 없다. 즉, 외국인의 입국은 영토국의 재량이므로 허가를 받아야 한다. 만약, 허가 없이 입국하는 경우 불법입국 및 체류에 해당하므로 강제추방 할 수 있다. 중국에 체류하는 탈북자들이 중국의 허가 없이 입국 및 체류한 경우 이들은 강제추방을 면할 수 없다. 다만, 중국이 난민조약의 당사국이므로 협약 제33조상의 강제송환금지원칙의 제한을 받을 여지가 있다.

5. 탈북자의 법적 보호 방안

(1) 중국의 난민자격 부여와 보호

중국이 북한이탈주민에 대해 난민자격을 부여하는 경우 탈북자들은 협약에 규정된 난민의 권리를 향유할 수 있다. 기본적으로 난민은 외국인에 준하는 대우를 받으며 재산취득, 임금이 지급되는 직업에 종사할 권리, 자영업에 종사할 권리 등을 최혜국민대우에 근거하여 취득한다. 또한 거주이전의 자유가 보장되고 신분증과 여행증명서가 발급된다.

(2) UNHCR의 보호

UNHCR이 탈북자에게 위임난민의 지위를 부여하는 경우, UNHCR은 중국의 동의에 기초하여 중국 내에서 탈북자 보호활동을 할 수 있다. 즉, 중국 내에서 탈북자에 대한 인도적 지원조치나 제3국 정착 지원조치를 할 수 있을 것이다.

(3) 외교적 비호(diplomatic asylum)

탈북자에 대해 중국 주재 외국 공관에서 외교적 비호를 할 수 있는가가 문제된다. '외교관계에 관한 비엔나협약'은 이에 대해 침묵하고 있으며, ICJ는 외교적 비호권이 관습법으로 성립되어 있지 않았다고 확인하고 있으므로 별도의 협정이 존재하지 않는 한, 영토주권을 제약하는 외교적 비호를 인정하기 어렵다고 볼 것이다. 그러나 동 협약 제41조는 공관사용에 관하여 접수국과 파견국이 특별협정을 체결할 수 있음을 인정하고 있으므로 양자협정을 통해 외교적 비호를 인정할 여지는 있을 것이다. 단, 중국 정부의 입장을 고려할 때 이 같은 협정이 체결되기는 사실상 어렵다고 본다.

6. 강제송환금지원칙(principle of non-refoulement)의 적용문제

강제송환금지원칙이란 어느 누구도 자신의 생명 또는 자유가 위협받을 수 있거나 박해를 받을 우려가 있는 영역으로 자신의 의사에 반하여 강제로 송환되지 아니한다는 원칙이다(제네바난민협약 제33조). 동 원칙의 적용범위와 관련하여 난민자격을 부여받지 못한 자에 대해서도 적용되는지가 문제된다. 탈북자의 경우 협약난민의 요건에 해당하지 아니한다는 점에서 특히 문제가 된다. 이에 대한 UNHCR의 견해는 모든 난민은 그의 지위가 확정될 때까지는 난민이라는 추정 하에서 다루어져야 하며, 강제송환금지원칙은 공식적으로 난민자격이 확정되었는지 여부를 불문하고 적용되어야 한다는 것이다. 이에 따른다면 설령, 탈북자가 중국에 불법체류하고 있더라도 중국은 이들을 북한으로 강제송환해서는 안 된다.

6 우리나라 난민법의 주요 내용

1. 난민자격의 인정

법무부장관은 난민인정신청이 이유 있다고 인정할 때에는 난민임을 인정하는 결정을 하고 난민인정증명서를 난민신청자에게 교부한다. 난민인정 등의 결정은 난민인정신청서를 접수한 날부터 6개월 안에 하여야 한다. 다만, 부득이한 경우에는 6개월의 범위에서 기간을 정하여 연장할 수 있다.

2. 이의신청

난민불인정결정을 받은 사람 또는 난민인정이 취소 또는 철회된 사람은 그 통지를 받은 날부터 30일 이내에 법무부장관에게 이의신청을 할 수 있다. 법무부장관은 이의신청서를 접수한 날부터 6개월 이내에 이의신청에 대한 결정을 하여야 한다. 다만, 부득이한 사정으로 그 기간 안에 이의신청에 대한 결정을 할 수 없는 경우에는 6개월의 범위에서 기간을 정하여 연장할 수 있다.

3. 취소 및 철회

법무부장관은 난민인정결정이 거짓 서류의 제출이나 거짓 진술 또는 사실의 은폐에 따른 것으로 밝혀진 경우에는 난민인정을 취소할 수 있다. 한편, 난민인정자가 자발적으로 국적국의 보호를 받고 있는 경우 등에는 난민인정결정을 철회할 수 있다.

4. 심리의 비공개

난민위원회나 법원은 난민신청자나 그 가족 등의 안전을 위하여 필요하다고 인정하면 난민신청자의 신청에 따라 또는 직권으로 심의 또는 심리를 공개하지 아니하는 결정을 할 수 있다.

5. UNHCR과의 협력

법무부장관은 UN난민기구(UNHCR)가 난민인정자 상황 등에 대하여 통계 등의 자료를 요청하는 경우 협력하여야 한다.

6. 난민에 대한 대우

대한민국에 체류하는 난민인정자는 다른 법률에도 불구하고 난민협약에 따른 처우를 받는다. 또한, 난민으로 인정되어 국내에 체류하는 외국인은 타 법률에도 불구하고 대한민국 국민과 같은 수준의 사회보장을 받는다.

제6절 | 국제형사재판소(ICC)

1 서설

1. 연혁

제노사이드협약(1948)은 국제형사법원의 설립을 예정하고 있었으나 냉전과 국제관할권을 인정하기를 거부하는 국가들의 반대로 이의 설립은 계속 지연되어 왔다. 이후 UN총회는 ILC로 하여금 ICC설립규정초안을 작성하도록 하였으나, 별 진전이 없다가 1990년대 초반 유고 및 르완다의 전범특별재판소가 설치되면서 상설 ICC를 설립하려는 움직임이 다시 활기를 되찾은 후, 1994년 ILC는 상설국제형사재판소설립규정 초안을 채택하였고, 1998년 7월 로마외교회의에서 역사적인 ICC설립규정이 채택되었다. 제노사이드협약 채택과 세계인권선언 이후 50년만의 일이다. 2002년 4월 11일, 10개국이 동시에 비준서를 기탁함에 따라 총 비준국가는 60개국을 넘게 되었고(66개국), 그 결과 ICC협약은 2002년 7월 1일 발효하게 되었다.

2. UN과의 관계

ICC는 UN과는 독립된 기구이며, 향후 UN과 별도의 협정을 체결하여 양자 간의 관계를 정립할 예정이다(제2조).

3. 소재지

재판소의 소재지는 네덜란드의 헤이그로 한다. 재판소는 당사국총회가 승인하고 그후 재판소를 대표하여 재판소장이 체결하는 본부 협정을 소재지국과 맺는다. 재판소는 이 규정에 정한 바에 따라 재판소가 바람직하다고 인정하는 때에는 다른 장소에서 개정할 수 있다(제3조).

> **참고**
>
> **개인의 국제형사책임과 국가책임**
> 국제형사법을 위반한 개인의 행위는 동시에 국가의 국제법 위반책임을 야기할 수 있다. 개인의 국제형사책임 성립이 자동적으로 국가의 국제책임을 성립시키는 것은 아니다. 개인의 행위가 국가로 귀속될 경우에만 국제책임이 성립한다. 국가의 국제책임이 인정된다고 해서 국가기관인 행위자 개인이 면책되지 않는다. 국가책임은 국제법 위반의 결과가 객관적으로 발생했는지를 판단하나, 개인의 국제형사책임에서는 행위자의 주관적 의도가 중요한 판단기준이 된다. 국가의 국제책임은 피해의 전보를 1차적 목적으로 하나, 개인 형사책임제도는 범죄자에 대한 형사처벌을 목적으로 한다. 현재 국가 자체에게 국제법상 형사책임을 부과하려는 시도는 수락되지 않고 있다.

2 관할권

1. 시간적 관할권과 인적 관할권

로마협약 발효 후 행해진 범죄에 대해 적용된다. 국제적으로 중요성을 가지는 가장 중대한 범죄를 저지른 사람들로서, 여기서 '사람들'은 자연인을 의미한다. 따라서 법인은 제외된다. 한편, ICC는 피의범죄실행의 시점에서 18세 미만인 사람에 대해서는 재판권을 가지지 아니한다.

2. 물적 관할권

ICC는 모든 개인의 국제범죄를 처벌하지 않고 제노사이드, 인도에 대한 죄, 전쟁범죄, 침략범죄에 한해서 관할권을 행사한다. 구유고 국제형사재판소 상소부는 Tadić 사건에 대한 2000년 판결에서 인도에 대한 죄가 전쟁범죄보다 더 중대하며 따라서 더 무거운 과형을 정당화하는지의 문제에 부정적으로 답한 바 있다. 이것은 이들 두 범죄 사이에 위계가 존재하는 것이 아님을 의미한다.

3. 집단살해죄(제노사이드)

(1) 개념

집단살해죄는 정치적·인종적·국민적 또는 종교적 집단의 전부 또는 일부를 절멸하게 할 의도로 행해진 집단구성원의 살해, 집단 구성원에 대한 중대한 신체적 또는 정신적 위해의 야기, 전부 또는 부분적인 육체적 파괴를 초래할 목적으로 계산된 생활조건을 집단에게 고의적 부과, 집단 내의 출생을 방지하기 위하여 의도된 조치의 부과, 집단의 아동을 타집단으로 강제이주를 말한다. 오늘날 제노사이드 금지는 국제법상 강행규범의 일부로 간주되고 있다.

(2) 연혁

제노사이드를 국제범죄로 처벌하게 된 출발점은 나치 정권의 유태인 학살이었다. 제2차 세계대전 후 독일 전범을 처벌하기 위한 런던헌장은 민간인 집단에 대한 살인 절멸 등을 인도에 반하는 죄의 일종으로 규정하였다. UN총회는 1946년 만장일치로 제노사이드가 국제법상의 범죄임을 확인했고, 1948년에는 제노사이드 방지협약을 역시 만장일치로 채택했다. 구유고와 르완다 국제형사재판소규정은 물론 국제형사재판소 규정도 제노사이드를 국제범죄로 규정했다.

(3) 제노사이드 범죄의 대상

제노사이드 범죄로부터 보호되는 대상은 종족적·민족적·인종적 또는 종교적 집단이다. 보호대상인 종족적·민족적·인종적 또는 종교적 집단이 무엇을 의미하는지 항상 명확하지는 않다. 다만 보호대상은 일정한 지역의 비(非) 세르비아인과 같은 부정적 방법으로 정의될 수 없으며 일정한 지역의 무슬림인과 같이 적극적 방법으로 정의되어야 한다. 제노사이드는 특정 개인을 목표로 하는 범죄가 아니며 집단을 파괴할 의도하에 진행되는 범죄이다. 제노사이드란 주로 출생에 의해 비자발적으로 소속되게 되는 집단의 구성원들을 물리적으로 파괴하는 행위를 의미한다. 현재의 제노사이드의 정의에 따른다면 문화적 말살행위는 제노사이드에 해당하지 않는다. 집단 전체가 아닌 일부(in part)만을 대상으로 하는 제노사이드도 성립할 수 있으나, 일부의 파괴가 전체 집단에 상당한 충격을 줄 정도의 규모가 되어야 한다.

(4) 특별한 의도

제노사이드가 성립되려면 살해 등 제노사이드범죄를 구성하는 행위를 범하려는 의도에 더해 보호집단의 전부 또는 일부를 파괴하려는 특별한 의도가 있어야 한다. 이러한 '의도'는 제노사이드를 살인 등 다른 범죄로부터 구별 짓는 중요한 특징이다. 특별의도의 증명은 쉽지 않을 것이다. 자백이 없다면 그러한 의도는 여러 사실을 통한 추론에 의해 확인할 수밖에 없다.

(5) 행위

로마규정 제6조는 제노사이드범죄를 실행하는 행위로서 5가지 유형을 제시하고 있다.
첫째, 집단의 구성원들을 살해하는 것.
둘째, 집단의 구성원들에게 중대한 신체적 또는 정신적 위해를 야기하는 것.
셋째, 집단의 물리적 파괴를 전부 또는 일부 초래하도록 계산된 생활조건을 의도적으로 가하는 것.
넷째, 집단 내의 출산을 억제하려는 의도를 가진 조치를 부과하는 것.
다섯째, 집단의 어린이들을 다른 집단으로 강제이주시키는 것.
살해가 가장 기본적인 행위 유형이지만 여성에 대한 강간과 성폭행도 집단을 파괴하려는 과정에서 흔히 수반된다. 일정한 지역에서 특정 인구집단을 단순히 추방하는 조치만으로는 제노사이드에 해당한다고 보기 어렵다. 그러나 특정 집단을 파괴할 의도하에 진행되는 체계적인 추방이나 살해는 제노사이드에 해당할 수 있다. 제노사이드는 인도에 반하는 죄와 달리 민간인 주민에 대한 광범위하거나 체계적인 공격의 일환으로 범행되었을 것을 요건으로 하지는 않는다.

4. 인도에 반하는 죄

(1) 개념

인도에 반하는 죄란 민간인 주민에 대한 광범위하거나 체계적인 공격의 일부로서 살해, 절멸, 노예화, 주민 추방, 고문 등 다양한 행동을 통해 그들의 신체 또는 정신적·육체적 건강에 대해 중대한 고통이나 심각한 피해를 고의적으로 야기시키는 각종 비인도적 행위를 가리킨다. 인도에 반하는 죄가 반드시 무력분쟁과 연관되어 저질러지는 범죄는 아니다.

(2) 연혁

인도에 반하는 죄라는 개념은 20세기 초 아르메니아인 학살행위를 서구 국가들이 비난할 때부터 국제문서에 등장하였다. 제2차 세계대전 후 독일인 및 일본이 전범부터 인도에 반하는 죄에 대한 실제 처벌이 이루어졌다. 구유고 및 르완다 형사재판소 규정에도 인도에 반하는 죄가 주요 관할범죄로서 명기되었다. 이러한 역사적 경험을 바탕으로 국제형사재판소규정 제7조가 제정되었다.

(3) 범죄대상

대상을 '민간인 주민'이라고 규정한 의미는 이 범죄가 반드시 해당 지역의 전 인구를 공격목표로 삼아야 하는 것은 아니나, 범행의 대상이 단순한 개인이 아니라 집단이어야 한다는 것이다. 인도에 반하는 죄의 희생자는 특정 민간인 집단에 소속되었기 때문에 공격대상이 된다. 대상자가 주로 민간인이면 충분하며 일부 비민간인이 포함되어 있다고 해도 범죄 성립에는 지장이 없다.

(4) 행위

모든 비인도적 행위가 인도에 반하는 죄에 해당하지는 않는다. 국가나 조직의 정책에 따라 '광범위하거나 체계적인 공격의 일부'로 저질러진 행위만이 이에 해당한다. 광범위한 공격이란 다수의 희생자를 목표로 집단적으로 수행된 반복적이고 대규모적인 행동을 의미한다. '체계적'인 공격이란 공통의 정책기반 위에서 조직화되고 규칙적인 패턴을 따르는 공격을 의미한다. 그 정책이 반드시 국가의 공식적인 정책일 필요는 없다. 체계성의 판단에서는 미리 그 공격을 준비하는 행위가 있어서 공격이 계획적이었는가가 중요한 고려 요소가 된다. 공격은 반드시 폭력적 형태로만 자행되지는 않으며 Apartheid 체제의 적용이나 주민에게 특정한 행동을 하도록 조직적인 압력을 가하는 것과 같이 외견상 비폭력적 형태를 취할 수도 있다.

(5) 공격에 대한 인식

인도에 반하는 죄가 성립하기 위하여는 범행자가 진행되는 '공격에 대한 인식을 가지고' 행위를 실행해야 한다. 특히 자신의 행위가 광범위하거나 체계적인 공격의 일부라는 사실을 인식하고 있어야 한다. 다만 개별 행위자가 국가나 조직이 취하는 공격의 모든 성격과 계획을 상세하게 알 필요는 없으며 상황의 전반적 맥락을 이해하는 것으로 충분하다. 행위자가 희생자에 대해 어떠한 결과가 발생할 것인가까지 정확히 알아야 하는 것은 아니다.

(6) 반인도적 범죄와 국제법상 인도에 반하는 죄

반인도적, 반인권적 범죄와 국제법상의 인도에 반하는 죄는 개념상 구별된다. 살인이나 강간, 고문 등은 매우 반인도적인 범죄이다. 그러나 이러한 범죄행위는 그 자체로 국제법상의 인도에 반하는 죄가 되지는 않는다. 국제법상의 인도에 반하는 죄는 '국가나 조직의 정책'에 따라 민간인 집단에 대한 광범위하거나 체계적인 공격의 일부로 진행될 것이 요구되므로 단순히 개인적 동기에 따라 여러 명을 죽이거나 강간하거나 고문하였다고 하여 모두 이에 해당하지는 않는다. 그러나 국가나 조직의 정책에 따라 수행된 행위라면 단 1명을 살해하거나 강간한 행위도 국제법상 인도에 반하는 범죄가 될 수 있다. 인도에 반하는 죄의 특징은 집단성과 조직성에 있다.

5. 침략범죄

(1) 의의

로마규정 협상 시에 침략범죄를 재판소의 관할범죄에 포함시키기로 합의는 되었으나 무엇이 침략범죄를 구성하느냐에 대해 합의를 볼 수 없었다. 이에 따라 일단 침략범죄의 정의는 미결로 두고 침략범죄에 대한 처벌을 보류한 상태에서 ICC가 출범했다. 이후 약 10여년간의 회의 끝에 ICC규정 당사국들은 2010년 6월 침략범죄에 대한 새로운 정의 규정에 합의했다. 이후 2017년 12월의 당사국 총회결의에 따라 침략범죄에 대한 ICC의 관할권 행사는 2018년 7월 17일부터 개시되었다.

(2) 침략행위

침략행위란 한 국가가 다른 국가의 주권, 영토적 일체성 또는 정치적 독립에 반하여 무력을 행사하거나 또는 UN헌장에 위배되는 다른 방식으로 무력을 사용하는 것을 말한다. 침략은 무력행사를 가리키므로 경제적 봉쇄나 정치적 압력만으로는 침략행위에 해당하지 않는다. 국가만이 침략행위의 주체가 될 수 있으므로 테러단체의 유사행위는 이에 포함되지 않는다.

(3) 침략범죄

침략범죄란 한 국가의 정치적 또는 군사적 행동을 실효적으로 통제하거나 지시할 수 있는 지위에 있는 자가 침략행위를 계획·준비·개시·실행하는 것을 말한다. ICC가 처벌대상으로 하는 침략행위는 성격과 중대성 그리고 규모에 비추어 볼 때 모든 면에서 UN헌장을 명백히 위반하고 있어야 한다. 침략범죄란 지도자 범죄이며 국가의 침략행위에 단순참가하거나 동원된 자들은 이를 통해 처벌되지는 않는다. 범죄의 특성상 주로 국가의 공조직의 고위직책자가 해당될 것이나 이에 속하지 않는 산업계의 지도자도 포함될 수 있다.

(4) 침략범죄에 관한 관할권 행사

① **안전보장이사회의 회부:** 안전보장이사회는 로마규정의 당사국은 물론 비당사국의 침략행위도 재판소로 회부할 수 있다. 안전보장이사회가 회부한 경우 개별 국가가 침략범죄에 대한 재판소의 관할권을 수락했는지 여부가 문제되지 않는다. 사태회부에 앞서 안전보장이사회가 침략행위의 존재를 확인하는 결정을 내려야 하는 것은 아니다.

② **당사국의 회부 또는 소추관의 독자적 수사 개시:** 소추관이 침략범죄에 관한 조사를 할 필요가 있다고 판단하면 그는 이 사실을 UN사무총장에게 통고한다. 통고 이후 6개월이 경과하도록 안전보장이사회가 아무런 결정도 하지 않을 경우 소추관은 전심 재판부의 허가를 얻어 정식 수사를 개시할 수 있다.

③ **관할권 배제:** 다른 당사국 회부나 소추관의 독자적 수사에 대하여는 당사국이 사전에 침략범죄에 대한 재판소의 관할권을 수락하지 않겠다는 배제선언을 할 수 있다. 또한 비당사국의 국민에 의해 범해졌거나 비당사국의 영토에 대해 범해진 침략범죄에 관하여는 재판소가 관할권을 행사할 수 없다.

 참고

로마조약 재검토회의(2010.5.31. ~ 2010.6.11, 우간다)와 침략범죄의 정의 및 구성요건 채택

1. 침략범죄의 정의

침략범죄란 국가의 정치적 또는 군사적 행동을 실질적으로 통제하거나 지휘하는 자에 의한 침략행위의 계획, 준비, 개시 및 실행으로서 UN헌장의 명백한 위반을 구성하는 행위를 말한다. '명백한 위반(manifest violation)'이란 행위의 성격, 중대성, 규모 등 제반 사항을 종합적으로 고려하여 판단한다.

2. 침략행위의 정의

침략범죄를 구성하는 '침략'이란 타국의 주권, 영토보전 또는 정치적 독립에 위반되거나 기타 UN헌장에 위배되는 국가의 무력사용을 의미하며, 선전포고의 존재 여부와는 무관하다. 침략행위에 관해서는 '침략정의에 관한 UN총회 결의'(1974)를 인용하여 타국 영토에 대한 무력침략, 타국 영토에 대한 공습, 군사력에 의한 항구 또는 연안의 봉쇄, 타국 군대에 대한 공격 등을 의미한다.

3. 침략범죄에 대한 관할권 행사요건

침략범죄에 대한 제소는 안전보장이사회, 검사, 당사국이 모두 할 수 있다. 첫째, UN안전보장이사회는 UN헌장 제7장에 따라 침략행위의 존재를 결정하고 관련자에 대해 ICC에 제소할 수 있다. 둘째, UN안전보장이사회가 침략행위의 존재에 대한 결정을 내리지 않는 경우, 당사국이 제소하거나 소추관이 직권으로 수사를 개시할 수 있다. 소추관이 직권으로 수사를 개시하는 경우 우선 안전보장이사회의 침략행위 존재결정이 있는지 확인한 후 UN사무총장에게 이 상황을 통보해야 한다. 그 후 6개월 이내에 침략행위 존재에 대한 안전보장이사회의 결정이 없으면 전심재판부의 허가를 얻어 직권으로 수사를 개시할 수 있다.

4. 개정안의 발효요건

침략범죄에 대한 본격적인 관할권은 재검토회의에서 채택된 개정안이 발효되어야 행사할 수 있다. 개정안이 30개 이상의 당사국에 의해 비준된 후 1년이 경과한 시점 또는 2017년 1월 1일 이후 당사국이 결정하는 특정 시점 중 늦은 시점부터 침략범죄에 대해 관할권이 발생한다. 따라서 빨라도 2017년 이전까지는 침략범죄에 대해 ICC가 관할권을 행사할 수 없었다.

6. 전쟁범죄

특히 계획적이거나 정책적으로 또는 대규모적인 범행의 부분으로 저질러진 경우, 고의적 살해, 고문, 생체실험을 포함한 비인간적 대우, 정당한 군사적 목적 이외의 광범위한 민간재산 손괴, 금지무기 사용 등의 범죄를 말한다. 국제적 무력충돌뿐만 아니라 비국제적 무력충돌에서 야기되는 행위도 포함된다. 국가가 이 규정의 당사국이 될 때 이 규정 발효 후 7년 동안 자국민이 행한 전쟁범죄나 자국 내에서 발생한 전쟁범죄와 관련하여서는 이 범죄에 대한 ICC의 관할권을 수락하지 않는다는 선언을 할 수 있도록 하였다. 2017년 12월 4일~14일 뉴욕 UN본부에서 개최된 제16차 로마규정 당사국총회에서 로마규정 제8조를 개정하여 3개 전쟁범죄(미생물·생물·독성 무기의 사용, 엑스레이로 탐지할 수 없는 파편으로 상해를 입히는 무기의 사용 그리고 레이저 무기의 사용)를 ICC의 관할권에 추가하는 결의가 채택되었다.

3 관할권 행사의 전제조건

1. 수락(자동적 관할권)

ICC규정의 당사국이 되는 국가는 ICC가 제5조에 규정되어 있는 관할대상범죄에 대해 관할권을 가짐을 자동적으로 승인하는 것으로 된다(제12조 제1항).

2. 행사요건

ICC는 범죄발생지국 또는 피고인 국적국이 당사국인 경우에만 관할권을 행사할 수 있으며, 안전보장이사회가 회부한 상황에 대해서는 관련국의 당사국 여부에 관계없이 관할권을 행사할 수 있다(제12조 제2항).

3. 비당사국(제12조 제3항)

비당사국도 해당 범죄와 관련하여 ICC의 관할권을 수락한다는 선언을 할 수 있다.

> **로마협약 제12조 - 관할권 행사의 전제조건**
> 1. 이 규정의 당사국이 된 국가는 이에 의하여 제5조에 규정된 범죄에 대하여 재판소의 관할권을 수락한다.
> 2. 제13조 가호 또는 다호의 경우, 다음 중 1개국 또는 그 이상의 국가가 이 규정의 당사국이거나 또는 제3항에 따라 재판소의 관할권을 수락하였다면 재판소는 관할권을 행사할 수 있다.
>   (가) 당해 행위가 발생한 영역국, 또는 범죄가 선박이나 항공기에서 범하여진 경우에는 그 선박이나 항공기의 등록국
>   (나) 그 범죄 혐의자의 국적국
> 3. 제2항에 따라 이 규정의 당사국이 아닌 국가의 수락이 요구되는 경우, 그 국가는 사무국장에게 제출되는 선언에 의하여 당해 범죄에 대한 재판소의 관할권 행사를 수락할 수 있다. 그 수락국은 제9부에 따라 어떠한 지체나 예외도 없이 재판소와 협력한다.

4 관할권의 행사(제소장치)

검사(prosecutor)는 다음의 세 가지 경우에 기소를 할 수 있다. 즉, 당사국에 의한 부탁, 안전보장이사회에 의한 회부, 검사의 직권기소가 그것이다.

1. 당사국

그러한 범죄들의 하나 이상으로 행해진 것으로 보이는 사태(situation)가 제14조에 따라 어떤 당사국에 의해 검사에게 부탁된(referred) 경우이다.

2. 안전보장이사회

(1) 안전보장이사회에 의한 회부

동 사태가 헌장 제7장에 의거하여 행동하는 안전보장이사회에 의해 검사에게 부탁되어진 경우이다. 단, 이 경우에는 범죄발생지국 혹은 피고인 국적국이라는 전제조건의 충족이 필요없으므로, 보편적 관할권을 인정하는 것과 유사하다.

(2) 안전보장이사회의 기소중지 요청

안전보장이사회가 헌장 제7장에 따라 채택된 결의를 통하여 ICC의 수사 또는 기소금지를 요청하는 경우 ICC는 1년 동안 그러한 수사 또는 기소를 연기해야 하며, 이러한 요청은 동일한 조건하에 갱신될 수 있다(제16조).

3. 검사

제15조에 따라 독자적으로(proprio motu) 수사를 개시할 경우 수사를 진행할 합리적 근거(reasonable basis)가 있는지 여부를 스스로 결정 후 이에 대해 전심재판부의 허가를 받아야 한다.

로마협약 제13조 - 제소장치

재판소는 다음의 경우 이 규정이 정한 바에 따라 제5조에 규정된 범죄에 대하여 관할권을 행사할 수 있다.

(가) 1개 또는 그 이상의 범죄가 범하여진 것으로 보이는 사태가 제14조에 따라 당사국에 의하여 소추관에게 회부된 경우

(나) 1개 또는 그 이상의 범죄가 범하여진 것으로 보이는 사태가 UN헌장 제7장에 따라 행동하는 안전보장이사회에 의하여 소추관에게 회부된 경우

(다) 소추관이 제15조에 따라 그러한 범죄에 대하여 수사를 개시한 경우

---

5 재판적격성(Admissibility)

1. 의의

ICC가 특정 사건을 재판하여도 되는지의 여부를 판단하는 것이다. ICC가 특정 사건에 대해 관할권을 행사할 수 있는 경우에도 재판적격성이 충족되지 않는 한 ICC는 그 특정 사건을 재판할 수 없다. 재판적격성은 ICC가 보충성에 기초한 국제재판소임을 확인하는 제도이다. 재판적격성 판단주체는 전심재판부이며, 보충성, 일사부재리, 충분한 중대성을 기준으로 판단한다.

2. 보충성의 원칙[제17조 제1항 제(가) · (나)호, 제2항, 제3항]

(1) 의의

보충성의 원칙이란 ICC는 국내법원을 보충하는 것이며 이를 대체하는 것은 아니므로 국제법상 중대한 범죄를 행한 자를 재판부에 회부할 제1차적 책임은 국내법원이 져야 하고 ICC는 다만 국내법원이 이러한 기능을 제대로 수행하지 않을 때 보충적으로 관할권을 행사할 수 있을 뿐이라는 의미이다. ICC규정 전문 제10항은 '이 규정에 따라 설립되는 ICC는 국가의 형사관할권을 보충하는(complementary) 것'이라고 천명하고 있고 제1조 및 제17조 제1항에서 반복 언급되고 있다.

(2) ICC가 재판할 수 없는 경우

첫째, 사건이 그 사건에 대해 관할권을 가지는 국가에 의해 수사되고 있거나, 또는 기소된 경우와 둘째, 사건이 그 사건에 대하여 관할권을 가지는 국가에 의해 수사되었고, 그 국가가 당해인을 기소하지 아니하기로 결정한 경우이다. 단, 기소의사가 없거나, 기소불능인 경우는 그러하지 아니하다.

(3) 기소의사부재(unwillingness to prosecute)

국가의 기소의사가 없는 경우, 재판적격성이 있다. 기소의사가 없는 경우는 다음과 같다.
① 제5조에 규정된 재판소 관할 내의 범죄에 대한 형사책임으로부터 관련자를 보호할 목적으로 소송절차가 착수되었거나 또는 착수 중이거나 또는 국내적 결정이 내려진 경우[제17조 제2항 제(가)호]
② 관련자를 재판에 회부하려는 의도와 양립할 수 없는 소송절차에 있어서의 부당한 지연이 있었던 경우[제17조 제2항 제(나)호]
③ 소송절차가 독립적으로 또는 공정하게 진행되지 않았거나 진행되지 않고 있으며, 또한 관련자를 재판에 회부하려는 의도와 양립할 수 없는 방식으로 소송절차가 진행되었거나 또는 진행 중인 경우[제17조 제2항 제(다)호]

(4) 기소불능(inability to prosecute)

국가의 기소불능의 경우에도 재판적격성이 충족된다. 제17조 제3항에 의하면 "특정 사건에서 당해 국가의 무능력을 결정하기 위하여, 재판소는 그 국가의 사법제도의 전반적인 또는 실질적인 붕괴나 이용 불가능으로 인하여 그 국가가 피고인이나 필요한 증거 및 증언을 확보할 수 없는지 또는 달리 그 소송절차를 수행할 수 없는지 여부를 고려한다."라고 규정하고 있다. 기소불능의 예는 ① 사법제도의 전반적인 또는 실질적인 붕괴, ② 문제의 행위가 국내법상 범죄가 아닌 경우, ③ 문제의 행위가 그 국가에서 발생한 것으로 되지 않는 경우, ④ 형사재판제도가 존재하지 않는 경우를 들 수 있다.

(5) ICC 판례

ICC 상소재판부는 관할권을 가진 국가 측에서 아무런 활동이 없으면, 다시 말해서 국가나 수사나 기소를 하지 않고 있거나, 지금까지 하지 않았다면 의사부재나 능력부재 문제를 결정할 필요 없이 소의 허용성이 인정된다고 보고 있다.

3. 일사부재리원칙[principle of ne bis in idem, 제17조 제1항 제(다)호, 제20조]

(1) 의의

일사부재리원칙이란 보충성원칙과 유사하게 국내법체계가 이미 관할권을 행사한 경우 ICC가 다시 관할권을 행사하는 것을 금지시키는 원칙이다. 제17조 제1항 제(다)호에 따르면 '당해인이 제소의 대상인 행위에 대하여 이미 재판을 받았고, 제20조 제3항에 따라 재판소의 재판이 허용되지 않는 경우' 재판적격성이 없다고 결정한다.

(2) 적용범위

ICC규정 제20조에 따르면, 첫째, 동일인을 동일행위로 두 번 처벌하지 않도록 하고 있다(제1항). 둘째, ICC에 의해 재판을 받은 사람을 다른 국가 등의 재판소에서 다시 재판받지 않도록 규정하고 있다(제2항). 셋째, 다른 국가 등의 재판소에서 재판을 받은 자는 ICC에서 다시 재판을 받지 않는다(제3항). 단, 국내법원에 의해 유죄선고를 받거나 무죄석방된 경우에는 ICC에서의 제2차적 기소는 금지되나, 타국 법원에서의 제2차적 기소는 금지하고 있지 않다.

(3) 예외

제20조 제3항에 의하면, 이미 국내법원에서 재판을 받은 자라 할지라도, ICC의 재판적격성이 인정될 수 있는 예외를 규정하고 있다. ① 다른 재판소에서의 절차가 재판소 관할범죄에 대한 형사책임으로부터 당해인을 보호할 목적이었던 경우, ② 국제법에 의해 인정된 적법절차의 규범에 따라 독립적이거나 공정하게 수행되지 않았으며, 상황에 비추어 당해인을 처벌하려는 의도와 부합하지 않는 방식으로 수행된 경우이다.

4. 범죄의 중대성[제17조 제1항 제(라)호]

ICC는 국제공동체 전체가 관심을 갖는 가장 중대한 범죄만을 재판할 수 있다. 충분한 중대성(sufficient gravity)을 갖추지 못한 범죄는 어떤 사건의 재판적격성의 근거를 제공하지 못한다.

로마협약 제17조 - 재판적격성

1. 전문 제10항과 제1조를 고려하여 재판소는 다음의 경우 사건의 재판적격성이 없다고 결정한다.
   (가) 사건이 그 사건에 대하여 관할권을 가지는 국가에 의하여 수사되고 있거나 또는 기소된 경우. 단, 그 국가가 진정으로 수사 또는 기소를 할 의사가 없거나 능력이 없는 경우에는 그러하지 아니하다.
   (나) 사건이 그 사건에 대하여 관할권을 가지는 국가에 의하여 수사되었고, 그 국가가 당해인을 기소하지 아니하기로 결정한 경우. 단, 그 결정이 진정으로 기소하려는 의사 또는 능력의 부재에 따른 결과인 경우에는 그러하지 아니하다.
   (다) 당해인이 제소의 대상인 행위에 대하여 이미 재판을 받았고, 제20조 제3항에 따라 재판소의 재판이 허용되지 않는 경우
   (라) 사건이 재판소의 추가적 조치를 정당화하기에 충분한 중대성이 없는 경우
2. 특정 사건에서의 의사부재를 결정하기 위하여, 재판소는 국제법에 의하여 인정되는 적법절차의 원칙에 비추어 적용 가능한 다음 중 어느 하나 또는 그 이상의 경우가 존재하는지 여부를 고려한다.
   (가) 제5조에 규정된 재판소 관할범죄에 대한 형사책임으로부터 당해인을 보호할 목적으로 절차가 취해졌거나, 진행 중이거나 또는 국내적 결정이 내려진 경우
   (나) 상황에 비추어, 당해인을 처벌하려는 의도와 부합되지 않게 절차의 부당한 지연이 있었던 경우
   (다) 절차가 독립적이거나 공정하게 수행되지 않았거나 수행되지 않고 있으며, 상황에 비추어 당해인을 처벌하려는 의도와 부합되지 않는 방식으로 절차가 진행되었거나 또는 진행중인 경우
3. 특정 사건에서의 능력부재를 결정하기 위하여, 재판소는 당해 국가가 그 국가의 사법제도의 전반적 또는 실질적 붕괴나 이용불능으로 인하여 피의자나 필요한 증거 및 증언을 확보할 수 없는지 여부 또는 달리 절차를 진행할 수 없는지 여부를 고려한다.

---

6 형법의 일반원칙

1. 죄형법정주의(제22조)

문제된 행위가 그것이 발생한 시점에 재판소 관할범죄를 구성하지 않는 경우 형사책임을 지지 아니한다. 범죄의 정의는 엄격히 해석되어야 하며 유추에 의하여 확장되어서는 아니된다. 범죄의 정의가 분명하지 않은 경우, 정의는 수사·기소 또는 유죄판결을 받는 자에게 유리하게 해석되어야 한다.

2. 소급효 금지(제24조)

누구도 로마협약이 발효하기 전의 행위에 대하여 협약상 형사책임을 지지 아니한다. 확정판결 전에 당해 사건에 적용되는 법에 변경이 있는 경우, 수사 중이거나 기소 중인 자 또는 유죄판결을 받은 자에게 보다 유리한 법이 적용된다.

3. 개인이 형사 책임을 지는 경우(제25조)

개인이 로마규정 하에서 형사책임을 지는 경우는 다음과 같다.

첫째, 개인적으로 또는 다른 사람과 공동으로 또는 다른 사람을 통하여 범죄를 범한 경우. 다른 사람이 형사책임을 지는지 여부는 관계 없다.

둘째, 실제로 일어났거나 착수된 범죄의 실행을 명령, 권유, 유인한 경우

셋째, 범죄의 실행을 용이하게 할 목적으로 범행수단의 제공을 포함하여 범죄의 실행이나 실행의 착수를 방조, 교사 또는 달리 조력한 경우

넷째, 공동의 목적을 가지고 활동하는 집단에 의한 범죄의 실행 또는 실행의 착수에 기타 여하한 방식으로 기여한 경우로서, 그러한 기여가 고의적이고, 또한 다음 중 어느 하나에 해당하는 경우. 즉, 집단의 범죄활동 또는 범죄목적이 재판소 관할범죄의 실행과 관련되는 경우 그러한 활동 또는 목적을 촉진시키기 위하여 이루어 진 것. 집단이 그 범죄를 범하려는 의도를 인식하고서 이루어진 것.

다섯째, 특히 집단살해죄와 관련하여 집단살해를 범하도록 직접적으로 그리고 공공연하게 타인을 선동한 경우.

여섯째, 실질적인 조치에 의하여 범죄의 실행에 착수하는 행위를 함으로써 범죄의 실행을 기도하였으나 본인의 의도와는 무관한 사정으로 범죄가 발생하지 아니한 경우. 그러나, 범행의 실시를 포기하거나 또는 달리 범죄의 완성을 방지한 자는 자신이 그 범죄 목적을 완전히 그리고 자발적으로 포기하였다면 범죄미수에 대하여 처벌을 받지 아니한다.

4. 공적 지위의 무관련성(제27조)

로마협약은 공적 지위에 근거한 어떠한 차별없이 모든 자에게 평등하게 적용되어야 한다. 특히 국가원수 또는 정부 수반, 정부 또는 의회의 구성원, 선출된 대표자 또는 정부 공무원으로서의 공적 지위는 어떠한 경우에도 그 개인을 형사책임으로부터 면제시켜 주지 아니하며, 또한 그 자체로서 자동적인 감형사유를 구성하지 아니한다.

5. 위계책임의 법리(제28조)

로마규정은 전쟁범죄와 관련하여 위계책임의 법리 또는 지휘책임의 법리를 채택하고 있다. 즉, 군지휘관이나 민간인 상관은 자신의 실효적 통제 하에 있는 자들의 행위를 적절히 통제하지 않음으로 인하여 그들이 범한 범죄에 대해서도 일정 책임을 부담한다.

6. 시효의 부적용(제29조)

재판소의 관할범죄에 대하여는 어떠한 시효도 적용되지 아니한다.

7. 주관적 요소(제30조)

사람은 고의와 인식을 가지고 범죄의 객관적 요소를 범한 경우에만 재판소의 관할범죄에 대하여 형사책임을 지며 처벌 받는다.

8. 형사책임 조각사유(제31조)

사람이 정신적 질환 또는 결함을 겪고 있는 경우와 중독상태에 있는 경우 등의 사유가 있는 경우 형사책임을 지지 아니한다.

9. 착오(제32조)

사실의 착오는 당해 범죄에 의하여 요구되는 주관적 요소가 부인되는 경우에만 형사책임배제사유가 된다. 어떤 행위유형이 ICC의 재판권에 속하는 범죄인지의 여부에 관한 법률의 착오는 원칙적으로 형사책임배제사유가 되지 아니한다.

10. 상관의 명령(제33조)

ICC의 재판권에 속하는 범죄가 정부나 상관의 명령에 의거하여 실행되었다고 해서 행위자의 형사책임이 면제되지는 않는다. 다만, 정부나 상관의 명령을 따를 법적 의무가 있었고, 명령이 위법하다는 것을 인식하지 못하였으며, 그리고 당해 명령이 명백히 위법하지는 않았던 경우에는 형사책임이 면제된다.

7 재판절차 및 형벌

1. 수사 및 기소

(1) 서설

소추관은 관할대상범죄의 입증이 있고, 재판적격성이 있는 경우에도 사건의 경중, 피해자의 이해관계 등을 고려하여 수사 불개시 또는 불기소의 결정을 할 수 있다. 이 경우에는 전심재판부에 이를 통보해야 한다. 소추관의 독자적인 수사 개시를 인정하는 대신 소추관의 권한 남용을 견제하기 위한 장치의 일환으로 소추관의 기소 시 전심재판부의 허가를 받도록 하고 있다.

(2) 수사 개시

소추관은 획득 가능한 정보를 평가한 뒤 로마규정에 따라 절차를 진행할 어떠한 합리적 근거가 없다고 결정하지 않는 한 수사를 개시해야 한다. 소추관은 전심부의 허가를 받아 국가 영역에서 수사를 진행할 수 있다. 일정한 경우 비당사국의 영역에서도 수사할 수 있다.

(3) 체포영장 발부

수사 개시 후 언제든 전심부는 ICC 재판관에 속하는 범죄를 실행했다고 믿을만한 합리적 근거가 존재하고 그 자를 체포하는 것이 필요하다고 확신하는 경우 소추관의 신청에 기초하여 체포영장을 발부한다. 체포 요청을 받은 당사국은 당해인을 체포하기 위한 조치를 지체 없이 취해야 한다.

(4) 피의자 인도 또는 자발적 출두 이후 절차

전심부는 피의자의 인도 또는 자발적 출두 이후 범죄혐의와 재판중 가석방 신청권 등의 권리가 고지 받았음을 확인해야 한다. 체포영장 대상자는 재판 중 가석방 신청을 할 수 있다.

(5) 전심부의 심리

피의자 인도 또는 출두 후 합리적 기간 내에 전심부는 소추관이 재판을 구하려고 하는 바의 혐의사실을 확인하기 위한 심리를 진행해야 한다. 심리는 피의자의 변호인의 출석 하에 진행되어야 한다. 피고인의 도주 중 궐석재판은 로마규정상 허용되지 않는다. 다만, 재판전절차인 피의자 혐의 사실 확인절차에서는 궐석재판이 허용된다.

2. 재판절차

(1) 일반적 재판절차

달리 결정하지 않는 한 재판은 ICC 소재지에서 진행되는 것이 원칙이다. ICC규정에는 유무죄 선고와 양형결정의 분리가 가능하도록 되어 있다. 이는 유무죄 선고와 양형결정을 동시에 하는 대륙법계의 전통과 이를 분리하는 영미법계의 전통을 조화시키기 위한 것이다. 따라서 사실심재판부는 당사자의 신청이 있으면 유무죄 선고 이후 양형을 위한 추가재판을 하여야 한다. 직권으로 이러한 추가재판을 할 수 있다.

(2) 피의자에 대한 배상

ICC는 배상명령을 부과할 수 있다. 이 명령은 청구를 전제로 하되, 예외적으로 직권에 의해서도 부과될 수 있다.

(3) 선례불구속의 원칙

ICC는 자신의 종전 판결에서 해석된 대로 법의 원칙과 규칙을 적용할 수 있다. 즉, ICC는 자신의 선례에 관한 한 이를 적용할 수는 있지만 적용할 의무가 있는 것은 아니다. ICC 판결에 선례구속의 원칙이 적용되지는 않음을 의미한다.

(4) 유죄답변거래 불인정

공소사실의 수정이나 유죄인정 또는 부과될 형벌에 관한 검사와 피고인 측 사이의 어떠한 상의도 ICC에 대해 구속력이 없다. 다시 말해서 일부 국내법에서 인정되는 유죄답변거래는 ICC에서는 인정되지 아니한다.

(5) 판결

재판관들은 유죄인정 여부에 대한 결정을 내림에 있어서 만장일치를 얻으려고 시도해야 하며, 실패하는 경우 재판관의 과반수 찬성에 의한다. 만장일치가 이루어지지 않은 경우 공판부의 결정은 다수의견과 소수의견을 포함한다.

3. 형벌

형벌은 개별 범죄별로 법정형을 구분하지 아니하고 일괄하여 정하고 있으며 형벌의 종류로는 30년 이하의 유기징역과 무기징역만을 열거하고 있을 뿐 사형은 포함하고 있지 않다. 징역형에 부가하여 몰수형과 벌금형을 부가형으로 규정하고 있다.

4. 상소

구유고나 르완다 전범재판소와 마찬가지로 ICC도 상소를 허용한다. 상소는 상소부에서 다룬다. 무죄석방이나 유죄선고에 대해 검사는 절차상 하자, 사실 착오, 법률 착오를 이유로 상소할 수 있다. 유죄판결을 받은 자는 이 세가지 외에 재판절차나 판결의 공정성 또는 신뢰성에 영향을 주는 기타 다른 사유가 추가된다. 과형(양형)에 대해서는 범죄와 과형 사이의 불균형을 이유로 검사나 유죄선고를 받은 자가 상소할 수 있다. 상소부는 결정이나 과형을 파기, 변경하거나, 다른 공판부에서 새로 재판하도록 명령할 수 있다. 상소부 판결은 구성원 과반수 찬성에 의해 채택되며, 공개된 법정에서 공표된다. 각 재판관은 법률문제에 관해 개별의견이나 반대의견을 표명할 수 있다. 공판부에서와 달리 상소부는 유죄나 무죄 선고를 받은 자의 출석 없이도 공표할 수 있다.

5. 재심

(1) 대상

재심은 확정된 유죄선고와 과형에 대해 허용된다.

(2) 재심청구

재심청구는 유죄선고를 받은 자, 그가 사망한 경우 배우자, 자녀, 부모 등이며, 피고인을 대신하는 검사도 청구할 수 있다.

(3) 재심사유

사유는 재판당시에는 획득할 수 없었던 새로운 증거가 발견된 경우, 유죄선고의 결정적 증거가 허위이거나 위조 또는 변조되었음이 새로이 발견된 경우, 또는 혐의사실 확인 결정 또는 유죄 선고에 참여하였던 재판관이 중대한 부정행위 또는 중대한 의무위반의 행위를 실행한 경우이다.

(4) 관할

재심은 상소부 관할이다. 상소부는 재심청구가 근거가 없다고 판단한 경우 이를 기각해야 한다. 반대로 청구가 이유가 있다고 결정한 경우 상소부는 재심대상 판결을 하였던 원래의 공판부를 재소집하거나, 새로운 공판부를 구성하거나, 또는 절차 증거 규칙에 명시된 방식으로 당사자들을 심리한 후 판결이 재심되어야 하는지에 관한 결정을 하기 위하여 그 문제에 관한 재판권을 계속 유지할 수 있다.

6. 국제협력과 사법적 지원

(1) 협력의무

당사국은 ICC규정에 따라 ICC 관할대상범죄의 수사 및 기소에 충분히 협력할 일반적 협력의무를 진다(제86조). ICC는 당사국에게 협력을 요청할 권한을 가진다. 특별협정을 체결한 비당사국이 공조요청에 불응하는 경우나, 당사국이 규정에 위반하여 협력요청에 불응하는 경우에는 당사국회의에 이 사실을 통보할 수 있다. 안전보장이사회 회부사건인 경우 안전보장이사회에 통보할 수 있다. 당사국들은 제9부에서 명기된 모든 형태의 협력을 위하여 국내법적 절차를 마련하여야 한다(제88조).

(2) 인도(Surrender)

원문상 Surrender는 국가가 ICC규정에 따라 ICC에 신병을 인도하는 것을 말하며, Extradition은 국가가 다른 국가에게 조약, 협약 또는 국내법에 따라 신병을 인도하는 것을 말한다. ICC로부터 인도청구를 받은 국가는 타국으로부터 동일인에 대하여 동일한 범죄를 이유로 인도청구를 받은 경우, ICC와 청구국에 이러한 사실을 통보하여야 한다.

(3) 특정성의 원칙

특정성의 원칙을 인정하되 특정성의 기준을 죄명이 아닌 행위로 정하여 인도청구의 원인이 된 범죄를 구성하는 행위 또는 일련의 행위 이외의 다른 행위로 처벌할 수 없도록 하였다.

7. 집행

징역형의 선고는 ICC에 대하여 선고를 받은 자를 받아들일 의사를 표명한 국가들의 명단 중에서 ICC가 지정한 국가에서 집행된다.

8 재판소의 구성 및 행정

1. 재판소의 기관

재판소는 소장단, 상소심부, 1심부, 전심부, 소추부, 사무국으로 구성된다.

2. 재판관

18인의 재판관을 둔다. 재판관은 높은 도덕성과 공정성 및 성실성을 가진 자여야 한다. 재판관은 당사국총회에서 비밀투표로 선출되며, 출석하여 투표하는 당사국의 3분의 2 이상을 득표하여야 한다. 재판관의 임기는 9년이며 원칙적으로 재선될 수 없다(제36조 제9항).

3. 소장단

재판소장, 제1부소장 및 제2부소장은 재판관들의 절대다수결에 의해 선출되며, 임기는 원칙적으로 3년으로, 재임할 수 있다.

4. 재판부

상소심부는 재판소장과 4인의 다른 재판관, 1심부는 6인 이상의 재판관, 전심부는 6인 이상의 재판관으로 구성된다. 상소심재판부는 상소심부의 모든 재판관들로 구성된다. 1심 재판부의 기능은 1심부의 3인의 재판관에 의해 수행된다. 전심재판부의 기능은 전심부의 3인의 재판관 또는 단독 재판관에 의해 수행된다. 1심재판부 또는 전심재판부는 필요한 경우 동시에 2개 이상 구성할 수 있다.

5. 재판관의 독립(제40조)

재판관은 자신의 사법적 기능에 방해가 될 수 있는 어떠한 활동에도 종사해서는 안 된다. 또한 영리적 성격의 직업에 종사할 수 없다.

6. 재판관의 회피와 제척(제41조)

소장단은 재판관의 요청이 있으면 당해 재판관이 규정상의 직무 수행을 회피하도록 할 수 있다. 재판관은 어떠한 사유에서든 자신의 공정성이 합리적으로 의심받을 수 있는 어떠한 사건에도 참여하지 아니한다. 소추관 또는 수사 중이거나 기소 중인 자는 재판관의 제척을 요청할 수 있다. 재판관의 제척에 관한 모든 문제는 재판관의 절대다수결에 의해 결정된다. 이의가 제기된 재판관은 이 문제에 관한 자신의 의견을 진술할 권리가 있으나, 결정에는 참여하지 아니한다.

7. 소추부(제42조)

소추부는 재판소의 별개 기관으로서 독립적으로 활동한다. 소추부는 재판소에 회부되는 관할범죄에 관한 정보를 접수하며, 이를 조사하고 수사하여 재판소에 기소를 제기하는 데에 대한 책임을 진다. 소추부의 장은 소추관으로 한다. 소추관은 당사국총회에서 회원국의 비밀투표에 의해 절대다수결로 선출된다. 부소추관은 소추관이 제시한 후보자 명부로부터 동일한 방식으로 선출된다. 소추관과 부소추관의 임기는 원칙적으로 9년이며 재선될 수 없다. 소장단은 소추관 또는 부소추관의 요청에 따라 특정 사건을 다루는 것을 회피하도록 할 수 있다. 소추관과 부소추관은 자신의 공정성이 합리적으로 의심받을 수 있는 어떠한 사건에도 참여하지 아니한다. 소추관과 부소추관의 제척에 관한 문제는 상소심재판부에서 결정한다. 수사 중이거나 기소 중인 자는 언제든지 소추관과 부소추관의 제척을 요청할 수 있다.

8. 사무국(제43조)

사무국은 사무국장이 이끈다. 사무국장은 재판소장의 권위하에서 자신의 직무를 수행한다. 재판관들은 당사국총회의 추천을 고려하여 비밀투표에 의하여 절대다수결로 사무국장을 선출한다. 사무국장의 임기는 5년이며 한 번 재선될 수 있다.

9. 특권과 면제(제48조)

재판소는 각 당사국의 영역에서 재판소의 목적 달성을 위하여 필요한 특권과 면제를 향유한다. 재판관, 소추관, 부소추관 및 사무국장은 재판소업무를 수행함에 있어서 외교사절의 장에게 부여되는 것과 동일한 특권과 면제를 향유한다.

9 기타 사항

1. 당사국총회

총회는 3년 임기의 1인의 의장 등으로 구성되는 실무단을 둔다. 실무단은 적어도 1년에 한 번은 소집되어야 한다. 총회나 실무단 의사결정 원칙은 컨센서스이다. 컨센서스 도달이 어려운 경우, 실체문제 결정은 당사국의 절대다수가 투표를 위한 정족수를 구성할 것을 조건으로, 출석하여 투표한 당사국의 3분의 2 다수결로 승인되어야 한다. 절차문제는 출석하여 투표한 당사국의 단순과반수에 의해 채택된다.

2. 재정

ICC분담금을 연체한 당사국은 그 연체금액이 지난 2년 간의 분담금총액과 같거나 이를 초과한 경우, 총회에서나 실무단에서 투표권이 없다. 다만, 총회는 그러한 연체가 당해 당사국의 통제 밖의 상황에 기인하는 것이라고 판단되는 경우 투표를 허락할 수 있다.

3. 언어

총회의 공식언어 및 실무언어는 UN총회와 같다. 따라서 영어, 프랑스어, 러시아어, 스페인어, 아랍어가 공식언어 및 실무언어이다.

4. 가입

로마조약은 개방조약이다. 가입은 UN사무총장에게 가입서를 기탁한 후 60일이 경과하고 나서 그 다음 달의 첫째 날에 발효한다. 팔레스타인은 2015년 4월 1일 가입했다.

5. 탈퇴

당사국은 UN사무총장에게 보내는 통지서에 의해 로마규정에서 탈퇴할 수 있다. 탈퇴는 원칙적으로 UN사무총장이 통지서를 수령한 날로부터 1년이 되는 날에 발효한다.

참고

한국의 국제형사재판소 관할범죄의 처벌 등에 관한 법률 주요 내용

1. **적용범위(제3조)**
   (1) 이 법은 대한민국 영역 안에서 이 법으로 정한 죄를 범한 내국인과 외국인에게 적용한다.
   (2) 이 법은 대한민국 영역 밖에서 이 법으로 정한 죄를 범한 내국인에게 적용한다.
   (3) 이 법은 대한민국 영역 밖에 있는 대한민국의 선박 또는 항공기 안에서 이 법으로 정한 죄를 범한 외국인에게 적용한다.
   (4) 이 법은 대한민국 영역 밖에서 대한민국 또는 대한민국 국민에 대하여 이 법으로 정한 죄를 범한 외국인에게 적용한다.
   (5) 이 법은 대한민국 영역 밖에서 집단살해죄 등을 범하고 대한민국 영역 안에 있는 외국인에게 적용한다.

2. **상급자의 명령에 따른 행위(제4조)**
   (1) 정부 또는 상급자의 명령에 복종할 법적 의무가 있는 사람이 그 명령에 따른 자기의 행위가 불법임을 알지 못하고 집단살해죄 등을 범한 경우에는 명령이 명백한 불법이 아니고 그 오인(誤認)에 정당한 이유가 있을 때에만 처벌하지 아니한다.
   (2) 이 법 제8조(집단살해죄) 또는 제9조(인도에 대한 죄)의 죄를 범하도록 하는 명령은 명백히 불법인 것으로 본다.

3. **지휘관과 그 밖의 상급자의 책임(제5조)**
   (1) 군대의 지휘관 또는 단체·기관의 상급자가 실효적인 지휘와 통제하에 있는 부하 또는 하급자가 집단살해죄 등을 범하고 있거나 범하려는 것을 알고도 이를 방지하기 위하여 필요한 상당한 조치를 하지 아니하였을 때에는 그 집단살해죄 등을 범한 사람을 벌하는 외에 그 지휘관 또는 상급자도 각 해당 조문에서 정한 형으로 처벌한다.
   (2) 지휘관에는 지휘관의 권한을 사실상 행사하는 사람을 포함하며, 상급자에는 상급자의 권한을 사실상 행사하는 사람을 포함한다.

4. **시효의 적용 배제(제6조) 및 면소(제7조)**
   (1) 집단살해죄 등에 대하여는 '형사소송법' 제249조부터 제253조까지 및 '군사법원법' 제291조부터 제295조까지의 규정에 따른 공소시효와 '형법' 제77조부터 제80조까지의 규정에 따른 형의 시효에 관한 규정을 적용하지 아니한다.
   (2) 집단살해죄 등의 피고 사건에 관하여 이미 국제형사재판소에서 유죄 또는 무죄의 확정판결이 있는 경우에는 판결로써 면소(免訴)를 선고하여야 한다.

5. **국제형사재판소 관할 범죄의 처벌 및 형량(몇 가지 주요 범죄에 대해서만 기술함. 상세한 내용은 조약집 참조)**
   (1) 국민적·인종적·민족적 또는 종교적 집단 자체를 전부 또는 일부 파괴할 목적으로 그 집단의 구성원을 살해한 사람은 사형, 무기 또는 7년 이상의 징역에 처한다.
   (2) 국민적·인종적·민족적 또는 종교적 집단 자체를 전부 또는 일부 파괴할 목적으로 중대한 신체적 또는 정신적 위해(危害)를 끼치는 행위 등을 한 사람은 무기 또는 5년 이상의 징역에 처한다.
   (3) 집단살해죄를 선동한 사람은 5년 이상의 유기징역에 처한다.
   (4) (인도에 대한 죄) 민간인 주민을 공격하려는 국가 또는 단체·기관의 정책과 관련하여 민간인 주민에 대한 광범위하거나 체계적인 공격으로 사람을 살해한 사람은 사형, 무기 또는 7년 이상의 징역에 처한다.
   (5) (사람에 대한 전쟁범죄) 국제적 무력충돌 또는 비국제적 무력충돌(폭동이나 국지적이고 산발적인 폭력행위와 같은 국내적 소요나 긴장 상태는 제외한다)과 관련하여 인도에 관한 국제법규에 따라 보호되는 사람을 살해한 사람은 사형, 무기 또는 7년 이상의 징역에 처한다.

(6) (재산 및 권리에 대한 전쟁범죄) 국제적 무력충돌 또는 비국제적 무력충돌과 관련하여 적국 또는 적대 당사자의 재산을 약탈하거나 무력충돌의 필요상 불가피하지 아니한데도 적국 또는 적대 당사자의 재산을 국제법규를 위반하여 광범위하게 파괴·징발하거나 압수한 사람은 무기 또는 3년 이상의 징역에 처한다.

(7) (금지된 방법에 의한 전쟁범죄) 국제적 무력충돌 또는 비국제적 무력충돌과 관련하여 민간인 주민을 공격의 대상으로 삼거나 적대행위에 직접 참여하지 아니한 민간인 주민을 공격의 대상으로 삼는 행위를 한 사람은 무기 또는 3년 이상의 징역에 처한다.

(8) (금지된 무기를 사용한 전쟁범죄) 국제적 무력충돌 또는 비국제적 무력충돌과 관련하여 독물(毒物) 또는 유독무기(有毒武器)를 사용한 사람은 무기 또는 5년 이상의 징역에 처한다.

(9) (사법방해죄) 국제형사재판소에서 수사 또는 재판 중인 사건과 관련하여 거짓 증거를 제출한 사람은 5년 이하의 징역 또는 1천500만 원 이하의 벌금에 처하거나 이를 병과(倂科)할 수 있다.

(10) (친고죄·반의사불벌죄의 배제) 집단살해죄 등은 고소가 없거나 피해자의 명시적 의사에 반하여도 공소를 제기할 수 있다.

(11) ('범죄인 인도법'의 준용) 대한민국과 국제형사재판소 간의 범죄인 인도에 관하여는 '범죄인 인도법'을 준용한다. 다만, 국제형사재판소 규정에 '범죄인 인도법'과 다른 규정이 있는 경우에는 그 규정에 따른다.

(12) ('국제형사사법 공조법'의 준용) 국제형사재판소의 형사 사건 수사 또는 재판과 관련하여 국제형사재판소의 요청에 따라 실시하는 공조 및 국제형사재판소에 대하여 요청하는 공조에 관하여는 '국제형사사법 공조법'을 준용한다. 다만, 국제형사재판소 규정에 '국제형사사법 공조법'과 다른 규정이 있는 경우에는 그 규정에 따른다.

제7절 | 기타 인권관련 다자 조약

1 집단살해방지 및 처벌에 관한 협약

1. 연혁

제2차 세계대전 당시 수백만 명에 달하는 유태인들이 살해된 것을 계기로 이와 같은 집단살해가 되풀이되는 것을 막기 위해 채택된 조약으로서 1948년 제3차 UN총회에서 채택되었다.

2. 주요 내용

(1) 집단살해죄는 민족적, 종족적, 인종적 또는 종교적 집단의 전부 또는 일부를 절멸하게 할 의도로 행해진 집단구성원 살해, 집단구성원에 대한 중대한 신체적 또는 정신적 위해의 야기, 전부 또는 부분적인 육체적 파괴를 초래할 목적으로 계산된 생활조건을 집단에게 고의적 부과, 집단 내의 출생을 방지하기 위하여 의도된 조치의 부과, 집단의 아동을 타집단으로 강제이주를 말한다.

(2) 전시·평시를 막론하고 집단살해가 국제법상 범죄임을 확인하였다.

(3) 집단살해를 직접 행한 자는 물론 공모자, 교사자, 미수자 및 공범도 처벌대상에 포함된다. 동 행위를 한 자의 지위 고하를 막론하고 개인으로서 처벌한다.

(4) 재판은 원칙적으로 행위지 관할국 법원에서 행하나 국제형사법원을 설치하여 동 법원에 의한 처벌을 규정하였다.

(5) 당사국은 UN의 권한 있는 기관이 집단살해를 방지 또는 억제하기 위한 조치를 취하도록 동 기관에 요청할 수 있다.

(6) 협약의 해석, 적용 또는 이행에 관한 체약국 간 분쟁은 분쟁당사국의 요구에 의하여 국제사법재판소(ICJ)에 부탁되어야 한다.

2 인종차별철폐협약

1965년 UN총회에서 채택되었다. 제1조에서 인종차별을 정의하고 있다. 인종차별이란 인종, 피부색, 가계 또는 민족적·종족적 출생에 따른 구별·배제·제한 또는 차별로서, 정치적·경제적·사회적·문화적 또는 기타 공적 생활 분야에 관한 인권 및 기본적 자유를 평등한 입장에서 향유 및 행사하도록 승인하는 것을 부정하거나 저해하는 목적 또는 효과를 가지는 조치이다. 당사국은 국내에서 인종차별을 철폐하기 위해 필요한 각종 조치를 취할 의무를 부담한다. 당사국은 타당사국이 협약상 의무를 이행하지 않는 경우 동 협약에 의해 구성된 위원회에 신고할 수 있다. 협약상 권리 침해를 주장하는 개인은 위원회에 청원을 제기할 수 있다. 협약 내용의 실천을 감시하기 위한 기구로 당사국회의에서 선출된 18인의 위원으로 인종차별철폐위원회를 설치하였다. 한국은 1978년 12월 5일 유보 없이 비준서를 기탁하여 1979년 1월 4일부터 이 협약의 적용을 받고 있다.

3 여성인권에 관한 협약

여성의 인권과 지위 향상을 도모하는 협약으로는 '여성의 정치적 권리협약'(1953), '여성에 대한 모든 형태의 차별철폐협약'(1979), '기혼여성의 국적에 관한 협약'(1957) 등이 있다. '여성에 대한 모든 형태의 차별철폐협약'에 의하면 당사국은 자국헌법 및 관계법령에 남녀평등원칙을 규정하고, 여성차별을 금지하는 법령 및 조치를 제정·채택하며, 개인·단체·기업에 의한 여성차별을 철폐하기 위한 모든 적절한 조치를 취해야 한다. 1999년 선택의정서가 채택되어 여성차별철폐위원회에서 청원을 심사하는 제도를 도입하였다. 협약은 당사국의 의무이행을 감독할 기관으로 23명의 전문가로 구성된 여성차별철폐위원회를 설립하였다. 한국은 1984년 12월 27일 비준서를 기탁하고 1985년 1월 26일부터 이 협약의 적용을 받고 있다. 한국은 또한 피해자가 직접 개인통보를 할 수 있도록 하는 선택의정서 역시 2006년 비준하였다.

4 아동권리보호에 관한 협약

1. 연혁

UN총회는 아동의 권리보호와 지위향상을 위하여 1959년 '아동권리선언'을 채택한 후 30년만인 1989년 '아동권리협약(Convention on the Rights of the Child)'을 채택하였다. 이를 통해 아동의 인권을 국제적으로 보장하고, 아동권리선언에 법적 구속력을 부여하였다. 한국은 1991년 11월 20일 비준서를 기탁하여 1991년 12월 20일부터 협약의 적용을 받고 있다. 아동의 무력분쟁 관여에 관한 선택의정서, 아동매매, 성매매, 및 아동음란물에 관한 선택의정서가 추가로 채택되어 발효되어 있으며 한국은 이에 모두 가입하였다. 2011년에는 아동권리협약에 관하여도 개인통보절차를 인정하는 선택의정서가 채택되었다(2014년 4월 발효). 이 선택의정서는 아동이라는 특성을 고려하여 아동권리위원회가 심각하고 체계적인 아동권리의 침해에 관한 정보를 입수한 경우 상황을 직권으로 조사하고 해당국에 권고안을 제시하는 제도를 마련하고 있다. 한국은 아직 비준하지 않았다.

2. 주요 내용

(1) 아동이란 18세 미만의 사람을 말한다.

(2) 당사국은 협약상 권리를 존중·보호하고 모든 차별로부터 아동을 보호하기 위한 조치를 취해야 한다.

(3) 아동은 출생 직후 성명·국적을 취득하고 자기 부모를 알고 그들의 보호를 받을 권리를 갖는다.

(4) 당사국은 아동의 언론·사상·양심·종교·결사·집회의 자유를 존중해야 한다.

(5) 당사국은 난민이 된 아동에 대해 적절한 보호와 인도적 원조를 제공해야 한다.

(6) 당사국은 아동의 교육을 받을 권리를 인정하고 초등교육을 의무·무상교육으로 하는 등 이 권리의 점진적 달성을 위한 조치를 취해야 한다.

(7) 당사국은 모든 성적 착취나 학대로부터 아동을 보호해야 한다.

(8) 당사국은 15세 미만의 아동의 군입대를 금지해야 한다.

(9) 협약상 의무 이행 검토를 위해 '아동권리위원회'를 설치하며 당사국에 의해 선출된 18인의 위원으로 구성한다.

(10) 당사국은 협약상 권리를 실시하기 위해 채택한 조치와 당해 권리의 향유달성도에 대한 보고서를 UN사무총장을 통해 위원회에 제출한다.

5 고문방지협약

고문방지협약은 1984년에 채택되었다. 주요 내용은 다음과 같다.

(1) 고문이란 관헌의 사주·동의·묵인하에 본인 또는 제3자로부터 정보나 자백을 얻기 위하여, 범죄행위를 처벌하기 위하여, 위협이나 강제하기 위하여 또는 각종 차별을 이유로 육체적 또는 정신적인 극심한 고통을 가하는 행위를 말한다.

(2) 당사국은 자국 영역 내에서 고문행위를 방지할 효과적인 입법·행정·사법적 조치를 취해야 한다.

(3) 당사국은 타국이 고문할 우려가 있는 사람을 당해국으로 추방하거나 송환할 수 없다.

(4) 고문범죄를 범한 자를 관계국에 인도하지 않을 경우에는 자국 내에서 형사소추해야 한다.

(5) 고문행위와 그 미수 및 공범은 기존 범죄인 인도조약상의 인도범죄로 간주되며 또한 새로이 체결되는 조약에 인도범죄로 포함되어야 한다.

(6) 당사국은 협약상 취한 조치에 대한 보고서나 위원회가 요구하는 보고서를 '고문방지위원회'에 제출해야 한다(보고서제도).

(7) 협약상 의무불이행국에 대한 당사국의 통보를 접수·검토하는 위원회의 권능을 수락하는 선언을 당사국들이 하게 하고, 위원회는 접수한 통보를 처리한다(국가 간 고발제도).

(8) 협약 규정을 위반한 당사국 국민인 고문행위의 피해자의 통보를 접수·검토하는 위원회의 권능을 수락하는 선언을 당사국들이 할 수 있다(개인통보제도).

6 이주노동자권리협약

이주노동자란 자국 이외의 국가에서 노동하는 사람을 말한다. 이주노동자 중에는 숙련된 기능이나 지식을 바탕으로 높은 임금을 받는 경우도 없지 않지만 대부분은 저임금을 바탕으로 열악한 근로조건 속에서 근무한다. 합법적 체류자격을 갖추지 못한 경우도 적지 않다. 이주노동자들은 근무지에서 열악한 인권상황에 처하기 쉽다. 이에 1990년 12월 18일 UN총회는 모든 이주노동자와 그 가족의 권리보호에 관한 국제협약을 채택하였다. 협약은 보호대상을 불법체류자를 포함한 모든 이주노동자에게 일반적으로 보호될 권리와 특히 합법적 상황의 이주노동자에게 추가적으로 보호될 권리로 구분하여 규정하고 있다. 그 밖에 월경노동자, 계절노동자, 선원, 순회노동자 등 다양한 형태의 이주노동자에게는 그 구체적 근로 형태에 따라 보호의 내용을 세분하고 있다. 이주노동자보호협약은 주로 인력 송출국의 요구를 바탕으로 준비되고 작성되어 정작 이주노동자의 보호가 이루어져야 할 인력 수입국은 이 협약을 외면하고 있다. 인력 수입국의 가입이 사실상 전무한 형편이라 이 협약이 실효성을 거두기 어려운 상황이다. 한국도 이 협약을 비준하지 않았다.

7 장애인권리협약

UN은 1981년을 세계 장애인의 해로 선언했고 1983년부터 1992년까지의 10년을 세계 장애인의 10년으로 선포했다. 2006년 12월 13일 UN총회는 만장일치로 장애인권리협약과 선택의정서를 채택하였고, 2008년 5월 협약과 의정서가 발효되었다. 한국은 2008년에 협약에 가입하였다. 협약에 의하면 장애인이란 장기간의 신체적·정신적·지적 또는 감각적 손상으로 인하여 다른 사람들과의 동등한 기초 위에서 완전하고 효과적인 사회참여에 어려움을 겪는 자를 말한다. 협약은 장애인들을 사회의 시혜적 보호대상이 아닌 적극적인 인권의 주체로 인정하고 장애인의 동등한 사회 참여를 위해 광범위한 내용의 권리보호를 규정하고 있다. 협약은 당사국의 보고서를 심사할 장애인권리위원회를 설치하고 있다. 협약 당사국이 선택의정서를 수락한 경우 권리를 침해당한 개인, 집단 또는 대리인이 개인청원을 제기할 수 있다.

01 국제인권조약에 대한 설명으로 옳지 않은 것은? 2021년 7급

① 세계인권선언은 「경제적·사회적 및 문화적 권리에 관한 국제규약」과 「시민적 및 정치적 권리에 관한 국제규약」의 기초가 되었다.

② Human Rights Committee는 국가가 「시민적 및 정치적 권리에 관한 국제규약」에 가입한 이후에 자유롭게 탈퇴할 수 있다고 해석하고 있다.

③ 국제인권조약상 국가보고제도는 인권조약의 당사국이 정기적으로 자국의 인권상황을 보고하는 것을 의미한다.

④ 「시민적 및 정치적 권리에 관한 국제규약」상 Human Rights Committee의 최종 견해는 당사국에게 구속력이 인정되지 않는다.

국제인권규약

B규약은 당해 조약의 성질상 탈퇴가 불가능하다는 것이 동 위원회의 입장이다. 규약과 달리 동 규약 선택의정서의 경우 6개월 전에 통고한 이후 탈퇴할 수 있음이 명시되었다는 점에 주의해야 한다.

선지분석
① 세계인권선언은 UN총회 결의이다. 양 조약은 선언의 내용을 조약화한 것이다.
③ 동 보고서는 UN사무총장에게 제출한다.
④ 동 위원회의 최종 견해는 법적 구속력이 없다. 그러나 국가들의 인권존중을 촉구하는 의미를 가진다.

답 ②

---

02 국제인권규약에 대한 설명으로 옳지 않은 것은? 2019년 7급

① 국제인권규약은 「경제적, 사회적 및 문화적 권리에 관한 국제규약」과 「시민적 및 정치적 권리에 관한 국제규약」을 포함한다.

② 「경제적, 사회적 및 문화적 권리에 관한 국제규약」과 「시민적 및 정치적 권리에 관한 국제규약」 모두 자결권을 명문으로 보장하고 있다.

③ 「시민적 및 정치적 권리에 관한 국제규약」에서 보장하는 권리를 침해받은 개인이 국내적 구제조치를 거치지 않고 국제적으로 통보하는 것이 보장된다.

④ 「경제적, 사회적 및 문화적 권리에 관한 국제규약」에서 보장하는 권리를 침해받은 개인이 국제적으로 통보를 제출할 수 있는 국제진정절차가 수립되어 있다.

국제인권규약

개인청원을 제기하기 위해서는 원칙적으로 국내구제를 완료해야 한다.

답 ③

---

03 시민적 및 정치적 권리에 관한 국제규약과 경제적 · 사회적 및 문화적 권리에 관한 국제규약(선택의정서 포함)에 공통된 설명으로 옳지 않은 것은? 2016년 7급

① 재산권에 관하여 규정하고 있지 않다.

② 국가의 비상사태 시 당사국의 의무 위반 조치가 허용되는 인권과 허용되지 않은 인권을 구분하고 있다.

③ 국가 간 통보제도와 개인통보제도를 도입하여 조약의 이행감독장치를 강화하였다.

④ 민족자결권에 관하여 규정하고 있다.

국제인권규약

인권 서열은 시민적 및 정치적 권리에 관한 국제규약(B규약)에서 인정된다. 비상사태 시에도 제한할 수 없는 인권을 '훼손할 수 없는 인권'이라고 하며, 제한할 수 있는 인권을 '표준적 인권'이라고 한다.

답 ②

---

04 1948년 집단살해죄의 방지와 처벌에 관한 협약의 내용에 대한 설명으로 옳지 않은 것은? 2015년 7급

① 집단살해는 평시가 아닌 전시에 적용되는 국제법상 범죄이다.

② 집단살해가 성립되기 위해서는 국민적, 인종적, 민족적 또는 종교적 집단을 전부 또는 일부 파괴할 의도로서 그 구성원의 살해 등이 행하여져야 한다.

③ 집단의 아동을 강제적으로 타 집단으로 이동시키는 것은 집단살해에 해당한다.

④ 협약의 해석, 적용 또는 이행에 관한 체약국간의 분쟁은 분쟁 당사국의 요구에 의하여 국제사법재판소(ICJ)에 부탁되어야 한다.

집단살해죄의 방지와 처벌에 관한 협약

집단살해죄의 방지와 처벌에 관한 협약 제1조에 따르면 "체약국은 집단살해가 평시에 행하여졌든가 전시에 행하여졌던가를 불문하고 이것을 방지하고 처벌할 것을 약속하는 국제법상의 범죄임을 확인한다."라고 규정하고 있다.

선지분석

② 동 협약 제2조에 따르면 "집단살해라 함은 국민적, 인종적, 민족적 또는 종교적 집단을 전부 또는 일부 파괴할 의도로서 행하여진 행위를 말한다."라고 규정하고 있다.

③ 동 협약 제2조 (e)호의 내용이다.

④ 동 협약 제9조에 따르면 "본 협약의 해석 적용 또는 이행에 관한 체약국간의 분쟁은 집단살해 또는 제3조에 열거된 기타 행위의 어떤 것이라도 이에 대한 국가책임에 관한 분쟁을 포함하여 분쟁 당사국 요구에 의하여 국제사법재판소에 부탁한다."라고 규정하고 있다.

답 ①

05 다음 설명 중 옳지 않은 것은?

① 세계인권선언은 UN안전보장이사회의 보조기관인 인권위원회(Commission on Human Rights)가 준비하여 UN의 제3차 총회에서 채택되었다.

② 시민적·정치적 권리에 관한 국제규약 선택의정서는 인권침해에 대하여 개인이 인권위원회(Human Rights Committee)에 통보(Communication)할 수 있는 제도를 두고 있다.

③ 유럽국가들 간에는 1953년 9월 '인권 및 기본적 자유의 보호를 위한 협약'이 발효하여 세계인권선언의 조약화가 처음으로 실현되었다.

④ 1978년 발효한 미주인권협약은 미주인권재판소를 창설하였다.

국제인권규약

UN인권위원회는 UN안전보장이사회가 아니라 UN경제사회이사회의 산하에 있었던 보조기관이었다.

선지분석

② 시민적·정치적 권리에 관한 국제규약(B규약) 선택의정서상 개인의 국가고발제도를 지칭하는 것이다.

답 ①

---

06 난민에 대한 설명으로 옳은 것은?

① 「난민지위협약」상 난민에는 내전으로 인한 국내적 실향민(internally displaced people)도 포함된다.

② 「난민지위협약」의 체약국은 난민에게 원칙적으로 외국인에게 부여하는 대우와 동등한 대우를 부여하여야 한다.

③ 「난민지위협약」상 난민신청자는 박해받을 공포가 있음을 객관적인 증거에 의하여 주장 사실 전체를 증명해야 한다.

④ 난민신청자가 난민으로서의 법적 요건을 갖는지 여부에 대한 판정권은 UN 난민고등판무관(UNHCR)에 있다.

난민

난민은 원칙적으로 체약국 내에서 '최혜국민대우'를 받는다.

선지분석

① 실향민은 국가를 떠난 자가 아니므로 협약 난민이 될 수 없다.

③ 한국 법원 판례에 의하면 "외국인에게 객관적인 증거에 의하여 주장사실 전체를 증명하도록 요구할 수는 없고, 그 진술에 일관성과 설득력이 있고, 입국 경로, 입국 후 난민신청까지의 기간, 난민 신청 경위, 국적국의 상황, 주관적으로 느끼는 공포의 정도, 신청인이 거주하던 지역의 정치적, 사회적, 문화적 환경, 그 지역의 통상인이 그 같은 상황에서 느끼는 공포의 정도 등에 비추어 전체적인 진술의 신빙성에 의하여 그 주장사실을 인정하는 것이 합리적인 경우에는 그 증명이 있다고 봐야할 것이다(대법원, 2007두6526)."라고 하였다.

④ 난민판정권은 협약 당사국에 있다.

답 ②

07 1951년 난민의 지위에 관한 협약(난민협약)과 1966년 시민적 및 정치적 권리에 관한 국제규약(B규약)에 따른 외국인의 출입국에 대한 설명으로 옳은 것은?

2017년 7급

① 국가는 국가안보, 공공질서 또는 경제 상황을 이유로 합법적으로 그 영역에 있는 난민을 추방할 수 있다.

② 모든 사람은 자국을 포함하여 어떠한 나라로부터도 자유로이 퇴거할 수 없음이 원칙이다.

③ 국가는 생명이 위협되는 영역으로부터 직접 온 난민에게 즉시 합법적 입국을 허용하여야 한다.

④ 전쟁범죄(war crime) 또는 인도에 반한 죄(crime against humanity)를 범한 사람은 난민협약 규정의 적용을 받지 못한다.

난민협약

선지분석

① 경제상황을 이유로 추방할 수 없다. 협약상 추방 사유는 열거적이며 국가안보, 공공질서에 한정된다.

② 자유로이 퇴거할 수 있는 것이 원칙이다.

③ 입국을 허용할 의무가 없다. 다만, 일정한 조건하에 불법입국 및 체류 난민에 대한 처벌이 제한된다.

답 ④

08 국제형사재판소(ICC) 규정에 대한 설명으로 옳지 않은 것은?

2021년 7급

① 국민적·민족적·인종적·종교적 집단의 전부 또는 일부를 파괴할 의도로 집단의 아동을 타 집단으로 강제로 이주시키는 것은 집단살해죄에 해당한다.

② 민간인 주민에 대한 광범위하거나 체계적인 공격의 일부로 그 공격에 대한 인식을 가지고 고문을 하는 것은 인도에 반한 죄에 해당한다.

③ 개별 국가는 ICC의 관할범죄에 대하여 보충적 관할권을 갖는다.

④ 전쟁범죄는 무력충돌에 관한 국제법을 중대하게 위반한 행위를 의미한다.

국제형사재판소(ICC) 규정

ICC는 보충성 원칙에 기반하고 있다. 즉, 국내법원이 일차적 관할권을 가지며, ICC가 보충적 관할권을 가진다. 국내절차에 의한 처벌이 불가능하거나 처벌 의사가 없는 경우 ICC가 처벌권을 발동하는 것이다.

선지분석

① 집단살해죄로 인정되기 위해서는 '말살의도'라는 특정 의도가 있어야 한다.

② 인도에 반한 죄는 민간인을 대상으로 한 범죄이며, 광범위하거나 체계적 공격의 일부일 것을 요한다.

④ 전쟁범죄도 ICC 관할대상범죄이다. 국제적 무력충돌뿐만 아니라 비국제적 무력충돌도 대상으로 한다.

답 ③

제 **5** 편

국제법의 규율 대상

제**1**장 | 해양법

제1절 | 총설

1 의의

해양법이란 해양에 관련된 국가들의 활동과 관계를 다루는 국제법 분야이다. 따라서 해양법에는 연안국의 관할권에 속하는 해역에 대한 연안국과 다른 국가들 간의 관계를 규율하는 법규칙들과 국가 관할권 밖에 있는 해양과 해저에 적용되는 법규칙들이 포함된다.

2 역사

1. 근대

근대해양법의 역사는 자유해론과 폐쇄해론의 대립의 역사라고 볼 수 있다. 그로티우스(H. Grotius)는 '해양자유론'이라는 책을 통해 해양자유를 주장하였다. 반면 셀덴(Selden)은 폐쇄해론을 주장하여 그로티우스(H. Grotius)의 해양자유론을 반박하였다. 해양자유론은 연안국의 권리보다는 항행국의 권리를 강조하는 이론인 반면, 폐쇄해론은 연안국의 권리 보호를 상대적으로 중시하는 입장이다.

2. 제1차 · 제2차 UN해양법회의

제1차 UN해양법회의는 1958년 제네바에서 개최되었으며 '영해 및 접속수역에 관한 협약', '공해에 관한 협약', '공해상 어업 및 생물자원보존협약', '대륙붕에 관한 협약' 등 4개 협약을 채택하였다. 1960년 제2차 UN해양법회의의 주요 의제는 영해의 범위를 확정하는 것이었으나 첨예한 국가 간 갈등으로 별다른 성과 없이 막을 내렸다.

3. 제3차 UN해양법회의

(1) 회의 개요 및 UN해양법협약 채택

1960년대 말 제3세계 국가들은 바다에 대한 연안국의 주권 및 관할권을 확장하면서도 심해저에 대해서는 인류의 공동유산 개념을 도입하려고 노력하였다. 마침내 1973년 제3차 해양법회의가 소집되어 1982년까지 계속되었다. 그 결과 1982년 12월 10일 자메이카 몬테고베이 회의에서 UN해양법협약이 채택되었다. 320개 조문과 9개 부속서로 구성된 UN해양법협약은 1994년 11월 16일 발효하였다. 협약 발효 전 선진국들은 협약 제11부에 규정된 심해저제도에 반대했고 1994년 7월 28일 '1982년 12월 10일의 UN해양법협약 제11부의 이행에 관한 협정'을 채택하여 심해저제도를 선진국이 선호하는 방향으로 개정하였다. 이 협정은 1996년 7월 28일 발효하였다.

(2) UN해양법협약과 기존 협약과의 차이점

첫째, 기존의 내수, 영해, 공해 3분법을 수정하여 군도수역이나 EEZ와 같이 혼혈적 성격의 특수수역을 인정했다. 둘째, 신국제경제질서 개념을 반영하여 인류의 공동유산 개념을 심해저제도에 도입했다. 셋째, 영해의 최대 가능 폭을 기선으로부터 12해리로 확정했다. 넷째, 대륙붕의 법적 정의를 명확히 했다. 다섯째, 바다 관련 법규를 하나의 법규로 통괄했다.

 참고

제네바조약(1958)과 UN해양법협약(1982) 비교

구분	제네바조약	UN해양법협약
영해범위	합의 못함	기선으로부터 최대 12해리
군도수역	–	신설
접속수역	기선으로부터 최대 12해리	최대 24해리
국제항행해협	–	신설
대륙붕의 범위	수심 200m + 개발가능성	• 기선으로부터 최대 200해리 • 대륙변계가 그 이상인 경우 최대 350해리 또는 2,500m 등심선으로부터 100해리까지
중첩대륙붕의 경계획정	합의, 특별사정고려, 중간선, 등거리선	형평한 해결을 위해 합의
EEZ	–	신설
심해저	–	신설

3 UN해양법협약의 특징

1. 유보와 예외

협약 제309조에 의하면 협약의 다른 조항에 의해 명시적으로 허용되지 아니하는 한 이 협약에 대한 유보와 예외는 허용되지 아니한다. 협약은 제298조에서 선택적 배제 (예외)(optional exceptions)를 허용하고 있다. 한편, 협약 제310조에서는 해석선언을 인정하고 있다. 즉, 국가가 협약에 서명, 비준, 가입할 때 특히 국내법령과 협약규정과의 조화를 목적으로 선언을 하는 것을 방해하지 아니하나, 그러한 선언은 그 국가에 대해 협약을 적용함에 있어 협약규정의 법적 효과를 배제하거나 변경하는 것을 의도해서는 안 된다.

2. 가입대상

UN해양법협약은 4개의 제네바협약과 달리 국가 이외에 자치연합국, 자치영토, 국제기구의 가입을 허용하고 있다.

3. 골격협정

UN해양법협약에는 골격적 성격의 조항들이 많이 담겨있다. 따라서 특정 분야에서 이를 실천에 옮기기 위한 다자조약들이 체결되고 있다. 또한 협약 자체에서 구속력 있는 규칙을 규정하는 대신 권한 있는 국제기구나 일반외교회의를 통해 수립되어 일반적으로 수락된 국제규칙과 기준의 적용을 요구하였다. 권한 있는 국제기구로는 국제해사기구(IMO)가 대표적이다.

제2절 | 내수

1 의의

UN해양법협약(이하 조항만 언급함) 제8조 제1항에 의하면 내수(internal waters)란 영해의 측정기준이 되는 기선의 육지 측 수역을 말하며, 호소, 하천, 운하, 항, 만, 내해로 구분된다. 내수의 범위는 기선의 위치와 밀접한 관련을 갖는다. 내수는 영수(領水) 중에서 연안국의 주권이 가장 강력하게 미치는 수역이다.

2 구성요소

1. 호소(湖沼, lake)

호소란 사방이 육지로 둘러싸여 있는 수역을 말한다. 호소 중에는 해양에 전혀 연결되지 않은 것과, 하천이나 운하로서 해양에 연결된 것이 있다. 호소가 1국의 영토에 둘러싸여 있을 때에는 그 국가의 내수의 일부를 구성하나, 2개국 이상의 영토에 둘러싸인 국제호소의 경우, 학설대립이 있으나, 다수설은 이 경우 호소가 호안국(湖岸國)에 분속되어 각각 호안국 내수의 일부를 구성한다고 본다.

2. 하천(river)

(1) 의의

수원(水源)에서 하구(河口)까지 1국의 영토 내를 흐르는 하천을 국내하천이라 하고, 복수국의 경계를 구성하거나 또는 복수국의 영토를 관류하는 하천으로서 공해로부터의 선박의 항행이 가능하거나 복수국에 의해 그 하천수가 비항행적 목적으로 이용되는 것을 국제하천이라 한다.

(2) 법적 지위

복수국의 영토를 관류하는 국제하천에서 각국 영토 내를 흐르는 부분은 당해국의 내수가 된다.

(3) 항행적 이용(navigational use)

국제하천의 항행적 이용, 즉 선박의 항행과 관련된 규칙은 관련국과의 조약을 통해 규율되고 있다. 1921년 '국제하천의 가항수로체제에 관한 바르셀로나협약과 규정'은 평등에 기초하여 서로의 국제수로에서 체약국 상선의 자유항행을 규정하고 있다. 다만, 연안운송의 경우는 자국 선박에게만 유보할 수 있으며, 공선이나 경찰선의 항행의 자유는 인정되지 않는다.

(4) 비항행적 이용(non-navigational use)

① **법적 쟁점**: 국제하천의 비항행적 이용이란 동력·홍수방지·관개(灌漑)·폐기물 처리 등 선박항행 이외의 목적으로 하천을 사용하는 것을 말한다. 국제하천의 비항행적 이용이 증가함에 따라 하류국에 미치는 불이익을 최소화하기 위한 규범의 확립이 중요한 쟁점으로 대두되었다.

② **학설**: 전통적으로는 '절대적 영역주권설', 일명 하몬주의(Harmon Doctrine)가 통용되었다. 즉, 국가는 자국 영토 내의 하천수를 자유로이 사용·처분할 수 있으며 하류국은 상류국의 행위에 대해 이의를 제기할 수 없다는 주장이다. 현재의 통설은 '제한적 영역주권설'로서 국가는 자국 영토 내를 흐르는 하천을 자유로이 이용할 수 있으나, 그 이용이 타국의 이익을 침해해서는 안 된다는 설로서, 관계유역국은 하천 이용에 관하여 상호적으로 권리의무를 향유한다는 견해이다.

③ 판례

　　㉠ 라누호중재 사건(스페인 대 프랑스, 1957): 프랑스가 라누호의 물을 유로 변경하여 수력발전에 이용하고 나서 이를 다시 스페인의 까롤강에 되돌려 주고자 하였던 사건에서, 재판부는 국제법상 상류국은 하류국의 이익을 침해하지 않는 범위 내에서 국제하천수를 이용할 수 있다고 밝히고, 관련국은 모든 연락과 협상을 성실하게 받아들여야 할 의무가 있다고 재정(裁定)하였다.

　　㉡ 뮤즈강 수로변경 사건(벨기에 대 네덜란드, 1937): 상설국제사법재판소(PCIJ)는 당사국은 하천수의 양·수위·유속 등에 대한 변경을 가져오지 않는 한도 내에서 당해 하천을 자유로이 이용할 수 있다고 판시하였다.

④ **조약**: 1997년 UN총회는 '국제수로의 비항행적 이용에 관한 법을 위한 협약'을 채택하였다. 동 조약 제5조에 의하면 유역국은 자국 영토 내에서 국제수로를 형평하고 합리적인 방법(in an equitable and reasonable manner)으로 이용하여야 한다. 유역국은 국제수로를 적절히 보호하면서 최적의 이용과 이익을 성취하기 위해 이를 이용 및 개발해야 한다. 이 밖에도 '중대한 손해를 야기하지 않을 의무', '일반적 협력의무', '자료와 정보의 교환' 등의 의무를 규정하고 있다.

3. 운하(canal)

(1) 의의

운하란 인공적으로 조성된 수로를 말한다. 1국의 영토 내에 개설되어 국내법에 의해 관리되는 국내운하와, 국제교통상 특히 중요한 운하로서 조약에 의해 항행의 자유가 인정되는 국제운하가 있다. 대양 간 운하는 모두 완전히 한 국가의 영토 내에 위치하고 있음에도 불구하고 다른 국가들을 위하여 국제적 부담을 안고 있다.

(2) 수에즈운하

수에즈운하는 1888년 오토만제국(터키)과 (영국, 독일, 프랑스를 위시한)다른 9개국 간에 체결된 콘스탄티노플협약에 의하여 규율되고 있다. 1957년 이집트정부는 콘스탄티노플협약의 조건과 정신을 존중할 의사를 재확인하고 협약과 관련하여 발생하는 이집트와 타 협약 당사국 간의 모든 분쟁에서 국제사법재판소(ICJ)의 관할권을 수락할 것에 동의하는 선언서를 UN사무국에 기탁한 바 있다. 수에즈 해양운하는 평시에나 전시에나 국기의 구별 없이 모든 상선과 전함에게 언제나 자유롭게 개방된다. 따라서 체약국들은 평시에나 전시에나 운하의 자유로운 사용을 결코 방해하지 않을 것에 동의한다.

(3) 파나마운하

1901년의 Hay - Pauncefote조약에서 미국은 운하가 모든 국가의 선박의 자유항행을 위해 개방될 것을 영국에게 약속하였고, 그 대가로 영국은 이 운하의 경영 및 안전확보권을 미국에 인정하였다. 파나마가 콜롬비아로부터 독립을 선포한 직후 체결된 1903년의 Hay - Banau - Varilla조약에서 미국은 파나마로부터 미국이 주권자인 것처럼 무기한으로 운하를 사용·점령 및 통제할 권리를 얻어냄으로써, 파나마는 단지 운하에 대하여 껍데기뿐인 잔여주권만을 가지게 되었다. 미국의 운하건설은 1914년에 완성되었다. 파나마와 미국 간에 체결된 1977년의 파나마운하조약에 의하여 1903년의 조약은 종료되고 파나마운하지대에 대한 주권은 미국으로부터 파나마로 이전되었다. '파나마운하의 영구중립과 운용에 관한 조약' 제1조는 "파나마공화국은 이 운하가 국제적 통과수로로서 이 조약에서 수립된 체제에 따라 항구적으로 중립임을 선언한다."라고 규정하고 있다. 제2조에서는 파나마공화국은 운하가 평시에나 전시에나 완전한 평등의 조건 위에서 모든 국가의 선박의 평화로운 통과를 위해 안전하고 개방된 채 남도록 하기 위해 운하의 중립을 선언하였다.

4. 항(港, port)

항이란 선박이 정박하여 하역·승선·하선 등을 하기 위해서 인공적으로 해안에 설치한 시설을 말한다. 항은 정박지와 구별된다. 정박지(roadsteads)란 항구에 인접한 연안의 해역 내 지점으로서, 더 이상 항 내로 접근하지 못하는 선박이 화물을 적재하거나 하역하기 위해서 정박할 수 있는 장소를 말한다. 이러한 정박지는 영해에 포함된다(제12조).

5. 만(bay)

(1) 의의

만이란 일방의 입구가 해양에 접속된 수역으로 그 굴입도(屈入度)가 입구폭에 비해 훨씬 깊어서 육지에 둘러싸인 수역을 포함하며, 또한 단순한 해안의 굴곡 이상의 것을 구성하는 수역을 말한다(제10조 제2항).

(2) 요건

연안국의 내수로 인정되기 위한 요건은 ① 만을 둘러싼 육지가 동일국에 속해야 한다(제10조 제1항). 연안국이 2개 이상인 경우는 폐쇄해 또는 반폐쇄해(enclosed or semi - enclosed sea)라고 정의하고(제122조), 권리의무행사에 있어서 연안국의 협력의무가 부과된다(제123조). ② 만구(灣口)의 폭이 24해리를 초과하지 않아야 한다(제10조 제4항). 단, 역사적 만(historic bays)인 경우 24해리를 초과할 수 있다(제10조 제6항). ③ 만의 형태는 상당히 깊숙이 육지로 굴입(屈入)하여 해안의 단순한 굴곡 이상의 것을 구성하는 명백한 만입이어야 하고(제10조 제3항), 그 만입은 만구를 직경으로 한 반원의 면적 이상이어야 한다(제10조 제2항).

역사적 만(historic bays)

역사적 만은 캐나다 허드슨 만, 러시아 피요르트 만, 호주 스펜서만 및 남미3국의 폰세카만 등과 같이 해양법협약 규정에 의한 '통상의 만'이 아닌 연안국의 역사적 권원에 의해 만으로 인정되고 내수로서의 법적 지위를 인정받은 수역을 말한다. 역사적 만은 만입구가 영해의 폭의 2배인 통상의 만에 비해 넓은 만입구를 갖는 예외적인 만이다. 1958년의 제1차 UN해양법회의는 역사적 만의 정의를 시도하였지만 자료가 충분히 조사되지 않아 그 검토를 뒤로 미루고 영해와 접속수역에 관한 협약 제7조 제6항은 만에 관한 일반규정은 역사적 만에 적용되지 않으며 또한 제4조에 규정한 직선기선의 방법의 적용에 있어서도 이것을 적용하지 않는다고 하고 있다. 1982년의 UN해양법협약 제10조 제6항은 영해와 접속수역에 관한 협약 제7조 제6항의 규정을 그대로 답습하여 만에 관한 규정들은 '역사적 만'에 대하여 적용되지 않는다고 규정하고 있다. 남미3국의 폰세카만 등과 같이 역사적 만(historic bays)은 그 해안이 한 국가에 속하지 않아도 만으로 인정될 수 있다. ICJ는 연안이 니카라과, 온두라스, 엘살바도르 3개국으로 둘러싸인 Fonseca만을 3개국 공동주권이 인정되는 역사적 만으로 인정하였다. 국제관습법에 따르면 역사적 만으로 인정받기 위해서는 연안국이 상당한 기간 동안 만을 내수로 주장하고 그 안에서 실효적 권한을 행사하였으며, 이 기간 중 타국가들이 연안국의 이러한 주장에 묵인하였어야 한다.

6. 내해(inland sea)

수역이 육지에 둘러싸여 있고 2개 이상의 입구에 의하여 배타적 경제수역 또는 공해와 접속된 수역을 말한다(제122조). 내해가 국제법상 내수로 인정되기 위한 요건은 ① 주위의 육지가 동일국에 속하고, ② 모든 입구의 폭이 일정한 거리를 초과하지 않아야 한다. 내수로 인정되는 내해라도 만의 경우와 달리 국제교통의 요로가 되는 경우 외국선에 대한 무해통항권이 인정된다(다다넬스해협과 보스포러스해협 사이에 있는 Marmara해).

3 법적 지위

1. 일반적 지위

내수는 육지 영토의 일부로 간주된다. 따라서 연안국의 배타적 주권이 미치며, 원칙적으로 연안국의 국내법의 지배를 받는다.

2. 내수로의 입항권(入港權)

(1) 항

항에서 연안국은 절대적·배타적 주권이 행사된다. 입항과 관련하여 다음의 규칙이 인정된다. ① 연안국은 국제무역을 위해 개방할 자국의 항구를 선정할 권한이 있다. ② 연안국은 그 평화와 안전 및 시민의 편의를 위해 필요한 경우 국제교통을 위해 일단 개방한 항구라도 이를 폐쇄할 권한을 가진다. ③ 타국 선박이 자국의 항에 입항함에 따르는 여러 가지 조건을 설정할 수 있는 광범위한 재량권을 가진다. ④ 조난을 당한 선박은 입항할 권리를 가진다.

(2) 하천

항과 달리 국제하천의 경우 외국 선박의 입항권 및 항행권이 광범위하게 인정된다. 1919년 베르사유회의에서 '국제하천의 항행자유의 원칙'이 일반적 규범으로 확인되었고, 1921년 '국제관계가 있는 가항수로에 관한 협약(바르셀로나협약)'이 채택되었다. 국제하천의 항행적 이용에 있어서 국제하천에 인접해 있지 아니한 국가(비연하국: 非沿河國)의 자유통항권 보장이 문제된다. 다뉴브강의 경우 1921년 '다뉴브강규약'이 채택되어 비연하국의 자유통항을 인정하였으나, 구소련 등에 의해 1948년 'Belgrade협약'이 채택되어 비연하국의 자유항행권을 부인하였다.

(3) 운하

운하는 원칙적으로 영토국가의 배타적 관할권이 적용되는 영역이나, 국제 해상교통을 위해 구축되었으므로 타국 선박의 자유항행이 보장될 필요가 있다. 수에즈운하의 경우 1888년 '콘스탄티노플조약'에 의해 전·평시를 막론하고 모든 국가의 선박의 자유통항을 보장하고 있다. 파나마운하 역시 1903년 미국과 파나마 간 조약에 의해 자유항행제도가 확인되었다.

3. 내수에 있어서 외국 선박에 대한 관할권

(1) 항 내 외국선박에 대한 연안국의 관할권

외국의 국가선박을 제외하고, 항 내에서 외국선에 대한 재판관할권은 원칙적으로 연안국에 있다. 미국 뉴저지 항구 내의 벨기에 기선 안에서 한 벨기에인이 동료 벨기에 승무원을 살해한 것과 관련한 Mali 대 Keeper of the Common Jail 사건에서 벨기에 영사는 벨기에가 재판관할권을 갖는다고 주장하였으나 수락되지 않았다. 다만, 형사사건의 경우 항행의 자유를 고려하여 국가 관행상 프랑스주의와 영국주의의 대립이 있다. 다수설인 프랑스주의에 의하면 선박 내부사항 및 승무원 상호간의 사건에 관해서는 원칙적으로 연안국에는 관할권이 없으나, ① 선장 또는 선적국 영사의 요청, ② 연안국의 이해관계 또는 항의 질서를 해하는 경우에 연안국이 관할권을 행사할 수 있다고 본다. 프랑스 내수 내의 영국 선박에서 미국인 앤더슨(Anderson)이 살인을 저지른 사건에서 프랑스는 재판권을 행사하지 않았으며, 그 후 이 선박이 영국에 입항한 뒤 영국이 재판을 한 바 있다. 반면, 영국주의는 모든 경우에 연안국의 관할권이 있다고 본다.

(2) 외국항 및 내수에 있는 선박에 대한 기국의 관할권

연안국이 공서·양속을 이유로 외국 선박에 대해 관할권을 행사하는 경우를 제외하고, 기국은 그 국민이 자국 선박에서 범한 범죄에 기국의 국내법을 적용한다. 1933년 벨기에에 입항한 미국 선박 내에서 미국 사인 간 발생한 살인 사건에 대해 벨기에당국은 아무런 조치를 취하지 않았고, 미국은 선박이 '미국 영토의 일부'를 구성한다고 보고 미국의 형사재판관할권을 행사하였다.

(3) 내수에서 외국 군함의 법적 지위

군함의 내수 출입을 허락할 것인지 여부는 연안국의 자유재량이다. 다만 조난을 당하여 불가피하게 기항(寄港)하는 경우에는 인도주의적 동기에서 그 출입권이 인정된다. 전쟁 시 중립국 군함의 출입은 반드시 허가를 요한다. 군함은 체류시 특권면제를 향유한다. 따라서 연안국은 수색·체포 기타 강제조치를 취하기 위해 선박 안에 들어갈 수 없다. 범죄인 비호권과 관련하여 정치범에 대해서는 망명을 인정할 수 있다는 것이 다수의 견해이나 일반 범죄인은 연안국에 인도해야 한다. 항행과 보건에 관한 연안국 법령을 준수해야 한다. 승무원이 연안국 영토상에서 범죄를 한 경우 연안국은 이 범인을 재판할 수 있다. 내수에서 군함이나 비상업용 정부선박은 치외법권을 향유하는 것이 아니라 단지 특권이나 면제를 갖는 것이며, 이러한 특권과 면제는 포기될 수 있다.

관련판례

Chung Chi Cheung v. The King(1939)

중국 세관선에 고용된 영국인 Chung Chi Cheung이 이 선박이 영국 관할하의 홍콩 내수에 있는 동안 선장을 살해하였다. 이 선박 일등 항해사의 요청에 따라 영국관헌이 그를 체포하여 홍콩 재판소에 기소하였다. 그는 문제의 선박은 중국 영토로 간주되므로 영국의 재판관할권 행사가 허용되지 않는다고 주장했다. 영국 추밀원은 중국 공선(公船)은 '객관적 치외법권'을 향유하는 것이 아니라, 외국의 자격 있는 대표자에 의해 포기될 수 있는 '일정 면제'만을 향유하는 것이라고 판결하였다. 외국의 국가선박이 내수에 합법적으로 존재하는 경우 연안국의 재판관할권으로부터 면제된다는 점을 인정한 판결이다. 그러나, 정부선박이 기국 영토의 일부로 대우받을 권리, 즉 치외법권을 향유하는 것은 아니라고 본 판결이다.

(4) 불가항력으로 입항한 경우

상선이 조난 또는 불가항력 등 통제 밖의 강제적 상황으로 인하여 타국의 내수에 들어간 경우에는 연안국의 관할권 행사는 허용되지 않는다. 이러한 경우에는 기국만이 관할권을 행사할 수 있다. 관련 고전적 사건으로서 Creole호 사건(1855)이 있다. 미국의 노예선인 이 선박에서 승무원 반란이 일어난 뒤 영국지배하에 있는 바하마제도의 한 항구로 들어갔다. 영국 당국이 선박화물인 노예들을 위하여 개입하려고 시도하였으나, 이 사건을 맡은 중재재판관은 이런 종류의 불가항력 상황에서는 연안국은 자국법에 노예제도를 금지하고 있더라도 관할권을 행사할 수 없다고 판결하였다. 그러나 오늘날 노예무역·노예제도와 같은 극악한 행위들이 인도주의를 본질로 하는 조난규칙에 의해 보호된다고 볼 수는 없다.

4. 내수에서의 외국 선박의 무해통항권

내수에서 외국 선박의 무해통항권은 원칙적으로 인정되지 않는다. 단, 예외적으로 연안국에 의해 직선기선이 획정됨으로써 종래에는 내수가 아닌 수역이 기선의 내측에 포함되어 내수가 된 경우 그러한 수역에 대해서는 무해통항권을 인정해야 한다(제8조 제2항).

제3절 | 군도수역

1 의의

1. 개념

(1) 군도국가(archipelagic state)의 개념

군도국가란 국가 전체가 1개 또는 다수의 군도로 구성된 국가를 말한다. 군도 (archipelago)는 서로 밀접하게 관련하여 하나의 본질적인 지리적·경제적·정치적 실체를 구성하는 도서군, 인접수역 및 기타 자연형태의 총체를 의미한다[제46조 제(b)호].

(2) 군도수역(archipelagic waters)의 개념

군도수역은 군도국가의 외곽을 직선으로 연결하여 구성되는 내측의 수역을 말한다.

2. 연혁

제3차 해양법회의에서 군도국가의 강력한 주장을 받아들여 협약상 군도국가의 특수성을 인정하고 이에 따라 협약에 군도수역을 규정하고 특별한 지위를 부여하였다. 군도수역제도는 제3차 해양법회의에서 새롭게 창설된 제도이다.

2 군도기선

1. 의의

군도국가는 군도직선기선을 설정할 수 있다. 즉, 군도국가는 군도의 최외곽도서 및 건암초의 최외곽점을 연결하는 군도직선기선을 설정할 수 있다(제47조 제1항). 군도국가의 영해, 접속수역, 배타적 경제수역 및 대륙붕의 폭은 이 군도직선기선으로부터 획정된다(제48조).

2. 군도직선기선 설정 기준

(1) 육지와 바다의 비율

군도직선기선 내의 육지와 바다와의 면적의 비율은 1 : 1에서 1 : 9 이내에 있어야 한다(제47조 제1항). 이 조건은 군도직선기선 내에 포섭되는 바다가 군도수역제도를 적용하여 일정한 특권을 군도국가에 부여할 수 있을 만큼 충분히 육지 영역과 연관성을 유지할 것을 요구하는 조건이라고 할 수 있다.

(2) 군도직선기선의 길이

기선의 길이는 100해리를 초과할 수 없다. 그러나 군도를 둘러싸는 기선 전체수의 3%까지는 125해리까지로 획정될 수 있다(제47조 제2항). 일반 영해의 직선기선에 있어서 그 길이의 제한이 명시되어 있지 않은 것과 대비되는 조항이다.

(3) 간출지

군도직선기선은 원칙적으로 간출지와 연결하여 그을 수 없다. 그러나 등대나 항상 해면 위에 있는 유사한 시설물이 간출지에 설치되어 있는 경우와, 간출지가 전체적으로 또는 부분적으로 가장 가까운 섬으로부터 영해폭을 초과하지 않는 거리에 있는 경우에는 그러하지 아니하다(제47조 제4항).

(4) 주도(主島)의 위치

주도, 즉 군도 중에 지리학적으로 가장 큰 섬 및 정치·경제적으로 가장 중요한 섬은 군도직선기선의 내측에 위치하고 있어야 한다(제47조 제1항).

(5) 군도직선기선의 방향

군도직선기선은 군도의 일반적 형태로부터 현저히 이탈해서는 안 된다(제47조 제3항).

(6) 타국의 수역과의 관계

군도직선기선은 타국의 영해를 공해 또는 배타적 경제수역으로부터 격리시키는 방법으로는 설정될 수 없다(제47조 제5항).

(7) 공시의무

군도국가는 적절한 축척의 해도 위에 군도직선기선을 명백히 표시하여 이를 공시해야 한다. 단, 지리적 좌표목록으로 대신할 수도 있다. 그리고 그 해도나 목록의 사본을 UN사무총장에게 기탁해야 한다(제47조 제8항·제9항).

3 군도국가의 국권 및 제한

1. 국권의 범위 및 내용

군도국가의 국권은 수심과 연안으로부터의 거리에 관계없이 군도기선 내에 포함된 모든 수역에 미친다(제49조 제1항). 군도국가는 군도수역 내의 수역·상부공역·해저 및 하층토 및 이에 포함된 자원에 대하여 주권을 행사한다(제49조 제2항). 군도수역의 내측은 내수이고, 외측은 영해이므로, 군도수역에 대한 군도국가의 주권은 내수에 대한 주권과 영해에 대한 주권의 중간형태라고 보아야 할 것이다.

2. 국권의 제한

군도수역에 대한 국권에 몇 가지 제한이 있다.

(1) 군도국가는 타국과의 기존 협정을 존중해야 하며 인접국가의 전통어업권과 기타 군도수역 내의 합법적 활동을 인정하고, 관계당사국의 요구에 의해 양자조약을 체결해야 한다(제51조 제1항).

(2) 타국이 부설한 기존 해저전선을 존중하고 그 정비와 교체를 허용해야 한다(제51조 제2항).

(3) 모든 국가의 선박에게 영해에서 인정되는 것과 동일하게 군도수역을 무해통항할
권리를 보장해야 한다(제52조 제1항).

4 군도해로통항권

1. 의의

군도해로통항권(the right of archipelagic sea lanes passage)이란 일방 국가의 공
해 또는 배타적 경제수역으로부터 타방 국가의 공해 또는 배타적 경제수역으로 통과
하기 위해 계속적으로 신속하게 방해받지 아니하고 항행 또는 비행하는 권리를 말한
다(제53조 제3항).

2. 적용범위

모든 국가의 선박과 항공기는 군도국가가 지정하는 통항로에 있어서 군도해로통항권
을 향유한다(제53조 제2항). 군도국가가 군도통항로를 지정하지 않는 경우에도 군도
해로통항권은 국제항행을 위해 통상적으로 사용되는 모든 항로에서 행사된다(제53조
제12항).

3. 군도국가의 권리

(1) 통항로지정권

군도국가는 군도수역과 인접영해와 그 상부공역의 해로와 공로(空路)에 통항로
(sea lanes)를 지정할 수 있다(제53조 제1항). 통항로는 군도수역과 인접영해를
횡단하는 것이어야 하며 국제항행에 통상적으로 사용되는 항로와 모든 통상항로
를 포함해야 한다(제53조 제4항).

(2) 통항방법설정권

군도국가는 선박의 안전항행을 위해 분리통항방법(traffic separation scheme)
을 설정할 수 있다(제53조 제6항). 군도통항로와 분리통항방법은 일반적으로 수
락된 국제법규에 부합되어야 한다(제53조 제8항).

4. 군도국가의 의무

군도국가는 지정한 통항로의 축선(軸線)과 설정한 분리통항방법을 해도에 명시하고
이를 공시해야 한다(제53조 제10항).

5. 외국 선박·항공기의 의무

모든 외국 선박과 항공기는 통항 시 통항로축선의 양측으로 25해리를 이탈해서는 안
되며, 대향하는 양 도서의 최단지점 간 거리의 10% 이내로 도서 연안에 근접하여 항
행해서는 안 된다(제53조 제5항).

제4절 | 영해

1 의의

1. 개념

영해(territorial sea)는 국가의 영토와 내수의 외측에, 군도국가의 경우는 군도수역의 외측에 인접하고 있는 '일정한 범위의 해역'으로서 국가의 영유권에 속하는 공간이다. 광의의 영해는 국가가 영유하고 있는 수역의 모든 부분으로서 협의의 영해인 '연안해'를 포함하여 '내수'(internal waters)가 포함되나, 통상적으로 협의의 영해를 지칭한다.

2. 제도적 취지

영해제도는 연안국의 이익을 보호하는 한편, 국제교통의 안전확보를 위해 인정되고 있다. 즉, 영해를 인정함으로써 국방상의 이익, 경제적 이익 등 연안국의 이익을 보호하고, 연안해의 질서유지를 연안국의 책임하에 확보함으로써 국제교통의 안전을 확보하고자 하는 것이다.

3. 영해의 범위

전통적으로 1702년 빈켈스후크(Cornelius von Bynkershoek)가 그의 저서 '영해론'(De Domino Maris)에서 '국토의 권력은 무기의 힘이 그치는 곳에서 그친다'고 하여 3해리설을 주장한 이래 국가들은 3해리를 영해의 범위로 인정해 왔다. 그러나 제3차 해양법회의의 결과 채택된 '해양법협약'은 영해범위를 12해리 범위 내에서 연안국이 재량적으로 정하도록 규정하고 있다(제3조). 영해의 경계를 획정함에 있어서, 항만체계의 불가분의 일부를 구성하는 가장 바깥의 영구적인 항만시설은 해안의 일부를 구성하는 것으로 본다. 근해시설과 인공섬은 영구적인 항만시설로 보지 아니한다(제11조).

4. 대향국 간 또는 인접국 간의 영해의 경계획정

(1) 협약 규정

두 국가의 해안이 서로 마주보고 있거나 인접하고 있는 경우, 양국 간 달리 합의하지 않는 한 양국의 각각의 영해 기선상의 가장 가까운 점으로부터 같은 거리에 있는 모든 점을 연결한 중간선 밖으로 영해를 확장할 수 없다. 다만, 위의 규정은 역사적 권원이나 그 밖의 특별한 사정에 의하여 이와 다른 방법으로 양국의 영해의 경계를 획정할 필요가 있는 경우에는 적용하지 아니한다(제15조).

(2) 국제사법재판소(ICJ)의 입장

국제사법재판소(ICJ)는 영해경계 획정의 방법론과 관련하여 Maritime Delimitation and Territorial Questions between Qatar and Bahrain 사건에서 1982년 협약의 제15조는 영해 및 접속수역에 관한 1958년 협약의 제12조 제1항과 사실상 동일하며, 관습적 성격을 가진다고 하였다. 가장 논리적이고 광범위하게 사용되고 있는 방법은 우선 잠정적으로 등거리선을 긋고, 그런 다음 이 등거리선이 특별한 사정의 존재에 비추어 조정되어야 하는지의 여부를 검토하는 것이다. 국제사법재판소(ICJ)는 2018년 Maritime Delimitation in the Caribbean Ses and the Pacific Ocean and Land Boundary in the Northern Part of Isla Portillos(Costa Rica v. Nicaragua) 사건에서 영해경계 획정을 위한 이 2단계 방법론을 '자신의 확립된 판례'로 지칭한 바 있다.

2 영해 기선제도

1. 개념

영해의 폭을 측정하는 육지 측의 기준선을 영해의 기선(base line)이라 하며 통상기선과 직선기선 두 가지 설정방법이 있다. ICJ는 Case Concerning Maritime Delimitation and Territorial Questions between Qatar and Bahrain(2001)에서 직선기선의 방식은 기선의 결정을 위한 통상의 규칙에 대한 예외이므로 직선기선 방식은 제한적으로 적용되어야 한다고 하였다.

2. 통상기선(normal baseline)

통상기선이란 연안국이 공인하는 대축척지도에 기재되어 있는 연안의 저조선을 말한다(제5조).

> **UN해양법협약 제5조 - 통상기선**
> 영해의 폭을 측정하기 위한 통상기선은 이 협약에 달리 규정된 경우를 제외하고는 연안국이 공인한 대축척해도에 표시된 해안의 저조선으로 한다.

3. 직선기선(straight baseline)

(1) 의의

직선기선은 해안선이 심히 굴곡되고(deeply indented) 돌입한 지역 또는 바로 인근에 도서가 산재해 있는 경우 적당한 지점을 연결한 기선을 의미한다(제7조 제1항).

(2) 연혁

1935년 6월 12일 노르웨이는 전관어업수역을 국내법으로 설정하면서 직선기선제도를 채택했다. 1951년 '영국 - 노르웨이 어업 사건'(ICJ)에서 직선기선제도를 국제관습법으로 인정하였다. 1958년 '영해 및 접속수역에 관한 협약'은 이를 성문화하였고, 1982년 '해양법협약'도 같은 규정을 두고 있다.

(3) 요건

① **직선기선의 설정지역**: 직선기선을 인정할 수 있는 지역은 해안선이 깊이 굴곡한 지역 또는 바로 인접한 해안을 따라 일련의 도서가 산재한 지역이어야 한다(제7조 제1항).

② **직선기선의 설정방향**: 직선기선의 설정방향은 해안의 일반적 방향으로부터 현저히 이탈할 수 없으며, 직선기선의 내측 수역은 내수제도에 종속될 수 있도록 육지 영역에 충분히 밀접하여야 한다(제7조 제3항).

③ **직선기선의 설정기점**: 직선기선의 설정기점은 간출지가 아니어야 한다. 즉, 간출지로부터 또는 간출지까지 직선기선을 설정할 수 없다. 다만 항구적으로 해면 위에 있는 등대 또는 유사한 시설이 간출지상에 세워지거나 또는 이러한 간출지로부터의 기선설정이 국제적 승인을 받는 경우는 직선기선을 설정할 수 있다(제7조 제4항).

 참고

간조노출지(low - tide elevation)

1. 개념: 간조노출지는 썰물일 때에는 물로 둘러싸여 물 위에 노출되나 밀물일 때에는 물에 잠기는 자연적으로 형성된 육지지역을 말한다.

2. 간출지의 저조선이 영해기선이 되는 경우: 간조노출지의 전부 또는 일부가 본토나 섬으로부터 영해의 폭을 넘지 아니하는 거리에 위치하는 경우, 그 간조노출지의 저조선을 영해기선으로 사용할 수 있다(제13조 제1항). 그러나, 간조노출지 전부가 본토나 섬으로부터 영해의 폭을 넘는 거리에 위치하는 경우, 그 간조노출지는 자체의 영해를 가지지 아니한다(제13조 제2항). 이와 관련하여 ICJ는 Maritime Delimitation and Territorial Questions between Qatar and Bahrain사건(2001)에서 이 규칙은 본토 또는 섬의 영해 안에 위치하는 간출지로부터 12해리 내에 위치하지만 영해 밖에 위치하는 간출지에 대해서는 적용되지 아니한다고 판시하였다.

3. 간출지에 직선기선 설정 문제: 직선기선은 간조노출지까지 또는 간조노출지로부터 설정할 수 없다. 다만, 영구적으로 해면 위에 있는 등대나 이와 유사한 시설이 간조노출지에 세워진 경우 또는 간조노출지 사이의 기선설정이 일반적으로 국제적인 승인을 받은 경우에는 그러하지 아니하다(제7조 제4항).

④ **직선기선의 설정중요성**: 직선기선을 설정하는 중요성이 장기적인 관행에 의하여 명백히 증명된 경제적 이익을 고려할 수 있는 것이어야 한다(제7조 제5항).

⑤ **직선기선의 설정적용**: 일국의 직선기선의 적용이 타국의 영해를 공해 또는 배타적 경제수역으로부터 차단하는 방법이 되어서는 안 된다(제7조 제6항).

UN해양법협약 제7조 - 직선기선

1. 해안선이 깊게 굴곡이 지거나 잘려들어간 지역, 또는 해안을 따라 아주 가까이 섬이 흩어져 있는 지역에서는 영해기선을 설정함에 있어서 적절한 지점을 연결하는 직선기선의 방법이 사용될 수 있다.

2. 삼각주가 있거나 그 밖의 자연조건으로 인하여 해안선이 매우 불안정한 곳에서는, 바다쪽 가장 바깥 저조선을 따라 적절한 지점을 선택할 수 있으며, 그 후 저조선이 후퇴하더라도 직선기선은 이 협약에 따라 연안국에 의하여 수정될 때까지 유효하다.

3. 직선기선은 해안의 일반적 방향으로부터 현저히 벗어나게 설정할 수 없으며, 직선기선 안에 있는 해역은 내수제도에 의하여 규율될 수 있을 만큼 육지와 충분히 밀접하게 관련되어야 한다.
4. 직선기선은 간조노출지까지 또는 간조노출지로부터 설정할 수 없다. 다만, 영구적으로 해면 위에 있는 등대나 이와 유사한 시설이 간조노출지에 세워진 경우 또는 간조노출지 사이의 기선설정이 일반적으로 국제적인 승인을 받은 경우에는 그러하지 아니하다.
5. 제1항의 직선기선의 방법을 적용하는 경우, 특정한 기선을 결정함에 있어서 그 지역에 특유한 경제적 이익이 있다는 사실과 그 중요성이 오랜 관행에 의하여 명백히 증명된 경우 그 경제적 이익을 고려할 수 있다.
6. 어떠한 국가도 다른 국가의 영해를 공해나 배타적 경제수역으로부터 격리시키는 방식으로 직선기선제도를 적용할 수 없다.

4. 기선의 효과

(1) 일반적 효과

영해기선은 내수와 영해의 경계선의 역할 및 영해, 접속수역, 배타적 경제수역, 대륙붕의 범위를 획정하는 기선의 역할을 한다.

(2) 직선기선의 특별효과

기선의 내측은 통상 내수로서 선박의 무해통항권이 인정되지 않는다. 그러나 해양법협약 제8조 제2항은 직선기선에 의해 종전에 영해로 인정되던 수역이 내수로 편입된 경우 그 수역에서는 무해통항권을 인정하여 연안국과 항행국의 권리를 적절하게 조화시키고 있다. 해양법협약에 의해 내수는 무해통항권이 인정되는 내수와 무해통항권이 인정되지 아니하는 내수로 이원화되었다. 무해통항권이 인정되는 내수를 '준내수' 또는 '준영해'로 칭하는 견해도 있다.

3 영해에서 연안국의 권리

1. 연안국의 권리의 법적 성질

영해에서 연안국의 권리의 성질은 주권이다. 주권설은 영해는 영토, 영공과 같이 국가영역의 일부를 구성하므로, 국가의 영토에 대한 권리가 주권인 것과 같이 영해에 대한 권리도 주권이라고 보는 학설로서 다수설이다. 해양법협약은 영해에 대한 연안국의 권능을 '주권'으로 규정하여 주권설을 반영하고 있다(제2조).

2. 주권의 공간적 범위

수평적 범위는 영해라는 수역(a belt of sea)이며 수직적 범위는 영해의 상부공역(air space)과 영해의 해상(sea bed) 및 그 해저지하(subsoil)에 미친다. 영해에 대한 권리는 '해수(waters)' 그 자체에도 미친다.

3. 권리의 내용

(1) 경찰권

연안국은 영해에서의 안전과 질서를 유지하기 위한 규칙을 제정하여 이를 실시할 수 있으며 선박이 이를 위반하는 경우 처벌할 수 있다. 규칙은 주로 관세, 위생, 항행 및 안전에 관한 것이다.

(2) 어업통제권

연안국은 영해에서 어업에 관한 국내법을 실시할 수 있고, 연안어업을 자국민에게만 허용할 권리가 있다. 따라서 허가 없이 이에 종사하는 외국 선박을 처벌할 수 있다.

(3) 연안무역권

연안국은 연안무역(cabotage)을 자국민에게만 허용할 수 있다. 연안무역이란 동일 국가의 영해에 속하는 항구 간의 무역을 의미한다. 대부분의 통상항해조약에서 연안무역에 대한 내국민대우의 예외를 명시하고 있다.

(4) 해양과학조사권

연안국은 영해 내에서 해양과학조사에 관한 배타적 권리를 행사하며, 외국선박은 연안국의 명시적 동의 없이는 영해 내에서 해양과학조사를 할 수 없다(제245조).

(5) 해양오염규제권

연안국은 영해 내에서 해상투기(dumping)와 외국 선박에 의한 해양오염규제를 위한 법령을 제정·실시하며 기타의 조치를 취할 수 있다(제210조, 제241조).

4 영해에서 외국 선박의 무해통항권

1. 개념

무해통항권(right of innocent passage)이란 평시에 모든 국가의 선박이 연안국의 평화, 공공질서 및 안전보장을 침해하지 않고 영해를 통항하는 권리를 말한다.

2. 연혁

무해통항권은 국제관습법으로 확립되었다. 1949년 '코르푸해협 사건(Corfu Channel Case)'에서 ICJ는 연안국이 외국 선박에게 무해통항권을 인정해야 함은 국제법상 확립된 원칙이라고 판시하였다. 1958년 '영해협약'이 이를 성문화했으나 구체적인 무해 또는 유해행위를 열거하지는 못했다(제14조). 그러나 1982년 '해양법협약'은 무해·유해의 판단기준을 '통항방법'에 의하도록 구체적 행위를 열거하였다(제19조 제2항).

3. 무해의 의미

(1) 의의

무해란 연안국의 평화·공공질서·안전보장을 해하지 않으며 또한 국제법 및 기타 법규에 합당함을 의미한다(제19조 제1항).

(2) 무해의 판단기준

무해의 판단은 '통항자체'로 하거나 '통항방법'으로 할 수 있다. 통항자체를 기준으로 하는 경우 군함이나 핵무기수송선 등의 통항은 그 자체로 연안국의 안전을 해하는 것으로 간주되어 유해한 통항이다. 반면, 통항방법으로 판단하는 경우 군함이 통항하더라도 무해할 수 있다. '코르푸해협 사건'에서 ICJ는 '통항방법'을 기준으로 선택하였으며, '해양법협약'도 '통항방법'을 기준으로 설정하고 유해한 행위를 열거하고 있다.

(3) 유해행위

해양법협약 제19조 제2항에서 유해한 행위를 열거하고 있다.

① 연안국의 주권·영토보전 및 정치적 독립을 침해하거나 UN헌장에 구현된 국제법원칙을 위반하는 기타 방법에 의한 무력의 위협 또는 행사
② 어떠한 종류이든 무기를 사용한 훈련 또는 연습
③ 연안국의 방위 또는 안전에 유해한 정보수집을 목적으로 한 행위
④ 연안국의 방위 또는 안전에 영향을 미치는 것을 목적으로 한 선전행위 등

UN해양법협약 제19조 제2항 - 유해행위

2. 외국 선박이 영해에서 다음의 어느 활동에 종사하는 경우, 외국 선박의 통항은 연안국의 평화, 공공질서 또는 안전을 해치는 것으로 본다.
   (a) 연안국의 주권, 영토보전 또는 정치적 독립에 반하거나, 또는 UN헌장에 구현된 국제법의 원칙에 위반되는 그 밖의 방식에 의한 무력의 위협이나 무력의 행사
   (b) 무기를 사용하는 훈련이나 연습
   (c) 연안국의 국방이나 안전에 해가 되는 정보수집을 목적으로 하는 행위
   (d) 연안국의 국방이나 안전에 해로운 영향을 미칠 것을 목적으로 하는 선전행위
   (e) 항공기의 선상 발진·착륙 또는 탑재
   (f) 군사기기의 선상 발진·착륙 또는 탑재
   (g) 연안국의 관세·재정·출입국관리 또는 위생에 관한 법령에 위반되는 물품이나 통화를 싣고 내리는 행위 또는 사람의 승선이나 하선
   (h) 이 협약에 위배되는 고의적이고도 중대한 오염행위
   (i) 어로활동
   (j) 조사활동이나 측량활동의 수행
   (k) 연안국의 통신체계 또는 그 밖의 설비·시설물에 대한 방해를 목적으로 하는 행위
   (l) 통항과 직접 관련이 없는 그 밖의 활동

---

4. 통항의 의미

(1) 통항의 범위

영해를 통과하는 항행으로서의 통항(passage)은 첫째, 내수에 들어가지 않고 영해를 횡단하거나 또는 내수 밖에 위치한 정박지 또는 항구의 시설을 방문할 목적으로 항행하는 경우, 둘째, 내수 또는 내수로부터 항진하거나 또는 이러한 정박지 또는 항구시설을 방문할 목적으로 항행하는 경우를 말한다(제18조 제1항).

(2) 통항방법

통항은 계속적이고 신속해야 한다. 다만, ① 통상항행에 부수적인 경우, ② 불가항력 또는 해난으로 인하여 필요한 경우, ③ 위험 또는 해난상태의 사람·선박·항공기를 구조하기 위한 정박과 투묘(投錨)가 허용된다(제18조 제2항).

5. 적용범위

(1) 적용국가

무해통항권은 연안국이든 무연안국이든 불문하고 '모든 국가의' 선박에 인정된다(제17조).

(2) 적용선박

① **상선**: 상선은 안전한 무해통항권이 인정된다.

② **어선**: 외국어선은 어업금지를 위한 연안국의 법령을 준수할 것을 조건으로 무해통항권이 인정된다(제17조).

③ **특수선박**: 핵추진선박 및 핵 또는 기타 본질적으로 위험하거나 유해한 물질을 운반하는 선박은 서류를 휴대하고 국제협정에 의한 특수예방조치를 준수할 것을 조건으로 무해통항권이 인정된다(제23조).

④ **군함**: 군함의 무해통항권에 대해서는 해양법협약상 명확하지 않고 학설대립이 있다. 관행상 무해통항권을 인정하는 국가도 있으나 대부분의 국가는 사전통고제나 사전허가제를 취하고 있는 실정이다. 제3차 해양법회의에서도 군함의 무해통항권은 연안국에 대한 사전허가제나 사전통고제를 요건으로 인정하는 최종수정안이 제의된 바 있으나 채택되지 못하였다. 한편, 우리나라 영해법은 3일 전 외교부장관에 대한 사전통고를 요건으로 하고 있다(영해 및 접속수역법 제5조 제1항, 영해 및 접속수역법 시행령 제4조). 구소련은 종전에 30일 전 사전허가제도를 두었으나, 1983년부터 무해통항권을 인정한다. 미국도 군함의 무해통항권을 인정한다. 중국은 사전허가제를 두고 있으며, 북한은 무해통항권을 부정한다.

⑤ **잠수함**: 잠수함은 수면 위로 부상하여 국기를 게양할 것을 조건으로 무해통항권이 인정된다(제20조). 잠수함은 수중을 항행할 때 그의 본래 기능을 발휘할 수 있으며 수상을 통과할 경우는 본래 기능을 발휘할 수 없기 때문이다.

6. 연안국의 권리와 의무

(1) 연안국의 권리

연안국은 법령제정권을 갖는다. 즉, 연안국은 무해통항을 하는 외국선박이 준수해야 할 법령을 제정·공시할 수 있다(제21조 제1항). 또한 통항로지정권 및 통항분리제도실시권을 갖는다. 연안국은 항행의 안전을 위해 필요한 경우 영해상에 통항로를 지정하여 분리통항제를 실시할 수 있다. 특히 유조선, 핵추진선박 및 핵·유해물질적재선박의 통항은 지정된 통항로에 한정시킬 수 있다(제22조).

(2) 연안국의 의무

연안국은 첫째, 방해금지의무를 진다. 연안국은 외국 선박의 무해통항을 방해해서는 안 되며, 실질적으로 무해통항권을 부인 또는 침해하는 요건을 부과하거나 외국 선박 간 차별을 두어서는 안 된다(제24조 제1항). 둘째, 위험공시의무를 진다. 연안국은 자국 영해 내에서 탐지한 항행상의 위험을 적절히 공시해야 한다(제14조 제2항). 셋째, 과징금 부과금지의무를 진다(제26조).

7. 무해통항권의 제한(연안국의 보호권)

(1) 의의

연안국은 자국의 안전 및 재정상의 보호를 위해 무해하지 아니한 항행을 방지하기 위해 필요한 조치를 취할 수 있는 바 이를 연안국의 보호권(rights of protection)이라 한다(제25조 제1항). 연안국은 보호권의 발동으로서 영해의 특정 수역에서 외국 선박의 무해통항을 일시적으로 중지시킬 수 있다(제22조 제3항).

(2) 보호권의 요건

보호권의 발동시 외국 선박 간 차별을 두어서는 안 되며(제25조 제3항), 보호권의 발동은 일시적이어야 한다(제25조 제3항). 또한 사전에 공시해야 한다.

5 영해에서 외국 선박에 대한 재판관할권

1. 의의

영해에서 연안국의 권리는 '주권'이므로 영해에서 연안국은 사법권 또는 재판관할권을 행사할 수 있다. 그러나 항행의 자유 및 외국 주권의 존중을 위해 재판관할권이 제한을 받는다. 선박의 종류별로 검토한다.

2. 상선과 상업용 정부선박

(1) 국제관행

영국주의와 프랑스주의의 대립이 있다. 영국주의는 속지주의를 엄격하게 적용하여 선박 내외의 사건을 막론하고 모든 사건의 재판관할권이 연안국에 있다는 주장이다. 반면, 프랑스주의는 선박 내부 사건과 외부 사건을 구분하여 선박 외부 사건은 원칙적으로 연안국에 관할권이 있으나, 선박 내부 사건은 원칙적으로 선박소속국에 있다고 본다. 다만, 선박 내부 사건에 대해서도 예외적으로 연안국의 질서와 안전을 해하거나 선박소속국이 연안국의 협력을 요하는 경우에 한해서 연안국에 관할권이 있다고 본다.

(2) UN해양법협약

① 형사재판관할권

○ **연안국의 영해를 통과 중인 상선**: 원칙적으로 영해를 통과 중인 '외국 선박 내'에서의 범죄에 관한 형사재판관할권은 선박소속국에 있으며 연안국은 이를 행사할 수 없다(제27조 제1항). 다만 예외적으로 연안국이 관할권을 행사할 수 있는 경우가 있다. 이는 ⓐ 범죄의 결과가 연안국에 영향을 주는 경우, ⓑ 범죄가 연안국의 평화 또는 영해의 질서를 교란하는 성질의 것인 경우, ⓒ 선박의 선장 또는 기국의 외교관이나 영사에 의하여 연안국 지방관청의 원조가 요청되는 경우, ⓓ 마약의 불법매매의 진압을 위하여 필요한 경우 등으로 프랑스주의를 채택한 것이다. 특정한 경우 연안국의 형사재판관할권의 행사가 인정된다고 할지라도 그 실시에 있어서는 범죄의 중대성의 정도와 운항저지의 위험과를 비교·형량하여 항행이익에 타당한 고려를 할 필요가 있다.

○ **연안국의 내수를 떠나 영해를 통과 중인 상선**: 연안국은 형사관할권의 행사를 위해 어떠한 조치도 취할 수 있다. 이 경우 범죄가 내수 내의 상선에서 발생한 것과 동등하게 취급된다. 불가항력 등 합리적 사유가 없이 '영해에 정박 중인' 외국 상선 내에서 범죄가 발생한 경우에 관해서는 명시적 규정이 없으나 이 경우도 관할권을 행사할 수 있다.

○ **영해에 진입하기 전에 범죄가 발생한 경우**: 외국의 항구를 출발하여 연안국의 영해에 들어오기 전에 이미 외국 상선 내에서 범죄가 발생한 경우, 당해 선박이 내수에 들어오지 않는 한, 연안국은 외국 선박 내에서 형사관할권을 행사하지 않을 '법적' 의무를 부담한다.

② 민사재판관할권
원칙적으로 영해 내의 외국 선박 내에서의 민사 사건에 대한 재판관할권은 선박소속국에 있다. 연안국은 영해를 통과하는 외국선박 내에 있는 자에 관한 민사재판관할권을 행사하기 위하여 그 선박을 정지시키거나 항로를 변경시킬 수 없다(제28조 제1항). 프랑스주의를 채택한 것이다. 다만, 예외적으로 다음의 경우 연안국에 관할권이 있다. ○ 선박이 연안국수역을 항행 중 또는 항행하기 위해 스스로 부담한 채무 또는 책임에 관한 강제집행 또는 보전처분을 하는 경우(제28조 제2항), ○ 영해 내에 정박하거나 내수에서 나와 영해를 항행하는 외국 선박에 대한 강제집행 또는 보전처분을 하는 경우(제28조 제3항).

3. 군함과 비상업용 정부선박

UN해양법협약에 따르면 군함과 비상업용 정부선박의 경우 다음의 규칙이 적용된다.

(1) 영해 내에서 외국 군함은 연안국의 법령을 존중할 의무를 부담한다. 그러나 외국 군함은 면제를 향유하므로 연안국의 재판관할권에 복종하지 않을 특권이 있다.

(2) 따라서 외국 군함이 연안국의 법령을 위반하더라도 즉시 퇴거를 요구할 수 있을 따름이다.

(3) 그러나 면제가 '면책'을 의미하는 것은 아니므로 기국은 군함이나 그 밖의 비상업용 정부선박이 연안국의 법령이나 해양법협약을 위반하여 손해를 입힌 경우 책임을 진다.

(4) 군함이나 비상업용 정부선박이라 하더라도 연안국이 무해하지 아니한 통항을 방지하기 위하여 영해 내에서 채택하는 필요한 조치로부터의 면제를 의미하는 것은 아니다. 따라서 연안국은 UN헌장 제51조의 요건에 따라 영해 내의 외국 군함에 대해 자위권을 발동할 수 있으며, 상황이 여기에 이르지 아니하더라도 그 통과가 무해하지 아니한 외국 군함을 퇴거시키기 위해 최종적으로 합리적인 범위 내에서 무력을 사용할 수 있다. 이 역시 국가 영토에 대한 침입으로서 육지 영토에 대한 침입과 궁극적으로 다르게 대우할 이유가 없기 때문이다.

제5절 | 해협

1 의의

1. 개념

해협(strait)이란 2개의 해양을 연결하는 자연적 수로를 말한다. 한편, 국제해협이란 '공해 또는 배타적 경제수역의 일부와 공해 또는 배타적 경제수역의 다른 부분'을 연결하여 국제항행에 사용되는 수로를 의미한다. 국제해협은 해협의 양안이 단일 국가의 영토이거나 복수 국가의 영토이거나를 불문한다.

2. 입법취지

해협은 제3차 UN해양법회의에서 새롭게 도입된 제도이다. 이를 도입한 취지는 12해리 영해의 확립에 따라 기존의 해협의 공해대가 소멸됨에 따라 전통적으로 인정되던 자유통항을 확보하고자 하는 것이다. 또한, 해협국과 해협 이용국의 이익균형을 보장하자는 취지도 있다. 즉, 해협국은 영해의 확장으로 이익을 얻게 되나, 해협 이용국은 자유통항에서 무해통항으로 됨에 따라 통항에 타격을 받게 되므로, 해협 이용국의 불리함을 상쇄시키기 위해 '통과통항제도'를 창안한 것이다.

2 법적 지위 및 해협국의 국권

1. 법적 지위

해협이 1국에 속한 경우, 해협의 양 연안은 동일국의 영해를 가지게 된다. 이 경우 양 연안 간의 폭이 영해폭의 2배를 초과하는 수역은 공해 또는 배타적 경제수역의 지위를 가진다. 한편, 해협이 복수국에 속한 경우 해협의 경계에 대해서는 특별한 규정이 없으므로 영해획정방법과 동일한 방법에 의해 획정된다. 해협의 폭이 양국 영해의 합계보다 넓은 경우 그 중간은 공해 또는 배타적 경제수역이 된다.

2. 해협국의 국권

(1) 해협

해협은 해협국의 영해를 구성하므로 국제법상 제한이 있는 경우 외에는 해협국은 연안국이 영해에 대해 행사하는 것과 동일한 국권을 갖는다(제34조). 통과통항이 적용되는 상부 공간에 대해서는 연안국이 완전하고 배타적인 주권을 행사할 수 없다. 타국의 항공기의 상공비행권이 인정되기 때문이다.

(2) 내수

해협 내의 내수에서는 무해통항과 통과통항이 인정되지 않지만, 종래 내수가 아니었던 수역이 직선기선의 채택으로 내수로 된 수역에서는 통과통항과 무해통항이 보장된다.

3. 국권의 제한

해협국은 무해통항권과 통과통항권을 보장할 의무가 있다. 즉, 해협국은 모든 외국 선박 및 외국 항공기에 대해 통과통항제도가 적용되지 않는 자국 해협에서 무해통항권을 보장해야 한다(제45조 제1항). 이 경우 해협국은 일시적으로도 외국 선박 및 외국 항공기의 무해통항을 정지할 수 없다(제45조 제2항).

3 통과통항권

1. 의의

국제항행해협에서 모든 국가의 선박과 항공기에 인정되는 통과통항의 권리를 말한다(제38조 제1항). 해협국은 이를 인정할 의무가 있으며, 반대로 선박이나 항공기는 권리를 가진다.

2. 적용범위

(1) 통과통항이 인정되는 해협

통과통항권이 인정되는 해협은 통항로의 양 입구가 모두 공해나 배타적 경제수역으로 연결된 국제항행용 해협이다(제37조).

(2) 통과통항이 인정되지 않는 해협 - 무해통항 인정

첫째, 국제항행용 해협이라도 통항로 입구의 일방이 외국 영해로 연결된 경우 무해통항권만 인정된다(제45조 제1항). 둘째, 해협의 중간수역에 존재하는 공해 또는 배타적 경제수역을 통항로로 하는 국제항행해협으로서 당해 통항로가 항행 및 수로학적 특성상 유사한 편의의 통항로(a route of similar convenience)인 경우에는 당해 해협에는 통과통항제도가 적용되지 않는다(제36조). 셋째, 해협국의 본토와 도서 사이에 형성되어 있는 국제항행해협으로서 당해 도서 외측으로 유사한 편의의 통로가 존재하는 경우에는 당해 해협에서는 통과통항권은 인정되지 않는다(제38조 제1항 단서).

(3) 주체

협약은 모든 선박과 항공기에 대해 통과통항권을 인정하고 있다. 즉, 비연안국에도 인정되고, 군함에게도 인정된다.

3. 통과통항

(1) 의의

통과통항(right of transit passage)이란 국제항행용 해협의 일방 수역인 공해 또는 배타적 경제수역과 타방 수역인 공해 또는 배타적 경제수역 사이를 오로지 계속적이고 신속하게 통과하기 위한 목적으로 방해받지 않고 항행 또는 상공비행하는 것을 말하며(제38조 제2항 본문), 잠수항행도 포함한다.

(2) 비통과통항행위

해양법협약은 통과통항권의 행사가 아닌 행위는 협약의 관계규정에 의해 결정된다(제38조 제3항)고 하여 명시적 규정을 두고 있지 않다. 따라서 통과통항 중인 선박과 항공기의 의무를 규정한 제39조에 따라 판단해야 할 것이다.

4. 해협국의 권리

(1) 통항로지정권 및 분리통항방법설정권

해협국은 항행안전의 증진을 필요로 하는 경우 해협에 통항로(sea lane)을 지정하고 분리통항방법(traffic separation schemes)을 설정할 수 있다(제41조 제1항). 단, 이는 일반적으로 수락된 국제법규에 부합되어야 한다(제41조 제3항). 통과통항체제하에서 해협연안국은 항로대나 통항분리방식을 일방적으로 지정하거나 설정할 수 있는 것이 아니다. 즉, 연안국은 자신의 제안이 권한 있는 국제기구에 의하여 채택된 이후여야 항로대나 통항분리방식을 지정 혹은 설정할 수 있다. 무해통항체제하에서 연안국에게 권한 있는 국제기구의 권로를 단지 고려에 넣을 것이 요구되고 있는 것과는 대조적이다.

(2) 법령제정권

해협국은 통과통항권을 행사하는 외국선·항공기가 준수해야 할 법령을 제정·공시할 수 있다(제42조 제1·3항). 해협국의 법령은 외국 선박 간에 차별을 두어서는 안 되며, 법령적용상 통과통항권을 부인·저해 또는 침해하는 효과를 가져서는 안 된다(제42조 제2항).

5. 해협국의 의무

해협국은 ① 통항로 등을 공시해야 하며(제42조 제6항), ② 통과통항을 방해하거나 일시적으로 정지할 수 없으며(제44조), ③ 위험사항을 공시해야 한다(제44조).

6. 외국선 및 외국 항공기의 의무

(1) 통항방법준수의무

외국선·외국 항공기는 ① 지체없이 전진해야 하며, ② 해협국의 주권·영토보전 및 정치적 독립을 침해하거나 UN헌장에 구체화된 국제법 원칙에 위반되는 무력의 위협이나 사용을 삼가야 하고, ③ 불가항력이나 해난의 경우 외에는 계속적이고 신속한 정상적 통항방법 외의 행위를 삼가야 한다(제39조 제1항). ④ 해협국이 지정한 통항로나 분리통항방법을 존중해야 한다(제41조 제7항).

(2) 법령준수

통과통항권을 행사하는 모든 외국선·항공기는 해협국 법령을 준수해야 한다(제42조 제4항). 면제를 향유하는 외국의 국가선박·항공기가 해협국 법령을 위반하여 해협국에 손해를 끼친 경우에 당해 기국 또는 등록국은 국제책임을 진다(제42조 제5항). 한편, 국제법규도 준수해야 한다. 선박의 경우 국제해상충돌방지규정 등을 준수해야 하고(제39조 제2항), 항공기의 경우 국제민간항공기구가 제정한 규칙을 준수해야 한다(제39조 제3항).

(3) 조사측량활동금지

외국선은 통과항행 중 해협국의 사전허가가 없이 어떠한 조사나 측량활동을 해서는 안 된다(제40조).

7. 해협이용국과 해협국의 협력

해협이용국과 해협국은 협정을 체결하여 ① 필요한 항행 및 안전시설 또는 국제항행을 위한 기타 개선시설의 설치·유지, ② 선박으로부터의 오염의 방지·감소 및 통제에 대해 협력해야 한다(제43조).

4 무해통항권과 통과통항권의 비교

1. 적용범위

무해통항은 영해 · 비국제항행용 해협 및 군도수역에서 인정되나, 통과통항은 국제항행용 해협에서만 인정된다.

2. 주체

무해통항에서는 항공기의 상공비행이 허용되지 않으나, 통과통항에서는 상공비행이 인정된다.

3. 잠수함의 항행방법

무해통항에서는 잠수함이 수면에 부상하여 국기를 게양하고 항행하여야 한다고 규정되어 있으나(제20조), 통과통항에서는 명시적 제한규정이 없으므로 잠수항행이 허용된다고 해석된다.

4. 일시정지

무해통항에서는 안보상의 이유로 특정 수역에서 외국선의 항행을 일시적으로 정지할 수 있으나(제25조 제3항), 통과통항에서는 일시적으로도 정지할 수 없다(제44조).

5. 권리상실사유

무해통항권을 상실하게 되는 유해통항행위는 12가지 범주의 행위로 규정되어 있어 그 제한 범위가 매우 광범하나(제19조 제2항), 통과통항권을 보장받지 못하게 되는 비통과통항행위는 협약상 명시적 규정은 없으나 협약 제39조에 의해 판단해 보면 3가지 범주로 제한적으로 규정되고 있다(제38조 제3항).

> **참고**

해양법협약상 통항제도 비교

구분	무해통항	통과통항	군도항로대통항	자유통항
적용 수역	• 일반 영해 • 요건 미충족 해협 • 통과통항 배제 해협 • 군도수역 일반 • 내수(직선기선 설정시)	요건 충족 + 적용제한에 해당하지 아니하는 해협	군도수역 내 특별 해역	• 공해 • 대륙붕상부수역
적용 대상	• 상선 • 상업용 정부선박	• 상선 • 정부선박 • 군함	• 상선 • 정부선박 • 군함	• 상선 • 정부선박 • 군함
잠수함	잠항 불가	잠항	잠항	잠항
군함	학설대립	인정	인정	인정
연안국의 보호권	• 인정(특정 수역, 일시적, 비차별) • 단, 무해통항해협에서는 일시정지 불가	부정	부정	부정

5 한국의 해협

1. 대한해협

한국과 일본은 모두 12해리 영해법을 제정하여 시행하고 있으나, 대한해협에서는 모두 3해리로 한정하여, 대한해협은 중간에 '배타적 경제수역'이 존재한다. 대한해협 내의 배타적 경제수역에서는 통과통항이 아닌 '자유통항'이 인정된다. 대한해협의 영해 측에서는 무해통항이 인정된다. 단, 배타적 경제수역통항로가 영해 측 통항로와 유사하게 편리한 수로라는 전제에서 그렇다. 만약 유사하게 편리한 수로가 아니라면 대한해협 내의 영해 측에서는 통과통항권이 인정될 것이다.

2. 제주해협

제주해협은 공해와 공해를 연결하는 해협이지만, 항행 및 수로상 특성에 관해 유사한 편의를 갖는 공해통과통로가 도서의 해양 측에 존재하고 있다. 따라서, 제주해협에는 통과통항권이 인정되지 않고 무해통항만 인정된다. 단, 한국 국내법에 제주해협에서 통과통항을 배제하는 규정은 없다. 남북해운합의서에 따라 제주해협에서 북한 상선의 통과가 인정되었으나, 5.24조치(2010.5.24.)에 따라 동 합의서 효력을 정지하고, 북한 선박의 제주해협 통과를 불허하였다.

제6절 | 접속수역

1 의의

1. 개념

접속수역(contiguous zone)이라 함은 보충수역(supplementary zone) 또는 인접수역(adjacent zone)이라고도 하며, 영해에 접속한 일정한 범위의 공해에 대하여 관세·재정·이민·위생 등의 사항에 관한 연안국의 국권행사가 인정된 수역을 말한다(해양법협약 제33조).

> **UN해양법협약 제33조 - 접속수역**
> 1. 연안국은 영해에 접속해 있는 수역으로서 접속수역이라고 불리는 수역에서 다음을 위하여 필요한 통제를 할 수 있다.
>   (a) 연안국의 영토나 영해에서의 관세·재정·출입국관리 또는 위생에 관한 법령의 위반 방지
>   (b) 연안국의 영토나 영해에서 발생한 위의 법령 위반에 대한 처벌
> 2. 접속수역은 영해기선으로부터 24해리 밖으로 확장할 수 없다.

2. 제도적 취지

국제교통의 발달과 항해기술의 발달에 따라 종래 12해리 영해로서는 연안국의 이익과 안전을 확보하기가 어렵게 되어 연안국의 관할권을 확대할 필요성이 절실하게 요청되었다. 다만, 영해범위를 확장시키는 것은 국가 간 이해관계 조정이 어렵기 때문에 접속수역제도가 창안되었다. 18세기 초 영국의 Hovering Act에서 비롯되었다.

3. 법적 성질

접속수역은 확장된 '영해'가 아니라 국권행사가 인정되는 일정 범위의 '공해'이다. 따라서 접속수역은 공해사용의 자유에 대한 제한이 된다.

2 접속수역의 범위

1. 접속수역의 폭

영해협약은 접속수역의 범위를 영해의 폭을 측정하는 기선으로부터 12해리를 초과할 수 없다고 규정하였으나(제24조 제2항), 해양법협약은 영해기선으로부터 24해리를 초과할 수 없다고 규정하고 있다(제33조 제2항). 따라서 접속수역의 실제상의 폭은 설정된 접속수역의 폭으로부터 인정된 영해의 폭을 공제한 부분이다. 접속수역은 연안국의 적용 선포가 있어야만 실시할 수 있다.

2. 기선

접속수역의 기선은 영해의 폭을 측정하는 기선이다. 군도국가의 경우는 군도기선이 영해의 기선이고 또한 접속수역의 기선이다.

3. 접속수역의 경계획정

2개의 연안이 상호 대향하거나 인접하고 있는 경우 접속수역의 경계획정에 관해 1958년 '영해협약'은 당사국 간 별도의 합의가 없는 한 '중간선원칙'에 따르도록 규정하고 있었으나, 1982년 해양법협약에는 이같은 규정이 없다. 따라서 영해의 경계획정을 규정한 제15조를 준용하여 '중간선원칙'을 따라야 할지 배타적 경제수역의 경계를 획정하는 규정인 제74조를 준용하여 '균형의 원칙'을 따라야 할 것인지가 문제된다.

3 접속수역에 대한 연안국의 권리

1. 연안국의 권리의 성질

해양법협약 제33조 제1항은 접속수역에 대한 연안국의 권리를 '통제'로 표현하고 있으나, 주권, 관할권과 법적 성질이 같은 것으로 해석된다. 이들 개념은 모두 '국가권력'이라는 점에서는 동일하기 때문이다. 접속수역에 대한 연안국의 권리는 영토나 영해 내의 규정에 대한 위반의 방지나 처벌 등의 집행권을 말하며, 접속수역 내의 입법권은 명시적 규정이 없으므로 포함되지 아니한다. 그러나 접속수역에 대한 연안국의 권리는 '예방'과 '처벌'이며 이는 국내입법에 의해야 하므로 연안국의 '통제권'에는 입법권이 포함된다는 반대견해가 있다.

2. 연안국의 권리

접속수역에 대한 연안국의 통제사항은 관세, 재정, 이민, 위생법규의 위반에 관한 사항에 한정된다. 따라서 어업에 관한 사항이나 안전에 관한 사항에 관해서는 통제권이 미치지 아니한다. 접속수역에 대한 연안국의 통제방법은 '위반의 방지', 즉 사전적 예방통제[제33조 제1항 제(a)호]와 '위반에 대한 처벌'인 사후적 구제통제[제33조 제1항 제(b)호]가 포함된다. 영해에 진입하지 않고 접속수역 내에 있는 선박에 대해 국가는 관련법령 위반을 방지하기 위해 '통제'만 할 수 있을 뿐 법령 위반을 예상하고 미수범을 나포하거나 처벌할 수 없다. 밀입국을 시도하는 선박에 대해 이를 차단하고 외곽으로 퇴거시킬 수는 있으나, 불법입국 미수 혐의로 형사처벌할 수 없다. 밀입국선박은 영해 내로 진입한 이후에나 처벌할 수 있다. 항공기에 대해서도 네 가지 사항에 대해서 통제권을 행사할 수 있으나, 실제 처벌은 인근 공항에 착륙하도록 유도한 이후에 할 수 있다.

제7절 | 배타적 경제수역

1 의의

1. 개념

배타적 경제수역(EEZ)이란 영해에 접속된 특정 수역으로서 연안국이 당해 수역의 상부수역·해저 및 하층토에 있는 천연자원의 탐사·개발 및 보존에 관한 주권적 권리와 당해 수역에서의 인공도·시설의 설치·사용, 해양환경의 보호·보존 및 과학적 조사의 규제에 대한 배타적 관할권을 행사하는 수역을 말한다.

2. 제도적 취지

배타적 경제수역을 창설한 취지는 우선, 제2차 세계대전 이후 어업기술의 급속한 발달로 인한 남획으로 공해의 어족자원이 고갈되어가자 연안국이 어족자원을 효과적으로 보존하도록 하기 위한 것이다. 또한, 1960년대 독립한 신생국들이 어족자원을 포함한 모든 천연자원에 대한 강력한 경제주권을 주장함에 따라 공해에 대한 연안국의 관할권 확장을 인정하기 위해 도입되었다.

3. 연혁

1945년 미국의 '공해의 일정한 수역에서의 연안어업에 관한 미국의 정책에 관한 대통령포고'(트루먼선언)에서 보존수역을 창안한 것을 효시로 본다. 이후 대부분의 국가들이 유사한 수역제도를 도입하였다. 1972년 UN총회는 압도적 다수로 대륙붕상부수역의 해양자원에 대한 연안국의 주권을 승인하는 결의를 채택하였다. ICJ도 1974년의 Fisheris Jurisdiction 사건에서 기선으로부터 12마일까지의 배타적 어업수역이 관습법화 되었음을 인정하였다. 1970년대 후반, 많은 국가들이 자국의 경제수역을 선포하였고, 마침내 1982년 해양법협약은 제5장(제55조 ~ 제75조)에서 배타적 경제수역제도를 규정함으로써 국제법제도로 확립되었다. ICJ는 1982년의 Continental Shelf (Tunisia/Libyan Arab Jamahiriya) 사건에서 EEZ개념은 현대국제법의 일부로 볼 수 있다고 하였다.

4. 배타적 경제수역과 대륙붕의 비교

(1) 구성

대륙붕은 해저의 해상(sea bed), 해저지하(subsoil)로 구성되나(제76조 제3항), 배타적 경제수역은 해저의 해상(sea bed), 해저지하 및 상부수역(superadjacent waters)으로 구성된다[제56조 제1항 제(a)호].

(2) 자원관할

대륙붕에 대한 국권은 광물 및 비생물 자원 또는 고착되어 있거나 해상에 밀착하지 아니하고는 이동이 불가능한 유기체에 미치나(제77조 제4항), 배타적 경제수역의 경우 일체의 생물·비생물자원에 미친다(제56조).

(3) 횡적 범위

대륙붕의 횡적 범위는 200해리 또는 350해리 이내로 결정되나(제76조 제1·5항), 배타적 경제수역은 수심에 관계없이 영해 기선으로부터 200해리를 초과하지 못한다(제57조).

(4) 상부수역의 법적 지위

대륙붕의 상부수역은 공해로서의 성격을 갖고 있으나(제78조), 배타적 경제수역의 상부 수역은 공해인지 영해인지 또는 제3의 새로운 수역인지 확립되어 있지 않다. 해양법협약은 제3의 수역으로 본다(제86조).

(5) 취득방식

대륙붕에 관한 연안국의 권리는 당연히 당초부터(ipso facto, ab initio) 존재하므로 실효적으로나 관념적으로 점유나 명시적 선언 등에 의존하지 아니한다(제77조 제3항). 그러나 배타적 경제수역의 경우 연안국의 별도의 명시적 주장과 점유 등 명백한 법적 행위가 선행되어야 한다.

 참고

배타적 경제수역(EEZ)과 대륙붕의 비교

구분		배타적 경제수역(EEZ)	대륙붕
공통점		• 공해에 대한 연안국 관할권 확장 • '자원'관할권 • 500m 안전수역 • 상부수역 항행 및 상공 비행의 자유	
차이점	횡적 범위	기선으로부터 최대 200해리	• 대륙변계 200해리 미만 시 기선으로부터 최대 200해리까지 • 대륙변계 200해리 초과 시 기선으로부터 최대 350해리까지 또는 2500m 등심선으로부터 100해리까지
	구성	상부수역, 해상, 해저지하	해상, 해저지하
	취득방법	국가의사에 의한 취득	원시취득
	상부수역	제3의 수역	공해
	자원관할	일체의 생물·무생물 자원	• 무생물자원 • 정착성 어족

2 법적 지위 및 특성

1. 법적 지위

배타적 경제수역은 연안국의 주권적 권리 및 관할권과 공해자유의 일부가 병존하는 제3의 특별수역으로서 영해와 공해의 중간적 법제도이다(제55조). 즉, 연안국의 경제적 이익과 국제사회의 이익이 기능적으로 종합된 법제도이다.

2. 특성

(1) 배타적 경제수역제도는 해양의 경제적 이용에 관한 기능을 연안국의 주권적 권리 및 관할권에 포괄적으로 종속시킴으로써 연안국의 관할권 확장욕구를 충족하고 종래의 공해자유제도에 중대한 변화를 가져왔다.

(2) 연안국의 생물자원에 대한 권리는 자원보존의 우선적 권리로부터 주권적 권리로 강화되어 생물자원에 대한 제3국의 접근은 연안국의 동의 없이는 불가능하다. 또한 비생물자원에 대한 권리도 배타적이므로 연안국의 동의 없이 제3국은 탐사·개발할 수 없다.

(3) 배타적 경제수역은 종래 12해리까지 인정되던 관할범위가 200해리로 확대됨에 따라 광대한 해양을 점유하게 되었고, 그 상부수역·해저 및 하층토에 대해서도 관할권을 행사하게 되었다.

3 범위

1. 폭 및 기선

배타적 경제수역의 폭은 영해측정기선으로부터 200해리를 초과하지 못한다(제57조).

2. 대향·인접하는 경제수역의 경계

(1) 경계획정원칙

대향 또는 인접하는 국가 사이의 배타적 경제수역의 경계는 형평한 해결을 달성하기 위해 국제사법재판소(ICJ)규정 제38조에 의거한 국제법을 기초로 하여 합의에 의해 획정되어야 한다(제74조 제1항).

(2) 잠정조치

관계국은 합의에 도달할 때까지 상호 이해와 협력의 정신으로 실질적인 잠정협정을 체결하도록 모든 노력을 다하고, 과도기간 동안 최종합의에 이르는 것을 위태롭게 하거나 방해하지 않아야 한다.

(3) 분쟁해결

상당한 기간 내에 최종합의에 이르지 못하는 경우 관련국들은 제15부(분쟁해결)에 규정된 강제절차에 회부된다. 단, 제298조에 의하면 각국은 배타적경제수역 경계획정분쟁을 구속력 있는 결정을 수반하는 강제관할절차에 맡기지 않겠다는 선언을 언제든지 할 수 있으며, 이 경우 '의무적 조정'(compulsory conciliation)이 적용된다.

(4) 판례 태도

국제사법재판소(ICJ)나 UN해양법법원 등은 대체로 형평한 해결을 구현하기 3단계접근법을 적용하고 있다. 1단계에서는 잠정적 경계선을 획정하고, 2단계에서는 해안선의 길이 등을 고려하여 잠정적 경계선을 조정한다. 마지막 3단계에서는 해안선의 길이 비율과 잠정적으로 획정된 내포수역의 면적 비율 간 비례성을 판단하여 최종적으로 확정한다.

(5) 배타적 경제수역와 대륙붕의 단일경계 획정 여부

배타적 경제수역과 대륙붕은 서로 별개의 제도이므로 대향국이나 인접국 간 경계가 반드시 일치해야 하는 것은 아니다. 호주 - 파푸아뉴기니, 호주 - 인도네시아 등은 배타적 경제수역과 대륙붕 경계를 달리 획정하였다. 국제관행은 관리상의 난점 등을 이유로 단일한 경계로 획정하기도 한다.

UN해양법협약 제74조 - 배타적 경제수역 경계획정

1. 서로 마주보고 있거나 인접한 연안을 가진 국가 간의 배타적 경제수역 경계획정은 공평한 해결에 이르기 위하여, 국제사법재판소규정 제38조에 언급된 국제법을 기초로 하는 합의에 의하여 이루어진다.
2. 상당한 기간 내에 합의에 이르지 못할 경우 관련국은 제15부에 규정된 절차에 회부한다.
3. 제1항에 규정된 합의에 이르는 동안, 관련국은 이해와 상호협력의 정신으로 실질적인 잠정약정을 체결할 수 있도록 모든 노력을 다하며, 과도적인 기간 동안 최종합의에 이르는 것을 위태롭게 하거나 방해하지 아니한다. 이러한 약정은 최종적인 경계획정에 영향을 미치지 아니한다.
4. 관련국 간에 발효 중인 협정이 있는 경우, 배타적 경제수역의 경계획정에 관련된 사항은 그 협정의 규정에 따라 결정된다.

 관련판례

흑해 해양경계획정 사건

1. 사실관계

   이 사건은 루마니아와 우크라이나의 EEZ 및 대륙붕의 단일 경계획정에 관한 것이다. 경계획정에 있어서 뱀섬(Serpents' Island, 세르팡 섬)의 법적 지위가 문제되었다. 뱀섬은 본래 루마니아 영토였으나 1948년 구 소련에 양도되었다가 1991년 구 소련 해체 이후 다시 우크라이나에 귀속하게 되었다. 루마니아와 우크라이나는 해양경계획정 문제와 해저개발권을 놓고 1998년부터 6년간 10차례 전문가 수준의 협상을 포함하여, 총 24차례 협상을 가졌으나 합의에 이르지 못했다. 루마니아는 1997년 2월 체결한 우호협력조약 제2조에 따른 추가협정 제4조에 기초하여 우크라이나를 ICJ에 제소하였다.

2. 법적 쟁점 및 ICJ 판결요지

   (1) Effectivites(국가행위)

   우크라이나는 2001년 이전까지는 분쟁해역에서 우크라이나의 석유 및 가스 탐사 허가나 어로 행위 규제 및 불법선박 단속에 대해 루마니아의 항의가 없었다는 이유로 이러한 국가행위(effectivites)를 '잠정적 중간선을 수정하는 관련 사정'으로 주장했다. ICJ는 '바베이도스와 트리니다드토바고 간 중재 판결'을 인용하여 우크라이나의 주장을 기각했다. '자원 관련 기준은 국제법정이나 재판소의 결정에 의해 보다 신중히 취급되어 왔는바, 일반적으로 이러한 요소를 관련사정으로 적용하지 않았다.'

   (2) 뱀섬의 법적 지위 및 중첩 EEZ 및 대륙붕 경계획정

   경계획정에 있어서 두 단계로 나눠서 접근한다. 우선 제1단계로 기하학적으로 객관적이며 그 지역의 형상에 맞는 방법을 사용해 잠정적 중간선 또는 등거리선을 긋는다. 제2단계에서 형평한 해결에 도달하기 위해 그 잠정적 중간선을 수정하거나 이동시켜야 할만한 관련사정이 있는지 검토한다. 뱀섬은 경계획정의 기점이 될 수 없다. 뱀섬이 우크라이나 해안선의 일반적 형상이 아니므로 잠정적 등거리선의 기점이 될 수 없다. 즉, 뱀섬은 본토에서 20해리 정도 떨어져 있어 우크라이나의 해안선을 구성하는 주변 도서군 중의 하나가 아니다.

   (3) 뱀섬은 잠정적 중간선을 수정할 만한 관련사정에도 해당하지 않는다. 그 이유는 첫째, 본 사건의 경계획정 대상 수역이 우크라이나의 본토 해안선에서 200해리 이내에 있기 때문이다. 둘째, 뱀섬은 본토 해안선에서 20해리 떨어져 있다. 셋째, 우크라이나는 뱀섬이 UN해양법협약 제121조 제2항의 범주에 든다고 보았으면서도 이를 반영해 관련 지역의 한계를 더 확장하여 주장하지도 않았다.

니카라과와 온두라스 간 해양경계 사건(Case Concerning Territorial and Maritime Dispute between Nicaragua and Honduras, Nicaragua 대 Honduras, ICJ, 2007.10.8.)

1. 사실관계

　　니카라과와 온두라스는 스페인에 의해 별개의 행정단위인 주(province)로 나누어 통치되다 1821년 별개의 국가로 독립하였다. 양국은 육지 국경문제는 해결하였으나 카리브 해에서의 해양경계는 획정하지 못하고 있었다. 양국 간에는 1979년 니카라과에 공산정권이 수립된 이후 갈등이 고조되었다. 니카라과는 온두라스가 자국 해역이라고 주장하는 북위 15도 이북의 해역에서 온두라스 어선을 여러 번 단속하고 나포하였다. 양국 간 갈등은 1999년 12월 28일 온두라스가 1986년에 체결된 콜롬비아와의 해양경계조약(북위 15도 이북 해역을 온두라스 해역으로 인정하는 내용을 담고 있었음)을 4일 후에 비준하겠다고 통고함으로써 고조되었으며 니카라과는 CACJ(중미사법재판소), WTO, ICJ 등에 제소하였다.

2. 법적 쟁점

　　(1) uti possidetis

　　(2) 지리적 근접성

　　(3) 실효적 점유(effectivites)

　　(4) 해양경계획정

3. ICJ 판결

　　(1) uti possidetis

　　　　온두라스는 동 원칙을 적용할 것을 주장하였으나 니카라과는 반대했다. ICJ는 육지만이 아니라 섬이나 해양경계에도 동 원칙이 적용될 수는 있으나 이번 사건의 경우 동 원칙을 적용할 수 없다고 하였다. 동 원칙에 따라 영유권을 결정하기 위해서는 식민모국인 스페인의 국내법으로 문제가 된 지역을 지방행정청의 관할하에 둔다는 결정이 있어야 하는데 문제가 된 섬에는 그러한 결정이 없었기 때문이다.

　　(2) 지리적 근접성

　　　　니카라과는 문제가 된 섬들이 자국의 섬인 Edinburgh Cay에 가깝다는 이유로 영유권을 주장했다. ICJ는 니카라과의 주장을 인정하지 않았다. 지리적 근접성이 유리한 추정을 부여할 수는 있다고 하더라도 이때의 근접성은 '본토'로부터의 근접성이지 '다른 섬'과의 근접성을 의미하는 것은 아니라는 이유에서였다.

　　(3) 실효적 점유(effectivities)

　　　　ICJ는 결국 실효적 지배의 법리를 적용하여 문제가 된 섬의 영유권을 온두라스가 가진다고 결정하였다. ICJ는 실효적 점유를 인정하기 위해서는 첫째, 주권자로서 행동하겠다는 의사와 의지가 있어야 하고, 둘째, 이러한 의사가 실질적인 권한의 행사로 표시되어야 한다고 확인하였다. 두 번째 요건인 실질적인 권한 행사의 정도는 문제가 된 영토의 상황에 따라 상대적이라는 점도 지적하였다. 이러한 법리에 따라 온두라스가 문제가 된 섬에 행사한 형사재판관할권과 민사재판관할권, 외국인에 대한 작업허가서 발급 등과 같은 이민통제, 미국과 공동으로 마약단속을 한 것 등은 실효적 지배를 뒷받침하는 유효한 권한 행사라고 인정하였다.

(4) 해양경계획정 - 이등분선

다른 원칙에 의한 해양경계 주장을 기각한 다음 ICJ는 해양경계획정의 일반적인 방법인 등거리선 방법을 사용하지 않고 이등분선 방법을 사용하였다. 등거리선방법은 양국의 국경이 만나는 지점에 있는 두 개의 점을 정하여 이 점에서 같은 거리에 있는 선을 연결하는 방법이다. 반면 이등분선방법은 해안선의 일반적인 모양을 반영하는 가상의 선이 만나 이루는 각을 반으로 나누는 선을 긋는 방법이다. ICJ는 등거리선방법을 적용하는 것이 적절하지 않거나 불가능한 경우 이등분선을 사용할 수 있으며 이번 사안이 그에 해당한다고 하였다. ICJ는 그 이유로 첫째, 등거리선의 기준으로 사용될 수 있는 해안에 근접한 섬들의 영유권 문제가 해결되지 않았으며, 둘째, 문제가 되는 해안의 모습이 Coco강이 운반하는 침전물로 인해 계속 변화한다는 점을 제시하였다.

3. 수역획정선의 표시 · 공시

배타적 경제수역의 외측 한계선과 대향 또는 인접한 수역의 획정선은 해도상에 표시되어야 하며(제75조 제1항), 연안국은 당해 해도를 공시하고 그 사본을 UN사무총장에게 기탁하여야 한다(제75조 제2항).

4 연안국의 권리 · 의무

1. 연안국의 권리

(1) 주권적 권리

① **생물 · 비생물자원의 이용 및 보존권:** 연안국은 배타적 경제수역의 상부수역, 해저 및 하층토에서의 생물 및 비생물 천연자원의 탐사 · 개발 · 보존 · 관리를 위한 주권적 권리를 가진다(제56조 제1항).

② **수역의 경제적 이용권:** 연안국은 수력 · 조력 · 풍력발전을 포함하여 배타적 경제수역의 경제적 탐사 · 개발을 위한 활동에 대한 주권적 권리를 가진다.

(2) 관할권

① **인공도 · 시설 및 구조물의 설치 · 사용권:** 연안국은 배타적 경제수역에서 인공도 · 시설 및 구조물의 설치 및 사용에 대한 배타적 관할권을 가진다. 타국은 연안국의 허가 없이 인공도 등을 설치할 수 없다(제60조 제1항). 연안국은 인공도 등의 주위에 반경 500미터 이내의 안전수역(safety zone)을 설정할 수 있다(제60조 제4 · 5항).

② **해양환경의 보호 · 보존권:** 연안국은 배타적 경제수역에서의 해양환경 보호 및 보존에 대한 관할권을 가진다(제56조 제1항, 제210조 제5항, 제211조 제5 · 6항). 연안국은 배타적 경제수역에서의 외국선의 위반행위에 대해 벌금형을 부과할 수 있다(제230조 제1항).

③ **해양과학조사권:** 연안국은 배타적 경제수역에서 해양과학조사에 대한 관할권을 가진다(제56조 제1항). 타국은 연안국의 동의 없이 해양과학조사를 할 수 없다(제246조 제2항).

2. 연안국의 의무

연안국은 배타적 경제수역에서 타국 선박의 항행이나 항공기의 상공비행을 방해해서는 안 되며, 타국의 해저전선 및 관선부설의 자유를 저해하지 못한다(제58조 제1항). 공해에 대한 해양법협약의 제규정은 연안국의 배타적 경제수역에 대한 권리를 침해하지 않는 한 배타적 경제수역에 적용된다(제58조 제2항). 한국 법원은 배타적 경제수역 내에서 선박 충돌 사건 발생 시 가해선의 기국이 형사관할권을 행사할 수 있다고 판단하였다. 즉, 배타적 경제수역에서 선박 충돌은 공해상 선박 충돌 시 적용되는 규정을 적용해야 한다고 판단한 것이다.

5 배타적 경제수역의 어업제도

1. 생물자원보존권

배타적 경제수역 내의 생물자원의 보존은 연안국의 배타적 관할사항이며, 연안국이 과학적 자료를 기초로 하여 남획방지를 위한 적절한 보존조치를 취한다(제61조 제2항). 그러한 보존조치는 환경적·경제적 요소, 개발도상국의 특별수요, 어로방법, 어족상호관계 등을 고려하여 어족의 '최대지속적 생산'(maximum sustainable yield)을 유지·회복할 수 있도록 마련되어야 한다(제61조 제3항).

2. 생물자원이용권

(1) 배타적 어로권

연안국은 배타적 경제수역 내의 생물자원에 대한 배타적 어로권을 가진다. 연안국은 보존조치를 고려하여 경제수역 내의 생물자원의 허용어획량(allowable catch)을 결정하고(제61조 제1항), 또한 자국의 어획능력량(capacity to harvest)을 결정해야 한다(제62조 제2항).

(2) 잉여어획량

연안국은 허용어획량 중 자국어획능력량을 초과하는 잉여어획량에 대해서는 연안국 자체의 이익, 내륙국이나 지리적 불리국의 이익, 역내 개발도상국의 수요, 전통적 어로국의 경제적 손실의 극소화 등을 고려하여 타국에 어로를 허용해야 한다(제62조 제2·3항).

3. 연안국의 법령제정권

연안국은 양자협정 또는 지역협정을 체결하여 타국에 어로를 허용하며, 국내입법을 통해 타국 어선의 입어를 규제한다. 타국 어선은 보존조치와 연안국 법령을 준수해야 한다(제62조 제4항).

4. 집행조치

(1) 협약 규정

연안국은 배타적 경제수역 내의 생물자원이용에 관한 주권적 권리를 행사함에 있어서 자국 법령의 이행을 보장하기 위해 승선·검색·나포·사법절차 등의 집행조치를 취할 수 있다(제73조 제1항). 단, 나포된 선박이나 체포된 선원이 보석금을 예치하는 경우 즉시 석방되어야 하며(제73조 제2항), 관계국의 동의 없이 법령 위반에 대해 체형(體刑)을 부과할 수 없고(제73조 제3항), 연안국은 외국선의 나포·억류 시 소속국에 신속히 통보해야 한다(제73조 제4항).

(2) 판례

첫째, 1986년 Franco - Canadian Fishteries Arbitration 사건에서 프랑스 - 캐나다 중재재판소는 배타적 경제수역 내에서 고기 가공(fish processing)에 종사하는 선박은 연안국의 관할권에 종속되지 않는데, 왜냐하면 고기 가공은 연안국이 배타적 경제수역 내에서 향유하는 관할권에 속하지 않기 때문이라고 판시하였다. 둘째, M/V 'Saiga'호(No.2) 사건에서 국제해양법재판소는 '배타적 경제수역에서 연안국은 인공섬과 시설 및 구조물에 대해 세관법령을 적용할 관할권이 있다(제60조 제2항)고 하였다. 그러나 재판소가 보기에 UN해양법협약은 연안국에게 위에 언급되지 아니한 배타적 경제수역의 다른 부분들에 대해서는 그 국가의 관세법률을 적용할 권한을 부여하지 않고 있다고 하면서 기니가 협약을 위반하였다고 판결하였다. 셋째, The M/V Virginia G호 사건(2014)은 배타적 경제수역 내에서 어선에 연료를 공급하는 행위는 어업관련활동이므로 배타적 경제수역 관련 법령을 적용할 수 있다고 하였다. 연안국은 생물자원의 보전 및 관리를 위해 연료를 공급하는 선박을 규제할 수 있다고 판시하였다. 그러나 당해 선박 몰수조치는 허용될 수 없는 조치라고 판단하였다. 넷째, 일본과 러시아 간 Tomimaru호 사건(2007)에서 러시아의 동 선박 몰수 권리 자체에 대해 일본은 이의를 제기하지 않았다. 연안국의 어업법령 위반에 대한 처벌에 포획물, 선박, 장비의 몰수(confiscation)는 허용된다.

5. 내륙국·지리적 불리국의 권리

배타적 경제수역을 가지지 못하는 내륙국·지리적 불리국에 대하여 경제수역의 설정으로 종래의 공해어로자유의 상실로 인한 불이익을 보상하기 위해 인접연안국 또는 역내 연안국의 배타적 경제수역 내에 형평에 입각한 입어권이 부여되었다(제69조 ~ 제72조).

6. 분쟁해결

연안국은 허용어획량, 자국 어획능력량, 잉여량 배분, 보존 및 관리법령에 관한 주권적 권리의 행사와 관련된 분쟁에 대해 법원의 강제적 관할에 의한 분쟁해결방법에 부탁하는 것에 동의할 의무가 없다[제297조 제3항 제(a)호 단서]. 그러나 연안국의 명백한 생물자원보존 및 이용의무의 위반, 자의적 허용어획량 및 자국어획능력량의 결정거부 및 자의적 잉여량할당거부에 관한 분쟁은 '강제조정'에 부탁된다[제297조 제3항 제(b)호].

7. 특수 어종에 관한 규정

(1) 경계왕래 어종

동일 어족이나 연관된 종의 어족들이 2개국 이상의 연안국의 EEZ에 출현하는 경우, 이러한 연안국들은 직접 또는 적절한 소지역기구나 지역기구를 통하여 이러한 어족의 보존과 개발을 조정하고 보장하는 데 필요한 조치에 합의하도록 노력해야 한다.

(2) 고도회유성어종

연안국과 고도회유성어종을 어획하는 국민이 있는 그 밖의 국가는 EEZ와 그 바깥의 인접수역에서 그러한 어종의 보존을 보장하고 최적이용목표를 달성하기 위하여 직접 또는 적절한 국제기구를 통하여 협력해야 한다. 참치, 고등어, 병어, 청새치류, 돛새치, 황새치, 꽁치, 돌고래, 상어, 고래 등이 고도회유성어종이다.

(3) 해양포유동물

연안국 또는 국제기구는 UN해양법협약 제5부 규정보다 더 엄격하게 그것의 포획을 금지, 제한 또는 규제할 수 있다. 각국은 해양포유동물의 보전을 위해 협력할 의무를 지며, 특히 고래류의 경우 적절한 국제기구를 통하여 보존, 관리 및 연구를 위한 노력에 임할 것이 요구된다.

(4) 소하성어족

연어나 송어 등 바닷물고기 중에서 산란을 위하여 강물을 거슬러 올라가는 어족을 소하성(溯河性)어족(anadromous stocks)이라 한다. 소하성어족의 경우 기원하는 하천의 국가가 이 어족에 대한 일차적 이익과 책임을 진다.

(5) 강하성어족

강하(降河)성어족(catadromous species)이란 담수에 살다가 산란을 위하여 바다로 가는 어종을 말한다. 뱀장어나 숭어가 이에 해당한다. 연안국은 그 어종 관리에 책임을 지며 회유어의 출입을 보장해야 한다. 또한, 그 같은 어종의 포획은 EEZ외측 한계의 육지쪽 수역에서만 해야 한다.

6 한국의 배타적 경제수역

1. 배타적 경제수역에 관한 법률제정

한국은 1996년 1월 29일 UN해양법협약을 비준하고, 1996년 8월 8일 배타적 경제수역법을 제정, 공포하였다. 한편, 일본은 동년 6월 14일에 배타적 경제수역 및 대륙붕에 관한 법률을 공포하였으며, 중국 역시 1996년 6월 26일 중화인민공화국의 배타적 경제수역 및 대륙붕에 관한 법률을 공포하였다. 3국 모두 200해리 배타적 경제수역을 선포하고 있으므로, 3국 간 배타적 경제수역 경계획정 문제가 중요한 문제로 대두되어 있다.

2. 신한일어업협정

1998년 9월 체결되고, 1999년 1월 22일에 발효하였다. 이 조약은 배타적 경제수역 경계획정문제를 다루는 조약이 아니라 양국 간 어업문제를 다룬 조약으로서 배타적 경제수역과 중간수역에서의 어업문제를 규율하고 있다.

(1) 배타적 경제수역

양국의 배타적 경제수역 경계선은 35개의 위도 및 경도로 표시된 좌표를 직선으로 연결한 선으로 하며, 양국은 자국 측 배타적 경제수역에서 어업에 관한 주권적 권리를 행사한다(제7조 제1항). 배타적 경제수역은 각국의 기선으로부터 35해리로 결정되어 있다. 한편, 각국은 자국 배타적 경제수역 내에서 타국의 어획할당량 등을 결정하고 이를 타방 당사국에게 통보함으로써 타국 어선의 조업을 인정하고 있다.

(2) 중간수역

신한일어업협정은 동해중간수역과, 동중국해중간수역을 설정하고 있다. 중간수역은 양국의 배타적 경제수역 경계획정이 타결될 때까지 한시적으로 유지된다. 각국은 중간수역에서 타방 당사국 국민 및 어선에 대해 자국의 어업관계법령을 적용하지 않는다(기국주의). 중간수역에서 해양생물자원의 보존 및 어업종류별 어선의 최고조업척수를 포함하는 적절한 관리에 필요한 조치는 한일어업공동위원회의 권고(동해중간수역) 또는 결정(동중국해중간수역)에 따라 시행한다. 각국은 중간수역에서의 타방 당사국의 시행조치를 위반하고 있는 타방 당사국 국민 및 어선을 발견할 경우에 위반사실과 관련 상황을 타방 당사국에 통보할 수 있다.

3. 한중어업협정

2000년 8월 3일 서명되고, 2001년 6월 30일 발효되었다. 동 협정은 양국 간 배타적 경제수역, 중간수역 및 과도수역을 설정하고 있다. 배타적 경제수역은 각국 기선으로부터 32해리로 결정하였으며, 그 이원에는 4년간 한시적 성격을 갖는 과도수역을 설정하였다. 4년이 지나면 과도수역은 각국 배타적 경제수역에 포함된다. 과도수역에서 양국은 공동감독 및 공동검사조치를 취할 수 있다. 한편, 중간수역에서 각국은 한중어업공동위원회의 결정에 따라 동 수역 내에서 보존조치 및 양적 관리조치를 취해야 한다. 중간수역 역시 기국주의가 적용된다. 다만, 공동위원회의 결정을 위반하는 타국 선박에 대해서는 타국에 주의를 환기하고 정보를 제공할 수 있으며, 통보를 받은 당사국은 필요한 조치를 취한 후 상대방에게 통보해야 한다.

제8절 | 대륙붕

1 의의

1. 개념

1982년 해양법협약에 따르면, 해안에 인접하되 영해 밖으로 뻗친 해저지역의 해상 및 그 지하로서 대륙변계의 외연이 영해기선으로부터 200해리 내에 있는 경우는 200해리까지, 200해리 외에 있는 경우는 350해리 또는 2500m 등심선(等深線)으로 부터 100해리까지를 말한다(제76조).

2. 인정근거

대륙붕제도를 인정하는 근거는 해저자원의 개발의 필요성과 공해사용의 자유와 저촉하지 않는다는 것이다. 즉, 과학기술발달로 해저자원의 탐사 및 개발이 가능하게 되었고, 대륙붕에서의 천연자원의 개발은 공해사용의 자유와 양립하기 때문이다.

3. 법적 성격

대륙붕에 대한 연안국의 권리는 '주권적 권리'(sovereign rights)이나 그 상부수역은 공해로서의 지위를 가진다. 따라서 공해사용의 자유의 제한을 받는다. 그러나 해양법협약은 대륙붕협약(1958) 제3조와 달리 대륙붕 상부수역은 '공해'라는 직접적인 규정을 두지 않고 있다.

4. 연혁

1945년 트루먼선언이 최초의 대륙붕 선언이다. 이후 많은 국가들이 다자조약, 일방적 선언, 국내법에 규정 등의 방식으로 대륙붕에 대한 주권을 확장하였다. 우리나라는 1952년 '인접해양에 대한 주권선언(평화선 선언)'을 통해 대륙붕에 대한 주권을 선언하였다. 1958년 대륙붕에 관한 조약, 1982년 해양법협약이 성립되었다.

2 대륙붕의 기선과 폭

1. 기선

해양법협약 제76조에 따르면 대륙붕의 폭을 측정하는 기선은 영해의 폭을 측정하는 기선과 같다.

2. 폭

(1) 대륙붕협약(1958)

대륙붕협약은 원칙적으로 상부수역의 수심 200m까지로 하고, 예외적으로 해저구역에 있는 천연자원의 개발이 가능한 지점까지도 확대될 수 있다는 점을 인정하였다.

(2) UN해양법협약

① **대륙변계(continental margin)의 외연이 영해기선으로부터 200해리 내에 있는 경우:** 영해기선으로부터 200해리까지의 해상 및 해저지하이다(제76조 제1항). 대륙붕이 최소 200해리를 갖는다는 규칙은 신국제관습법규로 간주된다. ICJ는 Territorial and Maritime Dispute(Nicaragua v. Columbia) 사건(2012)에서 해양법협약 제76조 제1항의 대륙붕 정의는 국제관습법의 일부를 이루고 있다고 하였다.

② **대륙변계의 외연이 영해기선으로부터 200해리 이원으로 확대되는 경우:** 협약 제74조 제4항은 이 경우 두 가지 방법을 제시하고 있다. 첫째, 퇴적암의 두께가 그 가장 바깥 고정점으로부터 대륙사면(continental slope)의 끝(대륙사면단)까지를 연결한 가장 가까운 거리의 최소한 1%가 되는 가장 바깥 고정점을 연결한 선. 둘째, 대륙사면의 끝으로부터 60해리를 넘지 않는 고정점을 연결한 선. 이 기준에 따라 대륙변계의 외측한계를 결정짓더라도 대륙붕은 기선으로부터 350해리를 넘거나, 2,500m 등심선(수심 2,500m 되는 지점을 연결한 선)으로부터 100해리를 넘을 수 없다. 한편, 대륙붕이 영해기선으로부터 200해리 밖으로 확장되는 경우 연안국은 경도와 위도 좌표로 표시된 고정점을 연결하여 그 길이가 60마일을 넘지 아니하는 직선들로 대륙붕의 외측 한계를 그어야 한다.

③ **남용 방지 제도:** 영해기선으로부터 200해리를 넘는 대륙붕의 한계에 관한 정보는 연안국에 의해 대륙붕한계위원회에 제출되어야 한다. 정보제출시한은 협약 제2부속서 제4조에 따라 협약 발효 후 10년 이내이다. 그러나, 2001년 제11차 당사국총회에서 1999년 5월 13일 이전에 발효한 당사국의 경우 '1999년 5월 13일'로부터 10년 이내로 수정되었다. 위원회에 제출된 정보를 바탕으로 위원회는 대륙붕 외측 한계 설정에 관해 권고를 해 주어야 한다. 권고 자체는 법적 구속력이 없으나, 권고를 기초로 연안국이 확정한 대륙붕의 한계는 최종적이며 구속력이 있다. 한편, 육지 또는 해양 분쟁이 존재하는 경우 대륙붕한계위원회는 분쟁국가들이 제출한 문서를 검토하고 수정할 수 없다. 다만, 분쟁당사국 모두의 사전동의가 있는 경우 검토할 수 있다.

④ **대륙붕한계위원회:** 대륙붕한계위원회는 21명으로 구성되며, 임기는 5년이다. UN해양법협약 제76조 제8항 및 제2부속서 제4조에 따라 설치되었다.

3 대륙붕에 대한 국가의 권리 · 의무

1. 권리의 법적 성질

대륙붕에 대한 국가의 권리는 ① 주권적 권리(제77조 제1항), ② 배타적 권리(제77조 제2항), ③ 원시적 권리(제77조 제3항)이다. 따라서 타국은 연안국의 명시적 동의 없이 그 대륙붕에서 활동하거나 권리를 주장할 수 없다. 또한 원시적 권리이므로 대륙붕에 관한 권리 취득을 위해 실효적 점유, 또는 관념적 점유나 명시적 선언을 요하는 것은 아니다.

2. 권리의 내용

(1) 천연자원의 탐사, 개발권

대륙붕에 대한 연안국의 권리의 대상은 '해상과 지하의 광물 기타의 비생물자원 및 정착어종에 속하는 생물'(제77조 제4항)이다. 정착어종에 속하는 생물은 수확 가능 단계에서 해저표면 또는 그 아래에서 움직이지 아니하거나 해저나 하층토에 항상 밀착하지 아니하고는 움직일 수 없는 생물체를 말한다. 산호, 진주조개 등은 논쟁의 여지가 없으나, 바닷가재의 경우 헤엄을 칠 수 있으므로 정착성 생물 어족이 아니라는 입장도 있다(영국). 해저에 침몰한 선박, 항공기 및 그 내부의 화물은 천연자원이 아니므로 EEZ나 대륙붕 관련 규정의 적용대상이 아니다.

(2) 시설의 설치, 유지, 운영권

연안국은 대륙붕자원의 개발을 위하여 필요한 시설을 설치·유지·운영할 수 있으며, 그 시설의 주변에 반경 500m 한도까지 안전수역을 설정할 수 있다. 선박은 이를 존중하여야 한다(제80조).

(3) 시추, 굴착권

연안국은 천연자원의 탐사·개발을 위해 대륙붕을 시추(drilling) 또는 굴착(tunnelling)할 권리를 가진다(제81조, 제85조).

3. 연안국의 의무

(1) 항행의 자유보장의무

대륙붕의 상부수역은 공해로서의 법적 지위와 상부공역의 법적 지위에 영향을 미치지 아니하므로 연안국은 대륙붕에 관한 주권적 권리를 행사함에 있어서 제3국의 항행 및 기타의 자유를 부당히 방해해서는 안 된다(제78조).

(2) 해저전선 및 관선의 부설보장의무

연안국은 제3국이 자국의 대륙붕상에 해저전선과 관선을 부설하고 유지할 자유를 방해할 수 없다(제79조 제1항). 단, 세부적인 경로 설정은 연안국의 동의를 필요로 한다.

(3) 해양오염방지의무

연안국은 대륙붕의 해저개발행위와 관련하여 발생하는 해양오염을 방지하여야 할 의무를 지며 이에 관한 규칙을 제정해야 한다(제208조, 제214조).

(4) 200해리 이원의 대륙붕 개발기금 납부의무

연안국이 기선으로부터 200해리 밖의 대륙붕에서 개발한 비생물자원(정착성 생물 제외)에 대해 국제해저기구에 금전납부나 현물공여를 해야 한다. 개발 5년간은 의무가 면제되나 6년째는 생산가격이나 생산량의 1%를 납부해야 하고, 매년 1% 증가해야 하나 7%를 초과하지 않는다. 따라서 12년째부터는 매년 7%를 납부하게 된다. 자국의 대륙붕에서 생산되는 광물자원의 순수입국인 개발도상국은 이러한 의무에서 면제된다.

4 대륙붕의 경계획정 및 분쟁해결

1. 의의

ICJ는 Anglo-Norwegian Fisheries 사건(1951)에서 해양경계획정은 국제적 측면을 가지므로 국내법에 표시된 연안국의 의사에만 종속될 수 없다고 하였다. 즉, 경계획정 행위는 오직 연안국만이 할 수 있는 자격이 있다는 점에서 연안국의 일방적 행위이나, 경계획정의 타국가들에 대한 유효성은 국제법에 달려 있다.

2. 중첩대륙붕의 경계

(1) 대륙붕협약

2개국 이상의 영역에 동일한 대륙붕이 대향, 인접되어 있는 경우 대륙붕의 경계는 연안국 간의 '합의'에 의하여 결정되며, 합의가 없는 경우에는 특수사정에 의한 정당한 경계선이 달리 인정되지 않는 한 대륙붕의 '중간선' 또는 '등거리선'을 경계로 한다(제6조).

(2) UN해양법협약

인접 또는 대향국 간의 대륙붕의 경계측정은 '형평한 해결'에 도달하기 위하여 국제사법재판소(ICJ)규정 제38조에 규정된 국제법을 기초로 합의에 의해 성립되어야 한다. 합의에 이르는 동안 관련국가들은 이해와 상호 협력의 정신으로 실천적 성격의 잠정약정을 체결할 수 있도록 모든 노력을 다해야 하며, 과도적인 기간 동안 최종합의에 이르는 것을 위태롭게 하거나 방해해서는 안 된다. 상당한 기간 내에 합의에 도달할 수 없는 경우 관계국은 제15장에 규정된 절차에 부탁하여야 한다(제83조). 다만, 제298조에 의하면 각국은 대륙붕경계획정 분쟁을 강제절차에 맡기지 않겠다는 선언(선택적 배제)을 얼마든지 할 수 있으며, 이 경우 의무조정이 적용된다. 관련국간에 이미 발효적인 협정이 있는 경우 대륙붕의 경계획정 문제는 동 협정 규정에 따라 결정한다.

(3) 3단계 방법론(three - stage methodology)

2009년 Maritime Delimitation in the Black Sea 사건을 필두로 하여 ICJ는 형평한 해결을 위해 3단계 방법론을 따르고 있다. 제1단계로 잠정적 경계선을 설정한다. 제2단계로 잠정적 경계선을 조정해야 할 관련 사정을 확인한다. 제3단계는 이와 같은 조정 결과로 각 당사국에게 할당되는 관련 해역의 몫과 각 당사국의 관련 해안선의 길이 사이에 현저한 불균형이 생기지 않는지를 평가한다. 제3단계에서 이루어지는 것은 불균형 검사이지 균형검사가 아니다. 불균형 검사의 목적은 결과의 형평성을 판단하는 데 있다.

3. 국제판례

(1) 북해대륙붕 사건(1969)

서독과 네덜란드, 서독과 덴마크 간에 북해대륙붕의 경계획정을 둘러싼 이 사건에서 네덜란드와 덴마크는 대륙붕협약 제6조에 규정된 '등거리선원칙'이 관습법임을 주장하며 동 원칙의 적용을 주장하였으나, 서독은 등거리선의 경우 관습법이 아닐 뿐더러 이에 따르면 서독에게 형평한 몫이 배분되지 못한다고 주장하였다. 이에 대해 국제사법재판소(ICJ)는 등거리선원칙의 관습법을 부인하고, 연안형태, 물리적·지질학적 구조, 천연자원 등을 고려한 형평의 원칙이 적용되어야 한다고 판시하였다. 또한 중복지역의 합의분할에 실패하는 경우 공동관할·공동사용·공동개발제도를 고려하도록 하였다. ICJ는 대륙붕 경계획정과 관련하여 분쟁이 있으면 당사국들은 합의에 이르기 위해 교섭에 들어갈 의무가 있으며, 교섭이 의미있는 것이 되도록 행동할 의무를 진다고 하였다. ICJ는 대륙붕경계획정의 본질은 이미 관련국들에게 속하는 지역 사이의 경계선을 그리는 과정이지, 아직 경계가 획정되지 아니한 지역을 형평하게 할당하는 과정이 아니라고 하였다.

(2) 리비아·몰타 대륙붕 사건(1985)

대향국인 리비아와 몰타의 대륙붕 경계획정 사건으로서 몰타는 중간선원칙을 주장하면서 200해리 이내의 대륙붕에 대해서는 자연연장원칙의 적용할 수 없다고 하였다. 반면, 리비아는 경계획정은 육지의 자연연장원칙에 따라 형평의 원칙에 입각해야 한다고 주장하였다. 국제사법재판소(ICJ)는 200해리 이내의 대륙붕의 경우 자연연장원칙과 지질학적·지형학적 기준은 배제되고 중간선원칙이 중시되어야 한다고 설시하면서 대향하는 해안선의 길이의 차이는 고려될 요소이나 반드시 산술적 비례로 계산되어야 하는 것은 아니라고 판시하였다.

(3) 방글라데시와 미얀마 벵골만 해양경계획정 사건

2011년 3월 14일 국제해양법재판소(ITLOS)는 재판소 역사상 처음으로 해양경계획정 사건에 관한 판결을 내렸다. 최근까지 해양경계획정에 관한 사건은 모두 국제사법재판소(ICJ)와 국제중재재판소에 의해 해결되었기 때문에, 이번 방글라데시와 미얀마의 해양경계획정 사건에 관한 재판소의 판결은 많은 주목을 받았다. 결론적으로 국제해양법재판소(ITLOS)는 기존의 해양경계획정에 관한 국제사법재판소(ICJ)와 국제중재재판소의 선례를 검토하였고, 관련 사건을 인용하고 존중하는 형태의 결정을 하였다. 국제해양법재판소(ITLOS)는 벵골만에서 인접하고 있는 방글라데시와 미얀마의 영해, 200해리 이내의 배타적 경제수역과 대륙붕 그리고 200해리 이원의 대륙붕 이렇게 세 부분에 대하여 해양경계획정 판결을 하였다. 동 판례에서 국제해양법재판소(ITLOS)는 등거리원칙에 의한 잠정적 경계선의 타당성과 이등분선의 부적합성을 설명한 이후, 최종적으로 잠정적 등거리선을 그었다. 다음으로 관련상황을 고려하여 형평한 결과를 도출할 수 있도록 조정하고, 마지막으로 관련해안선의 길이와 관련해역의 면적을 비교하는 세 단계 방법을 사용하였다. 재판과정에서 방글라데시는 자국의 하천들이 벵골만에 더 큰 퇴적물을 가라앉히기 때문에 더 많은 해역을 인정받아야 한다고 주장했으나, 국제해양법재판소는 200해리 내에서의 EEZ와 대륙붕 단일 경계획정은 당사자들의 서로에 대한 관계에 있어서의 연안의 지리를 기초로 판단할 문제이지, 경계획정 지역 해저의 지질이나 지형학적 특질을 기초로 판단할 문제가 아니라고 반박했다. 또한, 200해리 외측의 대륙붕 경계획정에 있어서 관련사정에 해저와 하층토의 지질 및 지형학적 특질이 포함되며, 특히 지질이 가장 자연적인 연장이라는 방글라데시의 주장도 기각되었다. 다만, 국제해양법재판소는 200해리 이내든지 아니면 이원이든지 불문하고 EEZ/대륙붕 경계획정에 있어서의 유일한 관련 사정은 방글라데시 연안의 오목함(concavity)이라고 하였다.

(4) Jan Mayen 사건(1993)

국제사법재판소(ICJ)는 국제법은 형평한 해결에 도달하기 위해 해양경계획정을 요하는 모든 영역에 걸쳐 단일 방법을 채택할 것을 명령하고 있지는 아니하며, 필요하면 대상 지역의 여러 부분에 여러 방법을 적용할 수 있다고 하였다.

(5) Maritime Delimitation in the Black Sea 사건(2009)

국제사법재판소(ICJ)는 형평한 해결을 위해 3단계 방법론을 적용하였다. 3단계 방법론 중 제3단계에서 이루어지는 것은 불균형검사(disproportionality test)이지 균형검사(proportionality test)가 아니므로 각각의 해역이 연안의 길이에 정확하게 비례해야 하는 것은 아니라고 하였다. 또한, 베타적 경제수역과 대륙붕은 베타적 경제수역과 대륙붕은 별개의 제도이므로 대향국들이나 인접국들은 대륙붕과 베타적 경제수역 공동의 단일경계선을 선택할 수도 있고, 별개의 경계선을 선택할 수도 있다고 하였다.

(6) Case Concerning Territorial and Maritime Dispute between Nicaragua and Honduras in the Caribbean Sea 사건

국제사법재판소(ICJ)는 육지가 바다를 지배하므로 섬에 대한 주권은 해양경계획정 이전에 그리고 그것과는 별도로 결정될 필요가 있다고 하였다.

4. 분쟁해결

해양법협약에 의하면, '해양법협약'의 해석 및 적용에 관한 분쟁은 재판소의 강제적 관할권이 인정되는 것이 원칙이다. 그러나 특별히 대륙붕의 경계에 관한 분쟁은 '선택적 배제'에 의해 강제적 관할권의 예외가 인정되며, 이 경우 일방 당사자의 청구에 의해 강제조정에 부탁된다. 단, 영유권 분쟁이 혼재된 경우 강제조정절차도 배제된다.

5 우리나라의 대륙붕제도

1. 평화선선언

한국은 1952년 평화선선언이 있은 후 1970년 1월 '해저광물자원개발법'을 제정·공포하고, 5월 30일 7개 광구에 대한 영유권을 주장하는 대륙붕선언을 하였다.

2. 해저광물자원개발법

1970년에 제정된 해저광물자원개발법에 따라 서해, 제주도 남부, 동중국해, 대마도북동수역 등에 7개 광구를 설치하였다. 서해에 설정된 4개 광구의 서쪽 경계선은 중국과 우리나라 본토 간의 중간선을 선택하였고, 대마도 북동수역에 설정된 제6광구의 일본 쪽 경계선도 우리나라와 일본 본토 간의 중간선을 선택하였다. 그러나 제주도 남부 동중국해에 설정된 것으로 석유부존가능성이 높은 제7광구는 육지 영토의 자연연장설에 근거하여 동중국해의 대륙붕이 오키나와해구로 단절된 부분까지를 전체적으로 하나의 계속된 대륙붕으로 보아 제주도 남단 마라도에서 280해리에 이르는 해역을 그 범위로 하고 있다.

3. 한일북부대륙붕 경계협정과 남부대륙붕 공동개발협정

1974년에 '대한민국과 일본국 간의 양국에 인접한 대륙붕구역 경계획정에 관한 협정'을 체결하여 대한해협에서의 양국의 대륙붕 경계를 중간선원칙에 따라 획정하기로 합의하였다. 또한 1978년에 발효된 '대한민국과 일본국 간의 양국에 인접한 대륙붕남부구역 공동개발에 관한 협정'을 체결하였는바, 동 협정은 우리나라 제5광구 일부수역과 제7광구의 전체를 포함하는 해역 중에서 우리나라와 일본의 대륙붕 주장이 중복되고 있는 동중국해 지역을 공동개발한다는 내용을 담고 있다.

제9절 | 공해

1 의의

1. 개념

1958년 공해협약에 의하면, 공해(high sea)란 국가의 영해 또는 내수에 포함되지 아니한 해양의 모든 부분을 의미한다. 1982년 해양법협약 제86조는 국가의 내수, 군도수역, 영해 및 배타적 경제수역에 포함되지 않는 수역으로서 국가의 주권이 배타적으로 행사되지 않는 해양의 모든 부분이라고 '소극적 방식'으로 규정하였다.

2. 법적 지위

기존에 무주물설(res nullius), 공유물설(condominium), 공공물설(res communis) 등이 대립하고 있으나 공공물설이 통설이다. 공공물설에 의하면 공해는 특정 국가 또는 각 국가의 영역에 속하지 않으며 어떤 국가도 배타적으로 관할할 수 없는 특수한 수역이다.

2 공해자유의 원칙

1. 의의

공해자유의 원칙이란 공해는 어느 국가에도 속하지 않으며 따라서 어느 국가도 이를 영유할 수 없다는 원칙, 즉 공해귀속의 자유를 의미한다. 공해사용의 자유는 모든 국가는 타국에 대하여 부당한 손해를 끼치지 않는 범위 내에서 공해를 자유로이 사용할 수 있는 것을 말하는바, 공해사용의 자유는 공해자유의 결과로서 인정된다.

2. 연혁

1609년 그로티우스(H. Grotius)의 '해양자유론'(Mare Liberum) 이후 공해자유는 학설상 통설로 인정되었으며, 영국은 1878년 '영수조례'(Territorial Waters Jurisdiction Act)를 제정하여 해양폐쇄론을 포기하고 공해자유의 원칙을 선택하였다. 이후 윌슨(Wilson)의 '14개 조항', '대서양 헌장', 1958년 공해협약, 1982년 해양법협약에서 재확인되었다.

3. 이론적 근거

공해는 국제교통의 안전과 자유를 확보하기 위하여 어느 국가도 배타적으로 관할할 수 없으며, 공해는 광대하므로 어느 국가도 이를 실효적으로 점유하기 곤란하고, 공해 자원은 무한하므로 어느 국가라도 다른 국가에게 해를 끼치지 않고 이를 행사할 수 있다. 과학이 고도로 발달된 오늘날은 첫 번째 논거로 이해되고 있다.

4. 공해사용의 자유

(1) 개념

공해사용의 자유란 모든 국가가 타국에 대하여 부당한 손해를 끼치지 않는 한 공해를 자유로이 사용할 수 있는 자유를 말한다(제87조).

(2) 내용

해양법협약 제87조는 항행의 자유 등을 예시하고 있으며, 이외에도 국제법의 원칙에 의해 인정되는 기타의 자유도 포함될 수 있다. 첫째, 항행의 자유가 인정된다. 즉, 모든 국가의 선박, 항공기는 자유로이 공해를 항행할 수 있다. 다만, 항행에 관한 국제법상의 규칙을 준수해야 한다. 둘째, 모든 국가는 공해에서 자유로이 어업에 종사할 수 있다(어업의 자유). 셋째, 해저전선 및 관선부설의 자유가 있다. 넷째, 과학적 조사의 자유, 다섯째, 국제법이 허용하는 인공도 및 기타 시설을 설치하는 자유가 인정된다(시설설치의 자유).

(3) 적용범위

공해사용의 자유는 '모든 국가', '모든 선박 및 항공기'에 대해 인정된다. 또한 평시뿐 아니라 전시에도 인정된다.

(4) 제한

첫째, 공해자유는 타국 이익과 심해저활동에 관한 권리에 대해 합리적 고려하에 행사되어야 한다(제87조 제2항). 둘째, 공해는 평화적 목적을 위해 유보된다(제88조). 공해에서 핵실험을 할 수 있는지 문제된다. 1963년 '대기권, 외기권 및 수중에 있어서의 핵무기실험금지조약'은 공해에서의 핵실험을 금지하고 있다. 1974년 'Nuclear Test Case'에서는 공해상 핵실험이 공해사용의 자유를 침해하는 것인지가 쟁점이 되었으나, 프랑스 대통령의 일방행위로 핵실험을 하지 않기로 약속하여 재판이 종료됨에 따라 위법성 여부에 대한 판단이 내려지지 않았다.

3 공해의 법질서

1. 자국 선박에 대한 관할권

(1) 의의

공해를 항행하는 선박은 원칙적으로 소속국의 보호를 받는다. 선내의 인원과 화물은 그 국적 여하를 막론하고 선적국(기국)의 배타적 관할권에 복종한다. 따라서 선박 소속국은 공해상의 자국 선박에 대하여 관할권을 행사할 수 있으며, 만일 자국 선박이 불법하게 손해를 받는 경우 이에 대해 구제방법을 취할 수 있다(제92조). Artic Sunrise Arbitration 사건(2015)에서 중재재판소는 선박은 한 개의 단일체(a unit)이기 때문에 선박의 기국이 선박과 선박 내의 모든 물건과 사람에 대해 청구를 제기할 원고적격을 갖는다고 하였다. 이때, 탑승자의 국적과 무관하다고 하였다.

(2) 선적

선적은 공해의 법질서를 조직하는 실제적 수단이지만 국가가 선적의 부여시에 채용하는 표준은 각국의 국내법에 일임되고 있다(제91조). 기국과 선박 사이에는 '진정한 관련'(genuine link)이 존재해야 한다. 진정한 관련의 내용에 대해서는 학설상 대립이 있으나, 일반적으로는 자국적의 선박에 대하여 실효적인 관할, 규제를 유지할 것을 기국에 요구함에 불과한 것이고 이것을 어떠한 방법에 의하여 확보하는가는 각국의 판단에 맡기고 있으며, 국적부여의 기준에까지 개입하는 것은 아니라는 것이 유력한 해석이다. 따라서 '편의치적'이 인정된다. 국적국과 선박 간 관련성이 현저히 낮은 국적 취득을 편의치적(flag of convenience)이라고 한다. 파나마, 라이베리아, 바하마 등이 대표적 편의치적지이다.

> **UN해양법협약 제91조 - 선박의 국적**
> 1. 모든 국가는 선박에 대한 자국 국적의 부여, 자국 영토에서의 선박의 등록 및 자국기를 게양할 권리에 관한 조건을 정한다. 어느 국기를 게양할 자격이 있는 선박은 그 국가의 국적을 가진다. 그 국가와 선박 간에는 진정한 관련이 있어야 한다.
> 2. 모든 국가는 그 국기를 게양할 권리를 부여한 선박에 대하여 그러한 취지의 서류를 발급한다.

2. 외국 선박에 대한 관할권

(1) 의의

공해상의 선박은 원칙적으로 기국의 배타적 관할권하에 놓이지만 공해의 질서유지를 위해 원칙에 대한 예외로서 타국의 선박에 간섭할 수 있는 경우가 있다.

(2) 공해상에서의 금지행위

① **해적행위**: 후술한다.

② **노예수송**: 노예매매는 국제법상 금지된다. 공해상에서의 노예매매는 최초로 1890년 브뤼셀회의의 '노예금지협약일반의정서'에 의해 금지되었다. 해양법협약은 모든 국가는 자국기를 게양하는 선박의 노예수송을 방지·처벌하는 동시에 노예수송을 위해 자국기가 불법으로 사용되지 않도록 유효한 조치를 취해야 하며, 노예가 다른 선박에 피난한 경우 그 노예는 자유를 회복한다고 규정하고 있다(제99조). 노예수송과 관련하여 군함은 외국 선박을 임검할 수는 있지만 사실로 판명되더라도 군함의 기국은 노예무역선의 기국에 이를 통보할 수 있을 뿐이며 노예선의 기국이 명시적으로 허락하거나 요청하지 않는 한 당해 선박을 나포하거나 관련자들을 소추할 수는 없다.

③ **무허가방송**: 모든 국가는 공해로부터의 무허가방송의 방지에 협력할 의무가 있다(제109조 제1항). 무허가방송이란 공해상의 선박 또는 설비로부터 행해지는 방송으로서 일반 공중의 수신을 의도한 것을 말한다. 다만, 무허가방송선박에 대해 관할권을 행사할 수 있는 국가는 모든 국가가 아니다. 즉, ① 방송선박소속국, ② 방송시설등록국, ③ 방송자국적국, ④ 방송청취국, ⑤ 방송피방해국이 관할권을 행사하여 기소할 수 있다.

④ **타국국기 게양**: 선박은 선박소속국의 국기를 게양하고 항행해야 한다(제91조 제1항, 제92조 제1항). 선박은 반드시 1국의 국기만을 게양해야 하며, 2개 이상의 국기를 게양하는 선박은 무국적선으로 간주된다(제92조 제2항). 무국적선은 모든 국가가 나포하여 처벌·몰수할 수 있다[제110조 제1항 제(d)호].

(3) 해적행위

① **정의**: 해적행위란 사유의 선박 또는 항공기의 승무원이나 승객이 사적인 목적을 위하여 공해상에서나 기타 국가 관할권 이외의 지역에서 타 선박, 항공기 또는 그 선박 내의 인원이나 재산에 대해 행하는 불법적인 폭력행위, 압류 및 탈취행위를 말한다(제101조). 분설하면 다음과 같다. ㉠ 해적행위의 성립을 위하여 재물을 불법적으로 취득하려는 의도는 필요적 요건이 아니다. ㉡ 해적행위는 반드시 사유의 선박이나 항공기에 의해서만 이루어질 수 있다. 단, 군함이나 정부선박의 승무원이 반란을 일으켜 이를 지배하고, 해적행위를 하는 경우 그 선박은 사유선박으로 간주된다(제102조). ㉢ 선박 또는 항공기를 지배적으로 관리하고 있는 자가 해적행위를 위하여 이를 사용할 것을 기도하거나 실제로 이를 사용해 온 경우에 그 선박·항공기는 해적선·해적항공기로 간주된다(제103조). ㉣ 해적행위는 반드시 해적선 이외의 다른 선박이나 항공기에 대해 행해져야 한다. 따라서 선박이나 승무원이 선박의 지배권을 획득하기

위하여 시도하는 행위는 불법탈취(hijacking)나 선상반란이 될 수 있으나 그 자체로 해적행위를 구성하는 것은 아니다. ⓜ 해적행위는 공해 또는 국가관할권 밖의 장소에서 행해져야 한다. 국가관할권 밖의 장소에는 무주지(terra nullius)가 포함된다. 배타적 경제수역에서도 해적행위가 행해질 수 있다. 제58조 제2항은 공해 관련 규정의 배타적 경제수역에 대한 준용을 명시하고 있으며, 해적 관련 규정을 배타적 경제수역에 준용하는 것은 배타적 경제수역제도와 배치되지 않는 것으로 볼 수 있기 때문이다.

② **해적선·해적항공기의 나포와 처벌**: 해적은 인류의 공공의 적(hostes humani generis)으로 간주되어 임의적 보편관할권(facultative universal jurisdiction)이 적용된다. 해적선 및 해적항공기와 그러한 혐의가 있는 선박과 항공기[제110조 제1항 제(a)호] 및 해적행위로 탈취되어 해적의 지배하에 있는 선박이나 항공기는 국가가 이를 나포할 수 있다(제105조). 해적 선박을 나포한 국가의 법원은 부과될 형벌을 결정할 수 있으며, 모든 국가는 해적에 의하여 탈취된 선박 내에 있는 재산을 압수할 수 있다. 나포가 적절한 근거가 없는 경우 피나포 선박 또는 항공기의 국적국에 대해 손해를 배상해야 한다(제106조).

③ **나포의 주체**: 나포는 군함 및 군용항공기가 할 수 있다. 또한 특별히 해적선 나포의 임무를 부여받고, 이러한 권한이 명백히 표시된 정부선박 및 정부항공기도 이러한 나포에 임할 수 있다(제107조).

(4) 임검권(right of visit)

모든 국가의 군함은 공해상에서 군함이나 비상업용 공선을 제외한 외국선이 ① 해적행위, ② 노예무역, ③ 무허가방송(관할국 군함에 한함), ④ 무국적선의 혐의행위, ⑤ 타국기를 게양하거나 국기 표시를 거부하는 행위(동일국적 군함에 한함)를 행하고 있다고 판단할 상당한 이유가 있는 경우 승선·임검할 수 있다(제110조 제1항). 당해 선박이 혐의가 없음이 판명되면 임검으로 인해 발생한 손해에 대해 배상해야 한다(제110조 제3항). 군용항공기도 임검권을 행사할 수 있다. 또한 정부업무에 사용 중인 것으로 명백히 표시되어 식별이 가능하며 정당하게 권한이 부여된 그 밖의 모든 선박이나 항공기도 임검권을 행사할 수 있다.

(5) 추적권(right of hot pursuit)

① **개념**: 연안국의 권한 있는 당국이 연안국의 내수, 군도수역, 영해, 배타적 경제수역 또는 대륙붕상에서 연안국의 법령을 위반하였다고 믿을 만한 외국 선박을 당해 관할수역으로부터 공해까지 추적하여 나포하거나, 나포 후에 재판을 위하여 연안국에 인치(引致)할 수 있는 권리를 말한다. 추적권이 연안국의 관할수역 밖으로 행사될 경우 공해사용의 자유에 대한 제한으로 이해된다.

② **연혁**: 19세기 말경 국제관습법으로 성립되었으며 1935년 'The I'm Alone Case'에서 국제판례로 승인되었다. 1958년 공해협약(제23조) 및 1982년 해양법협약(제111조)에서 성문화되었다.

③ **제도적 취지:** 추적권은 우선 연안국의 법질서 유지를 위해 인정된다. 연안국의 관할수역에 있어서 법질서를 유지하기 위해서는 질서를 위반한 외국선박에 대해 관할수역 밖에서까지 추적하여 연안국이 국권을 행사할 수 있는 권리가 인정되어야 한다. 둘째, 공해의 비호배제를 위해 인정된다. 연안국이 공해에서 예외적으로 국권을 행사할 수 없다면 공해는 범법 외국 선박의 비호처가 될 것이다. 이를 배제하기 위해 추적권을 인정하는 것이다.

④ **추적권의 요건**

㉠ **추적사유:** 추적권은 외국 선박이 추적권을 행사하는 국가의 법령을 위반한 것으로 믿을 만한 충분한 사유가 있을 경우에 인정된다. 위반은 해당 수역에 있어서의 법령 위반을 의미한다.

㉡ **추적선:** 추적권한이 있는 선박은 연안국의 군함, 군용항공기 또는 특별히 추적권이 인정된 공선이나 공항항공기에 한한다(제111조 제5항). 정선명령을 내릴 때 추적선은 반드시 내수, 군도수역, 영해, 접속수역, 배타적 경제수역, 대륙붕의 수역에 있어야 하는 것은 아니다.

㉢ **피추적선의 위치:** 피추적선은 추적을 개시할 당시 내수, 군도수역, 영해, 접속수역, 배타적 경제수역 또는 대륙붕의 상부수역에 있어야 한다. 모선(母船)은 공해상에 있으나 자선(子船)은 관할수역 내에서 연안국의 법령에 위반하여 추적대상이 된 때에는 모선도 추적대상이 된다. 이는 마치 모선박이 직접 연안국 수역에 들어가 범죄를 행한 것으로 간주된다는 의미에서 추정적 존재의 이론으로 불린다.

이 경우 모선박에 대해 추적을 개시하려면 정선명령은 직접 모선박에게 발해야 한다. 추정적 존재의 상황은 '단순 추정적 존재'와 '확대 추정적 존재'로 구분되기도 하는데 전자는 선박이 자신의 자선을 이용하는 경우이고, 후자는 다른 선박을 이용하는 경우이다. 그리고 후자의 경우 두 선박의 국적이 다를 수 있다. 추정적 존재의 이론은 UN해양법협약 제111조 제1항과 제4항에 의해 인정되고 있다. 추적을 개시하기 위해서는 외국 선박이 추적 개시 시점에 연안국이 보호하고자 하는 관련 수역 내에 있어야 하나, The Arctic Sunrise Arbitration 사건에서 중재재판소는 러시아 측의 최초 정선명령이 Arctic Sunrise호의 자선들이 안전수역을 벗어나고 1분 내지 2분 뒤에 발령된 것으로 추측되었지만 500m 안전수역이라는 것이 너무 작은 수역이라는 사건의 특수성에 비추어 문제삼지 않았다.

㉣ **추적방법:** 추적은 정선명령을 내린 후가 아니면 개시될 수 없으며, 정선명령은 보고 들을 수 있는 거리에서 시각신호와 청각신호로 해야 한다. The Arctic Sunrise Arbitration 사건에서 중재재판소는 이제는 연안국들이 단속해야 할 수역이 광대할 뿐만 아니라 더욱 신뢰할 수 있는 발전된 과학기술도 이용가능한 마당에 '무선통신'에 의한 정선명령을 보거나 들을 수 있는 거리로 국한하는 것은 이치에 맞지 않는다고 판시하면서 어쨌든 본 사건에서 라디오 메시지에 의한 정선명령이 발해졌을 때 추적선과 피추적선 간의 거리가 대략 3마일 이내였기 때문에 남용의 가능성도 없었다고 보았다. 한편, 추적은 중단되어서는 안되며 계속적인 것이어야 한다. 한

추적선이 추적하다 다른 추적선에 인계할 수 있는가에 대한 명문규정은 없으나 가능한 것으로 해석된다.

ⓜ **추적수역**: 추적권은 연안국의 관할수역인 내수, 군도수역, 영해, 배타적 경제수역 또는 대륙붕 상부수역에서 인정된다. 추적권은 공해에서 행사할 수 있으며 피추적선이 피추적국 또는 제3국의 영해 내에 들어가면 추적권을 행사할 수 없다. 그러나 피추적국 또는 제3국의 배타적 경제수역에 들어간 경우 계속 추적권을 행사할 수 있다고 본다.

ⓗ **무력사용의 문제**: 추적권 발동시 예외적으로 무력을 사용할 수 있으나, 비례원칙을 충족해야 하므로 과도한 무력사용은 허용되지 않는다. 아임얼론호 사건이나 M/V Saiga호 사건에서 이와 같은 법리를 확인하였다.

⑤ **추적권의 효과**: 추적권의 요건을 구비한 적법한 추적권의 행사에 의한 정선명령, 나포, 인치는 적법한 것으로 인정된다. 그러나 추적권의 행사가 정당화되지 아니하는 상황에서 선박이 영해 밖에서 정지되거나 나포된 경우, 그 선박은 이로 인하여 받는 모든 손실이나 피해를 보상받는다(제111조 제8항).

 관련판례

I'm Alone호 사건(영국 대 미국, 합동위원회, 1935)

1. 사실관계

1919년 미국은 금주법을 제정하여 주류의 제조·판매·운송 및 수입을 금지하였다. 동법의 시행으로 밀수가 급증하자 관세법을 통해 연안으로부터 12해리까지의 해역에 출입하는 모든 선박을 임검·수사할 수 있도록 규정하였다. 그러나 미국은 공해상에서의 외국 선박의 수사에 대한 영국의 항의를 받아들여 양자조약을 통해 영국 선박에 대해서는 한 시간 항행거리 내에서만 주류 밀수 단속을 하기로 합의하였다. I'm Alone호는 주류 밀수 선박으로서 미국 통상기선으로부터 6.5해리 밖에서 정박 중 미국 세관선에 발각되어 정선명령을 받았으나 도주하였다. 세관선 Wolcott호는 무선교신을 통해 협조할 것을 요청하였으나 계속 도주하자 도중에 합세한 세관선 Dexter호의 공격을 받고 공해상에서 침몰하였다. 영국은 선박과 선원의 피해배상을 요구함으로써 분쟁이 발생하였고 양자조약에 따라 합동위원회(위원회 보고서가 존중될 것으로 조약에 규정됨)에 부탁하였다.

2. 판정요지 - 추적권의 존부와 행사의 적법성

미국은 조약에 기초하여 연안에서 한 시간 항행 거리 내의 해역에 위반 선박이 존재하는 때에도 추적권을 행사할 수 있다고 주장하였으나, 위원회는 이점에 대해 최종적인 합의에 이르지 못하였다. 다만 위원회는 설령 추적권이 인정된다고 하더라도 피의선박의 고의적인 격침은 조약의 어떤 규정에 의해서도 정당화되지 않는다고 판단하였다.

M/V Saiga호 사건 Ⅰ, Ⅱ (세인트빈센트 그레나딘, 기니, 국제해양법법원, 1997 · 1999)

1. 사실관계

북동 사건은 국제해양법법원 설립 후 접수된 첫 번째 사건이다. 1997년, 세인트빈센트 그레나딘의 소장에 의하면, 우크라이나와 세네갈 선원으로 구성된 M/V Saiga호는 약 5400미터/톤의 경유를 싣고 세네갈을 출발하였다. M/V Saiga호는 기니의 배타적 경제수역에서 3척의 어선에 경유를 공급하였다. 그 후 동 선박은 항로를 수정하여 기니의 배타적 경제수역 남쪽 경계를 향해서 항행하였다. 항해일지에 따르면 M/V Saiga호가 기니의 배타적 경제수역 남쪽 한계외측 남쪽지점에 도달했을 때 기니의 경비선에 의해 공격을 받았으며 밀수혐의로 체포되었다. 동 선박과 선원은 기니로 인양되었으며 선박과 선장은 그곳에 억류되었고 4940미터/톤의 경유가 기니 당국의 명령에 의해 압수, 하역되었다. 이에 세인트빈센트 그레나딘은 해양법협약에 따라 국제해양법법원에 M/V Saiga호와 선원의 즉시 석방을 요청하였다.

2. 법원의 판단(M/V Saiga호 사건 Ⅰ)

법원은 M/V Saiga호의 활동과 항로에 대한 증거, 증인의 증언, 선박과 선장 등이 아직도 기니에 억류되어 있다는 사실 등을 고려하여 다음과 같이 판결하였다. 첫째, 동 사건에 대해서 법원이 관할권을 갖는다. <u>둘째, 기니 정부는 M/V Saiga호와 선원을 세인트빈센트 그레나딘 정부의 보석금 납부를 조건으로 즉각 석방해야 한다.</u> 보석금은 이미 하역된 100만 달러 가치의 경유와 추가금 40만 달러로 결정한다. 동 판결에 따라서 세인트빈센트 그레나딘 정부는 40만 달러를 납부하였으며, 기니 정부도 판결의 즉각적인 이행을 약속하였다.

3. M/V Saiga호 사건 Ⅱ

(1) 사실관계

세인트빈센트 그레나딘은 M/V Saiga호 사건에 대한 국제해양법법원의 판결에 따라 40만 달러의 은행보증서를 기니의 소송대리인에게 제출하였다. 그러나 기니는 은행보증서의 규정조건들에 이의를 제기하며 변경을 요청하였다. 세인트빈센트 그레나딘은 기니의 변경요청은 불합리하며 받아들일 수 없다고 반박하였다. 또한 세인트빈센트 그레나딘은 기니가 판결의 이행을 미루면서 M/V Saiga호의 선장에 대해 형사소송을 개시하였다고 주장하였다. 즉, Conarkry의 일심법원은 M/V Saiga호의 선장에 대해 경유의 불법수입, 밀수, 사기, 그리고 탈세 등의 혐의로 유죄평결을 하고 벌금을 부과하였고, 벌금의 지급을 보장하기 위해 선박과 화물의 몰수를 명령하였다.

이에 선장은 Conarkry의 항소법원에 항소하였고, 동 법원은 하급심의 판결을 확정하였다. 한편 기니는 선장의 형사소송과 관련하여 소환일정에 세인트빈센트 그레나딘이 민사적으로 책임이 있는 것으로 기록하였다. 이에 세인트빈센트 그레나딘 정부는 동 사건에 대해 중재법원의 구성을 요청하였으며, 국제해양법법원에게 중재법원이 구성되는 동안의 잠정조치명령을 요청하였다. 그러나 양 당사국은 중재법원 대신에 국제해양법법원에 분쟁의 본안심리를 부탁하는 특별협정을 체결하였다. 따라서 법원은 이를 받아들여 동 사건을 M/V Saiga호(No.2)로 사건목록에 올렸다.

(2) 법원의 판단

① **M/V Saiga호 체포의 적법성**: 법원은 협약의 조항 및 PCIJ의 판결을 고려하였을 때, 기니의 국내법과 규칙이 협약에 일치하는가를 결정할 자격이 있다고 판결하였다. 법원은 기니가 배타적 경제수역을 포함하는 관세범주에서 관세법을 적용함으로써 협약을 위반하였으며, 그 결과로 발생한 M/V Saiga호의 체포와 억류, 선장의 기소와 유효평결, 화물의 몰수 그리고 선박의 압류도 역시 협약에 반한다고 판결하였다. 또한 기니가 배타적 경제수역에 대해 관세법을 불법적으로 적용한 것은 필요상황에 의해 정당화될 수 있는 가능성이 있으나, 기니의 행동을 정당화하는 필요상황이 존재하지 않았다고 판시하였다.

② **추적권의 적법한 행사 여부**: 법원은 협약 제111조하의 추적권의 행사에 대한 요건은 추적과정 전체에 걸쳐 판단되어야 하며, 현 사건에서 이들 중 몇 개의 요건은 이행되지 않았다고 판결하였다. 즉, 추적이 중단되었으며, 추적개시 전에 어떠한 시각적·청각적 신호도 없었고, 나아가 M/V Saiga호는 협약상 추적을 허용하는 기니의 국내법 또는 규칙 위반 사실이 없었다고 판시하였다. 결국 법원은 동 사건에서 기니의 추적권 행사는 그 어떤 법적 기초도 없다고 하였다.

③ **무력 사용 여부**: 법원은 국제법상 무력의 사용이 허용되지 않으며 무력이 불가피한 경우에도 합리적이고 필요한 범위를 벗어날 수 없다고 언급하면서, 경비선이 M/V Saiga호에 접근하였을 때 선박에 대해 국제법과 관습에서 요구되는 어떠한 신호나 경고도 주지 않고 실탄을 발사한 사실은 변명의 여지가 없다고 판시하였다. 또한 선원으로부터 어떠한 무력 사용이나 위협이 없었음에도 불구하고 선원과 엔진에 무차별 총격을 가하였으며 2명의 선원에게 중상을 가하였으므로, 기니는 과도한 무력을 행사하였다고 판결하였다.

 관련판례

The Arctic Sunrise호 중재 사건

2013년 9월 18일 러시아의 북극해 석유 생산에 항의하는 그린피스 소속의 환경보호 운동가들이 네덜란드 국기를 단 쇄빙선 'Arctic Sunrise 호'에서 4척의 고속고무보트를 내려 - 러시아의 세계최대 가스 생산업체 - 가즈프롬의 석유시추 플랫폼(유정 굴착 장치) 프리라즈롬나야에 올라가 시위를 벌이려 시도하다 러시아 해안경비대의 의해 프리라즈롬나야의 500m 안전수역 밖으로 쫓겨났다. 그리고 러시아는 Arctic Sunrise호의 자선들이 프리라즈롬나야의 500m 안전수역 내에 있었으므로 안전수역 밖 EEZ의 모선에 대한 추적을 단행하였다. 러시아는 Arctic Sunrise호 및 30명의 승선자를 나포하고 국내법에 따라 처벌하였다. Arctic Sunrise호의 기국인 네덜란드 정부는 러시아에 대해 선박과 탑승자들의 즉각적인 석방을 요구하였으나 응하지 않자 중재판을 청구하였다. 네덜란드 정부는 선박이 나포 당시 러시아 영해 밖에 있었고 유정 굴착 장치 주변의 500m 안전수역밖에 있었으며 러시아의 EEZ 내에 있긴 하였지만 UN해양법협약에 의해 항행의 자유가 인정되기 때문에 Arctic Sunrise호는 러시아의 주권적 권리와 관할권 밖에 있었다고 주장하였다. 2015년 8월 14일 중재재판소는 만장일치의 결정을 통해 러시아가 UN해양법협약을 위반하여 행동하였으며 피해 선박의 기국인 네덜란드는 Arctic Sunrise호에 가해진 중대한 손해에 대해(이자와 함께) 금전배상을 받을 권리가 있다고 판시하였다. 중재재판소에 의하면 러시아 EEZ 내의 석유시추 플랫폼 프리라즈롬나야는 선박이 아닌 '고정된 플랫폼'이기 때문에 해적행위가 성립하기 위한 '타 선박의 요건에 해당하지 않는다.

> 중재재판소에 의하면 국제해양법재판소가 M/V Saiga호 사건(No.2)에서 지적한 바와 같이 UN해양법협약 제111조에 명시된 추적권 행사를 위한 요건은 누적적인 것으로 각 요건이 모두 충족되어야 하는데 사실 검토 결과 러시아의 추적은 도중에 중단되었기 때문에 추적권 행사를 위한 누적적 요건을 충족시키지 못하였다.

4 선박 충돌 시의 형사재판관할권 문제

1. 국제판례(로터스호 사건, PCIJ, 1926)

터키 인근 공해상에서 프랑스 기선 로터스호가 터키 석탄 운반선과 충돌하여 침몰시키고 수명의 터키인을 익사하게 한 이 사건에서 상설국제사법재판소(PCIJ)는 양국에 다같이 재판관할권이 있다고 판시하면서 피해선박의 기국인 터키의 형사재판관할권을 인정하였다.

2. 형사재판관할협약

1952년에 채택된 '선박 충돌 및 기타 항행사고에 관한 형사재판관할규칙의 통일을 위한 국제협약'은 로터스호 사건의 반성에 기초하여 형사재판관할권은 '가해선의 기국'에 있는 것으로 규정하였다. 이는 로터스호 사건 당시 프랑스의 주장을 채택한 것으로 국제통상에 따르는 항해를 피해선의 선적국의 가혹한 재판으로 인한 위축으로부터 보호하고자 한 것이다.

3. 해양법협약

공해상의 충돌 등 항행사고와 관련된 선장 등에 대한 형사소송은 '가해선의 기국'이나 '당해 선장 등의 국적국'에만 제기할 수 있다(제97조 제1항). 기국 이외의 국가는 비록 수사를 위해서라도 선박의 나포·억류를 명할 수 없다(제97조 제3항).

5 공해에서의 의무

1. 해상구조의무

자선(自船) 및 자선의 인원에 중대한 위험이 없는 한, 모든 선박의 선장은 해난을 당한 선박, 선원 및 승객을 구조할 의무가 있다(제98조 제1항).

2. 해저전선·관선의 보호의무

공해에서 고의 또는 과실로 해저에 부설된 전선이나 관선을 절단 또는 파손하여 통신을 방해 내지 불통케 해서는 안 된다. 모든 국가는 자국 선박의 이러한 행위를 처벌하는 데에 필요한 국내법령을 제정해야 한다(제113조).

3. 해양환경의 보호 · 보존의무

국가는 폐기물 기타 물질의 투기로 해양환경을 오염시켜서는 안 된다. 모든 국가는 천연자원을 개발하는 데 있어 해양환경을 보호 · 보존해야 하며(제193조), 또한 심해저개발활동에 있어서도 해양환경을 보호 · 보존해야 한다. 또한, 국가는 해양환경이 즉시 오염될 염려가 있거나 이미 오염되고 있음을 알았을 때에는 그 사실을 오염피해를 입을 염려가 있는 국가와 관계 국제조직에 대해 통고해야 한다(제198조). 또한 해양오염에 관한 연구를 촉진하고, 과학조사계획을 실시하며 관계 정보나 자료를 교환하기 위해 직접 또는 관계 국제조직을 통해 상호 협력해야 한다(제200조).

6 공해 생물자원의 보존과 관리

1. UN해양법협약의 규정

협약에 의하면 공해에서 모든 국가가 무제한적인 어업의 자유를 누리는 것은 아니다. 연안국의 권리, 의무 및 이익에 대한 고려를 조건으로 한다. 모든 국가는 공해수역에서 생물자원의 보존 및 관리를 위하여 서로 협력해야 한다. 공해생물자원의 허용어획량을 결정하고 기타 보존조치를 수립함에 있어서 국가들은 최대지속적 생산량(maximum sustainable yield)을 생산할 수 있는 수준에서 포획어족의 자원량을 유지 또는 회복하기 위한 조치를 취해야 한다.

2. 경계왕래 어족과 고도회유성 어족의 보존 및 관리협정

물고기 남획이 심각한 문제로 대두되면서 EEZ연안국들이 강력히 요청하여 1995년 12월 4일 채택되었고, 2001년 12월 11일 발효되었다. 주요 내용은 다음과 같다. 첫째, 협약은 공해에 있는 경계왕래 어족과 고도회유성 어족에 적용된다. 둘째, UN해양법협약의 당사국이 아니어도 가입할 수 있다. 셋째, 공해상에서 당해 어족의 지속가능한 어업을 규제하고 강제하는 책임은 지역어업기구에 맡긴다. 관련 어업에 진정한 이해관계가 있는 국가만이 지역어업기구의 회원이 될 수 있다. 넷째, 지역어업기구는 어획자료를 수집하고 검토하여 국가들에게 어업 쿼터를 배분한다. 다섯째, 어족에 대한 자료가 충분하지 않기 때문에 보존조치를 강구함에 있어서 '사전주의적 접근(precautionary approach)'을 사용한다. 여섯째, 집행조치를 취함에 있어서 기국주의 예외를 도입하였다. 즉, 지역어업기구가 관할하는 공해지역에서 그러한 기국의 회원인 모든 협정당사국은 어업에 종사하고 있는 다른 협정 당사국의 어선을 방문, 검색할 수 있다. 선박이 보존조치를 위반하고 있다고 믿을만한 합리적 이유가 있는 경우 임검국은 기구에 위반 혐의를 신속하게 통고해야 한다. 기국이 3일 내에 응답하지 않으면 검색하는 국가는 추가적인 조사를 위해 선박을 가까운 항구로 데려갈 수 있다.

1 의의

1. 개념

심해저(area)란 연안국 주권하에 있는 대륙붕의 한계 외측에 위치하는 공해의 해저와 해양저(ocean floor) 및 그 하층토를 말한다(해양법협약 제1조 제1항).

2. 법적 지위

심해저와 그 자원은 '인류의 공동유산'(common heritage of mankind)이다(제136조). 심해저의 자원에 대한 모든 권리는 인류 전체에게 부여된 것이며, 국제해저기구는 인류 전체를 위하여 행동한다. 국가, 자연인 및 법인은 협약 제11부에 의하지 아니하고는 심해저로부터 채취된 광물에 대해 권리를 주장, 취득 또는 행사할 수 없다(제137조).

3. 범위

심해저의 범위는 연안국 주권하에 있는 대륙붕의 한계 외측에 있는 해저지역이다. 1982년 해양법협약에 의하면, 대륙붕의 자연연장이 영해측정기선으로부터 200해리 미만인 경우는 200해리까지, 200해리를 넘어 연장되는 경우 최대 350해리까지 대륙붕이 인정된다. 따라서 지질학적 심해저와 법률적 심해저가 항상 일치하는 것은 아니다.

4. 연혁

1967년 UN총회에서 말타 대표 Pardo에 의해 심해저에 대한 국제제도 수립이 제안되었다. 이에 따라 1968년 '심해저평화적이용위원회'가 설치되었고, 1970년 '심해저원칙선언'이 채택되었다. 1982년 해양법협약 제11부에서 심해저에 대한 국제제도를 성문화했다. 1994년 7월에 '1982년 12월 10일자 UN해양법협약 제11부의 이행에 관한 협정'(이행협정)이 체결되어 인류공동유산원칙을 수용하면서도 상업원칙에 입각하여 개발제도를 대폭 수정하였다.

 참고

이행협정의 주요 내용
1. 이행협정과 UN해양법협약 제11부는 단일문서로 해석되고 적용된다. 양 협정이 상충하는 경우 이행협정이 우선 적용된다.
2. 이행협정은 1996년 7월 28일 발효하였다.
3. 이행협정은 심해저의 탐사와 개발에 시장경제의 원리를 도입하는 것을 목적으로 한다.
4. UN해양법협약상의 생산제한규정을 적용하지 않기로 하였다.
5. UN해양법협약상의 심해저광업기술의 강제적 이전규정을 폐기하였다.
6. 심해저활동 신청자에 대한 계약 허가 여부 결정에 있어서 선착순원칙을 도입하였다.
7. 심해저공사는 건전한 상업적 원칙과 부합하는 합작사업을 통해 초기 심해저광업활동을 수행할 것을 요구하고 있다.

2 심해저활동의 준칙 및 목적

1. 심해저에 관한 국가행위의 준칙

(1) UN헌장 및 국제법원칙의 준수

심해저에 관한 국가의 일반적 행위는 해양법협약의 심해저조항 및 UN헌장에 구체화된 원칙과 평화·안전의 유지와 국제협력 및 상호이해 증진을 위한 기타 국제법원칙에 따라야 한다(제138조).

(2) 인류의 이익

심해저에서의 제활동은 국가의 지리적 위치와 연안국·비연안국을 불문하고 전 인류의 이익을 위해 수행되어야 하며, 특히 개발도상국의 인민의 이익과 필요를 고려해야 한다(제140조 제1항). 국제해저기구는 심해저활동으로부터 발생하는 이익에 대한 형평한 배분방법을 마련해야 한다(제140조 제2항).

(3) 평화적 이용

심해저는 모든 국가에 차별없이 평화적 목적을 위해서만 사용되도록 개방된다(제141조).

(4) 연안국이익의 고려

심해저에서 활동함에 있어서 연안국의 합법적 이익을 고려해야 하며(제142조 제1항), 연안국 관할권하에 있는 자원을 개발할 때는 사전동의를 얻어야 한다(제142조 제2항).

2. 심해저활동의 정책

심해저활동은 세계경제의 건전한 발전과 국제무역의 균형된 성장을 증진하는 방법으로 수행되어야 하며, 특히 개발도상국을 포함한 모든 국가의 발전을 위한 국제협력을 증진하는 방법으로 수행되어야 한다(제150조).

3. 심해저활동의 목적

심해저활동의 구체적 목적은 ① 심해저자원의 질서있고 안전한 개발과 합리적 관리 및 건전한 보존책과 불필요한 낭비의 제거, ② 개발도상국의 심해저활동에의 참여기회 확대, ③ 심해저 생산 광물의 공급증대 등이다.

3 심해저의 개발

1. 개발제도

국제해저기구가 인류 전체를 대리하여 심해저에서의 제활동을 조직·수행·통제한다(제153조 제1항). 해저기구는 심해저활동에 있어서 차별해서는 안 되나(제152조 제1항), 개발도상국이나 지리적 불리국에 대한 협약상 규정에 따른 특별한 고려는 인정된다(제152조 제2항).

2. 개발주체

개발주체에 대해 개발도상국들은 심해저기업의 단독개발체제를 주장하였으나, 선진국들은 심해저기업 외에 협약 당사국 및 그 국민도 개발에 참여하는 '병행개발체제'(parallel system)를 주장하였다. 협약은 선진국의 자본과 기술이 개발이 필요하다는 현실적 고려에서 병행개발체제를 채택하였다. 따라서 심해저기업 외에 해저기구와의 제휴하에 협약 당사국, 국가기업, 당사국이 보증하는 당사국 국적의 자연인이나 법인도 개발주체로 참여할 수 있다(제153조).

3. 탐사 및 개발절차

탐사 및 개발은 ① 사업계획서의 제출 및 승인, ② 광구의 지정과 유보, ③ 생산허가의 절차를 통해 진행된다. 광구의 지정에 있어서 신청자는 2개의 광구를 지정해야 하며, 그 중 하나는 유보광구로 지정되어 해저기구가 심해저기업을 통하여 또는 개발도상국과 협력하여 개발한다.

4. 개발제도의 검토

해저기구는 협약 발효 후 매 5년마다 심해저개발제도의 실제운영방법에 대해 전반적이고 체계적인 검토를 행하고, 그 결과 운영개선을 위한 조치를 채택하거나 관계기구에 채택을 권고할 수 있다(제154조).

4 심해저기구(International Sea-Bed Authority)

1. 의의

심해저기구는 UN해양법협약 당사국들이 심해저활동을 조직하고 통제하기 위해 수립한 기구이다.

2. 설립

모든 협약 당사국은 당연히 국제해저기구의 회원국이 된다(제156조 제2항). 해저기구는 자메이카(Jamaica)에 위치하며(제156조 제3항), 기능수행을 위해 필요한 경우 지역사무소를 둘 수 있다(제156조 제4항).

3. 법적 지위

해저기구는 국제법인격을 가지며(제176조), 그의 기능을 수행함에 있어 협약 당사국의 영역에서 특권과 면제를 향유한다(제177조).

4. 기관

해저기구는 주요기관으로 총회, 이사회, 사무국을 두며(제158조), 심해저개발활동을 직접 수행할 심해저기업을 설치하고, 필요에 따라 보조기관을 둘 수 있다.

(1) 총회

총회는 국제해저기구의 최고기관으로서 모든 회원국으로 구성된다. 의사정족수는 회원국 과반수이다. 총회는 국제해저기구의 권한에 속하는 모든 사항에 관해 일반정책을 수립할 수 있다. 이사국 선출, 사무총장 선출, 보조기관 설치 등의 권한을 갖는다. 총회는 계속적으로 제11부의 규정을 위반한 당사국에 대해 이사회의 권고에 따라 회원국으로서의 권리와 특권의 행사를 정지시킬 수 있다. 의사결정 원칙은 컨센서스이다. 컨센서스가 이뤄지지 않은 경우 절차문제는 출석·투표 과반수, 실질문제는 출석·투표 3분의 2에 의해 의결한다.

(2) 이사회

총회에서 선출되는 국제해저기구의 36개 회원국으로 구성된다. 이사국의 임기는 4년이며 재선될 수 있다. 이사회의 의사정족수는 이사국의 과반수이며, 각 이사국은 한 표의 투표권을 가진다. 이사회는 국제해저기구의 집행기관이다. 의사결정원칙은 컨센서스이다. 컨센서스가 달성되지 않은 경우 절차문제는 출석·투표 과반수, 실질문제는 출석·투표 3분의 2에 의해 의결한다.

(3) 사무국

사무국은 사무총장과 직원으로 구성된다. 사무총장은 이사회의 제안에 기초하여 총회에서 선출한다. 임기는 4년이며 재선될 수 있다.

5 심해저기업(Enterprise)

1. 법적 지위

심해저기업은 협약에 의거하여 심해저활동과 개발한 광물의 수송, 가공 및 판매를 직접 수행하는 해저기구의 산하기관이다(제170조 제1항). 심해저기업은 국제법적 인격을 가지며, 협약, 해저기구의 규정 및 절차, 총회의 일반정책에 의거하여 행동해야 하며, 해저기구 이사회의 지시와 통제를 받는다(제170조 제2항).

2. 개발활동

심해저기업은 초기개발사업을 합작투자를 통하여 시작한다(이행협정부속서 제2절 제2항). 심해저기업의 독자적 활동 개시는 이사회의 지침에 의하되, 이사회는 심해저기업이 건전한 상업원칙에 입각하여 합작사업을 수행하고 있다고 평가될 때 독자적 개발활동을 승인한다.

3. 기관

심해저기업은 집행위원회와 사무국장 및 필요한 직원을 둔다.

6 분쟁해결

1. 전담재판부의 설치

심해저와 관련된 모든 법적 분쟁이 UN헌장 규정에 의한 임의적 해결방법에 의해 해결되지 않는 경우에 이를 전담하여 해결하기 위해 국제해양법법원에 심해저분쟁재판부(Sea-Bed Disputes Chamber)를 설치한다(제186조).

2. 관할권

심해저분쟁재판부는 협약 및 부속서의 해석·적용에 관한 당사국 간 분쟁, 해저기구와 당사국 간 분쟁, 계약 당사자 간의 분쟁에 관해 관할권을 가지나(제187조), 해저기구의 재량사항에 관해서는 관할권을 가지지 않는다(제189조). 심해저분쟁재판부는 총회와 이사회의 법적 문제에 관해 권고적 의견을 부여할 수 있다(제191조).

제11절 | 섬

1 개념 및 요건

1. 개념

해양법협약 제121조 제1항에 의하면 '섬이라 함은 바닷물로 둘러싸여 있으며, 밀물일 때에도 수면 위에 있는, 자연적으로 형성된 육지지역을 말한다'고 규정하고 있다.

2. 요건

1.의 개념에 따르면 섬의 요건은 세 가지이다. 첫째, 자연적으로 형성된 육지이어야 한다. 둘째, 바닷물로 둘러싸여 있어야 한다. 셋째, 만조 시에도 수면 위에 있어야 한다.

3. 구별개념

섬은 자연적으로 형성되지 않은 인공섬과 구별되고, 간조 시에만 드러나는 간조노출지(low - tide elevation)는 항상 수면 위에 있는 구조물이 그 위에 설치되어 있는 경우에도 섬이 아니다.

> **UN해양법협약 제121조 - 섬**
>
> 1. 섬이라 함은 바닷물로 둘러싸여 있으며, 밀물일 때에도 수면 위에 있는, 자연적으로 형성된 육지지역을 말한다.
> 2. 제3항에 규정된 경우를 제외하고는 섬의 영해, 접속수역, 배타적 경제수역 및 대륙붕은 다른 영토에 적용 가능한 이 협약의 규정에 따라 결정한다.
> 3. 인간이 거주할 수 없거나 독자적인 경제활동을 유지할 수 없는 암석은 배타적 경제수역이나 대륙붕을 가지지 아니한다.

2 해양수역

1. 협약 규정

해양법협약 제121조 제2항에 의하면, '제121조 제3항에 규정된 경우를 제외하고, 섬의 영해, 접속수역, 배타적 경제수역 및 대륙붕은 다른 영토에 적용 가능한 이 협약의 규정에 따라 결정한다.' 제121조 제3항은 "인간이 거주할 수 없거나 독자적인 경제활동을 지탱할 수 없는 바위섬(rock)은 배타적 경제수역이나 대륙붕을 가지지 아니한다."라고 규정한다. UN해양법협약은 '바위섬(rock)'에 대한 정의규정 없이 '인간의 거주 또는 독자적인 경제활동을 지탱할 수 없는 바위섬은 배타적 경제수역 또는 대륙붕을 가질 수 없다'고 규정하여 일반적인 섬(island)과 바위섬(rock)의 구분에 있어서 논란이 되고 있다.

2. 해석론

남중국해 중재판정 재판부(South China Sea Arbitration, 2016년)는 해양법협약상 배타적 경제수역과 대륙붕을 가질 수 있는 통상적인 섬과 이를 가질 수 없는 제121조 제3항 암석의 구별기준을 제시하였다. 첫째, 인간의 거주와 독자적 경제활동 중 하나의 요건만 만족시키면 배타적 경제수역과 대륙붕을 가질 수 있다. 둘째, 객관적으로 인간의 거주와 독자적 경제활동이 가능한가를 기준으로 판단하며 실제의 거주나 경제활동의 진행이 요구되지는 않는다. 셋째, '유지한다'는 적절한 수준에 맞게 지속적으로 사람이 살 수 있게 해 주어야 함을 뜻한다. 넷째, 인간의 거주에 해당하려면 섬이 일단의 인간에게 식량, 음수, 거처를 제공해 주고, 오랜 기간 동안 계속적으로 거주할 수 있는 여건을 제공해주어야 한다. 다섯째, 독자의 경제생활에 해당하려면 주로 외부 지원에 의존하지 않으면서 섬 자체가 독자적인 경제생활을 지탱해줄 수 있어야 한다.

1 분쟁해결의 기본구조

1. 분쟁해결의 일반원칙

UN해양법협약 제15부에 규정된 분쟁해결의 제1원칙은 제279조상의 분쟁의 평화적 해결원칙이다. 제2원칙은 각 협약 당사국은 협약의 해석 및 적용에 관한 분쟁을 자신들이 선택하는 평화적 수단에 의해 해결하기로 언제든지 합의할 수 있다는 것이다 (제280조). 따라서 해양법협약상의 분쟁해결제도는 달리 합의가 존재하지 않고, 또한 합의로서 해양법협약상 절차를 배제하지 않는 경우에만 적용되는 것이다.

2. 조정절차와 강제절차

해양법협약상 분쟁해결제도는 조정절차와 강제절차로 구분된다. 이 중 조정절차는 부속서V에서 상세하게 규정하고 있다. 그리고 강제절차는 4가지가 예정되어 있는 바, ① 국제해양법법원, ② 국제사법재판소(ICJ), ③ 중재법원, ④ 특별중재법원이 있다. 당사국이 하나 이상의 선택·선언이 없으면 중재법원을 선택한 것으로 간주되며, 분쟁 당사자 간 공통된 강제절차에 의해 분쟁을 해결하는 것이 원칙이다.

3. 강제절차의 선택

해양법협약 제287조에 의하면 당사자들은 협약을 서명·비준·가입할 때 해양법협약의 해석이나 적용에 관한 분쟁을 해결하기 위해 4가지 강제절차 중에서 하나 이상을 선택·선언할 수 있다. 이 선택은 서면으로 해야 한다. 선언을 철회할 수 있으나, 철회통고를 UN사무총장에게 기탁시킨 지 3개월이 경과하기까지는 선언의 효력이 지속된다. 그리고 선언이 철회되거나 기간이 만료된 경우에도 이미 진행되는 법원절차에는 영향이 없다(제287조 제7항).

4. 강제절차의 적용의 제한 및 배제

(1) 강제절차 적용의 제한(제297조 제2·3항)

협약상 열거된 특정분쟁의 경우에는 연안국은 강제절차를 수락할 의무를 부담하지 않는다. 대신, 이들 분쟁에 대해서는 제5부속서 제2절에 규정된 강제조정 (compulsory conciliation) 절차가 적용된다. 그러한 분쟁은 다음과 같다. ① 배타적 경제수역과 대륙붕에서 해양과학조사에 관련한 연안국의 권리나 재량권 행사, ② 배타적 경제수역과 대륙붕에서의 해양과학조사의 정지나 중지를 명령하는 연안국의 결정, ③ 배타적 경제수역의 생물자원에 대한 연안국의 주권적 권리 및 행사에 관련한 분쟁이다(예 허용어획량, 자국의 어획능력, 다른 국가에 대한 잉여량 할당 및 자국의 보존관리법에서 정하는 조건을 결정할 재량권 등).

(2) 강제절차의 선택적 배제(optional exception, 제298조)

① **의의**: 국가는 ⑦ 해양경계획정과 역사적 만 또는 역사적 권원, ⓒ 군사활동, ⓒ 해양과학조사 및 어업에 대한 연안국의 법집행활동, ② UN안전보장이사회에서 다루고 있는 분쟁 등 네 가지 사항의 어느 하나 이상에 관하여 UN해양법협약의 서명·비준·가입 시에 또는 그 이후 어느 때라도 구속력 있는 강제절차들 중 어느 하나 이상을 수락하지 아니한다는 것을 서면으로 선언할 수 있다. 이를 선택적 배제라 한다.

② **효력**: 선택적 배제가 있는 경우, 관련분쟁은 구속력 있는 강제절차로부터 배제된다. 단, '해양경계획정과 역사적 만/권원'에 대한 분쟁은 이 경우 의무적 조정절차가 적용되나, 육지나 섬에 대한 주권이나 기타 권리에 관한 미해결분쟁이 반드시 함께 검토되어야 하는 '혼합분쟁'(mixed disputes)은 의무적 조정절차로부터도 면제된다. 선택적 배제선언은 다른 당사국도 원용할 수 있으므로 상호적이다.

③ **철회**: 선택적 배제를 선언한 당사국은 언제든지 철회할 수 있으며, 선택적 배제 선언에 의해 배제된 분쟁이 발생한 경우 이를 협약에 명시된 절차에 회부하는 데 동의할 수도 있다(제298조 제2항). 새로운 선언이나 그 철회는 이미 계류 중인 소송절차에는 영향을 미치지 않는다(제298조 제5항). 선언이나 철회는 UN사무총장에게 기탁해야 한다(제298조 제6항).

📁 **참고**

우리나라의 강제절차 선택적 배제선언(2006.4.18.)

대한민국은 2006년 4월 18일 UN해양법협약 제298조에 따른 선택적 배제선언을 하였다. 선언의 내용은 다음과 같다.

1. 대한민국은 협약 제298조 제1항에 따라 협약 제298조 제1항 제(a)호, 제(b)호 및 제(c)호에 언급된 모든 범주의 분쟁에 관하여 협약 제15부 제2절에 규정된 모든 절차를 수락하지 아니함을 선언한다.
2. 현재의 선언은 즉시 유효하다.
3. 현재 선언의 어느 부분도 대한민국이 다른 당사국 간 분쟁에 대한 결정에 의하여 영향을 받을 수 있는 법률적 성질의 이해관계를 가진다고 여기는 경우, 대한민국이 동 협약 제287조에 언급된 재판소에 소송 참가 허가를 요청할 권리에 영향을 미치지 아니한다.

---

2 조정

1. 개념

일반적으로 조정(conciliation)이란 독립적 지위에 있는 제3자가 분쟁을 심사하고 해결조건을 작성하여 이를 분쟁 당사국에 권고함으로써 분쟁을 해결하려는 제도를 말한다.

2. 절차의 개시

조정은 분쟁 당사자가 합의함으로써 절차가 개시된다(제284조). 즉, 조정은 임의조정이 원칙이다. 단, 구속력 있는 강제절차의 적용이 제한되는 사안에 대해서는 강제조정이 예정되어 있다. 강제조정의 경우는 일방 당사자의 신청에 의해 조정 절차가 개시된다. 조정은 제5부속서(이하 조항만 언급)에서 상세하게 규정하고 있다.

3. 조정위원회의 구성

모든 협약 당사국은 각 4명씩의 조정위원을 지명하여 UN사무총장이 유지하는 조정위원명부에 등재하도록 한다. 별도의 합의가 없는 한, 조정위원회는 5명으로 구성된다. 이 중 당사국은 2명씩을 지명한다. 제5번째 조정위원은 4명이 합의로 정하고, 선임되지 못한 경우 UN사무총장이 선임한다(제2조, 제3조).

4. 조정절차

조정위원회는 그 자체의 절차를 스스로 결정할 수 있으며 분쟁해결을 위한 조정위원회의 보고 및 권고에 관한 결정을 할 수 있다. 결정은 위원 과반수로 행한다(제4조). 위원회는 당사자의 동의하에 타 체약국에게 구두 또는 서면 견해 제출을 요구할 수 있다. 조정위원회의 기능은 '당사자의 진술을 듣고, 그 주장과 반론을 검토하여 우호적 해결에 도달하기 위하여 당사자에게 제안을 하는 것이다'(제6조).

5. 조정보고서

조정위원회는 구성 후 12개월 이내에 분쟁 사건에 관한 조정보고를 해야 한다. 보고서에는 분쟁 사건에 관련된 사실문제 모두에 대한 결론과 우호적인 해결을 위하여 적절하다고 판단되는 권고를 기록해야 한다(제7조). 조정위원회의 결론이나 권고를 포함한 보고는 당사자를 구속하지 아니한다.

3 중재

1. 중재절차에의 부탁

중재절차의 개시는 ① 분쟁 당사자가 모두 중재절차를 선택한 경우(제280조), 또는 ② 분쟁 당사국이 선택한 절차가 상호 다르나 달리 합의가 없는 경우(제287조 제5항), ③ 구속력 있는 결정을 내리는 강제절차를 선택하지 않은 경우(제287조 제3항). 분쟁 당사자는 서면통고로써 제7부속서에 규정된 중재절차를 개시할 수 있다.

2. 중재재판소의 구성

당사국은 각 4명씩의 중재관을 지명하여 UN사무총장이 유지하는 중재관 명부에 등재한다. 중재관의 자격은 '해사에 경험이 풍부하고, 공정성·능력·성실성에 있어서 높은 평판을 갖는 자이어야 한다(제2조 제1항). 중재재판부는 5명의 재판관으로 구성되며 중재재판에 회부가 결정되면 소송 제기국은 위 명부에서 1명의 재판관을 지명하고 상대국도 30일 이내에 1명을 지명한다.

이후 분쟁 당사국은 합의를 통하여 가급적 명부로부터 제3국인 3명의 중재재판관을 선임하며 이 3명 중에서 중재재판장이 선임된다. 만일 60일 이내에 이 같은 합의가 이루어지지 않으면 일방 당사국의 요청에 기해 국제해양법재판소(ITLOS) 소장이 선임한다.

3. 중재재판

당사자가 달리 합의하지 않는 한, 중재재판부는 그 자체의 절차를 스스로 결정할 수 있다. 중재재판소의 결정은 중재관들의 과반수로 행하고 가부동수인 경우 중재재판장이 결정투표권을 가진다(제8조).

4. 중재판정

중재판정은 분쟁 당사국을 기속한다. 중재판정은 최종적이며 확정적이다. 미리 당사국 간 상호절차에 관한 합의가 없는 한 상소로 다툴 수 없다. 분쟁 당사자는 판정내용을 이행해야 한다(제11조).

5. 재판의 이송

일단 중재재판에 회부된 사건도 당사국들이 합의하면 국제해양법재판소(ITLOS)로 이송이 가능하다. Dispute concerning Delimitation of the Maritime Boundary between Bangladesh and Myanmar in the Bay of Bengal 사건에서 이러한 이송 제도가 적용되었다.

4 특별중재

1. 특별중재절차의 관할사항

당사국들이 특별중재절차를 선택한 경우 이 절차를 이용할 수 있다. 특별중재재판의 관할권은 특정적이다. ① 어업, ② 해양환경의 보호 및 보존, ③ 해양과학조사, ④ 선박기인오염 및 투기오염에 관련된 항행문제 등 4가지이다(제8부속서 제1조).

2. 특별중재재판소의 구성

중재관 선임을 위한 전문가 명부는 분야별로 어업은 FAO, 해양환경 보호·보존은 UNEP, 해양과학조사 분야는 ICO, 선박기인 및 투기오염에 관련된 선박문제는 IMO 가 각각 작성·유지한다(제2조 제1·2항).

3. 재판 및 판정

특별중재의 재판과 판정에 대해서는 중재재판에 관한 규정(제7부속서 제4조부터 제12조까지)을 준용한다(제4조).

5 국제해양법법원

1. 법원의 설립

국제해양법법원(International Tribunal for Law of the Sea: ITLOS)은 해양분쟁해결기관으로서 UN해양법협약의 규정과 제6부속서(이하 조항만 언급)인 '국제해양법법원규정'에 의거하여 설립되었다.

2. 구성

국제해양법법원(ITLOS)은 공정하고 성실하다는 훌륭한 평판을 갖고, 해양법 분야에 공인된 권위와 능력이 있는 인사 중에서 선발된 독립된 자격의 21명의 판사로 구성된다(제2조). 동일국적의 판사는 2명을 초과할 수 없고, UN이 작성한 지리적 안배를 고려해야 한다(제3조). 판사는 UN사무총장이 소집하는 당사국회의에서 최다득표를 한 사람으로서 출석하여 투표하는 당사국의 3분의 2 이상의 다수의 표를 얻은 사람을 재판관으로 선출한다. 다만, 출석하여 투표하는 당사국의 3분의 2 이상의 다수에는 전체당사국의 과반수가 포함되어야 한다. 법원은 특별한 범주의 분쟁을 처리하기 위해 필요한 경우 3명 이상의 재판관으로 구성되는 특별부(special chamber)를 설치할 수 있다(제15조). 판사의 임기는 9년이며 재선될 수 있다. 재판소장과 부소장의 임기는 3년이다.

3. 당사자 적격(인적 관할)

UN해양법협약의 모든 당사국은 이 재판소의 소송당사자가 될 수 있다. 협약의 당사국이 아니더라도 해양법협약 제11장에 명시적으로 규정되거나, 이 재판소의 관할권을 인정하는 다른 협약에 따라 분쟁해결을 부탁하는 모든 주체도 이 재판소의 소송당사자가 될 수 있다(제20조). 즉, 반드시 UN해양법협약에 관한 분쟁에 대하여만 관할권을 행사할 수 있는 것은 아니다. 국제해양법법원은 해양법협약과 관련된 사항이라면 인권에 관한 사항에 대해서도 재판권을 행사할 수 있다.

4. 관할권

(1) 관할권의 대상

국제해양법법원(ITLOS)은 해양법협약에 따라 법원에 부탁되는 모든 분쟁과 신청 및 법원에 관할권을 부여하는 다른 협정에 규정되어 있는 분쟁을 다룬다.

(2) 배타적 관할권

국제해양법법원은 당사국의 선택에 따라 국제사법재판소(ICJ) 및 중재법원과 해양분쟁에 대한 관할권을 나누어 갖고 있으나, 두 가지는 배타적 관할권을 가진다. 첫째, 억류된 선박과 선원의 신속한 석방을 위한 특별절차에 관한 것으로 해양법협약 제292조 제1항은 적정한 보석금이나 금융보증이 제공되었음에도 어느 한 국가가 협약 규정에 위반하여 계속 억류하고 있는 경우 당사국 간 별다른 합의가 없는 한 당사국 간 합의된 법원에 부탁될 수 있으나, 억류일로부터 10일 이내에 그러한 합의가 이루어지지 아니하면 억류국이 수락한 재판소나 국제해양법재판소에 회부된다.

둘째, 신해저자원 개발 관련 분쟁의 관할권에 관한 것이다. 해양법협약 제187조
는 심해저 및 관련 부속서에 관한 분쟁은 국가 간 분쟁뿐 아니라 국가, 심해저기
구, 심해저기업, 국영기업, 자연인, 법인 간의 분쟁에 대해서도 심해저분쟁재판부
가 관할권을 갖는다고 하였다.

5. 절차

재판소가 다루는 모든 사건은 제소의 특별협정이나 서면신청을 서기에게 송부함으로
써 절차가 개시된다. 심리는 원칙적으로 공개된다(제26조 제2항). 국제사법재판소
(ICJ)와 마찬가지로 국제해양법재판소에 자국 출신 판사가 없는 분쟁 당사국은 그 사
건에만 참여하는 임시재판관(Judge ad hoc)을 임명할 수 있다. 재판소는 재판 도중
필요하다면 잠정조치를 취할 수 있으며 잠정조치는 구속력을 갖는다. 국제사법재판
소(ICJ)와 마찬가지로 궐석재판제도가 인정되어 분쟁 당사국 일방이 출석을 거부해
도 재판의 진행이 가능하다. 재판결과에 법적 이해관계가 있는 국가는 소송참가를
신청할 수 있다.

6. 잠정조치

재판소는 회부된 분쟁에 대하여 일견 관할권을 가지는 것으로 판단하는 경우 최종
판결이 날 때까지 각 분쟁 당사자의 이익을 보전하기 위하여 또는 해양환경에 대한
중대한 손상을 방지하기 위하여 그 상황에서 적절하다고 판단하는 잠정조치를 명령
할 수 있다. 분쟁이 회부되는 중재재판소가 구성되는 동안 잠정조치의 요청이 있는
경우에는 당사자가 합의하는 재판소가, 만일 잠정조치의 요청이 있은 후 2주일 이내
에 이러한 합의가 이루어지지 아니하는 경우에는 국제해양법재판소 또는 심해저활동
에 관하여는 해저분쟁재판부가 잠정조치를 명령, 변경 또는 철회할 수 있다. 다만, 이
는 장차 구성될 중재재판소가 일견 관할권을 가지고 있고 상황이 긴급하여 필요하다
고 인정된 경우에 한한다. 국제해양법법원(ITLOS)은 요청받은 잠정조치와는 완전히
혹은 부분적으로 다른 조치를 명령할 수 있다. 그리고 분쟁이 회부된 중재재판소는
구성 즉시 그 잠정조치를 변경, 철회 또는 확인할 수 있다.

7. 판결

모든 문제는 출석한 재판관의 과반수 동의로 결정된다. 가부동수인 경우 재판소장이
결정권을 갖는다(제29조). 판결은 기초가 된 이유를 제시해야 하고, 판결에는 결정에
참여한 판사의 이름을 포함시켜야 한다(제30조). 판결은 최종적이며, 모든 당사자를
구속한다(제33조).

8. 권고적 의견

국제해양법법원(ITLOS)은 UN해양법협약의 목적과 관련이 있는 국제조약이 재판소
에 대한 권고적 의견 요청을 규정하고 있을 경우, 법률문제에 관해 권고적 의견을 부
여할 수 있다. 이러한 권고적 의견은 국제사법재판소(ICJ)와 달리 국제기구뿐만 아니
라 국가도 요청할 수 있다.

The MOX Plant Case(Ireland 대 UK, 중재)

1. 사실관계

동 분쟁은 영국 당국이 영국에 새로운 Mox 공장시설의 설립을 허가함으로써 시작되었다. 동 시설은 이미 사용된 핵연료를 Mox라는 새로운 연료로 재처리하기 위해 설립된 것이다. 아일랜드 정부는 공장의 가동이 Irish Sea를 오염시키며, 방사능물질의 공장으로의 수송과 관련하여 잠재적 위험이 있다고 주장하였다. 이에 아일랜드는 영국을 상대로 중재법원의 구성을 요청하였으며, 이에 따른 잠정조치의 명령을 국제해양법법원에 요청하였다.

2. 법적 쟁점

(1) 관할권 문제

영국은 협약 제282조에 기초하여, '동 분쟁의 주요한 문제는 분쟁해결을 위한 구속력있는 해결방법을 규정하고 있는 유럽조약을 포함한 지역협정에 의해서 다루어져야 하기에 법원은 잠정조치를 내릴 수 있는 권한을 가지고 있지 않다'고 주장하였다. 또한 동 사건이 법원에 기소되기 이전에 양 당사국 사이에 어떠한 의견의 교환도 이루어지지 않았으므로 협약 제283조의 요건이 충족되지 않았다고 주장하였다.

(2) 잠정조치의 긴급성 문제

아일랜드가 법원에 요청한 잠정조치명령에 대하여, 영국은 법원이 이러한 청구를 기각할 것을 주장하였다.

3. 법원의 판단

(1) 관할권 문제

법원은 영국의 주장을 검토하면서, 당사국이 협정에 도달할 가능성이 없다고 판단되는 때에는 의견의 교환을 계속할 의무가 없다고 판단하였다. 따라서 중재법원은 동 분쟁에 대해서 일견 관할권을 가진다고 판결하였다.

(2) 잠정조치의 긴급성 문제

법원은 중재법원이 구성되고 있는 시점에서 잠정조치가 필요한가를 심사하였다. 법원은 협약 제290조 제5항에 따라 긴급한 상황이 있으며 잠정조치가 필요하다고 인정될 때에만 잠정조치를 명령할 수 있다고 언급하였다. 그러나 동 사건의 정황상, 중재법원이 구성되기까지 비교적 단기간 동안에는 아일랜드가 요구한 잠정조치의 명령이 그 긴급상황에 의한 필요성이 없다고 판결하였다. 그러나 법원은 협약과 국제법하에서 해양환경오염의 방지를 위해 협력의무가 중요한 원칙이 됨을 강조하면서, 법원이 해양환경의 보존에 적절하다고 판단되는 부분에 대해 명령할 수 있는 권리가 있다고 판시하였다. 법원에 따르면, 양국이 Mox 공장의 운용에 의한 위험 또는 영향과 관련한 정보를 교환하고 필요하다면 이들 문제에 대한 해결방법을 마련하는 데 있어 상호 협력이 요구된다. 따라서 중재재판의 구성과 결정이 있기까지 다음의 잠정조치를 명령하였다. ① Mox 공장의 설립허가로부터 Irish Sea에 대한 가능한 영향에 대한 추가정보의 교환. ② Irish Sea를 보호하기 위한 Mox 공장의 운용의 위험 또는 영향의 감시. ③ Mox 공장의 운용의 결과로부터 발생할 수 있는 해양환경의 오염방지를 위한 적절한 방법의 고안.

6 심해저분쟁재판부

1. 설치와 구성

심해저분쟁재판부는 제11장과 제6부속서 제4절에 따라 국제해양법법원(ITLOS) 내에 둔다. 국제해양법법원(ITLOS)의 법관 중 법원의 다수결로 선출된 11명의 법관으로 구성한다. 의결정족수는 과반수이다.

2. 관할권

심해저분쟁재판부는 해저지역 내 자원의 탐사 및 개발활동에 관련된 분쟁에 대한 관할권을 갖는다. 제187조에 의하면 ① 당사국 간, ② 당사국과 해저기구 간, ③ 해저기구와 개발계약자 간, ④ 국가기업 및 자연인 또는 법인을 막론하고 개발계약자 상호간의 분쟁들을 포함한다.

3. 심해저분쟁재판부의 특별부

심해저분쟁재판부는 특정 사건을 취급하기 위하여 3인의 재판관으로 구성되는 특별부를 둘 수 있다. 사건은 일방 당사국의 요청으로 이 특별부에 회부될 수 있다(제188조 제1항).

4. 심해저분쟁재판부 결정의 집행

재판부의 결정은 그 당사국의 국내 최상급 법원의 판결을 그 영토 내에서 집행하는 것과 동일한 방식으로 집행된다(제6부속서 제39조).

7 해양법협약상 분쟁해결제도의 특징

1. 강제관할권 도입

해양법협약상 분쟁해결제도의 주요 특징은 대부분의 분쟁에 있어서 어느 분쟁 당사국의 일방적 요청에 의해 강제절차에 부탁할 수 있는 강제관할권을 승인한 점이다. 현재 빈번하게 이용되는 것은 협약 제292조에 의한 강제관할(선박·선원의 신속한 석방)의 시행이다.

2. 당사자적격 확대

당사자적격을 확대했다. 국제사법재판소(ICJ)가 국가만을 쟁송관할의 당사자로 인정한 반면, 해양분쟁해결제도는 국가 이외의 당사자, 심해저기구, 심해저기업, 자연인, 법인 등에 의해서도 이용될 수 있다. 급속히 변모하는 국제사회에서 '법의 지배의 원리'를 구현하기 위해서는 국제법 주체들의 당사자 적격이 확대되어야 한다는 점을 고려할 때 발전적인 점이라 볼 수 있다.

제13절 | 해양법협약의 기타 쟁점

1 해양환경의 보호와 보전

1. 당사국의 의무

(1) 각국은 해양환경오염방지조치를 취함에 있어서 피해나 위험을 다른 지역으로 전가해서는 안된다.

(2) 해양환경보호조치를 취함에 있어서 지구적·지역적 차원에서 협력해야 한다.

(3) 개발도상국에 대해 과학적·기술적 원조를 제공해야 한다.

(4) 가능한 범위에서 해양오염을 감시하고 결과를 권한있는 국제기구에 보고한다.

(5) 해양환경보호를 위한 의무를 이행하지 않으면 국제법에 따라 책임을 진다. 자국 관할하에 있는 자연인이나 법인에 의한 해양오염으로 인한 손해에 관한 한 신속하고 적절한 배상을 위한 국내법제도를 확보해야 한다.

2. 선박에 의한 오염

(1) 입법관할권

선박에 의한 오염의 방지를 위한 조치를 수립할 일차적 책임은 기국에게 있다. 국가는 관련 법령을 제정해야 하며, 이러한 법령은 일반적으로 수락된 국제규칙 및 기준과 적어도 동등한 효력을 가져야 한다.

(2) 집행관할권

기국은 자국 선박이 국제법을 준수하도록 확보할 일차적 책임을 진다. 위반이 있는 경우 신속히 조사하고 적절한 경우 소추해야 한다. 형벌은 위반을 억제하기에 충분할 만큼 엄격해야 한다. 연안국도 제한적으로 오염법령을 집행할 권한을 가진다.

3. 기항국 관할권

기항국은 자국의 내수·영해·배타적 경제수역 밖에서, 즉 공해 또는 타국의 해양수역(내수, 영해 또는 배타적 경제수역)에서 외국 선박이 행한 오염물질 배출에 대해 소추할 권리를 가진다. 그러나, 기항국의 이 권리는 기본적으로 다음의 두 가지 조건에 의하여 제한된다. 첫째, 외국 선박이 '자발적으로' 기항국의 항구에 들어왔어야 한다. 둘째, 권한 있는 국제기구나 일반외교회의를 통하여 수립된 적용 가능한 국제 규칙과 기준을 위반했어야 한다. 기항국은 그러한 오염배출로 자국의 내수, 영해 또는 배타적 경제수역이 오염되거나 오염될 위험이 있거나 아니면 관련 국가들, 즉 그 타국, 기국 또는 피해 및 피해우려국의 요청이 있어야만 소추할 수 있다.

4. 연안국 또는 기항국 관할권 남용 통제

협약은 연안국이나 기항국이 외국 선박에 대하여 집행관할권을 남용하는 것을 막기위한 여러 가지 '보장제도'를 규정하고 있다. 외국 선박에 형벌을 부과하는 소송은 위반 발생일로부터 3년이 지난 후에는 제기될 수 없다. 또한, 해양오염법규를 위반한 것에 대해서는 언제나 예외 없이 벌금만 부과할 수 있다.

2 해양과학조사

1. 일반원칙

해양과학조사는 평화적 목적을 위해 수행되어야 한다. 국가와 국제기구는 이를 위해 상호 협력해야 한다. 해양과학조사활동은 해양자원에 대한 요구의 법적 기초가 되지 않는다.

2. 영해에서 해양과학조사

연안국은 영해에서 해양과학조사를 규제하고, 허가하고, 수행할 배타적 권리를 갖는다. 해양과학조사는 연안국의 명시적 동의와 연안국이 정한 조건에 따라서만 수행되어야 한다.

3. 배타적 경제수역과 대륙붕에서 해양과학조사

연안국은 이에 대해 관할권을 갖는다. 연안국은 협약의 관련 규정에 따라 자국의 배타적 경제수역과 대륙붕에서의 해양과학조사를 규제·허가·수행할 권리를 가진다. 배타적 경제수역과 대륙붕에서의 타국의 해양과학조사는 연안국의 동의하에 수행되어야 한다. 영해와 달리 반드시 명시적 동의를 요하는 것은 아니다. 타국이나 국제기구가 평화적 목적을 위해, 그리고 인류 모두를 위한 해양환경과학지식을 증진시키기 위한 해양과학조사사업에 동의를 부여해야 한다. 이 경우 국가나 국제기구는 6개월 전에 관련 정보를 연안국에 제공해야 한다.

3 해양기술의 개발과 이전

1. 해양기술의 개념

협약상 해양기술은 해양자원의 탐사·개발·보존 및 관리, 해양환경의 보호와 보존, 해양과학조사, 해양환경에 있어서의 기타 활동 들을 말한다.

2. 해양기술의 개발과 이전

협약은 해양기술의 개발과 이전을 위해 국제협력과 국내연구소의 설립을 장려하고 있다. 각국은 심해저활동과 관련된 해양기술을 개발도상국과 그 국민 및 심해저공사에 이전하도록 장려하고 촉진하기 위해 권한있는 국제기구 및 국제해저기구와 적극적으로 협력해야 한다. 기술이전은 형평하고 합리적인 조건에 따라 이루어져야 한다.

4 해양고고학

1. 협력의무

국가들은 해양에서 발견된 고고학적, 역사적 물건을 보호하고 이를 위하여 서로 협력할 의무가 있다.

2. 접속수역

연안국의 승인 없이 접속수역의 해저지대로부터 고고학적 혹은 역사적 물건을 반출하는 행위는 그 연안국에 의하여 그 영토 또는 영해 내에서의 법령 위반 행위로 추정될 수 있으며, 연안국을 필요한 조치를 취할 수 있다. 그러나 확인 가능한 소유주의 권리에 영향을 미치지 않는다.

3. 심해저

심해저에서 발견되는 고고학적 혹은 역사적 물건은 인류 전체의 이익을 위하여 보존하거나 처분하며 특히 문화적 기원국이나 역사적 · 고고학적 기원국의 우선적 권리를 특별히 고려한다.

5 폐쇄해(enclosed sea) 및 반폐쇄해(semi - enclosed sea)

1. 개념

폐쇄해 또는 반폐쇄해는 2개국 이상의 국가들에 의하여 둘러싸이고 좁은 출구에 의해 다른 바다나 대양에 연결되거나, 또는 전체나 그 대부분이 2개국 이상의 연안국의 영해와 배타적 경제수역으로 이루어진 만(gulf), 내만(basin) 또는 바다(sea)를 말한다. 한국을 둘러싼 동해, 서해, 동중국해가 여기에 해당된다. 중국, 베트남, 말레이시아, 브루나이, 필리핀, 대만에 의해 둘러싸인 남중국해도 여기에 속한다.

2. 규정

폐쇄해 또는 반폐쇄해의 연안국들은 해양생물자원의 관리 · 보존 · 탐사 · 이용 및 해양환경의 보호 · 보존을 조정하기 위해 서로 협력해야 한다.

6 내륙국(land - locked states)

1. 개념

해안이 없는 국가를 내륙국이라고 한다.

2. 해양출입권

내륙국은 해양출입권을 가지며, 이를 위해 모든 수송수단에 의해 통과국(transit state)의 영토를 지나는 통과의 자유를 향유한다. 통과의 자유를 행사하기 위한 조건과 방식은 내륙국과 관련 통과국 사이의 양자협정이나 소지역적 혹은 지역적 협정을 통하여 결정해야 한다.

3. 최혜국대우 적용 배제

내륙국의 해양출입에 관련한 UN해양법협약의 규정과 특별협정은 최혜국대우조항의 적용에서 제외된다.

4. 부과금 징수 금지

통과교통에 있어서 제공된 특별한 용역에 대하여 징수되는 부과금을 제외하고 어떠한 관세, 조세 또는 기타 부과금도 징수할 수 없다.

01 **1982년 해양법에 관한 국제연합 협약상 내수(internal waters)에 대한 설명으로 옳지 않은 것은?** 2019년 9급

① 항만, 하천, 만, 직선기선의 내측 수역은 내수에 포함된다.

② 운하는 연안국의 내수에 해당되지만 국제적으로 중요한 국제운하는 조약을 통하여 이용이 개방되어 있다.

③ 연안국이 새로이 직선기선을 적용하여 영해가 내수로 변경된 수역에서는 외국 선박의 무해통항권이 인정되지 않는다.

④ 연안국은 내수로 진입한 외국 민간선박의 내부사항에 대하여 자국의 이해가 관련되어 있지 않는 한 관할권을 행사하지 않는 것이 관례이다.

내수(internal waters)

직선기선 설정으로 새롭게 내수로 편입된 경우 계속해서 무해통항권이 인정된다.

선지분석
① 내수에는 항만, 하천, 만, 운하, 내해, 호소가 포함된다. 직선기선의 내측 수역 역시 내수에 해당된다.
② 당해 조약은 대체로 제3국에게도 항행권을 인정하는 경우가 많다.
④ 내수에 있는 외국 선박의 경우 특히 형사사건이 발생한 경우 관례상 '프랑스주의'가 적용되고 있다. 프랑스주의는 선박 내수 사건에 대한 관할권을 기국에게 부여하고, 예외적으로 당해 사건이 연안국에 영향을 주는 경우 등에 한해 연안국 관할권을 인정한다.

답 ③

---

02 **1982년 「UN해양법협약」상 무해통항에 대한 설명으로 옳지 않은 것은?** 2020년 9급

① 조사활동이나 측량활동을 수행하는 외국선박의 통항은 연안국의 평화, 공공질서 또는 안전을 해치는 것으로 본다.

② 연안국이거나 내륙국이거나 관계없이 모든 국가의 선박은 동 협약에 따라 영해에서 무해통항권을 향유한다.

③ 연안국은 영해를 통항하는 외국선박에 제공된 특별한 용역에 대한 대가로서 수수료를 부과할 수 없다.

④ 연안국은 군사훈련을 포함하여 자국 안보에 필요한 경우 외국선박의 무해통항을 일시적으로 정지시킬 수 있다.

무해통항

통항을 이유로 하는 부과금을 부과할 수는 없다. 그러나 선박에 제공된 영역에 대한 대가로서의 수수료는 부과할 수 있다.

선지분석
① 유해사유로 열거된 사항이다. 그 밖에 어로활동이나 통신 방해행위 등도 유해행위이다.
② 무해통항은 모든 국가의 권리이다.
④ 연안국의 보호권에 대한 설명이다. 통과통항에서는 허용되지 않는 조치이다.

답 ③

03 1982년 UN해양법협약상 영해제도에 대한 설명으로 옳지 않은 것은?

2018년 9급

① 영해의 폭은 연안국의 기선으로부터 최대 12해리까지 설정될 수 있으며, 영해에서 연안국은 주권적 권리를 행사하고 외국선박에 대해 통항만을 이유로 수수료를 부과할 수 있다.

② 연안국은 핵추진 유조선에 대하여는 영해 내에서 지정된 항로대만을 통항하도록 요구할 수 있다.

③ 영해를 통항 중인 외국 선박 내에서 발생한 범죄와 관련하여 그 선박의 선장이 현지 당국에 지원을 요청한 경우 연안국은 형사관할권을 행사할 수 있다.

④ 연안국은 무해하지 아니한 통항을 방지하기 위하여 필요한 조치를 자국 영해에서 취할 수 있다.

영해제도

통항에 대한 수수료를 부과할 수 없다. 타국 영해를 항행하는 것은 국가의 권리이기 때문이다.

선지분석

② 분리통항제도에 대한 설명이다.

③ 영해 통항 중인 선박 내에서 발생한 범죄는 원칙적으로 기국주의가 적용된다. 다만, 예외적으로 연안국에 영향을 주는 범죄, 연안국의 안보나 공공질서를 교란하는 범죄, 선장이나 외교관 및 영사가 요청한 경우, 마약 단속을 위해 필요한 경우 연안국이 형사관할권을 행사할 수 있다.

④ 이와 관련하여 연안국은 법령을 제정할 수 있다.

답 ①

04 「해양법에 관한 국제연합협약」상 영해 및 접속수역에 대한 설명으로 옳은 것은?

2019년 7급

① 연안국의 접속수역은 내수를 포함하며 관세·재정·출입국관리·위생 및 군사적 목적의 관할권을 행사하기 위한 수역이다.

② 연안국은 영해를 통항 중인 외국선박 내에 있는 사람에 대해서 민사관할권을 행사하기 위하여 그 선박을 정지시킬 수 있다.

③ 연안국은 자국의 내수를 떠나 영해를 통과 중인 외국선박에 대하여 범인 체포에 필요한 어떠한 조치도 취할 수 있다.

④ 외국항공기는 연안국의 동의가 없더라도 영해 상공에서 비행의 자유를 향유한다.

영해 및 접속수역

선지분석

① 접속수역은 영해 기선으로부터 최대 24해리까지 설정되므로 내수를 포함하지 않는다. 또한 접속수역의 목적에 군사적 목적은 포함되지 않는다.

② 민사 관할권 행사를 위해 선박을 원칙적으로 정지시킬 수 없다. 단, 선박이 영해에 정박하고 있거나, 내수에서 나와 영해를 항행하고 있는 경우 그리고 채무 불이행 선박의 경우에는 민사관할권을 행사할 수 있다.

④ 영해 상공은 영공이므로 외국 항공기는 원칙적으로 비행의 자유를 향유하지 않는다.

답 ③

05 1982년 「UN해양법협약」상 EEZ에 대한 설명으로 옳지 않은 것은?

2021년 7급

① 연안국은 EEZ에서 생물 및 무생물 등 천연자원의 탐사, 개발, 보존·관리를 목적으로 하는 주권적 권리를 갖는다.

② 연안국은 EEZ에서 인공섬, 시설 및 구조물의 설치와 사용, 해양과학조사, 해양환경의 보호와 보전에 관한 관할권을 갖는다.

③ ICJ는 우크라이나와 루마니아 간 흑해해양경계획정 사건에서 섬의 존재를 반영하여 EEZ 경계를 획정하였다.

④ 관련국 간에 발효 중인 협정이 있는 경우, EEZ의 경계획정에 관련된 사항은 그 협정의 규정에 따라 결정된다.

EEZ(배타적 경제수역)

동 사건에서 뱀섬에 대해 '무효과'를 적용하였다. 즉, 뱀섬의 존재를 반영하지 않고 무시한 채 EEZ(배타적 경제수역) 경계를 획정하였다.

선지분석

① EEZ(배타적 경제수역)에서 조력, 풍력, 수력 발전도 연안국의 주권적 권리에 해당된다.
② 주권적 권리가 아니라 관할권에 해당된다는 점에 주의한다.
④ 해양법협약 제74조를 참조한다.

답 ③

06 1982년 「UN해양법협약」상 대륙붕에 대한 설명으로 옳지 않은 것은?

2021년 7급

① 대륙변계의 바깥 끝이 영해기선으로부터 200해리에 미치지 못하면, 연안국의 대륙붕은 영해기선으로부터 200해리까지로 한다.

② 모든 국가는 연안국의 동의 없이 연안국의 대륙붕에서 정착성어종을 수확할 수 있다.

③ 연안국은 대륙붕에서 모든 목적의 시추를 허가하고 규제할 배타적 권리를 가진다.

④ 연안국은 측지자료를 비롯하여 항구적으로 자국 대륙붕의 바깥한계를 표시하는 해도와 관련 정보를 UN사무총장에게 기탁한다.

대륙붕

정착성어종은 연안국의 주권적·배타적 권리에 속한다. 따라서 타국이 정착성어종을 연안국의 동의 없이 수확할 수 없다.

선지분석

① 대륙변계가 200해리를 넘는 경우 기선으로부터 최대 350해리로 설정하거나, 2,500m 등심선으로부터 100해리까지 설정할 수 있다.
③ 대륙붕 자원에 대해 시추하거나 굴착하는 것은 연안국의 배타적 권리이다.
④ 기탁대상이 UN사무총장이라는 점에 주의한다. 해양법협약 제76조 제9항에 규정하고 있다.

답 ②

07 **1982년 「UN해양법협약」상 추적권에 대한 설명으로 옳지 않은 것은?** 2021년 7급

① 국제해양법재판소는 M/V Saiga호 사건(1999)에서 기니 정부의 추적권 행사가 위법하다고 판단하였다.

② 추적은 시각이나 음향 정선신호가 외국선박이 보거나 들을 수 있는 거리에서 발신된 후 비로소 이를 시작할 수 있다.

③ 피추적선이 타국의 배타적 경제수역(EEZ)으로 들어가면 추적은 종료되어야 한다.

④ 추적권은 군함·군용항공기 또는 정부업무에 사용 중인 것으로 명백히 표시되어 식별이 가능하며, 그러한 권한이 부여된 그 밖의 선박이나 항공기에 의해서만 행사될 수 있다.

추적권

영해로 들어가면 종료되어야 한다. EEZ(배타적 경제수역)의 경우 추적권 종료 여부에 대해 논란이 있다.

선지분석

① 기니가 추적권 행사 시 이를 중단하였고, EEZ(배타적 경제수역)에서 행위에 대해 자국의 관세법령을 위반을 이유로 추적하였으므로 위법하다고 보았다. 무력사용 시 비례원칙을 준수하지 않은 점도 위법으로 판단하였다.

② 정선명령 이후 추적을 개시한다.

④ 비상업용 정부선박이나 비상업용 정부항공기도 일정 조건하에 추적권의 주체가 될 수 있다.

답 ③

---

08 **1982년 「해양법에 관한 국제연합 협약」상 공해(High Seas)에 대한 설명으로 옳지 않은 것은?** 2019년 9급

① 공해와 독립된 법체제를 형성하고 있는 심해저의 한계설정은 대륙붕의 바깥한계를 결정한다.

② 공해는 모든 국가에 개방되므로 국가들은 공해에서 자국기를 게양한 선박을 항해시킬 권리를 가진다.

③ 추적권은 공해자유 원칙을 제한하여 인정하는 예외적 권리이므로 법령위반으로 믿을만한 충분한 이유가 있을 때 인정된다.

④ 협약은 연안국이 관할권을 행사할 수 있는 수역 이외를 공해로 보는 소극적 방식으로 규정하였다.

공해(High Seas)

심해저는 대륙붕 외측에 존재한다. 즉, 국가의 관할권이 인정되는 수역 외측에 심해저가 존재하는 것이다.

선지분석

② 기국주의에 대한 설명이다.

④ 협약에 의하면 공해는 내수, 영해, 군도수역, 배타적 경제수역에 속하지 않는 바다를 말한다. 이러한 규정 방식을 소극적 방식이라고 한다.

답 ①

제1절 | 영토

1 의의

영토란 토지로 구성된 국가영역을 말하며 육지와 도서로 구분된다. 국가의 영역권은 가장 강력하게 영토의 지표면과 지하에 미친다. 영토는 영역 중 가장 중요하고 기본적인 영역이다. 영토를 기준으로 영수가 정해지고 영토와 영수를 기준으로 영공이 정해지기 때문이다.

📁 **참고**

지구공간의 법적 지위

공간		법적 지위	국가의 주요 권리의무
육지	무주지	무주지	선점
	영토	주권의 객체	영유
	섬	주권의 객체	영유
바다	내수	영수	영유
	영해	영수	영유(예외: 무해통항권 인정, 재판관할권 제한)
	군도수역	영수	주권제한 – 무해통항권, 군도항로대통항권
	해협	영수	주권제한 – 통과통항권
	접속수역	제한적 통제권의 객체	관세, 재정, 위생, 출입국
	EEZ	제3의 수역	해상(海床), 해저지하, 상부수역 자원에 대한 주권 및 관할권
	대륙붕	주권 + 관할권	해상(海床), 해저지하 무생물자원에 대한 주권 및 관할권

	공해	공공물	영유금지, 이용자유
	심해저	인류의 공동유산	영유금지, 사용제한
하늘	영역의 상공	영공	절대주권
	영역 이외의 상공	공공(公空)	이용자유
우주 공간	달 및 그 자원	인류의 공동유산	영유금지, 사용제한
	달 및 그 자원 이외의 우주공간 및 천체	공공물	영유금지, 이용자유
	극지방	특수 공간	영유권 동결

2 영토의 취득방식

 참고

영토 취득사유 구분

구별기준	구별	해당 영토 취득사유
권원의 시원성	시원적 취득	첨부, 선점
	파생적 취득	시효, 할양, 병합, 정복
취득방식	일방적 취득	선점, 시효, 정복
	합의취득	할양, 병합

1. 할양(cession)

양도국과 양수국 간의 합의에 의한 영역 일부의 이전을 할양이라 한다. 할양이 국제법상 유효하게 성립하기 위해서는 ① 국가 간의 합의에 의한 이전이어야 하고, ② 영역 일부의 이전이어야 한다. 합의에 의한 이전이라는 점에서 정복과 구별되고, 영역의 일부가 이전되는 것이므로 영역 전부가 이전되는 병합과 구별된다. 특별조건으로 경우에 따라서는 주민의 일반투표를 요건으로 하기도 한다. 할양은 원칙적으로 제3국의 동의를 요하지 않는다. 할양의 요건이 구비되면 양도국은 할양지를 상실하고 양수국은 이를 취득한다. 주민의 국적은 특별규정이 없는 한 원칙적으로 양수국의 국적을 새롭게 취득하나, 일반적으로 주민에게 국적 선택권을 부여한다.

2. 병합(annexation)

양도국과 양수국 간의 합의에 의한 영역 전부의 이전을 병합이라고 한다. 병합이 국제법상 유효하게 성립하려면 ① 국가 간의 합의와, ② 영역 전부의 이전을 요한다. 병합은 피병합국의 영역 전부를 취득하고 피병합국은 소멸하는 것이다. 피병합국의 국민은 종래의 국적을 상실하고 병합국의 국적을 취득한다.

3. 정복(subjugation)

(1) 개념

국가가 무력에 의해 타국의 영역 전부를 강제적으로 취득하는 것을 말한다.

(2) 요건

① 정복국이 피정복국의 영역 전부를 실효적으로 점령해야 한다. 피정복국의 완전한 복종이 있어야 하므로 전시점령은 정복이 아니다. 전시점령은 실효적 지배가 배제될 가능성이 있는 상태이기 때문이다.
② 정복국이 피정복국 영역 전부를 자국 영역으로 취득한다는 의사표시를 해야 한다.

(3) 효과

정복국은 피정복국의 영역 전부를 취득하고, 피정복국은 영역 전부를 상실함으로써 국가가 소멸한다. 피정복국의 국민은 정복국의 국적을 취득한다. 피정복국의 국제법상 권리의무는 승계되지 않는 것이 원칙이나 예외적으로 속지적 권리의무가 승계되는 경우도 있다.

(4) 합법성

① **학설**: 종래 정복은 영역의 원시적 취득방법의 하나로서 원칙적으로 제3국이 이에 간섭할 권리가 없으며, 또한 정복국의 정복의 유효성은 제3국의 승인을 필요로 하지 않았다. 그러나 오늘날 국제법은 무력행사를 금지 내지는 불법화하고 있으므로 이에 위반하여 행해진 정복은 무효라 볼 것이다. 다만, 정복에 의한 영역권 변경을 긍정하는 학자도 있다. 한스 켈젠(H. Kelsen)은 '실효성의 원칙(principle of effectiveness)'에 기초하여 성공한 정복은 사실상 영역 변경의 효과를 가진다는 것을 인정할 수밖에 없다고 본다.
② **1970년 우호관계원칙선언**: ⊙ 국가의 영토는 헌장에 위배되는 무력사용에 기초한 군사점령의 대상이 되지 않으며, ⓛ 무력의 위협 또는 사용에 의한 취득의 대상이 되지 않으며, ⓒ 무력의 위협 및 사용으로 인한 영토취득이 합법으로 승인되어서는 안 된다. ⊙에 의하면 UN헌장에 위배되지 않는 군사점령은 합법이다. ⓛ에 따르면 합법적인 무력사용에 의하더라도 영토의 취득은 무효이다.
③ **1974년 침략정의 결의(총회결의 제3314호)**: 제3조 제(a)호는 힘에 의한 타국 영토의 일부 또는 전부의 병합을 침략의 일 유형으로 열거하고 있으며, 제5조 제3항은 침략에 의한 영토취득이나 이익이 합법으로 승인되어서는 안 된다고 규정하고 있다.
④ **UN안전보장이사회**: 1967년 아랍 - 이스라엘 전쟁 시 이스라엘이 이집트의 시나이반도와 가자지구 등을 점령한 사건과 관련된 안전보장이사회 결의 제242호에서 안전보장이사회는 전쟁에 의한 영토취득의 불가를 강조하였다. 또한 같은 문제와 관련된 1981년 결의 제497호 역시 이스라엘의 골란고원 병합은 무효이며 국제법적 효력이 없다고 선언하였다.

4. 선점(occupation)

(1) 의의

국가가 무주의 지역을 타국보다 먼저 실효적 점유에 의해 자기의 영역으로 취득하는 것을 말한다.

(2) 요건

① **무주지(terra nullius):** 선점의 대상이 되는 지역은 무주지에 한한다. 무주지란 어느 국가에도 귀속되지 않은 지역으로서 주민의 유무와는 무관하다. 일정한 문명 수준에 이르지 않은 토착민이 거주하거나 사인자격으로 거주하는 지역은 선점할 수 있다. 그러나 정치적·사회적 조직화가 이루어져 있고 인민을 대표하는 족장을 가진 부족의 거주지는 무주지가 아니다(서부 사하라 사건, ICJ, 1975). 무주지에는 처음부터 어느 국가에도 귀속되지 않은 무주지와 버려진 땅으로서의 무주지가 있다. 포기된 땅으로서 무주지이기 위해서는 포기의 사실과 포기의 의사표시를 요한다. '산타루치아도 중재 사건'에서 동 도서는 애초 영국의 식민지였으나 이후 영국이 재점령하지 않자 프랑스가 점령하였다. 중재법관은 영국이 계쟁도서의 점유를 포기했다고 보고 프랑스의 영유권을 인정하였다.

 관련판례

서부 사하라 사건(ICJ, 권고적 의견, 1975)

1. 사실관계

스페인은 1884년부터 서부 사하라 지역을 식민지로 보유해 오다 1960년 동 지역을 UN헌장에 따라 비자치지역으로 독립시키고자 하였고 UN총회는 동 지역을 비자치지역으로 승인하였다. 이에 대해 모로코와 모리타니아가 이에 이의를 제기하고 서부 사하라가 자국에 귀속되어야 한다고 주장하였다. 양국은 동 지역이 스페인의 식민지가 되던 당시부터 그 지역에 대한 주권을 행사하고 있었다고 주장하였다. UN총회는 서부 사하라의 지위에 관해 ICJ에 권고적 의견을 요청하기로 하였다.

2. 권고적 의견 요지

(1) 스페인 식민지로 편입되던 당시 서부 사하라의 법적 지위: 무주지가 아님

ICJ는 당시 서부 사하라 지역은 무주지가 아니라고 판단하였다. 시제법의 원칙상 당해 지역이 무주지인가 여부는 당시 국제법에 따라 판단해야 한다. 당시 국제법에 따르면 사회적·정치적 조직을 갖는 부족이나 주민이 거주하는 지역은 무주지로 간주되지 않았다. 당시 서부 사하라는 주민들이 사회적·정치적으로 조직화되어 있었으며 주민들을 대표하는 권한을 가진 정치적 지도자도 존재하였다. 따라서 서부 사하라 지역은 당시 무주지가 아니었다. 스페인도 서부 사하라를 식민지로 편입하면서 자국이 무주지에 주권을 확립한 것으로 행동하지는 않았다.

(2) 서부 사하라 지역과 모로코의 관계

ICJ는 모로코와 모리타니아가 서부 사하라 지역에 대해 영토주권을 확립하고 있지 못하다고 판단하였다. 모로코가 제시한 증거자료들로부터 서부 사하라 지역이 스페인의 식민지로 편입되던 당시 서부 사하라에 대해 모로코의 영토주권이 확립되었다는 것을 발견할 수 없다고 보았다. 모로코와 서부 사하라의 일부 부족 사이에 충성의무라는 법적 관계가 존재하기는 하였고, 이들 부족에 대한 모로코의 영향력이 일정 정도 인정되었으나 이것으로부터 영토주권 확립을 도출할 수는 없다고 판단하였다.

(3) 서부 사하라 지역과 모리타니아의 관계

모리타니아는 서부 사하라와 문화적·지리적·역사적·사회적 일체성을 갖고 있었다고 주장하였고 그러한 사실이 어느 정도 인정되었으나 그러한 사실로부터 주권적 관계를 유추할 수는 없다고 판단하였다.

(4) 서부 사하라 지역의 독립문제

ICJ는 서부 사하라와 모로코 및 모리타니아 간의 법적 관계가 무엇이든간에 그것이 UN총회 결의에 의해 서부 사하라를 독립시키는 데 영향을 미치거나 서부 사하라 지역민의 자결권을 제한할 정도는 아니라고 판단하였다.

② **국가에 의한 선점**: 선점의 주체는 국가이어야 한다. 사인이나 사조직이 선점하는 경우 사전에 국가의 위임을 받거나 사후에 국가의 추인을 받아야 한다.

③ **영유의사(animus occupandi)**: 선점의 주관적 요소(animus)로서 영유의사를 요한다. 영유의사란 무주지역을 자국 영역으로 취득하려는 의사를 말한다. 타국에 대한 선언, 통고, 국기 및 그 밖의 표지의 설정, 입법·행정상의 조치 등에 의해 표시된다.

④ **통고(notification)의 요건성**: 선점의 사실의 이해관계국에 대한 통고를 선점의 요건으로 볼 것인가에 대해 학설대립이 있다. 국제관행도 일치하지 않는다. 팔마스도 사건에서는 통고의 요건성을 부정하였으나, 1885년 베를린회의에서 작성된 콩고의정서는 선점의 요건으로 통고의무를 규정하였다. 통설은 통고의 요건성을 부인한다.

⑤ **실효적 지배(effective control)**

　㉠ **의의**: 실효적 지배는 선점의 객관적 요소(corpus)이다. 실효적 지배란 선점의사를 가진 국가가 구체적으로 무주지에 대해 지배권을 행사해야 함을 의미한다. 입법·사법·행정관할권을 행사하는 것을 포함한다. 다만, 국가행정기구의 설치가 실효적 지배 완성의 필수 조건은 아니다.

　㉡ **실효적 지배와 발견의 관계**: 발견은 실효적 지배에 의해 대체되지 않는 경우 영토주권을 확정적으로 취득하지 못한다. 팔마스도 사건에서 후버 중재관은 발견은 '미성숙의 권원'(inchoate title)에 불과하고, 실효적 선점에 의해서 주권을 수립할 수 있는 청구권으로서만 존재한다고 판단하였다. 따라서 설사 미성숙의 권원이 결정적 기일(critical date) 시점까지 유효하게 존속할지라도 계속적·평화적 권력의 표시에 입각한 타국의 확정적 권원에 우월할 수 없다(팔마스 섬 사건).

관련판례

팔마스 섬 사건(미국 대 네덜란드, 국제중재, 1928)

1. 사실관계

　팔마스 섬은 필리핀의 민다나오 섬과 네덜란드령 동인도 제도에 속한 나마사군도의 중간에 위치하고 있다. 이 섬은 1500년대 중반에 스페인 탐험가들에 의하여 발견되었다. 미서전쟁 이후 1898년 파리조약이 체결되어 스페인은 필리핀을 미국에 할양하였다. 미국은 이 조약에 의해 팔마스 섬이 당연히 자국의 관할권에 속한다고 생각하였다. 1906년 미국의 미트 장군이 팔마스 섬을 방문하고 이 섬에 네덜란드 국기가 게양되어 있는 것을 발견하고 미국 정부에 보고한 이후에 미국과 네덜란드가 분쟁이 야기되었다.

2. 재정요지

(1) 팔마스 섬에 대한 주권의 귀속 - 네덜란드

　막스 후버(Max Huber) 중재관은 팔마스 섬의 주권자는 네덜란드라고 확정하였다. 그는 파리조약 체결시에 팔마스 섬이 스페인령의 일부였는지 아니면 네덜란드령의 일부였는지를 심사하였다. 1677년 네덜란드 동인도 회사가 원주민의 수장과 협약을 체결함으로써 팔마스 섬에 대한 주권을 확립하였으며 이후 약 200년간 어떤 국가도 이것을 다투지 않았다. 네덜란드는 팔마스 섬에 대해 장기간 계속해서 평온하게 실효적 지배력을 행사해 왔으므로 팔마스 섬에 대한 영역주권을 확립하였다.

(2) 발견과 실효적 지배

　발견으로부터 발생하는 원시적 권원은 스페인에게 속한다고 인정할 수 있다. 그러나 권리의 창설과 권리의 존속은 구별되어야 한다. 19세기 국제법에 따르면 선점이 영역주권에 대한 청구로 되기 위해서는 실효적이어야 한다. 팔마스 섬을 발견만 하고 어떠한 후속 행위도 없는 경우 주권을 수립하기에 충분하지 않다. <u>발견은 주권의 최종적 권원을 창설하는 것이 아니며 단순히 '미성숙의 권원(inchoate title)'을 창설하는 것에 지나지 않는다. 발견이라는 미성숙의 권원은 실효적 지배에 의해 상당기간 내에 보완되어야 한다.</u> 그렇지 않은 경우 발견에 의해 미성숙의 권원이 존속되고 있었다고 하더라도 계속적이고 평온하게 실효적 지배력을 행사한 국가보다 우선할 수 없다.

　　ⓒ **실효적 지배의 정도**: 실효적 점유에 있어서 실효성의 정도는 토지의 지리적 상황이나 거주인구의 밀도 등에 의해 결정된다. 즉, 도달의 난이, 인구의 다소, 타국의 경합적 권원의 유무 등 각 지역의 사정에 따라 다르다. 실효적 점유라 할지라도 토지의 현실적 사용이나 정주인구와 같은 물리적 지배보다는 그 지역에 대한 지배권의 확립(법질서의 유지, 실력의 유지)이라는 사회적 점유가 중요하다. 지리적 조건에 따라서는 실효성의 원칙이 완화될 수 있다. '클리퍼튼 섬 사건'에서 무인도에 대한 상징적 지배를 인정하였으며(중재재판, 1931), <u>상설국제사법재판소(PCIJ)도 '동부그린란드 사건'에서 정주인구가 없는 극지의 실효적 점유에 관하여 상징적 지배를 인정하였다.</u>

클리퍼튼 섬 사건(프랑스 대 멕시코, 국제중재, 1931)

1. 사실관계

  클리퍼튼 섬은 태평양에 있는 무인도로서 산호초로 구성되어 있고 멕시코 서부 해안에서 남서쪽으로 약 670마일 거리에 위치하고 있다. 1858년 프랑스 해군장교는 정부의 지시를 받고 클리퍼튼 섬을 탐험하고 상세한 지리적 좌표를 만들어 프랑스 주권을 선포하였다. 프랑스는 이러한 사실을 하와이 정부에 통고하였으며 이에 관한 고시가 하와이 신문에 공표되었다. 1897년 세 명의 미국인이 클리퍼튼 섬에서 허가 없이 구아노를 줍다 적발되자 프랑스와 멕시코가 서로 관할권을 주장하여 양국 간 분쟁이 야기되었다. 멕시코는 1821년 스페인으로부터 독립하였다. 멕시코는 스페인이 동 섬을 발견하였으므로 주권이 자국에게 귀속된다고 주장하였다.

2. 재정요지

  (1) **상징적 지배의 문제**

  1897년 이전에 동 섬에 대한 주권선포 행위는 1858년 프랑스에 의해 행해진 것 밖에 없으므로 동 행위에 의해 프랑스가 영토주권을 취득하는지가 문제되었다. 이에 대해 중재관은 클리퍼튼 섬은 완전히 무인도였기 때문에 단순한 주권의 천명만으로도 섬을 프랑스의 실효적 지배하에 두기에 충분하다고 보고, 프랑스가 1858년에 영토주권을 취득하였다고 판단하였다.

  (2) **발견의 법적 효력**

  멕시코는 스페인이 클리퍼튼 섬을 발견했다고 주장하였으나 스페인이 동 섬을 발견했다는 증거도 없을 뿐만 아니라 설사 스페인이 동 섬을 발견했다고 하더라도 그러한 발견은 실효적인 점유를 동반해야 하는데 그 점 또한 입증되지 않았다고 판결하였다.

동부그린란드 사건(덴마크 대 노르웨이, PCIJ, 1933)

1. 사실관계

  그린란드 섬은 900년경에 발견되어 약 1세기 후부터 식민활동이 개시되었으며 13세기에는 동 지역에 노르웨이 왕국이 식민지를 건설하였다. 노르웨이와 덴마크는 동군연합을 형성하고 있었으나 1814년 키일조약에 의해 덴마크는 그린란드 및 아이슬란드를 제외한 노르웨이를 스웨덴에 이양하였다. 노르웨이는 스웨덴과 동군연합을 형성하고 있다 1905년 독립하였다. 19세기부터 20세기 초에 걸쳐 덴마크는 그린란드를 자신의 주권하에 두었고, 제1차 세계대전 중 및 종료 후에 미국, 영국, 프랑스, 일본, 이탈리아, 스웨덴 등에 대해 동 지역에 대한 주권의 승인을 요구하였다. 대부분의 국가는 덴마크의 주권 승인 요구에 긍정적이었으나 노르웨이는 동부 그린란드에서의 자국민의 어업의 자유를 주장하면서 덴마크의 주권 승인 요구를 거부하였다. 1919년 노르웨이 외무장관은 그린란드 전체에 대한 덴마크의 영유권 문제에 관해 이의를 제기하지 않겠다는 구두약속을 한 바 있었다. 1931년 7월 10일 노르웨이는 동 지역이 무주지라고 주장하고 선점을 선언하였다. 덴마크는 양국이 모두 수락한 선택조항에 기초하여 이 사건을 PCIJ에 제소하였다.

2. 판결요지

(1) 동부그린란드에 대한 영역권의 주체 - 덴마크

PCIJ는 실효적 지배의 원칙에 기초하여 덴마크의 영역권을 승인하였다. 법원은 할양 조약과 같은 권원이 아니라 권위의 계속적인 표시만을 주권의 근거로 삼기 위해서는 두 가지 요소가 필요하다고 보았다. 즉, 당해 지역에 대한 주권자라는 의사와 그러한 의사에 기초하는 권위가 실제로 어느 정도 행사되거나 표시되어야 한다는 것이다. 그리고 법원은 만일 타국이 당해 영역에 대하여 주권을 주장하고 있다면 어느 정도 그 사정도 고려해야 한다고 하였다. 덴마크는 타국들과 체결한 조약에서 동부 그린란드를 덴마크의 영토로 언급하고 그곳에서의 무역을 허락하였으며, 덴마크의 일부 입법적·행정적 규정을 그곳에 대해서도 적용하고, 국제적 승인을 얻으려고 시도하기도 하였다. 이러한 사실들은 덴마크가 실효적 지배를 통해 영역권을 취득했다고 인정할 수 있는 충분한 증거들이다.

(2) 상징적 지배의 인정 여부 - 적극

다른 국가가 더 우월한 주장을 입증할 수 없는 한 인구가 별로 없거나 살지 않는 지역의 경우에는 주권적 권리의 실제적 행사가 거의 요구되지 않는다.

(3) 노르웨이 외무장관의 발언의 효력

1919년 7월 22일 노르웨이 외무장관의 덴마크 공사에 대한 구두 답변은 그린란드에 대한 덴마크의 주권을 확정적으로 승인한 것이라고는 할 수 없지만, 외무장관의 선언에 의한 약속의 결과로써 노르웨이는 그린란드 전체에 대한 덴마크의 주권을 다투지 않을 것과 그 영토를 점령해서는 안 될 의무를 부담하였다.

 관련판례

Sovereignty over Pulau Ligitan and Pulau Sipadan(Indonesia / Malaysia, ICJ, 2002)

1. 사실관계

(1) 인도네시아와 말레이시아 간 리기탄과 시파단 도서 분쟁 사안으로서 두 섬은 말레이시아의 사바(Sabah)주의 남동 해안인 셀레베스해(Celebes Sea)에 위치하고 있다. 이 분쟁은 1979년 말레이시아가 석유와 가스 등 부존자원이 풍부한 암발랏 해역과 리기탄, 시파단 섬을 지도에서 자국 영토로 표기하면서 시작되어 30년 가까이 지속되어 온 분쟁이다.

(2) 양국은 1992년부터 1994년 사이 수차에 걸쳐 협상을 진행하였으나 성과가 없었다. 따라서 양국은 이 분쟁을 ICJ에 회부하기로 합의하였다.

(3) 2002년 12월 선고에서 ICJ는 리기탄 섬과 시파단 섬의 영유권이 말레이시아에 있다고 판시하였다.

2. 법적 쟁점

(1) 1891년 협약의 효력
(2) 역사적 권원과 권원의 승계
(3) 지도의 증거력
(4) 실효적 지배
(5) 항의결여와 묵인

3. ICJ 판결

(1) 결론

실효적 지배를 고려하여 말레이시아의 영유권을 인정하였다. 1891년 조약, 역사적 권원과 승계 등의 주장은 배척되었다.

(2) 1891년 협약의 효력

인도네시아는 1891년 네덜란드(인도네시아 지배)와 대영제국(말레이시아 지배)이 체결한 조약에 기초하여 네덜란드가 영유권을 가졌고 이후 인도네시아가 이를 승계하였다고 주장하였다. ICJ는 조약법에 관한 비엔나협약 제31조 및 제32조상의 조약해석기법을 적용하여 해석하였다.

결과적으로 ICJ는 1891년 조약이 리기탄과 시파단 섬이 인도네시아쪽에 속하도록 경계선을 의도하였음이 명확히 드러나지 않는다고 하여 인도네시아의 주장을 인정하지 않았다.

(3) 역사적 권원과 권원의 승계

인도네시아와 말레이시아는 모두 영유권원의 승계를 주장하였으나 ICJ는 모두 배척하였다. 인도네시아는 부룽간의 술탄 ⇨ 네덜란드 ⇨ 인도네시아로 영유권이 승계되었다고 주장하였다. 말레이시아는 리기탄 섬과 시파단 섬에 대한 Sulu의 술탄의 영유권이 스페인 ⇨ 미국 ⇨ 영국 ⇨ 말레이시아로 승계되었다고 주장하였다. ICJ는 말레이시아와 인도네시아가 제시한 증거를 고려한 끝에 각각의 술탄이 분쟁대상 지역을 영유하였는지가 명확하지 않다고 하였다.

(4) 지도의 증거력

지도의 증거력에 대해 ICJ는 영유권을 취득하는 법적 권원을 부여하지 않는다고 판시하였다. 지도가 법적 효력을 가지기 위해서는 관계국들이 그 지도의 효력에 대해 합의하였음이 명확히 드러나야 한다고 하였다. ICJ는 리기탄섬과 시파단 섬의 영유권자가 누구인가를 명확히 보여주는 합의된 지도나 문서가 존재하지 않는다고 하였다.

(5) 실효적 지배

ICJ는 조약에 기초한 권원 주장과 역사적 권원을 승계하였다는 주장을 배척하고, 실효적 지배에 기초하여 말레이시아의 영유권을 인정하였다. 실효적 지배의 정도에 있어서 동부그린란드 사건과 마찬가지로 사람이 살지 않거나 살 수 없는 영토의 경우에는 만약 다른 국가가 우월한 주장을 하지 않는다면 주권의 실질적인 행사의 정도가 다소 약하더라도 영유권을 인정할 수 있다고 판단하였다. 이에 기초하여 ICJ는 인도네시아가 제시한 실효적 지배의 증거는 실효적 지배를 증명하기에 충분하지 않다고 판단하였다. 반면 말레이시아가 제시한 증거, 즉 거북이 수렵에 대한 규제, 조류서식지 보호구역 지정, 등대 설치와 운영 등은 실효적 지배를 입증하기에 상대적으로 강력한 증거력을 가진다고 하였다. 따라서 말레이시아의 영유권을 인정하였다.

(6) 항의결여와 묵인

ICJ는 말레이시아가 주장하는 실효적 지배의 사실에 대해 네덜란드나 인도네시아가 항의하거나 영유권을 주장하지 않았다는 사실에 주목하였다. 말레이시아가 분쟁도서에 등대를 세울 때 항의하지 않았다. 이로써 인도네시아가 말레이시아의 동 도서에 대한 영유권을 승인하였거나 자국의 영토를 묵시적으로 포기하고 말레이시아의 영유권을 묵인하였다고 볼 수 있다고 하였다.

(3) 효과

선점의 요건이 구비되면 선점하는 국가는 그 지역을 국가영역으로 취득한다. 선점이 확립된 후에는 일시적 점유 중단이 있더라도 선점이 무효가 되는 것은 아니며, 선점지역이라도 일단 포기하면 타국의 선점대상이 된다.

페드라 브랑카, 미들락스 및 사우스레지 영유권 분쟁 사건(말레이시아 대 싱가포르, ICJ, 2008)

1. 사실관계

페드라 브랑카는 무인도로서 길이 137m, 평균 폭 60m의 화강암지대이다. 인도양과 남중국해를 잇는 국제무역항로이자 매일 900여 척의 선박이 통항하는 싱가포르 해협의 동쪽 입구에 위치하고 있다. 미들락스는 페드라 브랑카로부터 남쪽으로 약 0.6해리 떨어져 있으며, 항상 수면 위에 있는 두 개의 암초군이다. 사우스레지는 페드라 브랑카로부터 남서쪽으로 약 2.2해리 떨어져 있는 간출지(low-tide elevation)이다. 말레이시아가 1979년 출판한 정부 간행 지도에 페드라 브랑카(또는 풀라우 바투 푸테) 섬을 '풀라우 바투 푸테'라는 이름을 붙여 자국의 영해 내에 속하는 것으로 표시하자, 실질적으로 동 섬을 관할하고 있던 싱가포르가 1980년 서면 항의함으로써 페드라 브랑카 도서 영유권 분쟁이 발생하였다. 싱가포르와 말레이시아는 합의에 의해 ICJ에 제소하였다.

2. ICJ 판결

(1) 판결

페드라 브랑카의 영유권은 싱가포르에게 있고, 미들락스의 영유권은 말레이시아에게 있으며, 사우스레지는 영해 중첩 수역에 있으므로 추후 경계획정에 따라 결정될 것이다.

(2) 무주지 선점론 - 기각

ICJ는 싱가포르의 무주지 선점론을 부인했다. ICJ는 페드라 브랑카 섬이 국제해협인 싱가포르 해협 내 항해상 위험요소였던 바, 페드라 브랑카 섬이 그 지역에서 발견된 적이 없다거나 미지의 섬이었다는 싱가포르의 주장을 일축했다.

(3) 고유영토론 - 인정

ICJ는 말레이시아의 고유영토론을 받아들였다. 네덜란드 동인도 회사가 페드라 브랑카의 주변 해역에서 선박을 나포한 것에 대한 조호르 국왕의 항의서한, [싱가포르 자유신문]에서 페드라 브랑카 섬을 술탄령으로 기술했던 점 등이 말레이시아의 고유영토론을 지지하는 증거라고 하였다. 또한 ICJ는 당시 영국 관헌들의 보고서에서 페드라 브랑카 해역에 살던 오랑 라우트족이 조호르국에게 복속했다는 내용을 중시하여 말레이시아가 싱가포르 해협 내 모든 도서에 대해 '계속적이고 평화롭게 영유권을 행사'했다는 것을 인정하였다. 요컨대 ICJ는 19세기 중반까지 말레이시아가 페드라 브랑카의 원시적 권원(original title)을 가지고 있었다고 보았다.

(4) 1824년의 '크로퍼드 조약'의 문제

ICJ는 동 조약에 의해 싱가포르와 일대 해역에 대한 권리를 영국에 할양했음에도 불구하고 말레이시아의 페드라 브랑카 섬에 대한 영유권에는 영향이 없었다고 판시하였다. 그러나 이 조약을 통해 오히려 영국이 말레이시아의 페드라 브랑카 영유권을 승인했다는 말레이시아의 주장은 배척했다.

(5) 영유권의 이전

ICJ는 페드라 브랑카가 말레이시아의 고유영토였다고 해도 이러한 영유권은 싱가포르에 이전되었다고 판단하였다. ICJ는 '타방 국가가 주권자로서의 자격으로 한 행위, 즉 타방 국가가 명시적으로 영유권을 표명한 것에 대해 영유권을 가지고 있는 국가가 대응(respond)하지 않는다면, … 그 결과 특별한 사정하에서 영유권이 양도될 수 있다'고 하였다. 이러한 관점에서 ICJ는 1957년 조호르 국왕의 회신을 결정적인 증거로 판단하였다. 싱가포르 식민당국이 페드라 브랑카의 법적 지위가 불분명하므로 동 섬의 임대나 할양 및 처분 여부를 알 수 있는 어떠한 문서가 있는지 알려주라고 요청하자 조호르 정부는 페드라 브랑카 암석의 소유권(ownership)을 주장하지 않는다는 것을 통보해 주었다. ICJ는 이러한 회신을 조호르 국왕의 페드라 브랑카에 대한 '영유권'(sovereignty)의 포기로 간주했다.

독도 영유권

1. 문제의 소재

독도 영유권에 대한 한국의 입장은 '독도는 명백한 한국의 영토이며 일본의 어떠한 주장에도 불구하고 영유권 문제는 협상의 대상이 될 수 없다'는 것이며 일관되게 이를 천명하고 있다. 이러한 입장을 고수하기 위해 '독도는 명백한 역사적·지리적 근거에 의해 한국의 영토임이 분명하고 현재도 한국이 평화적이고 계속적으로 영토주권을 독도에 대해 행사하고 있으므로 독도에 관한 한 영유권 분쟁은 존재하지 않는다'는 입장을 취하고 있다. 한국 정부는 일본과의 영유권 분쟁의 존재를 인정하는 것이 한국의 독도에 관한 법적 지위를 훼손하는 것으로 간주하고 있다. 그럼에도 불구하고 일본은 지속적으로 독도에 대한 영유권을 주장하고 있다. 독도 영유권에 대한 한국과 일본의 주장을 검토하고, 최근 문제가 되고 있는 한일어업협정과 독도 영유권의 문제를 논의한다.

2. 일본 측의 주장

일본 측의 영유권 주장은 대체로 독도에 대한 선점을 통한 원시취득, 한국에 의한 묵인, 대일강화조약 제2조의 해석론에 기초하고 있다.

(1) 독도에 대한 선점

일본의 주장은 우선, 독도를 선점함으로써 원시취득했다는 것이다. 일본은 독도가 태종대의 공도정책 이래 방기된 땅으로서의 무주지였고, 1905년 독도를 시마네현에 편입시킴으로써 선점을 완료하였다고 주장한다.

(2) 한국의 묵인

일본 정부는 독도를 일본이 편입한 후 어느 외국에 의해서도 문제된 일이 없고, 한국 측으로부터 편입조치에 대한 항의가 없었음을 이유로 독도 편입에 대한 묵시적 승인이 있었다고 주장한다.

(3) 샌프란시스코 대일평화조약 제2조 제(a)호

동 조항은 일본이 한국의 독립을 승인하고 "제주도, 거문도 및 울릉도를 포함하는 한국에 대한 모든 권리와 권원 및 청구권을 포기한다."라고 규정하고 있다. 이에 대해 일본 정부는 포기되는 한국 영토에 독도가 포함되지 않았음을 이유로 일본이 독도를 방기한 바 없다고 주장한다.

3. 일본 측 주장에 대한 비판

(1) 선점 주장에 대한 비판

① **무주지인가?**: 우선, 일본의 선점에 의한 영유권 취득주장에 대해서는 일본이 선점의 요건을 단 하나도 충족하지 못했다고 반박할 수 있다. 우선, 포기에 의한 무주지의 경우 포기의 사실과 포기의사가 존재해야 하나, 한국은 영유권 포기의사를 표명한 바가 없다. 오히려, 태종대의 공도정책 이후 세종대에서 울릉도와 함께 독도를 강원도 울진현에 편입하는 적극적인 정책을 취했다. 또한 공도정책을 펴는 와중에서도 수년에 한번씩 이 지역을 정기적으로 순찰해 온 기록이 있는 바, 이는 이 지역에 대한 실효적인 지배를 해 온 것으로 본다.

② **영유의사가 있었는가?**: 선점의 주관적 요소인 영유의사가 결여되어 있다. 선점의 의사는 대외적으로 표시되어야 한다. 그러나 일본 정부는 독도에 대한 선점의 의사를 대외적으로 표시한 바가 없다. 1905년 1월 28일 독도편입조치를 위한 일본 각의의 결정과 동년 2월 22일 시마네현(島根縣) 고시는 선점의 의사를 대내적으로 표시한 것에 불과하므로 대외적으로 이를 표시한 것으로 인정할 수 없다.

③ **통고하였는가?**: 선점에 있어서 통고의 의무가 반드시 국제법상 확립된 것은 아니라 할지라도 통고를 한 선례가 있고 또한 국제분쟁의 방지 차원에서 바람직하다고 볼 때 일본이 독도의 편입조치에 있어서 이해관계 당사국인 한국에 통고를 하지 않았다는 것은 일본의 독도 편입조치의 근거가 박약함을 말해 준다.

(2) 묵인에 대한 반박논리

첫째, 1904년 8월 22일 제1차 한일협약에 의해 한국의 외교권이 사실상 박탈된 후였으므로 한국 측은 의사표시를 할 수 없었다. 둘째, 한국에 시마네현 고시 관련 사실이 알려진 것은 1905년 을사조약에 의해 한국의 외교권이 박탈된 후였다. 요컨대, 1905년 11월 이전에 한국이 외교권을 행사할 수 있었다고 할지라도 일본의 편입사실을 알지 못했으며, 동 사실을 알고 항의할 수 있는 시점에서는 외교권이 박탈됨으로써 항의할 수 없었다. 따라서 한국이 일본의 독도 편입을 묵인했다는 주장은 타당하지 않다.

(3) 대일평화조약 제2조의 해석문제

한국학자들의 견해는 일본의 해석론과 다르다. 첫째, 동 조항은 열거방식이 아니라 예시방식으로 규정되고 있으므로 포기되는 도서는 이에 국한되지 않는다. 둘째, 대일평화조약은 기존의 관련합의를 확인한 것에 불과하며 이전의 합의에서 독도가 포기됨이 명시되었으므로 대일평화조약에 독도를 일본의 영토에서 배제하지 않는다는 명시적 규정이 없는 한 독도를 일본으로부터 분리되는 지역으로 규정할 수 없다. 셋째, 동 조항에 열거된 섬이 한국의 최외측에 위치한 도서만을 열거한 것은 아니다. 제주도 남방 외측에 마라도가 위치하고 있으나 동 조항은 마라도를 열거하지 아니하고 제주도를 열거하고 있다.

5. 첨부(accretion)

영역취득원인 중 가장 오래된 형태로서 자연적 현상에 의해 영역이 증가되는 경우를 말한다. 하구의 삼각주 형성과 해안의 충적지 형성 등이 이에 속한다. 첨부가 발생한 경우 영해의 폭원을 측정하는 기선도 변경된다. 첨부에 의한 영토취득에는 국가의 법적 행위나 국제법적 승인을 요하지 않는다.

6. 시효(prescription)

(1) 의의

장기간에 걸쳐 평온하게 타국 영토를 점유·지배함으로써 그 영토를 취득하는 제도를 말한다. 즉, 시효는 시효경과의 효력으로 인한 권리의 취득 또는 소멸을 인정하는 법제도로서 그 기원의 선의(bona fide) 또는 악의(mala fide)를 묻지 않고 장기간 계속된 일정 사태를 적법으로 간주하는 것이다.

(2) 요건

국제법상 시효가 성립하려면 다음의 요건을 요한다. ① 타국 영토를 점유·지배해야 한다. 이 점에서 무주지를 점유하는 선점과 다르다. ② 점유·지배는 장기적이어야 한다. 기간에 대해서는 국제법상 확립된 바 없다. ③ 평온하게 점유·지배해야 한다. 만일 타국이 항의하거나 그 밖의 방법으로 반대의사를 표명한 경우에는 평온한 상태가 되지 않는다.

(3) 효과

시효의 요건을 갖추고 시효가 완성된 경우 그 영역은 현실적으로 지배하고 있는 국가의 영유가 된다.

(4) 판례

① **Chamizal 사건(미국 대 멕시코, 중재, 1911):** 멕시코의 영토였던 차미잘지역이 홍수로 인해 미국 측으로 넘어가자 미국은 이곳에서 공권력을 행사하고 시효에 의해 문제의 영토를 취득하였다고 주장하였다. 그러나 멕시코는 이에 대해 여러 해에 걸쳐 항의를 하였다. 중재위원회는 미국의 점유가 방해받지 않고 차단되지 않는 점유에 해당하지 않는다고 보고 멕시코의 주장을 인용하였다. 동 지역의 점유가 미국 측의 무력의 위협 및 사용에 의존하고 있었으므로 멕시코의 외교적 항의는 미국의 시효취득을 막는 데 충분하다고 판단하였다.

② **프레아 비헤아 사원 사건(캄보디아 대 태국, ICJ, 1962):** 이 판례는 시효에 의한 영토취득을 인정한 고전적 판례로 간주된다. 태국과 캄보디아(당시 프랑스의 종속국)의 국경선 획정 사건으로서 양국 공동위원회는 프랑스 장교에게 국경획정을 위임하였고 태국은 이들의 지도를 아무런 이의 없이 승인하였다. 동 지도는 태국 측에 속하는 동 사원지역을 캄보디아영역으로 오기하고 있었다. 국제사법재판소(ICJ)는 두 가지 이유에서 캄보디아의 항변을 인용했다. 첫째, 태국 정부가 지도를 교부받던 당시 항의하는 대신 사본을 요구함으로써 승인하는 듯한 행위를 하였다. 둘째, 1930년 태국의 왕자가 동 지역을 방문하던 당시 동 사원이 프랑스 국기를 게양하고 있었음에도 아무런 항의를 하지 않았다. 즉, 국제사법재판소(ICJ)는 적절한 시한 내에 이의를 제기하지 않은 것은 금반언과 같은 효과를 가진다고 판시하였다.

③ **Kasikili/Sedudu Island(Botswana/Namibia) 사건(1999):** 이 사건에서 나미비아는 분쟁지역에 대한 자국의 권원이 1890년의 영국과 독일 간 조약에 근거하고 있다고 주장하면서, 추가로 시효에 의한 취득을 원용했다. 보츠와나는 이 사건에서는 시효이론이 적용될 수 없다고 하면서도 나미비아가 제시한 취득시효의 요건에는 동의하였다. ICJ는 나미비아가 인용한 요건들이 충족되지 않았으므로 취득시효의 국제법상 지위나 그 조건 문제에는 관여할 필요가 없다고 하였다.

3 영역권의 제한적 취득

1. 의의

국가의 영역, 특히 영토에 대한 국권은 원칙적으로 배타적이나 영역권의 내용은 절대적인 것이 아니며 국제관계의 현실적 요청에 따라 국제법상 제한을 받을 수 있다. 국제법에 의해 영역권이 제한되는 경우 국가는 제한된 범위에서만 국권을 행사할 수 있다. 국가의 영역권에 대한 제한은 무해통항권과 같이 일반국제법에 의한 경우와 조약에 의한 제한으로 대별할 수 있다. 조약에 의한 제한으로는 국제지역, 조차, 국제하천, 국제운하가 있다.

2. 국제지역

(1) 개념

국가 간의 특별한 합의에 의해 일정한 국가영역에 부과되는 영역권의 특별한 제한이다. 국제지역이 설정된 지역은 승역지(servient land)이고 그 지역이 속하는 국가는 승역국이라 하며, 국제지역에 의해 이익을 받는 국가는 요역국이다.

(2) 구별개념

지역권은 '특별한 부담'이라는 점에서 통치작용이 포괄적으로 배제되는 조차지와 다르며, '특정' 국가의 영토에 부과되는 부담이라는 점에서 일반국제법에 의해 '모든' 국가에 부과되는 일반적 의무인 무해통항권과 구별된다.

(3) 유형

내용을 기준으로 요역국이 승역지를 적극적을 이용할 수 있는 '적극적 지역'과 요역지의 이용에 있어서 승역국에 대해 일정한 부작위의무를 부과하는 '소극적 지역'이 있다. 철도부설권, 군대통과권, 어업권 등이 전자의 예이며, 승역국이 승역지에서 요새를 건설하지 않을 의무는 후자의 예에 속한다. 한편, 요역국의 수를 기준으로, 특별지역권(요역국이 1개), 일반지역권(다수 국가), 보편지역권(모든 국가가 요역국)으로 분류된다.

(4) 효과

국가 간의 합의에 의해 국제지역이 설정되면, 요역국은 승역지상에 일정한 권리를 취득하며 승역국은 요역국에 대한 일정한 의무를 부담한다. 지역권의 구체적 내용은 합의에 따라 결정된다.

3. 조차

조차란 국가가 타국과의 특별한 합의에 의해 타국 영역의 일부를 차용하는 것을 말한다. 차용하는 국가를 조차국, 대여하는 국가를 조대국, 조차의 대상이 되는 지역을 조차지(leased territory)라 한다. 조대국은 조차기간 중 조차지에 대해 잠재적 영역권만을 가질 뿐 이에 대한 영역권은 조차국이 행사한다. 따라서 조차지는 조대국의 영역권이 포괄적으로 배제되는 점에서 국제지역과 다르다. 그러나 조차국은 조차지를 처분할 수 없고 조차기간이 만료되면 반환해야 하며, 조차국이 소멸하거나 조차국이 조차권을 포기한 경우 조대국의 영역권이 회복된다. 조차지의 주민은 조대국의 국적을 보유하나, 실질적인 관할권 및 보호권은 조차국이 행사한다. 홍콩은 홍콩섬, 구룡반도, 신계지로 구성되는데, 홍콩섬은 1842년 난징조약에 의해 영국이 중국으로부터 할양받았다. 구룡반도는 1860년 베이징조약에 의해 할양받았다. 신계지는 1898년 제2차 베이징조약에 의거하여 99년의 기간으로 조차한 것이었다. 그러나 1984년 12월 19일 홍콩반환협정에 의해 1997년 7월 1일이 시작하는 밤 12시부터 홍콩 전역이 중국에 반환되었고, 중국은 이를 특별행정구역으로 하여 향후 최소 50년 동안 홍콩의 기존 경제·사회체제를 유지하며, 외교 및 국방을 제외하고는 홍콩주민의 자치를 인정할 의무를 부담하였다.

4 영토취득 관련 기타 쟁점

1. 시제법

영역을 취득하는 규칙들이 수 세기에 걸쳐 변화함에 따라 영역에 대한 권한의 유효성을 결정하기 위해 어느 세기의 법을 적용해야 하는가의 문제가 있다. 이에 대해 시제법의 원칙은 그 취득 당시에 유효했던 국제법규에 입각하여 유효성을 판단하고, 현행법의 소급적 적용은 원칙적으로 인정되지 않는다는 원칙이다.

2. uti possidetis(우티 포시데티스)의 원칙

(1) 의의

라틴아메리카 및 아시아·아프리카 제국은 독립 당시의 식민지 경계선을 독립 후에도 국제법상 계속하여 국경으로 인정하는데 합의하였는바, 이를 우티 포시데티스의 원칙이라 한다. '네가 현재 가지고 있는 것과 같이 네가 계속해서 가지고 있어라'는 의미이다. 민족자결권과 상충할 수 있으나, 국제관계 안정을 위해 인정된다.

(2) 적용범위

첫째, 동 원칙은 당초 라틴아메리카 지역관습이었으나 추후 일반관습화되었다. 따라서 라틴아메리카 이외 지역에서도 적용된다. 둘째, Croatia-Slovenia Land and Maritime Border Dispute 사건에서 중재재판소는 해양법협약들에 내수의 경계획정에 대한 규정이 없으므로 내수 경계획정에도 육지영토에 적용되는 uti possidetis가 적용된다고 하였다. 넷째, ICJ는 Territorial and Maritime Dispute between Nicaragua and Honduras in the Caribbean Sea(2007)에서 uti possidetis 원칙이 해양경계획정에서도 적용될 수 있다고 하였다.

(3) uti possidetis juris와 uti possidetis de facto

uti possidetis는 남미의 스페인 식민지와 유럽제국의 아프리카 식민지가 독립할 때 적용되었던 uti possidetis juris, 즉 '법적' 현재 상태 유지의 원칙을 염두에 둔 것이었으나, 추후 uti possidetis de facto 원칙으로 변형되었다. uti possidetis de facto는 '사실상의' 현재 상태 유지의 원칙을 말한다. uti possidetis juris 원칙이 식민지 독립 당시 구식민국가의 조약을 포함한 법률문서를 기초로 법적 권리에 따라 경계선을 정하는 것인 반면, uti possidetis de facto원칙은 구식민지 경계선의 법적 정의에 관계 없이 독립 또는 조약체결 당시에 각 당사국이 실제로 점유하고 통치하던 영토에 기초하여 경계선을 정하는 것이다. 페루, 베네수엘라, 볼리비아는 각각 브라질과 uti possidetis de facto 원칙에 기초하여 국경조약을 체결한 바 있다.

(4) 사례

첫째, 아프리카 단결기구(OAU)는 1964년 7월 정상회의에서 모든 회원국은 국가독립을 달성할 당시의 경계선을 존중할 것을 약속한다고 하여 uti possidetis 원칙을 인정했다. 둘째, ICJ는 부르키나파소와 말리 간의 Frontier Dipute 사건에서 uti possidetis 원칙은 국가승계 시에 기존 경계선을 존중할 의무로서 이는 일반국제법규로부터 도출된다고 하여, 동 원칙이 일반국제법임을 확인하였다. 또한, ICJ는 이 사건에서 동 원칙이 민족자결원칙과 외견상 모순되는 것처럼 보이나 사실은 민족자결권의 행사를 통해 탄생한 국가들의 국경선의 안정성을 보장하여 그들이 생존하는 것을 가능하게 함으로써 민족자결원칙과 동일한 목표에 봉사하였고, 민족자결이란 더 넓은 원칙의 해석에도 영향을 미쳤다고 하였다. 셋째, ICJ는 부르키나파소와 니제르 간의 Frontier Dispute 사건(2013)에서 uti possidetis원칙을 기초로 국경선을 결정하되, 이로 인해 관련 주민들에게 발생할 수 있는 어려움을 각 분쟁당사국이 충분히 고려하도록 하였다.

3. critical date 이론

critical date(결정적 기일)이란 당사자의 행위가 계쟁된 법률관계에 하등의 영향도 주지 않기 시작하는 그 기일을 말한다. 또한 영역분쟁의 해결에 있어서 당사국 간 분쟁이 발생한 시기를 의미하기도 하며, 영역주권의 귀속이 결정적으로 되었다고 인정되는 시기를 뜻하기도 한다. 이 시기를 기준으로 영역권원의 근거가 되는 사실의 증거력이 결정되며, 이 시기 이후의 당사국의 행위는 증거로서의 가치가 인정되지 않는다. 특히 분쟁의 존재가 명백하게 된 단계에서 당사국이 자기의 입장을 유리하게 할 목적으로 행한 행위에 대해서는 증거력을 부인한다.

4. Thalweg 원칙

Thalweg 원칙은 항행이 가능한 하천의 경우 주된 수로(가항수로)의 중앙선이 국경선으로 된다는 원칙이다. 국제사법재판소(ICJ)는 2005년 'Frontier Dispute, Benin/Niger 사건'에서 국경을 형성하는 가항하천 위에 교량이 있는 경우 별도의 합의가 없는 한 중간선이 아닌 중심 수류의 수직상공에 해당하는 교량 지점을 국경으로 판단하였다. 두 국가 간에 국경을 형성하는 강의 수로가 점진적으로 변경되면 'Thalweg원칙'상 점진적으로 변화된 강의 수로에 따라 국경도 변화되나, 하천의 수로가 홍수 등으로 급격하게 변경된 경우 국경선은 원래의 위치로부터 변경되지 않는다는 'Thalweg의 예외'가 적용된다.

5. effectivités

권원 취득에 직접 관계되는 주권의 표시를 의미한다. 이미 성립된 권원을 확인하기 위한 증거로서의 관할권의 행사나 표시를 말한다. 유효한 권원이 성립된 경우 effectivités는 권원을 확인시키는 역할을 한다. 확립된 권원과 충돌하는 effectivités는 별다른 효력을 가질 수 없다. 권원이 확인되지 않은 경우 effectivités는 영유권 판단에 중요한 역할을 한다.

6. 역사적 응고이론(historic consolidation)

드 뷔셔(de Vissher)가 주장한 이론이다. 영역주권이 특정한 권원 취득방식에 의해 획득되기보다 당초 불안정한 권원이 기간의 경과, 합의, 승인, 묵인 등의 요소에 의해 서서히 응고되고 확정되어 간다는 주장이다. 당초 권원 취득의 불법성을 문제시하지 않는다는 문제점이 있다. 브라운리(I. Brwonlie), 크로폴드(J. Crawford) 등은 동 개념을 부인한다. 국제사법재판소도 역사적 응고이론을 지지하지 않았다.

7. Condominium

한 지역에 대해 복수의 국가가 동등하게 주권을 행사하는 것을 Condominium이라고 한다. 국제사법재판소(ICJ)에 의하면 폰세카만은 니카라과, 엘살바도르, 온두라스의 공동 주권에 속하는 수역이다. New Hebrides는 과거 영국과 프랑스가 공동 주권을 행사하는 Condominium에 해당된 지역이었다.

8. 사인의 행위

영토에 대한 국가의 주권적 권한의 행사, 즉 effectivité는 국가가 행하는 공법적 행위를 통해 이루어진다. ICJ는 Sovereignty over Pulau Ligitan and Pulau Sipadan (2002)에서 사인의 행위는 공적 규제나 정부 권한하에서 발생하지 않으면 effectivité로 볼 수 없다고 하였다.

제2절 | 영공

1 의의

1. 영공의 개념

영공이란 영토 및 영수를 덮고 있는 상공으로 구성된 국가영역을 말한다. 영공은 영토와 영수를 기준으로 그 범위가 결정된다. 제1차 세계대전 이전까지 국가영역 상공은 자유라는 견해와 국가는 영역상공에 대해 절대적·배타적 주권을 갖는다는 견해가 대립하였으나, 제1차 세계대전에서 항공기를 이용한 공중전이 대규모로 전개되자 중립국들을 중심으로 영역상공에 대한 즉각적이고도 배타적인 주권을 주장하게 되었다.

2. 연원

현재 영공의 배타성에 대해서는 국제관습법으로 확립되어 있다. 영공에 대한 국제법적 규율은 1919년 파리 국제항공협약 및 이를 대체한 1944년 시카고 민간항공협약(이하 시카고협약)에 의해 이루어지고 있다. 또한 시카고협약의 보충협정으로서 국제항공업무통과협정과 국제항공운송협정이 있다.

2 영공의 수직적 한계

1. 문제의 제기

제2차 세계대전 이후 특히 1950년대 들어서면서부터 로켓 및 인공위성의 급속한 발달로 외기권에까지 인간의 과학이 지배하게 되었다. 그 전까지 국가들은 영공의 상방은 무한적으로 영토국이 지배한다는 인식을 가지고 있었으나, 우주활동이 본격화되면서 이러한 주장이 폐기된 것이다. 이와 동시에 우주법이 발달하면서 영공과 우주의 경계설정 또는 영공의 수직적 한계 설정문제가 긴요한 문제로 대두되었다.

2. 학설

영공의 수직적 한계를 설명하는 학설은 항공기도달설, 실효적 지배설, 대기권설, 인공위성설이 대립하고 있다. 항공기도달설은 항공기가 비행할 수 있는 상방한계까지를 영공의 한계로 본다. 실효적 지배설은 상공에 영토국의 실효적 지배가 가능한 한 영토국의 주권이 미친다는 학설이다. 대기권설은 공기가 존재하는 곳을 영공으로 보는 것이고, 인공위성설은 인공위성의 우주활동이 가능한 공간의 하한선을 경계로 하여 지상에서 여기까지의 공역을 영공이라 보는 견해다. 이 밖에도 지구 표면으로부터의 거리 대신 활동의 성질을 기준으로 하는 기능적 접근법도 제기된다.

3. 관행

인공위성이 발사되는 경우 지구상의 거의 모든 국가의 상공을 통과함에도 불구하고 발사국들은 영토국에게 사전통고를 하지 않으며, 다른 국가들도 영공침해로 항의하지 않는다. UN총회나 '우주공간의 평화적 이용위원회'에서의 각국 대표의 발언에 의하면 각국은 상방공역을 '대기권'과 '외기권'으로 구별하여 외기권에 대해서는 지상국가의 영역권이 미치지 않는다는 점을 승인하고 있다.

3 방공식별구역 및 비행정보구역

1. 방공식별구역

(1) 개념

국가안보의 목적상 항공기의 용이한 식별, 위치 확인, 통제 등을 위해 영공 외곽에 설정되는 공역이다.

(2) 법적 근거 및 지위

방공식별구역의 법적 근거에 대해 자유비행이 인정되는 공해 등의 상공에 이러한 통제를 강제할 국제법적 근거가 없다는 주장, 국제민간항공기구(ICAO)협약 제11조 또는 제12조에서 근거를 찾을 수 있다는 주장, 오랜 실행과 묵인을 통해 이제는 관습국제법(최소한 지역관습법)이 되었다는 주장 등이 제시되고 있다. 현대 항공기가 무기의 발달수준에 비추어 볼 때 방공식별구역의 설정 필요성은 대체로 인정되고 있다. 그러나 국제법상 상공비행의 자유가 인정되는 구역에 연안국이 일방적으로 규제를 설정할 수는 없다. 현재 방공식별구역은 대부분의 국가가 실시하고 있는 제도가 아니며 그 운영 폭도 다르고 통일된 기준도 없으므로 일반적 관행이 수립되었다고 할 수 없다. 방공식별구역의 운영은 어디까지나 자발적 협조를 근거로 하고 있으며 이 구역에서 외국 비행기가 연안국의 통제에 따르지 않는다고 하여 제재를 가하거나 공격 등을 할 수는 없다.

(3) 미국

한국전쟁 발발 직후인 1950년 12월 미국 정부는 대서양과 태평양 상공에 폭 250 ~ 350해리 구역의 방공식별구역을 선포했다. 미국은 제2차 세계대전 중에도 유사한 제도를 운영했다. 방공식별구역의 대부분은 공해의 상공이었으나 이 구역을 통해 미국 영공으로 진입하려는 모든 비행기는 사전에 경로, 목적지, 비행기에 관한 명세 등을 고지하고 지상관제소의 통제에 따르도록 요구되었다. 주로 방위의 목적으로 실시되었다.

(4) 북한

북한은 방공식별구역을 별도로 선포하지 않았으나 1977년 동해와 서해에 군사경계수역을 선포하고 이의 상공에서는 군용항공기는 물론 민간항공기도 북한 당국의 허가를 받아야만 출입할 수 있도록 하였다. 이를 통해 방공식별구역 선포 이상의 강력한 통제를 실시하고 있다.

(5) 중국 등

중국은 2013년 11월 23일 한국 측 기존 구역의 남단 일부를 포함하고 일본 측 구역과 광범위하게 겹치는 동중국해 방공식별구역을 선포했다. 캐나다, 일본, 필리핀, 인도, 영국 등 약 30여 개 국가가 방공식별구역을 설정, 운영하고 있다. 러시아는 공식적인 방공식별구역을 선포하지 않고 있다.

(6) 우리나라 관행

한국의 방공식별구역은 1951년 3월 22일 미국 태평양 공군사령부가 한국, 일본, 대만 등에 관해 이를 설정한 데서 시작된다. 이는 6·25전쟁이 진행 중인 당시 미 태평양 공군의 방위책임구역을 분배하는 형식으로 설정되었는데 휴전협정 이후에도 별다른 국내조치 없이 그대로 유지되었다. 한국은 2007년에야 군용항공기운영 등에 관한 법률을 제정함으로써 비로소 이에 관한 국내법상의 근거를 만들었다. 그러나 2008년 고시된 한국의 방공식별구역은 과거 미국 공군이 작전구획용으로 설정한 선을 기준으로 삼았기 때문에 영공조차 포함되지 못한 지역이 있었고 이어도 상공 등 한국의 배타적 경제수역으로 예상되는 지역이 배제되기도 하였다. 한국 정부는 국제민간항공기구(ICAO)의 인천 비행정보구역에 맞춰 남부지역의 방공식별구역을 확대하기로 결정하고 이를 2013년 12월 15일부터 시행하고 있다.

2. 비행정보구역

비행정보구역이란 국제민간항공기구(ICAO)에서의 합의를 바탕으로 할당되어 비행정보와 경보 등의 서비스가 제공되는 일정 구간의 공역이다. ICAO는 전세계 공역을 세분하여 각 구역마다 책임 당국을 지정하고 이들에게 항공기 운항에 필요한 관제정보를 통신으로 제공하게 한다. 공해상에도 설정된다. 작은 국가의 경우 수개국 영공이 통합되어 하나의 비행정보구역으로 지정되기도 하고 면적이 큰 국가는 여러 개의 비행정보구역으로 나뉘기도 한다. 구역을 책임진 국가는 항공관제서비스를 제공할 의무를 지지만 이에 대한 금전적 대가도 받는다. 항공기 사고 시 구조와 수색의 1차적 책임을 진다. 민간항공의 안전과 효율을 도모하기 위한 제도에 불과하며 비행정보구역은 영공 주권의 인정과는 직접 관계가 없다.

4 영토국의 국권

1. 법적 성질

영공에 대한 영토국의 국권의 법적 성질에 대한 통설은 '완전주권설'이다. 즉, 국가는 원칙적으로 영공에 대해 배타적 주권을 행사한다. 파리협약과 시카고협약 역시 "모든 국가는 영역 상부공역에서 완전하고도 배타적 주권을 가진다."라고 규정하여 완전주권설을 확인하고 있다.

2. 내용

국가는 영공에 대해 배타적 주권을 행사할 권능을 가진다. 따라서 일반국제법상 제한이 없는 한, 국가는 영공에서 외국 항공기의 비행을 금지할 수 있다. 현재 영공주권에 대한 일반국제법상 제한은 존재하지 않고, 국가는 타국가들과 조약에 의해서만 외국 항공기의 자국 영공 비행을 허용할 의무를 질 뿐이다.

3. 영공침범에 대한 영토국의 대응

(1) 민간항공기의 영공침범(조난)

시카고협약 제25조는 조난항공기에 대한 원조의무를 규정하고 있다. 따라서 조난에 의한 영공침범의 경우 긴급착륙을 포함해서 무해통과권을 인정하는 것이 합리적이다. 한편, 동 조항은 체약국에 대해서만 원조의무를 부과하고 있으나, 오늘날 국제관습법화되었다고 볼 수 있다.

(2) 민간항공기의 영공침범(고의·과실)

고의적인 영공침범의 경우 영토국이 경고 및 착륙요구를 한 뒤 최종적으로 무력을 사용할 수 있다. 그러나 민간여객기에 대해서는 어떠한 경우에도 무력을 사용해서는 안 된다. 한편, 과실에 의한 영공침범의 경우는 조종사가 경고조치나 착륙명령에 따르지 않는다고 하더라도 결코 무력사용에 호소할 수 없다.

대한항공 007기 사건

대한항공 007기 사건은 1983년 사할린 상공에서 격추되어 269명이 사망한 사건이다. 민간항공기에 대해 무력이 사용될 때마다 ICAO는 이를 시카고협정 위반이라고 강력히 비난했다. 대한항공 007기 사건을 계기로 1984년 ICAO 총회는 시카고협정에 "체약국은 모든 국가가 비행 중인 민간 항공기에 대한 무기사용을 자제해야 하며 요격할 경우 탑승자의 생명과 항공기의 안전을 위험에 빠뜨리지 말아야 함을 인정한다."라는 조항을 신설하였다. 그러나 이 뒤에는 "이 조항은 UN헌장에 규정된 국가의 권리·의무를 해하는 방법으로 해석되지 아니한다."라는 구절이 추가되었다.

9·11테러 상황에서 무력사용의 문제

9·11테러와 같이 커다란 피해를 초래하기 위해 돌진하는 민간 항공기에 대해 국가는 어떻게 대응할 수 있는가? 더 많은 생명을 구하기 위한 극단적 상황이라면 정당방위 또는 자위권의 행사로서 국가가 민간 항공기에 전혀 무력을 사용할 수 없다고는 해석되지 않는다. 다만, 일시 영공을 침범한 민간 항공기가 자국에 별다른 위험을 야기하지 않고 단순히 도주하는 경우 이를 막기 위한 무력사용은 금지된다고 해석된다.

(3) 국가항공기의 영공침범

국제관습법상 어떤 국가의 국가항공기도 사전허가 없이 타국의 영공에 고의 또는 과실로 들어가서는 안된다. 또한 허가 없이 고의 또는 과실로 진입한 국가항공기에 대해서는 국가면제 및 불가침성이 인정되지 않는다. 다만, 조난 또는 악천후로 인한 영공침범의 경우 일종의 무해통과권을 인정해야 한다(유고의 미군 수송기 격추 사건, 1946). 군용기를 포함한 국가 항공기가 외국 영공을 무단으로 침입하여 영공국의 착륙 요구에 불응하는 경우에는 격추할 수 있다. 과거 주로 군용기의 격추 사건에 있어서는 피격 위치가 영공이었는지 공해상이었는지만이 주로 문제되었다. 일단 영공을 고의적으로 침범한 군용기에 대한 요격과 격추는 국제법 위반으로 항의되지 않았다. 다만 영공국은 무력사용에 앞서 침입의 원인이나 의도를 파악하고 착륙을 유도하기 위한 조치를 선행해야 한다.

5 시카고협약의 주요 내용

1. 시카고협약의 적용범위

민간항공기 대한 영공 개방 관련 다자체제의 기초를 이루고 있는 조약이 1944년 채택된 시카고협약이다. 동 협약에 기초하여 국제민간항공기구(ICAO)가 창설되었다. 시카고협약은 민간항공기에만 적용되고, 국가항공기에는 적용되지 않는다. 군, 세관 및 경찰 업무에 사용되는 항공기는 국가항공기로 간주된다. 소유주가 누구인지는 문제되지 않는다. 국가원수와 기타 고위공직자들을 위해 준비되는 항공기도 국가항공기로 간주된다. 공해 상공에서의 비행에도 시카고협약이 적용된다.

2. 항공기의 정의

시카고협약 제7부속서에 의하면 항공기란 공기의 반동으로 대기부양을 얻을 수 있는 모든 기계를 말한다. 비행기, 수상비행기, 헬리콥터, 글라이더, 연 등이 포함된다. 그러나 미사일, 로켓, 지구위성 등은 공기의 반동으로 얻어지는 부양에 관계없이 하늘을 날 수 있으므로 항공기의 범주에 들지 않는다.

3. 항공기의 국적

시카고협약에 의하면 항공기는 등록된 국가의 국적을 갖는다(제17조). 항공기의 등록에 진정한 관련(genuine link)이 요구되는가에 대해서는 시카고협약에 명문규정이 없다. 한편, 1980년 몬트리올의정서에 의해 채택된 시카고협약 제8조 bis(추가조항)는 등록국이 항공기의 주영업지 소재지국에게 등록국으로서의 권리와 의무를 이전하는 것을 허용하고 있다.

4. 부정기항공기에 대한 영공 개방

시카고협약 당사국 상호 간에는 부정기항공기에 대한 일종의 무해통항권을 인정해야 한다. 시카고협약 제5조는 정기국제항공업무에 종사하지 아니하는 항공기가 사전의 허가를 받을 필요 없이 무착륙 횡단비행 또는 운송 이외의 목적으로 착륙하는 권리를 체약국들이 부여하도록 규정하고 있다. 이 경우 피비행국은 착륙요구권을 보유한다. 부정기항공기라 할지라도 전세항공에 종사하는 경우는 제6조의 규율을 받아 사전허가를 얻어야만 체약국에 들어갈 수 있다.

5. 정기국제항공기에 대한 영공 개방

정기국제항공기에 대해서는 '국제항공업무통과협정'(두 개의 자유협정)과 '국제항공운송협정'(다섯 개의 자유협정)에 의해 규율하고 있으나, 국가별 양자협정이 보다 중요한 역할을 한다. 두 개의 자유협정상의 자유는 ① 정기국제항공기가 체약국의 영공을 무착륙으로 통과할 권리, ② 운송 이외의 목적으로 체약국의 영토에 착륙할 권리, 즉 기술적 착륙의 자유를 의미한다. 한편, 다섯 개의 자유협정은 앞의 협정상의 자유에 ① 기국으로부터 허가국으로 승객·화물·우편물을 운송할 권리, ② 허가국으로부터 기국으로 승객·화물·우편물을 운송할 권리, ③ 기국을 경유하여 허가국과 타국 사이에서 승객·화물·우편물을 운송할 권리 등이 추가되었다.

6. 분쟁해결

시카고협약은 분쟁의 강제적 해결절차와 더불어 상소제도를 도입하고 있다. 교섭에 의해 분쟁이 해결되지 않은 경우 총회에서 임기 3년으로 선출되는 36개 회원국으로 구성되는 ICAO 이사회가 관련 국가의 신청에 따라 분쟁을 해결한다. 이사회 결정에 대해 이의가 있는 경우 분쟁당사국들이 합의하는 중재재판소나 PCIJ(현재 ICJ)에 상소할 수 있다. 중재재판에 합의되지 않는 경우 강제로 중재재판소가 구성된다. 재판소 결정은 최종적이며 구속력이 있다.

6 항공범죄에 대한 국제법적 규제

1. 항공범죄의 개념 및 규범체제

(1) 개념

국제법상 항공범죄라 함은 민간항공기에 대한 불법탈취(hijacking), 불법점거행위, 기타 항공기의 항행의 안전을 위태롭게 하는 범죄를 의미한다. 이러한 항공범죄들은 인명과 재산의 안전을 위태롭게 하고 항공업무수행에 중대한 장해를 주어 민간항공의 안전에 대한 전 세계 인류의 신뢰를 저해한다.

(2) 규범체제

종래 항공범죄, 특히 항공기 불법탈취행위는 '공해'상의 해적행위와 유사한 법리하에서 다뤄왔으나 항공범죄를 모두 처벌하는 데에는 기술적인 한계가 있음을 인식하고, 새로운 규제제도를 발전시켜왔다. 1963년 항공보안에 관한 최초의 전 세계적 국제법률문서로서 새로운 '항공기 내에서 범한 범죄 및 기타행위에 관한 협약'인 동경협약이 채택되었다. 동경협약이 발효된 1969년 직후 바로 1970년에 '항공기 내 불법납치 억제를 위한 협약'인 헤이그협약이 채택되었고, 1971년에 '민간항공의 안전에 대한 불법적 행위의 억제를 위한 협약'인 몬트리올협약이 채택되었다. 2001년 9·11테러 이후 1971년에 채택된 몬트리올협약을 수정·보완하는 '국제민간항공과 관련된 불법행위 억제에 관한 협약'인 2010년 베이징협약과 1970년에 채택된 '항공기 불법납치의 억제를 위한 협약'인 헤이그협약을 보충하는 2010년 베이징의정서가 채택되었다. 그 후 항공기 내 난동행위의 심각성과 빈번함이 확대되고 있음에 따라 1963년에 채택된 '항공기 내에서 범한 범죄 및 기타행위에 관한 협약'인 동경협약을 개정하는 2014년 몬트리올의정서가 채택되었다.

2. 동경협약

(1) 적용범위

① **사항적 적용범위**: ㉠ 형법에 위반하는 범죄, ㉡ 범죄의 성립 여부를 불문하고 항공기와 기내의 인명 및 재산의 안전을 위태롭게 할 수 있거나 위태롭게 하는 행위 또는 기내의 질서 및 규율을 위협하는 행위에 대해 적용된다.

② **공간적 적용범위**: 동 협약은 체약국에 등록된 항공기가 비행 중이거나 공해의 수면상에 있거나 또는 어느 국가의 영토에도 속하지 않는 지역의 표면에 있는 경우에도 적용된다. '비행 중'이라 함은 '이륙의 목적을 위해 시동이 된 순간부터 착륙이 끝난 순간까지'를 의미한다.

③ **항공기 납치**: 동 협약 제11조는 항공기 불법납치에 대해 규정한다. 항공기 납치가 발생한 경우 체약국들은 항공기가 합법적인 기장의 통제하에 들어가고 그가 항공기의 통제를 유지할 수 있도록 모든 적절한 조치를 취해야 한다.

(2) 형사재판관할권

① **관할국가**: 원칙적으로 '항공기의 등록국'이 관할권을 행사한다. 항공기의 등록국은 동 항공기 내에서 행해진 범죄나 행위에 대한 재판관할권을 행사할 권한을 가진다(제3조 제1항). 그러나 동 협약은 국내법에 따라 행사하는 어떠한 관할권도 배제하지 아니한다(속지주의, 속인주의, 수동적 속인주의, 보호주의 등). 항공기 등록국 이외의 국가도 다음의 경우 관할권을 가진다. ㉠ 범죄가 항공기의 등록국이 아닌 국가의 영역에 영향을 미칠 경우, ㉡ 항공기 등록국이 아닌 국가의 국민에 의해 또는 국민에 대해 범죄가 행해진 경우, ㉢ 범죄가 국가의 안전에 반하는 경우 등이다.

② **관할권의 경합**: 관할권의 경합이 발생할 수 있으나, 동 협약은 어떤 국가가 우선적인 관할권을 갖는지에 대해서는 규정하지 않고 있다. 따라서 사실상 범인 또는 피의자를 구치한 국가가 관할권을 행사하게 된다.

③ **범죄인 인도**: 동경협약은 범죄인 인도조약을 체결할 의무를 과하고 있지 않고 또한 직접 인도의무를 규정하고 있지도 않다.

(3) 경찰권

① **기장의 경찰권**: 기장은 항공기 내에서 어떤 자가 동 협약이 적용되는 범죄를 범했거나 범했다고 믿을 만한 상당한 이유가 있는 경우 항공기의 기내의 인명 및 재산보호, 기내의 질서 및 규율의 유지 등을 위해 필요한 감금 등 필요한 조치를 부과할 수 있다. 기장은 이를 위해 다른 승무원에게 원조를 요구하거나 권한을 부여할 수 있으며, 승객에게도 원조를 요청할 수 있다.

② **착륙국 등의 경찰권**: 착륙국은 기장이 감금하고 있는 피의자의 하기조치(下機措置)를 인정해야 하며, 기장이 인도하는 자를 인수해야 한다(제13조 제1항). 또한 정당하다고 확신하는 경우 피의자에 대한 구금 또는 기타의 조치를 취해야 한다. 착륙국은 형사재판관할권의 존부와 관계없이 이러한 경찰권을 행사할 수 있다.

(4) 동경협약 개정의정서(몬트리올의정서)

2014년 동경협약을 개정하기 위한 의정서(몬트리올의정서)가 채택되었다. 몬트리올의정서가 동경협약에 가한 개정 중에서 가장 주된 것은 항공기 내의 범죄에 대한 형사재판관할권을 '항공기의 등록국'에서 일정 조건하에서 '운영자의 국가'와 '착륙국'으로 확대하는 내용이다. 항공기 내에서 행하여진 범죄에 대하여 재판관할권을 확립하기 위하여 필요한 조치를 취할 의무가 등록국에서 일정 조건하에서 착륙국과 운영자의 국가에게로 확대되었다. 국가가 착륙국의 자격으로 관할권을 행사할 때에는 문제의 범죄가 운영자의 국가에서도 범죄인지의 여부를 고려에 넣어야 한다. 체약국이 협약 제3조의 관할권을 행사함에 있어 타 체약국이 동일 범죄 혹은 동일 행위에 대하여 수사, 소추 혹은 사법절차를 수행하고 있음을 통지받았거나 달리 알게 된 경우 그 체약국은 행동을 적절히 조율하기 위해 그들 타 체약국의 의견을 구하여야 한다. 한편, 동 의정서는 비행 중의 개념을 헤이그협약과 일치시켰다. 즉, '비행 중'이라 함은 탑승 후 모든 외부의 문이 닫힌 순간부터 하기하여 문이 열려 있는 순간까지를 의미한다.

3. 헤이그협약

(1) 적용범위

① **사항적 적용범위:** 동경협약과 달리 비행 중 기내의 모든 범죄가 아니라 항공기의 불법탈취행위에 한해 적용된다. 즉, '비행 중에 있는 항공기에 탑승한 자에 의해 행해지는 폭력, 위협, 또는 기타 협박에 의해 불법적으로 항공기를 납치 또는 점거하거나 이같은 행위를 시도하는 경우에 적용된다'(제1조 제1항). '비행 중'이라 함은 '탑승 후 모든 외부의 문이 닫힌 순간부터 하기하여 문이 열려있는 순간까지'를 의미한다. 항공기에 탑승하지 않은 자에 의한 항공기의 불법탈취행위 및 항공기에 대한 공격이나 항공시설을 파괴하는 행위는 동 협약의 적용범위에 속하지 않는다.

② **항공기 불법납치의 성립요건:** 첫째, 항공기의 납치나 점거가 힘(force)의 불법적 사용 또는 위협에 의해 발생해야 한다. 둘째, 항공기가 비행 중 납치되어야 한다. 셋째, 불법행위는 기내탑승자에 의해 행해져야 한다. 넷째, 항공기의 이륙장소 또는 실제의 착륙장소가 당해 항공기등록국의 영토 밖에 있어야 한다.

③ **공간적 적용범위:** 동 협약은 범죄가 행해지고 있는 항공기의 이륙장소 또는 실제 착륙장소가 그 항공기의 등록국가의 영토 외에 위치한 경우에만 적용되며 그 항공기가 국제 혹은 국내항공에 종사하는지의 여부는 가리지 않는다(제3조 제3항). 즉, 국내에서의 항공기의 불법탈취행위에는 적용되지 않는다.

(2) 형사재판관할권

등록국, 착륙국, 항공기 임차인의 주영업지 또는 주소지 국가, 현재 범인이 숨어 있는 일체의 체약국이 재판관할권을 행사할 수 있다(제4조 제1·2항). 국내법에 따라 행사하는 형사재판관할권도 배제되지 않는다(제4조 제3항).

(3) 강제적 보편관할권

헤이그협약은 인도 아니면 소추원칙(aut dedere, aut judicare)을 창설하였다. 동 원칙에 의하면 영토 내에서 범인이 발견된 체약국은 그를 관련체약국에게로 인도하지 않는 한 예외없이 그리고 그 영토 내에서 범죄가 행해진 것인지 여부를 불문하고 소추를 위하여 권한 있는 당국에 동 사건을 회부해야 한다(제7조). 소추의무에 대한 규정이므로 반드시 재판에 회부할 의무가 체약국에 부과된 것은 아니다.

(4) 범죄인 인도

항공기 불법탈취범죄는 체약국들 간에 현존하는 인도조약상의 인도범죄에 포함되는 것으로 간주된다(제8조 제1항). 인도에 관하여 조약의 존재를 조건으로 하는 체약국이 상호 인도조약을 체결하지 않은 타체약국으로부터 인도 요청을 받은 경우에는, 그 선택에 따라 본 협약을 범죄에 관한 인도를 위한 법적인 근거로서 간주할 수 있다. 인도는 피요청국의 법률에 규정된 기타 제조건에 따라야 한다(제8조 제2항).

2. 인도에 관하여 조약의 존재를 조건으로 하는 체약국이 상호 인도조약을 체결하지 않은 타 체약국으로부터 인도 요청을 받은 경우에는, 그 선택에 따라 본 협약을 범죄에 관한 인도를 위한 법적인 근거로서 간주할 수 있다. 인도는 피요청국의 법률에 규정된 기타 제조건에 따라야 한다.
3. 인도에 관하여 조약의 존재를 조건으로 하지 않는 체약국들은 피요청국의 법률에 규정된 제조건에 따를 것을 조건으로 범죄를 동 국가들 간의 인도범죄로 인정하여야 한다.
4. 범죄는, 체약국 간의 인도목적을 위하여, 그것이 발생한 장소에서뿐만 아니라 제4조 제1항에 따라 관할권을 확립하도록 되어 있는 국가들의 영토 내에서 행하여진 것과 같이 다루어진다.

(5) 헤이그협약의 약점

① 범죄를 엄중한 형벌로 처벌할 의무를 규정하여 구체적 형량을 규정하지 않았다.
② 항공기 납치범에게 정치적 비호가 부여될 가능성을 제거하지 못했다.
③ 항공기 납치로 인해 초래된 인적·물적 손해에 대해 누가 민사배상책임을 질 것인가에 대해 규정이 없다.

(6) 북경의정서

2010년 9월 북경협약과 같이 채택되었다. 북경협약은 몬트리올협약(1971)을 대신하는 조약이다. 북경의정서는 '항공기불법납치 억제를 위한 협약 보충의정서'를 말한다. 북경의정서 당사국 사이에서는 헤이그협약과 북경의정서는 '2010년 북경의정서에 의해 개정된 헤이그협약'으로 지칭되며, 헤이그협약과 북경의정서는 한 개의 단일문서로 인정된다. 북경의정서의 주요 내용은 다음과 같다. 첫째, 협약상의 주요 범죄를 범하겠다고 직간접적으로 위협하거나 범죄수행을 조직하거나 지도 또는 지시하는 것도 범죄이다. 또한 범죄인이 수사, 소추, 혹은 처벌을 피하도록 돕는 것도 범죄이다. 각 당사국은 공모나 방조도 범죄로 규정해야 한다. 둘째, 재판관할권을 수립해야 하는 경우에 범죄인의 국적국가를 추가하였다. 재판관할권을 수립할 수 있는 경우로 자국민이 범죄피해자인 경우와 자국 영토 내에 상주거소를 두고 있는 무국적자를 포함하였다. 셋째, 무력충돌 중의 군대의 활동에는 적용되지 아니한다. 넷째, 적용대상 범죄를 정치범죄를 간주하지 아니한다고 명시하였다. 다섯째, 형량에 대한 구체적 규정은 없다. 여섯째, 인도 아니면 소추 원칙이 협약과 마찬가지로 규정되었다. 북경의정서는 2018년 1월 1일 발효되었다.

4. 몬트리올협약

(1) 의의

몬트리올협약은 특히 비행 또는 운항 중인 항공기나 공항시설에 대한 폭발물 투척과 같은 민간항공에 대한 사보타지를 규율하기 위해 체결되었다. 1988년 몬트리올 보충의정서에 의해 '국제공항에서 상해나 사망을 야기하는 일정 폭력행위'와 '국제공항에서 운항 중에 있지 아니한 항공기를 파괴하는 행위'에 대해서도 적용되도록 개정되었다. 협약을 폐기하면 의정서도 같이 폐기되나, 의정서를 폐기해도 협약 폐기 효과는 없다.

(2) 적용범위

① **사항적 적용범위**: 불법적이며 고의적인 다음과 같은 행위에 대해 적용된다. ㉠ 비행 중인 항공기에 탑승한 자에 대해 폭력을 행사하고 그 행위가 항공기의 안전에 위해를 가할 가능성이 있는 경우, ㉡ 운항 중인 항공기를 파괴하는 경우, ㉢ 항공시설을 파괴 혹은 손상하거나 그 운영을 방해하고 그러한 행위가 비행 중인 항공기의 안전에 위해를 줄 가능성이 있는 경우 등에 적용된다. 몬트리올협약은 타 협약에 비해 규율범위가 광범한 점, 비행 중인 항공기에 탑승한 자에 의한 행위로 한정되지 않은 점, '고의적인 행위'만을 대상으로 하는 점이 특징이다.

② **공간적 적용범위**: 항공기가 국제 또는 국내선에 종사하는 지를 불문하고, ㉠ 항공기의 실제 또는 예정된 이륙 또는 착륙장소가 그 항공기의 등록국가의 영토 외에 위치한 경우, ㉡ 범죄가 그 항공기의 등록국 이외의 국가영토 내에서 범해진 경우에만 적용된다.

(3) 형사재판관할권

형사재판관할권은 ① 범죄행위지국, ② 등록국, ③ 착륙국, ④ 사업장 또는 영구주소국이 행사한다. 관할권의 경합시의 우선순위를 정하지 못 했다. 동 협약은 헤이그협약과 유사하게 인도 아니면 소추원칙(aut dedere, aut judicare)을 규정하고 있다.

(4) 경찰권

몬트리올협약은 기장의 경찰권에 대한 직접적인 규정은 물론 간접적인 규정도 없다. 체약국은 국제법 및 국내법에 따라 협약에 언급된 범죄를 방지하기 위한 모든 실행가능한 조치를 취하도록 노력해야 한다(제10조 제1항).

5. 북경협약 및 북경의정서(2010)

(1) 의의

북경협약은 1971년 몬트리올협약 및 이를 개정한 1988년 동 의정서를 수정·보완한 조약이다. 2010년 국제민간항공기구(ICAO) 북경 외교회의에서 채택되었다. 북경회의는 2개의 조약을 채택하였는 바, '국제 민간항공과 관련된 불법적 행위의 억제를 위한 협약(북경협약)' 및 '항공기의 불법납치 억제를 위한 협약 보조의정서(북경의정서)'가 이에 해당한다. 북경협약은 몬트리올협약 및 동 의정서를 보충하는 조약이며, 북경의정서는 헤이그협약에 대한 보충조약이다. 북경협약은 2018년 7월 1일 발효되었다.

(2) 북경협약에 의해 추가된 범죄

북경협약은 몬트리올협약의 대상범죄에 네 가지 범죄를 신설 · 추가하였다. 첫째, 사망, 중대한 육체적 침해, 또는 재산이나 환경에 대한 중대한 손해를 초래하기 위해 민간항공기를 사용하는 행위, 둘째, 사망, 중대한 육체적 침해, 혹은 재산이나 환경에 대한 중대한 손해를 초래하거나 초래할 가능성이 있는 방식으로 생물무기, 화학무기 또는 핵무기 등을 운항 중인 항공기로부터 발사 또는 방출하는 행위, 셋째, 두 번째 범죄에 명시된 물질을 운항중인 항공기에 대하여 또는 운항 중인 항공기 내에서 사용하는 행위, 넷째, 폭발성 또는 방사성무기, 생물무기, 화학무기, 핵무기 등을 항공기로 운송하는 행위이다. 네 번째 범죄의 각 대상에는 '인식' 혹은 '의도' 등의 심리적 요건이 부가되어 있다.

(3) 미수범의 처벌

북경협약과 동 의정서는 보조범죄나 미완성의 범죄도 처벌한다. 주요 범죄를 범하겠다고 직접 또는 간접적으로 위협하는 행위, 범죄수행을 조직하거나 지시하는 행위도 범죄로 본다. 또한 범죄인이 수사, 소추, 혹은 처벌을 피하도록 돕는 것도 범죄이다. 각 당사국은 공모나 방조도 범죄로 규정해야 한다.

(4) 재판관할권

북경협약과 동 의정서는 각 당사국이 재판관할권을 수립해야 하는 경우와 수립할 수 있는 경우로 구분하고 있다. 전자에 범죄인의 국적국이 포함되며, 후자에는 자국민이 범죄피해자인 경우와 범죄가 자국 영토 내에 상주거소(habitual residence)를 두고 있는 무국적자에 의해 행해진 경우를 규정하고 있다.

(5) 적용배제

북경협약과 동 의정서는 무력 충돌 중의 군대의 활동에는 적용되지 아니한다.

(6) 정치범죄(political offence) 인정 배제

북경협약과 동 의정서는 적용대상 범죄들을 정치범죄로 간주하지 아니한다고 명시하고 있는데, 이는 헤이그협약이나 몬트리올협약에는 없는 규정이다. 단, 범죄인 인도나 사법공조 요청이 인종, 종교, 국적 등의 차별적 사유에 근거한 소추나 처벌로 이어질 수 있다고 믿을 만한 실질적인 이유들이 있는 경우 범죄인 인도나 사법공조를 제공할 것으로 강요당하지 아니한다.

(7) 형량

북경협약 및 동 의정서에는 범죄에 적용될 수 있는 형량에 대해 구체적으로 언급함이 없이 단지 '엄중한 형벌로'(by severe penalties) 처벌해야 한다고만 규정하고 있다.

(8) 강제적 보편관할권

북경협약 및 동 의정서 역시 헤이그협약이나 몬트리올협약과 마찬가지로 '인도 아니면 소추', 즉 강제적 보편관할권을 규정하고 있다.

제3절 | 우주공간

1 우주공간의 의의

우주공간(outer space)은 영공이원의 공간으로서 국가의 영역주권이 미치지 아니하는 상부공역을 말한다. 영공의 상부한계를 대기권(air space) 내로 본다면 우주공간은 '대기권 외', 즉 '외기권(outer space)'을 의미하게 된다. 영공의 상부한계에 관한 논쟁이 계속되고 있어 우주공간의 정확한 정의를 내리기는 어렵다. 다만, 영공의 상부외역이 우주공간이라는 관념은 확립되었다. 우주공간을 규율하는 국제법은 1966년의 '달과 천체를 포함한 우주공간의 탐사와 이용에 있어서의 국가 활동을 규율하는 원칙에 관한 조약(우주조약)', 1968년 '우주비행사의 구조·귀환 및 우주공간에 발사된 물체의 귀환에 관한 협정(우주구조반환협정)', 1972년 '우주공간발사체로 인한 손해의 국제적 배상책임에 관한 협약(우주책임협약)', 1974년 '우주공간에 발사된 물체에 관한 협정(우주물체등록협정)', 1979년 '달 기타 천체에서의 국가활동에 관한 협약(달협약)' 등이 있다.

2 우주법의 기본원칙

1. 우주활동 자유의 원칙

우주활동 자유의 원칙은 달 기타 천체를 포함한 우주공간의 탐사와 이용은 모든 국가의 이익을 위하여 수행되어야 하며 모든 국가는 차별 없이 평등하게 달과 기타 천체를 포함한 우주를 국제법에 의거하여 자유로이 이용할 수 있다는 원칙을 말한다(제1조).

2. 영유금지의 원칙

우주공간은 어떤 국가의 배타적 이용의 대상이 되지 아니한다는 원칙을 말한다. 우주협약은 '달 기타 천체를 포함한 우주공간은 주권의 주장에 의하여 또는 이용과 점유에 의하여 또는 기타 모든 수단에 의하여 국가전용의 대상이 되지 않는다'(제2조)라고 하여 영유금지의 원칙을 규정하고 있다.

3. 평화적 이용의 원칙

(1) 의의

평화적 이용의 원칙은 우주공간을 평화적 목적으로만 이용할 수 있고 군사적 목적으로 이용할 수 없다는 원칙을 말한다(제4조).

(2) 핵무기 등의 설치금지

지구 주변의 궤도에 핵무기 또는 기타 모든 종류의 대량살상무기를 설치하는 것이 금지되며, 천체에 이러한 무기를 장치하거나 기타 어떠한 방법으로든지 이러한 무기를 외기권에 배치하는 것은 금지된다. 우주조약이 금지 대상으로 규정하는 것은 핵무기와 기타 대량 파괴무기에 한정하고 그 밖의 무기, 군사시설 또는 군사요원은 금지의 대상이 아니다. 따라서 정찰위성, 통신위성의 설치나 지구주변궤도에 진입하지 않는 대륙간유도탄(ICBM)의 발사는 금지되지 않는다.

(3) 천체에 군사기지 등의 설치 금지

천체상에서 군사기지, 군사시설, 방위시설의 설치 및 모든 형태의 무기실험과 군사연습의 실시도 금지된다. 군사요원이나 군사시설을 사용하더라도 평화적 목적을 위한 것이면 합법하다.

4. 국제적 협력의 원칙

국제적 협력의 원칙은 우주공간의 탐사와 이용을 국제적 협조와 이해의 증진을 위해 수행해야 하는 원칙을 말한다(제3조). 당사국은 다른 당사국의 상응한 이익을 충분히 고려해야 한다(제9조). 또한 우주물체를 발사한 당사국은 다른 국가의 요청이 있는 경우 발사한 우주물체의 비행을 관찰할 기회를 평등의 원칙하에 고려해야 한다(제10조). 외기권의 탐사 및 이용에 있어서 우주활동의 성질, 수행, 결과 등을 실행 가능한 최대 한도 내에서 일반대중, 과학단체, UN사무총장에게 통보해야 한다(제11조).

3 우주책임협약의 주요 내용

1. 무과실책임(절대책임: absolute liability, 제2조)

우주책임협약 제2조는 발사국은 자국의 우주물체에 의하여 '지표 또는 비행 중인 항공기'에 발생된 손해에 대하여 절대적으로 배상할 책임이 있다고 규정하고 있다. '지표(surface of the earth)'란 육지, 바다, 지하를 포괄하는 개념이며, '비행 중인 항공기(aircraft in flight)'란 공중(airspace)에 배치된 모든 인공물체를 포함한다. 무과실책임을 인정하는 이유는 ① 우주활동은 고도의 위험성을 수반하는 행위이므로 행위자에게 요구되는 주의정도와 관계없이 책임을 져야 하고, ② 각국의 우주프로그램이 비밀에 싸여 있으므로 과실을 입증하는 데 필요한 정보를 얻을 수가 없으며, ③ 고도로 그리고 특별히 위험하다는 것을 알고 그 행위로 나아가는 자는 그로부터 얻는 경제적 이익뿐 아니라 경제적 부담도 받아들여야 하기 때문이다.

2. 과실책임(fault liability, 제3조)

협약 제3조는 지표 이외의 곳에서, 즉 우주에서 우주물체끼리 충돌하거나 전자기적 간섭 등으로 손해가 발생한 경우 우주물체 발사국들 상호 간의 책임관계를 규정하고 있다. 발사국을 달리하는 우주물체들 간의 충돌의 경우 발사국 상호 간에는 '과실책임주의'를 따른다. 우주에서 우주물체들로 인해 발생된 손해에 대해 과실책임을 인정하는 이유는 행위의 결과에 대한 인식과 위험의 수용에 관하여 관련 당사자들이 대등하기 때문이다.

3. 공동 및 개별책임(joint and several liability)

협약은 공동 및 개별책임을 지는 형태를 두 가지로 구분하고 있다.

(1) 제4조

제4조에 따르면 어느 발사국의 우주물체 또는 그 우주물체상의 사람 또는 재산이 타 발사국의 우주물체에 의해 지상 이외의 곳에서 손해를 입고, 그로 인해 제3국 또는 제3국 국민에게 손해를 발생시킨 경우 앞의 두 국가는 제3국에 공동 및 개별책임을 진다. 손해에 대한 책임부담은 과실의 정도에 따라 배분되나, 과실의 범위가 입증되지 않는 경우 동등하게 분담된다. 제3국은 어느 국가에게든지 완전보상을 요구할 권리가 있다(개별책임).

(2) 제5조

2개국 이상이 공동으로 하나의 우주물체를 발사한 경우에는 발생된 손해에 대해 공동 및 개별책임을 진다. 손해를 배상한 국가는 공동발사에 참여한 국가에 대해 구상권을 갖는다. 공동발사 참여자들은 상호 그들의 분담분에 관한 협정을 체결할 수 있으나, 그러한 협정은 피해국의 권리를 침해할 수 없다.

4. 책임의 면제(제6조)

(1) 범위

발사국 측의 절대 책임의 면제는 손해를 입히려는 의도하에 행하여진 청구국 또는 청구국이 대표하는 자연인 및 법인 측의 작위나 부작위 또는 중대한 부주의로 인하여 전적으로 또는 부분적으로 손해가 발생하였다고 발사국이 입증하는 한도까지 인정된다.

(2) 제한

UN헌장 및 달과 기타 천체를 포함한 외기권의 탐색과 이용에 있어서의 국가 활동을 규율하는 원칙에 관한 조약을 포함한 국제법과 일치하지 않는 발사국에 의하여 행하여진 활동으로부터 손해가 발생한 경우에는 어떠한 면책도 인정되지 않는다.

5. 손해배상 청구주체(제8조)

손해배상 청구주체는 피해자가 국가인 경우에는 피해국만이 청구를 제기할 수 있다. 그러나 개인이 손해를 입은 경우에는 국적국, 손해가 발생한 영역국 및 피해자의 영주지국이 청구를 제기할 수 있다. 개인피해자의 청구제기에는 순서가 있으며, 국적국, 손해발생지국, 영주지국의 순이다. 일반국제법상 국적국만이 국민의 피해에 대한 청구를 제기할 수 있다는 점에서 보면, 손해발생지국이나 영주지국이 손해를 입은 개인을 위해 청구를 제기하는 것은 국제법의 발전적 측면으로 평가할 수 있다. 다만, 이 세 주체가 모두 청구를 포기하는 경우 개인의 피해를 구제할 수 없다.

6. 청구절차(제9조)

손해배상 청구는 외교채널을 통해 발사국에 한다. 외교관계가 없는 경우 제3국이나 UN사무총장을 통해서 청구할 수 있다. UN사무총장을 통해 청구하는 경우에는 발사국과 청구국이 모두 UN 회원국이어야 한다. 또한 제3국은 반드시 책임협약의 당사국이 아니어도 된다. 책임협약상 명문규정은 없으나, 청구에 있어서는 ① 손해발생사실, ② 손해가 우주물체에 의해 발생되었다는 것, ③ 우주물체가 피청구국에 의해 발사되었다는 사실, ④ 발사국이 본 협약의 당사국이라는 사실을 입증해야 할 것이다.

7. 국내구제완료의 배제(제11조)

전통적으로 외교적 보호권은 국내구제가 완료될 때까지 발동이 정지된다. 그러나 협약은 국내적 구제를 다하는 것을 기다리지 않고 바로 청구를 제기할 수 있도록 하여 전통국제법에 중대한 수정을 가하고 있다. 그러나 개인이 발사국 국내법원에 대한 손해배상 청구의 제기를 막는 것은 아니다. 다만, 이 경우 피해국가는 발사국에 대한 청구를 제기할 수 없다. 그러나 피해사인이 패소한 경우에는 피해국이 국제청구를 제기할 수 있다.

8. 국제조직의 우주활동과 책임(제22조)

책임협약은 우주활동에 종사하는 정부간 국제기구들에게도 적용된다. 단, 국제기구가 책임협약에 규정된 권리와 의무를 수락한다는 선언을 하고, 또한 국제기구의 과반수 회원국이 책임협약 및 우주조약의 당사국인 경우에 한한다. 국제기구가 책임협약에 의거하여 책임을 지게 될 경우 당해 국제기구와 그 국제기구의 회원국이면서 동시에 책임협약의 당사국인 국가들은 연대하여, 즉 '공동으로 그리고 개별적으로 책임을 진다. 첫째, 그러한 손해에 대한 배상청구는 국제기구 측에 먼저 제기되어야 하며, 둘째, 청구국은 국제기구가 동의했거나 결정된 배상금액을 6개월 이내에 지급하지 않는 경우에 한해서 당해 국제기구의 회원국이면서 동시에 책임협약의 당사국인 국가들에게 이 금액의 지급책임을 물을 수 있다. 반대로 국제기구에게 가해진 손해에 대한 배상청구는 당해 국제기구의 회원국이면서 동시에 책임협약의 당사국인 국가에 의하여 제기되어야 한다.

4 특수 우주법

1. 달협정

1979년 채택된 '달 기타 천체상에서의 국가활동을 규제하는 협정'(달협정)은 우주조약의 기본원칙을 세부적을 규정하고 있다. 달과 그 천연자원은 인류의 공동유산이다(제11조 제1항). 어느 국가도 주권 주장, 이용, 점유, 기타의 방법으로 달에 대한 영유권을 주장할 수 없다(제11조 제2항). 당사국은 달의 천연자원의 탐사가 가능해지면 이를 규제하는 국제제도의 확립을 약속하고(제11조 제5항), 달에서 발견되는 천연자원을 가능한 한 최대로 UN사무총장과 국제과학계 등에 통보해야 한다(제11조 제6항).

2. 우주구조·반환협정

'우주조약' 당사국은 우주비행사를 우주공간에 있어서 인류의 사절로 간주하고 사고나 조난의 경우 이들을 보호하고, 또 우주공간에 발사된 물체를 보호할 의무가 있다(제5조). 이를 구체화한 협정이 '우주비행사의 구조 및 송환과 우주공간에 발사된 물체의 반환에 관한 협정(우주구조·반환협정)'이다. 동 협약에 따르면 우주비행사가 사고를 당했거나 조난상태에 있는 경우 이를 발견한 당사국은 즉시 발사당국이나, 발사당국을 확인할 수 없는 경우에는 UN사무총장에게 통보해야 한다(제1조). 이러한 원조의무는 문제의 착륙이 당사국의 관할권하에 있는 영역 내에서 발생할 때 발생하며(제2조), 비상 또는 불의의 착륙인 경우에만 원조의무가 있다. 구조의 대상은 우주공간에 발사된 물체 또는 그 구성부품이다. 당사국은 자국의 영역, 공해 등에 우주물체가 귀환했다는 정보를 입수하거나, 동 물체를 발견한 경우 발사당국과 UN사무총장에게 통보해야 한다. 또한 당사국은 자국의 영역 내에서 우주물체가 발견되고 발사당국이 원조를 요청하는 경우 회수의무를 진다. 한편, 발사당국의 영역 한계 외에서 발견된 우주물체는 발사당사국의 요청에 따라 발사당국의 대표에게 반환하거나 동 대표의 처분하에 보관되어야 한다.

3. 우주물체등록협정

우주조약 제5조 제5항을 구체화한 조약이다. 동 조항은 당사국에게 우주의 탐사 및 이용활동을 가능한 한 조속히 UN사무총장과 국제과학계에 통보하도록 규정하고 있다. 우주물체등록협정에 의하면 발사국은 적당한 등록기관을 설치·유지하고 이러한 사실을 UN사무총장에게 통보할 의무가 있다(제2조). 한편 동 협약은 당사국으로 하여금 우주물체에 대한 특수한 정보를 UN사무총장에게 제공할 것을 요구하여 종래의 자율적 등록제도를 강제적 등록제도로 대체했다(제4조). 각 등록국은 때때로 등록이 행해진 우주물체에 관련된 추가 정보를 UN사무총장에게 제공할 수 있다(재량). 각 등록국은 이전에 정보를 전달하였으나 지구 궤도상에 존재하지 않는 관련 우주물체에 대해서도 가능한 한 최대로 또한 실행 가능한 한 신속히 UN사무총장에게 통보하여야 한다(의무).

5 인공위성에 관한 국제법적 쟁점

1. 위성직접TV방송(satellite direct television broadcasting)

(1) 쟁점

위성직접TV방송에 대해 제3세계 및 사회주의 진영과 미국을 위시한 서방 선진국의 입장이 대립하고 있다. 제3세계 진영의 경우 영토국에 대한 사전통고와 영토국의 동의 없는 위성TV방송은 허용될 수 없다는 입장이다. 반면, 서구진영 국가들은 인권, 특히 정보의 자유(freedom of information)라는 관점에서 이에 반대하고 있다.

(2) UN총회 결의

UN총회는 1982년 '국제직접TV방송을 위한 지구인공위성의 국가사용을 규율하는 제원칙(Principles Governing the Use by States of Artificial Earth Satellite for International Direct Television Broadcasting)'을 채택하였다. 이에 따르면 타국 영토에 대한 위성직접TV방송은 방송수신예정국에 대한 지체 없는 통고(notification without delay)에 이은 신속한 협의(prompt consultation) 및 특별협정을 기초로 해서만 수행될 수 있다. 단, 불가피한 전파침투(unavoidable spillover) 문제에 대해서는 국제통신연합(ITU)의 관련 문서들이 전적으로 적용된다고 하였다.

2. 지구원격탐사(remote sensing of the Earth)

(1) 쟁점

지구원격탐사는 항공기 또는 인공위성에 탑재한 감지기(sensor)를 통해 지구를 탐지 및 분석하는 것을 말한다. 원격탐사의 목적은 군사적 첩보수집, 기상관측, 해양과 육지의 관찰, 지하 부존자원 확인 등 다양하다. 인공위성을 통해 타국가를 탐사하는 활동에 대해 제3세계 국가들은 대체로 피탐사국의 사전동의가 있어야만 당해 국가에 대한 원격참사와 그로부터 얻은 정보가 공표될 수 있다고 주장한다. 소련과 프랑스도 '자국의 천연자원과 그에 관한 정보를 처분할 수 있는 국가의 불가양의 권리'를 주장하고 있다. 반면, 미국은 원격탐사와 그로부터 얻은 정보의 자유로운 이용에 대한 여하한 규제에도 반대하는 입장을 취하고 있다.

(2) UN총회 결의

1986년 UN총회는 '외기권에서 지구의 원격탐사에 관한 제원칙(Principles relating to Remote Sensing of the Earth from Outer Space)'을 채택하였다. 동 결의 제13원칙은 원격탐사에 있어서 탐사국은 피탐사국의 사전동의를 구할 의무가 없고, 다만 피탐사국의 요청이 있는 경우 '협의(consultation)'에 응해야 한다고 규정하였다.

3. 지구정지궤도(geostationary orbit)

(1) 쟁점

지구정지궤도란 적도상공 약 36,000km(22,300마일)지점의 외기권을 의미한다. 이 지점에서는 인공위성이 동력에 의존함이 없이 지구가 회전하는 속도와 동일하게 회전하므로 지구에서 보면 인공위성이 움직이지 않고 정지되어 있는 것처럼 보인다. 지구정지궤도는 하나의 위성을 통하여 지상방송국들간에 계속적인 접촉을 제공할 수 있는 '유일한' 궤도이므로 유한한 자원의 성격을 띠고 있다. 따라서 1976년 적도국가인 브라질, 콜롬비아, 콩고, 에콰도르, 인도네시아, 케냐, 우간다, 자이레 등은 '보고타선언(Bogota Declaration)'을 통해 지구정지궤도가 자신들의 주권이 미치는 영토의 일부라고 주장하였다.

(2) 국제적 논의 동향

오늘날 영공의 상방한계는 최고 100마일 정도로 인식되므로 적도국가들의 영유권 주장은 배척되고 있다. 국제사회는 이 문제에 대해 유한한 자원의 '형평한 이용'을 위한 법적 기준 마련 문제로 접근하고 있으나 구체적 기준은 마련되지 않고 있다.

제4절 | 극지

1 북극

1. 의의

북극은 대체로 얼음으로 구성되어 있다. 그린란드는 덴마크령이며, Svalbard군도는 노르웨이령이다. 러시아와 캐나다는 명시적 또는 묵시적으로 선형이론에 근거하여 북극지방에 산재하고 있는 섬들에 대해 주권을 주장해 오고 있다. 반면, 미국, 노르웨이, 덴마크, 핀란드 등의 다른 북극지방 국가들은 이 이론을 원용하지 않고 있다.

2. 오타와선언(1996)

북극지역 영토에 대해 주권을 가진 '북극극가(Artic States)' 8개국이 1996년 오타와선언을 발표하고 '북극이사회'를 설립하였다. 북극이사회는 국제기구로 의도된 것은 아니다. 북극이사회에는 토착민공동체가 업무에 참여하고 있다. 즉, 북극지역의 원주민을 대표하는 일반 민간단체(NGO)는 '영구참여자(Permanent Participants)'의 자격으로 북극이사회의 모든 업무에 참여한다. 북극이사회의 의사결정은 '컨센서스'이며 영구참여자들은 투표권이 없다. 비북극국가들, 세계적 및 지역적 차원의 정부 간 및 의회 간 기구, 비정부기구는 북극이사회의 옵저버 지위를 부여받을 수 있다. 북극이사회는 2011년 5월 상설사무국을 설립하여 이사회를 강화하기로 하였다. 사무국은 노르웨이 트롬서시에 소재하고 있다.

3. 북극지방 수색과 구조 협정(2011)

북극이사회 8개 회원국이 채택한 조약이다. 이 협정은 북극이사회 후원하에 교섭된 최초의 구속력 있는 조약이다.

4. Polar Code

지구 기온이 상승하면서 극지방 주변의 해로가 열리거나 확대됨에 따라 'Polar Code'가 채택되었다. 이는 선박의 안전한 운항과 오염 방지를 도모하기 위한 것이다. 국제해사기구는 2014년과 2015년에 'Polar Code', 즉 '극지 해역 운항선박 국제기준'을 채택하고, 해상인명안전 국제협약 및 선박오염방지 국제협약에 규정하였다. 두 조약을 일부 개정한 것이다.

2 남극

1. 영유권

영국 등 7개국이 선형이론에 기초하여 영유권을 주장하고 있다. 미국과 러시아는 영유권 주장을 유보하였고 기타 국가들은 영유권 주장을 하지 않았다.

2. 남극조약

(1) 평화적 이용(제1조)

남극지역은 평화적 목적을 위하여서만 이용된다. 특히, 군사기지와 방비시설의 설치, 어떠한 형태의 무기실험 및 군사훈련의 시행과 같은 군사적 성격의 조치는 금지된다. 다만, 이 조약은 과학적 연구를 위하거나 또는 기타 평화적 목적을 위하여 군의 요원 또는 장비를 사용하는 것을 금하지 아니한다.

(2) 영유권 주장 동결(제4조)

남극조약의 어떠한 규정도, ① 어느 체약당사국이 종전에 주장한 바 있는 남극지역에서의 영토주권 또는 영토에 관한 청구권을 포기하는 것, ② 어느 체약당사국이 남극지역에서의 그 국가의 활동 또는 그 국민의 활동의 결과 또는 기타의 결과로서 가지고 있는 남극지역의 영토주권에 관한 청구권의 근거를 포기하는 것 또는 감소시키는 것, ③ 남극지역에서의 타국의 영토주권, 영토주권에 관한 청구권 또는 그 청구권의 근거를 승인하거나 또는 승인하지 않는 것에 관하여 어느 체약당사국의 입장을 손상하는 것으로 해석되지 아니한다. 또한, 이 조약의 발효 중에 발생하는 여하한 행위 또는 활동도 남극지역에서의 영토주권에 관한 청구권을 주장하거나 지지하거나 또는 부인하기 위한 근거가 되지 아니하며, 남극지역에서의 어떠한 주권적 권리도 설정하지 아니한다. 이 조약의 발효 중에는 남극지역에서의 영토주권에 관한 새로운 청구권 또는 기존 청구권의 확대를 주장할 수 없다.

(3) 핵실험 등 금지(제5조)

남극지역에서의 모든 핵폭발과 방사선 폐기물의 동 지역에서의 처분은 금지된다.

(4) 남극조약의 적용범위(제6조)

남극조약은 모든 빙산을 포함하여 남위 60도 이남의 지역에 적용된다. 그러나 이 남극조약의 어떠한 규정도 동 지역 내의 공해에 관한 국제법상의 어느 국가의 권리 또는 권리의 행사를 침해하거나 또는 어떠한 방법으로도 동 권리 또는 동 권리의 행사에 영향을 미치지 아니한다.

(5) 감시원의 지명(제7조)

남극조약의 목적을 증진하고, 또한 남극조약의 제규정의 준수를 확보하기 위하여 각 체약당사국은 조사를 행할 감시원을 지명할 권리를 가진다. 감시원은 그를 지명하는 체약당사국의 국민이어야 한다. 감시원의 이름은 감시원을 지명할 권리를 가지는 다른 모든 체약당사국에게 통보되며, 또한 그들의 임명의 종료에 관하여도 똑같이 통고된다. 각 감시원은 남극지역의 어느 지역 또는 모든 지역에 언제든지 접근할 완전한 자유를 가진다. 남극지역 내의 모든 기지, 시설 및 장비와 남극지역에서 화물 또는 사람의 양륙 또는 적재지점의 모든 선박과 항공기를 포함하여 남극지역의 모든 지역은 이 제1항에 따라 지명된 감시원에 의한 조사를 위하여 언제든지 개방된다.

(6) 남극지역에서의 관할권(제8조)

감시원, 과학요원 및 그러한 사람을 동행하는 직원은, 이 조약에 따른 자기의 임무의 수행을 용이하게 하기 위하여, 남극지역에서의 모든 사람에 대한 관할권에 관한 체약당사국의 각자 입장을 침해함이 없이, 남극지역에 있는 동안 자기의 임무를 수행할 목적으로 행하는 모든 작위 또는 부작위에 대하여 그들의 국적국인 체약당사국의 관할권에만 복종한다. 남극지역에서의 관할권의 행사에 관한 분쟁에 관계된 체약당사국은 상호 수락할 만한 해결에 도달하기 위하여 즉시 서로 협의하여야 한다.

(7) 남극조약 협의 당사국

남극조약 협의 당사국(Antartic Treaty Consultative Parties: ATCPs)은 남극조약 당사국 중에서 12개 원회원국과 그 밖에 가입국 중에서 과학기지의 설치 또는 과학탐험대의 파견과 같은 남극에서의 실질적인 과학연구활동을 통해 남극에 대해 관심을 표시하고 있는 국가를 말한다. 남극에 관련된 중요한 결정은 이들 국가로 구성되는 남극조약협의회의에서 결정한다. 남극조약 채택 50주년이 되는 2009년 4월 제32차 남극조약협의 당사국회의에서 협의 당사국들은 공식선언을 통해 모든 인류의 이익을 위하여 지난 50년간 남극조약과 남극조약체제에서 수립된 그들의 협력을 계속하고, 확대하기로 결정한 바 있다.

3. 물개보존협약

남극의 물개를 보존하기 위하여 1972년 '남극물개보존협약'이 체결되어 6종의 물개의 보존을 위하여 어획에 관한 양, 허용기관, 구역, 방법 등을 규제하고 있으며 5년마다 검토회의를 개최한다.

4. 해양생물자원보존협약

남극지역의 해양생물자원의 보존을 위하여 미국·소련·일본을 포함하여 15개국 간에 1980년 체결되었다. 협약은 어족·대륙붕생물자원·근해서식조류를 해양생물자원에 포함하고 있으며, 해양생물자원의 합리적 이용과 보존을 목적으로 하며 이를 위하여 보존위원회를 두고 있다. 이 협약은 남위 60도 이남지역에 있어서 남극해양생물자원 및 남위 60도와 남극수렴선 사이의 지역에 있어서의 남극해양생태계에 속하는 남극해양생물자원에 대하여 적용한다. 남극조약의 당사국이 아닌 체약당사국은 남극조약지역의 환경보호 및 보존을 위한 남극조약 협의 당사국의 특별한 의무와 책임을 인정한다.

5. 남극 광물자원활동의 규제에 관한 협약

1988년 6월 2일 뉴질랜드 웰링턴에서 채택되었다. 이 협약은 남극에 대해 영유권을 주장하는 7개국을 포함하여 16개국이 비준해야 발효한다. 그러나, 이 협약은 다양한 비난에 직면하자, 1989년 5월 오스트레일리아 외무장관은 남극 자원개발을 승인하기 위해 엄격한 절차를 설정하고 있고 또 환경지침을 수립하고 있는 이 협약이 남극을 보호하는 유일한 방법일지도 모른다고 항변하였다. 그러나, 이 협약에 대해 거부권을 가지고 있는 프랑스는 비준거부 의사를 천명하면서 환경보존책을 더욱 강화할 새로운 교섭을 요구하였다. 그 결과 이 협약을 대신하여 남극조약환경보호의정서가 채택되었다.

6. 남극조약환경보호의정서

남극의 환경보호를 위해 1991년 채택되고, 1998년 1월 14일 발효하였다. 동 의정서는 남극조약 지역에서 과학적 연구를 제외하고는 광물자원과 관련된 일체의 활동을 전면 금지하고 남극환경보호를 위해 상호 협력하는 것을 주요 내용으로 한다. 그 밖에도 남극환경에 악영향을 미치는 행위의 방지, 활동계획에 대한 사전 환경영향평가 실시, 긴급사태 발생 시 대응조치의 실시, 수행 중 활동에 대한 감시 및 과학조사활동의 우선적 수행의 보장 등을 명시하고 있다. 의정서는 남극조약의 수정이나 개정 절차에 따라 언제든지 수정 또는 개정될 수 있으며, 의정서 발효 후 50년이 지나 재검토회의를 통해서도 수정 또는 개정될 수 있다. 의정서 제7조에 규정된 남극광물자원활동의 금지는 남극광물자원활동에 관한 구속력있는 법적체제가 발효되지 않는 한 계속된다.

01 영토에 대한 설명으로 옳지 않은 것은?

2021년 9급

① 섬의 영유권 판단과 주변 해양경계 판단 시 동일 사건에서는 각기 다른 '결정적 기일(critical date)'이 적용될 수 없다.

② 할양이란 국가 간 합의에 근거한 영토주권의 이전이다.

③ 국제사법재판소(ICJ)에 따르면, 사회적 및 정치적 조직을 갖춘 주민이 거주하던 지역은 무주지가 아니기에 선점의 대상이 될 수 없다.

④ 탈베그(Talweg) 원칙에 따르면, 가항 하천에 교량이 없는 경우 국경선을 이루는 하천의 중간선이 국경선이 된다.

영토

결정적 기일은 보통 분쟁이 발생한 날을 의미한다. 영역권자가 확정된 날짜로 정의하기도 한다. 영유권 분쟁과 해양경계획정 분쟁이 각각 다른 일자에 발생했다면 결정적 기일은 서로 달라질 수 있다.

선지분석

② 할양은 합의에 의해 '영토 일부'를 이전하는 것이다.

③ 서부 사하라 사건에서 국제사법재판소(ICJ)가 밝힌 입장이다.

④ 탈베그(Talweg) 원칙은 자연국경에 관한 원칙이다. 가항 하천의 경우 가항 수로의 중간선을 국경선으로 한다.

답 ①

02 국제법상 선점에 관한 설명으로 옳지 않은 것은?

2015년 9급

① 선점은 무주지(terra nullius)를 대상으로 한다.

② 서부 사하라(Western Sahara) 사건에서 국제사법재판소(ICJ)는 정치적으로나 사회적으로 조직화된 부족들의 거주지는 무주지로 볼 수 없다고 판단하였다.

③ 페드라 블랑카 섬 영유권 사건(Case concerning Sovereignty over Pedra Branca/Pulau Batu Puteh, Middle Rocks and South Ledge)에서 국제사법재판소(ICJ)는 선점 사실을 이해 관계국에 통고하여야 한다는 입장을 취하였다.

④ 팔마스섬(Island of Palmas) 사건에서 Huber 중재재판관은 선점은 실효적이어야 한다는 것을 확인한 바 있다.

선점

통고는 선점의 요건성이 부인된다. 당해 사건에서도 통고의 요건성을 인정한 것은 아니다. 동 사건은 싱가포르와 말레이시아 간 도서 영유권 분쟁에 대한 사건으로서 말레이시아의 고유영토 주장을 인정하였으나, 결과적으로 '영유권 이전'의 법리에 의해 싱가포르의 영유권이 인정되었다.

답 ③

03 항공기범죄의 방지와 억제를 위한 국제법에 대한 설명으로 옳지 않은 것은? 2021년 7급

① 1971년 「민간항공의 안전에 대한 불법적 행위의 억제를 위한 협약(몬트리올협약)」은 인도 아니면 소추의 원칙 (aut dedere aut judicare)을 규정하고 있지 않다.

② 1963년 「항공기내에서 행한 범죄 및 기타 행위에 관한 협약(동경협약)」에 따르면 각 체약국은 자국에 등록된 항공기 내에서 범하여진 범죄에 대하여 재판관할권을 확립하기 위하여 필요한 조치를 취하여야 한다.

③ 1970년 「항공기의 불법납치 억제를 위한 협약(헤이그협약)」은 인도 아니면 소추의 원칙을 규정하고 있다.

④ 1971년 「민간항공의 안전에 대한 불법적 행위의 억제를 위한 협약(몬트리올협약)」은 군사, 세관, 경찰 업무에 이용되는 항공기에는 적용되지 아니한다.

항공범죄에 대한 국제법적 규제

인도 아니면 소추원칙이 규정되어 있다(몬트리올협약 제7조). 강제적 보편관할권이라고 한다.

선지분석
② 동경협약은 항공기 기내 범죄를 관할하는 조약이다.
③ 헤이그협약 제7조에 규정되어 있다.
④ 헤이그협약은 민간항공기를 대상으로 하는 조약이다.

답 ①

---

04 항공법에 대한 설명으로 옳지 않은 것은? 2020년 9급

① 1944년 「국제민간항공협약」은 군, 세관 및 경찰업무에 사용되는 항공기, 국가원수와 기타 고위 공직자들을 위해 준비되는 항공기에는 적용되지 않는다.

② 비행정보구역(FIR)은 민간항공의 안전과 효율을 도모하기 위한 제도이며 영공 주권의 인정과는 무관하지만 공해 상공으로는 펼쳐질 수 없다.

③ 자국의 접속수역 상공을 비행 중인 항공기에 대해 해당 연안국은 자국의 접속수역에서의 선박에 대해 행하는 것과 동일한 목적의 규제를 실시할 수 있다.

④ 방공식별구역(ADIZ)은 대부분의 국가가 실시하고 있는 제도는 아니며, 그 운영 폭이 제각각이고 통일된 기준도 없으므로 일반적 관행이 수립되었다고 할 수 없다.

항공법

영공을 포함하여 대기권의 모든 부분이 특정 비행정보구역에 속하므로 공해 상공으로도 펼쳐져 있다. 상대적으로 작은 국가의 영공은 단일 비행정보구역에 포섭되지만, 큰 국가는 둘 이상의 지역비행정보구역으로 구분된다. 대양의 상공은 몇 개의 대양정보구역으로 구분되며, 해당 구역에 인접한 관제당국에 위임된다. 비행정보구역의 표준 크기는 없으며, 관련 국가의 행정적 편의의 문제이다. 국제적 합의로 구획되므로 국가별로 중첩되는 일은 없다.

선지분석
① 민간항공기에 대해서만 적용된다.
③ 접속수역에서 항공기에 대해서도 접속수역의 통제 범위에 속하는 사항과 관련하여 통제권을 행사할 수 있다.
④ 방공식별구역은 현재로선 국제관행에 불과하다는 것이 일반적인 평가이다.

답 ②

05 우주발사물체에 의해 야기된 손해의 책임문제와 관련하여 1972년 「우주물체에 의하여 발생한 손해에 대한 국제책임에 관한 협약」에 대한 설명으로 옳지 <u>않은</u> 것은?

2021년 9급

① 지구 표면 이외의 영역에서 한 발사국의 우주물체가 다른 발사국의 우주물체에 손해를 끼친 경우, 과실이 없더라도 손해를 끼친 발사국이 배상책임을 진다.

② 손해를 입은 국가의 중대한 과실로 손해가 발생하였다고 발사국이 입증할 수 있으면 그 범위 내에서 발사국의 절대책임이 면제된다.

③ 손해가 「국제연합(UN)헌장」이나 1967년 「달과 기타 천체를 포함한 외기권의 탐색과 이용에 있어서의 국가 활동을 규율하는 원칙에 관한 조약」을 포함한 국제법과 일치하지 않는 발사국의 활동 결과로 야기된 경우, 손해가 피해국의 과실에 의한 것이라 할지라도 책임은 면제되지 않고 완전한 배상책임을 진다.

④ 손해에 대한 배상청구 이전에 청구국은 국내적 구제를 완료하지 않아도 된다.

우주물체에 의하여 발생한 손해에 대한 국제책임에 관한 협약

지구표면 이외 영역, 즉 우주공간에서 발생한 손해는 과실책임원칙이 적용된다. 과실이 없으면 배상책임을 지지 않는다.

[선지분석]
② 피해국의 중과실로 피해가 발생한 경우라면 가해국의 책임이 경감 또는 면제될 수 있다.
③ 국제법에 위반된 우주활동으로 피해가 발생한 경우에는 피해자 측의 과실이 있더라도 가해국의 책임이 면제되거나 경감되지 않는다.
④ 국내구제완료원칙의 배제가 동 협약 제11조에 명시되어 있다.

답 ①

---

06 우주물체에 의해 발생한 손해에 대한 국제책임의 내용으로 옳은 것은?

2018년 7급

① 타국의 지구 표면이나 비행 중인 항공기에 손해를 입히는 경우에는 과실이 있을 때에만 책임이 발생한다.

② 지구 표면 외의 장소에서 타국의 우주물체에 손해를 입히는 경우에는 절대책임이 발생한다.

③ 국제책임은 우주물체의 발사를 의뢰한 국가가 부담하고 그 발사를 실시한 국가는 면책이 된다.

④ 비정부주체가 우주물체를 소유하고 발사한 경우에 대해서도 소속국이 국제책임을 져야 한다.

우주물체에 의하여 발생한 손해에 대한 국제책임에 관한 협약

[선지분석]
① 무과실책임 또는 절대책임이 인정된다. 즉, 가해자의 과실이 없더라도 책임이 성립한다.
② 과실책임이 성립한다.
③ 발사를 의뢰한 국가 뿐 아니라 발사를 실시한 국가도 협약상 '발사국'에 해당된다.

답 ④

제3장 | 국제환경법

제1절 | 국제환경법의 의의 및 특성

1 의의

국제환경법이란 환경보호를 목적으로 하는 국제법규범의 총체이다. 환경보호란 생태계를 구성하고 있는 모든 요소를 보호·보전하고 생태학상의 균형을 유지하는 것을 말한다.

2 특성

첫째, 국제환경법은 연성법(soft law)으로서 강력한 법적 구속력을 갖고 있지 않다. 즉, 구체적인 법적 의무를 창설하고 위반시 국가책임을 추궁하려 하기보다는 관련 분야 보호·보존을 위한 원칙을 제시하고 당사국들이 자발적으로 이행하도록 한다. 둘째, 단계적 법형식을 띤다. 즉, 국제환경협약은 기본 조약과 의정서의 단계적 형식으로 체결되는 경우가 많다. 기본 조약은 일반적·추상적 내용을 규정하고, 의정서는 기본 조약에서 규정한 내용을 구체화하여 조약 이행을 위한 보호조치와 기준을 설정한다. 셋째, 국제환경조약에는 환경보호를 위한 '일반적 의무조항'이 포함되어 조약상 의무의 보편화를 추구한다. 이는 환경문제가 당사국만의 문제가 아니라 모든 당사국 및 모든 국가의 문제가 되고 있기 때문이다. 넷째, 국제환경조약의 체결과정에서 비국가행위자의 참여가 활발하다. 다섯째, 환경보호를 위한 법은 국제법이 먼저 정립되고 이를 국내법이 수용하여 이행하는 방식으로 발전하였다. 여섯째, 상호주의적 이행보장을 기대하기 어렵기 때문에 이행확보 장치가 필요하다.

제2절 | 국제환경법의 발달과정

1 서설

과거 국제환경보호활동은 '자연 및 자원보전을 위한 UN'과 세계보건기구(WHO), 유네스코(UNESCO), 세계기상기구(WMO) 등에 의해 부분적으로 수행되어 왔으나, 1972년 'UN인간환경회의'에서 환경문제가 범세계적 차원에서 본격적으로 논의되었으며 1992년 'UN환경개발회의'에서 상당히 진전되었다.

2 UN인간환경회의

1. 서설

1968년 UN총회 결의에 따라 1972년 스톡홀름에서 개최된 회의이다. '인간환경선언'과 '인간환경행동계획'을 채택하고, UN환경계획설립 결의, 세계환경일(매년 6월 5일) 지정 결의, 제2차 UN인간환경회의 개최결의, 핵실험금지결의 등 4개 결의를 채택하였다.

2. 인간환경선언

1972년 6월 16일 채택된 이 선언은 전문 7개항과 26개 원칙으로 구성되어 있다. 법적 구속력이 없는 선언이지만 국제환경법의 이념과 기본 원칙을 천명하여 국제환경법의 이정표로 평가된다. 원칙에서는 천연자원과 환경보호책임(원칙 2), 야생생물의 보호책임(원칙 4), 재생불가능한 자원의 보호(원칙 5), 환경정책에 따른 자원개발권(원칙 21) 등을 규정하고 있다.

3. 인간환경행동계획

환경문제분야에서의 장래의 행동을 위한 지침을 담고 있다. 5개 분야에 걸쳐 109개의 구체적 권고사항을 규정하였으며 UN환경계획이 이들 권고에 대한 실시조치를 취하고 있다. 5개 분야는 인간거주의 계획과 관리, 환경적 측면에서의 천연자원관리, 국제적 오염물질의 파악과 규제, 교육 · 정보 · 사회 · 문화적 측면에서의 환경보호, 환경정책의 개발저해방지로 분류되어 규정되었다.

4. UN환경계획(UN Environment Programme: UNEP)

UN인간환경회의의 설립결의에 따라 제27회 UN총회에서 채택된 결의에 의거하여 1972년 발족하였다. 인간환경의 보호 · 개선을 위한 국제협력을 촉진하는 것을 목적으로 한다. 활동분야는 인간거주 · 건강 · 복지, 토지 · 물 · 사막화 방지, 무역 · 경제 · 기술 · 기술이전, 장래계획 등 10개 항목으로 분류되어 있다. 기관으로는 관리이사회, 사무국, 기금, 조정위원회가 있다.

3 UN환경개발회의

1. 서설

1989년 UN총회 결의에 따라 1992년에서 개최되었다. 지구환경보전을 위한 방안과 대책을 논의하고 '리우선언'과 '의제21' 및 '산림원칙'을 채택하였다. 동 회의기간 중 UN기후변화협약과 생물다양성협약이 서명을 위해 개방되었다.

2. 리우선언

정식명칭은 '환경과 개발에 관한 리우데자네이루선언'이며, 전문과 27개 원칙으로 구성되어 있다. 법적 구속력은 없으나 환경과 개발의 조화에 입각한 21세기 지구환경 보전을 위한 대장전이라는 평가를 받는다. 스톡홀름선언이 인간환경을 중시하고 특정 환경 분야에 대한 원칙을 열거하고 있는 반면, 리우선언은 환경과 개발을 조화시키고 지속적 개발을 추진해 나가는 데 필요한 정치적·철학적 지침을 제공하고 있다. 사전예방원칙(원칙 2), 공동의 차별책임원칙과 선진국의 주도적 역할(원칙 7), 환경과 무역의 조화(원칙 12), 사전주의원칙(원칙 15), 오염자부담원칙(원칙 16), 환경영향평가(원칙 17), 사전통고(원칙 19) 등을 규정하고 있다.

3. 의제21

의제21은 리우선언의 시행을 위한 구체적인 행동지침을 담은 실천강령이다. 전문과 함께 4개 부로 구성되어 있다. 사회경제적 정책과 조치(1부), 개발을 위한 자원보존 관리(2부), 주요 그룹의 역할강화(3부), 이행방안(4부) 등으로 크게 구별된다. 스톡홀름회의가 109개의 권고안을 나열하는 데 그쳤다면, 리우회의는 40여 개의 환경과 개발분야의 현황과 목표 및 이행방안을 구체적으로 확정하여 이행상황을 정기적으로 감시할 수 있는 제도적 장치를 마련하였다는 점에서 의의가 있다.

4. 산림원칙

정식명칭은 '모든 종류의 산림의 관리·보존 및 지속적 개발에 관한 지구적 합의를 위한 원칙에 관한 법적 구속력 없는 유권적 성명'이다. 산림원칙은 산림에 관한 선진국과 개발도상국의 입장을 절충한 것으로서 법적 구속력은 없다. 리우회의에서 선진국은 산림의 보존 측면을 강조한 반면, 개발도상국은 자국 관할하의 산림의 주권적 개발을 강조하여 대립을 빚었다.

4 지속가능한 발전 세계정상회의(WSSD)

1. 서설

지속가능한 발전 세계정상회의는 2002년 8월에 남아프리카공화국 요하네스버그에서 '인간·지구·번영'이라는 주제하에 개최되었다. 리우회의에서 채택된 '아젠다21'의 이행을 점검하고 향후 지속가능한 발전의 실질적인 이행을 위한 국제협력방안을 도출하는 것으로 목적으로 하였다.

2. 요하네스버그 지속개발선언

리우회의 이후 10년간 빈부격차 및 환경악화의 심화, 세계화 대처 등 해결할 과제를 언급하고 이행계획의 목표달성을 위한 의지를 표명하였다. 지속가능한 발전 추진의지 표명 및 미래세대에 대한 책임 확인, 선진국의 국제적으로 합의된 공적개발원조 수준 달성 촉구, 지속가능발전에 있어서 UN의 지도적 역할 지지 등의 내용을 담고 있다.

3. 이행계획(Plan of Implementation)

이행계획은 빈곤퇴치, 자연자원의 보전·관리, 이행수단 등 향후 10 ~ 20년에 걸쳐 국가·지역·국제적 차원에서 달성하여야 할 지속한 가능발전 이행방안을 규정하고 있다.

4. 정부·국제기구·이해 당사자 간 협력

보건, 생물다양성, 농업, 안전한 음용수, 에너지, 기타문제 등 6개 주제별 상호 관심사에 대하여 토론을 진행하였다.

제3절 | 국제환경법의 기본원칙

1 환경손해를 야기하지 않을 책임

1. 개념

국제환경법상의 원칙의 하나로서 '환경손해를 야기하지 않을 책임'은 국가가 자국의 관할권 또는 통제하에 있는 활동으로 인해 다른 국가 또는 국가관할권 밖에 있는 지역의 환경에 손해를 가하지 않도록 보장해야 할 책임을 말한다.

2. 관련 판례

(1) 트레일 제련소 사건(Trail Smelter Case)

캐나다가 자국 영토 내에서 건설하여 가동 중인 제련소에서 나온 매연으로 인접국인 미국의 워싱턴주 주민이 피해를 입어 발생한 사건으로, '타국 영토 또는 국가관할권 범위 밖의 지역환경에 대해 손해를 야기하지 않을 책임의 원칙'이 최초로 언급되었다.

(2) 코르푸해협 사건(Corfu Channel Case, ICJ, 1949)

직접 환경문제를 다룬 사건은 아니나, 국제사법재판소(ICJ)는 '모든 국가는 다른 국가의 권리에 반하게 자국 영토가 고의적으로 다른 국가에 해를 가하는 방식으로 사용되는 것을 허용하지 않을 의무가 있다'고 선언하였다.

(3) 라누호 중재 사건(Lake Lanoux Case)

프랑스와 스페인 간에 Carol강의 일부 수로 변경과 관련하여 발생한 사건으로 하천의 상류국은 하류국에 심각한 손해를 야기할 수 있는 상황에서 강의 유수에 변경을 주는 것을 금지하는 법규가 있다는 것을 인정하였다.

(4) 핵실험 사건(Nuclear Test Case, ICJ, 1974)

프랑스의 남태평양에서의 핵실험으로 인근 국가인 호주와 뉴질랜드가 핵실험의 불법성을 주장하여 제기된 사건에서 de Castro 재판관은 반대의견에서 '인근국 가에게 독성매연방출의 금지를 요구할 권리가 일반적으로 인정된다면 유추해석에 의해 이 사건에서 제소국이 본 재판소로 하여금 프랑스가 그들 국가 영토에 방사능낙진을 배출시키는 것을 중단하도록 명하는 판결을 요구할 수 있다'고 주장하였다.

(5) 핵무기 사용 및 위협의 적법성에 대한 권고적 의견 사건(Legality of the Threat or Use of Nuclear Weapons Case, ICJ, 1996)

'자국관할권 및 통제하에 있는 활동이 다른 국가 또는 국가관할권 범위 밖의 환경을 존중하도록 보장할 국가의 의무가 환경에 관한 국제법의 일부가 되었다'고 최초로 공식 확인하였다.

3. 관련 국제규범

(1) 초기 조약들

1951년 국제식물보호협약은 국경을 넘어 식물균 및 질병이 확산되는 것을 방지할 필요가 있음을 선언했고, 1963년 부분적 핵실험금지조약은 핵폭발로 인해 핵 폭발이 이루어지는 국가관할권 범위 밖으로 핵낙진이 발생할 가능성이 있는 경우 핵실험이 금지되어야 함을 규정하였다.

(2) 스톡홀름 환경선언 원칙 21

"국가는 UN헌장과 국제법원칙에 따라 자국의 환경정책에 입각하여 자원을 이용할 주권적 권리를 가지며 자국 관할권 또는 통제 내의 활동이 다른 국가 또는 국가관할권 범위 밖의 지역의 환경에 손해를 야기하지 않도록 보장할 책임을 진다." 동 원칙은 자국 관할권 범위 밖의 지역, 즉 공해, 우주공간, 천체 및 심해저 등에 대해서까지 환경침해방지책임을 부과한 점, 오염방지의 책임과 국토이용에 대한 주권적 권한을 대응시켜 무제한적 주권행사를 제한하고 있는 점이 특징이다. 동 규정형식은 이후 해양법협약 제194조, 1992년 리우선언 원칙 2에 반영되었다.

2 환경보호와 증진을 위한 협력원칙

1. 개념

국가는 선린과 신의성실의 원칙에 기초하여 국제환경의 보호와 증진을 위해 협력해야 한다는 원칙으로서 ① 위험의 통보의무, ② 조력의무, ③ 국제환경법의 준수 및 국제환경법의 발전을 위한 협력의무, ④ 환경영향평가의 실시 및 정보제공의무 등 절차적 협력을 주요 내용으로 한다.

2. 일반협력의무

스톡홀름선언 원칙 24에서 국제환경 보호를 위한 일반적 협력의무로 문서화되었다. "환경의 보호와 증진에 관한 국제문제는 대소국을 막론하고 평등원칙에 입각하여 모든 국가에 의하여 협력의 정신하에 다루어져야 한다." 협력의무는 이후 리우선언 원칙 27과 국제하천의 비항행적 이용에 관한 협약 등에서도 규정되어 있다. 한편, 국제사법재판소(ICJ)는 The Kasaliki / Se dudu Islans 사건에서 공동체제수립의 필요성을 언급하여 협력의무를 상기시키고 있다.

3. 국제법 발전을 위한 협력

스톡홀름선언 원칙 22는 "국가관할권 및 통제하의 행위로 관할권 밖의 지역에 야기된 오염 또는 기타 환경피해의 피해자를 위한 책임 및 배상에 관한 국제법을 더욱 발전시키도록 협력해야 한다."라고 규정하여 국제법 발전을 위한 협력을 국제환경보호를 위한 협력의 구체적 형태로 이해하고 있다.

4. 긴급상황에서의 협력

(1) 고지의무

고지의무란 환경오염의 긴급상황이 발생하여 그 결과 다른 국가에 심각한 악영향을 미칠 가능성이 있는 경우 영향을 받을 가능성이 있는 국가에 고지해야 한다는 것이다. 이는 코르푸해협 사건, 해양법협약 제198조 등에서 규정하고 있다. 1986년의 스위스 바젤화학공장의 독성화학물질 유출 사건과 체르노빌 핵발전소 핵유출사고에서는 이 의무가 준수되지 못했으나 이후 국제사회는 관련조약을 통해 고지의무를 강화하는 법적 체제를 구축하였다. 예컨대, '라인강보호를 위한 협약'이나 '핵사고 또는 핵물질로 인한 비상시의 조기 통보에 관한 협약'이 체결되었다.

(2) 지원의무

지원의무는 환경오염의 비상상황에 처한 국가를 그 피해를 방지하거나 최소화하기 위하여 영향받은 지역 국가를 중심으로 지원 가능한 입장에 있는 국가가 협력해야 한다는 것이다. 지원의무는 일반국제법상 의무라고 보기는 어렵고 이 의무를 규정하고 있는 문서가 증가하고 있는 추세이다. 해양법협약 제199조는 "영향받은 지역 국가는 그 능력에 따라 권한 있는 국제기구와 함께 가능한 범위 내에서 오염의 효과를 제거하고 손해를 방지하거나 최소화하는데 협력해야 한다."고 규정하고 있다.

3 지속가능한 개발의 원칙

1. 개념

지속가능한 개발(sustainable development)의 원칙이란 국가가 자연자원을 개발하고 사용함에 있어 지속가능하도록 보장해야 한다는 것이다. 1987년에 발표된 브룬트란트(Brundtland) 위원회(환경과 개발에 관한 세계위원회[United Nations World Commission on Environment & Development, WCED)]의 '우리 공동의 미래(Our Common Future)'라는 보고서에서 처음으로 언급된 개념이다.

지속가능한 개발이란 '미래 세대의 그들의 필요에 응할 능력과 타협함이 없이 현세대의 필요에 응한 개발'을 말한다(WCED 보고서, 1987). Sands에 의하면 이 원칙은 구체적으로 ① 미래세대의 이익을 위한 자연자원의 보존(세대 간 형평의 원칙), ② 합리적인 방법으로 자연자원을 이용(지속가능한 사용의 원칙), ③ 다른 국가의 필요를 고려하여 자연자원을 형평하게 이용하는 것(형평한 이용의 원칙 또는 세대 내 형평의 원칙), ④ 경제개발 및 기타 개발 계획에 반드시 환경적인 고려를 하도록 보장하는 것(통합의 원칙)을 의미한다.

2. 세대 간 형평의 원칙

(1) 의의

바이스(Weiss)에 의하면 세대 간 형평개념은 지구상의 한 생명체로서 인류는 지구상의 현세대 구성원과 과거 및 미래세대와 공동으로 지구의 자연 및 환경자원을 공유하고 있다는 인식에 기초하고 있다. 따라서 현세대는 미래세대에 대해 일정한 의무를 부담하는 바, 현세대가 전 세대로부터 받은 것보다 나쁘지 않은 상태로 이 지구를 미래세대에 물려주어야 한다. 구체적으로는 ① 자원을 보존하고 형평한 사용을 보장하는 것, ② 환경에의 악영향을 피하고 재난을 방지하며 그 피해를 최소화하는 것, ③ 긴급상황에서 상호 지원하는 것이다.

(2) 법적 성격

위에 언급한 의무가 법적인 의무로 존재하는지에 대해서는 의문이 있지만 적어도 도덕적 의무로 존재한다는 것에 대해서는 합의가 이루어져 가고 있고, 환경문제를 다루는 국제법문서들을 통하여 법적 의무가 되기 위한 국제법규 형성과정에 돌입하였다고 평가된다. 바이스(Weiss)도 세대 간 형평의 의무가 법적 의무로 존재하고 있다고는 주장하지 않고 앞으로의 국제법 발전을 통하여 법적인 의무로 만들어 가야 한다고 주장하고 있다.

스톡홀름선언 원칙 1은 미래세대를 위하여 지구의 자연유산을 보존할 필요가 있다는 참가국들의 합의를 밝히고, 인간은 현세대와 미래세대를 위하여 환경을 보존하고 증진할 엄숙한 책임이 있다고 선언하였다. 리우환경선언은 이에 대한 직접적 언급은 없으나 스톡홀름선언의 원칙들을 재확인한다고 밝히고 있다(서문). 한편, 국제사법재판소(ICJ)는 'Legality of the Threat or Use of Nuclear Weapon' 사건에서 '환경은 추상적인 것이 아니고 아직 태어나지 않은 세대를 포함하는 인간의 생활공간, 삶의 질 및 건강을 대표하는 것'이라고 밝히면서 미래세대를 언급하고 있다.

3. 자연자원과 환경의 지속가능한 이용의 원칙

(1) 개념

자연자원과 환경의 지속가능한 이용의 원칙이란 자연자원과 환경의 재생능력을 고려하여 그들의 적절한 양적, 질적 상태의 유지가 가능하도록 하면서 자연자원 및 환경을 이용해야 한다는 원칙이다.

(2) 국제관행

① UN해양법협약 등 해양생물자원에 대한 조약들이 이 원칙을 규정하고 있다. 해양생물자원 이용에 있어서 '지속가능한 최대수준(maximum sustainable level)'을 유지할 것을 당사국들에게 요구하고 있다.

② 기후변화협약, 생물다양성협약 등에서도 이 원칙을 규정하고 있다.

③ 스톡홀름환경선언이나 리우환경선언도 직접적 · 간접적으로 동 원칙을 언급하고 있다. 스톡홀름선언은 '지속가능한 이용'이라는 직접적 표현은 없으나 '재생가능 자연자원의 비소진'과 필수적인 '재생가능 자연자원을 생산하는 지구의 능력제고' 등을 요구하여 간접적으로 자연자원 및 환경의 지속가능한 이용의 원칙을 선언하고 있다.

4. 자연자원 및 환경의 형평한 이용의 원칙

국제사회의 구성원이 지구가족으로서 자연자원 및 환경을 이용함에 있어 그들의 경제적 사정과 필요, 그간의 지구환경에 미친 영향 등을 고려하여 공평한 몫이 돌아갈 수 있도록 이용해야 한다는 원칙이다. 기후변화협약 제3조 제4항, 생물다양성협약 제1조, 리우선언원칙 3 등에서 이를 언급하고 있다.

5. 환경과 개발의 통합원칙

환경과 개발의 통합원칙이란 경제 및 기타 개발정책을 수립하고 이를 수행하는 과정에서 반드시 환경적인 면을 고려하여 환경의무를 입법하고 적용해야 하며, 이를 해석하는 과정에서도 경제 및 기타 개발의 필요성을 반드시 고려해야 한다는 것이다. 스톡홀름원칙 13은 인간환경을 보호하고 증진할 필요성에 그들의 개발계획이 양립되게 보장할 수 있도록 그들의 개발계획에 통합되고 조정된 접근을 하도록 요구하고 있다. 리우선언원칙 4도 지속가능한 개발을 달성하기 위하여 환경보호는 개발과정의 불가분의 일부를 이루며 분리하여 고려될 수 없다고 선언하고 있다.

4 사전주의원칙(Precautionary Principle)

1. 배경

사전주의원칙이 국제환경법에 등장하기 시작한 것은 1980년대 중반이다. 이 원칙이 등장하게 된 것은 인간의 과학적 지식은 한계가 있고, 환경오염의 위협은 심각하다는 것을 인식하게 되면서부터이다. 원칙적으로 환경문제에 대한 대응은 그에 대한 과학적 사실이 입증된 후에 이루어져야 할 것이나, 그러한 과학적 사실의 입증이 오랜 기간이 소요되어 입증되었을 때에는 이미 일정한 대응이 불가능하거나 엄청난 비용과 시간이 소요되어야 하는 오염이 발생할 수 있다는 것을 국제사회가 인식하게 된 것이다.

2. 개념

리우선언원칙 15에 따르면 '심각하거나 회복불가능한 손해의 위협이 있는 경우 완전한 과학적 확실성이 없다는 이유로 환경침해를 방지하기 위한 경제적으로 효율적인 조치를 연기할 수 없다'. 이는 구체적으로 ① 과학적 입증이 되지 않았다는 것만을 이유로 심각한 위험을 안고 있는 환경문제에 대한 조치를 연기할 수 없다는 것, ② 경제적으로 비효율적이라는 것이 일정한 환경문제에 대한 대응을 연기하는 이유가 될 수 없다는 것, ③ 환경오염은 시기를 놓치는 경우 회복이 불가능하거나 상당한 시간과 비용이 소요된다는 것을 의미한다.

3. 법규의 형성

(1) 국내법

사전주의의 개념은 독일 연방 임미시온방지법 제5조에서 규정하고 있는 'Vorsorgeprinzip(사전배려의 원칙)'에서 유래하였다. 이 용어는 독일에서 1960년대 중반 오염에 대한 관심이 증대됨으로써 제창된 것으로, 1970년대 초 독일의 국내입법에도 도입된 것이다.

(2) 국제조약

오존층 보존을 위한 비엔나협약(1985년)과 동 조약상의 의무를 구체화한 몬트리올의정서는 사전주의원칙을 최초로 도입한 국제합의로 인정된다. 이 문서들은 국제사회가 확실한 과학적 결론이 나지 않은 상태에서 범세계적 환경문제에 대한 일정한 조치에 합의하였다. 리우선언, 기후변화협약, 생명공학안정의정서 등의 문서에서도 규정하고 있다.

(3) 국제판례

유럽공동체재판소는 'United Kindom 대 EC Commission 사건'에서 사전주의원칙을 적용하고 있다. 즉, 위험의 실제성과 심각성이 완전히 분명해질 때까지 기다리지 않고도 보호조치를 취할 수 있다고 밝혔다. 한편, 국제사법재판소(ICJ)도 'Gabcikovo - Nagymaros 사건'에서 이 원칙을 인식하고 있음을 보여주었다. 1998년 Beef Hormone 사건에서 유럽공동체는 미국 및 캐나다에서 인공호르몬으로 사육된 소고기수입을 금지하는 조치를 정당화하면서 사전주의원칙이 일반국제관습법이라고 주장하였으나 WTO 분쟁해결기구는 아직 이 원칙의 규범적 지위에 대하여 결론을 내릴 수 없고, 국제환경법 이외의 분야에서는 이 원칙이 아직 형성 중인 것으로 보아야 한다고 밝혔다.

4. 법적 지위

유럽국가들 간 지역적 국제관습법으로서는 이 원칙이 확고한 지위를 얻었다고 할 수 있다. 그러나 일반국제관습법으로서는 폭넓은 인정을 받고 있지만 아직 확고한 지위를 얻었다고 결론내릴 수는 없다.

5 오염자비용부담원칙(Polluter - Pays - Principle)

1. 개념

오염비용과 그 결과비용을 오염을 야기한 책임 있는 주체가 부담해야 한다는 원칙이다. OECD는 동 원칙을 "오염자가 공공당국이 환경을 받아들일 만한 상태로 유지되는 것을 보장하기 위하여 결정한 조치를 수행하는 비용을 부담해야 한다. 즉, 이들 조치의 비용이 생산 또는 소비함에 있어 오염을 야기하는 상품 및 용역의 비용에 반영되어야 한다."라고 정의하고 있다. 오염자비용부담원칙은 책임에 관한 원칙이 아니라 오염통제비용의 배분을 위한 원칙이다.

2. 기원

국제사회에서 오염자부담원칙이 등장하여 발전한 것은 OECD와 EC를 통해서였다. 이 원칙이 처음 공식화된 것은 1972년과 1974년의 OECD의 관련문서이고 이 문서에 규정된 개념이 일반적으로 사용된다. 1972년 OECD 각료이사회가 채택한 '환경정책의 국제경제적인 측면에 관한 지도원칙에 관한 권고'에서 오염자부담원칙이 최초로 언급되었다.

3. 기능

오염자비용부담원칙은 ① 부족한 환경자원의 합리적 이용을 유도한다. ② 환경통제를 위한 비용을 정부가 보조금으로 지원함으로써 국제무역에서 공정한 경쟁을 막는 결과를 초래하게 되기 때문에 보조금에 대한 국제적 규제의 근거로서 오염자비용부담원칙이 사용될 수 있다. ③ 국제사회에서 지금까지 환경오염에 영향을 미친 정도가 국가마다 다르므로 이들에 대한 차별적 의무를 부과하기 위해 이 원칙이 근거가 될 수 있다.

4. 내용

(1) 오염자의 정의와 비용 배분

누가 오염자인가의 문제에 대해 유럽공동체 이사회는 '직접 또는 간접으로 환경에 손해를 입힌 자' 또는 '그러한 손해에 이른 조건을 야기한 자'로 정의한다. 오염자가 집단적인 경우 유럽공동체는 정부가 ① 경제적 효율성 및 행정적 효율성을 고려하고, ② 비용을 자체비용으로 수용할 능력을 고려하여 비용을 배분하도록 권고하고 있다.

(2) 동 원칙의 적용배제

동 원칙의 적용이 배제되는 예외상황은 ① 환경보호조치의 급속한 시행으로 사회적 경제적 혼란이 중대하여 예외를 인정하기에 충분한 잠정적 기간, ② 국내의 불안정 지역에 대한 특정 사회, 경제적 개발 계획에 대한 예외를 들 수 있다.

5. 법적 지위

이 원칙의 법규성에 대한 비판론은 ① 이 원칙이 국내법상 원칙이라는 점, ② 경제적 성격이 강하다는 점, ③ 법규성을 인정하더라도 유럽국가 간 지역국제법규에 불과하다는 점에 기초하여 일반적 법규성을 부인한다. 그러나 많은 국제법문서와 국제관행을 통해 이 원칙이 국제환경법상의 한 기본원칙으로 성숙해 가고 있음을 부인할 수 없다. 이 원칙은 OECD 및 유럽공동체를 통해 발전해 왔으나, 리우선언에서도 "국가는 원칙적으로 오염자가 오염비용을 부담해야 한다는 접근방법을 고려하여 환경비용의 내재화(internalization)에 노력해야 한다."라고 하여 동 원칙을 수용하고 있다. 1990년의 유류오염대비협약 및 1992년 산업사고협약은 서문에서 오염자비용부담원칙이 국제환경법의 일반원칙이라고 언급하고 있다.

6 공동의 그러나 차별적 책임원칙

1. 개념

'공동의 그러나 차별적 책임원칙'은 인류가 공유한 환경을 보호할 책임은 인류가 공동으로 부담하나, 부담해야 할 구체적인 책임의 정도는 환경의 상태악화에 기여한 정도와 국가가 가지고 있는 능력을 고려하여 차별적으로 정한다는 원칙이다.

2. 연혁

공동이지만 차별적인 책임원칙은 공동책임원칙과 차별책임원칙이 합성된 형태로 최초 규정된 것은 리우선언이나, 공동책임과 차별책임 각각은 이전문서에도 규정되어 왔다. 공동책임원칙은 우주조약, 해양법협약, 생물다양성보존조약 등에서 규정되었다. 한편 차별적 책임원칙도 스톡홀름환경선언, 유해폐기물의 해양투기의 금지에 관한 협약, 오존층 보존을 위한 비엔나협약 및 몬트리올의정서 등에서 규정하고 있다.

3. 내용

공동의 그러나 차별적 책임원칙은 두 가지 요소로 구성된다. 환경보호를 위한 공동의 책임이 첫 번째 요소이다. 두 번째 요소는 각 국가가 처한 다른 상황, 즉 환경에 그동안 각 국가가 누적적으로 미친 영향과 환경오염위협을 방지, 감소 및 통제할 수 있는 능력, 특별히 개발도상국의 장래 경제개발 필요성을 고려하여 차별적인 책임이 부과되어야 한다는 것이다.

7 환경영향평가

1. 개념

환경영향평가는 계획한 활동이 환경에 일정한 영향을 미칠 가능성이 있는 경우 그 정도를 평가하는 것을 말한다. 환경영향평가의 궁극적 목적은 영향을 측정하여 계획한 활동을 중단시키거나, 대체적인 방법을 찾거나 영향을 최소화하는 방안을 모색하는 것이다.

2. 대상

환경영향평가의 국제법적 발전의 모델이 되고 있는 유럽공동체 환경영향평가명령에 따르면 환경에 '중대한 효과'(significant effect)를 미치는 활동에 대하여 환경영향평가를 실시하도록 규정하고 있다. 구체적으로는 ① 원유정제, ② 300메가와트 이상의 화력발전소 및 원자력발전소, ③ 핵폐기물 매립 및 적재시설 등을 부속서에서 열거하고 있다.

3. 기원

국내법적으로는 미국의 연방환경정책법(National Environment Policy Act, 1972)에서 최초로 규정된 이래 많은 국가들이 유사한 제도를 국내법으로 채택하고 있다. 국제법 분야에서는 UN환경계획(UNEP)의 공유자원행위규칙이 구체적으로 환경영향평가를 언급하고 있는 최초의 국제법 문서에 해당한다.

4. 법적 지위

많은 국제법 문서에서의 언급과 국가관행의 축적으로 환경에 일정한 영향을 미치는 활동에 대하여 그 정도를 평가해야 한다는 환경영향평가원칙이 국제환경법의 한 법규로 확립되어 가고 있는 것으로 평가된다. 국제사법재판소(ICJ)는 'Pulp Mill 사건'(2010)에서 동 원칙이 국제관습법이라고 판시하였다.

5. 국제문서

(1) 스톡홀름선언(1972)

개발도상국의 반대로 동 원칙이 명시되지는 못했다. 다만 원칙 14에서 합리적인 계획은 개발의 필요성과 환경보호의 필요성 간의 모순을 조정할 필수적 수단이라고 하여 간접적으로 동 원칙에 대한 인식을 보여준다.

(2) 세계자연헌장(1982)

국제적 차원에서 환경영향평가에 대해 간접적으로 언급하고 있는 최초의 문서이다. 자연에 대한 중대한 위험을 초래할 우려가 있는 활동을 할 때에는 철저한 사전심사를 행하도록 하였다.

(3) WCED 환경법전문가그룹 보고서(1986)

'환경보호와 지속가능한 발전을 위한 법원칙에 관한 환경법전문가그룹의 최종보고서'를 말한다. 환경영향평가를 국제법의 새로운 원칙으로 규정하고, 각국은 자연자원이나 환경에 심각하게 영향을 미칠 수 있는 사업계획을 수행하는 경우 이를 행하기 전에 그 영향을 평가하도록 요구하고 있다.

(4) UNEP '환경영향평가의 목적 원칙에 관한 지침'(1987)

동 지침은 계획된 활동이 환경적으로 건전하고 지속가능한 발전을 확보하는 데 있어서 환경영향평가를 하도록 규정하고 있다.

(5) 리우선언(1992)

제17원칙에서 환경영향평가원칙을 규정하고 있다. '환경에 심각한 악영향을 초래할 가능성이 있으며, 권한있는 국가 당국의 의사결정을 필요로 하는 사업계획에 대해 환경영향평가가 국가적 제도로서 시행되어야 한다.'

(6) 의제 21(1992)

리우선언을 이행하기 위한 지침은 의제 21에서는 환경영향평가에 대한 규정이 다수 존재한다. 환경기반시설 설치에 있어서 환경영향평가를 먼저 행하도록 하였다.

(7) ILC 초안(2001)

'본 규정들의 범위 내에 있는 활동을 허가하는 결정은, 특히 환경평가를 포함하여, 그러한 활동에 의해 야기되는 발생가능한 모든 초국경적 손해의 평가에 기초하여 이루어져야 한다'(위험한 활동에서 야기되는 초국경적 손해의 방지에 관한 규정 초안 제7조).

6. 국제협약

(1) UN해양법협약(1982)

당사국에게 다른 국가 또는 자국 관할권을 넘어선 지역의 해양환경에 대한 활동의 영향을 사전에 평가하도록 요구하고 있다.

(2) Espoo협약(1991)

UN유럽경제위원회에서 채택되었다. 초국경적 영향을 미치는 사업계획에 대해 통지·평가·협의를 위한 구체적 요건을 설정하였다. 심각한 초국경적 악영향을 일으킬 우려가 있는 계획된 활동을 허가 또는 실시하기 전에 환경영향평가를 실시하도록 하였다.

(3) 환경보호에 관한 남극조약의정서(1991)

남극환경과 생태계를 보호하기 위해 남극에서의 순수한 활동 이외에 어떠한 개발행위도 금지하고 있으며, 남극의 환경을 적극적으로 보호하기 위해 모든 남극 활동에 대해 환경영향평가를 의무화하였다.

(4) 생물다양성협약(1992)

생물다양성의 보전과 지속가능한 이용에 심각한 악영향을 미치거나 미칠 우려가 있는 활동의 진행과정 및 범주를 확인하고, 이들 결과에 대한 표본조사 및 그 밖의 다른 기법을 통한 감시를 협약 당사국에게 요구하고 있다. 또한 환경영향평가에 필요한 절차를 도입할 것을 당사국에게 요청하고 있다.

7. 판례

(1) 가브치코보 - 나기마로스 사건

이 사건에서 헝가리는 가브치코보 - 나기마로스 댐 체제의 건설 및 운영과 관련하여 당해 사업이 야기할 수 있는 환경 위해에 대해 환경영향평가절차를 통해 위험의 성질이 평가되지 않았다고 주장하였으나 국제사법재판소(ICJ)는 이를 기각하였다. 다수 의견은 환경영향평가에 대해 직접적인 언급은 하지 않았다. 다만, Weeramantry 판사는 개별 의견을 통해 환경영향평가의무가 관습법이라고 주장하기도 하였다.

(2) 목스공장 사건

이 사건에서 아일랜드는 영국이 목스(mixed oxide: MOX) 공장을 인가하는 과정에서 해양환경에 미치는 잠재적 영향에 대해 평가하지 않았으므로 UN해양법협약 제206조를 위반하였다고 주장했다. 그러나 이 쟁점은 UN해양법법원이나 UN해양법법원의 잠정조치명령에 의해 설치된 중재법정에서 다루어지지 못하고 재판이 종결되었다.

(3) Johor해협 사건(2003)

싱가포르가 Johor해협 주변을 매립하는 사업계획을 실행하자 말레이시아가 반발하며 중재재판을 청구한 사건이다. 이 사건에서 싱가포르는 말레이시아가 UN해양법협약 제206조상의 환경영향평가의무를 위반하였다고 주장하였다. 그러나, 양국이 합의하여 소를 취하함에 따라 본안판단이 진행되지 못했다.

(4) Pulp Mills on River Uruguay 사건

국제사법재판소(ICJ)는 환경영향평가에 대해 다음과 같이 언급하였다.
① 계획된 산업활동이 월경 차원에서, 특히 공유자원에 대해 심각한 악영향을 초래할 위험이 존재하는 경우 환경영향평가를 실시하는 것은 이제는 일반국제법하의 한 요건으로 볼 수 있다.

② 일반국제법은 환경영향평가의 범위와 내용에 대해 명시하지 않고 있다. 따라서 각국은 계획된 개발의 성격과 규모 및 그것의 환경에 대한 가능한 역효과 그리고 그러한 평가를 수행함에 있어 상당한 주의를 행사할 필요성에 유념하면서 각 경우에 요구되는 환경영향평가의 구체적인 내용을 국내입법에서 혹은 사업의 허가과정에서 결정하여야 한다.

③ 환경영향평가는 사업 시행 전에 수행되어야 한다.

④ 일단 사업이 시작되었더라도 그리고 필요한 경우 사업의 전 과정을 통해 사업의 환경을 대한 효과를 계속적으로 주시하여야 한다.

(5) Certain Activities carried out by Nicaragua in the Border Area와 Construction of a Road in Costa Rica along the San Juan River 사건

주요 판시사항은 다음과 같다. 첫째, 환경영향평가를 실시한 결과 심각한 월경침해의 위험이 존재한다는 것이 확인되면 사업을 실시하려고 계획하는 국가는 상당한 주의 의무에 따라 잠재적으로 영향받는 국가에게 이를 통지하고 또 이 국가와 성실히 협의할 것이 요구된다. 둘째, 심각한 월경침해의 위험이 존재하지 않는 경우에는 환경영향평가를 실시할 것이 요구되지 아니한다. 셋째, 비상사태가 존재하는 경우 환경영향평가를 실시할 의무가 면제되는가의 질문에 대해 국제사법재판소(ICJ)는 다음과 같이 언급했다.

첫째, 재판소는 Pulp Mills on River Uruguay 사건에서 각 경우에 요구되는 환경영향평가의 구체적인 내용은 국내법에서 결정할 일이라고 말한 바 있지만 이것은 환경영향평가가 실시되어야 하는지의 문제에 관련한 것이 아니다. 다시 말해서 국내법에 의하면 비상사태하에서 면제가 존재할 수 있다는 사실은 환경영향평가를 실시할 국제법하의 의무에 영향을 미치지 아니한다. 둘째, 비상사태가 환경영향평가를 실시할 국제법하의 의무를 면제시켜 주거나 비상사태가 중지될 때까지 이 의무의 실시를 연기시킬 수 있는지의 문제에 대해 재판소는 코스타리카가 자국의 주장과는 달리 비상사태의 존재를 입증하지 못했기 때문에 이 문제에 대해 결정할 필요가 없다고 말했다.

8. 기타

세계자연헌장, 리우선언에서도 언급하고 있다. 조약으로는 환경영향평가협약, 해양법협약, 바젤협약, 기후변화협약, 생물다양성협약 등에서 규정하고 있다. 국제사법재판소는 가브치코보 - 나기마로스 사건에서 재판소는 사건의 당사국인 헝가리와 체코슬로바키아가 가브치코보 발전소의 운영이 환경에 미치는 영향을 계속 새롭게 평가해야 한다고 판결하여 이 원칙의 인식을 보여주었다.

제4절 │ 분야별 주요 국제 환경협약

1 대기오염방지

1. 광역월경대기오염협약(1979.11.13. 채택)

1975년 유럽안보협력회의에서 스웨덴 등 북유럽 국가들의 주장으로 UN경제사회이사회 산하에 설치된 UN유럽경제위원회가 중심이 되어 초안이 작성되었다. 동 조약은 산성비의 원인이 되는 이산화황(SO₂)과 산화질소(NOx) 등을 대상으로 한다. 동 조약은 대기환경을 다룬 최초의 다자협약으로서 당사국에 구체적 의무를 부과하지는 않았으나 관련 정보의 교환을 촉진하고 대기오염물질의 방출을 감소하기 위한 기반을 마련한 데에 그 의의가 있다. 동 협약의 시행을 위해 '유럽에서의 광역대기오염의 감시·평가를 위한 협력계획에 대한 장기재정지원에 관한 의정서', '유황의 방출 또는 월경유동을 최소 30% 감소시키기 위한 의정서', '산화질소의 방출 또는 월경유동을 규제하기 위한 의정서'를 포함하여 총 8개의 의정서가 채택되었다.

2. 오존층보호협약(1985.3.22. 채택)과 몬트리올의정서(1987.9.6. 채택)

(1) 오존층보호협약(비엔나협약)

정식명칭은 '오존층의 보호를 위한 비엔나협약'으로서 오존층파괴물질의 생산과 소비를 억제하여 오존층의 소실을 방지하기 위해 채택되었다. 오존층 파괴의 주범인 염화불화탄소(CFCs)와 할론의 규제를 위한 협약이지만 EC국가들과 미국·캐나다 등 북유럽국가들의 견해 차이로 구체적인 규제조치는 협약에 규정되지 못하고 몬트리올의정서에서 규정하고 있다. 협약의 주요 내용을 보면, 첫째, 협약은 당사국들의 구체적인 의무는 거의 부과하지 않았다. 둘째, 당사국들은 오존층 변화로 인한 악영향으로부터 인류의 건강과 환경을 보호하기 위해 적절한 조치를 취해야 한다. 셋째, 당사국들은 개도국들에게 기술과 지식, 특히 대체기술을 이전하기 위해 협력할 의무가 있으나, 자국의 법령과 관행에 따라 협력하도록 하였다. 협약은 현실적인 피해가 확고하게 입증되기에 앞서 예방적 행동의 필요성을 인식한 사전주의적 접근법(precautionary approach)의 출현을 시사하고 있는 조약의 하나이다.

(2) 몬트리올의정서

몬트리올의정서는 오존층보호협약을 이행하기 위한 조약이다. 오존층의 보호를 위해 오존층 파괴물질의 생산과 소비를 원천적으로 규제하고 비당사국에 대해 매우 엄격한 무역금지조항을 둠으로써 환경문제와 무역문제를 직접 연계시킨 최초의 환경협약이다. 염화불화탄소(CFC)와 할론가스 배출을 동결 내지 감소시켜 오존층 파괴를 방지하고자 한다. 염화불화탄소(CFC)의 생산을 일단 동결하고, 이후 단계적으로 절반 수준으로 감축할 것을 규정하였고, 할론가스는 생산과 소비 동결을 요구했다. 개발도상국에 대해 10년간의 유예기간을 부여하는 한편 규제조치를 준수할 수 있도록 재정지원과 기술지원을 보장하는 다자 간 기금을 설치·운영하도록 하였다. 동 의정서는 당사국이 규제물질이나 규제물질을 포함한 제품 또는 규제물질을 포함하지는 않으나 동 물질을 사용하여 생산한 제품에 대해 비당사국과 무역하는 것을 단계적으로 금지하고 있다. 단, 비당사국이 의정서에 따른 규제조치를 완전히 준수하고 있음을 당사국회의에서 확인하고 보고자료가 제출된 경우 당해 비당사국과의 규제물질 교역이 허용될 수 있다. 사전주의원칙이 규정되어 있다.

(3) 비준수절차(非遵守節次, Non - Compliance Procedure)

1992년 코펜하겐회의에서 이행제도로 도입하였다. 당사국은 자국 이익 침해와 무관하게 타당사국의 협약 비준수를 통보할 수 있다. 이 경우 이행위원회가 설치되어 특정 국가의 비준수 여부를 조사하여 당사국총회에 보고한다. 당사국총회가 해당 국가를 제재할 수 있다. 교토의정서에도 유사한 절차 마련되어 있다.

3. UN기후변화기본협약(1992.5.9. 채택)

(1) 의의

인간의 활동에 의한 기후변화(지구온난화)의 악영향을 방지하기 위한 조치의 필요성이 국제적으로 인식됨에 따라 지구온난화의 주범인 이산화탄소의 배출량을 규제하기 위해 채택된 협약이다. 국가들 간 이해관계 대립으로 일반원칙을 규정하는 데에 그쳤으며 교토의정서에서 구체적인 의무를 부과하고 있다.

(2) 목적

동 협약은 기후변화 위험을 방지하는 일정 수준까지 대기층의 온실가스를 안정시켜 생태계가 기후변화에 자연적으로 적응하고 식량생산이 확보되며 지속적인 경제발전이 성취되도록 하는 것을 목적으로 한다.

(3) 원칙

① 당사국은 형평원칙에 입각하여 공동의 그러나 차별적 책임과 능력에 따라 현 세대와 미래세대의 이익을 위해 기후체계를 보호해야 하며 선진당사국은 기후 변화와의 투쟁에서 선도적 역할을 해야 한다(공동의 그러나 차별적 책임원칙).

② 기후변화의 악영향에 취약한 개발도상국들의 필요와 사정을 충분히 고려한다.

③ 당사국은 기후변화의 원인을 예측·방지·최소화하고 악영향을 완화하는 예 방적 조치를 취해야 하며, 심각한 회복불능의 손해의 위협이 있는 경우에는 완전한 과학적 확실성의 결여를 이유로 예방적 조치를 연기할 수 없다(사전주 의원칙).

④ 당사국은 지속적 개발을 증진시킬 권리와 의무가 있다(지속가능개발원칙).

⑤ 각국은 UN헌장과 국제법의 원칙에 따라 자신의 환경 및 개발 정책에 의거하 여 자신의 자원을 개발할 주권적 권리를 가지며, 자국 관할권이나 통제 내에 서의 활동이 타국의 환경이나 국가관할권 범위 밖의 지역의 환경에 손해를 가하지 않도록 보장할 책임이 있다.

(4) 일반적 의무

① 당사국은 온실가스 배출량과 제거량을 작성·공표하고 당사국회의에 제출한다.

② 당사국은 온실가스의 배출을 통제·감소 또는 방지하기 위한 기술의 개발· 보급에 노력하고 또한 그 이전에 협력한다.

③ 당사국은 기후체계와 기후변화에 관련된 정보를 완전히·공개적으로·신속하 게 교환하는 데에 협력한다.

④ 당사국은 기후변화에 관련된 교육·훈련·계몽에 협력한다.

(5) 부속서 Ⅰ 선진당사국의 의무

선진당사국들은 온실가스 배출량을 제한하고 가스흡수원을 증설함으로써 기후변 화의 완화를 위한 국가정책을 채택하고 상응한 조치를 취해야 한다. 구체적으로 보면 선진당사국들은 이산화탄소와 기타 온실가스의 배출량을 2000년까지 1990년 수준으로 복귀시키기 위해 협약 발효일로부터 6개월 이내 및 그 후 정기 적으로 각국이 취한 정책과 온실가스 배출·제거량에 관한 상세한 정보를 교환 해야 한다.

(6) 부속서 Ⅱ 선진당사국의 의무

부속서 Ⅱ 선진당사국은 부속서 Ⅰ 국가 중 A군에 속하는 국가를 말한다. 이들은 개발도상국인 당사국이 당사국회의에의 정보제공의무를 이행함에 있어서 야기되 는 총비용을 충당하기 위해 신규의 추가적 재정자원을 제공하고 또한 기술이전 을 위한 재정자원도 제공해야 한다. 또한 기후변화의 악영향에 취약한 개발도상 국 당사국이 당해 악영향에 적응하는 비용을 충당하는 데에 지원해야 한다.

4. 교토의정서(1997.12. 채택, 2005.2.16. 발효)

(1) 주요 내용

교토의정서는 기후변화협약을 구체적으로 이행하기 위한 법적 구속력이 있는 합의로서 1997년 12월 10일 열린 제3차 기후변화협약 당사국회의에서 채택되었다. 교토의정서에 의하면 협약 부속서 1 국가는 단독 또는 공동으로 부속서 A에 열거된 온실가스(이산화탄소, 메탄, 이산화질소, 수소불화탄소, 과불화탄소, 육불화황) 총배출량이 부속서 B에 등록된 각국의 공약 할당량을 초과하지 않아야 한다. 할당량이란 2008년부터 2012년까지 5년의 공약기간 동안 1990년 수준보다 최소한 5% 이하로 총배출량을 감축하는 것을 기본으로 하여 각국이 공약한 배출제한을 말한다. 교토의정서는 이행에 있어서 신축성을 강화하기 위해 공동이행, 청정개발체제, 배출권거래, 배출적립 등의 제도를 도입하였으나 배출차입제도는 도입하지 않았다. 한국은 교토의정서의 당사국이나 부속서 1 국가가 아니므로 구체적인 감축의무를 부담하고 있지 않다.

(2) 신축성체제

신축성체제는 온실가스 감축으로 인해 받을 수 있는 경제적 충격을 완화시켜주기 위한 장치를 말한다. 공동이행, 청정개발체제, 배출권거래제도를 3대 신축성체제라 한다. 그 밖에 배출적립도 도입되었으나, 배출차입은 도입되지 않았다.

① 공동이행(joint implementation)은 타국에 자본과 기술을 투자하여 온실가스를 줄여준 뒤 그 감축에 상응하는 배출쿼터를 당해 국가로부터 넘겨받는 방식을 말한다. 협약 제1부속서 국가 상호 간 적용된다.

② 청정개발체제(clean development mechanism)는 공동이행과 내용은 같으나 협약 제1부속서에 포함된 국가와 포함되지 않은 국가 간 협력을 지칭한다.

③ 배출권거래(emissions trading)는 목표연도(2008 ~ 2012년)에서의 배출쿼터와 그에 못 미치는 실제배출량 사이의 차이를 국가 간에 거래하는 방식이다.

④ 배출적립(banking)이란 제1부속서에 포함된 국가가 이행기간 동안 실제로 배출한 온실가스 양이 할당받은 양보다 적은 경우, 그 차이는 당해 국가의 요청이 있으면 그 국가의 차기이행기간의 할당량에 추가하는 방식이다. 그 반대 제도가 배출차입(borrowing)이나 도입되지 못 했다.

5. 파리협정(Paris Agreement)

(1) 의의

2015년 제21차 당사국총회(COP21, 파리)에서는 2020년부터 모든 국가가 참여하는 신기후체제의 근간이 될 파리협정(Paris Agreement)이 채택되었다. 이로써 선진국에만 온실가스 감축의무를 부과하던 기존의 교토의정서 체제를 넘어 모든 국가가 자국의 상황을 반영하여 참여하는 보편적인 체제가 마련되었다. 파리협정은 지구 평균기온 상승을 산업화 이전 대비 2℃보다 상당히 낮은 수준으로 유지하고, 1.5℃로 제한하기 위해 노력한다는 전지구적 장기목표하에 모든 국가가 2020년부터 기후행동에 참여하며, 5년 주기 이행점검을 통해 점차 노력을 강화하도록 규정하고 있다. 파리협정은 또한, 모든 국가가 스스로 결정한 온실가스 감축목표를 5년 단위로 제출하고 국내적으로 이행토록 하고 있으며, 재원 조성 관련, 선진국이 선도적 역할을 수행하고 여타국가는 자발적으로 참여하도록 하고 있다.

2023년부터 5년 단위로 파리협정의 이행 및 장기목표 달성 가능성을 평가하는 전지구적 이행점검(global stocktaking)을 실시한다는 규정을 포함하고 있다.

(2) 주요내용

파리협정의 주요 내용은 다음과 같다. 첫째, 지구의 평균온도 상승을 산업혁명 전의 수준에서 섭씨 2도보다 훨씬 낮게 유지하고, 나아가 이를 섭씨 1.5도까지 제한하기 위한 노력을 추구한다. 둘째, 당사국은 자신이 달성하려고 의도하는 '국가결정공약(Nationally Dertimined Contribution)'을 준비하고 전달해야 한다. 2018년부터 시작해서 5년마다 새로운 계획을 제출해야 한다. 국가결정공약을 달성하기 위해 당사국간 거래도 허용된다. 셋째, 기후변화협약 당사국회의는 파리협정 당사국회의로서 기능한다. 넷째, 2023년에 종합적 이행점검(global stocktake)을 처음 실시하고 5년마다 실시한다. 다섯째, 파리협정의 이행을 용이하게 하고 그 준수를 증진하기 위해 전문가 위원회(Committee of Experts)를 설치한다. 여섯째, 국가 및 지역경제통합기구가 가입할 수 있다. 기구가 회원국들과 함께 파리협정의 당사자가 되는 경우 기구와 그 회원들은 파리협정 하의 의무 이행을 위한 각자의 책임 범위를 정해야 한다. 일곱째, 파리협정에는 유보가 전면 금지된다. 여덟째, 당사국은 파리협정이 자국에 대해 발효한 후 3년이 지나면 수탁자에게 서면으로 통고하여 언제든지 탈퇴할 수 있고, 그 효력은 탈퇴 통고가 수령된 날로부터 1년이 지나면 발생한다. 기후변화협약에서 탈퇴한 당사국은 파리협정에서도 탈퇴한 것으로 간주된다. 파리협정은 2016년 11월 4일 발효하였다.

2 해양환경보호

1. 서설

해양환경보호는 세부 규율분야에 따라 차이가 있지만 비교적 법 발전이 많이 이루어진 분야이다. 해양법 전반을 다룬 UN해양법협약은 해양환경을 다룸에 있어서 오염원에 따라 육지오염원에 의한 해양오염, 심해저 개발활동으로 인한 오염, 투기에 의한 해양오염, 선박으로부터의 해양오염, 대기로부터 또는 대기를 통한 해양오염으로 나누어 규정하고 있다.

2. 육지오염원에 의한 오염

(1) 개념

해양오염의 육지오염원이란 오염원의 발생지가 육지에 근거하고 있는 오염원을 말한다. 해양오염의 주원인으로 지목된다. 육지오염원에 의한 해양오염을 다룬 최초의 조약은 파리협약이다.

(2) 규제

제3차 해양법협약은 국가들이 하천, 하천유역, 관선 및 하수시설을 포함한 육지오염원으로부터의 해양오염을 방지, 감소, 통제하기 위한 조치를 취하도록 규정하고 있다. UNEP은 육지오염원으로부터의 오염에 대한 환경보호에 관한 몬트리올지침을 만들었으나, 이는 법적 구속력은 없다. 몬트리올지침은 육지오염원에 의한 해양오염의 규제를 위한 구체적 의무를 규정하였다.

3. 대기를 통한 해양오염

해양에서 어떤 물질을 직접 연소시키는 경우를 제외하고는 대기는 육지오염원을 해양에 이동시키는 전달자 역할을 한다. 해양법협약은 모든 국가가 대기를 통하여 해양오염을 방지, 감소, 통제하기 위하여 주권하의 공간과 자국에 등록된 선박과 항공기에 적용될 수 있는 법규를 채택해야 한다는 일반 규정을 두었다. 핵실험으로 인한 대기를 통한 해양오염은 1963년 부분적 핵실험금지조약에 의해 금지된다.

4. 해저활동으로 인한 오염

해저활동이란 해저자원을 탐사, 이용 및 개발하는 활동을 말한다. 해저활동 과정에서 해양환경에 해로운 물질이 유출되어 환경을 오염시킬 수 있다. UN해양법협약은 국가관할권 내의 해저활동과 국가관할권 밖의 심해저에서의 활동을 구분하여, 전자의 경우 연안국이 해저활동으로 인한 해양환경오염을 방지, 감소 및 통제하기 위한 조치를 취하고(제208조), 후자의 경우 심해저 활동으로 인한 해양오염을 방지, 감소 및 통제하기 위한 국제법규와 절차를 수립하도록 요구하고(제209조), 심해저기구가 이러한 법규와 절차를 수립하도록 규정하고 있다.

5. 투기에 의한 오염

(1) 투기의 개념

투기에 의한 해양오염방지에 관한 런던협약에 따르면 투기(dumping)란 선박, 항공기, 플랫폼 또는 기타 인공구조물로부터 고의로 폐기물 또는 기타 물질을 폐기하는 행위와, 선박, 항공기, 플랫폼 기타 인공구조물을 해양에 폐기하는 행위를 말한다. 따라서 정상적인 선박의 항해나 시설물의 운영으로 발생하는 물질의 유입은 제외된다. 또한, 파이프와 하수배출구 같은 육상오염원으로부터의 방출은 투기에 해당하지 아니한다. 바다에서의 폐기물소각은 투기에 해당한다. 투기문제를 다른 다자조약으로는 UN해양법협약과 런던협약을 들 수 있다 UN해양법협약은 일반적 규정만 두고 있다).

(2) 폐기물 및 기타 물체의 투기에 의한 해양오염방지를 위한 런던협약

① **의의:** 런던협약은 1972년 12월 채택되었다. 런던협약은 폐기물을 세 가지 범주로 나누어 규율하였다. 금지품목(black list), 특별허가품목(grey list), 일반허가품목으로 대별된다. 협약은 내수를 제외한 모든 해역에 적용된다. 협약은 국제최소기준(international minimum standards)을 설정한 것이므로 당사국은 보다 강화된 조치를 취할 수 있다.

② **금지품목(black list):** 고도로 위험한 폐기물이다. 이들 물질의 해양투기는 긴급상황에서 영향받을 가능성이 있는 국가와 국제해사기구와의 협의 후에 허가되는 예외적인 경우를 제외하고 원칙적으로 금지된다.

③ **특별허가품목(grey list):** 사전특별허가가 있는 경우에만 투기가 허용된다.

④ **일반허가품목:** 사전 일반허가가 있어야만 투기할 수 있다. 허가는 폐기물이 투기되기 위하여 적재된 국가 또는 선박 또는 항공기 등록국 또는 적재국이 하고, 비당사국인 경우에는 기국이 한다. 허가와 관련된 모든 기록과 정보는 국제해사기구에 보고되어야 한다.

⑤ **방사성폐기물:** 개정 전 런던협약상의 투기 금지 목록에는 고준위방사성폐기물만 포함하고, 중준위와 저준위 방사성 폐기물은 특별허가를 받으면 폐기할 수 있는 제2부속서상의 물질에 포함되어 있어 기술적으로 이들 물질의 해양폐기가 가능하도록 규정하고 있었다. 그러나 1993년 11월 투기금지물질목록인 제1부속서에 대한 개정을 통하여 모든 방사성폐기물을 금지목록에 포함시켰다.

⑥ **예외:** 협약은 불가항력에 의한 해양투기, 비상투기 등의 예외를 허용한다.

(3) 런던덤핑의정서(1996. 채택)

런던덤핑의정서는 런던덤핑협약을 보완하기 위해 1996년 11월 7일 런던에서 채택되었고 2006년 3월 24일 발효하였다. 주요 내용은 다음과 같다. 첫째, 런던덤핑협약에서는 해저처리가 규율의 대상이 되는지 불확실하였으나, 의정서는 이를 투기의 정의에서 명확하게 반영하였다. 둘째, 사전주의 접근법(precautionary approach)과 오염자부담 접근법(polluters-pays approach)을 법전화하였다. 셋째, 런던덤핑협약은 투기가 금지되는 물질을 부속서에 기재한 방식을 채택한 반면, 의정서는 '역리스트 방식(reverse list approach)'을 채택하여 부속서에 열거된 물질을 제외하고는 일체의 폐기물이나 기타 물질의 투기를 금지하고 있다. 넷째, 부속서에서 허용된 투기 대상이라고 해도 체약국의 허가를 받아야 하며, 체약국은 이를 이한 행정적 또는 입법적 조치를 취할 의무가 있다. 다섯째, 바다에서의 소각을 금지하며 또한 투기나 바다에서의 소각을 목적으로 한 폐기물 또는 기타 물질의 수출도 금지한다. 여섯째, 불가항력과 비상사태시에는 예외적으로 금지된 폐기물의 투기가 허용된다. 일곱째, 의정서는 협약과 별개의 조약이나, 두 조약의 공동당사국 사이에서는 의정서가 협약을 '대체'한다.

(4) UN해양법협약

선박은 연안국의 동의 없이 타국의 내수나 영해에서 투기를 할 수 없다. 투기는 무해통항에 해당하지 않으므로 연안국은 완전한 관할권을 행사할 수 있다. 또한 EEZ와 대륙붕상의 투기에 대해 영해에서의 투기와 마찬가지로 연안국의 명시적 동의를 얻어야 한다. 해양법협약은 허가가 어느 곳에서 부여되었느냐를 불문하고 원용할 수 있는 관할권을 연안국에게 부여하고 있다.

6. 선박으로부터의 오염

(1) 개념

선박으로부터의 해양오염은 선박의 항해과정에서의 오염원 배출, 화물적재탱크의 청소, 바닥에 까는 자갈이나 모래를 바다로 투기하는 행위, 또는 선박사고에 따른 유출로 인한 해양오염을 말한다.

(2) UN해양법협약

협약에 의하면 국가들은 선박으로부터의 해양오염을 방지, 감소 및 통제하기 위한 국제법규와 기준 및 그보다 낮지 않은 국내법규를 수립하고 해양오염을 야기하는 사고의 위험을 최소화하기 위한 항로체계를 채택해야 한다(제211조). 국가는 무해통항권을 해하지 않고 그들이 제정한 규율내용을 공표하고 국제기구에 통보하는 것을 조건으로 자국 항구나 내수에 들어오는 선박에 대해 선박으로부터의 오염방지 감소 및 통제를 위한 특별법규를 수립할 수 있다.

(3) 선박으로부터의 오염방지를 위한 국제협약(MARPOL 73/78)

이 조약은 1954년에 채택된 유류오염협약을 대체하는 것으로 1973년 11월 2일 국제해사기구가 런던에서 주최한 회의에서 채택되었고, 1978년 개정의정서에 의해 개정되었다. 주요 내용은 다음과 같다. 첫째, 규제 대상인 해로운 물질은 해양에 유입되는 경우 인간 건강에 위험을 초래하거나 생물자원 및 해양 생명체에 해를 주거나 평온상태를 침해하거나 해양의 합법적 사용을 방해할 수 있는 물질을 말한다. 둘째, 유출(discharge)에는 고의적 유출뿐만 아니라 비고의적 유출형태도 포함된다. 셋째, 런던협약의 규율대상인 투기와 해저활동으로 인한 유입 및 과학조사를 위한 유입, 유출은 포함하지 않는다. 넷째, 규율대상선박은 당사국 국기를 게양하거나 그 권한 하에서 운항하는 선박이다. 군함과 비상업용 정부선박은 제외된다. 다섯째, 당사국은 위반행위를 금지하고 처벌해야 한다. 여섯째, 당사국의 항구에 들어온 선박은 선박시설과 적재규정에 따랐는지에 대해 유효한 증명이 있는가에 대해 조사대상이 될 수 있다. 그러한 증명이 없는 경우 원칙적으로 항해가 금지된다. 단, 해양환경에 위협이 없이 항행할 수 있다는 것을 증명하면 예외적으로 항해가 가능하다. 일곱째, 당사국은 비당사국 선박에 대해서도 협약을 적용해야 한다.

7. 해양환경오염 긴급상황의 규제

(1) 의의

해양환경오염 긴급상황이란 국가관할권 이원의 해역에서 해난사고가 발생하여 환경오염이 급속하게 이루어지고 있는 상태를 말한다. 1969년 Torrey Canyon호 사건 이후 국제적 관심사가 되었다. 이 문제를 다루는 대표적인 조약은 1969년 채택된 공해상에서의 유류오염사고시의 간섭에 관한 국제협약이다. 그 밖에도 1973년 유류 이외의 물질 유출사고에 대한 규율을 위한 의정서, 1989년 해난구조에 관한 국제협약이 있다.

(2) 공해상에서의 유류오염사고시의 간섭에 관한 국제협약

첫째, 당사국은 중대하게 해로운 결과를 초래할 것이라고 합리적으로 예상할 수 있는 해난사고와 그 재난과 관련된 행위로 유류에 의한 해양오염과 그 위협이 자국 연안 또는 관련 이해관계에 미친 중대하고 임박한 위험을 방지, 완화 또는 제거하기 위해 공해상에서 필요한 조치를 취할 수 있다. 둘째, 상황이 극도로 급박하지 않는 한 조치를 취하기 전에 연안국은 선박의 기국을 포함한 모든 관련 당사국에게 통보하고 그들 당사국과 국제해사기구의 전문가와 협의해야 한다. 셋째, 취해지는 조치는 이미 초래되었거나 임박한 위험과 비례성이 있어야 하고, 목적이 달성되면 즉시 중지되어야 한다. 과잉 조치로 손해가 발생하면 배상해야 한다.

8. 유류오염에 대한 민사책임

(1) 유류오염손해에 대한 민사책임에 관한 협약

유조선에 의한 유류오염피해의 배상을 위한 국제협약으로는 1969년 '유류오염손해에 대한 민사책임에 관한 국제협약'이 있다. 이 협약은 유류오염손해에 대하여 일정한 한도 내에서 선박 소유자의 책임을 규정한 것을 내용으로 한다. 1992년 동 협약에 대한 개정의정서가 채택되었다. 현재 미국과 중국을 제외한 100여 개국의 주요 유류 수입국가들이 가입하고 있으며 우리나라도 가입하고 이를 국내법적으로 수용한 유류오염손해배상법을 제정하였다. 주요 내용은 다음과 같다. 첫째, 전통적인 불법행위법에서 인정되는 과실책임주의의 원칙이 아니라 가해자의 고의 또는 과실과 상관없이 책임을 귀속하는 무과실책임을 인정하였다. 둘째, 종래 해사법상 원칙으로 자리 잡은 선박소유자의 책임제한제도를 인정하면서 그 책임제한액을 일반 해사채권에 대한 선주책임제한협약에 비하여 상당히 인상하였다. 셋째, 선박 소유자에게만 책임을 집중시킴으로써 사고 발생에 관련된 다른 사람들, 예를 들어 용선자나 선박관리회사 등을 상대로 한 청구를 차단하고 있다. 넷째, 선박 소유자의 1차적인 책임 이외에 일정한 요건 하에 국제기금에 의한 2차 보상을 인정하고 있다. 다섯째, 유류오염 손해배상의 실효성을 확보하기 위하여 일정한 톤수 이상의 선박에 대한 강제보험제도를 도입하였다. 이 협약은 군함 또는 국가에 의하여 소유되거나 운영되는 선박으로서 당분간 정부의 비상업적 역무에 사용되는 경우 적용되지 않는다.

(2) 1992년 개정의정서

1992년 개정의정서에 의한 주요 개정 내용은 다음과 같다. 첫째, 협약에 비해 책임한도액을 인상하였다. 둘째, 손해의 급박한 위험을 제거하기 위한 방제조치비용과 영해 이외에 배타적 경제수역에서 발생한 손해를 오염손해에 포함시켰다. 셋째, 화물유를 선적한 유조선 이외에 공선, 항해 중인 유조선과 겸용선의 경우를 적용 대상 선박에 포함시켰다.

3 폐기물로 인한 오염방지

1. 의의

유해폐기물의 국가 간 거래가 허용되는가에 대해서는 의견 대립이 있다. 선진국들은 폐기물거래의 감소 필요성은 인정하면서도 폐기물의 월경처리를 허용해야 한다는 입장이다. 반면, 개도국들은 그들 영토 내에서의 폐기물처리와 관련된 모든 무역에 비판적이다. 바마코협약(1991), 바젤협약(1989) 등이 이 문제를 다루는 대표적인 조약이다. 바젤협약과 관련하여 개정의정서, 바젤 책임 배상의정서 등이 있다.

2. 바마코협약(1991)

정식명칭은 아프리카 내로의 유해폐기물 수입 금지 및 아프리카 내에서의 월경 이동 통제에 관한 바마코협약이다. 아프리카 단결기구는 이에 앞서 1988년 결의를 통해 아프리카 내에서의 핵폐기물과 산업폐기물의 투기를 아프리카와 아프리카 인민에 대한 범죄로 선언하고 아프리카 국가들에 대해 선진국들로부터 폐기물을 반입하지 말 것을 요구하는 결의를 채택한 바 있다. 바마코협약은 비당사국으로부터 아프리카 내로의 수입을 금지하고, 아프리카 국가간 폐기물 거래를 규제하였다.

3. 바젤협약

(1) 의의

유해폐기물의 생산증가를 억제하고, 인간 건강을 보호하기 위해 1989년 3월 스위스 바젤에서 UNEP 주최로 개최된 회의에서 채택된 협약이다.

(2) 적용범위

바젤협약이 적용되는 폐기물은 가정폐기물(house waste)과 유해폐기물(hazardous waste)이다. 방사능폐기물은 별도의 국제적 합의들에 의해 규제되고 있기 때문에 바젤협약의 범위에서 제외된다. 선박의 통상적인 운용에서 발생하는 폐기물에 대해서도 적용되지 않는다. 처리(disposal)는 매립, 수로·바다·해저에서의 투기, 육상소각, 해상소각, 영구저장, 재활용 등 넓게 정의된다.

(3) 당사국의 일반적 의무

첫째, 당사국은 유해폐기물의 수입을 금지하는 경우 타방 당사국에 이를 통보해야 한다. 당사국은 수입을 금지한 타방 당사국에 대해 유해폐기물의 수출을 금지해야 하며, 수입을 금지하지 않은 국가에 대해서는 당해국이 서면동의하지 않는 한 수출을 금지해야 한다. 둘째, 당사국은 유해폐기물의 생산 최소화, 유해폐기물의 월경 이동의 최소화, 환경적으로 건전한 방법으로 관리할 수 없는 유해폐기물의 수입방지 등을 위해 적절한 조치를 취해야 한다. 셋째, 당사국은 유해폐기물의 불법교역을 형사범죄로 간주하고 이를 방지하기 위한 법적·행정적 조치를 취해야 한다. 넷째, 당사국은 비당사국과의 유해폐기물의 수출입을 허가해서는 안 된다. 다섯째, 당사국은 남위 60도 이남지역으로의 유해폐기물의 수출을 허가하지 않을 것에 합의한다. 여섯째, 당사국은 자국 영역 내에서 허가받은 자 이외의 유해폐기물의 수송 또는 처리를 금지한다. 일곱째, 당사국은 수출되는 폐기물이 수입국에서 환경적으로 건전하게 관리되도록 확보해야 한다.

(4) 당사국 간 월경이동

첫째, 수출국은 서면으로 관할관청을 통해 폐기물의 월경이동을 관계국의 관할관청에 통고해야 하며, 수입국은 동의 여부에 대해 통고자에게 서면으로 회답한다. 둘째, 수출국은 수입국의 동의서를 수령하기 전까지는 생산자 또는 수출자의 월경이동을 허용해서는 안 된다. 셋째, 경유국이 있는 경우 경유국의 동의도 받아야 한다. 수출국이 경유국에게 통고한 후 60일 내에 경유국의 회답이 없는 경우 수출국은 월경이동을 허용할 수 있다.

(5) 재수입의무

유해폐기물의 월경이동이 계약조건에 따라 완료될 수 없는 경우에 수출국은 환경적으로 건전한 처리방법이 발견되지 않는 한 수입국이 수출국 및 사무국에 통보한 때로부터 90일 또는 달리 합의하는 기간 내에 수출국 내로 당해 폐기물을 재수입해야 한다.

(6) 불법무역

유해폐기물의 월경이동이 통고나 동의 없이 행해진 경우 이를 불법무역으로 본다. 수출국은 불법무역된 유해폐기물을 관계당사국으로부터의 통보 후 30일 또는 달리 합의한 기간 내에 수출국으로 반입하거나 그것이 불가능하면 협약에 의거하여 다른 방법으로 처리해야 한다.

(7) 국제협력

당사국은 유해폐기물의 환경적으로 건전한 관리를 달성 및 개선하기 위해 관계 기술의 표준 및 관행에 관한 정보의 제공, 폐기물 생산을 제거하는 신기술의 개발·시행 등에 협력해야 한다. 당사국은 이러한 분야에서 개발도상국을 원조하기 위해 협력할 적절한 방법을 사용해야 한다.

(8) 사고정보의 통보

당사국은 유해폐기물의 월경이동 또는 처리 중 발생한 사고로 인해 타국에서의 인간 건강과 환경이 위험에 놓이게 된 것을 인지한 경우 즉시 이를 관계당사국에 통보해야 한다.

(9) 기타

당사국 간 분쟁이 교섭 등에 의해 해결되지 못한 경우 합의를 바탕으로 국제사법재판소(ICJ)나 국제중재에 부탁될 수 있다. 당사국은 일방적 선언을 통해 국제사법재판소(ICJ)나 국제중재에 의무적으로 회부될 수도 있다. 협약에 대한 유보는 전면 금지된다. 당사국은 가입 후 3년 이후 서면통고로써 탈퇴할 수 있으며, 탈퇴는 탈퇴통고일로부터 1년 후에 효력을 발생한다.

4. Basel Ban Amendment

(1) 바젤협약의 한계

바젤협약은 당사국 간 유해폐기물의 교역을 금지하기보다는 규제하는 데에 주안점이 있다. 단, 유해폐기물을 비당사국으로 수출하거나 비당사국으로부터 수입하는 것이 원칙적으로 금지되나, 절대적인 것은 아니다. 동 협약 제11조에 의하면 협약이 요구하는 유해폐기물과 기타 폐기물의 환경적으로 건전한 관리를 훼손하지 않을 것을 조건으로 비당사국과 유해폐기물의 국가 간 이동에 관한 양자 간, 다자간 혹은 지역적인 협정을 체결하는 것이 여전히 허용되고 있기 때문이다.

(2) 바젤협약의 개정(Basel Ban Amendment)

1995년 9월 18일부터 22일까지 제네바에서 개최된 제3차 협약 당사국회의에서 채택된 결정에 의해 바젤협약의 약점을 보완하였다. 첫째, 유해폐기물의 국경 간 이동, 특히 개발도상국에로의 이동은 바젤협약이 요구하는 환경적으로 건전한 관리를 구성하지 않을 위험이 크다는 점을 협약 전문에 추가하였다. 둘째, 협약 본문에 새로 삽입되는 제4A조의 적용대상국가로서 OECD회원국인 당사국과 기타 국가들, EU, 리히텐슈타인을 지명한 제7부속서(Annex Ⅶ)가 협약에 추가되었다. 셋째, 협약 제4A조를 삽입하였다. 동 조항에 의하면 제7부속서에 열거된 각 당사국은 제7부속서에 열거되지 아니한 국가들에게로 최종처리용 유해폐기물의 모든 국가 간 이동을 즉각 금지하여야 한다. 또한 재활용 유해폐기물의 모든 국가 간 이동을 1997년 12월 31일부로 금지하여야 한다. 즉, 대체로 선진국그룹인 제7부속서의 국가들로부터 개발도상국에로의 유해폐기물 이동에 있어서 규제 내지 통제가 아니라 금지된다는 것이다. 이 때문에 이 개정을 Basel Ban Amendment 라고 칭한다.

5. 바젤 책임배상의정서

(1) 채택

1999년 12월 6 ~ 10일 바젤에서 개최된 바젤협약 제5차 당사국회의에서 '유해폐기물의 국가 간 이동 및 그 처리에 기인한 손해에 대한 책임과 배상에 관한 바젤 의정서'를 채택했다.

(2) 목적

의정서의 목적은 불법거래를 포함해서 유해폐기물과 기타폐기물의 국가 간 이동 및 그 처리에 기인한 손해에 대하여 포괄적 책임체제와 충분하고도 신속한 배상을 규정하는 데 있다.

(3) 무과실책임과 과실책임

의정서는 유해폐기물의 국제적 이동의 각 단계에 관여하는 사람들, 즉 수출통지자, 처리자, 수입자, 재수입자에게 원칙적으로 엄격책임 또는 무과실책임(strict liability)을 부과하고 있다. 그 밖의 사람들에게는 과실책임을 부과하였다.

(4) 기타

동 의정서는 동 의정서 채택에 참고가 된 '핵손해에 대한 민사책임협약'과 '유류 오염손해에 대한 민사책임에 관한 국제협약' 등과 마찬가지로 개인의 국내민사 책임에 관련된 국제사법의 문제들, 즉 국제재판관할권, 준거법 그리고 판결의 승인 및 집행 등의 해결을 위한 명시적 규정을 담고 있다.

4 핵물질 및 방사능에 의한 오염방지

1. 핵사고의 조기통고에 관한 협약(1986.9.26. 채택)

소련의 체르노빌 원전 사고 이후 2개의 조약이 채택되었다. 핵사고의 조기통고에 관한 협약은 핵사고의 발생 방지, 사고 발생시 사고피해의 최소화, 핵에너지의 안전한 개발과 이용을 위한 국제협력의 강화 등을 목적으로 채택한 것이다. <u>협약은 당사국 또는 그 관할·통제하에 있는 자연인·법인의 핵시설이나 핵활동에 관련한 사고에서 방사능물질이 누출되거나 누출될 우려가 있고, 타국에 대해 방사능안전중대성을 미칠 수 있는 국제적 월경 누출을 초래하거나 그러한 우려가 있는 사고가 발생하는 경우 물리적 영향을 받거나 받을지도 모르는 타국가 및 IAEA에 핵사고발생과 그 성질, 발생시각 그리고 적당한 경우에는 그 정확한 장소를 즉각 통고하고 그러한 타국가와 IAEA에 방사능의 영향을 최소화하기 위해 이용 가능한 정보를 신속히 제공할 의무를 체약국들에게 지우고 있다.</u> 협약은 국제적 월경 누출에만 적용되기 때문에 그 결과가 국경선을 넘지 않거나 혹은 전적으로 공해상에서 발생하는 핵사고에는 적용되지 않는다.

2. 핵사고 또는 방사능 긴급사태시의 원조에 관한 협약(1986.9.26. 채택)

핵사고 또는 방사능 긴급사태 시 피해의 최소화와 생명·재산 및 환경의 보호를 위해 신속하게 원조를 제공하기 위한 제도를 창설하기 위해 채택되었다. <u>사고가 발생한 경우 사고 당사국은 타당사국·IAEA 및 국제기구에 원조를 요청할 수 있으며 요청을 받은 국가나 국제기구는 원조제공 여부 및 범위에 대해 통고해야 한다.</u>

5 생물다양성의 보존

1. 생물학적 다양성에 관한 협약(1992.5.23. 채택)

(1) 의의

인간의 개발활동, 산업공해, 지구온난화 등으로 인한 생물종과 생태계의 파괴현상을 방지·회복하기 위해 채택되었다.

(2) 목적

<u>현재와 미래세대를 위해 생물다양성을 보존하고 유전자원을 지속가능하게 이용하며 그 이용에서 발생하는 이익을 형평하게 분배한다.</u>

(3) 기본원칙

국가는 자국의 환경정책에 따라 자국 자원을 개발할 주권적 권리를 가지며 자국 영역 내에서의 개발활동이 타국 환경을 손상하지 않도록 확보할 책임이 있다.

(4) 조사 및 감시

당사국은 생물다양성의 보존 및 지속가능한 이용에 있어서 중요한 요소인 생태계와 종을 조사하고 표본조사 등을 통해 상기 요소를 감시하며 또한 보존 및 이용에 심각한 악영향을 주는 범주의 활동을 조사·감시해야 한다.

(5) 현지보존

당사국은 보호구역을 설치하고 동 구역의 관리기준을 설정하며, 보존해야 할 중요한 생물학적 자원을 규제·관리하고, 파괴된 생태학적 체계를 회복하며, 멸종위기의 종을 보호하기 위해 필요한 입법조치를 취해야 한다.

(6) 현지외보존

당사국은 유전학적 기원국 내에서 생물다양성 요소의 현지외보존을 위한 조치를 채택하고 보존시설을 설치하며 또한 위기종의 회복을 위한 조치를 채택해야 한다.

(7) 영향평가 및 악영향의 최소화

당사국은 가능한 한 생물다양성에 악영향을 줄 가능성이 있는 사업이 환경영향평가를 거쳐야 하는 절차를 도입하고, 동종의 계획 및 정책의 환경결과가 충분히 고려되도록 확보하는 조치를 취하며, 생물다양성에 중대한 위험을 초래하는 활동에 대한 국가적 긴급대응조치를 취해야 한다.

(8) 유전물질에 대한 접근

유전물질에 대한 접근결정권은 각국 정부에 귀속되며 국내입법에 의해 규정된다. 당사국은 타당사국에 의해 환경적으로 건전한 이용을 위한 유전물질에의 접근을 촉진하는 상태를 설정하는 데에 노력해야 한다. 당사국은 타당사국에 의해 제공된 유전물질에 대한 과학적 조사를 실시하는 데 노력해야 한다.

(9) 기술에의 접근 및 이전

당사국은 생물다양성의 보존 및 지속가능한 이용에 관한 기술이나 유전자원이용기술을 타당사국이 접근하도록 허용하거나 타당사국에 이전하도록 촉진해야 한다.

(10) 생물공학의 이익 배분

당사국은 타당사국, 특히 개발도상국에게 당해국에 의해 제공된 유전물질에 기초한 유전공학으로부터 발생하는 결과와 이익에 대해 공정하고 형평적인 우선적 접근을 증진할 모든 조치를 취해야 한다.

(11) 재원

당사국은 능력에 따라 협약목적 달성을 위한 국가적 활동에 대해 재정지원과 장려금을 제공할 것을 약속한다. 선진당사국은 개발도상국인 당사국이 협약상 의무이행조치의 시행 비용을 충당할 수 있도록 신규의 추가적 재정지원을 제공하며, 또한 선진당사국과 개발도상국 당사국은 양자·지역 및 기타 다자방식을 통해 협약시행에 관한 재원을 제공하고 이용할 수 있다.

2. 생명공학안정성의정서

2000년에 생명공학의 발전으로 유전자조작을 통한 유전자변형체농작물의 경작면적이 넓어지고 이들 식품 등의 이용과 국제거래가 많아지면서 인간건강과 환경에 미치는 악영향을 방지하기 위해 채택되었고, 2003년 11월 발효하였다. 동 의정서는 생물다양성협약에 대한 의정서이다. 의정서는 특정 유전자 변형체 생산품에 대하여 수출전에 수입국에 통보하고 수입국이 위험성평가를 통하여 수입을 허가하는 경우에만 수출하도록 하는 '사전통보동의제도(advanced informed agreement)'를 도입하고 있다.

3. 나고야의정서(2010)

정식명칭은 '생물다양성협약 부속 유전자원에 대한 접근 및 유전자원 이용으로부터 발생하는 이익의 공정하고 공평한 공유에 관한 나고야의정서'이다. 주요 내용은 다음과 같다. 첫째, 생물유전자원에 접근하고자 하는 경우 해당 생물유전자원의 제공국이 정한 절차에 따라 사전통보승인을 받아야 한다. 이를 위해 당사국들은 사전승인 대상 생물유전자원, 승인기관, 승인절차 등 사전통보승인에 관한 국내제도를 정비해야 한다. 둘째, 이익공유는 생물유전자원 제공국과 이용자 간 체결한 상호합의조건에 따라 실시한다. 셋째, 유전자원 및 토착지역공동체가 보유한 유전자원 관련 전통지식에 대해 적용되며, 자국 영토를 벗어난 공해 또는 남극 등지에 존재하는 생물 유전자원은 적용대상에서 제외된다. 넷째, 각 당사국은 자국민이 외국의 생물유전자원을 획득하여 이용할 때 적용되는 관련 입법·행정·정책적 조치를 취해야 한다.

4. 멸종위기에 처한 야생동식물의 국제적 거래에 관한 협약

(1) 의의

인간의 남획으로 멸종위기에 있는 야생동식물의 회복을 위해 1973년 3월 3일 채택된 협약이다. 협약은 1975년 7월 1일 발효하였다. 동 조약은 야생동식물의 서식지 보호에 대한 언급이 없으며 멸종위기에 처한 종을 죽이는 것도 위법으로 규정하지 않았다. 다만 멸종위기에 처한 종의 국제적 상거래에 대해 일정한 규제를 가하고 있다.

(2) 유형별 규제

협약은 관련 야생동식물을 부속서 1, 2, 3 세 부류로 나누고 각각 다른 의무를 부과하고 있다. 부속서 1은 무역거래로 인해 멸종위기에 처한 종들로서 국제거래를 위해서는 수입허가와 수출허가가 모두 필요하다. 부속서 2는 현재 멸종위기에 처해 있지 않지만 보호받지 못하면 그렇게 될 수 있는 종들에 관한 것이며 국가 간 거래를 위해서는 수출허가를 요한다. 부속서 3에 해당하는 종의 경우 당사국들은 그러한 종들이 멸종의 위기에 들지 않도록 하기 위해 이들 종의 수출과 개체 수 상황을 감시해야 할 책임이 있다.

(3) 당사국의 의무

당사국은 협약 규정상 의무를 이행하고 협약에 위반되는 거래의 방지조치를 취해야 하며, 부속서상의 종의 표본 거래에 대한 기록을 유지하고, 당해 기록을 사무국에 제출해야 한다. 당사국은 거래 허가의 부여 및 증명서 발급을 담당할 관리당국을 지정하고, 국제적 거래가 동식물의 생존에 미치는 영향을 판정할 과학당국을 지정해야 한다.

(4) 비당사국과의 거래

비당사국 정부가 협약상 허가의 발급에 필요한 사항과 본질적으로 일치하는 문서를 발부하는 경우에 당사국은 비당사국과도 거래할 수 있다.

(5) 의무불이행 시의 조치

당사국에 의한 특정 거래가 동식물에 유해한 영향을 미치는 경우 또는 당사국이 협약 규정을 효과적으로 이행하지 못하는 경우 사무국은 당해 사실을 통보하고 구제조치를 제의해야 하며, 차기 당사국회의는 통보내용을 검토하고 건의할 수 있다.

 관련판례

일본 포경 사건(Whaling in Antartic Case, 호주 대 일본, ICJ, 2014)

1. 사실관계
   (1) 멸종위험이 높은 생물종의 하나인 고래에 대해 무자비한 포획이 이루어지자 포경협약에 의해 설립된 포경위원회는 상업적 포경의 전면적 금지조치를 채택하였다. 다만, 식용으로 고래를 이용해 왔던 '토착민에 대한 예외'와 고래보호를 위한 '과학조사목적을 위한 예외'를 허용하였다.
   (2) 그러나 일본 등 몇몇 국가들은 과학조사 예외 조항을 악용하여 그 목적을 벗어난 과도한 포경이 이루어지자 호주는 자국 고래보호수역에서 포경을 규제하기 위해 국내법원 판결 등 다양한 조치를 취했으나 이를 막지 못하자 일본을 ICJ에 제소하였다.

2. 법적 쟁점 및 판결
 (1) ICJ는 일본의 포경 관련 조치가 '과학적 조사를 목적으로' 취한 조치라고 볼 수 없다고 보아 일본의 조치가 포경협약에 위반된다고 판단하였다.
 (2) ICJ는 포경이 과학적 목적을 위한 것인지를 판단함에 있어서 포경프로그램의 디자인과 이행이 중요한데, 상업포경은 상업적 가치가 있는 '몸집이 큰 고래종'을 대상으로 하고 과학조사목적의 포경은 '희귀하거나 상업적 가치가 없는 고래종'이 주요 대상이라고 보았다.
 (3) 일본은 과학조사목적의 포경 프로그램인 'JARPA'를 운용하면서 남대서양 밍크고래를 중심으로 한 해양생태계에 관한 연구를 위해 샘플규모를 400마리로 하였으며, 18년 동안 JARPA프로그램하에서 6,700마리 이상의 밍크고래가 살상되었다. 그 밖에 참고래(fin whale), 혹등고래(humpack whale)도 포획이 허가되었다.
 (4) ICJ는 결론적으로 일본이 JARPA II에 따라 고래포획을 허용한 것은 포경협약에 위반된다고 판시하였다. JARPA II가 과학적 조사의 형식을 띠고 있으나, 샘플의 수가 지나치게 많고, 밍크고래에 집중되어 있으며, 살상방법을 사용하는 점 등은 결국은 상업적 목적을 띤 것으로 판단할 수밖에 없다고 보았다.
 (5) 따라서 재판소는 일본은 호주가 청구한 바와 같이 과학조사목적이 아닌 포경 허가를 자제하고, JARPA II를 즉각 중단하며, JARPA II의 이행을 허용하는 인가, 허가, 면허를 취소할 것을 요구하였다.

5. 물새서식처로서 국제적으로 중요한 습지에 관한 협약(1971. 채택)

습지보호조약 또는 람사르협약(Ramsar협약)이라고도 한다. 이란의 람사르에서 채택되었다. 물새가 서식하는 세계적으로 중요한 습지를 국제적으로 보호하는 것을 목적으로 한다. 당사국은 1개 이상의 보호 대상 습지를 지정하고 자연보호구역(nature reserves)을 설치하여 보호하여야 한다. 한국은 강원도 인제군 대암산 용늪을 습지목록에 등록시켰으며 1999년 습지보전법을 제정하였다.

01 1972년 채택된 유엔인간환경선언에 명시된 내용에 해당하는 것은? 2018년 7급

① 월경성 환경피해를 야기하지 아니할 책임 원칙

② 공동의 그러나 차별적 책임 원칙

③ 사전주의 원칙

④ 지속가능한 발전 원칙

UN인간환경선언

선지분석

②③④ 리우선언(1992)에는 규정되어 있으나, UN인간환경선언(1972)에는 명시되지 않았다.

답 ①

02 1992년 환경과 개발에 관한 리우데자네이로선언(리우선언)에 대한 설명으로 옳지 않은 것은? 2017년 7급

① 리우선언은 기본적으로 스톡홀름선언의 정신을 계승하고 있으며, 국가가 자원을 개발할 때 자원 개발이 지속 가능하게 수행되어야 함을 선언하고 있다.

② 리우선언의 시행을 위해 법적 구속력을 갖춘 구체적 행동지침으로서 의제 21(Agenda 21)과 기후변화협약, 생물다양성협약이 함께 채택되었다.

③ 선진국과 개발도상국의 '공동의 그러나 차별적인(common but differentiated)' 책임을 인정하고 있다.

④ 환경목적을 위한 무역정책조치가 국제무역상 자의적 또는 부당한 차별조치나 위장된 규제수단이 되어서는 안 된다는 점을 선언하였다.

리우선언

의제 21은 법적 구속력이 없다. 생물다양성협약과 기후변화협약이 함께 채택된 것은 옳은 내용이다.

답 ②

03 국제환경법의 일반원칙에 대한 설명으로 옳지 않은 것은?

① 리우선언에서는 환경에 심각한 악영향을 초래할 가능성이 있고 관할 국가당국의 결정을 필요로 하는 사업계획에 대하여는 환경영향평가가 국가적 제도로서 실시되어야 한다고 천명하고 있다.

② 국제사법재판소(ICJ)는 우루과이와 아르헨티나 간 Pulp Mills 사건에서 환경영향평가는 사업시행 전에 수행되어야 한다고 판시하였다.

③ ICJ는 Construction of a Road in Costa Rica along the San Juan River 사건에서 심각한 월경 침해의 위험이 존재하는 경우에는 환경영향평가를 실시할 것이 요구된다는 취지의 판결을 하였다.

④ ICJ는 Gabčikovo - Nagymaros Project 사건에서 환경영향평가의무를 관습국제법의 하나로 인정하였다.

국제환경법

Gabčikovo - Nagymaros Project 사건은 조약의 종료, 조약 승계 등이 쟁점인 사건이다. 환경영향평가의무의 관습법성은 Pulp Mills 사건이나 Construction of a Road in Costa Rica along the San Juan River 사건에서 인정되었다.

선지분석

① 리우선언(1992)에는 환경영향평가원칙을 비롯하여 사전주의원칙, 오염자부담원칙, 공동의 그러나 차별책임원칙, 지속가능개발 등의 주요 원칙이 규정되어 있다.

② 동 판례는 환경영향평가원칙이 관습법임을 처음으로 확인한 판례라는 점에서 중요하다.

③ 동 판례에서 ICJ는 월경 침해의 위험이 존재하지 않는다면 환경영향평가를 실시할 것이 요구되지 않는다고 하였다.

답 ④

04 국제환경법에 대한 설명으로 옳지 않은 것은?

① 협력의 원칙은 「UN해양법협약」 제198조, 「생물다양성협약」 제5조 등에서 중요하게 다루어지고 있다.

② 사전주의 개념은 독일 「임미시온방지법」 제5조에 규정된 Vorsorge - prinzip에서 유래되었다.

③ 지속가능한 발전의 세부원칙에는 세대 간 형평(inter - generational equity), 지속가능한 이용(sustainable use), 공정한 이용(fair use) 등이 포함된다.

④ 세계자연보전연맹(IUCN)은 국가, 정부 기관, NGO, 연구소 등에 회원자격을 개방하고 있다.

국제환경법

공정한 이용이 아니라 '형평한 이용(equitable use)'이다. '형평한 이용'이란 자연자원의 이용은 개별 국가의 경제적 사정, 환경오염을 유발한 역사적 책임, 발전에 대한 상이한 필요성 등을 고려하여 각국에게 공평한 몫이 돌아가도록 해야 한다는 원칙이다.

선지분석

① 협력원칙은 환경보호에 있어서 각국이 협력해야 한다는 원칙을 말한다. 정보공유, 문제 발생 시 통보 등을 세부 내용으로 한다. 리우선언이나 바젤협약에도 관련 규정이 있다.

② 사전주의원칙은 과학적 불확실성에도 불구하고 환경보호 조치를 취하자는 원칙을 말한다.

④ 세계자연보전연맹(IUCN)은 1948년 스위스 민법에 근거하여 세계자연보호를 위해 프랑스, 네덜란드, 벨기에, 스위스 4개국과 7개 국제기구 및 107개의 NGO가 참여하여 처음 설립되었다. IUCN에 참여하는 회원들은 차등적인 투표권을 보장받는다. 우리나라는 1966년 '자연환경보전협회' 가입을 시작으로 1985년 환경부가 정부기관으로 가입한 이후 2008년 문화재청, 2010년 산림청 등이 정부기관회원으로 가입하였다. IUCN은 자연자원의 형평하고 생태적으로 지속가능한 사용과 자연보호를 통해 생물 다양성 보장을 전 세계에 촉구하고 장려하며 지원하는 활동을 한다.

답 ③

05 국제사법재판소(ICJ)가 펄프공장(Pulp Mills on the River Uruguay) 사건에서 언급한 국제환경법상의 일반원칙은?

2019년 9급

① 환경영향평가
② 공동의 그러나 차별적 책임
③ 사전주의(事前注意)
④ 오염자부담

국제환경법
───

이 사건에서 국제사법재판소(ICJ)는 환경영향평가원칙이 관습법임을 확인하기도 하였다.

선지분석
② 환경보호는 선진국과 개발도상국 모두의 책임이나, 책임의 정도에 있어서는 선진국이 보다 많은 책임을 져야한다는 원칙이다. 1992년 리우선언에 처음 명시되었다.
③ 사전주의원칙은 과학적 인과관계가 불명확한 경우에도 환경보호조치를 취해야 한다는 원칙이다. 1985년 오존층보호를 위한 비엔나협약에 처음 명시되었다.
④ 환경오염을 유발한 자가 그 결과 제거에 대한 책임을 져야 한다는 원칙이다. 리우선언에도 명시되어 있다.

답 ①

06 국제환경규범체제에 대한 설명으로 옳지 않은 것은?

2017년 7급

① 물새의 서식지로서 국제적 중요성이 있는 습지에 관한 협약(Ramsar Convention)은 생태계보존을 위한 습지의 중요성을 인식한 국제사회가 1975년 이라크의 람사르에서 채택하였다.
② 멸종위기에 처한 야생 동식물종의 국제거래에 관한 협약(CITES)은 3개의 부속서(Appendix)에 열거된 종의 표본에 대한 국제거래를 규제하고 있다.
③ 녹색기후기금(Green Climate Fund)은 기후변화에 대처하기 위해 국제사회가 정한 목표를 달성하려는 지구적 노력에 기여하기 위하여 설립되었다.
④ 생물다양성협약(Convention on Biological Diversity)의 목적은 생물다양성의 보존, 그 구성요소의 지속 가능한 이용, 유전자원의 공정하고 공평한 이익의 공유이다.

국제환경법
───

물새의 서식지로서 국제적 중요성이 있는 습지에 관한 협약(Ramsar Convention)은 1971년 이란의 람사르에서 채택된 조약이다.

답 ①

07 환경 관련 국제협약의 내용에 대한 설명으로 옳은 것은?

2014년 7급

① 1972년 런던덤핑협약은 지구온난화 방지를 위한 온실가스 배출권의 거래를 제한하고 있다.

② 1985년 오존층보호협약에 따르면 협약 당사국은 개발도상국에 대체 기술을 신속히 이전할 의무를 부담한다.

③ 1987년 오존층 파괴물질에 관한 의정서는 비당사국들과 통제 물질을 교역하는 것을 금지함으로써 환경과 무역을 연계시키고 있다.

④ 1999년 바젤책임배상의정서는 국경을 넘는 대기오염에 있어서의 지역적 협력을 의무화하고 있다.

국제환경법

몬트리올의정서에 대한 기술이다.

선지분석

① 런던덤핑협약은 해상투기오염을 규제하는 조약이다.
② 기술이전의무 규정은 존재하지 않는다.
④ 바젤협약은 유해폐기물의 국경 간 이동을 규제하는 조약으로서 직접적으로 대기오염을 통제하는 조약은 아니다.

답 ③

08 기후변화에 대응하는 국제환경협약에 대한 설명으로 옳은 것은?

2019년 7급

① 「기후변화에 관한 국제연합 기본협약」은 선진국이 배정받은 쿼터보다 적게 배출한 온실가스의 차이분을 다른 국가에 매각할 수 있는 거래 제도를 도입하였다.

② 「기후변화에 관한 국제연합 기본협약에 대한 교토의정서」는 모든 당사국에 온실가스를 감축할 의무를 공통으로 부과하면서도 감축치를 차등적으로 정하였다.

③ 「파리협정」은 기온 상승 폭을 산업화 이전에 비해 섭씨 2도보다 낮은 수준으로 유지하고자 역사적 누적 책임이 있는 선진국에 한정하여 감축의무를 부과하였다.

④ 「파리협정」에 따라 국가별 감축은 개별 국가가 5년 단위로 제출하는 자발적 기여 방안에 따라 이행하기로 하고, 별도의 등록부를 통해 관리하기로 하였다.

국제환경법

선지분석

① 배출권거래제도에 대한 설명이다. 교토의정서에서 도입된 제도이다.
② 교토의정서는 부속서1국가들에 한해 온실가스 감축의무를 부담시키고 있다. 비부속서1국가들은 감축의 법적 의무가 없다.
③ 파리협약은 보편적 체제로서 모든 당사국에게 감축의무를 부과하였다.

답 ④

제 **6** 편

국제분쟁해결 및 무력사용

제1장 | 국제분쟁해결제도

출제 포커스 및 학습방향

국제분쟁해결제도에서는 주로 평화적 해결방식을 대상으로 하며 크게 비사법적 해결과 사법적 해결로 구별된다. 비사법적 해결책에서는 주선·조정·중개 상호 간 비교가 출제 포커스이다. 사법적 해결에서는 중재재판과 사법재판의 비교가 빈번하게 출제되고 있다. 사법적 해결에 있어서 핵심 출제영역은 국제사법재판소(ICJ)이므로 국제사법재판소규정을 중심으로 꼼꼼하게 정리를 해야 한다. 국제사법재판소(ICJ) 재판관할권, 권고적 관할권, 부수적 관할사항으로서 선결적 항변, 소송참가, 잠정조치, 판결의 효력과 이행 등이 중요한 주제들이다. 객관식 시험인 만큼 국제사법재판소(ICJ) 구성, 국적재판관제도 등 기관론에 대해서도 주의를 기울여야 한다.

제1절 | 총설

1 국제분쟁의 의의

국제분쟁이란 국가 간의 법률관계 또는 이해관계에 관한 전쟁으로 발전되지 않은 대립 또는 충돌로서 당사국의 일방에 의해 주장되고 타방에 의해 부정되는 일정한 작위 또는 부작위의 존재를 의미한다. 국제분쟁은 원칙적으로 국가 간의 분쟁이나 개인과 국가 간 분쟁에 본국이 개입함으로써 2국 간 분쟁으로 전환되기도 한다. 현행 국제법상 모든 국가는 분쟁을 평화적으로 해결해야 한다.

2 국제분쟁의 유형

국제분쟁은 일반적으로 법적 분쟁과 정치적 분쟁으로 분류된다. 법적 분쟁이란 권리의무에 관한 분쟁으로서 재판에 부탁할 수 있는 분쟁을 말하고, 정치적 분쟁이란 이행충돌에 관한 분쟁으로서 재판에 부탁할 수 없는 분쟁을 의미한다. 법적 분쟁과 정치적 분쟁은 국제법규의 존부, 정치적 중요성, 당사자의 태동 등에 기초하여 분류된다.

3 국제분쟁의 해결방법

국제분쟁의 해결방법은 평화적 해결방법과 제재에 의한 해결방법으로 크게 구별할 수 있다. 국제분쟁의 평화적 해결이란 국제법상 위법행위를 한 국가에 대해 정치적 또는 사법적 성격의 평화적 방법으로 분쟁을 해결하는 것을 말한다. UN헌장 제33조 제1항은 분쟁의 평화적 해결방법을 예시하고 있다. 동 조항에 의하면 어떠한 분쟁도 그의 계속이 국제평화와 안전의 유지를 위태롭게 할 우려가 있는 것일 경우, 그 분쟁의 당사자는 우선 교섭, 심사, 중개, 조정, 중재재판, 사법적 해결, 지역적 기관 또는 지역적 약정의 이용 또는 당사자가 선택하는 다른 평화적 수단에 의한 해결을 구한다. UN헌장에는 분쟁의 평화적 해결방식으로 '주선'이 명시되어 있지 않으나, 주선 역시 분쟁의 평화적 해결수단이다. 한편 제재에 의한 해결방법이란 국제법상 위법행위를 한 국가에 대해 자발적 제재와 UN에 의한 제재로 국제법의 실현을 강제하는 방법이다. 본 장에서는 국가 간 분쟁의 평화적 해결제도를 중심으로 서술한다.

📁 **참고**

국제분쟁의 평화적 해결방법

해결 방법	대상 분쟁	개입 주체	주된 기능	법적 구속력	주요 사례
직접교섭	모든분쟁	없음	당사자합의	-	-
심사	사실분쟁	위원회	사실심사	없음	도거어장 사건 (1904, 영국 - 러시아)
주선	모든분쟁	국가 · 개인	교섭주선	없음	베트남평화회의 (1968 - 1973, 프랑스)
중개	모든분쟁	국가 · 개인	주선/해결안	없음	캠프데이비드회담 (1978, 미국)
조정	법률분쟁	위원회	심사/해결안	없음	고룸 - 사바바호 사건 (1905, 벨기에 - 덴마크)
중재재판	법률분쟁	중재원	사건심판	있음	알라바마호 사건 (1872, 미국 - 영국)
사법재판	법률분쟁	상설 재판소	사건심판	있음	코르푸해협 사건 (1948, 영국 - 알바니아)

제2절 | 국제분쟁의 정치적 해결

1 의의

국제분쟁의 평화적 해결방법은 정치적 해결방법과 사법적 해결방법으로 크게 구별된다. 정치적 해결방법이란 사법적 해결방법을 제외한 그 밖의 분쟁해결절차를 의미하며 외교적 수단에 의한 정치적 해결방법과 국제조직을 통한 정치적 해결방법으로 구별된다. 전자에는 직접교섭, 주선, 중개, 심사, 조정이 있으며, 후자에는 UN에 의한 해결과 지역적 협정 또는 기관에 의한 해결이 있다. 본 절에서는 외교적 수단에 의한 정치적 해결을 중심으로 서술한다.

2 제3자가 개입하지 않는 분쟁해결제도 - 직접교섭

1. 의의

분쟁 당사자는 자유롭게 평화적 해결수단을 선택할 재량이 있는바, 가장 초보적인 수단으로는 직접교섭이 있다. 일체의 부당한 압력이나 간섭 없이 당사국들 간 해결을 구할 수 있다는 장점이 있는 반면, 힘의 우열이 존재하는 경우는 강한 쪽이 약한 쪽에 압력을 행사할 수 있다는 단점이 있다.

2. 교섭과 사법적 해결의 관계

(1) Aegean Sea Continental Shelf 사건(ICJ)

교섭과 사법적 해결이 동시에 추구된 사례들이 있었음을 지적하면서 소송 진행 중에 교섭이 적극적으로 추구되고 있다는 사실은 법적으로 동 재판소의 사법기능 행사에 전혀 장애물이 되지 아니한다고 언급한 바 있다.

(2) Military and Paramilitary Activities in and against Nicaragua 사건

설사 당사자 간에 적극적인 교섭이 행해지고 있다고 해도 그와 동시에 안전보장이사회와 동 재판소가 헌장과 재판소규정에 따라 그들의 별개의 직무를 수행하는 것을 방해받아서는 안된다고 하였다.

(3) Application of the International Convention on the Elimination of All Forms of Racial Discrimination 사건

조지아의 제소에 대해 러시아는 국제사법재판소(ICJ)로 가기 전에 먼저 교섭에 임할 것을 규정한 인종차별철폐협약 제22조의 절차요건이 충족되지 않아 동 재판소의 관할권이 성립하지 않는다는 선결적 항변을 제기하였다. 이에 대해 국제사법재판소(ICJ)가 교섭은 단순한 항의나 논쟁 내지는 분쟁과는 다른 개념으로서 이것은 적어도 분쟁을 해결할 목적으로 분쟁의 일방 당사자가 타방 당사자와 함께 토의에 임하려는 진정한 시도를 요구한다고 판시하면서 러시아의 선결적 항변을 수락하였다.

3 제3자가 개입하는 분쟁해결제도

1. 주선과 중개

주선(good office)과 중개(mediation)는 제3국이 분쟁 당사국 간의 교섭에 개입하여 분쟁의 평화적 해결을 촉진하기 위한 원조를 행하는 것이다. 주선과 중개에 대한 명확한 구별이 어렵지만 일반적으로 제3국의 개입의 정도에 따라 구분하고 있다. 주선이란 제3국이 교섭의 기회와 장소를 제공하거나 통신수단의 편의를 제공하는 등 분쟁 당사국 간의 외교교섭을 개시하게 하거나 촉진하는 작용을 하는 것을 말한다. 주선과 중개가 결합된 것으로 볼 수 있는 한 예로는 러시아와 일본이 러일전쟁을 끝내기 위한 강화조약을 체결하려 할 때 미국의 시어도어 루스벨트 대통령이 제공한 개입을 들 수 있다.

한편, 중개는 주선에 그치지 않고 교섭내용에 관여하여 분쟁 당사국 주장의 조정을 도모하거나 교섭의 기초와 분쟁의 해결안을 제공하는 것이다. 주선과 중개는 국제기구에 의해 행해질 경우도 있다. 1978년 캠프데이비드협정은 미국의 중개로 이집트와 이스라엘 간 체결되었다. 분쟁 당사국들은 중개의 결과에 대해 법적 구속력을 부여하기로 사전합의를 볼 수도 있다. 1986년 프랑스와 뉴질랜드는 Rainbow Warrior호 격침과 관련한 분쟁에서 UN사무총장에게 중개를 부탁하면서 그의 판정을 준수하겠다고 합의하였다.

2. 사실심사

심사(inquiry)란 비정치적이고 중립적인 위원회가 분쟁의 사실관계를 조사하여 그 결과를 보고하는 절차를 말한다. 심사는 조정 내지 중재재판에 유사한 성격을 띨 경우도 있다. 1899년 제1차 만국평화회의에서 러시아의 제안으로 '국제분쟁의 평화적 해결에 관한 조약'에 처음 도입되었다. 대표적인 사례로 도거어장 사건(1904)이 있다. 이 사건은 러·일전쟁 중 러시아의 함대가 도거어장에서 영국어선을 일본 선박으로 오인하여 격침함으로써 영국·러시아 간 발생한 분쟁이다. 이 분쟁에서 러시아의 동맹국인 프랑스가 개입하여 영국·러시아 간에 국제심사위원회를 결성하게 하여 분쟁을 해결하도록 하였다.

3. 조정

(1) 의의

조정(conciliation)이란 원칙적으로 비정치적이고 중립적인 국제위원회가 분쟁의 사실관계를 심사함과 함과 동시에, 분쟁의 모든 측면을 고려하여 분쟁당사국 주장의 조정과 그 우호적 해결을 도모하고 나아가 스스로 해결안을 제시하는 절차이다. 조정을 도모하여 해결안 제시에 이르는 데 있어서 정치적 측면과 법률적 측면의 중시 정도에 따라 중개에 가까운 성격을 갖는 것도 있고, 재판절차에 가까운 것도 있다.

(2) 조정결과에 구속력을 인정하는 사례

1981년 '동카리브 국가기구 설립조약'은 조정위원회의 권고가 구속력이 있음을 규정하고 있다. 동 조약 제14조 제3항은 분쟁을 해결하기 위한 조정위원회의 일체의 결정 혹은 권고는 최종적이며 회원국들에게 구속력이 있다고 규정하고 있다. 또한 조약상의 분쟁해결절차로서 조정을 수립하고 있는 부속서 제6항에서 조정위원회의 보고서는 사실 혹은 법률문제에 관하여 거기에 기재된 일체의 결론을 포함하여 당사들에게 구속력이 있다고 명시하고 있다.

(3) 성공적인 조정 사례

분쟁 당사국들이 조정위원회의 결론을 수락한 성공적인 조정의 사례로 아이슬란드와 노르웨이 간 얀마옌 섬(노르웨이) 대륙붕 경계획정 사건이 있다.

제3절 | 중재재판

1 의의

중재재판(arbitration)이란 임시적 또는 상설적 중재법원에서 국제분쟁을 사법적으로 해결하는 절차를 말한다. 중재재판은 법을 적용하여 당사국을 구속하는 판결을 부과 하므로 단순한 권고적 절차에 불과한 조정과는 구분된다. 1794년 11월 19일 영국과 미국 간 체결된 '제이조약(the Jay Treaty)'을 계기로 근대적 중재재판제도가 등장하 였으며 1872년 알라바마호 중재 사건을 계기로 비교적 격식을 갖춘 재판제도로 발전 하였다. 1899년 헤이그협약에 기초하여 1901년 상설중재법원이 창설되었으며, 국제 연맹 총회는 1928년 9월 26일 중재재판에 관한 일반조약을 채택하였다.

2 특별(임시)중재법원

특별(임시)중재법원이란 국제분쟁의 사법적 해결을 위하여 분쟁 당사국 간 중재재판 조약에 의해 개설되는 법원을 말한다. 특별(임시)중재법원은 분쟁 당사국의 합의에 의해 구성되므로 일정한 바는 없다. 특별(임시)중재법원의 물적 관할은 그를 위하여 법원이 설치된 분쟁에 한정된다. 당사국은 중재조약에 따라 자유롭게 재판준칙을 채 택할 수 있다.

3 상설중재법원

1. 의의

상설중재법원(PCA: The Permanent Court of Arbitration)은 국제분쟁을 재판하기 위하여 헤이그협약에 의해 1901년에 설치된 상설의 중재법원을 의미한다. 법관명부 를 상시 비치하여 분쟁 발생 시 분쟁 당사국이 이 명부 중에서 중재법관을 선임하여 법정을 용이하게 구성하도록 하였다.

2. 구성

중재법원은 당사국이 임명한 각각 4명 이내의 법관 전원으로 구성된다. 동일한 법관 이 수 개국으로부터 임명될 수 있으며, 임기는 6년이고 재임될 수 있다. 분쟁 당사국 사이에 구체적 사건을 재판할 재판정은 법원의 법관명부에서 일정수의 법관을 선정 하여 구성한다.

3. 관할

상설중재법원의 관할은 원칙적으로 당사국에 한하나 당사국의 합의에 의해 비당사국 간 분쟁 또는 당사국과 비당사국 간 분쟁에도 관할권이 미친다. 현재 국가 간 분쟁뿐 아니라 국제기구, 국가기관, 개인 등이 관련된 국제적 분쟁해결에 대해서도 서비스를 제공하고 있다.

4. 재판준칙 및 재판절차

재판준칙이나 재판절차는 분쟁 당사국들이 중재약정에서 별도로 정한다. 일반국제법의 원칙, 형평과 선 등을 재판준칙으로 설정할 수 있다.

5. 재정의 효력

중재판정(재정, award)은 확정적이며 최종적이다. 재정의 해석 또는 집행에 관해 당사국 간 일어나는 분쟁은 반대가 없는 한 그 재정을 내린 중재법원에 다시 제기된다. 재정은 분쟁 당사국에만 법적 구속력이 있다.

4 중재재판과 사법재판 비교

1. 재판기관의 상설독립성

사법재판은 직접 분쟁 당사국의 의사에 의존하지 않는 독립된 재판기관에 의한 재판이나, 중재재판은 분쟁이 발생할 때마다 분쟁 당사국 자신이 선택한 중재법관으로 구성되는 재판기관에 의한 재판이다. 국제사법재판소(ICJ)는 임기 9년의 15명의 법관으로 구성되어 있어 중재법원보다 상설성이 완전하다.

2. 강제관할

사법재판에서는 분쟁 당사국이 선택조항(ICJ규정 제36조 제2항)을 수락한 경우 강제관할권이 창설될 수 있다. 그러나, 중재재판에서는 임의관할이 일반적인 관할권 성립 형태이다.

3. 재판준칙

사법재판에서는 특별한 합의가 없는 한 원칙적으로 국제법을 재판준칙으로 하나 중재재판에서는 재판준칙이 합의에 의해 결정된다.

4. 판결의 이행확보

사법재판의 판결의 효력과 중재재판의 재정의 효력은 모두 구속력이 있으나 사법재판에서는 판결의 이행이 확보되지 않는 경우 당사국은 사안을 안전보장이사회에 회부할 수 있고 안전보장이사회는 이행을 보장하기 위한 권고나 조치를 취할 수 있다. 중재재판에서는 이러한 제도가 없다.

국제재판제도 상호비교

구분	국제사법재판소 (ICJ)	국제해양법 재판소	국제형사재판소 (ICC)	WTO 패널	WTO 항소기구
법관수	15명	21명	18명	3명 또는 5명	7명 (사건당 3명)
임기	9년(연임가)	9년(연임가)	9년(재선금지)	임시	4년(1회 연임)
선출	UN총회와 안전보장 이사회가 독자적 선출 (절대다수표)	당사국총회 (출석투표 2/3 이상으로서 최다득표)	당사국총회 (출석투표 2/3 이상으로서 최다득표)	사무국 추천	DSB에서 임명
구성원칙	세계법률 문화권과 주요문명형태 대표	세계법률문화권 고려 및 지리적 공평 배분	세계법률문화권 지리적 공평배분 여성 및 남성 재판관의 공정한 대표성	독립성, 충분히 다양한 배경, 광범한 경험	법률, 국제무역 및 대상협정 전반에 대해 입증된 전문지식을 갖춘 권위자
국적재판관	허용	허용	–	금지	허용
임시재판관	인정	인정	–	–	–
재판사건의 원고적격	국가	국가/사인 (심해저분쟁 재판부)	제소주체 - 당사국, 소추관, 안전보장이사회	WTO 회원국	패널 당사국
물적 관할	법적 분쟁, 당사국이 부탁하는 모든 사건과 UN헌장 및 현행 제조약에 규정한 모든 조항	해양법협약 관련 분쟁, 다른 조약에서 재판소 관할권을 인정한 사건	집단살해죄, 인도에 대한 죄, 전쟁범죄, 침략범죄	위반제소, 비위반제소, 상황제소	패널보고서에서 다루어진 법률문제, 패널의 법률해석
심리	공개	공개	공개	비공개	비공개
판결정족수	출석과반수	출석과반수	전원합의, 전원합의 부재 시 출석과반수	역총의제	역총의제
개별의견	가능(공개)	가능(공개)	다수의견, 소수의견	가능(익명)	가능(익명)
상소	불허	불허	인정	인정	최종심임
재심	인정	–	인정	불허	불허
궐석재판	인정	인정	불허	–	–
소송참가	인정	인정	–	인정	인정
판결의 강제이행	안전보장 이사회에 의한 강제이행	–	–	보복조치 (DSB 승인)	보복조치 (DSB승인)

제4절 | 국제사법재판소(ICJ)

1 서설

1. 의의

국제사법재판소(International Court of Justice: ICJ)는 UN의 주요 기관의 하나로서 사법재판을 통해 분쟁을 평화적으로 해결하는 기능을 수행한다. 국제사법재판소(ICJ)는 상설국제사법재판소(PCIJ)를 승계하였다.

2. 지위

국제사법재판소(ICJ)는 UN의 다른 기관과 달리 독립적 지위를 가지고 있으며, 그 구성·권한·절차 등은 UN헌장과 별도로 국제사법재판소(ICJ)규정에서 규정하고 있다. 국제사법재판소(ICJ)규정은 UN헌장과 밀접한 관계가 있어 UN 회원국은 당연히 규정당사국이 된다.

3. 소재지와 개정기간

국제사법재판소(ICJ)의 소재지는 헤이그이다. 국제사법재판소(ICJ)가 필요하다고 인정할 경우 타 장소에서 개정할 수 있다. 국제사법재판소(ICJ)는 휴가기간을 제외하고는 항상 개정하며, 휴가의 시기와 기간은 국제사법재판소(ICJ)가 결정한다.

2 구성

1. 자격과 정원

재판소는 15명의 재판관으로 구성된다. 재판관이 될 수 있는 자는 덕망이 높고 자국에서 최고의 재판관에 임명될 자격이 있거나 또는 국제법의 권위가 있는 법학자여야 한다. 재판관의 국적은 불문하며 UN 비회원국의 국민이라도 국제사법재판소(ICJ)규정 당사국의 국민이라면 재판관의 자격이 있다. 그러나 동일 국적을 가진 자가 2인 이상 재판관이 될 수 없다. 2개국 이상의 국적자인 경우 그가 통상적으로 시민적 및 정치적 권리를 행사하는 국가의 국민으로 본다(제3조 제2항).

2. 임기

재판관의 임기는 9년이며 재선될 수 있다. 재판관은 3년마다 5명씩 개선(改選)된다. 결원의 보충으로 선임된 재판관은 전임자의 잔여기간만을 그 임기로 한다.

3. 선출

재판관은 후보자 명부에 기입된 자 중에서 총회와 안전보장이사회가 각각 투표를 하여 절대 다수를 얻은 자가 선출된다. 1차 투표에서 당선자가 결정되지 않으면 3차 투표까지 하고 그래도 결정되지 않으면 총회와 안전보장이사회에서 각각 3명씩 선출된 합계 6인으로 구성되는 합동협의회를 열어 각 공석에 대하여 한 명씩 투표로 법관을 선정하고 총회와 안전보장이사회에 제출하여 쌍방에서 채택되었을 때 당선된 것으로 한다. 동일국의 국민이 2인 이상 선출된 경우 최연장자만이 당선된 것으로 한다. 안전보장이사회 표결에 있어서 상임이사국의 거부권은 인정되지 않는다.

4. 의무 · 특권 · 면제

재판관은 정치상 · 행정상의 직무를 행할 수 없고 영리행위에도 종사할 수 없으며 어떠한 사건의 소송대리인이 될 수 없다. 재판관은 재판관 전체의 만장일치에 의하지 아니하고는 해임되지 않으며 독립적 직무수행을 위해 재임기간 중 특권 · 면제를 향유한다. 재판관은 어떠한 사건에 있어서도 대리인 · 법률고문 · 변호인으로서 행동할 수 없다. 또한 재판관은 일방 당사자의 대리인, 법률고문또는 변호인으로서, 국내법원 또는 국제법원의 법관으로서, 조사위원회의 위원으로서, 또는 다른 어떤 자격으로서도, 이전에 그가 관여하였던 사건의 판결에 참여할 수 없다(ICJ규정 제17조).

5. 재판정

재판정에는 전원재판정과 소재판정이 있다. 전원재판정은 재판소에 부탁되는 일반사건을 재판하며 재판관 전원으로 구성된다. 이 재판정의 정족수는 9인이다. 소재판정에는 특정 부류재판부, 특별재판부, 간이절차부가 있다.

 참고

소재판정

1. **특정 부류재판부**
   특정 부류재판부란 특정 부류의 사건(particular categories of cases)을 다루기 위하여 재판소가 결정하는 바에 따라 3인 이상의 재판관으로 구성되는 소법정으로서 재판소는 이를 수시로 설치할 수 있다. ICJ규정 제26조 제1항에 의하면 노동 사건과 통신 · 교통 사건에 관한 소재판부가 예시되어 있다. 1993년 처음으로 7인으로 구성된 환경담당 소재판부가 설치되었으나, 현재는 해체되었다.

2. **특별재판부(ad hoc chamber)**
   특별재판부는 특정 사건(a particular)을 다루기 위하여 구성되는 소법정으로서 재판소는 언제든지 이를 설치할 수 있다. 특별재판부를 구성하기 위한 재판관 수는 당사국들의 승인을 얻어 재판소가 결정한다(ICJ규정 제26조 제2항). 1982년 미국 - 캐나다 메인만 경계획정 사건에서 처음 설치되었다.

3. **간이절차부(chamber of summary procedure)**
   간이절차부란 당사국들의 요청에 의하여 간이절차로 재판을 행하는 5인의 재판관으로 구성되는 소법정으로서 재판소는 업무의 신속한 처리를 위하여 매년 이를 설치해야 하며, 또한 출석할 수 없는 재판관을 대리하기 위하여 2인의 재판관을 선정해야 한다.

6. 국적재판관

(1) 정규재판관

국적재판관(national judge)이란 소송당사자 일방의 국적을 가진 재판관으로, 국제사법재판소(ICJ) 구성원인 '정규재판관(titular judge)'과 특정 사건에서 당사자 일방에 의해 지명된 임시재판관(judge ad hoc)이 있다. 정규재판관은 자국 정부가 소송의 일방 당사자라 해도 재판을 회피할 것이 요구되지 않으며, 오히려 재판소의 심리에 참여할 권리를 보장받고 있다(제31조 제1항).

(2) 임시재판관

특정 사건에서 정규재판관이 없는 당사자 일방 또는 쌍방은 오로지 당해 사건의 심리에 참여시킬 목적으로 임시재판관을 선임할 수 있다. 임시재판관 선임은 의무가 아니며, 외국인을 임명할 수도 있다. 임시재판관은 다른 재판관과 평등한 지위에서 재판에 참가한다. 임시재판관제도는 전원재판소뿐 아니라 소법정들에도 적용된다. 동일한 이해관계를 가진 당사자가 여럿인 경우, 임시재판관 문제와 관련해서는 단일당사자로 간주된다.

ICJ규정 제31조 - 국적재판관

1. 각 당사자의 국적재판관은 재판소에 제기된 사건에 출석할 권리를 가진다.
2. 재판소가 그 재판관석에 당사자 중 1국의 국적재판관을 포함시키는 경우에는 다른 어느 당사자도 재판관으로서 출석할 1인을 선정할 수 있다. 다만, 그러한 자는 되도록이면 제4조 및 제5조에 규정된 바에 따라 후보자로 지명된 자 중에서 선정된다.
3. 재판소가 그 재판관석에 당사자의 국적재판관을 포함시키지 아니한 경우에는 각 당사자는 제2항에 규정된 바에 따라 재판관을 선정할 수 있다.
4. 이 조의 규정은 제26조 및 제29조의 경우에 적용된다. 그러한 경우에 재판소장은 소재판부를 구성하고 있는 재판관 중 1인 또는 필요한 때에는 2인에 대하여, 관계당사자의 국적재판관에게 또한 그러한 국적 재판관이 없거나 출석할 수 없는 때에는 당사자가 특별히 선정하는 재판관에게, 재판관석을 양보할 것을 요청한다.
5. 동일한 이해관계를 가진 수개의 당사자가 있는 경우에, 그 수개의 당사자는 위 규정들의 목적상 단일당사자로 본다. 이 점에 관하여 의문이 있는 경우에는 재판소의 결정에 의하여 해결한다.
6. 제2항·제3항 및 제4항에 규정된 바에 따라 선정되는 재판관은 재판소 규정의 제2조·제17조(제2항)·제20조 및 제24조가 요구하는 조건을 충족하여야 한다. 그러한 재판관은 자기의 동료와 완전히 평등한 조건으로 결정에 참여한다.

---

7. 재판의 회피

어떤 재판관이 특별한 사유에 의하여 특정 사건의 재판에는 자기가 참여해서는 안되겠다는 것을 인지할 때에 재판장에게 그 취지를 통보해야 하며, 재판장도 어떤 재판관이 특별한 사유에 의하여 특정 사건에 참여해서는 안되겠다는 것을 인정한 경우에는 그 재판관에게 통고하여야 한다. 어느 경우에도 재판장과 당해 재판관의 의견이 합치될 때에 회피가 확정되며, 의견이 일치하지 않을 때에는 재판소의 결정으로 회피를 확정한다.

8. 재판소장 및 부소장

재판소는 3년 임기로 재판소장 및 재판소부소장을 선출한다. 재판소장 및 재판소부소장은 재선될 수 있다.

9. 행정처장 및 행정차장

재판소는 또한 재판소 행정처의 수장인 행정처장을 임명하여야 한다. 그는 재판관들이 추천한 후보자 중에서 비밀투표에 의하여 선출되는데, 재판관의 과반수 투표를 얻어야 한다. 임기는 7년이며 재선될 수 있다. 재판소는 한 명의 행정차장도 선출하여야 하며, 그의 선출과 임기에 대해서는 행정처장과 동일한 규칙이 적용된다. 재판소 행정처의 일반직원은 행정처장의 제안에 기초하여 재판소가 임명한다. 다만, 재판소가 정하는 일정 직책은 행정처장이 재판소장의 승인을 얻어 임명할 수 있다.

3 재판관할권

1. 의의

국제사법재판소(ICJ)의 관할권은 '재판사건에 대한 관할권'과 '권고적 의견에 대한 관할권', '부수적 관할권'으로 대별된다. 재판사건(쟁송사건)에 대한 관할권이란 당사자 상호 간의 법적 분쟁에 대한 관할권을 의미한다. 권고적 의견에 대한 관할권이란 UN의 주요기관 또는 전문기관이 부탁해온 법률문제에 대해 자문을 부여할 수 있는 권한을 말한다. 또한 부수적 관할권은 쟁송사건과 관련된 부차적이거나 절차적 성격의 문제에 대한 관할권을 말한다.

2. 인적 관할권(jurisdiction ratione personae)

(1) 의의

인적 관할권이란 국제사법재판소(ICJ)가 갖는 대인적 관할권을 말한다. 즉, 국제사법재판소(ICJ)가 재판할 수 있는 당사자에 대한 관할권을 말한다. 국제사법재판소(ICJ)규정 제34조에 의하면 오로지 국가만이 재판소의 쟁송사건의 당사자가 될 수 있다. 또한 제35조에 의하면 국제사법재판소(ICJ)는 규정의 당사자인 국가뿐 아니라 규정의 당사자가 아닌 국가, 즉 UN 비회원국에 대해서도 개방되고 있다. UN 회원국은 당연히 동 규정의 당사국이 되므로 소송의 당사자가 될 수 있다. UN 비회원국의 경우 발효 중인 각 조약에 담겨 있는 특별규정을 조건으로 안전보장이사회가 부과한 조건을 따라야 한다. 한편, UN헌장 제93조 제2항에 의하면 UN 비회원국은 총회가 안전보장이사회의 권고에 기하여 결정하는 조건에 따라 '규정 자체'의 당사자가 될 수 있다. 개인이나 국제조직은 재판사건의 당사자가 될 수 없다.

(2) 인적 관할권 흠결 및 그 치유

① **쟁점**: 재판소에 소장이 제출되는 시점에서 소송 당사자 중 일방의 당사자적격 이 없었더라도 추후 그 흠결이 치유되어 소송을 계속할 수 있는지가 문제된 다. 이에 대해 국제사법재판소(ICJ)는 서로 다른 판결을 한 바 있다.

② **인적관할권 흠결의 치유 인정 사례**: Application of the Convention on the Prevention and Punishment of the Crime of Genocide 사건(Preliminary Objections, Croatia 대 Serbia)에서 소 제기 당시에는 당사자 중의 일방(세 르비아)이 재판소 출입을 위한 규정의 장벽을 넘지 못한 상태였다 하더라도 이 요건은 소 제기 후 UN 가입 등의 사건으로 인하여 사후에 충족될 수도 있 다고 하였다.

③ **인적관할권 흠결의 치유 부정 사례**: 국제사법재판소(ICJ)는 세르비아 - 몬테네 그로가 1999년 NATO 10개국을 상대로 제기했던 Legality of Use of Force 사건에서는 달리 판단하였다. 즉, 이 사건에서 재판소는 2004년 판결을 내릴 때쯤에는 이미 원고국이 UN에 가입하여 국제사법재판소(ICJ)규정의 당사국 이었던 점을 고려에 넣지 않고, 단지 소장이 제출된 1999년 당시 재판소 출입 권이 없었다는 이유만으로 재판관할권이 성립하지 않는다고 판시하였다.

3. 물적 관할권(jurisdiction ratione materiae)

(1) 의의

물적 관할권이란 국제사법재판소(ICJ)가 분쟁사건에 대해 가지는 사실적 관할권 으로 국제사법재판소(ICJ)이 재판할 수 있는 사실적 관할권을 말한다. 어느 국가 도 자기의 의도에 반해 국제법상 어떤 국제재판도 받지 아니한다는 것은 주권평 등의 사상에 기초한 국제법의 일반규칙이다. 따라서 국제사법재판소(ICJ)는 분쟁 당사자가 국제사법재판소(ICJ)에 의한 재판을 받기로 합의한 경우에 한해 물적 관할권을 갖는다. 한편, 국제사법재판소(ICJ)는 '법적 분쟁'을 물적 관할대상으로 하고 있다. 물적 관할권 성립의 판단은 제소 시이다. 일단 관할권이 성립된 경우 이후 사태 발전은 관할권 존속 여부에 영향을 미치지 아니한다. 한편, 물적 관할 권과 관련하여 금화원칙(Monetary Gold Principle)이 적용된다. 금화원칙이란 3국의 법익이 바로 판결의 주제에 해당한다면 그 제3국의 동의 없이는 국제사법 재판소(ICJ)가 사건을 심리할 수 없음을 의미한다. 동티모르 사건, 금화 사건 등 에서 금화원칙을 적용하여 재판하지 않았다.

(2) 법적 분쟁

국제사법재판소(ICJ)규정 및 UN헌장의 제 규정들은 국제법을 적용함으로써 해결될 수 있는 '법적' 분쟁에 대한 재판소의 관할권을 분명히 하고 있으며, 동시에 국제법과 무관한 분쟁은 재판소의 관할에 들지 않음을 시사하고 있다. ICJ규정 제36조 제2항은 '모든 법적 분쟁'에 대한 관할을 명시하고 있고, UN헌장 제36조 제3항은 "법적 분쟁은 원칙적으로 국제사법재판소(ICJ)에 부탁되어어야 한다."라고 규정하고 있다. 관련분쟁 전체가 법적 성격을 가져야 하는가에 대해 의문이 있으나, 국제사법재판소(ICJ)는 '니카라과 사건'에서 이를 명백히 부인하였다. 상설국제사법재판소(PCIJ)는 분쟁이란 '법 또는 사실의 문제에 관하여 의견을 달리하는 것, 즉 두 당사자 사이에 법적 견해 또는 이해관계가 충돌하는 것'으로 언급한 바 있다. 분쟁의 존부는 객관적으로 결정지어져야 하고(동티모르 사건), 제소 당시 가설적으로만 존재해서는 아니되며, 판결 시에도 여전히 존재해야 한다.

(3) 관할권의 성립

① **특별협정에 의한 관할권 성립 – 임의관할**: 분쟁이 발생한 이후에 분쟁 당사국 간 특별합의(special agreement, compromis)를 통해 관할권을 성립시키는 방식이다. 특별협정에는 분쟁의 주제와 분쟁 당사자가 명확히 규정된다는 점이 장점이다.

② **사전적 분쟁회부합의에 의한 관할권 성립 – 약정관할**: 국가들이 사전에 재판조약을 체결하거나, 조약 내에 '분쟁회부조항 또는 재판관할권조항(compromissory or jurisdictional clause)'을 규정하여 분쟁 발생 시 국제사법재판소(ICJ)에 회부하여 사법적 해결을 추구하는 방식이다. 분쟁 발생 시 '일방적 신청 또는 제소(unilateral application)'에 따라 국제사법재판소(ICJ)가 분쟁에 대해 관할권을 행사할 수 있도록 한다. 다자조약에서 이러한 분쟁회부조항을 두는 것이 일반적이나, 양자조약에 규정되기도 한다. 과거 상설국제사법재판소(PCIJ)의 관할권을 수락한다고 규정한 조약은 오늘날 국제사법재판소(ICJ) 관할권을 수락한 것으로 인정된다.

③ **강제관할권**: 강제관할권이란 국제사법재판소(ICJ)규정 제36조 제2항의 선택조항을 수락한 당사국 상호 간에 분쟁이 발생한 경우 별도의 새로운 합의 없이 일방 당사국의 제소에 의해 국제사법재판소(ICJ)의 관할권이 성립하는 것을 말한다. 동 조항은 분쟁 발생에 앞서 국제사법재판소(ICJ)에 관할권을 부여하기 위하여 고안된 점에서 분쟁회부조항과 그 성격이 유사하나, 동 규정은 그 수락 여부가 국제사법재판소(ICJ)규정 당사국의 결정에 유보되어 있다는 점에서 차이가 있다.

ICJ규정 제36조 - ICJ 관할권

1. 재판소의 관할은 당사자가 재판소에 회부하는 모든 사건과 UN헌장 또는 현행의 제조약 및 협약에서 특별히 규정된 모든 사항에 미친다.
2. 재판소규정의 당사국은 다음 사항에 관한 모든 법률적 분쟁에 대하여 재판소의 관할을, 동일한 의무를 수락하는 모든 다른 국가와의 관계에 있어서 당연히 또한 특별한 합의없이도, 강제적인 것으로 인정한다는 것을 언제든지 선언할 수 있다.
   가. 조약의 해석
   나. 국제법상의 문제
   다. 확인되는 경우, 국제의무의 위반에 해당하는 사실의 존재
   라. 국제의무의 위반에 대하여 이루어지는 배상의 성질 또는 범위
3. 위에 규정된 선언은 무조건으로, 수개 국가 또는 일정 국가와의 상호주의의 조건으로, 또는 일정한 기간을 정하여 할 수 있다.
4. 그러한 선언서는 UN사무총장에게 기탁되며, 사무총장은 그 사본을 재판소규정의 당사국과 국제사법재판소 서기에게 송부한다.
5. 상설국제사법재판소규정 제36조에 의하여 이루어진 선언으로서 계속 효력을 가지는 것은, 재판소규정의 당사국 사이에서는, 이 선언이 금후 존속하여야 할 기간동안 그리고 이 선언의 조건에 따라 재판소의 강제적 관할을 수락한 것으로 본다.
6. 재판소가 관할권을 가지는지의 여부에 관하여 분쟁이 있는 경우에는, 그 문제는 재판소의 결정에 의하여 해결된다.

선택조항과 국제사법재판소(ICJ)

1. 강제관할권의 의의

제36조 제2항에 따라 법원의 관할권에 대한 사전적 수락선언을 한 경우, 동일한 수락선언을 한 당사국 간 분쟁에서는 어느 일방의 제소에 의해, 사후에 특별한 합의 없이도 관할권이 성립한다. 이를 '강제관할권'이라 하고, 동 조항은 '선택조항'(optional clause)이라 한다. 국제사법재판소(ICJ)는 두 분쟁 당사국의 선언이 일치하는 범위 내에서만 제36조 제2항에 의거하여 관할권을 갖게 된다. 피고국의 선택조항 수락 범위가 원고국의 그것보다 제한적이라면 재판소의 관할권은 피고국의 선택조항 수락선언에 기초해야 한다. 원고국이 일정 유보를 조건으로 선택조항을 수락하였다면, 피고국은 상호주의에 기초하여 원고국의 유보를 원용할 수 있다.

2. 선택조항

(1) 의의

강제관할권은 국제사법재판소(ICJ)규정 제36조 제2항을 수락한 당사국 상호간에 분쟁 당사국들 모두가 그 계쟁사안(subject matter)에 관해 국제사법재판소(ICJ)의 강제 관할권을 수락하는 선언을 한 경우 성립한다. 국제사법재판소(ICJ)규정 제36조 제2항을 '선택조항'(optional clause)이라고 하는바, 동 규정은 그 수락 여부가 국제사법재판소(ICJ) 규정 당사국의 결정에 유보되어 있음을 의미한다. 현재 약 73개국이 선택조항을 수락했으며, 상임이사국 중에서는 영국만이 수락하고 있다. 프랑스와 미국은 철회했고, 중국은 대만의 수락선언을 승계하지 않았으며, 러시아는 당초부터 수락하지 않았다. 우리나라는 수락하지 않았다.

(2) 수락대상

당사국이 일방적 선언을 통해 수락하는 대상은 ① 조약의 해석, ② 국제법상의 문제, ③ 입증되면 국제의무 위반을 구성하게 될 사실의 존재,④ 국제의무 위반에 대하여 행하여 질 손해배상의 성질 및 범위에 관한 모든 법적 분쟁에 대한 것이다. 선택조항 수락은 국제사법재판소(ICJ)규정 당사국만 할 수 있으며, 선택조항 일부에 대해서만 수락할 수 없다.

(3) 수락선언의 효력발생

국제사법재판소(ICJ)규정 제36조 제4항에 의하면 수락선언은 UN사무총장에게 기탁해야 하며, 사무총장은 그 사본을 본 규정 당사국들과 재판소 행정처장에게 송부해야 한다. 수락의 의사표시는 수락선언서가 사무총장에게 도달하는 즉시 효력이 발생한다. 국제사법재판소(ICJ)는 인도령 통행권 사건에서 기탁의 법적 효력은 UN사무총장의 송부 행위에 의존하지 않는다고 판단하였다.

(4) 수락선언의 승계

'PCIJ규정 제36조에 의하여 행해진 선언으로서 아직 효력을 가진 것은 본 규정 당사국 간에 있어서는, 선언이 여전히 존속하는 기간 동안 그리고 당해 선언의 조건에 따라, 국제사법재판소(ICJ)의 의무적 관할권을 수락한 것으로 간주된다.'(제36조 제5항). 이 조항은 PCIJ로부터 국제사법재판소(ICJ)로의 일반강제관할권의 이전을 허용하고 있는 것이다. ICJ는 이스라엘과 불가리아 간의 Aerial Incident사건(1955)에서 선택조항 수락 선언의 승계는 1945년 샌프란시스코 회의에 대표를 파견하여 UN헌장에 서명·비준함으로써 ICJ규정을 수락한 국가들에 대해서만 적용되며, 불가리아와 같이 추후 UN에 가입한 경우 수락선언의 승계가 인정되지 않는다고 하였다.

(5) 수락선언의 철회

수락선언의 철회에 대해서는 명시적 규정이 없으나 일반적으로 인정된다. 수락선언시 특별한 유보가 없더라도 각국이 기한을 정하지 않은 수락선언을 일방적 통고에 의하여 종료시킬 수 있다는 점에는 의문의 여지가 없다. 그러나 그러한 종료 통고의 발효 시점은 조약법상의 일방적 종료와 같이 '합리적 기간'을 요한다고 할 것이다. '니카라과 사건'에서 국제사법재판소(ICJ)는 선택조항의 수락에 의하여 형성되는 관계가 조약관계와 같은 성질을 가진다고 인정하여 선언의 일방적 종료에도 합리적 기간의 경과가 필요하다는 것을 인정하였다.

3. 선택조항 수락선언에 대한 유보

국제사법재판소(ICJ)규정에는 선택조항의 수락과 관련된 유보에 관한 규정은 없으나 수락선언에 유보를 붙일 수 있다. PCIJ 및 ICJ 역시 수락선언에 부가된 유보를 승인하는 입장을 취하고 있다. 유보에는 시간적 유보, 물적 유보, 인적 유보 등이 있다. 물적 유보와 관련하여 '자동유보'가 문제된다. '자동적 유보'(automatic reservations) 또는 '자기판단유보(self - judging reservation)'는 국내적 관할사항을 국제사법재판소(ICJ)의 관할권으로부터 제외하면서 동시에 어떤 문제가 국내적 관할사항인지의 여부를 선택조항 수락국이 판단한다는 것을 내용으로 하는 유보이다. '코널리수정(Connally Amendment)'으로 불리며, 1946년 8월 24일 미국의 선택조항 수락선언에서 처음 등장하였다. 자동유보의 유효성에 대해 논란이 있으나 국제사법재판소(ICJ)는 '노르웨이 공채 사건'에서 자동유보의 유효성에 대해서는 판단을 유보한 채, 피고 노르웨이가 상호주의에 근거하여 프랑스의 '자동유보'를 원용한 것을 받아들임으로써, 사건에 대한 관할권이 없다는 결정을 내렸다. 이는 결과적으로 자동유보가 재판소의 관할권에 대한 항변으로 원용될 수 있다는 것을 인정한 것이다.

4. 미국의 다자조약 유보(Vandenberg amendment)

그런데 미국은 1946년 8월 26일에 국제사법재판소(ICJ)규정 제36조 제2항(선택조항)을 수락할 때 '(재판소)결정에 의하여 영향받는 조약의 모든 당사자들이 국제사법재판소(ICJ)에서 역시 사건의 당사자가 되지 않는 한, 다자조약으로부터 발생하는 (모든) 분쟁'을 배제하는 유보(이른바 Vandenberg amendment)를 해 둔 바 있었기 때문에 미국의 그같은 주장은 국제사법재판소(ICJ)의 재판관할권을 부인하는 것으로 귀결되는 것이어서 매우 중요한 쟁점이 되었다. 즉, 미국은 이 사건이 오로지 (특히 UN헌장을 포함한) 다자조약하에서만 발생한 데다가, 재판소 결정에 의하여 영향받는 '조약'의 당사자 모두, 따라서 모든 UN 회원국이 사건 당사자가 될 필요가 있는데 그러지 않았기 때문에 국제사법재판소(ICJ)에게는 이 사건에 대한 관할권이 없다고 주장하였다. 이에 대해 니카라과는 이 분쟁은 병행하는 관습법규하에서도 발생했기 때문에 미국의 유보는 국제사법재판소(ICJ)의 관할권을 박탈하지 못한다고 반박하였다.

국제사법재판소(ICJ)는 무력사용에 대하여 관습법과 조약의 내용이 동일하다는 데 동의하지 않으면서도, '설사 관습법과 조약이 정확히 동일한 내용을 갖고 있는 경우라 하더라도 관습법이 조약 내로 편입되면 전자는 후자와는 별개로 적용될 수 없게 된다고 말할 수는 없다.'고 하였다.

그러나 국제사법재판소(ICJ)는 문제의 다자조약 유보는 재판소의 결정(판결)에 의해 그 권리와 의무가 영향받게 될 '국가들'에게 적용된다고 해석한 뒤, 이 사건에서 동 재판소가 내리게 될 결정에 의하여 영향받게 될 국가인 엘살바도르가 본 사건의 당사자가 되지 않았기 때문에 미국의 상기 유보에 따라 미국이 UN헌장 제2조 제4항이나 기타 다자조약을 위반하였는지에 대해서는 판단할 권한이 없음을 인정하고, 미국의 국제관습법 위반에만 초점을 맞추었다. 국제사법재판소(ICJ)의 이 판결은 조약이 그 당사자들 사이에서 단지 관습법의 그 '적용'을 대신할 수는 있겠지만 조약이 그 당사자들 사이에서조차도 관습법규를 '포섭하거나 파괴한다'고 말하는 것은 정확한 것이 아님을 시사하고 있다.

5. 선택조항과 상호주의

국제사법재판소(ICJ)의 니카라과 사건에 의하면 선택조항에 따른 상호주의는 동 조항에서 부담한 약속의 범위와 실질에 적용되는 것이지 약속의 종료를 위한 조건과 같은 형식적 조건에는 적용되지 않는다. 또한 니카라과 사건에 의하면, 상호주의는 타방 당사자의 선언에 담겨있는 명시적 제약이나 조건을 원용함을 의미하는 것이지, 국가가 자신의 선언에서 부가했던 조건으로부터 벗어남을 정당화하기 위해 원용할 수 있는 것이 아니다.

④ **확대관할**: 확대관할권(Forum Prorogatum)은 재판소의 관할권에 대하여 국가가 비공식적 또는 정식절차가 아닌 방법을 통해서 동의를 표현하여 재판소의 관할권이 성립되는 것을 말한다. 확대관할은 합의에 기초하여 관할권이 성립하는 국제사법재판소(ICJ) 관할과 본질적으로 같으나, 합의가 소송개시 이후에 표명된다는 점에 차이가 있다. 즉, 소송이 진행된 이후, 소송 개시 시점에는 존재하지 않았던 일방 당사국의 동의가 부가됨으로서, 관할권상의 흠결이 치유되어 소송을 진행시킬 수 있다는 것이다. '코르푸해협 사건'에서 국제사법재판소(ICJ)는 관할권을 부여하는 분쟁 당사국의 동의 표명에 있어서 국제사법재판소(ICJ)규정 및 규칙은 특별한 형태를 요하지 않는다고 보고, 두 개의 개별적이고 연속적인 행위에 의해 관할권이 성립되는 것은 금지되지 않는다고 판시하였다. 관할권을 부인할 목적만으로 출정한 경우 확대관할권은 인정되지 않는다. 그리고 일단 확대관할권이 성립하면 이후 일방적으로 철회할 수 없다. 별도의 관할권 성립 근거가 없고, 피소국이 응소에 동의하지 않은 경우 제소사실만으로는 국제사법재판소(ICJ) 사건 목록에 등재되지 않고, 후속 절차도 진행되지 않는다. 국제사법재판소(ICJ)에서 확대관할권이 인정된 사례는 Certain Criminal Proceedings in France(콩고 - 프랑스), Certain Questions of Mutual Assistance in Criminal Matters(지부티 - 프랑스), 코르푸해협 사건(알바니아 - 영국)이 있다. 상설국제사법재판소(PCIJ)는 Rights of Minorities in Polish Upper Silesia(Minorities Schools) 사건에서 동의는 재판관할권 문제에 대해 조건을 달지 않고 소송사안에 대하여 주장을 제출하는 등, 그것을 결정적으로 입증하는 행동으로부터 추론될 수 있다고 보았다. Armed Activities on the Territory of the Congo 사건에서 강조 하고 있는 바와 같이, 확대관할권을 발생시키는 피고국가의 태도는 자발적이고 반박의 여지가 없는 방식으로(in a voluntary and indisputable manner) 재판소의 관할권을 수락한다는 욕구를 모호하지 않게 표시한 것으로 간주될 수 있는 정도가 되어야 한다.

코르푸해협 사건(영국 대 알바니아, ICJ, 1949)

1. 사실관계

코르푸해협은 알바니아 본토와 코르푸섬 사이에 위치한 해협으로서 알바니아의 영해에 해당하며 공해의 두 부분을 연결하고 있으며 국제 해상교통에 유용한 항로로 평가된다. 영국은 1946년 10월 2일 군함을 코르푸해협에 파견하였다. 동 해협을 항행하던 중 기뢰가 폭발하여 군함에 심한 손상을 입었다. 3주 후 영국은 소해선(掃海船)을 파견하여 코르푸해협에서 기뢰제거 작업을 하여 22발의 기뢰선을 절단하였다.

2. 법적 쟁점

(1) 영국과 알바니아 간에 ICJ 관할권이 성립하는가?

(2) 알바니아는 기뢰가 존재하는 사실을 고지하지 않아 영국의 무해통항권을 침해했는가?

(3) 영국이 코르푸해협에서 기뢰 제거작업을 한 것이 알바니아의 영토주권을 침해한 것인가?

3. 판결요지

(1) 관할권의 존부

ICJ는 알바니아의 항변을 배척하고 관할권을 인정하였다. 영국과 알바니아 간 사전에 명시적 합의는 존재하지 않았으나, 알바니아가 1947년 7월 ICJ에 제출한 서한에 의하면, 알바니아는 분쟁을 ICJ에 부탁해야 한다는 안전보장이사회의 권고를 완전히 수락하는 취지의 선언을 하여 이 사건에서 재판소의 관할권을 수락하였으므로 알바니아는 ICJ의 재판관할권을 부인할 수 없다. 관할권의 수락이 당사국의 합의나 선택조항 수락선언에 의하지 않고 각각 별개의 연속된 두 행위에 의해 발생하는 것을 금하는 규정은 존재하지 않는다.

(2) 코르푸해협에서 군함의 무해통항권 존부

ICJ는 코르푸해협에서 군함이 무해통항권을 가진다고 판시하였다. 코르푸해협은 공해의 두 부분을 연결하는 지리적 위치와 국제 통항에 이용되고 있는 사실에서 국제 해상교통의 유용한 항로이다. 따라서 타국이 그 군함을 연안국의 사전동의를 얻지 않고 통항시킬 권리를 갖는 해협이며 연안국은 조약에 특별한 규칙이 없으면 그러한 통항을 금지할 수 없다.

(3) 코르푸해협에서의 기뢰사고로 인한 알바니아의 책임 여부

ICJ는 영해에서 위험사실이 존재하여 무해통항권을 침해할 우려가 있는 경우 이를 고지해야 할 의무가 있다고 보고, 알바니아가 그러한 위험을 알고도 영국 군함에 고지하지 않음으로써 영국 군함에 피해가 발생하였으므로 알바니아는 국가책임을 져야 한다고 판시하였다. 알바니아는 기뢰를 알바니아가 직접 또는 제3국을 통해 설치한 증거가 없고, 기뢰설치에 관한 알바니아의 원조에 관한 증거가 없다고 주장하였다. 그러나 ICJ는 국가가 타국의 영역 내에서 피해를 입은 경우 직접 증거를 확보하는 것이 곤란하기 때문에 정황증거에 의해 주장하는 것이 가능하다고 보고, 기뢰 폭발 전후 알바니아의 태도, 알바니아 연안에서 기뢰 부설작업을 할 수 있는 능력으로 보아 알바니아의 인지 없이는 기뢰 부설이 불가능함이 인정된다고 판시하였다.

(4) 알바니아 영해에서 영국의 소해작업이 알바니아의 영토주권을 침해하는지 여부

ICJ는 영국의 소해작업이 알바니아의 의사에 반하여 이루어졌고, 소해작업은 무해통항권의 행사로서 정당화되지 아니한다고 판시하였다. 영국은 증거물을 보전하기 위한 행동이었고, 자위 내지는 자력 구제의 방법이라고 항변하였으나 배척되었다. ICJ는 영국의 행위는 국제관계의 불가결한 기초인 주권존중원칙에 반하며, 허용되지 않는 위법한 간섭이라고 판단하였다.

(4) 중재판정의 부존재 또는 무효 소송

중재판정의 부존재 내지는 무효를 구하는 소송이 국제사법재판소(ICJ)에 제기되어 오기도 한다. Arbitral Award of 31 July 1989 사건에서 국제사법재판소(ICJ)는 관할권의 일탈, 불충분한 이유, 중재재판소의 진정한 과반수의 결여 등 세 가지 중재판정 무효사유를 원칙적으로 인정한 바 있다.

(5) 고유관할권의 인정 여부

2016년 Alleged Violations of Sovereign Rights and Spaces in the Caribbean Sea(니카라과 대 콜롬비아, Prelminary Objections)에서 국제사법재판소(ICJ)의 고유관할권 주장이 제기된 바 있으나, 재판소는 이 문제에 대한 판단을 회피하였다. 이 사건에서 원고국 니카라과는 재판관할권 성립의 근거로서 고유관할권을 주장했다. 니카라과는 국제사법재판소(ICJ)는 자신의 판결 불이행에 관한 분쟁을 다룰 고유권한을 가지고 있으며, 현재의 분쟁은 콜롬비아가 Territorial and Maritime Dispute(니카라과 대 콜롬비아) 사건에 대한 2012년의 국제사법재판소(ICJ) 판결을 이행하지 않음으로 인하여 발생한 것이기 때문에 본 사건에서 국제사법재판소(ICJ)의 그 같은 고유권한이 존재한다고 주장하였다. 이 주장에 대해 피고국 콜롬비아는 선결적 항변을 제기하여 니카라과의 주장은 국제사법재판소(ICJ)규정이나 판례에서 근거를 찾을 수 없는 것이라고 주장하였다. 국제사법재판소(ICJ)는 고유관할권 주장은 본 사건에서 니카라과가 재판관할권 성립의 대안으로 들고 나온 것인데, 재판소가 보고타조약 제31조에 의거하여 재판소의 관할권이 성립함을 인정하였으므로 고유관할권 문제는 다룰 필요가 없으며 따라서 콜롬비아의 선결적 항변에 대해 판결을 내릴 이유가 없다고 결론지었다.

4. 관할권의 존부 판단

국제사법재판소(ICJ)규정 제36조 제6항에 의하면 "국제사법재판소(ICJ)가 관할권을 가지는지의 여부에 대하여 분쟁이 있는 경우에는, 그 문제는 국제사법재판소(ICJ)의 결정에 의하여 해결된다."라고 규정하고 있다.

4 권고적 관할권(권고적 의견)

1. 개념

권고적 의견(advisory opinion)이란 UN의 기관이나 전문기구가 법적 문제에 대해 국제사법재판소(ICJ)에 대해 요청한 자문에 응해서 국제사법재판소(ICJ)가 부여한 의견을 말한다. 국제사법재판소(ICJ)는 재판사건 이외에 법적 문제에 관해 권고적 의견을 제시할 권한을 갖는다.

2. 구별개념

권고적 의견은 재판과 몇 가지 점에서 구별된다. 우선, 권고적 의견은 법적 구속력이 없으나 재판은 법적 구속력이 있다. 둘째, 권고적 의견은 구체적 분쟁을 반드시 전제로 하는 것은 아니나 재판은 구체적 분쟁을 전제로 한다. 셋째, 권고적 의견의 요청은 UN의 기관이나 전문기구가 하나, 재판의 제소는 국가가 한다. 넷째, 판결에 대해서는 재심절차가 있으나, 권고적 의견에 대해서는 재심절차가 없다.

3. 인적 관할

(1) UN총회와 안전보장이사회

총회와 안전보장이사회는 헌장의 규정에 의하여 직접적으로 권고적 의견을 재판소에 요청할 권한이 있다(UN헌장 제96조 제1항). UN총회의 권고적 의견 요청시 중요문제가 아니므로 단순다수결이 적용된다. 그러나 안전보장이사회의 권고적 의견 요청은 비절차사항이므로 상임이사국들의 거부권이 적용된다.

(2) UN의 기타기관과 전문기구

총회와 안전보장이사회 이외의 UN의 기관과 전문기구는 총회의 허가를 조건으로 권고적 의견을 재판소에 요청할 수 있다(UN헌장 제96조 제2항). 총회의 허가는 구체적인 경우마다 권고적으로 부여될 수도 있고, 구체적인 경우와 관계없이 일반적·포괄적으로 부여될 수도 있다. 경제사회이사회, 신탁통치이사회, 총회중간위원회(Interim Committee of the General Assembly), UN행정재판소 재심소청심사위원회(Committee on Applications for Review of Administrative Tribunal Judgements)에 대해서는 총회의 결의에 의해 일반적인 허가가 부여되었다. 또한, 거의 모든 전문기구(ILO, UNESCO, WHO, ICAO, IBRD, IMF, ITU, IMCO, ITO 등)는 '그들의 활동범위 내에서 발생하는 법적 문제에 대하여' 국제사법재판소(ICJ)에 권고적 의견을 요청할 수 있는 권리를 총회로부터 부여받았다. UN 주요기관 중 사무국은 권고적 의견을 요청할 사전적 승인을 부여받지 못했다.

(3) 국가 및 개인

비록 소송자격이 있는 국가라 할지라도 재판소에 권고적 의견을 요청할 수 없다. 개인도 권고적 의견을 재판소에 요청할 수 없다.

UN헌장 제96조 - ICJ의 권고적 의견

1. 총회 또는 안전보장이사회는 어떠한 법적 문제에 관하여도 권고적 의견을 줄 것을 국제사법재판소에 요청할 수 있다.
2. 총회에 의하여 그러한 권한이 부여될 수 있는 UN의 다른 기관 및 전문기구도 언제든지 그 활동범위 안에서 발생하는 법적 문제에 관하여 재판소의 권고적 의견을 또한 요청할 수 있다.

4. 물적 관할

(1) 물적 관할사항

국제사법재판소(ICJ)가 부여할 수 있는 권고적 의견은 '법적 문제'(legal question)에 한정되어 있으며, 정치적 문제 또는 사실문제에 대해서는 권고적 의견을 부여할 수 없다. 그러나, 법적 성격과 정치적 성격을 함께 가진 문제에 대해서는 의견을 부여할 수 있다. 국가와 국제기구 간 분쟁이 진행 중인 쟁점사항에 대해서도 의견을 부여할 수 있다.

(2) 요청 주체별 물적 관할사항

총회와 안전보장이사회는 '여하한 법적 문제(any legal question)'에 관해서도 권고적 의견을 요청할 수 있다(UN헌장 제96조 제1항). 기타 UN기관과 전문기관은 '그 활동범위 내에서 발생하는 법적 문제'(legal questions arising within the scope of their activities)에 관해서 권고적 의견을 요청할 수 있다(UN헌장 제96조 제2항).

(3) 계쟁관할권의 우회 문제

국제사법재판소(ICJ)의 권고적 관할권은 UN의 정치기관들(특히, 총회와 안전보장이사회)이나 전문기구들이 국제사법재판소(ICJ)에서 계쟁절차를 개시할 수 없는 자신들의 권한 흠결을 극복하기 위하여, 그리고 때로는 국제사법재판소(ICJ)의 계쟁관할권을 수락하지 않는 국가들과 관련된 사태를 동 재판소의 조사에 맡기기 위한, 우회적 방법으로 사용될 수도 있다는 점에서 이 절차의 남용이 우려되기도 한다. 실제로 국제연맹 시절 상설국제사법재판소(PCIJ)는 Eastern Carelia 사건에서 특히 PCIJ규정의 당사국도 아니고 국제연맹의 회원국도 아닌 국가(러시아)의 동의의 흠결과 반대를 이유로 권고적 의견을 주기를 거부한 바 있었다. 그리고 UN초기 총회가 권고적 의견을 요청한 Interpretation of Peace Treaties with Bulgaria and Romania 사건에서 본 사건과 직접 관련이 있는 이들 3개국(불가리아, 헝가리, 루마니아)은 당시 UN 회원국이 아니었으며, 따라서 그들은 UN총회의 권고적 의견 요청에 대하여 국제사법재판소(ICJ)가 취하는 일체의 행동에 대해 공공연하게 반대하였다. 그러나 국제사법재판소(ICJ)는 UN 회원국이든 비회원국이든 불문하고 어떤 국가든 재판소의 권고적 관할권 행사를 방해할 수는 없다고 하면서, 본 사건은 실제로 두 국가 간에 계류 중이던 분쟁의 주요 쟁점에 대해 권고적 의견이 요청되고 그리고 바로 그 때문에 권고적 의견이 거부된 Eastern Carelia 사건과는 달리 분쟁의 본안에 영향을 주는 것이 아니라는 관점에서 두 사건을 구분하였다.

(4) 이해관계국의 동의 문제

국제사법재판소(ICJ)가 관할권을 행사함에 있어서 이해관계국의 동의가 있어야 하는지가 문제된다. 국제사법재판소(ICJ)는 Western Sahara 사건에서 권고적 관할권을 행사함에 있어 이해관계국의 동의가 있어야 하는 것은 아니지만, 권고적 의견을 부여하는 것이 적절한가의 관점에서 이해관계국의 동의의 흠결이나 반대가 전혀 관련이 없지만은 않다고 밝힌 바 있다.

5. 절차

(1) 권고적 의견의 요청

재판소의 권고적 의견을 구하고자 하는 문제는 의견이 요구되는 문제의 명확한 기술을 포함하고 또한, 문제를 명확하게 할 수 있는 모든 서류를 첨부한 서면요청서에 의해 재판소에 제출되어야 한다(ICJ규정 제65조 제2항). 재판소는 권고적 의견의 요청을 거절할 수 있으며, 권고적 의견을 부여할 것인가는 재판소의 자유재량이다. 재판소 규정은 '권고적 의견을 부여할 수 있다[may give an advisory opinion, ICJ규정 제65조 제1항]'고 규정하여 '권한'을 부여한 것이지 '의무'를 부과한 것이 아니기 때문이다. 국제사법재판소(ICJ)는 '핵무기 사용의 적법성에 관한 권고적 의견 사건'에서 세계보건기구(WHO)가 요청한 권고적 의견 부여를 거절하였다. WHO의 권한범위를 벗어난 문제라고 보았다. 이후 UN총회가 같은 질문을 다시 회부하여 권고적 의견이 부여되었다. 상설국제사법재판소(PCIJ)의 경우 Eastern Carelia case(1923)에서 권고적 의견 부여를 거절하였다.

(2) 재판소의 통고

권고적 의견은 국가에게 직·간접적으로 영향을 미칠 수 있으므로 재판소 서기는 권고적 의견의 요청을 재판소에서 재판을 받을 수 있는 모든 국가에 통고해야 한다(ICJ규정 제66조 제1항). 또한 재판소 서기는 재판장이 결정한 기한 내에 진술서를 수령하고 공개법정에서 구두진술을 청취할 용의가 있다는 취지를 특별하고도 직접적인 통신수단에 의해 국가 및 당해 문제에 관해 정보를 제공할 수 있다고 재판소가 인정하는 모든 국제기구에 대하여 통고해야 한다(ICJ규정 제66조 제2항). 서면진술이나 구두진술을 제출한 국가들과 기구들은 재판소가 각개 경우에 결정하는 형식, 범위 및 기간 내에 타국가 또는 타기구가 행한 진술에 관하여 논평하는 것이 허용된다.

(3) 계쟁사건에 적용되는 규정 및 규칙의 적용

권고적 관할권을 행사함에 있어서 재판소는 적용할 수 있다고 인정하는 범위 내에서 계쟁사건(재판사건)에 적용되는 국제사법재판소(ICJ)규정과 규칙의 관련 규정의 지도를 받아야 한다(ICJ규정 제68조). 이와 관련하여 재판소는 권고적 의견의 요청이 둘 이상의 국가 간에 실제 현안으로 남아 있는 법률문제에 관한 것인지를 우선적으로 검토해야 하며, 권고적 의견이 그러한 문제에 관하여 요청되어 온 경우에는 국제사법재판소(ICJ)규정 제31조(임시재판관)와 동조의 적용을 위한 국제사법재판소(ICJ)규칙이 적용된다. 심리 참여가 부적절하다고 판단되는 판사는 스스로 회피할 수 있으며, 쟁송사건과 달리 국가가 특정 판사에 대해 기피신청을 할 수 있다.

(4) 공개법정에서 발표

재판소는 사무총장 또는 직접적으로 관계있는 UN회원국, 기타 국가 및 국제기관이 대표자에 통고한 이후 공개법정에서 권고적 의견을 발표한다(ICJ규정 제67조). 재판관들은 판결을 내릴 때와 마찬가지로 실명으로 개별 의견을 발표할 수 있다.

ICJ규정 제65조 ~ 제68조(권고적 의견)

제 65 조

1. 재판소는 UN헌장에 의하여 또는 이 헌장에 따라 권고적 의견을 요청하는 것을 허가받은 기관이 그러한 요청을 하는 경우에 어떠한 법률문제에 관하여도 권고적 의견을 부여할 수 있다.

2. 재판소의 권고적 의견을 구하는 문제는, 그 의견을 구하는 문제에 대하여 정확하게 기술하고 있는 요청서에 의하여 재판소에 제기된다. 이 요청서에는 그 문제를 명확하게 할 수 있는 모든 서류를 첨부한다.

제 66 조

1. 재판소 서기는 권고적 의견이 요청된 사실을 재판소에 출석할 자격이 있는 모든 국가에게 즉시 통지한다.

2. 재판소 서기는 또한, 재판소에 출석할 자격이 있는 모든 국가에게, 또는 그 문제에 관한 정보를 제공할 수 있다고 재판소 또는 재판소가 개정중이 아닌 때에는 재판소장이 인정하는 국제기구에게, 재판소장이 정하는 기간 내에, 재판소가 그 문제에 관한 진술서를 수령하거나 또는 그 목적을 위하여 열리는 공개법정에서 그 문제에 관한 구두진술을 청취할 준비가 되어 있음을 특별하고도 직접적인 통신수단에 의하여 통고한다.

3. 재판소에 출석할 자격이 있는 그러한 어떠한 국가도 제2항에 규정된 특별통지를 받지 아니하였을 때에는 진술서를 제출하거나 또는 구두로 진술하기를 희망한다는 것을 표명할 수 있다. 재판소는 이에 관하여 결정한다.

4. 서면 또는 구두진술 또는 양자 모두를 제출한 국가 및 기구는, 재판소 또는 재판소가 개정중이 아닌 때에는 재판소장이 각 특정 사건에 있어서 정하는 형식·범위 및 기간 내에 다른 국가 또는 기구가 한 진술에 관하여 의견을 개진하는 것이 허용된다. 따라서 재판소 서기는 그러한 진술서를 이와 유사한 진술서를 제출한 국가 및 기구에게 적절한 시기에 송부한다.

제 67 조

재판소는 사무총장 및 직접 관계가 있는 UN회원국·다른 국가 및 국제기구의 대표에게 통지한 후 공개된 법정에서 그 권고적 의견을 발표한다.

제 68 조

권고적 임무를 수행함에 있어서 재판소는 재판소가 적용할 수 있다고 인정하는 범위 안에서 쟁송사건에 적용되는 재판소규정의 규정들에 또한 따른다.

6. 법적 구속력

권고적 의견은 국제기관이나 국가에 대해 법적 구속력이 없고 오직 권고적 효력을 가질 뿐이다. 이 점에서 재판의 효력과 구별된다. 국제기관이나 국가는 권고적 의견에 구속력을 부여하기로 하는 합의를 권고적 의견이 제시되기 전에 할 수 있다. 그러한 합의는 당사자를 구속하나 권고적 의견의 성질을 변경하지는 않는다.

5 부수적 관할권

1. 의의

부수적 관할권이란 국제사법재판소(ICJ)가 재판절차를 진행함에 있어서 재판관할권에 대한 항변을 결정하거나, 반소를 허용하거나, 소송참가를 허용하는 등 재판절차와 관련하여 가지는 관할권을 의미한다. 부수적 관할권은 직접 국제사법재판소(ICJ) 규정 및 규칙으로부터 나오는 것이기 때문에 재판소가 이 권한을 행사함에 있어서 당사자들의 동의를 요하지 아니한다. 선결적 항변, 잠정조치, 소송참가, 반소, 불출정, 재심, 판결해석 등이 부수적 관할권에 관한 문제이다.

2. 선결적 항변(preliminary objection)

(1) 의의

국제사법재판소(ICJ)규칙 제79조에 의하면 당사국은 국제사법재판소(ICJ)가 본안심리에 들어가기 전에 일정 사항을 청구함으로써 국제사법재판소(ICJ)의 본안심리를 배제할 수 있는데, 이를 선결적 항변이라 한다.

(2) 항변의 주체

국제사법재판소(ICJ) 규칙에 따르면 선결적 항변을 제기할 수 있는 주체는 피청구국과 피청구국이 아닌 이외의 국가로 구분된다. 즉, 청구국도 항변을 제기할 수 있다. Monetary Gold Removed from Rome in 1943 Case에서는 청구국인 이탈리아가 선결적 항변을 제기하였다.

재판소는 당사자들에 의해 제기되지 아니한 선결적 쟁점들도 자발적으로 검토할 수 있다. 사건이 특별협정에 의해 부탁된 경우에도 당사자 일방에 의해 선결적 항변이 제기될 수 있다. 재판소가 부수적 관할권을 행사하는 사건에서도 선결적 항변이 제기되기도 한다.

관련판례

Monetary Gold 사건(이탈리아 대 미국·영국·프랑스, ICJ, 1954)

1. 사실관계

이탈리아는 1939년 알바니아를 점령하던 당시 금화를 알바니아로부터 몰수해 갔다. 이 금화는 1943년 독일군대가 이탈리아에서 퇴각하면서 이탈리아 금고에서 가져갔다. 이탈리아는 연합국인 영국, 프랑스 및 미국을 상대로 금화를 반환할 것을 요청하는 소송을 ICJ에 제기하였다.

2. 법적 쟁점 - 이탈리아가 제기한 선결적 항변의 타당성

원고인 이탈리아는 선결적 항변(Preliminary objection)을 제기하여 필요적 공동당사자인 알바니아의 탈루를 이유로 재판소의 관할권에 이의를 제기하였다.

3. 판결요지 - 인용

재판소는 필요적 공동당사자의 탈루로 관할권을 가질 수 없다는 이탈리아의 항변을 인용하여 사건을 각하하였다. 재판소는 법원 관할권에 동의하지 아니한 제3국인 알바니아의 법익이 판결의 바로 그 주제를 형성하고 있으므로 알바니아의 동의 없이 사건을 심리할 수 없다고 판시하였다.

즉, 원고 이탈리아의 피고들에 대한 청구의 타당성을 검토하기 위해서는 우선 알바니아와 이탈리아의 관계에서 이탈리아가 적법하게 금화에 대한 소유권을 가지는지를 따져보아야 할 것이다. 그러나 이는 ICJ 관할권에 동의하지 않은 국가인 알바니아의 권리를 침해하는 것이며, ICJ에는 그러한 권한이 부여되어 있지 아니하다.

(3) 선결적 항변사유

재판관할권의 존부에 대한 항변, 사건의 재판가능성에 대한 항변, 재판적격성에 대한 항변 등이 있다. 재판관할권의 존부에 대한 항변이란 청구국이 피청구국을 상대로 소송을 제기할 수 있는 근거라고 간주하는 특정 조약의 중재조항(compromisory clause), 피청구국이 행한 국제사법재판소(ICJ)의 강제재판관할권 수락선언 등에 관한 것이다. 사건의 재판가능성에 대한 항변으로는 분쟁이 존재하는지 여부, 법적 분쟁인지 여부 등이 문제된다. 또한 재판적격성에 대한 항변으로는 분쟁의 쟁점이 명확한지, 국내구제완료를 거쳤는지 등이 문제된다.

(4) 절차

① 피고의 선결적 항변은 원고의 진술서가 전달된 후 늦어도 3개월 이내에 서면으로 제출해야 한다.
② 항변이 제기되면 본안 절차는 중단되고 항변에 대한 재판이 진행된다.
③ 항변제기국은 그 주장에 대한 입증 책임을 진다.
④ 항변사유 검토에 있어서 재판관할권(jurisdiction)을 먼저 검토하고 인정되면 청구의 허용성(admissibility) 문제를 다루는 것이 국제사법재판소(ICJ)의 확립된 관행이다(콩고 영토 무력분쟁 사건, ICJ, 2006).

(5) 판단

① 재판소가 선결적 항변 중 최소한 하나를 지지하면 사건은 종료된다.
② 재판소가 선결적 항변을 모두 배척한다면 그동안 중단되었던 본안심리가 재개된다.
③ 재판소는 제기된 항변이 당해 사건에서 반드시 선결적 성격을 가진 것이 아니고 본안과도 관련이 있는 경우 쟁점을 본안심리에서 함께 검토하기로 결정할 수 있다.
④ 재판소는 만일 분쟁 당사국이 선결적 항변을 본안과 합쳐서 그 범위 내에서 다룰 것을 합의한다면 거기에 따른다.

(6) 선결적 항변의 철회

피청구국은 자신이 제기하였던 선결적 항변을 철회할 수도 있으며, 이 경우 본안 판단이 재개된다.

(7) 선결적 항변에 대한 판단권의 이전

국가 간 합의에 의해 어떤 재판소의 compétence de la compétence가 다른 재판소로 이전될 수도 있다. 즉, 분쟁의 본안을 결정하기 위해 선택된 재판소(A)가 아닌 재판소(B)가 전자(A)의 관할권에 대해 관할권을 가지며, 그 결과 전자(A)는 사실상 자신의 compétence de la compétence를 박탈당할 수 있다. 국제사법재판소(ICJ)는 Ambatielos case(Greece 대 United Kingdom)(Jurisdiction)에서 두 분쟁 당사국 간의 합의에 의하면 동 재판소에게는 Ambatielos 청구의 본안에 대해 결정할 관할권은 없지만 피고 영국이 사건을 중재재판으로 가져갈 의무가 있는지의 여부에 대해 결정할 관할권은 있다고 판시한 바 있다. 그리고 이어서 Ambatielos case(Merits: obligation to arbitrate)에서 국제사법재판소(ICJ)는 영국은 사건을 중재재판으로 가져갈 의무가 있다고 판시하였다. 그러나 중재재판소 역시 제한이 입증되기 전까지는 본질적으로 compétence de la compétence를 가지는 것으로 추정되기 때문에 compétence de la compétence의 이같은 이전은 이 문제에 대한 당사자 간의 명백한 합의를 전제로 한다. 또한, 이 사건에서 국제사법재판소(ICJ)는 중재재판소가 갖게 될 관할권의 모든 측면에 대해 판단하도록 요청받은 것은 아니었으며, 그 남겨진 범위 내에서 중재재판소는 compétence de la compétence를 가지게 되었다. 실제로 나중에 이 사건이 중재재판에 회부되었을 때 재판소는 피고국가가 제기한 청구의 허용성 문제를 검토하였는데, 여기서 중재재판소는 청구의 대상이 된 원고국가의 국민이 피고국에서 국내구제를 완료하지 않았다고 결론짓고 청구를 각하하였다.

3. 잠정조치(interim or provisional measures of protection)

(1) 개념

잠정조치 또는 가보전조치란 쟁송사건이 재판소에 회부된 후 최종적인 판결이 내려지기 전까지 분쟁 당사국 간의 권리보전을 위하여 재판소가 긴급한 필요에 의하여 임시적으로 취하도록 제시하는 일정한 조치를 말한다. 잠정조치는 국제사법재판소(ICJ)가 분쟁 당사국들에게 분쟁해결과정이 진행되는 중에 일정한 행위를 행하거나 혹은 삼갈 것을 요구하는 일종의 중단적 예방조치로 정의된다.

(2) 목적

잠정조치의 주된 목적은 본안사건에 대판 판결이 내려지기 전에 재판절차를 무의미한 것으로 만들지 못하도록 분쟁의 대상이 되는 권리를 보전하는 것이다. 국제사법재판소(ICJ)규정 제41조 제1항은 "국제사법재판소(ICJ)는 사정이 필요하다고 인정될 경우, 각 당사국의 각각의 권리를 보전하기 위하여 가보전조치를 지시할 권능을 가진다."라고 규정하고 있다. 그 밖에도 분쟁의 확산방지, 분쟁과 관련된 증거의 보존의 목적도 가진다.

(3) 요건

잠정조치를 명령하기 위해는 일견 관할권이 존재하고, 회복불가능한 권리 침해의 위험이 있으며 그러한 위험이 급박해야 한다.

(4) 신청

잠정조치는 어느 한쪽 당사국의 신청에 의해 '그 신청에 관련된 사건의 절차 중에는' 언제든지 지시될 수 있다(규칙 제73조 제1항). 이 절차의 기간은 소송을 제기하는 문서가 제출된 날로부터 시작하여 최종판결이 내려지기 전날까지이다. 잠정조치는 당사국의 신청에 의해서 뿐만 아니라 법원의 직권에 의해서도(proprio motu) 지시될 수 있다(규칙 제75조 제1항). 그러나 소송이 시작되기 이전에는 잠정조치를 지시할 수 없다. 국제사법재판소(ICJ)는 LaGrand 사건에서 처음으로 직권에 의한 잠정조치를 지시했다.

(5) 결정

잠정조치는 긴급성을 수반하므로, 잠정조치의 지시에 관한 결정은 국제사법재판소(ICJ)에 의해 '긴급사항(a matter of urgency)'으로 취급되고, 다른 모든 사건보다 우선적으로 취급된다. 폐회 중인 경우 법원장은 지체 없이 판사를 소집해야한다(규칙 제74조 제2항). 국제사법재판소(ICJ) 관행상 임시재판관의 참석을 요하지 않는다. 잠정조치의 결정은 국제사법재판소(ICJ)의 의사이기 때문에 국제사법재판소(ICJ)는 자신의 책임하에 잠정조치를 지시하는 권한을 가진다. 경우에 따라서는 요청된 잠정조치와 다른 조치를 지시할 수도 있다(규칙 제75조 제2항).

(6) 철회와 수정

잠정조치는 '잠정성'이 중요한 특징이므로 국제사법재판소(ICJ)의 결정은 잠정적이며, 나중에 그 견해를 변경할 수 있다. 즉, 잠정조치는 기판력(res judicata)을 가지지 않는다. 잠정조치의 지시, 철회 및 수정은 최종판결이 내려지기 전에는 언제든지 가능하다(규칙 제76조 제1항). 이전에 행한 잠정조치의 신청이 거부되었다고 해도 다시 잠정조치를 지시할 수 있다.

(7) 구속력

잠정조치의 구속력에 대해서는 국제사법재판소(ICJ)규정이나 UN헌장상 명확하지 않아 다툼이 지속되었으나, 국제사법재판소(ICJ)는 LaGrand 형제 사건(2001)에서 법적 구속력이 있음을 명확하게 밝혔다.

LaGrand 형제 사건(독일 대 미국, ICJ, 2001)

1. 사실관계

1982년 1월 Walter LaGrand과 Karl LaGrand 형제는 Arizona 주 Marana에서 벌어진 은행강도 사건에 연루되었다는 혐의로 체포되었고 1984년 주법원에 의해 사형선고가 내려졌다. 사형집행 날짜는 Karl LaGrand는 1999년 2월 24일, Walter LaGrand는 동년 3월 3일로 정하였다. 두 형제는 독일에서 태어난 독일 국민으로 인생의 대부분을 미국에서 살았지만 계속 독일 국적을 유지하고 있었다. 미국과 독일 간 의견의 대립은 있으나 1982년 4월 늦어도 1983년 중반에는 LaGrand 형제의 국적이 독일임을 미국의 관련 기관이 알았으나 독일 영사기관은 이를 인지하지 못하였다. 독일 영사는 1992년 6월에야 비로소 LaGrand 형제 자신들의 통지에 의해서 이 사건을 알게 되었으며 이 형제들은 또한 자신들의 권리를 Arizona 주당국이 아닌 다른 곳으로부터 알았다. LaGrand 형제가 공식적으로 미국 당국으로부터 영사면접권을 통보받은 것은 1998년 12월이었다. 이러한 사실을 원인으로 하여 독일은 미국이 파견국 국민과의 통신 및 접촉에 대해 규정하고 있는 비엔나협약 제36조를 위반하여 LaGrand 형제를 재판하고 결국 처형했다는 점을 들어 소송을 제기하였다. 또한 Walter LaGrand의 처형이 임박한 1999년 3월 2일에 ICJ에 잠정조치 청구가 제기되었고 ICJ는 그 다음날 잠정조치명령을 내렸으나 Walter LaGrand는 예정대로 처형되었다.

2. 판결요지

(1) 미국의 비엔나협약 제5조와 제36조 제1항 제(b)호 위반 여부

법원은 LaGrand 형제에게 그들이 체포된 후 비엔나협약 제36조 제1항 제(b)호의 권리를 지체없이 알려주지 않음으로써 그리고 독일이 영사도움을 줄 가능성을 박탈하여 동 협약하의 의무를 독일과 LaGrand 형제에게 부담하는 의무를 위반하였다고 결론내렸다.

(2) 미국 국내법 규칙으로 인한 비엔나협약 제36조 제2항 위반 여부

LaGrand 형제에 대한 유죄판결 및 형선고를 동 협약에 규정된 권리에 비추어 재검토하는 것을 허락하지 않음으로써, 미국은 동 협약 제36조 제2항하에서 독일과 LaGrand 형제에게 부담하는 의무를 위반하였다고 판시하였다.

(3) 미국의 잠정조치명령 준수의무 위반 여부

법원은 잠정조치의 효력과 관련해서 기본적으로 ICJ규정 제41조의 해석에 관한 문제로 보았다. 영문과 불문의 차이가 있어 조약법에 관한 비엔나협약 제33조 제4항을 적용하여 규정의 대상과 목적을 고려하여야 하는데, 본 대상과 목적이 ICJ가 구속력 있는 결정에 의해 국제분쟁의 사법적 해결기능을 완수하게 하는 것이기 때문에 잠정조치는 구속력이 있다고 결론내렸다. 따라서 이 사건에서 본 재판소의 최종판결이 있을 때까지 Walter LaGrand이 처형되지 않도록 그 처분하의 모든 조치를 취하지 않음으로써, 미국은 ICJ가 1999년 3월 3일 내린 잠정조치명령하의 의무를 위반했다고 판시하였다.

4. 소송참가(Intervention)

(1) 개념

소송참가란 국제소송의 당사자가 아닌 제3국이 자신의 법률상의 이익을 보호하기 위해 소송에 개입하는 것을 말한다. 당사자가 아니라는 점에서 당사자 간 재판과는 특히 판결의 효력에 있어서 구별된다.

(2) 취지

재판절차에 있어서 소송참가를 인정하는 이유는 첫째, 계쟁사건에 대해 이해관계를 가지고 있는 제3자로 하여금 그의 이익을 보호받을 수 있는 기회를 제공하기 위함이다. 둘째, 이해관계를 가진 자가 동일한 문제에 대하여 별도의 소송을 제기함으로 인하여 야기되는 소송이 비경제와 모순된 판결의 가능성을 없애고자 하는 것이다.

(3) 유형

국제사법재판소(ICJ)규정 제62조는 '자발적 참가'를, 제63조는 '해석적 참가'를 규정하고 있다. 국제사법재판소(ICJ)는 2011년 니카라과와 콜롬비아 간 영토 및 해양 분쟁사건에 온두라스와 코스타리카의 참가신청 허용 여부를 판단하면서 자발적 소송참가를 '당사자 참가'와 '비당사자 참가'로 구분하였다.

(4) 비당사자 참가(non - party intervention)

비당사자 참가는 소송의 당사국이 아닌 자격에서 참가하는 경우로 참가국은 당사자로서의 권리의무를 가지지 못한다. 판결도 소송참가국에게 구속력을 갖지 않으며 기존의 소송당사국들과 소송참가국 사이에 국제사법재판소(ICJ)의 재판관할권이 성립될 근거가 필요없다. 비당사자 참가를 위해서는 국제사법재판소(ICJ)의 허가를 받아야 한다. 소송참가 신청 시 판결을 통해 침해될 가능성이 있는 법률상의 이익을 입증해야 한다. 소송참가에 대해 소송당사국이 반대해도 요건 충족시 재판부는 소송참가를 허가할 수 있다. 1990년 엘살바도르와 온두라스 간 해양경계획정 사건에서 니카라과에게 비당사자 참가를 처음으로 허용하였다.

ICJ규정 제62조 - 자발적 소송참가

1. 사건의 결정에 의하여 영향을 받을 수 있는 법률적 성질의 이해관계가 있다고 인정하는 국가는 재판소에 그 소송에 참가하는 것을 허락하여 주도록 요청할 수 있다.
2. 재판소는 이 요청에 대하여 결정한다.

(5) 당사자 참가

당사자 참가는 소송참가를 하는 제3국이 사건의 당사국이 되는 것이다. 당사자 참가국은 소송과정에서 본안사건 당사국과 동일한 권한을 행사할 수 있고 본안 판결의 구속력을 받으므로 정식 소제기와 마찬가지로 원소송당사국과 소송참가 국 간에 국제사법재판소(ICJ) 재판관할권의 성립 근거가 필요하다. 아직 국제사 법재판소(ICJ)가 당사국의 자격으로 소송참가를 실제 허용한 예는 없다.

(6) 해석적 소송참가

국제사법재판소(ICJ)규정 제63조에 의하면 소송당사국이 아닌 국가가 체약국인 조약이 문제되는 경우 법원의 서기의 통고의무를 규정하고, 통고를 받은 국가는 소송에 참가할 권리를 가진다. 이를 해석적 소송참가라 한다. 제63조에 따른 해 석적 소송참가는 체약국의 권리로서의 소송참가적 성격을 갖는다. 이는 제62조 에 따른 소송참가가 재판부의 '허가'에 기초한 것과는 구별된다. 권리로서의 소 송참가이므로 재판부의 별도의 허가를 요하는 것이 아니다. 법원은 통고의무를 진다. 국제사법재판소(ICJ)는 '아야 데 라 토레 사건'에서 페루와 콜롬비아 간 소 송에 쿠바의 해석적 참가를 처음으로 허용하였다. 2013년 남극해 포경 사건에서 호주와 일본 간 소송에 뉴질랜드의 해석적 참가를 허용하였다.

ICJ규정 제63조 - 해석적 소송참가

1. 사건에 관련된 국가 이외의 다른 국가가 당사국으로 있는 협약의 해석이 문제가 된 경우 에는 재판소 서기는 즉시 그러한 모든 국가에게 통고한다.
2. 그렇게 통고를 받은 모든 국가는 그 소송절차에 참가할 권리를 가진다. 다만, 이 권리를 행사한 경우에는 판결에 의하여 부여된 해석은 그 국가에 대하여도 동일한 구속력을 가 진다.

---

(7) 소송참가와 판결의 효력

법원의 판결은 당사자에게만 효력이 있다(제59조). 비당사자 참가의 판결 주문에 는 구속을 받지 않는다. 해석적 참가의 경우 관련 조항 해석에는 구속을 받지만, 판결 자체에는 구속을 받지 않는다. 당사자 참가의 경우 당사자와 마찬가지로 판 결 자체에 구속을 받는다.

5. 반소

반소는 재판소의 관할권에 들고 또 타방 당사자의 청구내용과 직접적인 관련이 있는 경우에만 재판소에 의해 수락될 수 있다. 반소신청에 대해 이의가 제기되는 경우 재 판소는 양당사자의 의견을 들은 후 반소허용 여부를 결정한다.

6. 불출정

당사자 일방이 출정하지 아니하거나 출정하더라도 자기 입장을 옹호하거나 방어하지 않는 경우, 타방 당사자는 자국의 청구를 지지하는 결정을 내려 주도록 재판소에 요 청할 수 있다.

7. 재심

재심은 판결 당시에 몰랐던 새로운 사실이 발견되어 사건을 완전히 다시 심리하는 것을 말한다. 판결의 재심청구는 판결시에 재판소와 재심청구를 하는 당사자 그 어느 쪽도 알지 못하였던 결정적 요소인 중요한 사실의 발견이 있는 경우에 한한다. 알지 못하였던 것에 재심청구국의 과실이 없어야 하며, 이는 청구국이 입증한다. 구할 수 있는 정보를 얻기 위해 필요한 모든 노력을 다하지 않았다면 과실이 추정된다. 재심청구는 새로운 사실이 발견된 때로부터 늦어도 6개월 이내에 하여야 한다. 또한 판결일자로부터 10년이 지난 후에는 재심을 청구할 수 없다. 지금까지 국제사법재판소(ICJ)의 경우 총 4건의 재심요청이 있었으나 모두 기각되었다.

8. 판결해석

재판소의 판결은 종국적·확정적이고 상소의 대상이 되지 아니하며 당사자들에게 구속력이 있다. 그러나 '판결의 의미 혹은 범위'에 관하여 분쟁이 발생한 경우 재판소는 어느 한 당사자의 요청이 있으면 이것을 해석한다. 판결해석은 판결의 주문에 관련되어야 하며, 판결이유에 대해서는 제기될 수 없다. 해석은 판결의 의미 혹은 범위에 관하여 하는 것이므로 재판소는 원판결의 범위를 벗어날 수 없다. 여기서 판결이라 함은 본안판결뿐만 아니라 선결적 항변에 대한 판결도 포함하는 것으로 해석되며, 따라서 후자도 해석신청의 대상이 될 수 있다.

국가들이 이 절차를 발동하기 위해서는 재판소에 함께 가기로 약속하는 특별협정을 체결하여 놓고도 나중에 그 중 한 국가가 일방적으로 판결해석을 신청하는 경우 ICJ규정 제60조하의 관할권이 방해받는가의 문제가 제기된 바 있는데, 국제사법재판소(ICJ)는 이같은 합의의 유효성에 대해서는 직접 판단함이 없이 ICJ규정 제60조가 그같은 합의에 우선하는 것으로 보았다. 2011년 캄보디아는 1962년 프레아 - 비히어 사원 사건 판결에 대한 해석을 요청하여 해석을 해 준 바 있다.

9. 재판재개요청

재판재개요청은 국제사법재판소(ICJ)규정에 명시된 것은 아니다. 1995년 프랑스가 남태평양에서 8차례 핵실험을 실시할 계획임을 발표하자, 뉴질랜드는 1974년 판결을 근거로 1974년 사건을 국제사법재판소(ICJ)가 재개할 것을 청구하였다. 호주, 사모아, 솔로몬제도, 마샬제도, 마이크로네시아연방 등이 소송참가를 신청했다. 국제사법재판소(ICJ)는 재판재개요청을 받아들이지 않았다. 1974년 핵실험은 대기권에 관한 사건이었으나, 프랑스가 새로 실시하기로 발표한 것은 지하핵실험이어서 두 사건이 같은 사건이 아니므로 재판재개요청은 이유 없다고 판정하였다.

6 재판절차

1. 심리

재판소에서의 심리는 공개된다. 다만, 재판소가 달리 결정하는 경우 또는 당사자들이 공개하지 아니할 것을 요구하는 경우에는 비공개할 수 있다.

2. 조사 또는 감정의 위탁

재판소는 재판소가 선정하는 개인, 단체, 관공서, 위원회 또는 다른 조직에게 조사의 수행 또는 감정 의견의 제출을 언제든지 위탁할 수 있다.

3. 국제기구에 대한 정보 요청 및 정보 수령

재판소는 재판소규칙이 정하는 조건에 따라 국제기구에 사건 관련 정보 제공을 부탁할 수 있다. 또한 재판소는 이들 기구가 자발적으로 제공하는 정보를 받아야 한다. 국제기구의 설립문서 또는 그에 기하여 채택된 국제협약의 해석이 재판소에 계류 중인 사건에서 문제되는 때에는, 재판소 행정처장은 당해 기구에 그 사실을 통고하여야 하며, 또한 모든 서면절차의 사본을 송부하여야 한다. 2005년 9월 29일 채택 및 발효된 재판소규칙에 의하면 국제공기구가 당사자인 협약의 해석이 문제된 경우 재판소는 당해 기구가 문제의 조항에 대해 의견을 제시하는 것을 허락할 수 있다.

4. 심리 종결과 평의

재판소의 지휘에 따라 대리인, 법률고문 및 변호인이 사건에 관한 진술을 완료한 때에는 재판소장은 심리가 종결되었음을 선언한다. 재판소는 판결을 심의하기 위해 퇴정한다. 재판소의 평의는 비공개로 이루어지며 비밀로 한다.

5. 합의에 의한 소 취하

쟁송사건 분쟁의 존부는 객관적으로 결정되어야 하고 제소 당시 가설적으로만 존재해서는 아니되며 판결 시에도 여전히 존재해야 한다. 따라서 국제사법재판소(ICJ)가 선결적 항변에 대한 판단을 통하여 관할권을 인정하였음에도 불구하고 분쟁 당사국이 합의에 도달하면 본 사건의 심리는 중단된다(나우르 인산염 사건, 1993).

6. 새로운 청구의 허용 여부

선택조항 수락 등에 따른 일방적 청구 사건에서 원고국이 소송제기 후 절차진행 중에 '새로운 청구'를 제기하는 것은 법적 안정성 관점에서 허용되지 않으므로 '소의 허용성'이 없다는 판단을 하게 된다. 그러나 형식적으로 새로운 청구라 하더라도 실질적으로는 원래의 청구에 포함된 것으로 간주되는 경우에는 새로운 청구가 허용된다.

7. 소 취하 후 재소

'1970년 Barcelona Traction 사건'에서 원고 벨기에가 일방적 통고로 소를 취하한 후에 다시 소를 제기하자 피고 스페인이 이러한 소 취하는 원칙적으로 다시 제소할 권리를 포기한다는 것을 의미한다고 주장하였으나 국제사법재판소(ICJ)는 이를 받아들이지 않았다.

8. 국제사법재판소(ICJ) 재판 증거

재판소는 판결에 필요한 증거를 획득하기 위해 다양한 수단을 사용할 수 있다. 소송대리인에게 심리의 개시 전에도 서류의 제출이나 필요한 설명을 요구할 수 있다. 개인이나 단체에 대해 조사의 수행이나 감정을 위탁할 수도 있다. 관계국의 동의를 얻어 현장을 방문하기도 하며, 언론 등을 통해 널리 알려진 사실을 수용하기도 한다. 국제사법재판소(ICJ)가 당사국에게 증거의 제출을 강제할 방법은 없다. 국제사법재판소(ICJ)는 통상적인 국내법원보다는 유연하게 증거 가치를 판단하는 편으로 위법하게 수집된 증거라고 하여도 반드시 배척하지는 않는다.

7 판결 및 집행

1. 판결

(1) 정족수

판결은 출석한 재판관 과반수에 의한다. 가부동수인 경우에 재판소장 또는 그를 대리하는 재판관이 결정투표권(casting vote)을 행사한다(제55조).

(2) 방법

판결에는 판결이유를 적시하고, 재판에 참여한 재판관의 성명을 기재한다. 판결에 관해 전부 또는 일부에 있어 재판관 전원의 의견일치가 이루어지지 않은 경우 재판관은 개인적 의견(separate opinion)을 표명할 권리를 가진다. 개인적 의견은 판결 자체에 반대하는 '소수 의견(dissenting opinion)'과 판결 주문에는 찬성하나 그 이유가 다른 '개별 의견(individual opinion)'을 포함한다.

2. 판결의 효력

판결은 당해 사건에 관해 분쟁 당사국에 대해서만 법적으로 구속력이 있다(제59조). 즉, 선례구속의 원칙(principle of stare decisis)이 인정되지 않는다. 판결은 종국적이며 상소할 수 없다.

> **ICJ규정 제59조 - ICJ 판결의 효력**
> 재판소의 결정은 당사자 사이와 그 특정 사건에 관하여서만 구속력을 가진다.

3. 판결의 집행

(1) 원칙

국제사법재판소(ICJ) 판결은 원칙적으로 패소국가에 의해 이행된다. 국제사회에는 중앙집권의 집행기관이 없기 때문이다. UN 회원국은 자국이 당사자가 되는 어떤 사건에 있어서도 국제사법재판소(ICJ)의 결정에 따를 것을 약속하고 있으며(UN헌장 제94조 제1항), 실제 판결의 이행이 거부된 예는 드물다.

(2) 승소국에 의한 직접집행

패소국이 판결내용을 이행하지 않는 것은 위법행위로 국가책임이 성립한 경우, 위법행위국이 손해를 배상하지 않는 것과 같으므로, 승소국은 1차적으로 패소국에 대하여 판결내용의 이행을 요구하고 불응할 때에는 2차적으로 자력구제에 의하여 판결을 집행할 수 있다. 그러나 이러한 복구조치(reprisal)는 국제법과 UN헌장이 인정하는 범위 내의 것이어야 하고 무력행사를 수반하는 방법은 금지된다.

(3) 안전보장이사회에 의한 집행

UN헌장은 패소국이 판결을 이행하지 않는 경우 집행력을 확보하는 제도를 두고 있다. 즉, 승소국은 판결을 이행하지 아니하는 패소국을 안전보장이사회에 제소할 수 있는 권리가 있다(제94조 제2항). 안전보장이사회는 제소가 이루어지면 필요하다고 인정하는 경우 판결을 집행하기 위해 권고하거나 필요한 조치를 결정할 수 있다(제94조 제2항). 필요한 조치의 범위에 헌장 제7장상의 조치가 포함되는지에 대해 다툼이 있다. 이를 긍정하는 견해는 안전보장이사회에 판결의 집행기관으로서의 권한이 부여된 이상 헌장이 부여하는 모든 권한을 행사할 수 있다고 보아야 하므로 강제조치까지도 취할 수 있다고 본다. 그러나 부정설은 안전보장이사회가 강제조치를 취할 수 있는 경우는 헌장상 평화에 대한 위협, 평화의 파괴 및 침략행위가 발생할 때에 국한되며, 그 밖의 경우에는 강제조치를 취할 수 없게 되어 있으므로, 일방당사국이 판결을 이행하지 않았다는 사실만으로는 강제조치의 발동요건이 될 수 없다고 본다. 안전보장이사회가 강제조치를 취할 수 없다면, UN헌장 규정의 취지가 몰각될 것이므로 긍정설이 옳다고 본다. 판결의 불이행을 평화에 대한 위협으로 결정할 수 있다. 이는 안전보장이사회의 재량이므로 UN헌장의 제한을 벗어나는 것은 아니다.

UN헌장 제94조 - ICJ 판결의 집행

1. UN의 각 회원국은 자국이 당사자가 되는 어떤 사건에 있어서도 국제사법재판소의 결정에 따를 것을 약속한다.
2. 사건의 당사자가 재판소가 내린 판결에 따라 자국이 부담하는 의무를 이행하지 아니하는 경우에는 타방의 당사자는 안전보장이사회에 제소할 수 있다. 안전보장이사회는 필요하다고 인정하는 경우 판결을 집행하기 위하여 권고하거나 취하여야 할 조치를 결정할 수 있다.

(4) 총회에 의한 집행

UN헌장 및 국제사법재판소(ICJ)규정에 명문 규정은 없으나, UN총회는 안전보장이사회가 관련 권한을 행사하지 않는 경우, UN헌장 제10조의 일반적 권한 및 제11조에 기초하여 동 의제를 토의하고, 이행을 권고할 수 있다. 단, 총회의 권고는 법적 구속력이 없으므로 실효성은 없다.

(5) 기타 국제기구에 의한 집행

ILO헌장은 당사국이 국제사법재판소(ICJ) 판결을 기일 내에 이행하지 않으면 ILO이사회가 그 이행의 확보를 위한 조치를 ILO총회에게 권고할 수 있다고 규정하고 있다(ILO헌장 제33조). ICAO협약도 국제사법재판소(ICJ)의 판결이 최종적으로 구속력을 가지며(ICAO협약 제86조), ICAO총회는 국제사법재판소(ICJ) 판결을 이행하지 않는 당사국에 대해 투표권을 정지할 수 있다고 규정하고 있다(ICAO협약 제88조).

01 국제분쟁의 해결방법에 대한 설명으로 옳지 않은 것은? 2011년 9급

① 주선 및 중개는 제3자가 간접적으로 분쟁에 개입하여 분쟁해결을 촉진하는 제도이다.

② 사실심사는 제3자가 분쟁의 원인이 된 사실을 명확히 하여 분쟁해결을 촉진하는 제도이다.

③ 중재는 분쟁당사국이 합의하여 선정한 재판관에 의한 판정으로 분쟁을 해결하는 제도이다.

④ 조정은 제3자의 사실조사 및 법적 구속력 있는 조정안의 제시로 분쟁을 해결하는 제도이다.

국제분쟁의 해결방법

조정안은 법적 구속력이 없다.

답 ④

---

02 중재재판에 대한 설명으로 옳지 않은 것은? 2020년 9급

① 중재재판의 판정은 사법재판의 판결과는 달리 법적 구속력을 갖지 아니한다.

② 중재재판의 준칙은 당사국 합의로 결정하며, 필요하다면 국내법도 준칙으로 활용될 수 있다.

③ 중재재판은 분쟁의 종국적 해결을 목표로 함이 보통이므로 1심으로 종결됨이 통례이다.

④ 중재판정의 부존재 내지는 무효를 구하는 소송이 국제사법재판소(ICJ)에 제기되기도 한다.

중재재판

중재판정도 법적 구속력을 가진다.

선지분석
② 합의로 결정하기 때문에 특별한 제한이 없다.
③ 중재재판이 단심제가 일반적이나, 당사국 간 합의를 통해 새로 재판할 수도 있다.
④ 카타르 - 바레인 해양경계획정사건(2001)은 영국이 개입하여 결정한 양국 간 영유권 분쟁이 중재재판으로서의 효력을 가지는지를 다툰 사건이다.

답 ①

---

03 국제분쟁의 사법적 해결에 대한 설명으로 옳은 것은?

① 중재는 그 결과가 분쟁당사국에 대해 구속력을 지닌다는 점에서 조정과 다르고 중개와 같다.

② 중재는 오로지 국가 간 혹은 사인 간에 행해지고, 일방의 국가와 타방의 비국가적 실체 사이에는 행해지지 않는다.

③ 중재에서 재판준칙은 당사국이 합의하여 결정하지만, 특정 국가의 국내법을 재판준칙으로 삼을 수 없다.

④ 국제사법재판소의 판결에 대해서는 재심절차가 있지만 권고적 의견에는 재심절차가 없다.

국제분쟁의 사법적 해결

선지분석

① 중재는 법적 구속력이 있으나, 중개는 법적 구속력이 없다.

② 중재는 국가와 비국가적 실체 간에도 행해질 수 있다. 예를 들어 ICSID 중재의 경우 투자자 개인과 피투자국가 사이의 중재이다.

③ 합의에 의해 타국 국내법을 재판준칙으로 삼을 수 있다. 재판준칙 설정에 특별한 제한은 없다.

답 ④

---

04 국제사법재판소(ICJ)에 대한 설명으로 옳은 것만을 모두 고르면?

> ㄱ. 분쟁이 소재판부에 회부되는 경우에는 국적재판관(judge ad hoc)제도가 적용되지 않는다.
>
> ㄴ. 분쟁당사국이 선결적 항변을 제기하지 않더라도 ICJ가 스스로의 판단에 따라 관할권 없음을 결정할 수 있다.
>
> ㄷ. 패소국이 판결을 이행하지 않는 경우, 승소국은 UN안전보장이사회에 사안을 제기할 수 있다.
>
> ㄹ. 선택조항의 수락은 다른 당사국과의 합의에 의해 이루어져야 한다.

① ㄱ, ㄴ

② ㄴ, ㄷ

③ ㄴ, ㄹ

④ ㄷ, ㄹ

국제사법재판소(ICJ)

국제사법재판소(ICJ)에 대한 설명으로 옳은 것은 ㄴ, ㄷ이다.

ㄴ. 선결적 항변은 소송당사자도 제기할 수 있다.

ㄷ. 안전보장이사회가 판결 이행에 개입하는 것이나, 현재까지 관련 사례가 없다.

선지분석

ㄱ. 소재판부에도 국적재판관제도가 적용된다.

ㄹ. 선택조항 수락은 일방행위이다. 따라서 당사국과의 합의를 요하지 않는다.

답 ②

05 국제사법재판소(ICJ) 재판관에 대한 설명으로 옳지 않은 것은?

① ICJ 재판관은 자국이 재판당사국인 재판에 참여할 수 있으며, 재판소의 업무에 종사하는 동안 외교 특권 및 면제를 향유한다.

② 자국 국적의 ICJ 재판관이 없는 재판당사국은 임시재판관(judge ad hoc)을 선정할 수 있다.

③ ICJ는 재판관 중에서 3년 임기로 재판소장 및 재판소부소장을 선출하며, 그들은 재선될 수 없다.

④ ICJ 재판관은 동일한 국가의 국민이 2인 이상이 될 수 없으며, 재판관단의 구성은 세계 주요 문명 형태 및 주요 법체계를 대표하여 안배되도록 한다.

국제사법재판소(ICJ)

ICJ의 재판소장 및 재판소부소장은 재선될 수 있다.

답 ③

---

06 국제사법재판소(ICJ)의 관할권에 대한 설명으로 옳지 않은 것은?

① 관할권에 대한 선결적 항변(preliminary objection)이 ICJ에 의해 거절되면, ICJ는 추가 소송절차를 위한 기한(time - limits)을 정한다.

② UN 회원국은 ICJ규정 제36조 제2항의 선택조항(optional clause)을 수락하는 경우 유보를 첨부할 수 있다.

③ ICJ규정 제36조제2항의 선택조항에 따른 ICJ관할권은 분쟁당사국들이 공통적으로 수락한 범위 내에서만 성립되므로, 분쟁의 피소국은 자신이 첨부한 유보뿐만 아니라 제소국이 첨부한 유보를 근거로도 ICJ관할권의 성립을 부인할 수 있다.

④ 모든 UN 회원국은 자동적으로 ICJ규정의 당사국이 되므로, ICJ는 UN 회원국 간의 분쟁에 대하여 강제관할권을 갖는다.

국제사법재판소(ICJ)

강제관할권이 창설되기 위해서는 별도로 선택조항을 수락해야 한다.

선지분석
① 선결적 항변이 기각되면 추후 본안소송절차가 진행된다는 의미이다.
③ 유보의 상대적 효과에 관한 설명이다. 상대방의 유보를 원용하여 관할권을 배척할 수 있다.

답 ④

07 국제사법재판소에 대한 설명으로 옳지 않은 것은?

① 재판소는 권고적 관할권을 행사하는 경우에도 임시재판관을 임명할 수 있다.

② 피소국이 관할권 부인만을 목적으로 소송에 참여하는 경우에는 확대관할권이 성립되지 아니한다.

③ 재판소는 선결적 항변 절차상 관련 당사자들이 제기하지 아니한 선결적 쟁점을 자발적으로 검토할 수 없다.

④ 권고적 의견 제도는 계쟁관할권 미수락 국가의 사건을 재판소에 맡기기 위한 우회방법으로 이용될 수 있다.

국제사법재판소(ICJ)

선결적 쟁점은 관할권이나 재판적격성 문제를 말한다. 직권에 의해 자발적으로 검토할 수 있다.

선지분석

② 확대관할권은 당사국 간 묵시적 합의에 의해 성립되는 관할권을 말한다. ICJ 판례(니카라과 사건 등)에 의하면 관할권 부인만을 목적으로 소송에 참가한 경우 본안과 관련된 쟁점에 대한 참가가 아니므로 당사자로서의 참가가 아니며 따라서 확대관할권이 성립되지 않는다고 하였다.

④ ICJ가 권고적 의견을 통해 특정 국가 행위의 위법성을 판단하는 수단이 될 수 있다는 의미이다.

답 ③

08 국제사법재판소(ICJ)의 권고적 의견(advisory opinion)에 대한 설명으로 옳지 않은 것은?

① 국가는 ICJ 소송에서 재판 당사자가 될 수는 있으나, 법률문제에 관하여 권고적 의견을 요청할 수 없다.

② UN 총회와 안전보장이사회는 어떠한 법률문제에 관하여도 권고적 의견을 요청할 수 있다.

③ UN 총회가 권고적 의견을 요청할 수 있는 권한을 부여한 UN의 다른 기관 및 전문기구는 자신의 활동범위에 속하는 법률문제에 관해 권고적 의견을 요청할 수 있다.

④ UN 총회에 의해 자격이 부여된 사무총장은 UN 활동 전반에 속하는 법률문제에 대해 권고적 의견을 요청할 수 있다.

국제사법재판소(ICJ)

사무총장 역시 자신의 권한 범위 내의 법적 문제에 대해서만 권고적 의견을 요청할 수 있다.

선지분석

① 국가는 권고적 의견을 요청할 수는 없다. 다만, 권고적 의견 사건 절차에 참여할 수 있다.

② 총회와 안전보장이사회는 UN헌장 규정에 따라 모든 법적 문제에 대해 권고적 의견을 요청할 수 있다.

③ 다른 기관들은 자신의 권한 범위 내의 법적 문제에 대해서만 권고적 의견을 요청할 수 있다.

답 ④

제2장 | 전쟁과 평화에 관한 법

제1절 | 총설

전쟁과 평화에 관한 법에는 다양한 규범들이 포함될 수 있다. 여기에는 전쟁이 허용되는지 여부 또는 언제 허용되는지의 문제를 다루는 정전론 또는 무력충돌에 관한 법(jus ad bellum), 전쟁법, 전시인도법 등 무력충돌 속의 법(jus in bello), 군비축소나 군비통제에 관한 법 등이 포함된다. 전쟁법은 군사작전행동에 있어서 교전자의 권리·의무와 해적수단의 선택제한에 대해 규율하는 반면, 전시인도법은 전투능력을 상실한 군대요원과 적대행위 불가담자를 적대행위로부터 야기되는 고통의 경감 또는 그로부터의 보호를 규율한다. 본 장에서는 전쟁 또는 무력사용금지규범의 발달사 및 무력사용금지원칙, 전쟁법, 전시인도법, 군비축소 등을 중심으로 서술한다.

제2절 | 무력사용의 제한

1 의의

1. 개념

무력사용 및 위협의 금지원칙이란 전시는 물론 평시에도 국가는 국제관계에 있어 무력을 행사하거나 무력사용의 위협을 가해서는 안 된다는 일반국제법상의 의무를 말한다.

2. 국제법적 의의

전통국제법하에서의 국가들은 언제든 평시법에서 전시법으로 전환할 법적 자유를 향유하였으며, 평시에 있어서도 거의 무제한의 무력사용의 권리를 향유하였다.
무력사용금지의 원칙은 모든 전쟁을 위법으로 규정하고, 평시에도 원칙적으로 무력사용과 그 위협을 금지한다는 국제법적 의의를 지닌다. 동 의무는 오늘날 일반국제법상의 기본의무이자 강행규범의 지위를 갖는 것으로 평가되고 있다.

2 연혁

1. 전통국제법에 있어서 전쟁과 무력사용

(1) 원칙

제1차 세계대전 이전의 전통국제법상 국가는 언제라도 전쟁을 개시할 수 있는 권리를 가지고 있었다. 또한, 평시에도 원칙적으로 무력에 호소할 자유를 향유하고 있었다.

(2) 평시에 있어 무력사용의 제한(Webster 공식)

'자위권은 필요성이 급박하고, 압도적이며, 다른 수단을 선택할 여지가 없고, 숙고할 여유가 전혀 없는 경우'에만 허용되며, '대응조치가 불합리하거나 과도한 것이 되어서는 안 된다.' 필요성과 비례성의 원칙은 전통국제법하에서 자위권의 요건을 명확히 하여 국가의 일방적 무력사용의 권리를 제한하는 기능을 하였다.

2. 전쟁 또는 무력사용의 제한의 법리의 형성

(1) 계약상의 채무회수를 위한 전쟁 제한에 관한 협약(1907)

드라고 포터 조약이라고도 한다. 정전론에 의해 허용되던 '자력구제, 재산의 회수, 제재'를 위한 전쟁 중 '재산회수'를 위한 전쟁을 제한한 조약이다. 국제분쟁 해결을 위해 무력사용을 직접 제한한 최초의 조약이라는 의의를 갖는다. 채무국이 중재재판에 합의하고 중재판정을 성실하게 이행할 것을 전제로 하였다. 따라서, 채무국이 중재 제의를 거부하거나 중재 판정을 준수하지 않을 경우에는 병력사용을 금지하지 않았다.

(2) 국제연맹규약(1919)

국제연맹규약 제12조는 전쟁을 포괄적으로 '제한'하였다. 일체의 전쟁을 제한한 최초의 것이나, 일체의 '무력사용'까지 제한한 것은 아니다. 또한, 전쟁 자체를 위법화한 것이 아니라 전쟁에의 호소를 3월의 냉각기간 동안 유예하고 있는 데 불과하였다. 국제연맹규약은 전쟁을 일으킨 회원에 대해 자동적으로 일정 경제제재를 가할 의무를 다른 모든 회원들에게 지우고 있었으나, 군사행동에 관한 한 연맹이사회는 관련 정부들에게 적절한 군사적 조치를 사용할 것을 권고할 수 있는 권한밖에 가지고 있지 않았다.

(3) 국제연맹총회의 노력

국제연맹총회는 침략전쟁을 '범죄'로 규정하려고 시도하기도 하였다. 1923년 연맹총회에서 채택된 '상호원조에 관한 조약 초안'은 체약국은 침략전쟁이 국제범죄임을 엄숙히 선언하며, 그 누구도 이를 범하지 않을 것을 각자 약속한다라고 규정했다. 또한, 1927년 연맹총회에서 채택된 '침략전쟁에 관한 선언'도 침략전쟁을 '국제범죄'로 분류한 바 있다.

(4) 전쟁포기에 관한 조약(부전조약, 켈로그 - 브리앙 조약, 1928)

전쟁 자체를 '위법화'한 최초 조약이다. 국가정책수단으로서 전쟁을 포기하였으며 분쟁의 평화적 해결을 규정하고 있다. 다만, 국가정책수단으로서의 전쟁만을 금지하는데 불과하며 일체의 무력사용을 금지하는 것은 아니다. 국제연맹의 제재로서의 군사조치, 자위를 위한 전쟁 등이 인정되었다. 체약국들은 상호관계에서 국가정책수단으로서의 전쟁, 즉 침략전쟁을 포기하였으나 이를 '범죄'로 규정하지는 않았다.

(5) 제2차 세계대전 이후 국제군사재판소헌장

제2차 세계대전 후의 동경 및 뉘른베르크 국제군사재판소헌장은 침략전쟁의 개시뿐만 아니라 그 준비도 이미 국제법에 의하여 금지된 것으로서, 위법일 뿐만 아니라 범죄를 구성한다는 명제에 기초하였다. 그러나 그에 대한 형사적 제재는 침략전쟁을 준비·개시·수행한 개인을 처벌하는 방식에 국한되었다. 침략을 자행한 국가자체에 대해 형사책임을 물은 것은 아니었다.

(6) UN헌장

국가의 무력사용 및 위협이 금지되었다. 다만, 무력의 위협 또는 사용은 단지 국가 간의 관계에서만 금지되었다. 따라서 UN회원국들은 자국 영토 내의 반란단체나 독립을 위해 투쟁하는 민족해방기구를 상대로 무력을 사용하는 것은 여전히 허용되는 것으로 해석되었다.

(7) 1970년 우호관계원칙선언

무력사용 및 위협의 금지원칙은 1970년 우호관계원칙선언에서 국제관습법으로 확인되었다. 무력의 위협 또는 사용은 '국가'에 대해서뿐만 아니라 민족해방단체에 의해 대표되는 자결권을 향유하는 '민족'에 대해서도 금지된다. 또한 국가는 어떠한 경우에도 타국의 영토를 무력의 위협 또는 사용을 통하여 취득할 수 없다. 따라서 침략국의 영토라 할지라도 UN헌장에 따라 이를 군사적으로 점령할 수는 있어도 병합할 수 없다. 정복을 통한 주권변경불가의 원칙은 '국제관습법규'이다(ICJ, 2004).

3 UN헌장 제2조 제4항

1. 규정

모든 회원국은 그 국제관계에 있어서 무력에 의한 위협 또는 무력의 행사를 여하한 국가의 영토보전이나 정치적 독립에 대하여서도 또는 UN의 목적과 양립할 수 없는 다른 여하한 방법에 의한 것이라도 이를 삼가야 한다.

> **UN헌장 제2조 제4항 - 무력사용 및 위협금지원칙**
> 모든 회원국은 그 국제관계에 있어서 다른 국가의 영토보전이나 정치적 독립에 대하여 또는 UN의 목적과 양립하지 아니하는 어떠한 기타 방식으로도 무력의 위협이나 무력행사를 삼간다.

2. 법적 성질

동 조항은 강행규범 또는 대세적 의무에 해당하는 일반국제관습법의 원칙으로 인식되고 있으며, 중대한 위반은 침략을 구성한다. 또한 강행규범 위반에 의해 창설된 상황에 대해 모든 국가들은 이를 승인하지 않을 의무와 그러한 상황을 유지하는데 필요한 지원 내지 협조를 삼갈 의무를 부담한다(ILC, 2001년 국가책임초안 제41조).

3. 해석

동 조항은 첫째, 모든 회원국에 대해 여하한 경우라도 무력의 사용이나 위협을 금지하고 있다. 둘째, 군사적 힘의 사용이나 위협만을 금지한다. 셋째, 무력의 위협 또는 사용은 UN 회원국 간에만 금지된다. 따라서 UN 회원국들은 자국 영토 내의 반란단체나 독립을 위해 투쟁하는 민족해방기구를 상대로 무력을 사용하는 것은 여전히 허용된다고 생각하였다.

4. 일반국제법규화(1970년 우호관계원칙선언)

무력사용 및 위협의 금지원칙은 1970년 우호관계원칙선언에서 국제관습법으로 확인되었다. 무력의 위협 또는 사용은 '국가'에 대해서뿐만 아니라 민족해방단체에 의해 대표되는 자결권을 향유하는 '민족'에 대해서도 금지된다. 또한 국가는 어떠한 경우에도 타국의 영토를 무력의 위협 또는 사용을 통하여 취득할 수 없다. 따라서 침략국의 영토라 할지라도 UN헌장에 따라 이를 군사적으로 점령할 수는 있어도 병합할 수 없다. 정복을 통한 주권변경불가의 원칙은 '국제관습법규'이다(ICJ, 2004).

4 UN헌장 제2조 제4항의 예외 - UN헌장을 중심으로

1. 자위권(제51조)

정당방위란 무력복구나 긴급피난, 또는 필요상황과 구별되는 개념으로서 침략이 발생하는 경우 이에 대한 비례적 무력행사를 의미한다. UN헌장 제51조에 의하면 무력공격이 발생하는 경우 국가는 개별적, 집단적 자위권을 발동할 수 있다. 다만, 안전보장이사회에 보고를 요하며, 안전보장이사회가 필요한 조치를 취할 때까지 잠정적인 조치로서 인정된다. 정당방위가 적법화되기 위해서는 국제관습법상 필요성의 요건과 비례성의 요건을 갖추어야 한다.

> **UN헌장 제51조 - 자위권**
>
> 이 헌장의 어떠한 규정도 UN회원국에 대하여 무력공격이 발생한 경우, 안전보장이사회가 국제평화와 안전을 유지하기 위하여 필요한 조치를 취할 때까지 개별적 또는 집단적 자위의 고유한 권리를 침해하지 아니한다. 자위권을 행사함에 있어 회원국이 취한 조치는 즉시 안전보장이사회에 보고된다. 또한 이 조치는, 안전보장이사회가 국제평화와 안전의 유지 또는 회복을 위하여 필요하다고 인정하는 조치를 언제든지 취한다는, 이 헌장에 의한 안전보장이사회의 권한과 책임에 어떠한 영향도 미치지 아니한다.

2. 안전보장이사회의 강제조치(제42조)

안전보장이사회는 침략행위뿐 아니라 평화에 대한 위협, 평화의 파괴 발생 시 UN헌장 제42조에 따라 군사적 강제조치를 취할 수 있다. 이는 평화를 위한 집단안전보장체제로서 UN헌장 제2조 제4항에 규정된 무력행사금지원칙에 대한 또 하나의 예외를 구성한다. 그러나 제도적 한계로 인해 군사적 강제조치가 적용될 수 있는 가능성은 희박하다.

3. 지역적 기관의 무력사용(제53조)

안전보장이사회는 그 권위하에 취하여지는 강제조치를 위하여 적절한 경우에는 그러한 지역적 약정 또는 지역적 기관을 이용한다. 다만, 안전보장이사회의 허가 없이는 어떠한 강제조치도 지역적 약정 또는 지역적 기관에 의하여 취하여져서는 아니된다. 그러나 이 조 제2항에 규정된 어떠한 적국에 대한 조치이든지 제107조에 따라 규정된 것 또는 적국에 의한 침략정책의 재현에 대비한 지역적 약정에 규정된 것은, 관계정부의 요청에 따라 기구가 그 적국에 의한 새로운 침략을 방지할 책임을 질 때까지는 예외로 한다.

4. 구적국조항(제107조)

이 헌장의 어떠한 규정도 제2차 세계대전 중 이 헌장서명국의 적이었던 국가에 관한 조치로서, 그러한 조치에 대하여 책임을 지는 정부가 그 전쟁의 결과로서 취하였거나 허가한 것을 무효로 하거나 배제하지 아니한다.

5 무력사용금지원칙의 예외에 대한 논쟁

1. 인도적 간섭

(1) 의의

인도적 간섭이란 한 국가 내에서 심각한 수준의 비인도적 사태가 발생하고 있음에도 불구하고 당사국이 이를 수습할 의사나 능력이 없는 경우 타국이 무력을 동원하여 그 사태를 종식시키려는 행동을 의미한다.

(2) 적법성에 대한 논쟁

과거에는 대상국의 영토적 일체성이나 정치적 독립성을 해치려는 의도에서 감행된 개입이 아닌 한 이의 합법성이 대체로 긍정되었으나 UN헌장 체제하에서도 무력을 사용한 인도적 개입이 허용되느냐에 대하여 논란이 많다. 적법성을 주장하는 측에서는 무력행사금지원칙은 국가의 영토보전 및 정치적 독립을 해하는 무력행사를 대상으로 하고 있으므로 개입국이 대상국의 정치적 독립이나 영토적 단일성을 침해하려는 의도가 없고 UN헌장의 목적의 하나인 비인도적 사태를 방지하기 위한 순수한 인도적 목적을 가지고 무력간섭은 적법성을 갖는다고 주장한다. 반면, 부정설은 인도적 개입은 그 자체로 대상국의 정치적 독립성을 침해하는 행동으로 UN헌장 제2조 제4항과 1970년 국가 간의 우호협력관계에 관한 국제법원칙에 관한 선언에 위배된다고 본다.

(3) 사례

세르비아 코소보 지역 내 알바니아계에 대한 세르비아군의 잔악한 인종청소를 막기 위한 NATO의 코소보 공습은 인도적 간섭으로서 국제사회에서 어느 정도 용인되었다. 그러나 크메르루주의 학살행위 저지를 명분으로 하였던 베트남의 1978년 캄보디아 침공은 UN에서 용납되지 않았다. 1991년 이라크 북부의 쿠르드족을 보호하려는 명분으로 미국·영국·프랑스의 병력이 투입되었는데 안전보장이사회 결의는 이라크의 민간이 탄압을 비난하였을 뿐 병력사용을 허용하지는 않았다. 1994년 르완다 사태나 남수단 Dafur 사태에 대하여도 열강은 인도적 개입을 시도하지 않았다. 위와 같은 사례에 비추어 국제사회에서 인도적 개입을 지지하는 관행과 법적 확신이 성립되어 있는지는 명확하지 않다.

2. 보호책임

(1) 개념

보호책임은 국가주권의 절대성은 인간의 존엄이 지켜지는 경우에만 존중될 수 있으며 주권국가가 이러한 책임을 다하지 못하면 국제사회가 그들을 보호할 책임이 있고 이를 위해 외부의 개입이 허용되어야 한다는 것이다. 냉전 종식 이후 제3세계에서는 내전이 빈발하고 이로 인한 인도적 참화가 종종 발생하였다. 코피아난(Kofi Annan) 전 UN사무총장은 UN의 인도적 개입 확대 등 UN의 강화를 통해 이에 대한 해결책을 찾으려고 했는데, 이에 대한 논의과정에서 보호책임이라는 개념이 등장하였다.

(2) UN총회 결의 채택

UN창설 60주년을 기념하여 2005년 세계정상회의로 개최된 UN총회는 "제노사이드, 전쟁범죄, 인종청소, 인도에 반하는 범죄로부터 주민을 보호할 책임은 개별 국가에게 있다. 그러나 만일 개별 국가가 그러한 책임을 이행하지 못하고 평화적 해결수단이 적절하지 못할 경우 국제 공동체는 안전보장이사회를 통해 집단적 조치를 취할 준비가 되어 있다."라는 결의를 채택하였다.

(3) UN총회 결의의 내용

첫째, 보호책임의 적용상황을 4개의 국제범죄에 한정하였다. 둘째, 국제공동체는 외교적·인도적 또는 다른 평화적 수단을 우선적으로 사용해야 한다. 셋째, 국제공동체에 집단적 조치를 취할 책임이 부과되었다는 표현은 회피하였다. 넷째, UN헌장 제7장에 의한 안전보장이사회의 승인 아래서만 집단적 조치가 가능하다. 다섯째, UN헌장 제7장에 의한 안전보장이사회의 승인 아래서만 집단적 조치가 가능하며 개별 국가 차원의 일방적 개입은 불가하다는 제한이 부과되었다.

(4) 관련 사례

보호책임 개념은 남수단 Dafur 사태와 2011년 리비아 내전사태를 계기로 다시 주목을 받았다. 2011년 리비아 내전사태와 관련 UN안전보장이사회는 UN헌장 제7장 군사적 강제조치에 근거하여 리비아 전역을 대상으로 비행금지구역을 설정하였는데 이에 대한 근거로 보호책임을 원용하였다.

(5) 북한인권문제와 보호책임

UN북한인권조사위원회는 2014년 발표한 최종보고서에서 북한의 인권침해사태가 인도에 반하는 죄에 해당하며 북한 정부는 주민들의 인권보호에 명백히 실패하였기 때문에 이제는 국제공동체가 이러한 범죄로부터 북한 주민을 보호할 책임을 수락해야 한다고 강조하였다. 또한 안전보장이사회가 이 범죄에 대한 최고 책임자들은 국제형사재판소에 회부하거나 UN특별국제재판소를 설립하라고 권고하였다.

3. 민주적 간섭

민주적 간섭이란 타국에서 '정당성이 없거나 억압적인 체제'에 대항하고 민주적인 정부체제를 지지하거나 수립하기 위한 무력개입을 지칭한다. 1989년 12월 파나마에 대한 미국의 무력간섭을 정당화하기 위해 제시된 논거 중의 하나가 바로 민주주의의 회복이었다. 그러나 이는 UN헌장 제2조 제4항의 명백한 규정과 국내문제불간섭의 원칙에 비추어 볼 때 현대국제법에서 받아들이기 어렵다.

4. 자국민 보호를 위한 무력행사의 문제

1976년 프랑스 항공기가 팔레스타인 게릴라에 의하여 납치되어 우간다의 엔테베 공항에 억류되자 이스라엘 특공대가 급습하여 인질들을 구출한 것과 같이 해외에서 급박한 위험에 처한 자국민의 보호를 위한 무력사용은 그 정당성이 인정된다는 주장이 있다. 급박한 위험에 처한 자국민을 구출하려는 무력행사는 타국의 정치적 독립성이나 영토적 단일성을 침해하는 무력행사가 아니므로 UN헌장 제2조 제4항의 금지대상이 아니고 국내문제 불간섭의무에도 위배되지 않는다는 주장도 있다. 자국민 보호를 위한 무력사용의 정당성을 주장하는 측은 현지국이 국민을 보호할 능력이나 의사가 없을 것, 국민이 심각하고 급박한 위험상황에서 생명을 위협받는 상태일 것, 무력사용은 사태 해결을 위한 마지막 수단일 것, 무력은 필요한 범위 내에서만 합리적으로 사용되며 사태가 해결되면 신속히 철수할 것 등을 요건으로 하여 허용된다고 본다. 19세기까지는 해외의 자국민이나 재산을 보호하기 위해 빈번하게 무력이 사용되었으나 위와 같은 주장은 현재 무력행사를 일반적으로 금지하려는 국제법상의 일반적 요구와 충돌한다. 남용의 우려도 있다. 현재 이를 지지하는 국가는 국제사회에서 무력을 행사할 수 있는 소수의 국가에 불과하며 따라서 관습국제법의 형성에 필요한 일반적 관행과 법적확신이 확립되어 있는지 명확하지 않다.

제3절 | 전쟁법 및 전시인도법

1 전쟁법

1. 전쟁법의 의의

전쟁법(laws of war)이란 전쟁이 발생하여 전쟁상태가 계속되는 동안 교전 당사국 간 또는 교전 당사국과 비교전 당사국 간의 관계를 규율하는 법으로서 전쟁금지를 효율적으로 실현하기 위한 전쟁방지법과는 구별된다. 무력사용이 금지되면서 전쟁법 중에서도 국제인도법 분야가 강화되고 있다. 전쟁법과 전시인도법을 구분하지 않고 통합해서 국제인도법이라고 부르기도 한다.

2. 전쟁법의 연혁 및 법전화

전쟁법의 기원은 중세에서 찾을 수 있으며 18세기 및 19세기에 이르러 국제관습법으로 형성되었다. 1850년경부터 제1차 세계대전이 발생하기까지의 기간, 특히 1907년 제2차 헤이그평화회의에서 조약화함으로써 전쟁법의 체계가 형성되었다. 가장 기본이 되는 것은 1907년 '육전의 법규 및 관습에 관한 헤이그협약' 및 그 부속규칙, 1949년 4개의 제네바협약과 1977년 두 개의 추가의정서 및 2005년 제3추가의정서이다.

3. 전쟁법(국제인도법)과 국제인권법의 차이

국제인도법과 국제인권법이 인간보호라는 측면에서 유사하나 몇 가지 차이도 있다.

(1) 국제인권법은 생명권을 인권으로 규정하나, 국제인도법은 적법하게 폭력을 사용하여 생명권을 박탈할 수 있다.

(2) 인권법이 국가 내의 개인들에 관심이 있는 반면, 국제인도법은 타방 교전 당사자 측의 민간인과 전투원의 적절한 보호에 관심을 두고 있다.

(3) 인권법은 개인의 권리를 확대하는 차원에서 구체적 권리를 규정하는 반면, 인도법은 교전자들이 준수해야 할 일련의 의무를 규정한다.

(4) 인권조약들은 비상사태시 인권을 일시적으로 침해할 수 있으나, 인도법은 이를 인정하지 않는다.

(5) 인권법은 지역적으로 존재할 수 있으나, 인도법은 보편조약이다.

4. 전쟁법의 기본원칙

군사필요의 원칙, 인도주의의 원칙, 기사도의 원칙이 있다.

(1) 군사필요의 원칙

교전 당사국은 전쟁목적 실현에 필요한 병력과 무기를 사용할 수 있다는 원칙이다.

(2) 인도주의의 원칙

적을 정복하는 데 필요하지 않는 양과 종류의 무력이 허용될 수 없다는 원칙이다.

(3) 기사도의 원칙

교전 당사국들은 공격과 방어에 있어서 불명예스러운 수단이나 방법 또는 행위를 금지하여 공명정대성을 유지하고 서로 존경해야 한다는 원칙이다.

 참고

전수론(military necessity)

전쟁 중 교전 당사국이 전쟁법을 준수함으로써 자국의 중대이익이 위험에 직면하는 경우 전쟁의 필요가 전쟁법에 우선하여 전쟁법의 구속으로부터 해방된다는 이론이다. 현대 국제인도법에서 전수론은 대체로 부인된다. 1949년 제네바협약 및 제1추가의정서는 전수론을 부인하고 있다.

 참고

마르텐스조항

마르텐스조항은 1899년 헤이그 평화회의의 러시아 측 대표인 마르텐스의 요청으로 헤이그 육전법규협약에서 규정하였고 오늘날 국제인도법에서도 확인되는 것으로서 동 조항은 법규의 부존재를 이유로 하는 비인도적 행위를 방지하고자 한다. 마르텐스조항은 전투수행에 관한 조약규정이 존재하지 않는 경우에도 교전 당사국은 확립된 관행이나 양심에 기초하여 비인도적 행위를 자제해야 한다는 내용을 규정한다. 동 원칙은 핵무기 사용 또는 위협의 적법성 사건에 관한 ICJ의 권고적 의견에서 언급되었다. 제네바협약에도 반영되어 있다.

5. 전쟁의 개시

전쟁의 개시(개전)란 평시 국제법관계를 전시 국제법관계로 전환시키는 행위를 말하며, 개전선언, 최후통첩 또는 적대행위에 의해 개시된다.

6. 교전자

(1) 의의

교전자란 전쟁을 수행하는 국가의 기관으로 무력에 의한 해적수단을 행사할 수 있는 전투행위의 주체인 동시에 객체인 교전자격을 가진 자를 의미한다. 적군에게 체포된 경우 포로신분권을 향유한다. 교전자의 종류에는 정규군, 비정규군, 게릴라가 있다.

(2) 정규군

정규군이란 국가법령에 의하여 편성되고 국가가 직접 통할하고 책임을 지며 외부에서 인식할 수 있는 기장을 착용한 군대를 말한다. 정규군에는 전투원과 비전투원(군종·의무요원)이 있다.

(3) 비정규군

비정규군은 정규군 이외의 교전자로서 전시에 임시로 군무에 종사하는 자를 말한다. 비정규군으로는 민병(militia), 의용병(volunteer corps), 군민병(群民兵, mass uprising) 등이 있다. 민병과 의용병은 첫째, 부하에 대하여 책임을 지는 자에 의하여 지휘될 것, 둘째, 멀리서 인식할 수 있는 고정된 식별표시를 가질 것, 셋째, 공개적으로 무기를 휴대할 것, 넷째, 전쟁법규에 따라 작전을 수행할 것을 요건으로 한다. 군민병은 적의 침입이 예견되는 긴박한 상황에서 첫째, 공개적으로 무기를 휴대할 것, 둘째, 전쟁법규에 따라 작전을 수행할 것 두 요건만을 갖춘 경우를 말한다.

(4) 게릴라

게릴라는 적에 의해 확보된 내에서 유격전을 감행하는 작은 부대로서 제네바조약 제1의정서에 의해 교전자격을 부여받았다.

(5) 용병(mercenaries)

용병에 대해서는 위법화하는 방향으로 규범화가 이뤄지고 있다. 용병은 전투원 혹은 전쟁포로가 될 권리를 가지지 않는다(1977년 제네바 제1추가의정서). UN총회는 1989년 12월 4일 '용병의 모집과 이용, 재정지원 및 훈련에 반대하는 국제협약'을 채택하였다(2001년 10월 20일 발효). 네팔인들로 구성된 영국의 구르카 여단(Brigade of Gurkhas)이나 다양한 국적의 사람들로 구성되는 프랑스 외인부대(French Foreign Legion)와 같이 특정 국가의 군대에서 이용하는 외국인 직업군인들은 국제법상 용병이 아니다. 이들은 정규로 조직되고, 그들이 속해있는 국가의 군대의 기율에 복종하며, 따라서 합법적인 전투원이기 때문이다.

(6) 민간군사보안회사(private military and security companies)

정부가 무력사용 등의 서비스를 제공받기 위해 민간군사보안회사로 통칭되는 사적조직들과 계약을 체결하는 경우 이 계약에 따라 활동하는 자들은 금지된 용병인지가 문제된다. 이에 관해 국제협약은 구체적인 답을 주지 못하고 있다. 2008년 9월 '무력충돌 시 민간군사보안회사의 운영에 관해 국가에 적용되는 관련 국제법적 의무와 관행에 대한 몽트뢰 문서'를 채택하였다. 동 문서는 법적 구속력은 없으나, 무력충돌 상황하에서의 민간군사보안회사의 활동과 관련하여 국가들이 부담하는 국제법을 서술한 최초의 문서이다. 스위스와 국제적십자위원회(ICRC)가 공동으로 제안한 문서이다. 몽트뢰 문서는 새로운 의무를 창설하지는 않고, 단지 민간군사보안회사들에 의해 제기된 문제들에 대한 가이드 역할을 하도록 의도되었다.

(7) 소년병

아프리카 지역에서 10대 소년, 소녀 병사들이 교전에 참여하자 이에 대한 규제가 출현하였다. 1977년 제네바 제1추가의정서는 15세에 달하지 못한 어린이들이 적대행위에 참여하지 않고, 그들을 군대에 모병하는 것을 자제하기 위해 가능한 모든 조치를 취할 것을 요구하고 있다. 1989년 '어린이의 권리에 관한 협약'도 15세에 달하지 아니한 자가 적대행위에 참여하지 않도록 보장할 의무를 규정하고 있다. 2000년에는 동 협약의 선택의정서를 채택하여 당사국이 18세 미만인 자가 군대 구성원으로 참여하지 않도록 보장하기 위해 가능한 모든 조치를 취하도록 하고 있다.

7. 해적수단과 방법의 규제

(1) 무기의 규제

① 불필요한 고통을 야기하는 해적수단의 사용은 금지된다. 불필요한 고통이란 특정의 무기를 사용해 얻을 수 있는 군사적 효과에 비해 피해자에 미치는 고통이 매우 큰 경우를 의미한다.

② Saint Petersburg Declaration은 400g 이하의 폭발탄 사용을 금지하여 이 분야의 최초 다자조약이었다.

③ 1899년 확장탄환(expanding bullets)에 관한 헤이크(Hague) 선언에 따라 덤덤탄의 사용은 금지되었다. 보통 탄환의 앞면 그속에는 납이 들어있는데, 이 탄환의 앞에 십자형의 흠집을 내어 탄환이 인체에 박히는 순간 앞부분이 쉽게 파열하여 내부의 납조각을 넓게 퍼트리려고 만든 총알을 덤덤탄이라 한다. 덤덤탄은 1848년 프랑스에서 개발되었는데 그 생산공장이 인도의 덤덤(Dumdum) 지방에 있었으므로 이 탄환을 덤덤탄이라고 부른다. 1907년 헤이그 육전규칙 제23조에서도 사용을 금지하였다.

④ 생물무기나 화학무기도 금지된다. 1972년 생물무기금지협약이 채택되었다. 화학무기의 경우 1925년 제네바 가스의정서가 성립되었고, 1992년에 화학무기 금지협약이 채택되었다.

⑤ 핵무기이 경우 UN총회가 결의를 통해 인류에 대한 범죄행위이며 핵무기의 영구 사용 금지를 결의하기도 하였다. 국제사법재판소(ICJ)는 1996년 권고적 의견에서 '핵무기의 위협 또는 사용은 무력분쟁시 적용되는 국제법 규칙, 특히 인도법의 원칙과 규칙에 위반된다'고 평가하면서도 자위의 상황에서 핵무기 사용이 합법인지 여부에 대해서는 명확한 결론을 내릴 수 없다고 하였다.

⑥ 2008년 '집속탄에 관한 조약(Convention on Cluster Munitions)'이 채택되었다. 집속탄의 사용, 생산, 비축, 이동을 금지함으로써 집속탄을 포괄적으로 금지한다. 또한, 국가가 협약의 규정에 의해 금지된 활동을 수행하도록 지원, 장려 또는 유도하는 행위를 금지한다. 이 조약은 금지대상인 무기의 객관적 특징을 구체적으로 적시하는 조약으로서 피해자와 피해 지역 구제를 위한 구체적인 규정을 포함하고 있다. 피해자와 피해 지역 구제를 위한 구체적인 규정을 포함하고 있는 점이 특징이다. 집속탄금지협약은 2010년 8월 1일 발효되었다.

(2) 공격대상의 규제

교전국이 적대행위를 할 수 있는 장소는 무제한적이지 않다. 교전국은 분쟁당사국의 영역, 공해 및 상공에서 적대행위를 할 수 있으나, 중립국 영역이나 국제법상 적대행위가 금지된 지역(남극 등)에서는 적대행위를 할 수 없다. 적대행위를 할 수 있는 장소 내라도 전투원과 비전투원, 군사목표물과 비군사목표물을 구별해야 한다. 군사목표물이란 성질, 위치, 목적, 용도상 군사적 행동에 유효한 기여를 하고, 당시의 지배적 상황에 있어 그것의 전부 또는 일부의 파괴, 포획 또는 무용화가 명백한 군사적 이익을 제공하는 물건을 말한다. 군대나 군용건물뿐만 아니라 철도, 도로, 비행장 등도 군사목표물이다. 그러나 문화재, 종교시설, 병원 등은 원칙적으로 군사목표물이 아니다.

(3) 공격방법의 규제

공격방법도 국제인도법의 규제를 받는다.

① 배신행위는 금지된다. 민간인이나 비전투원으로 위장하는 행위, 부상이나 질병으로 무능력한 것처럼 위장하는 행위 등이 배신행위이다.

② 고엽제와 같이 자연환경에 광범위하고 장기간 심대한 손해를 야기할 의도를 가지는 전투수단이나 방법은 금지된다. 복구수단으로 자연환경을 공격하는 것도 금지된다.

8. 휴전

휴전이란 교전 당사국의 정부 또는 군지휘관의 합의에 의해 전투행위를 중지하는 것을 말하며 그 조약을 휴전협정이라 한다.

참고

한국 정전협정

1953년 7월 27일 UN군 총사령관을 일방으로, 북한군 총사령관과 중공인민지원군 사령관을 타방으로 하여 체결되었다. 한 개의 군사분계선을 확정하고 쌍방이 2km씩 후퇴하여 적대 군대간 한 개의 비무장지대를 설치하였다. 군사분계선은 육지에서만 규정되고, 해상에서는 규정되지 않았다. 정전협정 효력 발생 후 10일 이내에 상대방의 연해 섬 및 해면으로부터 모든 군사력을 철수한다. 황해도와 경기도의 도경계선 북쪽과 서쪽에 있는 모든 섬 중에서 백령도, 대청도, 소청도, 연평도 및 우도의 도서군들은 UN군 총사령관의 군사통제하에 남겨 두기로 하였다. 바다에 있는 섬의 위치는 어느 쪽에 속하는지 명시하였으나 바다의 경계선은 누락되었다. 군사정전위원회의 허가 없이는 군인 또는 민간인은 군사분계선을 통과할 수 없다. 군사정전위원회를 설립하고 쌍방에서 5명씩 10명의 고급장교로 구성되며, 협정의 실시를 감독하며 협정 위반 사건을 협의·처리한다. 중립국감시위원회를 설립하고 스웨덴·스위스·폴란드·체코가 각각 임명하는 4명의 고급장교로 구성되며, 협정에 규정된 감독·감시·시찰·조사를 행하고 그 결과를 군사정전위원회에 보고한다. 전쟁포로에 관해서는 중립국 포로 송환위원회를 설립하되, 스위스, 스웨덴, 체코슬로바키아, 폴란드, 인도에서 각 1명씩 임명한다. 동 위원회에서 송환문제를 담당한다. 전쟁포로의 신분으로부터 해제된 사람으로써 그들의 조국에 돌아가기를 희망하는 자가 있으면 그들이 거주하는 당국은 그들의 조국에 가는 것을 책임지고 협조한다.

9. 전쟁의 종료

전쟁 종료의 가장 일반적 방법은 평화조약의 체결이지만, 그 밖에 교전 당사국이 적대행위를 사실상 중지하고 전의를 포기한 경우, 교전 당사국의 일방이 타방을 정복·병합한 경우, 그리고 전승국이 일방적으로 전쟁상태의 종료를 선언한 경우에도 전쟁은 종료된다.

2 전시인도법

1. 의의

전투능력을 상실한 군대요원과 적대행위 불가담자를 적대행위로부터 야기되는 고통의 경감 내지 그로부터의 보호를 규율하는 법이다. 국제인도법(또는 제네바법)은 순전히 전쟁을 포함한 무력충돌의 희생자를 보호하는 법으로 1949년 제네바제협약을 근간으로 한다. 국제인도법은 인간의 존엄성을 존중하고 나아가 인간의 고통을 예방·완화시키려는 적십자운동의 인도주의적 정신을 실정국제법에 구현한 것이다.

2. 연혁

국제인도법은 1864년 6월 22일 제정된 최초의 적십자조약을 기초로 탄생하였다. 1949년 네 개의 제네바조약(군대의 상병자의 상태개선에 관한 협약, 해상에서의 군대의 상병자 및 조난자의 상태개선에 관한 협약, 포로의 대우에 관한 협약, 전시 민간인의 보호에 관한 협약)이 체결되어 현대국제인도법전이 완성되었다. 1977년 2개의 추가의정서(1949년 제네바제협약에 대한 추가 및 국제적 무력충돌의 희생자보호에 관한 의정서, 1949년 제네바제협약에 대한 추가 및 비국제적 무력충돌의 희생자보호에 관한 의정서)가 채택되었다.

3. 전쟁희생자의 보호

(1) 부상병

부상병이란 군인 또는 민간인을 불문하고 외상, 질병, 기타 신체적·정신적인 질환 또는 불구로 인하여 의료적 지원이나 가료가 필요한 자로서 적대행위를 하지 아니하는 자를 말한다. 모든 부상병자는 의료적인 이유 외에 어떠한 차별도 없이 상태개선을 위한 편의제공을 받으며, 그들의 소속국에 관계없이 존중되고 보호를 받는다. 부상병자 보호를 위해 의무요원과 의무시설의 보호가 확보되어야 한다.

(2) 포로

포로는 주로 전투원이 체포되어 적의 수중에 들어간 경우 더 이상의 군사작전에 가담하지 못하도록 수용소에 구금된 사람이다. 정규군과 비정규군을 구분하지 않는다. 군대 구성원은 아니지만 군대를 수행하는 자, 예를 들어 군용기의 민간인 승무원, 종군기자, 납품업자, 노무대원 또는 군대의 복지담당 부대 구성원(비전투원)과 충돌 당사국의 상선의 승무원이나 민간 항공기 승무원의 경우 적의 수중에 장악되면 포로 자격을 가진다. 간첩활동을 한 군대 구성원은 포로가 될 수 없다. 용병도 포로자격이 없다. 포로는 인도적으로 대우되어야 한다. 포로에 대한 복구조치는 금지된다. 포로에게 노동을 부과할 수 있으나 장교에게는 노동을 강제할 수 없다. 포로에게 군사작전과 직접 관계되는 노동을 요구할 수 없다. 노동에는 임금을 지불해야 한다.

4. 비국제적 무력충돌에 있어 개인의 보호

(1) 의의

전통국제법은 내전에 대해서는 관심이 없었다. 내전은 1949년 4개의 제네바협약에서 규정되었다. 4개의 제네바협약은 각 제3조에서 한 체약국의 영토 내에서 발생하는 비국제적 무력충돌에 관하여 동일한 인도적 규정을 두고 있다. 비국제적 무력충돌은 몇 차례의 폭동이나 혼란 또는 소규모의 무력충돌 이상이어야 하나 반란이나 폭동이 어느 정도 수준일 때 제3조가 적용되는지는 명확하지 않다.

(2) 주요 규정

① 무기를 버린 전투원 및 질병 등으로 전투력을 상실한 자를 포함하여, 적대행위에 능동적으로 참여하지 아니하는 자는 모든 경우에 인종, 피부색, 종교 등에 근거한 불리한 차별없이 인도적으로 대우해야 한다.
② 생명이나 신체에 대한 폭행, 인질로 잡는 일, 인간의 존엄성 침해 등이 금지된다.
③ 부상자와 병자는 수용해서 간호해야 하며, 국제적십자사와 같은 인도적 단체의 관여를 허용한다.

5. 민간인대우

(1) 일반원칙

① 민간인대우에 있어서 일반원칙은 전투원과 민간인을 명백하게 구분해야 한다는 것이다.
② 방어되지 아니하여 민간인적 성격을 보유하는 마을이나 건물에 대해서는 어떤 수단에 의해서도 공격이나 포격해서는 안 된다.
③ 무차별공격은 금지되며, 전쟁수단으로 민간인을 굶주리게 하는 것도 금지된다. 무차별공격 금지에 따라 무차별 무기의 사용도 금지된다.
④ 국제사법재판소(ICJ)는 '핵무기 사용의 적법성'에 대한 권고적 의견에서 국가는 절대로 민간인을 공격목표로 해선 안 되며, 따라서 민간목표물과 군사목표물을 구분할 수 없는 무기는 결코 사용해서는 안 된다고 하였다.
⑤ 적국 영토 내에 있는 민간인은 충돌기간 중 언제든지 그 국가를 떠나는 것이 허용되어야 하나, 그들의 퇴거가 그 국가의 국가이익에 반할 경우 퇴거가 거절될 수 있다. 또한 그들은 안보상의 이유로 절대적으로 필요한 경우 억류되거나 주거가 지정될 수도 있다.

(2) 군사점령하의 민간인 보호

① 점령국은 절대적 지장이 없는 한 점령지의 현행법을 존중해야 한다. 따라서 점령국이 점령지를 자국의 일부처럼 다뤄서는 안 된다.
② 점령국은 점령지에 주둔하고 있는 자국 군대와 민간인 보호를 위해 공공질서와 안전을 유지할 권리가 있다.
③ 개인의 생명, 종교, 사유재산 등을 존중해야 하며, 사유재산은 몰수할 수 없다.
④ 점령국은 점령지를 병합할 수 없으며, 주민의 권리를 소멸시킬 수 없다.
⑤ 점령지 주민의 추방은 금지된다.
⑥ 점령국의 국민을 점령지에 정착시키는 것은 금지된다.

3 전쟁범죄

1. 전쟁범죄의 개념

전통적으로 전쟁범죄란 전쟁법규의 위반행위로써 범죄자를 체포한 당국에 의해 처벌될 수 있는 군인, 민간인의 적대행위 또는 기타행위를 의미한다. 또한 전쟁 그 자체의 개시나 수행에 관한 범죄가 아니라 일단 개시된 전쟁에 있어서 전쟁법규에 위반한 행위를 전쟁범죄라 보았다. 그러나 제2차 세계대전 이후 침략전쟁이 위법화되면서 '평화에 대한 죄(crime against peace)'와 '인도에 대한 죄(crime against humanity)'가 전쟁범죄로 추가되었다. 따라서 오늘날 전쟁범죄는 ① 통상의 전쟁범죄, ② 평화에 대한 죄, ③ 인도에 대한 죄를 포괄하는 개념으로 이해되고 있다.

2. 전통적 전쟁범죄(conventional war crime)

(1) 개념

전통적 전쟁범죄란 군인이나 민간인에 의해 개인적으로 또는 단체적으로 수행된 전쟁법규 위반행위를 의미한다. 일단 전쟁이 개시된 이후에 전쟁법에 위반된 행위를 대상으로 한다.

(2) 전통적 전쟁범죄를 구성하는 행위

전통적 전쟁범죄는 크게 네 종류로 대별된다. 우선, 병력에 속한 자에 의한 전쟁법규 위반행위, 예컨대, 사용이 금지된 무기를 사용한 행위, 불필요한 고통을 주는 무기를 사용한 행위 등이 있다. 둘째, 병력에 속하지 않는 자에 의한 적대행위가 있다. 국제법적 견지에서 사인의 적대행위는 상대방 병력의 안전을 부당하게 침해하므로 허용되지 않는다. 셋째, 간첩과 전시반역과 넷째, 노략(擄掠)행위(marauding)가 있다. 노략행위란 전장에서 전진·후퇴하는 군대를 따라다니면서 전리품을 획득하는 행위를 말한다.

3. 새로운 전쟁범죄

(1) 개념

새로운 전쟁범죄란 전통적 전쟁범죄로서의 전쟁법 위반행위 이외에 평화에 대한 죄(crime against peace)와 인도에 대한 죄(crime against humanity)를 의미한다. 침략전쟁을 일반적으로 금지하는 규범의 성립 및 개인의 인권보호의 중요성의 부각이 그 배경이 되었다.

(2) 유형

평화에 대한 죄, 전시범죄, 인도에 대한 죄 등이 있다. 평화에 대한 죄란 침략전쟁 또는 국제조약 및 협정에 반하는 전쟁의 계획·준비·착수·실행 또는 이러한 행위목적 달성을 위한 공동계획 또는 모의에 참가한 행위를 말한다. 전시범죄란 전시법규 및 관습법 위반행위로서 다음과 같은 행위를 포함한다(예 점령지역 내에 있는 민간인의 살해, 학대 또는 노예노동이나 그 밖의 목적을 위한 추방, 포로살해, 인질학대 등). 인도에 대한 죄란 범행지의 국내법 위반 여부를 불문하고 전쟁 전 또는 전쟁 중에 민간인에 대한 살해, 멸종, 노예화, 추방 및 그 밖의 비인도적 행위 또는 정치적, 종족적, 또는 종교적 이유에 입각한 박해를 말한다.

(3) 새로운 전쟁범죄에 대한 제재

새로운 전쟁범죄에 대한 제재도 국내법에 따라 처벌하나, 제2차 세계대전 이후 전범들을 처벌하기 위한 군사재판소가 설치되어 국제법에 따라 처벌되었다.

① **뉘른베르크 국제군사재판소**: 제2차 세계대전 이후 미국·영국·소련은 '유럽추축국 전쟁범죄자 기소 및 처벌에 관한 협정'을 체결하고 동 협정에 기초하여 국제군사재판소를 설치하였다. 독일의 괴링(Goering)을 비롯한 24명의 전쟁범죄인들이 평화에 대한 죄, 인도에 대한 죄, 전시범죄로 기소 및 처벌되었다.

② **동경 극동군사재판소**: 1946년 연합군 최고사령관 맥아더(D. MacArthur) 원수의 명령에 의해 극동군사재판소가 설치되어 일본의 주요 전범자들을 처벌하였다. 東條英機 등 28명의 일본인이 독일 전범들과 유사한 전쟁범죄로 기소 및 처벌되었다.

제4절 | 군축

1 서설

군비축소(disarmament)란 일반적으로 국제적 합의에 의해 군비를 축소 또는 제한하는 것을 말한다. 군비의 국제적 규제의 내용은 세 가지로 요약된다. 군비의 배치제한, 각국이 보유하는 군비의 제한, 전쟁 발생 시 군비를 인도주의에 어긋나지 않도록 사용하도록 제한하는 것이다. 군비축소는 각국의 안전보장을 확실하게 하는 다른 확실한 수단이 없기 때문에 실현되기가 상당히 어렵다. 또한 무기는 경제적 이익을 얻는 수단으로서 강대국들이 무기판매를 지속하고 있으므로 군축은 큰 성과를 거두지 못하고 있다. 집단안전보장제도가 확립이 되어야 군축이 가능할 것이다.

2 군축을 위한 국제적 노력

1. 제1차 세계대전 이전

1816년 러시아 황제의 군축제안도 있었고, 1899년 헤이그평화회의에서 군비제한과 군사예산제한이 논의되었으나, 실질적인 성과를 거두지 못하였다.

2. 제1차 세계대전 이후

베르사유평화조약에서는 패전국인 독일에 대한 강력한 군비제한과 군비축소를 규정하였다. 또한 국제연맹규약 제8조에서 평화유지를 위해 국가의 안전에 지장이 없는 최저한도로 군비를 축소시킬 필요성을 인정하고 군축을 위한 활동을 전개할 것을 규정하였다. 연맹이사회에 군축안을 작성할 책임을 부여하고, 연맹국에 의해 군축안이 채택되는 경우에 각국은 이사회의 동의 없이 그 한도를 초과하지 못하게 하였다(제8조). 1921년 워싱턴군축회의에서는 주력함과 항공모함의 건조를 제한하였다. 또한 1930년 런던회의에서는 미국·영국·일본 3국 간 보조함의 건조제한을 위한 조약이 체결되었다.

3. 제2차 세계대전 이후

UN총회는 군축이나 군비규제에 관한 원칙을 심의하여 회원국이나 안전보장이사회에 권고할 수 있으며(제11조 제1항), 안전보장이사회는 군사참모위원회의 원조를 얻어 군비규제계획을 작성하여 회원국에 제출할 책임이 있다(제26조). 1952년 군축위원회(Disarmament Commission)가 총회결의로 설치되었으나, 냉전으로 인해 실질적 진전이 없었다. 1962년 제네바군축회의와 1978년 군축에 관한 특별총회 등이 개최되었으나, 역시 서방진영과 비동맹국 및 공산권의 3자 대립으로 결실을 보지 못하였다.

3 군축관련 국제규범(조약 · 신사협정 · 결의)

1. 핵군축

(1) 핵무기비확산조약(Treaty on the Non - Proliferation of Nuclear Weapons: NPT)

1968년 핵보유국의 증가를 방지할 목적으로 체결되었다. 주요 내용은 ① 핵보유국들은 핵무기 및 이와 관련된 것은 누구에게도 양도할 수 없고 비핵국에게 핵제조의 원조를 제공할 수 없다(제1조). ② 비핵국은 핵무기와 그 밖의 이와 관련된 어떠한 것도 수령할 수도 없고 제조할 수도 없다(제2조). ③ 원자력의 이용은 평화적 목적에 한정하고, 원자력의 군사적 목적에의 전용을 방지하기 위해 국제원자력기구의 보장조치를 수락해야 한다(제3조, 제4조). 1995년 당사국회의에서 동 조약을 무기한 연장하기로 합의하였다.

(2) 포괄적 핵실험금지조약(Comprehensive Test Ban Treaty: CTBT)

1996년 UN총회에서 채택되었다. 이 조약은 그동안 탐지가 어려웠던 우주공간 · 대기권 및 수중실험에 대한 검증체제를 도입하고, 지하핵실험 등 장소와 형태를 불문하고 모든 핵실험의 금지를 규정하고 있다. CTBT가 발효하기 위해서는 5대 핵강국의 비준이 필요요건이나 미국 등 주요 핵강국이 가입하지 않아 아직 발효되지 않았다. 한편, 1997년 CTBT의 이행을 주관하기 위해 CTBT기구(CTBTO)가 설치되었다.

2. 일정 공간에 대한 군축

1959년의 남극조약은 남극대륙에서 핵무기를 포함한 모든 무기의 실험과 그 밖의 일체의 군사적 이용을 금지하고 남극지역을 평화적인 목적에만 사용할 것을 규정하였다(제1조). 1967년의 우주조약은 핵무기 또는 기타 대량파괴무기를 운반할 물체를 지구궤도나 외기권 및 천체에 설치하는 것을 금지하고(제4조 제1항), 군사기지의 설치 · 무기의 실험 등 천체의 군사적 이용을 금지하였다(제4조 제2항). 이러한 조약은 침략을 위한 군사적 이용만이 금지되고 자위를 위한 군사적 이용은 금지되지 않아 핵보유국의 자의적 이용의 여지를 남겨두고 있다.

3. 미사일기술통제체제(Missile Technology Control Regime: MTCR)

1987년 미국 등 G-7 선진국들을 중심으로 미사일기술 이전의 확대를 통제하기 위해 설립한 체제로 핵미사일을 포함한 모든 대량살상미사일에 적용된다. 다만, 이는 조약은 아니며 참가국의 자발적인 공약이다. 폭발력 500kg, 사정거리 300km 이상의 미사일 및 그 기술의 확산 억제를 목표로 한다.

4. 비핵지대 설치 및 비핵화선언

(1) 의의

비핵화(denuclearization)란 핵무기 또는 핵장비를 그 제조나 실험을 목적으로 육지·해중·대기권 또는 외기권에 배치하는 것을 금지하는 것을 말한다.

(2) 비핵지대(denuclearized zone)

비핵지대란 복수국가가 자국 영역의 비핵화에 합의하고 이해관계국이 이를 보장하는 일정 지대를 말한다. 라틴아메리카국가들은 1967년 '중남미지역핵무기금지조약(treaty of Tlatelolco)'을 체결하여 체약국에서 핵무기의 생산, 취급 및 실험과 사용을 금지하고, 원자력 이용 시 국제원자력기구의 보장조치를 받도록 규정하였다. 1985년 '남태평양비핵지대설치조약', 1995년 '동남아비핵무기지대조약' 등이 체결되어 유사한 내용을 담고 있다.

(3) 한반도비핵화에 관한 공동선언

1991년 남북이 공동으로 채택하였다. 남북은 ① 핵무기의 시험·제조·생산·접수·보유·배치·사용을 하지 않고, ② 핵에너지를 평화적 목적에만 이용하며, ③ 핵재처리시설과 우라늄농축시설을 보유하지 않고, ④ 비핵화검증을 위해 상대측이 선정하고 쌍방이 합의하는 대상물에 대해 남북핵통제공동위원회가 규정하는 절차와 방법으로 사찰을 받는다.

5. 화학무기의 군축

1992년 UN총회에서 '화학무기의 개발·생산·비축 및 사용의 금지와 그 폐기에 관한 협약(CWC)'이 채택되었다. 화학무기의 사용, 보유 및 제조를 금지하고 향후 10년 내에 폐기한다는 내용을 담고 있다. 협약내용을 강제하기 위해 의심하는 시설에 대한 국제사찰의 시행과 위반국에 대한 제재를 규정하고 있다. 화학무기 대량 보유 의심국들이 협약에 가입하지 않고 있어 실효성이 의심을 받고 있다.

6. 생물무기의 군축

1972년 체결된 '세균 및 독소무기의 개발·생산 및 비축의 금지 및 그 폐기에 관한 협약(BWC)'이 주요 조약이다. 당사국은 생물무기의 생산이나 사용을 하지 않을 것을 약속하고 9개월 내에 폐기할 것을 규정하였다.

7. 재래식 무기의 군축

1997년 '대인지뢰의 사용과 비축·생산 및 이전의 금지 및 그 폐기에 관한 협약'이 체결되었다. 이 협약은 대인지뢰를 전면 금지하고 현재 보관중인 대인지뢰를 협약 가입 후 4년 내에 전부 폐기하고 10년 내에 매설지뢰를 제거하도록 명시하고 있다. 대인지뢰란 자체적으로 또는 사람이 접근·접촉할 때 폭발하며 1인 이상을 살상할 수 있는 무기를 말한다(제2조 제1항). 한국은 이에 가입하지 않았으며, 미국은 대체무기 개발 시까지 가입을 유보하면서 한국의 DMZ 내의 지뢰는 예외로 한다고 선언하였다.

제5절 | 국제테러리즘

1 정의

개인 또는 국제조직이 정치적 또는 종교적 동기에서 특정 국가나 그 국가의 이념을 공격하기 위하여 또는 그 국가의 정책 변경이나 사실상태의 중단을 강요하기 위하여 폭력 내지 무력을 사용하여 당해 국가의 외교관 등 국제적 보호인물·민간인·민간 항공기·기타 시설 등을 살상·납치 또는 파괴하는 국제범죄를 말한다. 근래에는 테러범죄집단이 특정 국가의 지원을 받아 국제테러범죄를 행하는 경우가 증대하고 있는바, 이를 국가지원테러리즘(state supported terrorism)이라 한다.

2 국제테러리즘 억지를 위한 주요 조약

1. 서설

현재 국제테러리즘을 포괄적으로 규율하는 단일협약은 체결된 바 없다. 규제대상에 따라 테러범죄인의 인도나 소추·처벌을 하는 방식이 채택되고 있다. 규제대상유형에는 항공기 관련 테러 행위와 국제적 보호인물에 대한 테러행위로 구분된다. 항공기납치억제를 위한 조약으로는 동경협약(1963), 헤이그협약(1970), 몬트리올협약(1971)이 있다. 또한 중요보호인물 및 인질억류류 방지를 위한 조약으로는 외교관을 포함한 국제적 보호인물에 대한 범죄방지·처벌협약(1973), 인질억류방지국제협약(1979)이 있다. 그 밖의 반테러협약으로는 핵물질 방호에 관한 협약(1980 채택/1987 발효), 항해의 안전에 대한 불법적 행위의 억제를 위한 협약(1988/1992), 대륙붕의 고정 플랫폼의 안전에 대한 불법적 행위의 억제를 위한 의정서(1988/1992), 가소성폭약의 탐지를 위한 식별조치에 관한 협약(1991/1998), 테러자금조달억제협약(1999/2002)이 있다. 유럽, 미주 아랍권 등 지역적 조약도 있다.

2. 외교관을 포함한 국제적 보호인물에 대한 범죄의 방지 및 처벌에 관한 협약

(1) 국제적 보호인물

외국에 체제하는 국가원수, 정부수반, 외무장관 및 동반가족과 국제법상 특별보호를 받을 권리가 있는 국가대표 · 공무원 또는 정부 간 국제조직의 직원 및 동거가족을 말한다.

(2) 범죄

국제적 보호인물에 대한 살해 · 유괴 또는 기타 공격 및 보호대상인물의 공관 · 주택 또는 수송수단에 대한 폭력적 공격 및 그 미수 · 공범 또는 협박을 말한다.

(3) 재판권의 설정

범죄가 자국의 영역 또는 선박 · 항공기 내에서 행해진 경우나 용의자가 자국민인 경우 이에 대한 재판권을 설정하기 위하여 필요한 조치를 취해야 한다.

(4) 방지조치

범죄 발생을 방지하기 위하여 모든 실행 가능한 조치를 취하고 적절한 정보교환을 행해야 한다.

(5) 용의자의 확보

용의자가 소재하는 당사국은 소추 또는 인도를 위해 당해 용의자의 소재를 확보하기 위한 국내법상 필요한 조치를 취하고 직접 또는 UN사무총장을 통해 관계국에 통보해야 한다.

(6) 소추의무

용의자가 소재하는 당사국은 당해 용의자를 인도하지 않는 경우에는 반드시 지체없이 자국법상 소추를 위하여 관할당국에 부탁해야 한다.

3. 인질억류 방지 국제협약

(1) 규제대상범죄

제3자(국가, 국제조직, 자연인 또는 법인)에 대하여 인질석방을 강요할 목적으로 타인을 억류 또는 감금하여 살상 또는 계속 감금을 위협하는 행위나 동범죄의 기도 및 공범이다.

(2) 처벌의무

당사국은 적절한 형벌에 의해 동 범죄를 처벌할 수 있는 조치를 취해야 한다.

(3) 인질을 위한 조치

인질이 자국 영토 내에 억류되어 있는 당사국은 인질의 석방 및 석방 후의 출국을 위한 적절한 조치를 취해야 한다.

(4) 범죄방지조치

당사국은 자국 영토 내외에서의 인질억류범죄의 발생을 방지하기 위한 조치를 강구하고 정보 교환 등 적절한 행정적 조치를 취해야 한다.

(5) 소송절차의 제기 및 결과 통보

당사국은 자국 내에 있는 범죄혐의자에 대한 형사 또는 인도소송절차의 제기를 위하여 혐의자를 구류 또는 신병확보를 하여야 하며, 이를 지체없이 관계국가 또는 국제조직에 통보해야 한다.

(6) 불인도 시 처벌의무

당사국은 자국 영토 내에서 적발된 범죄혐의자를 관계국에 인도하지 않을 경우 자국 관계당국으로 하여금 기소하게 하여 중죄로서 처벌하여야 한다.

(7) 인도불허사유

인도요청이 혐의자의 인종·종교·국적·인종적 기원 또는 정치적 견해를 이유로 동인을 처벌하기 위한 경우에는 범죄혐의자의 인도요청이 허락되지 않는다.

(8) 인도범죄간주

당사국은 인질억류범죄를 기존 범죄인 인도조약상의 인도대상범죄로 간주하고 장차 체결될 인도조약상의 인도대상범죄로 포함시키며, 인도조약이 체결되지 않는 국가 간에는 이 협약을 범죄인 인도의 법적 근거로 간주할 수 있다.

4. 테러리즘 억제에 관한 유럽협약(1976)

(1) 규율대상범죄

규율대상범죄에는 항공기 납치, 항공기 안전에 대한 범죄, 국제적 보호인물에 대한 테러·납치 및 인질범죄, 폭발물 및 자동화기범죄 등과 그 미수 및 공범이 있다.

(2) 정치적 범죄불간주

사람의 신체·자유를 위협하는 폭력행위를 수반하는 범죄와 사람의 집단적 위험을 초래하는 행위로서 재산을 손상하는 행위를 수반하는 중죄는 정치적 범죄로 간주하지 않는다.

(3) 협약의 우선적 적용

협약 규정은 기존 범죄인 인도조약에 우선하여 적용된다.

(4) 인도범죄간주

협약상 범죄는 인도조약에 포함되지 않은 경우에도 인도범죄로 간주한다.

(5) 인도불허사유

당사국은 종족·종교·국적 또는 정치적 견해를 이유로 소추하기 위하여 인도요청한 것으로 인정할 만한 상당한 이유가 있은 경우에는 인도할 의무가 없다.

(6) 불인도 시 처벌의무

당사국은 자국 영토 내에 있는 범죄혐의자를 인도하지 않은 경우에는 당해 범죄에 대한 관할권을 확립하는 조치를 취해야 하며, 지체 없이 당해 사건을 자국 관계당국에 이송하여 기소하게 하여야 한다.

5. 테러행위 방지 및 처벌에 관한 미주협약(1971)

(1) 규율대상범죄

국제법상 특별보호할 의무가 있는 인물의 생명 또는 신체에 대한 납치·살인 및 기타 폭행과 관련 강요행위는 동기여하에 불구하고 국제적 중요성을 갖는 공동범죄로 간주한다.

(2) 범죄인의 인도

협약상 범죄로 소추 또는 유죄판결된 범죄인은 인도조약이나, 인도조약이 체결되지 않은 경우에는 국내법에 의거하여 인도되어야 한다.

(3) 불인도 시 처벌

당사국은 인도요청대상인 범죄인이 자국민이거나 기타 법률상 이유로 인도할 수 없는 경우 당해 사건을 자국 관계당국에 이송하여 기소하게 하여야 하며, 관계당국은 그 결과를 인도요청국에 통보해야 한다.

(4) 인도범죄간주

당사국은 협약상 범죄를 인도조약상 인도범죄로 포함시켜야 하며, 인도조약이 없는 경우에는 협약상 범죄를 인도범죄로 간주하여야 한다.

(5) 협약상 의무

당사국은 협약상 범죄의 방지·처벌에 협조하기 위하여 국내법상 모든 조치를 취해야 한다.

01 국가의 무력사용을 제한하려는 국제공동체의 노력에 대한 설명으로 옳지 않은 것은? 　2018년 9급

① 1907년 계약상의 채무회수를 위한 병력 사용의 제한에 관한 협약(Porter Convention)은 채무국이 중재 제의를 거부하거나 중재 판정을 준수하지 않을 경우에는 병력 사용을 금지하지 않는다.

② 1919년 국제연맹규약은 전쟁을 완전히 금지하지는 않고 분쟁에 대한 중재 판정이나 사법 판결 또는 연맹이사회의 심사 보고 후 3개월 이내에는 연맹 회원국이 전쟁에 호소하지 못하도록 하였다.

③ 1928년 부전조약은 캐롤라인(Caroline)호 사건에서 나온 자위권 요건을 명시적으로 반영하여 무력 사용의 금지를 규정하였다.

④ 1945년 UN헌장은 국제관계에서 무력의 위협이나 무력 사용을 일반적으로 금지하였다.

무력사용의 제한

부전조약은 '무력 사용 금지'를 규정한 것이 아니라 '전쟁의 금지'를 규정한 것이다. 무력사용이 전쟁보다 넓은 개념이며, 무력사용 및 그 위협은 UN헌장체제에서 비로소 금지되었다. 한편, 부전조약이 자위권 발동을 예외로 규정한 것은 맞다.

`선지분석`
① 포터조약(또는 드라고 포터조약)은 채무회수를 위한 전쟁을 제한한 조약이다. 채무국이 중재판정을 받고 성실히 이행할 것을 조건으로 전쟁을 제한하였으므로, 중재판정을 지연시키거나 회피하는 경우 전쟁을 할 수 있다.
② 국제연맹규약은 전쟁을 제한하였다. 즉, 완전히 불법화 또는 금지까지는 규정하지 않은 것이다.
④ UN헌장은 전쟁을 포함하여 전쟁에 이르지 아니하는 무력사용 및 그 위협을 전면 불법화하였다.

답 ③

---

02 국제법상 무력행사에 대한 설명으로 옳지 않은 것은? 　2012년 9급

① 「UN헌장」은 무력의 행사뿐만 아니라 무력에 의한 위협도 금지하고 있다.

② 오늘날 무력행사금지는 「UN헌장」에 의한 것으로 UN 회원국에게만 적용된다.

③ 「국제연맹규약」에서는 전쟁에 이르지 않는 무력사용은 가능하다는 해석의 여지를 두고 있다.

④ 무력사용금지 원칙에는 직접적인 무력사용뿐만 아니라 간접적인 무력사용도 포함된다.

무력사용의 제한

무력사용금지의무는 UN헌장에서 창설된 의무로 볼 수 있으나, 니카라과 사건에서 ICJ의 판단에 의하면 동 의무는 국제관습법상 의무로 확립되었다. 따라서 모든 국가가 동 의무의 지배를 받는다고 볼 수 있다.

`선지분석`
③ 국제연맹규약은 '전쟁'을 제한하였다. 그러나 전쟁은 무력사용과 기술적으로 구분되는 개념으로 이해되었으므로 전쟁 수준에 이르지 아니하는 무력사용은 허용되는 것으로 인정되어 개별국가의 무력사용을 통제하는 데 중대한 한계로 평가되었다.
④ 간접적 무력사용이란 타국 내의 반란단체에 대해 무기를 지원하는 행위, 타국을 침략함에 있어서 자국 영토를 이용하도록 허용하는 행위 등을 의미한다.

답 ②

03 현행 국제법상 국가의 무력사용에 관한 설명 중 옳지 않은 것은? 2007년 7급

① UN헌장은 예외적인 경우에만 국가의 무력(use of force)을 허용하고 있다.

② 타국으로부터 무력공격(armed attack)을 받은 국가는 자위권 행사의 수단으로 무력을 사용할 수 있으나, 그것은 UN헌장상의 권리일 뿐이고 국제관습법상 그러한 권리는 인정되지 않는다.

③ 국제사법재판소(ICJ)는 니카라과 사건에서 타국으로부터 무력공격을 받은 국가를 위하여 제3국이 집단적 자위권을 행사하려면 그 무력공격을 받은 국가의 요청이 있어야 한다고 판시했다.

④ ICJ는 코르푸(Corfu)해협 사건에서 알바니아 영해 내에서 동 해역에 부설된 기뢰를 제거하기 위해 영국 군함들이 실시한 소해작전은 국제법 위반이라고 판시했다.

무력사용의 제한

자위권은 UN헌장상의 권리일 뿐 아니라 국제관습법상의 권리이기도 하다.

`선지분석`
① 자위권 발동은 무력사용금지의무의 예외로서 제한적으로 인정된다.

답 ②

---

04 국제인도법상 전쟁포로의 지위에 대한 설명으로 옳지 않은 것은? 2021년 7급

① 비정규군이나 조직적인 저항단체의 구성원은 일정한 경우, 적의 수중에 들어가면 포로의 지위를 갖는다.

② 교전행위를 행하여 적의 수중에 들어간 자가 포로의 지위가 명확하지 않은 경우, 관할 재판소가 결정을 내릴 때까지 포로의 지위를 갖는다.

③ 무력충돌 당사국의 상선 승무원이나 민간 항공기 승무원은 일정한 경우, 적의 수중에 들어가면 포로의 지위를 갖는다.

④ 간첩행위에 종사하는 동안 적대당사국의 권력 내에 들어간 충돌당사국 군대의 구성원은 포로의 지위를 갖는다.

국제인도법

간첩, 용병 등은 포로대우를 받을 수 없다.

`선지분석`
① 비정규군이나 게릴라도 포로로 인정된다.
② 국제인도법은 전시 약자를 보호하기 위한 규범이므로 포로 지위 확정 시까지 포로 대우를 인정하는 것이다.
③ 상선의 선장이나 도선사, 견습생을 포함한 승무원도 포로대우를 받는다.

답 ④

해커스공무원
패권
국제법 기본서 | 일반국제법

개정 4판 1쇄 발행 2023년 9월 7일

지은이	이상구 편저
펴낸곳	해커스패스
펴낸이	해커스공무원 출판팀

주소	서울특별시 강남구 강남대로 428 해커스공무원
고객센터	1588-4055
교재 관련 문의	gosi@hackerspass.com
	해커스공무원 사이트(gosi.Hackers.com) 교재 Q&A 게시판
	카카오톡 플러스 친구 [해커스공무원 노량진캠퍼스]
학원 강의 및 동영상강의	gosi.Hackers.com

ISBN	979-11-6999-458-3 (13360)
Serial Number	04-01-01

공무원 교육 1위,
해커스공무원 gosi.Hackers.com

해커스공무원

· **해커스공무원 학원 및 인강**(교재 내 인강 할인쿠폰 수록)
· 해커스 스타강사의 **공무원 국제법 무료 동영상강의**
· 정확한 성적 분석으로 약점 극복이 가능한 **합격예측 모의고사**(교재 내 응시권 및 해설강의 수강권 수록)